TÜBINGER RECHTSWISSENSCHAFTLICHE ABHANDLUNGEN

Herausgegeben von
Mitgliedern der Juristischen Fakultät
der Universität Tübingen

Band 98

Bernd Mertens

Gesetzgebungskunst im Zeitalter der Kodifikationen

Theorie und Praxis der Gesetzgebungstechnik
aus historisch-vergleichender Sicht

Mohr Siebeck

Bernd Mertens, geboren 1967; Studium der Rechtswissenschaft, Philosophie und Geschichte in Tübingen und Genf; 1995 Promotion; 1995–2000 Rechtsanwalt in Köln, Frankfurt und London; 2003 Habilitation; zur Zeit Privatdozent in Tübingen und Rechtsanwalt in Köln.

Als Habilitationsschrift auf Empfehlung der Juristischen Fakultät der Eberhard-Karls-Universität Tübingen gedruckt mit Unterstützung der Deutschen Forschungsgemeinschaft.

ISBN 3-16-148300-6
ISSN 0082-6731 (Tübinger rechtswissenschaftliche Abhandlungen)

Die Deutsche Bibliothek verzeichnet diese Publikation in der Deutschen Nationalbibliographie; detaillierte bibliographische Daten sind im Internet über *http://dnb.ddb.de* abrufbar.

Vorwort

Die vorliegende Untersuchung wurde im Sommersemester 2003 von der Juristischen Fakultät der Universität Tübingen als Habilitationsschrift angenommen.
Später erschienene Sekundärliteratur konnte für die Druckfassung bis Juni 2003
berücksichtigt werden.

Mein besonderer Dank gilt auch an dieser Stelle Herrn Prof. Dr. Dr. h. c. Jan
Schröder, dem Erstgutachter im Habilitationsverfahren, der mich zur Rückkehr
in die Wissenschaft ermutigt hat. Danken möchte ich auch Herrn Prof. Dr.
Gottfried Schiemann für die Zweitbegutachtung und Herrn Prof. Dr. Eduard
Picker als federführenden Herausgeber für die Aufnahme in die Reihe »Tübinger
Rechtswissenschaftliche Abhandlungen«.

Schließlich gilt mein Dank der Deutschen Forschungsgemeinschaft, welche die
Entstehung und Veröffentlichung dieser Untersuchung durch die Gewährung
eines Habilitandenstipendiums, einer Publikationsbeihilfe und eines Reisekosten-
stipendiums für meinen Forschungsaufenthalt in London gefördert hat.

Köln, im Oktober 2003   Bernd Mertens

Inhaltsübersicht

Inhalt

Abkürzungsverzeichnis

ABGB	Allgemeines bürgerliches Gesetzbuch für die gesammten Deutschen Erbländer der Oesterreichischen Monarchie von 1811
AcP	Archiv für die civilistische Praxis
ADB	Allgemeine Deutsche Biographie, hrsg. durch die Historische Commission bei der Königlichen Akademie der Wissenschaften, 56 Bde, Leipzig 1875–1912 (ND Berlin 1967–1971)
ADHGB	Allgemeines Deutsches Handelsgesetzbuch von 1861
AGB	Allgemeines Gesetzbuch für die Preußischen Staaten von 1791
ALR	Allgemeines Landrecht für die Preußischen Staaten von 1794
Annalen	Annalen der Gesetzgebung und Rechtsgelehrsamkeit in den Preussischen Staaten, hrsg. v. Ernst Ferdinand Klein, Berlin u. Stettin 1788 ff.
AöR	Archiv für öffentliches Recht
BGB	Bürgerliches Gesetzbuch von 1896
Bowring-Edition	The works of Jeremy Bentham, hrsg. v. John Bowring, 11 Bde, Edinburgh 1838–1843 (ND New York 1962)
c.	chapter
CCC	Constitutio Criminalis Carolina (Peinliche Gerichtsordnung Kaiser Karls V von 1532)
CW	The Collected Works of Jeremy Bentham (s. Quellenverzeichnis)
DBE	Deutsche Biographische Enzyklopädie, hrsg. v. Walther Killy u. Rudolf Vierhaus, 11 Bde, München usw. 1995–2000
DJZ	Deutsche Juristen-Zeitung
DÖV	Die öffentliche Verwaltung
EA	Erstausgabe/Erstabdruck
Entwurf AGB	Entwurf eines allgemeinen Gesetzbuches für die Preußischen Staaten (1784–1788)
Entwurf Geschäftsordnung NV	Entwurf einer Geschäfts-Ordnung für den verfassunggebenden Reichstag (1848)
fol.	folium
FS	Festschrift
GO	Geschäftsordnung
GO Bayern	Bayerisches Edict über die Geschäftsordnung für die Kammer der Abgeordneten vom 28. Februar 1825
GO Hannover	Geschäfts-Ordnung für die allgemeine Stände-Versammlung des Königreichs Hannover vom 4. September 1840
GO Hessen-Darmstadt	Ueber die Ordnung, in welcher die Landständischen Geschäfte [im Großherzogtum Hessen] vorzunehmen sind (25. März 1820)
GO Kurhessen	Geschäftsordnung für die Landstände [Kurhessens] vom 13. April 1852

GO Nationalrat	Geschäftsreglement des schweizerischen Nationalrates vom 5. Juni 1903
GO NDB	Geschäfts-Ordnung für den Reichstag des Norddeutschen Bundes vom 8. Juni 1868
GO NV	Geschäftsordnung der Frankfurter Nationalversammlung von 1848
GO Preußen	Geschäfts-Ordnung für das [preußische] Haus der Abgeordneten [Stand: 1859]
GO Reichstag	Geschäftsordnung für den Reichstag [des Deutschen Reiches] in der Fassung vom 10. Februar 1876
GO Ständerat	Geschäftsreglement des schweizerischen Ständerates vom 27. März 1903
GO Württemberg	Geschäftsordnung der Kammer der Abgeordneten [des Königreichs Württemberg] vom 23. Juni 1821
Gruchots Beiträge	Beiträge zur Erläuterung des Preußischen Rechts durch Theorie und Praxis
HL	House of Lords
HRG	Handwörterbuch zur deutschen Rechtsgeschichte, hrsg. v. Adalbert Erler u. Ekkehard Kaufmann, 5 Bde, Berlin 1971–1998
IOR	India Office Records
Ius Commune	Ius Commune. Veröffentlichungen des Max-Planck-Instituts für Europäische Rechtsgeschichte Frankfurt a. M., 1967 ff.
Jb Dogmatik	Jahrbücher für die Dogmatik des heutigen römischen und deutschen Privatrechts
Jherings Jb	Jherings Jahrbücher für die Dogmatik des bürgerlichen Rechts
Kabinettsorder vom 14. April 1780	Allerhöchste Königliche Cabinetts-Ordre die Verbesserung des Justiz-Wesens betreffend vom 14. April 1780 (s. Verzeichnis gedruckter Quellen)
Kamptz' Jahrbücher	Jahrbücher für die Preußische Gesetzgebung, Rechtswissenschaft und Rechtsverwaltung, hrsg. v. Carl Albert v. Kamptz, Berlin 1813 ff.
Kompilationsgrund-sätze	Grundsätze zur Verfassung des allgemeinen Rechts für gesammte kaiserl. königl. deutsche Erblande ... (1753) (s. Verzeichnis gedruckter Quellen)
Lexikon Rechts-geschichte	Gerhard Köbler: Lexikon der europäischen Rechtsgeschichte, München 1997
Memorial 1893	Eugen Huber: Über die Art und Weise des Vorgehens bei der Ausarbeitung des Entwurfes eines einheitlichen schweizerischen Civilgesetzbuches (s. Verzeichnis ungedruckter Quellen)
NCC	Novum Corpus Constitutionum Prussico-Brandenburgensium praecipue Marchicarum ..., Berlin 1753 ff.
ND	Neudruck/Nachdruck
NDB	Neue Deutsche Biographie, hrsg. v. der Historischen Kommission bei der Bayerischen Akademie der Wissenschaften, bislang 20 Bde, Berlin 1953–2001
N. F.	neue Folge
Plan	Plan nach welchem bey Ausarbeitung des neuen Gesetzbuchs verfahren werden soll (27. Juli 1780) (s. Verzeichnis gedruckter Quellen)
Publikationspatent zum AGB	Patent wegen Publication des neuen allgemeinen Gesetzbuchs für die Preussischen Staaten (20. März 1791)

Publikationspatent zum ALR	Patent wegen Publication des neuen allgemeinen Landrechts für die Preussischen Staaten (5. Februar 1794)
Publikationspatent zum bayer. StGB	Patent über die Verkündung des allgemeinen Strafgesezbuches für das Königreich Baiern (16. Mai 1813)
r	recto (folio)
Rechtslexikon	Rechtslexikon für Juristen aller teutschen Staaten enthaltend die gesammte Rechtswissenschaft, hrsg. v. Julius Weiske, 16 Bde, Leipzig 1839–1862
RGBl.	Reichs-Gesetzblatt
Schmollers Jb	Jahrbuch für Gesetzgebung, Verwaltung und Volkswirtschaft im Deutschen Reich
sec.	section
Sp.	Spalte
Staats-Lexikon	Das Staats-Lexikon. Encyklopädie der sämmtlichen Staatswissenschaften für alle Stände, hrsg. v. C. v. Rotteck u. C. Welcker, 2. Aufl., 12 Bde, Altona 1845–1848
Staats-Wörterbuch	Deutsches Staats-Wörterbuch, hrsg. v. J. C. Bluntschli u. K. Brater, 11 Bde, Stuttgart u. Leipzig 1857–1870
Standing Orders 1854	Standing Orders of the Legislative Council of the Governor-General of India in Council, adopted on 19 August 1854, in: Proceedings of the Legislative Council of India, Bd. 1 (1854/55), Sp. 10–33 (s. Verzeichnis ungedruckter Quellen)
v	verso (folio)
ZG	Zeitschrift für Gesetzgebung
ZGB	Schweizerisches Zivilgesetzbuch von 1907
ZHF	Zeitschrift für historische Forschung
ZNR	Zeitschrift für neuere Rechtsgeschichte
ZRG (GA)	Zeitschrift der Savigny-Stiftung für Rechtsgeschichte, Germanistische Abteilung
ZRG (RA)	Zeitschrift der Savigny-Stiftung für Rechtsgeschichte, Romanistische Abteilung
ZStW	Zeitschrift für die gesamte Staatswissenschaft
ZStrW	Zeitschrift für die gesamte Strafrechtswissenschaft

»No law of that country must exceed in words the number of letters in their alphabet, which consists only in two and twenty. But indeed few of them extend even to that length. They are expressed in the most plain and simple terms, wherein those people are not mercurial enough to discover above one interpretation; and to write a comment upon any law is a capital crime.«

Beschreibung der Gesetze im Lande Brobdingnag, aus: *Jonathan Swift*, Gulliver's Travels (1726), Part II, Chap. VII.

Teil A

Einleitung

Gegenstand der nachfolgenden Untersuchung sind die methodischen Aspekte der Gesetzesentstehung und die formalen Anforderungen an die Gesetzesgestaltung aus historischer Sicht. Zum einen handelt es sich also um methodische Fragen des zweckmäßigen Werdegangs eines Gesetzes, seiner Abfassung, Bekanntmachung, Kontrolle und Verbesserung (Teil B dieser Untersuchung) und zum anderen um Fragen seiner formalen Gestaltung und des Einsatzes spezieller gesetzgebungstechnischer Instrumentarien (Teil C dieser Untersuchung). Man kann insoweit also von Gesetzgebungsmethodik oder Gesetzgebungstechnik sprechen in Abgrenzung zu den rechtspolitischen Fragen der sachlich-inhaltlichen Gestaltung der Gesetze. Im Titel dieser Untersuchung ist im Übrigen auch die Bezeichnung »Gesetzgebungskunst« gewählt zur Kennzeichnung der historischen Dimension der Thematik, in der über lange Zeit methodisch-technische und inhaltliche Fragen der Gesetzesgestaltung ineinander flossen; eine strikte Trennung beider Bereiche hat für die Gesetzgebungstheorie erst zur Mitte des 19. Jahrhunderts Robert von Mohl eingefordert.[1] Die terminologische Bezeichnung der gesetzgebungstheoretischen Lehre schwankte bis ins 20. Jahrhundert meist zwischen »Gesetzgebungskunst« und »Gesetzgebungswissenschaft«, wobei je nach Autor entweder die sachlich-inhaltliche Seite der Gesetzgebung, die methodisch-technische Seite oder deren beide unter den jeweiligen Begriff gefasst wurde.[2] In den letzten

---

[1] Vgl. *Mohl*, Politik, Bd. 1, S. 375, Fn. 1: »Die den Gegenstand behandelnden Schriften leiden zum grossen Theile an einer unklaren Vermischung zweier wesentlich verschiedener Aufgaben, nämlich der Erörterung der Grundsätze über den wünschenswerthen sachlichen Inhalt einer Rechtsgesetzgebung, und der Feststellung der Regeln für eine zweckmässige Behandlung der Ausarbeitung und weiteren formellen Zustandebringung, d.h. der Gesetzgebungs-Wissenschaft und der Gesetzgebungs-Kunst.« Eine Unterscheidung dieser beiden Bereiche der Gesetzgebungstheorie hatten bereits in den vierziger Jahren des 19. Jahrhunderts *Günther* (Art. »Gesetzgebungswissenschaft«, Rechtslexikon, Bd. 4, S. 755) und *Welcker* (Art. »Gesetz«, Staats-Lexikon, Bd. 5, S. 713) vorgenommen, ohne aber wie später Mohl eine klare Trennung beider Bereiche einzufordern.

[2] *Reitemeier* (Die deutsche Gesetzwissenschaft ..., 1804) spricht von »Gesetzwissenschaft«, *K. S. Zachariä* von der »Wissenschaft der Gesetzgebung« (1806), *Gerstäcker* (Systematische Darstellung der Gesetzgebungskunst ..., 1837 ff.) von »Gesetzgebungskunst« und *Purgold* von »Gesetzgebungswissenschaft« (1840), wobei alle genannten Autoren hierunter vornehmlich die inhaltliche, daneben aber auch die formale Seite der Gesetzesgestaltung verstehen. *Günther* (Art. »Gesetzgebungswissenschaft«, Rechtslexikon, Bd. 4, S. 755) unterteilt 1843 als Oberbegriff die »Gesetzgebungswissenschaft« in eine »Gesetzespolitik«, welche sich mit der inhaltlichen Gestaltung der Gesetze befasst und eine »Gesetzgebungskunst«, welche die formale Seite zum Gegenstand hat und *Mohl* (Politik,

Jahrzehnten des 20. Jahrhunderts hat sich demgegenüber überwiegend der Begriff »Gesetzgebungslehre« für die hier behandelte methodisch-technische Thematik etabliert.

Die theoretische Beschäftigung mit der Rechtsetzung, ihren Methoden, Formen und Eigengesetzlichkeiten war über weite Teile des 20. Jahrhunderts in Deutschland ein eher vernachlässigtes Forschungsgebiet im Vergleich zu dem Interesse, welches Fragen der Rechtsauslegung und Rechtsanwendung entgegengebracht wurde. Formale Aspekte der Gesetzesgestaltung und des zweckmäßigen Verfahrens zur Rechtsetzung fanden nur sporadisch und punktuell die Aufmerksamkeit der Rechtswissenschaft und blieben im Übrigen den Praktikern in Ministerien und Parlamenten überlassen. Seit den siebziger Jahren des 20. Jahrhunderts lässt sich jedoch ein stetig wachsendes Interesse der Rechtswissenschaft an den formalen und methodischen Fragen der Rechtsetzung feststellen, so dass man heute von einer mittlerweile etablierten »Gesetzgebungslehre« in Deutschland wie auch in anderen europäischen Nachbarländern sprechen kann.[3]

Die historische Dimension des Forschungsgebiets blieb bei diesem neu erwachten Interesse an einer Gesetzgebungslehre jedoch weitgehend unberücksichtigt. Nur vereinzelt finden sich in der modernen Gesetzgebungsliteratur knappe Hinweise darauf, dass bereits im 18. und 19. Jahrhundert gesetzgebungstechnische Gestaltungsfragen in der Literatur diskutiert wurden.[4] Es überwiegt der Eindruck, man habe es mit einer im Wesentlichen neuen Forschungsrichtung zu tun, welche ihre Problemstellungen und Lösungsansätze von Grund herauf neu zu entwickeln habe, ohne an historische Vorläufer anknüpfen zu können. Auch die rechtshistorische Forschung hat zu diesem Bild beigetragen, indem im Mittelpunkt ihres Interesses an den gesetzgebungstheoretischen Ansichten der Vergangenheit in aller Regel die inhaltlichen Gesetzgebungslehren standen, die sich mit der

---

Bd. 1, S. 375) differenziert 1862 zwischen »Gesetzgebungswissenschaft« (inhaltliche Gestaltung) und »Gesetzgebungskunst« (formale Abfassung). Zu Beginn des 20. Jahrhunderts greifen *Zitelmann* (Die Kunst der Gesetzgebung, 1904), *Hedemann* (Über die Kunst, gute Gesetze zu machen«, 1911) und *Mayr* (Gesetzeskunst, 1913) den Begriff »Gesetzgebungskunst« auf und meinen hiermit ebenfalls die formale Seite der Gesetzesabfassung. In England hat *Bentham* in seinem Spätwerk den Kunstbegriff »Nomography« zur Kennzeichnung der Lehre von der Abfassung von Gesetzen kreiert, welcher sich im englischen Sprachgebrauch aber nicht durchsetzen konnte.

[3] 1982 wurden eine Schweizerische Gesellschaft für Gesetzgebung und eine Österreichische Gesellschaft für Gesetzgebung gegründet, 1987 eine Deutsche Gesellschaft für Gesetzgebung und 1991 eine Europäische Gesellschaft für Gesetzgebung (European Association of Legislation); zum aktuellen Stand der Gesetzgebungslehre in Deutschland vgl. *Ulrich Karpen* (Hrsg.), Zum gegenwärtigen Stand der Gesetzgebungslehre in der Bundesrepublik Deutschland. Zehn Jahre »Deutsche Gesellschaft für Gesetzgebung (DGG)«. Zehn Jahre »Zeitschrift für Gesetzgebung (ZG)«, Heidelberg 1998; für eine Übersicht über die stetig wachsende Literatur zur modernen Gesetzgebungslehre vgl. z. B. *Georg Müller*, Elemente einer Rechtssetzungslehre, Zürich 1999, S. XV–XXII.

[4] Vgl. *Heyen*, S. 13 ff.; *Noll*, S. 24; *Schneider*, Gesetzgebung, S. 1 f.; *Kindermann*, Rechtstheorie 1978, S. 232 ff. Nur sehr am Rande werden gesetzgebungstechnische Aspekte in dem schlaglichtartig verkürzten rechtsphilosophischen Überblick über die Geschichte der Gesetzgebungstheorie bei *Kubeš* (S. 17 ff.) angesprochen

sachlich-inhaltlichen Gestaltung der Gesetzgebung befassten. Hingegen wurde auch in der rechtshistorischen Forschung nur selten und punktuell danach gefragt, inwieweit sich in der Vergangenheit Theorien zu formalen Gestaltung der Gesetze und des zweckmäßigen Gesetzgebungsverfahrens herausgebildet haben.[5] Die historische Dimension der Gesetzgebungstechnik fiel damit sozusagen zwischen die Stühle sowohl der modernen Gesetzgebungslehre als auch der rechtshistorischen Forschung zur Gesetzgebungstheorie.

Ähnliche Forschungsdefizite lassen sich für die Entwicklung der Gesetzgebungspraxis konstatieren. Zwar ist die Entstehungsgeschichte vieler der hier behandelten Kodifikationen mittlerweile recht gut erforscht und zum Teil wurden auch verschiedene Gesetzgebungsprojekte in ihrer sachlichen und formalen Gestaltung miteinander verglichen.[6] Hierbei wurden aber meist nur einzelne Aspekte der formalen Gestaltung herausgegriffen und wurde in der Regel auch nicht der Versuch unternommen, das Vorgehen in der Gesetzgebungspraxis systematisch in Beziehung zu setzen zu den jeweiligen gesetzgebungstheoretischen Anschauungen der Zeit. Die gegenseitige Beeinflussung von Gesetzgebungstheorie und -praxis ist also in Fragen der Gesetzgebungstechnik wenig erforscht und die Verbindungslinien zwischen beiden nicht über einen längeren Zeitraum verfolgt worden. Im Übrigen fehlt es – von Spezialuntersuchungen zu Einzelaspekten abgesehen – an umfassenden Untersuchungen zu den historischen Entwicklungstendenzen in der neuzeitlichen Gesetzgebungspraxis in Fragen der gesetzgebungstechnischen Gestaltung.[7]

---

[5] Vgl. die Angaben zur Sekundärliteratur im Quellen- und Literaturverzeichnis sowie die Einzelangaben in den Fußnoten zum jeweiligen Sachthema. 1985 wurde von der Göttinger Akademie der Wissenschaften eine Kommission »Die Funktion des Gesetzes in Geschichte und Gegenwart« eingesetzt, in deren Rahmen auch aus historischer Sicht zum Teil Fragen beleuchtet wurden, die in Randaspekten mit der hier behandelten Thematik zusammenhängen, wie etwa das Verhältnis von Gesetzgebung und Dogmatik. Mit der naturrechtlich geprägten deutschen Gesetzgebungstheorie des späten 18. Jahrhunderts und der ersten Hälfte des 19. Jahrhunderts befasste sich *Klippel* in verschiedenen Publikationen, wobei er erst unlängst wieder konstatierte, dass die reichhaltige gesetzgebungstheoretische Literatur dieser Zeit der Forschung weitgehend unbekannt sei und es an einer Darstellung der »Gesetzgebungswissenschaft« im 18. und 19. Jahrhundert fehle (Philosophie der Gesetzgebung, S. 226). Der hier gewählte Forschungsansatz ist einerseits weiter und andererseits enger als derjenige Klippels, indem in der vorliegenden Untersuchung einerseits das gesamte Spektrum der Gesetzgebungstheorie zur Sprache kommt, unabhängig davon, ob es sich um naturrechtlich inspirierte Beiträge handelt, zum anderen aber der Fokus hier allein auf der Gesetzgebungstechnik liegt und nicht auf den inhaltlichen Forderungen, welche die Gesetzgebungstheorie gegenüber der praktischen Gesetzgebung erhob.

[6] Dies gilt insbesondere für die großen Zivilrechtskodifikationen. So forderten einerseits ALR, Code civil und ABGB etliche vergleichende Stellungnahmen heraus (deren berühmteste wohl diejenige *Savignys* in seiner Streitschrift »Vom Beruf unserer Zeit für Gesetzgebung und Rechtswissenschaft« ist), andererseits wurden auch das deutsche BGB und das schweizerische ZGB oft miteinander verglichen (besonders ausführlich von *Rudolf Gmür*, Das schweizerische Zivilgesetzbuch verglichen mit dem deutschen Bürgerlichen Gesetzbuch, 1965).

[7] Noch vergleichsweise große Aufmerksamkeit wurde dem allgemeinen Thema der Entwicklung der Rechts- bzw. Gesetzessprache zuteil, zu dem verschiedene rechtshistorische und linguis-

Die vorliegende Untersuchung möchte einen Beitrag zur Schließung dieser
Forschungslücken liefern und damit auch das Bewusstsein stärken für die historische Dimension der heute wieder stärker in den Vordergrund gerückten Bemühungen um eine Verbesserung der Gesetzgebung. Gegenstand der Untersuchung
bilden daher sowohl die Theorien zur vorteilhaften methodisch-technischen Gestaltung der Gesetzgebung als auch die Frage der tatsächlichen Vorgehensweise in
der Gesetzgebungspraxis. Die zeitliche, räumliche und sachliche Eingrenzung des
Untersuchungsgegenstandes bedarf hierbei noch der näheren Erläuterung.

In zeitlicher Hinsicht liegt der Schwerpunkt der Darstellung in der Zeit von
der zweiten Hälfte des 18. Jahrhunderts bis zu Beginn des 20. Jahrhunderts.[8] Diese
zeitliche Eingrenzung ist nicht willkürlich gewählt, sondern umfasst denjenigen
Zeitraum, dem wir aus historischer Sicht einerseits die meisten theoretischen
Stellungnahmen zur vorteilhaften Gesetzgebungstechnik verdanken und der andererseits in der Gesetzgebungspraxis beginnend mit dem preußischen ALR bis
hin zum schweizerischen ZGB zu umfassenden Kodifikationen führte, deren
Entstehungsgeschichten in vielerlei Sicht Höhepunkte in der theoretischen und
praktischen Befassung mit Fragen der Gesetzgebungstechnik markierten. Einen
in der älteren rechtshistorischen Forschung gängigen Begriff aufgreifend wird

---

tische Publikationen vorliegen, so z.B. von *Brauneder* (zur Gesetzessprache in Österreich 1750–
1850), *Hattenhauer* (zur Geschichte der deutschen Rechts- und Gesetzessprache), *Heller* (Rechtssprache im 18. Jahrhundert), *Kiefner* (Sprache des ALR) und *Oplatka-Steinlin* (Sprache von BGB
und ZGB im Vergleich); einen aktuellen Überblick zum rechtshistorischen und linguistischen
Forschungsstand zur Entwicklung der Gesetzessprache gibt *Görgen*, S. 19 f. Zwei kürzlich erschienene Sammelbände zum Thema »Recht und Sprache« dokumentieren das andauernde Interesse
an dieser Thematik aus interdisziplinärer Sicht (Recht und Sprache in der deutschen Aufklärung,
hrsg. v. Ulrich Kronauer u. Jörn Garber (Hallesche Beiträge zur Europäischen Aufklärung: 14),
Tübingen 2001; Sprache und Recht, hrsg. v. Ulrike Haß-Zumkehr (Institut für Deutsche Sprache. Jahrbuch 2001), Berlin/New York 2002). Auch wurde Ende 1999 an der Berlin-Branden-
burgischen Akademie der Wissenschaften eine interdisziplinäre Arbeitsgruppe »Sprache des Rechts«
gebildet, deren Forschungsschwerpunkt jedoch auf der Gesetzessprache der Gegenwart liegt. Zur
Entwicklung der Gesetzespublikationstechnik liegen Untersuchungen u.a. von *Hubrich*, *Thieme*
und *Willoweit* (alle zu Preußen), *Lukas* (Österreich und Deutschland), *Brauneder* (Österreich) sowie
A. Wolf (allgemein) vor. Zum Adressatenverständnis und den Vereinfachungstendenzen in der
Gesetzgebung namentlich der Aufklärungszeit äußerte sich *Schott* in mehreren Publikationen.
Zum Einsatz von Legaldefinitionen liegen aus rechtshistorischer Sicht zwei Publikationen von
Friedrich Ebel vor. Für genauere Angaben zu diesen Publikationen s. im Literaturverzeichnis unter
den genannten Autoren. Zahlreiche Spezialuntersuchungen liegen im Übrigen zur Rückwirkungsfrage und zum Bestimmtheitsgebot im Strafrecht aus rechtshistorischer Sicht vor, welche
diese Fragen aber häufig eher aus Sicht des Rechtsanwenders und der Strafrechtswissenschaft denn
der Gesetzgebungstheorie behandeln, s. hierzu die Literaturnachweise in den jeweiligen Kapiteln
(unten S. 229 ff., 361 ff.).

    [8] Angesprochen ist hier nur der Zeitraum, auf dem der Schwerpunkt der Darstellung liegt.
Daneben werden auch vor diesem Zeitraum entstandene Stellungnahmen zu gesetzgebungstheoretischen Einzelfragen in die Untersuchung einbezogen, soweit sie die Entwicklung in dem
hier behandelten Zeitraum beeinflusst haben, was in England etwa für die Stellungnahmen von
Francis Bacon, Thomas Hobbes und Matthew Hale zutrifft und für Mitteleuropa für die Stellungnahmen von Christian Thomasius und Christian Wolff.

dieser Zeitraum hier auch als »Zeitalter der Kodifikationen« bezeichnet. Ab der Mitte des 18. Jahrhunderts lässt sich, wie wir sehen werden, in Europa ein sprunghaft gestiegenes Interesse an Fragen der Gesetzgebungstheorie und hierbei auch der formalen Gestaltung der Gesetzgebung feststellen, welches nicht zufällig einherging mit den ersten Kodifikationen im engeren Sinn, die nicht länger bloß eine Sammlung, Ordnung und punktuelle Besserung des vorgefundenen Rechts vornahmen, wie es die »Landrechte« früherer Zeiten taten, sondern nunmehr mit dem Anspruch einer planmäßigen und systematischen Erfassung der Gesamtrechtsordnung oder einzelner Teile dieser unter Aufhebung der bisher geltenden Rechtsquellen auftraten.[9] Dieses verstärkte theoretische und praktische Interesse an Fragen der Gesetzgebungstechnik hielt – entgegen einer bislang in der Forschung vielfach bestehenden Vorstellung – während des ganzen 19. Jahrhunderts an. Zu Beginn des 20. Jahrhunderts war dann mit Vorliegen des schweizerischen ZGB (1912 in Kraft getreten) in Mitteleuropa die meist aus Bestrebungen nach nationaler Rechtsvereinheitlichung fließende »Kodifikationswelle« praktisch beendet und nicht zufällig tritt um diese Zeit auch eine deutliche Zäsur in der Gesetzgebungstheorie ein. Von vereinzelten, meist kurzen Stellungnahmen abgesehen,[10] entwickelte sich eine eigentliche Theorie der Gesetzgebungstechnik im deutschsprachigen Raum im Grunde erst wieder seit den siebziger Jahren des 20. Jahrhunderts. Obwohl viele gesetzgebungstechnische Einzelfragen an sich nicht an das Vorliegen einer Kodifikation gebunden sind, sondern sich im Prinzip auch bei einzelgesetzlichen Vorhaben stellen, erwiesen sich die im hier behandelten Zeitraum entstandenen großen Kodifikationen doch als größte Bewährungsprobe für die Gesetzgebungskunst, an denen sich die meisten Einzelerörterungen entzündeten.

In räumlicher Hinsicht liegt der Schwerpunkt der Darstellung auf der Gesetzgebungstheorie und Gesetzgebungspraxis in Deutschland, Österreich, der Schweiz und England (einschließlich Britisch-Indiens). Die Einbeziehung aller drei deutschsprachigen Nationen erwies sich schon im Hinblick auf die enge Beziehung und Wechselwirkung, welche im hier untersuchten Zeitraum zwischen der Rechtswissenschaft dieser Staaten im Allgemeinen, speziell aber auch zwischen der Gesetzgebungstheorie und der Gesetzgebungspraxis dieser Länder bestand, als sinnvoll, zumal die Privatrechtskodifikationen in Preußen (ALR) und Österreich (ABGB) sowie in Deutschland (BGB) und der Schweiz (Obligationenrecht und ZGB) jeweils in etwa zeitlich parallel verliefen und nicht ohne Einfluss aufeinander blieben.

---

[9] Näher zum Kodifikationsbegriff dieser Zeit unten S. 489 f.

[10] Einen Überblick über ältere deutschsprachige Schriften zur Gesetzgebungslehre, welcher vornehmlich die Zeit von 1900 bis 1980 berücksichtigt, gibt *Eberhard Baden*, Auswahlbibliographie zur Gesetzgebungslehre, in: Waldemar Schreckenberger/Klaus König/Wolfgang Zeh (Hrsg.), Gesetzgebungslehre. Grundlagen – Zugänge – Anwendung, Stuttgart usw. 1986, S. 187–201, hier: S. 189 ff.

Auf den ersten Blick überraschender mag die Einbeziehung der englischen Gesetzgebungstheorie und -praxis sein.[11] Sie erwies sich aber im Verlauf der Untersuchung als überaus aufschlussreich und ergiebig. Zum einen hat England mit Francis Bacon und Jeremy Bentham zwei der interessantesten Gesetzgebungstheoretiker überhaupt hervorgebracht, deren Ausstrahlkraft weit über die Grenzen Englands hinausreichte.[12] Auch erscheint mir die Gegenüberstellung der in

---

[11] Zahlreiche der in dieser Untersuchung verwerteten Quellen zur Gesetzgebungspraxis Englands und Britisch-Indiens sind in Form von Drucksachen des englischen Parlaments aus dem 19. Jahrhundert zugänglich. Die Zitierung dieser »Parliamentary Papers« folgt einer in England für Parlamentsdrucksachen des 19. Jahrhunderts gebräuchlichen Form. Zitiert ist zunächst der Titel des jeweiligen Dokuments mit der Seitenzahl der Fundstelle in diesem Dokument. Hierauf folgt die Angabe der Fundstelle in den »Parliamentary Papers«, wobei zunächst die Jahreszahl der Parlamentssession angegeben ist, dann in Klammern in arabischen Ziffern die Nummer der Drucksache innerhalb dieser Session und anschließend in römischen Ziffern die Nummer des einschlägigen Bandes innerhalb der gebundenen Serie der Parlamentsdrucksachen dieser Session. Die Angabe der Seitenzahl bezieht sich also auf die Paginierung des jeweiligen Dokuments, aus dem zitiert wird, welche nicht zwingend mit der Paginierung der verschiedenen gebundenen Ausgaben der Parlamentsdrucksachen übereinstimmen muss. Dies ermöglicht ein schnelles Auffinden der Fundstelle auch dann, wenn dem Leser das Dokument etwa in Form der nicht seltenen Separatdrucke vorliegt. House of Commons und House of Lords geben getrennte Reihen von Parlamentsdrucksachen heraus. Sofern sich ein Dokument ausschließlich in der vom House of Lords herausgegebenen Serie von Parlamentsdrucksachen befindet, ist dies durch den Zusatz »(HL)« im Anschluss an »Parliamentary Papers« kenntlich gemacht; in allen Fällen, in denen dieser Zusatz fehlt, befindet sich die zitierte Quelle in der Serie der vom House of Commons herausgegebenen Parlamentsdrucksachen (welche in der Regel leichter zugänglich sind). Beispiel: Report from the Select Committee on Acts of Parliament (25 June 1875), S. 3, in: Parliamentary Papers 1875 (280) viii. Parlamentsdrucksachen aus der Zeit vor 1801 sind regelmäßig nach der Fundstelle in dem von *Sheila Lambert* herausgegebenen Nachdruck der so genannten »Abbott Collection« und »First Series« zitiert (»House of Commons Sessional Papers of the Eighteenth Century«); im Falle eines (für wichtige Dokumente aus der Zeit vor 1801 nicht seltenen) Abdrucks in den »Journals of the House of Commons« ist im Quellenverzeichnis auch diese Fundstelle angegeben.

[12] Zur Authentizität der Schriften Benthams und der hier gewählten Zitierweise sind eingangs einige erklärende Worte nötig. Bentham hat sich nur in den wenigsten Fällen selbst um die Herausgabe seiner Schriften gekümmert oder diese auch nur in eine druckfertige Fassung gebracht. In der Regel überließ er es seinen Schülern und Anhängern, seine Schriften in einen druckfertigen Zustand zu versetzen und herauszugeben (vgl. *John Hill Burton*, Introduction to the study of the works of Jeremy Bentham, in: Bentham, Bowring-Edition Bd. 1, S. 1–83, hier: S. 11: »It was his opinion, that he would be occupied more profitably for mankind in keeping his mind constantly employed in that occupation to which it was supereminently fitted, and in which it seemed to find its chief enjoyment – ratiocination. He thought that while he lived in the possession of this faculty, he should give as much of the results of it to the world ... and he left it to others to shape and adapt to use the fabric of thought which thus came out continuously from the manufactory of his brain.«). Viele der für die hier behandelte Thematik relevanten frühen Schriften Benthams sind nicht in Englisch publiziert worden, sondern wurden von seinem Genfer Bewunderer Etienne Dumont anhand der Manuskripte Benthams zusammengestellt, ins Französische übersetzt und veröffentlicht. Hierbei handelte es sich nach eigenem Bekunden Dumonts nicht um Übersetzungen der genauen Worte, sondern der Ideen Benthams (vgl. Dumonts Vorwort zu Benthams »Traités de législation ...«, S. ix). Eine englische Ausgabe dieser Schriften erschien in vielen Fällen erst posthum durch die Edition von John Bowring (The Works of Jeremy Bentham, 1838–1843) und viele dieser Schriften sind auch noch nicht in der modernen, seit 1968 erscheinenden kritischen Edition der »Collected Works« Benthams editiert

Deutschland, Österreich und der Schweiz angewandten Gesetzgebungstechnik mit derjenigen einer vom Common-law-System geprägten Rechtsordnung wegen ihrer strukturellen Andersartigkeit in vielerlei Punkten aufschlussreicher als etwa ein Vergleich mit der (methodisch näher stehenden) französischen Gesetzgebungstechnik. Zudem nahm die englische Gesetzgebungstechnik durch den Einsatz professioneller »law-maker« im 19. Jahrhundert eine andere Entwicklung als auf dem Kontinent. Die englischen Gesetzgebungsarbeiten dieser Zeit sind durch eine größere »Technizität« geprägt als vergleichbare kontinentaleuropäische Gesetzgebungsarbeiten. Die aus der kontinentaleuropäischen Gesetzgebungsdiskussion des 19. Jahrhunderts nicht wegzudenkenden Forderungen nach Volkstümlichkeit und Kürze der Gesetze gewannen in England nicht annähernd die Bedeutung, die sie in Kontinentaleuropa besaßen, was sich prägend auf den Gesetzgebungsstil auswirkte. Schließlich besaß der im Vergleich zu Kontinentaleuropa wesentlich ältere Parlamentarismus Englands einen reichhaltigen Erfahrungsschatz, dem im Hinblick auf Fragen des vorteilhaften Geschäftsgangs von Gesetzgebungsverfahren zum Teil Vorbildfunktion zunächst für Frankreich und dann auch für den sich in Deutschland im 19. Jahrhundert entwickelnden Parlamentarismus zukam.

Eine vergleichende Einbeziehung der Gesetzgebungspraxis weiterer Länder, etwa Frankreichs, musste demgegenüber unterbleiben, so reizvoll auch z. B. ein

---

worden (so z. B. die in dieser Untersuchung häufig zitierten Schriften »General view of a complete code of laws«, »Principles of the civil code«, »Essay on the promulgation of laws…« und »Essay on the influence of time and place …«). Textverweise auf diese Schriften werden in der vorliegenden Untersuchung daher zum leichteren Auffinden parallel nach der Bowring-Edition und der ersten Dumont-Ausgabe zitiert (Traités de législation civile et pénale, 3 Bde, Paris 1802). Wortzitate wurden in diesem Fall der Bowring-Edition entnommen, welche die Manuskripte Benthams in der Regel vollständiger wiedergibt als die Dumont-Ausgabe (so fehlt etwa in der Dumont-Ausgabe das abschließende 34. Kapitel (»Interpretation, Conservation and Improvement of a Code«) der Schrift »General view of a complete code of laws«). Bei denjenigen Schriften Benthams, zu denen eine moderne Edition im Rahmen der »Collected Works« vorliegt, wird nach dieser zitiert und nur, wo dies nicht der Fall ist, nach der (modernen Editionsstandards nicht genügenden) Bowring-Edition. Besonderheiten gelten für Benthams Alterswerk »Constitutional Code«. Den ersten Band dieses auf drei Bände angelegten Werkes hat Bentham noch selbst 1830 veröffentlicht. Dieser Band wurde der Ausgabe des »Constitutional Code« in der modernen Edition der »Collected Works« zugrunde gelegt, die daher wie die Ausgabe von 1830 nur die Kapitel I–IX umfasst. Die geplanten Ergänzungsbände zum »Constitutional Code« sind in der Collected-Works-Edition bislang nicht erschienen. Für die übrigen, von Bentham in Manuskriptform hinterlassenen Kapitel X–XXXII des »Constitutional Code« ist daher nach wie vor auf Band 9 der Bowring-Edition zurückzugreifen. Die vorliegende Untersuchung verweist daher für die Kapitel I–IX des »Constitutional Code« auf die moderne Collected-Works-Edition, für die übrigen Kapitel auf die Bowring-Edition. Der Herausgeber von Bd. 9 der Bowring-Edition, Richard Doane, hat die von Bentham selbst für den »Constitutional Code« vorgesehenen Kapitel I–XXXII als »Book II« zusammengefasst und diesen als »Book I« weitere (nach seiner Einschätzung von Bentham als ausführliche Einleitung zum »Constitutional Code« gedachte, aber mit diesem nur in einem losen Zusammenhang stehende) Ausführungen Benthams vorangestellt. Den Verweisen auf die Bowring-Edition des »Constitutional Code« in der vorliegenden Untersuchung ist daher der Hinweis »Buch II« vorangestellt.

Vergleich mit der bei der Entstehung der napoleonischen Gesetzbücher an-
gewandten Kodifikationstechnik gewesen wäre, weil sie den Rahmen des in einer
Einzeluntersuchung verarbeitbaren Materials endgültig gesprengt hätte und der
Vergleich mit der englischen Gesetzgebungstheorie und -praxis aus den genannten Gründen aufschlussreicher erschien. Allerdings bezieht die Untersuchung auf
Seiten der Gesetzgebungstheorie über die genannten Länder hinaus auch Autoren
anderer Länder ein, sofern sich eine über die Grenzen ihres Landes hinausgehende
Rezeption ihrer Ansichten und infolgedessen eine Bedeutung für die deutschsprachige oder englische Gesetzgebungstheorie feststellen ließ, was etwa für die
französischen Gesetzgebungstheoretiker Montesquieu, Mably, Rousset und Gény,
die Italiener Beccaria und Filangieri und den Niederländer Meijer zutrifft.

In sachlicher Hinsicht liegt der Schwerpunkt der Untersuchung auf ausge-
wählten Kodifikationsprojekten der genannten Länder. Im einzelnen handelt es
sich hierbei um die Gesetzgebungsarbeiten zum preußischen ALR von 1794, zum
österreichischen ABGB von 1811, zum bayerischen Strafgesetzbuch von 1813,
zum preußischen Strafgesetzbuch von 1851, zum Strafgesetzbuch für Britisch-
Indien von 1860, zum deutschen BGB von 1896 und zum schweizerischen ZGB
von 1907.[13] Auch diese Schwerpunktsetzung bedarf einiger Worte der Erläuterung. Was zunächst die Grundentscheidung betrifft, die Gesetzgebungspraxis
vornehmlich anhand von großen Kodifikationsprojekten zu untersuchen, so beruht diese auf der Überlegung, dass die Arbeiten an diesen Gesetzbüchern wegen
der Bedeutung und des Umfangs der Regelungsmaterie, der oft langen und wechselhaften Entstehungsgeschichte, der Sorgfalt und methodischen Selbstreflexion der
hieran Beteiligten und der großen Anteilnahme der Fachöffentlichkeit an diesen
Gesetzgebungsprojekten für die hier untersuchten gesetzgebungstechnischen Fragestellungen besonders ergiebig sind. Die Praxis der Einzelgesetzgebung kommt
daneben insbesondere bei der Darstellung der Gesetzgebungspraxis Englands zur
Sprache, welches erst gegen Ende des 19. Jahrhunderts erste Teilkodifikationen
wichtiger Rechtsbereiche schuf, sowie dann, wenn sie sich von der bei den
Kodifikationen zugrunde gelegten Gesetzgebungstechnik grundsätzlich unterschied.

Die Untersuchung umfasst sowohl Privatrechtsgesetzbücher als auch Strafgesetzbücher, um auf diese Weise einen möglichst repräsentativen Querschnitt
durch die Gesetzgebungspraxis im behandelten Zeitraum zu geben und der in der
rechtshistorischen Forschung zum Teil noch immer anzutreffenden einseitigen
Konzentration auf die Privatrechtsgesetzgebung entgegenzuwirken. Nur so ist es
auch möglich, Strukturunterschiede in der Gesetzgebungstechnik des Privatrechts und des Strafrechts aufzudecken und die Verbindungslinien zur Gesetzgebungstheorie (welche in der Regel Anwendbarkeit auf die Zivil- und Strafge-

---

[13] Hinweise auf Vorschriften dieser Gesetzbücher beziehen sich, soweit nicht anders angegeben, stets auf die Fassung des Gesetzbuchs bei seinem Inkrafttreten.

setzgebung beanspruchte) vollständig aufzuzeigen. In manchen gesetzgebungstechnischen Einzelfragen kam der Strafgesetzgebung im Vergleich zur Zivilgesetzgebung wie sich zeigen wird sogar eine »Vorreiterfunktion« zu, so etwa bei
der Herausbildung eines Allgemeinen Teils und im Rahmen der Umsetzung des
Bestimmtheitsgebots.

Die Auswahl der in dieser Untersuchung näher behandelten Gesetzbücher
orientiert sich im Übrigen an der Ergiebigkeit des Entstehungsprozesses für die
hier untersuchten gesetzgebungstechnischen Fragestellungen. Was die Zivilgesetzbücher betrifft, so mag manches der zu Zeiten des Deutschen Bundes in verschiedenen deutschen Ländern verfolgten Kodifikationsprojekte auf den ersten Blick
für eine nähere rechtshistorische Untersuchung reizvoller erscheinen angesichts
der dort im Hinblick auf die Entstehungsgeschichte im Vergleich zu den hier
behandelten Gesetzbüchern bestehenden größeren Forschungslücken. Doch bezweckt die vorliegende Untersuchung gar nicht, eine umfassende und zusammenhängende Entstehungsgeschichte einzelner Gesetzbücher zu liefern. Die Entstehungsgeschichte einzelner Gesetzbücher kommt in dieser Untersuchung nur
insoweit zur Sprache, wie sich hieraus Rückschlüsse für die Behandlung einzelner
gesetzgebungstechnischer Fragestellungen in der Praxis ergeben. In dieser Hinsicht halte ich die hier behandelten Gesetzbücher für aufschlussreicher als die (mit
Ausnahme des sächsischen BGB alle nicht bis zu einer Inkraftsetzung gediehenen)
Zivilgesetzbuchentwürfe der einzelnen Bundesstaaten, zumal diese (einschließlich des sächsischen BGB) in der Fachöffentlichkeit wesentlich weniger Resonanz
auslösten als die hier behandelten Gesetzbücher und daher auch nicht in gleicher
Weise Anlass gaben zu eingehenden gesetzestechnischen Erörterungen. Die Auswahl der hier näher untersuchten Kodifikationsprojekte berücksichtigt im Übrigen auch den Umstand, dass von den Redaktoren einiger dieser Kodifikationen
eingehende gesetzgebungstheoretische Stellungnahmen vorliegen, welche über
das konkrete Gesetzgebungsprojekt hinausreichen und denen Bedeutung für die
gesetzgebungstheoretische Diskussion insgesamt zukommt.[14]

Das bayerische Strafgesetzbuch von 1813 und das preußische Strafgesetzbuch
von 1851 wurden für eine nähere Analyse aus gesetzgebungstechnischer Sicht
ausgewählt, weil ihnen jeweils Vorbildfunktion für die spätere Strafgesetzgebung

---

[14] Dies gilt insbesondere für die verschiedenen Abhandlungen *Zeillers* zur Gesetzgebungstheorie, welche zum Teil im Zusammenhang mit den Arbeiten am österreichischen ABGB
entstanden, aber sich daneben auch auf die Strafgesetzgebung erstrecken (vgl. hierzu das Quellenverzeichnis), für die Schriften *Feuerbachs*, wobei insbesondere seine Kritik am Strafgesetzbuchentwurf Kleinschrods eine Vielzahl gesetzgebungstechnischer Erörterungen enthält, deren Bedeutung über das konkrete Projekt weit hinausreicht und für die Schriften *Eugen Hubers*, wobei
namentlich seine Erläuterungen zum Vorentwurf des schweizerischen ZGB zahlreiche Erörterungen gesetzgebungstechnischer Einzelfragen enthalten, welche über das konkrete Projekt hinausreichen. Daneben hat auch der BGB-Redaktor *Planck* mit seiner Verteidigung des ersten BGB-
Entwurfs (AcP 75 (1889), S. 327–429) einen gesetzgebungstheoretischen Beitrag geleistet, dessen
Bedeutung über die bloße BGB-Kodifikation hinausgeht.

zukam und sie prägend für die deutsche Strafgesetzgebung insgesamt wirkten. Aus gesetzgebungstechnischer Sicht kam ihnen deutlich größere Innovationskraft zu als dem Reichsstrafgesetzbuch von 1871, welches in wesentlichen gesetzgebungstechnischen Belangen nur eine Fortschreibung des preußischen Strafgesetzbuchs darstellt. Schließlich wurde auch das Strafgesetzbuch für Britisch-Indien von 1860 in die Untersuchung einbezogen, weil es aus gesetzgebungstechnischer Sicht einen besonders fruchtbaren Untersuchungsgegenstand darstellt. Dies gilt zum einen deshalb, weil sich hieran wie an keinem anderen in Kraft getretenen Gesetzbuch eine partielle Rezeption der Gesetzgebungstheorie Benthams verfolgen lässt.[15] Dies gilt zum anderen aber auch deshalb, weil hierin eine – oft übersehene – einzigartige Kodifikationsleistung Englands im 19. Jahrhundert im Bereich des materiellen Rechts liegt, welche nur auf Grund einer besonderen historischen Konstellation möglich war und der im Mutterland im Strafrecht nichts und im Zivilrecht erst gegen Ausgang des 19. Jahrhunderts durch einzelne Teilkodifikationen etwas Vergleichbares zur Seite gestellt wurde.[16] Ferner zeigte sich auch der Vergleich des britisch-indischen Strafgesetzbuchs mit demjenigen Preußens als besonders reizvoll, denn beide Gesetzbücher konnten auf eine lange, zeitlich in etwa parallel verlaufende Entstehungsgeschichte zurückblicken, die – bei aller Verschiedenheit der Rahmenbedingungen – in mancherlei Hinsicht ähnlich verlief.[17]

Die vorliegende Untersuchung beschäftigt sich mit dem »Wie« guter Gesetzgebung, nicht mit dem »Ob«. Gegenstand der Untersuchung ist namentlich nicht die Kodifikationsfrage als solche, die Frage, ob überhaupt umfassende Gesetzbücher geboten sind oder welche Rechtsquellen stattdessen Priorität genießen sollten. Bezweckt ist also insbesondere nicht, einen weiteren Beitrag zur Darstellung und Analyse des deutschen Kodifikationsstreits des 19. Jahrhunderts zu liefern; die Untersuchung setzt vielmehr dort ein, wo die Rechtsquellenfrage bereits entschieden ist zugunsten positiver Gesetzgebung auch in Form umfassender Gesetzbücher und es nun um deren Erstellung und Gestaltung geht.[18] Die sehr zahlreiche Literatur des 19. Jahrhunderts zur Frage der Gebotenheit von Kodifikationen

---

[15] Den von Edward Livingston im Auftrag des Staates Louisiana und der amerikanischen Bundesregierung in Washington erstellten Strafgesetzbuchentwürfen, welche zum Teil in noch größerem Umfang von Benthams Ideen geprägt sind, wurde nie Gesetzeskraft zuteil (näher unten S. 75, Fn. 276).

[16] Bills of Exchange Act 1882; Partnership Act 1890; Sale of Goods Act 1893.

[17] So etwa in der Frage der Bestimmtheitsanforderungen an die Strafzumessungsbestimmungen, in der beide Gesetzbücher im Verlauf ihrer Entstehung eine Entwicklung von zunächst sehr konkreten Vorgaben hin zu größeren Ermessensspielräumen für den Richter erkennen lassen, s. hierzu unten S. 371 ff.

[18] Hiervon zu unterscheiden ist die in der Gesetzgebungstheorie gestellte Frage nach der Veranlassung für neue oder abändernde Gesetzgebung und deren Ausgangspunkt (Teil B, I dieser Untersuchung). Hierbei geht es nicht um die Rechtsquellenfrage, ob überhaupt positive Gesetzgebung bzw. positive Gesetzgebung in Form umfassender Kodifikationen geboten sei, sondern um die (unabhängig von der Kodifikationsfrage bestehende) Fragestellung, welche Gründe dem Ge-

im Allgemeinen oder einer bestimmten Kodifikation im Besonderen ist also nicht Gegenstand dieser Untersuchung, es sei denn, die entsprechenden Autoren verbinden mit ihrer Stellungnahme zur Kodifikationsfrage zugleich auch nähere Darlegungen zur vorteilhaften Gesetzgebungstechnik.

Bei der Auswahl der für die vorliegende Untersuchung zugrunde gelegten Primärliteratur ist zu berücksichtigen, dass sich zwar wie erwähnt seit Beginn des 19. Jahrhunderts Begriffe wie »Gesetzgebungswissenschaft« oder »Gesetzgebungskunst« in der Literatur finden, es sich hierbei aber keineswegs um eine inhaltlich fest umrissene Wissenschaftsdisziplin handelte, wie es für die Gesetzgebungslehre des späten 20. Jahrhunderts zutrifft. Die in der zweiten Hälfte des 18. Jahrhunderts stark zunehmende juristische Literatur zu Gesetzgebungsfragen bestand vielmehr in einer bunten Mischung von Stellungnahmen zur Opportunität von Gesetzgebung überhaupt oder eines bestimmten Gesetzgebungsprojekts, zur sachlichen Gestaltung der Gesetzgebung und schließlich auch zu den hier interessierenden Fragen der methodisch-technischen Gestaltung der Gesetzgebung. Diese unterschiedlichen Fragestellungen fanden sich im 18. und auch noch im 19. Jahrhundert häufig ohne klare Trennung in ein und demselben Beitrag wieder, wohingegen von einer spezifisch gesetzgebungstechnischen Literatur in England bereits seit Bentham, in Deutschland jedoch erst seit Robert von Mohl die Rede sein kann. Das Spektrum der in dieser Untersuchung verwerteten Primärliteratur ist entsprechend breit und reicht von breit angelegten Werken zur »Staatsklugheit« im 18. Jahrhundert bis hin zu speziellen Erörterungen bestimmter Gesetzgebungsprojekte. Ausschlaggebend war stets die Frage, ob sich der Autor über sachlich-inhaltliche Erörterungen zur Gesetzesgestaltung hinaus in vertiefter Weise auch zu gesetzgebungstechnischen Problemen geäußert hat. Bei der ein spezifisches Gesetzgebungsprojekt behandelnden Literatur (wie etwa den sehr zahlreichen Stellungnahmen zum ersten BGB-Entwurf) war zudem ausschlaggebend, ob der Autor bei seinen gesetzgebungstechnischen Erörterungen nur das konkrete Projekt kommentieren oder gesetzgebungstechnische Empfehlungen von allgemeiner Gültigkeit aufstellen wollte.

Damit ist zugleich gesagt, dass die vorliegende Untersuchung nicht einen vollständigen Überblick über die gesetzgebungstheoretische Diskussion einer bestimmten Epoche bieten will, wohl aber über die spezifisch gesetzgebungstechnischen Fragestellungen in dem hier behandelten Zeitraum. So finden etwa die in der zweiten Hälfte des 18. Jahrhunderts und in der ersten Hälfte des 19. Jahrhunderts sehr zahlreichen naturrechtlichen Stellungnahmen zu Gesetzgebungsfragen nur dann Berücksichtigung, wenn sich hierin ein wesentlicher Beitrag zur Theorie der Gesetzgebungstechnik findet. Ein bloß schlagwortartiges Eingehen auf ein

---

setzgeber Veranlassung zu einem Tätigwerden (sei es in Form neuer Gesetze oder der Abänderung bestehender Gesetze) geben und inwieweit das bestehende Recht die Basis seines Tätigwerdens bilden soll.

gesetzgebungstechnisches Thema am Rande (wie zum Beispiel die sehr zahlreichen, häufig aber nicht weiter vertieften Rufe nach kurzen und einfachen
Gesetzen) reicht hierzu ebenso wenig wie eine bloß ein bestimmtes Gesetzgebungsprojekt kommentierende Stellungnahme, sofern deren Aussagen nicht
verallgemeinerungsfähig sind.

Die in dieser Untersuchung zur Sprache kommenden Gesetzgebungstheoretiker lebten und schrieben unter ganz verschiedenen verfassungsrechtlichen und
politischen Rahmenbedingungen und die hier näher behandelten Gesetzgebungsprojekte entstanden ebenfalls unter sehr verschiedenen Rahmenbedingungen, die
von den absolutistischen Herrschaftsbedingungen zu Zeiten der Entstehung des
ALR, ABGB und bayerischen Strafgesetzbuchs, über die von der Reaktionszeit
des Vormärz, schließlich aber auch von den Folgen der 1848er-Revolution geprägte Entstehungsgeschichte des preußischen Strafgesetzbuchs, den besonderen
Rahmenbedingungen in Britisch-Indien, welches bis 1858 nicht direkt von der
englischen Krone oder dem Parlament, sondern von der *East India Company*
verwaltet wurde, bis hin zu den spezifischen Rahmenbedingungen der konstitutionellen Monarchie des deutschen Kaiserreichs bei der Entstehung des BGB und
der volksnahen schweizerischen Demokratie bei Entstehung des ZGB reichen.
Diese allgemeinen Rahmenbedingungen können nicht jeweils im Detail in dieser
Untersuchung angesprochen werden, sondern müssen vielfach als bekannt (bzw.
anderswo nachlesbar) vorausgesetzt werden.[19] Hieraus sollte aber nicht der Schluss
gezogen werden, dass die Theorie oder gar die Praxis der Gesetzgebungstechnik
auf Grund ihrer primär formalen Natur von diesen Rahmenbedingungen ohne
weiteres lösbar und unabhängig vom historischen Kontext applizierbar sei. In
welchem Umfang dies der Fall ist, man also tatsächlich von einer globalen und
unabhängig von konkreten historischen Kontexten anwendbaren »best practice«
der Gesetzgebungskunst sprechen kann (wie es etwa Bentham vorschwebte), ist
eine Frage, zu deren Klärung diese Untersuchung beitragen will, ohne die Antwort hierauf bereits methodisch als Prämisse vorauszusetzen.

Ideengeschichtliche Untersuchungen laufen leicht Gefahr, den Gang der Geschichte unter dem Blickwinkel der Verwirklichung bestimmter Ideen und den
hierbei erlittenen Rückschlägen zu sehen. Die Wirklichkeit wird hierbei nicht
selten vorsortiert und Aspekte, die nicht in das Bild passen, ausgeblendet. Die
vorliegende Untersuchung möchte nicht unter einem solchen Blickwinkel verstanden werden, etwa in dem Sinne, dass ausgehend von der modernen Gesetzgebungslehre allein gefragt würde, wie man in früheren Zeiten die heute gerade
aktuellen Probleme der Gesetzgebungstechnik gesehen und gelöst hat. Primäres
Anliegen ist vielmehr, die Gesetzgebungstechnik der Vergangenheit und die Ent-

---

[19] Ausnahmen gelten für die legislativen Rahmenbedingungen Britisch-Indiens, welche dem
deutschen Leser wohl am wenigsten bekannt bzw. greifbar sind und daher im Rahmen dieser
Untersuchung etwas ausführlicher angesprochen werden, sofern es für das Verständnis des Zusammenhangs erforderlich ist.

wicklung, die sie genommen hat, aus ihrer Zeit heraus zu verstehen und die Verbindungslinien zu der Gesetzgebungstheorie der jeweiligen Zeit aufzudecken. Dass die Untersuchung hierbei den Rahmen einer einzelnen Rechtsordnung zugunsten eines grenzüberschreitenden Vergleichs verlässt, möge man nicht als Zugeständnis an den modernen Zeitgeist interpretieren, sondern als Folge der im Rahmen der Arbeiten an dieser Untersuchung gewachsenen Erkenntnis, dass die Gesetzgebungstheorie wie auch die Gesetzgebungspraxis des 18. und 19. Jahrhunderts in einem gesamteuropäischen Kontext stand, aus welchem heraus sie verstanden und gemessen werden sollte.

Nachdem das 19. Jahrhundert das Zeitalter der großen nationalen Kodifikationen war, spricht einiges dafür, dass das gerade begonnene 21. Jahrhundert besonders in Europa eine Zeit großer grenzüberschreitender Kodifikationsanstrengungen wird, um die unterschiedlichen Rechtsordnungen innerhalb der Europäischen Union zusammenzuführen. Die selben Ursachen, die zu den ersten modernen Kodifikationen auf nationaler Ebene führten (Rechtszersplitterung, Rechtsunsicherheit und das Bestreben, die Integration in ein größer gewordenes politisches Gebilde mit den Mitteln des Rechts zu fördern), sind auch heute wieder Motor der Bestrebungen für europaweite Kodifikationen. Hierbei geht es nicht allein um die inhaltlichen Aspekte der Rechtsangleichung, sondern es muss auch eine Verständigung über die methodische Vorgehensweise und gesetzestechnischen Eigenarten bei einer europaweiten Rechtsangleichung gefunden werden. Die Vergewisserung der (zum Teil gemeinsamen) historischen Wurzeln der Gesetzgebungstechnik und der früher angewandten Methoden und Instrumente bei der vereinheitlichenden Kodifikation heterogener Rechtsmassen kann vor dem Hintergrund dieser europäischen Herausforderungen der Zukunft nur nützlich sein. Wenn die vorliegende Untersuchung hierzu einen Beitrag leisten kann, so ist dies zwar nicht ihr eigentliches Erkenntnisanliegen, doch fraglos ein willkommener Nebeneffekt einer um Verständnis von historischen Zusammenhängen in der Gesetzgebungsgeschichte bemühten Arbeit.

Teil B

Die Entwicklung des zweckmäßigen Verfahrens zum Abfassen, Bekanntmachen und Verbessern von Gesetzen

Die in den Lehren zur Gesetzgebungstechnik behandelten Themen lassen sich in zwei große Bereiche gliedern: Der eine Bereich betrifft alle Fragen des zweckmäßigen Werdegangs eines Gesetzes, von der Frage seiner Veranlassung und seiner Vorbereitung, über die einzelnen Entstehungsstadien, seine Bekanntmachung und Inkrafttreten, bis hin zu Fragen der Kontrolle, Bereinigung und Revision des Gesetzes (Teil B dieser Untersuchung). Der andere Bereich betrifft die formalen Anforderungen an den Gesetzesinhalt, also alle Fragen, die nicht den sachlichen Inhalt, sondern die Form zum Gegenstand haben, in der uns der sachliche Inhalt im Gesetz entgegentritt (Teil C dieser Untersuchung).

I. Die Veranlassung zur Gesetzgebung und deren Ausgangspunkt

Am Anfang jeder Gesetzgebung stehen die Fragen, wann überhaupt ein Bedürfnis zum Tätigwerden des Gesetzgebers vorliegt, inwieweit dieser hierbei an das bestehende Recht anknüpfen soll und welcher Zeitpunkt für ein Tätigwerden des Gesetzgebers am günstigsten ist. Die Gesetzgebungstheorie hat sich mit diesen Fragen bereits seit dem 17./18. Jahrhundert beschäftigt.

1. Das Bedürfnis nach neuen Gesetzen

Der Kritikpunkt der Normenflut ist ein allgegenwärtiger Topos der modernen Gesetzgebungsdiskussion. Dabei ist aber weder die Erscheinung selbst noch die Kritik daran etwas der Moderne Eigentümliches. Die Forderung, der Gesetzgeber solle sich auf das Wesentliche beschränken und möglichst wenige, überschaubare und kurze Gesetze geben, hat die Gesetzgebungsdiskussion seit ihrer frühesten Zeit begleitet.[1] Allerdings ist in der modernen Diskussion hierbei ein Aspekt weitgehend aus dem Blickwinkel geraten. Im Mittelpunkt der modernen

---

[1] Ausführlich hierzu unten S. 406 ff.

Kritik steht die Regelungsdichte und schiere Regelungsmasse der modernen Gesetzgebungsmaschinerie. Die Beständigkeit der Gesetzgebung, also der Schutz der Gesetze vor vorschnellen und schlecht motivierten Änderungen, spielt zwar in besonders »reformfreudigen« Regelungsbereichen (wie etwa dem Sozialrecht und Steuerrecht) auch heute noch eine Rolle; in der Regel ist es aber nicht die Änderung der bestehenden Gesetzeslage an sich, die dem Gesetzgeber zum Vorwurf gemacht wird. Der Gedanke, dass Alter und Beständigkeit einer gesetzlichen Regelung für sich eine Legitimationsfunktion besitzen, ist heute weitgehend verblasst. Dies war früher anders. Die Gesetzgebungstheorie des 18. und 19. Jahrhunderts beschäftigte sich eingehend mit der Frage, wann eine Veranlassung zum Tätigwerden des Gesetzgebers besteht. Nicht nur für den konkreten Inhalt einer Neuregelung bestand also Legitimationsbedürfnis, sondern für das Tätigwerden des Gesetzgebers an sich.

Die meisten Autoren betonten hierbei, dass sich der Gesetzgeber vor beiden möglichen Extremen hüten solle: Weder soll er das bestehende Recht bei offenkundigem Reformbedürfnis als unantastbar behandeln, noch soll er jeder leichten Änderungslaune nachgeben und dem Recht dadurch einen steten Wechsel aufzwingen.[2] Hierbei ist interessant, wie sich der Schwerpunkt zwischen diesen beiden Extremen in dem hier untersuchten Zeitraum allmählich verschob.

a) Das bewahrende Element

Weite Teile der deutschen Gesetzgebungstheorie des 18. Jahrhunderts sind – trotz des zunehmenden Einflusses aufklärerischen und vernunftrechtlichen Gedankenguts – in der Frage des Nutzens gestalterischer Eingriffe eines Gesetzgebers, der bewusst Neues an die Stelle von Altem setzt, noch überwiegend skeptisch. Zwar gab es bereits seit Conring und Leibniz eine populäre Tradition von Forderungen nach Verbesserung des Rechtszustandes durch Neuordnung des römischen Rechts und Beseitigung von Widersprüchen, Kontroversen und Unklarheiten.[3] Auf eine bewusste inhaltliche Neugestaltung der Rechtsordnung war diese Tradition aber überwiegend nicht gerichtet; Basis der Reformbemühungen war das geltende Recht, welches es zu bessern, nicht aber grundsätzlich in Frage zu stellen galt. Als Veranlassung zum Tätigwerden des Gesetzgebers sah man hier also in erster Linie die formalen Mängel des rezipierten römischen Rechts. Viele gesetzgebungs-

---

[2] Vgl. hierzu, neben den nachfolgend Genannten, als ein frühes Zeugnis aus England zu dieser abwägenden Methode *Hale*, S. 253: Die übereifrige und übereilte Methode einer ständigen Änderung des Rechts unter dem Vorwand der Reformen sei ebenso verfehlt wie ein überstrenges Kleben an dem vorgefundenen Recht in jeder Einzelheit.

[3] S. hierzu unten S. 421 ff.; zu den Reformplänen Conrings und Leibniz' s. unten S. 271, Fn. 1194 und S. 421, Fn. 575. Zu der (bereits seit dem Humanismus einsetzenden) Kritik am römischen Recht s. den Überblick bei *Coing*, Vorgeschichte der Kodifikation, S. 800 ff. Zur demgegenüber skeptischen Haltung vieler Autoren des 17. Jahrhunderts zu Neuerungen in der Gesetzgebung s. etwa *J. Schröder*, ZRG (GA) 109 (1992), S. 7 ff.

theoretische Schriften des 18. Jahrhunderts vermitteln, wie im Folgenden zu sehen ist, eine tendenziell skeptische und warnende Haltung gegenüber einer vorschnellen Bejahung des Bedürfnisses nach neuen oder abändernden Gesetzen.

Es war der preußische König Friedrich II selbst, der zur Mitte des 18. Jahrhunderts in einer eigenen gesetzgebungstheoretischen Abhandlung, welche gleichzeitig mit Coccejis Arbeit am Projekt des Corporis Juris Fridericiani entstand und im späten 18. und im 19. Jahrhundert viel zitiert wurde, näher zu der Frage Stellung nahm, wann ein Bedürfnis für ein Tätigwerden des Gesetzgebers vorliege.[4] Friedrich zeigt sich hier zurückhaltend, eine Veranlassung zum Tätigwerden des Gesetzgebers zu bejahen.[5] Bei Gesetzen, an die sich die Menschen gewöhnt haben, sei es meist ratsam, nicht zu versuchen, diese durch bessere zu ersetzen, denn die meisten Menschen seien Gewohnheitstiere und die durch die Reform verursachte Verwirrung könne größer sein als das Gute, welches das neue Gesetz hervorbringe.[6] Jedoch räumt er ein, dass es Ausnahmen gebe, wo eine Gesetzesreform notwendig ist, so wenn die bestehenden Gesetze gegen die öffentliche Wohlfahrt oder die natürliche Billigkeit verstoßen oder ihre Bestimmungen vage, dunkel oder widersprüchlich sind.[7] Auch eine inhaltlich an sich sinnvolle Reform steht hier also unter Legitimationszwang; nur bei handgreiflichen inhaltlichen (Verstoß gegen natürliche Billigkeit oder öffentliche Wohlfahrt) oder formalen Mängeln (Unbestimmtheit, Widersprüchlichkeit) schlägt die Waage zugunsten einer Reform aus. Zwar bezeichnet Friedrich II ein vollkommenes Gesetzbuch als Meisterwerk des menschlichen Verstandes im Bereich der Regierungskunst (was im 19. Jahrhundert gerne als Beweis für Friedrichs gesetzgeberischen Reformeifer zitiert wurde), doch bleibt dieses für ihn eine unerreichbare Utopie, denn – so fährt er fort – das Vollkommene liege außerhalb der menschlichen Sphäre.[8] Ganz im Sinne früherer Reformskeptiker wie Thomasius fügt Friedrich die Sentenz hinzu, dass wenige, aber weise Gesetze ein Volk glücklich machen, viele Gesetze hingegen das Recht verwirren.[9]

---

[4] *Friedrich II*, Dissertation sur les raisons d'établir ou d'abroger les loix, Frankfurt u. Leipzig 1751 (eine 1749 verfasste und 1750 verlesene Akademieabhandlung).

[5] Friedrichs Darlegungen sind auch sonst aus gesetzgebungstheoretischer Sicht konservativ und ähneln in vielem der kurz zuvor veröffentlichten Schrift Montesquieus über den »Geist der Gesetze«. So betont Friedrich, dass man eine Kenntnis von der Art und Weise des Abfassens und Änderns von Gesetzen nur aus der Geschichte erlangen könne und jede Nation für sie eigentümliche Gesetze aufweise. *Montesquieu* selbst hatte sich nur en passant zur Frage der Veranlassung zu neuen oder abändernden Gesetzen geäußert und hierfür einen zureichenden Grund gefordert (Buch XXIX, Kap. 16). Ob Friedrich das Werk Montesquieus bei Abfassung seiner Abhandlung bereits bekannt war, lässt sich nicht mit Sicherheit beantworten; ausdrücklich Bezug auf Montesquieu nimmt er nicht (*Dilcher*, JZ 1969, S. 4, vermutet Kenntnis; *Thieme*, ZRG (GA) 56 (1936), S. 227, Fn. 2, bezweifelt diese hingegen).

[6] *Friedrich II*, Dissertation, S. 42.

[7] Ebd., S. 42.

[8] Ebd., S. 39 f.

[9] *Friedrich II*, Dissertation, S. 40. *Thomasius* hielt schon zu Beginn des 18. Jahrhunderts eigenständige Vorlesungen über gesetzgeberische Klugheit, in denen er zwar einige praktische Rat-

Auch aus Friedrichs II namentlich in der älteren Literatur[10] viel gerühmten Engagement im Zusammenhang mit der Erstellung eines allgemeinen Gesetzbuchs für Preußen lässt sich keine Abkehr von dieser skeptischen Grundhaltung gegenüber inhaltlichen gesetzgeberischen Reformen (jedenfalls für den Bereich des materiellen Rechts) entnehmen.[11] In Friedrichs Kabinettsorder vom 14. April 1780, die den Ausgangspunkt für die neuerlichen Bemühungen um ein allgemeines Gesetzbuch für Preußen bildete, sind im Wesentlichen die Punkte als Weisung formuliert, die er schon 30 Jahre zuvor in seiner Akademieabhandlung als Legitimationsgrund für ein Eingreifen des Gesetzgebers beschrieben hat: Die bestehenden Gesetze sollen gesammelt, von Dunkelheiten und Zweideutigkeiten gereinigt und von Überholtem befreit werden.[12] Von einer systematischen inhaltlichen Neugestaltung ist hier nicht die Rede; auch sollte das neu geordnete Recht gegenüber den bestehenden Provinzialrechten nur subsidiär zur Geltung kommen. Entsprechend heißt es auch in dem (wohl von Svarez verfassten und von Friedrich II genehmigten) Plan zur Ausarbeitung des Gesetzbuchs: »Die Intention Sr Königlichen Majestät geht nicht so wohl dahin, daß neue Gesetze gemacht, als vielmehr nur, daß die bereits vorhandnen gesammlet; in Ordnung gebracht; deutlich und allgemein verständlich vorgetragen; dabey aber auch revidirt, und wo es nöthig, den gegenwärtigen Zeiten, Sitten, Gebräuchen, Religions- und Landes-Verfassungen, so wie dem Recht der Natur und der Billigkeit, gemäßer eingerichtet werden sollen.«[13] Die Einstellung zum vorgefundenen Recht war also ambivalent. Man betonte, dass man an diesem grundsätzlich festhalten und

---

schläge für gute Gesetzgebung gab, sich insgesamt aber sehr skeptisch gegenüber der Möglichkeit einer Verbesserung der Zustände und Sitten durch neue Gesetzgebung äußerte (Prudentia Legislatoria, Kap. XI u. Kap. XII § 3; im Druck erschienen diese Ratschläge erst 1740, also wenige Jahre vor der Stellungnahme Friedrichs II). Je weniger geschriebene Gesetze es gebe, desto besser (ebd., Kap. XII § 9). Den Vorschlag, gar einen neuen Codex Juris Germanici zu erstellen, wies *Thomasius* als in jeder Hinsicht nicht praktikabel zurück (Grundlehren, Teil II, Kap. 7, § 50, S. 171; zu Thomasius' Ansichten in dieser Frage in seinen späten Schriften s. *Luig*, Wissenschaft und Kodifikation, S. 177 ff.). Thomasius' Skepsis gegenüber gesetzgeberischem Reformeifer stand zwar erst am Anfang des 18. Jahrhunderts, sie blieb aber wohl nicht ohne Wirkung auf Friedrich II und macht deutlich, dass das Bekenntnis zu den Ideen der Aufklärung und des Naturrechts im 18. Jahrhundert nicht zwangsläufig von Gesetzgebungsenthusiasmus begleitet war.

[10] Vgl. etwa *Stölzel*, Svarez, S. 234 f., 445; *Thieme*, ZRG (GA) 57 (1937), S. 370.

[11] Ähnlich wie hier *Hattenhauer* (ALR im Widerstreit, S. 31, 35; *ders.*, Einführung, S. 7 f., *ders.*, Preußens Richter und das Gesetz, S. 43) und *Birtsch* (S. 47 f., 57) wonach Friedrich II jedenfalls im materiellen Recht eher an eine behutsame und punktuell begrenzte Besserung unklaren Rechts im traditionellen Sinne als an eine grundlegende Reform dachte; auch *P. Krause* (Überforderung, S. 144 ff.; *ders.*, Einführung, S. XLIV) und *Barzen* (S. 17 ff.) legen da, dass Friedrich keineswegs eine grundlegende Reform im Sinne des modernen Kodifikationsbegriffs im Sinn hatte; vgl. auch *Kleinheyer*, Friedrich der Große und die Gesetzgebung, S. 782, der ebenfalls bezweifelt, dass Friedrich überblickt habe, welchen Weg das Gesetzgebungsprojekt nehmen und dass es weit über die Gegenstände des Corpus Juris Justinians hinausgehen werde.

[12] Kabinettsorder vom 14. April 1780, S. 45 f.

[13] »Plan nach welchem bey Ausarbeitung des neuen Gesetzbuchs verfahren werden soll« vom 27. Juli 1780, Abschnitt 1.

primär nur formale Verbesserungen vornehmen wolle, wie es dem traditionellen Gesetzgebungsverständnis entsprach. Zugleich kündigt sich aber in der bekundeten Bereitschaft, das vorgefundene Recht den Erfordernissen der Gegenwart, dem Naturrecht und der Billigkeit gemäß zu revidieren, das geänderte Verhältnis des aufgeklärten Absolutismus gegenüber der vorgefundenen Rechtsordnung auch in den Kernbereichen des Rechts an: Diese waren gestalterischen Eingriffen des Gesetzgebers nicht prinzipiell entzogen, derartige Eingriffe sollten aber nur dort erfolgen, wo dies aus den genannten Gründen notwendig war.[14]

Entsprechend legen nicht wenige Gesetzgebungstheoretiker der zweiten Hälfte des 18. Jahrhunderts die Schwelle für ein Eingreifen des Gesetzgebers hoch.[15] So warnt Hommel den Gesetzgeber vor übereilten Reformen: Nicht wohl erwogene neue Gesetze könnten größeren Schaden anrichten als fehlerhafte bestehende Gesetze.[16] Zwar betont auch er, dass Gesetze nicht für die Ewigkeit geschaffen, sondern Veränderungen unterworfen sind, wofür er eigens das Amt eines Gesetzeskritikers einrichten will.[17] Hierbei geht es ihm aber um punktuelle Besserungen, insbesondere der in ihrer Strenge nicht mehr zeitgemäßen Strafgesetze, nicht um umfassende Reformen. Auch Wieland wendet sich gegen gesetzgeberischen Aktivismus. Wie Friedrich II hebt er hervor, dass die Menschen zu einem großen Teil von Gewohnheiten beherrscht werden, welche den alten Gesetzen ihre Kraft geben und sie den Bürgern heilig und unverletzlich machen.[18] Neue Gesetze, die den alten Gesetzen widersprechen, würden daher in den Augen der Bürger ungeachtet ihrer größeren Vollkommenheit ungleich weniger Würde und Ansehen genießen. Man dürfe daher die bestehenden Gesetze nicht wegen minder

---

[14] Bezeichnend für diesen auch unter Friedrichs Nachfolger Friedrich Wilhelm II fortbestehenden Rechtfertigungszwang für gestalterische Eingriffe in das vorgefundene Recht war dessen Anweisung, ihm im Rahmen der Schlussverhandlungen zum AGB eine Liste der wichtigsten Abweichungen des geplanten Gesetzbuchs vom bisherigen Recht zur Genehmigung vorzulegen. Die vom Großkanzler Carmer vorgelegte Liste mit Abweichungen wurde von Friedrich Wilhelm II durch Kabinettsorder vom 21. Dezember 1790 genehmigt (vgl. *Simon*, S. 233).

[15] Im Folgenden sind nur Beiträge aus der Gesetzgebungstheorie genannt, welche gedanklich voraussetzt, dass man eine Gestaltung der Rechtsordnung mittels Gesetzgebung nicht generell ablehnte, anderenfalls die Beschäftigung mit den hieran zu stellenden Anforderungen keinen Sinn machte. Generell kritisch gegenüber einer Umgestaltung der Rechtsordnung mittels positiver Gesetze waren etwa Justus Möser und Gustav Hugo, denen wir daher auch keine nennenswerten Beiträge zur Theorie der positiven Gesetzgebung verdanken. Eine Sonderstellung nimmt insoweit Schlosser ein, der zwar ebenfalls das Verfassen eines Gesetzbuchs zu seiner Zeit für »auf keine Weise angemessen« hielt (*Schlosser*, Briefe, S. 8 ff.; vgl. auch *ders.*, Vorschlag, S. 27 f., 316 ff.) und stattdessen empfahl, das römische Recht auf seine Grundsätze zurückzuführen und deren Anwendung in einem autorisierten Kommentar zu zeigen, »um sich wenigstens die Commentatoren und Controversen zum Theil vom Hals zu schaffen« (Briefe, S. 46). Dennoch nahm er das Erscheinen des Entwurfs eines preußischen Gesetzbuchs zum Anlass für eine ausführliche Kritik (Briefe über die Gesetzgebung …, 1789 u. Fünfter Brief 1790), welche sich zu zahlreichen gesetzgebungstechnischen Fragen äußerte.

[16] *Hommel*, Principis cura leges, S. 29/95.

[17] *Hommel*, ebd., S. 26/91.

[18] *Wieland*, Teil 1, § 59, S. 85 f.

wichtiger Mängel abschaffen oder ändern, denn sie seien zumindest geeignet, Ruhe und Ordnung zu erhalten.[19] Sollten neue Gesetze wirklich unumgänglich sein, solle der Gesetzgeber diese den alten zumindest so ähnlich wie möglich gestalten. Vor jedem Tätigwerden des Gesetzgebers sei im Übrigen zu bedenken, dass neue Gesetze, auch wenn auf das Abfassen große Sorgfalt verwendet wird, häufig neue Auslegungsprobleme aufwerfen.[20]

Warnend vor einem voreiligen Tätigwerden des Gesetzgebers äußerte sich wenig später auch Svarez gegenüber dem preußischen Kronprinzen. Zur Abschaffung oder Abänderung alter Gesetze solle man nicht ohne Not und nur nach der reiflichsten Überlegung schreiten.[21] Als Beispiel misslungener, weil übereilter und planloser Gesetzgebung führt Svarez dem Kronprinzen die Reformen des österreichischen Kaisers Joseph II vor Augen. Ganz ähnlich findet sich diese Warnung zur gleichen Zeit (1791) in einer Schrift des Leipziger Professors Erhard: Eine Abänderung von Gesetzen solle nicht zu häufig und nicht ohne Not erfolgen, jedoch sollen offensichtlich veraltete Gesetze aufgehoben werden.[22] Auch soll bei Gesetzesänderungen die Ursache der Abänderung bekannt gemacht werden. Für Erhard steht hierbei ähnlich wie bei Wieland die Überlegung im Mittelpunkt, dass ein häufiger und nicht von dringenden Bedürfnissen geleiteter Gesetzesaktivismus die Achtung des Volkes vor den Gesetzen herabsetze.

Wenngleich die genannten Autoren sich also bemühen, beide Extrempositionen zu verwerfen, wird doch die Grundtendenz deutlich. Obwohl in der Zeit des aufgeklärten Absolutismus entstanden, in der das von seinem Willen geleitete (und in diesem ursprünglichen Sinne »willkürliche«) Gesetzgebungsrecht des Herrschers außer Frage stand,[23] sieht man in diesen Beiträgen des 18. Jahrhunderts zur Gesetzgebungstheorie doch noch die traditionelle Vorstellung vom »guten alten Recht« durchscheinen, dem ein Legitimationsvorsprung gegenüber jedem Änderungsansinnen zukommt und in das man nur wohl überlegt und nicht ohne wichtigen Grund eingreifen soll. Zwar sieht man im Herrscherakt und nicht mehr in Alter und Gewohnheit den Grund für die Bindungswirkung des Gesetzes, methodisch jedoch bewahrt das bestehende Recht seine Vorzugstellung gegenüber herandrängendem Reformeifer.

---

[19] *Wieland*, Teil 1, § 58, S. 84 f.; § 59, S. 85 f. Diese von Friedrich II und Wieland gebrauchte Argumentation lässt sich auf Aristoteles zurückführen, der ebenfalls der Ansicht war, dass der Gesetzgeber kleinere Mängel innerhalb der bestehenden Gesetze lieber nicht korrigieren sollte, weil der mit der Änderung verbundene Nutzen häufig geringer sei als der Schaden, den das Vertrauen des Volkes in die Beständigkeit der Gesetzgebung hierbei erleide (*Aristoteles*, Politik, 1269 a).

[20] *Wieland*, Teil 1, § 49, S. 70.

[21] *Svarez*, Kronprinzenvorträge, S. 15.

[22] *Erhard*, S. 65.

[23] Vgl. zu der Entwicklung der neuzeitlichen Auffassung vom Herrscherwillen als Legitimationsquelle der Gesetze *Mohnhaupt*, S. 199 ff.; *J. Schröder*, Recht als Wissenschaft, S. 97 f., 105.

Entsprechend sahen sich die Redaktoren des Entwurfs eines Allgemeinen Gesetzbuchs für Preußen 1791 genötigt, dem Vorurteil entgegenzutreten, unter dem Einfluss von Vernunftrecht und Aufklärung ein völlig neues Gesetzbuch geschaffen zu haben, welchem nicht das bestehende Recht, sondern die Vernunft als Grundlage diene. Svarez betont, dass nicht Montesquieu, Rousseau oder Mably, sondern das tradierte römische Recht die meisten Materialien zu dem Entwurf geliefert habe.[24] Der Gesetzgeber solle das Volk nicht mit ganz neuen Begriffen, Maximen und Regeln überraschen, fügt er an, und im Fache der Gesetzgebung seien Reformen Revolutionen allemal vorzuziehen.[25]

Ähnlich konservativ war der Ausgangspunkt bei der in den zwanziger Jahren des 19. Jahrhunderts konkrete Formen annehmenden Revision des ALR unter Friedrich Wilhelm III. In einer an den damaligen Justizminister Danckelmann gerichteten Kabinettsorder verwarf der König ausdrücklich den Gedanken, ein ganz neues Gesetzbuch zu schaffen und schärfte den Revisoren ein, das bestehende Gesetzbuch als Ausgangspunkt zu nehmen und nur dort Änderungen in Vorschlag zu bringen, wo diese wirklich erforderlich seien, um Mängeln oder neu entstandenen Bedürfnissen abzuhelfen.[26] Danckelmann konnte den König zwar überzeugen, dass es im Strafrecht hiermit nicht getan sei, sondern ein neues Gesetzbuch erforderlich sei, doch waren die Redaktoren in der Anfangsphase der Arbeiten an einem preußischen Strafgesetzbuch deutlich bemüht, so viel wie möglich an die bisherigen strafrechtlichen Bestimmungen im ALR anzuknüpfen und jedes Abgehen hiervon ausdrücklich zu rechtfertigen.[27] Der damalige Referent Bode fasst diesen Ansatz in den Worten zusammen, dass »jedes bestehende Gesetz schon deshalb einen Werth hat, weil es besteht« und dass »nur dringende, und mithin sorgfältigst zu prüfende Gründe seine Abänderung rechtfertigen können.«[28] Im Laufe der langwierigen Kodifikationsgeschichte des preußischen Straf-

---

[24] *Svarez*, Annalen, Bd. 8 (1791), S. XXIV. In der Tat begannen die Arbeiten an dem Allgemeinen Gesetzbuch mit der Herstellung von Auszügen aus dem Corpus Juris Civilis, s. hierzu unten S. 54 f.; dort auch näher zur Selbsteinschätzung der ALR-Redaktoren hinsichtlich ihres Umgangs mit dem bestehenden Recht.

[25] Ebd., S. XXV f.

[26] Kabinettsorder vom 24. Juli 1826, abgedruckt bei *Kamptz*, Kamptz' Jahrbücher, Bd. 60 (1842), S. 295–298, hier: S. 296.

[27] So wird in den Motiven zu den Entwürfen von 1827 und 1828 zu einem preußischen Strafgesetzbuch ausführlich das Verhältnis des Entwurfs zu dem bisherigen strafrechtlichen Teil des ALR diskutiert sowie die Gründe im Falle eines Abweichens von den dortigen Bestimmungen in einzelnen Punkten. Allerdings waren die Redaktoren ungeachtet dieses konservativen Ansatzes schon in der frühen Kodifikationsphase unter den Justizministern Danckelmann und Kamptz dennoch bemüht, für ihre Arbeit so viel wie möglich ausländische Gesetzgebungen als Vergleichsmaterial heranzuziehen; s. zu diesem Aspekt unten S. 74 f.

[28] Motive zum Entwurf 1827, Vorwort, S. VIII, in: *Regge/Schubert*, Bd. 1, S. 32. Bode knüpfte hiermit an Äußerungen des Justizministers Danckelmann in einem Schreiben an das Staatsministerium vom 1. Dezember 1825 und in einem Zirkular an die Gesetzrevisionskommission vom 3. Dezember 1825 an, in denen sich Danckelmann – in Übereinstimmung mit der traditionellen Gesetzgebungslehre – bei der anstehenden Revision sowohl gegen unbedachte Neuerungssucht

gesetzbuchs fanden die nachfolgenden Kommissionen aber mehr und mehr zu einem freieren Umgang mit dem bestehenden Recht, nicht zuletzt auch als Folge der zahlreichen kritischen Stellungnahmen, die sich in den vierziger Jahren im Anschluss an die Veröffentlichung des Strafgesetzbuchentwurfs erhoben und die nach Ansicht der nunmehrigen Redaktoren den größten Teil der bisherigen Arbeit in Frage stellten.[29] Bezeichnend ist aber, dass noch in den abschließenden Beratungen des Strafgesetzbuchentwurfs im preußischen Landtag 1851 sowohl der Berichterstatter als auch der Justizminister ihre Debattenbeiträge mit der Frage beginnen, ob überhaupt ein Bedürfnis für das neue Gesetzbuch bestehe.[30]

Diese skeptische Grundtendenz gegenüber gesetzgeberischem Aktivismus findet sich auch in der Gesetzgebungstheorie der ersten Hälfte des 19. Jahrhunderts bei konservativen, aber gelegentlich auch bei liberalen Autoren noch wieder. Karl Salomo Zachariä, Gerstäcker und Stahl betonen ebenso wie Meijer und Rotteck, der Gesetzgeber solle die Gesetze nicht zu häufig und nicht ohne Not ändern.[31] Während Konservative wie Zachariä hierbei die Regierungsformen der Demokratie und der konstitutionellen Monarchie für besonders anfällig für den Fehler der »Gesetzgeberei« hielten[32], betonte hingegen Rotteck, dass ein schneller Wechsel der Gesetze auf despotische Willkür oder einen Mangel an Einsicht hindeute.[33] Wie schon ihre Vorgänger im 18. Jahrhundert weisen auch diese Autoren zwar darauf hin, dass es unabweisliche Gründe für neue bzw. abändernde Gesetze geben könne, doch sieht man Änderungen nach wie vor mit Skepsis und fordert eine Rechtfertigung durch dringende Bedürfnisse.[34] Man beruft sich hierbei auf das

---

als auch gegen eine Verteuflung von allem Neuen in der Gesetzgebung wandte und resümierte: »Ich kann indes nicht läugnen, daß jedes bestehende Gesetz schon deshalb einen Werth für mich hat, weil es besteht, und daß daher nach meiner vorläufigen Ansicht nur dann zu Abänderungen zu schreiten wäre, wenn eine langjährige Erfahrung ergiebt, daß das bestehende mangelhaft sei und einer Verbesserung bedürfe.« (zitiert nach *Kamptz*, Kamptz' Jahrbücher, Bd. 60 (1842), S. 13).

[29] Vorbericht zu der im Mai 1845 von dem Minister der Gesetzrevision vorgelegten Revision des Strafrechts, S. II, in: *Regge/Schubert*, Bd. 5, S. 214.

[30] Sitzung der Zweiten Kammer vom 27. März 1851, in: Verhandlungen der Ersten und Zweiten Kammer, S. 1 (Berichterstatter von Patow) u. S. 8 (Justizminister Simons). Beide bejahen im Ergebnis das Bedürfnis für die Kodifikation; anders aber in der Ersten Kammer der Abgeordnete Ernst Ludwig von Gerlach, der ein Bedürfnis für eine umfassende Kodifikation des Strafrechts für nicht gegeben hält und stattdessen eine begrenzte Spezialgesetzgebung nach Maßgabe der jeweiligen momentanen Bedürfnisse befürwortet (Sitzung der Ersten Kammer v. 12. April 1851, ebd., S. 420 ff.).

[31] *K. S. Zachariä*, Wissenschaft, S. 358; *ders.*, Vierzig Bücher vom Staate, Bd. 4, Buch 20, S. 14; *Gerstäcker*, Bd. 2, S. 157 f.; *Stahl*, Bd. II/1, S. 246 f.; *Meijer*, S. 196 ff., 206; *Rotteck*, Bd. 2, S. 331. Vgl. auch *Reitemeier*, Gesetzgebung, S. 127 f., der vor dem »schädlichen Hang zu Neuerungen« bei der Gesetzgebung warnt und betont, dass der Entwurf eines neuen Gesetzbuchs aus den Materialien des bislang geltenden Rechts anzufertigen sei (s. unten S. 52, Fn. 163 zu Reitemeiers entsprechenden Plänen einer Rechtsvereinheitlichung in Deutschland auf Grundlage einer Neukompilation des Gemeinen Rechts).

[32] *K. S. Zachariä*, Vierzig Bücher vom Staate, Bd. 4, Buch 20, S. 14.

[33] *Rotteck*, Bd. 2, S. 331.

[34] *Gerstäcker* (Bd. 2, S. 157 f.): »gebieterisch drängende Verhältnisse«; *K. S. Zachariä* (Vierzig Bücher vom Staate, Bd. 4, Buch 20, S. 15): »Fälle eines unabweisbaren Bedürfnisses nach Gesetz-

schon aus dem 18. Jahrhundert bekannte Argument, dass anderenfalls die Achtung vor den Gesetzen und der Gehorsam ihnen gegenüber beeinträchtigt werde.

b) Das reformierende Element

Die beschriebene Tendenz gilt aber schon für die Gesetzgebungstheorie des 18. Jahrhunderts nicht uneingeschränkt. So findet sich schon bei Christian Wolff eine klare Ausrichtung der Gesetzgebung auf das Zweckmäßige und Vernünftige; Alter und Herkommen sind für Wolff kein Argument mehr, vielmehr betont er, dass sich die Gesetzgebung den wandelnden Umständen anpassen müsse.[35] Die Legitimation bestehender und neuer Gesetze wird hier in der Vernunft und Zeitgemäßheit, nicht in der Tradition gesucht. Das letzte Drittel des 18. Jahrhunderts führt dann nicht nur in der Gesetzgebungspraxis zu einer deutlichen Ausweitung legislativer Aktivitäten, die auch in den Kernbereichen des Rechts über bloße Kompilationen hinausgehen, sondern auch von privater Seite entstehen nunmehr umfassende Gesetzgebungsentwürfe für die zentralen Rechtsgebiete Zivil- und Strafrecht.[36] Die Ausrichtung der Gesetzgebung auf Vernunft und Zweckmäßigkeit senkt hier deutlich die Hemmschwelle, eine Veranlassung zum Tätigwerden des Gesetzgebers zu bejahen. Auch mehren sich jetzt die Stimmen, welche formale Mängel der bestehenden Gesetze, wie mangelnde Gemeinverständlichkeit und Weitschweifigkeit zum Anlass nehmen, den Gesetzgeber nicht nur zu einem ordnenden und punktuell bessernden, sondern zu einem umfassenden neu gestaltenden Tätigwerden aufzufordern.[37]

An der Wende zum 19. Jahrhundert kündigt sich die Akzentverschiebung dann bei Zeiller schon deutlich an. Zwar betont auch er, dass Neuerungen im Gesetzessystem »nicht ohne Not und Überlegung« vorgenommen werden sollen.[38] Jedoch warnt er, wie später auch Mohl[39], gleichzeitig mit starken Worten davor, sich durch das Vorurteil des Alten und Hergebrachten von der Beseitigung unzeitgemäßer Gesetze und von zweckmäßigen Neuerungen in der Gesetzgebung abhalten zu lassen.[40] Diese Grundhaltung prägte auch Zeillers Arbeit als Referent der

---

gebung«; entsprechend fordert auch *Wächter* (Entwurf, S. 43), dass der Gesetzgeber das bestehende Zivilrecht nur dort inhaltlich reformieren soll, wo »ein unläugbares Bedürfniß zu einer Rechtsänderung sich geltend machte«.

[35] *Wolff*, Politik, § 412, S. 427 ff. u. § 413, S. 429.

[36] So etwa *Claproths* »Ohnmasgeblicher Entwurf eines Gesetzbuches …« (1773–1776), welcher das Zivil-, Straf-, Prozess- und ländliche Ordnungsrecht behandelt und *Quistorps* ausführlicher Strafgesetzbuchentwurf von 1782.

[37] Näher zu den aufklärerischen Forderungen nach gemeinverständlichen und bündigen Gesetzen unten S. 380 ff., 406 ff.

[38] *Zeiller*, Eigenschaften, S. 254 f.

[39] *Mohl*, Politik, Bd. 1, S. 422 (unter Berufung auf Bentham); »…es ist ein völlig sinnloser Fetischismus, ein Gesetz bloss deshalb, weil es alt ist, für heilig und unantastbar zu erachten.«

[40] *Zeiller*, Eigenschaften, S. 255: Bei nicht mehr zeitgemäßen Gesetzen sei es »Schwachsinn, durch das Vorurteil für das Alte und Hergebrachte sich blenden zu lassen«.

Gesetzgebungskommission bei der Kodifikation des ABGB. So erklärte er zu Beginn der Überarbeitung des Urentwurfs zum späteren ABGB 1801 vor der Gesetzgebungskommission: »Man neuere nicht ohne dringendes Bedürfniß, wenn die Nation schon an gewisse Begriffe, Maximen, an eine gewisse rechtliche Ordnung und Form gewöhnt ist; man trage aber auch kein Bedenken, Rechtssätze und Gesetze, deren Grund mit der Verfassung, mit den Sitten und übrigen Verhältnissen sich vorlängst verloren hat, und die nur mehr das Vorurtheil des Alterthums vor sich haben, abzuschaffen und zweckmäßigere an ihre Stelle treten zu lassen.«[41] Alter und Herkommen sind für ihn kein Argument mehr. Seine Warnung vor vorschnellen Neuerungen in der Gesetzgebung dient nicht dem Schutz des Hergebrachten und des Ansehens einer als grundsätzlich beständig gedachten Rechtsordnung, sondern dem Schutz vor methodisch oder inhaltlich mangelhafter (weil übereilter) Gesetzgebung.[42]

Etwa gleichzeitig finden sich derartige Überlegungen auch bei Feuerbach[43] und in England bei Bentham. Das Alter eines Gesetzes ist für Bentham kein Rechtfertigungsgrund für seinen Fortbestand.[44] Gesetze seien nicht für die Ewigkeit gemacht und eine an sich nützliche Gesetzesänderung nur deshalb abzulehnen, weil das bestehende Gesetz unantastbar sei, ist in den Augen Benthams eine politische Täuschung. Wenn sich die Umstände, auf denen ein Gesetz beruht, ändern, müsse auch das Gesetz geändert werden.[45] In seinem Spätwerk erklärt Bentham die jederzeitige Abänderbarkeit eines Gesetzes dann gar zu einem Grundprinzip der Gesetzgebung.[46]

Die Gesetzgebungspraxis in seinem Heimatland England war in der Anerkennung eines legislativen Reformbedarfs bekanntlich wesentlich zurückhaltender als Bentham. Eine Veranlassung zum Tätigwerden des Gesetzgebers wurde hier in erster Linie in Bezug auf die formellen Mängel des bestehenden *statute law* bejaht. Die Folge waren im 19. Jahrhundert intensive Bemühungen um eine Gesetzesbereinigung in England, die den Inhalt des Rechts aber überwiegend unangetastet ließen und auch nicht in umfassende Kodifikationen zur Ersetzung des *common law* durch *statute law* mündeten.[47] Die Kodifikationsidee Benthams fand in England im 19. Jahrhundert nur einen kleinen Kreis von Anhängern und erreichte in

---

[41] *Zeiller*, in: *Ofner*, Protokolle, Bd. 1, S. 9.

[42] *Zeiller*, Eigenschaften, S. 254, wobei er in insbesondere betont, dass die Konsequenzen von Neuerungen auf die anderen Teile des Rechtssystems ins Auge zu fassen sind (zu diesem Aspekt unten S. 80 ff.).

[43] *Feuerbach*, Philosophie und Empirie, S. 89: Der Gesetzgeber solle Gesetze nicht unverändert lassen, wenn sich die Umstände, die zu ihrem Erlass Anlass gaben, ändern.

[44] *Bentham*, Traités de législation, Bd. 1, S. 109: »Antiquité de la loi n'est par raison. L'antiquité d'une loi peut établir un préjugé en sa faveur, mais elle ne fait point raison par elle-même.«

[45] *Bentham*, Book of Fallacies, S. 407.

[46] *Bentham*, Constitutional Code, Kap. VI, Abt. 1, Art. 13, CW: S. 44.

[47] Zu den formellen Mängeln des englischen *statute law* und den Bemühungen um Gesetzesbereinigung s. näher unten S. 268 ff.

der Öffentlichkeit Englands ebenso wenig Breitenwirkung wie unter den englischen Juristen oder im Parlament.[48] Hierbei ist auffällig, dass insbesondere die in der praktischen Gesetzgebungsarbeit Englands und Britisch-Indiens tätigen Juristen wesentlich eher bereit waren, ein Bedürfnis für einen gestalterischen Eingriff des Gesetzgebers zu bejahen und auch Kodifizierungsbestrebungen tendenziell positiver gegenüberstanden als die große Mehrheit der Juristen, Parlamentarier und Regierungsvertreter Englands.[49]

In Britisch-Indien wechselten sich im 19. Jahrhundert Phasen gesetzgeberischen Reformeifers mit solchen großer gesetzgeberischer Zurückhaltung ab. Bis in die dreißiger Jahre des 19. Jahrhunderts lag die Gesetzgebungsgewalt in Britisch-Indien bei den Generalgouverneuren der drei Provinzen Bengalen, Bombay und Madras, welche diese jedoch nicht allein, sondern in einem aus hohen Offizieren und zivilen Angestellten der *East India Company* zusammengesetzten Gesetzgebungs- und Exekutivrat ausübten (*Governor-General in Council*). Deren Gesetzgebungstätigkeit beschränkte sich überwiegend auf punktuelle Eingriffe in das vorgefundene Recht. Der vom britischen Parlament erlassene neue *Charter Act* für die *East India Company* von 1833 schuf dann das Amt eines für ganz Britisch-Indien zuständigen Generalgouverneurs sowie eine Alleinzuständigkeit des Gouverneursrates in Kalkutta für die Gesetzgebung ganz Britisch-Indiens (*Governor-General of India in Council*) und bildete zugleich den Ausgangspunkt für stärkere legislative Reformbemühungen.[50] Der *Charter Act* sah vor, dass das in den verschiedenen Gebieten Britisch-Indiens geltende Recht im einzelnen zu ermitteln und zu konsolidieren sei, wozu eine Gesetzgebungskommission eingerichtet wurde, die dem *Governor-General of India in Council* unterstand.[51] Der *Governor-General of India in Council* wurde speziell für seine Gesetzgebungstätigkeit um ein weiteres Mitglied erweitert (*law member*), welches im Gegensatz zu den anderen Mitgliedern nicht aus der *East India Company* stammen sollte und in der späteren Praxis regelmäßig ein aus England berufener, am dortigen Rechtssystem geschul-

---

[48] Näher *Teubner*, S. 144 ff., 149 f.; *Lang*, S. 40 ff.; *Holdsworth*, Some Makers, S. 254 f.; *Ilbert*, Methods and Forms, S. 127 f.

[49] Während in der ersten Hälfte des 19. Jahrhunderts der Graben zwischen den rigiden Kodifikationsideen eines Benthams und John Austins und der englischen Gesetzgebungswirklichkeit noch sehr groß war, bemühten sich in der zweiten Hälfte des 19. Jahrhunderts mit Henry Thring, James Fitzjames Stephen, Whitley Stokes und Courtenay Ilbert in der praktischen Gesetzgebungsarbeit Englands und Britisch-Indiens geschulte Juristen um einen eher pragmatischen Ansatz in der Frage eines stärkeren Eingreifens des Gesetzgebers zum Ersetzen von *common law* durch *statute law*, wohingegen Theoretiker wie Thomas E. Holland und Sheldon Amos in der Tradition John Austins stehend einen rigideren Ansatz weiterverfolgten. Vgl. zu englischen Kodifikationsbefürwortern gegen Ende des 19. und Anfang des 20. Jahrhunderts auch die Hinweise bei *Marcus Dittmann*, Das Bürgerliche Gesetzbuch aus Sicht des Common Law. Das BGB und andere Kodifikationen der Kaiserzeit im Urteil zeitgenössischer englischer und angloamerikanischer Juristen (Schriften zur Rechtsgeschichte: 82), Berlin 2001, S. 365 ff.

[50] 3 & 4 Will. IV, c. 85, sec. 39, 41, 43.

[51] 3 & 4 Will. IV, c. 85, sec. 53.

ter *barrister* war.[52] Zum ersten *law member* wurde der Jurist, Whig-Politiker und spätere Historiker Thomas B. Macaulay berufen, der wesentlichen Einfluss auf das Zustandekommen des *Charter Acts* von 1833 genommen hatte und nunmehr eine rege Gesetzgebungstätigkeit in Britisch-Indien entfaltete, die aber, was umfassende Kodifikationen betrifft, im Entwurfsstadium stecken blieb.[53]

Unter den Nachfolgern Macaulays im Amt des *law members* kam es zwar nicht zu einem Stillstand in der Einzelgesetzgebung, aber zu einem Ruhen der ambitionierten Kodifikationspläne der dreißiger Jahre, was unterstützt wurde durch die häufige Abwesenheit der Generalgouverneure infolge kriegerischer Auseinandersetzungen und dem Zögern des *Court of Directors* der *East India Company*, die Kodifikationsbemühungen von London aus voranzutreiben.[54] Der auf eine Vereinheitlichung der Rechtszustände drängende Reformeifer Macaulays war erloschen. Deutlich ist in der Korrespondenz dieser Jahre zwischen der Regierung Britisch-Indiens und dem *Court of Directors* das Zögern spürbar, die in Indien

---

[52] 3 & 4 Will. IV, c. 85, sec. 40. In der zweiten Hälfte des 19. Jahrhunderts waren zahlreiche namhafte Juristen Englands zeitweilig als *law member* des indischen Gesetzgebungsrats tätig und mit Kodifikationsaufgaben betraut, so Henry Sumner Maine, James Fitzjames Stephen (der später auch einen Strafgesetzbuchentwurf für England fertigte, der jedoch nie Gesetz wurde) und Courtenay Ilbert (der später als *Parliamentary Counsel* auch Gesetzentwürfe für die englische Regierung fertigte).

[53] Macaulay kam 1834 nach Indien, gab sein Amt jedoch schon Anfang 1838 wieder auf und kehrte nach England zurück. Die 1834 unter der Leitung Macaulays eingesetzte Gesetzgebungskommission (hierzu näher unten S. 95 f., 114) beschäftigte sich vorrangig mit der Kodifikation des materiellen Strafrechts; der Entwurf hierzu wurde 1837 fertig gestellt. Die ebenfalls projektierte umfassende Neuordnung der Gerichtsverfassung und Prozessordnung kam über eine (schon vor dem Eintreffen Macaulays in Indien begonnene) Materialsammlung zunächst nicht hinaus. Die außerdem ins Auge gefasste Idee eines Zivilgesetzbuchs blieb unausgeführt.

[54] Nachfolger Macaulays als *law member* des *Governor-General in Council* war von 1838 bis 1843 Andrew Amos, der zuvor bereits in London Mitglied der Kommission zur Konsolidierung des *statute law* und der englischen Strafrechtskommission gewesen war. Amos sprach sich gegen weitreichende Reformen im Rechtszustand Britisch-Indiens aus und schloss sich der Kritik des *Court of Directors* der *East India Company* an, wonach derartigen Reformen zunächst eine sorgfältige Bestandsaufnahme des geltenden Rechts Indiens vorauszugehen habe (Andrew Amos, Minute of 21 October 1842, in: Return to an Order of the House of Lords, dated 11 June 1852, for Copies of all Correspondence ..., S. 455 f., in: Parliamentary Papers (HL) 1852 (263) xii). Amos' Nachfolger als *law member* von 1843 bis 1848, Charles Hay Cameron, stand den früheren Kodifikationsbemühungen zwar wieder positiver gegenüber (s. unten S. 148 mit Fn. 590 zu den von ihm und Daniel Eliott 1846/47 erstatteten wohlwollenden Berichten über den Strafgesetzbuchentwurf von 1837; beide waren auch mit dem Entwurf einer Strafprozessordnung beschäftigt), er wurde aber bereits 1848 durch John Elliot Drinkwater Bethune abgelöst, der zwar kein strikter Kodifikationsgegner war, aber eine enge Anbindung des materiellen Rechts Britisch-Indiens an das englische Recht wünschte und den Strafgesetzbuchentwurf Macaulays wegen seiner inhaltlichen und vor allem formalen Neuerungen ablehnte (Bethune, Minute of 29 April 1850, in: Return to an Order of the House of Lords, dated 11 June 1852, for Copies of all Correspondence ..., S. 512 ff., in: Parliamentary Papers (HL) 1852 (263) xii). Bethune verfasste 1851 einen Gegenentwurf zu Macaulays Strafgesetzbuchentwurf, der sich eng an den Entwurf eines »Act of Crimes and Punishments« anlehnte, welchen die englische Strafrechtskommission in ihrem siebten Bericht vom 11. März 1843 veröffentlicht hatte (s. hierzu unten S. 59). Bethunes plötzlicher Tod noch im gleichen Jahr ließ ihm aber keine Zeit, dieses Projekt voranzutreiben.

vorgefundenen lokal und religionsbedingt unterschiedlichen Rechtszustände durch für alle Einwohner Britisch-Indiens gleichermaßen geltende umfassende Gesetze zu ersetzen.[55] Erst der neue *Charter Act* von 1853 brachte wieder Bewegung in die Kodifikationsbemühungen[56] und nachdem der große Sepoy-Aufstand von 1857 im Jahr darauf zur Auflösung der *East India Company* führte, wurden in den Jahren 1859–1882 in schneller Folge zahlreiche Gesetzbücher erlassen.[57] Danach wurde es wieder ruhiger in der Gesetzgebungsarbeit Britisch-Indiens.

In der deutschen Gesetzgebungstheorie führte die verstärkte Ausrichtung der Gesetzgebung an Rationalität und Zweckmäßigkeit zur Mitte des 19. Jahrhunderts zu einer methodischen Vertiefung der Frage, welche Bedürfnisse ein Tätigwerden des Gesetzgebers rechtfertigen. In dem Bemühen, die Fälle der Veranlassung zu neuer Gesetzgebung methodisch zu erfassen, wurden verschiedene Fallgruppen herausgearbeitet. Eine erste Fallgruppe bildete das formell oder inhaltlich mangel-

---

[55] Vgl. die Korrespondenz zwischen dem *Government of India* und dem *Court of Directors* der *East India Company* in der Frage der Inkraftsetzung des Strafgesetzbuchentwurfs in: Return to an Order of the House of Lords, dated 11 June 1852, for Copies of all Correspondence …, S. 9 ff., in: Parliamentary Papers (HL) 1852 (263) xii. Weder in Kalkutta noch in London wollte man die Verantwortung für die Inkraftsetzung der Kodifikation übernehmen. Nachdem das *Government of India* Macaulays Entwurf 1837 an den *Court of Directors* übersandt hatte, sandte man dorthin 1846/47 auch die Berichte der *Indian Law Commissioners* zu dem Entwurf und die hierzu eingegangenen Stellungnahmen mit der Erwartung, dass die weiteren Schritte in London getroffen werden. Von dort erhielt man jedoch 1848 ein Schreiben des *Court of Directors*, welches den *Governor-General in Council* aufforderte, selbst eine Entscheidung über die Inkraftsetzung des Entwurfs mit etwaigen Änderungen zu treffen (Schreiben v. 20. September 1848, ebd., S. 19). Nachdem Bethune 1851 einen Gegenentwurf verfasst hatte, sandte man auch diesen nach London, in der Hoffnung, dass dort zwischen den beiden Entwürfen entschieden werde (Governor-General, Minute of 7 July 1851, ebd., S. 535 f.). Doch erneut erhielt man vom *Court of Directors* zur Antwort, dass die Entscheidung, ob überhaupt und welcher Entwurf in Kraft zu setzen sei, vom *Governor-General in Council* zu treffen sei (Schreiben v. 4. Februar 1852, ebd., S. 21). Die gegenseitigen Versuche in Kalkutta und London, der jeweils anderen Seite die Verantwortung in der Kodifikationsfrage zuzuschieben, gehen auch deutlich hervor aus den Zeugenausnahmen vor zwei Parlamentsausschüssen des House of Lords, die 1852 und 1853 eingesetzt wurden, um die Durchführung der Bestimmungen des *Charter Acts* von 1833 zu untersuchen: Report from the Select Committee … (29 June 1852), S. 62, 123, 184, 334 f., 337, in: Parliamentary Papers 1852/53 (41) xxx; First Report from the Select Committee … (12 May 1853), S. 216, in: Parliamentary Papers 1852/53 (627) xxxi.

[56] 16 & 17 Vict., c. 95 (*An Act to provide for the Government of India*), sec. 28 beklagt die mangelhafte Umsetzung des *Charter Acts* von 1833 im Hinblick auf die Verbesserung des indischen Justiz- und Rechtssystems und ermächtigt die Krone, hierfür nunmehr mit Sitz in London eine neue Gesetzgebungskommission einzusetzen. Diese Kommission beschäftigte sich in der Folgezeit mit der Kodifikation des Zivil- und Strafprozessrechts und des materiellen Zivilrechts Britisch-Indiens.

[57] 1859: Code of Civil Procedure; 1860: Indian Penal Code; 1861: Code of Criminal Procedure; 1865: Indian Succession Act und Marriage Act; 1866: Companies Act; 1869: Divorce Act; 1872: Indian Contract Act; 1882: Indian Trusts Act und Transfer of Property Act. Vgl. zu den einzelnen Gesetzbüchern *W. Stokes* (selbst *law member* des *Government of India* von 1877–1882), Bd. 1 u. Bd. 2; Überblick hierzu ebd., Bd. 1, S. xii ff.; *Acharyya*, S. 217 ff.; *Lang*, S. 82 ff.; *Ilbert*, Methods and Forms, S. 131 ff.

hafte Recht.[58] Das Recht wurde nunmehr als eine gestaltbare und gestaltungs-
bedürftige Ordnung gesehen, deren Gütemaßstab nicht länger Alter, Herkommen
und Gewöhnung sind, sondern Zweckmäßigkeit, Rationalität und Zeitgemäßheit.
Einen weiteren Grund zum Eingreifen des Gesetzgebers lieferten ausfüllungsbedürftige Lücken. Schon Wolff erkannte, dass die positiven Gesetze fast zwangsläufig lückenhaft seien und setzte sich für eine kontinuierliche Verbesserung durch
Einarbeitung neu auftretender Fälle ein.[59] Zur Mitte des 19. Jahrhunderts wird
dieser kasuistische Ansatz in der Gesetzgebungstheorie zwar nicht mehr geteilt,
doch betont man weiterhin, dass erkannte Regelungslücken ein Bedürfnis zum
Einschreiten des Gesetzgebers begründen können.[60] Eine dritte Fallgruppe bilden
neu eingetretene sachliche Umstände.[61] Hierin liegt die methodische Einordnung
des schon im 18. und frühen 19. Jahrhundert in der Gesetzgebungsliteratur häufig
angesprochenen Aspekts, dass die Gesetzgebung sich veränderten tatsächlichen
Umständen anzupassen habe.[62] Nicht wenige Autoren entwickeln hierzu auch
ausführliche Konzepte, die eine regelmäßige Revision der bestehenden Gesetze
zwecks Anpassung an eingetretene tatsächliche Veränderungen zum Gegenstand
haben.[63]

In der Gesetzgebungspraxis kam im Übrigen dem Motiv der Rechtsvereinheitlichung als Auslöser neuer Gesetzgebung eine große Bedeutung zu. Rechtsvereinheitlichung war in Deutschland (anders als etwa in England) von alters her
infolge der territorialen und rechtlichen Zersplitterung im Alten Reich ein wichtiger Motor neuer Gesetzgebungsprojekte. Im Zuge der napoleonischen Befreiungs-
kriege gewann dieses Thema mit der Forderung nach nationalen Gesetzbüchern
neue Dynamik und die territorialen Neuordnungen nach dem Zusammenbruch
des Alten Reiches ließen das Problem der Rechtszersplitterung auch innerhalb
einzelner Territorien verstärkt auftreten. So waren die regen Kodifikationsbemühungen in zahlreichen deutschen Mittelstaaten in der ersten Hälfte des 19. Jahrhunderts häufig wesentlich beeinflusst von dem Bedürfnis nach Schaffung einer
landesweit einheitlichen Rechtsordnung. Ein frühes Beispiel hierfür liefert das
bayerische Strafgesetzbuch von 1813, bei dessen Schaffung ein wesentliches Motiv war, die in den einzelnen Landesteilen infolge der Gebietserwerbungen Bayerns geltenden unterschiedlichen Strafrechte durch ein einheitliches Recht zu
ersetzen.[64] Das österreichische ABGB ist ein weiteres prominentes Beispiel, war
hierbei doch die Vereinheitlichung des in den österreichischen Erbländern gel-

---

[58] *Mohl*, Politik, Bd. 1, S. 421 f.; ähnlich auch *Morgenstern*, Bd. 1, S. 276 ff.

[59] *Wolff*, Politik, § 412, S. 427 ff.

[60] *Mohl*, Politik, Bd. 1, S. 421, wobei er jedoch einschränkt, dass auch Gewohnheitsrecht und
Gerichtsgebrauch solche Lücken schließen können; vgl. auch *Morgenstern*, Bd. 1, S. 276 ff.

[61] *Morgenstern*, Bd. 1, S. 276 ff.; *Mohl*, Politik, Bd. 1, S. 420 f.

[62] *Wolff*, Politik, § 413, S. 429; *Reitemeier*, Encyclopädie, S. LVI f.; *Zeiller*, Eigenschaften,
S. 254 f.; *Bentham*, Book of Fallacies, S. 407; *Geib*, S. 6.

[63] Zu diesen Konzepten s. unten S. 274 ff.

[64] Vgl. die amtlichen Anmerkungen z. BayStGB 1813, Bd. 1, S. 13.

tenden Rechts ein treibendes Motiv, welches sich (hierin weitergehend als das ALR) in der gleichzeitigen Aufhebung aller Provinzial- und Gewohnheitsrechte niederschlug, insofern diese die im Gesetzbuch geregelten Materien betrafen und nicht durch positives Gesetz bestätigt wurden.[65] Auch bei der Schaffung des preußischen Strafgesetzbuchs von 1851 war ein wesentliches Motiv nicht nur die Beseitigung der Mängel des strafrechtlichen Teils des ALR, sondern namentlich auch die Herstellung der Rechtseinheit auf dem Gebiet des Strafrechts in ganz Preußen.[66] Die Rechtsvereinheitlichung war schließlich auch ein treibendes Motiv für die Kodifikation des deutschen BGB, dessen Bedeutung an zahlreichen Stellungnahmen von Kritikern des ersten Entwurfs ablesbar ist, die den Entwurf zwar kritisierten, gleichzeitig aber die Wichtigkeit der Gelingens der Kodifikation zum Zwecke der Rechtsvereinheitlichung hervorhoben.[67] Es kann daher nicht verwundern, dass das Ziel der Rechtsvereinheitlichung auch in den Gesetzgebungstheorien des 19. Jahrhunderts grundsätzlich als legitime Veranlassung zur Gesetzgebung angesehen wurde.[68] Skepsis herrschte vielfach aber gegenüber einer Rechtsvereinheitlichung durch pauschale Übernahme fremden Rechts, worauf noch im einzelnen zurückzukommen sein wird.[69]

---

[65] S. hierzu näher unten S. 340 f.

[66] Vgl. hierzu die Eröffnungsrede des Staatsministers Bodelschwingh bei der Konstituierung des Vereinigten ständischen Ausschusses am 17. Januar 1848, der über den Strafgesetzbuchentwurf zu beraten hatte (bei *Bleich*, Bd. 1, S. 168). Die Wichtigkeit des Vorhabens ergebe sich namentlich daraus, dass es gelte »die längst gefühlte Anomalie zu beseitigen, daß im Namen desselben Königs von verschiedenen Richtern des Landes ein und dasselbe Verbrechen mit Strafen belegt wird, welche nach Art und Maß höchst verschieden sind, ja daß eine und dieselbe Handlung in dem einen Theile der Monarchie als ein schweres Verbrechen bestraft wird, welche in dem anderen Theile derselben völlig straflos bleibt«. In Preußen galt nicht überall das Strafrecht des ALR, sondern z. B. in der Rheinprovinz französisches Strafrecht, in anderen Provinzen z. T. noch Gemeines Strafrecht. Bei den Beratungen des Strafgesetzbuchentwurfs im preußischen Landtag 1851 rechtfertigten der Berichterstatter und der Justizminister das Bedürfnis für die Kodifikation ebenfalls insbesondere damit, hierdurch endlich eine Vereinheitlichung des materiellen Strafrechts in ganz Preußen zu erreichen; Sitzung der Zweiten Kammer v. 27. März 1851, in: Verhandlungen der Ersten und Zweiten Kammer, S. 3 (Berichterstatter von Patow) u. S. 10 (Justizminister Simons).

[67] Das Argument der überragenden Bedeutung des Gelingens der Rechtsvereinheitlichung diente der Regierung auch im Bundesrat und Reichstag dazu, eine ins Detail gehende kritische Auseinandersetzung mit dem BGB-Entwurf möglichst zu verhindern; vgl. hierzu die Rede des Reichskanzlers zur Eröffnung der Reichstagssession am 3. Dezember 1895: »Im Laufe der Session wird Ihnen der Entwurf eines Bürgerlichen Gesetzbuchs vorgelegt werden. Durchdrungen von der Bedeutung, welche der endlichen Beseitigung der großen Verschiedenheiten auf dem Gebiete des bürgerlichen Rechts für das Ansehen des Reichs und die wirthschaftliche Entwicklung des Volkes beiwohnt, haben die verbündeten Regierungen bei Prüfung des nach mühevoller Arbeit vollendeten Entwurfs bereitwillig Opfer ihrer Wünsche und ihrer Ansichten gebracht. Sie geben sich der Hoffnung hin, daß der Reichstag in gleichem Geiste an die Berathung herantreten und daß es so gelingen werde, zum Segen des Vaterlandes das große Werk zum Abschluß zu bringen.« (Stenographische Berichte über die Verhandlungen des Deutschen Reichstages, IX. Legislaturperiode, IV. Session 1895/97, Bd. 1, S. 1 f.). Vgl. allgemein zur Rechtsvereinheitlichung als treibendes Motiv der Kodifikation des BGB: Staudinger/*Coing* (1995), Einl. z. BGB, Rn 19 ff.; *Dölemeyer*, BGB, S. 1601 f.

[68] Siehe etwa *Morgenstern*, Bd. 1, S. 276 ff.; *Mohl*, Politik, Bd. 1, S. 423 ff.

[69] Unten S. 63 ff.

Auch in Britisch-Indien war der politische Wille, Briten und Einheimische einer einheitlichen Jurisdiktion und einem einheitlichen Recht zu unterstellen, ein treibendes Motiv der Kodifikationsbemühungen. Die Reform und Vereinheitlichung des materiellen Strafrechts wurde als Vorbedingung gesehen für die Unterwerfung britischer Bürger unter die Rechtsprechung der Provinzgerichte. Seit 1833 konnten sich britische Privatleute infolge des *Charter Acts* von 1833 auch außerhalb der drei damaligen Verwaltungssitze Britisch-Indiens (Kalkutta, Madras und Bombay) ansiedeln, waren dort in Strafsachen aber nicht der Jurisdiktion der örtlichen Gerichte der *East India Company* (*Mofussil Courts*) unterworfen (die einheimisches Recht anwandten), sondern nur der Jurisdiktion der *Supreme Courts* in Kalkutta, Madras und Bombay (die grundsätzlich englisches Recht anwandten).[70] Als der politische Druck, Briten und Einheimische der gleichen Strafjurisdiktion zu unterstellen, zur Mitte des 19. Jahrhunderts immer größer wurde, sah man sich veranlasst, die Bemühungen um die Inkraftsetzung eines Strafgesetzbuchs wieder zu forcieren, da man Briten nicht dem bisherigen einheimischen Strafrecht unterwerfen wollte.[71]

In Deutschland war mit der Reichsgründung von 1871 und den sich anschließenden nationalen Kodifikationen die Frage nach der Rechtsvereinheitlichung als Motiv neuer Gesetzgebung für die Gesetzgebungstheorie nicht erledigt. Im Zuge des erwachten Interesses an einer wissenschaftlichen Rechtsvergleichung hob um die Jahrhundertwende Zitelmann die Notwendigkeit hervor, dass der Gesetzgeber in viel stärkerem Maße als bisher geschehen auch zum Zwecke einer internationalen Rechtsvereinheitlichung tätig werden solle.[72] In der Schweiz, in der die Vereinheitlichung des kantonal unterschiedlichen bürgerlichen Rechts ebenfalls ein treibendes Motiv bei der Schaffung des ZGB gewesen ist[73], vertrat dessen maßgeblicher Schöpfer Huber etwa zur gleichen Zeit wie Zitelmann eine abwägende Haltung gegenüber einer die nationalen Grenzen überschreitenden Rechtsvereinheitlichung. Für stark vom grenzüberschreitenden wirtschaftlichen Austausch geprägte Rechtsgebiete wie das Handels- und Wechselrecht begrüßte er eine solche Rechtsvereinheitlichung, betonte aber zugleich, dass es andere, fest in den lokalen Rechtsanschauungen verwurzelte Rechtsgebiete gebe, die einer Ver-

---

[70] In Zivilrechtsstreitigkeiten waren hingegen bereits durch *Act XI of 1836* (so genannter »Black Act«) Briten, die sich in Bengalen außerhalb Kalkuttas niederließen, der Jurisdiktion der *Mofussil Courts* unterworfen worden; eine Petition britischer Bürger in Bengalen hiergegen blieb erfolglos.

[71] Vgl. Governor-General, Minute of 19 April 1850, in: Return to an Order of the House of Lords, dated 11 June 1852, for Copies of all Correspondence …, S. 503 ff., in: Parliamentary Papers (HL) 1852 (263) xii; Report from the Select Committee … (29 June 1852), S. 281 (evidence of John Macleod), in: Parliamentary Papers 1852/53 (41) xxx; First Report from the Select Committee … (12 May 1853), S. 238 (evidence of Edward Ryan), in: Parliamentary Papers 1852/53 (627) xxxi.

[72] *Zitelmann*, DJZ 1900, 331; eine Verschiedenheit der Verhältnisse, die verschiedene Regelungen erfordert, bestehe viel seltener, als es zunächst oft erscheine.

[73] Vgl. nur *Huber*, Erläuterungen, Heft 1, S. 5 f.

einheitlichung mit fremden Recht widerstreben.[74] In England war eine grenz-
überschreitende Rechtsvereinheitlichung als Veranlassung für ein Tätigwerden
des Gesetzgebers in der Praxis kein Thema. Bentham stand insofern mit seinem
utopischen Konzept allein, wonach eine international zusammengesetzte Gruppe
von *law makern* ein System von einheitlichen Modellgesetzbüchern entwickeln
solle.[75]

2. Das Anknüpfen an bestehendes Recht

Auch wenn das 19. Jahrhundert wie gesehen in der Gesetzgebungstheorie eine
verstärkte Hinwendung zu einem freieren Umgang des Gesetzgebers mit dem
vorgefundenen Recht brachte, so blieb das bestehende Recht doch der Ausgang-
punkt, an welchen jedes Tätigwerden des Gesetzgebers anzuknüpfen hatte und
zwar nicht nur bei der Einzelgesetzgebung, sondern auch bei umfassenden Kodifikationen. So entsprach es einer in der Gesetzgebungstheorie und -praxis des 19.
Jahrhunderts etablierten Ansicht, dass sich nicht nur der Gesetzgebungsimpuls,
sondern auch der Umfang des Tätigwerdens des Gesetzgebers nach dem vorhandenen Bedürfnis bestimmen soll. Mit anderen Worten soll in das bestehende
Recht nur soweit eingegriffen werden, als hierfür ein Bedürfnis besteht. Der
Gesetzgeber sollte nicht von einer Tabula rasa ausgehen, sondern an das Bestehende anknüpfen und nur dort ändern, wo eine Änderung wirklich erforderlich ist.[76]
Wir sahen bereits, dass dieser methodische Ansatz auch den in den zwanziger
Jahren des 19. Jahrhunderts begonnenen Revisionsarbeiten am ALR zugrunde
lag.[77] Während sich in der Gesetzgebungstheorie viele Autoren mit dem pauschalen Hinweis auf die Erforderlichkeit eines Anknüpfens an das bestehende Recht
begnügen,[78] findet sich eine nähere Begründung diese Ansicht bei Kitka, Mittermaier, Mohl, Planck und besonders eingehend bei Huber. Methodisch handelt es
sich hierbei um eine vermittelnde Position zwischen der traditionellen, vor-
kodifikatorischen Ansicht, wonach sich der Gesetzgeber auf eine bloße Kompila-

---

[74] Näher zu Hubers Theorie zur Angleichung an ausländische Rechte unten S. 69 f.

[75] *Bentham*, Of Laws in General, S. 244; hierzu unten S. 66 f.

[76] Bei diesem methodischen Ausgangspunkt handelt es sich keineswegs nur um eine Position
konservativer Autoren; so befürwortet etwa auch *Menger* (S. 14 f.), dass der Gesetzgeber bei einer
Kodifikation vom bestehenden Rechtszustand ausgeht, wobei er jedoch »bei jedem wichtigeren
Rechtssatz oder Rechtsinstitut« prüfen solle, ob diese noch den bestehenden sozialen Verhältnissen
entsprechen oder einer Korrektur bedürfen, welche gegebenenfalls auch im Vorgriff auf einen in
der Entwicklung befindlichen sozialen Wandel erfolgen dürfe.

[77] S. oben S. 23 zu den Direktiven des Königs und des Justizministers Danckelmann bei Beginn
der Revisionsarbeiten. Nachdrücklicher noch als Danckelmann betonte dessen Nachfolger Kamptz
rückblickend in seinem Rechenschaftsbericht, dass die Revision überall das bestehende Recht zur
Grundlage zu nehmen und dieses nur dort zu ändern habe, wo ein dringendes Bedürfnis zu einer
Änderung besteht. Für eine gänzlich neue Gesetzgebung fehle das Bedürfnis (*Kamptz*, Kamptz'
Jahrbücher, Bd. 60 (1842), S. 20 ff.).

[78] S. etwa *Wächter*, Entwurf, S. 43 u. *Bluntschli*, Beilage, S. XIV.

tion und allenfalls punktuelle Besserung des vorhandenen Rechts beschränken soll und der radikalen Kodifikationstheorie Benthams, wonach der Gesetzgeber ohne Rücksicht auf das bestehende Recht bewusst neuschöpferisch eine in sich geschlossene und systematische Kodifikation schaffen soll.[79]

Kitka stellt formal darauf ab, dass der Gesetzgeber über die Grenzen des Bedürfnisses zur Gesetzgebung hinausgehe, wenn er nicht das bestehende Recht zur Grundlage nehme.[80] Für Mittermaier steht hingegen das Argument im Vordergrund, dass der Gesetzgeber am ehesten mit einer Wirksamkeit seiner Reformen rechnen könne, wenn er sich so weit wie möglich an das bestehende Recht anschließe.[81] Mohl möchte die innere Einheit der Rechtsordnung gewahrt wissen und rät daher von »ganz neuen Rechtsgedanken« ab.[82] Ein neues Gesetz, welches isoliert für sich betrachtet vorteilhaft sein mag, aber sich in das bestehende Rechtssystem nicht ohne innere Brüche einfügen lässt, sei zu verwerfen, solange es andere Anpassungsmöglichkeiten gibt.[83] Allerdings kennt Mohl auch einen Ausnahmefall, in dem eine gänzliche Umgestaltung der Gesetzgebung den systemimmanenten Anpassungen vorzuziehen sei: dann nämlich, wenn eine grundlegende Veränderung der Bedürfnisse des Volkes stattgefunden hat, welche die bisherige Rechtsordnung nicht mehr befriedigen kann und systemimmanente Anpassungen das Übel nur vergrößern würden. In diesem Fall rät Mohl zu einer Radikalkur durch umfassende Einführung des den neuen Bedürfnissen am besten entsprechenden und in sich folgerichtigen Rechts in bewusster Abkehr vom bestehenden Rechtssystem.[84]

Das bestehende Recht zum Ausgangspunkt zu nehmen war auch einer der methodischen Hauptprinzipien, welche der (ersten) Kommission zur Ausarbeitung des Entwurfs eines deutschen BGB mit auf den Weg gegeben wurden. Zugleich wurde hier aber deutlich, dass mit dem Gebot des Anknüpfens an das bestehende Recht nicht etwa eine Beschränkung auf eine bloße Kompilation und Konsolidierung des Bestehenden gemeint war. Dem stand schon die Unter-

---

[79] Welche geringe Bedeutung Bentham dem Anknüpfen an das bestehende Recht bei Kodifikationsarbeiten zumaß, kommt darin zum Ausdruck, dass er generell empfahl, die Redaktionsarbeiten in die Hand eines Ausländers zu legen und er sich nicht scheute, sich selbst als Redaktor umfassender Kodifikationen für Länder von so unterschiedlicher Rechtstradition wie die USA, Russland und Portugal anzubieten (näher unten S. 107 f.). Die Anpassung der von ihm projektierten universellen Entwürfe an lokale Besonderheiten war für Bentham von nur untergeordneter Bedeutung (*Bentham*, Codification Proposal, Teil I § 10, S. 289 ff.; vgl. unten S. 67).

[80] *Kitka*, S. 63, 65.

[81] *Mittermaier*, AcP 36 (1853), S. 97.

[82] *Mohl*, Politik, Bd. 1, S. 452.

[83] Ebd.; folgerichtig sieht *Mohl* es als eine wesentliche Aufgabe bei der Vorbereitung neuer Gesetzgebung an, die Auswirkungen der geplanten Neuregelungen auf das bestehende Recht eingehend zu prüfen.

[84] Ebd.; in Anwendung dieser Regel befürwortet *Mohl* nach erfolgten Umwälzungen umfassende Kodifikationen zur Festlegung der neuen Staats- und Gesellschaftsordnung, was namentlich für den Fall gelten soll, dass Deutschland zu einer staatlichen Einheit gelangt (ebd., S. 463).

schiedlichkeit des bestehenden Zivilrechts in den verschiedenen Ländern des Deutschen Reiches entgegen sowie das erklärte Ziel, dieses den gegenwärtigen Verhältnissen entsprechend fortzuentwickeln. So betonte schon die Vorkommission in ihrem Gutachten von 1874, dass zwar »an den bewährten gemeinschaftlichen Instituten und Sätzen der innerhalb des Deutschen Reichs bestehenden Civilrechts-Systeme« festzuhalten sei, andererseits aber im Falle divergierenden Rechts die Entscheidung »in erster Linie nach Rücksicht des Bedürfnisses und der Zweckmäßigkeit, in zweiter Linie nach juristisch-logischer Folgerichtigkeit« zu treffen sei.[85] Während dies noch danach klingt, als solle die Freiheit der Redaktoren, vom bestehenden Recht abzuweichen, nur für die Fälle divergierenden Rechts gelten, so hebt das Gutachten im Anschluss hieran hervor, dass zwar »mit schonender Rücksicht auf das überlieferte Recht und eigenthümliche örtliche Verhältnisse« vorzugehen sei, hiermit aber »die energische und konsequente Durchführung der den Verhältnissen der Gegenwart entsprechenden Rechtsprinzipien« verbunden werden solle.[86] Auf dieser Linie bewegte sich auch die Stellungnahme Plancks, welche dieser im Zusammenhang mit seiner Verteidigung des ersten BGB-Entwurfs abgab. Einerseits betont er, dass man mit der Aufstellung ganz neuer Rechtssätze vorsichtig sein müsse.[87] Als vorrangige Aufgabe des Gesetzgebers sieht er es an, zunächst das Gemeinsame der bislang in Deutschland geltenden partikularen Rechte herauszufiltern und, soweit verschiedenartige Regelungen bestehen, diejenigen Rechtssätze auszuwählen, welche sich am besten zur Einführung in ganz Deutschland eignen.[88] Neuerungen seien jedoch dann geboten, wenn das geltende Recht der Entwicklung der Lebensbedürfnisse nicht mehr angemessen sei.[89]

Man wollte also beides: ein Anknüpfen an das bestehende Recht anstelle einer Tabula-rasa-Kodifikation, zugleich aber auch die konsequente Fortentwicklung

---

[85] Gutachten der Vorkommission vom 15. April 1874, in: *Schubert*, Materialien, S. 170–185, hier: S. 170. Der Entwurf zu dem Gutachten der Vorkommission stammt von Levin Goldschmidt, der nach der Schilderung seines württembergischen Kollegen in der Vorkommission, Franz Kübel, eine neuerungsfreundlichere Haltung vertreten habe, als es in dem Gutachten zum Ausdruck kommt (s. *Schubert*, Materialien, S. 35; *John*, S. 75 f.; skeptisch hierzu *Jakobs*, S. 125 f., der zwischen Goldschmidts Entwurf und der endgültigen Fassung des Gutachtens in dieser Hinsicht keine grundlegenden Unterschiede feststellen kann, was zwar zutrifft, aber nicht ausschließt, dass Goldschmidt sich schon im Vorfeld seiner Entwurfsfassung innerhalb der Vorkommission mit einem neuerungsfreundlicheren Ansatz nicht hat durchsetzen können).

[86] Ebd.

[87] *Planck*, AcP 75 (1889), S. 331 f., 406 f.

[88] Vgl. auch unten Fn. 94 a. E. zu Plancks methodischem Konzept als Familienrechtsredaktor der ersten Kommission.

[89] Bei dem durch veränderte Lebensbedürfnisse hervorgehobenen Neuerungsbedarf unterscheidet *Planck* weiter danach, ob dieser im Rahmen einer umfassenden Kodifikation oder durch Spezialgesetzgebung zu befriedigen sei. Ersteres hält er nur dann für geboten, wenn Art und Form der Neuregelung außer Zweifel stehe (AcP 75 (1889), S. 332); zur Verlagerung des neuschöpferischen Elements der Gesetzgebung auf die Spezialgesetzgebung nach dem Konzept Plancks und anderer s. näher unten S. 348.

des bestehenden Rechts nach Maßgabe der gegenwärtigen Bedürfnisse.[90] Das zuletzt genannte, schöpferische Element des Auftrags an die BGB-Redaktoren wird noch deutlicher in dem Bericht des Justizausschusses des Bundesrats zu dem Kodifikationsvorhaben. Ausdrücklich wird der Gedanke verworfen, dass es mit einer bloßen Konsolidierung des Rechts, wie sie in England seit Bacon gefordert wurde, getan sei, vielmehr sei der vorhandene Rechtsstoff systematisch zu verarbeiten.[91] Das bestehende Recht solle zwar zur Vorbereitung in vollem Umfang herangezogen werden, die eigentliche Arbeit sei aber »eine neue und eigenartige«.[92] Das bestehende Recht war also Ausgangspunkt für die Redaktoren, der Stoff, mit dem sie zu arbeiten hatten; das Endprodukt sollte aber etwas durchaus Eigenständiges sein. Letzteres hervorzuheben ist deshalb wichtig, weil in der modernen Literatur die Sorgfalt und Akribie, mit der die Redaktoren der ersten Kommission eine vorbereitende Erfassung des bestehenden Rechts betrieben, nicht selten zu der Einschätzung führte, die Redaktoren hätten sich im Wesentlichen darauf beschränkt, einfach die von der Mehrzahl der zu berücksichtigenden Rechtsordnungen gewählte Lösung zu übernehmen und keine eigenen kritischen Wertungen vorgenommen.[93] Das trifft zwar in Einzelfällen zu, in der großen Mehrheit der Fälle haben die Redaktoren jedoch die von ihnen vorgeschlagenen Regelungen zwar auf der Grundlage einer eingehenden Analyse der von den bestehenden Rechtsordnungen vertretenen Lösungen getroffen, die eigentliche Entscheidung aber von eigenständigen sachlichen Erwägungen, die sie sorgfältig begründeten, abhängig gemacht.[94]

---

[90] Die zuletzt genannte, rechtspolitische Komponente des Auftrags an die BGB-Redaktoren bleibt bei *Jakobs* (S. 127 f.) unberücksichtigt, was ihn zu der These führt, dass man in der Kodifikation des BGB eine bloß »technische«, d.h. rein wissenschaftliche Aufgabe im Sinne der Unterscheidung Savignys zwischen technischem und politischem Recht gesehen habe. M.E. trifft dies nicht zu. Vorkommission und Justizausschuss sahen sehr wohl die rechtspolitische Komponente des Auftrags an die BGB-Redaktoren, die in der Anpassung des vorgefundenen Rechts an die gegenwärtigen Verhältnisse liegt (und zwar nicht nur in Fällen divergierenden bestehenden Rechts), doch sah man davon ab, der künftigen Kommission insoweit inhaltliche Vorgaben zu machen.

[91] Bericht des Bundesratsausschusses für Justizwesen vom 9. Juni 1874, in: *Schubert*, Materialien, S. 186–199, hier: S. 194.

[92] Ebd., S. 190.

[93] So die Meinung von *Dölemeyer*, Kodifikation des Zivilrechts, S. 334; ähnlich *dieselbe*, BGB, S. 1605.

[94] Man vgl. hierzu die von *Schubert* edierten Vorlagen der Redaktoren für die erste Kommission, welche mit ausführlichen Motiven versehen sind, die fast immer zunächst detaillierte Darstellungen der von den bestehenden Rechtsordnungen gewählten Lösungen zu einem Rechtsproblem enthalten (hierzu unten S. 60 f., 77 f.), hierbei aber in der Regel nicht stehen bleiben, sondern die Entscheidung auf Grund eigener sachlicher Erwägungen begründen (in den 1888 veröffentlichten amtlichen Motiven kommen diese Erwägungen meist nur verkürzt zum Ausdruck, was zu der erwähnten Fehleinschätzung in der Literatur beigetragen haben mag). Freilich gibt es hiervon auch Ausnahmen, wobei insbesondere die Fälle auffällig sind, wo die Redaktoren angesichts einer Divergenz der Lösungen in den verschiedenen Rechtsordnungen oder in der wissenschaftlichen Literatur auf eine Entscheidung ganz verzichten und die Lösung Wissenschaft

Schließlich betonte auch Huber im Zusammenhang mit seinem Vorentwurf zum schweizerischen ZGB, die Gesetzgebung solle nichts Fremdartiges oder Willkürliches hervorbringen.[95] Seine ideelle Beschränkung der Gesetzgebung auf den Ausspruch des im Volk vorhandenen Gedankens lässt das Erbe der Historischen Rechtsschule deutlich erkennen.[96] Hiermit verbindet sich für Huber bei der Kodifikation grundsätzlich ein Vorrang des bestehenden Rechts gegenüber Neuerungen. Entsprechend formulierte auch die Botschaft des Bundesrates an die Bundesversammlung bei Vorlage des ZGB-Entwurfs, dass man es als eine der obersten Pflichten angesehen habe, die kantonalen Rechte so viel wie nur möglich zu benutzen und die Vereinheitlichung als ununterbrochene Fortsetzung der bisherigen Rechtsentwicklung auszugestalten.[97] Allerdings betont Huber auch, dass der Gesetzgeber, insbesondere der das Recht vereinheitlichende und kodifizierende Gesetzgeber, nicht gänzlich auf Neuerungen verzichten dürfe, denn in der Vereinheitlichung liege zugleich auch eine Fortbildung des Rechts gemäß den Bedürfnissen und Anschauungen der gegenwärtigen Zeit.[98] Später formuliert er im Zusammenhang mit seiner Realienlehre, dass es für die Gesetzgebung unmöglich auch nur einen einzigen Augenblick eine Tabula rasa gibt.[99] Der Gesetzgeber finde immer eine wie auch immer geartete Ordnung vor, an die er anknüpft.

---

und Praxis überlassen (s. hierzu näher unten S. 335) oder dem Landesgesetzgeber vorbehalten. Am klarsten hat Planck die methodische Auffassung der BGB-Redaktoren im Umgang mit dem vorgefundenen disparaten Rechtsordnungen umrissen; er äußert sich hierzu in seiner Begründung zu dem Teilentwurf Familienrecht im Zusammenhang mit den Regelungen zum ehelichen Güterrecht: »Hier muß der Gesetzgeber in der That in gewissem Sinne neues Recht schaffen und den Versuch wagen, aus der Vielgestaltigkeit des bestehenden Rechts diejenigen Rechtssätze auszuwählen, welche unter Berücksichtigung aller Verhältnisse am meisten zur Geltung in ganz Deutschland geeignet erscheinen.« Das Recht hierzu gebe ihm die aus politisch-nationalen Bedürfnissen resultierende Forderung nach Rechtsvereinheitlichung. Eine Grenze bestehe jedoch dort, wo die realen Verhältnisse in Deutschland objektiv so verschieden seien, dass sich eine passende gemeinsame Rechtsnorm nicht finden lasse (*Schubert*, Vorlagen der Redaktoren, Familienrecht, Teil 1, S. 440 f.).

[95] *Huber*, Erläuterungen, Heft 1, S. 2; Hubers Ansichten in dieser Frage decken sich hier weitgehend mit denen Bluntschlis (s. *Bluntschli*, Beilage, S. XII ff.).

[96] *Huber*, Erläuterungen, Heft 1, S. 2 f.: »Vielmehr kann und darf sie sich nur als das Werkzeug betrachten, mit welchem dasjenige zur Durchführung gebracht wird, was ohnedies im Volk bereits lebt. Die Gesetzgebung spricht nur das durch die allgemeine Entwicklung gegebene Wort für die Gedanken aus, die ohnedies vorhanden sind, die aber eines solchen Ausdruckes bedürfen, weil sie ohne diese Hilfe nur schwer zu voller Klarheit durchzudringen vermöchten.«

[97] Botschaft des Bundesrates an die Bundesversammlung v. 28. Mai 1904, S. 7 f.; vgl. auch ebd., S. 99: »Was jetzt zu schaffen steht, das ist die Rechtseinheit, und diese bringt an sich des Neuen genug, um gegenüber weitern Neuerungen zur Vorsicht zu mahnen.«

[98] *Huber*, Erläuterungen, Heft 1, S. 6. Entsprechend hatte Huber bereits in seinem Memorial von 1893 darauf hingewiesen, dass das Gesetzbuch zwei Tendenzen aufweisen müsse: eine fortschrittliche, womit es den Bedürfnissen der Gegenwart und Zukunft entgegenzukommen sucht und eine konservative, womit es die guten einheimischen Überlieferungen vor unbegründeter Neuerung und vor der Nachahmung fremder Erscheinungen zu bewahren bestrebt ist (*Huber*, Memorial 1893, S. 2).

[99] *Huber*, Recht und Rechtsverwirklichung, S. 320; zu Hubers Realienlehre unten S. 45 f.

Huber nennt diejenige Rechtsentwicklung die befriedigendste, »bei der ohne jede gewaltsame Störung die neue lebendige Welt aus der alten, absterbenden allmählich hervorwächst«.[100]

Anders als für die mitteleuropäische Gesetzgebungstheorie und -praxis des 19. Jahrhunderts stellte sich die Lage für den Gesetzgeber in Britisch-Indien dar. Die radikale Kodifikationsidee Benthamscher Prägung, die von einer Tabula rasa ausgeht, wurde hier zum Teil Wirklichkeit. Dabei war die Gesetzgebung der Briten in Indien über eine lange Zeit durchaus auch vom Prinzip des Anknüpfens an das bestehende Recht geprägt. Die Gesetzgebungsakte der drei Gouverneure in Kalkutta, Bombay und Madras aus der Zeit vor dem *Charter Act* von 1833 gingen von dem grundsätzlichen Fortbestand des vorgefundenen einheimischen Rechts aus und beinhalteten nur punktuelle Eingriffe hierin. Das war aber nicht das Konzepts Macaulays, als er 1835 die Arbeiten an einem Strafgesetzbuch aufnahm. In seinen Vorschlägen zu den der Gesetzgebungskommission hierfür zu erteilenden Anweisungen (die dann auch fast wörtlich in der Instruktion des *Governor-General in Council* übernommen wurden), stellt er das Projekt unter zwei große Prinzipien: »It [scil. the Penal Code] should be framed on Two great Principles; – the Principle of suppressing Crime with the smallest possible Infliction of Suffering, and the Principle of ascertaining Truth at the smallest possible Cost of Time and Money.«[101] Dies klingt sehr viel mehr nach einer Tabula-rasa-Methode in der Gesetzgebung im Geiste des Utilitarismus Benthams als nach einem vorsichtigen Anknüpfen an vorgefundenes Recht. Der Gesetzgebungskommission kam hierbei zustatten, dass ihr keine Vorgaben für den materiellen Inhalt des Strafgesetzbuchs gemacht wurden.[102] Bei Vorlage des Strafgesetzbuchentwurfs 1837 sah sich die Gesetzgebungskommission denn auch veranlasst, sich für ihre Tabula-rasa-Methode zu rechtfertigen.[103] Hätte man ein für die Kodifikation brauchbares und von der Bevölkerung geschätztes Strafrecht vorgefunden, so hätte man selbstverständlich dieses zur Grundlage des Gesetzbuchs genommen.[104] Indes sei das beste-

---

[100] *Huber*, Recht und Rechtsverwirklichung, S. 326.

[101] Macaulay, Minute of 4 June 1835, in: Return to an Order of the House of Lords, dated 11 June 1852, for Copies of all Correspondence …, S. 21, in: Parliamentary Papers (HL) 1852 (263) xii; Instruction of the Governor-General in Council to the Indian Law Commissioners, 15 June 1835, ebd., S. 24 f.

[102] Henry T. Prinsep, ein damaliges Mitglied des *Governor-General in Council*, konnte sich mit seiner Kritik an Macaulays Konzept und mit der Forderung, die Gesetzgebungskommission solle vom *Governor-General in Council* konkrete inhaltliche Vorgaben für ihre Arbeiten erhalten, nicht durchsetzen; s. Prinsep, Minute of 11 June 1835, in: Return to an Order of the House of Lords, dated 11 June 1852, for Copies of all Correspondence …, S. 22 f., in: Parliamentary Papers (HL) 1852 (263) xii; Instruction of the Governor-General in Council to the Indian Law Commissioners, 15 June 1835, ebd., S. 24 f.

[103] Zum Folgenden: Schreiben der *Indian Law Commissioners* an den *Governor-General in Council* v. 14. Oktober 1837, in: Penal Code for India (Draft 1837), S. 1 ff.

[104] »… if we had found India in possession of a system of criminal law which the people regarded with partiality, we should have been inclined rather to ascertain it, to digest it, and moderately to correct it, than to propose a system fundamentally different.« (ebd., S. 2).

hende Strafrecht in Indien derart mangelhaft und inkonsistent, dass es nicht zur Grundlage des Gesetzbuchs hätte dienen können.[105] Man habe daher zwar die bestehenden Strafrechtssysteme Indiens zur Kenntnis und bei Einzelfragen zur Anregung genommen, insgesamt habe das bestehende Strafrecht Indiens aber nicht einmal als Grundlage des Entwurfs gedient, der vielmehr ein völlig neues System beinhalte. Auch das bestehende Strafrecht Englands habe wegen seiner offenkundigen Mängel nicht als Grundlage dienen können. Tatsächlich hatte die Gesetzgebungskommission aber wohl doch wesentlich mehr aus dem bestehenden englischen Recht und anderen Vorbildern geschöpft, als diese radikalen Worte der Kommission bei Vorlage des Entwurfs glauben lassen.[106] Doch hat dieser für den Entwurf in Anspruch genommene radikale Neuanfang wesentlich dazu beigetragen, dass die Regierung in Kalkutta und die Leitung der *East India Company* in London so lange zögerten, ihn in Kraft zu setzen.[107]

---

[105] Das bestehende Strafrecht Indiens war überwiegend moslemisches Recht, welches, mit Ausnahme der Provinz Bombay, das hinduistische Recht vielerorts verdrängt hatte. Dieses Recht wurde jedoch überlagert von zahlreichen Verordnungen der britischen Generalgouverneure, die meist nur punktuell das bestehende Recht abänderten oder ersetzten. Der Versuch einer systematischen Sammlung und des Neuerlasses der bestehenden strafrechtlichen Verordnungen war in Bombay unternommen worden (Regulation XIV of 1827; so genannter »Bombay Code«); Macaulay betrachtete diese Sammlung jedoch mit großer Geringschätzung (Schreiben der *Indian Law Commission* an den *Governor-General in Council* v. 14. Oktober 1837, in: Penal Code for India (Draft 1837), S. 4 f. mit Darlegung inhaltlicher Mängel); vgl. hierzu auch die Einschätzung des Bombay Codes durch einen ehemaligen Vorsitzenden Richter des *Supreme Courts* in Bombay, der viele Jahre damit gearbeitet hatte: »…they [scil. the regulations of the Bombay Code] are so short and jejune, that they leave the whole thing very much in the power of the Judge, and do not make known to the people what the laws actually are.« (First Report from the Select Committee … (12 May 1853), S. 270 (evidence of Erskine Perry), in: Parliamentary Papers 1852/53 (627) xxxi).

[106] Näher zu den von der Gesetzgebungskommission herangezogenen ausländischen Vorbildern unten S. 75 f. Das Ausmaß des inhaltlichen Einflusses des englischen Strafrechts auf den Entwurf ist in der Literatur im einzelnen umstritten; viele, namentlich in der älteren Literatur, sehen die Innovationen des Entwurfs überwiegend auf den formalen, gesetzestechnischen Bereich beschränkt, während er inhaltlich maßgeblich englisches Strafrecht nachzeichne (*Stephen*, History, Bd. 3, S. 300; *W. Stokes*, Bd. 1, S. 71; *Rankin*, S. 204, 207); in der jüngeren Literatur wird hingegen stärker die eigenständige Leistung Macaulays betont, die nicht rein formaler Natur gewesen sei (*Vesey-FitzGerald*, S. 227 ff.; *E. Stokes*, S. 226 f., 329; *Kadish*, Columbia Law Review 78 (1978), S. 1109 ff.; *Smith*, S. 163). Dem braucht hier nicht näher nachgegangen zu werden, doch war die stolze Aussage der Gesetzgebungskommission, wonach »no existing system has furnished us even with a groundwork« (Penal Code for India (Draft 1837), S. 1 f.), in der Sache etwas hoch gegriffen und gesetzgebungspolitisch für die Realisierung des Inkraftsetzens des Entwurfs zweifellos unklug.

[107] Noch bevor der Entwurf überhaupt fertig gestellt war, äußerte sich der *Court of Directors* der *East India Company* bereits kritisch zu Macaulays Vorhaben, ein komplett neues Gesetzbuch ohne Rücksichtnahme auf die bestehenden Rechte und Sitten zu schaffen; Schreiben des *Court of Directors* an das *Government of India* vom 1. März 1837, in: Return to an Order of the House of Lords, dated 11 June 1852, for Copies of all Correspondence …, S. 16, in: Parliamentary Papers (HL) 1852 (263) xii.

3. Der richtige Zeitpunkt zur Gesetzgebung

Liegt ein Bedürfnis zur Gesetzgebung vor, so fragt sich weiter, welches der richtige Zeitpunkt zu einem Tätigwerden des Gesetzgebers ist. Es sind namentlich zwei Aspekte, welche in diesem Zusammenhang diskutiert wurden. Der eine betrifft eine Abhängigkeit des gesetzgeberischen Handelns vom Stand der Rechtswissenschaft und Rechtspraxis. Der andere Aspekt betrifft die Abhängigkeit von äußerer und innerer Ruhe im Land.

Der erste Aspekt wurde in England bereits sehr früh von Francis Bacon thematisiert. Für Bacon soll die Bereinigung des Rechts in Form einer konsolidierten Gesetzessammlung (eine planmäßige Neugesetzgebung verwarf er) idealerweise zu einem Zeitpunkt erfolgen, zu dem Wissenschaft und Praxis auf einem höheren Stand sind als bei Erlass der zu bereinigenden Gesetze.[108] Hierbei bemerkt er aber auch, dass dieses zeitliche Ideal nur selten erfüllt sein werde, so dass man in der Praxis Abstriche hiervon machen müsse. Bacon verweist dabei auf die Justinianischen Gesetzbücher, deren Entstehungszeit mit Blick auf den Stand von Wissenschaft und Praxis gerade nicht der ideale Zeitpunkt gewesen sei.

In Deutschland war es insbesondere Savigny, der diesen Punkt im Zusammenhang mit der zivilrechtlichen Kodifikationsfrage thematisierte.[109] Hauptsächlicher Zweck eines Gesetzbuchs sei (neben der Verwirklichung eines national einheitlichen Rechts) die Schaffung von Rechtssicherheit. Dies sei aber nur möglich, wenn die allgemeinen Grundsätze des Rechts und der innere Zusammenhang der Begriffe und Rechtssätze erkannt sind. Das sei Aufgabe der Rechtswissenschaft und solange diese Aufgabe nicht erfüllt ist (was er seiner Zeit bekanntlich absprach), sei der Zeitpunkt zum Abfassen eines Gesetzbuchs im bürgerlichen Recht nicht gekommen. Ein dennoch erlassenes Gesetzbuch sei nur schädlich, weil es die Fortentwicklung der Rechtwissenschaft hemme, und die wahrhaft regierende Rechtsquelle sei dann nicht das Gesetzbuch, sondern etwas, was außerhalb dessen liegt.[110] Savigny beruft sich für diesen Standpunkt ausdrücklich auf Bacon,[111] lässt aber unerwähnt, dass Bacon die Realisierbarkeit dieses Ideals mit pragmatischer Skepsis betrachtete. Überhaupt sieht Savigny »nur in sehr wenigen Zeiten« die Fähigkeit zu einem vortrefflichen (Zivil-) Gesetzbuch vorhanden. Im Grunde sei dies nur in Zeiten möglich, welche für das Recht »als Gipfel der Bildung« gelten können. Gerade diesen Zeiten fehle es aber in der Regel an einem Bedürfnis nach einem Gesetzbuch.[112]

Allerdings darf man sich dies nicht so vorstellen, dass Savigny deshalb jegliche Gesetzgebung zu seiner Zeit mangels ausreichender dogmatischer Vorarbeit ab-

---

[108] *Bacon,* De Augm. Scient., Buch 8, Kap. 3, S. 817 ff. (Aphorismus 64).
[109] *Savigny,* Beruf, S. 20 ff.
[110] Zu diesem Zusammenhang der Ablehnung der Kodifikation gerade aus dem hohen Anspruch an diese, einzige regierende Rechtsquelle zu sein, s. näher unten S. 341 f.
[111] *Savigny,* Beruf, S. 21, 45.
[112] *Savigny,* Beruf, S. 25 f.

lehnte. Was zunächst das Zivilrecht betrifft, so hielt er zwar unter den bestehenden Bedingungen das Abfassen umfassender Gesetzbücher für nicht angezeigt. Durch punktuelle Gesetzgebung könne der gegenwärtige Gesetzgeber aber sehr wohl zur Klärung von Zweifeln und Kontroversen und zur Aufzeichnung von Gewohnheitsrecht unterstützend eingreifen.[113] Außerdem hielt er punktuelle Einzelgesetzgebung für sinnvoll, wenn sie der Korrektur einer verfehlten früheren Gesetzgebung dient.[114] Dort, wo Missstände durch fehlerhafte Gesetzgebung eingetreten sind, dürfe man nicht eine von selbst eintretende Besserung abwarten. Vielmehr müsse hier die Gesetzgebung selbst die von ihr angerichteten Missstände korrigieren.[115] Weiter hielt Savigny ein (punktuelles) Eingreifen des Gesetzgebers auch dann für gerechtfertigt, wenn aus veränderten Verhältnissen neue Bedürfnisse entstanden sind, die durch die »innere, unsichtbare Kraft« nur allmählich und unter der Gefahr der Rechtsunsicherheit in der Übergangszeit befriedigt werden könnten.[116] Schließlich wird häufig übersehen, dass Savigny die erwähnten Bedenken gegenüber umfassenden Gesetzbüchern nur mit Blick auf Zivilrechtsbücher vortrug. Für das Strafrecht vertrat Savigny – jedenfalls in seiner Zeit als preußischer Minister für Gesetzesrevision – einen völlig anderen Standpunkt. Als 1845 in der Staatsratskommission, die am Entwurf eines preußischen Strafgesetzbuchs arbeitete, ungeachtet der weit gediehenen Vorarbeiten erneut die Grundsatzfrage aufgeworfen wurde, ob ein umfassendes Strafgesetzbuch gegenwärtig überhaupt sinnvoll sei oder der Gesetzgeber sich nicht besser auf die Regelung nur einzelner, praktisch besonders wichtiger Materien des Besonderen Teils beschränken sollte, war es ausgerechnet Savigny, der sich dezidiert für die umfassende Kodifikation des Strafrechts zur gegenwärtigen Zeit aussprach.[117] Savigny machte in der Kommission geltend, dass im Strafrecht »unendlich viel mehr« auf dem Wege der Gesetzgebung zu bestimmen sei als im Zivilrecht, wo man der Jurisprudenz vieles überlassen könne. Denn das Strafrecht sei nach seiner ganzen Bestimmung und Beschaffenheit in hohem Maße »positiv« (also in seiner Festlegung Sache des Gesetzgebers und nicht wie im Zivilrecht mit – erst von der Wissenschaft zu erschließender – innerer Notwendigkeit gegeben).[118] Savigny

Auch der andere Zeitaspekt, die Abhängigkeit der Gesetzgebung von äußerer und innerer Ruhe, wird in England schon früh thematisiert. Hale führt aus, dass

---

[113] *Savigny*, Beruf, S. 17, 131.

[114] So hielt er zwar keine Totalrevision, wohl aber eine behutsame Abänderung einzelner Regelungen des ALR für sinnvoll: *Savigny*, Vorschläge, S. 748.

[115] *Savigny*, Darstellung, S. 251; konkret bejahte er in diesem Zusammenhang ein Eingreifen des Gesetzgebers zur Korrektur des preußischen Ehescheidungsrechts.

[116] *Savigny*, System, Bd. 1, S. 41.

[117] Vgl. das Protokoll der Kommissionssitzung vom 18. Oktober 1845, S. 1 ff., in: *Regge/Schubert*, Bd. 6/1, S. 111 ff. Hierzu nunmehr auch *Arnswaldt*, S. 91 ff.

[118] Ebd., S. 5 (*Regge/Schubert*, Bd. 6/1, S. 115). Im Übrigen sei – so Savigny – durch die seit mehr als 50 Jahren bestehende Kodifikation (auch) des Strafrechts (im ALR) ein Zustand eingetreten, den man nunmehr nicht ignorieren oder zurückdrehen könne. Schließlich sei auch die Strafrechtswissenschaft heute auf einem viel höheren Stand als bei der Kodifikation von 1794.

Gesetze in Zeiten innerer und äußerer Ruhe erneuert werden sollen, denn nur dann werde dem Vorhaben die erforderliche Aufmerksamkeit und Ruhe zuteil.[119] In Deutschland weisen Karl Salomo Zachariä und Mohl darauf hin, dass Gesetze nach Möglichkeit in Zeiten innerer und äußerer Ruhe erlassen bzw. verbessert werden sollen.[120] Mohl lässt hiervon jedoch eine Ausnahme gelten, nämlich wenn es um die Abschaffung von (ständischen) Privilegien geht: Hier soll die Gelegenheit äußerer oder innerer Unruhen ergriffen werden, um Bevorrechtigungen abzuschaffen, deren Beseitigung sich in friedlichen Zeiten nur schwer durchsetzen ließe.[121] Welcker hingegen verwirft gänzlich die These, wonach neue Gesetze am besten in ruhigen Zeiten gemacht werden.[122] Er sieht notwendige Reformen in ruhigen Zeiten weit mehr durch Widerspruch aus Trägheit oder Vorurteilen bedroht, als es in bewegten Zeiten der Fall sei. Die günstigste Zeit für neue Gesetzgebung sei daher, wenn »das ganze Volksleben einen neuen kräftigeren Aufschwung nimmt«. Die unterschiedlichen Ergebnisse bei Mohl einerseits und Welcker andererseits erklären sich hierbei aus dem jeweiligen Ansatzpunkt. Während Mohl die Frage in erster Linie aus gesetzgebungstheoretischer Sicht behandelt und auf möglichst ungestörte Verhältnisse zu einem technisch einwandfreien Abfassen der Gesetze Wert legt, geht es Welcker eher um die vorteilhaften Rahmenbedingungen für die Durchsetzung inhaltlicher, politischer Reformen.

II. Die Vorbereitung neuer Gesetze

1. Die Prüfung der tatsächlichen Verhältnisse durch den Gesetzgeber

a) Die Theorie

Die tatsächlichen Verhältnisse üben in zweierlei Hinsicht Einfluss auf die Gesetzgebung aus. Zum einen können sie als aus den tatsächlichen Umständen erwachsende Bedürfnisse dem Gesetzgeber Veranlassung zum Tätigwerden geben, zum anderen liefern sie in den Worten Eugen Hubers[123] das »Material«, mit dem der Gesetzgeber umgehen muss. In der zuerst genannten Hinsicht begründen daher die Gesetzgebungstheorien des späten 18. und des 19. Jahrhunderts für den Gesetzgeber die Pflicht, die tatsächlichen Verhältnisse beständig auf neuen Rege-

---

[119] *Hale*, S. 274.

[120] *K. S. Zachariä*, Vierzig Bücher vom Staate, Bd. 4, Buch 20, S. 16; *Mohl*, Politik, Bd. 1, S. 425 ff. Mohl kritisiert in diesem Zusammenhang die deutschen Regierungen des Vormärz, weil sie in den 30 Friedensjahren vor 1848 nicht die Gelegenheit ergriffen haben, den Bedürfnissen nach gesetzlichen Reformen nachzukommen, was dann unter den aus gesetzgebungstechnischer Sicht ungünstigen revolutionären Umständen von 1848 nachgeholt werden musste.

[121] *Mohl*, Politik, Bd. 1, S. 427 f.

[122] *Welcker*, Art. »Gesetz«, Staats-Lexikon, Bd. 5, S. 710.

[123] *Huber*, Recht und Rechtsverwirklichung, S. 281 ff.

lungsbedarf zu beobachten. Zahlreiche Autoren wiesen diese Aufgabe einem eigenständigen »Gesetzesrevisor« zu, der (sei es als Einzelperson, als permanente Gesetzgebungskommission oder als spezielle Revisionsbehörde) nicht nur die bestehenden Gesetze auf Mängel und Lücken zu überprüfen habe, sondern eben auch die tatsächlichen Verhältnisse im Hinblick auf neu entstehenden Regelungsbedarf.[124] Andere, namentlich Mohl, verwarfen die Idee eines eigenständigen Gesetzesrevisors und wiesen dem Justizminister oder generell Regierung und Parlament die Aufgabe zu, die tatsächlichen Verhältnisse beständig im Hinblick auf neuen Regelungsbedarf im Auge zu behalten.[125]

Ist ein Bedürfnis zu neuer Gesetzgebung (sei es infolge neu aufgetretener tatsächlicher Verhältnisse oder infolge erkannter Mängel oder Lücken des bestehenden Rechts) einmal erkannt, so ist der Einfluss der Tatsachen auf die Gesetzgebung damit nicht beendet, vielmehr darf der Gesetzgeber diese auch bei den konkreten Regelungen, die er trifft, nicht aus den Augen verlieren. In der zweiten Hälfte des 18. Jahrhunderts findet sich dieser Gedanke in den Gesetzgebungstheorien als Ausfluss der Vorstellung, dass die Gesetzgebung sich der natürlichen, politischen und gesellschaftlichen Beschaffenheit eines Landes anzupassen hat. Bekanntlich war dies eine Hauptthese in Montesquieus viel rezipiertem Werk »De l'esprit des loix« (1748). Bedeutung hat diese These nicht nur für die inhaltliche Gestaltung der Gesetze, sondern auch aus methodischer Sicht, da sie den Auftrag an den Gesetzgeber beinhaltet, die tatsächlichen Verhältnisse[126] in seinem Land genau zu prüfen, um danach seine Gesetzgebung ausrichten zu können. Ein typisches Zeugnis für diese methodische Nutzbarmachung der These Montesquieus in den Gesetzgebungstheorien der zweiten Hälfte des 18. Jahrhunderts bildet die Forderung Lamezans, der Gesetzgeber solle den Nationalcharakter und die Sitten seines Volkes genau studieren und danach (sei es bewahrend oder verbessernd) seine Gesetze ausrichten.[127]

Zur Mitte des 19. Jahrhunderts ist dann eine inhaltliche und methodische Verfeinerung dieses Gedankens in den Gesetzgebungstheorien eingetreten. Autoren wie Mittermaier und Mohl begnügen sich nicht mehr damit, dem Gesetzgeber nur allgemein aufzuerlegen, die Verhältnisse seines Landes zu prüfen, bevor er Gesetze gibt. Als Inhalt des Prüfungsauftrags an den Gesetzgeber tritt nunmehr die tatsächliche Rechtsanwendung in den Mittelpunkt. Bevor der Gesetzgeber neue Gesetze gibt, soll er prüfen, wie sich die bestehenden Gesetze in der Praxis

---

[124] So z. B. Hommel, Filangieri, Schrader, Scheurlen und Tellkampf. Im einzelnen wird unten unter VIII.3 (S. 274 ff.) auf die Konzepte zur Gesetzesrevision eingegangen, weil diese zwar auch die Aufgabe hatten, neuen Regelungsbedarf aufzuspüren, der Schwerpunkt aber auf der Überprüfung bestehender Gesetze auf Mängel lag.

[125] *Mohl*, Politik, Bd. 1, S. 486 f.

[126] In der Sprache Montesquieus die »rapports nécessaires«, deren Summe den »esprit des loix« bildet.

[127] *Lamezan*, S. 82, 111.

ausgewirkt haben und danach seine Reformen ausrichten.[128] Entsprechend verfeinert ist das methodische Instrumentarium, das dem Gesetzgeber an die Hand gegeben wird. Mittermaier und Mohl betonen den Nutzen von Statistiken über die tatsächlichen Zustände in der Rechtspraxis zur Vorbereitung neuer Gesetzgebung.[129] Außerdem weisen beide auf den großen Nutzen hin, der aus der Einsetzung von Prüfungskommissionen und der Befragung sachverständiger Personen in so genannten Enqueten im Rahmen des Gesetzgebungsverfahrens gezogen werden kann und beklagen, dass das englische Vorbild der Prüfungskommissionen und der gezielten Zeugenbefragungen durch Parlamentsausschüsse bei der Vorbereitung von Gesetzen in Deutschland noch viel zu wenig Nachahmung gefunden habe.[130] Die Enquete könne entweder von der mit den Entwurfsarbeiten beauftragten Gesetzgebungskommission oder – in konstitutionellen Systemen – durch einen Parlamentsausschuss durchgeführt werden. Mohl und besonders Mittermaier haben hierdurch den Weg gewiesen für die Bedeutung, die dem Aufbau juristischer Hilfswissenschaften (Rechtssoziologie, Kriminologie etc.) und deren Nutzbarmachung für die Gesetzgebung zukommt. Die Erforschung der tatsächlichen Verhältnisse wird von ihnen als eine nützliche Entscheidungsgrundlage für den Gesetzgeber gedacht, aber auch nicht mehr; eine direkte Einflussnahme der Tatsachen auf die Norminhalte liegt Mohl und Mittermaier ebenso fern wie die Vorstellung der Gesetzgebung als »social engineering«, als gezielt eingesetztes Instrument der Gesellschaftsgestaltung.

Mit Aufkommen der Zweck- und Interessenjurisprudenz wird die vorbereitende Tatsachenermittlung seitens des Gesetzgebers dann auch in den Dienst genauer Zweckbestimmung und Wirkungsprognose gestellt. Es ist insbesondere Zitelmann, der die zunächst in der Zivilrechtsdogmatik als Theorie der Rechtsanwendung entstandenen Lehren der Zweck- und Interessenjurisprudenz für die Gesetzgebungslehre nutzbar macht. Der Gesetzgeber, fordert Zitelmann, soll sich

---

[128] *Mittermaier*, Die Strafgesetzgebung in ihrer Fortbildung, Teil 2, Vorrede, S. II f. (für neue Strafgesetzgebung betont er, dass hierbei auch die Erfahrungen anderer Länder mit der Rechtsanwendung zu nutzen sind); *ders.*, AcP 36 (1853), S. 101 f.; *Mohl*, Politik, Bd. 1, S. 525, 535.

[129] *Mittermaier*, Die Strafgesetzgebung in ihrer Fortbildung, Teil 2, S. 180; *ders.*, AcP 36 (1853), S. 101 f.; *Mohl*, Politik, Bd. 1, S. 487. Den Regierungen empfiehlt Mohl daher, regelmäßig Statistiken über die Zustände in der Rechtspraxis (Art und Zahl der Rechtsstreitigkeiten, Art und Zahl der Verbrechen, Dauer der Prozesse, Häufigkeit von Berufungen etc.) zu erstellen, wie es in einigen Ländern bereits geschähe.

[130] *Mittermaier*, Die Strafgesetzgebung in ihrer Fortbildung, Teil 1, S. 182 f.; *ders.*, AcP 36 (1853), S. 101 f.; *Mohl*, Politik, Bd. 1, S. 537 ff. Mohl empfiehlt, die Befragungen öffentlich stattfinden zu lassen und über die Aussagen wörtliche Mitschriften zu erstellen. Schriftliche Berichte von Sachverständigen sollen nur ergänzend sowie dort eingeholt werden, wo eine mündliche Befragung nur schwer durchführbar ist. Zur Praxis der Zeugenbefragungen vor englischen Parlamentsausschüssen, die Mohl und Mittermaier als Vorbild diente, vgl. *May*, Kap. XXV, S. 695 ff. u. *Jefferson*, Kap. XIII, S. 150 ff.; zur Funktion von Enqueten im Zusammenhang mit der Feststellung und Aufzeichnung von Gewohnheitsrecht im späten Mittelalter und frühen Neuzeit s. *Bühler*, S. 34 ff.

die Zwecke, die er verfolgt, bewusst machen und dementsprechend die angemessensten Mittel auswählen. Hierzu gehöre, dass er die Wirkungen, die von dem geplanten Gesetz vermutlich ausgehen, so gut wie möglich ins Auge fasst.[131] Als wichtige Voraussetzung hierfür nennt Zitelmann die genaue Erfassung der tatsächlichen Verhältnisse, auf die der Gesetzgeber einwirkt, z.B. mit den Mitteln der Statistik, und ein vergleichendes Studium der Lösungen, die ein Regelungsproblem in anderen Ländern gefunden hat und deren Auswirkungen.[132] Die Methoden sind also noch die gleichen, auf die schon Mittermaier und Mohl hinwiesen. Anders als bei diesen dienen sie Zitelmann aber nicht mehr als isolierte Instrumente einer Tatsachenermittlung durch den Gesetzgeber, sondern sind eingebunden in die Forderung nach genauer Zielsetzung, Mittelauswahl und Wirkungsprognose.[133]

Eine stärkere Wendung wieder ins Prinzipielle erfährt der Gedanke der Erfassung der tatsächlichen Verhältnisse als Vorbereitung zur Gesetzgebung bei Eugen Huber. Während Huber sich in seinen Erläuterungen zum Vorentwurf des ZGB noch auf die lapidare Bemerkung beschränkt, der Gesetzgeber habe sich eine Vorstellung zu verschaffen von den zu ordnenden Verhältnissen,[134] entwickelt er später in der Schrift »Recht und Rechtsverwirklichung« ausführlich seine Realienlehre.[135] Huber bezeichnet als »Realien« diejenigen tatsächlichen Verhältnisse, mit denen der Gesetzgeber in jedem Fall als Gegebenes zu rechnen hat und die er zwar zu einem gewissen Grad umgestalten kann, deren Existenz aber nicht allein von seinem Willen abhängt. Als derartige Realien begreift Huber den Menschen, die »Naturalien« (Naturkräfte und körperliche Sachen) und die Überlieferung in Gestalt der vorhandenen Rechtszustände. Der Mensch ist für Huber ein »Reale« der Gesetzgebung zum einen mit seinen körperlichen und seelischen Eigenschaften, zum anderen in seiner natürlichen Vergesellschaftung, d.h. in den von Natur aus gegebenen Bindungen zu anderen Menschen (Verhältnis zwischen Mann und Frau, Eltern und Kindern, Blutsverwandten etc.).[136] Die Überlieferung wirkt

---

[131] *Zitelmann*, Kunst, S. 7/247, 10/250.

[132] *Zitelmann*, Kunst, S. 12/252; *ders.*, DJZ 1900, S. 330.

[133] Ein früher Vordenker dieser methodischen Nutzbarmachung der Tatsachenermittlung seitens des Gesetzgebers als Basis konkreter Zielsetzung, Mittelauswahl und Wirkungsprognose ist Wilhelm von Humboldt. Auch er forderte, dass der Gesetzgeber bei geplanten Reformen zunächst sorgfältig die gegenwärtige Lage eruiert und mit den zu erwartenden Folgen der angestrebten Reform vergleicht (*Humboldt*, S. 186). Der Gesetzgeber solle sich die mit der Reform verfolgten Zwecke und die hierfür notwendigen Mittel genau bewusst machen und der Inhalt der neuen Gesetze habe sich dann in den Grenzen dieser Zwecke und der dafür notwendigen Mittel zu halten (*Humboldt*, S. 169). Für Humboldt dient diese methodische Vorgabe der Begrenzung der Staatstätigkeit zugunsten der Freiheitsräume der Bürger. Der Staat soll nur in den Grenzen genau definierter Zwecke tätig werden, was voraussetzt, dass er sich dieser Zwecke bewusst wird und seine Mittel darauf prüft, inwieweit sie geeignet und – wichtiger noch – notwendig sind, diese Zwecke zu erreichen.

[134] *Huber*, Erläuterungen, Heft 1, S. 8.

[135] *Huber*, Recht und Rechtsverwirklichung, S. 281 ff.

[136] Ebd., S. 288 ff., 303 ff.

insoweit als Reale als die Gesetzgebung ihren Ausgang immer von einer bereits vorhandenen Gesellschafts- und Wirtschaftsordnung und ihren rechtlichen Ausprägungen nehmen muss.[137] Die vorgefundene Ordnung kann der Gesetzgeber zwar in gewissem Maße ändern, nie aber ungestraft ignorieren. Diese Realien zu erkennen und in die gesetzgeberischen Planungen einzubeziehen, ist für Huber eine Grundvoraussetzung gelungener Gesetzgebung. Huber denkt dieses Verhältnis der Tatsachen zur Rechtsetzung aber nicht kausal im Sinne der soziologischen Schule. Die Realien geben dem Gesetzgeber keine Inhalte vor, sie sind vielmehr das »Material«, mit dem der Gesetzgeber zu arbeiten hat.[138] Für Huber, den erfahrenen Gesetzesredaktor, bleibt die Erfassung der Realien ist erster Linie eine methodische Aufgabe der Gesetzesplanung, keine inhaltliche Vorgabe für den Gesetzgeber.[139]

In Frankreich ist es insbesondere Gény, der die Leistungen der Rechtstatsachenforschung für die Gesetzgebungstechnik nutzbar macht. Obgleich das Schwergewicht seiner Untersuchungen auf dem Bereich der Gesetzesauslegung und Lückenfüllung liegt, besitzt seine Gedankenführung doch auch Bedeutung für die Technik der Gesetzgebung. Gény wendet sich sowohl gegen wirklichkeitsfremde »Konstruktionen« der Begriffsjurisprudenz als auch gegen den kausalen Determinismus der soziologischen Schule. Einerseits weist er auf die Bedeutung der wissenschaftlichen Erforschung der sozialen und wirtschaftlichen Bedingungen des Rechts als unverzichtbare Voraussetzung einer methodisch gelungenen Rechtsetzung hin.[140] Andererseits betont er, dass die juristische Technik hierbei nicht stehen bleiben darf in dem Glauben, die zweckmäßigen Rechtsinhalte ließen sich so allein auf der Basis einer wissenschaftlichen Rechtsempirie gewinnen.[141] Für Gény muss eine theoretische Betrachtung der moralischen Prinzipien der Erforschung der Realität vorausgehen und zu dieser hinzutreten, die als »source supérieure« es erst ermögliche, die Ergebnisse der Empirie richtig zu bewerten und die Geschicke der Menschen in die richtigen rechtlichen Bahnen zu leiten.[142]

---

[137] Ebd., S. 319 ff.

[138] Ebd., S. 284 f., 345 f.

[139] Mit dem Wiederaufleben der Diskussion um die »Natur der Sache« im 20. Jahrhundert trat dann wieder die (in unserem Zusammenhang nicht weiter zu verfolgende) inhaltliche Frage nach der »Stoffbestimmtheit der Idee« (Radbruch unter Bezugnahme auf Huber) in den Vordergrund (vgl. *Gustav Radbruch*, Rechtsphilosophie, 6. Aufl., Stuttgart 1963, S. 98 f.; in dieser von Radbruch zuletzt 1932 überarbeiteten Schrift bezeichnet er die »Schau der Idee in dem Stoffe« als einen »Glücksfall der Intuition, nicht eine Methode der Erkenntnis«; in späteren Stellungnahmen versuchte er diesen neukantianischen »Methodendualismus« »etwas zu entspannen«: vgl. *ders.*, Vorschule der Rechtsphilosophie, 3. Aufl., Göttingen 1965, S. 20 ff.).

[140] *Gény*, Science, Bd. 2, S. 81 ff.

[141] *Gény*, Science, Bd. 1, S. 89 ff.

[142] *Gény*, Science, Bd. 1, S. 92, 94. Man erinnert sich hierbei des berühmten Vergleichs *Kants*: »Eine bloß empirische Rechtslehre ist (wie der hölzerne Kopf in Phädrus' Fabel) ein Kopf, der schön sein mag, nur Schade! daß er kein Gehirn hat.« (MdS, S. 229 f., Einleitung in die Rechtslehre, § B).

b) Die Praxis

Der das Verfahren bei der Erstellung der Entwürfe zum späteren ALR regelnde Plan von Juli 1780 sah bereits ausdrücklich vor, dass bei Spezialmaterien, »zu deren gründlichen Beurtheilung eine genaue Kenntniß von dem Innern dieser oder jener Wissenschaft, Kunst oder Profession erforderlich ist«, in zweifelhaften Fällen das Urteil von Sachverständigen eingeholt werden soll.[143] Entsprechend wurde im Rahmen der Entwurfarbeiten zu verschiedenen Spezialfragen das Urteil sachverständiger Kenner der jeweiligen Materie hinzugezogen, so etwa zum Wechselrecht vom Haupt-Banko-Direktorium und zum Bergrecht vom Bergwerks- und Hüttendepartement.[144] Hierbei ging es jedoch vornehmlich um die inhaltliche Gestaltung der jeweiligen Regelungsmaterien, nicht um vorbereitende Rechtstatsachenermittlung. Eine ähnliche Form der Hinzuziehung praktischen Sachverstands bei den Entwurfarbeiten zum späteren ALR bestand in der Übersendung der Entwürfe zur kritischen Stellungnahme an zahlreiche Gerichte und Behörden, worauf noch zurückzukommen sein wird.[145] Einer systematischen Berücksichtigung lokaler Verhältnisse, wie von den Montesquieu-Anhängern gefordert, stand hingegen das Rechtsvereinheitlichungsziel des Gesetzgebungsprojekts entgegen; lokale Besonderheiten sollten Berücksichtigung in den geplanten Provinzialgesetzbüchern finden, nicht aber im Allgemeinen Gesetzbuch. Örtliche Verhältnisse konnten nach diesem Konzept deshalb nur dann Einfluss auf die Gestaltung des Gesetzbuchs gewinnen, wenn sie typisch für ganz Preußen waren und nicht nur für einzelne Provinzen. Bedeutung erlangte dies weniger für die Tatsachenermittlung als vielmehr bei der vorbereitenden Rechtsgrundlagenermittlung.

Auch bei den Gesetzgebungsarbeiten zum ABGB wurde keine systematische vorbereitende Rechtstatsachenforschung betrieben, wohl aber der praktische Sachverstand insbesondere der Gerichte hinzugezogen.[146] Wie schon beim ALR diente diese Hinzuziehung aber in erster Linie der Begutachtung der inhaltlichen Ausgestaltung des Gesetzbuchs, nicht der Beibringung von Tatsachenmaterial. Dennoch waren – jedenfalls nach der Einschätzung Zeillers – die Gutachten der bei den regionalen Gerichten gebildeten so genannten Länderkommissionen auch ein Mittel, das Gesetzbuch den besonderen Verhältnissen der Länder besser anzupassen, da man dort mit diesen Verhältnissen genauer bekannt sei.[147] Außerdem berücksichtigte die für die Umarbeitung des so genannten »Urentwurfs« zum

---

[143] Plan, Nr. 20.

[144] Vgl. *Simon*, S. 225, 232 f.; *Barzen*, S. 234 f. Auch bei der Schlussredaktion des AGB wurde wieder der Sachverstand der Fachbehörden hinzugezogen; vgl. hierzu die von *Kamptz* veröffentlichte Korrespondenz Carmers mit verschiedenen Behörden (Kamptz' Jahrbücher, Bd. 52 (1838), S. 75 ff.).

[145] S. näher unten S. 142.

[146] S. näher unten S. 142 f.

[147] *Ofner*, Protokolle, Bd. 2, S. 474.

ABGB gebildete Gesetzgebungskommission nach eigenem Bekunden bei der Überarbeitung auch die mit der Anwendung der galizischen Gesetzbücher (die inhaltlich mit dem Urentwurf identisch waren) gemachten Erfahrungen, insbesondere die Anfragen der dortigen Gerichtshöfe, worin eine Art Rechtstatsachenverwertung liegt.[148]

Beim bayerischen Strafgesetzbuch von 1813 bediente sich die 1808 eingesetzte Gesetzeskommission für medizinische Vorfragen der gutachterlichen Hilfe durch ein Medizinalkollegium.[149] Im Übrigen wurde hier wie auch beim späteren preußischen Strafgesetzbuch von 1851 noch keine gezielte Tatsacheneruierung in Form der Einbeziehung nicht-juristischer Sachverständiger zur Klärung von Vorfragen betrieben. Enqueten, wie sie ab der Jahrhundertmitte Mittermaier und Mohl nach englischem Vorbild vorschlugen, waren damals in Deutschland bei der Gesetzesvorbereitung noch ungebräuchlich. Die Entwürfe der beiden Gesetzbücher mussten sich zwar, wie wir noch sehen werden, Prüfungen durch Gerichte, Ministerien, den Staatsrat und auch der öffentlichen Kritik unterziehen, deren Zweck war aber eine inhaltliche Überprüfung der Entwürfe, nicht eine vorbereitende Sammlung von Tatsachenmaterial.

Bei der Entstehung des BGB lag Art und Umfang einer vorbereitenden Tatsachenermittlung weitgehend im Ermessen der einzelnen Redaktoren. So wurde von den Redaktoren der ersten Kommission zu Einzelfragen statistische Erhebungen, Anschauungsmaterial und Gutachten von Sachverständigen herangezogen.[150] Dabei ist auffällig, dass man zu den Einzelfragen, zu denen Tatsachenmaterial angefordert wurde, häufig nicht einfach eine unkommentierte Überlassung dieses Materials wünschte, sondern um rechtspolitische Stellungnahmen über die zu treffenden Regelungen bat.[151] Der Schwerpunkt der vorbereitenden Tätigkeit

---

[148] _Ofner_, Protokolle, Bd. 2, S. 473. Näher zur Inkraftsetzung des Urentwurfs in (West- und Ost-) Galizien zum 1. Januar 1798 und der Berücksichtigung der dort gemachten Erfahrungen unten S. 266.

[149] Anmerkungen z. BayStGB 1813, Bd. 1, S. 15.

[150] So erbat der für das Familienrecht zuständige Redaktor Planck von den Landesregierungen statistische Erhebungen zum ehelichen Güterrecht (s. den Antrag Plancks v. November 1875 in: _Jakobs/Schubert_, Beratung, Familienrecht, Teil 1, S. 360f.; vgl. hierzu auch die von Pape an den Reichskanzler gesandte Zusammenstellung über die bisherigen Kommissionsarbeiten v. 2.11.1876, auszugsweise abgedruckt in: _Schubert_, Materialien, S. 279–285, hier: S. 283). Auf Grundlage der Antworten legte Planck eine Darstellung über Zahl und Inhalt der in den verschiedenen Gebieten Deutschlands abgeschlossenen Eheverträge vor (_Schubert_, Vorlagen der Redaktoren, Familienrecht, Teil 3, S. 24–61). Der Sachenrechtsredaktor Johow begehrte Anschauungsmaterial über in den einzelnen Bundesstaaten bestehende Landvermessungen und Grundbuchsysteme (Kommissionsprotokoll v. 12.12.1874, in: _Schubert_, Materialien, S. 245f.; vgl. ebd., S. 281).

[151] Z. B. wurde die königlich preußische technische Deputation für das Veterinärwesen von der Kommission um ein Gutachten zu verschiedenen Fragen im Zusammenhang mit dem Viehmängelrecht gebeten, wobei die Fragen eher rechtspolitischer als tatsächlicher Natur waren (Kommissionssitzung v. 28.10.1875, in: _Jakobs/Schubert_, Beratung, Recht der Schuldverhältnisse, Teil 2, S. 213f.; das Gutachten ist teilweise abgedruckt ebd., S. 214–216; vgl. hierzu auch den eben erwähnten Bericht Papes v. 2.11.1876, in _Schubert_, Materialien, S. 279–285, hier: S. 282f.). Im Zusammenhang

der Redaktoren und ihrer Hilfsarbeiter lag aber in der Erfassung der verschiedenen zur jeweiligen Materie in Deutschland geltenden Rechte, nicht in der Gewinnung von Tatsachenmaterial. So haben die Redaktoren zwar zur Vorbereitung zahlreiche in- und ausländische Rechtsquellen herangezogen; dem Aspekt der bei der Anwendung dieser Rechtsvorschriften gemachten Erfahrungen haben sie aber kaum Beachtung geschenkt. Entsprechend finden sich in den Begründungen, welche die Redaktoren zu ihren Teilentwürfen verfassten, verhältnismäßig selten Bezugnahmen auf außerrechtliche Gesichtspunkte. Bei der Veröffentlichung des ersten Entwurfs wurde dieser dann von vielen Seiten als realitätsfern kritisiert und zum Beispiel die mangelnde Berücksichtigung volkswirtschaftlicher Gesichtspunkte bemängelt. Doch auch angesichts dieser Kritik entschloss man sich nicht dazu, dem englischen Vorbild der Enqueten zu folgen, um die Vorschläge der Kommission auf eine breitere Tatsachengrundlage zu stellen. Die Entscheidung für ein Enquetesystem hätte zugleich einen freieren Zugriff der Kommission auf Informationen impliziert.[152] Stattdessen hoffte man, außerrechtlichen Gesichtspunkten durch die Besetzung der zweiten Kommission auch mit Nicht-Juristen ausreichend Rechnung zu tragen.[153]

Auch in der Schweiz kam es im Zusammenhang mit der Entstehung des ZGB nicht zu einem formalisierten Verfahren zur Ermittlung von Tatsachenmaterial, wohl aber zur Befragung technischer und medizinischer Experten im Zusammenhang mit speziellen Regelungsmaterien und zur Sammlung und Auswertung kantonaler Erfahrungen in Bezug auf bestehende Grundbucheinrichtungen.[154] Außerdem wurden die Erfahrungen und Interessen von Wirtschaftsverbänden, Banken und anderen nicht-juristischen Kreisen durch deren Mitarbeit in den mit

---

mit den zu treffenden Regelungen über Erbeinsetzungsverträge sah es die Kommission als sachdienlicher an, die einzelnen Landesregierungen um Gutachten über die zu treffenden Regelungen unter Berücksichtigung statistischen Materials zu bitten, als lediglich statistische Feststellungen zu veranlassen (Kommissionsprotokoll v. 6.3.1875, in: *Schubert*, Materialien, S. 249 f.).

[152] Die Redaktoren der ersten Kommission konnten nur auf umständlichem Weg an Tatsachenmaterial für ihre Vorarbeiten gelangen. Derartige Verlangen waren zunächst dem Kommissionspräsidenten Pape mitzuteilen, welcher diese an das Reichskanzleramt weiterleitete. Das Reichskanzleramt wiederum forderte dann die jeweiligen Regierungen der Bundesstaaten auf, das erbetene Material zur Verfügung zu stellen (vgl. hierzu auch Punkt VI der Vorschläge der Vorkommission, in: *Schubert*, Materialien, S. 182).

[153] Zur Besetzung der zweiten BGB-Kommission s. unten S. 117 f.

[154] Über die bestehenden kantonalen Grundbucheinrichtungen holte das eidgenössische Justiz- u. Polizeidepartement Mitteilungen der einzelnen Kantone ein (Departementalentwurf Sachenrecht, S. 246; Vorentwurf zum ZGB (1900), S. 307; *Huber/Mutzner*, Bd. 1, S. 142, Fn. 39); die Regelungen zu Wasser- und Bergrechten im Vorentwurf erfolgten auf der Grundlage von Gutachten und Besprechungen mit Ingenieuren und einem Bergwerkinspektor (Departementalentwurf Sachenrecht, S. 246; Vorentwurf zum ZGB (1900), S. 307; *Huber/Mutzner*, Bd. 1, S. 142, Fn. 40; beide Materien wurden in den späteren parlamentarischen Beratungen aus dem Gesetzbuch gestrichen); die Umschreibung der Fälle von Handlungsunfähigkeit im Vorentwurf (Art. 10; fand in der endgültigen Fassung des ZGB Aufnahme in die Definition der Urteilsfähigkeit in Art. 16) wurde einer Kommission von »Irrenärzten« zur Beurteilung vorgelegt (*Huber*, Erläuterungen, Heft 1, S. 51).

der Entwurfsprüfung befassten Kommissionen und durch separate Stellungnahmen berücksichtigt.[155]

In England war hingegen eine vorbereitende Tatsachenermittlung durch Enqueten im Zusammenhang mit wichtigen oder kontroversen Gesetzgebungsprojekten bereits in der ersten Hälfte des 19. Jahrhunderts häufig anzutreffen. Zu diesem Zweck wurde entweder von einem der Häuser des Parlaments ein spezieller Ausschuss eingesetzt (*select committee*) und diesem ein präziser Untersuchungsauftrag erteilt oder es wurde von der Krone bzw. der Regierung eine Untersuchungskommission eingesetzt. Während die Parlamentsausschüsse ausschließlich aus Mitgliedern des Parlaments bestanden, konnten die königlichen Kommissionen gezielt mit Sachverständigen auch von außerhalb des Parlaments besetzt werde. Auch zeitlich waren die königlichen Kommissionen flexibler. Sie konnten solange tagen, bis sie ihren Untersuchungsauftrag vollständig erfüllt hatten, während die Parlamentsausschüsse durch das Ende einer Session automatisch aufgelöst wurden.[156] Königliche Kommissionen wurden daher im Bereich der Gesetzgebung häufig bei langwierigen Projekten und solchen, die eine starke Beteiligung außerparlamentarischen Sachverstands erforderten, eingesetzt, wie etwa bei den Bemühungen um eine Konsolidierung des englischen Strafrechts in der ersten Hälfte des 19. Jahrhunderts und bei den Arbeiten zu einer Kodifikation des Prozessrechts Britisch-Indiens in den fünfziger Jahren.[157] Parlamentarische Untersuchungsausschüsse wurden häufig zur Überprüfung des Erfolgs bestehender Gesetze eingesetzt, so etwa die beiden Parlamentsausschüsse, die sich 1852/53 vor Erlass des neuen *Charter Acts* für die East India Company mit der Durchführung der Bestimmungen des bisherigen *Charter Acts* von 1833 beschäftigten.[158] Bei

---

[155] So waren Vertreter des schweizerischen Handels- u. Industrievereins, des Gewerbevereins, des Bauernverbandes und des Arbeiterbundes ebenso wie Bankdirektoren und der Direktor einer Irrenanstalt Mitglieder der 1901 gebildeten großen Kommission zur Prüfung des Vorentwurfs (näher zur großen Kommission unten S. 121 f.); diverse schweizerische Banken reichten bereits zu dem Teilentwurf über Grundpfandrechte von 1897 Stellungnahmen ein (vgl. Departementalentwurf Sachenrecht, S. 244, 248).

[156] Vgl. *Ilbert*, Mechanics, S. 70 f.

[157] Die 1833 eingesetzte *Criminal Law Commission* erstattete zahlreiche Berichte, auf die im Rahmen dieser Untersuchung noch zurückzukommen sein wird; vgl. unten S. 273, Fn. 1202 a. E. zum ersten Bericht (1834), unten S. 305, Fn. 76 zum vierten Bericht (1839) und unten S. 59, Fn. 195 zum siebten Bericht (1843); zu der auf Grundlage des *Charter Acts* von 1853 eingesetzten neuen *Indian Law Commission* mit Sitz in London s. oben S. 29, Fn. 56. Der Entwurf des indischen Strafgesetzbuchs von 1837 wurde von der damaligen *Indian Law Commission* mit Sitz in Kalkutta ohne vorhergehende systematische Tatsacheneruierung erstellt. Jedoch wurde bei der Übersendung des Entwurfs an die Gerichte in Britisch-Indien diese zum Teil nicht nur um rechtliche Anmerkungen gebeten, sondern auch um eine Stellungnahme, inwieweit der Entwurf mit den Gewohnheiten und Ansichten der einheimischen Bevölkerung vereinbar sei; Schreiben W. H. Macnaghten an R. D. Mangles, 13. April 1838, in: Return to an Order of the House of Lords, dated 11 June 1852, for Copies of all Correspondence ..., S. 41, in: Parliamentary Papers (HL) 1852 (263) xii.

[158] Select Committee of the House of Lords, appointed to inquire into the Operation of the Act 3 & 4 Will. 4, c. 85, for the better Government of Her Majesty's Indian Territories; durch das

beiden Enqueteformen konnte Gegenstand der Untersuchung die Ermittlung von Tatsachenmaterial oder von Rechtsmaterial sein (letzteres namentlich bei den zahlreichen Kommissionen zur Bereinigung des *statute law*) als auch die Entwicklung konkreter Rechtsetzungsvorschläge. Die Parlamentsausschüsse konnten hierbei kraft ihres Amtes jedermann als Zeugen vorladen und Informationen von Behörden und Privatpersonen einholen, während den königlichen Kommissionen diese Rechte im Untersuchungsauftrag ausdrücklich verliehen werden mussten.

2. Die Prüfung des bestehenden Rechts als Entscheidungsgrundlage

a) Die Theorie

Neue Gesetze werden nicht im rechtsfreien Raum erlassen. Wenn der Gesetzgeber nicht von einer Tabula rasa ausgehen und das bestehende Recht als Anknüpfungspunkt für seine Reformbemühungen wählen soll, so ist die Kenntnis der bestehenden Rechtsquellen zu der jeweiligen Regelungsmaterie unverzichtbare Voraussetzung für eine technisch gelungene Gesetzgebung. Nur so kann das Neue mit dem Bestehenden verknüpft, Widersprüche erkannt und wo nötig das Bestehende aufgehoben werden. Der erste Schritt ist hierbei, dass sich der Gesetzgeber bewusst macht, welche Regelungen gegenwärtig zu der Materie bestehen, die er einer Neuregelung unterwerfen will. Mutet uns dies heute auch vielfach als eine Selbstverständlichkeit an, so ist die gewissenhafte Einhaltung dieser Forderung gerade in entlegenen oder schwer überschaubaren Regelungsbereichen auch heute noch nicht so selbstverständlich, wie dies zunächst erscheinen mag. Besonders galt dies für die Situation zu Beginn des 19. Jahrhunderts, wo auch für die zentralen Materien des Zivil- und Strafrechts in vielen deutschen Territorien noch keine abschließenden Kodifikationen bestanden und das Nebeneinander unterschiedlicher und nicht aufeinander abgestimmter Rechtsquellen die Beantwortung der Frage, was eigentlich das bestehende Recht und damit der Ausgangspunkt für den Gesetzgeber sei, nicht einfach machte.

Es kann daher nicht verwundern, dass die Erfassung der bestehenden Rechtsquellen bei vielen Autoren als wesentliche Vorbereitungsmaßnahme zum Erlass neuer Gesetze angesehen wurde.[159] Eine solche Erfassung des bestehenden Rechts

---

Sessionsende 1852 wurde dieser Ausschuss aufgelöst und in der nächsten Session ein Ausschuss mit gleichem Prüfungsauftrag erneut eingesetzt; s. deren Berichte in: Parliamentary Papers 1852/53 (41) xxx; Parliamentary Papers 1852/53 (627) xxxi.

[159] *Reitemeier,* Gesetzgebung, S. 127 f., 147 ff.; *ders.,* Gesetzbuch, Bd. 1, S. XXXI; *K. S. Zachariä,* Wissenschaft, S. 343 f.; *Scheurlen,* S. 11; *Müller,* S. 29 f.; *Kitka,* S. 18 ff.; *Mittermaier,* AcP 36 (1853), S. 101; *Mohl,* Politik, Bd. 1, S. 526 ff.; eine gründliche Vorbereitung von Gesetzesentwürfen durch sorgfältige Eruierung der bestehenden einschlägigen Rechtslage wurde auch in England eingefordert, nachdem die Ausarbeitung von Gesetzentwürfen durch das Amt des *Parliamentary Counsel* (hierzu unten S. 101 ff.) professionalisiert worden war: *Thring,* S. 1; *Ilbert,* Methods and Forms, S. 242 f.; *ders.,* Mechanics, S. 18, 113.

konnte zum einen bezogen auf ein konkret anstehendes Gesetzesprojekt erfolgen, in welchem Fall diese Aufgabe in der Regel der mit den Entwurfsarbeiten beauftragten Gesetzeskommission zuzuweisen sei.[160] Zum anderen wurde aber auch eine vollständige Sammlung und systematische Zusammenstellung sämtlicher noch gültiger Rechtsquellen eines Landes zur Vorbereitung größerer Gesetzgebungsprojekte empfohlen.[161] Während Reitemeier hierbei noch eine Privatsammlung[162] für ausreichend hielt,[163] forderten Müller und Mohl amtliche Sammlungen, weil nur diese eine verlässliche Grundlage für die Gesetzgebungsarbeiten liefern könnten. Für Müller lag die Hauptschwierigkeit darin, obsolet gewordene oder durch spätere Bestimmungen derogierte Gesetze auszusondern, was nur eine amtliche Sammlung kombiniert mit einer amtlichen Bereinigung leisten könne.[164] Mohl sah den Vorteil einer vollständigen amtlichen Sammlung der geltenden Rechtsnormen darin, dass dann nicht bei jedem Gesetzesvorhaben erneut eine beschwerliche projektbezogene Sichtung der einschlägigen Rechtsnormen erfolgen müsse.[165] Vielmehr könne man bei Vorliegen einer solchen amtlichen Sammlung beim jeweiligen konkreten Gesetzesvorhaben ohne großen Aufwand die einschlägigen Vorschriften des bestehenden Rechts dieser Sammlung entnehmen. Mohl forderte, dass diese Sammlung, um einen vollständigen Überblick über das bestehende Recht zu gewährleisten, auch Gewohnheitsrechte[166], auto-

---

[160] *Kitka,* S. 18 ff.

[161] *Reitemeier,* Gesetzgebung, S. 147 ff.; *Müller,* S. 29 f.; *Mohl,* Politik, Bd. 1, S. 526 ff.

[162] Solche Privatsammlungen waren in der ersten Hälfte des 19. Jahrhunderts nicht unüblich; vgl. z. B. das »Handbuch der Strafgesetze des Königreiches Sachsen von 1532 bis auf die neueste Zeit« von *Julius Weiske* (1833), das »Handbuch der vom Jahre 1572 bis auf die neueste Zeit erschienenen noch jetzt gültigen Civil-Prozeß-Gesetze des Königreichs Sachsen« von *Friedrich Freisleben* (1834) und die »Vollständige historisch und kritisch bearbeitete Sammlung der württembergischen Gesetze« (1828 ff.) von *August Ludwig Reyscher.*

[163] Reitemeier selbst wollte eine solche Privatsammlung als Grundlage eines von ihm geforderten allgemeinen deutschen Gesetzbuchs vornehmen (*Reitemeier,* Redaction, S. 10; *ders.,* Gesetzgebung, S. 147 ff.). Da es sich um ein nationales Projekt handeln sollte, kam es ihm auf eine vollständige Erfassung der geltenden Rechtsquellen eines einzelnen Landes dabei aber nicht an; vielmehr sollte das Gemeine Recht als Grundlage genommen werden, nicht mehr Zeitgemäßes ausgeschieden und Kontroversen aufgelöst werden. Einen (unvollständigen) Versuch hierzu hat er in seinem dreibändigen Werk »Allgemeines Deutsches Gesetzbuch aus den unveränderten brauchbaren Materialien des gemeinen Rechts in Deutschland« (1801/1802) unternommen. Anders als später Müller und Mohl hielt Reitemeier die inhaltlichen Gesetzgebungsarbeiten mit der Kompilation und Kontroversentscheidung schon weitgehend für beendet; sein Ziel war also keine Kodifikation im modernen Sinn, sondern eine bloße Neuordnung und Bereinigung des Gemeinen Rechts bei gleichzeitiger Wiederherstellung der Rechtseinheit in Deutschland. Entsprechend sollte dem von ihm angestrebten »Deutschen Codex« Belege aus den römischen Gesetzen und der gemeinrechtlichen Literatur beigefügt werden und ihm Gesetzeskraft nur insoweit beigelegt werden, als er Kontroversen entschied (*Reitemeier,* Redaction, S. 35, 37).

[164] *Müller,* S. 29 f.

[165] Zum Folgenden: *Mohl,* Politik, Bd. 1, S. 526 ff.

[166] Um möglichst vollständige Kenntnis der Gewohnheitsrechte zu erlangen, solle allen Gerichten auferlegt werden, die in ihrem Sprengel bestehenden Gewohnheitsrechte aufzuzeichnen und einzusenden.

nome Regelungen (Satzungen) und sogar Gerichtsurteile umfassen solle, wobei letztere dann aufzunehmen seien, wenn sie Lücken im Recht ausfüllen und sich ein entsprechender Gerichtsgebrauch gebildet hat. Doch damit nicht genug, sollte die Sammlung nach Auffassung Mohls auch die nicht mehr gültigen Rechtsnormen umfassen. Die hierdurch vermittelte Kenntnis des Entwicklungsganges einer Regelungsmaterie sei für den Gesetzgeber wichtig, um die Wiederholung von Fehlern und von bereits zu einem früheren Zeitpunkt fehlgeschlagener Maßregeln zu vermeiden. Schließlich sei es wichtig, dass die so erstellte Sammlung kontinuierlich fortgeführt und auf dem aktuellen Stand gehalten werde.

Mit der bloßen systematischen Erfassung der bestehenden (und gegebenenfalls früheren) Rechtsquellen ist die Vorbereitung für den Gesetzgeber aber nicht beendet. Auch die Dogmatik hat ihren Beitrag zur Vorbereitung der Gesetzgebung zu leisten. Viele Autoren forderten, dass der Gesetzgeber (d.h. die mit den Entwurfsarbeiten betraute Kommission oder Einzelperson) das Recht systematisch durchdrungen habe und beherrsche bzw. die von anderen hierzu geleisteten Arbeiten kenne, weil nur auf dieser Grundlage der konkrete Änderungsbedarf und die Auswirkungen einer Neuregelung auf das bestehende Recht zu überblicken seien.[167] Besondere Bedeutung kam der wissenschaftlichen Durchdringung des Rechts als Kodifikationsvoraussetzung bei Savigny und der von ihm begründeten Historischen Rechtsschule zu. Bekanntlich sprach er seiner Zeit die Erfüllung dieser Voraussetzung im Zivilrecht ab, weshalb ein dennoch ausgearbeitetes bürgerliches Gesetzbuch nur die »Herrschaft einer unlebendigen Ansicht des Rechts befestigen« würde.[168] Die Arbeit des Gesetzgebers bei der Erstellung eines Gesetzbuchs sei nicht anders als die des Verfassers eines Systems des römisch-deutschen Rechts: Es komme darauf an, den Stoff »zu lebendiger Anschauung« zu bringen.[169] Ohne eine entsprechende Vorbereitung des Rechtsstoffs sei die Ausarbeitung umfassender Gesetzbücher im bürgerlichen Recht nicht angezeigt; wohl aber seien punktuelle Besserungen durch Einzelgesetzgebung möglich.[170]

Anders als Savigny und die Historische Rechtsschule sahen dies Gesetzgebungstheoretiker wie Karl Salomo Zachariä und Mohl. Auch sie betonten zwar die Wichtigkeit der systematischen Durchdringung des Rechts als Voraussetzung für die Gesetzgebung, ließen diesen Gesichtspunkt aber entweder bei der Abwägung mit dem Bedürfnis nach einem nationalen Gesetzbuch zurücktreten (so Zachariä[171]) oder verneinten einen tatsächlichen Mangel an solcher wissenschaftlicher Bearbei-

---

[167] *K. S. Zachariä*, Vierzig Bücher vom Staate, Bd. 4, Buch 20, S. 28; *Reyscher*, S. 41 f.; *Kitka*, S. 18 ff.; *Mohl*, Politik, Bd. 1, S. 533 ff., 541 ff.; zur Auffassung Savignys und der Historischen Rechtsschule sogleich.

[168] *Savigny*, Beruf, S. 24.

[169] Ebd., S. 49.

[170] Zur Ansicht Savignys über die Möglichkeit punktueller Einzelgesetzgebung s. oben S. 41. Dort auch zur kodifikationsfreundlicheren Ansicht Savignys für das Strafrecht.

[171] »Mag auch der Beruf zu dieser Arbeit zweifelhaft seyn, der Ruf ist desto dringender.« (*K. S. Zachariä*, Vierzig Bücher vom Staate, Bd. 4, Buch 20, S. 15, Fn. 3).

tung als Voraussetzung für umfassende Gesetzbücher (so Mohl[172]). Mohls Anliegen war nicht, dem Gesetzgeber fast unüberwindbare Hürden als Vorbereitung für umfassende Gesetzbücher aufzustellen, sondern ihn dazu aufzufordern, von den vorhandenen wissenschaftlichen Bearbeitungen des bestehenden Rechts als Erkenntnisquelle bei der Vorbereitung neuer Gesetze auch tatsächlich Gebrauch zu machen.

b) Die Praxis

Für die Redaktoren des ALR ergab sich die vorbereitende Erfassung des bestehenden Rechts schon aus dem konservativen Gesetzgebungsauftrag in Friedrichs II Kabinettsorder vom 14. April 1780. Wie aufgezeigt, war keineswegs ein grundlegender vernunftrechtlicher Neuanfang geplant, vielmehr sollte das bestehende Recht Grundlage des neuen Gesetzbuchs sein und Änderungen nur dort erfolgen, wo dieses formale oder inhaltliche Mängel oder Lücken aufwies oder sich als überholt erwies.[173] Der bereits erwähnte, von Friedrich II genehmigte »Plan nach welchem bey Ausarbeitung des neuen Gesetzbuchs verfahren werden soll« aus dem gleichen Jahr setzte diese Vorgaben gesetzgebungsmethodisch um. Demnach sollte zunächst ein Auszug aus dem Corpus Juris Justinians angefertigt werden, wobei auf die zeitgenössischen Verhältnisse nicht mehr anwendbare Regelungen und die »mehrenteils aus leerem Gewäsche« bestehenden Vorreden und Begründungen weggelassen werden sollten.[174] Daraufhin waren die verbleibenden Regelungen des römischen Rechts in eine vernünftige Ordnung zu bringen, aus Einzelentscheidungen die allgemeine Regel zu destillieren und Widersprüche zu beseitigen.[175] Anschließend sollte dieser Auszug um Materien ergänzt werden, die im römischen Recht gar nicht oder nicht den zeitgenössischen Verhältnissen entsprechend geregelt waren (wie etwa im Wechsel- oder Versicherungsrecht). Hierzu sollte eine Sammlung der bestehenden Landesgesetze zu diesen Materien erfolgen und der Auszug daraufhin anhand dieser Landesgesetze oder – in Ermangelung solcher – anhand einer vernünftigen Erwägung der bestehenden Verfassung, Sitten und Gebräuche ergänzt werden.[176]

Aus der Entstehungsgeschichte des ALR wissen wir, dass die Redaktoren, was zunächst den Auszug aus dem Corpus Juris betrifft, diesem Plan auch gewissenhaft nachgekommen sind.[177] Dort, wo das römische Recht keine Regelungen

---

[172] *Mohl*, Politik, Bd. 1, S. 533 u. 535, Fn. 1.

[173] S. oben S. 20 f.

[174] Plan, Nr. 3, 4, 17.

[175] Plan, Nr. 5.

[176] Plan, Nr. 6, 7, 18.3, 18.4.

[177] Zu der Anfertigung des Auszugs aus dem Corpus Juris durch Carmers anfänglichen Mitarbeiter Volkmar und der Überprüfung dieses Auszugs durch Volkmar selbst und durch Pachaly als Ko-Referenten s. *Simon*, S. 200 ff.; *Klein*, Annalen, Bd. 1 (1788), S. XLV f.; *Stobbe*, Bd. 2, S. 461

vorgab, ist man nach der Selbstdarstellung der Gesetzesredaktoren auch bemüht gewesen, zunächst auf bestehende allgemeine Landesgesetze oder übereinstimmende Provinzialrechte zurückzugreifen und erst in Ermangelung auch solcher auf Erwägungen, die sich nicht auf bestehende Rechtsquellen stützen, sondern etwa aus der »Natur der Sache« hergeleitet wurden.[178] Allerdings ist bei derartigen Selbsteinschätzungen der Redaktoren Vorsicht geboten, da sie erkennbar im Zusammenhang mit dem Bestreben standen, das schöpferische Element des Gesetzbuchs zugunsten einer vornehmlich sammelnden und behutsam bessernden Gesetzgebungsleistung herunterzuspielen.[179] Im Zuge der fortschreitenden Arbeiten an dem Gesetzbuch, insbesondere im Zuge der Beurteilung der eingegangenen Stellungnahmen und der Überarbeitung der Entwürfe im Rahmen der so genannten »Revisio monitorum«, scheint eine freiere Handhabung der Vorlagenfrage Platz gegriffen zu haben und die Redaktoren, namentlich Svarez, ihre Aufgabe zunehmend auch als bewusst schöpferisch verstanden zu haben.[180]

In Österreich erlangte die Erfassung des bestehenden Rechts als Kodifikationsvorbereitung insbesondere in der ersten Phase der Arbeiten an einem Zivilgesetzbuch unter Maria Theresia eine wichtige Rolle. Die 1753 von Maria Theresia zur Abfassung eines Zivilgesetzbuchs eingesetzte so genannte Kompilationskommission legte ihrer Arbeit »Grundsätze zur Verfassung des allgemeinen Rechts …« zugrunde, wonach zunächst die vorhandenen Ländergesetze zu sammeln, zu vergleichen und auf gemeinsame Hauptprinzipien zu untersuchen waren (bezeichnend die zeitgenössische Bezeichnung der Kommission als »Compilationskommission«).[181] Zu diesem Zweck war vorgesehen, dass die einzelnen Mitglieder der Kommission (die sich aus Angehörigen der verschiedenen Landesgruppen zusammensetzte) zunächst Zusammenstellungen der in den jeweiligen Ländern der Monarchie geltenden Landesrechte anfertigen. Geplant war, die jeweiligen Landesrechte – gegliedert nach den geplanten Abschnitten des Gesetzbuchs –

---

und aus der modernen Forschung namentlich *Barzen*, S. 74 ff., 87 ff.; *Krause*, Einführung, S. LX ff.; *Schwennicke*, Entstehung, S. 21.

[178] So weist Svarez 1791 bei seiner kurzen Darstellung des bei der Ausarbeitung der Entwürfe beobachteten Verfahrens darauf hin, dass man – wo immer möglich – auf bestehendes Recht zurückgegriffen habe und nur dort, wo dies wegen der Verschiedenheit der lokalen oder provinziellen Rechte nicht möglich gewesen sei, dasjenige bestimmt habe, was der Natur der Sache und den Grundsätzen des Natur- und allgemeinen Staatsrechts am angemessensten sei (*Svarez*, Annalen, Bd. 8 (1791), S. XXI).

[179] Dies gilt für die in der vorangehenden Fn. erwähnte Darstellung des bei der Erstellung der Entwürfe angewandten Verfahrens durch Svarez und mehr noch für Svarez' amtliche Vorträge bei der Schlussredaktion zum ALR, deren vornehmliche Aufgabe gerade war, die Übereinstimmung der Regelungen mit dem bestehenden Recht aufzuzeigen.

[180] Vgl. hierzu aus jüngster Zeit die Untersuchung Willoweits über Svarez' Vorgehensweise im Rahmen der Revisio monitorum und den häufigen Rückgriff auf Argumentationsmuster wie das der »Natur der Sache« (*Willoweit*, Revisio Monitorum, S. 91 ff., insb. 96 ff.). Zur Revisio monitorum näher unten S. 153.

[181] Kompilationsgrundsätze, Vorrede und Nr. I (Abdruck bei *Harrasowsky*, Codex Theresianus, Bd. 1, S. 16 f.).

nicht nur unter sich, sondern auch mit dem römischen Recht zu vergleichen.[182] Die von den Kommissionsmitgliedern in der Folgezeit gelieferten Darstellungen glichen – nach dem Urteil Harrasowskys – aber eher allgemeinen Abhandlungen zum geltenden Recht als quellenmäßigen Darstellungen.[183]

In den späteren Phasen der österreichischen Bemühungen um eine Zivilrechts-kodifikation spielte eine separate Erfassung der zu einzelnen Regelungsabschnitten bestehenden Landesrechte oder Gemeinen Rechte kaum mehr eine Rolle. Man griff vielmehr auf die jeweiligen Vorgängerarbeiten als Vorlage zurück. Für die letzte Phase der Kodifikationsarbeiten, der Umarbeitung des so genannten Ur-entwurfs (inhaltlich mit den galizischen Gesetzbüchern identisch) zum ABGB unter dem Referat Zeillers ab 1801 nennt Zeiller, neben ausländischen Gesetzbü-chern[184] und Privatentwürfen[185], den Codex Theresianus und das Josephinische Gesetzbuch als Hilfsmittel, auf welche die Kommission »mit fortgesetzter Auf-merksamkeit« zurückgegriffen habe.[186] Daneben bestanden als Zwischenstufen der Kodifikationsbemühungen der Entwurf Horten (hervorgegangen aus dem Codex Theresianus) und der Entwurf Martini (hervorgegangen aus dem Josephi-nischen Gesetzbuch und ergänzt um die dort fehlenden Teile), auf welche die späteren Kommissionen zurückgreifen konnten. Ein direkter Rückgriff auf die Quellen des Gemeinen Rechts und auf Landesrechte schien deshalb entbehrlich. Als der Kaiser 1796 die Bildung einer neuen Hofkommission in Gesetzsachen anordnete, deren Referent für die Privatrechtskodifikation Zeiller wurde, war kein kompletter Neuanfang mit umfangreichen Vorarbeiten zur Erfassung der bestehenden Rechtslage erwünscht, sondern eine bloße Umarbeitung des beste-henden Entwurfs, der ab 1798 in Galizien bereits als Gesetz galt.

In Bayern zog man in der entscheidenden Kodifikationsphase des Strafgesetz-buchs von 1813 mit Feuerbach zwar einen virtuosen Kenner der Strafrechts-dogmatik heran, der jedoch »Ausländer« war und für dessen Entwurfsarbeiten weniger die bestehenden Strafgesetze Bayerns als seine eigenen strafrechtswissen-schaftlichen Überzeugungen maßgebend waren. Wegen der Mangelhaftigkeit und Zersplitterung der bayerischen Strafrechtsordnung lag dies aber auch durchaus

---

[182] Vgl. *Harrasowsky*, Geschichte, S. 59; *Brauneder*, ABGB, S. 212.

[183] *Harrasowsky*, Geschichte, S. 59.

[184] Hierzu unten S. 72.

[185] Zeiller nennt u. a. die Privatentwürfe von *Claproth* (Ohnmasgeblicher Entwurf eines Ge-setzbuches, 1773–1776) und *Schlosser* (Vorschlag und Versuch einer Verbesserung des deutschen bürgerlichen Rechts ohne Abschaffung des römischen Gesezbuchs, 1777) als Hilfsmittel, auf die die Kommission zurückgegriffen habe (*Ofner*, Protokolle, Bd. 2, S. 477).

[186] *Ofner*, Protokolle, Bd. 2, S. 475f. In den Kommissionsprotokollen finden sich aber nur wenige Hinweise auf einen direkten Rückgriff auf den Codex Theresianus oder das Josephinische Gesetzbuch, weshalb *Pfaff* (Zeitschrift f.d. Privat- u. öffentl. Recht der Gegenwart 2 (1875), S. 258f.) vermutete, unter dem Referat Zeillers sei der Zusammenhang mit den älteren Kodifika-tionsarbeiten (vor dem Westgalizischen Gesetzbuch) fast ganz verloren gegangen; im Anschluss hieran und noch pointierter neuerdings *Barta* (S. 353f.), der von einem »vollständigen Bruch« Zeillers mit den älteren Materialien spricht.

im Konzept des aufgeklärten Herrschers Max Joseph und seiner Staatsminister. Bezeichnenderweise hob man, als man Feuerbach den Auftrag zu einem Entwurf des Strafgesetzbuchs gab, nicht etwa hervor, dass sich dieser an das bestehende bayerische Recht anlehnen solle, sondern »mit Rücksicht auf die neuesten bekannt gewordenen vollkommeneren Gesezbücher über Verbrechen und Strafen« zu fertigen sei.[187] Eine Berücksichtigung des »bayerischen Elements« erfolgte erst durch die beiden 1808 und 1810 eingesetzten Kommissionen zur Überprüfung des Entwurfs Feuerbachs, wobei man in der ersten Kommission bewusst auch Personen zu Mitgliedern der Kommission bestellte, die Kenntnisse derjenigen Rechtsordnungen hatten, die infolge der Gebietserweiterungen Bayerns in napoleonischer Zeit nunmehr in einigen Landesteilen Anwendung fanden.[188]

Bei den Arbeiten am preußischen Strafgesetzbuch bildete der strafrechtliche Teil des ALR als das in den meisten Landesteilen geltende Recht den Ausgangspunkt der Reformbemühungen. Wir sahen bereits, dass gerade in der Anfangsphase bis hin zur Veröffentlichung des Strafgesetzbuchentwurfs von 1843 der methodische Einfluss des geltenden Rechts auf die Kodifikationsarbeiten wesentlich blieb. Die Motive zu den Entwürfen von 1827, 1828 und 1833 diskutieren ausführlich das Verhältnis der jeweiligen Entwurfsbestimmungen zum geltenden Recht und die Gründe im Falle eines Abweichens von der bestehenden Rechtslage.[189] Auch auf die Materialien aus der Entstehungszeit des ALR wird hierbei mitunter Bezug genommen.[190] Im Übrigen sind die Redaktoren in den Motiven um den Beweis bemüht, dass sie bei dem Neuentwurf nicht nur das geltende Recht, sondern auch die zu der jeweiligen Regelungsfrage bestehenden Ansichten in der strafrechtlichen Literatur zur Kenntnis genommen haben. So finden sich in den Motiven zahlreiche Verweise auf die gängigen Strafrechtslehrbücher der Zeit und auf Schriften zu strafrechtlichen Einzelfragen, zum Teil zur Untermauerung der in dem Entwurf enthaltenen Vorschriften, zum Teil aber auch mit einer Kritik der Doktrin und Rechtfertigung, warum hiervon abgewichen wurde.[191] Zu dem veröffentlichten Entwurf von 1843 gingen dann, wie wir im jeweiligen Zusammenhang noch sehen werden, umfangreiche Denkschriften der acht preußischen Provinziallandtage und zahlreiche Stellungnahmen auch aus der Wissenschaft ein. Entsprechend verlagerte sich in der Revision von 1845 und in

---

[187] Wortlaut des Auftrags vom 19. August 1804 bei *Geisel*, S. 12 f.

[188] S. hierzu näher unten S. 74 mit Fn. 270.

[189] Die Motive diskutierten hierbei nicht nur das Verhältnis der Entwurfsbestimmungen zum bestehenden preußischen Recht, sondern vielfach auch das Verhältnis zu unterschiedlichen ausländischen Gesetzgebungen, was im folgenden Kapitel (S. 74) im einzelnen zur Sprache kommen wird.

[190] Vgl. z. B. Motive zu dem Entwurf 1828, Bd. 3, 2. Abt., S. 272, in: *Regge/Schubert*, Bd. 1, S. 932.

[191] Häufig zitiert werden in den Motiven von 1827, 1828 und 1833 u. a. *Feuerbach*, Lehrbuch des gemeinen in Deutschland geltenden peinlichen Rechts; *Grolman*, Grundsätze der Criminal rechts-Wissenschaft; *Kleinschrod*, Systematische Entwicklung der Grundbegriffe und Grundwahrheiten des peinlichen Rechts nach der Natur der Sache und der positiven Gesetzgebung; *Tittmann*, Handbuch der Strafrechtswissenschaft und der deutschen Strafgesetzkunde.

den Motiven zu dem Entwurf von 1847 der Schwerpunkt der Diskussion hinweg von einem Vergleich der neuen Vorschriften mit dem ALR als bestehendem Recht hin zu einer detaillierten Auseinandersetzung mit den zu den jeweiligen Entwurfsregelungen eingegangenen Monita und Neuvorschlägen.

Bei den Arbeiten zum Strafgesetzbuch Britisch-Indiens ist bei der Frage der rechtlichen Vorbereitung der Redaktoren zwischen vier verschiedenen Rechtssystemen zu unterscheiden: erstens den in den drei britischen Verwaltungsbezirken Bengalen, Bombay und Madras vom dortigen *Governor-General in Council* (bzw. seit 1833 zentral vom *Governor-General of India in Council*) erlassenen Rechtsvorschriften, zweitens dem (von den indischen *Supreme Courts* angewandten) englischen Strafrecht, drittens dem einheimischen indischen Strafrecht (überwiegend moslemischen und hinduistischen Ursprungs) und viertens den als Vorbereitung dienenden ausländischen Strafgesetzgebungsarbeiten. Schon bei der Auswahl der Mitglieder der Gesetzgebungskommission war darauf geachtet worden, langjährige Angehörige der *East India Company* aus allen drei Verwaltungsbezirken zu bestellen, damit diese ihre regional unterschiedlichen tatsächlichen Erfahrungen, aber eben auch die Kenntnis des bis 1833 regional unterschiedlichen britisch-indischen Verordnungsrechts einbringen konnten.[192] Die häufigen Verweise auf derartige Verordnungen in den amtlichen Anmerkungen zu dem Entwurf geben Aufschluss darüber, dass die Kommission auch tatsächlich die vorliegende britisch-indische Einzelgesetzgebung, sofern sie strafrechtliche Materien berührte, bei ihrer Arbeit zur Kenntnis genommen hat, wobei der Schwerpunkt auf dem Recht Bengalens und Bombays lag.[193]

Das englische Strafrecht war den meisten Kommissionsmitgliedern durch ihre juristische Ausbildung in England bekannt,[194] wobei jedoch in der Phase der Entstehung des Entwurfs noch keine Versuche unternommen wurden, die Arbeit am indischen Strafgesetzbuchentwurf mit der seit 1833 in London tagenden Strafrechtskommission abzustimmen, deren Aufgabe in einer Bereinigung des englischen Strafrechts lag. Von den Arbeiten der englischen Strafrechtskommission zog man in Britisch-Indien erst unter den Nachfolgern Macaulays Nutzen. So war Macaulays Nachfolger als *law member* des *Governor-General of India in Council*, Andrew Amos, zuvor Mitglied der englischen Strafrechtskommission gewesen und als 1845 die damaligen Mitglieder der indischen Gesetzeskommission (Cameron und Eliott) mit einer Überprüfung des Entwurfs von 1837 beauftragt wurden, wurden diese ausdrücklich angewiesen, hierbei zum Vergleich auch den zwischen-

---

[192] Zur Zusammensetzung der Gesetzgebungskommission s. näher unten S. 114.

[193] Da die Kommission in Kalkutta (Bengalen) tagte, war das dortige Verordnungsrecht am einfachsten greifbar; auch die Verordnungen Bombays mit strafrechtlichem Inhalt waren für die Kommission leicht zugänglich, da sie 1827 im so genannten »Bombay Code« (Regulation XIV of 1827) zusammengefasst worden waren.

[194] Macaulay, auf dem die Hauptlast der Entwurfarbeit lag, war von der Ausbildung her englischer *barrister*, hatte als solcher aber kaum jemals praktiziert, war also kein erfahrener Praktiker des englischen Strafrechts.

zeitlich (1843) veröffentlichten Strafgesetzbuchentwurf der englischen Strafrechts-kommission heranzuziehen.[195] Cameron und Eliott schlugen im Ergebnis jedoch keine gravierenden Änderungen des Entwurfs von 1837 vor. Erst als Bethune 1848 *law member* des *Governor-General in Council* wurde, nutzte er den Entwurf der englischen Strafrechtskommission als Vorlage zu einer umfassenden Umarbeitung des indischen Strafgesetzbuchentwurfs nach englischem Vorbild.[196] Unter Bethunes Nachfolger, Barnes Peacock, sprach sich der *Legislative Council*[197] des *Governor-General in Council* dann aber wieder für Macaulays Entwurf von 1837 als Grund-lage für das schließlich 1860 erlassene indische Strafgesetzbuch aus und nicht für Bethunes stärker vom englischen Recht beeinflusste Fassung.[198] Gegen die In-kraftsetzung des von einem Ausschuss unter der Leitung Peacocks auf Grundlage von Macaulays Entwurf überarbeiteten Strafgesetzbuchs wandte sich eine Petition britischer Bürger in Kalkutta mit dem Argument, das Gesetzbuch weiche zu sehr vom englischen Recht ab. Doch blieb diese Petition erfolglos; Peacock verteidigte das Gesetzbuch 1860 bei der dritten Lesung im *Legislative Council* erfolgreich gegen diesen Vorwurf und erreichte die Verabschiedung in der unter seiner Leitung auf der Grundlage von Macaulays Entwurf überarbeiteten Fassung.[199]

Das bestehende einheimische Strafrecht Indiens moslemischen und hinduisti-schen Ursprungs wurde von der mit der Anfertigung des britisch-indischen Strafgesetzbuchentwurfs befassten Kommission hingegen nur sporadisch zur Kennt-nis genommen. Wir sahen bereits, dass die Kommission für ihren 1837 vorgeleg-ten Entwurf in Anspruch nahm, dass keines der existierenden Strafrechtssysteme ihm als Grundlage gedient habe, was sie mit den erheblichen inhaltlichen und formalen Mängeln des bestehenden Rechts rechtfertigte.[200] Tatsächlich hatte man sich gar nicht die Mühe gemacht, das einheimische Recht, soweit es nicht-

---

[195] Report on the Indian Penal Code, S. 1. Der Entwurf der englischen Strafrechtskommission (»Act of Crimes and Punishments«) ist abgedruckt im Seventh Report of Her Majesty's Commis-sioners on Criminal Law, S. 113–283, in: Parliamentary Papers 1843 (448) xix.

[196] Bethunes Gegenentwurf von 1851 (den er in Anlehnung an die englische Vorlage als »Act of Offences and Punishments« betitelte) ist abgedruckt in: Return to an Order of the House of Lords, dated 11 June 1852, for Copies of all Correspondence ..., S. 537–584, in: Parliamentary Papers (HL) 1852 (263) xii.

[197] Ab 1854 wurde der *Governor-General in Council*, wenn er in seiner Legislativfunktion tätig wurde, auch als *Legislative Council* bezeichnet, in Abgrenzung zu der Exekutivtätigkeit des *Governor-General in Council*, die in anderer personeller Zusammensetzung erfolgte (vgl. Governor-General, Minute of 17 May 1854, in: Proceedings of the Legislative Council of India, Bd. 1 (1854/55), Sp. 1).

[198] Zu der Überarbeitung von Macaulays Entwurf durch einen Ausschuss (*select committee*) des *Legislative Council* unter Leitung von Peacock s. unten S. 186.

[199] Zu der Petition und Peacocks Verteidigung des Strafgesetzbuchs gegen den Vorwurf, zu sehr vom englischen Recht abzuweichen, s. Proceedings of the Legislative Council of India, Bd. 6 (1860), Sp. 1259 ff. (Sitzung v. 6. Oktober 1860). Die Bürger Kalkuttas unterstanden vor Inkraft setzung des Strafgesetzbuchs in Strafsachen der Jurisdiktion des dortigen *Supreme Court*, der englisches Strafrecht anwandte.

[200] S. oben S. 38 f.

britischer Herkunft war, genauer zur Kenntnis zu nehmen; so offenbaren die Bezugnahmen der Kommission auf das einheimische Recht im Zusammenhang mit der Vorlage des Entwurfs eine nur sehr oberflächliche Kenntnis desselben.[201] Bei einer späteren parlamentarischen Befragung des damaligen Kommissionsmitglieds Macleod räumte dieser ein, dass keine systematischen Bemühungen unternommen worden seien, das regional unterschiedliche einheimische Recht zu erfassen und abgesehen von der Klärung einzelner Fragen die Kommission sich auch nicht der Hilfe von Kennern des moslemischen oder hinduistischen Rechts bedient habe.[202] Hierbei hatte man sich über die Vorgaben des *Charter Act* von 1833 hinweggesetzt, der vorsah, dass die Kommission zunächst die bestehenden Gesetze und Gewohnheitsrechte in den verschiedenen Regionen Indiens ihrer Natur und Anwendung nach genau prüfen und auf dieser Grundlage dann Änderungsvorschläge unterbreiten solle, die auf regionale und religiöse Unterschiede Rücksicht nehmen.[203] Mit dem aufklärerisch-utilitaristischen Impetus Benthamscher Prägung glaubte man sich über das bestehende, inkohärente Recht hinwegsetzen zu können zugunsten einer auf einheitlichen Prinzipien fußenden Neukodifikation. Statt auf das einheimische Recht, griff die unter Leitung Macaulays stehende Gesetzgebungskommission lieber auf ausländische, vom aufklärerischen Geist beseelte Kodifikationen als Vorlage zurück. Dieses Vorgehen war mitverantwortlich für die ablehnende Haltung des Nachfolgers Macaulays gegenüber einer Inkraftsetzung des Entwurfs.[204]

Bei der Entstehung des deutschen BGB ergab sich bereits aus der Weichenstellung der Vorkommission von 1874, wonach grundsätzlich an den »bewährten gemeinschaftlichen Instituten und Sätzen« der innerhalb Deutschlands geltenden Rechtssysteme festzuhalten und mit »schonender Rücksicht« auf das überlieferte und partikulare Recht vorzugehen sei, der Auftrag an die mit der Abfassung des Gesetzbuchs betraute Kommission, sich zunächst zur jeweiligen Regelungsmaterie einen genauen Überblick über die hierzu in den verschiedenen Ländern des Deutschen Reichs geltenden Vorschriften zu verschaffen.[205] Nach den Vorgaben

---

[201] Schreiben der *Indian Law Commission* an den *Governor-General in Council* vom 14. Oktober 1837, in: Penal Code for India (Draft 1837), S. 2 f. So bleiben regionale Unterschiede ausgespart, und es wird pauschal behauptet, dass hinduistische Strafrecht sei durch das moslemische verdrängt worden, was etwa für die Region Bombay nicht zutraf (vgl. hierzu *Rankin*, S. 163 ff., 185 ff.).

[202] Report from the Select Committee … (29 June 1852), S. 281 (evidence of John Macleod), in: Parliamentary Papers 1852/53 (41) xxx.

[203] 3 & 4 Will. IV, c. 85, sec. 53.

[204] Kritik an der fehlenden vorbereitenden Prüfung der einheimischen Rechtszustände durch die Kommission kam schon bald vom *Court of Directors* der *East India Company* (Schreiben an das *Government of India* vom 1. März 1837, in: Return to an Order of the House of Lords, dated 11 June 1852, for Copies of all Correspondence …, S. 16, in: Parliamentary Papers (HL) 1852 (263) xii) und von dem Nachfolger Macaulays im Amt des *law members* des *Governor-General in Council*, Andrew Amos (Amos, Minute of 21 October 1842, ebd., S. 455 f.).

[205] Gutachten der Vorkommission vom 15. April 1874, in: *Schubert*, Materialien, S. 170–185, hier: S. 170.

der Vorkommission sollte demnach zunächst »der Gesammtbestand der innerhalb des Deutschen Reichs geltenden Privatrechtsnormen mit Rücksicht auf deren Zweckmäßigkeit, innere Wahrheit und folgerichtige Durchführung« geprüft werden.[206] Außerdem sollten auch neuere Gesetzbuchentwürfe sowie die Theorie und Praxis des Gemeinen Rechts von der Kommission herangezogen werden.[207] Die Redaktoren der ersten Kommission nahmen diesen Auftrag sehr ernst. Die unerwartet lange Dauer der Arbeiten bis zur Vorlage der Teilentwürfe durch die Redaktoren beruhte zu einem wesentlichen Teil auf der sorgfältigen und langwierigen Prüfung der zu den jeweiligen Regelungsmaterien bestehenden partikularen Rechte und des jeweiligen Standes der wissenschaftlichen Diskussion.[208] Die von den Redaktoren zu den Teilentwürfen vorgelegten Motive geben beredtes Zeugnis über die Sorgfalt und Mühen dieser vorbereitenden Erfassung der verschiedenen Rechtszustände. Hierbei wurde nicht nur das in den großen Bundesstaaten einschlägige Recht erfasst, sondern wurden minutiös auch abweichende Gestaltungen in kleinen Rechtsgebieten zur Sprache gebracht. In Bezug auf die einheimischen Rechtsquellen zogen die Redaktoren regelmäßig neben den beiden großen vollendeten Zivilrechtskodifikationen (ALR und sächsisches BGB) auch die Zivilgesetzbuchentwürfe aus Bayern und Hessen heran;[209] der Dresdner Entwurf eines Obligationenrechts von 1866 wurde verständlicherweise besonders

---

[206] Ebd., S. 170.

[207] Ebd., S. 172.

[208] Der Kommissionspräsident Pape wies in seinem Bericht an den Reichskanzler über den Stand der Kommissionsarbeiten vom 12. November 1879 ausführlich auf die Schwierigkeiten hin, welche die Redaktoren bei der vorbereitenden Erfassung der zu den jeweiligen Materien bestehenden verschiedenartigen Rechte und wissenschaftlichen Meinungen zu meistern hatten (*Schubert*, Materialien, S. 288–293, hier: S. 292). Zwischen dem erstmaligen Zusammentritt der ersten Kommission (September 1874) und der Aufnahme der Kommissionsberatungen über die Teilentwürfe der Redaktoren (Oktober 1881) lagen mehr als sieben Jahre. Zum Teil waren hierfür noch andere Gründe mitentscheidend; so konnte der Schuldrechtsredaktor Kübel wegen zeitweiliger schwerer Krankheit bis zur Aufnahme der Kommissionsberatungen nur einzelne Teile des Schuldrechtsentwurfs fertig stellen. Auch die Vorgabe an die Redaktoren, zu den Teilentwürfen ausführliche Motive vorzulegen, trug zu der langen Dauer der Entwurfarbeiten bei.

[209] ALR (nebst den hierzu von Preußen unternommenen Revisionsbemühungen) und sächsisches BGB (1863) werden von allen fünf Redaktoren regelmäßig zitiert. Bis auf Gebhard (Redaktor des Allgemeinen Teils, der den hessischen und bayerischen Entwurf nur sporadisch zitiert), berücksichtigen auch alle Redaktoren regelmäßig den Entwurf eines bürgerlichen Gesetzbuchs für das Großherzogtum Hessen (1842–1853). Von dem Entwurf eines bürgerlichen Gesetzbuchs für das Königreich Bayern (1861/1864) waren nur Teilentwürfe zum Schuldrecht, Sachenrecht und allgemeine Bestimmungen veröffentlicht worden; der Entwurf wird daher besonders von Kübel (Schuldrecht) und Johow (Sachenrecht) herangezogen. Schmitt (Erbrecht) zitiert auch häufig einen bayerischen Entwurf, bezieht sich hierbei aber auf den 1854–1857 entstandenen und nicht im Buchhandel erschienenen bayerischen Zivilgesetzbuchentwurf von Nikolaus Endres, der einen sehr umfangreichen Erbrechtsteil mit 994 Artikel umfasste (vgl. Schmitts Darlegung zu den von ihm herangezogenen Rechtsquellen in: *Schubert*, Vorlagen der Redaktoren, Erbrecht, Teil 1, S. 126). Zu den von den Redaktoren herangezogenen ausländischen Rechtsquellen s. unten S. 77 f.

vom Schuldrechtsredaktor zitiert.[210] Außerdem erfassten die Redaktoren, soweit
für die jeweilige Materie einschlägig, akribisch die in den einzelnen Bundesstaaten geltende Spezialgesetzgebung bis hin zu nur lokal geltenden Statuten.[211] In
den Fällen, in denen das in den jeweiligen Ländern zu einer bestimmten Materie
geltende Recht für die Redaktoren nicht unmittelbar greifbar war, erbaten sie
von den Regierungen der Bundesstaaten Auskünfte über bestehende Partikularrechte.[212] Die Anfragen der Redaktoren waren hierbei zum Teil jedoch nicht nur
auf die Erfassung des bestehenden Rechtszustandes gerichtet; mitunter wurden
die Bundesstaaten oder einzelne Universitätslehrer auch um eine rechtspolitische
Stellungnahme zur zweckmäßigen Ausgestaltung einer Rechtsmaterie gebeten.[213]

Für die Entstehung des schweizerischen ZGB, welches sich ebenfalls eng an das
bestehende kantonale Recht anlehnen sollte, bildete Hubers vierbändiges Werk

---

[210] Entwurf eines allgemeinen deutschen Gesetzes über Schuldverhältnisse, Dresden 1866. Da
Kübel aus Krankheitsgründen nicht zu sämtlichen Schuldrechtsmaterien Vorlagen liefern konnte,
wurde bei den Kommissionsberatungen für einzelne Materien direkt der Dresdner Entwurf zur
Grundlage genommen.

[211] Neben den zahlreichen Einzelbezugnahmen auf Spezialgesetzgebung der Bundesstaaten
findet sich bei bislang unterschiedlich geregelten wichtigen Rechtsmaterien in den Begründun-
gen der Redaktoren nicht selten auch detaillierte Zusammenstellungen über die bestehenden
Rechtsquellen und ihren Inhalt, wobei auch die Spezialgesetzgebung der zahlreichen kleinen
Bundesstaaten erfasst wird; vgl. z.B. bei Gebhard die Übersicht über Verjährungsregelungen in
den einzelnen Bundesstaaten (*Schubert*, Vorlagen der Redaktoren, Allgemeiner Teil, Teil 2, S. 306 f.,
Fn. 1 u. S. 605–620), bei Johow die Aufstellung der in Deutschland geltenden Hypothekenrechte
(*Schubert*, Vorlagen der Redaktoren, Sachenrecht, Teil 2, S. 440 ff.) oder bei Planck die Zusam-
menstellung der Rechtsquellen und Literatur zum ehelichen Güterrecht in Deutschland (*Schubert*,
Vorlagen der Redaktoren, Familienrecht, Teil 3, Anl. II, S. 17–23) und die Darstellungen des in
den einzelnen Bundesstaaten zu diversen anderen familienrechtlichen Materien geltenden Rechts
(ebd., Anl. V–IX, XI, XII, S. 72–178, 186–197).

[212] Auskünfte der einzelnen Bundesstaaten über bestehende Partikularrechte wurden z.B.
eingeholt für das eheliche Güterrecht (Antrag Plancks v. November 1875 in: *Jakobs/Schubert*,
Beratung, Familienrecht, Teil 1, S. 360 f.; vgl. hierzu auch den Bericht Papes an den Reichskanzler
v. 2.11.1876, in: *Schubert*, Materialien, S. 279–285, hier: S. 283), zu dem in den kleineren Bundes-
staaten geltenden Erbrecht (s. den eben erwähnten Bericht Papes, in: *Schubert*, Materialien, S. 283;
der Redaktor Schmitt legte auf dieser Grundlage eine Zusammenstellung der in den einzelnen
Bundesstaaten geltenden erbrechtlichen Vorschriften vor: *Schubert*, Vorlagen der Redaktoren,
Erbrecht, Teil 1, S. 118–137) und zu verschiedenen stark regional gefärbten und zum Teil im
Absterben befindlichen Rechtsinstituten wie Familienfideikommisse, Höferecht, Erbpachtrecht,
Stiftungsrecht und andere Materien (vgl. Kommissionssitzung v. 18.9.1876, in: *Schubert*, Materia-
lien, S. 224–227, hier: S. 224; Bericht Papes v. 2.11.1876, ebd., S. 283 f.).

[213] So wurden die Regierungen der Bundesstaaten hinsichtlich des Viehmängelrechts auf Grundlage des in anderem Zusammenhang bereits erwähnten Gutachtens der preußischen Deputation für
das Veterinärwesen zu einer Stellungnahme aufgefordert (Kommissionssitzung v. 28.10.1875, in:
Jakobs/Schubert, Beratung, Recht der Schuldverhältnisse, Teil 2, S. 213 f.; Begründung zum Vorschlag Kübels, ebd., S. 217 f.) und der damals in Würzburg lehrende Professor Richard Schröder
wurde um ein Gutachten zu der Frage gebeten, wie das System der partikulären Gütergemeinschaft am zweckmäßigsten gesetzlich zu regeln sei (Kommissionssitzung v. 9.11.1874, in: *Schubert*,
Materialien, S. 238–240, hier: S. 239; Bericht Papes v. 2.11.1876, ebd., S. 279–285, hier: S. 281;
das Gutachten ist abgedruckt in: *Schubert*, Vorlagen der Redaktoren, Familienrecht, Teil 3, S. 847–
955).

»System und Geschichte des schweizerischen Privatrechts« eine wesentliche vor-bereitende Grundlage für die zu schaffende Kodifikation, da es an einer derartigen umfassenden Darstellung vorher fehlte.[214] Den Ausgangspunkt hierzu bildete ein 1884 vom Schweizerischen Juristenverein an Huber ergangener Auftrag, eine vergleichende Darstellung des in den verschiedenen Kantonen geltenden Zivil-rechts zu erstellen.[215] Das hieraus hervorgegangene Werk bildete nicht nur den Anlass, Huber mit den Entwurfsarbeiten für eine nationale Zivilrechtskodifikation zu betrauen, sondern war zugleich auch Hubers wichtigste Quelle für seine Entwurfsarbeiten, auf welche er in seinen Erläuterungen zum Vorentwurf an zahllosen Stellen Bezug nimmt. Im Übrigen konnte Huber für seine Entwurfs-arbeiten als Material auf die verschiedenen kantonalen Zivilrechtsgesetzbücher zurückgreifen (unter denen das von Bluntschli entworfene Zürcher Privatrechtli-che Gesetzbuch das Bedeutendste war) sowie auf verschiedene bereits bestehende Bundesgesetze zu zivilrechtlichen Materien.[216]

3. Die Kenntnisnahme und Übernahme von fremden Gesetzen

a) Die Theorie

Mit der Erfassung der eigenen Rechtsordnung war die Vorbereitung zu neuer Gesetzgebung für viele Autoren insbesondere des 19. Jahrhunderts nicht abge-schlossen. Der ideale Gesetzgeber sollte nicht nur das eigene Recht kennen, sondern als Vergleichsgrundlage auch von fremden Rechten Kenntnis nehmen. Erst auf einer solchen breiten Materialbasis sei ein Überblick möglich, was für die eigene Gesetzgebung am zweckmäßigsten sei. War man sich hierin noch weitge-hend einig, so wurde die Frage, inwiefern auch die (pauschale) Übernahme fremder Gesetze angezeigt sein könne, kontrovers diskutiert.

Im 18. Jahrhundert wurden von den Gesetzgebungstheoretikern nur vereinzelt die positiven Aspekte eines Vergleichs mit fremden Rechten für die eigene Gesetz-gebung hervorgehoben.[217] Bemerkenswert ist der Vorschlag Wolffs, durch die Aka-demie der Wissenschaften die Gesetze der verschiedenen Länder daraufhin unter-suchen zu lassen, was man hiervon zum gemeinen Besten annehmen könne.[218]

---

[214] Die ersten drei Bände erschienen 1886–1889, der vierte (historische) Band 1893.

[215] Vgl. *Huber*, System und Geschichte des schweizerischen Privatrechtes, Bd. 1, Vorwort, S. V.

[216] Namentlich auf das bereits separat kodifizierte Obligationenrecht von 1881, das Zivilstands- und Ehegesetz (1874) sowie auf das Gesetz über die persönliche Handlungsfähigkeit (1881).

[217] Außer Wolff (hierzu sogleich) sind hier *Hommel* (Principis cura leges, S. 39/116), *Fenderlin* (S. 13 f., 23) und *Reitemeier* (s. Fn. 227) zu nennen.

[218] *Wolff*, Politik, § 413, S. 429; Wolff war selbst Mitglied der britischen, preußischen und später auch französischen Akademie der Wissenschaften. Der Akademie der Wissenschaften soll-ten nach der Vorstellung Wolffs auch die Gesetzesrevisoren entstammen, die Lücken in den bestehenden Gesetzen zu schließen und neu auftretende Fälle einzuarbeiten haben, s. unten S. 277 mit Fn. 1220.

Sehr viel häufiger findet man im 18. Jahrhundert die Warnung vor einer Übernahme fremder Gesetze, die nicht auf die eigenen Verhältnisse passen. Diese Warnung wurde in Deutschland schon vor Montesquieus berühmten Thesen zur Abhängigkeit der Gesetzgebung von lokalen Bezügen durch Thomasius[219] und Wolff erhoben. Wolff hebt hervor, dass die Gesetze nach dem Zustand des jeweiligen Staates eingerichtet sein müssen. Wolle man fremde Gesetze übernehmen, habe man daher zunächst den Zustand des fremden Staates zu erforschen. Diesen müsse man dann mit dem Zustand im eigenen Staat vergleichen und die fremden Gesetze nur dann übernehmen, wenn sie auch den eigenen Verhältnissen entsprechen.[220] 1748 vertrat dann Montesquieu breitenwirksam die These, die Gesetze seien von vielerlei Bezügen (»rapports«) abhängig, wie Regierungsform, Beschaffenheit und Klima des Landes, Sitten und Religion. Folglich könne auch nicht eine Nation die Gesetze für eine andere vorgeben.[221] Montesquieu betont, dass dies auch für die Zivilgesetze der Römer gelte, die nicht besser anwendbar seien auf andere Nationen als andere Gesetze auch.[222] An anderer Stelle weist er darauf hin, dass die Zivilgesetze von der Verfassung eines Landes abhängig seien.[223] Ganz ähnlich wie Wolff folgert er, dass man zunächst zu prüfen habe, ob das andere Land die gleiche Verfassung und Staatseinrichtungen wie man selber habe, bevor man Zivilgesetze von diesem Land übernimmt. Die Rezeption Montesquieus in Deutschland ließ dann in der zweiten Hälfte des 18. Jahrhunderts verstärkt Autoren davor warnen, fremde Gesetze einfach zu übernehmen, da die Gegebenheiten, die im Ursprungsland zu den Gesetzen geführt haben, im übernahmewilligen Land andere sein können, wobei diese Kritik nicht selten dem rezipierten römischen Recht galt.[224]

Zu Beginn des 19. Jahrhunderts entstanden noch während der napoleonischen Hegemonie in Deutschland einige Beiträge zur Gesetzgebungstheorie, welche die Frage der Rezeption fremder Gesetze kontrovers behandelten.[225] Reitemeier sieht in den allgemeinen Lehren des römischen Zivilrechts »das natürliche Recht in positiven Sätzen ausgedrückt, das daher jede Nation von der anderen anneh-

---

[219] *Thomasius*, Prudentia Legislatoria, Kap. XII, § 11: »Stultum est habere leges peregrinas.«

[220] *Wolff*, Politik, § 413, S. 429.

[221] *Montesquieu*, Buch 26, Kap. 16: »Une société particulière ne fait point de loix pour une autre société.«

[222] Ebd.

[223] *Montesquieu*, Buch 29, Kap. 13.

[224] *Heumann v. Teutschenbrunn*, S. 94; *Claproth*, Bd. 1, Vorrede, fol. 2v; *Globig/Huster*, S. 26: »Die verschiedene Regierungsform, die Abweichung der Sitten, das Clima, und viele andere Umstände, machen oft bey einem Volk dasjenige schwer, was bei dem andern leicht seyn würde. Es ist also sehr ungereimt, ein ganzes fremdes Gesetzbuch auf gerathwohl anzunehmen, wenn die bemerkten Verschiedenheiten auch noch so gering zu seyn scheinen.«; *Wieland*, Teil 1, § 60, S. 87 f.; *Erhard*, S. 42.

[225] Einen Überblick über die in der deutschen Fachliteratur noch zu Zeiten der französischen Hegemonie geführte Diskussion über die Einführung des Code Napoléon in Deutschland gibt *Dölemeyer*, Einflüsse, S. 182 ff.

men kann«.[226] Das Vernunftrecht dient bei ihm also nicht als Motor zu einem
eigenständigen schöpferischen Tätigwerden des Gesetzgebers, vielmehr sieht er es
in einer historisch vorgefundenen Rechtsordnung (dem römischen Zivilrecht)
verwirklicht, deren sich der moderne Gesetzgeber nur bedienen müsse. An anderer Stelle bezeichnet er das römische Recht als »eine wahre Fundgrube für alle
Gesetzgebungen in Europa«; generell könne man im Privatrecht leicht auf die
Schätze fremder Rechte zurückgreifen.[227] Vorsichtiger ist da schon Karl Salomo
Zachariä, der dazu rät, die Gesetzgebungskommission solle die Gesetze anderer
Völker bei der Vorbereitung eigener Arbeiten mit »weiser Vorsicht« benutzen, sei
es als Vorbild, sei es um aus den Fehlern anderer zu lernen.[228] Globig schließlich
bezeichnet es als »ein sehr gewagtes Unternehmen«, Zivilgesetze von einer Nation in eine andere zu verpflanzen.[229] Auf jeden Fall müsse man hierbei »das
allgemein Brauchbare« herausfiltern und nur dieses übernehmen. Das Kriminal-
recht sei hingegen weit besser als das Zivilrecht für eine Übertragung auf andere
Länder geeignet, doch gelte dies nur für die allgemeinen Bestimmungen der
Strafbarkeit (also für den Allgemeinen Teil eines Strafgesetzbuchs). Die einzelnen
strafbaren Handlungen und die Strafzumessungen seien hingegen von den Verhältnissen im jeweiligen Land abhängig und nicht übertragbar.[230] Das Polizeirecht
sei schließlich fast gänzlich durch lokale Verhältnisse geprägt und daher nicht auf
ein anderes Land zu übertragen.[231] Nimmt man Globig beim Wort, verwundert
es, dass er es dennoch unternahm, auf eine entsprechende Ausschreibung der
russischen Gesetzeskommission Entwürfe von Gesetzbüchern für alle drei Rechtsgebiete (Zivil-, Straf- und Polizeirecht) vorzulegen.[232] Trotz der an Montesquieu

---

[226] *Reitemeier*, Gesetzgebung, S. 115.

[227] *Reitemeier*, Gesetzgebung, S. 136. Bereits 1785 vertrat *Reitemeier* die These, dass der Gesetzgeber kompilatorisch sich das Brauchbare aus den Gesetzgebungen anderer Länder zusammensuchen, jedoch nicht pauschal ausländische Gesetzbücher übernehmen solle (Encyclopädie, S. LVII).
Zu Beginn des 19. Jahrhunderts war *Reitemeiers* Optimismus gegenüber der Verwertbarkeit ausländischer Rechtsquellen im Hinblick auf die universelle Brauchbarkeit des römischen Rechts weiter
gestiegen; ein auf dem römischen Recht bei Weglassung von nicht mehr Zeitgemäßem und der
Entscheidung bestehender gemeinrechtlicher Kontroversen basierendes Gesetzbuch könne als
Modellgesetzbuch für die Legislation vieler Völker dienen und wäre nur im Detail um lokal
bedingte Besonderheiten zu ergänzen (Gesetzbuch, Bd. 1, S. XXXVII f.).

[228] *K. S. Zachariä*, Wissenschaft, S. 343 f.; in seinem Alterswerk kommt *Zachariä* auf diesen
Gedanken zurück und rät dem Gesetzgeber, bei einem Regelungsproblem immer auch zu prüfen,
wie dieses Problem von anderen Gesetzgebungen gelöst wurde (Vierzig Bücher vom Staate, Bd. 4,
Buch 20, S. 28).

[229] *Globig*, System, Bd. 1, S. XVII.

[230] *Globig*, System, Bd. 1, S. XVII f. u. XLI.

[231] *Globig*, System, Bd. 1, S. XXIV; Bd. 2, S. I.

[232] Die in seiner 1809 erschienenen Schrift »System einer vollständigen Criminal-, Policey-
und Civil-Gesetzgebung« vorgelegten Entwürfe hatte *Globig* 1802–1804 ausgearbeitet und an die
russische Gesetzeskommission eingesandt, wie er im Vorwort zu den 1815–1816 unter dem Titel
»System einer vollständigen Gesetzgebung für die Kaiserlich Russische Gesetz-Commission« erschienenen Nachträgen zu dieser Schrift enthüllte. Globig war in solchen Entwurfsarbeiten nicht
unerfahren. Seine zusammen mit *Huster* geschriebene »Abhandlung von der Criminal-Gesetzge-

geschulten Skepsis gegenüber der Übernahme fremder Gesetze überwog bei ihm schließlich doch der für die Gesetzgebungstheorien um 1800 typische Vernunftglaube, so dass sich Globig im Vorwort zu seinen Entwürfen zum Ziel setzt, ein System zu entwickeln, »welches, aus den reinen Verhältnissen des natürlichen Rechts geschöpft und auf alle rechtlichen Gegenstände angewendet als Grundlage und Quelle aller Gesetzbücher gelten« könne.[233] Das Naturrecht sollte also für alle Rechtsmaterien die auf alle Länder übertragbaren allgemeinen Prinzipien vorgeben, die dann je nach Rechtsmaterie unterschiedlich stark mit auf die lokalen Verhältnisse zugeschnittenen Detailregelungen anzureichern seien.

In England finden wir zur gleichen Zeit bei Bentham ebenfalls einen starken prinzipiellen Optimismus, was die Transferierbarkeit von Gesetzen auf andere Länder betrifft, jedoch unter betonter Ablehnung einer naturrechtlichen Legitimation.[234] Außerdem ist in der Theorie Benthams bei der Frage der Übertragbarkeit fremder Gesetze stets zu unterscheiden, ob von zu seiner Zeit existierenden Gesetzen die Rede ist oder von Benthams Idealvorstellung umfassender, inhaltlich auf den Prinzipien des Utilitarismus aufgebauter Gesetzbücher. Ablehnend steht Bentham einer pauschalen Übernahme des zu seiner Zeit (oder früheren Zeiten) existierenden Rechts eines Landes durch ein anderes Land gegenüber. So sei etwa die pauschale Übernahme römischen Rechts unabhängig von dessen Inhalt schon aus formalen Gründen nicht sinnvoll, da hierbei die Masse des so übernommenen Rechts kaum überschaubar und unzureichend bestimmt sei.[235] Bentham untersucht in einer eigenständigen Abhandlung den Einfluss von Zeit und Raum auf die Gesetzgebung und kommt hierbei zu dem Ergebnis, dass ein Gesetz, welches sich in einem Land als gut erweist, sich in einem anderen Land wegen der Andersartigkeit der Umstände als schlecht erweisen kann, wofür er zahlreiche Beispiele gibt.[236] Vordergründig stehen derartige Thesen mit Benthams

---

bung« erhielt als Beitrag zu einer von der Berner Ökonomischen Gesellschaft ausgeschriebenen Preisfrage über die »heilsamste Einrichtung der peinlichen Gesetzgebung« 1782 unter 46 Bewerbern den ersten Preis und auch zu den Teilentwürfen eines Allgemeinen Gesetzbuchs für die Preußischen Staaten reichte er preisgekrönte Beiträge ein (vgl. *Globig/Huster*, Vorbericht; *Rolf Liebenwirth*, Art. »Hans Ernst von Globig«, NDB, Bd. 6, S. 456f.; *Barzen*, S. 150f., 179f.).

[233] *Globig*, System, Bd. 1, S. IV.

[234] In seinem Frühwerk »An introduction to the principles of morals and legislation« (1789) bezeichnet *Bentham* jeden Rekurs auf »Law of Nature«, »Common Sense« und ähnlichem als einen – bewusst oder unbewusst eingesetzten – Vorwand für Despotismus (Kap. II 14, S. 28). Auch Männer mit den lautersten Absichten könnten durch derartige Denk- und Argumentationsweisen zu einer Qual für sich selbst und andere werden.

[235] *Bentham*, General View, S. 205 = Traités de législation, Bd. 1, S. 353: »Does the legislator who adopts, for example, the Roman law, know what he does? Can he know it? Is it not a field of eternal disputes?«

[236] *Bentham*, Influence, S. 184ff. = Traités de législation, Bd. 3, S. 350ff. Um den Einfluss von Raum und Zeit auf die Gesetzgebung zu prüfen, greift Bentham bewusst zwei sehr unterschiedliche Länder heraus (England und Bengalen), um hieran zu untersuchen, inwieweit die Gesetze eines Landes auf ein anderes transferierbar sind. Hierbei kommt er zu dem Ergebnis, dass das bestehende Recht Englands sich für Bengalen als noch nachteiliger erweisen würde als für England

eigenen zahlreichen Bemühungen im Widerspruch, Gesetzbücher für so ganz unterschiedliche Nationen wie die Vereinigten Staaten, Russland oder Portugal auch ohne Kenntnis der lokalen Umstände zu entwerfen. In einer frühen Schrift schlug er gar vor, dass sich die verschiedenen Nationen auf ein Modell eines Gesetzbuchs einigen sollten, welches die Länder dann ihrer jeweiligen Gesetzgebung zugrunde legen und gemäß den jeweiligen spezifischen Erfordernissen anpassen sollten.[237] Auflösbar ist dieser Widerspruch, wenn man Benthams unterschiedliche Einschätzung des bestehenden Rechts und des von ihm projektierten Rechts in Rechnung stellt. So schreibt er, dass eine Übernahme von Gesetzen durch andere Nationen möglich sei, wenn in einem Land ein systematisches, klar begründetes und auf den Prinzipien der Nützlichkeit fußendes Gesetzbuch entwickelt sei. Dieses empfehle sich dann durch seine klare und verständliche Struktur sowie den zu jeder Vorschrift vorhandenen Begründungen von selbst für eine Übernahme durch andere Nationen.[238] Bei seinen eigenen Projekten kannte Benthams Optimismus, was die universelle Brauchbarkeit solcher Gesetzbücher jedenfalls als Grundgerüst nationaler Regelungen betrifft, also kaum Grenzen. Zwar räumt er auch hier ein, dass es Detailregelungen gäbe, die von den lokalen Umständen abhängig seien; dies seien aber nur noch unproblematische Detailarbeiten, wenn einmal das Grundgerüst eines nach seinen Prinzipien aufgebauten Gesetzbuchs vorhanden ist.

In Deutschland gewann die Frage nach der Gebotenheit einer Übernahme fremder Gesetze durch den Zusammenbruch der napoleonischen Hegemonie neue Aktualität. Der in einigen deutschen Territorien eingeführte Code Napoléon stand auf dem Prüfstand. Bereits 1814 wandte sich Rehberg in einer bei den Zeitgenossen viel beachteten Schrift gegen die Übernahme ausländischer Gesetze, weil es besonders im Zivilrecht auf eine Übereinstimmung des Rechts mit den lokalen Lebensverhältnissen ankomme und begründete hiermit seine Forderung nach einer Aufhebung des Code Napoléon in deutschen Territorien.[239] Kritisch gegenüber der Übernahme fremden Rechts (etwa der französischen Gesetzbücher) waren in der ersten Hälfte des 19. Jahrhunderts namentlich die Vertreter der Historischen Rechtsschule, da es sich bei ausländischen Gesetzen nicht um

---

selbst, dass aber ein nach Benthams Grundsätzen kodifiziertes Recht sowohl für England als auch für Bengalen heilsam wäre (Influence, S. 185). Bentham griff hierbei wohl nicht zufällig England und Bengalen als Beispiel heraus, da die Engländer sich zur Zeit Benthams gerade anschickten, englisches Recht auf Bengalen zu übertragen und Bentham erreichen wollte, dass statt des von ihm als mangelhaft eingeschätzten bestehenden englischen Rechts lieber nach seinen Vorstellungen kodifiziertes Recht in Bengalen eingeführt wird.

[237] *Bentham*, Of Laws in General, S. 244.

[238] *Bentham*, Promulgation, S. 162 = Traités de législation, Bd. 3, S. 295 f.

[239] *Rehberg*, S. 90 u. passim. Ähnlich (jedenfalls im Hinblick auf die Übernahme des Code Napoléon) urteilte ein Jahr später *Pfeiffer*, S. 110, der die Übernahme fremder Zivilgesetze dann ablehnte, wenn das zu übernehmende Gesetzbuch mit der (vom Übernahmeland verschiedenen) Staats- und Gerichtsverfassung des Ursprungslandes untrennbar verbunden ist, was er für den Code Napoléon bejahte.

organisch aus dem Volksgeist gewachsenes Recht handele.[240] Ein prägnantes frühes Zeugnis dieser Auffassung ist die Ansicht Schraders von 1815, welcher der von ihm propagierten Gesetzgebungsbehörde während der ersten 100 Jahre ihres Wirkens verbieten will, Rechtssätze anzuordnen, die nicht bereits in einem deutschen Land geübt werden.[241] Zur Jahrhundertmitte geht dann die Ablehnung der Übernahme fremden Rechts bei Autoren, die dem germanistischen Flügel der Historischen Rechtsschule zugehören und welche die Kodifikationsskepsis Savignys nicht mehr teilen, eine eigentümliche Mischung ein mit dem Ruf nach einem nationalen Gesetzbuch, das von ausländischem (und daher nicht im Volksbewusstsein ankerndem) Recht frei sein solle.[242]

Einen wesentlichen Impuls zu einer wohlwollenden Einstellung der Übernahme »fremder« Gesetze gegenüber lieferte im 19. Jahrhundert hingegen die Rechtszersplitterung in vielen deutschen Mittel- und Kleinstaaten und die Erfordernisse des Handelsverkehrs. Liberale Juristen und Politiker forderten, kleinere Staaten sollen zum Zwecke der Rechtsvereinheitlichung die Gesetze größerer Staaten übernehmen oder sich zumindest an den Vorbildern größerer Staaten orientieren.[243] Weniger weit gingen Autoren wie Scheurlen, Kitka, Mittermaier und Mohl, die zwar alle den Nutzen herausstrichen, den der Gesetzgeber aus einer Prüfung ausländischer Gesetze bzw. Gesetzgebungsvorhaben für eigene Projekte ziehen könne, ohne aber eine pauschale Übernahme anzuempfehlen.[244] Be-

---

[240] Das römische Recht rechnete für den romanistischen Zweig der Historische Rechtsschule freilich nicht zu solchem fremden Recht, da es über Jahrhunderte rezipiert und damit Teil des heimischen Volksgeistes geworden sei.

[241] *Schrader*, S. 89; s. hierzu unten S. 280.

[242] *Christ* (S. 57 ff.), der sich selbst als Vertreter des germanistischen Zweigs der Historischen Rechtsschule sieht, bezieht in seine Ablehnung fremden Rechts neben dem französischen Recht auch das römische Recht ein und fordert nachdrücklich die Schaffung allgemeiner Gesetzbücher für ganz Deutschland ohne die Rezeption ausländischen Rechts. *Geib* (S. 178), der sich ebenfalls als Vertreter der Historischen Rechtsschule sieht und die Kodifikation allgemeiner Gesetzbücher für ganz Deutschland fordert, will hierbei ausländische Gesetzgebungen, welche nicht mit den Rechtsüberzeugungen in Deutschland übereinstimmen, nicht berücksichtigen. Eine Ausnahme gelte für englisches und französisches Recht, soweit es Bestandteil des deutschen Rechtsbewusstseins geworden sei.

[243] So Carl Jaup, dessen gesetzgebungspolitischen Ansichten in dieser Frage von *Müller* (S. 45 f.) wiedergegeben werden. Jaup war bis 1833 hessischer Staatsrat und Präsident der dortigen Gesetzgebungskommission. 1833 wurde er von der hessischen Regierung wegen seiner liberalen Ansichten in den Ruhestand versetzt; neue Wirksamkeit war ihm 1848 beschieden, als er der Nationalversammlung angehörte und hessischer Innenminister wurde, welches Amt er jedoch schon 1850 wieder aufgeben musste; vgl. *Friedrich Knöpp*, Art. »Carl Jaup«, NDB, Bd. 10, S. 369 f.

[244] *Scheurlen*, S. 113 f., der konkret empfiehlt, das französische und niederländische Handelsgesetzbuch bei den Bestrebungen für ein württembergisches Handelsgesetzbuch heranzuziehen; *Kitka*, S. 18 ff. (Nutzen der Zuratezziehung ausländischer Gesetzgebungen) u. S. 65 (Gefährlichkeit der Übernahme fremder Gesetze); *Mittermaier*, Archiv des Criminalrechts, Neue Folge, 1837, S. 559 u. *ders.*, AcP 36 (1853), S. 104 f., wo er hervorhebt, dass der Gesetzgeber insbesondere auch die in anderen Ländern mit der Anwendung bestimmter Gesetze gemachten Erfahrungen zurate ziehen soll; *Mohl*, Art. »Gesetz«, Staats-Wörterbuch, Bd. 4, S. 281; *ders.*, Politik, Bd. 1, S. 541, 587 ff.

sonders eingehend setzte sich Mohl mit dieser Frage auseinander. Mohl sieht in einer solchen Übernahme sowohl Vor- als auch Nachteile, meint aber, dass die entweder sicher eintretenden oder zumindest wahrscheinlich eintretenden Nachteile die Vorteile in den meisten Fällen überwiegen werden.[245] Dies insbesondere deshalb, weil nur bei einer eigenen Bearbeitung die Gesetze auf sämtliche Bedürfnisse des Volkes und auf die staatlichen Einrichtungen zugeschnitten werden können. Hiervon unberührt bleibe der Nutzen, den man aus der Zuratziehung ausländischer Gesetze für eigene Gesetzgebungsvorhaben ziehen könne. Nur in zwei Ausnahmefällen hält Mohl die pauschale Übernahme eines fremden Gesetzes für sinnvoll: zum einen im Handelsrecht, wo ein unabweisbares Bedürfnis nach grenzüberschreitender Rechtseinheit bestehe,[246] zum anderen in Kleinstaaten, welche die Mittel und notwendigen Einrichtungen zur Ausarbeitung guter Gesetze nicht besitzen.[247]

Ähnlich dachte auch noch zur Jahrhundertwende Eugen Huber im Zusammenhang mit der Konzeption des ZGB. Ohne einen steten Vergleich mit den Rechtsentwicklungen in anderen Ländern laufe die Gesetzgebung Gefahr, sich zu einseitig zu entwickeln.[248] In der Regel dürfe der Vergleich aber nicht dazu dienen, ausländisches Recht einfach zu übernehmen, sondern aus den ausländischen Vorbildern zu lernen, wie dort die Bedürfnisse erkannt und berücksichtigt worden sind. In der formalen Anregung liege das Nützliche des Vergleichs und nicht in der Kopie. Andererseits hebt Huber aber auch hervor, welche eminenten Vorteile es für den Wirtschaftsverkehr biete, wenn die Rechtsinstitute des eigenen Landes mit denen des Auslandes übereinstimmen.[249] Dies gelte insbesondere für Rechtsgebiete, die Sachverhalte mit starken Verbindungen zum Ausland regeln, wie das Handels- und Wechselrecht; für solche Rechtsgebiete sei daher die Angleichung an das Recht des Auslands zu begrüßen.[250] In etwa zur gleichen Zeit fand der Nutzen der Rechtsvergleichung als Vorbereitung für eigene Gesetzgebung auch in Deutschland und England engagierte Befürworter.[251] Wie früher schon Mittermaier, hebt nunmehr Zitelmann hervor, dass es nicht allein um die Heranziehung ausländischer Rechtsregeln gehe, sondern dass sich der Gesetzgeber insbesondere auch die Erfahrungen zunutze machen solle, die man im Aus-

---

[245] *Mohl*, Politik, Bd. 1, S. 594.

[246] *Mohl*, Politik, Bd. 1, S. 594 f.; konkret schlägt Mohl die Übernahme des französischen Handelsgesetzbuches vor, da dieses bereits in zahlreichen Ländern gänzlich oder nur mit unwesentlichen Änderungen Anwendung fände.

[247] *Mohl*, Politik, Bd. 1, S. 595 f.; in diesem Fall sei dann aber auch eine fortlaufende Übernahme von späteren Änderungen und Ergänzungen erforderlich, welche das Gesetzwerk in seinem Heimatland erfährt, um den Zusammenhang mit der weiteren Ausbildung und Anwendung der Rechtssätze im Heimatland zu wahren.

[248] *Huber*, Erläuterungen, Heft 1, S. 6 f.

[249] *Huber*, Erläuterungen, Heft 1, S. 7 f.

[250] *Huber*, Erläuterungen, Heft 1, S. 7 f.; *ders.*, Schweizerische Juristen-Zeitung 2 (1905/6), S. 58; ähnlich *ders.*, Recht und Rechtsverwirklichung, S. 334.

[251] *Zitelmann*, DJZ 1900, S. 330; *Ilbert*, Mechanics, S. 44.

land mit bestimmten Regelungen gemacht habe. Außerdem weist er auf einen Aspekt hin, dem vor ihm von den Gesetzgebungstheorien wenig Beachtung geschenkt wurde: Die Rechtsvergleichung helfe nicht nur bei der Lösung neuer Gesetzgebungsaufgaben, vielmehr wirke sie auch Kritik weckend, indem sie die im eigenen Land bestehenden gesetzgeberischen Lösungen vergleichend hinterfrage.

b) Die Praxis

Im Zuge der Vorarbeiten an den Entwürfen zum späteren ALR war man in Übereinstimmung mit der damals herrschenden Meinung in der Gesetzgebungstheorie der Berücksichtigung fremder Rechte gegenüber zurückhaltend. Gemäß dem den Arbeiten zugrunde liegenden Plan von Juli 1780 sollte fremdes Recht nur berücksichtigt werden, wenn zu der jeweiligen Materie im Corpus Juris Justinians und in den allgemeinen Landesgesetzen keine Regelungen vorgesehen seien und das fremde Recht in den meisten preußischen Provinzen bereits in Übung sei.[252] Der Sache nach handelte es sich bei Vorliegen dieser Voraussetzungen also gar nicht mehr um fremdes Recht, sondern um zumindest in einzelnen Provinzen bereits rezipiertes Recht. Anders als bei der Materialsammlung war man bei der öffentlichen Aufforderung zur kritischen Stellungnahme zu den Entwürfen hingegen aufgeschlossener gegenüber ausländischen Meinungen. Diese Aufforderung richtete sich ausdrücklich auch an das ausländische (d.h. nichtpreußische) Publikum.[253] In Spezialmaterien, die in Preußen wenig entwickelt waren, – wie dem Handels- und Schifffahrtsrecht – konnte die Expertise nichtpreußischer Fachleute dabei maßgeblichen Einfluss auf die Entwurfsgestaltung gewinnen.[254]

In Österreich zeigten sich bereits die für die Arbeiten am späteren Codex Theresianus von der »Kompilationskommission« 1753 zugrunde gelegten Grundsätze aufgeschlossen gegenüber einer Berücksichtigung fremder Rechte. Ausländische Gesetze sollten bei den Kodifikationsarbeiten insbesondere dann Berücksichtigung finden, wenn sich dort zu einem Regelungsgegenstand mehr natürliche Vernunft findet als im römischen Recht. Dabei sei davon auszugehen, dass – jedenfalls bei vergleichbaren Verhältnissen – diejenige Regelung als die natürlichste und billigste angesehen werden könne, die sich in mehreren voneinander unabhängigen Rechtsordnungen findet.[255] Der aufklärerische Kodifikationsgeist

---

[252] Plan, Nr. 19.

[253] Entwurf AGB, 1. Teil, 1. Abt., Vorerinnerung v. 24. März 1784, S. 4 f.; s. im einzelnen unten S. 150 ff.

[254] So durch die intensiven Konsultationen mit dem Hamburger Professor Büsch im Zusammenhang mit handels- und schifffahrtsrechtlichen Bestimmungen des späteren ALR; vgl. hierzu *Svarez*, Annalen, Bd. 8 (1791), S. XVI f.; *Simon*, S. 232.

[255] Kompilationsgrundsätze Nr. XXXVI, bei *Harrasowsky*, Codex Theresianus, Bd. 1, S. 23.

steht hier also bereits in voller Blüte. Das neue Gesetzbuch soll Ausdruck der
natürlichen Vernunft und Billigkeit sein und die Rechtsvergleichung dient hier
dem Aufspüren eben dieser Grundsätze, denn in einer Regelung, die mehrere
Völker unabhängig voneinander übereinstimmend getroffen haben, könne man
getrost den Ausdruck dieser angestrebten universellen Vernunft und Billigkeit
sehen. Dieser rechtsvergleichende methodische Ansatz der Kommission war auch
bewusst gegen die Autorität der gemeinrechtlichen Literatur gerichtet, denn – so
heißt es weiter in den Grundsätzen – ein in welchem Land auch immer »mit
Ersprießlichkeit« übliches Gesetz falle bei der Suche nach der billigsten und
vernünftigsten Regelung mehr ins Gewicht als die Meinung »eines noch so
berühmten Autoris«.[256]

Diese ambitionierten rechtsvergleichenden Vorsätze scheinen in der Praxis der
Kommissionsarbeit am Codex Theresianus dann aber doch nicht die Wirksamkeit
erlangt zu haben, die der Kommission zu Anfang der Arbeiten vorschwebte. Für
eine nachhaltige Verwendung ausländischer Rechtsquellen durch die Kompilationskommission liegen keine Indizien vor.[257] Dies änderte sich aber zu Zeiten
Martinis und insbesondere zu Zeiten Zeillers. Martini, der seit 1790 der neuen
»Hofkommission in Gesetzsachen« vorstand, erklärt in einer an den Kaiser gerichteten Denkschrift von 1792, in der er sich angesichts der bevorstehenden Inkraftsetzung des Allgemeinen Gesetzbuchs in Preußen über den schleppenden Gang
der österreichischen Kodifikationsarbeiten beklagt, dass er den im Druck erschienenen Entwurf des preußischen Allgemeinen Gesetzbuchs und die hierzu veröffentlichten Stellungnahmen studiert habe; der preußische Großkanzler Carmer
persönlich habe ihm ein Exemplar des fertigen Gesetzbuchs zugesandt.[258] Man
beobachtete in Österreich zu Zeiten Martinis also die parallelen Kodifikationsanstrengungen in Preußen sehr genau und zog das preußische AGB bzw. später
das ALR als Hilfsmittel für die eigenen Arbeiten durchaus heran. Martini selbst
war später bemüht, den Einfluss des ALR auf seine eigenen Entwurfsarbeiten zu
relativieren. So erklärt er in der Kommissionssitzung vom 11. Juli 1795, er habe
für seinen Entwurf neben den (auf dem Codex Theresianus aufbauenden) Entwürfen der früheren Referenten Zencker und Horten das ALR »blos zur Aushilfe
und Ergänzung Desjenigen, was in den vorerwähnten Werken [scil. die Entwürfe
Zenckers und Hortens] mangelte, angewendet«.[259] Da Martini keine Veranlassung
hatte, den Einfluss der preußischen Gesetzgebung auf seine eigenen Entwurfsarbeiten aufzubauschen (im Gegenteil zeigte er sich in seiner erwähnten Denkschrift von 1792 gegenüber der preußischen Kodifikationskonkurrenz sehr auf
das eigene österreichische Prestige bedacht), dürfte der tatsächliche Einfluss von
AGB bzw. ALR auf die österreichischen Kodifikationsarbeiten schon unter Mar-

---

[256] Ebd.
[257] Vgl. *Brauneder*, ABGB, S. 222.
[258] *Martini*, Denkschrift 1792, S. 17 f. (490).
[259] Zitiert nach *Harrasowsky*, Codex Theresianus, Bd. 5, S. 80, Fn. ★.

tini nicht gering gewesen sein, auch wenn die preußische Kodifikation nach der
Erklärung Martinis primär zur Lückenfüllung herangezogen wurde.

Intensiver noch wurde der Einfluss des ALR auf die österreichischen Kodifikationsarbeiten als die Hofkommission in Gesetzsachen ab 1801 unter dem Referat
Zeillers mit der Umarbeitung des Westgalizischen Gesetzbuchs zum ABGB begann. Zeiller selbst nannte den »Codex Fridericianus« (gemeint ist Coccejis Projekt des Corporis Juris Fridericiani), das preußische AGB, das ALR, den Code
civil und den Entwurf eines russischen Gesetzbuchs als ausländische Hilfsmittel,
welche die Kommission bei ihrer Arbeit benutzt habe.[260] Das ALR habe insbesondere beim Entwurf der Vorschriften über »persönliche Sachenrechte« (scil.
Schuldrecht) im ABGB »treffliche Dienste« geleistet.[261] Dass es sich bei Zeillers
Verweis auf die Rechtsvergleichung als Hilfsmittel für die eigenen Kodifikationsarbeiten nicht um bloße schmückende Rhetorik handelte, demonstrierte er an
einer (allerdings notwendig allgemein gehaltenen) »Vergleichung dieses Gesetzbuches mit anderen bekannteren Gesetzbüchern«, welche er zusammen mit dem
revidierten Entwurf des ABGB vorlegte.[262] Aussagekräftiger noch für die Beurteilung des tatsächlichen Einflusses der preußischen Gesetzgebung auf die österreichischen Kodifikationsarbeiten zu Zeiten Zeillers sind die zahlreichen Bezugnahmen auf Regelungen des ALR in den Protokollen zu den drei so genannten
»Lesungen« der Kommission von 1801 bis 1810. Hierzu liegt eine moderne
Auswertung vor, wonach insgesamt in 73 Fällen in den Protokollen auf das ALR
Bezug genommen wird und hiervon in 30 Fällen eine Entwurfsänderung nach
Vorbild des ALR erfolgt ist.[263] Insbesondere Einleitung und Schuldrecht des
ABGB weisen starke Bezüge zum ALR auf.[264] Auch in Zeillers noch während der

---

[260]   *Ofner*, Protokolle, Bd. 2, S. 475 f.

[261]   Ebd., S. 487. An anderer Stelle spricht Zeiller davon, dass er das ALR bei seinen Arbeiten
am ABGB »mit unverwandter Aufmerksamkeit« benutzt habe (*Zeiller*, Grundzüge zur Geschichte,
S. 27 f., Fn. ★★).

[262]   *Ofner*, Protokolle, Bd. 2, S. 476–489.

[263]   *Brauneder*, ALR und Österreich, S. 419 ff. (dort auch mit einzelnen Beispielen). Bereits
1892/93 war *Saxl* dem Einfluss des ALR auf das ABGB nachgegangen und kam dabei zu dem
Ergebnis, dass dieser Einfluss nicht auf einzelne Partien des ABGB beschränkt sei, sondern umgekehrt nur wenige Partien von einem solchen Einfluss frei seien (S. 8). *Saxls* Darstellung ist aber
deutlich überzogen und im einzelnen nicht belegt, so namentlich wenn er behauptet, auf elf vom
ALR beeinflusste Bestimmungen des ABGB kämen nur sechs unbeeinflusste (ebd.); kritisch zur
Darstellung Saxls auch *Brauneder*, ALR und Österreich, S. 433 ff. Die zitierten Untersuchungen
von Saxl und Brauneder übersieht *Barta* (S. 346, 371) bei seiner erst unlängst (1998/99) aufgestellten Behauptung, bislang existiere keine Publikation, die das Verhältnis von AGB/ALR und ABGB
zum Gegenstand hat. Auch *Pfaff* hatte 1875 bereits auf den bedeutenden Einfluss des ALR auf
Zeillers Umarbeitung des Urentwurfs hingewiesen (Zeitschrift f. d. Privat- u. öffentl. Recht der
Gegenwart 2 (1875), S. 293 – mit Beispielen ebd., Fn. 71); nach seiner Einschätzung habe die
Arbeit der Kommission zuweilen nur in einer Zusammendrängung weit ausgesponnener oder weit
auseinander liegender Bestimmungen des ALR zu einem kurzen Paragraphen bestanden (ebd.).

[264]   Vgl. bereits *Zeillers* oben zitierte Äußerung, wonach das ALR insbesondere für das »persönliche Sachenrecht« (scil. Schuldrecht) »treffliche Dienste« geleistet habe (*Ofner*, Protokolle, Bd. 2,

Kodifikationsarbeiten entstandenem »Probekommentar«[265] von 1809 und in seinem vierbändigen ABGB-Kommentar von 1811–1813 finden sich sehr zahlreiche Verweise auf entsprechende oder abweichende ALR-Regelungen.[266]

Auch der Code civil diente Zeiller wie bereits erwähnt bei seiner Umarbeitung als Hilfsmittel. Allerdings geschieht des Code civil in den Beratungsprotokollen deutlich seltener Erwähnung als des ALR und wenn dies geschieht, dann handelt es sich meist um eine ablehnende Erwähnung. Fälle, in denen positiv der Code civil als Muster für die Umarbeitung durch Zeiller diente, sind in den Beratungsprotokollen nur selten dokumentiert.[267]

Bei den Arbeiten am bayerischen Strafgesetzbuch von 1813 wurde Feuerbach schon bei seiner Beauftragung 1804 mit auf den Weg gegeben, einen Entwurf unter Berücksichtigung der neuesten bekannt gewordenen Strafgesetzbücher zu fertigen.[268] Hierbei dachte man wohl insbesondere an das kurz zuvor erschienene österreichische Strafgesetzbuch von 1803. Daneben ließ Feuerbach zur Vorbereitung seiner Entwurfsarbeiten auch Übersetzungen und Exzerpte französischer und italienischer Gesetze bzw. Gesetzentwürfe durch seinen damaligen Privatsekretär Mittermaier anfertigen; diese dienten aber wohl in erster Linie Feuerbachs zivilrechtlichen Arbeiten an einer Adaption des Code Napoléon für Bayern und nicht seinen Strafgesetzbucharbeiten.[269] In die 1808 zur Überprüfung des Feuer-

---

S. 487). Auch Zeillers Kommentar von 1811–13 nimmt insbesondere bei der Kommentierung der Einleitung und des Schuldrechts auffällig häufig Bezug auf ALR-Regelungen (vgl. die Auswertung bei *Brauneder*, ALR und Österreich, S. 425). Überzogen jedoch die Behauptung *Saxls* (S. 8), wonach insbesondere im Obligationenrecht eine Vermutung dafür streite, dass eine Bestimmung des ABGB mit einer Bestimmung des ALR genetisch zusammenhänge. *Barta* ist unlängst dem Einfluss des ALR auf das ABGB im Detail für einzelne Regelungen des Schadensersatzrechts unter vergleichender Heranziehung der Kodifikationsvorstufen (Entwurf Martini und Westgalizisches Gesetzbuch) nachgegangen und kommt hierbei ebenfalls zu dem Ergebnis, dass für den untersuchten Regelungsbereich ein deutlicher Einfluss des ALR insbesondere in der letzten Phase der Kodifikationsarbeiten unter dem Referenten Zeiller existiert (S. 422 ff.). *Barta* vertritt hierbei die These, dass Zeiller noch weit mehr aus dem ALR geschöpft habe, als durch ausdrückliche Hinweise in den Beratungsprotokollen dokumentiert ist (S. 345 f., 360, 423).

[265] *Zeiller*, Probe eines Commentars über das neue Österreichisch-bürgerliche Gesetzbuch, 1809. Der Probekommentar umfasst nur die Einleitung zu dem künftigen Gesetzbuch; fast zu jedem Paragraphen finden sich dabei Hinweise auf Parallelstellen im ALR.

[266] Nach der Auswertung von *Brauneder* (ALR und Österreich, S. 424 f.) erwähnt Zeillers vierbändiger Hauptkommentar ALR-Regelungen in insgesamt 219 Zitaten zu 207 ABGB-Paragraphen.

[267] Vgl. *Pfaff*, Zeitschrift f. d. Privat- u. öffentl. Recht der Gegenwart 2 (1875), S. 295; *Heiss*, S. 532. Entsprechend wird der Code civil in Zeillers ABGB-Kommentar auch seltener als das ALR zum Vergleich herangezogen, nach der Auswertung von *Brauneder* (ALR und Österreich, S. 425) geschieht dies in dem Kommentar aber immerhin noch in Anmerkungen zu 148 Paragraphen.

[268] Vgl. oben S. 57 mit Fn. 187; auch die amtlichen Anmerkungen z. BayStGB 1813 heben hervor, dass der Entwurf unter Berücksichtigung der neuesten (ausländischen) Gesetzbücher anzufertigen war (Bd. 1, S. 12).

[269] Zu den Übersetzungsdiensten Mittermaiers für Feuerbach vgl. *Marquardsen*, Art. »Karl Josef Anton Mittermaier«, in: ADB, Bd. 22 (1885), S. 25–33, hier: S. 25; *Radbruch*, S. 92. Mittermaier

bachschen Strafgesetzbuchentwurfs gebildete Gesetzeskommission nahm man
bewusst auch Personen auf, die früher in preußischen, bambergischen und österreichischen Diensten gestanden hatten, damit diese ihre Kenntnisse über die dort
geltenden Strafgesetze einbringen konnten, da diese Rechtsordnungen infolge
der Gebietserweiterungen Bayerns in einigen Landesteilen Anwendung fanden.[270]

In zuvor nicht gekannter Breite gewannen ausländische Gesetze und Gesetzgebungsprojekte als Vorlagematerial Einfluss auf die Kodifikationsarbeiten an
einem preußischen Strafgesetzbuch. Schon bei Beginn der konkreten Entwurfsarbeiten unter dem Justizminister Danckelmann in den zwanziger Jahren wurde
der Referent angewiesen, sich bei den Entwurfsarbeiten nicht allein an das bestehende preußische Recht (also den strafrechtlichen Teil des ALR) als Vorlage zu
halten, aber auch nicht ein einzelnes ausländisches Gesetzbuch als Muster herauszugreifen, sondern so viele auswärtige Vergleiche wie möglich heranzuziehen
»und dahin zu streben, dem neuen Werke die Vorzüge einer jeden jener Legislationen, soweit es ohne Störung der Einheit geschehen könne, möglichst anzu-
eignen«.[271] Entsprechend finden sich bereits in den Motiven zu den Entwürfen
von 1827 und 1828 zahlreiche Verweise auf auswärtige (d. h. nicht-preußische)
Gesetzgebungen, wobei neben den bestehenden Strafgesetzbüchern von Österreich (1803), Frankreich (1810) und Bayern (1813) auch die in einigen deutschen
Einzelstaaten bereits bestehenden Strafgesetzbuchentwürfe zum Vergleich herangezogen werden. Der damalige Referent Bode fasst dieses Vorgehen in den Motiven dahin zusammen, dass er sich im Hinblick auf die vergleichend herangezogenen auswärtigen Rechtsquellen am häufigsten veranlasst gesehen habe, sich
dem Gesetzentwurf für das Königreich Hannover anzuschließen, welcher ihm
unter allen neuen legislatorischen Werken auf dem Gebiet des Strafrechts »im
Allgemeinen und besonders vom praktischen Gesichtspunkte betrachtet« den
Vorzug zu verdienen scheine.[272]

In den Jahren 1838 bis 1841 wurde dann auf Veranlassung des damaligen
Justizministers von Kamptz zur Vorbereitung der weiteren Entwurfsarbeiten für
das preußische Strafgesetzbuch eine systematische Zusammenstellung von Bestimmungen aus ausländischen Strafgesetzbüchern und Strafgesetzbuchentwürfen
angefertigt. Hierbei wurden der Ordnung der Paragraphen im revidierten preußi-

---

arbeitete demnach nach Abschluss seines Studiums in Landshut von Herbst 1807 bis Sommer 1808
für Feuerbach, woraus sich schon rein zeitlich ergibt, dass sich seine Übersetzungen in erster Linie
auf Feuerbachs zivilrechtliche Kodifikationsarbeiten bezogen, denn den Entwurf des materiellen
Teils des Strafgesetzbuchs schloss Feuerbach bereits im Dezember 1807 ab (s. Anmerkungen z.
BayStGB 1813, Bd. 1, S. 13) und begann im Januar 1808 mit den Arbeiten für eine Adaption des
Code Napoléon.

[270] Das Kommissionsmitglied Bandel stand früher in preußischen, Weber in bambergischen
und Kienlen in österreichischen Diensten; vgl. zu der Motivierung ihrer Hinzuziehung die
Anmerkungen z. BayStGB 1813, Bd. 1, S. 15.

[271] Motive zum Entwurf 1827, Vorwort, S. VI, in: *Regge/Schubert*, Bd. 1, S. 30.

[272] Motive zum Entwurf 1827, Vorwort, S. VI f., in: *Regge/Schubert*, Bd. 1, S. 30f.

schen Strafgesetzbuchentwurf von 1836 folgend die zu den jeweiligen Bestimmungen bestehenden vergleichbaren Regelungen in nicht weniger als 31 auswärtigen Gesetzbüchern und Entwürfen berücksichtigt.[273] Diese Zusammenstellung war ein wichtiges Hilfsmittel bei den weiteren Kodifikationsarbeiten. So heißt es im Vorbericht zu der 1845 vorgelegten Revision des Entwurfs von 1843, dass bei der Revision des Entwurfs neben den eingegangenen Stellungnahmen auch fortwährend vergleichende Rücksicht genommen worden sei auf die neueren deutschen Gesetzgebungen auf dem Gebiet des Strafrechts, denen im Übrigen auch bisher bereits in der Kommission und im Staatsrat große Aufmerksamkeit geschenkt worden sei. Dass es sich hierbei nicht um leere Rhetorik handelte, davon zeugen die sehr zahlreichen Vergleiche mit auswärtigen Gesetzgebungen (insbesondere der anderen deutschen Einzelstaaten) in der dreibändigen Revision des Entwurfs von 1843.[274]

Auch in Britisch-Indien zeigte man sich bei den Arbeiten am Entwurf zum Strafgesetzbuch aufgeschlossen gegenüber auswärtigen Vorbildern. In dem Begleitschreiben, mit dem die Kommission 1837 ihren Entwurf vorlegte, heißt es hierzu vollmundig, man habe bei den Arbeiten an dem Entwurf »the most celebrated systems of Western jurisprudence« zum Vergleich herangezogen, soweit dies der Kommission bei dem eingeschränkten Zugang zu ausländischer Literatur in Indien möglich war.[275] Ausdrücklich wird auch der erst wenige Jahre zuvor veröffentlichte Entwurf eines Strafgesetzbuchs für Louisiana des amerikanischen Reformpolitikers Edward Livingston[276] erwähnt, aus dem die Kommission

---

[273] Unter den derart berücksichtigten auswärtigen Legislationen befanden sich neben den bestehenden Strafgesetzbüchern von Österreich (1803), Frankreich (1810 nebst den umfangreichen Änderungen von 1832) und Bayern (1813) u. a. die Entwürfe von Württemberg (1835), Sachsen (1835), Baden (1836) und sogar Norwegen (1832); im Nachtrag wurden auch die neuen Strafgesetzbücher für Hannover und Braunschweig (jeweils 1840) berücksichtigt. Eine vollständige Übersicht über die berücksichtigten Werke gibt *Berner*, S. 226 f.; vgl. hierzu auch *R. Hippel*, Bd. 1, S. 319 f.

[274] Vornehmlicher Zweck dieser internen Revisionsdarstellung war es, die zu dem Entwurf von 1843 eingegangenen Stellungnahmen zu diskutieren; die Revision ist abgedruckt in *Regge/Schubert*, Bd. 5, S. 211–831.

[275] Schreiben der *Indian Law Commission* an den *Governor-General in Council* vom 14. Oktober 1837, in: Penal Code for India (Draft 1837), S. 6.

[276] Livingston wurde 1821 vom Staat Louisiana mit der Ausarbeitung eines Strafgesetzbuchs beauftragt (*Livingston*, Project, S. vii). Er legte 1822 zunächst Fragmente des geplanten Entwurfs vor (»Report made to the General Assembly of the State of Louisiana on the Plan of a Penal Code for the said State«, New Orleans 1822; 1824 in London neu aufgelegt als »Project of a New Penal Code for the State of Louisiana«). Macaulay griff für seine Entwurfsarbeiten in Indien auf *Livingstons* 1833 im Druck erschienene vollständige Fassung eines »System of Penal Law for the State of Louisiana« zurück, welche aus einem »Code of Crimes and Punishments«, einem »Code of Procedure«, einem »Code of Evidence«, einem »Code of Reform and Prison Discipline« und einem »Book of Definitions« bestand. Nachdem *Livingston* Kongressabgeordneter in Washington geworden war, entwarf er im Auftrag der amerikanischen Bundesregierung auch ein »System of Penal Law for the United States of America« (gedruckt 1828 in Washington). Weder in Louisiana noch in Washington fanden Livingstons Entwürfe jedoch die nötige Zustimmung im Parlament

noch größere Hilfe gezogen habe.[277] Tatsächlich hat die Kommission wohl außer Livingstons Entwurf an ausländischen Vorbildern nur den französischen Code pénal herangezogen, denn in den ausführlichen amtlichen Anmerkungen zu dem indischen Strafgesetzbuchentwurf werden (außer das englische Recht und die Verordnungen Britisch-Indiens) nur Bestimmungen dieser beiden Gesetzbücher erwähnt; diese jedoch häufig. Insbesondere der Entwurf Livingstons hat wohl in der Tat die Arbeiten der indischen Gesetzgebungskommission an einem Strafgesetzbuchentwurf in formaler und inhaltlicher Hinsicht bedeutend beeinflusst. Eines der hervorstechendsten Charakteristika des indischen Strafgesetzbuchs, die zahlreichen Einzelfallbeispiele, haben ihr Vorbild in Livingstons Entwurf für Louisiana.[278] Auch die nicht seltene Festsetzung von Untergrenzen für die Strafzumessung in dem indischen Entwurf von 1837 war wohl von dem entsprechenden Vorgehen Livingstons beeinflusst.[279] Die Vorbildfunktion von Livingstons Entwurf lässt sich im Übrigen bis hinein in einzelne Tatbestandsformulierungen des indischen Entwurfs verfolgen, jedoch ohne dass die indische Kommission Bestimmungen aus Livingstons Entwurf einfach kopiert hätte.[280]

Ähnlich verfuhr man auch in England selbst in der Strafrechtskommission, die – in etwa gleichzeitig mit den Kodifikationsbemühungen in Britisch-Indien – an einem Strafgesetzbuchentwurf für England arbeitete. In ihrem vierten Bericht von 1839 hebt sie die Wichtigkeit hervor, welche bei einer Reform des eigenen Gesetzesrechts dem Vergleich mit den Gesetzgebungen anderer Länder zukomme.[281] Ähnlich vollmundig wie die indische Gesetzgebungskommission in ihrem Bericht zwei Jahre zuvor nimmt auch die englische Kommission für sich in Anspruch, bei ihren Arbeiten »most of the numerous codes which have appeared in Europe and America in modern times« herangezogen zu haben.[282] Tatsächlich enthält die von der Kommission angefertigte konsolidierte Sammlung wesentlicher Teile des englischen Strafrechts jedoch nur sporadische und eher plakative Hinweise auf entsprechende oder abweichende Bestimmungen in einigen ausländischen Gesetzbüchern, die sich mehr und mehr verlieren, je mehr die Kommission in Einzelheiten geht.[283]

(vgl. *Schofield/Harris*, in: Bentham, Legislator of the World, S. xx f.; *dieselben*, in: Bentham, Codification Proposal, S. 383 f., Fn. 5; *Kadish*, Columbia Law Review 78 (1978), S. 1106).

[277] Schreiben der *Indian Law Commission* an den *Governor-General in Council* vom 14. Oktober 1837, in: Penal Code for India (Draft 1837), S. 6: »We have derived assistance still more valuable from the Code of Louisiana, prepared by the late Mr. Livingston.«

[278] S. hierzu näher unten S. 302 ff.

[279] S. unten S. 373.

[280] Vgl. zum Beispiel Art. 334 des Entwurfs *Livingstons* für Louisiana mit der entsprechenden Bestimmung im indischen Entwurf von 1837 (sec. 261: Adulteration of drugs or medicines).

[281] Fourth Report of Her Majesty's Commissioners on Criminal Law, 8 March 1839, S. xviii, in: Parliamentary Papers 1839 (168) xix.

[282] Ebd.

[283] Ebd., S. xxxi ff. Einzelne Vergleiche werden angestellt mit Bestimmungen des französischen Code pénal, des bayerischen Strafgesetzbuchs von 1813, des preußischen ALR und des Corpus

Die Vorarbeiten zur Entstehung des deutschen BGB markierten, was das Spektrum und den Detaillierungsgrad bei der Berücksichtigung ausländischer Rechtsquellen betrifft, einen zuvor nicht erreichten Höhepunkt. Wir sahen bereits, dass der lange Zeitraum bis zur Fertigstellung der Teilentwürfe durch die Redaktoren der ersten Kommission zu einem wesentlichen Teil auf die sorgfältige Erfassung der einschlägigen Rechtsquellen zurückzuführen ist. Man beschränkte sich hierbei aber keineswegs auf das einheimische Recht, sondern zog in erheblichem Umfang auch ausländische Rechtsquellen heran. Das Gutachten der Vorkommission von 1874 hatte hierzu die allgemein gehaltene Vorgabe enthalten, dass auch von dem »reichen Schatz gesetzgeberischer Erfahrung« in den Gesetzgebungen Österreichs, der Schweiz und anderer ausländischer Staaten Nutzen zu ziehen sei.[284] Die fünf Redaktoren der ersten Kommission kamen dem mit großer Gewissenhaftigkeit nach. Man beschränkte sich nicht auf sporadische oder plakativ eingestreute Hinweise auf ausländische Regelungen. Vielmehr finden sich in den Begründungen zu den Teilentwürfen aller fünf Redaktoren regelmäßig im jeweiligen Sachzusammenhang zumindest die hierzu im französischen Code civil, im österreichischen ABGB und in dem von Bluntschli entworfenen Privatrechtlichen Gesetzbuch für den Kanton Zürich (1854–1856) getroffenen Bestimmungen detailliert zitiert. Die meisten Redaktoren nahmen häufig auch auf vergleichbare Bestimmungen im italienischen (Codice civile del Regno d'Italia von 1865) und im niederländischen Zivilgesetzbuch (Het Burgerlijk Wetboek von 1838) Bezug.[285] Kübel und Gebhard nutzten zudem intensiv die Entwürfe und die Endfassung des schweizerischen Bundesgesetzes über das Obligationenrecht.[286] Der Erbrechtsredaktor Schmitt hat darüber hinaus sogar mit großer Regelmäßigkeit bei den einzelnen Bestimmungen auch vergleichbare Regelungen in diversen südeuropäischen und lateinamerikanischen Gesetzbüchern sowie die Gesetzge-

---

Juris Justinians. Der Strafgesetzbuchentwurf für Britisch-Indien wird nicht erwähnt. In ihrem ersten Bericht hatte die Kommission aber auch Passagen aus Livingstons Entwurf eines Strafgesetzbuchs für Louisiana herangezogen (First Report from His Majesty's Commissioners on Criminal Law, 24 June 1834, S. 43–49, in: Parliamentary Papers 1834 (537) xxvi).

[284] Gutachten der Vorkommission v. 15. April 1874, in: *Schubert*, Materialien, S. 170–185, hier: S. 172.

[285] Dies gilt für Gebhard, Planck, Schmitt und – seltener – für Johow.

[286] Die BGB-Kommission war genau informiert über den Stand der Arbeiten am schweizerischen Obligationenrecht und tauschte über den schweizerischen Gesandten in Berlin Entwürfe aus; so erhielt man aus der Schweiz den Text des umgearbeiteten Obligationenrechtsentwurfs und stellte im Gegenzug die Zusammenstellung der Kommissionsbeschlüsse und die Vorlagen des Schuldrechtsredaktors Kübel zur Verfügung (Kommissionsprotokolle v. 1.6.1878 u. 14.12.1878, in: *Schubert*, Materialien, S. 260 f.). Entwürfe des schweizerischen Obligationenrecht entstanden in den Jahren 1871, 1875, 1877 und 1879; die Endfassung des Gesetzes wurde 1881 publiziert. In den Begründungen zu den Teilentwürfen Kübels finden sich je nach ihrer Entstehungszeit verschiedene Fassungen des schweizerischen Obligationenrechts zitiert. Meistens zog er den Entwurf von 1879 heran, zum Teil aber auch schon die Endfassung sowie zum Teil wohl auch den Entwurf von 1877 (von Kübel als Entwurf 1876 bezeichnet).

bungen fast aller Kantone der Schweiz herangezogen.[287] Was im einzelnen an ausländischem Vergleichsmaterial benutzt wurde und in welcher Intensität dies erfolgte, lag im Ermessen des jeweiligen Redaktors.

Ähnlich wie bei der akribischen Ermittlung der einheimischen Rechtsquellen durch die BGB-Redaktoren, sollte auch die intensive Benutzung ausländischer Rechtsquellen durch die Redaktoren nicht zu der Einschätzung verführen, diese hätten sich auf die Ermittlung und Übernahme legislatorischer Vorbilder beschränkt anstatt eigene Erwägungen anzustellen. In den von der Redaktoren vorgelegten Motiven erfolgt die Entscheidung für die eine oder andere Lösung regelmäßig aus sachlichen Erwägungen heraus und nicht, weil der Gesetzgeber des einen oder anderen Landes eine entsprechende Entscheidung getroffen hat. Die Heranziehung der ausländischen Rechtsquellen diente den Redaktoren also dazu, das in die Erwägungen einbezogene Spektrum der möglichen legislatorischen Vorgehensweisen zu erweitern und ersetzte nicht die regelmäßig angestellten eigenen Sacherwägungen.[288]

Weniger intensiv war die Heranziehung ausländischer Rechtsquellen bei den Vorarbeiten zum schweizerischen ZGB. In der Botschaft des Bundesrates an die Bundesversammlung bei Vorlage des ZGB-Entwurfs heißt es hierzu, dass eine enge Anlehnung an ausländisches Recht nicht erfolgt sei, so »verlockend« dies auch gerade im Verhältnis zum deutschen BGB gewesen wäre.[289] Vielmehr habe man es als vorrangige Aufgabe angesehen, den einheimischen kantonalen Rechten bei der Kodifikation so viel wie möglich Berücksichtigung zu schenken. Dennoch übten insbesondere der französische Code civil und das deutsche BGB Einfluss auf die Gestaltung einzelner Materien des schweizerischen ZGB aus.[290]

---

[287] Eine Zusammenstellung Schmitts sämtlicher von ihm benutzter ausländischer Rechtsquellen findet sich in: *Schubert*, Vorlagen der Redaktoren, Erbrecht, Teil 1, S. 139–144; vgl. auch ebd., Sachenrecht, Teil 1, S. 139 f. für eine Zusammenstellung Johows der von ihm benutzten ausländischen Rechtsquellen.

[288] Irreführend insoweit die überblicksartige Darstellung des Einflusses ausländischer Rechtsquellen auf die BGB-Entwürfe durch *Dölle* (S. 26 f.), der etwa davon spricht, dass § 616 BGB, welcher dem Dienstverpflichteten in Krankheitsfällen einen Vergütungsanspruch belässt, seine Aufnahme in das BGB dem Vorbild des schweizerischen Obligationenrecht verdanke. Zwar erwähnen die Motive, dass das schweizerische Obligationenrecht eine entsprechende Regelung enthält; »zu verdanken« war die Aufnahme in das BGB aber nicht dem schweizerischen Vorbild, sondern sachlichen Erwägungen (die Bestimmung − § 562 des ersten Entwurfs − beruht auf »sozialpolitischen Rücksichten und auf Gründen der Humanität«: Motive zum BGB, Bd. 2, S. 463 f.), zumal auch das ADHGB bereits eine entsprechende Bestimmung (für Handlungsgehilfen) kannte (Art. 60 ADHGB).

[289] Botschaft des Bundesrates an die Bundesversammlung v. 28. Mai 1904, S. 8.

[290] Die Botschaft des Bundesrates an die Bundesversammlung v. 28. Mai 1904 (S. 8) nennt als Beispiele, in denen der Code civil Einfluss auf die Entwurfsregelungen ausgeübt habe, die Verschollenheitserklärung und die Zulassung fakultativer Güterstände und als Beispiele für einen Einfluss des deutschen BGB das eheliche Güterregister. Bei der Entscheidung des ZGB für das erbrechtliche Parentelsystem und das Institut der Güterverbindung betont *Huber* hingegen, dass die einheimische schweizerische Rechtstradition und nicht das deutsche BGB Pate gestanden

Beim Code civil ergab sich eine Einflussnahme bereits aus der Tatsache, dass er den Zivilrechtsgesetzbüchern verschiedener westschweizerischer Kantone zum Vorbild gedient hatte, die als einheimische Rechtsquellen selbstverständlich für die Kodifikationsarbeiten herangezogen wurden. Eine Heranziehung der Entwürfe und der Endfassung des deutschen BGB während der Entwurfsarbeiten zum schweizerischen ZGB empfahl sich bereits wegen des engen zeitlichen Zusammenhangs der Entstehungsgeschichte beider Gesetzbücher und der umfassenden Verarbeitung des damaligen Standes der Zivilrechtswissenschaft durch den deutschen Gesetzgeber.

Auffallend ist, dass Hubers Erläuterungen zu dem Vorentwurf zum ZGB zwar sehr häufig auf bestehendes kantonales Recht Bezug nehmen, im Gegensatz zu den Materialien zum BGB aber nur ganz selten Hinweise auf vergleichend herangezogene ausländische Rechtsquellen enthalten.[291] Hierbei wird man aber berücksichtigen müssen, dass Hubers Erläuterungen sich an Nichtjuristen wandten und insbesondere für die sich anschließenden parlamentarischen Beratungen als Rechtfertigung der im Entwurf getroffenen Regelungen dienen sollten, wozu Verweise auf das einheimische Recht geeigneter waren als gelehrte Vergleiche mit ausländischen Rechtsquellen.[292] Außerdem waren die im ZGB zu kodifizierenden Materien im Gegensatz zu dem bereits separat kodifizierten Obligationenrecht (welches das Handels- und Wechselrecht einschloss) gerade nicht solche, bei denen nach dem dargestellten Konzept Hubers die Interessen des Wirtschaftsverkehrs eine enge Angleichung an die Rechtszustände im Ausland wünschenswert machten. Für Materien wie das Familien- und Erbrecht räumte Huber der gewissenhaften Berücksichtigung der bestehenden einheimischen Rechtszustände eine viel größere Bedeutung ein als dem vergleichenden Blick auf ausländische Regelungsmodelle.[293]

---

habe (Erläuterungen, Heft 1, S. 8). Zum inhaltlichen Einfluss des Code civil auf das ZGB vgl. i. Ü. etwa *Rabel*, Rheinische Zeitschrift für Zivil- und Prozessrecht 2 (1910), S. 326 ff.

[291] Beispiele für die insgesamt sehr seltenen Verweise auf Regelungen des deutschen BGB finden sich in *Huber*, Erläuterungen, Heft 1, S. 150; Heft 2, S. 37 und für die insgesamt ebenfalls seltenen Verweise auf Regelungen des französischen Code civil ebd., Heft 1, S. 229; Heft 3, S. 216.

[292] Vgl. *Huber*, Erläuterungen, Heft 1, Vorwort.

[293] *Huber*, Erläuterungen, Heft 1, S. 8; *ders.*, Schweizerische Juristen-Zeitung 2 (1905/6), S. 58.

4. Die Prüfung der Auswirkungen auf bestehende Gesetze

In den Gesetzgebungslehren sowohl in England[294] als auch in Deutschland[295] findet sich von alters her die Forderung an den Gesetzgeber, vor dem Erlass eines neuen Gesetzes sorgfältig dessen Verhältnis zu den bestehenden Gesetzen zu prüfen und die Neuregelung mit der bestehenden Rechtsordnung in Einklang zu bringen. Der häufig betonte Zweck dieser Prüfung ist die Wahrung der Widerspruchsfreiheit und inneren Folgerichtigkeit der Rechtsordnung.[296] Die Überprüfung konnte nach Meinung der Gesetzgebungstheoretiker einerseits dazu führen, dass gleichzeitig mit dem Erlass des neuen Gesetzes bisherige Gesetze, die mit der Neuregelung nicht im Einklang stehen, aufzuheben oder entsprechend anzupassen waren. Umgekehrt konnte die Prüfung den Gesetzgeber aber auch dazu veranlassen, die erstrebte Neuregelung terminologisch und inhaltlich an die bestehenden Gesetze anzupassen, so dass Friktionen nicht auftraten.

In der Gesetzgebungspraxis Deutschlands wie Englands wählte der Gesetzgeber statt einer genauen Prüfung der Auswirkungen einer Neuregelung auf bestehende Gesetze nicht selten jedoch den bequemeren Weg einer Aufhebungsklausel im neuen Gesetz, wonach mit der Neuregelung unvereinbare Bestimmungen pauschal aufgehoben werden, im Übrigen aber die Fortgeltung bestehender Gesetze über die gleiche Materie unberührt bleibe. Derartige unklare Aufhebungsklauseln wurden in der Gesetzgebungstheorie fast einhellig abgelehnt.[297] Empfohlen wurde stattdessen, in dem neuen Gesetz die hierdurch aufgehoben Regelungen prä-

---

[294] *Bacon*, De Augm. Scient., Buch 8, Kap. 3, Aphorismus 54, S. 815; *Bentham*, Codification Proposal, Teil 1, § 5, S. 264 f.; *ders.*, Constitutional Code, Bowring-Edition, Bd. 9, Buch II, Kap. XI, Abt. 2, Art. 1 ff., S. 428 ff. Vgl. hierzu auch die Kritik im Report of the Commissioners appointed to inquire into the Consolidation of the Statute Law, 21 July 1835, S. 16, in: Parliamentary Papers 1835 (406) xxxv: »… inattention to the previous state of the law in framing new statutes … is the occasion of much inconvenience.«; eine ähnliche Kritik, speziell bezogen auf die Strafgesetzgebung, findet sich im First Report from His Majesty's Commissioners on Criminal Law, 24 June 1834, S. 29, in: Parliamentary Papers 1834 (537) xxvi.

[295] *Hommel*, Principis cura leges, S. 29/95; *Zeiller*, Eigenschaften, S. 254 f.; *K. S. Zachariä*, Vierzig Bücher vom Staate, Bd. 4, Buch 20, S. 29; *Rotteck*, Bd. 2, S. 332; *Gerstäcker*, Bd. 2, S. 130 f.; *Mohl*, Politik, Bd. 1, S. 452 f.; in Italien wies bereits *Filangieri* dem von ihm in Vorschlag gebrachten Gesetzeszensor u. a. die Aufgabe zu, bei einem Bedürfnis nach Anpassung der Rechtsordnung an veränderte Umstände die Neuregelungen in das System der bestehenden Gesetze einzufügen (Bd. 1, Kap. 8, S. 160 ff.).

[296] Vgl. *Bacon* u. *Bentham* (wie Fn. 294) sowie *Gerstäcker* u. *Mohl* (wie Fn. 295).

[297] *K. S. Zachariä*, Vierzig Bücher vom Staate, Bd. 4, Buch 20, S. 29; *Günther*, Art. »Gesetzgebungswissenschaft«, Rechtslexikon, Bd. 4, S. 768; *Mohl*, Art. »Gesetz«, Staats-Wörterbuch, Bd. 4, S. 280; aus der französischen Gesetzgebungslehre: *Rousset*, Bd. 1, S. 58 f.; zur tendenziell abweichenden Ansicht *Stahls* s. unten S. 274, Fn. 1205. In England kritisierte diese bequeme, aber unpräzise Aufhebungspraxis der Report of the Commissioners appointed to inquire into the Consolidation of the Statute Law, 21 July 1835, S. 15, in: Parliamentary Papers 1835 (406) xxxv: »The various and often obscure or indirect modes of repealing enactments, add greatly to the difficulty of research, and tend to perplex, and even to mislead the inquirer … Sometimes there is a general repeal of a class of statutes ›as far as the same are inconsistent with the new statute‹, leaving it often in doubt how far the repeal extends.«

zise zu benennen und gegebenenfalls auch diejenigen gesetzlichen Regelungen zur selben Materie aufzuführen, die von der Neuregelung unberührt bleiben sollen.

Das gesetzestechnisch ideale Verfahren, welches schon von Bacon[298] propagiert wurde, bestand in diesem Zusammenhang darin, im Zuge der Neuregelung alle die gleiche Materie betreffenden bisherigen gesetzlichen Regelungen ausdrücklich aufzuheben und sämtliche regelungsbedürftigen Aspekte der Materie in dem neuen Gesetz zusammenzufassen und neu zu ordnen. Mittels dieser Methode ließen sich Widersprüche und Unklarheiten in der Rechtsordnung am besten vermeiden. Je zersplitterter und unübersichtlicher die Rechtsordnung war, desto schwieriger, aber auch nötiger war es, anlässlich einer Neuregelung alle Folgewirkungen auf die bestehende Rechtsordnung zu bedenken. Es nimmt daher nicht wunder, dass das Gebot an den Gesetzgeber, bei jeder Neuregelung die Folgewirkungen auf andere Gesetze zu bedenken, besonders in England vehement vorgetragen wurde, wo im Bereich des *statute law* über Jahrhunderte das Parlament neue Gesetze aufeinander häufte, ohne sich um deren Verhältnis zu den bisherigen Gesetzen zu bekümmern. Erst die sich in mehreren Schüben vollziehenden Sammlungs- und Bereinigungsarbeiten des 19. Jahrhunderts brachten hier eine Besserung.[299] In Kontinentaleuropa ging man im 18. und 19. Jahrhundert in der Praxis noch hierüber hinaus, indem man sich vielerorts nicht mit einer Sammlung und Bereinigung der zersplitterten Rechtslage begnügte, sondern das Problem schlecht aufeinander abgestimmter Einzelgesetzgebung dadurch dauerhaft zu lösen suchte, dass man die bestehenden zersplitterten Rechtsvorschriften umfassend aufhob zugunsten einer systematischen und die zu regelnde Materie möglichst abschließend erfassenden Neuregelung in einem einheitlichen Gesetzbuch. Wie wir an späterer Stelle noch ausführlich sehen werden, gelang die umfassende und dauerhafte Konzentration einer Regelungsmaterie im Gesetzbuch aber nirgends vollständig und dauerhaft und sie wurde im Verlauf des 19. Jahrhunderts auch immer mehr zugunsten eines bewussten Nebeneinanders des Gesetzbuchs und einer fortbestehenden Einzelgesetzgebung aufgegeben.[300]

Bentham, dessen Gesetzgebungsideal in einem umfassenden System aufeinander abgestimmter und widerspruchsfreier Gesetzbücher bestand, nahm die Aufgabe der Anpassung neuer Gesetze an das bestehende Rechtssystem so ernst, dass

---

[298] *Bacon*, De Augm. Scient., Buch 8, Kap. 3, Aphorismus 54, S. 815: »Duplex in usum venit Statuti Novi condendi ratio. Altera statuta priora circa idem subjectum confirmat et roborat; dein nonnulla addit aut mutat. Altera abrogat et delet cuncta quae ante ordinata sunt, et de integro legem novam et uniformem substituit. Placet posterior ratio. Nam ex priore ratione ordinationes deveniunt complicatae et perplexae; et quod instat agitur sane, sed Corpus Legum interim redditur vitiosum. In posteriore autem, major certe est adhibenda diligentia, dum de lege ipsa deliberatur; et anteacta scilicet evolvenda et pensitanda antequam lex feratur; sed optime procedit per hoc legum concordia in futurum.«

[299] S. näher unten S. 272f.

[300] Näher hierzu unten S. 344ff.

er hierfür das eigenständige Amt eines *conservator of the laws* vorschlug, dessen
Aufgabe darin bestehen sollte, bei neuen Gesetzen und Gesetzesänderungen diese
der Form nach (also wohl im Hinblick auf die verwendeten Begriffe und die
zugrunde liegende Systematik) den bestehenden Gesetzen anzupassen.[301] In seinem Entwurf eines *Constitutional Code* erweiterte Bentham diesen Gedanken
dann noch, indem er einen eigenständigen Gesetzgebungsminister vorsieht (zusätzlich zum Justizminister) und im Übrigen jedem Abgeordneten die Pflicht
auferlegt, vor der Einbringung eines neuen Gesetzesantrags den hieraus resultie-
renden Änderungsbedarf bei den bestehenden Gesetzen zu prüfen.[302] Die Hauptaufgabe des Gesetzgebungsministers sieht Bentham in der Überprüfung und gegebenenfalls Überarbeitung von Gesetzgebungsvorschlägen im Hinblick auf formelle
Mängel.[303] Hierbei soll er die Vorschläge u. a. darauf überprüfen, ob sie in Terminologie und Gliederung mit den bestehenden Gesetzen im Einklang stehen und
keine Widersprüche im Gesetzessystem verursachen. Außerdem ist er für die
Neufassung des Gesetzestextes durch Einarbeitung beschlossener Änderungen
und für die Publikation der Gesetze zuständig.[304]

Scharfe Kritik erfuhr dieses Konzept Benthams durch Mohl. Mohl hielt das
Amt eines eigenständigen Gesetzgebungsministers teils für ungenügend, teils für
überflüssig.[305] Überflüssig sei es, weil die Überprüfung neuer Gesetzesvorlagen
auf formelle Mängel sowie Widerspruchsfreiheit und Folgerichtigkeit zu der
bestehenden Rechtsordnung in den Aufgabenbereich des Justizministers bzw. der
jeweiligen Fachminister falle, von denen die Gesetzesvorlage ausgehe. Benthams
Konzept eines Gesetzgebungsministers sei aber auch ungenügend, weil es mit
einer solchen formalen Überprüfung nicht getan sei, vielmehr die Gesetzesvor-
schläge auch inhaltlich einer Überprüfung unterzogen werden müssen. Mohl tat
Bentham mit dieser Kritik wohl Unrecht. Mohl beurteilte das Gesetzgebungsverfahren im Rahmen einer Verfassungsordnung, in der die Gesetzesvorlagen praktisch ausschließlich von der Regierung ausgehen und hierbei regelmäßig von den
zuständigen Fachministerien oder dem Justizministerium auf ihre Vereinbarkeit
mit dem bestehenden Recht überprüft werden, bevor sie überhaupt ins Parlament
gelangen.[306] Bentham dagegen entwarf im *Constitutional Code* ein Verfassungs-

---

[301] *Bentham*, Codification Proposal, Teil I, § 5, S. 264 f.

[302] *Bentham*, Constitutional Code, Kap. VI, Abt. 29, Art. 1, CW: S. 114.

[303] *Bentham*, Constitutional Code, Bowring-Edition, Bd. 9, Buch II, Kap. XI, Abt. 2, Art. 22,
27, 34, 59, S. 428 ff.

[304] Ebd., Art. 7, 12, 32, 58. Daneben soll der Gesetzgebungsminister auch die bestehenden
Gesetze kontinuierlich auf Verbesserungsmöglichkeiten überprüfen, was ihn in die Nähe der
zahlreichen Vorschläge zu einer institutionalisierten Gesetzesrevision rückt. Allerdings lag das
Schwergewicht der Überprüfung durch den Gesetzgebungsminister nach dem Konzept Benthams
auf formellen Mängeln, während die Vorschläge zur Institutionalisierung der Gesetzesrevision
meist inhaltliche Reformen im Blick hatten.

[305] *Mohl*, Politik, Bd. 1, S. 485; vgl. auch ebd., S. 454, Fn. 1: »Eine überflüssige und störende,
und doch keineswegs gegen Fehler in der Gesetzgebung sichernde Einrichtung ...«

[306] Mohl lehnte ein Initiativrecht der Stände zwar nicht ab, maß ihm aber auch dann, wenn es

system, in dem Gesetzesinitiativen gleichermaßen auch von einzelnen Abgeordneten oder sogar Richtern oder einzelnen Bürgern ausgehen,[307] wobei sich in ganz anderer Weise das Bedürfnis nach einer institutionalisierten Überprüfung der Gesetzesvorlagen auf ihre Vereinbarkeit mit der bestehenden Rechtsordnung ergibt. Auch Mohls Kritik an der fehlenden inhaltlichen Überprüfung der Gesetzesvorlagen durch den Gesetzgebungsminister berücksichtigte nicht, dass nach Benthams Konzept diese inhaltliche Überprüfung durch das Parlament zu erfolgen hat, während Mohl sie bereits als Vorbereitungsmaßnahme den mit der Entwurfserstellung befassten Regierungsstellen zuwies, da er an der entsprechenden Sachkompetenz der Ständeversammlung zweifelte.[308]

III. Die Ausarbeitung und Veröffentlichung der Gesetzentwürfe

Wir wenden uns nun der eigentlichen Ausarbeitung der Gesetzentwürfe zu bis hin zu jenem Stadium, wo diese – bei Bestehen einer Repräsentativverfassung – Eingang in die parlamentarische Beratung finden.

1. Amtliche Entwürfe oder öffentliche Ausschreibung?

Bei der Ausarbeitung des eigentlichen Gesetzentwurfes liegt die erste methodische Weichenstellung in der Frage, ob die Erstellung des Entwurfes von amtlicher Seite oder durch Privatpersonen mittels öffentlicher Ausschreibung erfolgen soll.[309]

---

gegeben ist, praktisch kaum eine Bedeutung zu, da den Ständen jedenfalls bei größeren Gesetzgebungsvorhaben gar nicht die fachlichen und organisatorischen Mittel zur Verfügung stünden, um selbst eine Gesetzesvorlage zu erstellen; s. *Mohl*, Politik, Bd. 1, S. 483 f., insb. S. 484, Fn. 1; vgl. hierzu auch unten Fn. 309.

[307] Vgl. *Bentham*, Constitutional Code, Bowring-Edition, Bd. 9, Buch II, Kap. XII, Abt. 20, Art. 1 ff., S. 504 ff.

[308] Zum Standpunkt Mohls im Hinblick auf den Nutzen einer Ständebeteiligung an der Gesetzgebung s. unten S. 172, Fn. 699.

[309] Gemeint ist hierbei die praktische Entwurfserstellung als Gegenstand der Gesetzgebungstechnik, nicht die verfassungsrechtliche Frage, wem bei Bestehen eines Repräsentativsystems das Initiativrecht für das Gesetzgebungsverfahren zukam. Letzteres ist eine Frage des Verfassungsrechts, nicht der Gesetzgebungstechnik. In der Praxis hieß »von amtlicher Seite« für Deutschland im 19. Jahrhundert in aller Regel eine Entwurfserstellung seitens der durch den Monarchen eingesetzten Regierung. Auch in den deutschen Ländern, in denen landständische Volksvertretungen bestanden, besaßen diese nur selten ein Initiativrecht und auch dort, wo dies der Fall war, wurde in der Praxis, jedenfalls bei umfänglichen Gesetzesvorhaben, kaum jemals in der Weise davon Gebrauch gemacht, dass schon die ursprüngliche Entwurfserstellung durch Ständevertreter erfolgte (vgl. *Mohl*, Art. »Gesetz«, Staats-Wörterbuch, Bd. 4, S. 282). In England verlief die Entwicklung anders. Die Regierung hatte hier lange Zeit gar kein formelles Initiativrecht und erst gegen Mitte des 19. Jahrhunderts hatten sich Regierungsentwürfe als Regelfall in der parlamentarischen Praxis durchgesetzt (näher zu der Entwicklung in England s. unten S. 100).

Ein leidenschaftlicher Vertreter der zweiten Alternative war Jeremy Bentham, der es nicht bei der theoretischen Forderung beließ, sondern an die Regierungen zahlreicher Staaten mit dem konkreten Angebot herantrat, für diese Gesetzbücher zu entwerfen.[310] Bentham hält eine an jedermann (mit Ausnahme der Mitglieder der gesetzgebenden Gewalt!) gerichtete öffentliche Ausschreibung für eindeutig vorzugswürdig gegenüber der Einsetzung einer Gesetzgebungskommission.[311] Der an jedermann ergehende Aufruf hätte bessere Chancen, das beste Resultat hervorzubringen, da in diesem Fall zwischen einer Anzahl verschiedener Entwürfe ausgewählt werden könne. Die Ausschreibung soll nach der Vorstellung Benthams mit der Aufforderung verbunden sein, für das Gesetzgebungsvorhaben ein konkretes Konzept sowie beispielhaft ausgearbeitete Bestimmungen einzureichen.[312] Die verschiedenen Vorschläge sollen von der gesetzgebenden Gewalt geprüft werden und derjenige, der den besten Vorschlag eingereicht hat, soll dann mit der Ausarbeitung aller Teile im Detail beauftragt werden. Doch soll es weiterhin auch jedermann sonst offen stehen, vollständig ausgearbeitete Entwürfe vorzulegen oder Kommentare und Ergänzungsvorschläge zu dem bevorzugten Vorschlag abzugeben.

Die Auslobung einer Belohnung für die beste Arbeit lehnt Bentham entschieden ab.[313] Er meint, als Folge solcher Belohnungen würde bei der Entscheidung über den besten Entwurf statt sachlicher Gründe die Protektion von Günstlingen ausschlaggebend sein und würden geeignete, aber nicht protegierte Bewerber von der Einreichung eines Entwurfs absehen. Im Vordergrund stünde dann die Ge-

---

[310] Konkrete Angebote richtete Bentham an den Präsidenten der Vereinigten Staaten, die Gouverneure sämtlicher amerikanischer Bundesstaaten, den russischen Zaren und die Cortes in Spanien und Portugal. Außerdem stand er in Gesetzgebungsfragen in Kontakt mit der provisorischen Regierung Griechenlands, verschiedenen Unabhängigkeitskämpfern Zentral- und Südamerikas und auch dem bayerischen König Ludwig I. Aus all diesen Angeboten und Kontakten ergab sich aber keine konkrete Beteiligung Benthams an Gesetzgebungsprojekten dieser Länder.

[311] Zum Folgenden: *Bentham,* Codification Proposal, Teil I § 5, S. 261 ff.

[312] Wie Bentham sich einen solchen Ausschreibungsbeitrag konkret vorstellte, kann man an den »Traités de législation civile et pénale« ersehen, die Benthams Bewunderer Etienne Dumont 1802 in französischer Sprache herausgab. Diese Zusammenstellung von Arbeiten Benthams enthält u. a. einen Teil »principes du code civil« und einen Teil »principes du code pénal«, welche für ein Zivil- bzw. ein Strafgesetzbuch ein inhaltliches Konzept enthalten, wie es sich Bentham wohl auch als Ausschreibungsbeitrag vorgestellt hat. Außerdem ist in dieser Zusammenstellung auch ein von Bentham entworfener Musterartikel zu einem Strafgesetzbuch enthalten (Bd. 3, S. 302–321). Auf diese Arbeiten berief sich Bentham dann später in seinen Briefen an den Präsidenten der Vereinigten Staaten James Madison von Oktober 1811 (in: *Bentham,* Papers, S. 5–35) und an Zar Alexander I von Mai 1814 (in: *Bentham,* Papers, S. 44–47), in denen er diesen jeweils das Anerbieten zum Entwurf von Gesetzbüchern unterbreitete.

[313] Zum Folgenden: *Bentham,* Codification Proposal, Teil I § 6, S. 273 ff. Bei der Ablehnung von Belohnungen war Bentham, was die eigene Person betrifft, konsequent. Zar Alexander übersandte ihm im April 1815 als Dank für Benthams Anerbieten, bei dem Kodifikationsprojekt behilflich zu sein, einen kostbaren Ring. Bentham sandte diesen Ring postwendend wieder an den Zaren zurück (s. Schreiben Alexanders I an Jeremy Bentham v. 10./22. April 1815, in: *Bentham,* Papers, S. 48 u. Benthams Antwortschreiben von Juni 1815, ebd., S. 82–104, hier: S. 82).

winnsucht und nicht die Qualität des Entwurfs. Als augenfälliges Beispiel für die negativen Konsequenzen einer Belohnung für Gesetzgebungsarbeiten nennt Bentham die Arbeiten der russischen Gesetzgebungskommission, die trotz einer jährlichen Entlohnung von 100.000 Rubel in 17 ½ Jahren nichts zustande gebracht habe.[314] Benthams Kritik an den russischen Gesetzgebungsarbeiten war dabei wohl auch Ausdruck seiner Enttäuschung, dass sein Anerbieten an den russischen Zaren, für Russland Gesetzbücher zu entwerfen und sein späterer Vorschlag, entsprechende Entwürfe durch eine öffentliche Ausschreibung anstatt durch die eingesetzte Gesetzgebungskommission zu gewinnen, in Russland ohne die erhoffte Resonanz blieben.[315]

---

[314] Genauer geht Bentham hierauf in seinem zweiten Brief an den russischen Zaren Alexander I von Juni 1815 ein (in: *Bentham*, Papers, S. 82–104, hier: S. 96 f.). Eine Gesetzgebungskommission bestand in Russland bereits unter Peter dem Großen und Katharina II, ohne – so Bentham – greifbare Resultate hervorgebracht zu haben. Am 28. Februar 1804 legte der russische Justizminister dem Zaren einen Bericht über eine Reform der Gesetzgebungskommission vor. Dieser Bericht wurde noch im gleichen Jahr in St. Petersburg gedruckt und in mehrere Sprachen übersetzt (deutscher Titel: Unterlegung des Justiz-Ministerii in Betreff der Organisation der Gesetz-Kommission bestätigt von seiner kaiserliche Majestät nebst einem Auszug aus den an seine Kaiserliche Majestät über die Fortschritte der Kommission abgestatteten Berichten auf allerhöchsten Befehl in verschiedenen Sprachen herausgegeben, Teil 1, St. Petersburg 1804; eine Rezension dieses Berichts durch *Zeiller* findet sich in *ders.*, Jährlicher Beytrag zur Gesetzkunde und Rechtswissenschaft in den Oesterreichischen Erbstaaten, Bd. 1, S. 244–252). Auch Bentham lag dieser Bericht offensichtlich vor, denn in seinem Brief an den Zaren zitiert er hieraus, wonach jährlich Ausgaben von 100.000 Rubel für die 48 offiziellen Mitglieder der Gesetzgebungskommission anfallen, die auf Lebenszeit bestellt sind. Zu der Zeit als Bentham seine Kritik in der Schrift »Codification Proposal« äußerte (1821/22) waren also 17 ½ Jahre seit diesem Bericht vergangen, ohne dass für Bentham Resultate der Kommission erkennbar waren.

[315] Bentham schrieb erstmals im Mai 1814 an Zar Alexander I und bot seine Dienste beim Entwurf von Gesetzbüchern für Russland an (*Bentham*, Papers, S. 44–47). Den Anfang hierzu sollte ein Strafgesetzbuch machen. Alexander bedankte sich in einem Antwortschreiben für Benthams Angebot und versprach, die von ihm eingesetzte Gesetzgebungskommission hierüber zu informieren, damit diese gegebenenfalls mit Fragen an Bentham herantrete (Schreiben Alexanders I v. 10./22. April 1815, ebd., S. 48). Bentham war über diese Antwort sichtlich enttäuscht und schrieb im Juni 1815 an Alexander, dass er nicht dafür zur Verfügung stehe, der Gesetzgebungskommission einzelne Fragen zu beantworten, sondern sein Anerbieten auf die Beauftragung zum Entwurf eines »all-comprehensive body of law« gerichtet sei (ebd., S. 82–104, hier: S. 83). Bentham empfahl eine öffentliche Ausschreibung des Gesetzgebungsvorhabens und damit einen allgemeinen Wettbewerb um die besten Entwürfe anstelle einer Entwurfserstellung durch die vom Zaren eingesetzte Gesetzgebungskommission (ebd., S. 88 ff.). Er sprach dabei offen aus, dass er den Leiter der Gesetzgebungskommission für völlig unfähig halte, dieser Aufgabe nachzukommen. Der Gesetzgebungskommission stand zu dieser Zeit Baron Gustav Rosenkampf vor, den Bentham in seinem Brief an Alexander als »radically incapable« für die Aufgabe bezeichnete und über dessen Qualitäten er sich an anderer Stelle wie folgt äußerte: »...I was but too fully persuaded of his incompetency for any higher task than that of collecting materials...« (ebd., S. 50). Rosenkampf war ein litauischer Jurist, der in Leipzig studiert hatte. Nachteilig für seine Arbeit wirkte sich aus, dass er (wie Bentham) des Russischen nicht mächtig war und die russischen Gesetze nicht kannte (s. *Reich*, S. 160). Dass Benthams Vorschläge in Russland ohne Resonanz blieben, kann nicht verwundern, blickt man auf den Gang der russischen Gesetzgebungsarbeiten. Die Gesetzgebungskommission hatte bereits in den Jahren 1810–12 umfangreiche Entwürfe insbesondere zu einem Zivilgesetzbuch vorgelegt. Diese Entwürfe stießen in Russland aber auf

In Deutschland wurde zwar auch von vielen eine gezielte Vergabe der Entwurfsarbeit an Personen auch außerhalb der Ministerien befürwortet (hierzu im nächsten Kapitel), doch gab es nur vereinzelt Stellungnahmen von Gesetzgebungstheoretikern, die eine öffentliche Ausschreibung von Entwurfsarbeiten (also eine echte Konkurrenz) befürworteten. In letzterem Sinne äußerte sich Gerstäcker, nach dessen Einschätzung von den »mechanischen Compendien- und Handbuchschreibern des positiven Rechts«, aus denen gewöhnlich Gesetzgebungskommissionen bestünden, ein guter und schöpferischer Entwurf nicht zu erwarten sei.[316] Um die geeignetsten Redaktoren ausfindig zu machen, sei daher eine öffentliche Ausschreibung im In- und Ausland geboten. Anders als Bentham empfahl Gerstäcker dazu die Aussetzung einer Belohnung. Hierbei kann man sich des Eindrucks nicht erwehren, dass Gerstäcker (wie Bentham) in erster Linie an sich selbst als privaten Redaktor von Gesetzentwürfen dachte, wenn er dies als allgemeines Prinzip der Gesetzgebungstechnik postulierte. Ähnlich wie vor ihm Globig[317] und in England Bentham[318] unternahm er es, die Prinzipien der Kriminal-, Zivil- und Polizeigesetzgebung in einem mehrbändigen Werk als Konzept für entsprechende Gesetzbücher auszuarbeiten, wobei sein Ziel war, die leitenden Prinzipien so darzustellen, dass es möglich sei, nach diesen Grundsätzen »wirkliche Gesetzbücher aller Art vollständig abzufassen oder die vorhandenen danach zu verbessern«.[319]

In der Praxis waren öffentliche Ausschreibungen im Zusammenhang mit Gesetzgebungsprojekten und die Auslobung von Preisgeldern für die besten Arbeiten in der zweiten Hälfte des 18. Jahrhunderts ein bei aufgeklärten Herrschern durchaus beliebtes Mittel, wobei jedoch die Ausschreibung häufig nicht den eigentlichen Gesetzentwurf, sondern inhaltliche Vorfragen zum Gegenstand hatte.[320] Die Aus-

---

scharfe Kritik wegen zu starker Anlehnung an den französischen Code civil und Nichtberücksichtigung russischer Gegebenheiten (s. *Reich*, S. 172). Der damalige Leiter der Gesetzgebungskommission, Speranskij, wurde gestürzt und Rosenkampf sein Nachfolger. Der Gesetzgebungskommission wurde aufgegeben, Entwürfe zu erarbeiten, die sich mehr am historischen russischen Recht orientieren. Dies war die Situation, als Bentham 1814 sein Angebot unterbreitete. Dass dieses dort nicht auf offene Ohren stieß, wird vor diesem Hintergrund verständlich. Die von Alexander eingesetzte Gesetzgebungskommission war jedoch nicht erfolgreicher als ihre Vorgänger; sie wurde nach Alexanders Tod 1825 aufgelöst, ohne zu Ergebnissen gelangt zu sein (s. *Reich*, S. 180).

[316] *Gerstäcker*, Bd. 2, S. 147 ff.

[317] Zu Globigs entsprechenden Arbeiten und seinen Erfolgen bei öffentlichen Ausschreibungen vgl. oben S. 65 f., Fn. 232.

[318] Bentham benutzte seine »Traités de législation civile et pénale« als Referenz bei seinen Anerbieten an verschiedene Länder, für diese konkrete Gesetzbücher zu entwerfen (s. oben Fn. 312).

[319] *Gerstäcker*, Bd. 1, S. 174 f. Gerstäcker nennt Montesquieu, Filangieri, Bentham und Globig als die Autoren, denen dies vor ihm gelungen sei.

[320] Bereits begegnet sind uns die Arbeiten Globigs zu einer Zivil-, Kriminal- und Polizeigesetzgebung, die er auf eine entsprechende Ausschreibung der russischen Gesetzgebungskommission fertigte, s. oben S. 65 f., Fn. 232. Ein anderes Beispiel ist die österreichische Ausschrei-

schreibung erfolgte hierbei nicht immer von staatlicher Stelle, so ist etwa die
Preisschrift »Abhandlung von der Criminal-Gesetzgebung« von Globig und Huster
(1783) Resultat einer durch die Berner Ökonomische Gesellschaft erfolgten Ausschreibung.[321] Zum Teil wurde auch von staatlicher Stelle zunächst eine Privatperson oder eine amtliche Kommission mit einem Entwurf beauftragt, der dann
zum Gegenstand einer mit Preisgeldern geförderten öffentlichen Aufforderung
zur Verbesserung wurde.[322] Die Zuversicht, rein durch verstandesmäßige Leistungen auch ohne praktische Erfahrungen auf dem Felde der Gesetzgebung diese im
Sinne der Ideale der Aufklärung fördern zu können, schien an der Wende vom
18. zum 19. Jahrhundert schier grenzenlos. Kants an jedermann gerichteter Aufruf, sich seines eigenen Verstandes zu bedienen, den er ausdrücklich auch in
Bezug auf eine Kritik der Gesetzgebung verstanden wissen wollte, blieb nicht
ohne Resonanz.[323]

Im Verlauf der ersten Hälfte des 19. Jahrhunderts setzte hinsichtlich der Förderung privater Gesetzgebungsentwürfe dann aber eine spürbare Ernüchterung ein.
Die restaurative Politik des Vormärz, die Beschränkungen der Presse- und Mei-
nungsäußerungsfreiheit und die durch die Historische Rechtsschule (in ihrem
romanistischen Zweig) vollzogene Abwendung der Rechtswissenschaft von einer
gezielten Beeinflussung der positiven Gesetzgebung machten sich auch in dieser
Hinsicht bemerkbar. Kennzeichnend für das geänderte Stimmungsbild zur Jahrhundertmitte ist die ausführliche Kritik Mohls an der Forderung, die Entwurfsarbeiten öffentlich auszuschreiben.[324] Bei einer allgemeinen Aufforderung, der
kein konkretes Konzept des geplanten Gesetzes zugrunde liegt, entstünde »das
bunteste Durcheinander von Vorschlägen«, die in ihrer Verschiedenheit ganz
inkommensurabel seien. Lege man der öffentlichen Ausschreibung hingegen ein
schon ausgearbeitetes Konzept zugrunde, so sei die schwierigste Arbeit bereits
getan und kein Bedürfnis mehr für eine öffentliche Ausschreibung vorhanden.
Privatpersonen sollten daher nach Ansicht Mohls bei Gesetzgebungsprojekten
nicht an der kompletten Ausarbeitung beteiligt werden, sondern nur mit einzelnen Beiträgen, Kritik und Änderungsvorschlägen ein in den Grundzügen von

---

bung zur Wucherfrage, die – wegen der hierbei gemachten negativen Erfahrungen – mitursäch-
lich war für die unterbliebene Auslobung von Preisen für eine Kritik des Entwurfs des späteren ABGB
(s. unten S. 156f., Fn. 635).

[321] S. oben S. 65f., Fn. 232.

[322] Bekanntestes Beispiel für die letzte Variante ist das preußische AGB. Ein Beispiel für die
Beauftragung einer Privatperson mit einem Entwurf, der dann zum Gegenstand einer mit Preisgeldern geförderten öffentlichen Ausschreibung gemacht wird, liefert die Kodifikationsgeschichte
des bayerischen Strafgesetzbuchs von 1813, an deren Anfang ein ausdrücklich als »Privatwerk«
gekennzeichneter Entwurf des Würzburger Professors Kleinschrod stand, der dann zum Gegenstand einer durch Preisgelder geförderten öffentlichen Aufforderung zur Kritik und zu Gegenent-
würfen wurde; näher hierzu unten S. 159.

[323] *Kant*, Beantwortung der Frage: Was ist Aufklärung? (1784); hierzu näher unten S. 154.

[324] *Mohl*, Politik, Bd. 1, S. 492–494, Fn. 2. Gegen eine Ausschreibung von Gesetzentwürfen
auch *Bluntschli*, Politik, S. 463.

amtlicher Seite auszuarbeitendes Werk begleiten. Mohls Ansicht deckte sich hier mit der Entwicklung, welche die Gesetzgebungspraxis im 19. Jahrhundert nahm. Während die eigentlichen Entwurfsarbeiten nicht öffentlich ausgeschrieben, sondern hiermit gezielt Einzelpersonen oder Kommissionen beauftragt wurden, blieb die Veröffentlichung der Entwürfe zum Zwecke der Kritik seitens der Allgemeinheit das ganze 19. Jahrhundert hindurch fester Bestandteil der Gesetzgebungspraxis.[325]

2. Gesetzgebungskommission oder Einzelredaktor; Professionalisierung der Entwurfsarbeit

a) Die Theorie

Befürwortet man eine öffentliche Ausschreibung der Entwurfserstellung, so ergibt sich von selbst, dass die Entwürfe in der Regel durch Einzelpersonen erfolgen. Geht man hingegen (wie die meisten Gesetzgebungstheoretiker des 19. Jahrhunderts) von einer amtlichen Erstellung der Entwürfe aus, so stellt sich jedenfalls bei größeren Gesetzgebungsvorhaben die Frage, ob man diese in die Hände eines einzelnen Redaktors oder einer Kommission legen soll. Diese Frage wurde im 19. Jahrhundert auffallend häufig diskutiert, wobei beide Alternativen zahlreiche Anhänger fanden und auch Kompromisswege nicht unerörtert blieben.

Von den Befürwortern eines Einzelredaktors wurde immer wieder ins Feld geführt, dass nur so die innere Einheit, Gleichförmigkeit und Folgerichtigkeit des Entwurfs sichergestellt werden könne.[326] Nicht selten wird dem Gesetzgeber

---

[325] S. hierzu unten III.6 (S. 150 ff.). Wenngleich der Gesetzgeber sich also aus der Praxis einer öffentlichen Ausschreibung von Gesetzgebungsarbeiten zurückzog, bestand die Praxis der öffentlichen Auslobung von Preisgeldern seitens privater Stellen für Gesetzentwürfe das 19. Jahrhundert hindurch vereinzelt fort. So schrieb z.B. 1874 die Juristische Gesellschaft in Berlin ein Preisgeld für den besten Entwurf eines reichseinheitlichen Gesetzes über das Erbrecht nebst Motiven aus und die hieraus hervorgegangene Preisschrift von *Friedrich Mommsen* (Entwurf eines deutschen Reichsgesetzes über das Erbrecht nebst Motiven, Braunschweig 1876) wurde vom Erbrechtsredaktor der ersten BGB-Kommission Schmitt als Material herangezogen und in den Motiven zu seiner Kommissionsvorlage gelegentlich zitiert; Schmitt betont aber, dass seine Vorlage in vielen Fragen vom Entwurf Mommsens abweiche (*Schubert*, Vorlagen der Redaktoren, Erbrecht, Teil 1, S. 151 f.; zum Einfluss des Entwurfs Mommsens auf den Erbrechtsteil des BGB vgl. *Ingrid Andres*, Der Erbrechtsentwurf von Friedrich Mommsen. Ein Beitrag zur Entstehung des BGB (Schriften zur Rechtsgeschichte: 67), Berlin 1996, insb. S. 511 ff.).

[326] *Reitemeier*, Gesetzgebung, S. 125 ff.; *Savigny*, Beruf, S. 157 f.: Ein gutes Gesetzbuch sei seiner Natur nach ein organisches Ganzes und könne daher nicht als Gemeinschaftsarbeit entstehen; *Bentham*, Codification Proposal, Teil I § 7, S. 279 ff., der hierbei so weit ging, die Entwürfe von Gesetzbüchern zu allen Rechtsgebieten (zumindest aber für das Zivilrecht, Strafrecht und Verfahrensrecht) wegen ihrer Wechselbeziehungen durch dieselbe Hand zu fordern; *Meijer*, S. 207; *Gerstäcker*, Bd. 2, S. 148 f.; *Mohl*, Art. »Gesetz«, Staats-Wörterbuch, Bd. 4, S. 283 (anders *ders.* Politik, Bd. 1, S. 494 f., wo er zwar auch den Vorzug der Einheitlichkeit bejaht, letztlich aber bei der Kommissionslösung größere Vorzüge sieht); *Bluntschli*, Politik, S. 463; *Mayr*, Gesetzeskunst, S. 11 f.

dabei aufgegeben, nach einem »genialen Kopf« zu suchen, der in einem Akt von schöpferischer Individualität ein großes Werk aus einem Guss hervorbringt.[327] Daneben wurde die besondere Verantwortung betont, die in der Einzelredaktion liege und den Redaktor zu besonderer Anstrengung anhalte, da jede Kritik direkt auf ihn zurückfalle, wohingegen es bei einer Kommission keine individuelle Verantwortung für das Gesamtwerk gebe, der einzelne sich vielmehr hinter dem Gemeinschaftswerk verstecken könne.[328] Die Befürworter einer Kommissions-lösung sahen hingegen das Ideal einer genialen Einzelschöpfung, die jeder Ge-meinschaftsarbeit überlegen sei, als Illusion an. Gerade bei umfangreicheren Gesetzesvorhaben sei es kaum möglich, dass ein einzelner aller Aspekte in gleicher Tiefe überblicke und verarbeite.[329] Auch seien niemals in einem einzelnen alle für eine gute Gesetzgebung erforderlichen Eigenschaften, Kenntnisse und Erfahrun-gen in gleichem Maße vorhanden. Der große Vorzug der Kommissionslösung liege demnach darin, dass hier die Arbeit von Personen mit verschiedenen Qua-lifikationen und Erfahrungen zusammenfließen und sich gegenseitig ergänzen kann.[330] So könne man dem jeweiligen Gesetzgebungsvorhaben gemäß die Kom-mission gezielt aus Theoretikern und Praktikern, Juristen und Nicht-Juristen zusammensetzen, hierdurch eine in einem einzelnen niemals zu findende Kombi-nation von Fertigkeiten nutzen und die Arbeit auf mehrere Schultern verteilen.

Überblickt man den Verlauf der Diskussion im 19. Jahrhundert, so lässt sich eine klare Entwicklung hin zu einer der beiden Positionen nicht beobachten; zum Ende des 19. Jahrhunderts findet sich noch die gleiche Meinungsvielfalt wie zu dessen Beginn. Die beiden Positionen standen sich dabei aber nicht so unversöhn-lich gegenüber, wie es zunächst erscheint. Viele, die einer Einzelredaktion den Vorzug gaben, sahen durchaus einen Nutzen darin, das Werk des Einzelredaktors anschließend durch ein Gremium von mehreren Personen überprüfen und gege-benenfalls revidieren zu lassen, bevor es als amtlicher Entwurf einer größeren Öffentlichkeit zugänglich gemacht wird.[331] Neben dieser Kontrollaufgabe konnte die Kommission auch die Funktion übernehmen, die Grundstrukturen des Gesetz-gebungswerks zu diskutieren und vorzugeben, bevor dann die Detailausarbeitung durch einen einzelnen erfolgt.[332] Umgekehrt sahen natürlich auch die Befür-

---

[327] *Savigny*, Beruf, S. 158, der es in Konsequenz für seine Zeit als unmöglich ansah, »eben jenen einzelnen, den wahren Gesetzgeber, zu finden«; *Gerstäcker*, Bd. 2, S. 148 f.; *Hedemann*, Gesetz-gebungskunst, S. 306 f.; *Mayr*, Gesetzeskunst, S. 11 f.

[328] *Bentham*, Codification Proposal, Teil I § 7, S. 279 ff.

[329] *Thibaut*, S. 35 f.; *Scheurlen*, S. 115 f.; Jaup (bei *Müller*, S. 40 f.); *Mohl*, Politik, Bd. 1, S. 494 f.; *Gierke*, S. 588 ff. (im Zusammenhang mit seiner Kritik am ersten BGB-Entwurf und seiner Forderung nach Einsetzung einer neuen Kommission).

[330] *Thibaut*, S. 35 f.; *Geib*, S. 181; *Mohl*, Politik, Bd. 1, S. 494 f.

[331] *Reitemeier*, Gesetzgebung, S. 133 f.; *Savigny*, Beruf, S. 158: ein Kollegium könne die fertige Arbeit »durch die Entdeckung einzelner Mängel zu reinigen« suchen; *Gerstäcker*, Bd. 2, S. 148 f.; *Bluntschli*, Politik, S. 463.

[332] *Gönner*, S. 278; *Bluntschli*, Politik, S. 463.

worter der Kommissionslösung vor, mit der eigentlichen Ausarbeitung der Entwürfe innerhalb der Kommission einen oder mehrere Referenten zu beauftragen,[333] so dass sich der Richtungsstreit vielfach auf die beiden Fragen reduzieren lässt, ob auch bei größeren Vorhaben nur einer oder mehrere Referenten mit der Ausarbeitung beauftragt werden sollen und inwieweit ein Kollegium berechtigt sein soll, die Grundstrukturen festzulegen und den Referentenentwurf zu kontrollieren und gegebenenfalls zu revidieren.

b) Die Praxis

Im Zusammenhang mit der Entstehung des späteren ALR sah die grundlegende Instruktion Friedrichs II vom 14. April 1780 zunächst die Einrichtung einer Gesetzeskommission für die Erstellung der Entwürfe zu dem geplanten Gesetzbuch vor. Die Beauftragung einer Einzelperson wurde hingegen von Friedrich II ausdrücklich abgelehnt, da die Ausführung »einer so wichtigen Sache« nicht das Werk eines einzelnen Mannes sein könne.[334] Tatsächlich verfuhr Friedrichs Großkanzler Carmer, in dessen Händen die Leitung der Gesetzgebungsarbeiten lag, jedoch anders. Carmer bevorzugte eine Ausarbeitung der Entwürfe durch einen von ihm hinzugezogenen Mitarbeiterstab anstelle der Kommissionslösung. Das hatte für ihn den Vorteil, dass der Mitarbeiterstab seinen Weisungen unterworfen blieb, wohingegen bei einer Übertragung der Verantwortung für die Entwurfserstellung auf eine Kommission er zwar in der Kommission den Vorsitz führen könnte, die einzelnen Referenten aber der Kommission und nicht ihm persönlich verantwortlich wären. Carmer konnte sich mit dieser Verfahrensänderung durchsetzen. Schon der von Friedrich II am 27. Juli 1780 genehmigte »Plan nach welchem bey Ausarbeitung des neuen Gesetzbuchs verfahren werden soll« sah nicht mehr die Entwurfserstellung durch die Gesetzeskommission vor. Vielmehr sollten dieser nur noch die bereits ausgearbeiteten Entwürfe zur Überprüfung und Entscheidung über etwaigen Änderungsbedarf vorgelegt werden.[335] Die eigentliche Ausarbeitung lag nunmehr – wie von Carmer gewünscht – bei einem vom König genehmigten Mitarbeiterstab unter des Großkanzlers Direktion.[336]

Im Verlauf der tatsächlichen Gesetzgebungsarbeiten wurde die Rolle der Gesetzeskommission dann praktisch noch weiter eingeschränkt. Carmer legte die ausgearbeiteten Teilentwürfe zum AGB nicht der Kommission als Gremium zur Überprüfung und Beschlussfassung vor, sondern leitete sie nur den einzelnen Kommissionsmitgliedern mit der Bitte um Stellungnahme zu.[337] Die Kommissionsmitglieder konnten infolgedessen nur – wie andere Behörden, Gerichte und

---

[333] *Scheurlen*, S. 115 f.; *Kitka*, S. 12; *Mohl*, Politik, Bd. 1, S. 501
[334] Kabinettsorder vom 14. April 1780, S. 46.
[335] Plan, Nr. 25.
[336] Plan, Nr. 22.
[337] *Simon*, S. 209; *P. Krause*, Einführung, S. LXX; *Schwennicke*, Entstehung, S. 25.

Einzelpersonen auch, denen die Entwürfe zur Stellungnahme zugingen – zu den vorgelegten Entwürfen Monita einreichen, nicht aber über Änderungen selbst entscheiden. Nach dem Regierungsantritt Friedrich Wilhelms II ordnete dieser eine stärkere Beteiligung der Stände, aber auch der Gesetzeskommission an dem Gesetzgebungsverfahren an. Die zwischenzeitlich infolge der Veröffentlichung der Entwürfe eingegangenen Monita sollten in einer gemeinsamen Konferenz mit Vertretern der Stände und Justizkollegien beurteilt werden und über Abänderungen der Entwürfe sollte unter Hinziehung der Kommissionsmitglieder entschieden werden.[338] Doch wieder schränkte Carmer die Mitwirkung der Kommission faktisch ein. Die eingegangenen Monita wurden zunächst allein durch seinen Mitarbeiterstab überprüft und erst die hieraus hervorgegangenen überarbeiteten Entwürfe der Gesetzeskommission vorgelegt. Erneut konnten die Kommissionsmitglieder hierzu aber nur ihre Kritik äußern, die dann in mündlichen Konferenzen erörtert wurde; zu den vorgesehenen Kollegialbeschlüssen über die Entwurfsfassung unter Einbeziehung der Kommission (sowie von Vertretern der Stände und Justizkollegien) kam es nicht.[339]

Das tatsächliche Vorgehen bei den Entwurfsarbeiten zum späteren ALR lässt sich demnach als ein Mittelweg zwischen der Kommissionslösung und der Einzelredaktorlösung beschreiben. Einerseits sind die Entwürfe zum AGB nicht das Werk eines einzelnen, sondern entstanden aus dem Zusammenwirken zahlreicher Redaktoren.[340] Andererseits wurden diese Redaktoren nicht als Teil einer Kommission tätig (obwohl einzelne Redaktoren zugleich Mitglied der Gesetzeskommission waren), sondern als weisungsgebundene Mitarbeiter des Großkanzlers Carmer, der sich als Einzelperson das Entscheidungsrecht über die Entwurfsfassung vorbehielt und die Aufgabe der Kommission als Kollegialorgan (entgegen

---

[338] Kabinettsorder vom 27. August 1786, in: Annalen, Bd. 1 (1788), S. XLIX f.; auch abgedruckt bei *Barzen*, S. 259 ff.; eine entsprechende Ankündigung machte Carmer auch in der Vorrede vom 30. April 1787 (fol. 1v) zu dem veröffentlichten Entwurf der ersten Abteilung des zweiten Teils des Gesetzbuchs.

[339] Die revidierte Fassung der Entwürfe und die von den Kommissionsmitgliedern hierzu vorgebrachten Monita wurden in mündlichen Konferenzen unter Hinziehung der Kommissionsmitgliedern erörtert; die »Conclusa«, inwieweit den Monita stattzugeben ist, fasste aber allein der Großkanzler von Carmer. Die zu diesem Zweck vorgesehene Einberufung einer Versammlung unter Beteiligung von Vertretern der Stände und Justizkollegien unterblieb, was Carmer den Kommissionsmitgliedern gegenüber mit dem bestehenden Zeitdruck und den Ständevertretern gegenüber mit dem mangelnden Nutzen einer solchen Konferenz nach Durchsicht der eingegangenen Monita rechtfertigte. Vgl. *Simon*, S. 232; *Kamptz*, Kamptz' Jahrbücher, Bd. 52 (1838), Vorwort, S. VII; *Schwennicke*, Entstehung, S. 40 f.; *P. Krause*, Einführung, S. LVIII; *Barzen*, S. 230 f.

[340] Zu nennen sind neben Svarez, Klein und Carmer namentlich Volkmar (bis 1782), Pachaly, Baumgarten (beide bis 1783), Goßler (seit 1783), Kircheisen (seit 1785) sowie Grolmann (für die Zusammenstellung der Monita). Hinzu kamen verschiedene, nicht zum eigentlichen Mitarbeiterstab gehörige Personen, deren Unterstützung für Spezialmaterien hinzugezogen wurde. In der älteren Forschung wurde die (zweifellos große) Bedeutung Svarez' für das Gesamtwerk häufig überbewertet und das Gesetzbuch als ein Werk »aus einem Guss« dargestellt (so *Thieme*, ZRG (GA) 57 (1937), S. 375), was es nicht war.

der Instruktionen Friedrichs II und Friedrich Wilhelms II) auf eine begleitende Kritik der Entwürfe beschränkte.

In Österreich lagen die privatrechtlichen Kodifikationsarbeiten von der erstmaligen Einsetzung der so genannten »Kompilationskommission« durch Maria Theresia 1753 bis hin zur Fertigstellung des ABGB 1811 durchgängig in der Hand von Kommissionen.[341] Unter Maria Theresia und Franz II arbeiteten zeitweise sogar zwei Kommissionen parallel an der Kodifikation, indem der primär für die Entwurfsarbeiten zuständigen Kommission eine Revisionskommission zur Seite gestellt wurde.[342] Die hierdurch bedingten Kompetenzüberschneidungen und gegenläufigen Auffassungen in den parallel arbeitenden Kommissionen hatten nicht unerheblichen Anteil an der Schwerfälligkeit des österreichischen Kodifikationsprozesses. Erst die 1797 eingesetzte neue Hofkommission in Gesetzsachen, die nach Eingang der angeforderten Stellungnahmen 1801 ihre Arbeit am späteren ABGB aufnahm, konnte unbehelligt von einer Revisionskommission ihrer Arbeit nachgehen; statt einer Überprüfung durch ein separates Gremium nahm diese Kommission selbst durch einen aus ihrer Mitte gebildeten Ausschuss eine Revision ihrer Entwurfsarbeiten vor.[343]

Stellt sich das ABGB somit primär als Kommissionsprodukt dar, so gewannen innerhalb der Kommissionen doch immer wieder Einzelpersonen herausragenden Einfluss auf die Gestaltung der Entwürfe. Dies gilt in der frühen Kodifikationsphase bis zur Fertigstellung des Codex Theresianus (1766) für den Referenten Azzoni (1753–1761) und seinen Nachfolger Zencker (ab 1761), für die Umarbeitung des Codex Theresianus durch den Referenten Horten (ab 1771), für die Umarbeitung der Josephinischen Teilkodifikation (1786) durch den Kommissionspräsidenten Martini (1790–1796) und schließlich für die Umarbeitung des auf dem Entwurf Martinis beruhenden Galizischen Gesetzbuchs durch den

---

[341] Vgl. statt vieler den Überblick bei *Brauneder*, ABGB, S. 208 ff. m. w. N.

[342] 1755 setzte Maria Theresia eine Revisionskommission ein, welche die Arbeiten der Kompilationskommission zu überprüfen hatte. Dies behinderte den Fortgang der Arbeiten erheblich, weshalb man sich schon 1756 zu einer Rückkehr zu nur einer Kommission entschloss. Zu diesem Zweck wurde die bisherige Kompilationskommission aufgelöst; ihre beiden wichtigsten Mitarbeiter, Azzoni und Holger, bildeten zusammen mit den Mitgliedern der bisherigen Revisionskommission die neue Gesetzgebungskommission (vgl. *Harrasowsky*, Geschichte, S. 71 f.; *Pfaff/ Hofmann*, Kommentar, Bd. 1, S. 12 f.; *Korkisch*, S. 273 f.; *Brauneder*, ABGB, S. 209). Ein ähnlicher Vorgang wiederholte sich 1794, als der noch von Leopold II eingesetzten Hofkommission in Gesetzsachen (unter dem Vorsitz Martinis) eine Überprüfungskommission (unter dem Vorsitz Josef von Sonnenfels) zur Seite gestellt wurde. Erst auf eine scharfe Eingabe der Hofkommission an Kaiser Franz II vom 20. Oktober 1796 (abgedruckt bei *Pfaff/Hofmann*, Excurse, Bd. 1, S. 28–33), in der sie sich über die schleppende Überprüfung der Entwürfe durch die Revisionskommission beschwerte, die zudem die Absicht hege, anstelle einer bloßen Überprüfung die Entwürfe komplett umzuschreiben, verfügte der Kaiser die Auflösung der beiden parallel arbeitenden Kommissionen, an deren Stelle 1797 eine neue Hofkommission in Gesetzsachen gebildet wurde (kaiserliches Handbillet v. 20. November 1796, abgedruckt bei *Ofner*, Protokolle, Bd. 1, S. 10 f.; vgl. *Harrasowsky*, Geschichte, S. 162 ff.; *Brauneder*, ABGB, S. 210).

[343] Zur Revision und »Superrevision« des ABGB 1807/1808 und 1809/1810 näher unten S. 111.

Referenten Zeiller (ab 1801). Charakteristisch war hierbei, dass die eigentliche redaktionelle Entwurfsarbeit innerhalb der Kommission während der langen Kodifikationsbemühungen von Azzoni bis Zeiller nicht unter mehrere Redaktoren aufgeteilt wurde, sondern jeweils in der Zuständigkeit nur eines Referenten lag. Dies trug erheblich zu dem homogenen Bild bei, welches das ABGB trotz der wechselhaften Kodifikationsgeschichte vermittelt.[344]

In Bayern bediente man sich bei der Erstellung des Strafgesetzbuchs von 1813 der Einzelredaktorlösung, ergänzt um nachgeschaltete Überprüfungen durch Kommissionen. So wurden mit den Entwurfsarbeiten zunächst Einzelpersonen beauftragt: erst Kleinschrod und – als dessen 1802 veröffentlichter Entwurf auf Kritik von allen Seiten stieß – 1804 Feuerbach.[345] Erst als Kleinschrod und später Feuerbach ihre Entwürfe praktisch im Alleingang fertig gestellt hatten, wurden zu deren Überprüfung Kommissionen eingesetzt.[346] Feuerbach hatte daher bei der Fertigung des Entwurfs praktisch freie Hand; man beschränkte sich darauf, ihm die Vorarbeiten Kleinschrods und die hierzu ergangenen Stellungnahmen vorzulegen und ihn allgemein anzuhalten, bei seinem Entwurf die neuesten bekannt gewordenen Strafgesetzbücher zu berücksichtigen.[347]

Die Erstellung der Entwürfe zum preußischen Strafgesetzbuch von 1851 lag hingegen während der 25-jährigen Kodifikationsgeschichte fast immer in der Hand von Kommissionen. Zunächst ist hier die preußische Gesetzrevisionskommission zu nennen, der ab 1825 die Revision des ALR oblag, wozu sie 1826 einzelne »Deputationen« (Ausschüsse) bildete, denen jeweils einzelne Materien des ALR zur Revision zugewiesen wurden. Innerhalb dieser Ausschüsse wurden

---

[344] Dies gilt unabhängig von der Frage, welchem der nacheinander an der Kodifikation wirkenden Redaktoren der größte inhaltliche Einfluss auf das Endprodukt zukam, welche hier nicht weiter verfolgt werden braucht. Die Frage ist in letzter Zeit wieder streitig geworden; während lange Zeit die Verdienste Zeillers um das ABGB im Vordergrund standen, wird in jüngster Zeit wieder verstärkt der Einfluss Martinis auf das Endprodukt hervorgehoben (vgl. *Heinz Barta*, Martini Colloquium. Begrüßung und Einführung, in: Naturrecht und Privatrechtskodifikation. Tagungsband des Martini-Colloquiums 1998, hrsg. v. Heinz Barta, Rudolf Palme u. Wolfgang Ingenhaeff, Wien 1999, S. 21 f. mit Fn. 12; zur unterschiedlichen Sichtweise dieser Frage vgl. auch die Angaben bei *Korkisch*, S. 291 f.).

[345] Der Würzburger Professor Kleinschrod erhielt 1800 den Auftrag zum Entwurf eines neuen Strafgesetzbuchs (bestehend aus einem materiellen und prozessualen Teil). Dieser legte bereits Anfang 1801 den Entwurf des materiellen Teils vor (vgl. Anmerkungen z. BayStGB 1813, Bd. 1, S. 10 f.; *Geisel*, S. 4 f.). Zur Veröffentlichung des Entwurfs und der Kritik hieran s. unten S. 159. Im August 1804 erhielt dann Feuerbach den Auftrag zu einem Neuentwurf.

[346] Zur Überprüfung des Entwurf Kleinschrods wurde noch vor dessen Veröffentlichung eine vierköpfige Kommission eingesetzt, von der jedoch nur zwei Mitglieder (Revisionsrat v. Schieber und Geistlicher Rat v. Socher) substantielle Anmerkungen machten, welche zu einer Überarbeitung des Entwurfs durch Kleinschrod noch vor der Veröffentlichung führten (vgl. die Anmerkungen z. BayStGB 1813, Bd. 1, S. 10 f.; *Geisel*, S. 4 f.). Feuerbachs Entwurf wurde zunächst 1808 von einer Kommission überprüft und dann 1810–1812 erneut von einer aus Mitgliedern des zwischenzeitlich konstituierten Geheimen Rats gebildeten Kommission (näher zu diesen Kommissionen unten S. 112).

[347] Wortlaut des Auftrags an Feuerbach v. 19. August 1804 bei *Geisel*, S. 12 f.

dann einzelne Referenten für die konkrete Entwurfserstellung ernannt. In dem
für die Revision des Strafrechts zuständigen Ausschuss wurde dem zunächst bestellten Einzelreferenten schon bald ein zweiter Referent (speziell für die Vermögensdelikte) zur Seite gestellt, um die Arbeiten zu beschleunigen.[348] Die von
den Referenten vorgelegten Entwürfe sollten eigentlich zunächst in der »Deputation« beraten und erst dann dem Plenum der Gesetzrevisionskommission vorgelegt werden. Der damalige Justizminister Danckelmann ließ die Entwürfe zu
einem Strafgesetzbuch von 1827 und 1828 aber in Abweichung von diesem
Verfahrensplan unter Umgehung der Deputation direkt dem Plenum der Gesetzrevisionskommission vorlegen. Dem König nannte er als Grund für das abgeän-
derte Verfahren den Schutz der Einheitlichkeit der Entwürfe und die Zeitersparnis; tatsächlich dürften hierbei die erheblichen Meinungsunterschiede in der
Deputation über die dem Entwurf zugrunde zu legenden Reformgrundsätze
eine bedeutende Rolle gespielt haben, so dass man es vorzog, den Entwurf gleich
im Plenum beraten zu lassen.[349]

Das Motiv, die Beratungen zu beschleunigen, stand auch im Vordergrund, als
man 1838 eine gemeinsame Kommission aus Mitgliedern des Staatsrats und des
Staatsministeriums bildete und dieser die Beratungen des preußischen Strafgesetzbuchentwurfs übertrug.[350] Hiermit wollte man zeitraubende Detailberatungen in Staatsrat und Staatsministerium umgehen. Dieses als »Immediatkommission« oder »Staatsratskommission« bezeichnete Gremium blieb in wechselnder
Zusammensetzung bis 1847 für die Entwürfe des geplanten Strafgesetzbuchs zuständig. Den eigentlichen Kommissionsberatungen schlossen sich hierbei Beratungen im Staatsratsplenum an. Die letzte Phase der Kodifikationsarbeiten war dann
durch die Beratungen in ständischen Gremien gekennzeichnet.[351] Das preußische
Strafgesetzbuch stellt sich somit als das Produkt von Beratungen in zahlreichen
Gremien in wechselnder Zusammensetzung dar, ohne dass eine Einzelperson auf
die Gestaltung prägenden Einfluss genommen hätte.[352] Den verhältnismäßig größ-

---

[348] Zunächst wurde der damalige Kammergerichtsrat Bode zum Referenten der Strafrechts-
Deputation bestellt und diesem dann für die Vermögensdelikte der Oberlandesgerichtsrat Schiller
zur Seite gestellt (vgl. hierzu näher *Hälschner*, S. 264 f.; *Berner*, S. 219).

[349] Vgl. *Kamptz*, Kamptz' Jahrbücher, Bd. 58 (1842), S. 339 f.; *Berner*, S. 219; *Regge*, in: *Regge/
Schubert*, Bd. 1, S. LXII.

[350] Vgl. hierzu *Regge*, in: *Regge/Schubert*, Bd. 1, S. XXXVII; *Schubert*, in: *Regge/Schubert*, Bd. 4/
1, S. XIII ff.; *Hälschner*, S. 269 f.; *Berner*, S. 229 f.

[351] Zunächst 1847/48 in dem neu gebildeten »Vereinigten ständischen Ausschuss« und einer
dort eingesetzten Kommission, nach dem Übergang Preußens zum Konstitutionalismus dann
1851 in den beiden Kammern des Landtags und den dort eingesetzten Ausschüssen.

[352] In einer Zwischenphase der Kodifikationsbemühungen gewann der damalige preußische
Justizminister von Kamptz einen prägenden Einfluss auf die Entwurfsgestaltung, indem er den
vom Referenten Bode vorgelegten Entwurf von 1833 persönlich zum Entwurf von 1836 überarbeitete bzw. – wie es *Beseler* (S. 6) angesichts der reaktionären Motive von Kamptz' ausdrückte –
»zurückrevidierte«. Dieser Vorgang blieb aber Episode; von Kamptz' Werk hatte keinen prägenden
Einfluss auf das 1851 in Kraft getretene Endprodukt.

ten Einfluss in gesetzestechnischer Hinsicht auf das Endprodukt dürfte man wohl
dem langjährigen Referenten der Staatsratskommission Bischoff zuschreiben können, der auch als Regierungskommissar an den Beratungen des Strafgesetzbuchentwurfs in der vorbereitenden Abteilung des Vereinigten ständischen Ausschusses (1847/48) und in den Ausschüssen der ersten und zweiten Kammer des
Landtags (1851) teilnahm, ohne dass man aber sagen könnte, dass das Gesetzbuch
vornehmlich seine Handschrift trägt.

Mit dem Entwurf eines Strafgesetzbuches für Britisch-Indien wurde 1835
ebenfalls eine Kommission beauftragt. Dies entsprach den Vorgaben des *Charter
Acts* von 1833 und dem Kodifikationskonzept Macaulays.[353] Macaulay favorisierte
zwar an sich die Beauftragung einer Einzelperson mit einer solchen Arbeit wegen
der hierdurch erreichbaren größeren Einheitlichkeit des Werks. Dies gelte aber
nur für Kodifikationsprojekte in Europa und den USA, nicht hingegen für Indien.
Hier sei eine Kommission zweckmäßiger, weil man sowohl die Mitarbeit fähiger
Juristen aus England brauche als auch diejenige von erfahrenen Angehörigen der
East India Company, welche mit den lokalen Verhältnissen gut vertraut sind. Die
tatsächlichen Umstände ließen den indischen Strafgesetzbuchentwurf dann aber
doch mehr zu dem Werk eines einzelnen als einem Kommissionsprodukt werden.
Die in die indische Gesetzeskommission berufenen Mitglieder waren mit Ausnahme des Kommissionspräsidenten Macaulay über weite Strecken der Entwurfsarbeit durch Krankheit an einer Mitwirkung verhindert, so dass sich der Entwurf
von 1837 nach dem Selbstzeugnis Macaulays wie auch eines weiteren Kommissionsmitglieds ganz überwiegend als ein Werk Macaulays darstellt.[354] Die spätere

---

[353] 3 & 4 Will. IV, c. 85, sec. 53; das im Folgenden geschilderte Konzept Macaulays findet sich
in: Macaulay, Minute of 2 January 1837, in: Government of India, Macaulay's Minutes, S. 88 f.,
auch in: *Dharker*, S. 256 f. (dort undatiert).
[354] Schreiben Macaulays an Macvey Napier v. 26. November 1836, in: *Pinney*, Bd. 3, S. 194 f.,
hier: S. 195: »All the Law Commissioners have been so ill that none of them but myself has done
a stroke of work for months.«; ähnlich: Macaulay, Minute of 2 January 1837, in: Government of
India, Macaulay's Minutes, S. 85, auch in: *Dharker*, S. 252 (dort undatiert); Schreiben Macaulays an
Macvey Napier v. 15. Juni 1837, in: *Pinney*, Bd. 3, S. 216 f., hier: S. 217: »The illness of two of my
colleagues [Cameron and Macleod] and – ENTRE NOUS – the utter incapacity of the third
[Anderson] threw the whole work on me.« (*Trevelyan*, Bd. 1, S. 462 f. druckt diesen Brief zwar
auch ab, lässt den Seitenhieb Macaulays auf Anderson jedoch aus, ohne die Auslassung kenntlich
zu machen); Schreiben der *Indian Law Commission* an den *Governor-General in Council* vom 14.
Oktober 1837, in: Penal Code for India (Draft 1837), S. 1: Die meisten Kommissionsmitglieder
seien während großer Teile des Jahres 1836 aus Krankheitsgründen an einer Mitwirkung an den
Entwurfsarbeiten gehindert gewesen; das Kommissionsmitglied Cameron, von dessen Mitarbeit
sich Macaulay viel versprochen hatte, musste aus Krankheitsgründen seinen Aufenthalt in Indien
ganz abbrechen und zur Genesung nach Südafrika reisen (er kehrte später aber als *law member* und
Präsident der Kommission zurück). Das Kommissionsmitglied Macleod urteilte später: »Mr.
Macaulay is justly entitled to be called the author of the Indian Penal Code.« (*Macleod*, Notes on
the Report of the Indian Law Commissioners, S. IV). Allerdings leisteten auch zwei Richter des
Supreme Courts, mit denen die Kommission ihre Pläne diskutierte, einen informellen Beitrag zu
der Entwurfsentstehung, s. hierzu unten S. 146 mit Fn. 582.

Überarbeitung des Entwurfs zu der 1860 in Kraft getretenen Fassung erfolgte ebenfalls durch ein Gremium, nämlich einem hierzu berufenen Ausschuss des *Legislative Council*.[355] In diesem Ausschuss hatte aber wiederum eine Einzelperson, Barnes Peacock als damaliges *law member* des *Governor-General in Council*, maßgeblichen Einfluss auf die Überarbeitung.[356]

Bei der Entstehung des deutschen BGB sprach sich das Gutachten der Vorkommission von 1874 wie auch der hierzu ergangene Bericht des Justizausschusses des Bundesrats vom gleichen Jahr für eine Kommissionslösung aus.[357] Die Entwurfsarbeit in die Hände eines einzelnen Redaktors (mit Hilfsarbeitern) zu legen, lehnten die Vorkommission und der Justizausschuss ab, weil der gesamte zu kodifizierende Rechtsstoff kaum von einem einzelnen Redaktor in allen Teilen gleichmäßig beherrschbar sei und im Übrigen die nationale Aufgabe der Vereinheitlichung des Zivilrechts nicht von den Fähigkeiten, der Gesundheit und Arbeitskraft eines einzelnen abhängig gemacht werden sollte. Zugleich sprach man sich gegen ein Konzept mehrerer unabhängig voneinander vorgehender Redaktoren aus, sondern betonte, dass der Gesamtplan der Kodifikation und gewisse leitende Gesichtspunkte von einer Kommission zu entwickeln seien und erst auf dieser Grundlage die Erstellung von Teilentwürfen mehreren Redaktoren übertragen werden solle, wobei der Kommission die Kontrolle der Redaktoren, die Ausgleichung von Differenzen zwischen ihnen sowie die Beratung und Zusammenführung der Teilentwürfe obliege. Dieses ehrgeizige Konzept der Vorkommission und der Kommission selbst[358], wonach Disharmonien zwischen den Teilentwürfen der einzelnen Redaktoren durch Abstimmungen untereinander und mit der Gesamtkommission und durch die Vorentscheidung wichtiger Prinzipienfragen durch die Kommission zu vermeiden seien, konnte in der Folgezeit jedoch nur teilweise verwirklicht werden, so dass der Kommissionspräsident Pape in einem Bericht an den Reichskanzler 1879 unumwunden feststellte, dass die Teilentwürfe der Redaktoren in formeller Hinsicht, nicht selten aber auch in sachlicher Hinsicht voneinander abwichen.[359]

---

[355] S. hierzu unten S. 186.

[356] Peacock war es auch, der den überarbeiteten Entwurf 1860 im *Legislative Council* präsentierte und gegen Kritik in Schutz nahm (Proceedings of the Legislative Council of India, Bd. 6 (1860), Sp. 83 u. passim).

[357] Gutachten der Vorkommission v. 15. April 1874, in: *Schubert*, Materialien, S. 170–185, hier: 176, 182f.; Bericht des Ausschusses für Justizwesen des Bundesrats v. 9. Juni 1874, in: *Schubert*, Materialien, S. 186–199, hier: S. 197.

[358] Vgl. hierzu die Kommissionsprotokolle v. 28.9.1874 u. 29.9.1874, in: *Schubert*, Materialien, S. 220f., 222f.

[359] Bericht Papes an den Reichskanzler v. 12. November 1879, in: *Schubert*, Materialien, S. 288–293, hier: S. 289f.: »Die einzelnen Entwürfe werden, weil sie nicht von Einem verfaßt sind, sondern von fünf verschiedenen Verfassern herrühren, vielfach in formeller Hinsicht, nicht selten aber auch in sachlicher Hinsicht von einander abweichen. Die Disharmonien sind nicht unwahrscheinlich noch größer und zahlreicher, als früher vorausgesetzt ist. Denn das zu ihrer thunlichsten Verhütung vorgesehene Mittel, die Anordnung nämlich, daß die Redaktoren in

Neben diesen gesetzgebungstechnischen Erwägungen dürften bei der Entscheidung der Vorkommission und des Justizausschusses des Bundesrats für eine Kommissionslösung und für die Aufteilung des Stoffes auf mehrere Redaktoren politische Erwägungen eine maßgebliche Rolle gespielt haben. Über eine Besetzung der Kommission und der Redaktorenämter mit Personen aus verschiedenen Bundesstaaten wollten sich die Mittelstaaten Einfluss bei der Ausarbeitung des Gesetzbuchs sichern.[360] Bei einer Entscheidung für eine Einzelredaktorlösung fürchtete man, dass dieser fast zwangsläufig von Preußen gestellt würde. Auch hatten die Mittelstaaten im Bundesrat bereits ihre Zustimmung zu der Verfassungsänderung, mit der 1873 die Reichskompetenz auf das gesamte bürgerliche Recht ausgedehnt wurde, davon abhängig gemacht, dass sogleich eine Kommission zur Ausarbeitung eines einheitlichen Zivilgesetzbuchs eingesetzt werde.[361] Nach Vorlage des Entwurfs durch die erste Kommission konnte sich mit der Entscheidung für die Einsetzung einer zweiten Kommission die Kommissionslösung erneut gegen Erwägungen durchsetzen, die Überarbeitung des Entwurfs direkt einem Bundesratsausschuss (unter Vorarbeit des Reichsjustizamts) oder einem Einzelredaktor anzuvertrauen.[362] Durch die zweimalige Einsetzung unabhängiger Kommissionen zur Ausarbeitung des BGB konnte sich der Einfluss der Mittelstaaten mehr als in den meisten anderen Gesetzgebungsprojekten des Reiches entfalten. Die Entstehungsgeschichte des BGB unterschied sich hierin deutlich von

---

engster Verbindung mit einander die Theilentwürfe aufzustellen und über alle zu besorgenden oder hervortretenden Differenzen sich zu verständigen, in Ermangelung einer solchen Verständigung die Entscheidung der Hauptkommission herbeizuführen hätten, möchte sich nicht in dem gehofften Maße bewährt haben.«

[360] Vgl. hierzu *John*, S. 73 ff.; *Schubert*, Materialien, S. 35.

[361] S. die Protokolle der Bundesratssitzungen v. 2. April 1873 u. 12. Dezember 1873, in: *Schubert*, Materialien, S. 158 f. Primäres Ziel dieses Junktims des Bundesrats war es zwar, ein Gebrauchmachen des Reichsgesetzgebers von der erweiterten Kompetenz durch Einzelgesetzgebung zu verhindern, an der die Bundesstaaten anders als bei der umfassenden Kodifikation nicht beteiligt wären; zugleich war hiermit aber die Vorentscheidung für eine Kommissionslösung bei der BGB-Entstehung getroffen und zwar aus föderalen Interessen.

[362] Das Reichsjustizamt war 1877 gegenüber dem Reichskanzleramt verselbständigt worden, also erst nachdem bereits die erste Kommission zur BGB-Erstellung eingesetzt worden war. Entsprechend war sein Einfluss auf die Kodifikationsarbeiten bis zur Fertigstellung des ersten Entwurfs gering (vgl. *Schulte-Nölke*, S. 105 ff.; die Mitwirkung des Reichsjustizamts beschränkte sich in dieser Phase auf organisatorische Hilfe, eine inhaltliche Einflussnahme des Reichsjustizamts auf die erste Kommission fand nicht statt). In der Phase nach Veröffentlichung des ersten Entwurfs konnte sich das Reichsjustizamt durch die von ihm gebildete »Vorkommission« erheblichen vorbereitenden Einfluss auf die Überarbeitung des Entwurfs sichern, sperrte sich aber nicht dagegen, dass es erneut zur Einsetzung einer (zweiten) Kommission zur Überarbeitung des Entwurfs kam. Zu den 1887/88 im Reichsjustizamt angestellten Überlegungen, die zweite Lesung des Entwurfs nicht einer Kommission, sondern direkt einem Bundesratsausschuss (unter Hinzuziehung von Mitgliedern der bisherigen Kommission und Vorarbeit des Reichsjustizamts) zu übertragen, vgl. die Schreiben des Reichsjustizamts an die bayerische Regierung v. 6.12.1887 u. an den Reichskanzler v. 12.1.1888, in: *Schubert*, Materialien, S. 318 f., 320 f.; hierzu *Schulte-Nölke*, S. 138 f.; *Schubert*, Materialien, S. 51. Nach *John*, S. 166, gab es in preußischen Ministerien zeitweise auch Überlegungen, mit der Überarbeitung des Entwurfs einen Einzelredaktor zu betrauen.

vielen anderen wichtigen Reichsgesetzen, deren Entwürfe in den siebziger Jahren des 19. Jahrhunderts meist in preußischen Ministerien (mit erst anschließender Zuhilfenahme von Kommissionen) und seit den achtziger Jahren überwiegend im Reichsjustizamt (häufig in enger Abstimmung mit preußischen Ministerien) entstanden.[363]

Der schweizerische Bundesgesetzgeber folgte bei der Schaffung des ZGB nicht dem Vorbild des deutschen BGB (föderalistisch zusammengesetzte Kommission und Aufteilung der Vorentwürfe unter mehrere Redaktoren ebenfalls nach föderalen Proporzüberlegungen), sondern beauftragte mit Eugen Huber einen Einzelredaktor mit den Entwurfsarbeiten, obwohl auch die Schweiz föderalistisch aufgebaut war mit selbstbewussten Kantonen und dem Bund zum Zeitpunkt der Beauftragung Hubers noch nicht einmal die Gesetzgebungskompetenz zur Schaffung eines Zivilgesetzbuchs zustand.[364] Entscheidend hierfür waren wohl im Wesentlichen folgende Aspekte: Zum einen wurden die Kantone gleich zu Beginn der Entwurfsarbeiten in diese eingebunden, indem sie um eine Stellungnahme zur Gestaltung des Entwurfs und den ihm zugrunde zu legenden Prinzipien gebeten wurden.[365] Auch wurde bei der Zusammensetzung der Kommissionen, welche die Entwurfsarbeiten Hubers überprüften, auf eine Berücksichtigung von Personen aus möglichst vielen (insbesondere den großen) Kantonen sowie aus allen drei Sprachgruppen geachtet.[366] Zum anderen bestand in der Schweiz nicht wie im Deutschen Reich mit Preußen eine Hegemonie eines Gliedstaates, dessen übermächtigen Einfluss auf die Entwurfsarbeiten man durch eine Kommissionslösung abwenden wollte. Huber als Einzelredaktor galt nicht als Repräsentant der Interessen nur eines Kantons oder eines Landesteils, sondern konnte sich eine unabhängige Stellung gegenüber partikulären Sonderinteressen bewahren.[367]

---

[363] Bei der Entstehung der Zivilprozessordnung, der Strafprozessordnung, des Gerichtsverfassungsgesetzes und der Konkursordnung in den siebziger Jahren wurden zwar vom Bundesrat ebenfalls Kommissionen mit Mitgliedern aus verschiedenen Bundesstaaten eingesetzt, anders als beim BGB nahmen diese Kommissionen aber jeweils einen bereits vorhandenen, im preußischen Justizministerium ausgearbeiteten Entwurf zur Grundlage ihrer Beratungen (im Falle der ZPO bestanden daneben schon frühere Kommissionsentwürfe aus Zeiten des Deutschen Bundes und des Norddeutschen Bundes). Seit Ende der siebziger Jahre konnte dann nach Gründung des Reichsjustizamts dieses wachsenden Einfluss auf die Vorbereitung der Reichsgesetzgebung (jedenfalls der als »unpolitisch« eingestuften) nehmen; s. hierzu und der gewöhnlich engen Verzahnung mit den preußischen Ministerien bei der Vorbereitung der Reichsgesetzgebung *Schulte-Nölke*, S. 46 ff., 58 ff., 68 f.; *Schubert*, Materialien, S. 15, 29 Fn. 7.

[364] Der Auftrag des schweizerischen Bundesrates an Huber zur Ausarbeitung des Entwurfs eines Zivilgesetzbuchs erging 1892; die Erweiterung der Bundeskompetenz auf den Bereich des gesamten Zivilrechts erfolgte hingegen erst 1898.

[365] Rundschreiben des eidgenössischen Justiz- und Polizeidepartements an die Kantonsregierungen v. 17. November 1893; s. hierzu unten S. 149.

[366] Näher zur Zusammensetzung der an den Entwurfsarbeiten beteiligten Kommissionen unten S. 122.

[367] Hierbei kam Huber zugute, dass er nicht aus der Justiz oder Departementverwaltung eines Kantons kam, sondern zum Zeitpunkt seiner Beauftragung mit den Entwurfsarbeiten Universi-

Man entschied sich bei der Schaffung des schweizerischen ZGB also primär für eine Einzelredaktorlösung, doch sollte nicht unberücksichtigt bleiben, dass die Entwurfsarbeiten Hubers durch alle Stadien durch (kleine oder große) Kommissionen sowie durch zahlreiche Gutachten einzelner Fachleute begleitet und überprüft wurden. Bereits die 1893 bis 1898 vorgelegten Teilentwürfe zu einzelnen schwierigen Materien konnten nicht nur auf die eingegangenen Stellungnahmen der Kantone und des Bundesgerichts zurückgreifen, sondern wurden vor ihrer Fertigstellung in kleinen Kommissionen, denen neben Huber zwei bis vier Fachleute angehörten, beraten und anschließend einer größeren Zahl weiterer Fachleute mit der Bitte um Stellungnahme übergeben.[368] Ähnlich verfuhr man mit den 1896 bis 1900 vorgelegten vollständigen Vorlagen zu den einzelnen Teilen des Gesetzbuchs, welche ebenfalls von Huber in kleinen Kommissionen mit vier bis sieben Mitgliedern beraten wurden, woraus die so genannten Departementalentwürfe hervorgingen, die dann zu dem auch für eine breitere Öffentlichkeit publizierten so genannten Vorentwurf von 1900 verschmolzen wurden.[369] Dieser Vorentwurf wiederum wurde dann von einer großen Kommission bestehend aus 31 ständigen Mitgliedern und jeweils drei Spezialisten für die einzelnen Teile des Entwurfs in vier jeweils mehrwöchigen Sessionen von 1901 bis 1903 eingehend beraten und die Ergebnisse dieser Beratungen nicht durch Huber allein, sondern durch einen achtköpfigen Redaktionsausschuss umgesetzt.[370] Erst die hieraus hervorgegangene Entwurfsfassung wurde 1904 der Bundesversammlung vorgelegt, wobei es im Zuge der eingehenden parlamentarischen Beratungen namentlich in den Ausschüssen zu weiteren Änderungen kam.[371]

Es wäre also zu kurz gegriffen, die Endfassung des ZGB allein als Werk Hubers darzustellen, wenngleich er als Einzelperson das Gesetzbuch sicher in ähnlich starker Form prägen konnte, wie es Feuerbach beim bayerischen Strafgesetzbuch und Macaulay beim britisch-indischen Strafgesetzbuch taten und wie es bei den hier behandelten Zivilgesetzbüchern sonst keinem Redaktor (auch Zeiller nicht) gelang. Hubers Einfluss beruhte dabei maßgeblich auf dem großen konzeptionellen Spielraum, der ihm bei den Entwurfsarbeiten bis hin zur Veröffentlichung des Vorentwurfs 1900 eingeräumt wurde[372] und auf der Tatsache, dass er als Redaktor bzw.

---

tätsprofessor im Ausland (Halle) war (im Zusammenhang mit seiner Beauftragung erhielt er dann einen Ruf an die Berner Universität); auch hatte er sich durch sein Werk »System und Geschichte des schweizerischen Privatrechts« als Kenner der Partikularrechte aller Kantone (nicht nur der deutschsprachigen) profiliert.

[368] Vorentwurf zum ZGB (1900), S. 304 ff. Die Benennung einzelner Fachleute durch das eidgenössische Justiz- und Polizeidepartement, mit denen Huber wichtige Fragen bzw. seine Teilentwürfe beraten konnte, entsprach einem eigenen Wunsch Hubers, vgl. seinen Brief an Max Rümelin v. 13. November 1892 (bei *Elsener*, S. 104); *Huber*, Memorial 1893, S. 5.

[369] Vorentwurf zum ZGB (1900), S. 307 ff.

[370] Botschaft des Bundesrates an die Bundesversammlung v. 28. Mai 1904, S. 2 f.; *Huber/Mutzner*, Bd. 1, S. 144 f.; *Dölemeyer*, ZGB, S. 1982.

[371] Zu den Beratungen des ZGB in der schweizerischen Bundesversammlung s. unten S. 196 f.

[372] Huber selbst konzipierte 1893 einen Plan »über die Art und Weise des Vorgehens bei der

als Referent das Gesetzbuch durch alle Entstehungsphasen, von den ersten Teil-entwürfen bis hin zu den parlamentarischen Beratungen im National- und Stände-rat begleiten konnte.[373] Wie stark daneben der Einfluss der verschiedenen erwähn-ten Kommissionen auf die inhaltliche Gestaltung des Gesetzbuchs war, können nur Spezialuntersuchungen zur Genese einzelner Regelungskomplexe anhand der Kommissionsprotokolle und der unterschiedlichen Textstufen der Entwürfe klären.

c) Die Professionalisierung der Entwurfsarbeit in England

In England vollzog sich im 19. Jahrhundert eine andere Weichenstellung bei der Erstellung von Gesetzentwürfen, welche die englische Gesetzgebungspraxis fortan in wesentlicher Hinsicht von derjenigen Kontinentaleuropas unterschied. Gemeint ist die sukzessive Professionalisierung der Erstellung von Gesetzentwürfen in der Hand von professionellen *draftsmen*. Ausgangspunkt hierfür war die zunehmende Verantwortung, welche die Regierung im Verlauf des 19. Jahrhunderts bei der Einbringung von Gesetzesvorlagen übernahm. Während zu Beginn des 19. Jahr-hunderts viele Gesetzentwürfe im englischen Parlament noch von einzelnen Parla-mentariern eingebracht wurden, hatte sich dieses Bild zur Jahrhundertmitte nach-haltig geändert.[374] Nunmehr gingen von der Regierung etwa zwei Drittel der im Parlament eingebrachten Gesetzesvorhaben aus.[375] Damit einher ging eine zuneh-mende Professionalisierung der Entwurfsarbeit innerhalb der Regierungsstellen. Zu Beginn des 19. Jahrhunderts unterschied sich hierbei die Regierungspraxis in

---

Ausarbeitung des Entwurfes eines einheitlichen schweizerischen Civilgesetzbuches«, welchen sich das eidgenössische Justiz- und Polizeidepartement praktisch zu Eigen machte, indem es ihn den Kantonen zur Unterrichtung über die geplante Vorgehensweise bei der Kodifikation und mit dem Ersuchen um Stellungnahme vorlegte.

[373] In der 1901–1903 tagenden großen Kommission war Huber ebenso Referent wie in dem sich mit dem ZGB-Entwurf befassenden Ausschuss des Nationalrates (Huber war hierfür in den Nationalrat gewählt worden); im Ausschuss des Ständerates konnte er mangels Mitgliedschaft zwar nicht als Referent fungieren, nahm aber auch an dessen Sitzungen beratend teil (vgl. *Huber/ Mutzner*, Bd. 1, S. 146; *Dölemeyer*, ZGB, S. 1982). Außerdem gehörte er dem gemeinsamen Redaktionsausschuss des National- und Ständerats an, welcher die Änderungsbeschlüsse der Räte zum ZGB-Entwurf 1907 redaktionell umsetzte.

[374] Vgl. *Holdsworth*, History, Bd. 11, S. 381; *Ilbert*, Mechanics, S. 60f. Zu den Gründen für diesen Wandel s. *Hatschek*, Englisches Staatsrecht, Bd. 1, S. 444f.

[375] Vgl. hierzu die von Thomas E. May dem *Select Committee on the Statute Law Commission* vorgelegte Statistik, wonach von den in den Jahren 1854 bis 1856 im *House of Commons* einge-brachten Gesetzentwürfen nur noch zwischen 36 % und 38 % von einzelnen Parlamentariern (*private members*) stammten; der Rest waren Regierungsvorlagen (Report from the Select Com-mittee on the Statute Law Commission, 10 March 1857, S. 59 (evidence of Thomas E. May), in: Parliamentary Papers 1857 – Session 1 (99) ii). Die *private members' Bills* wurden besonders für die Mängel des englischen *statute law* verantwortlich gemacht; vgl. Report from the Select Committee on Public Bills, S. 37 (evidence of Hugh O'Hanlon), in: Parliamentary Papers 1836 (606) xxi: »I consider a principal cause of the mischief is, that Members [of Parliament] are in the habit of drawing Bills themselves, without a proper acquaintance with the law they propose to alter, or with the language of that law which they employ.«

England noch wenig von derjenigen in Kontinentaleuropa. Die von der Regierung im Parlament eingebrachten Gesetzentwürfe entstanden meist in den Ministerien, wobei die Regelungsmaterie des jeweiligen Gesetzentwurfs darüber entschied, von welchem Ministerium die Entwürfe kamen. Resultat war, dass je nach Gesetzentwurf ganz unterschiedliche Stellen und Personen mit den Entwurfsarbeiten betraut waren und die Entwürfe daher schon in formaler, gesetzestechnischer Hinsicht wesentlich variierten. Hinzu kam, dass die einzelnen Ministerien bei ihren jeweiligen Arbeiten an Gesetzentwürfen häufig nur unzureichend Kenntnis hatten von hiermit im Zusammenhang stehenden Arbeiten in anderen Ministerien.

Der erste Schritt zu einer Professionalisierung der Entwurfsarbeit erfolgte durch die Hinzuziehung angesehener Rechtsanwälte (*barrister*), welche im Auftrag einzelner Ministerien Entwürfe für Gesetzesvorhaben erstellten. Am frühesten wurde dieser Schritt im englischen Finanzministerium (*Treasury*) vollzogen, für welches sich bereits seit 1750 die Praxis nachweisen lässt, einen *barrister* regelmäßig als so genannten *Parliamentary Counsel* für die Erstellung von Gesetzentwürfen heranzuziehen.[376] Hierbei handelte es sich aber zunächst nur um gelegentliche Beauftragungen bei einzelnen wichtigen Gesetzesvorhaben; die jeweils beauftragten Berater behielten ihre primäre Beschäftigung als *barrister* bei und wurden nicht in die Ministerialorganisation eingebunden. Als namentlich infolge der Parlamentsreform von 1832 die Verantwortung der Regierung für Gesetzesvorhaben erheblich zunahm, ging man auch in anderen Ministerien dazu über, regelmäßig *barrister* für die Entwurfsarbeiten hinzuzuziehen. Besondere Bedeutung kam hierbei dem seit 1837 nachweisbaren Amt des *Home Office Counsel* zu. Bethune, der dieses Amt bis 1848 bekleidete, entwarf in dieser Eigenschaft zahlreiche Gesetzentwürfe für die Regierung.[377] Sein Nachfolger in diesem Amt, Walter Coulson (bis 1860), fertigte nach eigenen Angaben nicht nur die meisten vom Home Office ausgehenden Gesetzentwürfe, sondern wurde nicht selten auch von anderen Ministerien mit dem Entwurf von Gesetzesvorlagen beauftragt.[378] Es gab zu dieser Zeit

---

[376] Hierauf weist *Lambert*, Bills and Acts, S. 45, 69 ff. hin. U.a. anhand der Ausgaben des Finanzministeriums für die Rechtsberatung rekonstruiert sie als aufeinander folgende *Parliamentary Counsels to the Treasury* seit 1750: Robert Yeates, Danby Pickering, Francis Hargrave, William Lowndes und schließlich ab 1798 William Harrison. Harrison war bis etwa 1837 als *draftsman* des englischen Finanzministeriums tätig. *Ilbert*, Methods and Forms, S. 82 ff. waren die von *Lambert* aufgedeckten Tätigkeiten der *Parliamentary Counsels to the Treasury* in der zweiten Hälfte des 18. und der ersten Hälfte des 19. Jahrhunderts noch weitgehend unbekannt, was ihn zu der Bewertung veranlasste, dass die von William Harrison vor einem Ausschuss gegebene Beschreibung seiner Entwurfsarbeiten für das Finanzministerium wohl übertrieben sei.

[377] John Elliot Drinkwater Bethune war ebenfalls *barrister* und wurde im Anschluss an seine Tätigkeit als *Home Office Counsel* zum *law member* des *Governor-General of India in Council* berufen, in welcher Eigenschaft er einen Gegenentwurf zu Macaulays Entwurf eines indischen Strafgesetzbuchs verfasste (s. oben S. 28, Fn. 54).

[378] Report from the Select Committee on the Statute Law Commission, 10 March 1857, S. 1 ff. (evidence of Walter Coulson), in: Parliamentary Papers 1857 – Session 1 (99) ii; in seiner Aussage vor dem Ausschuss beschreibt Coulson detailliert seine Tätigkeit als *draftsman* für das *Home Office*.

jedoch keine ausdrücklichen Vorgaben für die Ministerien, sich für Gesetzentwürfe der Hilfe des *Home Office Counsel* zu bedienen.

In den fünfziger Jahren beschäftigte sich dann zunächst eine königliche Kommission und anschließend auch ein besonderer Ausschuss des Parlaments mit der Frage, wie die Methode des Zustandekommens von Gesetzentwürfen und deren formale Gestaltung (insbesondere die Gesetzessprache) verbessert werden können.[379] Erwogen wurde hierbei, im Parlament selbst einer Einzelperson oder Kommission die Kompetenz zuzuweisen, alle eingehenden Gesetzesvorlagen auf formale Mängel zu überprüfen und auf eine einheitliche Gestaltung und Terminologie der Gesetzesvorlagen hinzuwirken. Diese Person oder Kommission sollte dann auch für die Überprüfung von Änderungsanträgen, die im Verlauf des Parlamentsverfahrens zu Gesetzentwürfen eingebracht werden, auf formale Mängel und systematische Unstimmigkeiten zuständig sein.[380] Obwohl sich zahlreiche sachverständige Personen für eine derartige Einrichtung aussprachen, blieben diese Vorschläge unausgeführt, wohl weil die Parlamentarier hierin einen Eingriff in ihre unbeschränkte Gesetzgebungshoheit sahen.[381] Stattdessen beschritt man den Weg einer weiteren Professionalisierung der Erstellung von Regierungsentwürfen; man setzte für die formale Verbesserung von Gesetzentwürfen also im vorparlamentarischen Stadium der Entstehung von Regierungsvorlagen an, anstatt im Parlament selbst eine Prüfungsinstanz hierfür einzurichten.[382]

---

[379] Die Vorschläge der so genannten *Statute Law Commission* in ihrem zweiten Bericht führten 1857 zur Einsetzung des *Select Committee on the Statute Law Commission* (s. den Report from the Select Committee on the Statute Law Commission, 10 March 1857, in: Parliamentary Papers 1857 – Session 1 (99) ii).

[380] Die geplanten Kompetenzen dieser Person oder Kommission waren umfassender als die einer bloßen stilistischen Überprüfung der Gesetzentwürfe, wie sie im aufgeklärten Absolutismus Österreichs lange Zeit Joseph von Sonnenfels und in Preußen zeitweilig einer so genannten Fassungskommission des Staatsrats oblag (vgl. unten S. 284 mit Fn. 1252); der Zweck der in England vorgeschlagenen Einrichtung war vielmehr auf eine umfassende Überprüfung der Gesetzentwürfe auf formale Mängel, systematische Unstimmigkeiten und Widersprüche zu anderen Gesetzen gerichtet.

[381] Zu den Personen, die sich im Rahmen der Ausschussanhörung für eine derartige Einrichtung aussprachen, s. Report from the Select Committee on the Statute Law Commission, 10 March 1857, S. 4 ff. (evidence of Walter Coulson), 32 ff. (evidence of Henry B. Ker), 55 ff. (evidence of Thomas E. May), in: Parliamentary Papers 1857 – Session 1 (99) ii. Zu der ablehnenden Haltung vieler einflußreicher Parlamentarier zu solchen Bestrebungen s. Report from the Select Committee on Acts of Parliament, 25 June 1875, S. v f., 2 (evidence of Thomas E. May), in: Parliamentary Papers 1875 (280) viii.

[382] Bereits 1836 hatte sich in einer Anhörung vor dem *Select Committee on Public Bills* Henry B. Ker[r], ein *barrister*, der gelegentlich von Ministerien mit der Erstellung von Gesetzentwürfen betraut wurde, nachdrücklich für die Bestellung professioneller *draftsmen* ausgesprochen, um den Mängeln im *statute law* zu begegnen (Report from the Select Committee on Public Bills, S. 1 f., in: Parliamentary Papers 1836 (606) xxi: »There are no persons whose peculiar department or profession it is to frame Bills ... I take it, that had there been such persons, many discrepancies and omissions would have been avoided, and more complete uniformity of expression would have been adopted.« Die gleiche Forderung erhob wenig später *Symonds* in einer dem Parlament vorgelegten Schrift (Papers, S. 4).

Zu diesem Zweck wertete man 1869 das Amt des *Parliamentary Counsel* erheblich auf. Dieser war nunmehr nicht länger nebenberuflich für einzelne Ministerien tätig, sondern übte ein regierungsnahes Vollzeitamt aus mit eigenen Mitarbeitern und Räumlichkeiten, und seine Zuständigkeit erstreckte sich fortan auf die Erstellung von Gesetzentwürfen für alle Ministerien.[383] Erster *Parliamentary Counsel* mit den neu geregelten Kompetenzen wurde Henry Thring, der bereits seit 1860 als Nachfolger von William Coulson als *Home Office Counsel* tätig war.[384] Obwohl einzelne Ministerien fortfuhren, Gesetzentwürfe auch durch ihre eigenen Mitarbeiter oder andere Berater fertigen zu lassen, kam es in der Folgezeit doch zu einer immer ausgedehnteren Tätigkeit des *Parliamentary Counsels* und seiner Mitarbeiter bei der Erstellung von Regierungsvorlagen und bei deren Überarbeitung im Zuge von späteren Änderungen im Parlamentsverfahren.[385] Durch diese Konzentrierung der Entwurfsarbeiten bei einer Stelle und dem Einsatz der sich hierdurch herausbildenden professionellen *draftsmen* wurden die englischen Ge-

---

[383] Formal wurde der *Parliamentary Counsel* nunmehr wieder beim Finanzministerium angesiedelt (deshalb lautet seine offizielle Bezeichnung *Parliamentary Counsel to the Treasury*), nunmehr aber mit einer ausdrücklichen Kompetenzzuweisung für Regierungsvorlagen aus allen Ministerien. Ausgenommen aus seiner Zuständigkeit waren lediglich Gesetzentwürfe, die ausschließlich Schottland oder Irland betrafen. Grundlage der Neuorganisation war nicht ein Gesetz, sondern ein einfaches ministeriales Protokoll vom 12. Februar 1869 (*Treasury Minute*; abgedruckt in Report from the Select Committee on Acts of Parliament, 25 June 1875, S. 160 (Appendix 2), in: Parliamentary Papers 1875 (280) viii).

[384] Thring hatte bereits seit den fünfziger Jahren gelegentlich im Auftrag der Regierung Gesetzentwürfe gefertigt, so z.B. 1854 den Entwurf des *Merchant Shipping Act*, der von den Zeitgenossen für seine ausgefeilte Gesetzestechnik gepriesen wurde. *Thring* schrieb 1873 einen Leitfaden zur Gesetzgebungstechnik für die Mitarbeiter des *Parliamentary Counsel* unter dem Titel »Practical Legislation; or, the Composition and Language of Acts of Parliament«, der 1877 im Druck erschien und bis zu dem Erscheinen von *Ilberts* Schrift »Legislative Methods and Forms« (1901; Ilbert war Mitarbeiter Thrings und als dessen zweiter Nachfolger ebenfalls *Parliamentary Counsel*) in England als Standardwerk auf diesem Gebiet angesehen wurde. Zu Thrings Tätigkeit als *Parliamentary Counsel* vgl. seine eigene Schilderung vor einem Parlamentsausschuss 1875 (Report from the Select Committee on Acts of Parliament, 25 June 1875, S. 118 ff., in: Parliamentary Papers 1875 (280) viii sowie *Ilbert*, Methods and Forms, S. 84, 87 f.; *ders.*, Art. »Sir Henry Thring«, in: The Dictionary of National Biography, Supplement Bd. 3, S. 520–523; *ders.*, Mechanics, S. 63 ff.

[385] Vgl. hierzu die Schilderungen von Thomas E. May (zu seiner Person unten S. 168, Fn. 678) in: Report from the Select Committee on Acts of Parliament, 25 June 1875, S. 3, in: Parliamentary Papers 1875 (280) viii, von Thring selbst (ebd., S. 125) und von Francis Reilly (ebd., S. 45). Für Gesetzesvorlagen einzelner Parlamentarier (*private members' Bills*) war der *Parliamentary Counsel* nicht zuständig, deren Bedeutung ging aber wie wir sahen im Verlauf des 19. Jahrhunderts deutlich zurück. Die Ausarbeitung der Regierungsvorlagen durch den *Parliamentary Counsel* und seine Mitarbeiter erfolgte in Abstimmung mit dem jeweils verantwortlichen Ministerium. Während Instruktionen des federführenden Ministeriums an den *Parliamentary Counsel* über die inhaltliche Gestaltung der Entwürfe zu Zeiten Thrings häufig noch mündlich erfolgten, hatte sich zur Amtszeit Ilberts die Praxis schriftlicher Instruktionen durchgesetzt, bei wichtigen Vorhaben begleitet von gemeinsamen Besprechungen zwischen Ministerialvertretern und dem *Parliamentary Counsel* (*Ilbert*, Methods and Forms, S. 87 ff.). Die formale Gestaltung und Terminologie der Vorlagen lag meist ganz im Ermessen des *Parliamentary Counsel*.

setzentwürfe in gesetzestechnischer Hinsicht wesentlich vereinheitlicht und verbessert. Ein 1875 eingesetzter Parlamentsausschuss zur Überprüfung der seit Ende
der fünfziger Jahre erfolgten Verbesserungen in der formalen Gestaltung der
Gesetzgebung kam in Übereinstimmung mit zahlreichen von ihm angehörten
sachverständigen Zeugen zu dem Ergebnis, dass das System des *Parliamentary
Counsel* sich bewährt habe, die professionellen *draftsmen* viel zu der zwischenzeitlich eingetretenen Verbesserung der Gesetzestechnik und -sprache beigetragen haben und dieses Amt weiter auszubauen sei.[386]

3. Die Gesetzgebungskommission

a) Die Theorie

Entschied man sich dafür, die Entwurfserstellung in die Hände einer Gesetzgebungskommission zu legen, so konnte diese entweder die Form einer ständigen
Kommission annehmen oder ad hoc für das jeweilige Gesetzgebungsvorhaben
gebildet werden. Die Frage, welche dieser beiden Formen die vorteilhaftere ist,
wurde in der Gesetzgebungstheorie kontrovers diskutiert. Die Befürworter einer
ständigen Gesetzgebungskommission[387] wiesen auf deren größere Professionalität
als wesentlichen Vorteil hin. Durch die dauerhafte Beschäftigung ihrer Mitglieder
mit Gesetzgebungsfragen erwürben diese einen hohen Grad an technischer Ge-
wandtheit sowie einen breiten Erfahrungshorizont; beides Vorzüge, die sich vorteilhaft auf die konkreten Entwurfsarbeiten auswirken. Die größere Professionalität und der Erfahrungsschatz einer ständigen Kommission befähige diese auch
eher als eine ad hoc zusammengewürfelte Kommission dazu, die Verbindungslini-
en eines konkreten Gesetzesvorhabens mit der bestehenden Rechtsordnung zu
erfassen, die neuen Regelungen harmonisch in das vorhandene Recht einzupas-
sen und Änderungsbedarf bei den bisherigen Gesetzen zu erkennen. Schließlich
bringe die Professionalität der ständigen Kommission auch eine größere Schnel-
ligkeit bei der Entwurfserstellung gegenüber einer Ad-hoc-Kommission mit sich
und damit eine Zeitersparnis für das Gesetzgebungsvorhaben. Viele Gesetzgebungstheoretiker forderten darüber hinaus die Einrichtung einer ständigen
Behörde oder Amtes zur Revision der bestehenden Gesetze, zu deren Anpassung

---

[386] Report from the Select Committee on Acts of Parliament, 25 June 1875, S. vi (Ausschussbericht), 13 (evidence of Thomas E. May), 28 f. (evidence of J. F. Stephen), 103 (evidence of C.
Hall), 107 (evidence of Robert Lowe), in: Parliamentary Papers 1875 (280) viii; vgl. auch das
Urteil des späteren *Parliamentary Counsels* Ilbert zu den Wirkungen dieser Einrichtung: »…the
language of statutes has become more concise, uniform, and accurate, and the arrangement of
statutes has become more logical and consistent.« (*Ilbert*, Methods and Forms, S. 96). Ein sehr viel
negativeres Bild von den Auswirkungen der professionellen *draftsmen* auf die Form englischer
Gesetzentwürfe zeichnete 1977 *Dale* (zu seiner Kritik unten S. 309, Fn. 95).

[387] Namentlich *Kitka*, S. 1; *Rotteck*, Bd. 2, S. 332 und – nur für größere Staaten mit komplexen
Reformvorhaben – *Mohl*, Politik, Bd. 1, S. 495 ff.

an veränderte Umstände und zur Beseitigung von Lücken.[388] Der Aufgaben-schwerpunkt dieses unter verschiedenen Namen (Gesetzgebungsrat, Gesetzge-bungsminister, Gesetzeszensor etc.) vorgeschlagenen Amtes lag zwar in der Über-prüfung bereits bestehender Gesetze; nicht wenige Autoren sahen die Aufgabe dieses Amtes aber darüber hinaus auch in der Erstellung oder zumindest Überprü-fung neuer Gesetzentwürfe, was diesem Amt auch den Charakter einer ständigen Gesetzgebungskommission gab. Eine Verbindungslinie zwischen Gesetzgebungs-kommission und Gesetzesrevisionsamt ergab sich im Übrigen auch daraus, dass dem »Gesetzesrevisor« in der Regel auch die Aufgabe zukam, bei erkanntem Änderungs- oder Ergänzungsbedarf der bestehenden Gesetze konkrete Abhilfe-vorschläge auszuarbeiten.

Die Kritiker einer ständigen Gesetzgebungskommission machten geltend, dass nur bei einer ad hoc berufenen Kommission die Auswahl der Mitglieder gezielt nach den Anforderungen des jeweiligen Gesetzgebungsvorhabens erfolgen kön-ne.[389] So könnten etwa bei einem Gesetzesvorhaben im Bereich des Handels-rechts gezielt hierin besonders kundige Juristen, Kaufleute und andere in diesem Bereich erfahrene Praktiker in die Kommission berufen werden und diese so ganz nach den Bedürfnissen des jeweiligen Vorhabens zusammengestellt werden. Auch wies man darauf hin, dass eine ständige Kommission zu einer Überalterung, Abstumpfung und mangelnden Aufgeschlossenheit für neue Entwicklungen nei-ge.[390] Ob ein Gesetzgebungstheoretiker dem Gesetzgeber die Einrichtung einer ständigen Kommission oder von ad hoc zusammengestellten Kommissionen emp-fahl, hing daher letztlich davon ab, welche Qualitäten er für die Gesetzesredak-toren als besonders wesentlich ansah. Wer in erster Linie in den Bahnen einer bestehenden Rechtsordnung dachte und diese vor einem nicht ins System passen-den Reformeifer schützen wollte, wird in der Regel den höheren technischen Fertigkeiten einer ständigen Kommission den Vorzug gegeben haben. Wer hinge-gen auf die Verwirklichung inhaltlicher Gesetzesreformen den Schwerpunkt leg-te, konnte diesen Reformkräften am besten durch Ad-hoc-Kommissionen Gel-tung verschaffen, wobei eine geringere technische Perfektion der Entwürfe dann in Kauf zu nehmen war.

Im Übrigen ließen sich die Vorteile beider Kommissionsformen auch mitein-ander verbinden, indem man ein Gremium schuf, dem ein Kern von permanen-ten Mitgliedern angehört und das je nach konkretem Gesetzesvorhaben um wei-tere, gezielt für dieses Projekt ausgewählte Mitglieder ergänzt wird.[391] Dies führt

---

[388] Zu diesen zählten Wolff, Filangieri, Hommel, Beck, Zeiller, Bentham, Schrader, Scheurlen, Tellkampf, Christ und Welcker; s. hierzu im einzelnen unten S. 277 ff.

[389] So namentlich *Mohl*, Art. »Gesetz«, Staats-Wörterbuch, Bd. 4, S. 283; in seiner »Politik« (Bd. 1, S. 495 ff.) schränkt *Mohl* dieses Urteil bei einer Abwägung mit den Vorteilen einer ständi gen Kommission ein.

[390] *Mohl*, Politik, Bd. 1, S. 496 f.

[391] Diese Anregung findet sich bei *Mohl*, Politik, Bd. 1, S. 498.

zu der Frage nach der vorteilhaften Zusammensetzung einer Gesetzgebungskommission; ein Thema, dem im 19. Jahrhundert viel Aufmerksamkeit zuteil
wurde. Dabei sind es insbesondere zwei Forderungen, die immer wieder erhoben
wurden: Zum einen forderte man, dass sowohl juristische Gelehrte (Professoren)
als auch juristische Praktiker (Richter und Rechtsanwälte) berücksichtigt werden[392] und zum anderen sollten neben den Juristen aber auch Nicht-Juristen in
die Kommissionen berufen werden[393]. Für die erste Forderung wurde ins Feld
geführt, dass es nicht nur auf Personen mit besonderen theoretischen Fachkennt-
nissen in der Regelungsmaterie ankomme, sondern auch wichtig sei, Personen in
der Kommission zu haben, die Erfahrungen in der Rechtsanwendung, also dem
konkreten Umgang mit den Gesetzen in der Praxis haben. Vielen war aber die
zweite Forderung, nämlich die nach Berücksichtigung von Laien als Kommissionsmitgliedern, noch wichtiger. Manche dachten hierbei an Männer mit politischem Weitblick und Sinn für die praktische Umsetzbarkeit von Gesetzesvorhaben.[394] Andere wollten je nach Regelungsmaterie besonderen nicht-juristischen
Sachverstand heranziehen (z. B. Kaufleute für Handelsgesetze, Ärzte bei gewissen
Strafgesetzen).[395] Schließlich wollte man durch die Berücksichtigung von Nicht-
Juristen die Bodenhaftung und Volkstümlichkeit des Gesetzesvorhabens schon im
Entstehungsprozess sichern.[396] Am besten sei es natürlich, wenn die einzelnen
Kommissionsmitglieder möglichst viele der geforderten Eigenschaften schon in
einer Person vereinen, etwa der gelehrte Jurist auch staatsmännischen Weitblick
und einen freien, schöpferischen, keinen bürokratischen Geist mitbringe.[397] Bei

---

[392] *Jaup*, bei *Müller*, S. 41; *Kitka*, S. 8 ff.; *Morgenstern*, Bd. 1, S. 291; *Mohl*, Politik, Bd. 1,
S. 499 f.; *Bluntschli*, Politik, S. 463 f.; *Goldschmidt*, S. 203.

[393] *Bielfeld*, Bd. 1, Kap. VI, § 9, S. 233; *Paalzow*, Vorrede zum Montesquieu-Kommentar, S.
XXXVII f.; *Reitemeier*, Gesetzgebung, S. 121 (Geschäftsleute neben Juristen); *Kitka*, S. 2 (Laien als
außerordentliche Mitglieder); *Rotteck*, Bd. 2, S. 332; *Geib*, S. 182; *Mohl*, Politik, Bd. 1, S. 498;
Goldschmidt, S. 203 (»Männer des praktischen Lebens«; Juristen sollen Minderheit in der Kommission bilden); *Gierke*, S. 590; *Hedemann*, Gesetzgebungskunst, S. 308.

[394] *Bielfeld* (Fn. 393); *Paalzow* (Fn. 393); *Mohl*, Politik, Bd. 1, S. 499.

[395] *Kitka*, S. 2; *Geib*, S. 182 (für Handelsrecht Kaufleute heranziehen); *Mohl*, Politik, Bd. 1,
S. 498 (z. B. Kaufleute für Handelsgesetze); *Hedemann*, Gesetzgebungskunst, S. 308: Bei der Berufung von Laien in die Gesetzgebungskommission sei das Hauptaugenmerk auf die großen wirtschaftlichen Verbände zu richten. Für Hedemann war hierbei wohl nicht mehr allein deren
Sachverstand ausschlaggebend, sondern auch deren politischer Einfluss.

[396] *Gierke*, S. 590, über die Laienmitglieder, die der von ihm geforderten neuen Kommission
zur Erarbeitung eines neuen BGB-Entwurfs angehören sollen: »gebildete Männer, die kraft ihres
Berufes mitten im Leben stehen und mit den Anschauungen und Bedürfnissen des Volkes vertraut
sind«. Vielfach wurde auch von den juristischen Kommissionsmitgliedern Volksnähe gefordert;
kurios *Geib*, S. 177 f., 185: Rheinländer hielt er als Gesetzesredaktoren generell für untauglich,
weil es ihnen an der Achtung vor dem Rechtsbewusstsein des Volkes gebreche, da sie an einem
fremden und willkürlichen Rechtszustand (napoleonische Gesetzbücher) gewöhnt seien; *Morgenstern*, Bd. 1, S. 291 (gründliche Kenntnis des Volkslebens erforderlich); *Mohl*, Politik, Bd. 1, S. 499
(Achtung vor dem Rechtsbewusstsein des Volkes erforderlich).

[397] *Erhard*, S. 59: Die Abfassung der Gesetze sei Männern »von entschiedenen Einsichten und
zugleich ebenso entschiedenem Ansehen« anzuvertrauen, nicht »unbärtigen Knaben«, »abgelebten

einer Mitwirkungsbefugnis einer Volksvertretung an der Gesetzgebung wurde von einigen Autoren zudem empfohlen, Mitglieder der Volksvertretung bereits in die Gesetzgebungskommission zu berufen, um Differenzen möglichst schon im Keime zu erkennen und die spätere Behandlung des Gesetzentwurfs in der Volksvertretung reibungsloser zu gestalten.[398]

Im Vergleich zu den deutschen Gesetzgebungstheorien isoliert stand hingegen die Ansicht Benthams, der Ausländer für am besten geeignet hielt, erste Gesetzentwürfe zu erarbeiten, da jene von unsachlichen örtlichen Einflüssen und Gunsterweisen frei seien.[399] Zwar hätten Ausländer geringere Kenntnis von den lokalen Umständen und Bedürfnissen, dieser Nachteil sei aber nicht ausschlaggebend. Zum einen sind Gesetze (jedenfalls die von ihm erstrebten Gesetze) für Bentham vorrangig ohnehin von universellen Gesichtspunkten geprägt und lokale Umstände nur von untergeordneter Bedeutung. Die mit den Gesetzen zu erreichenden Ziele (im Sinne des Utilitarismus) seien überall die gleichen und nur die Mittel mögen im Einzelfall differieren. Außerdem könnten Anpassungen an lokale Umstände immer noch von einer (im Entstehungsprozess nachgeschalteten) lokal zusammengesetzten Gesetzgebungskommission vorgenommen werden; entscheidend sei, dass der erste Entwurf von einem (lokal »unvorbelasteten«) Ausländer käme. Mit ähnlichen Argumenten versuchte Bentham auch den Präsidenten der Vereinigten Staaten von Amerika[400] und Zar Alexander I von Russland[401] davon zu überzeugen, dass er als Ausländer die geeignete Person sei, für ihre Länder ein umfassendes Gesetzeswerk auszuarbeiten. Allein für das Staatsrecht[402] machte Bentham zunächst eine Ausnahme; dieses sei so sehr von lokalen Umständen abhängig, dass der Entwurf eines *Constitutional Code* durch einen Ausländer nicht

---

juristischen Sprachrohren« oder »unterthänigstpflichtschuldigsten Subalternen«; *Müller*, S. 2, 26: Gesetzgebungskunst sei in Deutschland auf so niedrigem Niveau, weil mit der Gesetzgebung fast ausschließlich Personen aus der Justizverwaltung befasst sind. Gesetzgebungskommissionen sollen vielmehr aus Männern zusammengesetzt werden, die wissenschaftliche Juristen und praktische Staatsmänner zugleich sind; *Gerstäcker*, Bd. 2, S. 126: Die Abfassung soll nicht »juristischen Maschinen« übertragen werden, die keinen Beweis eigenen Nachdenkens gegeben haben; schöpferischer Geist sei nötig; *Mohl*, Politik, Bd. 1, S. 499: »freier Blick und Muth zu neuen Gedanken« sei erforderlich.

[398] *Wächter*, Archiv des Criminalrechts, Neue Folge, 1839, S. 347; *Gierke*, S. 590 (Beteiligung von Reichstagsmitgliedern an einer neuen BGB-Kommission).

[399] *Bentham*, Codification Proposal, Teil I § 10, S. 289 ff.

[400] Vgl. Benthams Brief an James Madison von Oktober 1811, in: *ders.*, Papers, S. 1–35, hier: S. 25 ff.; Bentham wies hierbei darauf hin, dass das zur Zeit seines Anerbietens bestehende amerikanische Recht ohnehin in erster Linie »ausländisches« Recht sei, nämlich englisches *common law*.

[401] Vgl. Benthams Brief an Alexander I von Juni 1815, in: *ders.*, Papers, S. 82–104, hier: S. 95. Bentham räumt zwar ein, dass er mangels genauer Kenntnis der örtlichen Gegebenheiten nur einen Grundriss der Gesetzbücher für Russland liefern könne. Dies sei aber die Hauptsache und das Auffüllen dieses Grundrisses mit lokalen Detailregelungen könne dann durch Einheimische erfolgen (ebd., S. 93).

[402] Bentham spricht von *constitutional law*, hat hiervon jedoch einen sehr weiten Begriff, wie aus dem Inhaltsspektrum seiner späteren Werke »First principles preparatory to constitutional code« und »Constitutional Code« hervorgeht.

sinnvoll sei.[403] In späteren Jahren rückte er auch von dieser Ausnahme ab und scheute sich nicht, allen interessierten Ländern den Entwurf eines *Constitutional Code* anzubieten.[404] Obwohl Benthams Argumentation formal generelle Anwendbarkeit erheischt, so wird doch auch hier wieder deutlich, dass seine Argumente zweckgerichtet auf die eigene Person zugeschnitten sind, um sein Engagement als weltweiter *draftsman* zu legitimieren. Bei Mohl stieß Benthams Ansicht, vorzugsweise Fremden die Ausarbeitung von Gesetzbüchern zu übertragen, denn auch auf scharfe Kritik.[405] Für die Entwurfsarbeiten sei eine genaue Kenntnis der lokalen Verhältnisse unerlässlich. Mohl wendet sich daher auch gegen die ursprüngliche Vorgehensweise Russlands, ausländische Rechtsgelehrte in die Gesetzgebungskommission zu berufen.[406]

Für den Gang der Kommissionsarbeit bei der Entwurfserstellung sahen die meisten Autoren im Wesentlichen drei Schritte vor. Nach Abschluss der erforderlichen Vorarbeiten soll zunächst die Gesamtkommission über die Grundzüge und die Grobeinteilung des projektierten Gesetzes beraten.[407] Die eigentliche Ausar-

---

[403] So Bentham im Brief an Zar Alexander I von Juni 1815 (ebd., S. 103), wobei er insbesondere den Entwurf eines *Constitutional Code* für das auf dem Wiener Kongress soeben neu geformte Königreich Polen im Blick hatte; ein Ansinnen, dem er nur ungern nachgekommen wäre. Damals fühlte sich Bentham im Felde der Gesetzgebung sehr viel mehr im Strafrecht und, mit Abstrichen, im Zivilrecht zu Hause.

[404] Zunächst bot Bentham 1821 den portugiesischen Cortes (Portugal hatte nach Aufständen im Juni 1821 eine Verfassung verkündet) neben einem Straf- und Zivilgesetzbuch auch den Entwurf eines *Constitutional Code* an, wobei er versprach, bei den Entwürfen die Gegebenheiten in Portugal beständig im Auge zu haben (*Bentham*, Codification Proposal, S. 332–334). Die Cortes fassten am 26. November 1821 den Beschluss, Benthams Angebot anzunehmen, was ihm mit Schreiben vom 3. Dezember 1821 mitgeteilt wurde (abgedruckt in *Bentham*, Codification Proposal, S. 335). Die versprochenen Gesetzentwürfe blieb Bentham aber schuldig. Statt wie versprochen zunächst den Entwurf eines Strafgesetzbuchs für Portugal in Angriff zu nehmen, wandte sich Bentham in der Folgezeit den Vorarbeiten zu einem *Constitutional Code* zu, auch dies aber nicht mit dem versprochenen speziellen Blick auf Portugal. Der *Constitutional Code* war vielmehr als Modellgesetzbuch konzipiert, »for the use of all nations and all governments professing liberal opinions«, wie es im Untertitel der Ausgabe von 1830 hieß. Im Vorwort zum *Constitutional Code* schreibt Bentham, dass er bei der Abfassung als potentielle Anwender vornehmlich die jungen lateinamerikanischen Staaten im Blick hatte (CW: S. 3 f.).

[405] *Mohl*, Politik, Bd. 1, S. 499, Fn. 1.

[406] Ebd. Bedeutende ausländische Rechtsgelehrte wurden vom Zaren zu korrespondierenden Mitgliedern der Gesetzgebungskommission ernannt, darunter Thibaut und Feuerbach. Thibaut leistete aber, soweit bekannt, keine konkrete Mitarbeit (vgl. *Reich*, S. 160). Feuerbach korrespondierte zwar mehrfach mit der russischen Gesetzgebungskommission, war aber an konkreten Gesetzgebungsarbeiten für Russland nicht beteiligt (vgl. Feuerbachs Briefe an Rosenkampf aus den Jahren 1807–1809, in: *Feuerbach*, Nachlaß, Bd. 1, S. 140 ff., 153 ff., 159 ff. sowie *Reich*, S. 180). Der Litauer Rosenkampf, zeitweilig Leiter der russischen Gesetzgebungskommission, war selbst weder mit der russischen Sprache noch mit den russischen Gesetzen vertraut (s. oben S. 85, Fn. 315).

[407] *Kitka*, S. 22 ff.; *Morgenstern*, Bd. 1, S. 292; *Mohl*, Art. »Gesetz«, Staats-Wörterbuch, Bd. 4, S. 282; *ders.*, Politik, Bd. 1, S. 500, wobei er darauf hinweist, dass die Grundzüge des Gesetzes auch bereits durch das Justizministerium oder ein Fachministerium vorgegeben sein können; zur entsprechenden Vorgehensweise der *draftsmen* in England (wobei auch hier die Grundzüge in der Regel durch das zuständige Fachministerium vorgegeben wurden) s. *Ilbert*, Methods and Forms, S. 244.

beitung der gesetzlichen Bestimmungen ist dann einem oder mehreren Referenten zu übertragen.[408] Nach Fertigstellung des Referentenentwurfs soll dieser von der Gesamtkommission beraten und gegebenenfalls gemäß den Beschlüssen der Gesamtkommission überarbeitet werden.[409] Die Beratungen und Beschlüsse der Kommission sollen protokolliert und dem fertigen Entwurf ausführliche Motive beigegeben werden.

b) Die Praxis

In Preußen wurde durch die Kabinettsorder Friedrichs II vom 14. April 1780, die auch den Ausgangspunkt für die Gesetzgebungsarbeiten am späteren ALR bildete, die Einrichtung einer permanenten Gesetzeskommission angeordnet.[410] Dieser sollte ursprünglich bei dem geplanten Gesetzbuch eine Doppelfunktion zukommen: Zum einen sollte sie das Gesetzbuch entwerfen, zum anderen aber auch nach Fertigstellung des Gesetzbuchs etwaige Mängel, die sich in dessen Anwendung zeigen, abstellen, neue Gesetze vorschlagen und undeutliche Stellen authentisch interpretieren. Wir sahen bereits, dass die Kommission bei der Anfertigung der Entwürfe niemals die ihr ursprünglich zugedachte Rolle übernehmen konnte, sondern ihre Funktion faktisch auf kritische Stellungnahmen ihrer Mitglieder zu den jeweiligen Entwürfen beschränkt wurde.[411] Auch ihr Interpretationsmonopol für fertige Gesetze konnte sie nicht lange aufrechterhalten.[412]

Zusammengesetzt war die Kommission aus einer Justizdeputation und einer Finanzdeputation. Letztere sollte hinzugezogen werden, wenn es »bei einer vollständigen Beurteilung nicht nur auf Rechtsfragen, sondern auch auf Kenntnisse des Finanzwesens ankommt«.[413] Das Gründungspatent ordnete an, dass zu Mitgliedern der Kommission nur »Leute von reifen Jahren, gründlicher Erfahrung, geprüfter Rechtschaffenheit, und einem festen und zuverläßigen moralischen Charakter« vorgeschlagen werden sollen.[414] Sämtliche anfänglich ernannten Mitglieder der Justizdeputation waren Angehörige des preußischen Justizdienstes, die meist als Richter tätig waren; zu weiteren Mitgliedern wurden die wichtigsten Gesetzesredaktoren aus dem Mitarbeiterstab Carmers ernannt; die Mitglieder der Finanzdeputation waren mit Ausnahme des Bergrats Gerhardt alle Finanzräte im

---

[408] *Reitemeier*, Gesetzgebung, S. 133 ff.; *Kitka*, S. 24 ff.; *Morgenstern*, Bd. 1, S. 294; *Mohl*, Art. »Gesetz«, Staats-Wörterbuch, Bd. 4, S. 283; *ders.*, Politik, Bd. 1, S. 500 f.

[409] S. die Nachweise in Fn. 408.

[410] Kabinettsorder v. 14. April 1780, S. 46. Die Konstituierung der Gesetzeskommission erfolgte erst durch Patent vom 29. Mai 1781.

[411] S. oben S. 90 f.

[412] Vgl. unten S. 260, Fn. 1136.

[413] Patent, wodurch eine Gesetz-Commißion errichtet, und mit der nöthigen Instruction wegen der ihr obliegenden Geschäfte versehen wird, v. 29. Mai 1781, § 7, in: NCC, Bd. 7 (1781), Nr. 26, Sp. 337–350.

[414] Ebd., § 2.

Dienste des preußischen Hofes.[415] Zum einen fehlten also akademisch tätige Juristen (Professoren) und Rechtsanwälte in der Kommission, zum anderen aber auch Personen aus nicht-staatlichen Berufsgruppen, namentlich etwa Personen aus Wirtschaft und Handel. Sämtliche Kommissionsmitglieder waren vielmehr preußische Staatsbedienstete. Die Einbeziehung des Sachverstands von Personen außerhalb des preußischen Staatsdienstes wurde im Zusammenhang mit der Entstehung des ALR durch die Gesetzeskommission also nicht verwirklicht. Ein solcher Sachverstand konnte sich nur infolge der Veröffentlichung der Entwürfe zum Zwecke der Kritik und der durch Friedrich Wilhelm II verfügten Einbindung der Stände bemerkbar machen.

In Österreich wechselten während der langen Bemühungen um die Privatrechtskodifikation von 1753 bis 1811 zwar die Namen und die Zusammensetzung der Kommissionen, nicht aber deren Charakter als permanente Gesetzgebungskommissionen. Dies bedeutete, dass die Kommissionen (ähnlich der permanenten preußischen Gesetzeskommission) nicht spezifisch für ein bestimmtes Gesetzgebungsprojekt zusammengesetzt waren und ihren Mitgliedern neben der Arbeit an dem Zivilgesetzbuch auch noch diverse andere Aufgaben oblagen. Bei der Zusammensetzung der Kommissionen achtete man zu Beginn der Kodifikationsarbeiten unter Maria Theresia noch auf einen territorialen Proporz der Mitglieder, also eine Berücksichtigung der verschiedenen Regionen der Monarchie in der Kommission.[416] Bei den späteren Kommissionen stand hingegen die Aufteilung des Benennungsrechts unter den beiden wichtigsten Zentralbehörden, der Obersten Justizstelle und dem Direktorium, im Vordergrund.[417] Für alle an der österreichischen Privatrechtskodifikation beteiligten Kommissionen gilt, dass sie ausschließlich mit Staatsdienern besetzt waren und zwar ganz überwiegend mit Hofräten. Zu Zeiten Martinis wurde hierbei der ausschließlich mit Juristen (Justizhofräten) zusammengesetzten Kommission, der die eigentlichen Entwurfsarbeiten oblag, eine mit »politischen« Hofräten zusammengesetzte Überprüfungskommis-

---

[415] S. näher zu den Mitgliedern der Gesetzeskommission und ihren beruflichen Werdegängen *Schwennicke*, Entstehung, S. 25 ff., Fn. 60–61, 68–71 u. 73–74. Von den Gesetzesredaktoren waren Svarez, Baumgarten und Klein (letzterer zunächst außerplanmäßig) bereits seit 1781 Mitglied der Gesetzeskommission, Goßler, Kircheisen und Grolmann wurden 1787 zu Mitgliedern ernannt; vgl. *Schwennicke*, Entstehung, S. 18, Fn. 19, 20, S. 22, Fn. 44, S. 24, Fn. 52.

[416] Vgl. die Angaben zu den Mitgliedern der Kompilationskommission von 1753 und ihrer Herkunft bei *Harrasowsky*, Geschichte, S. 44 ff.; *ders.*, Codex Theresianus, Bd. 1, S. 2, Fn. 4; *Brauneder*, ABGB, S. 208.

[417] Beide Behörden waren Produkte der Verwaltungsreform Maria Theresias von 1749; die Oberste Justistelle war oberstes Rechtsprechungsorgan und oberste Justizverwaltung zugleich; das Direktorium war die oberste innere Verwaltungsbehörde. Der Revisionskommission von 1755 gehörten neben einem Sekretär sechs Mitglieder der Obersten Justizstelle und zwei Mitglieder des Direktoriums an (*Harrasowsky*, Geschichte, S. 67 ff.; *Brauneder*, ABGB, S. 208); für die 1797 eingesetzte neue Hofkommission in Gesetzsachen wurde jeweils eine gleiche Anzahl von Mitgliedern von der Obersten Justizstelle und dem Direktorium benannt (*Pfaff/Hofmann*, Kommentar, Bd. 1, S. 22).

sion zur Seite gestellt.[418] Da diese parallele Zuständigkeit einer »juristischen« und
einer »politischen« Kommission den Fortgang der Arbeiten aber erheblich behinderte, ging man ab 1797 (zu Zeiten des Referenten Zeiller) dazu über, die
Zuständigkeit bei einer Kommission zu konzentrieren, die aus juristischen und
politischen Hofräten zusammengesetzt war.[419] Personen außerhalb des Staatsdienstes gehörten den Kommissionen hingegen – wie auch in Preußen bei Entstehung des ALR – nicht an. Ähnlich wie in Preußen[420] wurden in Österreich
auch keine Ausländer zu der Kommissionsarbeit hinzugezogen.[421]

Die Mitgliederzahl der an der Entstehung des ABGB beteiligten Kommissionen
schwankte; in der letzten Kodifikationsphase (ab 1801) bestand die Kommission aus
neun ständigen und fünf zeitweiligen Mitgliedern. Nachdem die erstmalige Beratung des kompletten Gesetzentwurfs in der Kommission 1806 abgeschlossen war
(so genannte »erste Lesung«), erfolgte eine Revision der bisherigen Arbeiten
durch einen aus der Mitte der Kommission gebildeten Ausschuss (1807/1808),
dem neun Mitglieder angehörten. Infolge weiterer Änderungswünsche durch
Kommissionsmitglieder und Äußerungen des Staatsrats bzw. Monarchen zu dem
Entwurf erfolgte anschließend nochmals eine »Superrevision« ebenfalls durch einen Kommissionsausschuss (1809/1810), dem nunmehr neben vier Kommissionsmitgliedern auch ein Mitglied des Staatsrats und ein Landrat angehörten.[422]
Anders als in früheren Kodifikationsphasen wurde hier die Überprüfung der
Kommissionsarbeit also nicht auf ein anderes Gremium, sondern auf einen Aus-

---

[418] Zur Zusammensetzung der Kommission zu Zeiten Martinis s. *Maasburg*, Geschichte, S. 253 f.,
Fn. 10. Zu der Überprüfungskommission unter dem Vorsitz von Sonnenfels vgl. oben S. 92,
Fn. 342.

[419] Vgl. zur Zusammensetzung der neuen Hofkommission in Gesetzsachen *Pfaff/Hofmann*,
Excurse, Bd. 1, S. 35, Fn. 5; *Maasburg*, Geschichte, S. 254, Fn. 11 (jeweils zur Zusammensetzung
1797); *Pfaff*, Zeitschrift f. d. Privat- u. öffentl. Recht der Gegenwart 2 (1875), S. 271 f.; *Pfaff/
Hofmann*, Kommentar, Bd. 1, S. 23 (zur Zusammensetzung während der drei »Lesungen« 1801–
1810). Zeiller bildete bei seiner Berufung in die Hofkommission 1797 insoweit eine Ausnahme,
als er zu diesem Zeitpunkt »nur« Appellationsrat war und erst 1802 zum Hofrat befördert wurde.

[420] In Preußen kam nur ganz zu Anfang der Kodifikationsarbeiten der Gedanke auf, einen
Nicht-Untertan des preußischen Königs hieran zu beteiligen, nämlich bei Svarez' letztlich ge-
scheiterter Anfrage bei dem badischen Juristen Johann Georg Schlosser wegen der Erstellung des
geplanten Auszugs aus dem römischen Recht. *Schlosser* hatte durch seinen »Vorschlag und Versuch
einer Verbesserung des deutschen bürgerlichen Rechts ohne Abschaffung des römischen Gesezbuchs« (1777) die Aufmerksamkeit der preußischen Redaktoren erregt (Schlossers »Vorschlag«
diente später auch Zeiller nach eigenem Bekunden als Hilfsmittel für seine Kodifikationsarbeit: s.
oben S. 56, Fn. 185).

[421] *Martini* spricht in seiner Denkschrift von 1792, S. 23 f. (493), den Gedanken an, als künftigen Redaktor für die Arbeiten am bürgerlichen Gesetzbuch einen ausländischen Rechtsgelehrten
zu bestellen, verwirft diesen Gedanken aber sogleich wieder, weil für diese Arbeit eine intensive
Kenntnis der österreichischen Gesetze und Verhältnisse erforderlich sei.

[422] Zur Zusammensetzung des Revisions- und Superrevisionsausschusses s. *Pfaff*, Zeitschrift
f. d. Privat- u. öffentl. Recht der Gegenwart 2 (1875), S. 271 f.; vgl. auch die Angaben zu den
Anwesenden in den einzelnen Sitzungen bei *Ofner*, Protokolle, Bd. 2, S. 327 ff. (Revision) u.
S. 491 ff. (Superrevision).

schuss derselben Kommission übertragen. Diese Maßnahme trug zusammen mit der Tatsache, dass in allen drei »Lesungen« durchgängig dieselbe Person (Zeiller) das Referat führte, wesentlich zum endlichen Gelingen des Kodifikationsprojekts bei.

In Bayern arbeitete man im Zusammenhang mit der Überprüfung des Feuerbachschen Entwurfs zum Strafgesetzbuch von 1813 anders als bei den erwähnten Kodifikationsarbeiten in Preußen und Österreich mit Ad-hoc-Kommissionen. Allerdings beschränkte sich die Aufgabe der 1808 eingesetzten Kommission nicht nur auf die Überprüfung des Strafgesetzbuchentwurfs, sondern umfasste auch das geplante Zivilgesetzbuch und die geplante Zivilprozessordnung.[423] Die Mitglieder der elfköpfigen Kommission, zu der auch Feuerbach selbst gehörte, waren alle Juristen, die als Ministerialbeamte oder hohe Richter tätig waren.[424] Wie in Preußen und Österreich wurde also auch hier kein nicht-staatlicher Sachverstand in der Kommission hinzugezogen. Allerdings war man, was die geographische Herkunft der Mitglieder betrifft, aufgeschlossener als in Preußen und Österreich: Zwar standen alle Mitglieder zum Zeitpunkt ihrer Berufung in die Kommission in bayerischen Diensten, man achtete aber im Hinblick auf die erst kurz zuvor zugunsten Bayerns erfolgten Gebietsabtretungen darauf, Personen aus ehemals preußischen, österreichischen und bambergischen Diensten in die Kommission zu holen. Außerdem war auch Feuerbach erst kurz vor seiner Beauftragung mit dem Strafgesetzbuchentwurf in bayerische Dienste getreten und sah sich mannigfaltiger Ressentiments wegen des starken Einflusses von Nicht-Bayern unter der Regierung Max Josephs ausgesetzt.[425] Die zweite Kommission, die sich von 1810 bis 1812 mit der erneuten Überprüfung des Strafgesetzbuchentwurfs Feuerbachs beschäftigte, wurde aus den Mitgliedern der Sektionen Justiz und Inneres des königlichen Geheimen Rats gebildet, wobei nunmehr also auch Nicht-Juristen beteiligt waren.[426]

An der Entstehung des preußischen Strafgesetzbuchs von 1851 war zunächst die 1825 eingesetzte Gesetzrevisionskommission als eine Art permanentes Leitungsgremium für die Revisionsarbeiten am ALR beteiligt, sodann der aus Mitgliedern

---

[423] Vgl. Anmerkungen z. BayStGB 1813, Bd. 1, S. 15; *Geisel*, S. 15.

[424] S. zu den einzelnen Kommissionsmitgliedern und ihren Ämtern die Anmerkungen z. BayStGB 1813, Bd. 1, S. 13 ff.; *Geisel*, S. 15.

[425] Feuerbach war, als er seine Kritik am Entwurf Kleinschrods schrieb, noch Professor in Kiel und wechselte erst 1804 an die Universität Landshut. Vgl. die Bemerkung *Feuerbachs* in einem Brief an seinen Vater vom Weihnachten 1804 (Nachlaß, Bd. 1, S. 101): »Die Bayern sehen ziemlich scheel darüber, daß ein Ausländer ihnen Gesetze geben soll …« Zu den Kommissionsmitgliedern aus ehemals preußischen, österreichischen und bambergischen Diensten s. oben S. 74 mit Fn. 270.

[426] Die einzelnen Kommissionsmitglieder sind aufgeführt in den Anmerkungen z. BayStGB 1813, Bd. 1, S. 16 ff. Zum Verlauf der Kommissionsberatungen, die sich auf den materiellen und prozessualen Teil des Entwurfs erstreckten und an denen ab 1811 auch Feuerbachs Gegenspieler Gönner teilnahm, vgl. die Anmerkungen z. BayStGB 1813, Bd. 1, S. 18; *Radbruch*, S. 82 f.; *Geisel*, S. 17 f.

dieser Kommission gebildete Ausschuss (»Deputation«) für die Revision des strafrechtlichen Teils des ALR und ab 1838 die aus Mitgliedern des Staatsrats und des
Staatsministeriums gebildete so genannte Immediatkommission. Bei der Besetzung dieser Gremien hielt man an der uns bereits aus der Entstehungsgeschichte
des ALR bekannten Tradition fest, die Kommissionen ausschließlich mit Angehörigen des preußischen Staatsdienstes zu besetzen sowie fast ausschließlich mit
Juristen.[427] Durch die »hochkarätige« Besetzung der Immediatkommission mit
Mitgliedern des Staatsrates, den beiden Justizministern (das Amt des Justiministers
war damals getrennt in einen Minister für Justizverwaltung und einen Minister für
Gesetzesrevision) und dem Innenminister hoffte man die Arbeiten zu beschleunigen und Detailberatungen im Staatsministerium oder im Plenum des Staatsrats
überflüssig zu machen, was sich im weiteren Verlauf aber als trügerisch erwies.[428]
Eine echte Beschleunigung der Beratungen wurde aber dadurch erzielt, dass die
Beschlüsse der Immediatkommission zum Strafgesetzbuchentwurf abschnittsweise dem Staatsratsplenum vorgelegt wurden, so dass beide Gremien parallel über
den Entwurf berieten.[429] Für die in Bayern geübte Praxis, gezielt Juristen aus den
unterschiedlichen (neu erworbenen) Landesteilen hinzuzuziehen, sah man in
Preußen anfangs keine Notwendigkeit. Erst 1846 erfolgte angesichts der massiven
Kritik von rheinischer Seite, dass der Entwurf zu wenig Rücksicht auf das im

---

[427] Zu der anfänglichen Besetzung der Gesetzrevisionskommission s. *Kamptz*, Kamptz' Jahrbücher, Bd. 60 (1842), S. 72, Fn. 30; zur Besetzung der strafrechtlichen Deputation der Gesetzrevisionskommission s. im einzelnen: *R. Hippel*, Bd. 1, S. 315, Fn. 1; *Berner*, S. 219; sämtliche
Mitglieder waren Juristen im preußischen Staatsdienst. Zu der Besetzung der Immediatkommission
des Staatsrates ab 1838 s. im einzelnen: *Regge, in: Regge/Schubert*, Bd. 1, S. XXXVII; *Schubert, in:
Regge/Schubert*, Bd. 4/1, S. XIV ff.; *Berner*, S. 229 f.; *R. Hippel*, Bd. 1, S. 320, Fn. 3. Einziger
Nichtjurist in der Immediatkommission war der General v. Müffling, der als Präsident des Staatsrats zugleich Vorsitzender der Immediatkommission war.
[428] Die Bildung der hochkarätig besetzten Immediatkommission ging auf einen Vorschlag der
beiden damaligen Justiminister Kamptz und Mühler vom 7. November 1837 zurück (abgedruckt
bei *Regge/Schubert*, Bd. 5, S. 220 f.). Die Kommission sollte danach die Punkte bestimmen, welche
einer vorherigen Beratung im Staatsministerium bedürfen. Der von der Kommission erarbeitete
Entwurf sollte nach seiner Fertigstellung unmittelbar dem Plenum des Staatsrats vorgelegt werden,
dessen Beratungen sich auf grundsätzliche Fragen beschränken sollten. Allerdings hatten die Chefs
der einzelnen Departements (Ministerien) das Recht, die Beratung einzelner Punkte zu dem
Entwurf im Staatsministerium zu veranlassen. Die Immediatkommission sollte aus Beschleuni-
gungsgründen für den Strafgesetzbuchentwurf auch die Funktion der so genannten »Fassungskommission« übernehmen, deren Aufgabe in der separaten stilistischen Überprüfung von Gesetzentwürfen lag. Dieser Verfahrensplan wurde vom König durch Kabinettsorder vom 4. Februar
1838 genehmigt (*Regge/Schubert*, Bd. 5, S. 222). Im Plenum des Staatsrats wurden die vorgelegten
Teilentwürfe zum Strafgesetzbuch dennoch zum Teil sehr detailliert beraten, wofür man im
Staatsratsplenum nicht weniger als 51 Sitzungen benötigte (vgl. hierzu auch *Schneider*, Staatsrat,
S. 171 ff.).
[429] Die Immediatkommission beriet zunächst von 1838 bis 1842, das Staatsratsplenum von
1839 bis Januar 1843; das Ergebnis der Beratungen war der Entwurf von 1843, der – wie wir noch
sehen werden – den Provinziallandtagen und der Öffentlichkeit zur Stellungnahme vorgelegt
wurde, woran sich neue Beratungen der Immediatkommission knüpften. Savigny nahm als neuer
Minister für Gesetzrevision seit Juli 1842 an den Kommissionsberatungen teil.

Rheinland geltende Straf- und insbesondere Gerichtsverfassungsrecht französischer Provenienz nähme, eine demonstrative Hinzuziehung von vier rheinischen Juristen in der Kommission.[430]

Bei der 1835 in Britisch-Indien eingesetzten Gesetzgebungskommission handelte es sich um eine permanente Kommission, in deren Zuständigkeit nicht allein der Strafgesetzbuchentwurf, sondern sämtliche wesentlichen Gesetzgebungsprojekte fielen. Das jeweilige *law member* des *Governor-General in Council* war ex officio Präsident der Gesetzgebungskommission. Er sollte gerade nicht aus dem Kreis der Angehörigen der *East India Company* berufen werden, was faktisch dazu führte, dass diese Position regelmäßig Juristen aus London einnahmen, die bei ihrer Berufung wenig oder keine Vertrautheit mit den indischen Verhältnissen besaßen.[431] Bei den weiteren Mitgliedern der Gesetzgebungskommission sollte es sich zum einen um fähige Juristen aus England, zum anderen um erfahrene Angehörige der *East India Company* aus den verschiedenen Provinzen Britisch-Indiens handeln.[432] Entsprechend sah die Zusammensetzung der Kommission bei ihrer Konstituierung 1835 aus. Neben Macaulay als Kommissionspräsident gehörten ihr Charles Hay Cameron (ein aus London berufener *barrister*), John Macleod (ein erfahrener *civil servant* aus Madras[433]), George William Anderson (ein *civil servant* aus Bombay; dort zuvor als Richter der *East India Company* tätig) sowie Frederic Millett (als Sekretär) an.[434] Inder gehörten der Kommission nicht an. Die Kommissionsarbeit wurde schon bald durch Krankheiten fast aller Mitglieder behindert; Anderson erwies sich im Übrigen nach dem Urteil Macaulays als vollkommen ungeeignet für die Kommissionsaufgaben.[435]

---

[430] Vgl. *Berner*, S. 236; *Hälschner*, S. 279; *Beseler*, S. 12; *R. Hippel*, Bd. 1, S. 322; *Regge*, in: *Regge/Schubert*, Bd. 1, S. XLI u. Bd. 6/1, S. XXII ff. Zwar war bereits in der Strafrechts-Deputation der Gesetzrevisionskommission mit dem Richter am rheinischen Kassations- und Revisionshof in Berlin Fischenich ein rheinischer Jurist vertreten, was aber nicht zu einem spürbaren rheinischen Einfluss auf die Kodifikationsarbeiten geführt hatte.

[431] S. hierzu oben S. 27 f. sowie die Schilderung durch Peacock in: Government of India, Peacock's Minutes, S. 148.

[432] Vgl. Macaulay, Minute of 2 January 1837, in: Government of India, Macaulay's Minutes, S. 88 f., auch in: *Dharker*, S. 256 f. (dort undatiert); Report from the Select Committee … (29 June 1852), S. 64 (evidence of James C. Melvill), in: Parliamentary Papers 1852/53 (41) xxx.

[433] Zu Macleods Kommissionsarbeit schrieb Macaulay in einem vertraulichen Brief an James Mill: »He [Macleod] refines so much that he does nothing. He has not been able to produce a single definition which satisfies himself. But he is invaluable as a critic, or rather a hypercritic on all that others do.« (Schreiben Macaulays an James Mill v. 24. August 1835, in: *Pinney*, Bd. 3, S. 146–151, hier: S: 147).

[434] Vgl. *Ilbert*, Government, S. 90, Fn. 1; *Rankin*, S. 201; *Smith*, S. 149, Fn. 14. W.H. Macnaghten, der als Repräsentant des *civil service* in Bengalen in die Kommission berufen worden war, hatte die Berufung nicht angenommen.

[435] Zu Anderson schrieb Macaulay an James Mill: »Anderson is very willing to work but is utterly incompetent. He has absolutely no notion of any other jurisprudence than that which he has passed his life in administering: nor have we yet received from him even a single hint of the smallest value.« (Schreiben Macaulays an James Mill v. 24. August 1835, in: *Pinney*, Bd. 3, S. 146–151, hier: S. 147 f.); ähnlich Macaulay in einem Brief zwei Jahre später: »…as to Anderson,

Nach Macaulays Abreise aus Indien litt die Kommission an schleichender Auszehrung. Ausscheidende Mitglieder wurden häufig nicht durch neue ersetzt, so dass die Kommission zur Mitte der vierziger Jahre nur noch aus zwei Mitgliedern bestand und gegen Ende der vierziger Jahre faktisch aufgehört hatte zu existieren. Die Gesetzgebungsentwürfe wurden jetzt in der Regel vom *law member* des *Governor-General in Council* ohne Hinzuziehung einer Kommission gefertigt. Dieses Vorgehen, welches den Vorgaben des *Charter Act* von 1833 zuwiderlief, stieß in London auf Kritik und führte dazu, dass in dem neuen *Charter Act* von 1853 die Bildung einer neuen indischen Gesetzeskommission, nunmehr aber mit Sitz in London vorgesehen war.[436] Die Überarbeitung des Strafgesetzbuchentwurfs wurde jedoch nicht von der in London tagenden Kommission, sondern durch einen Ausschuss des ebenfalls durch den *Charter Act* von 1853 neu gestalteten *Legislative Council* in Kalkutta vorgenommen.[437]

Das deutsche BGB war das Produkt mehrerer speziell zu diesem Zweck gebildeter Kommissionen. Insgesamt waren es vier Kommissionen, die Einfluss auf die Entstehung der BGB-Entwürfe ausübten:[438] Die 1874 eingesetzte Vorkommission, welche die wesentlichen Weichenstellungen über die Vorgehensweise bei der Kodifikation traf, die von 1874 bis 1887 am BGB-Entwurf arbeitende erste Kommission, sodann die im Reichsjustizamt gebildete Vorkommission zur zweiten Kommission, welche von 1891 bis 1893 parallel zur zweiten Kommission tagte, und schließlich die zweite Kommission selbst, deren Beratungen zum BGB sich von 1891 bis 1895 erstreckten.[439] Da es sich bei den genannten Kommissionen nicht um stehende Einrichtungen handelte, konnten sie speziell nach den Bedürfnissen des Kodifikationsprojekts gebildet werden. Betrachtet man die tatsächliche Zusammensetzung der Kommissionen, so sind zunächst zwei Aspekte auffällig: die starke Dominanz von Juristen in allen Kommissionen, wobei es sich

---

between ourselves, if he would keep his bed all the week round it would be the greatest service which he could render to the Commission.« (Schreiben Macaulays an Thomas Flower Ellis, 8. März 1837, ebd., Bd. 3, S. 209–212, hier: S. 210); vgl. auch das oben S. 95, Fn. 354 wiedergegebene Zitat aus einem Schreiben Macaulays an Macvey Napier v. 15. Juni 1837 – dort auch zur krankheitsbedingten Schwächung der Kommission während der Arbeiten am Strafgesetzbuchentwurf.

[436] 16 & 17 Vict., c. 95, sec. 28.

[437] S. hierzu unten S. 186.

[438] Gemeint sind an dieser Stelle diejenigen Kommissionen, deren Aufgabe in der eigentlichen Entwurfserstellung als Vorlage für die gesetzgebenden Gremien lag; bei den nachfolgenden Beratungen des Entwurfs im Bundesrat und Reichstag waren dann erneut Ausschüsse eingebunden.

[439] Der Entwurf der ersten Kommission wurde am 27.12.1887 dem Reichskanzler übergeben, die Kommission blieb aber bis März 1889 im Amt, um am Entwurf eines Einführungsgesetzes sowie der vorgesehenen Nebengesetze (Grundbuchordnung, Zwangsversteigerungsgesetz und Gesetz über die freiwillige Gerichtsbarkeit) zu arbeiten. Die Vorkommission des Reichsjustizamts wurde 1890 gebildet und begann ihre Beratungen im Januar 1891, die sie vermutlich im April 1893 einstellte (zur Frage weiterer Sitzungen der Vorkommission vgl. *Schulte-Nölke*, S. 183). Die zweite Kommission legte am 22. Oktober 1895 den revidierten zweiten Entwurf (so genannte Bundesratsvorlage) vor und beriet anschließend noch bis Februar 1896 das Einführungsgesetz.

überwiegend um praktisch tätige, im Staatsdienst stehende Juristen handelte, sowie der dominierende Einfluss föderalistischer Proporzüberlegungen bei der Auswahl der Kommissionsmitglieder wie auch bei der Auswahl der einzelnen Redaktoren.

Dies gilt bereits für die 1874 vom Bundesrat eingesetzte fünfköpfige Vorkommission, die sich aus jeweils einem hohen Richter von Obergerichten der größten Bundesstaaten Preußen, Bayern, Sachsen und Württemberg sowie einem Richter des Reichsoberhandelsgerichts zusammensetzte.[440] Die Vorkommission machte ihrerseits detaillierte Vorschläge für die Zusammensetzung der mit den Entwurfsarbeitenden zu betrauenden Kommission.[441] Sie empfahl eine Kommission von neun Mitgliedern, die sich aus »hervorragenden praktischen und theoretischen Juristen« zusammensetzen soll. Durch die Zahl von neun Mitgliedern sei gewährleistet, dass sowohl gründliche Kenner der verschiedenen großen Rechtsgebiete in der Kommission berücksichtigt werden können als auch für die eigentlichen Redaktionsarbeiten besonders taugliche Juristen. Neben diesen fachlichen Gesichtspunkten lässt die Vorkommission nicht unerwähnt, dass die vorgeschlagene Zahl von Mitgliedern auch für den Fall genügen dürfte, dass »der Hohe Bundesrath glauben sollte, bei der Zusammensetzung der Kommission auch politische Rücksichten in Rechnung ziehen zu müssen«.

Derartige politische Rücksichten, genauer gesagt föderalistische Proporzrücksichten waren denn auch in der Tat wiederum maßgebend bei der Wahl der Kommissionsmitglieder durch den Bundesrat, was man nur unzureichend mit dem Argument kaschierte, dass die verschiedenen Rechtsgebiete Deutschlands angemessen in der Kommission vertreten sein sollen. So teilten sich die fünf größten Bundesstaaten (Preußen, Bayern, Sachsen, Württemberg und Baden) das Benennungsrecht praktisch untereinander auf, wobei die Zahl der Kommissionsmitglieder auf Empfehlung des Justizausschusses des Bundesrats von neun auf elf erhöht wurde.[442] Die fünf Bundesstaaten knüpften bei der Auswahl der von ihnen

---

[440] S. zu den Mitgliedern der Vorkommission das Protokoll der Bundesratssitzung v. 28. Februar 1874 (in: *Schubert*, Materialien, S. 163) sowie *Schubert*, Materialien, S. 34 f.; *Vierhaus*, S. 46. Der anstelle des erkrankten Präsidenten des Paderborner Appellationsgerichts, Meyer, nachrückende Schelling war zu dieser Zeit ebenfalls Präsident eines preußischen Obergerichts, nämlich des Appellationsgerichts in Halberstadt. Goldschmidt, damals Richter am Reichsoberhandelsgericht, verdankte seine Berufung wohl der Fürsprache des ansonsten nicht berücksichtigten nächstgroßen Bundesstaats Baden (Goldschmidt war zuvor lange Zeit Professor in Heidelberg).

[441] Zum Folgenden: Gutachten der Vorkommission v. 15. April 1874, in: *Schubert*, Materialien, S. 170–185, hier: S. 176 f.

[442] Vgl. Punkt 2 der Beschlussanträge des Justizausschusses des Bundesrats v. 9. Juni 1874 (in: *Schubert*, Materialien, S. 198); die Wahl der Kommissionsmitglieder erfolgte in der Bundesratssitzung v. 2. Juli 1874 (Sitzungsprotokoll in: *Schubert*, Materialien, S. 203). Die Dominanz der genannten fünf größten Bundesstaaten bei der Auswahl der Kommissionsmitglieder wurde durch die Zusammensetzung des Justizausschusses des Bundesrats begünstigt, in dem wichtige Vorentscheidungen fielen. Die fünf größten Bundesstaaten waren im Justizausschuss als ständige Mitglieder vertreten; hinzu kamen zwei wechselnde Mitglieder aus dem Kreis der kleineren Bundesstaaten (zur Zeit der Bestellung der BGB-Kommission waren dies Lübeck und Braunschweig). Als

zu benennenden Kommissionsmitglieder wieder an die Tradition an, in erster Linie hohe Richter und Ministerialbeamte zu benennen. Dies gilt insbesondere für Preußen, welches vier Mitglieder benannte; nur Bayern und Baden (die jeweils zwei Mitglieder benannten) wählten daneben auch je einen Rechtsprofessor (Roth als Germanisten und Windscheid als Romanisten) aus.[443] Für alle Kommissionsmitglieder galt wiederum, dass sie aus dem Staatsdienst kamen. Die fünf Redaktoren der ersten Kommission wurden auf Vorschlag des Kommissionspräsidenten Pape von der Kommission gewählt. Pape schlug als Redaktoren zwei preußische Kommissionsmitglieder, ein bayerisches, ein württembergisches und ein badisches Kommissionsmitglied vor. In einem Bericht an den Reichskanzler begründete Pape diese Auswahl ausführlich mit dem Argument, dass hierdurch die in Deutschland vertretenen Rechtsgebiete am besten berücksichtigt seien.[444]

Die zum Teil unerwartet heftige Kritik an dem veröffentlichten Kommissionsentwurf, die unter anderem die mangelnde Berücksichtigung außerrechtlicher, namentlich wirtschaftlicher und sozialpolitischer Gesichtspunkte beanstandete, führte zur Einsetzung einer zweiten Kommission, in die nunmehr erstmals auch Personen berufen wurden, die keine Juristen waren und nicht im Staatsdienst standen. Hierbei handelte es sich um Vertreter der Wirtschaft, der Anwaltschaft und insbesondere auch um Reichstagsabgeordnete, die in die Kommission berufen wurden, um das Passieren des Gesetzentwurfs im Reichstag zu erleichtern.[445]

---

elftes Mitglied hatte der Justizausschuss zunächst auf Vorschlag Lübecks statt des von Preußen vorgeschlagenen Derscheid den Hamburger Richter Baumeister nominiert; im Plenum des Bundesrats konnte sich Preußen aber mit seinem Vorschlag durchsetzen; vgl. die Berichte von Krüger (Lübeck) und Perglas (Bayern) über die Ausschusssitzung v. 30. Juni 1874 (in: *Schubert*, Materialien, S. 199 ff.) und den Bericht von Perglas über die Plenarsitzung v. 2. Juli 1874 (ebd., S. 204 f.).

[443] Zur Zusammensetzung der ersten Kommission ausführlich *Schubert*, Materialien, S. 36 ff.; *ders.*, Entstehung, S. 18 ff.; *Dölemeyer*, BGB, S. 1581 ff.

[444] Bericht Papes an den Reichskanzler v. 2. Oktober 1874, in: *Schubert*, Materialien, S. 273–277, hier: 274 f. Vorgeschlagen und als Redaktoren gewählt wurden Johow als »Kenner des preußischen Rechts im engeren Sinne«, Planck als Kenner des Rechts der neuen Landesteile Preußens, Schmitt als Kenner des bayerischen Rechts, Kübel als Kenner des württembergischen Rechts und Gebhard als Kenner des französischen Rechts. Dass Bayern, Württemberg und die neuen Landesteile Preußens (alles überwiegend Gebiete des Gemeinen Rechts, jedoch mit unterschiedlicher Spezialgesetzgebung) mit je einem eigenen »Kenner« als Redaktor vertreten sein sollen, Sachsen jedoch nicht, versucht Pape mit dem Hinweis zu erklären, dass das sächsische Privatrecht durch seine gelungene Kodifikation jedem Redaktor am leichtesten zugänglich sei. Auch für die Zuteilung der einzelnen Materien an die fünf Redaktoren führt Pape sachliche Gründe an (ebd., S. 275 f.), die jedoch nicht in allen Fällen plausibel sind (so bei der Zuteilung des Allgemeinen Teils an Gebhard und des Erbrechts an Schmitt). Auf politische Rücksichtnahmen bei der Auswahl der Redaktoren kommt Pape nicht zu sprechen, was in einem offiziellen Bericht an den Reichskanzler auch nicht anders zu erwarten war.

[445] Die Mitglieder der zweiten Kommission wurden vom Bundesrat in der Sitzung v. 4. Dezember 1890 gewählt (Sitzungsprotokoll in: *Schubert*, Materialien, S. 350 f.); zur Zusammensetzung der zweiten Kommission s. auch Protokolle zum BGB, Bd. 1, S. V f.; *Dölemeyer*, BGB, S. 1591 f. Zu den Hintergründen bei der Auswahl der Kommissionsmitglieder s. die Berichte von Regierungsvertretern über die Sitzungen des Justizausschusses des Bundesrats am 16.10.1890,

Die Kommission teilte sich nunmehr in ursprünglich zehn ständige und zwölf nicht-ständige Mitglieder auf, wobei die Vertreter wirtschaftlicher Interessen und die Reichstagsabgeordneten nicht-ständige Mitglieder waren und – wie sich in den Kommissionsberatungen zeigte – überwiegend nur sporadisch an den Sitzungen teilnahmen und keinen wesentlichen Einfluss auf die Beratungen ausübten.[446] Die ständigen Kommissionsmitglieder waren wiederum durchgängig Juristen und bis auf einen Rechtsanwalt alle im Staatsdienst stehend, wobei anstelle der in der ersten Kommission dominierenden Richter nunmehr Ministerialbeamte dominierten.[447] Auch konnte sich das Reichsjustizamt nunmehr personellen Einfluss auf die Kommission sichern, aus dessen Reihen zunächst auch der Kommissionsvorsitzende kam.[448] Daneben spielte bei der Berufung der ständigen Kommissionsmitglieder wie auch der einzelnen Referenten wiederum der Gesichtspunkt einer angemessenen Repräsentanz der größeren Bundesstaaten eine ausschlaggebende Rolle.[449]

30.10.1890 und 25.11.1890 in: *Schubert*, Materialien, S. 340 ff., 344 ff. sowie die Darstellungen bei *Schubert*, Materialien, S. 55 ff.; *John*, S. 171 ff.; *Schulte-Nölke*, S. 161 ff.

[446] Zum Beitrag der nicht-ständigen Mitglieder zu den Kommissionsberatungen s. *John*, S. 178 f.; *Schubert*, Materialien, S. 59; *ders.*, Entstehung, S. 47 f., 50 f. Die Zahl der Kommissionsmitglieder wurde noch vor Beginn der inhaltlichen Beratungen auf elf ständige und dreizehn nicht-ständige Mitglieder erhöht (Bundesratsbeschluss v. 12. März 1891, in: *Schubert*, Materialien, S. 354 f.).

[447] Das einzige nicht im Staatsdienst stehende ständige Mitglied der zweiten Kommission war der von Lübeck nominierte Rechtsanwalt Wolffson aus Hamburg. Lübeck wollte eigentlich den Präsidenten des Hamburger Oberlandesgerichts (Sieveking) nominieren, gab dann aber dem Druck Preußens nach, welches den Hansestädten empfahl, einen Vertreter des Rechtsanwaltstandes zu nominieren (Bericht Stieglitz' über die Sitzung des Justizausschusses des Bundesrats v. 16. Oktober 1890, in: *Schubert*, Materialien, S. 340 f.).

[448] Anfangs wurde der jeweilige Staatssekretär im Reichsjustizamt zum Kommissionsvorsitzenden ernannt; als 1893 der neue Staatssekretär Nieberding auf den Kommissionsvorsitz verzichtete, stellte Preußen als größter Bundesstaat den Kommissionsvorsitzenden (Küntzel); näher hierzu *Schubert*, Materialien, S. 57; *Schulte-Nölke*, S. 192 ff.

[449] Auf Vorschlag des Staatssekretärs im Reichsjustizamts, Oehlschläger, wurde denjenigen Bundesstaaten ein Nominierungsrecht für die ständigen Mitglieder der zweiten Kommission eingeräumt, welche im Justizausschuss des Bundesrats vertreten waren (Bericht Stieglitz' über die Sitzung des Justizausschusses des Bundesrats v. 16. Oktober 1890, in: *Schubert*, Materialien, S. 340 f.). Das waren zu dieser Zeit neben den fünf ständigen Ausschussmitgliedern (Preußen, Bayern, Sachsen, Württemberg und Baden) Hessen-Darmstadt und Lübeck. Hiermit wollte man die späteren Beratungen des überarbeiteten Entwurfs im Bundesrat erleichtern, indem die von den Ausschussmitgliedern nominierten Kommissionsmitglieder dann auch als Bundesratsbevollmächtigte der jeweiligen Regierung im Justizausschuss und Plenum des Bundesrats den Kommissionsentwurf verteidigen sollten. Auch bei der Auswahl der fünf Referenten der zweiten Kommission wurde wiederum darauf geachtet, dass die fünf größten Bundesstaaten jeweils einen Referenten stellen (Preußen Küntzel für das Sachenrecht, Bayern Jacubezky für das Schuldrecht, Sachsen Rüger für das Erbrecht, Württemberg Mandry für das Familienrecht und Baden Gebhard für den Allgemeinen Teil). *Schulte-Nölke*, S. 167 f., sieht hingegen den Einfluss der Bundesstaaten in der zweiten Kommission gegenüber der ersten Kommission wesentlich verringert, wobei er sich darauf stützt, dass mehr als die Hälfte der Mitglieder der zweiten Kommission keine Vertreter einzelner Bundesstaaten waren. Hierbei berücksichtigt er aber nicht, dass der wesentliche Einfluss auf die Beratungen und insbesondere auch die Redaktion des zweiten Entwurfs in der Hand der ständigen Kommissionsmitglieder lag, die neben dem anfangs vom Reichsjustizamt gestellten

Die Beratungen der zweiten Kommission waren mithin weniger von einer Zurückdrängung bundesstaatlicher Einflüsse oder einer stärkeren Einflussnahme der nicht-juristischen und nicht-staatlichen Mitglieder geprägt als vielmehr vom stärkeren Gewicht der Ministerialbürokratie auf die Kommissionsberatungen. Dieser Umstand wurde weiter gefördert durch die im Reichsjustizamt gebildete »Vorkommission«, die jeweils im Vorgriff auf die in der Kommission anstehenden Beratungen Änderungsvorschläge zu den jeweiligen Passagen des ersten Entwurfs erarbeitete, die dann meist durch Reichskommissare (die kein Stimm-, aber Antragsrecht in der Kommission besaßen) als Anträge in die Kommissionsberatungen eingebracht wurden.[450] Zwar stellte die Vorkommission des Reichsjustizamts ihre Tätigkeit 1893 ein, da einige Mitglieder der Vorkommission zugleich Mitglieder der Hauptkommission waren und die anfängliche Absicht, die jeweiligen Beratungsgegenstände der Hauptkommission in der Vorkommission detailliert mit Beschlussanträgen vorzubereiten, sich auf Dauer als zeitlich nicht durchführbar erwies, doch übten ihre Anträge bis dahin erheblichen Einfluss auf die eigentlichen Kommissionsberatungen aus.[451] Allerdings konnte sich das Reichsjustizamt nicht mit seinem ursprünglich verfolgten Plan durchsetzen, die Beratungen in der zweiten Kommission auf Fragen von allgemeiner Bedeutung zu beschränken und Detailfragen der Vorkommission vorzubehalten.[452] Auch für diejenigen Mate-

---

Vorsitzenden wie schon in der ersten Kommission durchgängig Vertreter einzelner Bundesstaaten waren und über ihr Abstimmungsverhalten in der Kommission zum Teil detaillierte Instruktionen von den Regierung des jeweiligen Bundesstaats erhielten.

[450] Ausführlich hierzu nunmehr *Schulte-Nölke*, S. 169 ff. Der Teilnehmerkreis der Beratungen der Vorkommission war nicht fest umgrenzt; nach *Schulte-Nölke* (S. 175, 178, 181) nahmen hieran neben dem jeweiligen Staatssekretär im Reichsjustizamt mit Achilles, Börner und Struckmann drei ehemalige Hilfsarbeiter der Redaktoren der ersten Kommission teil, die als Reichskommissare in der zweiten Kommission auftraten (Struckmann und Börner rückten 1892 bzw. 1895 als ständige Mitglieder in die zweite Kommission auf), außerdem von den Mitgliedern der zweiten Kommission Planck sowie zeitweise auch Jacubezky, Gebhard, Dittmar und Spahn. In der Vorkommission waren die Juristen damit wieder unter sich. Spahn, preußischer Richter und Reichstagsabgeordneter für das Zentrum und als einziges der nicht-ständigen Mitglieder der zweiten Kommission zeitweise in der Vorkommission vertreten, wurde später auch Vorsitzender des Reichstagsausschusses, welcher sich mit dem BGB-Entwurf befasste.

[451] Von der Vorkommission wurde der Allgemeine Teil sowie Teile des Schuldrechts und Sachenrechts des Entwurfs beraten (näher *Schulte-Nölke*, S. 175 ff.); die in die Beratungen der zweiten Kommission eingebrachten Anträge der Vorkommission sind in der Edition von *Jakobs/Schubert* (Die Beratung des Bürgerlichen Gesetzbuchs in systematischer Zusammenstellung der unveröffentlichten Quellen) im jeweiligen Sachzusammenhang wiedergegeben, wodurch sich das Schicksal der Anträge in den weiteren Kommissionsberatungen leicht weiterverfolgen lässt.

[452] Vgl. das durch den Mitarbeiter des Reichsjustizamts von Hagens verfasste »Promemoria betr. die weitere Behandlung des Entwurfs eines Bürgerlichen Gesetzbuch« v. 11. Juli 1890 (in: *Schubert*, Materialien, S. 334–337, hier: S. 337): »Auf dieser Grundlage [scil.: der Arbeit der Vorkommission] wäre die Kommission befähigt, die zweite Lesung in verhältnismäßig kurzer Zeit vorzunehmen. Ihre Berathungen und Beschlüsse würden sich im Wesentlichen auf Fragen von allgemeiner Wichtigkeit beschränken können, für welche die Kommission nach ihrer Zusammensetzung kompetent ist.« Hieran wird auch deutlich, dass man im Reichsjustizamt die zweite

rien, zu denen Beschlussanträge der Vorkommission vorlagen, machten die Mitglieder der zweiten Kommission von der Möglichkeit ausgiebiger Detailberatungen Gebrauch; entsprechend zogen sich ähnlich wie bei der ersten Kommission auch bei der zweiten Kommission die Beratungen wesentlich mehr in die Länge als ursprünglich vorhergesehen.[453]

Wesentlicher Einfluss auf die gesetzestechnische Ausgestaltung der Entwürfe der ersten und zweiten BGB-Kommission kam den von beiden Kommissionen gebildeten Redaktionsausschüssen zu, welche die inhaltlichen Beschlüsse der Kommission redaktionell umsetzten. Bereits die erste Kommission hatte anstelle der im Gutachten der Vorkommission von 1874 vorgesehenen Bestellung eines Hauptreferenten, der die von den Redaktoren vorgelegten Teilentwürfe und die hierzu ergangenen Kommissionsbeschlüsse zu einem einheitlichen Entwurf verarbeiten sollte, diese Aufgaben dem Protokollausschuss zugewiesen, der somit auch die Aufgaben eines Redaktionsausschusses wahrnahm.[454] Dieser dreiköpfige Ausschuss setzte die inhaltlichen Beschlüsse der Kommission redaktionell um, indem er zu den verschiedenen Teilentwürfen jeweils eine »Zusammenstellung der sachlich beschlossenen Bestimmungen« ausarbeitete, über die von der Kommission erneut Beschluss zu fassen war.[455] Bei der zweiten BGB-Kommission sah

---

Kommission, an der erstmals auch Nicht-Juristen beteiligt werden sollten, nicht für das geeignete Gremium hielt, um über juristische Detailfragen zu beraten.

[453] Vgl. *Schubert*, Materialien, S. 57 f. u. *Schulte-Nölke*, S. 193, die insbesondere die Verhandlungsleitung des zeitweiligen Kommissionsvorsitzenden Bosse, der den ausgiebigen Diskussionen freien Raum ließ, für die lange Dauer der Beratungen verantwortlich machen. Vgl. aber auch etwa *Schuberts* Ansicht (ebd., S. 58 f.), wonach die zahlreichen Anträge des bayerischen Kommissionsmitglieds Jacubezky »die Kommissionsarbeiten um mehrere Monate, wenn nicht gar um über ein Jahr aufgehalten« haben. Insgesamt (einschließlich der Beratungen zum Einführungsgesetz) hielt die zweite Kommission in knapp fünf Jahren 456 Sitzungen ab.

[454] Vgl. zum ursprünglich vorgesehenen Konzept der Bestellung eines Hauptreferenten das Gutachten der Vorkommission v. 15. April 1874, in: *Schubert*, Materialien, S. 170–185, hier: S. 179 sowie den Bericht des Justizausschusses des Bundesrats v. 9. Juni 1874, ebd., S. 186–199, hier: S. 197. Die erste Kommission hat die Bestellung eines Hauptreferenten zunächst auf unbestimmte Zeit verschoben (Sitzungsprotokoll v. 29. September 1874; in: *Schubert*, Materialien, S. 222). In der Geschäftsordnung, welche die Kommission sich 1881 bei Aufnahme der Beratungen über die Teilentwürfe gab, wurde die Entscheidung über die Bestellung eines Hauptreferenten erneut auf unbestimmte Zeit vertagt (§ 18 der Geschäftsordnung v. 4. Oktober 1881, in: *Schubert*, Materialien, S. 273). Stattdessen übertrug die Geschäftsordnung von 1881 die Aufgabe der redaktionellen Umsetzung der Kommissionsbeschlüsse dem Protokollausschuss (§ 17 der Geschäftsordnung).

[455] Der von dem Kommissionsausschuss für seine Arbeit gewählte Titel »Zusammenstellung der sachlich beschlossenen Bestimmungen« ist insofern missverständlich, als es sich nicht nur um die Zusammenstellung einzelner Bestimmungen handelte, sondern um eine durchgängige Neufassung der Teilentwürfe auf Grundlage der Kommissionsbeschlüsse. Über die diesbezügliche Arbeit des Ausschusses berichtet Pape in seinen Berichten an den Reichskanzler vom 29. März 1883 (in: *Schubert*, Materialien, S. 303–305, hier: S. 305) und 14. Februar 1884 (ebd., S. 306). Der Redaktionsausschuss (der wie erwähnt zugleich Protokollausschuss war) bestand aus dem Kommissionspräsidenten Pape, dem sächsischen Kommissionsmitglied von Weber (wohl als Ausgleich dafür, dass Sachsen keinen Redaktor stellte) sowie dem jeweiligen Redaktor (§ 14 der Geschäftsordnung; vgl. *Schubert*, Entstehung, S. 30).

bereits der die Einsetzung einer neuen Kommission regelnde Bundesratsbeschluss vor, dass nicht nur ein Generalreferent zu berufen, sondern auch eine Redaktionskommission zu bilden ist.[456] Dem Redaktionsausschuss der zweiten Kommission kam bei der gesetzestechnischen Gestaltung des Entwurfs ein noch größerer Einfluss zu, als dies beim Redaktionsausschuss der ersten Kommission der Fall gewesen ist, da die zweite Kommission wegen ihrer gegenüber der ersten Kommission wesentlich größeren Mitgliederzahl und der erstmaligen Beteiligung von Nicht-Juristen gesetzestechnische Fragen, etwa zur Terminologie oder Systematik der Bestimmungen, meist dem Redaktionsausschuss überließ.[457] Darüber hinaus besaß die Arbeit des Redaktionsausschusses der zweiten Kommission auch deshalb erhebliche Bedeutung, weil anders als beim ersten Entwurf mit der Veröffentlichung des zweiten Entwurfs nicht bis zum Abschluss der Arbeiten gewartet wurde, sondern die vom Redaktionsausschuss zu den jeweiligen Büchern des Entwurfs festgestellte Fassung sukzessive veröffentlicht wurde, noch bevor die Gesamtkommission Gelegenheit hatte, die vom Redaktionsausschuss festgestellte Fassung zu beraten.[458]

Im Rahmen der Entstehungsgeschichte des schweizerischen ZGB war es neben dem Redaktor Huber insbesondere die von 1901 bis 1903 tagende große Kommission, die im Vorfeld der parlamentarischen Beratungen Einfluss auf die Gestaltung des Entwurfes nahm. Ihr oblag die Prüfung des 1900 veröffentlichen Vorentwurfs und der hierzu eingegangenen Stellungnahmen.[459] Sie wurde ad hoc

---

[456] Protokoll der Bundesratssitzung v. 4. Dezember 1890 (unter Punkt IX), in: *Schubert*, Materialien, S. 350 f. Hierbei war ursprünglich vorgesehen, dass zunächst allein der Generalreferent eine vorläufige Überarbeitung des Entwurfs anhand der Kommissionsbeschlüsse vornehme und der Redaktionskommission sodann die förmliche Feststellung der Entwurfsfassung obliege. Noch vor Beginn der inhaltlichen Kommissionsberatungen wurde die redaktionelle Überarbeitung des Entwurfs dann aber ganz in die Hände der Redaktionskommission gelegt (Bundesratsbeschluss v. 12. März 1891, in: *Schubert*, Materialien, S. 354 f.).

[457] Zusammensetzung und Mitgliederzahl des Redaktionsausschusses der zweiten Kommission schwankten. Er bestand zunächst aus Küntzel (der als stellvertretender Kommissionsvorsitzender Ausschussvorsitzender war), Planck (als Generalreferent) und dem Referenten des jeweiligen Buches des Entwurfs; von 1891 bis zu seiner Berufung zum Kommissionsvorsitzenden 1892 war zusätzlich Hanauer Mitglied des Redaktionsausschusses und dessen Vorsitzender; ab 1893 war auch Jacubezky ständiges Mitglied des Redaktionsausschusses (vgl. die Bundesratsbeschlüsse v. 4.12.1890, 12.3.1891, 12.5.1892 u. 25.10.1893, in: *Schubert*, Materialien, S. 350 f., 354 ff., sowie *Schubert*, Materialien, S. 59).

[458] Aus diesem Grunde unterschied sich der von 1892 bis 1895 sukzessive veröffentlichte »zweite Entwurf« zum BGB (Fassung des Redaktionsausschusses) von dem 1895 dem Bundesrat zugeleiteten »revidierten zweiten Entwurf« (Fassung nach erneuter Beratung in der Gesamtkommission). Die Umsetzung der von der Gesamtkommission bei ihrer Revision des Entwurfs (in der Fassung des Redaktionsausschusses) getroffenen Beschlüsse erfolgte abermals durch den Redaktionsausschuss, dem hierzu neben Küntzel, Planck und Jacubezky auch die drei übrigen Referenten der einzelnen Bücher (Gebhard, Mandry und Rüger) sowie Börner angehörten.

[459] Die Einleitungsartikel zum ZGB und der Schlusstitel mit den Übergangsbestimmungen wurden separat im Anschluss an die Beratungen der großen Kommission von einer kleinen (fünfköpfigen) Kommission beraten (vgl. die Botschaft des Bundesrates an die Bundesversammlung v. 28. Mai 1904, S. 4 f.; *Huber/Mutzner*, Bd. 1, S. 145 f.).

für dieses Vorhaben gebildet und bestand aus 31 ständigen Mitgliedern sowie
jeweils drei Experten für die verschiedenen Teile des Gesetzbuchs. Ihre Mitglieder
kamen aus allen Landesteilen und Sprachgebieten. Das Gros der Mitglieder bildeten Richter, Professoren, Vertreter wirtschaftlicher Interessen sowie National-
und Ständeräte, wobei diese vier Gruppen in etwa gleich stark in der Kommission
vertreten waren.[460] Da auch die in der Kommission vertretenen National- und
Ständeräte nicht selten aus juristischen Berufen kamen (viele waren Anwälte),
stellten die Mitglieder mit juristischer Ausbildung eine deutliche Mehrheit in der
Kommission. Mit nur zwei Mitgliedern machten die Ministerialbeamten hingegen – im Gegensatz zu vielen anderen der hier behandelten Gesetzgebungsprojekte – nur eine kleine Minderheit in der Kommission aus.[461] Der nicht-
staatliche Einfluss war in dieser Kommission also wesentlich stärker als bei den
erwähnten preußischen Gesetzgebungskommissionen oder auch den BGB-Kommissionen, zumal die Vertreter wirtschaftlicher Interessen und die Parlamentarier
– anders als in der zweiten BGB-Kommission – ständige Mitglieder der großen
ZGB-Kommission waren.[462] Ausländer waren in der Kommission hingegen in
Übereinstimmung mit den meisten anderen hier behandelten Gesetzgebungsprojekten nicht vertreten. Etwa ein Drittel der Kommissionsmitglieder war zuvor
bereits im Rahmen der kleinen Kommissionen, welche Hubers Vorlagen zu den
so genannten Departementalentwürfen (1896–1900) berieten, tätig gewesen.[463]
Die Ergebnisse der Beratungen der großen ZGB-Kommission wurden von einem
achtköpfigen Redaktionsausschuss umgesetzt, dem für die anschließend der Bundesversammlung vorgelegte Entwurfsfassung erhebliche Bedeutung zukam, da er
erst nach Abschluss der Beratungen der großen Kommission zusammentrat und
seine Redaktionsarbeit ohne abschließende Wiedervorlage an die große Kommission erfolgte.[464]

---

[460] Vgl. zu den einzelnen Kommissionsmitgliedern, ihrer Herkunft und Beruf die Aufstellun-
gen in der Botschaft des Bundesrates an die Bundesversammlung v. 28. Mai 1904, S. 2 f.; *Huber/
Mutzner*, Bd. 1, S. 144 f., Fn. 43; *Dölemeyer*, ZGB, S. 1980 ff., 2017 ff. (mit Kurzbiographien).

[461] Außerdem war noch ein Notar, ein Grundbuchverwalter und der Direktor einer Irrenanstalt in der Kommission vertreten.

[462] Andererseits ist bei dem Vergleich zwischen der großen ZGB-Kommission und der zweiten
BGB-Kommission zu berücksichtigen, dass die Beratungen der zweiten BGB-Kommission einen
wesentlich längeren Zeitraum (456 Sitzungen in fast fünf Jahren) in Anspruch nahmen als die
Beratungen der großen ZGB-Kommission (vier zwei- bis dreiwöchige Sessionen innerhalb von
zwei Jahren).

[463] Zu den Mitgliedern der kleinen Kommissionen zur Beratung der Departementalentwürfe
(1896–1900) und der diesen vorausgehenden Teilentwürfe (1893–1898) s. Vorentwurf zum ZGB
(1900), S. 304 ff., 307 ff.; *Huber/Mutzner*, Bd. 1, S. 140 f., 142 ff.; *Gauye*, Schweizerische Zeitschrift für Geschichte 13 (1963), S. 64 f., 69 ff.

[464] Zur Zusammensetzung des Redaktionsausschusses s. die Botschaft des Bundesrates an die
Bundesversammlung v. 28. Mai 1904, S. 4; *Huber/Mutzner*, Bd. 1, S. 145; *Dölemeyer*, ZGB, S. 1982,
Fn. 23.

4. Amtliche Begründungen und die Veröffentlichung von Gesetzesmaterialien

Der amtlichen Begründung von Gesetzentwürfen kam in vielen Gesetzgebungstheorien wie auch in der Gesetzgebungspraxis eine wesentliche Rolle zu. Im Laufe der Zeit entwickelten sich dabei ganz unterschiedliche Funktionen, welche die amtliche Begründung übernehmen sollte. Jedoch gab es in Theorie und Praxis auch entschiedene Gegner, wenn nicht der amtlichen Begründung selbst, so doch ihrer Veröffentlichung, wobei auch diese Gegnerschaft aus sehr unterschiedlichen Gründen erfolgen konnte. Zunächst werfen wir jedoch einen Blick auf die Form der Gesetzesbegründung.

a) Die Form der Gesetzesbegründung

Üblicherweise erfolgten Gesetzesbegründungen entweder in summarischer Form als Einleitung bzw. Präambel zu dem fertigen Gesetz oder, bei fortgeschrittener Gesetzestechnik und dem Einsatz von Gesetzgebungskommissionen, in Form einer separaten Anlage zu dem Gesetzentwurf (»Motive«).[465] Die Begründung durch separate Motive gewann namentlich bei einem mehrteiligen Gesetzgebungsverfahren in Folge einer Repräsentativverfassung an Bedeutung.[466] Die Begründung richtete sich hier nicht mehr wie bei der Präambel primär an den späteren Gesetzesadressaten (die Bürger) bzw. Gesetzesanwender (die Justiz), sondern zunächst einmal an das Parlament, das über das Gesetzesvorhaben zu beraten und entscheiden hatte. In diesem Fall reichte es nicht, dem fertigen Gesetz eine Begründung in Form einer Einleitung beizugeben, sondern das Bedürfnis zur Erklärung und Rechtfertigung der getroffenen Regelungen bestand schon im Gesetzgebungsverfahren selbst durch die Aufteilung in eine Entstehungsphase (Regierung und Kommission) und eine Beratungs- und Entscheidungsphase (Parlament). Die Begründung in Form separater Motive hatte den Vorteil größerer Ausführlichkeit und deutlicherer Bezugnahme auf einzelne Bestimmungen. Andererseits hatte sie aus Sicht des späteren Gesetzesadressaten und Gesetzesanwender den Nachteil, dass sie sich nicht auf das fertige Gesetz bezog, sondern auf ein Entwurfsstadium. Durch Entwurfsänderungen im sich anschließenden Parlamentsverfahren konnten Motive und fertiges Gesetz auseinanderlaufen. Bei der

---

[465] Zu Präambeln als Gestaltungsform der Gesetze siehe unten S. 437 ff.

[466] »Repräsentativverfassung« meint hier jede Form der Mitwirkung von Volksvertretern an der Gesetzgebung, also auch im Rahmen der neuen landständischen Verfassungen des deutschen Vormärz. Der Begriff ist hier also nicht in dem eingeschränkten Sinne zu verstehen, welchen ihm Metternichs Berater Friedrich von Gentz auf der Karlsbader Konferenz 1819 gab, indem er zwischen Repräsentativverfassungen und landständischen Verfassungen unterschied. Mit dieser Unterscheidung wollte Gentz den Verfassungsauftrag des Art. 13 der Deutschen Bundesakte im Sinne einer Festschreibung auf altständische Verfassungen interpretieren.

Nutzung der Motive als Auslegungshilfe wurde deshalb in diesem Falle die ergänzende Hinzuziehung der parlamentarischen Beratungsprotokolle und Ausschussberichte über den Gesetzentwurf unerlässlich.

Eine von diesen üblichen Formen abweichende Technik der Gesetzesbegründung vertrat Jeremy Bentham. Er forderte, dem Gesetzestext stets Begründungen für die konkreten Bestimmungen beizugeben, jedoch nicht in Form einer generellen Einleitung oder separaten Anlage, sondern durch direkte räumliche Verknüpfung der Begründung mit dem jeweiligen Gesetzestext.[467] Entsprechend hob er in seinen Angeboten an diverse Staaten, für diese ein komplettes System von Gesetzbüchern zu entwerfen, als besonderen Vorzug der von ihm projektierten Entwürfe hervor, dass er die einzelnen Bestimmungen seiner Entwürfe durchgängig mit einer mit den Bestimmungen verknüpften Begründung (»rationale«) versehen würde.[468] Wie sich Bentham die Umsetzung dieses Konzepts praktisch vorgestellt hat, kann man an Entwürfen aus verschiedenen Schaffensperioden ablesen. Das erste Beispiel gibt er als Anhang zu seinem »Essay on the promulgation of laws and the reasons thereof«. Bentham entwirft hier einen Musterartikel eines Strafgesetzbuchs, dem er – neben Begriffserklärungen – umfangreiche amtliche Begründungen zu den Regelungen in Form von Fragen und Antworten beifügt.[469] Diese Form der ausführlichen Begründungen im Anschluss an die jeweiligen Regelungen findet sich auch in seinem Entwurf eines *Constitutional Code* von 1830 wieder, wobei nunmehr aber nur noch ein kleiner Teil der Begründungen in strenger Frage-und-Antwort-Form erfolgt. Die jeweiligen Begründungen erfolgen im Anschluss an den eigentlichen Gesetzestext und jeweils vom normativen Teil des Gesetzes abgehoben durch die Überschrift »commentary of reasons« (so im »Essay on the promulgation ...«) bzw. »Ratiocinative« (so im »Constitutional Code«; eine der zahlreichen eigenwilligen Wortschöpfungen Benthams, die für seine späten Schriften typisch sind).

Die optische Trennung bei gleichzeitiger räumlicher Verknüpfung ist vor dem Hintergrund der parlamentarischen Behandlung der Gesetzentwürfe zu sehen. In seiner Schrift »Political Tactics« fordert Bentham von den im Parlament zur Abstimmung gestellten Gesetzentwürfen, dass keinesfalls eine unklare Vermischung des Gesetzestexts mit der Begründung erfolgen darf, sondern beide auch äußerlich so voneinander zu trennen sind, dass deutlich wird, was Gesetzestext mit Bindungskraft und was bloße Erläuterung sein soll.[470] Anderenfalls könne es

---

[467] *Bentham*, Codification Proposal, Teil I § 2, S. 248 ff. (»interwoven, not detached«).

[468] S. sein Schreiben an den Präsidenten der Vereinigten Staaten von Oktober 1811 (*Bentham*, Papers, S. 5–35, hier: S. 7) und seine Briefe an den russischen Zaren Alexander I von Mai 1814 (ebd., S. 44–47, hier: S. 45 f.) und Juni 1815 (ebd., S. 82–104, hier: S. 100 ff.).

[469] *Bentham*, Specimen of a Penal Code, Bowring-Edition, Bd. 1, S. 164–168 = Traités de législation, Bd. 3, S. 302–321.

[470] *Bentham*, Political Tactics, Kap. X, S. 121: »To assign the reasons for a law is a separate operation, which ought never to be confounded with the law itself. If it be desirable to instruct the people, it may be done in a preamble, or in a commentary which accompanies the law; but an

sein, dass eine Mehrheit für das Gesetz nur deshalb nicht zustande kommt, weil zwar die Regelung, nicht aber die Begründung von der Mehrheit im Parlament gebilligt wird. Benthams Engagement für mit dem Gesetzestext verknüpfte Begründungen ist also nicht im Sinne konturenlos räsonierender barocker Gesetzgebungstechnik misszuverstehen. Bentham wollte nicht die Trennung des Gesetzesbefehls von der Gesetzesbegründung aufheben. Sein Ziel war vielmehr eine möglichst verlässliche Technik zu entwickeln, um sicherzustellen, dass die Gesetzesbegründung auch die Funktionen erfüllen konnte, die Bentham ihr zuwies (hierzu sogleich). Nachahmer in der Gesetzgebungspraxis fand die von Bentham propagierte Technik indes nicht.[471] Auch Livingston und Macaulay, deren Gesetzgebungskonzept in manch anderer Frage deutlich von Bentham beeinflusst ist und die vor gesetzestechnischen Innovationen nicht zurückscheuten, wählten für ihre Strafgesetzbuchentwürfe traditionelle Formen der Gesetzesbegründung, nämlich Präambel (so Livingston beim Entwurf für Louisiana) bzw. separate Motive (so Macaulay beim Entwurf für Indien).

b) Amtliche Begründung und andere Gesetzesmaterialien als Auslegungshilfe

Die im Rahmen der Gesetzgebungstheorien am häufigsten angesprochene Funktion, der die amtliche Begründung diente, war die der Auslegungshilfe bei der Anwendung des Gesetzes. Dieser Gedanke findet sich in England schon sehr früh ausführlich entwickelt, nämlich bei Hobbes. Hobbes forderte den Gesetzgeber nachdrücklich auf, seinen Gesetzen eine Erklärung der Gründe beizugeben.[472] Der Wortlaut der Gesetze sei immer der Gefahr der Unklarheit ausgesetzt und durch eine Vermehrung der Worte im Gesetzestext selbst vermehre man auch nur die Zweideutigkeiten im Gesetz.[473] Dem könne man nur abhelfen, indem der Gesetzgeber die Gründe darlegt, weshalb er das Gesetz erlässt. Hobbes legte hierauf besonderen Wert, weil er allein den Souverän für befugt hielt, die Gesetze zu interpretieren.[474] Die Veröffentlichung einer Gesetzesbegründung übernahm bei Hobbes also praktisch die Funktion einer vorweggenommenen authentischen

---

imperative law ought only to contain the simple expression of the will of the legislator.« Die Technik des »interwoven rationale« entwickelte Bentham in dem »Essay on the promulgation of laws …« und baute sie dann im »Codification Proposal« und im »Constitutional Code« weiter aus. Zu der nicht immer klaren Trennung von bindendem Gesetzestext und erläuternder Begründung in Benthams Constitutional Code s. unten S. 318 mit Fn. 130.

[471] Kritik von Seiten der Gesetzgebungstheorie erfährt Benthams Konzept, die Gesetzesbegründung räumlich mit dem eigentlichen Gesetzestext zu verknüpfen, von *Mohl* (Politik, Bd. 1, S. 547 f., Fn. 2) und von *Rousset* (Bd. 1, S. 259 ff.). Benthams Technik sei ein »unglücklicher Gedanke« und vermenge die Aufgaben einer Gesetzesbegründung mit denen eines Kommentars (so Mohl) bzw. führe nur zu einem unübersichtlichen Chaos (so Rousset).

[472] *Hobbes*, Leviathan, Teil II, Kap. 30, S. 253.

[473] Ebd.: »For all words are subject to ambiguity; and therefore multiplication of words in the body of the Law, is multiplication of ambiguity…«

[474] *Hobbes*, Leviathan, Teil II, Kap. 26, S. 193.

Interpretation durch den Gesetzgeber. Bei (für Hobbes unvermeidlichen) Unklarheiten im Gesetz solle der Richter sein Augenmerk auf die Gründe lenken,
welche den Souverän zum Erlass des Gesetzes veranlassten, anstatt sie durch eine
eigene Deutung zu ersetzen.[475] Auf diese Weise wollte Hobbes die potestas
legislatoria des Souveräns gegen eine freie richterliche Auslegung absichern.

Diese von Hobbes entwickelte Doppelfunktion der Gesetzesbegründung, die
Verständnishilfe sein soll, zugleich aber auch die Gesetzgebungshoheit des Souveräns gegen eine eigenmächtige Interpretation durch die Richterschaft schützen
soll, teilte auch noch hundertfünfzig Jahre später Hobbes' Landsmann Jeremy
Bentham. Bentham ging davon aus, dass es bei einer konsequenten Anwendung
seiner Methode der Gesetzesbegründung keine falschen (d.h. für Bentham: mit
dem Willen des Gesetzgebers nicht übereinstimmende) Auslegungen von Gesetzen mehr geben kann. Da die Zielsetzung der Gesetze auf diese Weise jedermann
deutlich werde, würden die Bürger zugleich zu Richtern über die Richter, denen
eine Auslegung und Anwendung der Gesetze entgegen den Zwecken des Gesetzgebers dadurch verwehrt sei.[476] Die Gesetzesbegründungen sollen nicht nur isoliert den Zweck der einzelnen Bestimmungen aufzeigen, sondern auch demonstrieren, wie die Bestimmungen miteinander zusammenhängen und Teile eines
durchdachten und systematischen Ganzen sind.[477] Durch die Funktion, alle Unklarheiten und Richterwillkür auszuschließen, wuchsen die Gesetzesbegründungen bei Bentham daher über bloße »Motive«, welche die gesetzgeberischen
Gründe und Zwecke angeben, weit hinaus, hin zu regelrechten systematischen
Gesetzeskommentaren.

Interessanterweise kam der preußische Absolutismus, obwohl er mit seiner
Gesetzgebung die Ziele Hobbes' und Benthams teilte, nämlich Kontrolle der
Richter und Ausschaltung freier richterlicher Interpretation, bei der Beurteilung
von Gesetzesbegründungen zu einem gänzlich anderen Ergebnis. Als Sprachrohr
des preußischen Gesetzgebungsabsolutismus kann insoweit Bielfeld[478] gelten, der
den Gesetzgeber aufforderte, seinen Gesetzen keinesfalls Begründungen beizugeben.[479] Amtliche Begründungen gäben nur Anlass zu Interpretationen und Kommentaren, welche die Buchstaben des Gesetzes verdrehen. Das preußische ALR

---

[475] Ebd.

[476] *Bentham*, Promulgation, S. 161 = Traités de législation, Bd. 3, S. 293.

[477] *Bentham*, Promulgation, S. 163 = Traités de législation, Bd. 3, S. 299; Brief Benthams an
Alexander I von Juni 1815, in: *ders.*, Papers, S. 82–104, hier: S. 101.

[478] Bielfeld hatte enge Kontakte zum preußischen Herrscherhaus und war seit 1744 Erzieher
des preußischen Prinzen August Ferdinand, dem er auch seine Schrift »Institutions politiques«
widmete (vgl. *Killy*, in: DBE, Bd. 1, S. 520).

[479] *Bielfeld*, Bd. 1, Kap. VI, § 19, S. 242f. Anders jedoch *Paalzow*, Vorrede zum Montesquieu-
Kommentar, S. XL u. XLIII, der zwar mit dem preußischen Absolutismus die Abneigung gegen
richterlichen Interpretationsspielraum teilte, es aber dennoch ganz im Geiste der Aufklärung für
die Pflicht des Gesetzgebers hielt, seinen Gesetzen Begründungen beizugeben, um die Untertanen
von deren Vernünftigkeit zu überzeugen.

wurde dann auch ohne jede amtliche Begründung erlassen, dafür begleitet von einem partiellen Interpretationsverbot für die Justiz.[480] Das Interpretationsverbot musste schon bald aufgegeben werden,[481] doch die Materialien zum ALR gelangten nur zögernd und bruchstückhaft an die Öffentlichkeit;[482] sie waren zunächst nicht zur Unterrichtung der Öffentlichkeit, sondern als Hilfe für den Gesetzgeber bei authentischen Interpretationen und Gesetzesrevisionen gedacht.[483] Dem lag das Ideal zugrunde, dass die Gesetze aus sich selbst heraus verständlich sind und daher keiner amtlichen Begründung bedürfen.[484] Jede Begründung würde nur Raum schaffen für freie Interpretation durch die Gesetzesanwender und damit das Rechtsetzungsmonopol des absoluten Souveräns verletzen.[485] Hobbes und Bentham dachten hier realistischer als die preußischen Reformer. Auch sie wollten das Rechtsetzungsmonopol des Souveräns[486] gegen freie richterliche Auslegung verteidigen, glaubten dies aber am besten gerade durch ausführliche Gesetzesbegründungen als eine Art vorweggenommener authentischer Interpretation erreichen zu können, da ein völlig aus sich selbst heraus verständliches Gesetz unerreichbar sei.

Im österreichischen Absolutismus ist die Abneigung gegen eine Veröffentlichung von amtlichen Begründungen wegen der hierin liegenden Gefahr für die

---

[480] Publikationspatent zum ALR (Abschnitt XVIII) und Einl. §§ 46 ff. ALR. Demnach war es dem Richter verboten, den Gesetzen einen anderen Sinn beizulegen »als welcher aus den Worten, und dem Zusammenhang derselben, in Beziehung auf den streitigen Gegenstand, oder aus dem nächsten unzweifelhaften Grunde des Gesetzes« deutlich wird. Verblieben hierbei Sinnzweifel, so musste der Richter während des laufenden Prozesses eine Entscheidung der Gesetzeskommission einholen.

[481] S. unten S. 260, Fn. 1136.

[482] 1811 wurde *Simons* »Bericht über die szientivische Redaktion der Materialien der preußischen Gesetzgebung« veröffentlicht (s. im Quellenverzeichnis). Hierbei handelte es sich jedoch um eine Bearbeitung; das zugrunde liegende Material blieb unveröffentlicht. 1833 gab *von Kamptz* Svarez' amtliche Vorträge bei der Schlussredaktion des Allgemeinen Landrechts heraus (Kamptz' Jahrbücher, Bd. 41 (1833), S. 1–208), 1836 veröffentlichten *Simon* und *von Strampff* die »Materialien des allgemeinen Landrechts zu den Lehren vom Gewahrsam und Besitz und von der Verjährung« (Zeitschrift für wissenschaftliche Bearbeitung des preußischen Rechts, Bd. 3 (1836)) und 1838 veröffentlichte wiederum *von Kamptz* die Schlussverhandlungen bei der Abfassung des AGB (Kamptz' Jahrbücher, Bd. 52 (1838), S. 1–144).

[483] Vgl. die Schilderung bei *Simon/Strampff*, Zeitschrift für wissenschaftliche Bearbeitung des preußisches Rechts, Bd. 3 (1836), Vorwort, S. II, über die bisherige Nutzung der Materialien zum ALR; vgl. auch *Baden*, S. 409, Anm. 64.

[484] S. unten S. 354 ff., 380 ff. zum Eindeutigkeits- und Allgemeinverständlichkeitsideal des aufgeklärten Absolutismus. Dieser aufklärerische Verständlichkeitsoptimismus und nicht (wie *Baden*, S. 375 meint) ein absoluter Vollständigkeitsglaube war es, der auch nach der schnellen Aufhebung des Interpretationsverbots die Veröffentlichung von Materialien weiter entbehrlich machte; zum angeblichen Vollständigkeitsdogma der »naturrechtlichen« Kodifikationen s. unten S. 325 ff.

[485] Folgerichtig setzte sich *Bielfeld* auch nachdrücklich für ein striktes Kommentierungsverbot ein: »Il faut aussi défendre très sévèrement à tous les Sujets de faire le moindre commentaire sur le Code des Loix. Il n'appartient point à un petit Jurisconsulte d'interpréter les intentions du Législateur.« (Bd. 1, Kap. VI, § 18, S. 241 f.).

[486] Welcher für Hobbes der absolute Monarch, für Bentham aber ein frei gewähltes Parlament war.

unumschränkte Gesetzgebungshoheit des absoluten Souveräns zwar immer noch deutlich spürbar, doch hatte man hier die Vorteile einer amtlichen Begründung für interne Zwecke klar erkannt. Kitka, dessen Ansicht hier als Spiegel der absolutistischen Gesetzgebungstechnik Österreichs im frühen 19. Jahrhundert gelten kann[487], hält eine ausführliche Begründung der Gesetzentwürfe durch die Gesetzgebungskommission zwar für wichtig, betont aber, dass die Begründung nicht in das Gesetz selbst aufzunehmen und auch nicht für jedermann zu veröffentlichen sei.[488] Gegen eine Aufnahme ins Gesetz (also Benthams Ansatz) spreche schon, dass das Gesetz nicht Züge eines Kommentars oder Lehrbuchs annehmen, sondern nur unmittelbar anwendbare Regelungen enthalten soll. Gegen die separate Veröffentlichung wendet Kitka ein, dass man dann Gefahr liefe, dass eine Anwendung des Gesetzes unterbleibt, wenn die Gründe nach Ansicht des Richters auf den konkreten Fall nicht passen. Hierbei werde übersehen, dass eine erschöpfende Aufzählung der Gründe, die zu einer Regelung Anlass gaben, häufig gar nicht möglich ist. Die amtliche Begründung soll daher vornehmlich nur internen Zwecken dienen (insbesondere zur Selbstunterrichtung des Gesetzgebers bei späteren Gesetzesvorhaben) und allenfalls noch als Hilfe für die Kommentierung des Gesetzes durch Rechtsgelehrte.[489] Ein Auslegungs- oder Kommentierungsverbot lehnte Kitka ab.[490]

Entsprechend sah auch die Praxis beim Erlass des österreichischen ABGB aus: Die Veröffentlichung einer amtlichen Begründung oder von Gesetzesmaterialien unterblieb;[491] es gab aber auch kein Auslegungs- oder Kommentierungsverbot für die Justiz mehr. Was die Redaktoren des österreichischen ABGB mit jenen des preußischen ALR verband, war der vom Naturrecht eingegebene Optimismus, dass das Gesetzbuch aus sich selbst heraus verständlich und lehrhaft sei, der dazu führte, dass man für die Veröffentlichung einer amtlichen Begründung kein Bedürfnis sah. Das Gesetzbuch war im Verständnis der Redaktoren des ABGB nicht Resultat eines willkürlichen und deshalb erklärungsbedürftigen Willens des Gesetzgebers, sondern Verwirklichung des im Geiste des Naturrechts als vernünftig

---

[487]   Kitka war von 1832 bis 1836 Actuar der ständigen Gesetzgebungskommission in Österreich (vgl. *Maasburg*, Geschichte, S. 259, Fn. 22); seine Schrift gibt in erster Linie die Praxis der österreichischen Gesetzgebungskommission (besonders in Strafsachen) in den dreißiger Jahren des 19. Jahrhunderts wieder.

[488]   *Kitka*, S. 24 ff., 140 f.

[489]   *Kitka*, S. 140 f., 151.

[490]   *Kitka*, S. 141 f.: Der Gesetzgeber könne nie alle möglichen Fälle vorausahnen und zweifelsfrei durch den Gesetzeswortlaut entscheiden. Eine Auslegung werde immer nötig sein und eine Kommentierung durch Private sei zur Fortbildung der Rechtswissenschaft ebenfalls wünschenswert.

[491]   Erst 1889 wurden von *Ofner* die Beratungsprotokolle zum ABGB veröffentlicht (s. im Quellenverzeichnis). Allerdings veröffentliche Zeiller schon bald nach Inkrafttreten des Gesetzbuchs einen von ihm selbst verfassten Kommentar zum ABGB, wobei er jedoch betonte, dass es sich hierbei um ein bloßes Privatwerk ohne amtlichen Charakter handele (*Zeiller*, Kommentar, Bd. 1, Vorrede, S. XI f.).

Erkannten. Bei einem derartigen Verständnis des Gesetzbuchs als etwas objektiv Vernünftigem entfällt das Bedürfnis nach Aufdeckung der subjektiven Motive des Gesetzgebers. Entsprechend verwies das ABGB (§ 7) den Richter bei verbleibenden Zweifeln auf die »natürlichen Rechtsgrundsätze«; der »apodictisch-gewisse, alle mögliche[n] Rechtsfälle entscheidende Codex« der natürlichen Rechtslehre[492] ersetzte die amtliche Begründung.

In Bayern ging man im Zusammenhang mit dem Strafgesetzbuch von 1813 einen anderen Weg als Preußen und Österreich bei ihren Zivilrechtskodifikationen. Die eigentlichen Gesetzesmaterialien, also insbesondere die Protokolle der beiden 1808 und 1810 bis 1812 tagenden Kommissionen und die Protokolle der Verhandlungen im Plenum des Geheimen Rates 1813, blieben auch hier größtenteils unveröffentlicht.[493] Anders als in Preußen und Österreich entschloss man sich aber zur Veröffentlichung von amtlichen »Anmerkungen« zu dem Gesetzbuch, die von Mitgliedern der Geheimratskommission auf Grundlage der Protokolle der Kommissionssitzungen erstellt wurden. Erklärter Zweck dieser amtlichen Anmerkungen war, eine Darstellung der Beweggründe zu den gesetzlichen Bestimmungen zu liefern, die »alle weiteren Kommentarien« entbehrlich machen sollte.[494] Die Gerichte wurden angewiesen, bei der Auslegung außer dem Gesetzbuch selbst allein diese amtlichen Anmerkungen zugrunde zu legen und auch die Universitätslehrer hatten sich bei ihren Lehrvorträgen ausschließlich an den Text des Gesetzbuchs und an die amtlichen Anmerkungen zu halten.[495] Staatsdienern und Privatgelehrten wurde außerdem verboten, einen Kommentar über das Gesetzbuch in Druck zu geben.[496] Ähnlich den Zivilrechtskodifikatoren in Preußen wollte man also auch hier eine eigenständige Wissenschaft und Lehre überflüssig machen, vertraute aber anders als anfänglich in Preußen nicht auf die Entbehrlichkeit jeder Kommentierung des Gesetzbuchs, sondern wollte die notwendige Kommentierung gleich von amtlicher Seite abschließend mitliefern.

Die Erstellung der amtlichen Anmerkungen hatte man letztlich nicht dem Referenten Feuerbach, sondern einem vierköpfigen Ausschuss der Geheimratskommission unter maßgeblicher Beteiligung Gönners aufgetragen.[497] Feuerbach

---

[492] *Zeiller*, Natürliches Privatrecht, § 25, S. 43.

[493] Eine Ausnahme bilden die bereits 1802 unter dem Titel »Materialien zur peinlichen Gesetzgebung in Baiern« veröffentlichten Stellungnahmen Schiebers und Sochers (hierzu oben S. 93, Fn. 346) zu dem Entwurf Kleinschrods. Allerdings war diese Veröffentlichung nicht als Auslegungshilfe für eine spätere Anwendung des Gesetzes gedacht, sondern erfolgte im Zusammenhang mit der gleichzeitigen Veröffentlichung des Entwurfs Kleinschrods als Materialbasis für die angeforderten Beurteilungen des Entwurfs.

[494] Anmerkungen z. BayStGB 1813, Bd. 1, S. I (Verfügung des Königs Max Joseph v. 19. Oktober 1813).

[495] Ebd., S. II f.

[496] Ebd., S. III.

[497] Mitglieder diese Ausschusses waren neben Gönner der Protokollant der Geheimratskommission von Kobell sowie die Kommissionsmitglieder von Effner und von Arentin (vgl. *Geisel*, S. 22, Fn. 2; *Radbruch*, S. 84; ungenau *Grünhut*, S. 174 u. *Schreiber*, Gesetz und Richter, S. 119, Fn. 10).

wurde aber zu einer Überprüfung der von dem Ausschuss erstellten amtlichen Anmerkungen aufgefordert, in welchem Zusammenhang er sein eigenes Konzept hinsichtlich der Bekanntmachung gesetzlicher Motive entwickelte.[498] Feuerbach maß der Bekanntmachung von Motiven einen politischen und einen juristischen Zweck zu. In unserem Zusammenhang interessiert zunächst der juristische Zweck, den Feuerbach darin sah, den Richter »mit dem Geiste des Ganzen und aller einzelnen Bestimmungen bekannt zu machen, um Mißdeutungen des Buchstabens in der Anwendung der Gesetze zuvorzukommen«.[499] Diesen Zweck hielt Feuerbach im Ansatz für legitim, lehnte es aber ab, wenn die amtliche Gesetzesbegründung nicht nur Motive als Auslegungshilfe liefert, sondern die Form eines amtlichen Kommentars annimmt, also die gesetzlichen Bestimmungen verbindlich erklären will, wie es in Bayern der Fall war. Einen derartigen amtlichen Kommentar bezeichnete er (jedenfalls für »sein« Gesetzbuch) als überflüssig und sogar gefährlich. Überflüssig sei er deshalb, weil der höchste Vorzug des vorliegenden Gesetzbuchs seine Bestimmtheit und Präzision sei, die jeden Kommentar überflüssig mache.[500] Für darüber hinaus auch gefährlich hielt er einen derartigen amtlichen Kommentar, weil der freien Entwicklung von Wissenschaft und Praxis hierdurch Fesseln angelegt würden.[501] Anders als sein bayerischer Auftraggeber sah Feuerbach eine Gefahr also nur in amtlichen Kommentierungen, und zwar gerade wegen der durch amtliche Kommentierungen bewirkten Knebelung von Wissenschaft und Praxis, wohingegen private Kommentierungen allenfalls überflüssig, aber nicht gefährlich seien.

Feuerbachs überzogene Formulierung, dass sein Gesetzbuch »jeden Commentar überflüssig macht«, dürfte auf die Kränkung zurückzuführen sein, dass nicht ihm selbst der Auftrag zur Erstellung des amtlichen Kommentars zu dem Gesetzbuch erteilt worden war. Seine Argumentation sollte dazu dienen, die Veröffentlichung des maßgeblich von seinem langjährigen Gegner Gönner entworfenen Kommentars zu verhindern.[502] Zu weitgehend dürfte daher die in der Feuerbach-Forschung etablierte Ansicht sein (die sich maßgeblich auf diese Äußerung Feuerbachs stützt), wonach Feuerbach gegen jede Form der Kommentierung war und das zum bayerischen Strafgesetzbuch von 1813 erlassene Kommentierungsverbot billigte.[503] Feuerbachs Argumentation war situationsbedingt und richtete sich nicht generell gegen Gesetzeskommentierungen, sondern gegen die konkrete Form eines authentischen Kommentars, wie er in Bayern geplant

---

[498] Zum Folgenden: *Feuerbachs* »Gutachtliche Erinnerung über die von Titl.-Dir. v. Gönner und E. v. Kobell verfaßten Motive zum Allgemeinen Strafgesetzbuch« vom 3. August 1813, in: *ders.*, Nachlaß, Bd. 1, S. 237–257.

[499] Ebd., S. 239.

[500] Ebd., S. 240f.; s. hierzu auch unten S. 369, Fn. 355.

[501] Ebd., S. 241.

[502] Erfolg hatte Feuerbach hiermit nicht. Die amtlichen Anmerkungen wurden trotz seiner Kritik fast unverändert publiziert.

[503] So *Radbruch*, S. 85; *E. Schmidt*, S. 267; vorsichtiger *Grünhut*, S. 175.

war. Dass er private Kommentare durchaus für legitim (wenn auch in seinem Fall für überflüssig) hielt, ergibt sich daraus, dass er als Argument gegen den geplanten amtlichen Kommentar wie erwähnt gerade auch die hierdurch Wissenschaft und Praxis angelegten Fesseln anführt und gegen die Kommentare Kreittmayrs und Zeillers zu »ihren« Gesetzbüchern, die er als bloße Privatarbeiten qualifiziert, nichts einzuwenden hat.[504] Im Übrigen zeigt die Tatsache, dass Feuerbach selbst an einer Kommentierung des Gesetzbuchs arbeitete, bevor der Auftrag zur amtlichen Kommentierung dann doch nicht ihm, sondern dem erwähnten Ausschuss erteilt wurde, dass er eine derartige Kommentierung offenbar doch nicht für so überflüssig hielt, wie er es später angesichts der erfahrenen Kränkung darstellte.[505]

Mit dem allmählichen Verschwinden des naturrechtlichen Erkenntnisoptimismus und der gleichzeitigen Entstehung einer parlamentarischen Gesetzgebungspraxis »entdeckt« seit den dreißiger Jahren des 19. Jahrhunderts dann auch die Auslegungslehre die Vorzüge einer amtlichen Begründung als Auslegungshilfe. Zunächst wies Wächter auf die Wichtigkeit ausführlicher Gesetzesmotive (und der Materialien zu den Ständeverhandlungen) zur späteren Auslegung des Gesetzes hin.[506] In der Lehre von der Auslegung der Gesetze entwickelte sich dann in Deutschland gegen Mitte des 19. Jahrhunderts im Anschluss an die Thesen Wächters eine Kontroverse um die Bedeutung von Gesetzesmaterialien (also nicht nur amtlicher Begründungen, sondern z.B. auch von Verhandlungsprotokollen der Kommissionen, Ausschüsse und Kammern) als Mittel der Auslegung, die hier nicht weiterverfolgt werden soll, da sie die Auslegungslehre, nicht die Gesetzgebungslehre betrifft.[507] Für die Gesetzgebungslehre setzten in dieser Frage Mohl in Deutschland und Rousset in Frankreich neue Akzente. Beide befürworteten nachdrücklich die Anfertigung von amtlichen Begründungen, denen sie neben anderen Funktionen auch wieder die der Auslegungshilfe zuwiesen.[508] Nach der Ansicht Mohls dürfen die Motive daher auch, anders als der eigentliche Gesetzestext, rein dogmatische Fragen behandeln und »mit Benützung des ganzen wissen-

[504] *Feuerbach*, Nachlaß, Bd. 1, S. 242.

[505] Vgl. *Feuerbach*, Nachlaß, Bd. 1, S. 262, wo Feuerbach seine eigenen ausgedehnten Arbeiten an einer Kommentierung des Gesetzbuchs erwähnt, die nunmehr durch den an andere erteilten Auftrag vergebens seien.

[506] *Wächter*, Abhandlungen, S. 244 ff.; *ders.*, Archiv des Criminalrechts, Neue Folge, 1839, S. 348.

[507] Ausführlich dargestellt ist diese Kontroverse aus zeitgenössischer Sicht bei *Mohl*, Staatsrecht, S. 98–106 u. aus moderner Sicht bei *Baden*, S. 376 ff.; vgl. hierzu auch *J. Schröder*, Recht als Wissenschaft, S. 232; Mohl selbst befürwortete ebenso wie etwa Mittermaier grundsätzlich die Heranziehung von Materialien aus dem Gesetzgebungsprozess für die Auslegung, wobei beide aber betonten, dass diese nur mit Vorsicht und Sorgfalt zur Auslegung herangezogen werden sollen, da die hieraus gewonnenen Erkenntnisse nicht unbedingt mit dem Willen aller Gesetzgebungsfaktoren übereinstimmen müssen und den verschiedenen Materialien unterschiedliches Gewicht für die Auslegung zukomme (*Mohl*, Staatsrecht, S. 106 ff.; *Mittermaier*, Die Strafgesetzgebung in ihrer Fortbildung, Teil 1, S. 216 ff.).

[508] *Mohl*, Politik, Bd. 1, S. 546 f.; *Rousset*, Bd. 1, S. 264, 268 f.

schaftlichen Vorrathes abgefasst sein«.[509] Rousset sah eine feste Dreiteilung der
Motive vor: zunächst einen historischen Teil, in dem die Quellen und Präzedenzfälle aufgezeigt werden, die dem Gesetz zugrunde liegen sowie die tatsächlichen
Umstände und politischen Gründe, die das Gesetz als notwendig oder zumindest
nützlich erscheinen lassen; zweitens einen dogmatischen Teil, in dem die Ver-
fassungsmäßigkeit der Ziele und Mittel des Gesetzes dargelegt wird sowie die
rechtlichen Grundsätze, auf denen es beruht und drittens einen analytischen Teil,
der das Verhältnis der einzelnen Bestimmungen zu den Zielen des Gesetzes darlegt und erforderliche Begriffsdefinitionen vornimmt.[510]

Innerhalb der Gesetzgebungstheorie standen den Befürwortern der Veröffent-
lichung amtlicher Begründungen aber auch zur Mitte des 19. Jahrhunderts noch
entschiedene Gegner gegenüber. So missbilligt Geib, ein später Vertreter der
Historischen Rechtsschule, die amtliche Bekanntmachung von Motiven als einen
Angriff auf die Freiheit der Wissenschaft.[511] Im Ziel ist sich Geib und die Historische Rechtsschule damit einig mit den absolutistischen Gegnern amtlicher
Motive früherer Jahrzehnte. Die Begründung ist aber doch jetzt eine ganz andere.
Es ist nicht mehr das absolute Rechtsetzungsmonopol des Monarchen, das gegen
eine (von amtlichen Motiven geförderte) freie Auslegung verteidigt werden soll,
es ist auch nicht mehr der Glaube an die zweifelsfreie Bestimmtheit des Gesetzes
oder zumindest der eindeutigen Erkenntnismöglichkeit der zugrunde liegenden
vernunftrechtlichen Wahrheiten, welcher amtliche Begründungen überflüssig erscheinen ließ, vielmehr ist es jetzt gerade die Freiheit der Wissenschaft und damit
die vom Souverän und dem Naturrecht gleichermaßen losgelöste freie Auslegung
der Gesetze durch die Lehre, die gegen eine Bevormundung durch amtliche
Begründungen verteidigt wird.

Gegen Ende des 19. Jahrhunderts erfolgte dann eine erneute Polarisierung
zwischen Befürwortern und Gegnern amtlicher Begründungen infolge der zunehmenden Verbreitung der Lehre von der »objektiven« Auslegung der Gesetze.[512]
Bei den Stellungnahmen zum ersten BGB-Entwurf stehen sich die Ansichten
über die Brauchbarkeit der dem Entwurf beigegebenen umfangreichen Motive
dabei in unversöhnlichem Widerspruch gegenüber. Auf der einen Seite stand die
traditionelle Auslegungslehre, die dem historischen Willen des Gesetzgebers große
Bedeutung zumaß, die Veröffentlichung der Motive daher begrüßte und den

---

[509] *Mohl*, Politik, Bd. 1, S. 547.

[510] *Rousset*, Bd. 1, S. 268 f.; an anderer Stelle (Bd. 1, S. 329 ff.) demonstriert *Rousset* sein Konzept beispielhaft anhand von ihm entworfener Motive zu einem neuen *Loi sur le Bornage*, wobei
sich sein Entwurf jedoch nicht streng an die von ihm propagierte Einteilung hält.

[511] *Geib*, S. 193.

[512] Als eigentliche Begründer der objektiven Auslegungslehre gelten Binding, Wach und
Kohler mit Arbeiten aus den Jahren 1885/1886 (vgl. *Larenz*, S. 32 f.; *J. Schröder*, Gesetzesauslegung
und Gesetzesumgehung, S. 34 ff.). Es gab jedoch verschiedene Vorläufer dieser Theorie, namentlich Schaffrath (1842) und Thöl (1851); zu diesen und weiteren Wurzeln der objektiven Auslegungslehre vgl. *Baden*, S. 377 f., 381 f.

Motiven eine dem Gesetz fast gleichkommende Bedeutung zusprach; zum Teil aber auch, wie sich bei Bähr deutlich zeigte, gerade wegen der Bedeutung des historischen Willens des Gesetzgebers für die Auslegung in der Veröffentlichung der umfangreichen Motive (ähnlich wie früher Geib) eine Gefahr für die freie Fortentwicklung der Rechtswissenschaft sah.[513] Auf der anderen Seite standen die Vertreter der »objektiven« Auslegungslehre, die, wie Zitelmann, der amtlichen Begründung für die Auslegung der Gesetze keine Bedeutung zumaßen und forderten, »wenn denn schon die Veröffentlichung der Vorarbeiten nicht zu umgehen ist, so sollte sie doch auf ein möglichst geringes Maß eingeschränkt werden«.[514]

Der BGB-Gesetzgeber selbst hatte sich in der Frage der Veröffentlichung von Motiven beim ersten Entwurf für einen Mittelweg entschieden. Die von den einzelnen Redaktoren zu ihren Teilentwürfen gefertigten Motive blieben ebenso unveröffentlicht wie die Beratungsprotokolle der ersten Kommission. Stattdessen ließ man von den Hilfsarbeitern der Kommission aus diesen beiden Quellen in verhältnismäßig kurzer Zeit verkürzte (aber immer noch sehr umfangreiche) Motive erstellen, die dann zusammen mit dem ersten Entwurf veröffentlicht wurden, wobei man aus Zeitgründen von einer vorherigen Prüfung der Motive durch die Kommission selbst absah.[515] Die Veröffentlichung der Originalmaterialien unterblieb hierbei aber nicht – wie zu Zeiten des Absolutismus –, weil man diese vor der Öffentlichkeit geheim halten wollte oder deren Heranziehung als Auslegungshilfe fürchtete, sondern aus rein praktischen Erwägungen wegen des außerordentlichen Umfangs dieser Materialien von mehr als 12.000 Seiten.[516] Infolge

---

[513] *Bähr*, S. 324 f., lobt die Veröffentlichung umfangreicher Motive zum ersten BGB-Entwurf. Förderlich sei auch, dass diese nicht nur den positiven Inhalt des Entwurfs erläutern, sondern auch begründen, warum manches nicht aufgenommen wurde. Er prognostiziert, dass die Motive voraussichtlich »für die Anwendung des Gesetzes eine diesem fast gleichkommende Bedeutung gewinnen«. An anderer Stelle (S. 569) bringt *Bähr* jedoch seine Besorgnis zum Ausdruck, dass die Motive durch die Autorität, die sie den darin vorkommenden Lehren verleihen, der Rechtswissenschaft namhaften Schaden bringen. »Hundert Commentare werden ihren Inhalt bis auf den letzten Deut ausmünzen und unter das juristische Publikum verstreuen.«

[514] *Zitelmann*, Rechtsgeschäfte, S. 17. Zitelmann fordert, dass niemand sich für die Auslegung eines Gesetzbuchs auf etwas anderes als das Gesetzbuch selbst stützen dürfe. Entsprechend will Zitelmann den ersten Entwurf des BGB auch aus sich selbst heraus erklären, ohne Rekurs auf die Motive.

[515] Motive zu dem Entwurfe eines Bürgerlichen Gesetzbuches für das Deutsche Reich, 5 Bde, 1888.

[516] Die beschriebene Vorgehensweise beruht auf Vorschlägen des Kommissionsvorsitzenden Pape. Dieser begründet in einem Bericht an den Reichskanzler ausführlich die Wichtigkeit der Gesetzesmaterialien, zugleich aber auch die praktische Unmöglichkeit, diese angesichts ihres außergewöhnlichen Umfangs vollständig zu veröffentlichen (Bericht vom 27. Dezember 1887, in: *Schubert*, Materialien, S. 309–317, hier: S. 310). Man habe daher die Ausarbeitung gekürzter Motive durch die Hilfsarbeiter der Kommission für sachgemäß angesehen. Eine erneute Prüfung dieser Motive durch die Kommission müsse unterbleiben, weil anderenfalls die Veröffentlichung sich erneut beträchtlich verzögern würde. Die Teilentwürfe der Redaktoren nebst Motiven und die Beratungsprotokolle der Kommission umfassten zusammen 12.309 Folioseiten, worauf bereits

der im Zuge der Veröffentlichung des ersten Entwurfs aufkommenden Kritik an der mangelnden Transparenz der Kommissionsberatungen entschloss man sich dann im Zusammenhang mit dem zweiten BGB-Entwurf, die Beratungsprotokolle der Kommission zu veröffentlichen, verzichtete aber umgekehrt auf die Erstellung separater Motive.[517]

c) Amtliche Begründung als Mittel der Unterrichtung und Überzeugung des Gesetzesadressaten

Nach der Konzeption des Vernunftrechts, wie man sie bei Wolff findet, sollte der Gesetzgeber (neben dem gewillkürten, rein positiv gesetzten Recht) die als allgemeingültig erkannten naturrechtlichen Grundwahrheiten in positive Gesetze gießen. Es lag daher nahe, die Adressaten dieser Gesetze auch von deren Vernünftigkeit zu überzeugen. Entsprechend befürwortete Wolff die Anfertigung von Begründungen zu Gesetzentwürfen, damit jedermann ersehen könne, warum die Gesetze zu seinem Besten gereichen und ihnen aus Einsicht und nicht nur aus Furcht vor äußerem Zwang Folge leistet.[518] Die Gesetze sollten daher nach Ansicht Wolffs in zwei Fassungen gefertigt werden: zum einen der bloße Gesetzestext zum täglichen Gebrauch und in einer zweiten Fassung mit beigefügten Gründen und Erläuterungen. Obgleich Wolff über seine Schüler bekanntlich nicht unerheblichen Einfluss auf die Redaktoren des ALR ausübte, konnte er sich mit dieser Argumentation in der preußischen Gesetzgebungspraxis nicht durchsetzen. Wie wir sahen, unterblieb die Veröffentlichung einer amtlichen Begründung zum ALR, da man sie einerseits als überflüssig, andererseits als schädlich ansah. Die Redaktoren des ALR glaubten die notwendige Belehrung und Überzeugung der Adressaten bereits mit dem Gesetzbuch selbst bzw. mit einer separaten Kurzfassung für das Volk erreichen zu können.[519] Es wäre also verfehlt, aus dem an die Vernunft appellierenden Impetus der Aufklärungszeit generell auf die Bevorzugung ausführlicher Gesetzesbegründungen zu schließen.[520] Der Geset-

---

das Vorwort zu der amtlichen Ausgabe des BGB-Entwurfs von 1888 hinwies, um die unterbliebene Veröffentlichung zu rechtfertigen (vgl. hierzu auch *Vierhaus*, S. 73; *Schwartz*, S. 180).

[517] Protokolle der Kommission für die zweite Lesung des Entwurfs des Bürgerlichen Gesetzbuchs, 7 Bde, 1897–1899. Allerdings sind in der veröffentlichten Ausgabe der Beratungsprotokolle der zweiten Kommission (ebenso wie in der 1899 erschienen systematischen Materialsammlung von Mugdan) geschäftliche Mitteilungen sowie die Anwesenheitslisten weggelassen worden sowie von den Herausgebern zum Teil stilistische Überarbeitungen vorgenommen worden (näher hierzu *Schubert*, Materialien, S. 23). Zu den Gründen, warum man auf die erneute Erstellung von Motiven verzichtete, s. unten S. 139.

[518] *Wolff*, Politik, § 408, S. 422 ff.

[519] Svarez veröffentlichte 1793 mit Goßler die Schrift »Unterricht über die Gesetze für die Einwohner der preussischen Staaten«; s. hierzu näher unten S. 254 f.

[520] Auch *Wieland* forderte, dass der Gesetzgeber sich weitläufige Begründungen spare. Die Weisheit des Gesetzgebers solle aus den Anordnungen selbst sprechen, nicht aus zusätzlichen Erklärungen seiner Absichten, welche nur die Streitigkeiten vermehren würden, anstatt sie zu

zestext selbst sollte lehrhaft sein und die Vernunft des Gesetzesadressaten ansprechen.[521] Die Veröffentlichung einer Begründung hätte nur Nahrung für eine freie Gesetzesauslegung gegeben, welche man in Preußen gerade verhindern wollte. Allenfalls mit der zweiten von Wolff genannten Funktion einer Gesetzesbegründung konnte sich die preußische Praxis des ausgehenden 18. Jahrhunderts anfreunden: Demnach sollte die Gesetzesbegründung auch dazu dienen, dass der Souverän, der die Gesetze zu sanktionieren hat, beurteilen kann, ob die von juristischen Experten erstellten Entwürfe auch wirklich zur gemeinen Wohlfahrt gereichen.[522] Eine Veröffentlichung der Begründung war für diesen Zweck nicht erforderlich.

Für Feuerbach besaß die Bekanntmachung von Motiven durch den Gesetzgeber neben der bereits erwähnten juristischen Funktion zwar auch einen politischen Zweck, nämlich das Gesetz vor dem Volk zu rechtfertigen und die Überzeugung zu bewirken, dass Vernunft und Staatsweisheit den Gesetzgeber geleitet habe. Doch hielt er dies namentlich bei Strafgesetzen für überflüssig, da die Nation hieran nur wenig Anteil nehme und daher die Gesetzesmotive nur die Gelehrten- und Beamtenwelt interessieren würden.[523] Im Übrigen sei die Veröffentlichung von Motiven aus einem derartigen Zweck auch gefährlich, da das Volk hierdurch aufgefordert werde, über die Gesetze zu räsonieren und die Gesetze zwangsläufig an Autorität verlören, wenn die in den Motiven genannten Gründe nicht überzeugend wirken. Schließlich sei jedenfalls in der Strafgesetzgebung die Veröffentlichung von Motiven auch deshalb nicht ratsam, weil durch die Enthüllung der Absichten des Gesetzgebers den Verbrechern mancherlei Waffen gegen die Gesetze und zu ihrer Umgehung an die Hand gegeben würden.[524]

In England war es Bentham, der trotz seiner Verbalattacken gegen das Naturrecht den Wolffschen Optimismus in die Überzeugungskraft von Gesetzesbegründungen teilte. Nach seiner Ansicht erleichtere die Begründung einer gesetzlichen Regelung dem Adressaten das Verständnis und fördere dessen Bereitschaft, dem Gesetz zu folgen.[525] Eine Regel, deren »Warum« man nicht kenne, bleibe auch nicht im Gedächtnis haften.

Im Grundsatz war dies auch die Auffassung Macaulays im Zusammenhang mit seinen Gesetzgebungsarbeiten für Britisch-Indien.[526] Es sei ein legitimes Interesse

---

verringern (Teil 1, § 61, S. 88 f.). Nach *Paalzow* solle der Gesetzgeber nur dann eine Begründung für ein Gesetz geben, wenn sich diese nicht klar aus dem Gesetz selbst ergibt; im Regelfall sollte auch nach Ansicht *Paalzows* das Gesetz für sich selbst sprechen (Versuch, S. 53 f.).

[521] Zur Lehrhaftigkeit des Gesetzgebungsstils der Aufklärungszeit s. näher unten S. 312 ff.

[522] Zu dieser Funktion der Gesetzesbegründung sogleich unter III.4.d (S. 136 ff.).

[523] *Feuerbach*, Nachlaß, Bd. 1, S. 237 f.

[524] Ebd., S. 238.

[525] *Bentham*, Promulgation, S. 160 = Traités de législation, Bd. 3, S. 289 f.; *ders.*, Codification Proposal, Teil I § 2, S. 248 ff.

[526] Zum Folgenden: Macaulay, Minute of 11 May 1835, in: Government of India, Macaulay's Minutes, S. 1 ff., hier: S. 5; auch abgedruckt in *Dharker*, S. 146 ff., hier: S. 149 f.

der Öffentlichkeit, über die Gründe für einen Gesetzgebungsakt unterrichtet zu werden. Was die Form einer solchen Begründung betrifft, lehnte Macaulay jedoch Präambeln ausdrücklich ab und folgte auch nicht Benthams Konzept des »interwoven rationale«.[527] Stattdessen setzte er sich für eine Veröffentlichung der Beratungsprotokolle des gesetzgebenden Gremiums ein, um die Öffentlichkeit hierdurch über die Gründe und Ziele des Gesetzgebers zu unterrichten. Im *Governor-General of India in Council*, als dem gesetzgebenden Gremium Britisch-Indiens, konnte er sich jedoch mit dieser Ansicht nicht durchsetzen, da man fürchtete, dass durch die Veröffentlichung der Beratungsprotokolle Kontroversen zwischen den Mitgliedern dieses Gremiums in die Öffentlichkeit getragen werden.[528] Für den Strafgesetzbuchentwurf von 1837 wählte Macaulay daher das Mittel separater Motive als Form der Begründung für das Gesetzgebungsorgan und die Öffentlichkeit. Erst als das gesetzgebende Gremium Britisch-Indiens durch den *Charter Act* von 1853 umgestaltet und als *Legislative Council* personell verstärkt wurde, ging dieser auf Grundlage einer neuen Geschäftsordnung ab 1854 dazu über, die Beratungsprotokolle zu veröffentlichen.[529]

In Deutschland verflüchtigte sich im 19. Jahrhundert schnell der Optimismus, dass der Bürger als Adressat der Gesetze deren amtliche Begründungen lese und den Gesetzen dann aus Überzeugung Folge leiste. Als Funktionen der Gesetzesbegründung standen hier vielmehr die Hilfe für die Juristen als Gesetzesanwender und für den Gesetzgeber selbst bzw. für die der Entwurfsanfertigung nachgeschalteten Gesetzgebungsorgane im Vordergrund. In Frankreich hielt sich hingegen lange die Anschauung von der amtlichen Begründung als Überzeugungsmittel für den Gesetzesadressaten, man findet sie noch um 1870 bei Rousset[530], was sich vielleicht mit der Legitimationswirkung erklären lässt, die seit der französischen Revolution der volonté générale im Rousseauschen Sinne für die Gesetzgebung zukam.[531]

d) Amtliche Begründung zur Unterrichtung der Gesetzgebungsorgane

Schon bei Wolff sollten Gesetzesbegründungen nicht allein dem Zweck einer Unterrichtung der Gesetzesadressaten über das fertige Gesetz dienen, sondern schon in der Phase der Gesetzesentstehung sicherstellen, dass der Souverän über

---

[527] Zu Macaulays Haltung in Bezug auf Präambeln s. näher unten S. 441 f. Auf Benthams Idee eines »interwoven rationale« ging Macaulay nicht ausdrücklich ein.

[528] Government of India, Macaulay's Minutes, S. 5; Government of India, Peacock's Minutes, S. 151.

[529] Standing Orders 1854, sec. 133 f.

[530] *Rousset*, Bd. 1, S. 264.

[531] *Rousseau* beschäftigt sich nicht explizit mit Gesetzesbegründungen; er fordert aber, dass dem Gemeinwillen der richtige Weg gezeigt wird und er vor den Verführungen durch Sonderwillen geschützt werde; die Öffentlichkeit müsse erkennen lernen, was sie will; hierzu sei der Gesetzgeber berufen (Du Contrat Social, Buch II, Kap. 6).

die Zwecke der Regelungen informiert ist, die er sanktioniert. Deshalb sollten diejenigen, welche die Gesetzentwürfe fertigen, zugleich bei einem jeden Gesetz angeben, welche Absicht dem zugrunde liegt und wie sie diese mittels des von ihnen vorgeschlagenen Gesetzes zu erreichen gedenken.[532] Bei Wolff dient diese methodische Vorgabe also dazu, die unumschränkte Gesetzgebungshoheit des Souveräns zu sichern, der so in den Stand gesetzt werden solle, die von juristischen Fachleuten ausgearbeiteten Gesetzentwürfe auf ihre Ziele und prognostizierten Wirkungen zu überprüfen. Zu Zeiten des Absolutismus konnte dies informell geschehen; die einzelnen Stadien des Gesetzgebungsverfahrens waren nicht strikt voneinander getrennt und ein echtes Bedürfnis nach einer gesetzgebungstechnischen Formalisierung der Unterrichtung des Souveräns bestand nicht.[533] Mit der Einführung landständischer Verfassungen in vielen deutschen Territorien im ersten Drittel des 19. Jahrhunderts änderte sich dies.[534] Die Gesetzgebungsentwürfe gingen weiterhin meist von der Regierung bzw. dem Fürsten aus. Um Gesetz zu werden, bedurften sie aber in diesen Territorien nunmehr der Zustimmung der Kammern des Landtages. Damit entstand ein echtes Bedürfnis, die Kammermitglieder durch schriftlich ausgearbeitete Begründungen über die Zielsetzungen des Regierungsentwurfs zu unterrichten und ihnen die vorgeschlagenen Regelungen zu erläutern.[535] Wieder war es Wächter, der in Deutschland als erster die Bedeutung von Gesetzesmotiven zur Unterrichtung der Ständeversammlung hervorhob.[536] Später unterstrich insbesondere Mohl die Wichtigkeit ausführlicher Entwurfsbegründungen für die Beratungstätigkeit im Parlament und seinen Ausschüssen.[537]

In Preußen erkannte man den Nutzen ausführlicher Motive zur Unterrichtung der an dem Gesetzgebungsverfahren beteiligten Gremien bereits vor dem Übergang zum Konstitutionalismus. So wurden bereits zu den frühen, aus den Jahren 1827 und 1828 stammenden Entwürfen zu einem preußischen Strafgesetzbuch

---

[532] *Wolff*, Politik, § 408, S. 422 ff.

[533] Bei der Entstehung des ALR erfolgte eine derartige Unterrichtung z. B. durch die schriftlichen Vorträge Svarez' im Rahmen der so genannten Schlussredaktion nach vorheriger Suspendierung des Inkrafttretens des AGB (vgl. unten S. 210). Bei der Entstehung des ABGB findet sich etwas Vergleichbares in dem schriftlichen Vortrag Zeillers zur Einführung in das neue Gesetzbuch, welcher dem Kaiser zusammen mit dem Kommissionsentwurf 1808 vorgelegt wurde (*Ofner*, Protokolle, Bd. 2, S. 465–489).

[534] Es gab zwei »Verfassungswellen«, eine süddeutsche, zu der (um nur die wichtigsten zu nennen) die Verfassungen von Bayern (1818), Baden (1818), Württemberg (1819) und dem Großherzogtum Hessen (1820) zählen, und – nach der französischen Julirevolution von 1830 – eine mittel- und norddeutsche, zu der u. a. die Verfassungen von Kurhessen (1831), Sachsen (1831), Braunschweig (1832) und Hannover (1833) zählen. Eine vollständige Übersicht über die Verfassungen des Vormärz unter Einbeziehung auch der Kleinstaaten gibt *Ehrle*, S. 39 ff.

[535] In Sachsen wurde sogar ausdrücklich in die Verfassung von 1831 aufgenommen, dass jedem Gesetzentwurf Motive beizufügen sind (§ 85).

[536] *Wächter*, Archiv des Criminalrechts, Neue Folge, 1839, S. 348.

[537] *Mohl*, Art. »Gesetz«, Staats-Wörterbuch, Bd. 4, S. 285; *ders.*, Politik, Bd. 1, S. 546.

wie auch zu dem Entwurf von 1833 von den Redaktoren ausführliche Motive gefertigt, welche der Unterrichtung des Staatsministeriums und des Plenums der Gesetzrevisionskommission bei ihren Beratungen über die Entwürfe dienten.[538] Diese Motivbände diskutierten detailliert die Gründe für die im Entwurf vorgenommenen Abweichungen vom strafrechtlichen Teil des ALR. Außerdem wurden in den Motiven die eingelangten Stellungnahmen der Gerichte diskutiert sowie Vergleiche gezogen mit Regelungen in auswärtigen Gesetzgebungen und mit den Meinungen in der strafrechtlichen Literatur. Eine Veröffentlichung dieser Motive erfolgte nicht; sie sollten der internen Unterrichtung der am Gesetzgebungsverfahren beteiligten Gremien, nicht aber der Öffentlichkeit dienen. Den seit den zwanziger Jahren bestehenden preußischen Provinziallandtagen, die nur beratende Funktion hatten, wurde deshalb 1843 ein Entwurf des Strafgesetzbuchs ohne Motive zur Stellungnahme vorgelegt.[539] Dies änderte sich jedoch schon bald und zwar noch vor dem Übergang Preußens zum Konstitutionalismus. 1847 war aus Mitgliedern des durch Friedrich Wilhelm IV einberufenen Vereinigten Landtags ein »Vereinigter ständischer Ausschuss« gebildet worden, der nach Verabschiedung des Vereinigten Landtags den Strafgesetzbuchentwurf beraten sollte.[540] Diesem wurde dann von der Regierung der neue Strafgesetzbuchentwurf von 1847 vorgelegt, diesmal nun mit Motiven, welche auch veröffentlicht wurden.[541] Ebenso verfuhr man dann nach Übergang zum Konstitutionalismus mit dem Entwurf von 1850/51, der 1851 den beiden Kammern des Landtags mit Motiven vorgelegt wurde, wobei Entwurf und Motive über den Buchhandel auch der Allgemeinheit zugänglich gemacht wurden.

Auch in Britisch-Indien diente die ausführliche separate Begründung (»Notes«), welche die *Indian Law Commission* 1837 zusammen mit dem Entwurf eines Strafgesetzbuchs vorlegte, in erster Linie der Unterrichtung der Mitglieder des *Governor-General in Council* als dem für die Entscheidung über die Inkraftsetzung des Entwurfs zuständigen Gesetzgebungsgremiums sowie der Unterrichtung des *Court of Directors* der *East India Company* in London.[542] Daneben bezweckte man mit der

---

[538] Die Motive zu den Entwürfen 1827/1828 sind abgedruckt bei *Regge/Schubert*, Bd. 1, S. 25–270, 369–955 u. Bd. 2, S. 1–466; die Motive zum Entwurf 1833 bei *Regge/Schubert*, Bd. 3, S. 259–701 u. 717–755.

[539] Zu den Beratungen des Strafgesetzbuchentwurfs in den preußischen Provinziallandtagen vgl. *Werner Schubert*, Preußen im Vormärz. Die Verhandlungen der Provinziallandtage von Brandenburg, Pommern, Posen, Sachsen und Schlesien sowie – im Anhang – von Ostpreußen, Westfalen und der Rheinprovinz (1841–1845) (Rechtshistorische Reihe: 185), Frankfurt a. M. u.s.w. 1999, S. 43 ff., 79 ff., 141 ff., 200 ff., 292 f., 373 ff. sowie zur Beratung des Strafgesetzbuchentwurfs speziell im brandenburgischen Provinziallandtag *Thomas Hildebrandt*, Die Brandenburgischen Provinziallandtage von 1841, 1843 und 1845 anhand ausgewählter Verhandlungsgegenstände (Rechtshistorische Reihe: 263), Frankfurt a.M. u.s.w. 2002, S. 122 ff.

[540] Näher zu diesen Gremien unten S. 187 mit Fn. 771.

[541] Die Motive zum Entwurf 1847 sind abgedruckt bei *Regge/Schubert*, Bd. 6/2, S. 841–1008.

[542] Die »Notes« sind als Anhang zum Entwurf von 1837 abgedruckt; s. Penal Code for India (Draft 1837). Macaulay hatte bereits vor Beginn der Arbeiten an dem Entwurf dessen Ergänzung

amtlichen Begründung von Anfang an auch eine Rechtfertigung des Entwurfs gegenüber der Fachöffentlichkeit, weshalb eine Veröffentlichung der Begründung zusammen mit dem Entwurf erfolgte. Ihrem Charakter nach steht die amtliche Begründung zum indischen Strafgesetzbuchentwurf den Motiven zu den Entwürfen zum preußischen Strafgesetzbuch wesentlich näher als etwa den amtlichen Anmerkungen zum bayerischen Strafgesetzbuch oder Benthams Konzept eines »rationale«. Sie wollte den Gesetzgebungsgremien und der Fachöffentlichkeit eine Begründung und Rechtfertigung für die im Entwurf getroffenen Regelungen liefern, nicht aber – wie in Bayern – eine amtliche Kommentierung der zum Gesetz erhobenen Vorschriften.[543] Aus diesem Grunde unterblieb auch eine Anpassung und Neuveröffentlichung der »Notes« im Zusammenhang mit der Überarbeitung und Inkraftsetzung des Entwurfs 1860. Sie waren Teil der Materialien des Gesetzgebungsverfahrens, nicht aber Teil des Gesetzbuchs.

Im Zusammenhang mit der Entstehung des deutschen BGB sollten die von den Redaktoren der ersten Kommission zu ihren Teilentwürfen erstellten Begründungen (die unveröffentlicht blieben) primär der Unterrichtung der Gesamtkommission dienen, die über die Teilentwürfe zu beraten hatte. Zu diesem Zweck sah bereits das Gutachten der Vorkommission von 1874 vor, dass jeder Redaktor zusammen mit seinem Teilentwurf der Kommission Motive hierzu vorzulegen habe, was dann auch geschah.[544] Im Zusammenhang mit dem überarbeiteten Entwurf der zweiten BGB-Kommission sah man bewusst davon ab, dem Bundesrat und dem Reichstag hierzu ausführliche Motive vorzulegen. Stattdessen beschränkte man sich darauf, im Reichsjustizamt eine Denkschrift ausarbeiten zu lassen, welche im Wesentlichen nur eine Inhaltsübersicht über die Bestimmungen des Entwurfs gibt und dem Reichstag zusammen mit dem Entwurf vorgelegt wurde.[545] Durch diese Vorgehensweise wollte das Reichsjustizamt ein möglichst zügiges und problemloses Passieren des Gesetzentwurfs im Bundesrat und Reichstag erreichen. Statt den gesetzgebenden Faktoren eine umfassende Begründung zu den Hintergründen und der Zielsetzung der Entwurfsbestimmungen zu liefern, wollte man gerade umgekehrt durch den Verzicht hierauf möglichst wenig Angriffsfläche für die Beratungen in den gesetzgebenden Gremien liefern.[546]

---

durch eine separate Begründung geplant; auf seinen Vorschlag hin wurde dies auch in die Anweisungen an die Kommission aufgenommen (Macaulay, Minute of 4 June 1835, in: Return to an Order of the House of Lords, dated 11 June 1852, for Copies of all Correspondence …, S. 22, in: Parliamentary Papers (HL) 1852 (263) xii; Instruction of the Governor-General in Council to the Indian Law Commission, 15 June 1835, ebd., S. 24 f.).

[543] Vgl. auch die zeitgenössische Einschätzung der amtlichen Begründung durch *John Stuart Mill*, Penal Code for India, S. 29: »They [scil. the notes] are very able and valuable essays, and, we think, rarely fail successfully to vindicate everything in the code, the propriety of which might otherwise have appeared doubtful.«

[544] Gutachten der Vorkommission v. 15. April 1874, in: *Schubert*, Materialien, S. 170–185, hier: S. 183.

[545] Denkschrift zum Entwurf eines Bürgerlichen Gesetzbuchs nebst drei Anlagen, Berlin 1896.

[546] Vgl. *Schulte-Nölke*, S. 226; *Schubert*, Materialien, S. 62.

Im Zuge der Entstehung des schweizerischen ZGB kam es nicht zu der Erstellung umfassender, auf jede Einzelbestimmung ausführlich eingehender Motive. Wichtigstes Dokument in dieser Hinsicht waren vielmehr Hubers in drei Teilen 1901 bis 1902 vorgelegte Erläuterungen zu dem Vorentwurf von 1900. Huber betont hierbei ausdrücklich, dass diese Erläuterungen in erster Linie zur Unterrichtung der an dem weiteren Gesetzgebungsverfahren beteiligten Gremien über die bei der Ausarbeitung des Entwurfs angestellten Überlegungen dienen sollen und nicht der Auslegung einzelner Artikel für die Bedürfnisse der künftigen praktischen Anwendung.[547] Sie bieten daher in summarischer Weise einen Überblick über die den Bestimmungen des Entwurfs zugrunde liegenden Überlegungen in einer auch dem Nichtjuristen verständlichen Form, um dergestalt als Hilfsmittel für die parlamentarische Beratung des Entwurfs dienen zu können. Den (im Zusammenhang mit den Motiven zum ersten BGB-Entwurf ausgetragenen) Streit, ob der Auslegung dienende Motive für die spätere Praxis mehr Vorteil oder Schaden bieten, lässt Huber ausdrücklich unentschieden und unterstreicht vielmehr den vorrangigen Zweck seiner Erläuterungen im Rahmen des weiteren Gesetzgebungsverfahrens, wofür sie in jedem Fall willkommen seien.[548]

Während der Vorentwurf zum ZGB von 1900 und Hubers Erläuterungen hierzu über den Buchhandel einer breiten Öffentlichkeit zugänglich gemacht wurden, sind die meisten anderen Materialien aus der vorparlamentarischen Entstehungsphase des ZGB nur in einer kleinen Zahl von Exemplaren gedruckt worden als Material für die am weiteren Gesetzgebungsverfahren beteiligten Gremien. Dies gilt insbesondere für die ersten Teilentwürfe Hubers von 1893 bis 1898, zu denen er ebenfalls Erläuterungen verfasste, für die Departementalentwürfe von 1896 bis 1900 und für die Protokolle der großen ZGB-Kommission von 1901 bis 1903. So wie Hubers Erläuterungen zum Vorentwurf, so sollten auch diese Materialien in erster Linie nicht als Auslegungshilfe für die künftigen Gesetzesanwender dienen, sondern zur Unterrichtung der am Gesetzgebungsverfahren Beteiligten. Die Teil- und Departementalentwürfe wurden darüber hinaus einem überschaubaren Kreis von Fachleuten und Interessierten zum Zwecke der Prüfung und Stellungnahme im Rahmen der laufenden Entwurfsarbeiten zur Verfügung gestellt.[549]

e) Sonstige Funktionen der Gesetzesbegründung

Bentham und Mohl wiesen daneben auch auf die Funktion der Gesetzesbegründung als Instrument der Eigenkontrolle des Gesetzgebers hin. Durch die Pflicht zur Begründung der getroffenen Regelungen werde der Gesetzgeber angehalten, seine Entwürfe genau zu überdenken und nicht instinktiv und willkürlich eine Regelung

---

[547] *Huber*, Erläuterungen, Heft 1, Vorwort.
[548] *Huber*, Erläuterungen, Heft 1, Vorwort.
[549] S. unten S. 149 f.

zu treffen, argumentiert Bentham.[550] Ähnlich schreibt Mohl, dass die Notwendigkeit einer Begründung dem Gesetzentwurf selbst zugute komme, da sie dazu zwingt, sich Rechenschaft über das Ziel und die Mittel zu geben und Form und Inhalt des Entwurfs einer selbstkritischen Überprüfung zu unterziehen.[551]

Schließlich konnte die amtliche Begründung (und generell die Materialien des Gesetzgebungsverfahrens) durch ihre Veröffentlichung auch dazu dienen, das Gesetzgebungsverfahren transparent zu machen und eine Öffentlichkeit des Verfahrens herzustellen. So forderte Schrader, die von ihm propagierte Gesetzgebungsbehörde solle Öffentlichkeit der Verhandlungen durch die Publikation von Motiven und Protokollen zu ihren Gesetzgebungsarbeiten erreichen.[552] Mohl wies darauf hin, dass sich die Regierung durch die Veröffentlichung einer amtlichen Begründung vor unberechtigter und übereilter Kritik schützen könne und den Beweis liefere für ihre sorgfältige Umschau und fleißige Bemühung.[553]

5. Die Prüfung der Entwürfe durch einen Staatsrat, Behörden, Gerichte oder Universitäten

Nach der Ansicht zahlreicher Gesetzgebungstheoretiker des 19. Jahrhunderts sollte der Gesetzentwurf nach seiner Fertigstellung durch die Gesetzgebungskommission oder die sonst mit den Entwurfarbeiten betrauten Personen erst noch durch eine oder auch mehrere staatliche Stellen überprüft werden, bevor er in der Öffentlichkeit verbreitet oder der Volksvertretung zugeleitet wird. Überwiegend wurde hierbei eine Überprüfung durch einen Staatsrat oder Ministerrat gefordert.[554] Die Überprüfung sollte insbesondere von einer »staatsmännischen« Perspektive erfolgen, also klären, ob der Gesetzentwurf nach seiner politischen Tragweite überhaupt und speziell zum jetzigen Zeitpunkt opportun sei.[555] Einige Autoren empfahlen auch eine Zuleitung des Entwurfs zur Stellungnahme an diejenigen Behörden, in deren Geschäftskreis die Regelungsmaterie fiel.[556] Mitunter wurde auch eine Stellungnahme durch Gerichte befürwortet.[557]

---

[550] *Bentham*, Promulgation, S. 159; *ders.*, Traités de législation, Bd. 3, S. 285, 293 f.

[551] *Mohl*, Politik, Bd. 1, S. 545.

[552] *Schrader*, S. 93.

[553] *Mohl*, Politik, Bd. 1, S. 545 f.

[554] *Gönner*, S. 280 f., empfahl eine Überprüfung durch einen »großen Gesetzgebungsrath«, der sich aus Beamten aller Ministerien zusammensetzen sollte. *Scheurlen*, S. 117, befürwortete die in § 58 der württembergischen Verfassung vorgesehene Überprüfung durch den Staatsrat (»Geheimer Rath«). *Mohl* (Politik, Bd. 1, S. 502 ff.) und *Bluntschli* (Politik, S. 464) gaben der Überprüfung durch den Staatsrat gegenüber einem Ministerrat den Vorzug. Die Minister und ihre Beamten sind nach Auffassung Bluntschlis zu sehr mit Regierungs- und Verwaltungsaufgaben beschäftigt und außerdem zu sehr von den wechselnden Interessen und Stimmungen der Politik abhängig, um eine sorgfältige und unabhängige Überprüfung des Gesetzentwurfs zu gewährleisten.

[555] *Mohl*, Politik, Bd. 1, S. 502.

[556] *K. S. Zachariä*, Wissenschaft, S. 345; *Kitka*, S. 29.

[557] *Reitemeier*, Redaction, S. 42. Reitemeier wünschte ein allgemeines bürgerliches Gesetz-

In der Praxis wurde bereits im Zusammenhang mit der Entstehung des späteren ALR die Beteiligung von Staatsbehörden und Gerichten sehr ernst genommen. Noch bevor die Teilentwürfe des AGB gedruckt der Öffentlichkeit übergeben wurden, holte man vorab die Stellungnahme von Gerichtspräsidenten und Personen der höheren Justizverwaltung ein und überarbeite die Entwürfe zunächst anhand dieser internen Monita, bevor man zur Veröffentlichung schritt.[558] Zusammen mit der sukzessiven Veröffentlichung der Entwürfe für das allgemeine Publikum wurden die Entwürfe dann nochmals speziell den Gerichten zur Beurteilung übersandt, wobei man insbesondere auch um eine Beurteilung bat, ob die Entwürfe ausreichend Vorschriften zur Entscheidung der in ihrer Praxis vorkommenden zweifelhaften Rechtsfragen enthalten.[559] Schließlich wurde auch das Gutachten diverser Staatsbehörden zu Spezialfragen eingeholt.[560] Im Vordergrund stand hier also die Einbeziehung des praktischen Sachverstands der Gerichte und Behörden, nicht eine »staatsmännische« Überprüfung der Entwürfe auf politische Tragweite und Opportunität. Letztere gewann erst im Zuge der Suspension des bereits verkündeten AGB an Bedeutung.

Den Stellungnahmen von Staatsbehörden und Gerichten kam auch im Zusammenhang mit der Entstehung des ABGB wesentliche Bedeutung zu. In der ersten Phase der Arbeiten an einem Zivilgesetzbuch, d. h. bei der Entstehung des Codex Theresianus, führten die negativen Stellungnahmen der Mehrheit der Mitglieder des Staatsrates und insbesondere des Staatskanzlers Fürst von Kaunitz zu dem Entwurf zu einem Scheitern des Projektes.[561] Im weiteren Verlauf der Arbeiten an dem Gesetzbuch gewann dann die Begutachtung durch Gerichte eine bedeutende Rolle. Gerichte wurden während des Kodifikationsprozesses zweimal zu

---

buch für ganz Deutschland, welches im Wesentlichen durch eine Kompilation des römischen Rechts verbunden mit punktuellen Kontroversentscheidungen erfolgen sollte. Der Entwurf sollte dann den Gerichten namentlich im Hinblick auf die hierin getroffenen Entscheidungen bestehender Kontroversen zugeleitet werden. Reitemeier wollte den letztinstanzlichen Gerichten sogar ein Entscheidungsrecht über die im Gesetzbuch vorzunehmenden Kontroversentscheidungen einräumen.

[558] Vgl. *Simon*, S. 209; *Schwennicke*, Entstehung, S. 25, 29; *Barzen*, S. 123, 125 u. passim.

[559] *Simon*, S. 223; *Barzen*, S. 129f.; *P. Krause*, Einführung, S. LXXVI. Schon der Plan zur Ausarbeitung des Gesetzbuchs von Juli 1780 hatte vorgesehen, dass anhand der Sammlungen streitiger Rechtsfälle Proben anzustellen seien, ob diese sich mittels des neuen Gesetzbuchs lösen lassen, die Entwürfe also vollständig und bestimmt genug sind (Plan, Nr. 18.5). Mit den erwähnten Ersuchen an die Gerichte wollten die Redaktoren nunmehr offenbar die Gerichte zur Durchführung derartiger Proben gewinnen.

[560] *Simon*, S. 225, 232f.; *Barzen*, S. 234f.

[561] 1769/1770 lehnte die Mehrheit der Mitglieder des Staatsrats, denen der Entwurf des Codex Theresianus zur Stellungnahme übergeben worden war, dessen Inkraftsetzung ab, wobei sich insbesondere auch der einflussreiche Staatskanzler Kaunitz in einem schriftlichen Gutachten gegen den Entwurf aussprach (ausführlich hierzu *Voltelini*, S. 35, 39ff.; *Maasburg*, Allgemeine österreichische Gerichts-Zeitung, Bd. 32 (1881), S. 209f., 213f., 217f.; vgl. i. Ü. *Harrasowsky*, Geschichte, S. 124ff.; *Pfaff/Hofmann*, Kommentar, Bd. 1, S. 13f.; *Korkisch*, S. 274f.; *Strakosch*, S. 38f.; *Brauneder*, ABGB, S. 213; zur Stellungnahme Kaunitz' s. auch unten S. 314, Fn. 109 a. E.).

Stellungnahmen aufgefordert, zunächst zu Zeiten des Kommissionspräsidenten Martini und später zu Zeiten des Referenten Zeiller. 1790 ordnete Leopold II an, bei den Appellationsgerichten der Länder spezielle Kommissionen zur Begutachtung der revidierten Entwürfe zu bilden und in diesen Kommissionen auch Vertreter der Landstände hinzuzuziehen.[562] Diese so genannten »Länderkommissionen« sollten für eine stärkere Berücksichtigung regionaler Erfahrungen und Erfordernisse in dem Gesetzgebungsprojekt sorgen. Die Einräumung eines echten Mitspracherechts der Landstände war hingegen nicht gewollt; die Majorität in den Länderkommissionen bildeten Richter der Appellationsgerichte, Ständevertreter wurden nur ergänzend hinzugezogen. Diesen Länderkommissionen wurde 1792 der auf Grundlage des Josephinischen Gesetzbuchs revidierte Entwurf des ersten Teils eines ABGB übersandt. Aus den eingehenden Gutachten fertigte dann 1793 der Justizhofrat von Keeß als Mitglied der Hofkommission in Gesetzsachen einen Auszug, den er zusammen mit seinem Votum in den Kommissionssitzungen vortrug. Dort wurden aber in den meisten Fällen die von den Länderkommissionen unterbreiteten Vorschläge zugunsten der Martinischen Fassung des Entwurfs verworfen.[563]

Ein zweites Mal wurden die Länderkommissionen 1796 an den Entwurfsarbeiten zum ABGB beteiligt. Mittlerweile waren alle drei Teile des Gesetzbuchs fertig gestellt, als Franz II die Übersendung des Entwurfs an die Länderkommissionen zur Begutachtung anordnete.[564] Es dauerte bis 1801, bis alle angeforderten Stellungnahmen eingetroffen waren, so dass die Beratungen des Gesetzbuchs in der neuen Hofkommission in Gesetzsachen erst dann beginnen konnten.[565] Zeiller als neuer Referent der Kommission für die Arbeiten an dem bürgerlichen Gesetzbuch fertigte zur Vorbereitung der Kommissionssitzungen einen nach der Paragraphenfolge des Entwurfs geordneten Auszug aus den eingegangenen Stellungnahmen, kommentierte diese und setzte jeweils sein Votum hinzu, inwieweit den Vorschlägen stattzugeben oder diese zu verwerfen seien.[566] Die Vorgehensweise Zeillers stimmt praktisch genau mit dem Vorgehen der preußischen Redaktoren bei der so genannten Revisio monitorum zum AGB[567] überein; dies gilt selbst für

---

[562] *Harrasowsky*, Geschichte, S. 155 f.; *Brauneder*, ABGB, S. 210.

[563] Ausführlich hierzu auf Grundlage der Kommissionsakten: *Josef Koloman Binder/ Hugo Suchomel*, Zur Lebensgeschichte des Hofrates Franz Georg Edlen von Keeß. Mitteilungen aus dem Archive des k. k. Justizministeriums, in: Festschrift zur Jahrhundertfeier des Allgemeinen Bürgerlichen Gesetzbuches 1. Juni 1911, Wien 1911, Bd. 1, S. 355–377, hier: S. 370 f.; vgl. auch *Harrasowsky*, Codex Theresianus, Bd. 4, S. 9, Fn. 20; *ders.*, Geschichte, S. 157; irreführend *Korkisch*, S. 286, Fn. 4, wonach der Auszug der Stellungnahmen der Länderkommissionen den weiteren Revisionsarbeiten zugrunde lag.

[564] Handbillet vom 20. November 1796 (*Ofner*, Protokolle, Bd. 1, S. 10 f.).

[565] *Zeiller*, Grundzüge zur Geschichte, S. 29.

[566] *Ofner*, Protokolle, Bd. 2, S. 467; *Pfaff/Hofmann*, Kommentar, Bd. 1, S. 22 f.; *Harrasowsky*, Geschichte, S. 164.

[567] Zur Revisio monitorum bei der Entstehung des AGB s. unten S. 153 mit Fn. 618.

den beeindruckenden Umfang dieser Arbeit, die bei Zeiller drei – von ihm eigenhändig geschriebene – Foliobände füllt. Das ist sicher kein Zufall; Zeiller war das Vorgehen der preußischen Redaktoren bei der Revisio monitorum aus den Beschreibungen der Kodifikationsarbeiten durch Klein und Svarez in den »Annalen der Gesetzgebung« bekannt.[568] Ungeachtet seiner sorgfältigen Auswertung der eingegangenen Stellungnahmen war Zeiller mit dem Resultat der Befragung der Länderkommissionen jedoch keineswegs zufrieden. Der größere Teil der Länderkommissionen habe sich die Arbeit ziemlich leicht gemacht und nur wenige Bemerkungen eingesandt, urteilt er.[569] Dennoch zeugen die Beratungsprotokolle der Hofkommission in Gesetzsachen von der sorgfältigen Prüfung und Erwägung der eingegangenen Stellungnahmen auf Grundlage von Zeillers Vorarbeiten.

Die Länderkommissionen waren nicht die einzigen staatlichen Stellen, die im Rahmen der Arbeiten am ABGB zu Stellungnahmen aufgefordert wurden. Sowohl 1792 als auch 1797 wurden – im Zusammenhang mit den Aufforderungen an die Länderkommissionen – auch verschiedene juristische Fakultäten bzw. Professoren um ihre Stellungnahme gebeten. 1792 richtete sich die Aufforderung an fünf Professoren für bürgerliches Recht an Universitäten der österreichischen Monarchie.[570] 1797 erging die Aufforderung zur Begutachtung aller drei mittlerweile vorliegenden Teile des Gesetzbuchs (dem später so genannten »Urentwurf«) an die juristischen Fakultäten in Wien, Prag, Innsbruck und Freiburg im Breisgau.[571] Die Stellungnahmen der Professoren und Fakultäten wurden zusammen mit jenen der Länderkommissionen von Keeß bzw. Zeiller geprüft und in den Beratungen vorgetragen.[572] In Preußen waren hingegen im Rahmen der Entste-

---

[568] *Klein* (Annalen, Bd. 1 (1788), S. XLVII) und besonders *Svarez* (Annalen, Bd. 8 (1791), S. XIX f.) gehen in ihren Beschreibungen der Kodifikationsarbeiten auch auf die einzelnen Schritte der Revisio monitorum ein. Diese Beschreibungen waren Zeiller bekannt, denn in einer Rezension der Neuausgabe des ALR mit dem ersten Anhang von 1803 verweist er wegen der Details der Kodifikationsgeschichte auf diese Beschreibungen in den »Annalen« (*Zeiller*, Jährlicher Beytrag zur Gesetzkunde und Rechtswissenschaft in den Oesterreichischen Erbstaaten, Bd. 1, Wien 1806, S. 240–244).

[569] *Ofner*, Protokolle, Bd. 1, S. 11. Insgesamt waren 13 Kommissionen bei den Appellationsgerichten und einigen »Landrechten« (ebenfalls Gerichte) zur Stellungnahme aufgefordert worden; vgl. *Harrasowsky*, Geschichte, S. 161; *Pfaff/Hofmann*, Kommentar, Bd. 1, S. 21; *Korkisch*, S. 288.

[570] Es handelte sich um die Professoren Christoph Hupka in Wien, Franz Joseph Groß in Prag, Franz X. Jellenz in Freiburg i. Br. (damals vorderösterreichisch), N. Beer (auch »Peer« geschrieben) in Innsbruck und Balthasar Borzaga in Lemberg; vgl. *Pfaff/Hofmann*, Excurse, Bd. 1, S. 21; *Brauneder*, ABGB, S. 210; *Schott*, Freiburger ABGB-Gutachten, S. 11; ungenau *Harrasowsky*, Geschichte, S. 156; *ders.*, Codex Theresianus, Bd. 4, S. 9, Fn. 19.

[571] *Zeiller*, in: *Ofner*, Protokolle, Bd. 1, S. 11; vgl. *Pfaff/Hofmann*, Kommentar, Bd. 1, S. 22 f., Fn. 119; *Hofmeister*, S. 109, Fn. 16; *Schott*, Freiburger ABGB-Gutachten, S. 14. Das Gutachten der Freiburger Juristenfakultät von 1797 wurde unlängst von *Schott* veröffentlicht (s. im Quellenverzeichnis).

[572] Die 1797 angeforderten Stellungnahmen der Fakultäten waren detaillierter als die der meisten Länderkommissionen und wurden von Zeiller in den Kommissionsberatungen häufiger herangezogen; *Schott* hat für das Freiburger Gutachten von 1797 errechnet, dass von den dort

hung des AGB/ALR keine gezielten Anfragen an Universitäten erfolgt, wohl aber – im Zusammenhang mit der Veröffentlichung der AGB-Entwürfe – gezielte Aufforderungen an einzelne Gelehrte.[573]

Bei der Entstehung des bayerischen Strafgesetzbuchs von 1813 wurden zu einem sehr frühen Zeitpunkt verschiedene staatliche Stellen zur Überprüfung des Entwurfs eingeschaltet. Dies geschah bereits 1802, als im Zusammenhang mit der Veröffentlichung des Entwurfs Kleinschrods auch alle bayerischen Justizkollegien, Verwaltungskollegien und Universitäten aufgefordert wurden, Bemerkungen und Verbesserungsvorschläge zu dem Entwurf einzureichen.[574] Die Resonanz der angeschriebenen amtlichen Stellen war aber sehr spärlich, so dass die Frist zur Einreichung von Beurteilungen zweimal verlängert wurde.[575] Im Zusammenhang mit dem im Dezember 1807 von Feuerbach vorgelegten Entwurf verzichtete man dann darauf, die genannten staatlichen Stellen erneut zu einer Stellungnahme aufzufordern.[576] Im Anschluss an die beiden 1808 und 1810 bis 1812 zur Überprüfung und Verbesserung des Feuerbachschen Entwurfs tagenden Kommissionen wurde der Entwurf schließlich Anfang 1813 auch noch im Plenum des Geheimen Rates zum Zwecke der abschließenden »staatsmännischen« Prüfung in mehreren Sitzungen behandelt, wobei nochmals einige Änderungen vorgenommen wurden.[577]

Auch bei den Arbeiten an einem preußischen Strafgesetzbuch wurden bereits zu einem sehr frühen Zeitpunkt die Justizbehörden beteiligt. Schon bei der Einsetzung der Gesetzeskommission zur Revision des ALR im Dezember 1825, noch bevor überhaupt ein Entwurf zu einem Strafgesetzbuch vorlag, forderte der Justizminister Danckelmann bei den preußischen Oberlandesgerichten und bei anderen Justizbehörden Gutachten unter anderem zu der Frage an, welche Teile der strafrechtlichen Bestimmungen des ALR nach den in der Praxis gemachten Erfahrungen revisionsbedürftig seien.[578] Hierzu gingen sehr zahlreiche und de-

---

gemachten Änderungsvorschlägen 65 die Schlussredaktion des ABGB erreicht haben (Freiburger ABGB-Gutachten, S. 26).

[573] S. sogleich S. 151 mit Fn. 604.

[574] Anmerkungen z. BayStGB 1813, Bd. 1, S. 11.

[575] Bis Juli 1804 waren lediglich von zwei amtlichen Stellen Stellungnahmen zu dem Entwurf abgegeben worden; vgl. *Geisel*, S. 6 f.

[576] Die amtlichen Anmerkungen z. BayStGB 1813, Bd. 1, S. 13, nennen als Grund für die unterbliebene erneute Anhörung der verschiedenen staatlichen Stellen, dass dies bereits zu Kleinschrods Entwurf erfolgt sei und eine nochmalige Anhörung die Beendigung der Arbeiten nur verzögert hätte. Tatsächlich war es wohl so, dass man sich angesichts der enttäuschenden Resonanz seitens der Justizkollegien und Universitäten auf die Aufforderungen zur Beurteilung des Entwurfs Kleinschrods von der erneuten Anhörung nicht viel versprach.

[577] Vgl. die Anmerkungen z. BayStGB 1813, Bd. 1, S. 18 f. Feuerbach hielt vor dem Plenum des Geheimen Rates drei einführende Vorträge über den Entwurf (vgl. hierzu *Geisel*, S. 20); die Vorträge sind unter dem Titel »Geist des Strafgesetzbuchs von 1813« teilweise abgedruckt in *Feuerbach*, Nachlaß, Bd. 1, S. 212–220.

[578] Vgl. *Regge*, in: *Regge/Schubert*, Bd. 1, S. XXXIV u. LXV f.; *Hälschner*, S. 264.

taillierte Stellungnahmen der Gerichte ein,[579] die von den Redaktoren der Strafgesetzbuchentwürfe von 1827 und 1828 ausgewertet und im Rahmen der von ihnen gefertigten Motive zu diesen Entwürfen im Zusammenhang mit den jeweiligen Bestimmungen häufig ausdrücklich erwähnt und diskutiert wurden. In den späteren Phasen der Entstehung des preußischen Strafgesetzbuchs erfolgten dann keine neuerlichen gezielten Anfragen bei den Gerichten mehr und auch die Universitäten wurden nicht gezielt zu Stellungnahmen aufgefordert, doch wurden die Entwürfe von 1836, 1843, 1847 und 1850/51 über den Buchhandel der Allgemeinheit zugänglich gemacht, woraus sich zahlreiche Stellungnahmen insbesondere von Professoren und juristischen Praktikern ergaben.[580] Auch den Beratungen im Plenum des Staatsrats kam bei der Entstehung des preußischen Gesetzbuchs in der vorkonstitutionellen Phase eine wesentliche Rolle zu, die sich auch keineswegs nur auf eine »staatsmännische« Prüfung der Grundlinien der Entwürfe beschränkte, sondern sehr ins Detail ging.[581]

Bei der Entstehung des indischen Strafgesetzbuchs wurden einzelne Richter des *Supreme Courts* in Kalkutta bereits in der Phase der Anfertigung des Entwurfs von 1835 bis 1837 informell eingebunden, indem die Kommission sie zur Diskussion ihrer Entwurfspläne hinzuzog.[582] Als der fertige Entwurf dann 1837 vorlag, wurde er zugleich mit seiner allgemeinen Veröffentlichung in Buchform gezielt an zahlreiche amtliche Stellen in Indien und London verteilt.[583] Außerdem erfolgten 1838 individuelle Aufforderungen zur Stellungnahme zu dem Entwurf an die Richter der *Supreme Courts* in Kalkutta, Bombay und Madras, die Richter der *Sudder Courts*[584] der *East India Company* sowie an weitere juristische Amtsträger der

---

[579] Allein zum materiellen Strafrecht umfassten die Stellungnahmen nach den Angaben *Regges* neun Aktenbände (*Regge/Schubert*, Bd. 1, S. LXVI).

[580] Zu den eingegangenen Stellungnahmen und ihrer Auswertung im weiteren Gesetzgebungsverfahren s. unten S. 160 f.

[581] Vgl. oben S. 113 mit Fn. 428 und 429 zu den intensiven Plenarberatungen des Staatsrats von 1839–1843. Auch der Entwurf von 1846 wurde dem Plenum des Staatsrats vorgelegt.

[582] S. das Schreiben Macaulays an John C. Hobhouse v. 6. Januar 1836, in: *Pinney*, Bd. 3, S. 164–166, hier: S. 165: »Sir Edward Ryan and Sir Benjamin Malkin, with abundant professional learning, have no professional prejudices. They have not the smallest jealousy of the legislative power of the Supreme Government; and they are zealous and able law-reformers. All our plans have been submitted to them; and, whether they agree with us or differ from us, they never fail to give us much useful information.« Ryan und Malkin waren Richter am Supreme Court in Kalkutta und mit Macaulay befreundet.

[583] Exemplare der Druckfassung des Entwurfs, welche im Oktober 1837 vorlag, wurden an die Mitglieder des *Government of India*, die indischen Provinzregierungen, die Gerichte Britisch-Indiens, die höheren Amtsträger des *civil service* der *East India Company* und die Mitglieder des *Court of Directors* und des *Board of Control* der *East India Company* in London übersandt (vgl. das Schreiben von J.P. Grant, Sekretär der *Indian Law Commission*, an R.D. Mangles, Sekretär des *Government of India*, 30. Dezember 1837, in: Return to an Order of the House of Lords, dated 11 June 1852, for Copies of all Correspondence …, S. 35, in: Parliamentary Papers (HL) 1852 (263) xii).

[584] Bei den *Sudder Courts* (z. T. auch »Sadr« Courts geschrieben) handelte es sich um die höchsten Gerichte der *East India Company* in den drei Verwaltungsprovinzen Britisch-Indiens. Die

East India Company.[585] Diejenigen Richter und anderen Amtsträger, die auf diese Aufforderung nicht reagierten, erhielten 1839 eine erneute Aufforderung, zu dem Entwurf Stellung zu nehmen.[586] Auf diese Weise ging eine hohe Zahl von zum Teil sehr detaillierten Stellungnahmen zu dem Entwurf ein, namentlich von Richtern der höheren Gerichte und anderen juristischen Amtsträgern.[587] Auf Grund der Abreise Macaulays aus Indien und der skeptischen Haltung seines Nachfolgers Amos gegenüber den Kodifikationsplänen wurde in Bezug auf die eingegangenen Stellungnahmen jedoch zunächst nichts weiter veranlasst.[588] Erst 1845 entschloss sich die Regierung Britisch-Indiens, die Stellungnahmen an die personell ausgedünnte *Indian Law Commission* zu übergeben, mit dem Auftrag, auf Grundlage dieser Stellungnahmen und dem mittlerweile vorliegenden Entwurf eines Strafgesetzbuchs seitens der englischen *Criminal Law Commission* eine Überprüfung des Entwurfs von 1837 auf Lücken und Änderungsbedarf vorzunehmen und generell zu der Frage Stellung zu nehmen, ob der Entwurf (gegebenenfalls mit Änderungen) in Kraft gesetzt oder ad acta gelegt werden sollte.[589] Die Kommission schloss sich den überwiegend kritischen Stellungnahmen zu dem Entwurf seitens der

---

Supreme Courts an den drei Verwaltungssitzen waren hingegen Gerichte der englischen Krone, die grundsätzlich englisches Recht anwandten (ergänzt um Verordnungen des *Governor-General in Council*) und im Strafrecht die ausschließliche Jurisdiktionsgewalt über britische Staatsangehörige in Britisch-Indien hatten. Erst 1861 wurde diese Trennung durch den *High Courts Act* aufgehoben und *Supreme Courts* und *Sudder Courts* miteinander verschmolzen.

[585] Das *Government of India* schrieb am 12. Februar 1838 an die Richter der *Supreme Courts* sowie an die *Advocate Generals*, die *Standing Counsels* und die *Company's Attorneys* mit der Aufforderung zur Stellungnahme zu dem Entwurf (Return to an Order of the House of Lords, dated 11 June 1852, for Copies of all Correspondence …, S. 39, in: Parliamentary Papers (HL) 1852 (263) xii). Entsprechende Aufforderungen an die Richter der *Sudder Courts* hatten durch die Provinzregierungen zu erfolgen.

[586] S. die Schreiben des *Government of India* an die Provinzregierungen und an verschiedene Richter der *Supreme Courts* v. 12. August 1839, in: Return to an Order of the House of Lords, dated 11 June 1852, for Copies of all Correspondence …, S. 54 ff., in: Parliamentary Papers (HL) 1852 (263) xii.

[587] Die Stellungnahmen sind überwiegend wörtlich abgedruckt in: Return to an Order of the House of Lords, dated 11 June 1852, for Copies of all Correspondence …, S. 57–455, in: Parliamentary Papers (HL) 1852 (263) xii.

[588] Vgl. Report from the Select Committee … (29 June 1852), S. 124 (evidence of Frederic Millett), in: Parliamentary Papers 1852/53 (41) xxx: »It [scil. the draft Penal Code] was lying before the Government a long time: the voluminous comments received from the different Presidencies were allowed to go to sleep in the office of the Legislative Council five years, before they were referred to the Law Commissioners for examination and report.« Zur Haltung Amos' gegenüber den Kodifikationsplänen s. oben S. 28, Fn. 54.

[589] Zu dem der *Indian Law Commission* erteilten Auftrag s. das Schreiben von G. A. Bushby, Sekretär des *Government of India*, an die *Indian Law Commissioners*, datierend 26. April 1843 (richtig: 26. April 1845), in: Return to an Order of the House of Lords, dated 11 June 1852, for Copies of all Correspondence …, S. 457, in: Parliamentary Papers (HL) 1852 (263) xii, sowie Report on the Indian Penal Code (23 July/ 5 November 1846), S. 1. Ebd., S. 2 eine Liste der der Kommission übergegebenen Stellungnahmen zu dem Strafgesetzbuchentwurf. Die Kommission bestand aus Charles Hay Cameron (der zu dieser Zeit zugleich *law member* des *Governor-General in Council* war) und Daniel Eliott.

englischen Richterschaft in Indien nicht an, sondern befürwortete in ihren beiden 1846 und 1847 vorgelegten Berichten nachdrücklich eine Inkraftsetzung des Entwurfs von 1837 mit einigen wenigen von ihr vorgeschlagenen Änderungen.[590] Die beiden Kommissionsberichte wurden in 1000 Exemplaren gedruckt und von der Regierung Britisch-Indiens wiederum an die Gerichte und sonstigen Amtsträger, denen auch schon der Entwurf von 1837 übersandt worden war, verteilt mit der Aufforderung, auch hierzu Stellung zu nehmen.[591] Auch der spätere Gegenentwurf Bethunes von 1851 wurde den Richtern in Kalkutta zur Stellungnahme vorgelegt.[592] Die Regierung Britisch-Indiens ließ also nichts unversucht, die Richterschaft und die Verwaltungsträger der *East India Company* zu Stellungnahmen zu dem Kodifikationsprojekt zu bewegen. Was auf den ersten Blick wie das Bemühen um eine möglichst breite Materialbasis für die konkrete Gestaltung des Gesetzbuchs aussieht, war bei genauerem Hinsehen jedoch eher der Versuch, die Entscheidung über eine Inkraftsetzung hinauszuzögern und die Verantwortung auf möglichst vielen Schultern zu verteilen.

Die Beteiligung staatlicher Stellen vollzog sich bei der Entstehung des deutschen BGB hingegen in anderem Rahmen. Zunächst ist hierbei zu bedenken, dass schon die Zusammensetzung der beiden BGB-Kommissionen, in denen Ministerialbeamte, Richter und Hochschullehrer entscheidenden Einfluss hatten, im Allgemeinen zu einer Berücksichtigung der in diesen Kreisen vorherrschenden Ansichten führte. Auf eine der allgemeinen Veröffentlichung des ersten Entwurfs vorausgehende zusätzliche Überprüfung durch Behörden, Gerichte oder Universitäten glaubte man verzichten zu können, wohl auch angesichts der ohnedies schon unerwartet langen Dauer der Kommissionsberatungen und der Tatsache, dass im Rahmen der vorgesehenen allgemeinen Veröffentlichung des Entwurfs ohnehin gerade aus dem Kreise der Richterschaft, Hochschullehrer und Verwaltungsjuristen mit Stellungnahmen zu rechnen war. Auch wäre eine derartige Vorab-Überprüfung mit der Unabhängigkeit der Kommission, auf welche die mittelgroßen Bundesstaaten zur Vermeidung einer preußischen Hegemonie

---

[590] Die Kommission kommt in ihrem ersten Bericht zu folgendem Ergebnis: »… it [scil. the draft Penal Code] is sufficiently complete, and, with such slight modifications as we have suggested, fit to be acted upon, and that if it be brought into operation it may be reasonably expected to work an important improvement in the administration of Criminal Justice.« (Report on the Indian Penal Code (23 July/ 5 November 1846), S. 178); im Second Report on the Indian Penal Code (24 June 1847) nahm die Kommission zu denjenigen Kapiteln des Entwurfs Stellung, die sie in ihrem ersten Bericht noch ausgespart hatte, ohne dass sich an der Gesamteinschätzung der Kommission etwas änderte.

[591] Schreiben von G. A. Bushby, Sekretär des *Government of India*, an die *Indian Law Commission* v. 15. August 1846 u. 20. März 1847, in: Return to an Order of the House of Lords, dated 11 June 1852, for Copies of all Correspondence …, S. 463, 476, in: Parliamentary Papers (HL) 1852 (263) xii.

[592] Return to an Order of the House of Lords, dated 11 June 1852, for Copies of all Correspondence …, S. 534 f., in: Parliamentary Papers (HL) 1852 (263) xii. Zu Bethunes Gegenentwurf s. oben S. 59 mit Fn. 196.

bei der Entwurfserstellung erheblichen Wert legten, kaum vereinbar gewesen. Nicht verhindern konnten die Mittelstaaten jedoch, dass nach Veröffentlichung des ersten Entwurfs eine sorgfältige Überprüfung des Entwurfs im Reichsjustizamt erfolgte, die dort wie erwähnt auch zur Bildung einer Vorkommission führte, welche die Arbeit der zweiten Kommission zum Teil vorbereitete.[593] Im Übrigen war es Sache der einzelnen Bundesstaaten, ihre Behörden, Gerichte und Universitäten zu einer Überprüfung des Entwurfs aufzufordern, was zum Teil auch geschah, namentlich zur Vorbereitung der vom Reichskanzler von den einzelnen Bundesregierungen angeforderten Stellungnahmen zum Entwurf.[594] Ein Versuch des Reichsjustizamts, auch das Reichsgericht zu einer offiziellen Stellungnahme zum ersten Entwurf zu bewegen, blieb hingegen erfolglos.[595]

Im Rahmen der Entstehung des schweizerischen ZGB wurde gleich zu Beginn der Entwurfsarbeiten die Stellungnahmen der Kantonsregierungen, der obersten kantonalen Verwaltungsbehörden und Obergerichte sowie des schweizerischen Bundesgerichts zur Gestaltung des geplanten Gesetzbuchs und den ihm zugrunde zu legenden Prinzipien eingeholt.[596] Dem Ersuchen um Stellungnahme war ein ausführliches Memorial Eugen Hubers beigefügt, in dem dieser zahlreiche konkrete Fragen zur inhaltlichen Gestaltung der einzelnen Teile des Gesetzbuchs und zu dessen Verhältnis zur kantonalen Gesetzgebung auflistet.[597] Von 15 Kantonen und dem Bundesgericht gingen hierauf Stellungnahmen ein.[598] Außerdem wurde bereits zu den ersten Teilentwürfen von 1893 bis 1898 gezielt die Stellungnahmen

---

[593] S. oben S. 119.

[594] Mit Schreiben vom 27. Juni 1889 forderte der Reichskanzler die Regierungen sämtlicher Bundesstaaten auf, bereits jetzt – und nicht erst im Zuge der Beratungen im Bundesrat – Stellungnahmen zu dem veröffentlichten Entwurf abzugeben, wobei in einer Anlage 68 Punkte aufgeführt waren, auf welche die Regierungen ihre besondere Aufmerksamkeit richten sollten (das Schreiben ist abgedruckt in: *Schubert*, Materialien, S. 329–333). Sachsen versuchte, zur Vorbereitung dieser Stellungnahme die Leipziger Juristenfakultät zu gewinnen (*Schulte-Nölke*, S. 334, Fn. 11). Preußen und Bayern hatten bereits 1888 ihre Obergerichte zu Stellungnahmen zu dem Entwurf aufgefordert (*Schulte-Nölke*, S. 137). Der Versuch der Reichsregierung, durch einen vorgegebenen Punktekatalog die Stellungnahmen der Bundesstaaten möglichst auf bestimmte Punkte zu konzentrieren, hatte Tradition. Bereits 1843 hatte die preußische Regierung bei Vorlage des Strafgesetzbuchentwurfs an die acht Provinziallandtage diesem einen ausführlichen Punktekatalog beigefügt in der (vergeblichen) Hoffnung, die Provinziallandtage würden ihre Beratungen des Entwurfs auf diese Punkte beschränken.

[595] Vgl. hierzu *Schulte-Nölke*, S. 137. Das Reichsgericht begründete seine Absage demnach mit seiner hohen Geschäftslast, welche derart umfassende Arbeiten nicht zulasse.

[596] Rundschreiben des eidgenössischen Justiz- und Polizeidepartements an die Kantonsregierungen v. 17. November 1893; vgl. hierzu Vorentwurf zum ZGB (1900), S. 303; *Huber/Mutzner*, Bd. 1, S. 139; *Dölemeyer*, ZGB, S. 1979.

[597] *Eugen Huber*, Über die Art und Weise des Vorgehens bei der Ausarbeitung des Entwurfes eines einheitlichen schweizerischen Civilgesetzbuches, confidentielle Mitteilung an das Tit. Eidg. Justiz- und Polizeidepartement, Bern, im Frühjahr 1893.

[598] Zusammenstellungen der eingegangenen kantonalen Stellungnahmen finden sich im Vorentwurf zum ZGB (1900), S. 303 f. u. bei *Huber/Mutzner*, Bd. 1, S. 139 f., Fn. 32. Auszüge aus den kantonalen Stellungnahmen zum Sachenrecht bei *Huber*, Erläuterungen, 2. Aufl., Bern 1914, Bd. 2, S. 441–471.

zahlreicher inländischer Fachleute (insbesondere Richter, Advokaten, Professoren und aus juristischen Berufen kommende Parlamentarier) erbeten.[599] Schließlich wurden die Teilentwürfe auch auf den schweizerischen Juristentagen von 1894 bis 1896 der dort versammelten Fachöffentlichkeit präsentiert und beraten.[600] All dies erfolgte, noch bevor die Teil- und späteren Departementalentwürfe zu einem einheitlichen Entwurf verschmolzen und dieser 1900 über den Buchhandel der Allgemeinheit zugänglich gemacht wurde.

6. Die Veröffentlichung der Entwürfe zur allgemeinen Kritik; Preisausschreiben

Die Veröffentlichung von Gesetzentwürfen zum Zwecke einer kritischen Beurteilung durch das (sachkundige) Publikum gehört seit der Aufklärung zum allgemeinen Repertoire der Gesetzgebungstechnik und sie behielt für wesentliche Gesetzgebungsvorhaben ihren Stellenwert in der Theorie wie auch in der Praxis während des gesamten 19. Jahrhunderts. Die Gesetzgebungspraxis schritt hierbei der Gesetzgebungstheorie voraus. In der Gesetzgebungstheorie setzte die Diskussion über Zweck und Nutzen einer Veröffentlichung von Gesetzen im Entwurfsstadium erst ein, nachdem die preußischen Reformer durch die sukzessive Veröffentlichung der Entwürfe zum Allgemeinen Gesetzbuch für die preußischen Staaten ein viel beachtetes Vorbild gegeben hatten.

In Preußen war zwar bereits 1749/1751 Coccejis Projekt eines Corporis Juris Fridericiani im Entwurfsstadium veröffentlicht worden, damals aber noch ohne ausdrückliche Aufforderung an die Öffentlichkeit zur kritischen Beurteilung oder gar der Aussetzung von Preisen für die besten Beurteilungen. Der preußische Großkanzler von Carmer beschritt insoweit Neuland, als er 1784 den Entwurf der ersten Abteilung des ersten Teils des geplanten Allgemeinen Gesetzbuchs für die preußischen Staaten veröffentlichte und hierbei das in- und ausländische Publikum »zur gründlichen, redlichen und freymüthigen Prüfung« des Entwurfs aufforderte und für die jeweils besten Beurteilungen des Gesamtentwurfs und eines einzelnen Titels desselben einen Preis aussetzte.[601] Das Publikum sollte

---

599 Nachweise über die vom eidgenössischen Justiz- und Polizeidepartement eingeholten Stellungnahmen sowie zu den außerdem eingegangenen Privatgutachten zu den Teilentwürfen finden sich im Vorentwurf zum ZGB (1900), S. 304 ff. u. bei *Huber/Mutzner*, Bd. 1, S. 140 f., Fn. 34–36; vgl. auch Vorentwurf zum ZGB (1900), S. 307 ff. u. *Huber/Mutzner*, Bd. 1, S. 142 f., Fn. 37–41 zu den ferner eingegangenen Stellungnahmen zu den Departementalentwürfen von 1896–1900. Aus dem Ausland reichten die Professoren Hermann Fitting (Halle), Otto von Gierke (Berlin), Max Rümelin (Tübingen) und Andreas von Tuhr (Straßburg) Stellungnahmen ein (vgl. die Zusammenstellung der Stellungnahmen bei *Gauye*, Schweizerische Zeitschrift für Geschichte 13 (1963), S. 99 ff.).

600 Vgl. *Huber/Mutzner*, Bd. 1, S. 140 f., Fn. 34–35, S. 142, Fn. 38.

601 Entwurf AGB, 1. Teil, 1. Abt., Vorerinnerung v. 24. März 1784, S. 4 f., 10. Eine Medaille zu 50 Dukaten wurde für die gründlichste und vollständigste Beurteilung des Gesamtentwurfs

hierbei in erster Linie zu denjenigen Vorschriften Stellung nehmen, in denen bewusst Abweichungen vom römischen Recht vorgenommen oder im römischen Recht enthaltene Widersprüche oder Lücken beseitigt wurden. Außerdem sollte die Vollständigkeit der geregelten Materien sowie die Deutlichkeit und Bestimmtheit des Vortrags geprüft werden.[602] Ausgelobt war damit zum einen eine inhaltliche Kritik des Entwurfs, insoweit er vom bestehenden (römischen) Recht abwich, zum anderen aber auch ausdrücklich eine gesetzestechnische Kritik im Hinblick auf die gesetzestechnischen Ziele der Vollständigkeit, Deutlichkeit und Bestimmtheit. Die Einsendungen sollten anonym erfolgen, damit die Gesetzeskommission, die über die Preisvergabe zu entscheiden hatte, sich bei ihrem Urteil nicht von der Person des Monenten beeinflussen ließ.[603] Verschiedene Gelehrte innerhalb und außerhalb Preußens wurden von den Gesetzesredaktoren zusätzlich gezielt angeschrieben mit der Bitte um Stellungnahme zu den Entwürfen.[604]

Die Initiative zu der Veröffentlichung ging nach Carmers Worten in der »Vorerinnerung« zu dem Entwurf von ihm selbst aus; Friedrich II habe die Veröffentlichung des Entwurfs zum Zwecke der öffentlichen Kritik gebilligt, aber nicht veranlasst.[605] Nach allem, was über die Entstehungsphase des Entwurfs zum AGB bekannt ist, erscheint diese Darstellung Carmers glaubwürdig. Die Kabinettsorder Friedrichs II vom 14. April 1780, die den Ausgangspunkt für die Entwurfsarbeiten bildete, erwähnte eine Veröffentlichung der Entwürfe noch ebenso wenig wie der von Friedrich II am 27. Juli 1780 genehmigte Plan zur Ausarbeitung des Gesetzbuchs. Demnach sollten die fertig gestellten Teilentwürfe nach Billigung und Vollzug durch den König vielmehr sogleich als Gesetz mit der Bestimmung eines Termins für ihr Inkrafttreten veröffentlicht werden.[606] Die Verantwortung für die Entwurfsarbeiten lag aber ganz in den Händen Carmers und dieser hatte sich wie wir sahen auch schon in anderen Punkten Abweichungen von den genannten Kabinettsordern erlaubt.[607] Nach den Worten von Carmers Mitarbeiter Klein waren die Arbeiten an dem Entwurf zu Lebzeiten Friedrichs II »ein bloßes Privatwerk« Carmers, welches erst durch den Regierungsantritt Friedrich Wilhelms II 1786 zu einem Projekt des Königs selbst wurde.[608] Mag die Bezeich-

---

ausgesetzt und eine Medaille zu 25 Dukaten für die genaueste und vollständigste Beurteilung eines einzelnen Titels desselben.

[602] Ebd., S. 6 ff.

[603] Ebd., S. 11. Um nach Auswahl der Preisschriften eine Zuordnung der Preisträger zu ermöglichen, sollte jeder Teilnehmer seinen Beitrag mit einem Motto versehen und seinen Namen in einem versiegelten Brief zusammen mit seinem Beitrag einreichen, wobei der Brief das Motto des jeweiligen Beitrags führen sollte.

[604] Unter den derart gezielt angesprochenen waren Darjes, Fenderlin, Nettelbladt, Pütter und auch Moses Mendelsohn; vgl. *Simon*, S. 212 f.; *Barzen*, S. 217 f.; *P. Krause*, Einführung, S. LXXVI.

[605] Entwurf AGB, 1. Teil, 1. Abt., Vorerinnerung v. 24. März 1784, S. 4.

[606] Plan, Nr. 26.

[607] S. oben S. 90 zu Carmers Durchführung der Entwurfsarbeiten durch einen von ihm abhängigen Mitarbeiterstab anstelle der hierfür vorgesehenen Gesetzeskommission.

[608] *Klein*, Annalen, Bd. 1 (1788), S. XLIV.

nung des Entwurfs als »Privatwerk« Carmers auch übertrieben sein, so ist doch auffällig, dass die Veröffentlichung und die Auslobung der Preise für die besten Beurteilungen nicht im Namen Friedrichs II erfolgte.[609] Hierbei dürfte eine Rolle gespielt haben, dass man nicht ein offiziell im Namen des Königs ergangenes Werk der öffentlichen Kritik preisgeben wollte und daher lieber die Form einer »Privatarbeit« wählte. Mit diesem Kunstgriff war es möglich, die eingehende Kritik als eine Form der literarischen Auseinandersetzung unter Juristen und nicht als einen Angriff auf die Majestät zu deuten. Bezeichnenderweise bedienten sich später auch andere absolutistische Gesetzgeber dieses Kunstgriffs, so der österreichische Kaiser Franz II, als er die Veröffentlichung des Entwurfs zum ABGB und eine Preisaussetzung für die beste Kritik nach preußischem Vorbild anordnete und hierbei die ausdrückliche Verfügung traf, dass die Veröffentlichung »als Privatarbeit« erfolgen solle[610] und der bayerische Kurfürst Max Joseph, der bei der Veröffentlichung von Kleinschrods Entwurf zu einem bayerischen Strafgesetzbuch wegen der hierbei ebenfalls vorgesehenen Aufforderung zur Kritik und Preisaussetzung ausdrücklich anordnete, dass der Entwurf (trotz des hierzu ergangenen amtlichen Auftrags) »als bloßes Werk des Professors Kleinschrod« zu veröffentlichen sei[611].

Über die Motive Carmers für die Veröffentlichung und Preisaussetzung lässt sich nur mutmaßen; bekannt ist, dass Carmer bei der vorherigen Ausarbeitung einer Prozessordnung noch jede öffentliche Kritik verbot und noch 1783 den internen Gutachtern zu den AGB-Entwürfen eine Geheimhaltungspflicht auferlegte.[612] Zu der späteren Sinnesänderung dürfte daher weniger eine allgemeine aufklärerische Sympathie Carmers für öffentliche Gesetzeskritik geführt haben als vielmehr die konkreten Schwierigkeiten, bei der Erstellung der Entwürfe den hoch gesteckten gesetzgebungspolitischen und gesetzgebungstechnischen Zielen zu genügen, welche eine unterstützende Kritik durch möglichst viele Fachleute erstrebenswert machten. Die umgehende sukzessive Veröffentlichung und Preisaussetzung bei sämtlichen fertig gestellten Teilentwürfen des geplanten Gesetzbuchs wie auch die spätere sehr sorgfältige Auswertung und Berücksichtigung der eingegangen Monita macht deutlich, dass es sich bei der Entscheidung Carmers für die Veröffentlichung und Aufforderung zur allgemeinen Kritik nicht um eine flüchtige aufklärerische Laune handelte, sondern um eine Art gesetzgebungstechnischer Notwendigkeit, um den hohen Anforderungen gerecht werden zu können, die man an das erstrebte Gesetzbuch im Hinblick auf Vollständigkeit und

---

[609] Hierauf machte schon *P. Krause* (Einführung, S. LXXIII f.) aufmerksam, der hierbei auch darauf hinwies, dass die ausgesetzten Preise nicht von der Krone, sondern von Carmer selbst durch das Verlagshonorar finanziert wurden. Dort auch zu gelegentlichen ablehnenden Äußerungen Friedrichs II zu öffentlicher Gesetzeskritik.

[610] Handbillet v. 20. November 1796, hierzu gleich im Text.

[611] Beschluss der Staatskonferenz vom 23. September 1801, hierzu gleich im Text.

[612] Vgl. *P. Krause*, Überforderung, S. 157 f.; *Barzen*, S. 127 f.

Bestimmtheit, aber auch im Hinblick auf die Zweckmäßigkeit der vorgesehenen Änderungen von der bestehenden Rechtslage stellte. Hieraus erklären sich auch die ungewöhnlich präzisen und detaillierten Hinweise an das Publikum über die Punkte, auf welche dieses seine Kritik richten solle, die zusätzliche gezielte Übersendung der Entwürfe mit der Bitte um Stellungnahme an einige Gelehrte wie auch die zahlreichen separaten Anfragen bei sachverständigen Personen zu speziellen Regelungsbereichen wie dem Handelsrecht, Wechselrecht und Bergrecht.[613]

Zu den in sechs Abteilungen sukzessive zwischen 1784 und 1788 veröffentlichten Teilentwürfen zum AGB lassen sich insgesamt 62 eingegangene Preisschriften nachweisen.[614] Die Preisschriften wurden von sechs Mitgliedern der Gesetzeskommission geprüft und die Preisträger öffentlich bekannt gemacht.[615] Hinzu kamen zahlreiche Stellungnahmen von Behörden, Gerichten, Ständevertretern und Gelehrten außerhalb des Preisverfahrens, so dass sich die Gesamtzahl der Monita, die von den Gesetzesredaktoren bei der anschließenden Überarbeitung der Entwürfe berücksichtigt wurden, auf über 400 belief.[616] Aus den eingegangenen Monita wurden Auszüge gefertigt, die den betreffenden Passagen der Entwürfe zugeordnet und mit Anmerkungen versehen wurden.[617] Zu diesen Auszügen verfasste dann Svarez jeweils eine Stellungnahme und einen Vorschlag zu der Frage einer Berücksichtigung der Monita und einer entsprechenden Überarbeitung der Entwürfe, welche er Carmer zur Entscheidung vortrug.[618]

Das von den preußischen AGB-Verfassern eingeschlagene Verfahren einer Veröffentlichung der Entwürfe zum Zwecke der kritischen Stellungnahme stieß in

---

[613] Nicht zutreffend erscheint mir die Deutung *Thiemes* (ZRG (GA) 57 (1937), S. 373), wonach der preußische Gesetzgeber mit der Veröffentlichung der Entwürfe »den Volksgeist zu ergründen gesucht« habe. *P. Krause* (Überforderung, S. 157 ff.) sieht Carmers Vorgehen bei der Publikation des Entwurfs als letzten Ausweg, um das Projekt zu retten, nachdem sein ursprünglicher Plan, den fertigen Teilentwurf unmittelbar als Gesetz zu publizieren, bei Friedrich II ohne Resonanz blieb. M. E. ließe sich hiermit zwar die Entwurfspublikation als solche erklären (für die Cocceji bereits ein Vorbild gegeben hatte), nicht aber die detaillierte und sogar mit Preisgeldern unterstützte Aufforderung zu kritischen Stellungnahmen und deren anschließende minutiöse Auswertung. Offenbar muss hierfür eben doch ein echtes gesetzgebungstechnisches Bedürfnis bestanden haben.

[614] Aufgeschlüsselt nach der Reihenfolge der sechs Teilentwürfe betrug die Zahl der eingegangenen Preisschriften: 26–9–11–6–5–5; vgl. *Simon*, S. 218 f. *Barzen*, S. 218, spricht wohl irrtümlich von 67 Preisschriften (ihre Zahlenangaben hinsichtlich der zu den einzelnen Teilentwürfen eingegangenen Preisschriften decken sich mit denen Simons).

[615] Vgl. *Simon*, S. 219 ff.; zu den einzelnen Preisträgern s. die detaillierten Nachweise bei *Barzen*, S. 131 f., 150 f., 179 f., 199, 205, 213.

[616] *Barzen*, S. 218.

[617] Diese so genannte »Extractio monitorum« erfolgte durch Grolmann und Goßler zusammen mit weiteren Mitarbeitern; vgl. *Svarez*, Annalen, Bd. 8 (1791), S. XIX; *Simon*, S. 226 f.; *Schwennicke*, Entstehung, S. 33 f.; *Barzen*, S. 219 ff.

[618] Die berühmte »Revisio monitorum«; vgl. *Klein*, Annalen, Bd. 1 (1788), S. XLVII; *Svarez*, Annalen, Bd. 8 (1791), S. XIX f.; *Simon*, S. 227 ff.; *Schwennicke*, Entstehung, S. 43 ff.; *Willoweit*, Revisio Monitorum, S. 91 ff.; *Barzen*, S. 228 f., die eine Beteiligung auch von Klein und Goßler an der Revisio monitorum vermutet.

der (Fach-) Öffentlichkeit (unabhängig von der inhaltlichen Bewertung der Entwürfe) auf überwiegend sehr positive Resonanz.[619] Noch im gleichen Jahr als der erste Teilentwurf des AGB der Öffentlichkeit übergeben wurde (1784), forderte Kant in einem berühmt gewordenen Aufsatz, dass der Souverän den Untertanen auch in Ansehung der Gesetzgebung erlauben solle, von ihrer eigenen Vernunft Gebrauch zu machen und ihre Gedanken über eine bessere Abfassung der Gesetze, sogar mit einer freimütigen Kritik der bestehenden Gesetze, der Welt öffentlich vorzulegen.[620] Kant lobte ausdrücklich das »glänzende Beispiel«, welches in dieser Hinsicht Preußen gebe.

Dieses Beispiel blieb nicht ohne Wirkung auf die Gesetzgebungsliteratur. Bereits um 1800 hatte sich dort die Empfehlung etabliert, wichtige Gesetzgebungsvorhaben zum Zwecke der Prüfung durch ein breites Publikum und der Behebung von hierbei erkannten Mängeln des Entwurfs noch vor dessen Inkrafttreten zu veröffentlichen und die positive Einstellung zu einer solchen Vorgehensweise blieb kennzeichnend für die Gesetzgebungsliteratur während des gesamten 19. Jahrhunderts.[621] In kritischer Distanz zu den Beschränkungen der Meinungs- und Pressefreiheit (namentlich im deutschen Vormärz) hob man hervor, dass die freie Kritik von Gesetzen und Gesetzesvorhaben ein unentbehrlicher Gehilfe der gesetzgebenden Gewalt zum Auffinden von Mängeln der Gesetzgebung sei.[622] Zum Teil wurde aber auch darauf hingewiesen, dass bei kurzen und einfachen oder auch sehr eilbedürftigen Gesetzesvorhaben ein derartiges Verfahren unterbleiben könne.[623] Besonders weit ging im Zusammenhang mit der Veröffentlichungsfrage wiederum Bentham, nach dessen Konzept sämtliche beim Gesetzgebungsminister eingehenden Gesetzgebungsvorschläge täglich in einem Amtsblatt zu veröffentlichen sind.[624]

Neben der Funktion eines frühzeitigen Erkennens und Behebens von Entwurfsmängeln traten in Literatur und Praxis noch weitere Funktionen der Veröffentlichung eines Gesetzes im Entwurfsstadium hinzu. So wurde in der Gesetzgebungsliteratur in Anlehnung an Kant hervorgehoben, dass die Einräumung der Möglichkeit, zu dem künftigen Gesetz Stellung zu nehmen, die Akzeptanz und

---

[619] Selbst *Schlosser* kritisierte an dem von den preußischen Redaktoren eingeschlagenen Verfahren nicht die Veröffentlichung der Entwürfe zum Zwecke der Beurteilung durch die Fachöffentlichkeit als solche, sondern nur die hiermit verbundenen Preisaussetzungen (Briefe, S. 3 f.).

[620] *Kant*, Was ist Aufklärung?, S. 41.

[621] *Reitemeier*, Redaction, S. 40 f.; *ders.*, Gesetzwissenschaft, S. 42; *ders.*, Gesetzgebung, S. 134; *Stürzer*, S. 171 f.; *Bergk*, S. 187; *Beck*, S. 143; *K. S. Zachariä*, Wissenschaft, S. 345, 356; *Meijer*, S. 234 f.; *Scheurlen*, S. 117; *Jaup*, bei *Müller*, S. 46 ff.; *Müller*, S. 38 f.; *Gerstäcker*, Bd. 2, S. 147 f.; *Kitka*, S. 30; *Mohl*, Art. »Gesetz«, Staatswörterbuch, Bd. 4, S. 284; *ders.*, Politik, Bd. 1, S. 548 ff.; *Bluntschli*, Staatsrecht, Bd. 1, S. 482; *ders.*, Politik, S. 464.

[622] *Müller*, S. 38 f.; ähnlich schon *Stürzer*, S. 172; *Beck*, S. 143.

[623] *Mohl*, Art. »Gesetz«, Staats-Wörterbuch, Bd. 4, S. 284; *ders.*, Politik, Bd. 1, S. 551.

[624] *Bentham*, Constitutional Code, Bowring-Edition, Bd. 9, Buch II, Kap. XI, Abt. 2, Art. 55. Der Gesetzgebungsminister sollte auch einmal jährlich einen *Amendment Calendar* herausgeben, der sämtliche im vorangegangenen Jahr eingegangenen Gesetzgebungsvorschläge, sowohl die vom Parlament angenommenen als auch die abgelehnten, aufführt (ebd., Art. 57).

den Gesetzesgehorsam der Gesetzesadressaten fördere, die auf diese Weise nicht mit vollendeten Tatsachen überrascht werden.[625] Die Hauptredaktoren des AGB – Carmer, Svarez und Klein – priesen das in Preußen eingeschlagene Verfahren der Entwurfsveröffentlichung zum Zwecke allgemeiner Kritik sogar wiederholt dafür, dass sich hierdurch Preußens Untertanen rühmen könnten, unter Gesetzen zu leben, »die von ihnen selbst geprüft und genehmigt« wurden,[626] was freilich stark übertrieben war, da den Untertanen (besser gesagt: der Fachöffentlichkeit) zwar ein Prüfungs-, nicht aber ein Mitentscheidungsrecht eingeräumt worden war. In der aufklärerischen Gesetzgebungsliteratur wies man in diesem Zusammenhang auch darauf hin, dass die Entwurfsveröffentlichung eine gute Probe sei, um zu erfahren, ob das Gesetz mit dem Gemeinwillen (mit der *volonté générale* der Aufklärungsphilosophie) harmoniere.[627]

Verfahrenstechnisch wurde in der Regel empfohlen, die Veröffentlichung nach Fertigstellung des Entwurfs durch die Kommission oder den Einzelredaktor und Prüfung desselben durch den Staatsrat oder Behörden und vor dessen Zuleitung an die Volksvertretung (in konstitutionellen Staaten) vorzunehmen.[628] Dem mit der Entwurfsveröffentlichung von den meisten Autoren verfolgten Zweck entsprechend sollte die Veröffentlichung mit der offiziellen Aufforderung verbunden werden, Stellungnahmen zu dem Entwurf abzugeben. Mitunter wies man in der Literatur auch auf die Möglichkeit hin, durch zusätzliches gezieltes Ansprechen bekannter Fachleute der jeweiligen Regelungsmaterie diese zu einer Stellungnah-

---

[625] *Bergk*, S. 187: Der Gesetzgeber habe es mit vernünftigen Menschen, nicht mit Maschinen zu tun. Die Menschen neigen zum »raisonniren, ehe sie gehorchen, und sie leisten den Gesetzen desto willigern Gehorsam, je freier sie es haben bekritteln können«; *K. S. Zachariä*, Wissenschaft, S. 345, 356: Durch die Möglichkeit zu Kritik an Gesetzgebungsprojekten werde die Freiwilligkeit des späteren Gesetzesgehorsams erhöht.

[626] Carmer in der Vorerinnerung vom 30. April 1787 zur ersten Abteilung des zweiten Teils des Entwurfs zum AGB (fol. 2r); aufgegriffen von *Klein*, Annalen, Bd. 1 (1788), S. XLV und von *Svarez*, Annalen, Bd. 8 (1791), S. XXII. Eine Weiterentwicklung dieses schiefen Gedankens findet sich bei *Stürzer* (S. 172), wonach die Veröffentlichung eines Strafgesetzbuchentwurfs zum Zwecke der Beurteilung durch die Öffentlichkeit dazu führe, dass der Verbrecher sich selbst die Strafe diktiere.

[627] *Stürzer*, S. 171; *Beck*, S. 143.

[628] Anders aber *Scheurlen*, S. 117, der eine Publikation des Gesetzentwurfs vor dessen Zuleitung an den Staatsrat für zweckmäßig hält, damit die Öffentlichkeit nicht verführt werde »durch unredliches Lob nach Gunst bei der Staatsregierung zu streben, oder durch ungerechten Tadel die Regierung selbst anzugreifen«. Hiergegen *Mohl*, Politik, Bd. 1, S. 550: Durch die vorherige Überprüfung des Kommissionsentwurfs durch den Staatsrat werde verhindert, dass Gesetzentwürfe an die Öffentlichkeit geraten, die die Regierung gegebenenfalls nicht bzw. nicht in der von der Kommission gegebenen Form billigt. Vgl. auch *Schrader*, S. 94, der Gesetze nicht im Entwurfsstadium veröffentlichen will, sondern erst im Zusammenhang mit der Veröffentlichung der neu erlassenen »Bescheide« der von ihm favorisierten Gesetzgebungsbehörde (hierzu unten S. 279f.) die Aufforderung verbinden will, Bemerkungen und Verbesserungsvorschläge einzureichen. Schrader verlagert die Beteiligung der öffentlichen Meinung also in die Phase nach Erlass des neuen Rechts, welches für ihn aber ohnehin nichts Abgeschlossenes ist, sondern kontinuierlich weiter verbessert werden soll.

me zu ermutigen, wie es in Preußen geschehen war.[629] Umstritten war jedoch, ob die Einreichung von Stellungnahmen auch durch die Aussetzung von Preisen für die besten Beiträge gefördert werden sollte. Überwiegend wurde die Nützlichkeit solcher zusätzlichen Anreize jedenfalls für wichtige und schwierige Gesetzesvorhaben bejaht.[630] Prominente Gegner solcher Preisaussetzungen waren jedoch in Deutschland Schlosser und in England Bentham. Schlosser hielt Preisaufgaben über Gegenstände der Moral und der Gesetzgebung für unzweckmäßig, wenn nicht deren Gegenstand auf das Genaueste bestimmt ist.[631] Die Veröffentlichung der Teilentwürfe zum preußischen AGB zur allgemeinen Kritik hielt er in diesem Sinne für zu weit geraten für eine Preisaufgabe und betonte, dass seine Anmerkungen hierzu nicht als Beteiligung an der Preisaufgabe zu verstehen seien.[632] Bentham äußerte sich zu einer Preisaussetzung nicht im Zusammenhang mit einer Kritik am fertigen Entwurf, sondern im Zusammenhang mit der von ihm favorisierten öffentlichen Ausschreibung der gesamten Entwurfserstellung. Wie bereits erwähnt, lehnte er Belohnungen hierbei ab, weil bei der Erstellung und Würdigung der Privatarbeiten sonst häufig unsachliche Gründe anstelle der Qualität der Arbeit in den Vordergrund rücken würden.[633]

Auch bei den österreichischen Kodifikationsarbeiten am ABGB blieb das preußische Beispiel der Entwurfsveröffentlichung und Preisaussetzung beim Kaiser nicht ohne Wirkung. Der damalige Kommissionspräsident Martini hatte 1792 in einer Denkschrift an den Kaiser noch von einer Veröffentlichung des Entwurfs zur allgemeinen Kritik und von einer Aussetzung von Preisen nach preußischem Vorbild abgeraten.[634] Ein derartiges Vorgehen sei nicht erforderlich, da der Entwurf ohnehin den Universitätsprofessoren und den Länderkommissionen mitgeteilt würde. Eine zusätzliche »itzt so beliebte, aber auch sehr missbrauchte Publizität« sei überflüssig und die Prüfung der vom »Schwarm oesterreichischer Skribler« eingehenden Schriften würde der Kommission nur viel kostbare Zeit rauben. Auch ließen – so Martini – die Erfahrungen, die man in Österreich mit dem Preisausschreiben zum Wucher gemacht habe, nichts Vorteilhaftes aus einem solchen Vorgehen erhoffen.[635] Dessen ungeachtet ordnete Kaiser Franz, als alle

[629] *Bluntschli*, Politik, S. 464. Zum entsprechenden Vorgehen bei den schweizerischen ZGB-Entwurfsarbeiten s. oben S. 149f. mit Fn. 599.

[630] *Reitemeier*, Redaction, S. 40f.; *ders.*, Gesetzwissenschaft, S. 42; *K. S. Zachariä*, Wissenschaft, S. 345, 356; *Gerstäcker*, Bd. 2, S. 147f.; *Mohl*, Art. »Gesetz«, Staats-Wörterbuch, Bd. 4, S. 284; *ders.*, Politik, Bd. 1, S. 549.

[631] *Schlosser*, Briefe, S. 3f.

[632] Ebd.

[633] *Bentham*, Codification Proposal, Teil I § 6, S. 273ff.; s. hierzu oben S. 84. *Mohl* (Politik, Bd. 1, S. 549f., Fn. 1) kritisiert Benthams Bedenken gegen Preisgelder als übertrieben; zumindest ließen sich diese Bedenken leicht durch die Aufforderung zu anonymer Einsendung der Beiträge (wie es in Preußen geschehen war) zerstreuen.

[634] *Martini*, Denkschrift 1792, S. 44f. (503).

[635] 1789 war unter Kaiser Joseph II eine Preisaufgabe öffentlich ausgeschrieben worden zu dem Thema »was denn Wucher sei und wie man demselben ohne Strafgesetze Einhalt thun könne«;

Teile des Entwurfs Martinis 1796 vollendet waren, an, dass der Entwurf nicht nur den Länderkommissionen zugeleitet, sondern auch »als eine Privatarbeit« gedruckt und veröffentlicht werden soll.[636] Hierbei solle das in- und ausländische Publikum zur Beurteilung aufgefordert und hierfür eine Belohnung ausgesetzt werden. Franz bezog sich in seiner Anordnung ausdrücklich auf das Beispiel Preußens, wo dieses Verfahren mit gutem Erfolg eingeschlagen worden sei.

Doch erneut wurden Bedenken gegen dieses Vorgehen in der Hofkommission in Gesetzsachen und der Revisionskommission laut. In einer gemeinsamen Konferenz beider Kommissionen wurde einstimmig beschlossen, dass »Sr. Majestät gefällig sein möchte, es von dieser weiteren Mittheilung an das Publikum abkommen zu lassen« und stattdessen zu genehmigen, dass der Entwurf den juristischen Fakultäten der vier inländischen Universitäten um ihre Bemerkungen zugesandt wird.[637] Die Initiative hierzu ging diesmal von dem Kommissionsmitglied und niederösterreichischen Oberstlandrichter Mathias Wilhelm von Haan aus, der bald darauf Vizepräsident der neu errichteten Hofkommission in Gesetzsachen wurde. Dieser führte zahlreiche Argumente für die ablehnende Haltung gegenüber einer öffentlichen Aufforderung zur Kritik des Entwurfs und einer Preisaussetzung an.[638] Hinsichtlich theoretischer Erörterungen zu den im Entwurf geregelten Materien sei angesichts des Reichtums der vorhandenen juristischen Literatur nicht zu erwarten, dass »etwas noch nicht Gesagtes« durch ein derartiges Vorgehen zum Vorschein komme. Auch brauchbare praktische Erörterungen zum Entwurf seien nicht zu erwarten, da die inländischen Praktiker zum Teil durch ihren Beruf zu sehr beschäftigt seien, zum Teil auch generell wenig Neigung hätten, sich mit derartigen Nebenarbeiten zu beschäftigen. Ausländer könnten schon deshalb nichts Brauchbares beisteuern, weil hierzu die Kenntnis der Besonderheiten der österreichischen Staatsverfassung erforderlich sei. Weiter macht Haan mit Blick auf die bevorstehende Inkraftsetzung des Gesetzbuchs in den neu erworbenen

---

vgl. hierzu *Hermann Blodig*, Der Wucher und seine Gesetzgebung historisch und dogmatisch bearbeitet. Eine socialpolitische Studie, Wien 1892, S. 20 f.; *Carl Chorinsky*, Der Wucher in Oesterreich, Wien 1877, S. 20; *Luik*, S. 345 ff. Auch Zeiller urteilte später über das Preisausschreiben zum Wucher, dass hierzu zwar eine große Menge von Schriften aus dem In- und Auslande eingegangen sei, »aber die Ausbeute vergalt die Zeit und Mühe nicht, die man auf ihre Durchlesung und Beurtheilung verwenden mußte« (*Zeiller*, Grundzüge zur Geschichte, S. 27 f., Fn. **). Vgl. auch nachstehend im Text zur ganz ähnlichen Auffassung des Kommissionsmitglieds Haan. Hierin lag zugleich eine Spitze gegen den Kommissionskollegen Joseph von Sonnenfels, der sich selbst mit einer Schrift an dem Preisausschreiben zum Wucher beteiligt hatte.

[636] Handbillet v. 20. November 1796 (*Ofner*, Protokolle, Bd. 1, S. 10 f.).

[637] Gemeinsamer Kommissionsbeschluss v. 14. Dezember 1796 (bei *Pfaff/Hofmann*, Excurse, Bd. 1, S. 34, Fn. 2). Die vom Kaiser in der erwähnten Anordnung vom 20. November 1796 ebenfalls verfügte Auflösung dieser Kommissionen und Bildung einer neuen Hofkommission in Gesetzsachen (vgl. oben S. 92, Fn. 342 a. E.) war zu diesem Zeitpunkt noch nicht umgesetzt, ungenau insoweit *Korkisch*, S. 288 f.

[638] Zum Folgenden vgl. *Zeiller*, Grundzüge zur Geschichte, S. 27 f., Fn. **; *Pfaff/Hofmann*, Excurse, Bd. 1, S. 34, Fn. 2; *Korkisch*, S. 288 f.

galizischen Gebieten geltend, dass es auch nicht zum Vertrauen in die Gesetzgebung und zu deren Befolgung beitrage, wenn die Regierung jedermann zur Kritik dessen auffordert, was in einem Teil der Monarchie bereits als Gesetz gilt. Schließlich führt er auch das schon von Martini zur Sprache gebrachte Beispiel des Preisausschreibens zum Wucher an, welches trotz ansehnlicher Preise »nichts wirklich Anwendbares« hervorgebracht habe.[639]

Der Kaiser ließ sich von dem Kommissionsersuchen umstimmen, allerdings mit dem Vorbehalt, dass, »wenn vom In- oder Auslande gleichsam von selbst Bemerkungen über den gedruckten Entwurf an's Licht kämen, solche, wo es noch an der Zeit ist, gehörig benützt werden müssen«.[640] Es unterblieb also nicht die Veröffentlichung des Entwurfs, der vielmehr 1797 als »Entwurf eines allgemeinen bürgerlichen Gesetzbuches« im Druck erschien, sondern nur die öffentliche Aufforderung zur Kritik und die Preisaussetzung.[641] Auch Zeiller machte später darauf aufmerksam, dass die erfolgte Veröffentlichung des Entwurfs jedermann dazu berechtigt habe, seine Bemerkungen hierüber vorzubringen, nur sei eine solche Kritik nicht durch Preisgelder besonders gefördert worden.[642] Andererseits ist zu konstatieren, dass den 1801 begonnenen Kommissionsverhandlungen ausweislich der Beratungsprotokolle zwar die angeforderten Stellungnahmen der Länderkommissionen und juristischen Fakultäten sowie einzelne Anfragen juristischer Kollegien bezüglich des in Galizien bereits geltenden Gesetzbuchs zugrunde lagen, nicht aber irgendwelche unverlangten Kritiken von privater Seite zu dem Entwurf.

Savigny äußerte sich 1814 in seiner viel beachteten Erwiderung auf Thibaut kritisch über das in Österreich eingeschlagene Verfahren, das zu einer Absonderung geführt habe.[643] Zwar zeigte er Verständnis dafür, dass man keine Preise ausgesetzt habe, doch sei der bloße Druck des Entwurfs nicht ausreichend. Viel-

---

[639] *Zeiller* gab später (1806) noch weitere Argumente an, weshalb eine öffentliche Aufforderung zur Kritik und eine Preisaussetzung unterblieben sei (*Zeiller*, Grundzüge zur Geschichte, S. 27f., Fn. ★★). Demnach seien die Auffassungen des Publikums bereits durch die angeforderten Stellungnahmen der Länderkommissionen, die mit »Männern von bewährten speculativen und practischen Kenntnissen« besetzt seien, berücksichtigt worden. Auch seien die Meinungen der Allgemeinheit indirekt dadurch eingeflossen, dass er (Zeiller) bei der Überarbeitung des Entwurfs das ALR, zu dem Preisschriften geliefert worden waren, »mit unverwandter Aufmerksamkeit benützt« habe.

[640] *Pfaff/Hofmann*, Excurse, Bd. 1, S. 35, Fn. 5.

[641] Der veröffentlichte Entwurf war inhaltlich mit den am 1. Januar 1798 in Kraft getretenen West- und Ostgalizischen Gesetzbüchern identisch und diente als so genannter »Urentwurf« der neuen Hofkommission in Gesetzsachen als Grundlage für ihre weiteren Arbeiten. Unzutreffend die pauschale Charakterisierung durch *Thieme* (Publizität, S. 543; im Anschluss an *Stintzing/Landsberg*, Bd. 3/1, Text S. 523), wonach sich die österreichische Gesetzgebung von der preußischen in der Epoche von ALR und ABGB »durch fehlende Publizität« unterschied. Nicht die Publizität unterblieb in Österreich, sondern nur das Schaffen besonderer Anreize für eine Kritik seitens der Öffentlichkeit.

[642] *Zeiller*, Grundzüge zur Geschichte, S. 27f., Fn. ★★.

[643] Zum Folgenden: *Savigny*, Beruf, S. 96f.

mehr wäre es ratsam gewesen, durch ein Zirkular an alle deutschen Universitäten deren Stellungnahmen zu erbitten. Da dies unterblieb, sei eine Unternehmung, »die ihrer Natur nach nur auf den wissenschaftlichen Zustand der ganzen Nation gegründet werden konnte, als ein gewöhnliches Geschäft des einzelnen Landes vollführt worden«, was für den Erfolg sehr gefährlich sei. Bezeichnenderweise war für Savigny also nicht die (in Österreich erfolgte) Beiziehung der ausländischen Gesetzgebung für den Erfolg des Projektes maßgeblich, sondern die (hier unterbliebene) Einbindung der außer-österreichischen wissenschaftlichen Meinung.

Auch in Bayern nahm man im Zusammenhang mit der Entstehung des Strafgesetzbuchs von 1813 das Vorgehen Preußens zum Vorbild, indem man die Veröffentlichung des von Kleinschrod auf amtlichen Auftrag gefertigten Entwurfs als bloße Privatarbeit beschloss, das in- und ausländische Publikum zu Stellungnahmen aufforderte und hierzu durch Aussetzung ansehnlicher Preise ermunterte.[644] Die Veröffentlichung und Preisaussetzung, die 1802 erfolgte, veranlasste u. a. Feuerbach zu seiner eingehenden und in gesetzgebungstechnischer Hinsicht äußerst wertvollen Kritik des Entwurfs Kleinschrods.[645] Da sich − so die späteren amtlichen Anmerkungen − alle Stimmen darin vereinigten, dass der Entwurf Kleinschrods der eingehenden Überarbeitung bedürfe, um zum Gesetz erhoben zu werden, wurde 1804 dann Feuerbach mit der Neubearbeitung beauftragt und ihm 1805 auch aufgetragen, sich gutachterlich darüber zu äußern, welchen zu dem Entwurf Kleinschrods eingegangenen Schriften die ausgelobten Preise zuteil werden sollen.[646] Feuerbachs Entwurf wurde dann − nachdem sich 1808 eine erste Kommission hiermit befasst und Änderungen vorgenommen hatte − 1810 unter dem Titel »Entwurf des Gesezbuchs über Verbrechen und Vergehen für das Königreich Baiern« ebenfalls durch den Druck bekannt gemacht, allerdings unterblieb eine erneute Ermunterung zur Kritik und eine Preisaussetzung.

---

[644] Beschluss der Staatskonferenz v. 23. September 1801; vgl. *Kleinschrod*, Vorwort, S. IV; Anmerkungen z. BayStGB, Bd. 1, S. 10 f.; *Geisel*, S. 5.

[645] *Feuerbach*, Kritik des Kleinschrodischen Entwurfs zu einem peinlichen Gesetzbuche für die Chur-Pfalz-Bayrischen Staaten, 3 Teile, Gießen 1804.

[646] Vgl. Anmerkungen z. BayStGB, Bd. 1, S. 12; *Geisel*, S. 14; *Radbruch*, S. 76. Bei der Preisvergabe wurde den von Feuerbach 1806 abgegebenen Vorschlägen gefolgt. Zu den Preisträgern gehörte u. a. der damalige Kieler Professor Reitemeier (vgl. *Feuerbach*, Nachlaß, Bd. 1, S. 261; dort auch zu den weiteren Preisträgern; zu den Schwierigkeiten bei der Preisvergabe − ein Preisträger ließ sich nicht ermitteln, Reitemeier wurde der Preis später wegen des gegen ihn laufenden Strafverfahrens wieder aberkannt − vgl. *Geisel*, S. 14). Feuerbachs Kritik, dass er selbst bei der Preisvergabe leer ausging, obwohl er die beste Kritik zu Kleinschrods Entwurf geliefert habe (Nachlaß, Bd. 1, S. 261), erscheint angesichts der Tatsache, dass er selbst mit den neuen Entwurfsarbeiten und mit der Beurteilung der Preisschriften beauftragt wurde, nicht nachvollziehbar. Auch aus dem Ausland gingen Ausschreibungsbeiträge ein, so von dem Pariser Richter Scipion-Jérôme Bexon, der zunächst seine allgemeine Abhandlung »Développement de la théorie des lois criminelles« − von *Feuerbach* als »elendes Buch« bezeichnet (Nachlaß, Bd. 1, S. 260) − und später auch noch einen eigenen Entwurf zu einem Strafgesetzbuch übersandte (vgl. *Geisel*, S. 6, Fn. 3, S. 13, Fn. 1; *Luik*, S. 247).

Im Zusammenhang mit der Entstehung des preußischen Strafgesetzbuchs wird dann die Kontinuität in der Frage der Veröffentlichung wichtiger Gesetzesvorhaben bei gleichzeitiger Abkehr von öffentlichen Preisaussetzungen deutlich. Die Beteiligung der Öffentlichkeit nahm bei der Entstehung des preußischen Strafgesetzbuchs nach wie vor einen hohen Stellenwert ein. Zwar wurden nicht sämtliche in der 25-jährigen Kodifikationsgeschichte entstandenen Entwürfe veröffentlicht, doch geschah dies mit den Entwürfen von 1836, 1843, 1847 und 1850/51, die alle bereits kurz nach ihrer Entstehung in den Buchhandel gelangten. Auf die Auslobung von Preisen für die besten Beurteilungen verzichtete man aber nunmehr; die Zeit der Aufklärung war vorbei und mit ihr die eigentümlich enthusiastische Sicht der Gesetzgebung als Werk des Wettstreits der klügsten Geister. Die kritische Beteiligung der Fachöffentlichkeit im Entwurfsstadium war nach wie vor erwünscht, doch hielt man es nicht länger für die Aufgabe des Gesetzgebers, derartige Kritiken durch die Auslobung von Preisen besonders zu stimulieren.

Besondere Aufmerksamkeit erlangte die Veröffentlichung des preußischen Strafgesetzbuchentwurfs von 1843, was wohl darauf zurückzuführen ist, dass dieser Entwurf auch den acht preußischen Provinziallandtagen zur Beratung vorgelegt wurde, deren Beratungen – namentlich auch die sehr ausführliche und kritische Stellungnahme des rheinischen Landtags – auf große Resonanz in der (Fach-) Öffentlichkeit stießen.[647] Insgesamt zählten die Redaktoren des Entwurfs – neben den von den Landtagen eingereichten Denkschriften – 71 (zum Teil gedruckte, zum Teil in Brieform eingereichte) Stellungnahmen von Professoren und juristischen Praktikern zu dem Entwurf von 1843, darunter von namhaften auswärtigen Wissenschaftlern wie Mittermaier und Heinrich Albert Zachariä.[648] Die große Resonanz auf die Veröffentlichung des Entwurfs von 1843 blieb beim preußischen Gesetzgeber nicht ohne Wirkung. Gemäß einer königlichen Kabinettsorder an den Minister für Gesetzrevision Savigny sollte eine Revision des Entwurfs vorgenommen werden und hierbei eine freie und umfassende Beurteilung der eingegangenen Stellungnahmen der Landtage und der Fachöffentlichkeit erfolgen.[649] Es schloss sich nun eine (maßgeblich von dem Referenten der Imme-

---

[647] Im Zusammenhang hiermit stand die die zeitgenössische Öffentlichkeit stark beschäftigende Frage nach Einführung des Mündlichkeits- und Öffentlichkeitsprinzips und des Schwurgerichtssystems im Strafprozess. Der rheinische Landtag lehnte den Regierungsentwurf zum Strafgesetzbuch wegen Unvereinbarkeit mit dem im Rheinland geltenden französischen Gerichtsverfassungs- und Strafprozessrecht ab und legte einen wesentlich abgeänderten Entwurf zusammen mit eigenen Motiven vor (vgl. hierzu näher *Hälschner*, S. 275 ff.; *Schubert*, in: *Regge/Schubert*, Bd. 5, S. XIII; kritisch zur Stellungnahme des rheinischen Landtags *R. Hippel*, Bd. 1, S. 321 f., Fn. 4).

[648] Eine vollständige Liste der Stellungnahmen (56 von namentlich bekannten Autoren, 8 anonym, 7 in Form von Zeitungsbeiträgen) findet sich im Vorbericht zu der im Mai 1845 von dem Minister der Gesetzrevision vorgelegten Revision des Strafrechts, S. XIV ff., abgedruckt in *Regge/Schubert*, Bd. 5, S. 226 ff.; Nachweise einzelner Stellungnahmen auch bei *Beseler*, S. 10; *Berner*, S. 232 f.; *Hälschner*, S. 271 f., Fn. 10–12.

[649] Kabinettsorder vom 24. November 1843; abgedruckt in: *Regge/Schubert*, Bd. 5, S. 224 f.

diatkommission für den Strafrechtsentwurf Bischoff durchgeführte) Prüfung und Verarbeitung der Stellungnahmen im Stile der einstigen »Revisio monitorum« Svarez' an.[650] Das Ergebnis war eine dreibändige Revisionsschrift von 1845, in der ausgehend von der Reihenfolge der Bestimmungen im Entwurf von 1843 die zu den jeweiligen Bestimmungen vorliegenden Monita diskutiert, daneben aber auch Vergleiche mit ausländischen Gesetzbüchern und allgemeine Stellungnahmen zur jeweiligen Rechtsfrage in der strafrechtlichen Literatur herangezogen wurden.[651] Im Vorbericht zu dieser Revisionsschrift geben die Redaktoren ein anschauliches Bild der großen Resonanz, die der Entwurf in der Öffentlichkeit gefunden hatte und der hierdurch bewirkten erneuten Infragestellung weiter Teile des Entwurfs.[652] Auf die anderen im Zuge der Arbeiten am preußischen Strafgesetzbuch veröffentlichten Entwürfe war die Resonanz der Wissenschaft und Praxis spärlicher; eine separate Erfassung der Stellungnahmen durch die Redaktoren in einer »Revisio monitorum« unterblieb hier.[653]

Die aufklärerische Praxis, wichtige Gesetzentwürfe vor ihrer Inkraftsetzung der Beurteilung durch die Öffentlichkeit zugänglich zu machen, fand auch Eingang in die Gesetzgebungspraxis Britisch-Indiens und zwar in noch weiterem Umfang, als es in Mitteleuropa der Fall war. Im Zusammenhang mit der Neuorganisation des Gesetzgebungsverfahrens in Britisch-Indien auf Grundlage des *Charter Acts* von 1833 forderte das *Board of Directors* der *East India Company* die Regierung Britisch-Indiens auf, künftige Gesetzgebungsprojekte vor ihrer Inkraftsetzung der Öffentlichkeit zugänglich zu machen, so dass diese die Möglichkeit hat, Kritik und Anmerkungen hierzu vorzubringen.[654] Macaulay griff diese Aufforderung 1835 bei der Diskussion über die Gestaltung der Geschäftsordnung des neu gebil-

---

[650] Die Revision stand unter der Leitung von Savigny; neben Bischoff wirkten Prof. Heydemann und der Oberappellationsrat Meyer hieran mit; vgl. *Regge*, in: *Regge/Schubert*, Bd. 1, S. XXXIX; *Schubert*, ebd., Bd. 5, S. XIV.

[651] Abdruck der Revision 1845 in: *Regge/Schubert*, Bd. 5, S. 211–831. Bei der Revision des Allgemeinen Teils des Strafgesetzbuchentwurfs ist die Würdigung der eingegangenen Stellungnahmen sehr präzise, meist unter ausdrücklicher Nennung der jeweiligen Kritiker und konkreter Angabe der Fundstellen; bei der Revision des Besonderen Teils erfolgt hingegen in der Regel nur noch eine summarische Diskussion der zur jeweiligen Bestimmung vorliegenden Monita.

[652] Vorbericht, S. II (*Regge/Schubert*, Bd. 5, S. 214): »Die gegen den Entwurf von verschiedenen Seiten erhobenen Einwendungen sind so zahlreich und großentheils so tief eingreifend, daß nur Weniges unangefochten geblieben, also der größte Theil der mit großer Anstrengung beendigten Arbeit von Neuem in Frage gestellt worden ist.«

[653] *Hälschner* (S. 281) führt die spärlichere Resonanz auf die Veröffentlichung des Entwurfs von 1847 wohl nicht zu Unrecht darauf zurück, dass hierin zum Teil der früher geäußerten Kritik Rechnung getragen worden war, zum Teil diese Kritik nur zu wiederholen gewesen wäre. Einzelne Nachweise zu Stellungnahmen der Wissenschaft zu dem Entwurf von 1847 geben *Berner*, S. 238 u. *Hälschner*, S. 281 f., Fn. 18.

[654] Dispatch from the Board of Directors to the Government of India, 10 December 1834, in: *Ilbert*, Government, S. 492–532, hier: S. 501: »… the projects of intended laws shall be so made known to the public as to afford opportunities … to offer their comments or complaints to the legislature«.

deten *Governor-General of India in Council* als des nunmehr für die gesamte Gesetzgebung Britisch-Indiens zuständigen Gremiums auf und schlug vor, außer in
Fällen großer Dringlichkeit jedes geplante Gesetz im Entwurfsstadium zu veröffentlichen und einen Beschluss über dessen Inkraftsetzung nicht vor Ablauf von
sechs Wochen nach der Veröffentlichung zu treffen.[655] Dieser Vorschlag wurde in
die 1835 beschlossene Geschäftsordnung des *Governor-General of India in Council*
(in seiner Funktion als Gesetzgebungsorgan) übernommen. Demnach war jeder
Gesetzentwurf vor seiner Verabschiedung zu veröffentlichen; eine Entscheidung
über seine Inkraftsetzung (gegebenenfalls mit zwischenzeitlich vorgeschlagenen
Änderungen) sollte frühestens sechs Wochen nach der Veröffentlichung erfolgen.[656] Falls nach der Entwurfsveröffentlichung Änderungen hieran vorgenommen wurden, die nach Einschätzung der Mehrheit im *Council* so wesentlich
waren, dass sie nicht ohne vorherige Publikation in Kraft gesetzt werden sollten,
so war der geänderte Entwurf erneut mit einer Frist von mindestens sechs Wochen bis zu der abschließenden Entscheidung über seine Inkraftsetzung zu veröffentlichen.[657] Die Veröffentlichung der (meist relativ kurzen) Gesetzentwürfe
erfolgte in den lokalen Tageszeitungen und führte in nicht wenigen Fällen dazu,
dass ein Entwurf auf Grund von kritischen Stellungnahmen oder Petitionen aus
der Öffentlichkeit geändert oder ganz fallen gelassen wurde.[658] Als auf Grundlage
der durch den neuen *Charter Act* von 1853 bewirkten Reorganisation des *Governor-
General of India in Council* sich dieses Gremium 1854 eine neue Geschäftsordnung
gab, hielt man an der Praxis fest, grundsätzlich alle Gesetze im Entwurfsstadium
zu veröffentlichen, wobei man die der Öffentlichkeit für Stellungnahmen zu den
Gesetzentwürfen eingeräumte Zeitspanne noch erweiterte und einem Ausschuss
die Prüfung der eingehenden Stellungnahmen zuwies.[659]

Entsprechend verfuhr man auch mit dem Entwurf zum indischen Strafgesetzbuch, der 1837 in 1200 Exemplaren zusammen mit den Kommissionsanmerkun-

---

[655] Macaulay, Minute of 28 May 1835, in: Government of India, Macaulay's Minutes, S. 6 f.;
auch in: *Dharker*, S. 150 f.

[656] Standing Orders of the Council of India, adopted on 6 July 1835, sec. 1, 3 f., in: *Dharker*,
S. 302 f.

[657] Ebd., sec. 6.

[658] Vgl. Report from the Select Committee … (29 June 1852), S. 94 f. (evidence of William
W. Bird), in: Parliamentary Papers 1852/53 (41) xxx: »Every draft of an Act is published in the
Calcutta papers long before it is passed, for the purpose of enabling either natives or Europeans to
submit any objections or any suggestions which they may have to make … there have been many
instances of laws having been modified and altered, and even not passed, in consequence of
representations on the subject.«

[659] Standing Orders 1854, sec. 66: Gesetzentwürfe sind nach der zweiten Lesung in der *Calcutta
Gazette* zu veröffentlichen. Sec. 68: Der Entwurf und hierzu eingehende schriftliche Stellungnahmen und Petitionen sind von einem *select committee* des *Legislative Council* zu überprüfen. Sec. 69:
Die Berichterstattung an das Plenum hat frühestens acht bzw. zwölf Wochen nach der Veröffentlichung des Entwurfs zu erfolgen. Sec. 85: Im Falle wesentlicher Änderungen an dem Entwurf ist
dieser auf Antrag erneut zu veröffentlichen, bevor der *Legislative Council* sich in dritter Lesung
damit befasst.

gen gedruckt wurde (wegen seines Umfangs in Buchform) und in den Buchhandel gelangte.[660] Die gleichzeitig erfolgte gezielte Aufforderung zur Stellungnahme an Richter und andere Amtsträger Britisch-Indiens wie auch die Neuartigkeit des Kodifikationsvorhabens sicherte dem Entwurf viel Aufmerksamkeit und bewirkte eine hohe Zahl von Rückäußerungen aus dem Kreis der Juristen Britisch-Indiens sowie kontroverse Stellungnahmen in der Presse Indiens und Englands.[661] Der Entwurf wurde auch dem britischen Parlament vorgelegt und auf Veranlassung des *House of Commons* 1838 erneut gedruckt und veröffentlicht, wodurch sich seine Bekanntheit in England erhöhte.[662] Wie bereits angesprochen, wurde der Entwurf und die hierzu eingegangenen Stellungnahmen 1845 bis 1847 von einer Kommission überprüft, die hierüber zwei detaillierte Berichte erstattete.[663]

Im Zusammenhang mit der Entstehung des deutschen BGB ist als gesetzgebungstechnische Konstante die von Beginn an vorgesehene Veröffentlichung des fertigen Entwurfs zum Zwecke der Kritik durch die Öffentlichkeit festzustellen. Bei der Frage der sofortigen Transparenz der Kommissionsberatungen vor Fertigstellung des Entwurfs erfolgte hingegen erst mit dem Übergang von der ersten zur zweiten BGB-Kommission eine bemerkenswerte Änderung der Handhabung, die im Ergebnis vom Beginn der Beratungen der zweiten BGB-Kommission an den Fortgang der Arbeiten in einer Weise für die Öffentlichkeit transparent machte, wie es bei kaum einem anderen deutschen Gesetzgebungsvorhaben zuvor geschehen war.

---

[660] Proceedings and Consultations of the Government of India, Legislative Consultations, 1837, June 5, No. 2: Der Generalgouverneur bewilligt den Druck des Strafgesetzbuchentwurfs »for general information«. Schreiben von J. P. Grant, Sekretär der *Indian Law Commission*, an R. D. Mangles, Sekretär des *Government of India*, 30. Dezember 1837, in: Return to an Order of the House of Lords, dated 11 June 1852, for Copies of all Correspondence …, S. 35, in: Parliamentary Papers (HL) 1852 (263) xii: 1200 Exemplare des Entwurfs sind gedruckt worden; der Plan für die Verteilung an Amtsträger wird mitgeteilt; eine ausreichende Zahl von Exemplaren soll »for public sale« zur Verfügung stehen.

[661] Eine ausführliche Liste von 31 bis 1842 bei der Regierung Britisch-Indiens eingegangener Stellungnahmen zu dem Strafgesetzbuchentwurf findet sich als Anlage zu einem Schreiben des *Government of India* an den *Court of Directors* v. 2. Dezember 1842, in: : Return to an Order of the House of Lords, dated 11 June 1852, for Copies of all Correspondence …, S. 10–12, in: Parliamentary Papers (HL) 1852 (263) xii; im Report on the Indian Penal Code (23 July 1846/5 November 1846), S. 2, findet sich eine Liste der von der *Indian Law Commission* in ihrem Bericht über den Entwurf berücksichtigten Stellungnahmen; zahlreiche Stellungnahmen sind wörtlich abgedruckt in: : Return to an Order of the House of Lords, dated 11 June 1852, for Copies of all Correspondence …, S. 57–455, in: Parliamentary Papers (HL) 1852 (263) xii; Nachweise der Herausgeber zu Stellungnahmen aus der indischen und englischen Presse finden sich in der modernen Edition von *John Stuart Mills* Rezension zu dem Entwurf (Penal Code for India, S. 30, Fn. 16).

[662] Parliamentary Papers 1837/38 (673) xli, S. 163 ff. Auch Robert v. Mohl besaß ein Exemplar des Entwurfs, beklagte aber, dass er in Kontinentaleuropa nahezu unbekannt geblieben sei (*Mohl*, Politik, Bd. 1, S. 378 f.).

[663] S. oben S. 147 f. mit Fn. 590.

Das Vorgehen im Zusammenhang mit dem ersten BGB-Entwurf war bereits von der Vorkommission 1874 vorgezeichnet worden, die empfahl, den Gesamtentwurf nach seiner Fertigstellung der öffentlichen Kritik zu unterstellen, von einer vorherigen Veröffentlichung von Teilentwürfen hingegen abzusehen.[664] Die auf die Veröffentlichung des Gesamtentwurfs eingehenden Stellungnahmen sollten von einem oder mehreren Mitgliedern der Kommission ausgewertet und zur Vorbereitung der von Anfang an vorgesehenen zweiten Lesung des Entwurfs dienen. Eine Vorab-Veröffentlichung von Teilentwürfen schon vor Abschluss der Arbeiten am Gesamtentwurf lehnte die Vorkommission mit dem Argument ab, dass eine richtige Beurteilung der Kommissionsarbeiten erst nach der Zusammenfügung zu einem Gesamtentwurf möglich sei. Entsprechend vollzog sich die langjährige Arbeit der ersten Kommission weitgehend ohne Anteilnahme der Öffentlichkeit. Dies änderte sich schlagartig mit der 1888 erfolgten Veröffentlichung des Entwurfs der ersten BGB-Kommission. Im Vorwort zur amtlichen Entwurfsausgabe wurde es als willkommen bezeichnet, »wenn nicht blos die Vertreter der Rechtswissenschaft und die zur Rechtspflege Berufenen, sondern auch die Vertreter wirthschaftlicher Interessen von demselben Kenntniß nehmen und mit ihren Urtheilen und Vorschlägen zur Verwerthung für die weitere Beschlußfassung über den Entwurf hervortreten«.[665]

Die große Resonanz, welche die Veröffentlichung des ersten BGB-Entwurfs auslöste, braucht hier nicht nachgezeichnet zu werden. Anders als ursprünglich vorgesehen, wurde die Auswertung und systematische Zusammenstellung der eingehenden Stellungnahmen nicht der Kommission selbst aufgetragen, die vielmehr aufgelöst wurde, sondern nunmehr dem Reichsjustizamt.[666] Dieses be-

---

[664] Gutachten der Vorkommission v. 15. April 1874, in: *Schubert*, Materialien, S. 170–185, hier: S. 179, 183.

[665] Entwurf eines bürgerlichen Gesetzbuches für das Deutsche Reich. Erste Lesung, Vorwort, S. VII. Weiter hieß es, dass Stellungnahmen beim Reichskanzler bzw. beim Reichsjustizamt eingereicht werden können.

[666] Das Reichsjustizamt fertigte 1890/91 eine sechsbändige »Zusammenstellung der gutachtlichen Aeußerungen zu dem Entwurf eines Bürgerlichen Gesetzbuchs«, welche die publizierten Stellungnahmen und die nicht veröffentlichten, beim Reichsjustizamt eingegangenen Stellungnahmen geordnet nach der Paragraphenreihenfolge des Entwurfs zusammenfasste, sowie eine zweibändige »Zusammenstellung der Aeußerungen der Bundesregierungen zu dem Entwurf eines Bürgerlichen Gesetzbuchs« (1891), deren Ordnung zunächst den Punkten folgt, welche vom Reichskanzler in seinem Rundschreiben an die Regierungen der Bundesstaaten vom 27. Juni 1889 hervorgehoben worden waren (s. oben S. 149, Fn. 594), im Übrigen der Paragraphenreihenfolge des Entwurfs. Außerdem fertigte das Reichsjustizamt von 1891 bis 1895 sukzessive in acht Teilen Zusammenstellungen der nachträglich bekannt gewordenen Stellungnahmen seitens der Öffentlichkeit und der Regierungen der Bundesstaaten (abgedruckt bei *Jakobs/Schubert*, Beratung, Allgemeiner Teil, Teil 2, S. 1388–1443; Teil 8 beinhaltet bereits eine Zusammenstellung der Äußerungen zum zweiten BGB-Entwurf). Sämtliche Zusammenstellungen wurden damals nur für den Gebrauch durch das Reichsjustizamt und die zweite Kommission als Manuskript gedruckt, hingegen nicht im Buchhandel veröffentlicht. Doch erschienen im Buchhandel von privater Hand Zusammenstellungen der Äußerungen zum BGB-Entwurf, namentlich von *Mühlbrecht* (eine alphabetische Zusammenstellung der bis 1891 erschienenen Stellungnahmen) und von *Maas* (Ver-

schränkte sich nicht auf die bloße systematische Zusammenstellung der aus der Öffentlichkeit und von Seiten der Regierungen der Bundesstaaten eingehenden Stellungnahmen, sondern beriet auf dieser Grundlage in einer Vorkommission für einzelne Teile des Entwurfs auch konkrete Änderungsvorschläge, welche als Anträge in die eigentlichen Kommissionsberatungen eingebracht wurden.[667] Daneben wurden die vom Reichsjustizamt gefertigten systematischen Zusammenstellungen zu einer wichtigen Beratungsgrundlage für die zweite BGB-Kommission. Über die Beratungen der zweiten Kommission wurde kontinuierlich in Zeitungen und Fachzeitschriften berichtet und die von ihr beratenen Teile des Entwurfs wurden umgehend schon vor Abschluss der Beratungen über den Gesamtentwurf publiziert.[668] Auch der Gesamtentwurf wurde bereits in der vom Redaktionsausschuss erarbeiteten Fassung noch vor deren Beratung durch die Gesamtkommission veröffentlicht.[669]

Bei der Entstehung des schweizerischen ZGB waren zwar schon die Teil- und Departementalentwürfe von 1893–1900 einem Kreis von Fachleuten und Interessierten zugänglich gemacht worden, eine allgemeine Veröffentlichung über den Buchhandel erfolgte aber erst mit dem Vorentwurf von 1900. In der Vorbemerkung zu diesem Vorentwurf ersuchte das eidgenössische Justiz- und Polizeidepartement »jedermann, seine Wünsche Anregungen oder Anträge zur Verbesserung oder Ergänzung des Entwurfes« einzureichen.[670] Hierbei betonte man, dass man sich »eine rege Beteiligung aller Landesgegenden und Berufskreise«

---

zeichnis von Einzelschriften und Aufsätzen, S. 39 ff. zum ersten BGB-Entwurf, S. 48 f. zum zweiten BGB-Entwurf).

[667] S. hierzu oben S. 119 Anders als die Beratungen der zweiten Kommission vollzogen sich die Arbeiten der Vorkommission des Reichsjustizamts unter Ausschluss der Öffentlichkeit und blieben auch der Forschung lange Zeit weitgehend verborgen. Dies änderte sich erst schrittweise seit den siebziger Jahren des 20. Jahrhunderts (ausführlich zur Rolle des Reichsjustizamts bei der BGB-Entstehung nunmehr *Schulte-Nölke*).

[668] Bei *Maas* (Verzeichnis von Einzelschriften und Aufsätzen, S. 24–26) findet sich eine Zusammenstellung der laufenden Berichterstattung über die Kommissionsberatungen im Reichs-Anzeiger; in einer weiteren Bibliographie von *Maas* (Amtliche Materialien, S. 25 ff.) sind die veröffentlichten und die nur für den Kommissionsgebrauch gedruckten Ausgaben der Teilentwürfe und des Gesamtentwurfs der zweiten Kommission aufgeführt. Oehlschläger, Staatssekretär im Reichsjustizamt bis Februar 1891, stand der laufenden Berichterstattung über die Kommissionsberatungen anders als seine Nachfolger noch ablehnend gegenüber (vgl. den Bericht von Stengel (Bayern) über eine Besprechung im Justizausschuss des Bundesrats v. 16. Oktober 1890, in: *Schubert*, Materialien, S. 341 f., hier: S. 342). Die zweite Kommission selbst sprach sich gegen eine amtliche Veröffentlichung ihrer Beratungen aus, einigte sich aber darauf, dass die einzelnen Kommissionsmitglieder nicht zu einer Geheimhaltung der Kommissionsverhandlungen und Beschlüsse verpflichtet sind (Sitzungsprotokoll der 2. Kommission v. 15. Dezember 1891, in: *Schubert*, Materialien, S. 357).

[669] S. hierzu oben S. 121 mit Fn. 458 und die Protokolle zum BGB, Bd. 1, S. X. Die endgültige Version des von der zweiten Kommission beratenen Entwurfes in der Fassung der Bundesratsvorlage wurde hingegen erst 1898 veröffentlicht, die Reichstagsvorlage (mit den vom Bundesrat beschlossenen Änderungen) jedoch unverzüglich noch 1896.

[670] Vorentwurf zum ZGB (1900), Vorbemerkung.

erhoffe, also nicht nur der juristischen Fachöffentlichkeit. Von dieser Aufforderung wurde in großem Umfang Gebrauch gemacht,[671] wobei der Entwurf nicht nur in der Schweiz, sondern auch bei französischen und deutschen Fachleuten auf Resonanz stieß.[672] Jedoch reichte die Resonanz nicht an diejenige auf die Veröffentlichung des ersten BGB-Entwurfs heran, zumal viele Schweizer Fachleute bereits zu den Teil- und Departementalentwürfen Stellung genommen hatten. Vom Sekretariat der 1901 eingesetzten großen ZGB-Kommission wurde sodann eine nach der Artikelfolge des Entwurfs geordnete Zusammenstellung der eingegangenen Stellungnahmen gefertigt, welche von der Kommission bei ihren Beratungen herangezogen wurde.[673]

IV. Die Beratung und Beschlussfassung über Gesetzentwürfe im Parlament

1. Die Gesetzgebungsarbeit im Parlament

Nach Eingang der Stellungnahmen zu dem veröffentlichten Gesetzentwurf ist dieser gegebenenfalls von der Kommission zu überarbeiten und erneut der zuständigen Regierungsstelle (in den Staaten des Deutschen Bundes meist ein Staats- oder Ministerrat) zur Billigung zuzuleiten. Hieran schließt sich dann in Staaten mit parlamentarischer Gesetzgebungszuständigkeit die Beratung und Beschlussfassung über den Entwurf im Parlament an.[674] Uns interessieren in diesem Zusammenhang nicht Fragen des allgemeinen parlamentarischen Verfahrens (also etwa Fragen der Wählbarkeit, Rede- und Stimmrechte oder Immunität der Abgeordneten), sondern diejenigen Aspekte, die spezifisch die Gesetzgebungsarbeit im Parlament betreffen.

Die Literatur über den parlamentarischen Geschäftsgang betraf vor der französischen Revolution vornehmlich die englische Parlamentspraxis, was angesichts

---

[671] So die Feststellung des Bundesrates in seiner Botschaft an die Bundesversammlung v. 28. Mai 1904, S. 4.

[672] Vgl. die Zusammenstellungen von Stellungnahmen bei *Gauye*, Schweizerische Zeitschrift für Geschichte 13 (1963), S. 99 ff.; *Huber/Mutzner*, Bd. 1, S. 118 ff.

[673] Vgl. die Botschaft des Bundesrates an die Bundesversammlung v. 28. Mai 1904, S. 4.

[674] »Parlament« und »parlamentarisch« wird hier und im Folgenden häufig als Sammelbegriff im Sinne von »Volksvertretung« benutzt; einbezogen ist damit also nicht nur das englische Parlamentssystem, sondern auch die neuen landständischen Vertretungen in den konstitutionellen Staaten des Deutschen Bundes. Der hier gemeinte weite Bedeutungsgehalt weicht also von der scharfen Trennung zwischen »parlamentarischem Prinzip« und »monarchischem Prinzip« bei konservativen deutschen Autoren des 19. Jahrhunderts ab, welche von einem (von ihnen bekämpften) »parlamentarischen System« nur dann sprachen, wenn die Volksvertretung umfassende Souveränitätsrechte inne hatte, insbesondere die Regierungsbildung durch die Volksvertretung erfolgte (so namentlich *Stahl* in seiner Abhandlung »Das Monarchische Princip« von 1845), was in den Landtagen des Deutschen Bundes nicht der Fall war.

der in England im Gegensatz zu den Großmächten Kontinentaleuropas seit Jahrhunderten bestehenden parlamentarischen Tradition nicht verwundern kann.[675] In Kontinentaleuropa fanden Fragen der parlamentarischen Geschäftsordnung erst mit dem Niedergang des Ancien Régime verstärkte Beachtung.[676] Allen diesen Schriften war aber gemeinsam, dass sie nur die bestehende Praxis des parlamentarischen Geschäftsgangs beschreiben wollten, ohne deren Zweckmäßigkeit zu diskutieren. Benthams »Essay on Political Tactics« war, soweit mir ersichtlich, der erste Versuch, losgelöst von einer bestehenden Praxis (wenn auch natürlich geschult an der englischen Parlamentswirklichkeit) Vorschläge für einen möglichst vorteilhaften parlamentarischen Geschäftsgang zu entwickeln. Der Einfluss seiner Schrift auf dem Kontinent war entsprechend groß, setzte aber entgegen vieler Literaturstimmen wohl vorwiegend erst mit der französischen Ausgabe von 1816 ein und nicht schon zu Zeiten der französischen Revolution.[677]

---

[675] Beginnend mit der anonymen Handschrift »Modus tenendi Parliamentum«, welche vermutlich Ende des 14. Jahrhunderts entstand und in der Frühphase des englischen Parlamentarismus nach der Einschätzung *Mohls* (Geschichte und Literatur, Bd. 2, S. 80) im Parlament und von Schriftstellern viel benutzt und mit einer fast religiösen Achtung behandelt wurde; seit dem 16. Jahrhundert traten hinzu (angegeben ist, soweit mir feststellbar, jeweils das Jahr der ersten Auflage; die meisten der nachfolgend genannten Werke erschienen in mehreren Auflagen und teilweise mit abweichenden Titeln in späteren Auflagen): *Thomas Smith*, De republica Anglorum libri tres (1571); *John Hooker*, The order and usage of the keeping of a Parlement in England (1575); *anonym*, Privileges and Practices of Parliament (1628); *Lambade*, The orders, proceedings, punishments and privileges of Parliament (1641); *William Hakewel*, The manner how statutes are enacted in Parliament (1641); *Henry Scobell*, Memorials of the method and manner of proceedings in Parliament in passing Bills (1656); *Henry Elsynge*, The ancient method and manner of holding parliaments in England (1660); *George (= William) Petyt*, Lex Parliamentaria: or, a treatise of the law and custom of the Parliaments of England (1690). Die klassische Sammlung der Präzedenzfälle zur parlamentarischen Geschäftsordnungspraxis Englands bis 1800 stammt von *John Hatsell*, Precedents of proceedings in the House of Commons under separate titles with observations (1776 ff.).

[676] *Charles Marie Marquis de Créquy*, Résultat des assemblées provinciales, à l'usage des états d'une province, Brüssel 1788; *Samuel Romilly*, Règlements observés dans la Chambre des Communes pour débattre les matières et pour voter, Paris 1789. Bei der letztgenannten Schrift handelt es sich um eine kurze Darstellung des Verfahrens im englischen House of Commons, die von dem englischen Reformer Romilly (unter Mithilfe von George Wilson und James Trail) als Leitfaden für die 1789 einberufenen französischen Generalstände geschrieben wurde und die der Comte de Mirabeau ins Französische übersetzen und 1789 in Paris drucken ließ. Etienne Dumont, der Genfer Verleger Benthams, druckte Romillys Schrift 1816 und 1840 erneut und ohne Verfasserangabe als Anlage zu Benthams »Tactique des assemblées politiques délibérantes« ab, weshalb in der Literatur bis heute vielfach fälschlich Bentham als Verfasser dieser Schrift angesehen wird (so *Redlich*, S. 269, *Hatschek*, Englisches Staatsrecht, Bd. 1, S. 426 f., *Jekewitz*, S. 52 (ebenso *ders.*, Der Staat 1976, S. 542 f.) und jüngst auch *Hayungs*, S. 26, 165 u. *Igwecks*, S. 59; richtig dagegen *Luik*, S. 308 f.). Bentham selbst äußerte sich kritisch zu der Schrift Romillys, da diese nur eine Beschreibung der englischen Parlamentspraxis gebe, ohne diese zu begründen oder Alternativen zu diskutieren (Brief Benthams an André Morellet v. 28. April 1789, in: *Bentham*, CW, The Correspondence of Jeremy Bentham, Bd. 4, London 1981, S. 50).

[677] Die französische Verfassung vom 3. September 1791 war in ihren Bestimmungen über das Verfahren der gesetzgebenden Körperschaft offensichtlich vom englischen Parlamentsvorbild geprägt (vgl. das dem englischen *committee of the whole House* nachgebildete *comité général* in Titel 3, Kap. 3, Abt. 2, Art. 2 und das Erfordernis von drei Lesungen, ebd., Art. 4). Die Schrift Romillys

Bentham erkannte wohl als erster, dass eine effiziente Gestaltung des parlamentarischen Gesetzgebungsverfahrens ein wesentlicher Schlüssel zu einer guten Gesetzgebung ist.

Die parlamentarischen Gesetzgebungsregeln waren in England im 19. Jahrhundert ganz überwiegend Teil einer ungeschriebenen Geschäftsordnung.[678] Schrift-

---

mag hierbei eine Rolle gespielt haben, nicht aber Benthams »Political Tactics«. Bentham begann sein »Essay on Political Tactics« im Herbst 1788 mit Blick auf die für Mai 1789 einberufenen französischen Generalstände. Bis zu deren Zusammentritt im Mai 1789 waren aber erst wenige Passagen des Essays begonnen, die Bentham vorab zur Übersetzung ins Französische nach Frankreich sandte (s. den Brief André Morellets an Bentham v. 8. Mai 1789, CW, The Correspondence of Jeremy Bentham, Bd. 4, London 1981, S. 55). Dort waren es zunächst wohl nur wenige Personen, denen die (zudem fragmentarischen) Passagen zur Kenntnis gelangten (s. den Brief Dumonts an Bentham v. 27. September 1789, ebd., S. 92). Bentham selbst verlor bereits im Juni 1789 das Interesse an einer Weiterarbeit an dem Essay, nachdem die vorab nach Frankreich gesandten Passagen dort nicht auf die gewünschte Resonanz stießen (Brief Benthams an Dumont v. 9. Juni 1789, ebd., S. 69: »…the reception it met with at Paris gave me little encouragement to continue.«). Veröffentlicht wurden zunächst nur sechs von Bentham aufgestellte Grundsätze zur parlamentarischen Debatte, die der Comte de Mirabeau im Juni 1789 im *Courrier de Provence* ohne Nennung Benthams wiedergab (s. den Brief George Wilsons an Bentham v. 5. Juli 1789, ebd., S. 77). Erst 1791 wurden Fragmente des Essays gedruckt, doch nur in wenigen Exemplaren und in englischer Sprache. Breite Popularität auf dem Kontinent erhielt es erst durch die von Dumont besorgte und ergänzte französische Ausgabe »Tactique des assemblées politiques délibérantes« von 1816. In kurzer Folge erschienen daraufhin zwischen 1817 und 1829 Übersetzungen ins Deutsche, Italienische, Portugiesische und Spanische (ausführlich zur Wirkungsgeschichte: *James/Blamires/Pease-Watkin*, in: Bentham, Political Tactics, S. xiii ff., insb. S. xxxvi ff.; s. auch *Luik*, S. 315 ff. zur Rezeption in Deutschland). Die Auffassung *Jekewitz'* (S. 52; im Anschluss an *Hatschek*, Englisches Staatsrecht, Bd. 1, S. 427), wonach die Geschäftsordnung der französischen *Constituante* vom 29. Juli 1789 »stark von dem durch Bentham vermittelten Vorbild« des englischen Parlaments beeinflusst sei, geht daher, was den Einfluss Benthams betrifft, fehl: Jekewitz und Hatschek stützen ihren Befund vornehmlich auf die Schrift »Règlements observés dans la Chambre des Communes …«, die aber wie dargelegt gar nicht von Bentham, sondern von Romilly stammt (vgl. Fn. 676). Ebenso verfehlt ist es daher, wenn *Jekewitz* (S. 54, Fn. 42) meint, Frankreich habe nicht die englische Parlamentstradition als solche, sondern deren Darstellung durch Bentham »als geltendes Recht rezipiert«. Zu Hatscheks ähnlich spekulativen und schon aus zeitlichen Gründen unstimmigen Behauptungen zu einem Einfluss Benthams auf die Gesetzesredaktoren des ABGB s. unten S. 330, Fn. 180.

[678] Reiche Aufschlüsse über die englische Parlamentspraxis im 19. Jahrhundert gibt *Mays* »Treatise upon the Law, Privileges, Proceedings and Usage of Parliament«, welche in erster Auflage 1844 erschien und schon bald zu einem Standardwerk für die englische Parlamentspraxis wurde. Die Schrift wurde in zahlreiche Sprachen übersetzt (darunter 1860 ins Deutsche), erlebte im 19. Jahrhundert zahlreiche Auflagen und wird bis heute fortgeschrieben. Thomas Erskine May trat schon früh in den Dienst des *House of Commons,* wurde 1856 *Clerk Assistant* und bekleidete ab 1871 die sehr angesehene Stellung des *Clerk of the House of Commons.* Er war in der zweiten Hälfte des 19. Jahrhunderts die wohl wichtigste Autorität in Fragen der parlamentarischen Geschäftsordnung Englands. Eine wichtige Quelle für die tatsächliche Parlamentspraxis Englands im 19. Jahrhundert ist im Übrigen die Sammlung der »Parliamentary Debates«, ursprünglich herausgegeben von *T. C. Hansard,* deren drei ersten Serien in 356 Bänden die Jahre 1803 bis 1891 umfassen (für die Zeit vor 1800 vgl. oben Fn. 675, insb. die Sammlung von *Hatsell*). Schließlich bietet *Jeffersons* »Manual of Parliamentary Practice« ein konzentriertes Bild der angloamerikanischen Parlamentspraxis um 1800. Jefferson schrieb dieses Handbuch in den Jahren 1797 bis 1801 während seiner Zeit als Präsident des Senats der Vereinigten Staaten. Das »Manual« hatte eine wesentliche, wenn auch inoffizielle Bedeutung für die Parlamentspraxis der jungen Vereinigten Staaten (eine offizielle

liche Geschäftsordnungsregeln (*standing orders*) etablierten sich im *House of Commons* überwiegend erst nach der Parlamentsreform von 1832 und auch dann nur zögernd;[679] ihre Stoßrichtung war dabei meist, eine Beschleunigung des Verfahrens zu erreichen. *Statutory* (also in Form eines Gesetzes, als *Act of Parliament* ergangene) Regelungen zum parlamentarischen Verfahren ergingen in England im 19. Jahrhundert nur ganz vereinzelt.[680] Die in den nachstehenden Kapiteln gegebene Darstellung des Gesetzgebungsverfahrens im englischen Parlament im 19. Jahrhundert bezieht sich auf *public bills*; *private bills* unterlagen teilweise abweichenden Regeln.[681]

In Britisch-Indien wurde die Gesetzgebungskompetenz in dem für die Entstehungsgeschichte des indischen Strafgesetzbuchs relevanten Zeitraum (1835 bis 1860) durch den *Governor-General of India in Council* ausgeübt. Mit einem Parlament war dieses in Gesetzgebungsangelegenheiten aus dem Generalgouverneur und vier weiteren Mitgliedern bestehende Gremium nicht vergleichbar. Es arbeitete auf der Grundlage einer (von Macaulay entworfenen) kurzen und pragmatisch gehaltenen Geschäftsordnung und unter Zuhilfenahme der permanenten *Indian Law Commission* für die Entwurfsarbeit.[682] Die Gesetzgebungstätigkeit in Britisch-Indien war also in den Jahren 1834 bis 1853 wenig formalisiert und lag in der Hand eines kleinen Gremiums von fünf Personen.[683] Macaulay erachtete diesen Zustand, den

---

Geschäftsordnung gab sich das *House of Representatives* erst 1837). In unserem Zusammenhang interessanter ist, dass Jeffersons »Manual« gleichzeitig eine gutes Bild der englischen Parlamentspraxis um 1800 liefert, da Jefferson seine Regeln, trotz aller konstitutionellen Unterschiede zwischen England und den USA, ganz wesentlich auf die englische Parlamentspraxis stützte, die er reichhaltig zitierte.

[679] Vgl. *May*, Kap. XII, S. 226; einige ältere *standing orders* sind aufgelistet bei *Redlich*, S. 662.

[680] Vgl. die Nachweise bei *May*, Kap. XII, S. 228.

[681] *Private bills* bezeichnen einen eigenständigen Bereich parlamentarischer Gesetzgebung zugunsten von Privatpersonen, Gesellschaften oder Körperschaften. *Private bills* durchlaufen ein eigenständiges Gesetzgebungsverfahren, welches zum Teil Anklänge an ein gerichtliches Verfahren besitzt, etwa dadurch, dass sich in dem Verfahren Begünstigte und Gegner der *private bill* gegenüberstehen und die Begünstigten das Gesetzgebungsverfahren durch Rücknahme des Antrags beenden können (vgl. *May*, Kap. XXXIV, S. 869 u. Kap. XXXVII, S. 1001). Dennoch handelt das Parlament hierbei in seiner gesetzgebenden Funktion, was etwa darin zum Ausdruck kommt, dass das Parlament über den Erlass der *private bill* nach eigenem Ermessen und unter Berücksichtigung der öffentlichen Interessen entscheidet (vgl. *May*, Kap. XXXIV, S. 869, 871). Entsprechend wird von den englischen Autoren des 19. Jahrhunderts (anders als bei ihren kontinentaleuropäischen Kollegen) die Allgemeinheit des Gesetzes nicht als Wesensmerkmal der Gesetzesdefinition hervorgehoben.

[682] Näher zur Zusammensetzung des *Governor-General in Council* auf Grundlage des *Charter Acts* von 1833 s. oben S. 27 f.; zur schleichenden Auflösung der *Indian Law Commission* s. oben S. 115. Die Geschäftsordnung des *Governor-General in Council* in Gesetzgebungsangelegenheiten vom 6. Juli 1835 ist abgedruckt in *Dharker*, S. 302 f. (Macaulays Entwurf in: Government of India, Macaulay's Minutes, S. 7 f.).

[683] Wesentliche Gesetzgebungsprojekte wurden zwar dem *Court of Directors* und dem *Board of Control* der *East India Company* in London mitgeteilt; formal war der *Governor-General in Council* aber für seine Gesetzgebungstätigkeit für Britisch-Indien nicht auf die Zustimmung aus London angewiesen und in seiner Kompetenz nur insoweit beschränkt, dass er nicht von Gesetzen des englischen Parlaments, soweit sie Anwendung für Britisch-Indien beanspruchten, abweichen durfte.

er als aufgeklärten und paternalistischen Despotismus bezeichnete, als ideal für die Durchführung von Kodifikationsprojekten; absolutistische Regime besäßen hierfür bessere Rahmenbedingungen als Demokratien.[684] Dennoch erwies sich auch in dieser Konstellation die Durchführung und Inkraftsetzung der für Britisch-Indien ins Auge gefassten Kodifikationsprojekte als wesentlich schwieriger, als von Macaulay vorausgesehen, solange der politische Wille hierfür nicht vorhanden war. Als die Inkraftsetzung schließlich unter einem veränderten politischen Willen in den fünfziger/sechziger Jahren gelang, waren die gesetzgebungstechnischen Rahmenbedingungen hierfür wesentlich stärker formalisiert: Der *Governor-General in Council* war durch den *Charter Act* von 1853 reorganisiert und personell verstärkt worden und das Gesetzgebungsverfahren in einer neuen Geschäftsordnung minutiös nach Vorbild des britischen *House of Lords* geregelt worden.[685]

In Deutschland gewannen Fragen des parlamentarischen Gesetzgebungsverfahrens im ersten Drittel des 19. Jahrhunderts die Aufmerksamkeit der Gesetzgebungslehren, nachdem verschiedene deutsche Territorien, darunter bedeutende Mittelstaaten wie Bayern, Baden und Württemberg, vom Absolutismus zur konstitutionellen Monarchie übergegangen waren und den Landtagen Mitwirkungsrechte bei der Gesetzgebung eingeräumt hatten. Damit stellten sich zahlreiche Fragen des parlamentarischen Geschäftsgangs, namentlich bei Gesetzgebungsvorhaben, für die es in Deutschland keine feststehende Praxis oder Lehre gab. Bei der Ausbildung der parlamentarischen Geschäftsordnungen blickte man daher auf die Erfahrungen Frankreichs nach Untergang des Ancien Régime, aber auch nach England mit seiner seit Jahrhunderten gefestigten parlamentarischen Praxis. In den deutschen Landtagen erfreuten sich dabei französische Geschäftsordnungsvorbilder häufig größerer Beliebtheit als das Geschäftsordnungsvorbild Englands,

---

[684] *Macaulay*, Speech on East-India Bill (1833), S. 47 f.: »A code is almost the only blessing, perhaps it is the only blessing, which absolute governments are better fitted to confer on an nation than popular governments. The work of digesting a vast and artificial system of unwritten jurisprudence is far more easily performed, and far better performed, by few minds than by many, by a Napoleon than by a Chamber of Deputies and a Chamber of Peers, by a government like that of Prussia or Denmark than by a government like that of England. A quiet knot of two or three veteran jurists is an infinitely better machinery for such a purpose than a large popular assembly, divided as such assemblies almost always are, into adverse factions. This seems to me, therefore, to be precisely that point of time at which the advantage of a complete written code of laws may most easily be conferred on India. It is a work which cannot be well performed in an age of barbarism, which cannot without great difficulty be performed in an age of freedom. It is a work which especially belongs to a government like that of India, to an enlightened and paternal despotism.«

[685] In Gesetzgebungsangelegenheiten wurde der *Governor-General in Council* durch den *Charter Act* von 1853 um so genannte *Legislative Councillors* erweitert, die aus dem Kreis der Richter der *Supreme Courts* und der langjährigen Angehörigen der *East India Company* in den verschiedenen Territorien Britisch-Indiens kamen (16 & 17 Vict., c. 95, sec. 22). Soweit der *Governor-General in Council* in seiner Legislativfunktion tätig wurde, wurde er nunmehr auch als *Legislative Council* bezeichnet (vgl. oben S. 59, Fn. 197). Er gab sich 1854 eine neue Geschäftsordnung mit 136 Artikel, in der das Gesetzgebungsverfahren in Anlehnung an die Geschäftsordnungspraxis des englischen *House of Lords* geregelt ist (»Standing Orders 1854«, in: Proceedings of the Legislative Council of India, Bd. 1 (1854/55), Sp. 10–33).

obwohl – oder vielmehr wohl gerade weil – die französischen Vorbilder einen wesentlich geringeren Perfektionsgrad aufwiesen als die englische Geschäfts-ordnungspraxis.[686] Außerdem waren die französischen Vorbilder leichter zugäng-lich als die größtenteils ungeschriebene englische Geschäftsordnungspraxis.

Besonders intensiv setzte sich zur Zeit des Deutschen Bundes in Deutschland Robert von Mohl mit Fragen der parlamentarischen Geschäftsordnung auseinan-der,[687] wobei er in vielem die Vorbildfunktion der englischen Parlamentspraxis herausstrich.[688] Im Rahmen der Frankfurter Nationalversammlung von 1848 hatte Mohl Gelegenheit, seine theoretischen Vorstellungen zum parlamentari-schen Geschäftsgang an historisch exponierter Stelle in praktische Wirksamkeit umzusetzen.[689] Noch im Vorfeld des ersten Zusammentretens der Nationalver-sammlung entwarf und veröffentlichte er eingehend begründete Vorschläge zu einer Geschäftsordnung für die Nationalversammlung, damit hierfür keine kost-bare Sitzungszeit verloren gehe, noch »gleich von Anfang Unordnung einreiße«.[690] Auf Grundlage dieser Vorschläge erarbeitete Mohl dann zusammen mit den Delegierten Schwarzenberg und Murschel einen konkreten Geschäftsordnungs-entwurf,[691] der in der konstituierenden Sitzung der Nationalversammlung vorläu-fig angenommen wurde.[692] Die bei der vorläufigen Annahme der Geschäftsord-nung herrschenden tumultartigen Zustände lieferten dabei gleich zu Beginn des Wirkens der Nationalversammlung gutes Anschauungsmaterial für Mohls These, wie nötig eine feste Geschäftsordnung für einen effizienten Geschäftsgang des Parlaments sei.[693] Die Nationalversammlung setzte einen Ausschuss zur Überprü-fung und gegebenenfalls Überarbeitung der Geschäftsordnung ein, zu dessen

---

[686] So auch schon die zeitgenössischen Urteile von *Mohl*, Staatsrecht, S. 283; *Cohen*, Vorrede, S. III u. *Oppenheim*, Art. »Parlamentarische Geschäftsordnung«, Staats-Wörterbuch, Bd. 7, S. 700.

[687] In dem Sammelband »Staatsrecht und Völkerrecht« widmet *Mohl* Fragen der Geschäftsord-nung der Ständeversammlungen zwei eigene Kapitel (S. 281–321, 361–366). Die Geschäftsord-nungen der beiden württembergischen Kammern schildert er in seinem Staatsrecht Württem-bergs, Bd. 1, S. 695–728. Einzelne Probleme der parlamentarischen Geschäftsordnung diskutiert er aber auch in zahlreichen anderen Schriften, vgl. hierzu die Nachweise in der nachfolgenden Fn.

[688] *Mohl*, Vorschläge, Vorwort; *ders.*, Art. »Gesetz«, Staats-Wörterbuch, Bd. 4, S. 286; *ders.*, Geschichte und Literatur, Bd. 2, S. 78; *ders.*, Politik, Bd. 1, S. 558, Fn. 2. In Einzelfällen wich Mohl jedoch auch vom englischen Vorbild ab, so bei der Frage mehrfacher Lesungen, s. hierzu unten S. 201.

[689] Mohl war für den Wahlbezirk Mergentheim-Gerabronn in die Nationalversammlung ge-wählt worden.

[690] *Mohl*, Vorschläge zu einer Geschäfts-Ordnung des verfassungsgebenden Reichstages, Hei-delberg 1848; über die hiermit verfolgten Zwecke berichtet *Mohl* in seinen Lebenserinnerungen, Bd. 2, S. 31.

[691] Entwurf einer Geschäfts-Ordnung für den verfassunggebenden Reichstag, Frankfurt a. M. 1848.

[692] Sitzung vom 18. Mai 1848; Stenographischer Bericht Nationalversammlung, Bd. 1, S. 9. Der Entwurf setzte sich hierbei gegen einen Alternativvorschlag des Abgeordneten Wesendonck durch (ebd., S. 5).

[693] Stenographischer Bericht Nationalversammlung, Bd. 1, S. 8 f. Der zur Leitung der Debatte berufene Alterspräsident war hiermit sichtlich überfordert.

Berichterstatter wiederum Mohl ernannt wurde.[694] Der Ausschuss legte eine überarbeitete Geschäftsordnung vor, die vom Parlament angenommen wurde.[695] Hierbei ist auffällig, dass sich Mohl gerade in Punkten, in denen er vom deutschen Erfahrungshorizont abwich und sich an das technisch überlegene englische Geschäftsordnungsvorbild hielt, im Ergebnis nicht durchsetzen konnte.[696]

So wie die einzelnen deutschen Territorien zu Zeiten des Deutschen Bundes ein sehr unterschiedliches Bild bei der Frage der Beteiligung von Volksvertretern an der Gesetzgebungsarbeit boten, so waren auch die Ansichten in der deutschen Gesetzgebungslehre zu dieser Frage höchst unterschiedlich. Das Meinungsspektrum der Gesetzgebungstheoretiker zu Zeiten des Deutschen Bundes reichte von Anhängern absolutistischer Systeme, die jede Beteiligung der Stände an der Gesetzgebung ablehnten[697], über konservative Autoren, welche die Ständebeteiligung als politisch unvermeidlich ansahen, aber nach Möglichkeit einschränken wollten[698], aufgeschlosseneren Stimmen, welche die Mitwirkung der Stände gesetzestechnisch zwar auch für nachteilig hielten, ihr aber in anderer Hinsicht auch positive Wirkungen abgewinnen konnten[699], bis hin zu liberalen Apologeten des vorteilhaften Einflusses ständischer Mitwirkung bei der Gesetzgebungsarbeit.[700]

---

[694] Ebd., S. 19. Vgl. hierzu *Botzenhart*, S. 483.

[695] Sitzung vom 9. Juni 1848; Stenographischer Bericht Nationalversammlung, Bd. 1, S. 173. Zu Änderungen gegenüber den Vorschlägen Mohls s. *Botzenhart*, S. 487 f. In seiner »Geschichte und Literatur der Staatswissenschaften« (Bd. 1, S. 310) schreibt *Mohl*, dass sich die Geschäftsordnung in den Sitzungen der Nationalversammlung in vielem bewährt habe.

[696] Dies gilt namentlich für die Behandlung von Änderungsanträgen und die Abstimmung hierüber, s. dazu unten S. 206 f. Auch ein Vorschlag des Abgeordneten Tellkampf, bei Fragen, zu denen die Geschäftsordnung keine Regelungen enthält, Jeffersons Handbuch der Parlamentsregeln heranzuziehen, fand keinen Anklang (Stenographischer Bericht Nationalversammlung, Bd. 1, S. 168).

[697] Typisch die (am absolutistischen Regime Österreichs geschulte) Meinung *Kitkas* (S. 30, Fn. 2), der es generell für »überflüssig« hält, den Gesetzentwurf einer Ständeversammlung vorzulegen: »...selbst in jenen Ländern, wo dies zu geschehen pflegt, ergeben sich hierbei solche Schwierigkeiten, dass aus den Berathungen der Stände über Gesetzentwürfe nicht so bald ein besonderer Gewinn zu erwarten steht.«

[698] Typisch die Meinung *Geibs* (S. 170 f.), der moderne Repräsentativsysteme für ungeeignet zur Verwirklichung namentlich umfangreicher Gesetzgebungsvorhaben ansah, wie man daraus ersehen könne, dass Länder mit ausgeprägten Repräsentativverfassungen wie England und die Vereinigten Staaten es nicht gewagt hätten, umfassende legislative Arbeiten anzugehen. Für Deutschland will er daher die Mitwirkung der Stände bei Gesetzgebungsprojekten auf die Beratung und Abstimmung über leitende Grundsätze begrenzen (s. näher unten S. 192).

[699] Typisch die Meinung *Mohls* (Politik, Bd. 1, S. 508 f.), der die Ständebeteiligung zwar gesetzestechnisch für nachteilig ansah, ihr aber auch Vorteile abgewinnen konnte, namentlich weil hierdurch bei neuen Gesetzesvorhaben auch der »Standpunkt des Gehorchenden« zur Geltung gebracht werden könne und der Bürger vor tyrannischer Willkür geschützt werde.

[700] Typisch die Ansicht *Welckers* (Art. »Gesetz«, Staats-Lexikon, Bd. 5, S. 709), der hervorhebt, die Beratung von Gesetzentwürfen in ständischen Kammern habe ganz überwiegend vorteilhaften Einfluss auf die Gesetze wegen der zahlreichen verschiedenen Einsichten, Kenntnisse und Erfahrungen, die dort eingebracht werden.

Die Landtage der konstitutionellen Monarchien des Deutschen Bundes bestanden in den größeren Territorien mit Ausnahme Kurhessens aus zwei Kammern[701]; das englische Parlament bekanntlich aus Ober- und Unterhaus.[702] Das besondere Augenmerk der Gesetzgebungstheorie galt naturgemäß der Arbeit in der Abgeordnetenkammer (zweiten Kammer) der Landtage bzw. im englischen Unterhaus.[703] Die Gesetzgebungsarbeit vollzog sich hier wie dort im Wesentlichen in zwei Phasen: der Prüfung und Überarbeitung des Gesetzentwurfs in einem Ausschuss[704] und der Beratung und Beschlussfassung im Plenum. Die Reihenfolge dieser Phasen wich in den meisten deutschen Landtagen jedoch vom englischen Parlament ab. Während im englischen Parlament die Ausschussarbeit in das System der drei Lesungen integriert war und regelmäßig zwischen zweiter und dritter Lesung stattfand, kannten die meisten deutschen Landtage nur eine Lesung.[705] Die Ausschussarbeit war hier der Beratung im Plenum meist zwingend vorgelagert und diente deren Vorbereitung.[706] Die vorherige Behandlung von

---

[701] Kurhessen sah in der Verfassung von 1831 als einziger der deutschen Mittelstaaten ein Ein-Kammer-System vor. In den Kleinstaaten des Deutschen Bundes war ein Ein-Kammer-System hingegen üblich, da dort eine Aufteilung in mehrere Kammern unverhältnismäßig aufwendig gewesen wäre (zu den deutschen Kleinstaaten mit Ein-Kammer-System vgl. *Ehrle*, S. 451 ff.). In Kurhessen ging die oktroyierte Verfassung von 1852 jedoch auch zu einem Zwei-Kammer-System über; diese hatte jedoch nicht lange Bestand, 1862 wurde die Verfassung von 1831 wieder in Kraft gesetzt.

[702] Ein Gegner des Zweikammersystems war *Bentham*. In seiner Schrift »Political Tactics« (Kap. I, § 5, S. 24 f.) führte er zahlreiche Gründe gegen dieses System an (Verzögerungen, Gefahr des destruktiven Verhaltens einer Kammer, ungerechtfertigte Bevorzugung einzelner Klassen oder Stände etc.). Seine ursprüngliche Absicht, auch Argumente für ein Zweikammersystem zu diskutieren, unterblieb (entsprechende Argumente wurden von seinem Herausgeber Dumont nachgetragen); Benthams spätere Konzeption im *Constitutional Code* lässt aber keinen Zweifel daran, dass er im Ergebnis ein Einkammersystem bevorzugte.

[703] Entsprechend sind die in der vorliegenden Arbeit angeführten Regelungen aus den Geschäftsordnungen der Landtage jeweils der Geschäftsordnung für die Abgeordnetenkammer entnommen; der Geschäftsgang bei der Beratung von Gesetzgebungsentwürfen in der ersten Kammer war meist sehr ähnlich gestaltet.

[704] In den Verfassungen, Geschäftsordnungen und der Literatur des 19. Jahrhunderts wird hierfür häufig die Bezeichnung »Commission« gewählt; zur Vermeidung von Verwechselungen mit der von der Regierung eingesetzten vorparlamentarischen Gesetzgebungskommission wird nachstehend für das parlamentarische Gremium durchgehend der Begriff »Ausschuss« verwendet.

[705] Eine Ausnahme bildete der Landtag Hannovers mit drei Lesungen; s. unten S. 200.

[706] Vgl. z.B. § 70 der bayerischen Verfassung (1818), § 173 der württembergischen Verfassung (1819), Art. 92 der Verfassung des Großherzogtums Hessen (1820) und § 123 der sächsischen Verfassung (1831), die jeweils vorsahen, dass Anträge des Landesherrn von einem Ausschuss vorzubereiten sind, bevor sie im Plenum erörtert werden (in Württemberg konnte die Abgeordnetenkammer jedoch auch eine unmittelbare Beratung im Plenum beschließen: § 25 GO Württemberg). Anders jedoch die Geschäftsordnungspraxis in Baden, wo die Kammer zur Vorberatung von Gesetzentwürfen nach französischem Vorbild in Sektionen aufgeteilt wurde, bevor der Entwurf an einen Ausschuss verwiesen wurde (vgl. *Mittermaier*, Art. »Geschäftsordnung«, Staats-Lexikon, Bd. 5, S. 649; *Kühne*, S. 94; vgl. hierzu Art. 45 der Charte Constitutionnelle vom 4. Juni 1814: Die Abgeordnetenkammer teilt sich in *bureaux* zur Beratung von Gesetzesvorlagen). Im konstitutionellen Preußen war es ebenfalls die Regel, Gesetzesvorlagen einem Ausschuss zur

Gesetzentwürfen in einem parlamentarischen Ausschuss entsprach auch der gängigen Meinung in der deutschen Gesetzgebungslehre.[707] Die nachfolgende Darstellung behandelt daher zunächst die Ausschussarbeit und danach die Beratungen im Plenum.

2. Die Arbeit im Ausschuss

a) Stehender oder Ad-hoc-Ausschuss; Committee of the whole House; Ausschüsse zwischen den Sitzungsperioden

Die englische Parlamentspraxis des 19. Jahrhunderts kannte sowohl stehende Ausschüsse (*standing committees*) für die gesamte Sitzungsperiode als auch Ad-hoc-Ausschüsse (*select committees*) für besondere Aufgaben.[708] Eine Besonderheit der englischen Parlamentspraxis ist das *Committee of the whole House*, welchem im 19. Jahrhundert eine wesentlich größere Bedeutung zukam als heute.[709] Hierbei tritt

---

Vorberatung zu überweisen (§ 15 GO Preußen). Die Vorberatung konnte aber auch durch die Kammer erfolgen, die sich hierzu in (durch das Los gebildete) Abteilungen aufspaltete (§§ 2, 15 GO Preußen; vgl. hierzu *Rönne*, Bd. 1, S. 147 f., Fn. 1 u. S. 534 f.). Auch die Geschäftsordnung des schweizerischen Nationalrates sah regelmäßig eine Vorberatung durch einen Ausschuss vor, sofern das Plenum nicht aus besonderen Gründen sofortige Plenarverhandlungen beschloss (Art. 40 GO Nationalrat).

[707] Eine eingehende Begründung erfährt diese Meinung durch Mohl. Mohl sah in seinem Entwurf zu einer Geschäftsordnung für die Frankfurter Nationalversammlung von 1848 vor, dass jeder Hauptantrag (der also nicht mit einem bestehenden Antrag in Verbindung steht) zunächst einem Ausschuss zur Vorbereitung für das Plenum zu überweisen sei (*Mohl*, Vorschläge, S. 41; vgl. Entwurf Geschäftsordnung NV, Art. V A 2). Er begründete dies damit, dass die vorherige Bearbeitung von Anträgen durch einen Ausschuss der materiellen Verbesserung derselben dient und so die Beratungen im Plenum abgekürzt werden können (Vorschläge, S. 44). Etwas anderes sah *Mohl* jedoch für Änderungsanträge vor, deren Beratung im Plenum seiner Ansicht nach jederzeit vor der Abstimmung über den Hauptantrag möglich sein sollte, ohne in einem Ausschuss vorbereitet werden zu müssen (Vorschläge, S. 41; Entwurf Geschäftsordnung NV, Art. V A 4). Der Ausschuss der Nationalversammlung zur Überprüfung des Entwurfs der Geschäftsordnung übernahm dieses Konzept weitgehend, sah aber abweichend vor, dass auch Hauptanträge direkt im Plenum beraten werden konnten, falls für die Materie noch kein Ausschuss bestand und das Plenum den Antrag nicht zur vorherigen Einsetzung eines Ausschusses an die Abteilungen verwies (§§ 30, 33 GO NV). Ein abweichendes Konzept vertrat *Mittermaier* (AcP 17 (1834), S. 142 ff.; *ders.*, Art. »Geschäftsordnung«, Staats-Lexikon, Bd. 5, S. 650 f.), demzufolge die Kammer, aufgeteilt in einzelne Sektionen, Gesetzentwürfe vor der Verweisung an einen Ausschuss vorberaten sollte (wie es – nach französischem Vorbild – die Praxis im badischen Landtag war). Gegen solche Vorberatungen in Sektionen: *Mohl*, Vorschläge, S. 35 (zu großer Zeitverlust); *ders.*, Staatsrecht, S. 292 ff. und *Cohen*, S. 97 (führe zu ungleicher Verteilung der Sachkunde in den Beratungen und häufig zu einer vorzeitigen Festlegung der Abgeordneten, die dann nur noch geringes Interesse an den späteren Plenarverhandlungen zeigen).

[708] *May*, Kap. XXI, S. 533; *Jefferson*, Kap. XI, S. 139 ff. *Select Committees* kannte auch die Geschäftsordnung des *Governor-General in Council* in Britisch-Indien ab 1854 (Standing Orders 1854, sec. 65).

[709] Vgl. *Redlich*, S. 478 ff. In Britisch-Indien ab 1854 nachgebildet als »Committee of the whole Council« (Standing Orders 1854, sec. 73).

die jeweilige Kammer des Parlaments (also *House of Lords* oder *House of Commons*) mit der Gesamtheit ihrer Mitglieder als Ausschuss zusammen. Hintergrund dieser Einrichtung waren die verschiedenen Verfahrensvorschriften für das Plenum und die Ausschüsse des Parlaments. Das Verfahren in den Ausschüssen war flexibler gestaltet. Während etwa im Plenum ein Abgeordneter sich zu einem bestimmten Punkt nur einmal äußern durfte, waren im Ausschuss mehrfache Wortmeldungen zum gleichen Thema erlaubt.[710] Die Verweisung an das *Committee of the whole House* diente daher vornehmlich der freien Erörterung kontroverser Gesetzgebungsvorhaben unter Beteiligung aller Abgeordneten. Details konnten in einem *standing committee* oder einem *select committee* geklärt werden. Während des 19. Jahrhunderts wurden Gesetzgebungsverfahren im *House of Commons* nach der zweiten Lesung automatisch dem *Committee of the whole House* überwiesen, falls das Plenum nicht die Überweisung an einen besonderen Ausschuss beschloss.[711]

In den konstitutionellen Monarchien des Deutschen Bundes sahen einige Länder einen stehenden Landtagsausschuss für Gesetzesvorhaben vor, der gleich nach Konstituierung eines Landtags für die gesamte Sessionsdauer zu bilden war und dem sämtliche Gesetzesvorlagen überwiesen wurden (so Bayern und das Großherzogtum Hessen). Vielerorts (etwa in Württemberg) wurde es aber der Landtagspraxis überlassen, eine Gesetzesvorlage entweder einem für die ganze Session gebildeten stehenden Ausschuss oder einem speziell für das einzelne Vorhaben gebildeten Ausschuss zu überweisen.[712] In der deutschen Gesetzgebungslehre sprachen sich Mittermaier und Mohl gegen stehende Gesetzgebungsausschüsse aus, weil dabei zu wenige und nicht immer die richtigen Parlamentarier an den Ausschussberatungen von Gesetzesvorhaben beteiligt würden.[713] Bei einem Ad-hoc-Ausschuss sei es hingegen möglich, bei den unterschiedlichen Vorhaben verschiedene Abgeordnete an den Ausschussberatungen zu beteiligen und den Ausschuss jeweils gezielt nach den Erfordernissen des jeweiligen Gesetzesprojekts zusammenzustellen. Eine Ausnahme machte Mohl jedoch für Verfassungen, die der Volksvertretung ein Initiativrecht einräumen. Hier sei ein stehender Gesetzgebungsausschuss erforderlich, schon um die Übersicht über die vorliegenden Anträge und begonnenen Arbeiten zu behalten.[714] Auch Bentham sah die Vortei-

---

[710] Vgl. *May*, Kap. XXI, S. 545 u. Kap. XXIV, S. 628; *Jefferson*, Kap. XII, S. 143; *Cohen*, S. 99; *Bentham*, Political Tactics, Kap. XV, § 2, S. 154 f. (auch zu weiteren Unterschieden).

[711] *May*, Kap. XXI, S. 531; seit 1907 sieht *standing order no.* 40 nunmehr grundsätzlich für Gesetzgebungsvorhaben, die keine Abgaben betreffen, die Verweisung an ein *standing committee* vor, sofern das Plenum nicht anderweitig beschließt.

[712] Für Bayern s. § 64 GO Bayern, für das Großherzogtum Hessen s. Art. 14 GO Hessen-Darmstadt, für Württemberg s. § 25 GO Württemberg, für Preußen s. § 15 GO Preußen; vgl. im Übrigen *Mittermaier*, Art. »Geschäftsordnung«, Staats-Lexikon, Bd. 5, S. 649 f. Auch die Frankfurter Nationalversammlung kannte sowohl stehende Ausschüsse als auch ad hoc berufene Ausschüsse für besondere Aufgaben. Der wichtigste stehende Ausschuss war der Verfassungsausschuss.

[713] *Mittermaier*, Art. »Geschäftsordnung«, Staats-Lexikon, Bd. 5, S. 650 f.; *Mohl*, Politik, Bd. 1, S. 512.

[714] *Mohl*, Politik, Bd. 1, S. 523.

le von Ad-hoc-Ausschüssen gegenüber stehenden Ausschüssen bei der Beratung von Gesetzesvorlagen, wobei er wie seine deutschen Kollegen die Möglichkeit der gezielten Auswahl der Mitglieder hervorhob sowie die größere Hingabe, die von Ausschussmitgliedern zu erwarten sei, die speziell für ein bestimmtes Gesetzesvorhaben bestellt werden. Bei umfangreichen und komplizierten Regelungsmaterien aus dem Bereich der Finanzen, des Handels und der Staatswirtschaft gab Bentham aber der Einsetzung eines stehenden Ausschusses den Vorzug, um eine einheitliche und routinierte Vorgehensweise zu gewährleisten.[715]

Eine dem englischen Vorbild des *Committee of the whole House* nachgebildete Einrichtung kannten die meisten deutschen Landtage nicht.[716] Das lässt sich wohl daraus erklären, dass zum einen hierfür kein rechtes Bedürfnis vorlag, da die Beratungen im Plenum in den deutschen Landtagen nicht ähnlich strengen formalen Regeln unterlagen wie in England. Zum anderen fanden die Ausschussberatungen in den meisten deutschen Landtagen anders als in England vor der erstmaligen Zuleitung des Gesetzentwurfs an das Plenum statt, so dass auch aus diesem Grunde Ausschussberatungen durch die Gesamtheit der Mitglieder nicht ins System passten.[717] In der deutschen Gesetzgebungslehre waren die Ansichten über den Nutzen einer Einrichtung wie des *Committee of the whole House* für die deutsche Landtagspraxis durchaus geteilt. Während Mittermaier und Oppenheim eine derartige Einrichtung befürworteten, weil sich hierdurch alle Kammermitglieder an den Ausschussberatungen beteiligen könnten und somit die spätere förmliche Beschlussfassung im Plenum viel reibungsloser verliefe, lehnte Mohl eine dem *Committee of the whole House* nachgebildete Einrichtung für die deutsche Landtagspraxis ab.[718]

Einige deutsche Landtage kannten hingegen eine Einrichtung, die wiederum der englischen Parlamentspraxis fremd war: die Einsetzung von Interim-Aus-

---

[715] *Bentham*, Political Tactics, Kap. XV, § 1, S. 154.

[716] Lediglich in Hannover und kurzzeitig auch in Preußen gab es eine Beratungsform, die Anklänge an das englische Modell des *Committee of the whole House* aufwies. So sah die Hannoveraner Geschäftsordnung (§ 34 GO Hannover) eine »Berathschlagung« durch das Plenum vor, in der anstelle des Präsidenten der Generalsyndikus den Vorsitz führte. Die Unterschiede zum englischen Modell waren aber beträchtlich, zumal die Beratschlagung nicht an die Stelle spezieller Ausschussberatungen trat, sondern in Ergänzung zu diesen (vgl. *Hayungs*, S. 343 ff.; *Botzenhart*, S. 471). Im preußischen Abgeordnetenhaus wurde 1862 alternativ zur Vorberatung von Gesetzentwürfen in Ausschüssen eine »Vorberatung im ganzen Hause« eingeführt unter ausdrücklicher Bezugnahme auf das englische Modell (vgl. hierzu *Plate*, S. 10 f., 50 f.; *Kühne*, S. 95 f.; *Igwecks*, S. 208). Diese alternative Vorberatungsform erlangte in der Praxis aber keine große Bedeutung und verschwand 1872 im Zuge des Übergangs zum System dreimaliger Lesung.

[717] In Baden fand jedoch eine Vorberatung des Gesetzentwurfs durch alle Mitglieder der Kammer statt, die hierzu nach französischem Vorbild in Sektionen aufgeteilt wurde, vgl. oben Fn. 707.

[718] *Mittermaier*, Art. »Geschäftsordnung«, Staats-Lexikon, Bd. 5, S. 650 f.; *Oppenheim*, Art. »Parlamentarische Geschäftsordnung«, Staats-Wörterbuch, Bd. 7, S. 716 f.; *Mohl*, Geschichte und Literatur, Bd. 2, S. 78.

schüssen für die Zeit zwischen zwei Landtagen.[719] Anders als die heutigen Parlamente der repräsentativen Demokratien hatten die deutschen Landtage des 19. Jahrhunderts keine (nur von Parlamentsferien unterbrochene) kontinuierliche Sitzungsdauer bis zum Ende einer Wahlperiode. Vielmehr wurden sie vom Monarchen in regelmäßigen Zeitabständen einberufen (die meisten Verfassungen der deutschen Mittelstaaten sahen die Einberufung eines ordentlichen Landtags alle zwei oder drei Jahre vor) und tagten dann nur für eine relativ kurze Sitzungsperiode (die nach vielen Verfassungen drei Monate im Regelfall nicht übersteigen sollte). Zudem hatte der Monarch das Recht, die Landtage jederzeit zu vertagen, zu schließen oder aufzulösen. Während die Schließung die personelle Zusammensetzung des Landtags unberührt ließ und nur die Sitzungsperiode (Session) beendete, führte die Auflösung zu einer Neuwahl der gewählten Mitglieder des Landtags. Für das Gesetzgebungsverfahren ist hierbei entscheidend, dass (anders als die bloße Vertagung) sowohl die Beendigung der einzelnen Session durch Schließung des Landtags als auch die Beendigung der Wahlperiode durch Zeitablauf oder Auflösung zu einer Erledigung aller Gesetzgebungsvorhaben führte, über die der Landtag noch nicht abschließend Beschluss gefasst hatte.[720] Die konstitutionellen Monarchien des Deutschen Bundes[721] befolgten also den im modernen Sprachgebrauch als sachliche Diskontinuität bezeichneten Grundsatz, wobei sie ihn, anders als die heutige deutsche Parlamentspraxis, nicht nur auf das Ende einer Wahlperiode (Legislaturperiode) anwandten, sondern auch auf das Ende einer Sitzungsperiode (Session).[722] Erklärbar ist dies aus der Übernahme des

---

[719] Die Bezeichnung »Interim-Ausschuss« ist keine des 19. Jahrhunderts, wird hier aber gewählt zur Abgrenzung von den während der Dauer eines Landtags tagenden Ausschüssen.

[720] Vgl. *Jekewitz*, S. 69 (zu den süddeutschen Monarchien), S. 83 f. (zum preußischen Abgeordnetenhaus). Eine Ausnahme bildete Hannover, wo allein der Schluss des Landtags (Ende der Wahlperiode), nicht aber das einfache Sessionsende zur Erledigung der Beratungsgegenstände führte (§ 50 Abs. 2 GO Hannover), was *Jekewitz* übersieht. Diese Abweichung auch vom englischen Vorbild erklärt sich wohl aus der besonderen Schwerfälligkeit des Geschäftsgangs im Hannoveraner Landtag (vgl. *Hayungs*, S. 408).

[721] In den freien Hansestädten, in denen der Bürgerschaft häufig auch Verwaltungsaufgaben zukamen, galt der Grundsatz der Diskontinuität hingegen nicht, worauf *Jekewitz*, S. 96 ff. hinweist.

[722] Zur Sonderregelung in Hannover, welches abweichend von den anderen deutschen Landtagen die sachliche Diskontinuität nur auf das Ende einer Wahlperiode bezog, s. oben Fn. 720. Hannover lieferte damit zugleich das früheste Beispiel einer ausdrücklichen Regelung der Diskontinuitätsfrage in der Geschäftsordnung eines deutschen Landtags. Ansonsten handelte es sich um einen ungeschriebenen Grundsatz, der in den Verfassungen und Geschäftsordnungen der deutschen Landtage des Vormärz keine ausdrückliche Regelung erfuhr. Auch die Geschäftsordnung des preußischen Abgeordnetenhauses sah ursprünglich keine Regelung hierzu vor. Als jedoch ein Antrag eingebracht wurde, die Geschäftsordnung dahin zu ergänzen, dass unerledigte Gesetzesvorhaben in der folgenden Session fortgeführt werden können, sah sich die Mehrheit des Hauses 1851 veranlasst, in Umkehrung des Antrags die sachliche Diskontinuität als Folge des Sessionsschlusses ausdrücklich in die Geschäftsordnung aufzunehmen (§ 22 GO Preußen; vgl. *Jekewitz*, S. 86 ff.; *Plate*, S. 211 ff.; zum Diskontinuitätsgrundsatz im preußischen Abgeordnetenhaus aus zeitgenössischer Sicht: *Rönne*, Bd. 1, S. 150). In Württemberg kam es 1835 durch Vereinbarung

englischen Vorbildes, wo sowohl das einfache Sessionsende durch *prorogation* als auch die Auflösung (welche die Wahlperiode beendete) zur sachlichen Diskontinuität führte.[723] Session und Wahlperiode wurden im deutschen Sprachgebrauch und den Verfassungen des 19. Jahrhunderts terminologisch noch nicht streng getrennt; inhaltlich war man sich der unterschiedlichen Konsequenzen (sachliche bzw. auch personelle Diskontinuität) aber bewusst. Die Beratung und Beschlussfassung über größere Gesetzesvorhaben wurden durch die Erstreckung des Diskontinuitätsgrundsatzes auf das Sessionsende in den deutschen Landtagen erheblich erschwert, da diese innerhalb der verhältnismäßig kurzen Sessionsdauer abgeschlossen werden mussten. Es kann daher nicht verwundern, dass in vielen Ländern Abhilfe gesucht wurde durch Interim-Ausschüsse, die Gesetzesvorhaben auch zwischen den Landtagssessionen beraten sollten.

Die am weitesten reichende Regelung hierzu erging in Württemberg, wo bereits in vorkonstitutioneller Zeit ein ständischer Ausschuss bestand, der sowohl zwischen den Landtagen als auch während eines Landtags tagte, ein Selbstversammlungsrecht hatte und dessen umfangreiche Kompetenzen ihn zu einer reellen Konkurrenz zum Landtag werden ließen.[724] Bei dem Ringen um eine neue landständische Verfassung für Württemberg im Anschluss an den Wiener Kongress traten die Stände für das »gute alte Recht« ein, wozu man auch die Tradition des von den Landtagssessionen unabhängigen ständischen Ausschuss zählte.[725] Die Württembergische Verfassung von 1819 traf daher eingehende Bestimmungen zu einem aus Mitgliedern beider Kammern zusammengesetzten Ausschuss, der, solange die Stände nicht versammelt sind, »als Stellvertreter derselben« die ihm näher zugewiesenen Aufgaben erfüllen sollte, wozu auch gehörte, vorgelegte Gesetzentwürfe zur künftigen Beratung im Landtag vorzubereiten.[726] Die Neuwahl der Mitglieder des Ausschusses erfolgte bei Schließung eines ordentlichen Landtags oder Auflösung eines Landtags. In der Landtagspraxis des

---

von König und Ständeversammlung zu einer einmaligen Durchbrechung des sachlichen Diskontinuitätsgrundsatzes (vgl. *Jekewitz*, S. 71). Zur Durchbrechung der Organ-Diskontinuität durch Interim-Ausschüsse in zahlreichen Ländern sogleich.

[723] Die englische Parlamentspraxis unterschied zwischen *adjournment*, *prorogation* und *dissolution*. Während bei einem bloßen *adjournment* (Vertagung) die Gesetzgebungsarbeiten im Anschluss an die Unterbrechung an gleicher Stelle wieder aufgenommen werden konnten, beendete die *prorogation* die Session und mit ihr alle anhängigen Gesetzgebungsverfahren ebenso wie die *dissolution* (Auflösung), die zusätzlich noch zu Neuwahlen führte (vgl. *Blackstone*, Bd. 1, S. 179 f. = Book 1, Chap. 2; *Redlich*, S. 320 ff.; *Jekewitz*, S. 41 ff.). *Prorogation* und *dissolution* führten also zur sachlichen Diskontinuität; *dissolution* auch zur personellen Diskontinuität. *Prorogation* und *dissolution* lagen formal in der Hand des Monarchen, wurden im 19. Jahrhundert aber nicht mehr ohne Veranlassung durch die Kabinettsregierung ausgeübt.

[724] S. *Mohl*, Staatsrecht Württembergs, Bd. 1, S. 12 f.; *ders.*, Staatsrecht, S. 350 ff.

[725] *Mohl*, Staatsrecht, S. 352; *Albrecht List*, Der Kampf um's gute alte Recht (1815–1819) nach seiner ideen- und parteigeschichtlichen Seite (Beiträge zur Parteigeschichte: 5), Tübingen 1913, S. 50 ff.

[726] §§ 187–192 der württembergischen Verfassung.

konstitutionellen Württemberg erkannten die Landtagsmitglieder jedoch schnell, dass sich dieser Ausschuss zu einer echten Konkurrenz zu ihrer eigenen Beratungstätigkeit in der Vollversammlung entwickeln konnte, obgleich dem Ausschuss bei Gesetzentwürfen keine Entscheidungs-, sondern nur Beratungskompetenzen zukam. Da jedoch schon die Beratung des Entwurfs im Ausschuss wesentliche Weichenstellungen für das Schicksal des Gesetzentwurfs lieferte, zog es die Ständeversammlung im konstitutionellen Württemberg vor, ungeachtet der Vorarbeiten des Interim-Ausschusses auf dem Landtag nochmals einen eigenen Ausschuss zur Beratung der eingebrachten Gesetzentwürfe einzusetzen.[727] Auf diese Weise kam es bei der Regierung schon bald aus der Übung, Gesetzentwürfe beim Interim-Ausschuss zur Vorberatung einzureichen.[728] Auf die Vorberatung von Gesetzentwürfen in einem Ausschuss zwischen zwei Landtagssessionen wurde deshalb in Württemberg aber nicht verzichtet; nur ging man in der zweiten Kammer dazu über, einen derartigen Interim-Ausschuss ad hoc zum Ende einer Session für ein konkret anstehendes Gesetzesvorhaben einzusetzen, anstatt auf den kammerübergreifenden stehenden Ausschuss zurückzugreifen.[729]

Auch die badische Verfassung sah einen ständischen Ausschuss aus Mitgliedern beider Kammern für die Zeit zwischen zwei Landtagssessionen vor.[730] Die Verfassung Kurhessens schrieb vor, dass vor jeder Vertagung, Verabschiedung und Auflösung eines Landtags ein Ausschuss zu wählen ist, der bis zum nächsten Zusammentritt eines Landtags die ihm jeweils durch besondere Instruktion auferlegten Geschäfte im Namen der Landstände zu besorgen hat.[731] In Sachsen war die Berufung eines derartigen Interim-Ausschusses nicht vorgeschrieben, jedoch möglich, setzte aber die königliche Genehmigung voraus.[732] Diesen Ausschüssen konnte neben anderen Aufgaben auch die Vorberatung von Gesetzesvorlagen der Regierung übertragen werden, wodurch es ermöglicht werden sollte, auch umfangreiche Vorlagen während der nächsten Landtagssession zur Beschlussreife zu bringen. In Bayern und im Großherzogtum Hessen zeigte sich in den dreißiger Jahren angesichts umfangreicher Gesetzesvorhaben ebenfalls das Bedürfnis, eine Vorberatung der Regierungsvorlagen auch außerhalb der Landtagssessionen stattfinden zu lassen. Auch in diesen Ländern wurde daher 1831 bzw. 1836 die Möglichkeit geschaffen, Gesetzentwürfe auch außerhalb einer Landtagssession durch einen vom vorherigen Landtag eingesetzten Ausschuss beraten zu lassen.[733]

---

[727] S. *Mohl*, Staatsrecht, S. 352 f. Zu den bereits bei den Beratungen der Verfassungsproposition von 1819 geäußerten Warnungen des Abgeordneten Schreiber s. unten Fn. 738.

[728] *Mohl*, ebd.

[729] *Mohl*, ebd.

[730] § 51 der badischen Verfassung von 1818.

[731] § 102 der Verfassung Kurhessens von 1831.

[732] § 114 der sächsischen Verfassung von 1831.

[733] In Bayern wurde dies zuerst durch das »Gesetz über die Behandlung neuer oder revidierter Gesetzbücher« vom 9. August 1831 ermöglicht; durch Folgegesetze vom 9. Juli 1834 und 12. Mai

Auch in der Gesetzgebungsliteratur wurde der Nutzen anerkannt, der in der Zulassung von Ausschussberatungen zwischen den Landtagssessionen gerade für die Beratung umfangreicher Gesetzesvorhaben liegt. Uneingeschränkt befürwortet wurde eine solche Möglichkeit daher von Mittermaier, der eine derartige Regelung für alle parlamentarischen Geschäftsordnungen empfahl.[734] Mittermaier lehnte generell das Diskontinuitätsprinzip ab und riet dazu, in den Geschäftsordnungen die Möglichkeit vorzusehen, nicht erledigte Gesetzentwürfe auf dem nächsten Landtag im gleichen Stadium wieder aufnehmen zu können, da sonst zu viel Zeit verloren gehe.[735] Differenzierter beurteilte Mohl den Nutzen von Interim-Ausschüssen. Auch er sprach sich für die Möglichkeit aus, im Einzelfall für ein anstehendes größeres Gesetzesvorhaben im Voraus einen Ausschuss zu wählen, dem erlaubt wird, bis zum Zusammentritt des nächsten Landtages die Regierungsvorlage vorzuberaten.[736] Für gefährlich hielt er es dagegen, einen stehenden Ausschuss zwischen den Landtagen als feste Institution einzurichten, wie es in Württemberg der Fall war.[737] Die vierzigjährige Erfahrung mit diesem Ausschuss in Württemberg lehre, dass sein Nutzen (Zeitersparnis) unbedeutend sei, die Nachteile jedoch gravierend. Ein derartiger stehender Ausschuss werde mit der Zeit unweigerlich versuchen, sich mehr und mehr an die Stelle der Vollversammlung zu setzen und immer größeren Einfluss auf die ständische Beurteilung von Gesetzesvorhaben gewinnen.[738]

Ähnlich wie die deutsche Gesetzgebungsliteratur beurteilte auch in England Jeremy Bentham den Nutzen von Interim-Ausschüssen positiv. Wie so oft ging er aber auch hier noch einen Schritt weiter als die übrige Gesetzgebungslehre, indem er in seinem *Constitutional Code* ein *Continuation Committee* vorsah, dessen Aufgabe die Fortführung von unbeendeten Gesetzesprojekten auch nach Ende einer Wahlperiode war.[739] Zu diesem Zweck sollten die noch vom alten Parla-

---

1848 wurden die Möglichkeiten, Gesetzentwürfe zwischen den Landtagssessionen von Ausschüssen beraten zu lassen, noch erweitert; im Großherzogtum Hessen wurde dies durch Gesetz vom 24. Mai 1836 möglich gemacht; s. *Mittermaier*, Archiv des Criminalrechts, Neue Folge, 1837, S. 552 f.; *ders.*, Art. »Geschäftsordnung«, Staats-Lexikon, Bd. 5, S. 652; *Jekewitz*, S. 71 ff.

[734] *Mittermaier*, AcP 17 (1834), S. 142 ff.; *ders.*, Art. »Geschäftsordnung«, Staats-Lexikon, Bd. 5, S. 652; *ders.*, Die Strafgesetzgebung in ihrer Fortbildung, Teil 1, S. 214.

[735] *Mittermaier*, Die Strafgesetzgebung in ihrer Fortbildung, Teil 1, S. 216.

[736] *Mohl*, Politik, Bd. 1, S. 516.

[737] *Mohl*, Politik, Bd. 1, S. 510 f.; *ders.*, Staatsrecht, S. 347 ff.

[738] *Mohl* hielt die Einrichtung eines stehenden Ausschusses mit weitreichenden Kompetenzen in altständischer Zeit für eine wesentliche Ursache für das allmähliche Zugrundegehen der ständischen Vertretungen in vorkonstitutioneller Zeit (Staatsrecht, S. 350). Ähnlich hatte sich bereits in den Beratungen über die württembergische Verfassungsproposition von 1819 der Abgeordnete Schreiber geäußert: »Die Bestellung von bestehenden [scil. permanenten] Ausschüssen ist, wie uns die frühere Geschichte nur zu gut belehrt, das unfehlbare Mittel, die Verfassung früher oder später zum Grab zu führen … Ehe man es sich versieht, werden die Herren des Ausschusses die Herren des Landtags sein …« (bei *Fricker*, S. 456 f.).

[739] *Bentham*, Constitutional Code, Kap. VI, Abt. 24, CW: S. 67 ff.

ment gewählten Mitglieder des *Continuation Committees* im neu gewählten Parlament zwar kein Stimmrecht, aber ein Initiativrecht haben, um so zu verhindern, dass Neuwahlen noch nicht abgeschlossene Projekte zwangsläufig zu Fall bringen. Bentham sah also eine Durchbrechung des Diskontinuitätsgrundsatzes auch über das Ende der Wahlperiode hinaus vor, während etwa Mohl nur an eine Tätigkeit des Ausschusses zwischen zwei Landtagssessionen dachte und dessen Fortbestand über das Ende einer Wahlperiode hinaus ausdrücklich ausschloss.[740] Kurze Sessionsdauern, wie sie für die deutschen Landtage des 19. Jahrhunderts üblich waren, stellten nach Benthams Konzept hingegen kein Problem da. Sein *Constitutional Code* sah eine ganzjährige Sitzungsdauer vor, unterbrochen nur durch Sonntage.[741]

Im Zuge der deutschen Reichsgründung und der damit einhergehenden umfangreichen Bemühungen um einheitliche Reichskodifikationen gewann der Diskontinuitätsgrundsatz schnell auch auf Reichsebene Relevanz. Die Geschäftsordnungen der Reichstage des Norddeutschen Bundes und des deutschen Kaiserreiches enthielten in Anlehnung an die geänderte Geschäftsordnung des preußischen Abgeordnetenhauses ausdrücklich eine Bestimmung, welche Gesetzesvorlagen mit dem Ablauf der Sitzungsperiode, in welcher sie eingebracht und noch nicht zur endgültigen Beschlussfassung gelangt sind, für erledigt erklärt.[742] Wie schon die Landtage der Staaten des Deutschen Bundes bekannte sich also auch der Reichstag zu einer bereits bei Ende einer Session (nicht erst bei Ende einer Wahlperiode) einsetzenden sachlichen Diskontinuität. Die hierdurch bedingte Schwierigkeit, die Beratungen umfangreicher Gesetzesvorhaben innerhalb einer Session abschließen zu müssen, wollte ein bereits in der ersten Session des Reichstags 1871 von dem Abgeordneten Lasker und anderen eingebrachter Antrag durch eine Regelung lösen, wonach Ausschüssen des Reichstags erlaubt wird, umfangreiche Gesetzentwürfe auch zwischen zwei Sitzungsperioden zu beraten und das Plenum des Reichstags die Möglichkeit erhält, die Beratungen in der nächsten Session derselben Legislaturperiode fortzusetzen.[743] Die Reichstagsmehrheit lehnte diesen Antrag jedoch ab.[744] Lediglich für die Beratungen der Reichsjustizgesetze und der Konkursordnung wurde das Diskontinuitätsprinzip 1874 und 1876 durch Sondergesetze eingeschränkt. Dem nach erster Lesung vom Reichstag eingesetzten Ausschuss wurde ausnahmsweise gestattet, die Beratung dieser Gesetze nach Sessions-

---

[740] *Mohl*, Politik, Bd. 1, S. 516.

[741] *Bentham*, Constitutional Code, Kap. VI, Abt. 18, Art. 1, CW: S. 48 f.

[742] § 67 GO NDB; § 70 GO Reichstag.

[743] Antrag des Abgeordneten Lasker und Genossen v. 25. April 1871 zu einem Gesetz betreffend die geschäftliche Behandlung eines ungewöhnlich umfangreichen Gesetz-Entwurfes, in: Stenographische Berichte über die Verhandlungen des Deutschen Reichstages, I. Legislaturperiode, 1. Session 1871, Bd. 3, S. 187 f. (Drucksache Nr. 80 von 1871); hierzu *Jekewitz*, S. 151 ff.

[744] Stenographische Berichte über die Verhandlungen des Deutschen Reichstages, I. Legislaturperiode, 1. Session 1871, Bd. 2, S. 976.

ende fortzusetzen und der Reichstag nahm die Beratungen in zweiter und dritter Lesung in der folgenden Session wieder auf.[745] Von diesen Ausnahmefällen abgesehen blieb es aber für den Reichstag bei dem strengen, auch auf verschiedene Sessionen derselben Legislaturperiode erstreckten Diskontinuitätsprinzip. Bei den Beratungen des BGB im Reichstag machte sich die Reichsregierung den sich hieraus ergebenden Zeitdruck geschickt zu dem Zweck nutzbar, eingehende Detailberatungen der Bundesratsvorlage im Reichstag zu erschweren.

Bei den Beratungen zum schweizerischen ZGB stellten sich diese Probleme hingegen nicht, da nach der Parlamentspraxis der schweizerischen Bundesversammlung die Kontinuität der Geschäfte durch den Sessionsschluss nicht unterbrochen wurde und die Beratungen in der nächsten Session fortgesetzt werden konnten.[746] So erstreckten sich die Beratungen der ZGB-Vorlage in den Ausschüssen und im Plenum des National- und Ständerats über mehrere Sessionen und insgesamt mehr als drei Jahre, ohne von einer Diskontinuität unterbrochen worden zu sein.[747]

b) Die Zusammensetzung der Ausschüsse

Bei der Frage der Zusammensetzung der parlamentarischen Gesetzgebungsausschüsse gab es zwei Faktoren, die in den deutschen Gesetzgebungstheorien des 19. Jahrhunderts eine Rolle spielten. Zum einen wurde Wert darauf gelegt, dass die verschiedenen politischen Ansichten im Ausschuss angemessen repräsentiert werden, es also nicht zu einer einseitigen Ausschussbesetzung durch die politische Mehrheit in der Kammer kommt.[748] Daneben gab es aber auch Autoren, welche die Gesetzgebungsarbeit der Ausschüsse jedenfalls im Zivil- und Strafrecht im Wesentlichen als eine unpolitische Tätigkeit betrachteten und daher vornehmlich fachliche Gesichtspunkte bei der Ausschusszusammensetzung berücksichtigen wollten.[749] Demnach sollte »so viele Intelligenz als möglich« in die Ausschüsse berufen werden, ohne Rücksicht auf Proporz der politischen Ansichten oder der Stände.[750]

---

[745] Näher hierzu *Jekewitz*, S. 155 ff.

[746] Vgl. *Cron*, S. 76. Selbst das Ende einer Legislaturperiode durchbrach nicht die Kontinuität der Beratungen in der schweizerischen Bundesversammlung.

[747] Die Ausschussberatungen zur ZGB-Vorlage im Nationalrat begannen am 22. Juni 1904 und endeten am 19. Juni 1907. Die Ausschussberatungen im Ständerat begannen am 27. August 1905 und endeten am 13. Juni 1907. Die Plenarberatungen fanden im Nationalrat von Juni 1905 bis Juni 1907 und im Ständerat von September 1905 bis Juni 1907 statt. Anschließend erfolgte die redaktionelle Umsetzung der Beschlüsse durch eine gemeinsame Redaktionskommission und am 10. Dezember 1907 die Schlussabstimmung in beiden Räten.

[748] *Wächter*, Archiv des Criminalrechts, Neue Folge, 1839, S. 356 f.; *Bluntschli*, Staatsrecht, Bd. 1, S. 482 f.

[749] *Mohl*, Politik, Bd. 1, S. 513 ff.; ders., Staatsrecht, S. 297 f.

[750] *Mohl*, Politik, Bd. 1, S. 513 f. Allerdings war auch Mohl um eine Repräsentanz von politischen Minderheiten im Ausschuss bemüht, da die Beleuchtung des Vorhabens von verschiedenen Standpunkten der Sache nur zuträglich sein könne.

Im Zusammenhang mit der Entstehung des preußischen Strafgesetzbuchs waren bei der Zusammensetzung der die Beratungen im Plenum vorbereitenden Abteilung des Vereinigten ständischen Ausschusses (1847/48) noch keine politischen oder fachlichen Gesichtspunkte ausschlaggebend, sondern eine gleichmäßige Berücksichtung der verschiedenen preußischen Provinzen und des Stimmverhältnisses der verschiedenen Stände in der Abteilung.[751] Bei den späteren Beratungen des Strafgesetzbuchsentwurfs im preußischen Landtag (1851) standen bei der Zusammensetzung der vorbereitenden Ausschüsse der Ersten und Zweiten Kammer fachliche und politische Gesichtspunkte hingegen schon wesentlich stärker im Vordergrund.[752] Nach dem Vorbild des in der Frankfurter Nationalversammlung 1848 praktizierten Verfahrens zur Ausschussbesetzung, welches seinerseits auf französische Vorbilder zurückging, sah die Geschäftsordnung der preußischen Zweiten Kammer eine Wahl der Ausschussmitglieder durch die mittels Los bestimmten Abteilungen vor.[753] Durch dieses Verfahren wollte man den Einfluss einzelner Gruppierungen im Parlament auf die Ausschussbesetzung gering halten.

Im Zuge der BGB-Beratungen im deutschen Reichstag zeigte sich dann aber der mittlerweile gewachsene Einfluss der Fraktionen und damit der parteipolitischen

---

[751] Vgl. § 6 des Reglements über den Geschäftsgang bei dem Vereinigten ständischen Ausschuss vom 2. Dezember 1847 (bei *Bleich*, Bd. 1, S. 11–18). Demnach musste jeder Plenarberatung eine Vorbereitung durch eine Abteilung vorausgehen, wobei die Mitglieder der Abteilung durch den »Marschall« (Präsident des Vereinigten ständischen Ausschusses) unter angemessener Berücksichtigung der verschiedenen Provinzen und des Stimmenverhältnisses der Stände zu ernennen sind. Bei den auf diese Weise benannten 17 Mitgliedern der die Beratung des Strafgesetzbuchentwurfs vorbereitenden Abteilung handelte es sich vornehmlich um Landräte und Bürgermeister (Verzeichnis der Mitglieder bei *Bleich*, Bd. 1, S. 18 f.). Näher zum Vereinigten ständischen Ausschuss und seiner Rolle bei der Entstehung des preußischen Strafgesetzbuchs unten S. 187 f.

[752] Zum Vorsitzenden des Ausschusses für den Strafgesetzbuchentwurf wurde mit Georg Beseler ein in ganz Deutschland bekannter Gelehrter gewählt, der bereits kurz nach Inkrafttreten des Strafgesetzbuchs einen Kommentar hierzu veröffentlichte. In der Ersten Kammer befasste sich der Ausschuss für Rechtspflege als stehender Ausschuss mit der Vorbereitung der Plenarberatungen des Strafgesetzbuchentwurfs; Ausschussvorsitzender war auch hier ein anerkannter Fachmann der Materie, nämlich Bode, der Referent der ersten Strafgesetzbuchentwürfe aus den Jahren 1827, 1828 und 1833.

[753] Das Haus wurde durch das Los in sieben Abteilungen geteilt, welche dann durch Mehrheitsbeschluss eine gleiche Anzahl Ausschussmitglieder wählten (§§ 2, 15 GO Preußen). Vorbild für die Ausschussbesetzung durch Wahlen in den Abteilungen war die Geschäftsordnung der Frankfurter Nationalversammlung (§ 20 GO NV). In Frankreich fanden seit 1789 die Spezialberatungen von Gesetzentwürfen zunächst in den durch das Los ermittelten Abteilungen selbst statt, seit 1791 dann in Ausschüssen, die von den Abteilungen gewählt wurden, und seit 1814 (wohl als Gegenreaktion auf die Ausartungen des Ausschusswesens unter der Herrschaft der Jakobiner) wieder in den Abteilungen selbst (die Geschäftsordnungen der französischen Parlamente seit 1789 sind abgedruckt bei *Roger Bonnard*, Les Règlements des Assemblées Législatives de la France depuis 1789, Paris 1926). Bei der Entstehung der preußischen Geschäftsordnung diente als direktes Vorbild neben der Geschäftsordnung der Frankfurter Nationalversammlung diejenige der belgischen Deputiertenkammer von 1831, welche ihrerseits die französischen Vorbilder rezipierte (vgl. *Plate*, S. 4; *Hatschek*, Parlamentsrecht, S. 64, 137; *Mittermaier*, Art. »Geschäftsordnung«, Staats-Lexikon, Bd. 5, S. 644; *Botzenhart*, S. 499).

Proporzüberlegungen bei der Bildung der Ausschüsse. Obwohl die Geschäftsordnung des Reichstags die Fraktionen mit keinem Wort erwähnte und die Wahl der Ausschussmitglieder nach dem Vorbild der preußischen Geschäftsordnung ganz in die Hände von Mehrheitsbeschlüssen der Abteilungen legte, vollzog sich in der Reichstagspraxis die Auswahl der Ausschussmitglieder regelmäßig durch Absprachen zwischen den Fraktionen im so genannten Seniorenkonvent, welche dann von den Abteilungen nur noch formell umgesetzt wurden.[754] Entsprechend war auch bei der Zusammensetzung des Reichstagsausschusses, der sich mit dem BGB-Entwurf beschäftigte, der primär ausschlaggebende Gesichtspunkt, eine anteilmäßige Vertretung der politischen Parteien gemäß ihrer Fraktionsstärke im Reichstag zu erreichen; nur in diesem Rahmen konnten andere Gesichtspunkte zum Tragen kommen.[755] Im Übrigen konnten die in den Reichstagsausschuss entsandten Vertreter der größeren Bundesstaaten und des Bundesrats einen nicht zu unterschätzenden Einfluss auf die Ausschussberatungen zum BGB-Entwurf nehmen. Zwar stand ihnen kein Stimmrecht im Ausschuss zu, doch handelte es sich bei ihnen überwiegend um Personen, die bereits als Mitglieder der zweiten BGB-Kommission oder als Bevollmächtigte der Bundesstaaten im Justizausschuss des Bundesrats an den vorausgehenden Beratungen des Gesetzentwurfs teilgenommen hatten und ihre so gewonnene Sachkompetenz und Detailkenntnis nachdrücklich in die Ausschussberatungen einbrachten.[756]

---

[754] § 26 Abs. 3 GO Reichstag sah ähnlich wie die GO Preußen vor, dass die sieben Abteilungen des Reichstags jeweils mit Stimmenmehrheit eine gleiche Anzahl von Mitgliedern eines Ausschusses wählen. In der Reichstagspraxis hatte sich jedoch (nach Vorbild einer seit den sechziger Jahren im preußischen Abgeordnetenhaus und dann auch im Reichstag des Norddeutschen Bundes praktizierten Übung) von Anfang an ein Verfahren herausgebildet, wonach die Ausschussmitglieder vom Seniorenkonvent (nach heutiger Terminologie »Ältestenrat«) bestimmt wurden und den Abteilungen nur noch der formelle Vollzug der im Seniorenkonvent getroffenen Absprachen zwischen den Parteien oblag (vgl. *Hatschek*, Parlamentsrecht, S. 176, 185 ff., 229; *Plate*, S. 94 f., 229; *Ullrich*, S. 44). Der (in der Reichstagsgeschäftsordnung ebenfalls unerwähnte) Seniorenkonvent war eine Versammlung von Vertretern der verschiedenen im Parlament vertretenen Fraktionen, deren Aufgabe darin lag, die Besetzung parlamentarischer Gremien durch Absprachen zwischen den Fraktionen vorzubereiten (hierzu ausführlich *Hatschek*, Parlamentsrecht, S. 175 ff.). Erst 1922 fand diese Praxis offizielle Anerkennung in der Geschäftsordnung des Reichstags der Weimarer Republik (Geschäftsordnung für den Reichstag, beschlossen am 12. September 1922, amtliche Ausgabe, Berlin 1922, §§ 7, 12, 28).

[755] Die (im Verlauf der Ausschusssitzungen zum Teil wechselnden) Mitglieder des den BGB-Entwurf beratenden Ausschusses sind unter Angabe der Parteizugehörigkeit aufgelistet bei *Dölemeyer*, BGB, S. 1595; *D. Brandt*, S. 6 f.; vgl. hierzu auch *Schubert*, Materialien, S. 65. Mit dem Ausschussvorsitzenden Spahn und dem Abgeordneten von Cuny gehörten dem Ausschuss auch zwei ehemalige Mitglieder der zweiten BGB-Kommission als stimmberechtigte Mitglieder an.

[756] Zu den Vertretern der Regierungen der Bundesstaaten und den Bundesratskommissaren, die an den Ausschussberatungen zum BGB-Entwurf im Reichstag teilnahmen, s. im einzelnen den Bericht der Reichstags-Kommission, S. 7; außerdem *Dölemeyer*, BGB, S. 1595; *Schubert*, Materialien, S. 65. Gemäß § 29 GO Reichstag konnten die Mitglieder und Kommissarien des Bundesrats mit beratender Stimme an den Ausschusssitzungen teilnehmen.

In die Ausschüsse des schweizerischen Nationalrates und Ständerates, welche sich ab 1904 mit dem ZGB-Entwurf beschäftigten, wurden zahlreiche Personen berufen, welche bereits als Mitglieder der großen vorparlamentarischen ZGB-Kommission an der Überarbeitung des Vorentwurfs anhand der eingegangenen Stellungnahmen mitgewirkt hatten und daher mit der Materie gut vertraut waren.[757] Hier zeigte sich erneut der schon bei der BGB-Entstehung durch die Berufung einzelner Reichstagsabgeordneter in die zweite BGB-Kommission erfahrene Vorteil einer Einbindung von Parlamentariern bereits in der Phase der Entwurfserstellung. Bei den Beratungen zum ZGB war dieser Effekt noch nachhaltiger, weil bereits in der großen ZGB-Kommission die Parlamentarier mit 15 Mitgliedern eine große Gruppe gestellt hatten, welche allesamt auch Mitglieder der den ZGB-Entwurf beratenden Ausschüsse des Nationalrates und des Ständerates wurden.[758]

c) Aufgaben und Geschäftsgang der Ausschüsse

In der englischen Parlamentspraxis hatten in der Regel bereits zwei Lesungen im Plenum über den Gesetzentwurf stattgefunden, bevor dieser an einen Ausschuss verwiesen wurde. Hierbei waren die Fragen, ob der Gesetzentwurf überhaupt weiterverfolgt werden solle und was zu ihm grundsätzlich zu sagen sei, bereits im Plenum geklärt worden.[759] Aufgabe des Ausschusses war es nun, eine Prüfung der Gesetzesvorlage im Detail vorzunehmen und solche Änderungen vorzuschlagen, welche es wahrscheinlicher machen, dass das Vorhaben die Billigung der Parlamentsmehrheit findet.[760] Dem Ausschuss waren dabei im Hinblick auf Änderungsvorschläge Beschränkungen auferlegt. Es durften keine Änderungen vorgeschlagen werden, die außerhalb des Gegenstandes des Gesetzgebungsvorhabens lagen oder konträr zu dessen Grundabsichten liefen.[761] Vor der offiziellen Be-

---

[757] Zu den Mitgliedern der Ausschüsse des National- und Ständerats s. *Huber/Mutzner*, Bd. 1, S. 146; *M. Gmür*, Rn 5; *Gauye*, Schweizerische Zeitschrift für Geschichte 13 (1963), S. 82 f.; *Dölemeyer*, ZGB, S. 1982.

[758] Zwölf Mitglieder der großen ZGB-Kommission waren zu der Zeit, als diese den ZGB-Entwurf beriet, Nationalräte und drei Mitglieder waren Ständeräte (*Dölemeyer*, ZGB, S. 1981, führt bei ihrer Auflistung der Nationalräte in der ZGB-Kommission irrtümlich Rossel nicht mit auf und kommt daher auf nur elf Nationalräte in der Kommission; der ebenfalls in die Kommission berufene Nationalrat Köchlin nahm an den Kommissionsberatungen nicht teil und wird daher hier nicht mitgezählt). Die zwölf Nationalräte aus der Kommission wurden 1904 allesamt in den aus 27 Personen bestehenden ZGB-Ausschuss des Nationalrates berufen (wobei das ehemalige Kommissionsmitglied Fehr jedoch bereits 1904 verstarb); zusätzlich zu diesen zwölf ehemaligen Kommissionsmitgliedern war auch Huber mittlerweile in den Nationalrat und dessen ZGB-Ausschuss gewählt worden. Auch die drei Ständeräte aus der ZGB-Kommission wurden alle in den aus 15 Personen bestehenden ZGB-Ausschuss des Ständerats gewählt.

[759] Zu den Funktionen der einzelnen Lesungen im englischen Parlament s. unten S. 200.

[760] *May*, Kap. XXI, S. 534.

[761] *May*, Kap. XXI, S. 534, 549 f.

richterstattung an das Plenum hatten die Ausschussmitglieder über ihre Beratungen Stillschweigen zu bewahren.[762] Allerdings hatte jedes Mitglied des Hauses ein Anwesenheitsrecht – aber nicht Stimmrecht – bei den Ausschusssitzungen.[763] Eine schriftliche Berichterstattung an das Plenum war üblich, wobei jedoch abweichende Minderheitsmeinungen im Ausschuss nicht in den Bericht aufgenommen wurden.[764] Die Ausschusstätigkeit unterlag also engen formalen Grenzen. Die (ungeschriebenen) Geschäftsordnungsregeln hatten weniger die technische oder inhaltliche Verbesserung des Gesetzentwurfs durch die Ausschusstätigkeit im Blick, sondern vielmehr die Herstellung einer mehrheitsfähigen Abstimmungsvorlage innerhalb der durch die Initiatoren des Gesetzesvorhabens gesteckten Grenzen.

Bei der Entstehung des Strafgesetzbuchs für Britisch-Indien kam der Tätigkeit eines Ausschusses in der letzten Kodifikationsphase ab 1854 entscheidende Bedeutung zu.[765] Nach der Neuorganisation des *Governor-General in Council* als *Legislative Council* im Jahr 1854 wurde ein *select committee* dieses Gremiums mit der Prüfung der Frage beauftragt, ob Macaulays Entwurf von 1837 oder Bethunes Entwurf von 1851 zur Grundlage der weiteren Beratungen genommen werden solle.[766] Der Ausschuss sprach sich für Macaulays Entwurf aus und nachdem dieser 1857 die erste und zweite Lesung im *Legislative Council* ohne nähere Beratungen passiert hatte, wurde er erneut an ein *select committee* verwiesen, welches weitere drei Jahre benötigte, bis es 1860 endlich eine überarbeitete Fassung von Macaulays Entwurf dem Plenum vorlegen konnte.[767]

In den deutschen Landtagen und im schweizerischen Nationalrat waren die Aufgaben der von den Kammern zu Gesetzgebungsarbeiten gebildeten Ausschüsse durch ihre Vorschaltfunktion im Rahmen der parlamentarischen Gesetzgebung geprägt, also der Tatsache, dass die Ausschussarbeiten in der Regel stattfanden, bevor überhaupt das Plenum den Gesetzentwurf erörterte.[768] Der Ausschuss sollte

---

[762] *May*, Kap. XXI, S. 561; *Jefferson*, Kap. XI, S. 140; *Cohen*, S. 104.

[763] *May*, Kap. XXIV, S. 653; *Jefferson*, Kap. XXVI, S. 187.

[764] *May*, Kap. XXIV, S. 661.

[765] In Britisch-Indien war ab 1854 ein *select committee* für die Detailprüfung eines Gesetzentwurfs nach der zweiten Lesung zuständig, wobei dem Ausschuss hier ausdrücklich auch die Aufgabe zukam, eingehende Stellungnahmen der Öffentlichkeit zu dem regelmäßig nach zweiter Lesung zu publizierenden Gesetzentwurf zu prüfen (Standing Orders 1854, sec. 68).

[766] Proceedings of the Legislative Council of India, Bd. 1 (1854/55), Sp. 35; zur Neuorganisation des *Governor-General in Council* s. oben S. 170, Fn. 685.

[767] Proceedings of the Legislative Council of India, Bd. 3 (1857), Sp. 11, 15; Proceedings of the Legislative Council of India, Bd. 6 (1860), Sp. 83. Das Votum des Ausschusses für Macaulays Entwurf als Grundlage der Beratungen ist wiedergegeben in: First Report of Her Majesty's Commissioners …, S. 94, in: Parliamentary Papers 1856 (2035) xxv.

[768] Für den schweizerischen Nationalrat (nicht aber für den Ständerat) galt dies auch noch für die Zeit der Entstehung des ZGB (vgl. Art. 40 GO Nationalrat). Entsprechend wurde die Bundesratvorlage des ZGB-Entwurfs zunächst einem zu diesem Zweck gebildeten Ausschuss des Nationalrats überwiesen, welcher die Vorlage ab Juni 1904 beriet, bevor im Juni 1905 die Plenarberatungen der Vorlage eröffnet wurden.

die (meist von der Regierung eingereichten) Gesetzesentwürfe prüfen und über das Für und Wider des Vorhabens im Ganzen wie auch einzelner Gegenstände dem Plenum Bericht erstatten. Die Gesetzgebungstheorie legte dabei Wert darauf, dass die Berichterstattung des Ausschusses an das Plenum mit konkreten Beschlussempfehlungen verbunden sein solle.[769] Der Ausschuss habe dem Plenum präzise Beschlussvorlagen zu liefern. Diese könnten zum einen auf eine pauschale Genehmigung oder Verwerfung des Vorhabens gerichtet sein. Wenn hingegen Änderungen an dem Entwurf empfohlen wurden, sollten die Änderungsempfehlungen vom Ausschuss ausformuliert als Beschlussantrag dem Plenum unterbreitet werden. Das Plenum der Ständeversammlung sollte also in die Lage versetzt werden, durch bloße Annahme oder Verwerfung der Beschlussvorlagen über das Gesetzgebungsvorhaben zu entscheiden, ohne selbst Änderungen des Gesetzentwurfs redigieren zu müssen. Entsprechend konnte es auch zu einer Rückverweisung an den Ausschuss kommen, falls sich in den Plenarberatungen zusätzlicher Änderungsbedarf ergab.[770]

In Preußen nutzte man dieses Verfahren einer Vorberatung umfangreicher Gesetzentwürfe in einem kleinen Ausschuss bereits vor dem Übergang zum Konstitutionalismus. 1847 wählte der Vereinigte Landtag auf königlichen Druck vor seiner Verabschiedung die Mitglieder eines Vereinigten ständischen Ausschusses, der seine Tätigkeit nach Schluss des Landtags aufnehmen sollte und bei Gesetzgebungsvorhaben Beratungs-, aber keine Entscheidungsrechte hatte.[771] Die Verfahrensordnung für den Geschäftsgang des Vereinigten ständischen Ausschusses verlangte vor jeder Plenarberatung eine Vorbereitung durch eine Abteilung, welche auch bereits zusammentreten konnte, bevor der Vereinigte ständische Ausschuss konstituiert war.[772] Entsprechend befahl Friedrich Wilhelm IV für die Beratung des Strafgesetzbuchentwurfs, dass noch vor dem für Januar 1848 vorgesehenen erstmaligen Zusammentreten des Plenums des Vereinigten ständischen Ausschusses eine Vorberatung des Entwurfs durch eine aus 17 Mitgliedern bestehende »Abteilung« erfolgen sollte, die dem Plenum über den Entwurf Bericht zu erstatten hatte.[773]

---

[769] *Mohl*, Art. »Gesetz«, Staats-Wörterbuch, Bd. 4, S. 285; *ders.*, Politik, Bd. 1, S. 510.

[770] Vgl. z.B. § 43 GO Württemberg; § 60 GO Preußen; Art. 72 GO Nationalrat.

[771] Bei dem Vereinigten Landtag handelte es sich um eine Vollversammlung sämtlicher Mitglieder der preußischen Provinziallandtage. Da der König sich anfangs nicht auf eine Einberufung des Vereinigten Landtags in regelmäßigen Abständen festlegen wollte, war für die Zeit nach Verabschiedung des Landtags die Bildung eines Vereinigten ständischen Ausschusses aus der Mitte des Vereinigten Landtags vorgesehen; vgl. das Patent die ständischen Einrichtungen betreffend v. 3. Februar 1847 (bei *Bleich*, Bd. 1, S. 1–3) und die Verordnung über die periodische Zusammenberufung des Vereinigten ständischen Ausschusses und dessen Befugnisse v. 3. Februar 1847 (ebd., S. 4–8); näher zu beiden Gremien *Ernst Rudolf Huber*, Deutsche Verfassungsgeschichte seit 1789, Bd. 2, 2. Aufl., Stuttgart usw. 1975, S. 491 ff.

[772] §§ 6, 7 des Reglements über den Geschäftsgang bei dem Vereinigten ständischen Ausschuss v. 2. Dezember 1847 (bei *Bleich*, Bd. 1, S. 11–18).

[773] Patent wegen Einberufung des Vereinigten ständischen Ausschusses v. 3. Dezember 1847 (bei *Bleich*, Bd. 1, S. 9 f.); vgl. hierzu *Stölzel*, Rechtsverwaltung, Bd. 2, S. 612.

Diese Abteilung beriet den Strafgesetzbuchentwurf in 26 Sitzungen und erstattete dem Plenum des Vereinigten ständischen Ausschusses hierüber ein ausführliches Gutachten.[774] Nach dem Übergang Preußens zum Konstitutionalismus wurde der Strafgesetzbuchentwurf 1851 in der ersten und zweiten Kammer des Landtags erneut jeweils zunächst in einem Ausschuss vorberaten, bevor das Plenum der Kammer sich damit beschäftigte.[775] Die Ausschüsse beider Kammern unterbreiteten dem Plenum hierbei ausführliche Gutachten zu dem Regierungsentwurf, die mit ausformulierten Änderungsanträgen versehen waren.[776]

Im Reichstag des deutschen Kaiserreichs fanden die Ausschussberatungen nicht mehr im Vorfeld der Einbringung eines Gesetzentwurfs im Plenum statt, sondern in der Regel im Anschluss an die erste Lesung; dem Reichstag war aber auch freigestellt, Gesetzentwürfe in späteren Stadien der Beratungen an einen Ausschuss zu verweisen oder auf Ausschussberatungen ganz zu verzichten.[777] Der Entwurf des BGB wurde nach erster Lesung im Plenum an einen Ausschuss verwiesen, wobei das Plenum – um die Beratung der sehr umfangreichen Vorlage im Ausschuss abzukürzen – diesen ermächtigte, einzelne Abschnitte des Entwurfs durch Mehrheitsbeschluss unverändert anzunehmen, ohne in Detailberatungen einzutreten.[778] Der Ausschuss machte von dieser Ermächtigung zwar keinen Gebrauch, doch wurden in den Ausschussberatungen nur diejenigen Paragraphen aufgerufen, zu denen Anträge gestellt oder Wortmeldungen erfolgt waren. Alle übrigen Paragraphen behandelte man als stillschweigend genehmigt.[779] Auf diese Weise war es möglich, die kontroversen Materien des Entwurfs ausführlich im Ausschuss zu beraten und dennoch die Beratung des Gesamtentwurfs in einem überschaubaren Zeitraum abzuschließen.[780] Der Ausschuss beriet in zwei Lesun-

---

[774] Die Abteilung trat erstmals am 29. Dezember 1847 zusammen und beriet den Strafgesetzbuchentwurf bis zum 29. Februar 1848 (nicht, wie *R. Hippel*, Bd. 1, S. 323 schreibt, bis 16. Februar 1848); die Sitzungsprotokolle der Abteilung sind abgedruckt bei *Bleich*, Bd. 1, S. 25–166; vgl. hierzu *Berner*, S. 238; *Stölzel*, Rechtsverwaltung, Bd. 2, S. 612 f.; *R. Hippel*, Bd. 1, S. 323; *Regge*, in: *Regge/Schubert*, Bd. 1, S. XLI. Das von der Abteilung an das Plenum des Vereinigten ständischen Ausschusses erstattete Gutachten ist abgedruckt bei *Regge/Schubert*, Bd. 6/2, S. 1019–1299.

[775] Vgl. *Beseler*, S. 14 f.; *Hälschner*, S. 282; *R. Hippel*, Bd. 1, S. 324.

[776] Das Gutachten des Ausschusses der Zweiten Kammer ist abgedruckt in: Verhandlungen der Ersten und Zweiten Kammer, S. 44–206; das Gutachten des Ausschusses der Ersten Kammer ebd., S. 445–507. Die ausformulierten Änderungsanträge des Ausschusses der Zweiten Kammer sind abgedruckt: ebd., S. 207–377. Der Ausschuss der Ersten Kammer hatte keine separaten Änderungsvorschläge unterbreitet, sondern seine Vorschläge vielmehr mit dem Ausschuss der Zweiten Kammer abgestimmt (vgl. unten S. 208, Fn. 879).

[777] §§ 18 Abs. 3, 21 Abs. 2 GO Reichstag.

[778] Stenographische Berichte über die Verhandlungen des Deutschen Reichstages, IX. Legislaturperiode, 4. Session 1895/97, Bd. 2, S. 793 (Sitzung v. 6. Februar 1896); Bericht der Reichstags-Kommission, S. 7.

[779] Bericht der Reichstags-Kommission, S. 7.

[780] Die Ausschussberatungen des BGB-Entwurfs beanspruchten 53 Sitzungen innerhalb von vier Monaten (7. Februar bis 12. Juni 1896).

gen; die vom Ausschuss beschlossenen Änderungsvorschläge wurden von einer aus seiner Mitte gebildeten Redaktionskommission redaktionell umgesetzt und dann der endgültigen Beschlussfassung des Ausschusses unterbreitet.[781]

Über die Frage, ob alle Kammermitglieder ein Anwesenheits- und Mitsprache-recht in den Ausschusssitzungen haben sollen, bestand in der Gesetzgebungslehre keine Einigkeit.[782] Auch die Praxis der deutschen Landtage bot hierzu kein ein-heitliches Bild. Eine häufig anzutreffende Regelung war, dass von den nicht in den Ausschuss gewählten Kammermitgliedern nur der Kammervorsitzende Zu-tritt zu den Ausschusssitzungen hatte.[783] Einig war man sich in der Theorie aber darüber, dass die Ausschüsse die Möglichkeit haben sollen, nach eigenem Ermes-sen sachkundige Personen zu hören und Materialien und Auskünfte von Behör-den anzufordern, wie es der englischen Praxis entsprach.[784] Die Ausschusspraxis litt in dieser Hinsicht jedoch in vielen deutschen Ländern unter Beschränkungen, insbesondere war es den Kammern und ihren Ausschüssen vielerorts nur erlaubt, mit der obersten Staatsbehörde (Ministerium oder Staatsrat), nicht aber mit ande-ren Behörden in Kontakt zu treten.[785]

Vergleicht man die Äußerungen der deutschen Gesetzgebungslehre des 19. Jahrhunderts zur parlamentarischen Ausschusstätigkeit mit der zeitgenössischen Praxis in England, so fällt auf, dass zumindest einige Stimmen der deutschen Gesetzgebungslehre die Aufgabe der Ausschüsse wesentlich unpolitischer sahen, als es jenseits des Kanals der Fall war. Für einen führenden Gesetzgebungs-

---

[781] Zu Mitgliedern der Redaktionskommission wurden die Abgeordneten Spahn, Ennecerus und Kauffmann gewählt; außerdem wurden drei Bundesratskommissare beratend zu der Redak-tionskommission hinzugezogen (Bericht Hellers über die Sitzung der Reichstagskommission am 27. Februar 1896, in: *Schubert*, Materialien, S. 383).

[782] Dafür: *Mittermaier*, AcP 17 (1834), S. 142 ff, weil so »gelehrte Gefechte« in den Plenarsit-zungen vermieden werden könnten. Dagegen: *Mohl*, Politik, Bd. 1, S. 517: störe die Unbefangen-heit der Ausschussmitglieder und führe zu »eitlem Zeitverluste«.

[783] Eine entsprechende Regelung (außer den Ausschussmitgliedern hat nur der Kammerpräsi-dent Zutritt zu den Ausschusssitzungen) bestand z. B. in den Landtagen Bayerns, des Großherzog-tums Hessen und Kurhessens (§ 71 GO Bayern; Art. 15 GO Hessen-Darmstadt; § 14 GO Kur-hessen). Auch die Geschäftsordnung der Frankfurter Nationalversammlung von 1848 sah auf Vorschlag Mohls vor, dass die Sitzungen der Ausschüsse hinter verschlossenen Türen stattfinden und Mitglieder der Versammlung, die keine Ausschussmitglieder sind, nur auf besondere Einla-dung durch den Ausschuss Zutritt haben (§ 28 GO NV; Entwurf Geschäftsordnung NV, Art. IV 13; *Mohl*, Vorschläge, S. 33); abweichend vom Vorschlag Mohls wurde jedoch auch hier in die Geschäftsordnung aufgenommen, dass der Vorsitzende der Nationalversammlung auch ohne be-sondere Einladung an den Ausschusssitzungen ohne Stimmrecht teilnehmen darf. Im Reichstag des Kaiserreiches konnten hingegen wie in England grundsätzlich auch nicht in den Ausschuss gewählte Reichstagsmitglieder den Ausschusssitzungen als Zuhörer beiwohnen, sofern der Reichs-tag nicht anderweitig beschloss (§ 27 Abs. 5 GO Reichstag).

[784] *Mohl*, Politik, Bd. 1, S. 515 f.; *Bluntschli*, Staatsrecht, Bd. 1, S. 483.

[785] Derartige Beschränkungen bestanden z. B. in Baden (§ 75 der Verfassung), Bayern (§ 101 GO Bayern), Württemberg (§ 36 GO Württemberg), im Großherzogtum Hessen (Art. 96 der Verfassung u. Art. 25 GO Hessen-Darmstadt), Sachsen (§ 133 der Verfassung) und Hannover (§ 112 der Verfassung von 1833).

theoretiker wie Mohl stand die formelle und inhaltliche Verbesserung des Gesetzentwurfs durch die Ausschusstätigkeit im Vordergrund, worin er den besten
Garanten dafür sah, dem Gesetzentwurf auch im Plenum eine Mehrheit zu
sichern. Politisches Taktieren, wie es häufig die englische Ausschusswirklichkeit
prägte, lag nicht in dem Bild, welches Mohl von der Ausschusstätigkeit entwarf.
Kennzeichnend hierfür ist auch seine Forderung, entgegen der englischen Praxis
Minderheitsmeinungen ausführlich mit in den Ausschussbericht oder in einen
separaten Bericht aufzunehmen.[786] Ihm ging es um eine breite Abwägung juristischer Inhalte, nicht, wie der englischen Praxis, um die bloße Herstellung einer
mehrheitsfähigen Beschlussvorlage.

3. Die Beratung und Beschlussfassung im Plenum

Wenden wir uns nun den Beratungen über den Gesetzentwurf im Plenum des
Parlaments zu und hierbei zunächst der Frage nach der Öffentlichkeit der Sitzungen.

a) Öffentlichkeit

In England bestand im 19. Jahrhundert in der Frage des Zugangsrechts und der
Berichterstattung über Parlamentsdebatten ein auffälliger Unterschied zwischen
tradierter formaler Regel und praktischer Handhabung. Die Sitzungen des *House of
Commons* fanden offiziell erst seit 1845 grundsätzlich öffentlich statt, doch wurde
die Anwesenheit von Nicht-Parlamentariern auf den Galerien schon lange vor
1845 toleriert, sofern nicht ein Mitglied des Parlaments den Ausschluss der Öffentlichkeit verlangte.[787] Im *House of Lords* galt während des ganzen 19. Jahrhunderts der
Grundsatz, dass kein Recht auf Öffentlichkeit der Sitzungen besteht, die Anwesenheit von Besuchern auf den Galerien wurde aber auch hier toleriert, solange die
Lords nicht ausdrücklich beschlossen, nicht-öffentlich zu verhandeln.[788] Eine nicht-
amtliche Berichterstattung über Parlamentsdebatten war in England seit 1641 ausdrücklich verboten.[789] Dahinter stand zum einen die Furcht vor Falschdarstellungen

---

[786] *Mohl*, Politik, Bd. 1, S. 517. Auch hiermit konnte er sich in der Frankfurter Nationalversammlung durchsetzen. Die Geschäftsordnung sah auf seinen Vorschlag hin vor, dass eine Minderheit von mindestens drei Ausschussmitgliedern das Recht hatte, die Beifügung eines Minderheits-
berichtes zu dem Ausschussgutachten zu fordern (§ 25 GO NV; Entwurf Geschäftsordnung NV,
Art. IV 10; *Mohl*, Vorschläge, S. 33).

[787] *May*, Kap. XIII, S. 238 f.; *Redlich*, S. 280 f., 288; *Cohen*, S. 68 ff.; seit 1875 ist zum Ausschluss
der Öffentlichkeit nicht mehr der Antrag eines einzelnen Abgeordneten ausreichend, sondern ein
Mehrheitsbeschluss des Parlaments erforderlich.

[788] *May*, Kap. XIII, S. 237.

[789] *May*, Kap. IV, S. 54. Amtliche Parlamentsprotokolle existierten in Form der »Journals of the
House of Commons«, welche seit 1547 (mit nur kurzer Unterbrechung während der Regierungszeit Elisabeths I) in einer jährlichen Ausgabe erschienen, aber keine wörtlichen Redeprotokolle,
sondern im Wesentlichen nur Anträge und Abstimmungen enthielten.

in der Presse, aber auch vor dem »Druck der Straße«, dem die Parlamentarier bei einer freien Berichterstattung ausgesetzt seien. Die Londoner Tageszeitungen berichteten dennoch bereits im 18. Jahrhundert ausführlich über Parlamentsdebatten und legten seit 1771 auch die zuvor geübte Beschränkung ab, Parlamentarier hierbei nicht beim Namen zu nennen.[790] Im 19. Jahrhundert war die freie Presseberichterstattung über Parlamentsdebatten dann allgemein toleriert; 1831 wurde im *House of Lords* und 1835 im *House of Commons* eine spezielle Pressegalerie eingerichtet, obwohl das alte Verbotsgesetz aus den Zeiten des englischen Bürgerkriegs formal nicht aufgehoben war.[791]

Die Diskrepanz zwischen formaler Regelung und praktischer Handhabung in Fragen der Öffentlichkeit wurde von Bentham scharf kritisiert.[792] Für Bentham besaß die Öffentlichkeit der Gesetzgebungsdebatten eine Schlüsselfunktion in seiner Gesetzgebungslehre. Er sah in der unbeschränkten Öffentlichkeit des Gesetzgebungsverfahrens die beste Gewähr für ein gutes Resultat. Das Tribunal der Öffentlichkeit sei in dieser Hinsicht machtvoller als alle anderen gesetzgebungstechnischen Kontrollmechanismen zusammen.[793] Unter Öffentlichkeit verstand er dabei nicht nur den Zugang zu den Debatten, sondern insbesondere auch die Publikation von Protokollen über die Debatten und Abstimmungen und die Möglichkeit der Presse, hierüber frei zu berichten.

Im Deutschen Bund hatte sich in den Staaten, die eine Repräsentativverfassung einführten, der Grundsatz der Öffentlichkeit der Plenarsitzungen zumindest für die zweite Kammer schon im Vormärz weitgehend durchgesetzt,[794] was auch den Forderungen in der Literatur entsprach.[795] Dies galt jedoch nur für den Zugang zu

---

[790] *May*, Kap. IV, S. 54; *Redlich*, S. 291 f.

[791] *May*, Kap. XIII, S. 268, Fn. e; *Cohen*, S. 69.

[792] *Bentham*, Political Tactics, Kap. II, S. 29 ff.

[793] Ebd.; entsprechend umgesetzt hat er diesen Grundsatz in seinem Entwurf eines »Constitutional Code« (Kap. VI, Abt. 21, Art. 1, CW: S. 56).

[794] Den Grundsatz der Öffentlichkeit der Sitzungen beider Kammern (bzw. im Falle Kurhessens der alleinigen Kammer) sahen die Verfassungen von Baden (§ 78), Württemberg (§ 167; die Sitzungen der ersten Kammer waren jedoch erst seit 1874 öffentlich), Kurhessen (§ 77) und Sachsen (§ 135) vor; im Großherzogtum Hessen sollte Öffentlichkeit nach Maßgabe eines Ausführungsgesetzes hergestellt werden, welches aber erst 1849 erging. In Bayern waren nur die Beratungen der zweiten Kammer grundsätzlich öffentlich (§ 48 GO Bayern); die Beratungen der ersten Kammer sowie die Abstimmungen beider Kammern waren nicht öffentlich (2. Titel, 2. Abschnitt, § 15 u. 2. Titel, 4. Abschnitt, § 43 des Bayerischen Edikts über die Ständeversammlung v. 26. Mai 1818; § 90 GO Bayern). In Hannover wurde die Öffentlichkeit der Sitzungen der Ständeversammlung mit der Verfassung von 1833 hergestellt (§ 115), durch die Aufhebung der Verfassung 1837 aber wieder beseitigt. Dauerhaft wiedereingeführt wurde die Öffentlichkeit der Sitzungen in Hannover 1848. Öffentlich waren auch die Sitzungen der Frankfurter Nationalversammlung, sofern nicht mit Zweidrittelmehrheit der Ausschluss der Öffentlichkeit beschlossen wurde (§ 16 GO NV). Auch die preußischen Verfassungen von 1848 (Art. 78) und 1850 (Art. 79) sahen grundsätzlich Öffentlichkeit der Sitzungen beider Kammern vor. Die meisten Verfassungen sahen auch die Veröffentlichung von amtlichen Sitzungsprotokollen vor.

[795] Engagierte Fürsprecher einer unbeschränkten Öffentlichkeit der Kammerverhandlungen waren Rotteck und Mohl, beide langjährige Mitglieder des badischen Landtags (jedoch nicht zur

den Debatten und für amtliche Protokolle hierüber. Die Berichterstattung der Presse litt hingegen unter Pressebeschränkungen insbesondere zur Zeit des deutschen Vormärz.[796] Eine für die liberale Staatslehre zu Zeiten des Deutschen Bundes besonders kennzeichnende Begründung des Öffentlichkeitsprinzips gab Rönne, für den die Öffentlichkeit der Sitzungen und die Veröffentlichung von Protokollen zu den »wesentlichen Erfordernissen der Repräsentativ-Verfassung« gehört.[797] Nur so habe das Volk die Möglichkeit, genaue Kenntnis von der Tätigkeit der von ihm gewählten Vertreter zu erlangen, um beurteilen zu können, ob sie das in sie gesetzte Vertrauen rechtfertigen. Außerdem beuge das Öffentlichkeitsprinzip Pflichtverletzungen der Regierung vor, da diese fürchten muss, dass ihre Pflichtverletzungen Gegenstand öffentlicher Verhandlungen in der Volksvertretung werden.

b) Umfang der Beratung im Plenum

Zahlreiche Stimmen in der deutschen Gesetzgebungsliteratur des 19. Jahrhunderts wollten die Mitwirkung der Ständeversammlung bei Gesetzesvorhaben – entweder insgesamt oder zumindest bei der Beratung und Beschlussfassung im Plenum – auf Grundsatzfragen beschränken. Frühe Vertreter dieser Ansicht sind Scheurlen, Heinrich Albert Zachariä und Geib.[798] Wiederkehrende Hauptargumente gegen eine Detailberatung des Plenums über jeden Artikel eines Gesetzesvorhabens sind der hierdurch bedingte zu große Zeitverlust, der größere Gesetzesvorhaben praktisch unmöglich mache, außerdem die Gefahr, dass der innere Zusammenhang des Entwurfs durch mit dem Ganzen nicht abgestimmte Einzeländerungen verloren gehe und schließlich die mangelnde Sachkompetenz vieler Abgeordneten.[799] Nach der Ansicht Scheurlens solle das Plenum daher auf Grundlage des Ausschussberichtes nur über die Hauptgrundsätze beraten und beschließen. Sich hieraus ergebende Detailänderungen solle der Ausschuss, an den der Gesetz-

---

gleichen Zeit); vgl. *Rotteck.*, Bd. 2, S. 277: nur durch unbeschränkte Öffentlichkeit sei eine »lebendige Wechselwirkung« zwischen Volk und Kammer möglich; *Mohl*, Staatsrecht, S. 304 ff: nicht-öffentliche Verhandlungen sollten auf seltene und durch den Verhandlungsgegenstand bedingte Ausnahmefälle beschränkt bleiben.

[796] *Müller* (S. 38 f.) und *Mohl* (Staatsrecht, S. 61) sahen die Beschränkungen der Pressefreiheit als ein wesentliches Hemmnis für eine Verbesserung der Gesetzgebung (Müller) bzw. für das Funktionieren der landständischen Einrichtungen (Mohl) an.

[797] *Rönne*, Bd. 1, S. 526 f.

[798] *Scheurlen*, S. 118 f.; *H. A. Zachariä*, Archiv des Criminalrechts, Neue Folge, 1835, S. 278; *Geib*, S. 170 ff. In die gleiche Richtung geht auch die Ansicht von *Planitz*, Zeitschrift f. dt. Recht u. dt. Rechtswissenschaft, Bd. 11 (1847), S. 498, wonach die Mitwirkung der Volksvertreter an der Gesetzgebung bei umfassenden Gesetzesvorhaben, die komplizierte zivilrechtliche Verhältnisse regeln, »nicht heilsam« sei.

[799] *Geib*, S. 171 f., sieht diese Übelstände bei den in verschiedenen deutschen Territorien durchgeführten Gesetzgebungsverfahren für Strafgesetzbücher bestätigt und glaubt, dass diese sich bei der Beratung von Zivilgesetzbüchern wegen des fehlenden Zusammenhangs mit dem Volksbewusstsein noch verstärkt bemerkbar machen.

entwurf zu diesem Zweck zurückzuverweisen sei, dann selbständig vornehmen. Anschließend bliebe dem Plenum nur das Recht, den Entwurf mit den vom Ausschuss nach Rückverweisung vorgenommenen Änderungen insgesamt anzunehmen oder zu verwerfen, nicht aber selbst Detailänderungen vorzunehmen.

Die Ablehnung von Detailberatungen einer Gesetzesvorlage durch alle Abgeordneten blieb nicht auf die Frühzeit des deutschen Konstitutionalismus beschränkt. Auch noch zu Beginn des zwanzigsten Jahrhunderts vertraten Zitelmann und Mayr die Ansicht, das Plenum einer Volksvertretung solle nur die Grundsätze eines Gesetzentwurfs diskutieren, die Details aber ganz einem einzelnen Gesetzesredaktor (Zitelmann) oder einem sachkundigen Ausschuss (Mayr) überlassen.[800] Dem Plenum der Volksvertretung solle dann nur das Recht zustehen, den vorgelegten Gesetzentwurf insgesamt zu billigen oder zu verwerfen.

Andererseits gab es in der deutschen Gesetzgebungsliteratur des 19. Jahrhunderts aber auch namhafte und praxiserfahrene Stimmen, nämlich Mittermaier, Wächter und Mohl, die eine Beschränkung der Befassungskompetenz des Plenums auf Grundsatzfragen und auf ein pauschales Annahme- oder Verwerfungsrecht ablehnten. Mittermaier, Mitglied des badischen Landtags, mehrfach Präsident der zweiten Kammer und später auch Mitglied der Frankfurter Nationalversammlung, beurteilte die Mitwirkung der Stände bei Gesetzgebungsverfahren insgesamt positiv, unter anderem weil so die Bedürfnisse des praktischen Lebens von der Gesetzgebung besser erkannt und abgewogen werden könnten.[801] Zwar sah auch er Probleme bei der Beratung umfangreicher Gesetzesvorhaben in Ständeversammlungen, glaubte diesen aber durch geeignete Geschäftsordnungsmaßnahmen begegnen zu können, ohne die Befassungskompetenz des Plenums einzuschränken.[802] Wächter, Mitglied des württembergischen Landtages und ebenfalls mehrfach Präsident der zweiten Kammer, wies darauf hin, dass die allgemeinen Prinzipien eines Gesetzesvorhabens erst durch ihre konkrete Ausgestaltung im Detail ihre nähere Bestimmung und eigentümlichen Charakter erhalten, weshalb sich die Beratungen der Ständeversammlung auch auf solche Detailfragen erstrecken

---

[800] *Zitelmann*, Kunst, S. 6/246; *Mayr*, Gesetzeskunst, S. 12 f. Zitelmann vergleicht die Abfassung eines Gesetzes mit einem Bauvorhaben: Das Parlament als der Bauherr solle nur bei der Feststellung des Bauplanes mitwirken und das Recht haben, den fertigen Bau im Ganzen abzunehmen oder die Abnahme zu verweigern. Bei der Ausführung des Baues soll der Bauherr (das Parlament) dem Baumeister hingegen nicht hineinreden.

[801] *Mittermaier*, Die Strafgesetzgebung in ihrer Fortbildung, Teil 1, S. 208; *ders.*, AcP 17 (1834), S. 141: »… der richtige gesunde Sinn mancher Bürger trifft viel besser als mancher durch Gelehrsamkeit und ewige Relationen verbildete …«

[802] *Mittermaier*, AcP 17 (1834), S. 138 ff. Zu den von Mittermaier empfohlenen Geschäftsordnungsmaßnahmen, um die Beratung größerer Gesetzesvorhaben in der Ständeversammlung ohne zu großen Zeitverlust oder Verlust an Gründlichkeit durchführen zu können, zählte die Aufteilung des Plenums in einzelne Sektionen zur Beratung des Entwurfs, die gestufte Beratung und Abstimmung erst über Grundsatzfragen und dann über Details und die Zulassung nur ausformulierter, schriftlicher Änderungsanträge.

müssten.[803] Mohl, wie Mittermaier und Wächter mit praktischer Erfahrung als Landtagsabgeordneter ausgestattet,[804] lehnte mit ähnlicher Begründung eine Beschränkung des Befassungsrechts der Ständeversammlung ab.[805] Ausnahmen von der umfassenden Befassungskompetenz akzeptierte er nur aus äußerer Notwendigkeit, nämlich wenn mehrere Staaten aus Gründen der Rechtsvereinheitlichung ein einheitliches Gesetzgebungsvorhaben verwirklichen wollen oder wenn die Regierung ihren Gesetzentwurf für ein untrennbares Ganzes erklärt.[806]

In der deutschen Parlamentspraxis übernahmen die beiden Verfassungen Hannovers von 1833 und 1840 die Theorie von der Beschränkung der Mitwirkung der Ständeversammlung an der Gesetzgebung auf wesentliche Fragen des Gesetzesvorhabens.[807] Beide Verfassungen sahen vor, dass die Mitwirkung der Stände an der Gesetzgebung sich auf den wesentlichen Inhalt der Gesetze beschränkt und die Bearbeitung der Gesetze nach Maßgabe der ständischen Beschlüsse allein durch die Regierung erfolgt.[808] Hierin lag also nicht nur eine Beschränkung der Plenarberatungen, sondern insgesamt der Ständemitwirkung. Die von den Ständen beschlossenen Änderungen wurden nicht durch den von der Kammer eingesetzten Ausschuss umgesetzt, sondern von der Regierung. War diese abschließende Bearbeitung des Gesetzentwurfs durch die Regierung erfolgt, verblieb der Ständeversammlung nur die Möglichkeit, den Entwurf insgesamt anzunehmen oder abzulehnen; Änderungsanträge waren nicht mehr zulässig.[809] Eine Ausnah-

---

[803] *Wächter*, Archiv des Criminalrechts, Neue Folge, 1839, S. 354; vgl. *ders.*, Art. »Gesetzgebung«, in: Staats-Lexikon (3. Aufl.), Bd. 6, S. 504, wo er auch darauf hinweist, dass Detailberatungen im Plenum häufig durch eine gute Vorbereitung im Ausschuss verkürzt werden können.

[804] Mohl war kurzzeitig Mitglied des württembergischen Landtags und später des badischen Landtags, wo er zeitweise auch Präsident der ersten Kammer war; außerdem war er wie Mittermaier Mitglied der Frankfurter Nationalversammlung und in späten Jahren auch noch des Reichstages; vgl. hierzu seine zweibändigen Lebenserinnerungen.

[805] *Mohl*, Politik, Bd. 1, S. 555, Fn. 1: Die allgemeinen Grundsätze erhalten erst durch ihre Ausgestaltung ihre rechte Bedeutung; auch komme es darauf an, die rechte Tragweite sowie erforderliche Ausnahmen oder Milderungen der allgemeinen Grundsätze durch das Plenum zu bestimmen.

[806] *Mohl*, Politik, Bd. 1, S. 553 f. Bei der ersten von Mohl angesprochenen Ausnahme hatte er das aktuelle Beispiel des Allgemeinen Deutschen Handelsgesetzbuchs im Blick, das 1861 ähnlich wie schon zuvor die Wechselordnung durch einheitliche Verabschiedung in den einzelnen Territorien zustande kam.

[807] Die eher liberale Verfassung von 1833 war von König Ernst August 1837 einseitig aufgehoben worden. In dem nachfolgenden Verfassungskonflikt konnte sich der König durchsetzen. Die Rechte der Bürger bzw. Stände wurden in der Verfassung von 1840 gegenüber 1833 eingeschränkt. Die Beschränkung der Mitwirkung bei Gesetzesvorhaben war allerdings schon in der Verfassung von 1833 vorhanden, also kein Resultat der restaurativen Tendenz der Verfassung von 1840.

[808] § 85 der Verfassung von 1833 u. § 113 der Verfassung von 1840. Zusätzlich zu der ohnehin eingeschränkten Mitwirkung der Stände bei der Gesetzgebung billigten beide Verfassungen dem König ein weitreichendes Notverordnungsrecht zu (§ 87 der Verfassung von 1833 u. § 122 der Verfassung von 1840).

[809] § 64 GO Hannover.

me bestand jedoch nach der Verfassung von 1840 für Gesetze über Steuern und andere Lasten, bei denen die Ständeversammlung »das völlige Recht der Zustimmung« hatte.[810]

Häufiger als eine derartige von der Verfassung vorgegebene Beschränkung der Beratungskompetenz der Stände auf Grundsatzfragen war eine faktische Selbstbeschränkung des Plenums einer Kammer auf eine Grundsatzdiskussion und nachfolgende En-bloc-Abstimmung über einen Gesetzesentwurf nach Maßgabe der Beschlussvorschläge des von der Kammer eingesetzten Ausschusses. So wurde etwa im preußischen Landtag 1851 im Zusammenhang mit der Verabschiedung des Strafgesetzbuchs verfahren. Beide Kammern beschränkten sich hier im Plenum auf eine Generaldebatte des Entwurfs und nahmen diesen en bloc in der Fassung an, auf welche sich die beiden Ausschüsse der Kammern mit den Regierungsvertretern verständigt hatten.[811] Der Berichterstatter der Zweiten Kammer begründete den Antrag auf En-bloc-Abstimmung hierbei insbesondere mit dem uns bereits aus der Gesetzgebungsliteratur bekannten Argument, dass nur so vermieden werden könne, dass Abänderungsanträge zu Detailbestimmungen gestellt würden, die für sich betrachtet vorteilhaft sein mögen, die innere Harmonie und Konsequenz des Entwurfs aber stören könnten.[812]

Auch bei der Vorlage des BGB-Entwurfs an den Reichstag hatte die Reichsregierung anfänglich gehofft, dass das Parlament auf Detailberatungen verzichten und sich auf eine kursorische Prüfung der wirtschaftlichen, politischen und sozialen Grundzüge des Entwurfs beschränken werde.[813] Zum Teil wurde in der Öffentlichkeit weitergehend sogar eine En-bloc-Annahme der Bundesratsvorlage

---

[810] § 114 der Verfassung von 1840.

[811] Sitzung der Zweiten Kammer v. 27. März 1851, in: Verhandlungen der Ersten und Zweiten Kammer, S. 1–43, hier: S. 31; Sitzung der Ersten Kammer v. 12. April 1851, ebd., S. 418–444, hier: S. 443 f. Vgl. hierzu *Goltdammer*, Bd. 1, S. XVI; *Hälschner*, S. 282 f. Das Plenum des Vereinigten ständischen Ausschusses hatte sich 1848 hingegen nicht auf eine Generaldebatte des Strafgesetzbuchentwurfs nach Maßgabe der Beschlussvorschläge der vorbereitenden Abteilung beschränkt, sondern den Entwurf in 34 Sitzungen von Januar bis März 1848 im Detail beraten und schließlich eine Verschiebung der Inkraftsetzung bis zur Vorlage einer neuen Kriminalprozessordnung gefordert; die Sitzungsprotokolle sind abgedruckt bei *Bleich*, Bd. 1, S. 167–374; vgl. hierzu *Berner*, S. 238; *Hälschner*, S. 280 f.; *Stölzel*, Rechtsverwaltung, Bd. 2, S. 613, 619.

[812] Verhandlungen der Ersten und Zweiten Kammer, S. 5 f. (Berichterstatter von Patow). Auch der Justizminister Simons warnte vor den Gefahren für den organischen Zusammenhang des Entwurfs und namentlich für die gleichmäßige Abmessung der Strafen, falls die Kammer in Detailberatungen eintreten würde (ebd., S. 14). Außerdem führte er als weitere Argumente für die Selbstbeschränkung der Kammer auf eine En-bloc-Abstimmung die zahlreichen anderen Vorlagen an, mit denen sich die Kammer in der Session noch zu beschäftigen habe, wie auch die eingehenden Prüfungen, die der Entwurf nicht nur in den Landtagsausschüssen, sondern auch bereits zuvor in den Provinziallandtagen und im Vereinigten ständischen Ausschuss erfahren habe (ebd., S. 13).

[813] Rede des Staatssekretärs im Reichsjustizamt Nieberding vor dem Reichstag am 21. März 1895, in: Stenographische Berichte über die Verhandlungen des Deutschen Reichstages, IX. Legislaturperiode, 3. Session 1894/95, Bd. 2, S. 1625.

durch den Reichstag gefordert.[814] Hierzu waren jedoch im Reichstag lediglich die nationalliberale Partei und die Reichspartei bereit; in erster Lesung im Reichstagsplenum einigte man sich schließlich darauf, den Entwurf zu Detailberatungen an einen Ausschuss zu verweisen, diesem aber ausdrücklich auch das Recht einzuräumen, einzelne Abschnitte des Entwurfs ohne nähere Beratung en bloc anzunehmen.[815]

Ähnlich wie die Reichsregierung im Zusammenhang mit der Bundesratsvorlage des BGB-Entwurfs an den Reichstag hatte auch in der Schweiz der Bundesrat bei Vorlage des ZGB-Entwurfs an die Bundesversammlung anfänglich gehofft, National- und Ständerat würden sich auf eine Grundsatzdiskussion beschränken und etwaige Änderungswünsche nicht selbst redaktionell umsetzen, sondern den Entwurf zu diesem Zwecke an den Bundesrat zurückverweisen. Dahinter stand nicht so sehr wie beim BGB-Entwurf die Sorge, dass im Falle einer Detailberatung im Parlament das ganze Gesetzgebungsvorhaben letztlich scheitern könne, sondern die uns aus der Gesetzgebungstheorie bekannte Besorgnis, dass Detailberatungen im National- und Ständerat und die eigene redaktionelle Umsetzung von Änderungswünschen durch das Parlament die Präzision und die innere Folgerichtigkeit des komplexen Gesetzgebungswerks beeinträchtigen würden.[816] National- und Ständerat leisteten dieser Aufforderung keine Folge, sondern berieten den Gesetzentwurf im Detail zunächst in 1904 bzw. 1905 eingesetzten Ausschüssen, ab 1905 dann auch im Plenum beider Räte. Die Detailberatungen nahmen viel Zeit in Anspruch (allein die Plenarberatungen des National- und Ständerats zogen sich über mehrere Sessionen von Juni 1905 bis Juni 1907 hin) und führten zu zahlreichen Änderungen an dem Entwurf, die jedoch nicht einschneidender Natur waren.[817] Auch dem Anraten des Bundesrates zur Rückverweisung des Entwurfs

---

[814] Vgl. *Vormbaum*, S. XXXV f.; *Schulte-Nölke*, S. 230 f.; *John*, S. 205, 207

[815] Zur Haltung der Nationalliberalen in dieser Frage s. die Rede des Abgeordneten v. Cuny in erster Lesung des BGB-Entwurfs am 3. Februar 1896, in: Stenographische Berichte über die Verhandlungen des Deutschen Reichstages, IX. Legislaturperiode, 4. Session 1895/97, Bd. 1, S. 717 (»…was meine Partei weitaus am liebsten gesehen hätte, das wäre die Annahme dieser Vorlage des bürgerlichen Gesetzbuchs en bloc.«). Der Zentrumsabgeordnete Rintelen hielt dieses Ansinnen hingegen »für eine ganz ungeheuerliche Zumutung« (ebd., Bd. 1, S. 711). Zur Ermächtigung an den Reichstagsausschuss, einzelne Abschnitte des Entwurfs en bloc anzunehmen, s. oben S. 188.

[816] Botschaft des Bundesrates an die Bundesversammlung v. 28. Mai 1904, S. 99: »In der Redaktion wurde auf möglichste Präzision und auf innern Zusammenhang gehalten, und wenn dieses Ziel überhaupt erreicht worden ist, so kann das Errungene nur dann auf die Dauer erhalten werden, wenn sich die gesetzgebenden Räte auf die prinzipielle Diskussion beschränken und allfällige abweichende Beschlüsse an den Bundesrat zum Zwecke der redaktionellen Umarbeitung und zur Wiedervorlage zurückweisen wollen.« Eine entsprechende Aufforderung hatte der Bundesrat bereits 1879 bei Vorlage des Obligationenrechtsentwurfs an die Bundesversammlung gerichtet.

[817] Zwei Abschnitte des Entwurfes wurden in den parlamentarischen Verhandlungen jedoch komplett gestrichen, nämlich die Bestimmungen zu Wasserrechten und Bergwerken (Art. 922–960 des Entwurfs von 1900), welche der Spezialgesetzgebung vorbehalten wurden. Anderes wurde

zwecks redaktioneller Umsetzung der beschlossenen Änderungen kamen die Räte nicht nach, sondern übertrugen die redaktionelle Umsetzung ihrer Beschlüsse dem nach dem schweizerischen Bundesgesetz über den Geschäftsverkehr vorgesehenen Redaktionsausschuss aus Mitgliedern beider Räte.[818] Dass es dennoch im Großen und Ganzen nicht zu den befürchteten Beeinträchtigungen in der inneren Folgerichtigkeit des Gesetzeswerks kam, dürfte nicht zuletzt auf der sorgfältigen Arbeit dieses Redaktionsausschusses zurückzuführen sein, die dadurch erleichtert wurde, dass Huber auch diesem Gremium angehörte und der Mehrheit der Ausschussmitglieder das Gesetzgebungswerk nicht nur aus den parlamentarischen Beratungen, sondern auch schon aus ihrer Mitarbeit in der vorparlamentarischen großen ZGB-Kommission vertraut war.[819]

Es mag überraschen, dass man auch in England im 19. Jahrhundert einen bedeutenden Gegner der umfassenden Befassungskompetenz des Parlaments bei Gesetzgebungsarbeiten fand und noch dazu einen an Bentham geschulten Utilitaristen. John Stuart Mill war – wie Bentham und viele andere Gesetzgebungstheoretiker – der Auffassung, dass die Bestimmungen eines neuen Gesetzes mit stetem Blick auf ihre Auswirkungen auf alle übrigen Bestimmungen abgefasst werden müssen und im Einklang stehen sollen mit den bereits bestehenden Gesetzen.[820] Anders als Bentham[821] zog er aber hieraus die Konsequenz, dass sich diese Aufgabe unmöglich verwirklichen lasse, wenn ein Gesetzentwurf Klausel für Klausel in einer großen Volksvertretung zur Abstimmung komme.[822] Die gegen-

---

erst in den parlamentarischen Beratungen in das Gesetzbuch aufgenommen, so die höchst lückenhafte Regelung zum familienrechtlichen Beirat (Art. 395 ZGB; vgl. hierzu *R. Gmür*, S. 99 ff.).

[818] Vgl. Art. 8 f. des Bundesgesetzes über den Geschäftsverkehr v. 9. Oktober 1902.

[819] Zu den Mitgliedern des gemeinsamen ZGB-Redaktionsausschusses von National- und Ständerat und ihrer Arbeit s. im einzelnen den Bericht der Redaktionskommission des Zivilgesetzbuches an die Bundesversammlung v. 20. November 1907, in: Bundesblatt der Schweizerischen Eidgenossenschaft 1907, Bd. 6, S. 367–371; *Gauye*, Schweizerische Zeitschrift für Geschichte 13 (1963), S. 88; *Dölemeyer*, ZGB, S. 1983. Dem Bericht zufolge war die Arbeit des Redaktionsausschusses nicht ausschließlich streng redaktioneller Art, sondern bestand auch in der Schließung kleinerer Lücken und der Ausräumung von Widersprüchen und Unklarheiten, jedoch ohne materielle Änderungen vorzunehmen, die im Widerspruch zu den Beschlüssen der Räte stünden. In den Schlussabstimmungen im National- und Ständerat am 10. Dezember 1907 wurde die vom Redaktionsausschuss erarbeitete Fassung des Gesetzbuchs von beiden Räten einstimmig angenommen.

[820] Zum Folgenden: *J. S. Mill*, Considerations, S. 97 ff.

[821] Für Bentham war es selbstverständlich, dass sich das Parlament – auch im Plenum – mit allen Aspekten eines Gesetzentwurfs im Detail beschäftigen konnte. Zwar ersann er einen Gesetzgebungsminister zur formellen Überprüfung und Verbesserung von Gesetzentwürfen (s. oben S. 82) sowie ein Verfahren zur Gesetzesrevision ohne zwingende Beteiligung des Parlaments (s. unten S. 283), doch konnte das Parlament das Verfahren jederzeit an sich ziehen und einen Gesetzentwurf bis ins letzte Detail behandeln.

[822] *Mill* verbindet diese Analyse mit einem heftigen Seitenhieb auf den gegenwärtigen Zustand des englischen Rechts, der wieder ganz im Sinne Benthams ausfällt: »The incongruity of such a mode of legislating [scil. die Detailberatung und Änderung von Gesetzentwürfen durch eine große Versammlung] would strike all minds, were it not that our laws are already, as to form and

wärtige Vorgehensweise bei der parlamentarischen Beratung von Gesetzesvorhaben beanspruche im Übrigen so viel Zeit, dass größere Gesetzesvorhaben kaum zu verwirklichen seien. Wir finden hier also die gleichen Argumente wieder, die auch in der deutschen Gesetzgebungstheorie gegen die umfassende Befassungskompetenz des Parlaments eingewendet wurden: Schwerfälligkeit, wodurch umfangreiche Gesetzesvorhaben in angemessener Zeit nicht zu verwirklichen seien, sowie innere und äußere Inkonsequenz des Gesetzes infolge leichtfertiger Änderungen, die das Verhältnis zu anderen Bestimmungen und Gesetzen nicht beachten. Aufgabe von Volksvertretungen kann es nicht sein, folgert Mill, Gesetze selbst zu fertigen oder zu ändern, sondern nur, die richtigen Personen mit der Ausarbeitung zu beauftragen und das Resultat zu sanktionieren oder zu verwerfen.[823] Die Regierung solle daher eine stehende Gesetzgebungskommission bilden, deren Aufgabe die Ausarbeitung der Gesetze ist. Die Sanktionierung verbleibe beim Parlament, welches der Kommission Instruktionen geben kann und eine Überarbeitung der Kommissionsentwürfe verlangen kann, doch soll das Parlament nicht selbst Änderungen an den Gesetzentwürfen vornehmen. Entsprechend sollen von einzelnen Abgeordneten eingebrachte Gesetzentwürfe zunächst der Gesetzgebungskommission vorgelegt werden. Die Beratung der Gesetzentwürfe im *Committee of the whole House* werde auf diese Weise hinfällig und zwar ganz in englischer Manier, d.h. nicht durch förmliche Aufhebung dieser Einrichtung, sondern durch deren absterbenden Gebrauch in der Praxis. Durch diese Maßnahmen würde die Gesetzgebungsarbeit nach Ansicht Mills endlich zu einem professionellen Werk geschulter und erfahrener Personen, wobei das wichtigste Freiheitsrecht der Staatsbürger, nämlich nur von Gesetzen regiert zu werden, denen ihre frei gewählten Vertreter zugestimmt haben, unangetastet bleibe. Das Parlament könne sich dann auf seine eigentliche Aufgabe konzentrieren, welche die Kontrolle der Regierung sei, anstatt zu versuchen, die Aufgaben der Regierung zu übernehmen.[824]

Als Mill diese Forderungen Mitte des 19. Jahrhunderts niederschrieb, befand sich das *law-making* in England im Umbruch. Immer mehr Gesetzentwürfe entstanden in der Verantwortung der Regierung, die sich hierbei zunehmend der professionellen Hilfe durch *Parliamentary Counsels* bediente, was ganz im Sinne der Millschen Forderungen lag.[825] Auch fehlte es in England im 19. Jahrhundert nicht an Klagen – ähnlich denen in Deutschland –, dass viele Ungereimtheiten und Widersprüche in den *Acts of Parliament* auf schlecht durchdachten Änderungen beruhten, welche in den beiden Häusern des Parlaments im Zuge politischer

---

construction, such a chaos, that the confusion and contradiction seem incapable of being made greater by any addition to the mass.« (Considerations, S. 97f.).

[823] *J.S. Mill*, Considerations, S. 100ff.

[824] *J.S. Mill*, Considerations, S. 106.

[825] S. oben S. 100ff. Letztlich erlebte mit dem Amt des *Parliamentary Counsel* auch Benthams Idee eines Gesetzgebungsministers eine partielle Verwirklichung.

Kompromisse vorgenommen würden. So stellte ein 1875 eingesetzter Parlaments-ausschuss, der bestehende Defizite in der Gesetzgebungstechnik zu untersuchen hatte, in seinem Abschlussbericht fest, dass einer der Hauptmängel in den Unklar-heiten liege, welche durch schlecht durchdachte und mit dem Rest einer Geset-zesvorlage nicht abgestimmte Änderungen hervorgerufen würden.[826] Anders als von Mill gefordert, zog man hieraus aber nicht die Konsequenz, die Rechte des Parlaments, bis ins Detail Änderungen der Gesetzesvorlagen vorzunehmen, zu beschneiden. So betonte auch der eben erwähnte parlamentarische Abschluss-bericht, dass derartige Mängel zuweilen politisch unvermeidbar seien, da das Aufsuchen politischer Kompromisse häufig Vorrang habe vor gesetzestechnischen Überlegungen.[827] Doch führte der zunehmende Umfang der Gesetzgebungs-arbeit wie auch die Professionalisierung der Erstellung der Gesetzesvorlagen dazu, dass die Beratung in Form des *Committee of the whole House*, wie von Mill vorher-gesehen, immer mehr zurückging und sich die parlamentarische Gesetzgebungs-arbeit in *standing committees* verlagerte.[828]

Als der *Legislative Council* in Britisch-Indien 1854 sein Gesetzgebungsverfahren nach englischem Vorbild gestaltete und Ausschussberatungen nach zweiter Le-sung einführte, übernahm er auch die Institution des *Committee of the whole House*, um Detailberatungen eines Gesetzentwurfs durch alle Mitglieder des *Legislative Council* in einer gegenüber den eigentlichen Plenarberatungen weniger formali-sierten Weise zu ermöglichen. So ließ es sich das Plenum des *Legislative Council* auch im Zusammenhang mit der Verabschiedung des indischen Strafgesetzbuchs nicht nehmen, trotz der mehrjährigen Detailberatungen des Entwurfs in einem *select committee* nach der Rücküberweisung an das Plenum erneut in Form des *Committee of the whole Council* in Detailberatungen über den Entwurf einzutreten und zahlreiche weitere Detailänderungen vorzunehmen.[829]

---

[826] Report from the Select Committee on Acts of Parliament, 25 June 1875, S. v, in: Parlia-mentary Papers 1875 (280) viii. Ähnlich hatte bereits 1857 der damalige *Home Office Counsel* Walter Coulson Änderungen, die im Verlauf des Parlamentsverfahrens an einer Gesetzesvorlage gemacht werden, als eine der Hauptquellen für die Mängel des *statute law* bezeichnet (Report from the Select Committee on the Statute Law Commission, 10 March 1857, S. 6 (evidence of Walter Coulson), in: Parliamentary Papers 1857 – Session 1 (99) ii).

[827] Report from the Select Committee on Acts of Parliament, 25 June 1875, S. v, in: Parliamen-tary Papers 1875 (280) viii.

[828] S. oben S. 175 mit Fn. 711.

[829] Die Beratungen des Strafgesetzbuchentwurfs im *Committee of the whole Council* dauerten vom 11. August 1860 bis zum 6. Oktober 1860 (Proceedings of the Legislative Council of India, Bd. 6 (1860), Sp. 939 ff.). Der Unterschied zwischen Beratungen im *select committee* und solchen im Plenum oder im *committee of the whole Council* war in Britisch-Indien zu dieser Zeit aber, was die Zahl der Teilnehmer betrifft, gering: Die durchschnittliche Präsenz im Plenum des *Legislative Council* lag bei den Beratungen zum Strafgesetzbuchentwurf bei nur sechs bis sieben Personen.

c) Mehrmalige Lesung

Im 19. Jahrhundert wurde die Frage nach der zweckmäßigen Anzahl von Lesungen eines Gesetzentwurfs im Parlament unterschiedlich beurteilt. In England war die Aufteilung der parlamentarischen Beratung in drei Lesungen eine bereits seit dem 16. Jahrhundert weitgehend unverändert bestehende und bewährte Praxis.[830] Nach dieser Praxis war mit der ersten Lesung die Frage verknüpft, ob der jeweilige Gesetzentwurf überhaupt im Parlament weiter behandelt werden soll; Änderungsanträge oder eine Plenardebatte waren in diesem Stadium nicht üblich.[831] Die zweite Lesung beinhaltete dann eine Debatte über die grundsätzlichen Bestimmungen des Entwurfs, gewöhnlich aber noch nicht über Details.[832] Mit Abschluss der zweiten Lesung erfolgte die Verweisung an einen Ausschuss. Hatte dieser seine Arbeit vollendet, wurde hierüber im Plenum Bericht erstattet (*report stage*), woran sich eine Plenardebatte über den gesamten Gesetzentwurf einschließlich Details und Änderungsvorschlägen des Ausschusses knüpfen konnte. Die dritte Lesung diente dann der Feststellung des Gesetzeswortlauts in seiner endgültigen Fassung.[833] Eine erneute Verweisung an den Ausschuss war hierbei möglich. Diese Praxis der dreimaligen Lesung war in England auch in der Gesetzgebungstheorie unbestritten.[834] In Britisch-Indien wurden ab 1854 Gesetzentwürfe ebenfalls in drei Lesungen im *Legislative Council* beraten.[835]

Der deutsche Frühkonstitutionalismus des 19. Jahrhunderts orientierte sich in der Frage mehrmaliger Lesungen aber ganz überwiegend nicht an dem englischen Vorbild. Mit Ausnahme des mit England dynastisch verbundenen Hannover[836]

---

[830] Vgl. *Redlich*, S. 659 ff.

[831] *May*, Kap. XXI, S. 513 ff.; ebenso *Jefferson*, Kap. XXIV, S. 181. Bis 1902 erforderte die Einbringung eines Gesetzentwurfs im Unterhaus die formelle Erlaubnis des Hauses in Form eines *order of the House*; die eigentliche erste Lesung, mit der die Anordnung der Drucklegung des Entwurfs verbunden war, war bereits im 19. Jahrhundert reine »Formsache« (vgl. *Redlich*, S. 635 ff.). Häufig fehlten in diesem Stadium im Gesetzentwurf auch noch Beträge und andere Angaben (etwa die Höhe einer Strafe oder die Länge einer Frist), die erst im Verlauf der weiteren Beratungen ergänzt wurden (vgl. zu dieser Praxis *Blackstone*, Bd. 1, S. 175 (Book 1, Chap. 2); *Bentham*, Political Tactics, Kap. X, S. 123; *Jefferson*, Kap. XL, S. 239; *Cohen*, S. 117). *Bentham* (ebd.) kritisierte diese Praxis und forderte, dass schon bei der ersten Lesung lückenlose Gesetzentwürfe vorliegen sollen.

[832] *May*, Kap. XXI, S. 524 ff.; ebenso *Jefferson*, Kap. XXV, S. 182.

[833] *May*, Kap. XXI, S. 571 ff. Vgl. zu den einzelnen Beratungsstadien auch *Igwecks*, S. 32 ff.

[834] *Bentham* streift die Einrichtung der dreimaligen Lesung, die er wohl für selbstverständlich hielt, in seiner Schrift »Political Tactics« nur am Rande, wobei er den Vorzug hervorhebt, der in der Möglichkeit besteht, zu drei unterschiedlichen Zeitpunkten die Debatte über ein Gesetz vor seiner Verabschiedung wieder aufzunehmen (Kap. IX, S. 115). Sein Genfer Herausgeber Dumont nahm ein Kapitel zu dieser Frage aus eigener Feder in die französische Ausgabe »Tactique des assemblées législatives, suivie d'un traité des sophismes politiques« von 1816 auf (Kap. XVIII der Ausgabe von 1816 = Political Tactics, Kap. XI, § 3), in dem er sich entschieden für das englische System der dreimaligen Lesung ausspricht, da die hierdurch bedingten Verzögerungen im Interesse der Qualität der Beschlüsse in Kauf zu nehmen seien.

[835] Standing Orders 1854, sec. 56 ff.

[836] Die Geschäftsordnung der Hannoveraner Ständeversammlung sah für Gesetzesvorhaben zwingend eine dreimalige Lesung vor (§ 63 GO Hannover). Anders als beim englischen Vorbild

sahen die Verfassungen und parlamentarischen Geschäftsordnungen der bedeutenderen deutschen Territorien mit landständischer Vertretung grundsätzlich keine mehrmaligen Lesungen vor.[837] Dem folgten auch führende deutsche Gesetzgebungstheoretiker und Parlamentspraktiker ihrer Zeit wie Mittermaier und Mohl.[838] Mohl begründete die englische Praxis mit dem Fehlen einer vorbereitenden Ausschusstätigkeit. Bereitet ein Parlamentsausschuss die Beratung im Plenum vor, wie es in den meisten deutschen Landtagen der Fall war, so sei eine anschließende mehrmalige Lesung nur eine »leere Förmlichkeit« und »unnöthiger Zeitverlust«, die im Übrigen einmal erreichte Ergebnisse unnötig wieder in Gefahr setze.[839] Mohl sah den Zweck der englischen Praxis mehrmaliger Lesung in einem Schutz vor Übereilung, der durch die vorbereitende Tätigkeit eines Ausschusses sehr viel besser erreichbar sei. Dabei übersah er, dass die englische Parlamentspraxis der mehrmaligen Lesung neben dem zweifellos auch intendierten Übereilungsschutz insbesondere den Zweck einer verfahrensökonomischen Abschichtung von Vor-

---

erfolgte die Ausschussverweisung einer Gesetzesvorlage jedoch schon zwischen erster und zweiter Lesung. Ausführlich zum Verfahren der dreimaligen Lesung in der Hannoveraner Ständeversammlung: *Hayungs*, S. 386 ff. (mit starker Akzentuierung der Unterschiede zu England).

[837] Vgl. *Mittermaier*, Art. »Geschäftsordnung«, Staats-Lexikon, Bd. 5, S. 649 f. Auch die Geschäftsordnung der Frankfurter Nationalversammlung ließ grundsätzlich eine einmalige Beratung und Abstimmung genügen. Das Plenum konnte aber auf Antrag eines Ausschusses beschließen, dass über einzelne Hauptpunkte einer Vorlage mehrmals und in verschiedenen Sitzungen beraten und abgestimmt wird (§ 44 GO NV). So wurde etwa über den Grundrechtsteil der Reichsverfassung in zwei Lesungen abgestimmt. Im konstitutionellen Preußen war für Verfassungsänderungen eine zweimalige Abstimmung in beiden Kammern erforderlich (Art. 107 der Verfassung von 1850). Außerdem sah die Geschäftsordnung der preußischen Abgeordnetenkammer in zwei Fällen eine zweimalige Abstimmung vor. Zum einen war über Änderungsanträge, die bei der Abstimmung nicht gedruckt vorlagen, im Falle der Annahme in der nächsten Sitzung erneut zu beschließen (§ 46 GO Preußen; jedoch ohne erneute Diskussion). Hiermit war ein Überrumpelungsschutz durch mündlich eingebrachte Änderungsanträge bezweckt. Zum anderen war bei der Annahme von Änderungsvorschlägen zu einzelnen Teilen eines Gesetzesentwurfs nach entsprechender Überarbeitung des Entwurfs durch den Ausschuss über das Gesetz als Ganzes erneut abzustimmen (§ 60 GO Preußen). Entsprechend wurde bei der Beratung des Strafgesetzbuchentwurfs in der Zweiten Kammer des preußischen Landtags 1851 verfahren. Nachdem das Plenum die Vorlage mit den vom Ausschuss empfohlenen Änderungen en bloc angenommen hatte (Sitzung vom 27. März 1851; Verhandlungen der Ersten und Zweiten Kammer, S. 31), erfolgte die Einarbeitung durch den Ausschuss und daraufhin die erneute Abstimmung im Plenum über den Entwurf als Ganzes gemäß § 60 GO Preußen (Sitzung vom 5. April 1851, ebd., S. 415–417).

[838] *Mittermaier*, AcP 17 (1834), 142 ff.; *Mohl*, Politik, Bd. 1, S. 558 f.; *ders.*, Geschichte und Literatur, Bd. 2, S. 78.

[839] *Mohl*, Politik, Bd. 1, S. 558. Mohls Ansicht ist wohl auch Ausdruck seiner allgemeinen Skepsis über den Nutzen der Plenarberatung von Gesetzentwürfen. An anderer Stelle weist er darauf hin, dass die Mitglieder der Ständeversammlung nur selten rechtlichen Sachverstand oder Erfahrungen in Gesetzgebungsarbeiten mitbringen und folgert daraus: »Dass unter diesen Umständen die ständische Mitwirkung zu Rechtsgesetzen immer und in jeder Beziehung eine heilsame sei, kann nicht erwartet werden.« (Politik, Bd. 1, S. 508). Daher legt Mohl das Schwergewicht auf Ausschussberatungen, die stattfinden noch bevor die Volksvertreter Gelegenheit erhalten, im Plenum über den Gesetzentwurf zu beraten. Die Plenarberatungen möchte er dann möglichst zügig durchziehen.

fragen verfolgte. Indem durch die ersten beiden Lesungen geklärt wurde, ob das Gesetzesvorhaben überhaupt weiterverfolgt werden sollte und ob ein mehrheitlicher Konsens über dessen Grundprinzipien bestand, konnten Gesetzesvorhaben, die auf prinzipielle Widerstände stießen, schon früh ausgefiltert werden und die späteren Detailberatungen von solchen Prinzipienfragen möglichst freigehalten werden. Letzteres, nämlich die Abschichtung grundsätzlicher Fragen vor den Detailberatungen, empfahlen auch Mittermaier und Mohl für die parlamentarische Beratung, nur eben nicht als förmlich (und zwingend) voneinander geschiedene Lesungen, sondern als fortschreitenden Gang der Beratung (und auch Beschlussfassung) vom Allgemeinen zum Speziellen.[840] Anderenfalls würden allgemeine Diskussionen wiederholt am unrechten Ort wieder aufleben, nämlich bei einzelnen Bestimmungen oder deren Folgerungen, und führten zu einer unklaren und zeitraubenden Debatte.[841] Anders als Mittermaier und Mohl hob Bluntschli den Nutzen mehrmaliger Beratungen hervor, bevor es zur endgültigen Abstimmung kommt.[842] Bluntschli begründet dies mit der so gewährleisteten Reife der Meinungs- und Willenserzeugung; also dem auch von Mohl in den Vordergrund gestellten Übereilungsschutz.

Die Zurückhaltung gegenüber dem englischen System dreimaliger Lesung im deutschen Frühkonstitutionalismus beruhte aber nicht nur auf »technischen« Überlegungen, wonach die englische Praxis unnötig kompliziert und langwierig sei, sondern diente aus konservativer Sicht auch der Beschränkung öffentlicher Plenardebatten zugunsten der Filterfunktion nicht-öffentlicher Ausschussberatungen, in denen die vom Parlament nicht abhängigen Regierungsvertreter (wenngleich ohne Stimmrecht) häufig starken Einfluss ausübten.

In den sechziger Jahren des 19. Jahrhunderts vollzog sich dann im Reichstag des Norddeutschen Bundes ein Übergang zum System der dreimaligen Lesung, was für die weitere parlamentarische Entwicklung in Deutschland prägend wurde. Der Reichstag des Norddeutschen Bundes hatte zunächst die Geschäftsordnung des preußischen Abgeordnetenhauses übernommen, welche wie die meisten deutschen Länderparlamente nur eine einmalige (bzw. in bestimmten Konstellationen zweimalige) Lesung von Gesetzentwürfen kannte.[843] Es wurde jedoch ein Ge-

---

[840] *Mittermaier*, AcP 17 (1834), S. 142 ff.: Bei komplizierten und kontroversen Vorhaben soll der Ausschuss der Kammer zunächst nur über die grundsätzlichen Fragen Bericht erstatten und die Kammer hierüber abstimmen, bevor Detailberatungen erfolgen. *Mohl*, Politik, Bd. 1, S. 551 ff.: Zunächst soll eine allgemeine Erörterung und gegebenenfalls Beschlussfassung über den Zweck des vorgelegten Gesetzentwurfs, seine Veranlassung und Grundgedanken erfolgen. Entsprechend sah auch die Geschäftsordnung der Abgeordnetenkammer des konstitutionellen Preußens vor, dass bei Plenarberatungen über Gesetzentwürfe zuerst eine Verhandlung über grundsätzliche Fragen erfolgen soll und erst anschließend auf einzelne Artikel und sich hieran anschließende Änderungsvorschläge eingegangen werden soll (§§ 48, 49 GO Preußen).

[841] *Mohl*, Politik, Bd. 1, S. 551 f.

[842] *Bluntschli*, Staatsrecht, Bd. 1, S. 486.

[843] Vgl. oben Fn. 837 zu den einschlägigen Regelungen in der Geschäftsordnung des preußischen Abgeordnetenhauses. Unzutreffend *Ullrich*, S. 130, wonach das System der dreimaligen Le-

schäftsordnungsausschuss eingesetzt, der bereits 1867 Vorschläge zur Abänderung der Geschäftsordnung unterbreitete, die insbesondere vorsahen, nach englischem Vorbild ein System der dreimaligen Lesung einzuführen.[844] Der Ausschuss begründete diesen Vorschlag damit, dass bei der gegenwärtigen Geschäftsordnung keine ausreichenden Mittel vorhanden seien, um Irrtümer und Widersprüche, welche sich bei der Abstimmung über einzelne Bestimmungen eines Entwurfs sehr leicht einschleichen könnten, wieder zu beseitigen und die Harmonie eines Gesetzentwurfs wiederherzustellen. Deshalb solle die Generaldebatte (erste Lesung) vollständig von der Spezialdebatte (zweite Lesung) getrennt werden und der Spezialdebatte noch eine besondere Revision des Entwurfs in der durch die Spezialdebatte erfolgten Umgestaltung nachfolgen (dritte Lesung).[845] Der Ausschussbericht berief sich hierbei ausdrücklich auf das englische Vorbild, welches sich bewährt habe und auf die deutschen Verhältnisse übertragbar sei. 1868 griffen die Abgeordneten Lasker und Twesten die Vorschläge des Geschäftsordnungsausschusses auf und nach kontroverser Debatte nahm der Reichstag des Norddeutschen Bundes die vorgeschlagene Einführung eines Systems der dreimaligen Lesung schließlich an.[846] Indem der Reichstag des Deutschen Reiches 1871 die bisherige Geschäftsordnung des Norddeutschen Bundes übernahm, übernahm er damit auch das System der dreimaligen Lesung, welches er in der Folgezeit auch beibehielt.[847] Von dem Vorbild der englischen Geschäftsordnungspraxis unterschied sich das von den Reichstagen des Norddeutschen Bundes und Deutschen Reiches übernommene System der dreimaligen Lesung aber insbesondere darin, dass bereits in der ersten Lesung eine Generaldebatte stattfand und die Ausschussberatungen regelmäßig zwischen erster und zweiter Lesung erfolgten.[848]

---

sung im Reichstag des Kaiserreiches auf preußischem Vorbild beruhe; tatsächlich übernahm erst der Reichstag des Norddeutschen Bundes in bewusster Abkehr vom preußischen Vorbild das System der dreimaligen Lesung. Im preußischen Abgeordnetenhaus kam es erst 1872 (nachdem entsprechende Anträge der Abgeordneten Lasker und Twesten zuvor mehrfach gescheitert waren) zu einem Übergang zum System dreimaliger Lesung nach dem Vorbild des Reichstags (vgl. *Plate*, S. 14 ff., 51 f.).

[844] Die Vorschläge des Geschäftsordnungsausschusses sind mit ausführlicher Begründung abgedruckt in: Stenographische Berichte über die Verhandlungen des Reichstages des Norddeutschen Bundes, Session 1867, Bd. 2, S. 207–214 (Drucksache Nr. 136 von 1867).

[845] Ebd., S. 208 f.

[846] Sitzung v. 12. Juni 1868; Stenographische Berichte über die Verhandlungen des Reichstages des Norddeutschen Bundes, Session 1868, Bd. 1, S. 369. In seinem Debattenbeitrag berief sich Lasker wiederum auf die englische Geschäftsordnungspraxis, welche in der Abgrenzung der einzelnen Beratungsstadien eines Gesetzentwurfs vorbildlich sei und eine Korrektur schlecht durchdachter Beschlüsse ermögliche (ebd., S. 288 f.). Vgl. hierzu *Igwecks*, S. 220 ff.

[847] Die Übernahme der Geschäftsordnung des Reichstags des Norddeutschen Bundes durch den Reichstag des Deutschen Reiches erfolgte bereits in der ersten Sitzung 1871 auf Vorschlag des Alterspräsidenten ohne Debatte (Stenographische Berichte über die Verhandlungen des Deutschen Reichstages, I. Legislaturperiode, 1. Session 1871, Bd. 1, S. 5). Die folgenden Reichstage haben diese Geschäftsordnung stets (ausdrücklich oder stillschweigend) beibehalten und nur in einzelnen Bestimmungen abgeändert (vgl. hierzu *Hatschek*, Parlamentsrecht, S. 26, 67).

[848] § 16 GO NDB; § 18 GO Reichstag. Entsprechende Bestimmungen enthielt bereits die Geschäftsordnung der Ständeversammlung Hannovers, welche anders als die anderen Landtage des

d) Einbringung von Änderungsanträgen und Reihenfolge der Abstimmung

Änderungsanträge zu einer Gesetzesvorlage konnten in England wie in Deutschland entweder durch den zur Prüfung des Entwurfs eingesetzten Ausschuss erfolgen oder von einzelnen Abgeordneten im Rahmen der Plenarberatungen eingebracht werden. Im ersten Fall waren die Änderungsanträge in aller Regel ausformuliert in dem schriftlichen Ausschussbericht enthalten. Erfolgte ein Änderungsantrag hingegen durch einzelne Abgeordnete im Rahmen der Plenarberatungen, so stellte sich die Frage, welche formalen Anforderungen an einen solchen Antrag zu stellen sind. In der englischen Parlamentspraxis des 19. Jahrhunderts war es üblich, dass Änderungsanträge zu einer Gesetzesvorlage vor der (zweiten oder dritten) Lesung schriftlich eingereicht und zusammen mit der Tagesordnung (*order of the day*) allen Abgeordneten im Vorfeld zugänglich gemacht wurden.[849] Zwingend war dies jedoch nicht. Änderungsanträge konnten auch erst im Zuge der Debatte mündlich eingebracht werden.[850] Die von Bentham favorisierte parlamentarische Verfahrensweise sah ähnlich aus. In der Regel sollten danach Änderungsanträge schriftlich und ausformuliert vor der Debatte eingereicht werden, um allen Abgeordneten die Möglichkeit der Vorbereitung zu geben.[851] Bentham sah aber auch, dass manche Änderungsvorschläge sich erst aus dem Verlauf einer Debatte ergeben. In diesem Fall sollte es möglich sein, diese unmittelbar mündlich einzubringen; allerdings legte Bentham auch in diesem Fall Wert auf einen ausformulierten Änderungsantrag, damit bei der Abstimmung die Reichweite eines Änderungsantrags präzise feststeht.[852]

In Deutschland war man sich in der Gesetzgebungstheorie darin einig, dass Änderungsanträge zu einer Gesetzesvorlage stets ausformuliert eingebracht werden sollen, um Zweifel über ihre genaue Reichweite zu vermeiden.[853] Der Änderungsantrag sollte also nicht nur in allgemeinen Umrissen, sondern in einer Form eingebracht werden, in der er ohne weiteres an die Stelle des bisherigen Entwurfswortlautes treten konnte. Unterschiedlich wurde jedoch die Frage beurteilt, ob

---

Deutschen Bundes bereits früh das System der dreimaligen Lesung eingeführt hatte (s. oben Fn. 836). In England fand hingegen wie dargestellt im Zusammenhang mit der ersten Lesung bereits im 19. Jahrhundert kaum mehr eine Debatte statt; die Generaldebatte erfolgte vielmehr in zweiter Lesung und die Ausschussverweisung erst nach der zweiten Lesung. Das im Reichstag eingeführte Verfahren war also weder eine bloße Kopie des englischen Vorbilds noch »ein gänzlich neues System der Gesetzesberatungstechnik« (so aber *Igwecks*, S. 240), wobei die Abweichungen entgegen der Polemik von *Jekewitz* (Der Staat 1976, S. 548) nicht auf einem mangelnden Verständnis des englischen Vorbildes beruhten, sondern, wie der Bericht des Reichstagsausschusses (s. Fn. 844) zeigt, wohlüberlegt erfolgten.

[849] Vgl. die Schilderung bei *Bentham*, Political Tactics, Kap. VI, § 3, S. 82 u. Kap. IX, S. 114 sowie *Redlich*, S. 644.

[850] Vgl. *Redlich*, S. 644. Auch die bereits schriftlich angekündigten Änderungsanträge waren mündlich zu wiederholen.

[851] *Bentham*, Political Tactics, Kap. IX, S. 113 ff.

[852] Ebd., S. 116.

[853] *Mittermaier*, AcP 17 (1834), S. 142 ff.; *Mohl*, Politik, Bd. 1, S. 556 f.

Änderungsanträge nur schriftlich und im Vorfeld einer Debatte einzureichen sind. Zum Teil wurde dies bejaht, um den anderen Abgeordneten eine Vorbereitungsmöglichkeit zu geben und das Gesetzesvorhaben vor einer Überrumpelung durch spontane, schlecht durchdachte Änderungen zu schützen.[854] Andere Autoren lehnten dies ab, weil sich Änderungsbedarf häufig erst aus dem Gang der Verhandlungen ergebe und diese nicht durch starre Formvorschriften eingeengt werden sollten.[855] Die (am englischen Vorbild orientierte[856]) Theorie war damit weiter als die deutsche Landtagspraxis gegen Mitte des 19. Jahrhunderts, in der spontane, nur in den Umrissen skizzierte Änderungsanträge nicht selten waren und in dieser unbestimmten Form auch gelegentlich zur Abstimmung gelangten.[857] Die Geschäftsordnungen der Landtage des deutschen Frühkonstitutionalismus sahen nur selten eine Lösung für dieses Problem vor.[858] Einerseits wollte man die Möglichkeit zu spontanen Änderungsanträgen, die sich aus dem Verlauf einer Debatte ergaben, nicht abschneiden, andererseits wollte man die Gesetzesvorlagen vor der Annahme übereilter und schlecht durchdachter Änderungsanträge schützen. Erst in der zweiten Jahrhunderthälfte gelang in der Geschäftsordnung des preußischen Abgeordnetenhauses ein Ausgleich dieses Zielkonflikts, welcher dann auch in die Geschäftsordnungen der Reichstage des Norddeutschen Bundes und des deutschen Kaiserreichs übernommen wurde. Mündliche Änderungsanträge wurden zwar zugelassen, diese mussten im Falle ihrer Annahme aber gedruckt und an alle Abgeordnete verteilt werden und in der nächsten Plenarsitzung war hierüber ohne Diskussion erneut abzustimmen.[859]

Die Reihenfolge der Abstimmung über eine Gesetzesvorlage und den hierzu (vom Ausschuss oder aus dem Plenum) gestellten Änderungsanträgen unterlag in

---

[854] *Mittermaier,* ebd.; hierzu auch (aber im Ergebnis ablehnend) *Mohl,* ebd.

[855] *Wächter,* Archiv des Criminalrechts, Neue Folge, 1839, S. 353; *Mohl,* Politik, Bd. 1, S. 557 f. In der Frankfurter Nationalversammlung konnte sich Mohl mit dem Vorschlag durchsetzen, dass für Änderungsanträge (anders als Hauptanträge) kein Erfordernis bestand, diese schriftlich und innerhalb einer bestimmten Frist vor der Beratung einzureichen (§ 33 GO NV; übernommen aus: Entwurf Geschäftsordnung NV, Art. V A 4).

[856] *Mohl* (Art. »Gesetz«, Staats-Wörterbuch, Bd. 4, S. 286; *ders.,* Geschichte und Literatur, Bd. 2, S. 78) weist ausdrücklich darauf hin, dass sich die deutsche Parlamentspraxis bei der Behandlung von Änderungsanträgen und der Abstimmung hierüber die englische Geschäftsordnungspraxis zum Vorbild nehmen sollte.

[857] Vgl. die Seitenbemerkungen über die hinsichtlich Änderungsanträgen undisziplinierte deutsche Parlamentspraxis bei *Cohen,* S. 121 u. *Mohl,* Politik, Bd. 1, S. 556.

[858] Meist begnügten sich die Geschäftsordnungen mit einer Regelung, wonach die genaue Formulierung der zur Abstimmung gestellten Anträge im Ermessen des Kammerpräsidenten liegt (so etwa Art. 20 GO Hessen-Darmstadt). In Württemberg sah die Geschäftsordnung hingegen ausdrücklich vor, dass alle Anträge so gefasst sein müssen, dass sie den erstrebten Beschluss im Wortlaut wiedergeben (§ 24 GO Württemberg).

[859] §§ 45, 46 GO Preußen; § 47 GO NDB; § 50 GO Reichstag. Im schweizerischen Nationalrat waren Abänderungsanträge stets schriftlich einzureichen, Fristen bestanden hierfür nicht, doch konnte der mit der Vorberatung der Vorlage befasste Ausschuss verlangen, dass eingereichte Änderungsanträge, bevor sie im Plenum behandelt wurden, an ihn verwiesen werden (Art. 70 GO Nationalrat).

der englischen Parlamentspraxis genauen Regeln.[860] Die Abstimmung über Änderungsanträge hatte stets Vorrang vor der Abstimmung über die ursprüngliche Vorlage. Über Änderungsanträge des Ausschusses war dabei zuerst abzustimmen, bevor weitere Änderungsvorschläge aus dem Plenum zur Abstimmung gelangten, es sei denn, der Änderungsantrag aus dem Plenum bezog sich nicht auf den ursprünglichen Entwurf, sondern auf eine Ausschussänderung, in welchem Fall der Plenarantrag zuerst zur Abstimmung gelangte. Die einzelnen Änderungsanträge kamen dabei in der Reihenfolge ihres Eingreifens in die Gesetzesvorlage zur Abstimmung, wobei Anträge auf komplette Streichung einzelner Bestimmungen oder auf Ergänzungen durch ganz neue Bestimmungen bei der Abstimmung Vorrang hatten vor bloßen Änderungen der Entwurfsbestimmungen.

In Deutschland sahen die parlamentarischen Geschäftsordnungen der Landtage wie auch der Reichstage des Norddeutschen Bundes und des deutschen Kaiserreichs in der Regel keine festen Regeln über die Reihenfolge der Abstimmung über Änderungsanträge vor, sondern überließen die Entscheidung hierüber dem Versammlungsleiter.[861] Dies führte nicht selten zu Konfusionen und »unendlichen Schwierigkeiten« bei der Abstimmung über Änderungsanträge.[862] Aufschlussreich und im Ergebnis wohl nicht untypisch ist in diesem Zusammenhang die Vorgehensweise der Frankfurter Nationalversammlung. In seinem Geschäftsordnungsentwurf hatte Mohl minutiöse Regeln hinsichtlich der Abstimmung über Änderungsanträge vorgelegt, wobei er sich eng an die englische Parlamentspraxis und den Bemerkungen Benthams hierzu anlehnte.[863] Im einzelnen sahen

---

[860] Zum Folgenden: *May*, Kap. XXI, S. 564 ff.; *Jefferson*, Kap. XXIX, S. 195 u. Kap. XXXV, S. 222 ff.; *Cohen*, S. 121.

[861] Eine Ausnahme bildete die Geschäftsordnung für die Ständeversammlung Hannovers, die feste Vorgaben für die Abstimmung über Änderungsanträge vorsah (§ 42 GO Hannover; vgl. hierzu *Hayungs*, S. 306 ff.). Auch sonst war die am Vorbild der englischen Parlamentspraxis orientierte Geschäftsordnung Hannovers in »technischen« Belangen den Geschäftsordnungen anderer deutscher Landtage vielfach überlegen. Ansatzweise fanden sich Regelungen zur Abstimmung über Änderungsanträge auch noch in Württemberg (§§ 47, 53 GO Württemberg). Die Geschäftsordnungen des Norddeutschen Bundes und des deutschen Reichstags sahen hingegen wie die meisten Landtagsgeschäftsordnungen keine näheren Regelungen vor, sondern überließen die Festlegung der Abstimmungsreihenfolge dem Präsidenten bzw. im Falle eines Widerspruchs dem Plenum (§ 48 GO NDB; § 51 GO Reichstag). In der Schweiz enthielten die Geschäftsordnungen des National- und Ständerates eine kurze Regelung, wonach Unterabänderungsanträge vor den Änderungsanträgen und diese wiederum vor den Hauptanträgen zur Abstimmung zu bringen sind (Art. 77 GO Nationalrat und Art. 58 GO Ständerat).

[862] *Cohen*, S. 121. *Mohl*, Vorschläge, S. 46: »Wer nur irgend eine Erfahrung im Leben größerer Versammlungen hat, weiß, daß die Fragestellung sehr oft zu den größten Stürmen führt, und daß ihre Festsetzung zuweilen längere Zeit kostet, als die Verhandlung über den Gegenstand selbst in Anspruch nahm.«

[863] *Bentham* äußert sich hierzu in der Schrift Political Tactics (Kap. XII, S. 138 ff.), wobei er (seinem ausgeprägten Hang zur begrifflichen Distinktion folgend) besonderen Wert auf eine genaue begriffliche Unterscheidung verschiedener Typen von Änderungsanträgen legt; konkrete Vorschläge zur Behandlung der verschiedenen Änderungsanträge gibt er nur wenige, wobei im Vordergrund die Forderung steht, mehrere konkurrierende Änderungsanträge über denselben Punkt gleichzeitig in Form der Alternativwahl zur Abstimmung zu bringen.

Mohls Vorschläge vor:[864] Änderungsanträge, auch solche des Ausschusses, sind grundsätzlich vor dem ursprünglichen Antrag zur Abstimmung zu bringen und zwar in der Reihenfolge ihres Eingreifens in den ursprünglichen Antrag. Werden Änderungsanträge verworfen, ist über den ursprünglichen Antrag abzustimmen. Ausnahmen von diesen Grundregeln sollen in folgenden Fällen eingreifen:

a) Änderungsanträge, die auf eine gänzliche Verwerfung des ursprünglichen Antrags (oder von Teilen davon) gerichtet sind, gehen allen anderen Änderungsanträgen vor.

b) Der Antrag auf Aussetzung des Beschlusses bis zu einer späteren Zeit[865] ist vor allen materiellen Änderungsanträgen, aber nach einem Antrag auf Verwerfung zur Abstimmung zu bringen.

c) Bei Geldsummen ist immer über die kleinste in Antrag gebrachte Einnahmesumme und die höchste in Antrag gebrachte Ausgabensumme zuerst abzustimmen und in dieser Folge weiter.

d) Bei Zeitbestimmungen ist immer über die längere in Antrag gebrachte Zeit zunächst zu entscheiden.

Der von der Nationalversammlung zur Prüfung der Geschäftsordnung eingesetzte Ausschuss strich diese Bestimmungen aber komplett aus der Geschäftsordnung.[866] Stattdessen wurde die Reihenfolge der Abstimmung ganz in das Ermessen des Vorsitzenden der Versammlung gelegt.[867]

4. Besonderheiten im Zweikammersystem

Wir sahen bereits, dass mit Ausnahme Kurhessens alle Mittelstaaten des Deutschen Bundes mit Repräsentativverfassungen sich für ein Zweikammersystem entschieden hatten. Gesetzgebungsvorhaben bedurften in der Regel der Zustimmung beider Kammern, was übereinstimmende Beschlüsse beider Kammern über den gesamten Gesetzentwurf voraussetzte. Unterschiedliche Ansichten in den beiden Kammern eines Landtags stellten daher nicht selten die »größte Klippe« für ein Gesetzesvorhaben dar.[868] Stimmte die mit einer Gesetzesvorlage als zweite befasste Kammer den Beschlüssen der anderen Kammer, welche die Gesetzesvorlage zunächst behandelt

---

[864] *Mohl*, Vorschläge, S. 43; Entwurf Geschäftsordnung NV, Art. V C 1 u. 2.

[865] In der englischen Parlamentspraxis bediente man sich, wenn man einen Gesetzentwurf zu Fall bringen wollte, häufig eines vor der zweiten Lesung eingebrachten Änderungsantrages, wonach die zweite Lesung des Gesetzentwurfs um drei oder sechs Monate vertagt werden soll (sog. »six (or three) months amendment«; vgl. *May*, Kap. XXI, S. 526; *Cohen*, S. 122; *Igwecks*, S. 37). Diese Form des Änderungsantrags wurde als höflicher angesehen als ein direkter Verwerfungsantrag. Das Resultat war das gleiche. Eine erneute Lesung nach Ablauf der Vertagungsfrist wurde nicht angesetzt (*May*, ebd.).

[866] Vgl. die endgültige Fassung in Stenographischer Bericht Nationalversammlung, Bd. 1, S. 163–165.

[867] § 40 GO NV.

[868] So *Wächter*, Archiv des Criminalrechts, Neue Folge, 1839, S. 367.

hatte, nicht in allem zu, war eine Rückverweisung an diese Kammer erforderlich, wollte man das Gesetzesvorhaben retten.[869] Aus einem solchen Dissens konnten sich auch mehrfache zeitraubende Rückverweisungen zwischen den Kammern ergeben. Es lag daher nahe, Verfahrensmechanismen zu entwickeln, um einen möglichst effizienten Ausgleich der Meinungsverschiedenheiten zu ermöglichen und zu übereinstimmenden Beschlüssen beider Kammern zu gelangen.

Die englische Parlamentspraxis, in der sich ebenfalls das Problem unterschiedlicher Beschlüsse über Gesetzesvorlagen in Ober- und Unterhaus stellte, hatte zwei spezielle Verfahrensmechanismen entwickelt, um zu einem Ausgleich von Meinungsverschiedenheiten zwischen beiden Häusern zu gelangen. Zum einen konnte auf Antrag eines Hauses jederzeit ein gemeinsamer Ausschuss beider Häuser (*joint committee*) eingerichtet werden, um kontroverse Gesetzesvorhaben zu beraten.[870] Daneben stand ein weiteres, allerdings selten gebrauchtes Instrument zur Verfügung, es konnten nämlich Vertreter beider Häuser auch ohne Einsetzung eines gemeinsamen Ausschusses zu einer *conference* zusammentreten, um Meinungsverschiedenheiten über eine Gesetzesvorlage auszuräumen.[871]

Die deutsche Parlamentspraxis zu Zeiten des Deutschen Bundes griff diese Instrumente nur teilweise auf. Sachsen[872] erlaubte den Kammern die Bildung eines gemeinsamen Ausschusses, Hannover[873] eine »Konferenz« von Vertretern beider Kammern, das Großherzogtum Hessen[874] eine Verständigung zwischen den Ausschüssen beider Kammern und Württemberg[875] informelle Besprechungen beider Kammern zum Ausgleich von Meinungsverschiedenheiten. Baden[876] und Bayern[877] verboten ihren Kammern hingegen (nach französischem Vorbild[878]) ausdrücklich die Bildung eines gemeinsamen Ausschusses zur Erörterung von Meinungsverschiedenheiten. Im konstitutionellen Preußen fanden zwar keine formellen Konferenzen von Vertretern beider Häuser statt, wohl aber informelle Verständigungen zwischen den einen Gesetzentwurf vorberatenden Ausschüssen beider Kammern (so auch bei den Beratungen des preußischen Strafgesetzbuchentwurfs).[879] In der

---

[869] Vgl. hierzu *Mohl*, Politik, Bd. 1, S. 561 f.

[870] *May*, Kap. XXIV, S. 687 ff.; *Jefferson*, Kap. XI, S. 142.

[871] *May*, Kap. XXIII, S. 625 f.; *Jefferson*, Kap. XLVI, S. 258 ff.; *Cohen*, S. 106 f. Das Zusammentreffen beider Häuser in informellen *conferences* kam im englischen Parlament jedoch im Verlauf des 19. Jahrhunderts außer Gebrauch (die letzte fand 1860 statt); vgl. *May*, ebd.; *Redlich*, S. 339 f.

[872] § 131 der Verfassung von 1831.

[873] § 48 GO Hannover.

[874] Art. 95 der Verfassung von 1820.

[875] § 177 der Verfassung von 1819 und § 62 GO Württemberg.

[876] § 75 der Verfassung von 1818.

[877] Vgl. *Mittermaier*, Art. »Geschäftsordnung«, Staats-Lexikon, Bd. 5, S. 652.

[878] Vgl. *Mittermaier*, ebd.

[879] Die Geschäftsordnungen der Kammern schwiegen zu dieser Frage. *Rönne* (Bd. 1, S. 148) wies darauf hin, dass formelle Konferenzen von Vertretern beider Häuser über Gesetzesvorlagen nicht üblich waren. Dies gilt jedoch nicht für informelle Verständigungen zwischen den Ausschüssen beider Kammern. So kam es im Zusammenhang mit den Beratungen des preußischen Strafgesetzbuchentwurfs im Landtag 1851 zu einer informellen Verständigung zwischen den

deutschen Gesetzgebungslehre waren es Mittermaier und, zurückhaltender, Mohl, welche die Nachahmung des englischen Vorbilds eines gemeinsamen Ausschusses auch für die deutschen Zweikammersysteme empfahlen;[880] Autoren also, die auch sonst die Wichtigkeit des rechtsvergleichenden Blicks für die Gestaltung des Gesetzgebungsverfahrens betonten.

In der Schweizer Bundesversammlung konnten National- und Ständerat zwar parallel über Gesetzesvorlagen der Regierung beraten, aber in getrennten Sitzungen.[881] Da auch hier übereinstimmende Beschlüsse beider Räte für das Zustandekommen eines Gesetzes erforderlich waren, ließ man ähnlich wie in der englischen Parlamentspraxis und in einigen deutschen Landtagen gemeinsame Konferenzen der mit dem Gesetzesvorhaben befassten Ausschüsse beider Räte zur Bereinigung von Differenzen zu.[882] Außerdem war es in der Schweizer Bundesversammlung üblich, die redaktionelle Umsetzung der in den Plenarverhandlungen der Räte übereinstimmend beschlossenen Änderungen an Gesetzesvorlagen einer gemeinsame Redaktionskommission aus Mitgliedern beider Räte zu überlassen.[883]

V. Die Schlussredaktion, Sanktion und Publikation

1. Die Schlussredaktion

Bei jedem Gesetzgebungsprojekt, das mehrere Phasen durchläuft und von verschiedenen Gremien beurteilt wird, stellt sich die Frage nach einer abschließenden Schlussredaktion des Gesetzestextes zur Herstellung der endgültigen Fassung.

---

vorbereitenden Ausschüssen beider Kammern über die dem Plenum vorzuschlagenden Abänderungen (diese Verständigung zwischen den Ausschüssen wird in dem Bericht des Ausschusses der Ersten Kammer ausdrücklich erwähnt: s. Verhandlungen der Ersten und Zweiten Kammer, S. 446; vgl. hierzu auch *Goltdammer*, Bd. 1, S. XV f.; *Berner*, S. 240; *R. Hippel*, Bd. 1, S. 324). Hierbei hatte abweichend vom normalen Vorgehen der Ausschuss der Ersten Kammer die Beratungen der (zunächst in der Zweiten Kammer eingebrachten) Regierungsvorlage nicht erst aufgenommen, nachdem diese das Plenum der Zweiten Kammer passiert hatte, sondern bereits parallel mit den Beratungen der Vorlage im Ausschuss der Zweiten Kammer. So war es dem Ausschuss der Zweiten Kammer möglich, in seinem Bericht an das Plenum die Vorschläge des Ausschusses der Ersten Kammer bereits zu berücksichtigen. Der Ausschuss der Ersten Kammer unterbreitete dem Plenum dann keine separaten Änderungsvorschläge mehr und ermöglichte so eine schnelle Übereinstimmung beider Kammern über die endgültige Fassung des Entwurfs.

[880] *Mittermaier*, Art. »Geschäftsordnung«, Staats-Lexikon, Bd. 5, S. 652; *Mohl*, Politik, Bd. 1, S. 562.

[881] Art. 92 der schweizerischen Bundesverfassung von 1874.

[882] Art. 6 des Bundesgesetzes über den Geschäftsverkehr v. 9. Oktober 1902. Im Rahmen der Beratungen der ZGB-Vorlage in der schweizerischen Bundesversammlung fanden vom 22.–26. April 1906 gemeinsame Konferenzen der in den beiden Räten eingesetzten Ausschüsse statt.

[883] Art. 8 f. des Bundesgesetzes über den Geschäftsverkehr v. 9. Oktober 1902. Zu der im Zusammenhang mit den ZGB-Beratungen eingesetzten gemeinsamen Redaktionskommission von National- und Ständerat vgl. oben S. 197 mit Fn. 819.

Der genaue Ablauf der Schlussredaktion ist dabei stark von den verfassungsrechtlichen Vorgaben bzw. Rahmenbedingungen geprägt. Die besondere Entstehungsgeschichte des preußischen ALR führte dazu, dass dieses Gesetz gleich mehrfach
die Phase einer Schlussredaktion durchlief. Seit dem Regierungsantritt Friedrich
Wilhelms II war zunächst vorgesehen, die Überarbeitung der Entwürfe anhand
der eingegangenen Monita durch eine gemeinsame Konferenz der Gesetzeskommission mit Vertretern der Stände und Justizkollegien vorzunehmen. Hierzu
kam es aber nicht, vielmehr wurde die Anpassung der Entwürfe von Carmers
Mitarbeiterstab allein vorgenommen und die Gesetzeskommission nur zu den
Ergebnissen konsultiert.[884] Die eigentliche Schlussredaktion erfolgte dann, indem
sich die Gesetzesredaktoren in einzelnen Fragen mit dem König und verschiedenen Departements des Staatsministeriums abstimmten.[885] Die Suspension des
Inkrafttretens des AGB machte dann eine erneute Schlussredaktion zum ALR
erforderlich.[886] Auch beim ABGB erfolgte nach der erstmaligen Überarbeitung
des Entwurfs in der neuen Hofkommission in Gesetzsachen durch den Referenten Zeiller (1801–1806) zunächst eine weitere Revision des Entwurfs (1807/
1808) und anschließend – auf Grund weiterer Änderungswünsche von Mitgliedern des Staatsrates bzw. vom Monarchen und von Kommissionsmitgliedern –
eine erneute »Superrevision« (1809/1810) als eine Art Schlussredaktion des Gesetzbuchs. Infolge der ergangenen Sondergesetzgebung zur Regelung der Inflationsfolgen kam es anschließend noch zu einer weiteren Schlussredaktion der
Vorschriften zum Darlehensvertrag im Gesetzbuch.[887]

Man erkennt hieran, dass die Schlussredaktion eines Gesetzes im Absolutismus
eher informell gehandhabt wurde und ihre Ausgestaltung vom konkreten Vorhaben
abhängig war. Anders war die Lage in konstitutionellen Systemen. Lag eine abschließende Beschlussfassung des Parlaments vor (gegebenenfalls nach vorheriger
Rückverweisung an einen Ausschuss zum Zwecke der Schlussredaktion), so war in
England und – sofern etwaige Änderungen der Ständeversammlung die Billigung
des Monarchen fanden – im Regelfall auch in den konstitutionellen Monarchien
Deutschlands die Arbeit am Gesetzeswortlaut abgeschlossen und nachträgliche
Änderungen der Gesetzesfassung nicht mehr möglich. Anders jedoch dann, wenn
dem Landtag nur die Beschlussfassung über den wesentlichen Inhalt eines Gesetzentwurfs zustand und die endgültige Ausarbeitung durch die Regierung erfolgte,
was wie aufgezeigt von einigen Stimmen in der Gesetzgebungsliteratur gefordert

---

[884] S. oben S. 90 f.

[885] Diese Schlussverhandlungen wurden erst 1838 in Kamptz' Jahrbücher, Bd. 52 (1838), S. 1–
144 der Öffentlichkeit zugänglich gemacht; vgl. hierzu *Barzen*, S. 233 ff.; *Schwennicke*, Entstehung,
S. 47.

[886] Svarez' amtliche Vorträge im Rahmen dieser erneuten Schlussredaktion wurden ebenfalls
in Kamptz' Jahrbücher, Bd. 41 (1833), S. 1–208 veröffentlicht.

[887] Dezember 1810 bis März 1811; *Ofner*, Protokolle, Bd. 2, S. 611 ff. Die noch ausstehende
separate Sanktion des Hauptstücks über den Darlehensvertrags erfolgte am 26. April 1811 (abgedruckt bei *Ofner*, Protokolle, Bd. 2, S. 652, Fn. 1).

wurde und etwa in Hannover auch die von der Verfassung vorgegebene Praxis war. Daneben konnte auch der Fall eintreten, dass der Landtag (entgegen den Forderungen der Gesetzgebungslehre) nur allgemein umrissene Änderungsbeschlüsse fasste und die Endredaktion nicht einem parlamentarischen Ausschuss, sondern der Regierung überließ. In diesen Fällen stellte sich die Frage einer erneuten Befassung des Landtags nach erfolgter Schlussredaktion.

Für die Hannoveraner Praxis war diese Frage durch die Geschäftsordnung dahin beantwortet, dass die Regierung die endgültig ausgearbeitete Gesetzesvorlage erneut der Ständeversammlung vorzulegen hatte, die diese aber nur noch insgesamt annehmen oder verwerfen, aber keine Änderungen mehr vornehmen konnte.[888] Für die Theorie war es namentlich Mohl, der sich mit dieser Frage auseinander setzte und hierbei zu differenzierenden Lösungen kam.[889] Ist der Landtag bei Fertigstellung der Schlussredaktion noch versammelt, so sei eine erneute Beschlussfassung der Kammern über die Endfassung herbeizuführen. Ist hingegen der Landtag bei Vorliegen der Schlussredaktion bereits geschlossen, so bestehen für Mohl drei Möglichkeiten: alsbaldige Wiedereinberufung eines außerordentlichen Landtags, Aufschieben der Verkündung des Gesetzes bis zum nächsten ordentlichen Landtag oder vorläufige Entscheidung über den Gesetzeswortlaut durch die Regierung »nach bestem Wissen und Gewissen« und Verkündung des Gesetzes ohne erneute Beschlussfassung der Stände. Mohl hält den letzten Fall zwar für rechtlich bedenklich, bei unwesentlichen Punkten aber für den praktikabelsten. In diesem Fall sei dann beim nächsten Landtag die Billigung der Stände über die von der Regierung gewählte Fassung einzuholen. Sollte beim nächsten Landtag die von der Regierung verkündete Fassung nicht die Billigung der Stände finden, stellt sich die Frage, ob die verkündete Fassung rückwirkend ihre Wirksamkeit verliert. Mohl entscheidet dies im Sinne der Rechtssicherheit dahin, dass das bereits verkündete Gesetz für »bereits behandelte Fälle« als Rechtsgrundlage bestehen bleiben soll, es sei denn, es handelt sich um ein strafverschärfendes Gesetz.[890]

2. Die Sanktion und Ausfertigung

Lag die endgültige Fassung des Gesetzes vor, so war durch einen förmlichen Akt die Authentizität des Gesetzeswortlauts festzustellen und der förmliche Gesetzesbefehl auszusprechen, was im deutschen Sprachgebrauch des 19. Jahrhunderts

---

[888] § 64 GO Hannover; vgl. oben S. 194.

[889] *Mohl*, Politik, Bd. 1, S. 563 ff., 567, wobei Mohl zusätzlich auch den Fall im Blick hatte, dass sich zwischen den Beschlüssen der beiden Kammern Unklarheiten oder Widersprüche herausstellen.

[890] *Mohl*, Politik, Bd. 1, S. 566. Mohl durchdenkt hierbei nicht die generelle Frage der Rückwirkung einer Aufhebung des Gesetzes auf dem nächsten Landtag, sondern nur den Fall, dass auf Grund der ursprünglich verkündeten Fassung bereits Richtersprüche ergangen sind, denen nun nicht rückwirkend der Boden entzogen werden soll.

»Sanktion« genannt wurde und in aller Regel durch das Staatsoberhaupt zu erfolgen hatte. In England bezeichnete man diesen Akt als *Royal Assent* des Monarchen, der schon im 19. Jahrhundert nicht mehr Ausdruck einer inhaltlichen Gestaltungsmacht, sondern »Formsache« war. Seit 1707 hatte sich kein Fall mehr ereignet, in dem der Monarch einem vom Parlament beschlossenen Gesetz die Sanktion verweigert hätte.[891] In den Monarchien des Deutschen Bundes war unter der Herrschaft des »monarchischen Prinzips« mit der Frage der Sanktion hingegen anders als in England auch ein inhaltliches Entschließungsrecht verbunden.[892] In den konstitutionellen Monarchien des Deutschen Bundes wie auch in England diente die Sanktion außerdem auch der förmlichen Feststellung, dass das Gesetz das nach der Verfassung vorgesehene Gesetzgebungsverfahren ordnungsgemäß durchlaufen hatte und die Mitwirkungsrechte der am Gesetzgebungsverfahren beteiligten Organe (in England die beiden Häuser des Parlaments, im Deutschen Bund die Landstände und gegebenenfalls der Staatsrat) gewahrt waren.[893]

Diese Bündelung verschiedener gesetzgebungstechnischer Funktionen in dem Sanktionsakt des Monarchen blieb in Deutschland solange unproblematisch, wie der Monarch als primärer gesetzgebender Faktor angesehen wurde, während die Stände hierbei nur »mitwirkten«. Dies änderte sich mit der Reichsgründung von 1871. Art. 17 der Reichsverfassung bestimmte: »Dem Kaiser steht die Ausfertigung und Verkündigung der Reichsgesetze … zu.« Schon die Wortwahl (»Ausfertigung« statt »Sanktion«) deutet auf eine Veränderung hin. Tatsächlich wurde in der staatsrechtlichen Literatur als Träger der souveränen Reichsgewalt, dem das Sanktionsrecht zukommt, ganz überwiegend nicht der Kaiser angesehen, sondern die Gesamtheit der deutschen Staaten, die hierbei durch den Bundesrat repräsentiert wurden.[894] Die Erklärung des Gesetzesbefehls (von Art. 17 der Reichsverfassung »Ausfertigung« genannt) erfolgte aber (in Anknüpfung an die Traditionen im Deutschen Bund) durch den Kaiser, weshalb eine auch begriffliche Differenzierung der

---

[891] Vgl. *May*, Kap. XXI, S. 590 f. u. *Redlich*, S. 656, beide unter Hinweis darauf, dass es sich beim Ausschluss eines Verweigerungsrechts seitens des Monarchen mittlerweile um ein Verfassungsprinzip handele.

[892] Vgl. (stellvertretend auch für die Verfassungslage in anderen Monarchien des Deutschen Bundes) Art. 62 der preußischen Verfassung von 1850 und hierzu *Rönne*, Bd. 1, S. 159: Es kommt dem König zu, einem Beschluss beider Häuser die Sanktion zu erteilen. »Ob er diese ertheilen wolle oder nicht, ist seinem freien Ermessen überlassen; denn ihm gebührt das absolute Veto.«

[893] Vgl. etwa Titel VII § 30 der bayerischen Verfassung von 1818: »Der König allein sancionirt die Gesetze und erlässt dieselben mit seiner Unterschrift und Anführung der Vernehmung des Staats-Raths und des erfolgten Beyraths und der Zustimmung der Lieben und Getreuen, der Stände des Reichs.« § 66 der badischen Verfassung von 1818: »Der Großherzog bestätigt und promulgirt die Gesetze …« § 172 der württembergischen Verfassung von 1819: »Der König allein sancionirt und verkündet die Gesetze unter Anführung der Vernehmung des Geheimen Raths und der erfolgten Zustimmung der Stände.« § 87 der sächsischen Verfassung von 1831: »Der König erläßt und promulgirt die Gesetze mit Bezug auf die erfolgte Zustimmung der Stände …«

[894] Meinungsbildend *Laband*, Staatsrecht, Bd. 2, S. 32 f.; hierzu *Meßerschmidt*, S. 661 ff.; ungenau die Darstellung bei *Ullrich*, S. 105 f. (dort zu vereinzelten abweichenden Stimmen).

gesetzgebungstechnischen Funktionen notwendig wurde. Maßgeblichen Anteil hieran hatte Laband. Er unterschied zwischen »Sanktion« und »Promulgation«.[895] Als Sanktion fasste er nur noch den Beschluss über den Gesetzesbefehl mit gleichzeitiger Bestätigung des verfassungsgemäßen Zustandekommens des Gesetzes auf, welcher dem Bundesrat obliege.[896] Hiervon trennte er die förmliche Erklärung des Gesetzesbefehls nach außen (»solenne und authentische Erklärung des staatlichen Gesetzgebungs-Willens«), die dem Kaiser obliege, und die er – terminologisch unglücklich – als »Promulgation« bezeichnete.[897] Terminologisch konnte sich Laband mit der missverständlichen Formulierung »Promulgation« nicht durchsetzen; die weitere Verfassungsentwicklung bevorzugte vielmehr die schon von Art. 17 der Reichsverfassung von 1871 gebrauchte Bezeichnung »Ausfertigung«.[898] Inhaltlich war Labands Unterscheidung jedoch richtungsweisend, indem er den Wegfall eines unabhängigen Entschließungsrechts des Staatsoberhaupts und dessen Beschränkung auf einen formalen Erklärungsakt gesetzestechnisch einzuordnen verstand. Doch relativierte sich die Beschränkung der Ausfertigung auf einen reinen Formalakt schon bei Laband selbst durch das dem Kaiser eingeräumte Prüfungsrecht, ob die verfassungsmäßigen Vorgaben für das Gesetzgebungsverfahren eingehalten worden waren.[899] Kam der Kaiser bei dieser Prüfung zu einem negativen Ergebnis, hatte er die Ausfertigung zu verweigern, bis der Mangel behoben war. Letztlich kann man in diesem Prüfungsrecht, dass von der übrigen staatsrechtlichen Literatur des Kaiserreiches weitgehend gebilligt wurde[900] und auch heute noch im deutschen Verfassungsrecht dem Staatsoberhaupt im Zusammenhang mit der Ausfertigung eines Gesetzes zugestanden wird[901], wohl ein Relikt des umfassenden

---

[895] *Laband*, Staatsrecht, Bd. 2, S. 12 ff., 21 f.

[896] Ebd., S. 29 ff.

[897] Ebd., S. 41 ff. Die Bezeichnung »Promulgation«, die *Laband* gleichbedeutend mit »Ausfertigung« gebraucht, war missverständlich, da hierunter in vielen Verfassungstexten zu Zeiten des Deutschen Bundes (vgl. oben Fn. 893), in England und zeitweise auch in Frankreich die Publikation des Gesetzes verstanden wurde.

[898] Die Bezeichnung »Ausfertigung« bzw. »ausfertigen« findet sich wieder in Art. 70 der Weimarer Reichsverfassung und Art. 82 Abs. 1 des Grundgesetzes.

[899] *Laband*, Staatsrecht, Bd. 2, S. 42 f.: »Dem Kaiser als solchem steht zwar ein Veto gegen das Reichsgesetz nicht zu; aber der Kaiser hat das Recht und die Pflicht, zu untersuchen, ob das Gesetz in verfassungsmäßiger Weise die Zustimmung des Reichstages und Bundesrathes und die Sanktion des durch den Bundesrath vertretenen Reichs-Souverains erhalten hat.«

[900] Zahlreiche Nachweise bei *Paul Laband*, Das Staatsrecht des Deutschen Reiches, 5. Aufl., Bd. 2, Tübingen 1911, § 55, S. 43, Fn. 2; vgl. aber auch *Mohl* (der selber das Prüfungsrecht bejahte), Reichsstaatsrecht, S. 292, Fn. 1 zu gegenteiligen Ansichten in der frühen reichsstaatsrechtlichen Literatur.

[901] In der verfassungsrechtlichen Literatur der heutigen Bundesrepublik ist das Bestehen eines solchen Prüfungsrechts des Bundespräsidenten außer Streit, nur der Umfang dieses Prüfungsrechts ist im einzelnen umstritten; zum aktuellen Stand der Diskussion vgl. *Walther Maximilian Pohl*, Die Prüfungskompetenz des Bundespräsidenten bei der Ausfertigung von Gesetzen, Hamburg 2001 u. *Matthias Hederich*, Zur Kompetenz des Bundespräsidenten, die Gesetzesausfertigung zu verweigern, in: ZG 1999, S. 123–142.

monarchischen Sanktionsrechts aus der Zeit des Deutschen Bundes sehen, mit dem in den konstitutionellen Monarchien zugleich die Einhaltung des verfassungsmäßigen Verfahrens bezeugt wurde.

3. Die Publikation

Der Gedanke, dass Gesetze demjenigen, den sie binden sollen, auch bekannt gemacht worden sein müssen, erscheint uns heute ebenso als bare Selbstverständlichkeit wie die Tatsache, dass diese Bekanntmachung auf rein formale Weise erfolgt durch Veröffentlichung in einem Gesetzblatt, ohne dass es auf die tatsächliche Kenntnisnahme durch den Gesetzesadressaten ankommt. Blickt man zurück in die Gesetzgebungsgeschichte, so verliert sich der Glaube, dass es sich hierbei um Selbstverständlichkeiten handelt, zumal, wenn man den Blick über Kontinentaleuropa hinaus auch auf England richtet. Wir wollen daher mit einer Beleuchtung der Publikationsfrage in der englischen Gesetzgebungstheorie und -praxis beginnen, da vor diesem Hintergrund die andersartige Entwicklung in Deutschland an Selbstverständlichkeit verliert.

a) Theorie und Praxis in England

Schon im 17. Jahrhundert findet sich bei Hobbes die deutliche Stellungnahme, dass eine Veröffentlichung der positiven Gesetze (in Abgrenzung zum *law of nature*) zwingend erforderlich sei, da es zum Wesen der positiven Gesetze gehöre, dass sie demjenigen bekannt gemacht werden müssen, der hieraus verpflichtet werden soll.[902] Er folgert hieraus unter anderem, dass Gesetze nicht für diejenigen gelten, die gar nicht in der Lage sind, sie zur Kenntnis zu nehmen, wie Kinder und Geisteskranke.[903] Für Hobbes steht der handlungssteuernde Charakter der positiven Gesetzgebung im Vordergrund, woraus er das Publikationsgebot ableitet. Jedermann müsse in der Lage sein, durch Konsultierung der Gesetzesverzeichnisse sich darüber zu unterrichten, ob eine beabsichtigte Handlung von einem (positiven) Gesetz untersagt wird. Nur dann könne er für einen Gesetzesverstoß zur Verantwortung gezogen werden.[904] Der Gesetzgeber genügt seiner Publikationspflicht bei Hobbes mit der Verschaffung der Möglichkeit zur Kenntnisnahme von einem Gesetz. Ist diese gegeben, kommt es auf die tatsächliche Kenntnisnahme durch den Betroffenen für die Anwendbarkeit des Gesetzes nicht an; Unkenntnis aus unterbliebener Kenntnisnahme entschuldigt also nicht.[905] Wir finden hier bei Hobbes bereits zwei wesentliche Grundsätze der Publikationsfrage

---

[902] *Hobbes*, De cive, Kap. 14 XIII, S. 175; *ders.*, Leviathan, Teil II, Kap. 26, S. 195.
[903] *Hobbes*, Leviathan, Teil II, Kap. 26, S. 193.
[904] *Hobbes*, Leviathan, Teil II, Kap. 26, S. 196.
[905] *Hobbes*, Leviathan, Teil II, Kap. 27, S. 211.

ausgedrückt, die für Kontinentaleuropa, nicht aber für sein eigenes Heimatland, eine bedeutende Rolle spielen sollten: Kategorische Publikationspflicht als Folge des Steuerungselements positiver Gesetzgebung bei gleichzeitiger Formalisierung des Publikationsakts, für den die theoretische Möglichkeit der Kenntnisnahme durch den Gesetzesadressaten ausreicht.

Gegen Ende des 17. Jahrhunderts erfolgt dann durch Locke eine rechtsstaatliche Herleitung der Publikationspflicht aus der Gesellschaftsvertragstheorie. Die Herrschaft des Souveräns darf demnach keine willkürliche sein, sondern muss an feststehende und bekannt gemachte Gesetze gebunden sein, denn nur dadurch werde dem einzelnen die Sicherheit gewährleistet, um derentwillen er seine naturgegebenen Rechte in die Hände des Souveräns legt.[906]

Die englische Praxis nahm eine andere Entwicklung als von Hobbes und Locke gefordert. Seit dem Mittelalter hatte sich in England der Grundsatz etabliert, dass die Publikation eines Gesetzes für dessen Rechtskraft nicht erforderlich ist. So findet sich bereits in einer Entscheidung aus dem Jahre 1365 die Feststellung, dass jedermann so zu behandeln ist, als hätte er Kenntnis von dem, was im Parlament beschlossen wurde, auch wenn die Beschlüsse nicht veröffentlicht wurden.[907] Blackstone zementierte im 18. Jahrhundert diesen Grundsatz mit der Theorie, dass jedermann durch seinen Repräsentanten im Parlament bei der Beschlussfassung gegenwärtig und eine förmliche Publikation der beschlossenen Gesetze daher für deren Wirksamkeit nicht erforderlich sei.[908] Zu Beginn des 19. Jahrhunderts war es in England zwar üblich, neu erlassene Parlamentsgesetze zu publizieren, als zwingend wurde dies jedoch nicht angesehen.[909] An einer offiziellen und

---

[906] *Locke*, Buch II, Kap. XI, § 136: »...The Legislative, or Supream Authority, cannot assume to its self a power to Rule by extemporary Arbitrary Decrees, but is bound to dispense Justice, and decide the Rights of the Subject by promulgated standing Laws, and known Authoris'd Judges ... To this end it is that Men give up all their Natural Power to the Society which they enter into, and the Community put the Legislative Power into such hands as they think fit, with this trust, that they shall be govern'd by declared Laws, or else their Peace, Quiet, and Property will still be at the same uncertainty, as it was in the state of Nature.« Ebd., § 137: »For all the power of Government ... ought to be exercised by established and promulgated Laws: that both the People may know their Duty, and be safe and secure within the limits of the Law, and the Rulers too kept within their due bounds...«

[907] Vgl. *Allen*, S. 469 f.

[908] *Blackstone*, Bd. 1, S. 178 (Book 1, Chap. 2): »This statute or act is placed among the records of the kingdom; there needing no formal promulgation to give it the force of law, as was necessary by the civil law with regard to the emperors edicts: because every man in England is, in judgement of law, party to the making of an act of parliament, being present threat by his representatives.« Diese Theorie bestand bereits vor Blackstone im englischen Parlamentsrecht. Blackstone selbst setzte sich hierzu in einen gewissen Gegensatz mit seiner an anderer Stelle vertretenen Forderung, der Gesetzgeber solle seine Gesetze in möglichst deutlicher und effektiver Weise publik machen: *Blackstone*, Bd. 1, S. 46 (Introduction, § 2). Auflösbar ist dieser scheinbare Widerspruch wohl in der Weise, dass Blackstone aus verfassungs- und parlamentsrechtlicher Sicht in der Publikation keine Wirksamkeitsvoraussetzung für neue Gesetze sah, aus gesetzgebungstheoretischer Sicht es dem Gesetzgeber aber zur Regel machen wollte, eine Publikation – und zwar in einer für den Adressaten möglichst effektiven Weise – vorzunehmen.

[909] Kritisch hierzu aus zeitgenössischer Sicht *Symonds*, Mechanics, S. 165.

vollständigen Sammlung der älteren Gesetze fehlte es noch ganz und nicht wenige noch in Kraft befindliche ältere Gesetze waren ganz oder in Teilen niemals publiziert worden.[910] Die Publikation der Gesetze lag ganz in den Händen des *King's Printers*.[911] Die innerhalb einer Session erlassenen Gesetze wurden von ihm am Ende der Session in einem Band zusammengefasst, gedruckt und diese Druckausgabe an einen beschränkten Kreis hoher Amtsträger verteilt.[912] Daneben ließ der *King's Printer* auf eigene Rechnung zum Zwecke des öffentlichen Verkaufs solche einzelne Gesetze drucken, an deren Bezug voraussichtlich Interesse in der Öffentlichkeit bestand.[913] Gesetzessammlungen wurden lediglich von Privatleuten zusammengestellt, die keine Gewähr für Vollständigkeit und Richtigkeit boten.[914]

1796 wurde vom englischen Parlament ein Ausschuss eingesetzt, der Verbesserungsvorschläge zur Publikation der *statutes* unterbreiten sollte.[915] Auf Empfehlung des Ausschusses wurde die Druckauflage für neue *public Acts* erhöht und der Kreis der Bezieher erweitert.[916] Außerdem wurde ein weiterer Ausschuss eingesetzt, die so genannte *Record Commission*, die in den Jahren 1810 bis 1822 erstmals eine offizielle Sammlung der bis zum Jahre 1713 erlassenen Gesetze veröffentlichte.[917] Dies konnte jedoch nur ein erster Schritt sein, da die Sammlung nicht nur unvollständig war, sondern vor allem die Gesetze unabhängig davon aufführte, ob diese noch in Kraft waren oder in der Folgezeit aufgehoben worden waren oder ausgelaufen waren.[918] Rechtssicherheit konnte in dieser Richtung nur eine groß

---

[910] Report from the Committee upon Temporary Laws, Expired or Expiring (13 May 1796), S. 5 f.: »… there is no Authentic and Entire Publication of the Statutes; … a very considerable Number of Statutes as well as Clauses and Sentences of Statutes, which are upon the original Rolls, never have been printed at all« (mit zahlreichen Nachweisen solcher niemals publizierter Gesetze).

[911] Zum Folgenden: Report from the Committee for Promulgation of the Statutes (5 December 1796), S. 5, 7.

[912] Ebd., S. 7 mit einer Bezugsliste für die sessionalen Gesetzesbände; die Auflage lag nur knapp über 1100 Exemplaren und »no complete Copy of any Sessional Collection has been purchased from the King's Printer by private Individuals for many Years past.«

[913] Ebd., S. 7.

[914] Vgl. *Allen*, S. 439.

[915] »Committee for Promulgation of the Statutes«; der Ausschussbericht ist abgedruckt in der modernen Edition von *Lambert*, House of Commons Sessional Papers of the Eighteenth Century, Bd. 105, S. 1–71.

[916] Die Druckauflage für die Sessionsbände der *Public Acts* wurde 1797 von 1126 Exemplaren auf 3550 und wenig später auf 5000 Exemplare erhöht; vgl. Report from the Committee for Promulgation of the Statutes (5 December 1796), S. 17 ff. (Ausschussempfehlung); *Lambert*, House of Commons Sessional Papers of the Eighteenth Century, Bd. 105, S. 73 ff. (Beschluss des *House of Commons* mit reformierter Verteilerliste); hierzu *Allen*, S. 470; *Teubner*, S. 103, Fn. 13.

[917] »The Statutes of the Realm« (9 Bde); vgl. hierzu *Allen*, S. 439, 442; *Ilbert*, Methods and Forms, S. 21; *Teubner*, S. 103.

[918] Eine Untersuchung der *Commission appointed to inquire into the Consolidation of the Statute Law* in ihrem 1835 veröffentlichten Bericht ergab, dass von den in der Sammlung »Statutes of the Realm« enthaltenen Gesetzen mehr als 1000 ganz oder zum Teil aufgehoben worden waren, die Geltungskraft von weiteren fast 800 Gesetzen ausgelaufen war und mehr als 200 Gesetze obsolet waren (Report of the Commissioners appointed to inquire into the Consolidation of the Statute Law, 21 July 1835, S. 24, in: Parliamentary Papers 1835 (406) xxxv; Liste der aufgehobenen,

angelegte Bereinigung des *statute law* verschaffen, die in der Folgezeit ebenfalls in Angriff genommen wurde.[919] An der englischen Doktrin, wonach eine Publikation keine Wirksamkeitsvoraussetzung für *statutes* ist, änderte dies jedoch nichts.[920] Entsprechend traten englische Gesetze im 19. Jahrhundert mangels anderweitiger Bestimmung im Gesetz bereits mit Ergehen der königlichen Sanktion (*Royal Assent*) in Kraft, noch bevor eine amtliche Ausgabe des Gesetzes publiziert war.[921] Auch die sich in Kontinentaleuropa zu Beginn des 19. Jahrhunderts durchsetzende Praxis amtlicher Gesetzblätter fand in England keine Nachahmung.[922]

Ganz im Gegensatz zur herrschenden englischen Publikationsdoktrin stand die Auffassung Benthams. Wir sahen bereits die große Bedeutung, die Bentham mit dem Gesetzeswortlaut verknüpften Gesetzesbegründungen einräumte, um den Gesetzesinhalt dem Adressaten zu erläutern und ihn von dessen Richtigkeit zu überzeugen.[923] Es verwundert daher nicht, dass der Publikation der Gesetze in Benthams Gesetzgebungskonzept ein zentraler Stellenwert zukommt. Bentham widmete der Publikation der Gesetze und ihrer Gründe eine eigene Abhandlung.[924] Er beschränkt sich hierbei nicht auf die generelle Forderung der Gesetzespublikation, die er, wie schon Hobbes, aus deren Steuerungsfunktion herleitet: Um ein Gesetz befolgen zu können, müsse es publik sein.[925] Unter Publikation versteht Bentham nicht nur die Verschaffung der theoretischen Möglichkeit der Kenntnisnahme, die Hobbes für ausreichend ansah, sondern fordert vom Gesetzgeber, alle geeigneten Mittel zu ergreifen, damit das Gesetz auch wirklich in das Bewusstsein der Bevölkerung gelangt.[926] Bentham folgt also einer später als mate-

---

ausgelaufenen oder obsoleten Gesetze und Gesetzesteile ebd., S. 33–78; die Kommission beschränkte sich bei ihrer Untersuchung auf die seit der Regierungszeit Edwards III erlassenen Gesetze).

[919] Näher hierzu unten S. 272 f.

[920] Noch im 20. Jahrhundert ergingen Gerichtsentscheidungen gestützt auf mittelalterliche Gesetze, die in keiner offiziellen Sammlung enthalten waren; vgl. *Allen*, S. 440.

[921] Dies ist die Rechtslage seit dem *Acts of Parliament (Commencement) Act* von 1793; zuvor traten die Gesetze sogar rückwirkend zum Sessionsbeginn in Kraft (s. näher unten S. 184). Vgl. hierzu auch Report from the Committee for Promulgation of the Statutes (5 December 1796), S. 8: »… the Whole of the Annual Mass of Public Laws of each Session of Parliament cannot be obtained, even by Purchase, until long after the Session has closed, though many of these Laws may require instant Observance …«

[922] Vgl. *Mohl*, Art. »Gesetz«, Staats-Wörterbuch, Bd. 4, S. 288; *Hatschek*, Englisches Staatsrecht, Bd. 1, S. 133. In Britisch-Indien wurden Gesetze des *Governor-General of India in Council* in der *Government Gazette* publiziert (Act X of 1835; Standing Orders 1854, sec. 96), wobei die Publikation jedoch wie in England nicht als konstitutiv für die Wirksamkeit des Gesetzes angesehen wurde.

[923] S. oben S. 126, 135.

[924] »Essay on the promulgation of laws, and the reasons thereof«; erstmals veröffentlicht von Dumont in: *Bentham*, Traités de législation, Bd. 3, S. 273–301; in Englisch in der Bowring-Edition, Bd. 1, S. 155 168.

[925] *Bentham*, Promulgation, S. 157; *ders.*, Traités de législation, Bd. 3, S. 275; *ders.*, Principles of Morals and Legislation, S. 160; *ders.*, Of Laws in General, S. 71.

[926] Näher zu den von Bentham propagierten Maßnahmen unten S. 257 f.

rielles Publikationsprinzip bezeichneten Anschauung, wonach der Gesetzgeber nicht (nur) durch einen formalen Publikationsakt die theoretische Möglichkeit der Kenntnisnahme begründen soll (so das formelle Publikationsprinzip), sondern zu all jenen Maßnahmen greifen soll, die dem Bürger tatsächliche Kenntnis des Gesetzesinhalts vermitteln (öffentliche Verlesung, Anschläge an öffentlichen Orten, Unterrichtung in den Schulen etc.).[927]

b) Publikationserfordernis in Deutschland

In Deutschland hatte sich anders als in England bereits im Übergang vom Mittelalter zur Neuzeit der Grundsatz herausgebildet, dass für das Inkrafttreten eines neuen Gesetzes zur Sanktionierung durch den Souverän ein Publikationsakt hinzutreten muss, was in der späteren Lehre des Gemeinen Rechts auch unbestritten war.[928] Die Fiktion der Kenntniserlangung durch den parlamentarischen Repräsentanten, die Blackstone zur Verwerfung einer Publikationspflicht herangezogen hatte, schied im Alten Reich mangels eines echten parlamentarischen Repräsentativsystems aus. Diese gefestigte theoretische Position, wonach ein Publikationsakt Wirksamkeitsvoraussetzung für ein neues Gesetz ist, heißt aber nicht, dass in der vorkonstitutionellen Praxis der deutschen Territorialstaaten auch tatsächlich durchgängig eine Publikation an jedermann erfolgte. Nicht selten begnügte man sich mit einer bloß verwaltungsinternen Kundgabe an die mit der Anwendung der neuen Regelungen betrauten Stellen.[929] Als Publikationsakt verstand man in diesem Fall also schon die Versendung der neuen Regelung an die nachgeordneten Stellen, unabhängig von einer Bekanntmachung an die Allgemeinheit. Dies stand im Einklang mit dem traditionellen Adressatenverständnis bei vielen Gesetzgebungsakten bis ins 18. Jahrhundert: Primärer, auch stilistischer Adressat vieler Gesetzgebungsakte war der juristische Rechtsanwender, dem diese Akte daher auch primär zur Kenntnis gebracht wurden.[930] Das Volk war nur mittelbarer Adressat dieser Gesetzgebung über die Vermittlung seitens der juristischen Rechtsanwender.

Im 18. und zu Beginn des 19. Jahrhunderts schlug sich das Publikationserfordernis dann als generell zu befolgender Grundsatz in den Gesetzbüchern

---

[927] Die Unterscheidung zwischen materiellem und formellem Publikationsprinzip wurde erstmals zu Beginn des 20. Jahrhunderts von *Lukas* getroffen (Gesetzes-Publikation, S. 7 f.).

[928] *Lukas*, Gesetzes-Publikation, S. 45. Man konnte hierbei auf den schon im römischen Recht anzutreffenden Grundsatz zurückgreifen, dass ein Gesetz demjenigen, den es binden soll, bekannt gemacht sein muss (Cod. 1,14,9); vgl. hierzu *A. Wolf*, Art. »Publikation von Gesetzen«, HRG, Bd. 4, Sp. 85. Zum Publikationserfordernis nach gemeinrechtlicher Lehre: *Willoweit*, Gesetzespublikation, S. 603, Fn. 14; *Schwennicke*, Entstehung, S. 190, Fn. 56.

[929] Vgl. hierzu *Diestelkamp*, ZHF 10 (1983), S. 410 ff.; *Willoweit*, Gesetzespublikation, S. 603 ff., dort auch speziell zur Publikationspraxis Preußens im 18. Jahrhundert.

[930] Näher zum Adressatenverständnis bei der Gesetzgebung und dem hierbei zu beobachtenden Wandel zur Zeit der Aufklärung unten S. 384 f.

selbst nieder.[931] In der deutschen Gesetzgebungslehre des 18. und 19. Jahrhunderts entsprach es denn auch durchgängiger Meinung, dass jedes neue Gesetz publiziert werden soll.[932] Schon Thomasius konstatierte, dass hierin alle übereinstimmen und Fredersdorff hielt dies für »überflüssig zu sagen«.[933] Viele Autoren machten dabei auch deutlich, dass es sich hierbei nicht nur um ein Soll-Gebot handelt, sondern die Publikation Wirksamkeitsvoraussetzung für positive Gesetze sei.[934]

c) Publikationsformen

War man sich über die Publikationspflicht als solche auch einig, so bestanden im Hinblick auf die Publikationsform doch erhebliche Unterschiede. Die Entscheidung für die eine oder andere Publikationsart hing wesentlich damit zusammen, ob man das Publikationsgebot traditionell im materiellen Sinne auslegte, also die Bemühungen um eine tatsächliche Kenntniserlangung des einzelnen vom Gesetzesinhalt in den Vordergrund stellte, oder den formalen Publikationsakt für entscheidend ansah, der die präzise und sichere Feststellung des Gesetzesinhalts und des Zeitpunkts der Bekanntmachung ermöglichte. Kennzeichnend für eine materielle Auslegung des Publikationsgebots war das Nebeneinander einer Vielzahl unterschiedlicher Publikationsformen, welches die Publikationspraxis in Deutschland von der frühen Neuzeit bis ins 19. Jahrhundert prägte.[935] Gefördert wurde diese

---

[931] ALR Einl. § 10: »Das Gesetz erhält seine rechtliche Verbindlichkeit erst von der Zeit an, da es gehörig bekannt gemacht worden.« Vgl. i. Ü. etwa Codex Maximilianeus Bavaricus Civilis Teil 1, Kap. 1, § 6; ABGB §§ 2, 3. Zu den Publikationsbestimmungen in den Vorstufen des ABGB und zum zeitgenössischen Verständnis des Publikationserfordernisses in § 2 ABGB s. *Brauneder*, Gehörige Kundmachung, S. 18 ff., 25 f.

[932] Aus dem 18. Jahrhundert: *Thomasius*, Prudentia Legislatoria, Kap. V, § 135; *Wolff*, Politik, § 416, S. 431 f.; *Bielfeld*, Bd. 1, Kap. VI, § 22, S. 246 f.; *Globig/Huster*, S. 25; *Fredersdorff*, S. 178; *Klein*, Annalen, Bd. 6 (1790), S. 93; *Erhard*, S. 64; *Svarez*, Kronprinzenvorträge, S. 235, 615 f.; *Humboldt*, S. 159 (für Kriminalgesetze). Aus dem 19. Jahrhundert: *Bergk*, S. 178, 188; *K. S. Zachariä*, Wissenschaft, S. 300; *Zeiller*, Eigenschaften, S. 256; *Hegel*, § 215, S. 368; *K. S. Zachariä*, Vierzig Bücher vom Staate, Bd. 4, Buch 20, S. 17; *Rotteck*, Bd. 2, S. 332; *Welcker*, Art. »Gesetz«, Staats-Lexikon, Bd. 5, S. 713; *Morgenstern*, Bd. 1, S. 295 f.; *Mohl*, Art. »Gesetz«, Staats-Wörterbuch, Bd. 4, S. 269, 287; *ders.*, Politik, Bd. 1, S. 597 ff.

[933] Von der Publikationspflicht für positive Gesetze zu trennen ist die – hier nicht zu vertiefende – Frage, ob es neben den positiven Gesetzen noch ungeschriebene Gesetze des Naturrechts geben kann, die keiner Publikationspflicht unterliegen. Die Kritik an der traditionellen Bejahung dieser Frage (bejahend auch für das Strafrecht etwa noch *Klein*, Annalen, Bd. 6 (1790), S. 95) fand für das Strafrecht zu Anfang des 19. Jahrhunderts ihren prägnanten Ausdruck in der von Feuerbach geprägten Formel *nulla poena sine lege*, wonach jede staatliche Strafe nur auf Grundlage eines positiven Gesetzes verhängt werden darf (vgl. *Feuerbach*, Lehrbuch, § 20, S. 20; *ders.*, Revision, Bd. 1, S. 49; *ders.*, Kritik, Teil 2, S. 34 f.; die geistesgeschichtlichen Grundlagen für Feuerbachs Formel wurden freilich schon früher gelegt; vgl. statt aller *Schreiber*, Gesetz und Richter, S. 55 u. passim).

[934] *Thomasius, Wolff, Fredersdorff, Klein, Svarez, Bergk, K. S. Zachariä, Hegel, Mohl* (alle wie Fn. 932).

[935] Vgl. *Lukas*, Gesetzes-Publikation, S. 61, 64 f.

Art des Publikationsverständnisses durch die absolutistische Wohlfahrtsstaatsidee, die dem Bürger die Gesetze »eintrichtern« wollte, wozu jedes Mittel recht war. Öffentliche Anschläge, das Verlesen in öffentlichen Versammlungen oder von der Kirchenkanzel und die (meist auszugsweise) Veröffentlichung in Zeitungen standen in einem bunten Nebeneinander. Typisch hierfür ist die Entwicklung der Publikationsformen in Preußen. Generell anzuwendende Publikationsverfahren wurden hier erstmals durch Verordnung vom 24. August 1717 vorgeschrieben.[936] Hierbei unterschied die Verordnung zwischen einer »ordentlichen Publikation« und – falls im Einzelfall zusätzlich angeordnet – einer »außerordentlichen Publikation«. Bei der ordentlichen Publikation war das neue Gesetz an die Provinzbehörden zu versenden, welche dieses wiederum für die Städte an die jeweiligen Steuerräte und für das Land an die jeweiligen Landräte zwecks Publikation weiterzuleiten hatten. Die eigentliche Form, in der die Publikation dann von den Steuer- bzw. Landräten vorzunehmen war, war für die Städte nicht vorgeschrieben; üblich war hier im 18. Jahrhundert der öffentliche Anschlag, gegebenenfalls begleitet von Veröffentlichungen in Zeitungen[937]. Für das Land sah die Verordnung vor, dass ein Exemplar des neuen Gesetzes in jedem Dorf angeschlagen und ein zweites in der Kirche verlesen werden müsse. Die außerordentliche Publikation bestand in einer periodisch wiederholten Verlesung des Gesetzes in der Kirche zum Zwecke der Erinnerung. Dieses Publikationsverfahren galt in Preußen bis 1794. Es wurde abgelöst durch eine Regelung im ALR, welche nunmehr einheitlich vorsah, dass alle neuen Gesetze mit ihrem Gesamtinhalt öffentlich anzuschlagen sowie in Auszügen in den »Intelligenzblättern« zu veröffentlichen seien.[938]

Als das ALR in Kraft trat, bestand in Frankreich jedoch seit einigen Monaten schon eine völlig neue Publikationsform, die schon bald Nachahmung in Preußen wie auch in vielen anderen Ländern Kontinentaleuropas, nicht aber in England finden sollte: das Gesetzblatt. Durch Gesetz vom 4. Dezember 1793 wurde in Frankreich das *bulletin des lois* eingeführt.[939] Die Veranlassung hierzu ging offenbar

---

[936] Hier wiedergegeben nach *Rönne*, Bd. 1, S. 161 f., Fn. 3 u. *Hubrich*, S. 16; vgl. auch *Willoweit*, Gesetzespublikation, S. 604. Die Darstellung bei *Schwennicke*, Entstehung, S. 190 f., ist missverständlich, insoweit danach für die ordentliche Publikation die bloße Versendung an nachgeordnete Behörden ausreichend sei. Hieraus zieht *Schwennicke* (ebd., S. 198) irrtümlich den Schluss, das ALR habe in Abweichung von der bisherigen Rechtslage die »außerordentliche« Art der Bekanntmachung als gesetzliche Form festgeschrieben. Tatsächlich entsprach die Regelung im ALR weitgehend der bisherigen Publikationspraxis in den Städten. Auffällig ist jedoch der Wegfall des Verlesens in der Kirche, welches bislang (zusätzlich zum öffentlichen Anschlag) im ländlichen Raum vorgeschrieben war.

[937] *Hubrich*, S. 16, Fn. 13.

[938] ALR Einl. § 11. Hierbei blieb offen, wie dieser Anschlag des Gesamtinhalts bei umfangreichen Gesetzen wie etwa dem ALR selbst erfolgen sollte. Die Praxis behalf sich mit der Verbreitung von Druckfassungen anstelle eines Anschlags des kompletten Gesetzes.

[939] Vgl. *Lukas*, Gesetzes-Publikation, S. 77; *Mohl*, Politik, Bd. 1, S. 600; *Heydt*, S. 464. Man behielt hierbei aber zunächst das materielle Publikationsprinzip bei: Erst mit der tatsächlichen Bekanntmachung des Gesetzblatts durch die Behörden vor Ort trat die Gesetzeskraft ein. Mit Gesetz

von der enormen Gesetzesproduktion der Revolutionszeit aus, für die man ein rasch und sicher wirkendes Publikationsinstrument schaffen wollte. Zahlreiche der größeren deutschen Staaten folgten zu Beginn des 19. Jahrhunderts diesem Vorbild und richteten ein amtliches Verkündungsblatt ein (Bayern 1799, Baden 1803, Württemberg 1806, Preußen 1810, Sachsen 1818).[940] Die Frankfurter Nationalversammlung von 1848 führte erstmals ein Reichsgesetzblatt ein, dem jedoch nur kurze Dauer beschieden war.[941] In Österreich wurde erst 1849 ein Gesetzblatt eingeführt.[942] Mit der Einführung von Verkündungsblättern in Deutschland war aber nicht zwangsläufig auch der Übergang zu einem rein formellen Publikationsgrundsatz verbunden. Am frühesten wurde dieser Übergang in Bayern vollzogen, wo man bereits mit der Einführung des Regierungsblatts 1799 bestimmte, dass Gesetze künftig bereits mit der Versendung des Regierungsblatts in Kraft treten.[943] In anderen deutschen Ländern, darunter Preußen[944] und Württemberg[945],

---

vom 4. Oktober 1795 ging man dann in Frankreich partiell zum formellen Publikationsprinzip über. Nunmehr war allein der Zeitpunkt der Verteilung des Gesetzblatts im Hauptort des jeweiligen Departement für das Inkrafttreten maßgebend. Noch einen Schritt weiter ging man 1803, als man den Zeitpunkt des Inkrafttretens in den einzelnen Departements rein formal von der Entfernung der Departementhauptstadt vom Ort der Gesetzesausfertigung abhängig machte (näher unten S. 227 f.).

[940] Vgl. *Lukas*, Gesetzes-Publikation, S. 136 ff.; *Schneider*, Gesetzgebung, S. 277; *Klippel*, Philosophie der Gesetzgebung, S. 241, Fn. 53. Zwar gab es auch schon vor Einführung dieser Verkündungsblätter verschiedentlich die Praxis, Gesetze in Zeitungen abzudrucken (wie es z.B. das ALR in Einl. § 11 für die Intelligenzblätter der Provinzen anordnete), doch handelte es sich hierbei zum einen nicht um amtliche Regierungsblätter und zum anderen erfolgte der Abdruck des Gesetzesinhalts meist nur auszugsweise.

[941] Eingerichtet durch Gesetz vom 27. September 1848 erschienen insgesamt 18 Ausgaben des Reichsgesetzblatts, die letzte am 7. Juni 1849.

[942] Das »Allgemeine Reichsgesetz- und Regierungsblatt« wurde durch Patent v. 4. März 1849 eingerichtet; vgl. *Pfaff/Hofmann*, Kommentar, Bd. 1, S. 142; *Lukas*, Gesetzes-Publikation, S. 142. Allerdings bestand bereits seit 1786 eine amtliche Gesetzessammlung (»Gesetze und Verfassungen im Justiz-Fache«).

[943] Vgl. *Lukas*, Gesetzes-Publikation, S. 169.

[944] In Preußen galt zunächst, dass zu der Veröffentlichung eines neuen Gesetzes im Gesetzblatt (in Preußen »Gesetzsammlung für die Königlichen preußischen Staaten« genannt) ein Hinweis hierauf in den jeweiligen lokalen Amtsblättern hinzutreten muss. Erst mit der Bekanntmachung dieses Hinweises im lokalen Amtsblatt galt das Gesetz in dem jeweiligen Bezirk als gehörig bekannt gemacht; mit Ablauf von acht Tagen nach der Bekanntmachung im jeweiligen lokalen Amtsblatt konnte sich niemand in diesem Bezirk mehr auf Unkenntnis des neuen Gesetzes berufen (Verordnung vom 28. März 1811 u. Deklaration vom 14. Januar 1813; Wortlaut dieser Bestimmungen bei *Hubrich*, S. 39 ff.). Durch Gesetz vom 3. April 1846 wurde dann der Eintritt der Gesetzeskraft in Preußen allein von der Bekanntmachung im Gesetzblatt abhängig gemacht und damit der Schritt zum formellen Publikationsprinzip vollzogen (näher hierzu unten S. 228).

[945] In Württemberg galt auch nach Einführung des Regierungsblatts als gewöhnlichem Publikationsmittel, dass bei wichtigen Gesetzen zusätzlich eine öffentliche Verlesung stattfinden muss. Im Übrigen waren auch weiterhin anderweitige Formen der Bekanntmachung erlaubt wie öffentlicher Anschlag, Einrücken in Wochenblättern etc.; vgl. *Mohl*, Staatsrecht Württembergs, Bd. 1, S. 203. Eine positive Regelung über den Zeitpunkt des Inkrafttretens von Gesetzen, die keine besondere Bestimmung über ihr Inkrafttreten treffen, bestand in Württemberg anders als in Preußen nicht. *Mohl* nahm an, dass folglich Gesetze mangels anderweitiger Bestimmung erst zu

hielt man hingegen zunächst daran fest, dass zu der Veröffentlichung im Gesetzblatt weitere lokale Publikationsakte hinzutreten müssen.

Blickt man auf die Empfehlungen zur angemessenen Publikationsform in der deutschen Gesetzgebungslehre, so tut sich ein ähnlich buntes Bild auf, wie es die Praxis bis ins 19. Jahrhundert hinein beherrschte. Im 18. Jahrhundert finden wir die ganze Palette traditioneller Publikationsformen dem Gesetzgeber anempfohlen, damit – getreu der Absichten der Aufklärung und des aufgeklärten Absolutismus – der Gesetzesinhalt zur tatsächlichen Kenntnis des Bürgers gelangt, dieser seine Handlungen hiernach ausrichten kann und im Idealfall sich auch von der Zweckmäßigkeit der Anordnungen überzeugen lässt.[946] Ausgehend von einem materiellen Bekanntmachungsanspruch beklagte man, dass Theorie und Praxis der Gesetzespublikation nicht übereinstimmen, indem viele Gesetze nie zur Kenntnis der Betroffenen gelangen.[947] Im 19. Jahrhundert spiegelt sich der Siegeszug des Gesetzblatts in der Praxis vieler deutscher Staaten in der Gesetzgebungslehre anfangs nur zögernd wieder. Die materielle Publikationsidee ist zunächst noch überall präsent. Bezeichnend ist die Ansicht Zeillers, amtliche Gesetzblätter seien »wirkungslose Ziererei«.[948] Fruchtbarer als die vollständige Bekanntmachung neuer Gesetze in einem Gesetzblatt sei es, dem Publikum öffentliche Nachricht von den wichtigsten Rechtsänderungen zu geben. Spätere Autoren sehen zwar die zahlreichen technischen Vorteile des Gesetzblatts etwa im Hinblick auf die präzise Feststellung des Gesetzesinhalts und des Zeitpunkts der Bekanntmachung[949], gleichzeitig wird aber daran festgehalten, dass man alles Zweckmäßige tun solle, damit der Gesetzesinhalt auch zur tatsächlichen Kenntnis der Bevölkerung gelangt.[950]

---

dem Zeitpunkt in Kraft treten, zu dem mit einer ordentlichen oder außerordentlichen Bekanntmachung am jeweiligen Orte gerechnet werden konnte (ebd., S. 204).

[946] *Wolff*, Politik, § 416, S. 431 f.: Anschlag an öffentlichen Orten, Verlesen in öffentlichen Versammlungen oder Veröffentlichung einer gedruckten Fassung; *Erhard*, S. 64: Publikation »unter gewissen sehr ehrwürdigen Feyerlichkeiten«; *Svarez*, Kronprinzenvorträge, S. 235, 615 f.: Abdruck in Zeitungen, Anschlag an Rathäusern, Gerichtsstuben oder Dorfkrügen oder Verlesen von der Kanzel.

[947] *Klein*, Annalen, Bd. 6 (1790), S. 94.

[948] *Zeiller*, Eigenschaften, S. 256.

[949] *Mohl*, Politik, Bd. 1, S. 597 ff., erhebt folgende Forderungen an die Form der Gesetzespublikation: a) Bekanntmachung im ganzen räumlichen Geltungsbereich, b) Zugänglichkeit für alle Gesetzesadressaten, c) Bekanntmachung in auffälliger Weise, d) die Bekanntmachungsform muss Verständnis des Mitgeteilten vermitteln, e) die Möglichkeit einer wiederholten Kenntnisnahme muss gegeben sein und f) die Tatsache der Bekanntmachung und ihres Zeitpunkts muss nachweisbar sein. Mohl bespricht die verschiedenen möglichen Publikationsformen und kommt zu dem Ergebnis, dass ein Gesetzblatt die vorgenannten Forderungen am besten erfüllt. Bei umfangreichen Gesetzgebungswerken solle es zusätzlich besondere amtliche Ausgaben für die Bedürfnisse der Praxis geben.

[950] Für *Welcker*, Art. »Gesetz«, Staats-Lexikon, Bd. 5, S. 713 gab es keinen Zweifel, dass die Publikation am besten durch ein Regierungsblatt erfolgt. Daneben sollen Gesetze aber auch an öffentlichen Orten ausgehängt und in Versammlungen verlesen werden; man solle alle zweckmäßigen Anstalten treffen, um die Kenntnis der Gesetze im Volk zu verbessern. *Rotteck*, Bd. 2, S. 332,

Erst ab den sechziger Jahren des 19. Jahrhunderts ändert sich das Bild. Das Gesetzblatt als adäquate Publikationsform wird zur baren Selbstverständlichkeit, welche in der Gesetzgebungslehre kaum mehr eine Erwähnung erfährt. Gleichzeitig, von der damaligen Gesetzgebungslehre weitgehend unbemerkt, tritt der materielle Publikationsgrundsatz praktisch gänzlich zurück. Die Aufgabe der Gesetzespublikation wird nicht mehr darin gesehen, möglichst vielen Bürgern eine möglichst eingehende Kenntnis neuer Gesetze zu verschaffen, sondern man beschränkt sich auf die Fiktion der Kenntniserlangungsmöglichkeit durch den formalen Publikationsakt im Gesetzesblatt. Vorausgegangen war dem das völlige Versiegen der im späten 18. und frühen 19. Jahrhundert so beliebten Forderungen der Gesetzgebungslehre an den Gesetzgeber, die tatsächliche Gesetzeskenntnis in der Bevölkerung durch geeignete Maßnahmen zu fördern.[951] Der Gesetzespublikation wird nicht mehr die erzieherische Aufgabe zugewiesen, Gesetzeskenntnis in die Bevölkerung zu transportieren. Stattdessen soll sie Gewähr dafür bieten, »daß der veröffentlichte Wortlaut des Gesetzes vollständig und genau ist und daß er in der That Gesetz geworden ist«.[952] Die schon von der Generation Welckers und Mohls in dieser Hinsicht deutlich erkannten technischen Vorteile des Gesetzblatts gegenüber traditionellen Publikationsformen treten ganz in den Vordergrund.[953]

VI. Das Inkrafttreten

1. Die Bestimmung des Zeitpunktes; herausgeschobenes Inkrafttreten

Eine häufig erhobene Forderung in den Gesetzgebungslehren des 19. Jahrhunderts war es, dass der Gesetzgeber – jedenfalls bei größeren Gesetzgebungsprojekten – einen ausreichend langen Zeitraum zwischen der Bekanntmachung und dem Inkrafttreten des Gesetzes vorsehe, damit das juristische und nichtjuristische Publikum sich mit dem Inhalt der Neuregelungen vertraut machen

---

plädierte für periodisch wiederholte Kundmachungen der Gesetze. *Mohl*, Art. »Gesetz«, Staats-Wörterbuch, Bd. 4, S. 269 sah im amtlichen Gesetzblatt einen zweckmäßigen Ersatz für traditionelle Verkündungsarten wie öffentlicher Anschlag oder Verlesung. Unter allen Umständen solle die Bekanntmachung aber in einer Form erfolgen, welche es jedem Bürger erlaubt, sich mit dem Inhalt vertraut zu machen. Auch an anderer Stelle (Politik, Bd. 1, S. 597 ff.; vgl. Fn. 949) hebt *Mohl* zwar die Vorteile des Gesetzblatts gegenüber traditionellen Publikationsformen hervor, weist aber gleichzeitig darauf hin, dass Ziel jeder Publikation sein müsse, dass »die Bekanntschaft mit dem Gesetze nicht bloss eine rechtliche Fiction, sondern eine Thatsache« ist.

[951] Vgl. hierzu unten S. 261.

[952] So *Laband*, Staatsrecht, Bd. 2, S. 23.

[953] In moderner Zeit wird die Beschränkung auf das formelle Publikationsprinzip besonders im Zusammenhang mit kommunaler Normgebung wieder zunehmend kritisiert und ergänzende Publikationsformen gefordert, vgl. *Noll*, S. 198 ff.; *Ferdinand Kirchhof*, Rechtspflicht zur Zusatzveröffentlichung kommunaler Normen, in: DÖV 1982, S. 397–403; zusammenfassend *A. Wolf*, Art. »Publikation von Gesetzen«, HRG, Bd. IV, Sp. 91.

kann, bevor diese in Kraft treten.[954] Außerdem werde so ermöglicht, etwa erforderliche Ausführungsbestimmungen noch vor Inkrafttreten des Gesetzes auszuarbeiten und gleichzeitig mit diesem zu implementieren.[955] Die hier näher untersuchten Kodifikationsprojekte nahmen diese Forderung durchwegs ernst; keines dieser Gesetzbücher trat sofort mit seiner Verkündung in Kraft, sondern erst nach einer mehr oder weniger langen Legisvakanz.

Das preußische AGB wurde durch Publikationspatent vom 20. März 1791 verkündet mit einem vorgesehenen Inkrafttreten zum 1. Juni 1792, also mit einer Legisvakanz von gut 14 Monaten zwischen Erlass des Publikationspatents und dem Inkrafttreten.[956] Das Inkrafttreten wurde aber bekanntlich später suspendiert, wobei der schlesische Justizminister Danckelmann, der die Suspension anregte, diese vordergründig damit begründete, Richter, Sachwalter und Laien hätten nicht genug Zeit gehabt, sich mit dem Inhalt vertraut zu machen.[957] Dies mag bei einer vorgesehenen Legisvakanz von mehr als einem Jahr überraschen; die tatsächlichen Gründe für den Suspensionsvorschlag waren denn auch wohl andere als eine zu kurz bemessene Gewöhnungsfrist.[958] Für das ALR ordnete dann das Publikationspatent vom 5. Februar 1794 ein Inkrafttreten zum 1. Juni 1794 an, also mit einer Legisvakanz von nur noch knapp vier Monaten, wobei jedoch zu bedenken ist, dass die Veränderungen zwischen der 1791 publizierten AGB-Ausgabe und der nun publizierten ALR-Ausgabe im Verhältnis zum Gesamtumfang gering waren, so dass der größte Teil des neuen Gesetzbuchs schon durch die AGB-Publikation bekannt war.

Im Zusammenhang mit der Entstehung des ABGB hatte Zeiller schon zu Beginn seiner Referententätigkeit vor der Gesetzgebungskommission darauf hingewiesen, dass bei der Bekanntmachung neuer Gesetze der Zeitpunkt der Verbindlichkeit nicht zu übereilen sei, so dass die Untertanen und insbesondere auch die Gerichte sich mit dem ganzen Plan und dem »Geist« der Gesetzgebung im Vorfeld vertraut machen können.[959] Später konkretisierte er diese Forderung für das ABGB dahin, dass zwischen Kundmachung und Inkrafttreten des Gesetz-

---

[954] *Zeiller*, Eigenschaften, S. 256; *Schrader*, S. 111; *Kitka*, S. 146 ff.; *Mohl*, Politik, Bd. 1, S. 602; *Thring*, S. 37. Eine entsprechende Forderung erhob bereits im 17. Jahrhundert in England *Hale*, S. 273. Auch *Claproth* schlug vor, bei der Publikation eines neuen Gesetzbuchs einen Zeitraum von drei Jahren bis zu dessen Inkrafttreten vorzusehen (Bd. 1, S. 455, Anm. a zu § 8).

[955] *Mohl*, Politik, Bd. 1, S. 602.

[956] Im Druck erschienen die Teile des AGB sukzessive von Anfang 1790 bis Juni 1791 (vgl. *Simon*, S. 234; *Stobbe*, Bd. 2, S. 464). Das Publikationspatent erging also einige Monate bevor die letzten Titel im Druck erschienen; knüpft man daher für den Publikationszeitpunkt an das Erscheinen der letzten Titel des Gesetzbuchs im Druck an (Juni 1791), bestand bis zum vorgesehenen Inkrafttreten immer noch ein »Puffer« von einem Jahr.

[957] Immediat-Bericht v. 9. April 1792; Abdruck bei *Kamptz*, Kamptz' Jahrbücher, Bd. 52 (1838), S. 138–140; wieder bei *Finkenauer*, ZRG (GA) 113 (1996), S. 207 f.

[958] Zu den Gründen für die Suspension vgl. zuletzt ausführlich *Finkenauer*, ZRG (GA) 113 (1996), S. 93 f.

[959] *Ofner*, Protokolle, Bd. 1, S. 8.

buchs mindestens sechs Monate liegen sollten.[960] Tatsächlich wurde dieser Sechs-Monats-Zeitraum bei der Inkraftsetzung des ABGB eingehalten: Das Kundmachungspatent datierte vom 1. Juni 1811, im Druck erschien das Gesetzbuch Ende Juni 1811 und in Kraft getreten ist es zum 1. Januar 1812.[961]

Das bayerische Strafgesetzbuch von 1813 wurde durch Publikationspatent vom 16. Mai 1813 verkündet und trat gemäß Art. 1 dieses Patents zum 1. Oktober 1813 in Kraft, also mit einer Legisvakanz von viereinhalb Monaten. Dieser Zeitraum erscheint relativ kurz und erklärt sich wohl daraus, dass man die durch das neue Gesetzbuch angestrebte Rechtsvereinheitlichung in dem in napoleonischer Zeit stark vergrößerten Bayern wie auch die durch das neue Gesetzbuch bewirkten Verbesserungen der materiellen und prozessualen Rechtslage möglichst schnell zur Wirkung bringen wollte.

Das preußische Strafgesetzbuch von 1851 wurde durch Einführungsgesetz vom 14. April 1851 verkündet und trat am 1. Juli 1851 in Kraft.[962] Das Bestreben, die seit annähernd 50 Jahren beabsichtigte Revision der strafrechtlichen Bestimmungen des ALR nun endlich zum Abschluss zu bringen und insbesondere auch eine Vereinheitlichung des materiellen Strafrechts zwischen Altpreußen und dem Rheinland zu erreichen, drängte auch hier auf eine möglichst knapp bemessene Legisvakanz. Zwar waren im Ausschuss der Zweiten Kammer des Landtags ausdrücklich Überlegungen angestellt worden, eine längere Legisvakanz anzuordnen, um dem Publikum und der Wissenschaft mehr Gelegenheit zu geben, sich mit dem neuen Gesetzbuch vor seinem Inkrafttreten vertraut zu machen.[963] Doch hielt man es im Ergebnis für einen noch größeren Übelstand, wenn auch nach Verkündung des neuen Gesetzbuchs noch für einen längeren Zeitraum Strafurteile nach den bisherigen mangelhaften Gesetzen gefällt und vollstreckt werden müssten. Auch die in den vierziger Jahren von den Provinziallandtagen und dem Vereinigten ständischen Ausschuss erhobene Forderung, das Inkrafttreten des Gesetzbuchs bis zum Abschluss der Arbeiten an einer neuen Strafprozessordnung aufzuschieben, wurde wegen des dringenden Bedürfnisses nach einem neu gefassten materiellen Strafrecht verworfen.[964]

---

[960] *Ofner*, Protokolle, Bd. 2, S. 475.

[961] Auch die Vorgängerwerke zum ABGB wurden mit einer Eingewöhnungsfrist erlassen. Das Josephinische Gesetzbuch wurde am 31. März 1786 vom Kaiser sanktioniert und ein Inkrafttreten zum 1. Januar 1787 angeordnet; die Publikation konnte aber erst am 1. November 1786 erfolgen, da der Hofrat Sonnenfels die ihm aufgetragene stilistische Überprüfung noch eigenmächtig zu inhaltlichen Änderungen nutzen wollte. In Galizien wurde das Bürgerliche Gesetzbuch mit Patent vom 13. Februar 1797 (Westgalizien) bzw. 8. September 1797 (Ostgalizien) publiziert und hierbei ein einheitliches Inkrafttreten zum 1. Januar 1798 angeordnet (vgl. *Brauneder*, ABGB, S. 215 f.).

[962] Art. I des Gesetzes über die Einführung des Strafgesetzbuchs für die Preußischen Staaten vom 14. April 1851. Eine Ausnahmeregelung wurde für Hohenzollern getroffen, wo das Gesetzbuch erst am 1. Januar 1852 in Kraft trat.

[963] Bericht des Ausschusses der Zweiten Kammer über den Entwurf des Einführungsgesetzes, in: Verhandlungen der Ersten und Zweiten Kammer, S. 378–400, hier: S. 379.

[964] So bereits die Motive zu dem Entwurf von 1847 eines Einführungsgesetzes zum Strafgesetzbuch, in: *Regge/Schubert*, Bd. 6/2, S. 999. Dem schloss sich der Ausschuss der Zweiten Kam-

Das Strafgesetzbuch Britisch-Indiens erhielt die Sanktion des Generalgouverneurs am 6. Oktober 1860 und wurde anschließend publiziert. Sein Inkrafttreten war hierbei für den 1. Mai 1861 vorgesehen.[965] Noch vor Ablauf dieser Legisvakanz wurde der Zeitpunkt des Inkrafttretens jedoch durch ein Änderungsgesetz vom 9. April 1861 hinausgeschoben auf den 1. Januar 1862.[966] Der Grund hierfür lag in Verzögerungen mit der Fertigstellung der vorgesehenen Übersetzungen in die einheimischen Sprachen Indiens. Man wollte sicherstellen, dass zum Zeitpunkt des Inkrafttretens des Strafgesetzbuchs Übersetzungen in alle wesentlichen Sprachen Indiens vorliegen.[967] Außerdem sollte durch das weitere Hinausschieben des Inkrafttretens den einheimischen Richtern genügend Zeit gegeben werden, das Gesetzbuch vor seinem Inkrafttreten in ihrer Muttersprache zu studieren.[968]

Das deutsche BGB wurde am 24. August 1896 im Reichsgesetzblatt verkündet und trat gemäß Art. 1 des Einführungsgesetzes zum BGB am 1. Januar 1900 in Kraft, also mit einer Legisvakanz von knapp dreieinhalb Jahren.[969] Die Terminbestimmung erfolgte erst während der Beratungen im Reichstag durch den Reichstagsausschuss, der sich hierbei zum einen von dem Symbolwert eines Inkrafttretens mit Beginn des neuen Jahrhunderts und zum anderen von der Überlegung leiten ließ, dass die verbleibende Frist ausreiche, um die im Zusammenhang mit dem Inkrafttreten des BGB vorgesehenen Nebengesetze sowie die in den einzelnen Bundesstaaten erforderlichen Ausführungsgesetze auszuarbeiten.[970] Durch die vorherigen Entwurfsveröffentlichungen war der Inhalt des Gesetzbuchs der Fachwelt in wesentlichen Teilen bereits bekannt; die durch Bundesrat und Reichstag noch vorgenommenen Änderungen waren demgegenüber relativ gering.

---

mer des preußischen Landtags 1851 an (Verhandlungen der Ersten und Zweiten Kammer, S. 378); vgl. auch *Goltdammer*, Bd. 1, S. 3 f. Zu der Forderung der Provinziallandtage vgl. *Hälschner*, S. 275. Ein einheitliches Strafprozessrecht wurde in Preußen erst durch die Reichsstrafprozessordnung von 1877 (in Kraft getreten 1879) verwirklicht. In Altpreußen bestimmte sich das Strafverfahren bis dahin nach einer Notverordnung v. 3. Januar 1849 (welche die Mündlichkeit und Öffentlichkeit des Verfahrens einführte) nebst Zusatzgesetz v. 3. Mai 1852, teilweise auch noch nach der Kriminalordnung von 1805; in der Rheinprovinz galt die so genannte Rheinische Strafprozessordnung nach französischem Vorbild (vgl. zur Entwicklung des preußischen Strafverfahrensrechts seit 1842 die Übersicht von *Schubert*, in: *Regge/Schubert*, Bd. 6/1, S. XXIX ff.).

[965] Indian Penal Code, sec. 1.

[966] Act VI of 1861.

[967] Proceedings of the Legislative Council of India, Bd. 7 (1861), Sp. 283.

[968] Proceedings of the Legislative Council of India, Bd. 7 (1861), Sp. 287, 289.

[969] RGBl. 1896, S. 195–603.

[970] Bericht der Reichstags-Kommission, S. 180 = *Mugdan*, Bd. 1, S. 309. Der Staatssekretär im Reichsjustizamt Nieberding stimmte dem vom Reichstagsausschuss vorgeschlagenen Termin mit der Überlegung zu, dass sich die relativ kurze Legisvakanz vorteilhaft auf das Tempo der Behandlung der Neben- und Ausführungsgesetze in den parlamentarischen Gremien auswirken werde (Bericht Hellers (Bayern) v. 11. Juni 1896 über die Beratungen des Reichstagsausschusses, in: *Jakobs/Schubert*, Beratung, Einführungsgesetz, Teil 1, S. 986–990, hier: S. 989 f.).

Das schweizerische ZGB wurde am 21. Dezember 1907 im Bundesblatt bekannt gemacht und nach Ablauf der dreimonatigen Referendumfrist in die amtliche Gesetzessammlung aufgenommen.[971] Als Termin für das Inkrafttreten des ZGB war der 1. Januar 1912 bestimmt worden.[972] Die Festsetzung der vergleichsweise langen Legisvakanz von über vier Jahren beruhte insbesondere auf der Überlegung, dass man genügend Zeit für eine zwischenzeitliche Revision und Anpassung des Obligationenrechts an das ZGB zur Verfügung stellen wollte, um ein gleichzeitiges Inkrafttreten des revidierten Obligationenrechts mit dem neuen ZGB (formal als fünfter Teil des ZGB) zu ermöglichen.[973] Außerdem waren bis zum Inkrafttreten des ZGB von den einzelnen Kantonen noch zahlreiche Einführungsbestimmungen zu erlassen, zum Beispiel zur Einführung von Zivilstands-, Vormundschafts- und Grundbuchämtern und zur Regelung des Verfahrens und der Zuständigkeit kantonaler Behörden.[974]

Sah der Gesetzgeber nicht ausdrücklich einen Zeitpunkt für das Inkrafttreten vor, so entsprach es gängiger Lehre in Deutschland, dass das Gesetz mit der amtlichen Bekanntmachung in Kraft tritt.[975] Wie wir im vorherigen Kapitel sahen, wurde das Bekanntmachungserfordernis aber vielerorts bis in die zweite Hälfte des 19. Jahrhunderts im materiellen Sinne verstanden. Wo dies der Fall war, z.B. in Preußen (bis 1846) und Württemberg, trat das Gesetz also auch nach Einführung eines Gesetzblatts nicht schon mit dessen Ausgabe in Kraft, sondern erst mit dessen tatsächlichem Eintreffen am jeweiligen Ort bzw. mit Durchführung der zusätzlich erforderlichen lokalen Bekanntmachungsmaßnahmen.[976] Als Konsequenz hieraus ergab sich in den Ländern mit materiellem Publikationsprinzip, dass ein und dasselbe Gesetz in den verschiedenen Landesteilen und Orten zu unterschiedlichen und schwer bestimmbaren Zeitpunkten in Kraft trat, je nach dem Zeitpunkt des tatsächlichen Eintreffens des Gesetzblatts vor Ort bzw. der Durchführung der vorgeschriebenen zusätzlichen lokalen Bekanntmachungsakte.

Die sich hieraus ergebende Rechtsunsicherheit wurde zunächst in Frankreich schon kurz nach Einführung des *bulletin de lois* zum Anlass genommen, durch Gesetz vom 4. Oktober 1795 für das Inkrafttreten eines Gesetzes in den jeweiligen

---

[971] Amtliche Sammlung der Bundesgesetze und Verordnungen der schweizerischen Eidgenossenschaft, N. F. 24 (1908), S. 233–533.

[972] Art. 63 des Schlusstitels des ZGB.

[973] Zur Revision und formalen Eingliederung des Obligationenrechts in das ZGB s. unten S. 350 mit Fn. 265.

[974] Vgl. Art. 52 des Schlusstitels des ZGB. Eine Aufstellung der zum ZGB ergangenen kantonalen Einführungsgesetze gibt *Huber/Mutzner*, Bd. 1, S. 160 ff.

[975] *Mohl*, Art. »Gesetz«, Staats-Wörterbuch, Bd. 4, S. 288; *ders.*, Politik, Bd. 1, S. 601 ff.

[976] Für Preußen also bis 1846 erst mit der Bekanntmachung in den lokalen Amtsblättern (s. oben S. 221 mit Fn. 944). Anders in Bayern, wo man bereits mit Einführung eines Gesetzblatts 1799 dazu übergegangen war, die Versendung des Gesetzblatts für das Inkrafttreten ausreichen zu lassen (vgl. oben S. 221).

Departements nur noch auf die Verteilung des Gesetzblatts im Hauptort des jeweiligen Departements abzustellen.[977] Die 1803 in Kraft getretenen Einleitungsbestimmungen zum Code civil gingen noch einen Schritt weiter, indem sie den Zeitpunkt des Inkrafttretens eines Gesetzes in den einzelnen Departements rein formal von der Entfernung der Departementhauptstadt vom Regierungssitz abhängig machten.[978] Soweit das Gesetz selbst keinen anderen Zeitpunkt des Inkrafttretens vorsah, traten nun alle Gesetze in den einzelnen Departements nach genau bestimmten, jedoch unterschiedlich langen Fristen in Kraft, je nach Entfernung zwischen der jeweiligen Departementhauptstadt und dem Ort der Gesetzesausfertigung (Paris).[979] Auf den Zeitpunkt des tatsächlichen Eintreffens des Gesetzblatts vor Ort kam es nun nicht mehr an.[980] Preußen folgte diesem Beispiel 1846.[981] Hierzu wurde das Land in sechs Regionen eingeteilt und für jede Region eine Frist bestimmt, nach deren Ablauf (gerechnet ab Ausgabe des Gesetzblatts in Berlin) das Gesetz in der jeweiligen Region als bekannt gemacht galt.[982] Man bediente sich hiermit also schon einer Bekanntmachungsfiktion, die den Beweis der tatsächlichen Bekanntmachung am jeweiligen Ort überflüssig machte.[983] Die Fiktion war aber noch unvollkommen, da sie nach wie vor an die unterschiedlich langen tatsächlichen Übermittlungswege anknüpfte und daher weiterhin zu dem Ergebnis führte, dass das Gesetz an verschiedenen Orten zu verschiedenen Zeiten in Kraft trat

---

[977] Vgl. *Lukas*, Gesetzes-Publikation, S. 86.

[978] Am 5. März 1803 wurde der »titre préliminaire« des französischen Code civil zum Gesetz erhoben und im März 1804 zusammen mit weiteren zuvor bereits separat verkündeten Abschnitten als »Code civil des Français« neu verkündet. Art. 1 Abs. 3 Code civil lautet in seiner ursprünglichen Fassung: »La promulgation faite par le Premier Consul sera réputée connue dans le département où siégera le Gouvernement, un jour après celui de la promulgation; et dans chacun des autres départements, après l'expiration du même délai, augmenté d'autant de jours qu'il y aura de fois dix myriamètres (environ vingt lieues anciennes) entre la ville où la promulgation en aura été faite, et le chef-lieu de chaque département.«

[979] Unzutreffend die Schilderung durch *Mohl*, Politik, S. 603, Fn. 1, wonach es auf die Entfernung zwischen dem jeweiligen Ort und der Hauptstadt des Departements, zu dem er gehört, ankomme.

[980] Diese Regelung galt in Frankreich im Wesentlichen bis 1870, als man unter dem Eindruck der Belagerung von Paris die rein formale Anknüpfung an die Entfernung wieder verließ und nunmehr für das Inkrafttreten eines Gesetzes auf die tatsächliche Ankunft des »Journal officiel« (welches jetzt offizielles Publikationsorgan war) im Hauptort des jeweiligen Arrondissement abstellte (näher *Lukas*, Gesetzes-Publikation, S. 118 ff.).

[981] Gesetz vom 3. April 1846; Wortlaut bei *Hubrich*, S. 96 f.; hierzu auch *Rönne*, Bd. 1, S. 162 f., Fn. 2; *Mohl*, Politik, Bd. 1, S. 603, Fn. 1; *Lukas*, Gesetzes-Publikation, S. 160, 177.

[982] So trat ein Gesetz z.B. in Berlin nach acht Tagen, in Magdeburg nach neun Tagen, in Münster und Danzig nach 13 Tagen und in der Rheinprovinz und in Königsberg nach 14 Tagen in Kraft.

[983] Auf die Bekanntmachung in den lokalen Amtsblättern kam es seit 1846 für das Inkrafttreten eines Gesetzes in Preußen also nicht mehr an; die Bekanntmachung im Gesetzblatt war nun für das Inkrafttreten allein maßgeblich. Der Übergang zu einem rein formalen Publikationsprinzip wird daneben auch dadurch deutlich, dass ein neues Gesetz künftig auch denjenigen gegenüber erst mit Ablauf der festgelegten Frist in Kraft trat, die schon vorher hiervon Kenntnis erlangten (§ 3 des Gesetzes vom 3. April 1846).

(nunmehr aber zu exakt vorherbestimmten Zeiten). In der Verfassung des Deutschen Reiches von 1871 war dann die Fiktion vollkommen geworden, nunmehr traten Reichsgesetze mangels anderweitiger Bestimmung überall einheitlich nach Ablauf von 14 Tagen nach Ausgabe des Reichsgesetzblatts in Berlin in Kraft.[984]

Die englische Gesetzgebungspraxis konnte hingegen für das Inkrafttreten von Gesetzen auf Bekanntmachungsfiktionen verzichten, da die Publikation eines neuen Gesetzes in England seit jeher nicht als Wirksamkeitsvoraussetzung betrachtet wurde.[985] War im Gesetz selbst kein besonderer Zeitpunkt für das Inkrafttreten vorgesehen, traten die innerhalb einer Parlamentssession beschlossenen Gesetze in England bis zum Ende des 18. Jahrhunderts sogar regelmäßig rückwirkend ab Beginn der Sessionsperiode in Kraft.[986] Dies änderte sich erst mit dem *Acts of Parliament (Commencement) Act* von 1793, der vorsah, dass neue Gesetze künftig mit dem Zeitpunkt der Sanktion durch den König (*Royal Assent*) in Kraft treten, sofern das Gesetz selbst keinen anderen Zeitpunkt vorsieht.[987] Auf den Zeitpunkt der Publikation des Gesetzes kam es hier nach wie vor nicht an.

2. Nichtrückwirkung und Übergangsvorschriften als Gesetzgebungsregel

Wie wir sahen, war es ein Anliegen der Gesetzgebungslehre an den Gesetzgeber, neue (insbesondere komplexe) Gesetze möglichst nicht sofort mit der Bekanntmachung, sondern erst nach einer Phase der Legisvakanz, in der sich die Adressaten mit den künftig geltenden Regelungen vertraut machen können, in Kraft treten zu lassen. Daneben stellte sich aber auch die umgekehrte Frage nach der Möglichkeit für den Gesetzgeber, ein neues Gesetz auch rückwirkend, für Zeiträume vor der Bekanntmachung in Kraft zu setzen. Genau genommen stellten sich in diesem Zusammenhang drei (in Literatur und Praxis häufig nicht genau auseinander gehaltene[988]) Fragen, nämlich erstens die nach einem Gebot der

---

[984] Art. 2 der Reichsverfassung. Diese 14-Tage-Frist übernahm auch das Grundgesetz (Art. 82 Abs. 2). Letztlich hält man damit bis heute an der Frist fest, die Preußen 1846 für das Inkrafttreten in den von Berlin am weitesten entfernten Orten festlegte.

[985] Vgl. oben S. 215 zum Fehlen einer als Wirksamkeitsvoraussetzung für neue Gesetze verstandenen Publikationspflicht in England.

[986] Vgl. *May*, Kap. XXI, S. 597; *Edgar*, S. 382 f.

[987] 33 Geo. III, c. 13.

[988] Die Vermengung dieser Fragen setzt sich bis in die moderne rechtshistorische Literatur fort. Dies verleitet etwa *Schreiber* (Gesetz und Richter, S. 58) im Zusammenhang mit seiner Kritik an Bindings Rückwirkungslehre zu der Aussage, das Rückwirkungsproblem betreffe generell den Umfang der Befugnisse des Gesetzgebers, nicht des Richters. Aus rechtshistorischer Sicht trifft dies für die meisten Epochen nicht zu – und zwar sowohl im Zivil- als auch im Strafrecht. Die Antike, das Mittelalter und auch die gemeinrechtliche Tradition bis zur französischen Revolution sah das Rückwirkungsproblem ganz überwiegend als ein solches der Rechtsanwendung, wenn das Gesetz seine zeitliche Erstreckung nicht ausdrücklich regelt, nicht als eine Schranke für den Gesetzgeber (vgl. näher hierzu die nachfolgenden Darlegungen im Text mit Fn. 989 und 1001),

Nichtrückwirkung als an den Gesetzgeber gerichtete Gesetzgebungsregel für die Inkraftsetzung neuer Gesetze (also eine »Soll-Regel« als Gegenstand der Gesetzgebungslehre), zweitens die nach einem Rückwirkungsverbot als an den Gesetzgeber gerichtete Kompetenzschranke (also eine »Muss-Regel«, namentlich seit dem Aufkommen geschriebener Verfassungen) und schließlich drittens die nach einem Rückwirkungsverbot als an den Richter gerichtete Auslegungsregel für die Anwendung neuer Gesetze. Während in Literatur und Rechtsprechung in der Regel die dritte Frage im Vordergrund stand, interessiert in unserem Zusammenhang besonders die Beantwortung der ersten dieser Fragen in Theorie und Praxis.

a) Die Rückwirkungsfrage in England

Die neuzeitliche[989] Diskussion um ein Rückwirkungsverbot als eine an den Gesetzgeber gerichtete Gesetzgebungsregel beginnt in England bereits im 17. Jahrhundert mit Bacon, Hobbes und Hale, während diese Frage in Deutschland erst ab dem späten 18. Jahrhundert verstärktes Interesse findet. Den Anfang machte Bacon mit einer bereits beeindruckend differenzierten Stellungnahme.[990] Der

---

was *Schreiber* in anderem Zusammenhang auch selbst bestätigt. *Schwennicke* führt die mangelnde Unterscheidung zwischen einem an den Gesetzgeber gerichteten und einem an den Rechtsanwender gerichteten Gebot der Nichtrückwirkung zu einer unrichtigen Beurteilung der Leistungen der preußischen Reformer im Zusammenhang mit der Entstehung des ALR, vgl. unten Fn. 1017.

[989] Zur Frage eines Rückwirkungsverbots im antiken römischen Recht s. für das Strafrecht *Schreiber*, Gesetz und Richter, S. 18 ff.; *Schöckel*, S. 9 ff.; *Seeger*, S. 1 ff.; *Pföhler*, S. 86 ff.; *Krey*, Keine Strafe ohne Gesetz, S. 50 f. und für das römische Zivilrecht *Bergmann*, S. 75 ff.; *Savigny*, System, Bd. 8, S. 392 ff.; *Goeppert*, Jb Dogmatik 22 (1884), S. 21 ff.; *Affolter*, Geschichte, S. 19 ff. Demnach kannte das römische Zivilrecht zwar einen Grundsatz der Nichtrückwirkung für den Fall, dass das Gesetz die Frage seiner zeitlichen Geltung nicht ausdrücklich regelt. Dem Gesetzgeber stand es aber frei, hiervon abzuweichen, ohne dass ihm hierbei bestimmte Schranken auferlegt wurden. Dem Rückwirkungsverbot kam damit in erster Linie die Bedeutung einer Auslegungs-, nicht einer Gesetzgebungsregel zu (vgl. *Bergmann*, S. 139; *Savigny*, System, Bd. 8, S. 400; *Max Kaser*, Das römische Privatrecht, 2. Aufl., München 1971, Bd. 2, S. 56). S. aber auch *Bergmann.*, S. 75 ff., 133 f., *Seeger*, S. 3 ff. u. *Schreiber*, Gesetz und Richter, S. 19 zu der (im Zusammenhang mit der angeordneten Rückwirkung eines Edikts auf früher errichtete Testamente stehenden) Stellungnahme Ciceros, der sich generell gegen die Anordnung einer Rückwirkung im Zivilrecht ausspricht. Für das Strafrecht billigt Cicero hingegen eine Rückwirkung bei Handlungen, welche schon an sich verbrecherisch und verdammenswert sind. Im Strafrecht finden sich Anfänge eines Rückwirkungsverbots nach *Seeger*, S. 43 ff., *Schöckel*, S. 9 ff., *Pföhler*, S. 86 ff. u. *Schreiber*, Gesetz und Richter, S. 18 ff., erst seit der römischen Kaiserzeit. Auch hier wurde aber dem Gesetzgeber zugestanden, von dieser Regel abzuweichen (*Pföhler*, S. 106; *Schreiber*, Gesetz und Richter, S. 22, 23; *Krey*, Keine Strafe ohne Gesetz, S. 51). Die italienischen Glossatoren und Konsiliatoren des Spätmittelalters rezipierten nach dem vorliegenden Forschungsstand den Grundsatz der Nichtrückwirkung ebenfalls nur als eine nicht an den Gesetzgeber gerichtete Auslegungsregel, sahen dessen Anwendung also auf den Fall beschränkt, dass das Gesetz nicht selbst eine Rückwirkung anordnet (*Schöckel*, S. 11 ff.; *Pföhler*, S. 118 ff., insb. S. 127; *Seeger*, S. 50 ff.; vgl. auch *Goeppert*, Jb Dogmatik 22 (1884), S. 5 f.). Zur Behandlung der Rückwirkungsfrage in der gemeinrechtlichen Literatur bis einschließlich des 18. Jahrhunderts s. die Nachweise unten Fn. 1001.

[990] Zum Folgenden: *Bacon*, De Augm. Scient., Buch 8, Kap. 3, Aphorismen 47–51, S. 813 f.

Gesetzgeber solle nur in seltenen Ausnahmefällen und mit großer Vorsicht Gesetze rückwirkend in Kraft setzen. Als Begründung nennt Bacon die hierdurch
verursachte Störung des Rechtsfriedens und den Vertrauensschutz. Hieraus leiten
sich dann auch die Ausnahmefälle ab, in denen Bacon die Anordnung einer
Rückwirkung für legitim erachtet. Zum einen gilt dies für die Fälle, in denen das
neue Gesetz keine eigentliche Neuregelung enthält, sondern nur die Bedeutung
und den Zweck früherer Gesetze deutlich macht, ohne von diesen abzuweichen
(authentische Interpretation). Hierbei sollen jedoch bereits abgeurteilte Fälle von
der Rückwirkung nicht erfasst werden. Einen zweiten Ausnahmefall sieht Bacon
dann gegeben, wenn die Rückwirkung dazu dient, arglistigen Gesetzesumgehungen den Boden zu entziehen, denn der, der die Gesetze arglistig umgeht, verdiene
hierbei nicht des Schutzes des Gesetzes. Bacon legt dem Gesetzgeber die Anordnung einer Rückwirkung also nur für Fälle mangelhafter Gesetze nahe, welche
durch ihre Unbestimmtheit Anlass zu Rechtsunsicherheit oder Rechtsumgehungen geben. In diesen Fällen führt die ausnahmsweise angeordnete Rückwirkung
nicht zu einer Störung des Rechtsfriedens und des Vertrauens in das Recht,
sondern dient deren Wiederherstellung.

Hobbes Stellungnahme zur Rückwirkungsfrage betrifft speziell das Strafrecht.[991]
Er hält ein rückwirkendes Verbot einer Tat durch ein nachfolgendes Gesetz für
unzulässig, weil dies gegen die Regel verstieße, dass Gesetze bekannt gemacht
sein müssen, um verpflichten zu können.[992] Das Rückwirkungsverbot greife
jedoch nicht ein, wenn die Tat gegen ein natürliches (ungeschriebenes) Gesetz
verstößt, da dieses immer schon vor der Tat da sei.[993] Der Anwendungsbereich des
Rückwirkungsverbots im Strafrecht wird damit durch Hobbes eng gezogen, da
dort, wo eine Tat bereits durch das Naturrecht verboten ist, der Gesetzgeber diese
auch rückwirkend mit Strafe bedrohen darf. Hinsichtlich des Strafmaßes hält
Hobbes generell eine rückwirkende Strafschärfung für unzulässig, da er den Strafzweck allein in der Abschreckung sieht (nicht in der Vergeltung) und eine Abschreckung nicht durch eine rückwirkende Strafschärfung erreicht werden kann.[994]
Auch hier aber ist der praktische Anwendungsbereich des Rückwirkungsverbots

---

[991] Hierzu bereits *Schöckel*, S. 36, 55 u. *Schreiber*, Gesetz und Richter, S. 39 ff.

[992] *Hobbes*, Leviathan, Teil II, Kap. 27, S. 212.

[993] *Hobbes*, Leviathan, Teil II, Kap. 27, S. 212: »No Law, made after a Fact done, can make it a
Crime: because if the Fact be against the Law of Nature, the Law was before the Fact; and a
Positive Law cannot be taken notice of, before it be made; and therefore cannot be Obligatory.«
Ebd., Kap. 28, S. 226: »…Harme inflicted for a Fact done before there was a Law that forbad it, is
not Punishment, but an act of Hostility: For before the Law, there is no transgression of the Law.«

[994] *Hobbes*, Leviathan, Teil II, Kap. 28, S. 225 f.: »…If a Punishment be determined and
prescribed in the Law it selfe, and after the crime committed, there be a greater Punishment
inflicted, the excesse is not Punishment, but an act of hostility. For seeing the aym of Punishment
is not a revenge but terrour; and the terrour of a great Punishment unknown, is taken away by the
declaration of a lesse, the unexpected addition is no part of the Punishment.« Im Umkehrschluss
wird man wohl folgern können, dass Hobbes eine rückwirkende Strafmilderung für zulässig hielt.

nach Hobbes' Gesamtkonzept begrenzt, da er es ausdrücklich zulässt, dass der Gesetzgeber kein bestimmtes Strafmaß (oder Strafrahmen) androht, in welchem Fall jede Strafe verhängt werden dürfe.[995]

Die dritte Stellungnahme Englands im 17. Jahrhundert zur Rückwirkungsfrage im Rahmen der Gesetzgebungstheorie stammt von Hale, der den Gesetzgeber generell auffordert, seinen Gesetzen keine Rückwirkung beizulegen, ohne dass Hale auf Ausnahmen zu sprechen kommt.[996] Wir finden damit im England des 17. Jahrhunderts in der Rückwirkungsfrage (als Gegenstand der Gesetzgebungstheorie) bereits eine Vielzahl derjenigen Aspekte präsent, die auch für die spätere Diskussion in Deutschland eine Rolle spielen sollten: Die prinzipielle Aufforderung an den Gesetzgeber, seinen Gesetzen keine Rückwirkung beizulegen (Bacon, Hobbes und Hale), die Ausnahmen für authentische Interpretationen (Bacon), naturrechtswidrige Handlungen (Hobbes) und Strafmilderungen (so wohl Hobbes) sowie die Begründung des Rückwirkungsverbots aus dem Vertrauensschutzgedanken (Bacon), der Publizitätspflicht für positive Gesetze (Hobbes) und – speziell für das Strafrecht – dem Abschreckungsgedanken als Strafzweck (Hobbes).

In der englischen Praxis zeigten diese Theorien jedoch wenig Wirkung, obgleich im 18. Jahrhundert auch Blackstone dafür eintrat, Gesetze nur mit Wirkung für die Zukunft zu erlassen. Zur Begründung führte er wie schon Bacon den Vertrauensschutz an; die rückwirkende Pönalisierung einer Handlung sei ungerecht und grausam, da der Handelnde das spätere Gesetz nicht voraussehen und sein Handeln nicht danach ausrichten konnte.[997] In der englischen Parlamentspraxis entsprach es hingegen wie bereits aufgezeigt bis zum Ende des 18. Jahrhunderts der Regel, dass – mangels anderweitiger Bestimmung im Gesetz selbst – alle innerhalb einer Parlamentssession beschlossenen Gesetze rückwirkend ab Beginn der Sessionsperiode in Kraft traten. Auch als man diese Praxis 1793 abschaffte und das Inkrafttreten mangels anderweitiger Bestimmung nunmehr an den Zeitpunkt des *Royal Assent* knüpfte, blieb es dem Parlament weiterhin freigestellt, im Einzelfall hiervon abweichend die Rückwirkung eines neuen Gesetzes anzuordnen.[998] Zwar gab es in der englischen Rechtsprechung ähnlich wie auf dem Kontinent eine Auslegungsregel, dass gesetzlichen Neuregelungen im Zweifel keine Rückwirkung beizulegen ist; dies galt aber nur für die Fälle, wo der Gesetzgeber die Rückwirkungsfrage offen gelassen hatte.[999] Ein Rückwirkungs-

---

[995] *Hobbes*, Leviathan, Teil II, Kap. 28, S. 226: »But where there is no Punishment at all determined by the Law, there whatsoever is inflicted, hath the nature of Punishment. For he that goes about the violation of a Law, wherein no penalty is determined, expecteth an indeterminate, that is to say, an arbitrary Punishment.«

[996] *Hale*, S. 273.

[997] *Blackstone*, Bd. 1, S. 46 (Introduction, § 2).

[998] 33 Geo. III, c. 13.

[999] Vgl. *Edgar*, S. 387 f. mit Rechtsprechungsnachweisen aus dem 19. Jahrhundert. Gesetzen, die authentische Interpretationen früherer Gesetze beinhalteten, sprachen die englischen Gerichte

verbot für den parlamentarischen Gesetzgeber – und sei es auch nur auf straf-
begründende/-schärfende Gesetze beschränkt – entwickelte sich in England im
18. und 19. Jahrhundert hingegen nicht.[1000]

b) Die Rückwirkungsfrage in Kontinentaleuropa zur Zeit der Aufklärung

Es ist sicher kein Zufall, dass man sich in Deutschland in der Gesetzgebung und in
der Gesetzgebungslehre erst gegen Ende des 18. Jahrhunderts intensiv mit der
Frage der Rückwirkung zu beschäftigen begann. Zwar liegen auch aus der gemeinrechtlichen Literatur früherer Zeit Stellungnahmen zur Rückwirkung vor,
doch hatte man hierbei regelmäßig den Fall im Blick, dass der Gesetzgeber die
Frage der Rückwirkung in einem neuen Gesetz offen gelassen hatte; die Fragestellung richtete sich also an den Gesetzesausleger, nicht an den Gesetzgeber.[1001]
Gleiches gilt für die gelegentliche Erwähnung eines Rückwirkungsverbots in den
Gesetzen bis zur Mitte des 18. Jahrhunderts.[1002] Das erklärt sich wohl daraus, dass
ein Gebot der Nichtrückwirkung als Forderung an den Gesetzgeber solange auf
wenig Interesse stieß, als die Aufgabe des Gesetzgebers im Zivil- und Strafrecht
vorwiegend in der Sammlung und punktuellen Besserung des vorgefundenen
Rechts, nicht aber in der planmäßigen und umfassenden Neugestaltung gesehen
wurde. Dies änderte sich im 18. Jahrhundert, wobei das ALR ein besonders
wesentlicher Exponent dieses Wandels ist, mit dessen Inkraftsetzung das bislang
subsidiär geltende Gemeine Recht ausdrücklich aufgehoben wurde und dieses
auch nicht mehr zur Auslegung heranzuziehen erlaubt wurde.[1003] Wer einen
derartigen formalen Bruch mit der Vergangenheit unternahm (wenngleich das
Gesetzbuch sich inhaltlich weiterhin am Gemeinen Recht orientierte), musste fast
zwangsläufig der Frage der Rückwirkung verstärkte Aufmerksamkeit widmen.[1004]

---

hingegen – ähnlich wie auf dem Kontinent – regelmäßig Rückwirkung zu (*Edgar*, S. 394 mit
Rechtsprechungsnachweisen aus dem 19. Jahrhundert).

[1000] Vgl. *Edgar*, S. 388; *May*, Kap. XXI, S. 597.

[1001] Vgl. *Schreiber*, Gesetz und Richter, S. 31; *Krey*, Keine Strafe ohne Gesetz, S. 52 sowie die
Nachweise bei *Pföhler*, S. 164 ff., *Schöckel*, S. 23 ff. u. *Seeger*, S. 58 ff. zur gemeinrechtlichen Sicht
der Rückwirkungsfrage im Strafrecht (Carpzow und Thomasius stellten demnach die Zulässigkeit
der strafrechtlichen Rückwirkung gar nicht in Frage) und bei *Coing*, Europäisches Privatrecht,
Bd. 1, S. 155 f. u. *Affolter*, Geschichte, S. 247 ff. zur gemeinrechtlichen Sicht der Rückwirkungsfrage im Zivilrecht.

[1002] Der Codex Maximilianeus Bavaricus Civilis von 1756 enthält zwar ein Rückwirkungsverbot, nimmt hiervon aber ausdrücklich die Fälle aus, in denen der Gesetzgeber eine Rückwirkung
anordnet, begnügt sich also mit der gemeinrechtlichen Auslegungsregel für den Richter (Teil 1,
Kap. 1, § 8). Der wenige Jahre jüngere Codex Juris Bavarici Criminalis enthält gar kein Rückwirkungsverbot. Coccejis Projekt eines Corporis Juris Fridericiani beinhaltet ein kurzes Rückwirkungsverbot (Part 1, Lib. 1, Tit. 2, § 11), welches aber wohl ebenfalls nur die gemeinrechtliche Tradition
wiederholen will, also den Gesetzgeber als Verbotsadressaten nicht im Blick hat.

[1003] Publikationspatent zum ALR, Abschnitt I und Abschnitt XVIII.

[1004] Folgerichtig äußern sich auch der Entwurf *Claproths* von 1773 und der Entwurf *Quistorps*
von 1782, die einen noch strikteren Bruch mit der Vergangenheit vollziehen (s. unten S. 337 f.),

Das Publikationspatent zum ALR und die Einleitung des ALR befassen sich, wie wir sogleich sehen werden, denn auch in sehr ausführlicher und differenzierter Weise mit der Frage der Rückwirkung und auch in der Gesetzgebungslehre findet das Thema ab 1790 verstärktes Interesse.

Neben dieser allgemeinen, die Bedeutung des positiven Gesetzes als Rechtsquelle betreffenden Entwicklung, sind für die Wahrnehmung speziell der Rückwirkungsfrage in Deutschland wohl auch die sich in dieser Frage außerhalb Deutschlands vollziehenden Entwicklungen in den letzten Jahrzehnten des 18. Jahrhunderts nicht ohne Bedeutung gewesen. Außerhalb Deutschlands erhielt die Rückwirkungsfrage in dieser Zeit sogar Verfassungsrang. Den Anfang machten verschiedene nordamerikanische Verfassungen, die erstmals ein ausdrücklich an den Gesetzgeber gerichtetes Rückwirkungsverbot enthielten.[1005] Kurz darauf führte die französische Revolution auch in Europa zur Fixierung des Rückwirkungsverbots in der französischen Erklärung der Menschen- und Bürgerrechte vom 26. August 1789.[1006] Anders als die amerikanische Bundesverfassung, die ein gleichermaßen für das Straf- und Zivilrecht geltendes Rückwirkungsverbot enthält, beschränkte sich die französische Menschenrechtserklärung jedoch auf ein strafrechtliches Rückwirkungsverbot. Die französischen Verfassungen von 1791 und 1793 übernahmen das strafrechtliche Rückwirkungsverbot aus der Menschen- und Bürgerrechtserklärung.[1007] Die französische Verfassung von 1795 statuierte dann ein gleichermaßen für das Zivil- und Strafrecht geltendes Rückwirkungsverbot.[1008] Mit der Erhebung des Rückwirkungsverbots zu einem Ver-

---

ausdrücklich zur Rückwirkungsfrage. Hierbei geht *Claproth* noch – anders als das ALR – von der generellen Rückwirkung des neuen Gesetzbuchs auf noch nicht rechtskräftig entschiedene Fälle aus (Civil-Recht, 1. Buch, 1. Hauptstück, § 21 = Bd. 1, S. 462). *Quistorp* statuiert hingegen ein Rückwirkungsverbot für das neue Strafgesetzbuch und alle künftig erlassenen Strafgesetze (Teil I, § 3), will hiervon aber eine Ausnahme zu Lasten des Täters machen, wenn dieser eine bislang nicht pönalisierte Tat begeht und hierbei von einem im Werk befindlichen neuen Strafgesetz, das diese Handlung pönalisiert, wusste (Kritik an dieser Ausnahme bei *H. A. Zachariä*, Rückwirkende Kraft, S. 24 f.).

[1005] So die Verfassungen von Maryland (1776), North Carolina (1776), Massachusetts (1780) und New Hampshire (1784) sowie die Bundesverfassung von 1787; vgl. zum Rückwirkungsverbot in den nordamerikanischen Verfassungen *Schreiber*, Gesetz und Richter, S. 62 ff.; *Pföhler*, S. 223 ff.; *Dannecker*, S. 132.

[1006] Art. 8 der *Déclaration des droits de l'homme et du citoyen:* »La loi ne doit établir que des peines strictement et évidemment nécessaires et nul ne peut être puni qu'en vertu d'une loi établie et promulguée antérieurement au délit et légalement appliquée.«

[1007] Die Menschen- und Bürgerrechtserklärung wurde den Verfassungen von 1791 und 1793 jeweils vorangestellt. In der Verfassung von 1793 wurde das Rückwirkungsverbot rhetorisch noch verstärkt, indem eine Bestrafung auf Grund eines nach der Tat erlassenen Gesetzes als Tyrannei und Verbrechen gebrandmarkt wurde (Acte constitutionnel du 24 Juin 1793 et déclaration des droits de l'homme et du citoyen, bei *Duguit/Monnier/Bonnard*, S. 63).

[1008] Art. 14 der der Verfassung vom 22. August 1795 vorangestellten Menschen- und Bürgerrechtserklärung (bei *Duguit/Monnier/Bonnard*, S. 74). Von hier aus fand das Rückwirkungsverbot Eingang in Art. 2 des Code civil und Art. 4 des Code pénal. Die Erstreckung des verfassungsmäßigen Rückwirkungsverbots auch auf das Zivilrecht in Frankreich war wohl nicht zuletzt eine

fassungsgebot war dieses unmissverständlich zu einem auch an den Gesetzgeber gerichteten Grundsatz geworden.

Blicken wir nun auf die etwa gleichzeitige Gesetzgebungspraxis in Preußen zur Rückwirkungsfrage. Das ALR stellt die Regel auf, dass neue Gesetze auf »schon vorhin vorgefallene Handlungen und Begebenheiten« nicht anzuwenden sind; einen entsprechenden Grundsatz postuliert das Publikationspatent auch für die Anwendung des ALR selbst.[1009] Zur Begründung führt das Publikationspatent den (nur für das Zivilrecht passenden) Schutz wohlerworbener Rechte an. Ausdrücklich ausgenommen von diesem Rückwirkungsverbot werden im ALR und im Publikationspatent aber authentische Interpretationen (für noch nicht entschiedene Rechtsfälle) und Milderungen von Strafgesetzen (sofern die Strafe noch nicht vollzogen ist).[1010] Dem ALR liegt damit eine an sich nicht neue Grundkonzeption zur Rückwirkungsfrage zugrunde, indem es von einem prinzipiellen Rückwirkungsverbot ausgeht, hiervon aber Ausnahmen macht für die Fälle der authentischen Interpretation (so auch Bacon und die seit jeher herrschende Lehre im Gemeinen Recht[1011]) und Strafmilderungen. In unserem Zusammenhang interessiert hierbei aber die Frage, ob das ALR mit diesem Konzept nur den Richter binden wollte (wie es der gemeinrechtlichen Tradition entsprach) oder auch eine Regel für den Gesetzgeber aufstellen wollte. Letzteres erscheint angesichts der absolutistischen Rahmenbedingungen in Preußen zunächst unwahrscheinlich, der Blick auf die Entstehungsgeschichte dieser Bestimmungen, Svarez' Äußerungen in den Kronprinzenvorträgen und der Zusammenhang mit anderen Rückwirkungsbestimmungen im ALR zeigen aber, dass Adressat des Gebots der Nichtrückwirkung tatsächlich auch der Gesetzgeber war.

Folge der Tatsache, dass sich der Revolutionsgesetzgeber zur Zeit der Herrschaft der Jakobiner der zivilrechtlichen Rückwirkung zur Durchsetzung revolutionärer Ziele gerne bedient hatte. Berühmt berüchtigt sind die Gesetze des Nationalkonvents vom 7. März 1793 und 6. Januar 1794 zur testamentarischen Erbfolge. Nachdem der Konvent durch das erstgenannte Gesetz zunächst nur für die Zukunft testamentarische Dispositionen zugunsten des Erstgeborenen verbot, erklärte er 1794 rückwirkend für alle seit dem 14. Juli 1789 eröffneten Erbschaften die vorgenommenen testamentarischen Dispositionen für ungültig, soweit sie von der gesetzlichen Erbfolge abwichen. 1795 hob man dieses Gesetz dann wieder – ebenfalls rückwirkend – auf (vgl. hierzu *Lassalle*, S. 26 ff., 363 ff.; dort auch zu weiteren Beispielen rückwirkend erlassener Gesetze des Nationalkonvents im Bereich des Zivilrechts).

[1009] Einl. § 14; Publikationspatent zum ALR, Abschnitt VIII.

[1010] Einl. § 15 (authentische Interpretation) und Publikationspatent zum ALR, Abschnitt IX (Auslegung dunkler älterer Gesetze im Lichte des ALR); Einl. § 18 und Publikationspatent zum ALR, Abschnitt XVIII (Milderung von Strafgesetzen).

[1011] Hierzu *Goeppert*, Jb Dogmatik 22 (1884), S. 183; *Schwennicke*, Entstehung, S. 216; *Bernadette Droste-Lehnen*, Die authentische Interpretation. Dogmengeschichtliche Entwicklung und aktuelle Bedeutung, Baden-Baden 1990, S. 146 ff. Eine Ausnahme vom Rückwirkungsverbot für authentische Interpretationen sahen im Anschluss an die gemeinrechtliche Lehre auch bereits der Codex Maximilianeus Bavaricus Civilis (Teil 1, Kap. 1, § 8) und Coccejis Projekt eines Corporis Juris Fridericiani (Part 1, Lib. 1, Tit. 2, § 11) vor.

Der gedruckte Entwurf eines Allgemeinen Gesetzbuchs für die Preußischen Staaten schloss an die allgemeine Regel, dass neue Gesetze nur auf Fälle anwendbar seien, die sich nach deren Publikation ereignen, noch die Bestimmung an, dass der Landesherr »aus überwiegenden Gründen des gemeinen Besten« ein neues Gesetz auch auf vergangene Fälle zurückerstrecken könne.[1012] Diese ursprüngliche Fassung des Gesetzentwurfs zeigt deutlich, dass das prinzipielle gesetzliche Rückwirkungsverbot nicht nur als Auslegungsregel, sondern auch als Gesetzgebungsregel gedacht war und grundsätzlich auch an den Gesetzgeber gerichtet war. Dieser konnte zwar hiervon abweichen, doch nur aus überwiegenden Gemeinwohlinteressen.[1013] Der öffentlichen Kritik war dies jedoch nicht weitgehend genug. Schlosser[1014] wie auch zahlreiche der zu dem ab 1784 sukzessive veröffentlichten Entwurf eingegangenen Monita[1015] (u. a. von Globig und Schlettwein) kritisierten das Recht des Gesetzgebers, sich aus Gemeinwohlinteressen über das Rückwirkungsverbot hinwegsetzen zu können und forderten ein generelles Rückwirkungsverbot. Die öffentliche Kritik konnte sich in diesem Punkt durchsetzen; Svarez erklärte die Einwände bei der Revision des Entwurfs auf Grundlage der eingegangenen Stellungnahmen für erheblich und war mit einer Streichung der Bestimmung einverstanden.[1016] So geschah es auch: Das Recht des Gesetzgebers, sich unter Berufung auf überwiegende Gemeinwohlinteressen über das Rückwirkungsverbot hinwegzusetzen, fiel in der Endfassung des AGB und des ALR ersatzlos weg; was blieb, war das allgemein gefasste Rückwirkungsverbot. Mit der Streichung der Gemeinwohlklausel bezweckte man wie aufgezeigt also die verstärkte generelle Geltung des Rückwirkungsverbots auch gegenüber dem Gesetzgeber, nicht dessen Relativierung zu einer bloßen Auslegungsregel.[1017]

[1012] Entwurf AGB Einl. § 20; hierzu *Schwennicke*, Entstehung, S. 208 ff.; *Heß*, S. 60; *Savigny*, System, Bd. 8, S. 400.

[1013] Die Entwurfsregelung kam damit der (heute aus dem Rechtsstaatsprinzip hergeleiteten) modernen deutschen Verfassungsrechtsprechung zur Zulässigkeit einer echten Rückwirkung außerhalb des Strafrechts erstaunlich nahe, die eine Abwägung zwischen dem Vertrauensschutz des Betroffenen und der »Bedeutung des gesetzgeberischen Anliegens für das Wohl der Allgemeinheit« vornimmt (vgl. BVerfGE 14, 288, 299 f.).

[1014] *Schlosser*, Briefe, S. 195 f.

[1015] Hierzu *Schwennicke*, Entstehung, S. 211 f.

[1016] Vgl. *Schwennicke*, Entstehung, S. 213.

[1017] Vor diesem Hintergrund erweist sich die Auffassung *Pföhlers* (S. 239), *Danneckers* (S. 141), *Affolters* (Geschichte, S. 216) und *Savignys* (System, Bd. 8, S. 399 f.), wonach das Rückwirkungsverbot des ALR nur an den Richter, nicht an den Gesetzgeber gerichtet sei, als unzutreffend. *Schwennicke* (Entstehung, S. 208) hält die Entwurfsfassung des AGB zum Rückwirkungsverbot für einen Rückschritt gegenüber der gemeinrechtlichen Tradition, da der Gesetzgeber hiernach unter Berufung auf Gemeinwohlinteressen Rückwirkung anordnen konnte. Hierbei übersieht er, dass sich das Rückwirkungsverbot des Gemeinen Rechts (wie schon im römischen Recht, s. oben Fn. 989) primär an den Rechtsanwender wandte und dem Gesetzgeber ohne Vorgabe von Schranken erlaubte, hiervon im Einzelfall abzuweichen. Die »Schranke« der »überwiegenden Gründe des gemeinen Besten« im Entwurf beinhaltete daher schon einen erkennbaren Fortschritt gegenüber der gemeinrechtlichen Tradition und die den Spielraum des Gesetzgebers noch weiter einschrän-

Auch andere Bestimmungen der Einleitung zum ALR sind eindeutig an den Gesetzgeber gerichtet; die doppelte Zielrichtung der Rückwirkungsregeln im ALR (an Gesetzgeber und Richter gerichtet) fügt sich also auch in den Gesamtkontext.[1018] Schließlich stellt Svarez auch in den Kronprinzenvorträgen das Rückwirkungsverbot als eine »innere Einschränkung« der Gesetzgebungsmacht des Staates dar, nicht als einen bloß an den Richter gerichteten Grundsatz.[1019] Man wird dies wohl so verstehen können, dass das Gebot der Nichtrückwirkung im ALR für den absoluten Herrscher zwar keine äußere Kompetenzschranke im modernen Sinne darstellen sollte (eine dennoch angeordnete Rückwirkung also nicht unwirksam wäre), wohl aber als Gesetzgebungsregel von ihm beachtet werden sollte.[1020]

Hinsichtlich zweier anderer Aspekte der Rückwirkungsfrage, die mit der Übergangsproblematik zusammenhängen, enthält das ALR und das hierzu ergangene Publikationspatent bereits bemerkenswert differenzierte Lösungen. Die betrifft die Frage der Anwendbarkeit eines neuen Gesetzes auf bei dessen Inkrafttreten noch nicht abgeschlossene Sachverhalte (in moderner Terminologie: »unechte Rückwirkung«) sowie die Frage des Vertrauensschutzes bei der Änderung von Formvorschriften. Das Publikationspatent zum ALR stellt den Grundsatz auf, dass bei Inkrafttreten des ALR noch nicht abgeschlossene Sachverhalte nur dann nach dem neuen Gesetz beurteilt werden sollen, wenn es noch in der Gewalt desjenigen steht, von dessen Rechten oder Pflichten die Rede ist, »die rechtlichen Folgen der frühern Handlung oder Begebenheit, durch Willenserklärungen, oder sonst, zu bestimmen, und auf andere Art, als in dem neuen Landrecht geschehen ist, festzusetzen …«[1021] Hat es der Betroffene hingegen nicht mehr in der Hand, das Rechtsverhältnis abweichend vom neuen Landrecht zu gestalten, so soll dieses auch keine Anwendung finden, sondern sich das Rechtsverhältnis weiterhin nach der bisherigen Rechtslage bestimmen. Das Vertrauen in die Wirksamkeit bereits

---

kende endgültige Fassung des ALR war nicht ein wiedergefundener Anschluss an die gemeinrechtliche Lehre (so *Schwennicke*, Entstehung, S. 218), sondern ein deutlicher Schritt in Richtung auf eine Selbstbindung des Gesetzgebers an den Grundsatz der Nichtrückwirkung.

[1018] Die §§ 7–11 der Einleitung zum ALR (Abfassung der Gesetze und Publikation betreffend) richten sich unmittelbar an den Gesetzgeber; im Rahmen der Rückwirkungsregeln zeigt auch Einl. § 16 deutlich die doppelte Ausrichtung auf Gesetzgeber und Richter (bei der Änderung von Formvorschriften soll eine hinlänglich lange Übergangsfrist bestimmt werden, um die Nachholung der neuen Formerfordernisse bei noch abänderbaren Rechtshandlungen zu ermöglichen).

[1019] *Svarez*, Kronprinzenvorträge, S. 16.

[1020] S. Kronprinzenvorträge, S. 17, woraus sich ergibt, dass *Svarez* davon ausging, dass eine vom Souverän entgegen der Regel angeordnete Rückwirkung wirksam ist, der Herrscher hierdurch aber gegen »eine seiner heiligsten Pflichten« verstößt (den Schutz wohlerworbener Rechte). Dies deckt sich mit *Svarez'* Konzeption zum (ursprünglich vorgesehenen) Verbot von Machtsprüchen: Sollte der Herrscher dennoch einen Machtspruch erlassen, so müssten zwar Gerichte und Parteien sich diesem unterwerfen, doch sei dies ein Missbrauch der Souveränitätsrechte (Kronprinzenvorträge, S. 237 f.).

[1021] Publikationspatent zum ALR, Abschnitt X.

getroffener und nicht mehr einseitig abänderbarer Rechtsdispositionen soll also geschützt werden. Vor dem Inkrafttreten des ALR geschlossene Verträge sollen daher nach alter Rechtslage beurteilt werden.[1022] Für einige wesentliche zivilrechtliche Rechtsinstitute wie Verjährung[1023], gesetzliche Erbfolge[1024], letztwillige Verfügungen[1025] und Rechte und Pflichten aus der Ehe[1026] enthält das Publikationspatent darüber hinaus spezielle Übergangsvorschriften, welche die Frage der Anwendbarkeit des neuen Gesetzes auf bereits bestehende Rechtsverhältnisse zum Teil abweichend von dem beschriebenen Grundsatz regeln, immer aber mit Blick darauf, das Vertrauen in den Fortbestand der rechtlichen Rahmenbedingungen für noch nicht abgeschlossene Sachverhalte nicht abrupt zu zerstören.

Hinsichtlich der Änderung von Formvorschriften statuiert das ALR die Regel, dass Erleichterungen bei Formerfordernissen durch ein neues Gesetz auch denjenigen Rechtshandlungen zugute kommen sollen, die zwar vor dessen Inkrafttreten vorgenommen wurden, aber erst nach dessen Inkrafttreten zur (gerichtlichen) Beurteilung anstehen.[1027] Enthält hingegen das neue Gesetz im Vergleich zur

---

[1022] Publikationspatent zum ALR, Abschnitt XI.

[1023] War Verjährung bereits vor Inkrafttreten des ALR eingetreten, so soll es bei der Anwendung des alten Rechts bleiben, auch wenn die aus der Verjährung entstehenden Einwendungen erst später geltend gemacht werden. Ist die Verjährung bei Inkrafttreten des ALR hingegen noch nicht eingetreten, so soll sich die Verjährungsfrist nach neuer Rechtslage bestimmen, eine verkürzte Verjährungsfrist aber erst ab dem Zeitpunkt des Inkrafttretens zu laufen beginnen (Publikationspatent zum ALR, Abschnitt XVII).

[1024] Die gesetzliche Erbfolge zwischen Eltern und Kinder soll sich, sofern der Erblasser noch frei ist, abweichende letztwillige Verfügungen zu treffen, für eine Übergangsfrist von zwei Jahren nach Inkrafttreten des ALR nach alter Rechtslage bestimmen, danach nach den Vorschriften des ALR (Publikationspatent zum ALR, Abschnitt XIII). Hierdurch soll den Erblassern die Gelegenheit gegeben werden, sich auf die neue Rechtslage einzustellen und gegebenenfalls abweichende Verfügungen zu treffen. Bei der gesetzlichen Erbfolge unter Ehegatten soll ebenfalls zunächst für zwei Jahre die alte Rechtslage anwendbar bleiben und danach der überlebende Ehegatte ein Wahlrecht haben, ob auf den Erbgang das zur Zeit der Eheschließung geltende Recht oder das ALR Anwendung finden soll (Publikationspatent zum ALR, Abschnitt XIV).

[1025] Vor Inkrafttreten des ALR getroffene letztwillige Verfügungen sollen generell nach alter Rechtslage beurteilt werden; entgegen des beschriebenen Grundsatzes ist es dabei unerheblich, inwieweit der Erblasser noch hätte von der neuen Rechtslage abweichende Dispositionen treffen können (»... zur Vermeidung der sonst für Unsere getreuen Unterthanen zu besorgenden grossen Weitläufigkeiten und Kosten«; Publikationspatent zum ALR, Abschnitt XII).

[1026] Rechte und Pflichten aus einer vor Inkrafttreten des ALR geschlossenen Ehe sollen sich weiterhin nach der bei Eingehung der Ehe bestehenden Rechtslage bestimmen (Publikationspatent zum ALR, Abschnitt XIV).

[1027] ALR Einl. § 17. Diese Regelung war von Svarez erst im Zuge der Revision der eingegangenen Monita eingefügt worden (s. *Goeppert*, Jb Dogmatik 22 (1884), S. 175 f., Fn. 5 u. *Schwennicke*, Entstehung, S. 213 f.). Im 19. Jahrhundert wurde an dieser Regelung häufig kritisiert, dass sie mit ALR I 3 § 43 (»Eine Handlung, die wegen Verabsäumung der gesetzmäßigen Form von Anfang an nichtig war, kann in der Folge niemals gültig werden.«) im Widerspruch stehe (*Koch*, Einl. § 17, Anm. 25; *Goeppert*, ebd.; vgl. hierzu auch *Affolter*, Geschichte, S. 218 f., 523; *Heß*, S. 61, Fn. 25). Demgegenüber wies *Lassalle* (S. 104 f.) wohl zu Recht darauf hin, dass Einl. § 17 sich auf die Rückwirkung von Rechtsänderungen beziehe, während ALR I 3 § 43 den Fall nachträglicher tatsächlicher Handlungen zur Heilung des Formfehlers im Auge habe.

alten Rechtslage strengere oder abweichende Formvorschriften, so sollen diese auf noch abänderbare Rechtshandlungen erst nach Ablauf einer im neuen Gesetz zu bestimmenden hinlänglichen Frist Anwendung finden.[1028] Das ALR fordert den Gesetzgeber also ausdrücklich dazu auf, bei bestimmten Eingriffen in noch nicht abgeschlossene Sachverhalte Übergangsvorschriften vorzusehen, um den Gesetzesadressaten eine Anpassung ihrer rechtsgeschäftlichen Handlungen an die neue Rechtslage zu ermöglichen. Auch bei Einführung des ALR selbst hat sich der preußische Gesetzgeber dort, wo es ihm zum Schutz des Vertrauens bei noch nicht abgeschlossenen Sachverhalten nötig erschien, und er nicht ohnehin eine Fortgeltung der bisherigen Rechtslage für diese Sachverhalte anordnete, des Mittels der Übergangsregelung bedient.[1029] Während der im vorherigen Kapitel beschriebene zeitliche Puffer zwischen Publikation und Inkrafttreten eines neuen Gesetzes nur dazu dienen sollte, dass sich jeder Gesetzesadressat mit den Neuregelungen vertraut machen kann, wird durch derartige Übergangsregelungen für bestimmte umgestaltete Regelungsbereiche ein zusätzlicher zeitlicher Puffer eingeführt, der über die bloße Kenntnisnahme der neuen Rechtslage hinaus auch eine Anpassung laufender Rechtsverhältnisse an die neue Rechtslage ermöglichen soll.

Die zeitgenössischen Stellungnahmen der deutschen Gesetzgebungslehre zur Rückwirkungsproblematik aus der Entstehungszeit des ALR erreichen bei weitem nicht dessen Differenziertheitsgrad, sondern erschöpfen sich meist in einer generellen Forderung an den Gesetzgeber, neuen Gesetzen keine rückwirkende Geltung beizumessen.[1030] Auch das ABGB begnügt sich im Gesetzbuch selbst und in dem hierzu ergangenen Kundmachungspatent mit den der gemeinrechtlichen Lehre entnommenen Grundsätzen, wonach Gesetzen keine Rückwirkung zukommt, authentische Interpretationen hiervon aber ausgenommen sind.[1031] Bei

---

[1028] ALR Einl. § 16. Beispiele hierzu lassen sich dem ALR selbst entnehmen. ALR I 20 § 412 bestimmt, dass einer gesetzlich oder durch Rechtsgeschäft entstandenen Hypothek erst mit der Eintragung im Hypothekenbuch die Eigenschaft eines dingliches Rechts zukommt (also im Falle der Grundstücksübertragung auch zu Lasten eines gutgläubigen Erwerbers fortbesteht). Das Publikationspatent zum ALR (Abschnitt XV) bestimmt hierzu eine Übergangsfrist von drei Jahren nach Inkrafttreten des ALR, während derer eine Eintragung von nach älterem Recht auch ohne Eintragung dinglich wirksamen Hypotheken nachgeholt werden kann, um die Gefahr eines Erlöschens bei gutgläubigem Erwerb zu vermeiden. Eine ähnliche Übergangsfrist bestimmt Abschnitt XVI des Publikationspatents zum ALR für bislang nicht eingetragene dingliche Dienstbarkeiten.

[1029] So bei der gesetzlichen Erbfolge zwischen Eltern und Kindern (s. Fn. 1024) und bei bislang nicht eingetragenen Hypotheken und dinglichen Dienstbarkeiten (s. Fn. 1028).

[1030] *Erhard*, S. 167; *Schlosser*, Briefe, S. 195 f.; *Svarez*, Kronprinzenvorträge, S. 16, 235, 616. *Svarez* begründet das Rückwirkungsverbot ähnlich wie Hobbes mit der Publikationspflicht und der fehlenden Möglichkeit für den Bürger, seine Handlungen an noch nicht publizierten Gesetzen auszurichten. Außerdem müsse der Staat die wohlerworbenen Rechte seiner Bürger (die *iura quaesita* des Gemeinen Rechts) respektieren (ebd., S. 16 f.). Als Ausnahme vom Rückwirkungsverbot erwähnt er nur die Milderung von Strafgesetzen (ebd., S. 604, 616).

[1031] ABGB §§ 5, 8; Kundmachungspatent zum ABGB, Abs. 5.

den Kommissionsberatungen zum ABGB waren die im ALR und seinem Publikationspatent zur Rückwirkungsfrage getroffenen Differenzierungen dabei sehr
wohl erwogen, im Ergebnis aber zugunsten der einheitlichen Regel der Nichtrückwirkung verworfen worden.[1032] Hierbei verstand man – wie sich aus den
Beratungsprotokollen ergibt – diesen Grundsatz im traditionellen Sinne als Auslegungsregel für die Gerichte und nicht als eine an den Gesetzgeber gerichtete
Norm.[1033]

Außerhalb des Zivilrechts erhält die Rückwirkungsfrage in etwa zur gleichen
Zeit für den Bereich des Strafrechts durch Feuerbach neue und wesentliche Impulse. Die der Tat vorausgehende Strafandrohung ist im Rahmen von Feuerbachs
Straftheorie unverzichtbar. Zweck der Androhung der Strafe ist für Feuerbach, das
Begehren zur Ausführung der Tat durch die Vorstellung des hiermit verbundenen
Übels (in Gestalt der angedrohten Strafe) zu unterdrücken.[1034] Diese psychologische Zwangstheorie kann ihre Wirkung nur entfalten, wenn die Strafe schon vor
der Tat angedroht ist. Richtig neu ist dieser Gedanke zwar nicht, wir begegneten
ihm im Wesentlichen z. B. bereits bei Hobbes, was ihn aber wichtig macht, ist der
Zusammenhang mit Feuerbachs Postulat, dass die vorherige Androhung der Strafe
durch ein bestimmt formuliertes Gesetz zu erfolgen habe.[1035] Während Hobbes
und auch spätere Naturrechtler wie Pufendorf noch ein natürliches Verbotsgesetz
für das Erfordernis einer der Tat vorausgehenden Strafandrohung ausreichen ließen,[1036] genügt für Feuerbach hierzu nur ein positives Gesetz mit hinreichend
bestimmter Strafandrohung, denn nur hierdurch könne der nötige psychologische
Zwang erzielt werden, der zur Abschreckung erforderlich ist.

[1032] Vgl. *Ofner*, Protokolle, Bd. 1, S. 19 ff. u. Bd. 2, S. 494. Zeiller führt z. B. ausdrücklich die
im ALR getroffene Regelung an, wonach Erleichterungen des neuen Gesetzes in Formfragen
auch bei der Beurteilung früherer Rechtshandlungen Anwendung finden sollen, spricht sich aber
gegen eine derartige Ausnahme vom Grundsatz der Nichtrückwirkung aus. Das Kundmachungspatent zum ABGB (Abs. 5) merkt ausdrücklich an, dass das neue Gesetzbuch auf vor dessen
Inkrafttreten vorgenommene Handlungen oder Erklärungen auch dann generell keine Anwendung finden soll, wenn die Erklärung noch einseitig abänderbar ist. Auch eine noch nicht abgeschlossene Ersitzung oder Verjährung sei nach altem Recht zu beurteilen; eine im neuen Gesetz
vorgesehene kürzere Frist fange erst mit Inkrafttreten des neuen Gesetzes an zu laufen.

[1033] In den Kommissionsberatungen führt Zeiller den Vorschlag der Wiener Rechtsfakultät an,
im Entwurf anzufügen, dass eine Rückwirkung eintritt, wenn der Gesetzgeber der öffentlichen
Wohlfahrt wegen es ausdrücklich verordnet (*Ofner*, Protokolle, Bd. 1, S. 20). Zeiller lehnt dies ab,
denn wenn der Gesetzgeber in einem besonderen Falle die Rückwirkung eines neuen Gesetzes
ausdrücklich anordne, so verstehe es sich ohnehin, dass dieser Anordnung Folge zu leisten sei.
»Wozu sollte man aber diese harte, einen widrigen Eindruck erweckende Ausnahme, von der
vielleicht nie Gebrauch gemacht [wird], in dem Gesetze ankündigen?«

[1034] *Feuerbach*, Anti-Hobbes, S. 216 ff.; *ders.*, Revision, Bd. 1, S. 44 ff.; *ders.*, Lehrbuch, §§ 13,
14, 17, S. 15, 18; *ders.*, Kritik, Teil 1, S. 66 f.

[1035] *Feuerbach*, Revision, Bd. 1, S. 49, 148; *ders.*, Lehrbuch, § 20, S. 20; *ders.*, Kritik, Teil 2,
S. 34 f.

[1036] Soweit sie sich überhaupt zur Rückwirkungsfrage äußerten, so etwa Pufendorf (bei dem
sich bereits eine Art psychologische Zwangstheorie findet), hierzu *Pföhler*, S. 185 f. u. *Schreiber*,
Gesetz und Richter, S. 43.

Aber nicht nur diese Strafzwecktheorie, auch Feuerbachs Ansichten zum Strafgrund sind für das Rückwirkungsverbot entscheidend. Feuerbach trennt sowohl bei der Androhung der Strafe als auch bei der Strafzufügung streng zwischen Zweck und Rechtsgrund. Zweck der Strafandrohung ist wie wir sahen die Abschreckung durch psychologischen Zwang. Den Rechtsgrund der Androhung sieht er im Verteidigungsrecht des Staates.[1037] Zweck der Ausführung der Strafdrohung ist, diese glaubhaft zu machen.[1038] Den Rechtsgrund der Ausführung der Strafe schließlich sah Feuerbach zunächst in der Einwilligung des Täters. Durch die Tat willige der Täter in die Zufügung des angedrohten Übels ein.[1039] Auf die Kritik Kleins hin, dass der Straftäter gerade nicht in die Strafe einwillige, sondern durch die heimliche Begehung der Tat den entgegengesetzten Willen zu erkennen gebe, modifiziert Feuerbach diese »Einwilligungstheorie«. Das Recht zur Strafzufügung beruhe nicht auf dessen wirklicher Einwilligung, sondern »auf der rechtlichen Nothwendigkeit von Seiten des Verbrechers (der Rechtspflicht), sich der Strafe zu unterziehen«.[1040] Die angedrohte Strafe sei die Bedingung, die der Gesetzgeber an die angedrohte Handlung knüpfe.[1041] Ob nun echte Einwilligung des Täters oder vom Gesetzgeber gesetzte Bedingung: In unserem Zusammenhang ist entscheidend, dass für beide Varianten der Feuerbachschen Theorie die vorherige Androhung der Strafe durch Gesetz erforderlich ist, als Bedingung der Tatbegehung, die vor der Tat statuiert sein muss.[1042]

Dass daneben oder sogar primär rechtsstaatliche Motive die Wurzel für Feuerbachs Rückwirkungsverbot (bzw. allgemeiner für dessen Postulat *nulla poena sine lege*) waren, wird in der neueren Forschung gerne behauptet[1043], erscheint mir aber nicht richtig. In den Schriften Feuerbachs erscheint die Forderung, dass eine Bestrafung nur auf Grundlage eines vorherigen (positiven) Gesetzes zu erfolgen habe, stets als Herleitung aus der dargestellten Strafzweck- und Strafgrundtheorie

---

[1037] *Feuerbach*, Anti-Hobbes, S. 221; *ders.*, Revision, Bd. 1, S. 39.

[1038] *Feuerbach*, Anti-Hobbes, S. 226; *ders.*, Revision, Bd. 1, S. 52.

[1039] *Feuerbach*, Anti-Hobbes, S. 222 ff. (»...ich habe durch seine [des Täters] Handlung aus eben dem Grunde ein Recht die Strafe zu exequiren, aus welchem ich das Recht habe, die Erfüllung eines eingegangenen gültigen Vertrages zu fordern.«). Auch bei *Humboldt* findet sich der Vertragsgedanke bei der Strafzumessung, dient hier aber dazu, willkürliche Strafschärfungen zu verhindern: Durch die Bestimmung eines Strafmaßes seitens des Gesetzgebers werde ein Vertrag begründet, wonach bei Verwirkung der Strafe nicht willkürlich die gesetzten Grenzen überschritten werden dürfen (S. 159).

[1040] *Feuerbach*, Strafe als Sicherungsmittel, S. 100 f.

[1041] *Feuerbach*, Strafe als Sicherungsmittel, S. 100 f.; ähnlich *ders.*, Revision, Bd. 1, S. 54.

[1042] *Feuerbach*, Revision, Bd. 1, S. 63 f.; vgl. ebd., S. 56, wo *Feuerbach* Strafe als ein »vom Staate wegen einer begangenen Rechtsverletzung zugefügtes, durch ein Strafgesetz vorher angedrohtes sinnliches Uebel« definiert.

[1043] *Schreiber*, Gesetz und Richter, S. 110 ff. (m. w. N. aus der älteren Literatur auf S. 112, Fn. 82); *ders.*, Art. »Nulla poena sine lege«, HRG, Bd. 3, Sp. 1108; *Naucke*, ZStrW 87 (1975), S. 881; *Volker Krey*, Studien zum Gesetzesvorbehalt im Strafrecht. Eine Einführung in die Problematik des Analogieverbots (Schriften zum Strafrecht: 26), Berlin 1977, S. 210; *ders.*, Keine Strafe ohne Gesetz, S. 19, 60; *Pföhler*, S. 252; *Dannecker*, S. 149 f.

Feuerbachs und nicht als Herleitung aus rechtsstaatlichen Überlegungen, die den Schutz des Bürgers vor dem Staat bezwecken.[1044] Bezeichnenderweise thematisiert Feuerbach das Rückwirkungsverbot in seinen Schriften nicht ausdrücklich.[1045] Es ist für ihn gedanklich notwendige Folge seiner Strafzweck- und Strafgrundtheorie und kein rechtspolitisches Postulat im Dienste der Bürgerfreiheit wie in der französischen Revolution. Zwar findet sich im Zusammenhang mit Feuerbachs Forderung nach möglichst bestimmten Strafgesetzen auch das Motiv des Schutzes des Bürgers vor Richterwillkür, doch geht es Feuerbach auch bei diesem (schon vor Feuerbach in der Aufklärung etablierten) Motiv nur um den Ausschluss von Richterallmacht, nicht generell um Ausschluss von Staatsallmacht; die (unumschränkten) Rechte des Souverän bleiben bei dieser Forderung unberührt.[1046]

c) Die weitere Entwicklung der Rückwirkungsfrage im deutschsprachigen Raum im 19. Jahrhundert

Im Zivilrecht ist die weitere Entwicklung im 19. Jahrhundert im deutschsprachigen Raum von zwei unterschiedlichen Tendenzen in Bezug auf ein an den Gesetzgeber gerichtetes Gebot der Nichtrückwirkung geprägt. Auf der einen Seite gibt es insbesondere in der ersten Hälfte des 19. Jahrhunderts eine Reihe von Autoren, die ein (zumindest auch) an den Gesetzgeber gerichtetes Gebot statuieren, neuen Gesetzen keine Rückwirkung beizulegen und hiervon nur bestimmte, aus der früheren Diskussion bereits bekannte Ausnahmen zulassen, namentlich für authentische Interpretationen.[1047] Auf der anderen Seite gewinnt

---

[1044] *Feuerbach*, Revision, Bd. 1, S. 44 ff., 63 f.; auch im Lehrbuch, § 20 (S. 20), stellt *Feuerbach* den Grundsatz *nulla poena sine lege* eindeutig als Folgerung der vorangegangenen Definition der Strafe, ihres Zweckes und Rechtsgrundes dar, nicht als ein davon losgelöstes rechtsstaatliches Prinzip.

[1045] Erst der amtliche Kommentar zu dem (wesentlich auf Feuerbach zurückgehenden) bayerischen Strafgesetzbuch von 1813 enthält in den Erläuterungen zu § 1 des Gesetzbuchs eine rechtsstaatliche Begründung des Rückwirkungsverbots: »…darauf beruhet die Sicherheit des Staats und aller Individuen, daß für jede an sich strafbare Handlung die Strafe im Voraus gesetzlich bestimmt, aber auch jeder Bürger, solange er kein Strafgesez übertritt, gegen Strafe sicher sey.« (Anmerkungen z. BayStGB 1813, Bd. 1, S. 66). Bezeichnenderweise stammt dieser amtliche Kommentar aber gerade nicht von Feuerbach, sondern von einer vierköpfigen Kommission, zu der Feuerbachs Intimfeind Gönner, nicht aber Feuerbach selbst gehörte (s. oben S. 129 mit Fn. 497; dies übersieht *Dannecker*, S. 149). Die für Feuerbach im Vordergrund stehende Abschreckungstheorie konnte schon deshalb nicht zur Begründung des Rückwirkungsverbots in dem amtlichen Kommentar herangezogen werden, weil das Gesetzbuch strafzweckneutral sein sollte, weshalb auch der ursprüngliche Verweis Feuerbachs auf die Abschreckungstheorie in § 1 aus dem Entwurf des Gesetzbuchs herausgestrichen wurde.

[1046] S. unten S. 368.

[1047] *K. S. Zachariä*, Wissenschaft, S. 301; *ders.*, Vierzig Bücher vom Staate, Bd. 4, Buch 20, S. 21 f., wo er das Rückwirkungsverbot (wie vor ihm schon Hobbes und Svarez) aus der Publikationspflicht und der fehlenden Möglichkeit für den Gesetzesadressaten, sich auf eine rückwir-

im Verlauf des 19. Jahrhunderts die Meinung wieder erkennbar an Dominanz, wonach das Rückwirkungsverbot nur als Auslegungsregel (Bluntschli) bzw. mangels anderweitiger Bestimmung geltende zeitliche Kollisionsnorm (Goeppert) zu verstehen ist und es dem Gesetzgeber (außerhalb des Strafrechts) in jedem Fall freisteht, durch ausdrückliche Anordnung hiervon abzuweichen.[1048] Besonders eingehend haben sich im 19. Jahrhundert Bergmann, Savigny, Lassalle und Goeppert mit der Rückwirkungsfrage im Zivilrecht (auch) aus Sicht des Gesetzgebers beschäftigt.[1049] Bergmann und − dezidierter noch − Goeppert treten dafür ein, im Rückwirkungsverbot jedenfalls für das Zivilrecht keine Schranke für den Gesetzgeber zu sehen.[1050] An den Gesetzgeber sei nur die Forderung zu stellen, dass er die Notwendigkeit oder Nützlichkeit einer Rückwirkung mit Sorgfalt prüfe[1051] und, im Falle einer intendierten Rückwirkung, diese und deren Ausmaß in Zweifelsfällen ausdrücklich im Gesetz regele.[1052]

Savigny führt eine neue Differenzierung in die Rückwirkungsdebatte ein.[1053] Er unterscheidet im Zusammenhang mit der Rückwirkungsfrage zwei Gattungen von Rechtsregeln: solche, welche den Erwerb oder Verlust eines Rechtes regeln

---

kende Neuregelung rechtzeitig einzustellen, herleitet; *Gerstäcker*, Bd. 2, S. 137; *Savigny*, System Bd. 8, S. 388 (jedoch nur für Gesetze, die den Erwerb oder Verlust eines Rechtes regeln; hierzu sogleich näher im Text); aus späterer Zeit: *Bethmann-Hollweg*, S. 40.

[1048] *Rehberg*, S. 87 f., der dem Gesetzgeber nur aufgibt, in zweifelhaften Fällen deutlich zu machen, inwieweit der Neuregelung Rückwirkung bzw. Wirkung auf noch nicht abgeschlossene Sachverhalte zukommen soll; *Bergmann*, S. 142 f.; *Bluntschli*, Staatsrecht, Bd. 1, S. 500 ff.; *Laband*, Staatsrecht, Bd. 2, S. 106; *Goeppert*, Jb Dogmatik 22 (1884), S. 59 ff., 70 ff., 159; *Meyer*, § 155, S. 487.

[1049] Vgl. im Übrigen die Nachweise bei *Goeppert*, Jb Dogmatik 22 (1884), S. 7 ff. u. *Bergmann*, S. 2 ff. zu weiteren Stellungnahmen der Zivilrechtsliteratur zur Rückwirkungsfrage im 19. Jahrhundert, wobei insbesondere die Einführung des Code civil in einigen deutschen Staaten und die mancherorts nach Ende der napoleonischen Hegemonie erfolgte Wiederaufhebung Anlass zu zahlreichen Gelegenheitsschriften gab. Eine ausführliche und lesenswerte Erörterung des Meinungsstandes zur Frage der Rückwirkung von Zivilgesetzen gegen Ende des 19. Jahrhunderts gibt neben Goeppert auch die Vorlage zum Allgemeinen Teil des BGB von Gebhard an die erste Kommission (*Schubert*, Vorlagen der Redaktoren, Allgemeiner Teil, Teil 1, S. 106 ff.). Zu Beginn des 20. Jahrhunderts erfolgte dann durch *Affolter* eine monographische Darstellung des deutschen zivilrechtlichen »Übergangsrechts«, welche eine Rückerstreckung neuer Gesetze nur unter engen Voraussetzungen zulässt und für diese Beschränkungen »Positivität« in Anspruch nimmt, d.h. grundsätzlich auch den Gesetzgeber hieran binden will (System, S. 19 ff.). Allerdings handele es sich hierbei nur um eine *lex imperfecta*, d.h. einheimische Gerichte müssten eine unter Verletzung dieser Voraussetzungen vom Gesetzgeber angeordnete Rückwirkung dennoch beachten (System, S. 22, 39). Am Ende seines Werkes kommt *Affolter* dann auf Regeln für den Gesetzgeber bei der Frage der Anordnung einer Rückwirkung von zivilrechtlichen Gesetzen zu sprechen (System, S. 414 ff.: »Politik der intertemporalen Privatgesetzgebung«). Dem Gesetzgeber gesteht er hierbei zur Anordnung von Rückwirkung größere Freiräume zu als den Gerichten bei der Beurteilung der Frage der Rückerstreckung eines neuen Gesetzes.

[1050] S. die Nachweise zu *Bergmann* u. *Goeppert* in Fn. 1048.

[1051] *Goeppert*, Jb Dogmatik 22 (1884), S. 68.

[1052] *Bergmann*, S. 142 f.

[1053] Vgl. hierzu *Heß*, S. 72 ff.; *Avenarius*, S. 38 ff.; *Affolter*, Geschichte, S. 611 ff.

(z. B. die Regelungen über den Eigentumserwerb) und solche, welche das Dasein und die Ausgestaltung eines Rechtes zum Gegenstand haben.[1054] Für die Regelungen über den Erwerb oder Verlust eines Rechts treffe der Grundsatz zu, dass neuen Gesetzen keine rückwirkende Kraft beizulegen ist. Das Verbot betreffe hierbei die vor Inkrafttreten des neuen Gesetzes begründeten Rechtsverhältnisse sowohl im Hinblick auf die bereits eingetretenen Rechtsfolgen als auch im Hinblick auf die sich aus diesen Rechtsverhältnissen in Zukunft noch ergebenden Rechtsfolgen.[1055] Der Grundsatz habe dabei zwei verschiedene Bedeutungen, deren jede »wahr und wichtig« sei:[1056] Für den Gesetzgeber folge daraus, dass er neue Gesetze, die den Erwerb eines Rechts regeln, nicht mit Rückwirkung erlassen soll.[1057] Für den Richter bedeute er, jedes neue Gesetz in diesem Bereich so auszulegen und anzuwenden, dass ihm keine rückwirkende Kraft zukommt. Zur Begründung des auch an den Gesetzgeber gerichteten Gebots, den Gesetzen keine Rückwirkung beizulegen, führt Savigny den Vertrauensschutz und den Schutz des bestehenden »Rechts- und Vermögens-Bestandes« an.[1058] Außerdem sei eine konsequente Umsetzung des umgekehrten Grundsatzes (Rückwirkung) in diesem Bereich gar nicht möglich; auch eine Beschränkung der Rückwirkung auf noch nicht abgeschlossene Vorgänge sei willkürlich. Die traditionellen Ausnahmen vom Rückwirkungsverbot für authentische Interpretationen[1059] (bzw. bloß bestätigende Gesetze) sowie im Strafrecht für mildere Strafgesetze[1060] erkennt auch Savigny an.

[1054] *Savigny*, System, Bd. 8, S. 375 ff.

[1055] Ebd., S. 381 ff. Savigny illustriert dies anhand eines Darlehensvertrags zu 10 % Zinsen, während dessen Laufzeit ein neues Gesetz erlassen wird, das (so wie schon ein Justinianisches Gesetz aus dem Jahre 528) den Maximalzinssatz auf 6 % begrenzt. Das Rückwirkungsverbot, so wie es Savigny versteht, hat hier zur Folge, dass eine Anwendung des Gesetzes auf den laufenden Darlehensvertrag sowohl hinsichtlich der bereits entstandenen Zinsansprüche als auch hinsichtlich der während der restlichen Vertragslaufzeit noch entstehenden Zinsansprüche zu unterbleiben hat.

[1056] Ebd., S. 388.

[1057] Für *Savigny* handelt es sich hierbei um eine gesetzgebungspolitische Regel, nicht um eine echte Kompetenzschranke; es handelt sich also um ein Gebot, welches der Gesetzgeber nicht überschreiten *soll*, wohl aber *kann*, wie Savigny in anderem Zusammenhang deutlich macht (System, Bd. 8, S. 400).

[1058] Ebd., S. 390 f. Nicht zutreffend erscheint mir daher die Deutung von Savignys Rückwirkungskonzept durch *Gertrude Lübbe-Wolff*, Das wohlerworbene Recht als Grenze der Gesetzgebung im neunzehnten Jahrhundert, in: ZRG (GA) 103 (1986), S. 104–139, hier: S. 137, die bei Savigny eine »positivistische Nüchternheit« feststellt, die in einer »Beschränkung auf die Ermittlung des Willens des Gesetzgebers« liege.

[1059] System, Bd. 8, S. 511 f. zu authentischen Interpretationen (die *Savigny* streng genommen aber gar nicht als Ausnahmefall begreift, da der Richter in diesen Fällen das ursprüngliche Gesetz anwende, nicht das auslegende, welches ihm hierfür nur Hilfestellung gebe). Hierbei verwirft *Savigny* aber die ältere Lehre, die eine Rückwirkung bei authentischen Interpretationen nur dann annehmen wollte, wenn das interpretierende Gesetz sich auch tatsächlich im Rahmen der Auslegungsgrundsätze hält (ebd., S. 513; vgl. hierzu *J. Schröder*, Recht als Wissenschaft, S. 243).

[1060] Ebd., S. 507 zu milderen Strafgesetzen (deren Herausnahme aus dem Rückwirkungsverbot *Savigny* nicht ganz glücklich mit dem Begnadigungsrecht des Souveräns rechtfertigt).

Nach Savignys Konzept gilt dies alles aber nur für Gesetze, die den Erwerb oder Verlust eines Rechtes betreffen. Denen stellt Savigny Gesetze entgegen, die das Dasein (und die Ausgestaltung) eines Rechts betreffen. Für diese soll das Rückwirkungsverbot gerade nicht gelten. Savigny stellt hier sogar den umgekehrten Grundsatz auf: Gesetzen, die das Dasein der Rechte betreffen, soll regelmäßig Rückwirkung beigelegt werden.[1061] Er begründet dies damit, dass anderenfalls das ein bestimmtes Rechtsinstitut (etwa die Leibeigenschaft) abschaffende Gesetz nur gegenüber künftigen Neubegründungen solcher Rechte wirken würde (also im Falle der Leibeigenschaft nur ein Verbot künftiger Errichtung von Leibeigenschaft beinhalten würde), die bestehenden Rechte aber unberührt ließe, was nicht Zweck des abschaffenden Gesetzes sein kann.[1062] Die Zulassung der Rückwirkung in diesen Fällen sei im Übrigen auch dadurch gerechtfertigt, dass die meisten dieser Gesetze eine »streng positive, zwingende Natur« haben, indem sie »außer dem reinen Rechtsgebiet ihre Wurzel haben, und mit sittlichen, politischen, volkswirthschaftlichen Gründen und Zwecken im Zusammenhang stehen«.[1063] Allerdings sei gesetzgebungspolitisch vom Gesetzgeber zu fordern, dass er von Gesetzen, die Rechtsinstitute aufheben, nur mit Vorsicht und Besonnenheit Gebrauch macht. So sei stets eine Umbildung des Rechtsinstituts anstelle seiner gänzlichen Aufhebung in Erwägung zu ziehen und im Übrigen in der Regel eine Entschädigung der Betroffenen oder eine hinlänglich lange Übergangsfrist vorzusehen.[1064]

Savigny konnte sich mit diesem neuen Konzept, das für die Rückwirkungsfrage zwischen Gesetzen über den Erwerb eines Rechts und über das Dasein eines Rechts unterscheidet, auf Dauer nicht durchsetzen. Nicht ohne Grund kritisierte man schon im 19. Jahrhundert die nur schwer durchführbare Abgrenzung dieser beiden Regelungsbereiche und die oft recht willkürlich anmutende Zuordnung bestimmter Regelungen zu einem dieser Bereiche bei Savigny.[1065] Unabhängig

---

[1061] Ebd., S. 514 ff., insb. S. 517.

[1062] Ebd., S. 515 f.

[1063] Ebd., S. 517. In diesen »positiven« Regelungsgegenständen lag für *Savigny* die Hauptaufgabe des Gesetzgebers.

[1064] Ebd., S. 538 f.

[1065] Vgl. die detaillierte Kritik bei *Goeppert*, Jb Dogmatik 22 (1884), S. 90 ff.; eine ausführliche Kritik von Savignys Rückwirkungstheorie findet sich auch bei *Lassalle*, S. 11 ff. u. passim. Der Redaktor des Allgemeinen Teils des BGB, Gebhard, resümierte, dass die Rückwirkungslehre Savignys »des Beifalls, dessen sie sich ihrer scheinbaren Bestimmtheit und Einfachheit wegen längere Zeit hindurch zu erfreuen hatte, verlustig geworden« sei und schloss dem eine eigene Kritik der Savignyschen Rückwirkungslehre an (*Schubert*, Vorlagen der Redaktoren, Allgemeiner Teil, Teil 1, S. 106 f.). Einen Überblick über die kritischen Stellungnahmen zu Savignys Rückwirkungskonzept gibt *Avenarius*, S. 65 ff. Die Auffassung von *Avenarius* (S. 78), wonach das Übergangsrecht des EGBGB auffallende Übereinstimmungen mit Savignys Rückwirkungslehre aufweise, erscheint mir nicht schlüssig. Insbesondere widerspricht sie den vom Redaktor Gebhard in der Begründung zu seinen Vorlagen geäußerten Ansichten, denen sich die erste BGB-Kommission anschloss und welche maßgeblichen Einfluß auf die Gestaltung des Übergangsrechts im EGBGB hatten (vgl. unten S. 247).

von diesen Zuordnungsproblemen litt Savignys Konzept daran, dass er dort, wo er ein Rückwirkungsverbot bejahte, dieses gleichermaßen auch für nur in der Zukunft wirkende Eingriffe in noch nicht abgeschlossene Sachverhalte für anwendbar hielt und bei solchen andauernden Rechtsverhältnissen jede Differenzierung zwischen bereits entstandenen Rechten und noch entstehenden Rechten für willkürlich erachtete.[1066] Hieraus erklärt sich auch seine rigide Umkehrung des Rückwirkungsverbots für Fälle der Aufhebung eines Rechtsinstituts. Problematisch waren diese Fälle nur dadurch, dass nach Savignys Konzept der Grundsatz, den Gesetzen keine Rückwirkung beizulegen, auch einer nur für die Zukunft wirkenden Aufhebung entgegenstünde. Savigny »opferte« hier das Rückwirkungsverbot, da es sich bei den Regelungen, die er hier im Blick hatte, nach seiner Einschätzung wie erwähnt ohnehin um politisch veranlasste, rein positivrechtlich gesetzte Regelungen handele.

Lassalle verwarf die von Savigny getroffene Unterscheidung zur Abgrenzung erlaubter und nicht erlaubter Rückwirkung und setzte eine andere an ihre Stelle. Demnach sei eine Rückwirkung nicht zulässig bei Gesetzen, welche den einzelnen nur auf Grund eines von diesem frei gesetzten Willensaktes treffen. Zulässig sei eine Rückwirkung hingegen bei Gesetzen, welche den einzelnen generell, ohne Vermittlung eines freien Willensaktes treffen.[1067] Soweit demnach eine Rückwirkung unzulässig sei, gelte dies nicht nur als Auslegungsregel, sondern binde auch den Gesetzgeber, der nicht befugt sei, abweichend hiervon eine Rückwirkung anzuordnen.[1068] Lassalle begründet dies mit der Willensfreiheit, in die der Gesetzgeber nicht eingreifen dürfe. Dort, aber auch nur dort, wo das Individuum auf Grund freiwilliger Handlung Rechte geschaffen habe, dürfe der Gesetzgeber hierin nicht rückwirkend eingreifen. Die von Lassalle vorgenommene Anwendung dieser Grundregeln auf die einzelnen Rechtsgebiete und Rechte erscheint dabei jedoch häufig recht gezwungen konstruiert bzw. (namentlich in Bezug auf die Aufhebung feudaler Rechte) politisch motiviert.[1069] Im Übrigen will auch Lassalle die Fälle authentischer Interpretationen sowie von neuen Geset-

---

[1066] *Savigny*, System, Bd. 8, S. 390 f.

[1067] *Lassalle*, S. 40 ff.

[1068] *Lassalle*, S. 44.

[1069] So etwa, wenn er auch die Regelungen über die gesetzliche Erbfolge unter das Rückwirkungsverbot fallen lässt, weil die hieraus fließenden Rechte durch einen vom Gesetz präsumierten Willensakt des Erblassers vermittelt seien, der dem Erben als »eigene Willensaktion« zurechenbar sei (*Lassalle*, S. 63). Gesetzen, die aus einer gesellschaftlich überholten Feudalordnung fließende Rechte aufheben, will er (unechte) Rückwirkung zugestehen, auch wenn die aufgehobenen Rechte auf einer freiwilligen Willensbetätigung beruhen. Er rechtfertigt dies im hegelschen Sinne dadurch, dass »diese Rechte von Anfang an nur auf so lange gültig erworben [sind], bis eine andere und ausschließende Gestalt, zu der das öffentliche Bewußtsein in seinem Entwicklungsprozeß herangereift sein wird, das Dasein derselben für rechtlich unmöglich anschauen, bis sie in ihnen ein Dasein des Unrechts statt eines Daseins der Rechtssubstanz erkennen würde« (S. 166). Der Schutz der individuellen Willensfreiheit findet hier also seine Grenze in der Fortentwicklung des öffentlichen Bewusstseins.

zen, welche die Betroffenen bloß begünstigen, generell vom Rückwirkungsverbot ausnehmen.[1070] Das deutsche BGB vermied prinzipielle Stellungnahmen zur Rückwirkungsfrage und sah vielmehr im Einführungsgesetz sehr differenzierte Lösungen für die
Frage der Anwendbarkeit des Gesetzes auf noch nicht abgeschlossene Sachverhalte
vor.[1071] Anstelle einer Einheitslösung bevorzugte man – hierin der bereits im
Publikationspatent zum ALR angewandten Methode folgend – die Festsetzung
von jeweils unterschiedlichen Übergangsvorschriften für noch nicht abgeschlossene Sachverhalte, deren Ausgestaltung je nach dem in Frage stehenden Regelungsbereich unterschiedlich ausfiel. Für den Redaktor des Allgemeinen Teils
(Gebhard) stand hierbei außer Zweifel, dass es dem Gesetzgeber freistehe, die
zeitlichen Grenzen der Wirksamkeit des Gesetzbuchs nach Belieben zu bestimmen.[1072] Gleichzeitig betonte er, dass man die detaillierten Übergangsvorschriften
zum BGB nicht als bloße Folgesätze eines vom Gesetzgeber gutgeheißenen allgemeinen Prinzips der Nichtrückwirkung verstehen solle. Die Gestaltung der einzelnen Übergangsvorschriften sei vielmehr häufig von konkreten Zweckmäßig-
keitserwägungen und nicht von dem Versuch einer konsequenten Durchführung
allgemeiner Prinzipien zur Rückwirkungsfrage geleitet gewesen.[1073] Entsprechend lehnte er es auch ab, für etwaige vom Gesetz offen gelassene Übergangsfälle
eine allgemeine Auslegungsregel in das Gesetzbuch aufzunehmen. Es sei nicht
möglich, die bei der Frage der Anwendbarkeit des neuen Rechts auf noch nicht
abgeschlossene Sachverhalte in Betracht kommenden Gesichtspunkte in einer
allgemeinen Vorschrift dergestalt zusammenzufassen, dass die Befolgung einer
derartigen Regel eine allseits richtige Entscheidung verbürge oder auch nur fördere.[1074] Die erste BGB-Kommission folgte mehrheitlich diesem Konzept und in den
späteren Phasen der BGB-Beratungen wurde es nicht mehr in Frage gestellt.[1075]

[1070] *Lassalle*, S. 353 ff. (zur Rückwirkung authentischer Interpretationen); S. 270 ff. (zur Rückwirkung ausschließlich begünstigender Gesetze). Lassalle ist hierbei bemüht, diese Fälle nicht als
echte Ausnahmen von der von ihm aufgestellten Grundregel erscheinen zu lassen, sondern in
hegelscher Manier aus dem »Begriff« der Rückwirkung selbst zu entwickeln.

[1071] Art. 153–218 des Einführungsgesetzes zum BGB.

[1072] So Gebhard in der Begründung zu seiner Vorlage zum Allgemeinen Teil (*Schubert*, Vorlagen der Redaktoren, Allgemeiner Teil, Teil 1, S. 120; entsprechend: Motive zum BGB, Bd. 1,
S. 21). Hierbei unterstrich er, dass es im Interesse der Rechtssicherheit dringend geboten sei, dass
der Gesetzgeber die Frage der Anwendbarkeit des neuen Rechts auf bestehende Rechtsverhältnisse
im Rahmen von Übergangsvorschriften ausdrücklich regle (ebd., S. 128).

[1073] *Schubert*, Vorlagen der Redaktoren, Allgemeiner Teil, Teil 1, S. 127.

[1074] *Schubert*, Vorlagen der Redaktoren, Allgemeiner Teil, Teil 1, S. 121 ff.; Motive zum BGB,
Bd. 1, S. 22.

[1075] Protokoll der Kommissionssitzung vom 30.4.1888 (*Jakobs/Schubert*, Beratung, Einführungsgesetz zum BGB, Teil 1, S. 597 ff.) Die Kommissionsmehrheit lehnte Anträge von Planck
und Mandry ab, die darauf gerichtet waren, im Gesetz das Prinzip der Nichtrückwirkung als
allgemeine Auslegungsregel für die vom Gesetzgeber nicht ausdrücklich geregelten Fälle festzu-
schreiben (vgl. hierzu auch *Heß*, S. 84). Man verwies darauf, dass sich eine derartige Vorschrift mit

Der BGB-Gesetzgeber verzichtete somit bewusst auf ein einheitliches, prinzipienorientiertes Konzept in der Rückwirkungsfrage.[1076]

Das schweizerische ZGB sah demgegenüber ein prinzipielles Bekenntnis zur Nichtrückwirkung des Gesetzbuchs vor, beinhaltete aber zugleich zahlreiche Ausnahmen von diesem Grundsatz und spezielle Übergangsregelungen, die ähnlich wie das Einführungsgesetz zum BGB differenzierte Lösungen zur Anwendung des Gesetzes auf noch nicht abgeschlossene Sachverhalte vorsahen.[1077] Das ZGB arbeitet hierbei zum einen mit generalklauselartigen Ausnahmen vom Nichtrückwirkungsgrundsatz, zum anderen aber auch mit zahlreichen Spezialvorschriften, welche die Generalklauseln zum Teil wieder einschränken, zum Teil auch nur konkretisieren, wodurch ein wohl unbeabsichtigt undurchsichtiges Rückwirkungssystem entsteht und im Ergebnis im ZGB (trotz des vorangestellten Nichtrückwirkungsgrundsatzes) deutlich mehr noch nicht abgeschlossene Sachverhalte mit Inkrafttreten des neuen Gesetzbuchs diesem unterworfen werden, als es beim BGB der Fall war.[1078]

Anders verlief die Entwicklung im Strafrecht im 19. Jahrhundert. Hier konnte sich in der Strafrechtslehre das Rückwirkungsverbot im Bereich des materiellen

---

dem Anspruch auf prinzipielle Richtigkeit allenfalls für bereits abgeschlossene Sachverhalte aufstellen lasse. Die Hauptfrage sei jedoch die Anwendbarkeit des neuen Rechts auf Sachverhalte, die bei dessen Inkrafttreten noch nicht abgeschlossen sind. In dieser Frage folgte man der Meinung Gebhards, dass sich hierfür keine einheitliche Auslegungsregel aufstellen lasse, die Beurteilung der vom Gesetzgeber nicht geregelten Übergangsfälle vielmehr der Rechtswissenschaft zu überlassen sei (ebd., S. 598 f.; Motive zum EGBGB, S. 235 = *Mugdan*, Bd. 1, S. 67).

[1076] Anders *Heß*, wonach sich die Übergangsvorschriften des EGBGB – trotz des Verzichts auf eine allgemeine Auslegungsregel – als »strikte Umsetzung des Rückwirkungsverbotes« verstanden (S. 86, 91). M.E. lagen den Art. 153 ff. EGBGB in erster Linie konkrete Zweckmäßigkeitsüberlegungen zugrunde, die – je nach Regelungsfall – für oder gegen eine Rückwirkung ausfallen konnten (vgl. die im Text wiedergegebene Begründung Gebhards). In der Gesamtsicht überwogen freilich die Fälle der Nichtrückwirkung.

[1077] Schlusstitel des ZGB, Art. 1 (Grundsatz der Nichtrückwirkung); Art. 2–50 (Ausnahmen und Spezialvorschriften).

[1078] Generalklauselartigen Zuschnitt haben die Ausnahmen vom Rückwirkungsverbot in Art. 2 bis 4 des Schlusstitels des ZGB. Demnach finden alle um der »öffentlichen Ordnung und Sittlichkeit willen« aufgestellten Vorschriften des neuen Gesetzbuchs sofortige Anwendung mit seinem Inkrafttreten (Art. 2; der Anwendungsbereich soll nach herrschender Auffassung weiter sein als der aus dem internationalen Privatrecht bekannte Ordre-public-Vorbehalt und z.B. weite Teile der familienrechtlichen Vorschriften umfassen). Außerdem gilt das Rückwirkungsverbot nicht für Rechtsverhältnisse, »deren Inhalt unabhängig vom Willen der Beteiligten durch das Gesetz umschrieben wird« (Art. 3; z.B. die rechtliche Stellung der unter Vormundschaft stehenden Personen) und nicht für Tatsachen, bei denen zum Zeitpunkt des Inkrafttretens des neuen Gesetzbuchs noch kein »rechtlich geschützter Anspruch« begründet war (Art. 4; z.B. bei der gesetzlichen oder testamentarischen Erbfolge, wenn der Erbfall bei Inkrafttreten des ZGB noch nicht eingetreten war). Die Art. 5–50 des Schlusstitels modifizieren diese weiten Generalklauseln zum Teil wieder, teilweise konkretisieren sie sie auch nur, wodurch sich im Ergebnis zahlreiche Auslegungsfragen stellten (vgl. zu den Einzelheiten statt aller *Paul Mutzner*, in: [Berner] Kommentar zum Schweizerischen Zivilgesetzbuch, 2. Aufl., hrsg. v. M. Gmür, Bd. 5 (Schlusstitel/1. Abschnitt), Bern 1926, Art. 2 ff.).

Strafrechts für strafbegründende und strafschärfende Normen als weitgehend[1079] anerkannte Regel etablieren; Strafaufhebungen bzw. -milderungen wurden vom Rückwirkungsverbot wie schon zu früheren Zeiten allgemein ausgenommen, ebenso nach überwiegender Meinung authentische Interpretationen[1080] und Regelungen des Strafverfahrensrechts.[1081] Zwar unterblieb meist eine Aufnahme des strafrechtlichen Rückwirkungsverbots in den deutschen Verfassungen des 19. Jahrhunderts[1082], dennoch sah man nunmehr in der Literatur ausdrücklich auch den Gesetzgeber als Adressaten des strafrechtlichen Rückwirkungsverbots an.[1083] Die Einführungsgesetze bzw. Publikationspatente zu den in einzelnen Ländern des Deutschen Bundes erlassenen Strafgesetzbücher sahen denn auch in aller Regel vor, dass das Gesetzbuch auf bereits vorgefallene Handlungen nur dann zur Anwendung kommen soll, wenn es für den Täter günstiger ist.[1084] Da Strafmilderungen oder -aufhebungen in der Gesetzgebungspraxis des 19. Jahrhunderts häufiger waren als der umgekehrte Fall von Strafschärfungen, formulierten einige

---

[1079] Der wohl gewichtigste Gegner eines strafrechtlichen Rückwirkungsverbots war im 19. Jahrhundert Binding. Ausgehend von seiner Normentheorie, wonach der Straftäter nicht ein Strafgesetz übertritt, sondern eine den Strafgesetzen vorgelagerte (häufig ungeschriebene) Handlungsnorm, erkennt er ein Rückwirkungsverbot nur für die Handlungsnormen, nicht aber für die hieraus abgeleiteten Strafgesetze an (*Binding*, Normen, Bd. 1, S. 78 ff.). Bindings Ansicht zur Rückwirkungsfrage konnte sich aber in der weiteren Entwicklung nicht durchsetzen (vgl. zu vereinzelten Befürwortern der Ansicht Bindings wie auch zu deren überwiegende Ablehnung *Schreiber*, Gesetz und Richter, S. 169 ff., 174 ff., 177 ff.).

[1080] Vgl. *H. A. Zachariä*, Rückwirkende Kraft, S. 16 ff. (wie schon Savigny sieht er die authentische Interpretation gar nicht als Fall echter Rückwirkung, da das ursprüngliche Gesetz, mit seiner nunmehr klargestellten Bedeutung, auf die Tat angewendet würde); *Seeger*, S. 177.

[1081] Auf eine nähere Wiedergabe der spezifisch strafrechtlichen Literatur des 19. Jahrhunderts zur Rückwirkungsfrage kann hier verzichtet werden, da dies bereits durch *Schreiber*, Gesetz und Richter, S. 140 ff. erfolgt ist (dort auch näher zur Weiterentwicklung der Begründungsansätze für das Rückwirkungsverbot in der Strafrechtsliteratur); vgl. hierzu auch *Pföhler*, insb. S. 260 ff.; *Pföhler* untersucht auch eingehend die überwiegend vertretene Nichterstreckung des Rückwirkungsverbots auf das Strafverfahrensrecht, die hier nicht vertieft werden soll.

[1082] *Schreiber*, Gesetz und Richter, S. 120, 162, hat die deutschen Verfassungen des 19. Jahrhunderts im Hinblick auf ein strafrechtliches Rückwirkungsverbot ausgewertet und ein solches nur in der Verfassung des Herzogtums Sachsen-Altenburg von 1831 gefunden. Die preußische Verfassung von 1850 beinhaltete zwar die Gewährleistung, dass Strafen »nur in Gemäßheit des Gesetzes angedroht oder verhängt werden« dürfen (Art. 8), jedoch kein Rückwirkungsverbot. Auch die Reichsverfassung von 1871 enthielt kein Rückwirkungsverbot. Verfassungsrang erlangte dieses auf Reichsebene erst mit der Weimarer Verfassung (Art. 116).

[1083] *H. A. Zachariä*, Rückwirkende Kraft, S. 15 f. u. passim (der dem Gesetzgeber jedoch in Extremsituationen, wenn die Existenz des Staates auf dem Spiele stehe, die Anordnung von Rückwirkung ausnahmsweise unter dem Gesichtspunkt des Selbstverteidigungsrechts des Staates erlauben will); *Seeger*, S. 84 u. passim.

[1084] Detaillierte Nachweise bei *Schreiber*, Gesetz und Richter, S. 161; *Binding*, Normen, Bd. 1, S. 79 ff., Fn. 152; *Seeger*, S. 71 ff. Auch für das preußische Strafgesetzbuch von 1851 sah Art. IV des Einführungsgesetzes v. 14. April 1851 vor, dass das neue Gesetzbuch nur zurückwirken solle, soweit die neuen Bestimmungen milder sind; zur Kodifizierung des *Nulla-poena-sine-lege*-Grundsatzes in § 2 des preußischen Strafgesetzbuchs vgl. ausführlich *Schreiber*, Gesetz und Richter, S. 164 ff.

Strafrechtsautoren, Einführungsgesetze und Partikulargesetzbücher das Regel-Ausnahme-Verhältnis umgekehrt: Grundsätzlich soll das zum Zeitpunkt der Aburteilung des Delinquenten geltende Strafrecht Anwendung finden, es sei denn, die zum Zeitpunkt der Tatbegehung geltende Rechtslage wäre ihm günstiger.[1085] Am Anwendungsbereich des Rückwirkungsverbots änderte dies kaum etwas; nur für den Fall, dass sich die Neuregelung für den Betroffenen weder als günstiger noch als ungünstiger darstellte, kam es auf das Regel-Ausnahme-Verhältnis an.[1086]

In der Gesamtschau kann man also konstatieren, dass sich das Rückwirkungsverbot als an den Gesetzgeber gerichtete Regel im 19. Jahrhundert in Deutschland nur im materiellen, strafbegründenden bzw. strafschärfenden Strafrecht fast allgemein etablieren konnte; Verfassungsrang erlangte es dabei, anders als in Frankreich, aber nicht. Der Zusammenhang der Etablierung des Grundsatzes *nulla poena sine lege* und als dessen Bestandteil des Rückwirkungsverbots mit der Entwicklung und zunehmenden Anerkennung des Rechtsstaatsgedankens im 19. Jahrhundert wurde dabei in der modernen Forschung häufig betont.[1087] Die gegenüber dem Privatrecht schnellere und umfassendere Durchsetzung des Rückwirkungsverbots als an den Gesetzgeber gerichtete Regel im Strafrecht ist hiermit aber nicht hinreichend erklärt. Deshalb ist zu beachten, dass im Strafrecht spezifisch strafzweckorientierte Gründe das Rückwirkungsverbot jedenfalls für die Anhänger der Abschreckungstheorie auch dem Gesetzgeber gegenüber unverzichtbar machten. Feuerbach, der dem Grundsatz *nulla poena sine lege* seinen klassischen Zuschnitt gab, entwickelte diesen (und als dessen Bestandteil das Rückwirkungsverbot) eindeutig als Folgerung aus seiner Strafzweck- und Strafgrundtheorie, nicht aus modernen rechtsstaatlichen Überlegungen. Eine rechtsstaatliche Legitimation erfuhr das Rückwirkungsverbot erst im Verlauf des 19. Jahrhunderts.

Im Privatrecht war es namentlich die Zeit der Spätaufklärung, also die letzten Jahrzehnte des 18. Jahrhunderts und die ersten Jahrzehnte des 19. Jahrhunderts, die das Rückwirkungsverbot über die gemeinrechtliche Tradition hinausgehend zu einer an den Gesetzgeber gerichteten Gesetzgebungsregel erhoben. Zur Jahrhundertmitte fand es als auch an den Gesetzgeber gerichteter Grundsatz nochmals mit Savigny und Lassalle zwei recht unterschiedliche Befürworter. Im weiteren Verlauf des 19. Jahrhunderts wurde für das Zivilrecht dann wieder die Ansicht dominierend, dass es sich beim Rückwirkungsverbot um eine an den Richter gerichtete Anwendungsregel handelt für den Fall, dass der Gesetzgeber den zeitlichen Geltungsbereich eines neuen Gesetzes nicht ausdrücklich regelt. Dem Gesetzgeber wurde nun wieder (wie schon in der Zeit vor der Aufklärung)

[1085] S. die Nachweise bei *Schreiber*, Gesetz und Richter, S. 141, 161 u. *Binding*, Normen, Bd. 1, S. 79 ff., Fn. 152. Auch das bayerische Strafgesetzbuch von 1813 ging diesen Weg (Art. 2 des Publikationspatents zum bayer. StGB v. 16. Mai 1813).

[1086] Vgl. *Schreiber*, Gesetz und Richter, S. 141.

[1087] Vgl. *Schreiber*, Gesetz und Richter, S. 110 ff., 162 ff.; *Pföhler*, S. 260 ff.; *Krey*, Keine Strafe ohne Gesetz, S. 19 u. passim.

überwiegend das Recht zugestanden, durch ausdrückliche Regelung auch außerhalb der anerkannten Ausnahmefälle vom Rückwirkungsverbot abzuweichen. Als Gesetzgebungsregel sah man es außerhalb des Strafrechts als ausreichend an, dem Gesetzgeber aufzugeben, den zeitlichen Geltungsbereich eines neuen Gesetzes genau zu bestimmen. Die Entwicklung steht damit im Einklang mit der allgemeinen »Positivierung« der Staatswissenschaft in der zweiten Jahrhunderthälfte, deren Interesse sich von an den Gesetzgeber gerichteten »Staatsklugheitsregeln« abwandte.[1088] Die großen Kodifikationen des deutschen BGB und des schweizerischen ZGB lagen auf der skizzierten Linie der Gesetzgebungstheorie, indem ihre Verfasser sich um ausdrückliche und differenzierte Regelungen zur Rückwirkungsfrage bemühten und hierbei das Recht für sich in Anspruch nahmen, das neue Gesetzbuch partiell auch auf bereits bestehende Sachverhalte zur Anwendung zu bringen.

VII. Die Förderung der Gesetzeskenntnis als staatliche Aufgabe

1. Die Aufklärungszeit

Mit der Publikation eines neuen Gesetzes waren die Aufgaben des Gesetzgebers nach der Auffassung der Gesetzgebungstheoretiker der Aufklärung nicht beendet. Wir sahen bereits, dass man zur Zeit der Aufklärung in Deutschland noch ganz überwiegend von einem materiellen Publikationsverständnis ausging, vom Gesetzgeber also nicht nur Bekanntmachungsakte forderte, die rein formal eine Kenntnismöglichkeit eröffneten, sondern die auch tatsächlich die Bekanntschaft mit einem neuen Gesetz förderten. Die Publikationstheorien hatten hierbei aber grundsätzlich nur neue Gesetze im Blick.[1089] Die Forderungen an den Gesetzgeber gingen im Zeitalter der Aufklärung aber hierüber hinaus und betrafen generell diejenigen Anstalten, die vom Gesetzgeber zu ergreifen seien, um die Kenntnis der Bevölkerung von den bestehenden Gesetzen zu verbessern.

Eine wesentliche Funktion kam dabei der Gestaltung der Gesetze selbst zu, die im Idealfall so gemeinverständlich gefasst sein sollten, dass sie als »Lesebuch für das Volk« dienen konnten.[1090] Daneben waren es insbesondere drei Maßnahmen, die

---

[1088] Die Staatswissenschaft vollzog hiermit eine auch für die Zivilrechtswissenschaft der zweiten Jahrhunderthälfte hinlänglich bekannte Entwicklung. Vgl. das Urteil von *Stolleis*, Bd. 2, S. 349, zur Lage der Staatswissenschaft nach der Reichsgründung. Er betont die gewachsene Distanz der Staatsrechtler zur Realpolitik, die nicht nur biographische Ursachen hatte, sondern eine bewusste methodische Positionierung war, die man zur Festigung des Wissenschaftscharakters des öffentlichen Rechts für notwendig ansah.

[1089] Wenn man von der Forderung absieht, die Publikation eines Gesetzen periodisch zu wiederholen, wie sie etwa noch von *Rotteck*, Bd. 2, S. 332, vertreten wurde.

[1090] Vgl. zu der Forderung nach Gemeinverständlichkeit der Gesetzgebung näher unten S. 380 ff.

von der deutschen Gesetzgebungslehre der Aufklärungszeit in diesem Zusammenhang immer wieder gefordert wurden: eine Unterrichtung schon der Kinder über die wesentlichen Gesetze (sei es durch die Schule oder den Familienvater)[1091], eine (passagenweise) Verlesung der Gesetze in den Kirchen[1092] und die Verbreitung eines allgemein fasslichen Kompendiums (»Volkskodex«) der wichtigsten Gesetzesregeln für das breite Volk[1093]. Die aufgeklärten Reformgesetzgeber griffen diese Forderungen zum Teil auf.[1094] Den Zweck einer solchen staatlichen Förderung der Gesetzeskenntnis sah man zum einen darin, dem Bürger die Möglichkeit zu geben, sein Handeln im Einklang mit den bestehenden Rechten und Pflichten auszurichten; also der gleiche Zweck, der auch bei der Forderung nach Publikation neuer Gesetze im Vordergrund stand, hier aber auf die gesamte Rechtsordnung ausgeweitet wurde. Die Möglichkeit der Belehrung durch Rechtskundige wurde als unzureichend angesehen, weil es dann meistens schon zu spät sei, wenn solcher Rat erteilt würde,[1095] viele sich fachkundigen Rat nicht leisten könnten und man im Übrigen schon einige Bekanntschaft mit den Gesetzen haben müsse, um zu wissen, wann man gelehrten Rat hinzuziehen sollte.[1096] Einen weiteren, für das Aufklärungszeitalter typischen Zweck dieser staatlichen Förderung sah man darin, den Bürger von der Weisheit und Gerechtigkeit der Gesetze zu überzeugen, damit dieser den Gesetzen nicht nur aus Zwang, sondern aus freier Einsicht folge.[1097] In engem Zusammenhang mit diesen Forderungen standen die in der Aufklärungszeit (aber auch darüber hinaus) häufig erhobenen Forderungen nach wenigen, kurzen, klaren, landessprachlichen und gemeinverständlichen Gesetzen, auf die an späterer Stelle jeweils noch ausführlich zurückzukommen sein wird. Nicht ohne Grund wies man darauf hin, dass zum Verlesen von der Kanzel oder zum Lernen in der Schule die Justinia-

---

[1091] *Heumann v. Teutschenbrunn*, Kap. 8, S. 89; *Globig/Huster*, Zugaben, S. 459, Anm. zu S. 32; *Fredersdorff*, S. 178; *Erhard*, S. 80 ff.; *Stürzer*, S. 175; *Th. Hippel*, S. 187; *K. S. Zachariä*, Wissenschaft, S. 349 f.; *Globig*, System, Bd. 1, S. XXXV f.

[1092] *Heumann v. Teutschenbrunn, Erhard, K. S. Zachariä* (alle wie Fn. 1091).

[1093] *Wolff*, Politik, § 415, S. 430 f.; *Svarez*, Inwiefern können und müssen Gesetze kurz sein, S. 629 ff.; *Svarez/Goßler*, Unterricht über die Gesetze für die Einwohner der Preussischen Staaten; *Klein*, Annalen, Bd. 2 (1789), S. 26; *Eggers*, Teil 1, S. 6 f., 308; *Reitemeier*, Gesetzbuch, Bd. 1, S. XXI.; *Feuerbach*, Kritik, Teil 1, S. 5 f.; *Globig*, System, Bd. 1, S. XXXV f.; *Tafinger*, S. 275 f.; hierzu sogleich ausführlich im Text.

[1094] So bestimmte eine Kabinettsorder Friedrich Wilhelms II vom 1. September 1786, dass der wesentliche Inhalt der Strafgesetze in den Schulen gelehrt werden soll (Annalen, Bd. 1 (1788), S. LII f.); auch die Instruktion *Katharinas II* vom 30. Juli 1767 sah den Gebrauch von Gesetzbüchern im Schulunterricht vor (§ 158); zum Gesetzesunterricht als Aufgabe des aufgeklärten Wohlfahrtsstaats vgl. auch *J. Schröder*, Rechtsdogmatik und Gesetzgebung, S. 45 f. Hingegen wurde die periodische Verlesung wichtiger Gesetze in den Kirchen, die in Preußen durch Verordnung vom 24. August 1717 als außerordentliche Publikationsform für den ländlichen Raum galt, durch das ALR beseitigt (s. oben S. 220).

[1095] *Heumann v. Teutschenbrunn*, Kap. 8, S. 89.

[1096] *Klein*, Annalen, Bd. 2 (1789), S. 26; *ders.*, Annalen, Bd. 25 (1808), S. 24.

[1097] *Erhard*, S. 80 ff.; *Reitemeier*, Gesetzbuch, Bd. 1, S. XVIII.

nischen Gesetzbücher oder das, was der Usus modernus daraus gemacht hatte, kaum tauglich waren.

Viele Gesetzgebungstheoretiker der Aufklärungszeit waren jedoch realistisch genug zu erkennen, dass das erstrebte Gesetzbuch auch bei entsprechender Rücksichtnahme auf die Gebote einer gemeinverständlichen Fassung als echtes Lern- und Lesebuch und Handlungsanweisung für das breite Volk nicht taugen werde. Hieraus entwickelte sich die Idee einer zweigleisigen Gesetzgebung: eines vollständigen Gesetzbuchs für die juristischen Rechtsanwender und eines »Volkskodex« zur Unterrichtung der Laien.[1098] Schon bei Wolff finden wir den Gedanken, man solle »besondere Gesetz-Bücher zum gemeinen Gebrauche schreiben, daraus ein jeder gleich in seiner Jugend lernen könnte, was er für Gesetze in seinen Handlungen in acht zu nehmen hat«.[1099] Wolff betont hierbei, dass er nicht verlange, alle Leute zu Rechtsgelehrten zu machen. Das Volk solle aber zumindest diejenigen Gesetze erlernen, durch deren Übertretung es großen Schaden habe oder Strafen erleide.

Diese Meinung blieb nicht ohne Wirkung auf die preußischen Gesetzesreformen. Bereits 1784 forderte der Kopenhagener Professor Eggers, dessen Beiträge zur Kritik der AGB-Entwürfe mehrfach preisgekrönt wurden, in seiner Stellungnahme zu der ersten veröffentlichten Abteilung des AGB-Entwurfs, dass ein Auszug aus dem Gesetzbuch gefertigt werden solle, in dem die für den Laien wichtigsten Vorschriften kurz und deutlich vorgetragen werden.[1100] Dieser Auszug solle dann Gegenstand des Unterrichts in allen Schulen werden und sonntäglich in den Kirchen abschnittsweise verlesen werden. Auch solle jeder Haus- und Hofeigentümer verpflichtet werden, sich ein Exemplar dieses Auszugs anzuschaffen und bei besonderen Gelegenheiten (etwa beim Erwerb eines Hofes oder dem Antritt einer Stelle in königlichen Diensten) sollten auch Erwachsene über dessen Inhalt examiniert werden. 1786 verfügte dann eine Kabinettsorder Friedrich Wilhelms II, nach Fertigstellung des strafrechtlichen Teils des angestrebten Gesetzbuchs einen kurzen und für das Volk allgemein verständlichen Auszug hieraus zu fertigen.[1101] Als 1788 Svarez in seinem Vortrag »Inwiefern können und müssen

---

[1098] Im Folgenden stehen diejenigen Stimmen im Vordergrund, die den Gesetzgeber selbst bei der Verbreitung von Volkskodices in die Verantwortung nahmen, also von einer echten zweigleisigen Gesetzgebung ausgingen. Daneben gab es in der Aufklärungszeit eine reiche juristische Populärliteratur (»Rechtskatechismen«), mittels derer private Schriftsteller elementare Rechtskenntnisse unter das Volk bringen wollten, was aber nicht mehr Teil der Gesetzgebungstechnik ist. Eine ausführliche Liste privater »Rechtskatechismen« der Aufklärungszeit speziell zum Strafrecht findet sich bei *Jürgen Koch*, Die Strafrechtsbelehrung des Volkes von der Rezeption bis zur Aufklärung, Jena 1939, Anhang 1.

[1099] *Wolff*, Politik, § 415, S. 430 f.

[1100] Zum Folgenden vgl. *Eggers*, Teil 1, S. 6 f.; Eggers wiederholte diesen Gedanken in seinem späteren Beitrag zur Kritik des strafrechtlichen Teils des AGB Entwurfs, wo er einen gemeinverständlichen Auszug aus dem Kriminal-Kodex anregte, der zur Belehrung der Jugend über Verbrechen und deren Bestrafung dienen soll (ebd., S. 308).

[1101] Kabinettsorder vom 1. September 1786, in: Annalen, Bd. 1 (1788), S. LII f.

Gesetze kurz sein?« sein Konzept einer zweigleisigen Gesetzgebung entwickelte, betrat er also keineswegs gedankliches Neuland, sondern konnte an die Ideen Wolffs und Eggers sowie die königliche Kabinettsorder anknüpfen.[1102]

Svarez vertritt in diesem Vortrag die Auffassung, dass zwei Gesetzbücher nötig seien, eines für Richter und Rechtsgelehrte, welches »in der möglichst größten Vollständigkeit« Vorschriften für alle vorkommenden Fälle enthalten soll, sowie ein »Volkskodex«[1103], der einen Auszug aus dem Gesamtgesetzbuch bieten soll. Dieser habe im Bereich des Zivilrechts vornehmlich die Regeln für Alltagsgeschäfte zu umfassen; seltene Rechtsgeschäfte, die gewöhnlich nur mit Vorbereitung und unter Einholung fachlichen Rats vorgenommen werden, sind nur mit ihren Grundregeln aufzunehmen und der Bürger im Übrigen auf den Rat von Fachleuten zu verweisen. Gesetze, die nur spezielle Bevölkerungsgruppen betreffen (z. B. Schifffahrtsrecht), sollen keine Aufnahme in den Volkskodex finden. Formvorschriften sind im Volkskodex nur dann zur Sprache zu bringen, wenn sie ausnahmsweise auch für Alltagsgeschäfte gelten. Verfahrensvorschriften und Gesetze über staatliche Abgaben sollen nur mit ihren Grundregeln aufgenommen werden und nur, soweit sie alle Bürger betreffen. Von den Strafgesetzen schließlich sollen nur die Hauptarten der Delikte aufgenommen werden, nicht besondere Begehungsformen oder die sich daraus ergebenden Abstufungen der Strafen. Delikte jedoch, die mit langjährigem Freiheitsverlust oder gar mit Todesstrafe bedroht sind, sollen möglichst vollständig und bestimmt im Volkskodex Aufnahme finden.

Als Ergebnis dieser Gedanken und unter dem Eindruck der zwischenzeitlich erfolgten Suspension des Inkrafttretens des AGB veröffentlichte Svarez 1793 zusammen mit Goßler (einem weiteren Redaktor des AGB) als Privatwerk die Schrift »Unterricht über die Gesetze für die Einwohner der Preussischen Staaten«, in deren Einleitung er als Leitgedanken im Wesentlichen das oben geschilderte Konzept von 1788 wiedergibt.[1104] Ganz ähnlich wie Wolff vertritt Svarez hierin

---

[1102] Zum Folgenden: *Svarez*, Inwiefern können und müssen Gesetze kurz sein, S. 629 ff. Svarez erwähnt die Konzepte Wolffs und Eggers sowie die königliche Kabinettsorder in seinem Vortrag nicht.

[1103] Die Begriffe »Volkscodex« und »Volksgesetzbuch« werden von Svarez selbst in dem genannten Vortrag verwendet; heute sind sie durch die Bestrebungen im Dritten Reich zu einem »Volksgesetzbuch« vorbelastet. Der Kritik *Kleinheyers* (Staat und Bürger, S. 70, Fn. 43) an dem Versuch H. *Brandts* (ZStW 100 (1940), S. 337–352), eine Parallele zwischen Svarez' Bestrebungen und dem Projekt eines »Volksgesetzbuch« im Dritten Reich aufzuzeigen, ist inhaltlich uneingeschränkt zuzustimmen, doch terminologisch wurden die Begriffe »Volkskodex« und »Volksgesetzbuch« Svarez nicht erst durch Brandt in den Mund gelegt, sondern finden sich häufig in der aufklärerischen Gesetzgebungsliteratur. So wird der Begriff »Volkskodex« außer von Svarez z. B. auch von *Reitemeier* (Redaction, S. 89 f.; Gesetzwissenschaft, S. 41), *Globig* (System, Bd. 1, S. XL) und *Feuerbach* (Kritik, Teil 1, S. 5) benutzt.

[1104] Unmittelbarer Auslöser der Suspension des AGB war ein Immediat-Bericht des schlesischen Justizministers Danckelmann vom 9. April 1792, in dem dieser u. a. auch anregt »wie der größere Theil der Unterthanen durch einen besonderen kurzen und unentgeldlichen Auszug zur Kenntniß desjenigen verholfen werden könne, was sie zu beobachten, und wie sie ihre Geschäfte

die Auffassung, dass man den Untertanen so viel Gesetzeskenntnis vermitteln solle, dass diese sich hinsichtlich der Strafgesetze vor Übertretungen hüten und hinsichtlich der Zivilgesetze vor Schaden, Rechtsverlust und Übervorteilung schützen können.[1105] Obgleich das Werk für den Nichtjuristen bestimmt war, war Svarez doch Realist genug um zu erkennen, dass auch dieser Abriss noch einen gewissen Bildungsstand bei seinen Lesern voraussetzte. Als Zielgruppe gibt er daher an, »nicht den ganz gemeinen Mann« im Auge zu haben, dem man allenfalls für einen konkreten Einzelfall durch Exempel belehren könne, sondern diejenigen, die durch einen guten Schulunterricht »zum Nachdenken einigermaßen vorbereitet« sind.[1106] Doch auch mit dieser eingeschränkten Zielgruppe waren Svarez' Hoffnungen offenbar noch zu optimistisch. Statt bei den gebildeten Laien erfreute sich die Schrift in der Folgezeit bei der preußischen Richterschaft großer Beliebtheit; die aufklärerische Hoffnung, hiermit Gesetzeskenntnis auch unter das nicht-juristische Volk zu bringen, erfüllte sich nicht.[1107]

Auch Svarez' Mitredaktor Ernst Ferdinand Klein unterstützte das Projekt, der juristisch nicht geschulten Bevölkerung von Amts wegen einen »kernhaften Auszug« des Gesetzbuchs in die Hände zu geben.[1108] Daneben wollte er den »gemeinen Mann« über die allgemeinen Grundsätze des Rechts auch durch Kalender und ähnliche private Volksschriften aufklären.[1109]

Die Idee eines doppelten Gesetzbuchs fand schon bald weitere Anhänger in der Gesetzgebungsliteratur. Reitemeier vertrat in mehreren Schriften die Auffassung, dass neben dem ausführlichen, für die Richterschaft bestimmten Gesetzbuch ein Volkskodex zu treten habe, welcher den Bürgern ihre Rechte und Pflichten in anschaulicher Art vermittle.[1110] In ähnlicher Weise propagierte wenig später auch Globig die Idee eines »Volkskodex«. Während er in seiner zusammen mit Huster veröffentlichten Preisschrift zur Strafgesetzgebung (1783) noch die These vertreten hatte, das Gesetzbuch müsse derart verständlich gefasst sein, dass sich jeder-

---

auf eine gültige Art einzurichten haben« (Abdruck bei *Kamptz*, Kamptz' Jahrbücher, Bd. 52 (1838), S. 138–140, hier: S. 139).

[1105] *Svarez/Goßler*, Vorrede, S. III f., VII f.

[1106] *Svarez/Goßler*, Vorrede, S. VIII. Auch *Klein* ging davon aus, dass auch bei einem in deutscher Sprache und möglichst verständlich abgefassten Gesetzbuch immer noch eine ansehnliche Zahl von Menschen übrig bleiben wird, denen es unmöglich ist, sich mit dem Inhalt des Gesetzbuchs hinlänglich bekannt zu machen (Annalen, Bd. 6 (1790), S. 94).

[1107] Vgl. *Stölzel*, Svarez, S. 369; *Heller*, S. 422.

[1108] *Klein*, Annalen, Bd. 2 (1789), S. 26.

[1109] *Klein*, Annalen, Bd. 25 (1808), S. 17 ff.; *Klein* veröffentlichte zu diesem Zweck den »Kalender für den Bürger und Landmann auf das Jahr 1808«, wo er in einzelnen Kapiteln allgemeine Grundsätze des Rechts gemeinfasslich darstellte. Den Zweck sah er darin, den gemeinen Mann in den Stand zu setzen, in denjenigen Fällen mit Vorsicht zu handeln, wo er ohne gelehrten Rat selbst agiert. Zielgruppe war auch für ihn nicht der ganz ungebildete Bürger oder Bauer, sondern der, »welcher wenigstens seine Bibel und sein Gesangbuch lesen kann« (Annalen, Bd. 25 (1808), S. 26).

[1110] *Reitemeier*, Gesetzbuch, Bd. 1, S. XXI; vgl. auch *ders.*, Redaction, S. 100 f.; *ders.*, Gesetzwissenschaft, S. 41.

mann mit leichter Mühe daraus belehren könne und so sein eigener Advokat
werde,[1111] war er in seinem für die russische Gesetzeskommission geschriebenen
»System einer vollständigen Gesetzgebung« (1802–1804 ausgearbeitet, 1809 erstmals veröffentlicht) in dieser Hinsicht schon wesentlich zurückhaltender.[1112] Nunmehr meint er, das allgemeine Gesetzbuch (bestehend aus Straf-, Zivil- und
Polizeirecht) könne wegen seines großen Umfangs nur dem Rechtsgelehrten
zum Leitfaden dienen. Für das breite Publikum solle daher aus dem Gesetzbuch
ein gedrängter Auszug der wichtigsten Rechtsgrundsätze in einer fasslichen Form
hergestellt werden, welcher dann in den Schulen gelehrt und an gewissen Tagen
in jeder Gemeinde vorgelesen und erklärt werden solle.

Seine gedankliche Heimat hat dieses, von Globig »Rechtscatechismus« und
»Volkscodex« genannte Konzept (wie auch die ähnlichen Konzepte von Wolff,
Eggers, Svarez, Klein und Reitemeier) eindeutig im wohlfahrtsstaatlichen Absolutismus, der hierdurch erreichen wollte, dass die Handlungen der Untertanen
auch tatsächlich durch den Gesetz gewordenen Willen des Souveräns geleitet
werden; der Gesetzesbefehl des Herrschers also tatsächlich nicht nur den Juristenstand, sondern auch den einfachen Untertan erreicht. Als Wegbereiter für einen
modernen Rechtsstaat lässt sich dieses Konzept nicht interpretieren. Wie weit es
von modernen rechtsstaatlichen Überlegungen entfernt ist, zeigt die Bemerkung
Globigs, die »gesetzliche Klugheit« verbiete, manches aus dem allgemeinen Gesetzbuch in den Volkskodex aufzunehmen, nicht etwa wegen dessen schwerer Fasslichkeit, sondern weil manches nicht dem breiten Volk bekannt werden solle.[1113]

Vergleichbare Gedanken finden sich speziell für das Strafrecht auch bei Feuerbach. Die Kriminalgesetzgebung verfolgt für Feuerbach einen doppelten Zweck:
einesteils die »Belehrung und Schreckung des Volks«, andernteils die Aufstellung
hinreichend bestimmter und vollständiger Normen für den Richter.[1114] Dieser
doppelte Zweck lasse sich nicht durch ein und dasselbe Gesetzbuch erreichen.
Das eigentliche Kriminalgesetzbuch könne wegen der Anforderungen an Bestimmtheit, Präzision und Vollständigkeit kein »allgemeine[s] Lesebuch des Volks«
sein.[1115] Für das Volk solle daher ein kurzer und fasslicher Auszug aus dem
eigentlichen Gesetzbuch erstellt werden. In diesem Auszug solle der Gesetzgeber
nach einer kurzen und verständlichen Einleitung über Verbrechen und Strafen
überhaupt sogleich zu den einzelnen Verbrechen und Strafen übergehen und
hierbei alles Detail, alle feinen Unterscheidungen der Verbrechen und ihrer Modalitäten sowie die genauen Abstufungen der Strafbarkeit weglassen, sondern

---

[1111] S. näher unten S. 381.
[1112] *Globig*, System, Bd. 1, S. XXXV f.
[1113] *Globig*, System, Bd. 1, S. XL. Als Beispiel hierfür nennt er gesetzliche Milderungsgründe
im Strafrecht, die nicht in den Volkskodex aufgenommen werden sollen, damit Straftäter ihre
Einlassung nicht danach zurechtlegen (ebd., S. LXI).
[1114] *Feuerbach*, Kritik, Teil 1, S. 7.
[1115] *Feuerbach*, Kritik, Teil 1, S. 2 ff.

vielmehr für jede Gattung von Verbrechen »gleichsam nur in Bausch und Bogen ihre Strafe« bestimmen.[1116] Der »Volkskodex« sollte für Feuerbach also der Belehrung und Abschreckung des Volkes dienen, das eigentliche Strafgesetzbuch primär der Bindung der Rechtsprechung an präzise gesetzliche Vorgaben. Die wohlfahrtsstaatlichen Ziele der Belehrung des Volkes und der Einschränkung richterlicher Willkür finden sich also auch bei Feuerbach – wie bei den zuvor Genannten – als Motive der zweigleisigen Gesetzgebung wieder. Bei Feuerbach tritt seine psychologische Zwangstheorie als weiteres Motiv hinzu, denn abschreckend kann nur wirken, was dem potentiellen Täter bekannt ist. Als ein rechtsstaatliches Konzept im Sinne des modernen Rechtsstaatverständnisses lässt sich auch Feuerbachs Strafgesetzgebungskonzept hingegen nur schwerlich deuten.[1117] Ähnlich wie Globig will auch Feuerbach etwa das gesamte Strafprozessrecht am besten gar nicht zur Kenntnis des Volkes bringen, damit »der schlaue Bösewicht« nicht »in das Innere des gerichtlichen Verfahrens eingeweiht« wird und ihm so der Weg gezeigt wird »auf dem er am sichersten dem Arme der strafenden Gewalt entschlüpfen kann«.[1118] Deshalb rät Feuerbach den Gesetzgeber auch von der Veröffentlichung von Motiven ab, weil »die Enthüllung der inneren Absichten der Strafgesetzgebung den Verbrechern mancherlei Waffen gegen die Gesetze, mancherlei Kunstgriffe, sie zu umgehen und zu vereiteln, an die Hand geben« und ein »in alle Geheimnisse der Criminalgesetzgebung eingeweihter Verbrecher ein sehr mißlicher Inquisit« sei.[1119]

Viele der von den deutschen Gesetzgebungstheoretikern der Aufklärungszeit geforderten Mittel zur staatlichen Förderung der Gesetzeskenntnis finden sich auch bei Bentham wieder. Nachdrücklich vertrat er die Ansicht, dass die Aufgabe des Gesetzgebers nicht mit dem Abfassen der Gesetze beendet sei, sondern er alle gebotenen Mittel ergreifen müsse, damit der Gesetzesinhalt auch wirklich ins Bewusstsein der Bevölkerung gelangt.[1120] So erhob auch er die Forderung nach Gesetzesunterricht in den Schulen[1121] und regelmäßigem Verlesen der Gesetze in den Kirchen[1122]. Vorschriften, welche das Verhalten an bestimmten Orten regeln

---

[1116] *Feuerbach*, Kritik, Teil 1, S. 4. Ähnlich *Tafinger*, S. 275 f.

[1117] S. auch oben S. 241 und unten S. 367 zu der in der Forschung beliebten, in Feuerbachs Schriften aber nicht belegten Herleitung seines Gesetzgebungskonzepts aus rechtsstaatlichen Motiven.

[1118] *Feuerbach*, Kritik, Teil 1, S. 4. Gegen derartige Tendenzen, aus kriminalpolitischen Erwägungen bestimmte Gesetze, namentlich das Strafprozessrecht gar nicht zur Kenntnis der Bürger zu bringen, wendet sich hingegen bereits 1789 *Klein* (Annalen, Bd. 2 (1789), S. 21 ff.).

[1119] *Feuerbach*, Nachlaß, Bd. 1, S. 238; s. hierzu auch oben S. 135.

[1120] *Bentham*, Promulgation, S. 157 = Traités de législation, Bd. 3, S. 275 f.

[1121] *Bentham*, Promulgation, S. 158 f. = Traités de législation, Bd. 3, S. 279 ff.: »one of the first objects of instruction in all schools«. Bentham möchte, dass künftig Schüler mit 16 Jahren die Gesetze ihres Landes besser kennen, als es gegenwärtig die Anwälte tun. Besonders wichtige Bestimmungen sollen die Schüler »as a catechism« auswendig lernen.

[1122] Einzelne Kapitel eines Gesetzbuchs sollen nach der Vorstellung Benthams über das Jahr verteilt in den Gottesdiensten vorgelesen werden, so etwa bei einer Heirat das Kapitel über die Ehe (*Bentham*, Promulgation, S. 158 f. = Traités de législation, Bd. 3, S. 279 ff.).

(etwa Marktordnungen), sollten an diesen Plätzen dauerhaft angebracht werden.[1123] Auszüge wichtiger Gesetze seien im Übrigen an allen Stätten, wo viele Menschen zusammenkommen, auszuhängen. Außerdem sollten amtliche Formulare zu Testamenten und Verträgen mit hohem Gegenstandswert erstellt werden, die dem Bürger durch Randnotizen Hinweise zu den einschlägigen gesetzlichen Vorschriften für die jeweilige Transaktion geben. Schließlich forderte er, preiswerte Ausgaben der die verschiedenen Bevölkerungsgruppen jeweils betreffenden Gesetzbücher[1124] zu drucken und dem einzelnen Bürger zur Pflicht zu machen, ein Exemplar der ihn betreffenden Gesetzbücher zu besitzen. Hierbei handelt es sich um gesamteuropäische Gedanken der Aufklärungszeit, die sich in Deutschland etwa bei Bielfeld und Globig/Huster, in Österreich unter Joseph II und in Russland bei Katharina II in ganz ähnlicher Form wiederfinden.[1125] Bentham stand hierbei mit seinem Optimismus, dass das breite Volk durch ein (nach seinem Konzept zu entwerfendes) Gesetzbuch selbst aufgeklärt werden könne, den frühen deutschen Gesetzgebungstheoretikern der zweiten Hälfte des 18. Jahrhunderts wie Heumann, Justi, Bielfeld und Globig/Huster näher als den bereits skeptischeren Autoren der Jahrhundertwende, die wie wir sahen auf eine zweigleisige Gesetzgebung setzten, da das allgemeine Gesetzbuch niemals einen jedermann zugänglichen Grad der Verständlichkeit erreichen könne.[1126] Bentham war das Ziel einer zu jedermanns Kenntnis gebrachten Gesetzgebung so wichtig, dass er im Rahmen seines Entwurfs eines *Constitutional Code* in die feierliche

---

[1123]   Zum Folgenden: *Bentham*, Promulgation, S. 158 f. = Traités de législation, Bd. 3, S. 279 ff.

[1124]   Benthams Konzept sah einen *Universal Code* und verschiedene *Particular Codes* vor. Der *Universal Code* sollte ein allgemeines Gesetzbuch sein, welches alle die ganze Bevölkerung gleichermaßen betreffenden Regelungen enthält, wohingegen die *Particular Codes* Sonderregelungen enthalten sollten, die jeweils nur bestimmte Bevölkerungsgruppen betreffen (näher zu diesem Konzept unten S. 455).

[1125]   *Bielfeld*, Bd. 1, Kap. VI, § 15, S. 239 f.: »il faut mettre chaque Citoyen en état d'avoir, à un prix modique, le livre de toutes les Loix qu'il doit suivre …« Globig/Huster forderten, dass das Gesetzbuch auf Kosten des Staates gedruckt und jedem Hausvater ein Exemplar davon unentgeltlich zur Verfügung gestellt wird. Diesem oblage es alsdann, seinen Kindern die Pflichten gegen den Staat und gegen die Mitbürger vor Augen zu führen (*Globig/Huster*, Zugaben, S. 459, Anm. zu S. 32). Ein bündiges und gemeinverständliches Gesetzbuch, welches jedermann »wie einen Katechismus« für einen geringen Preis erwerben kann, erstrebte auch *Katharina II* für Russland (Instruktion v. 30. Juli 1767, § 158). Die aufgeklärte Gesetzgebungspraxis Österreichs unter Joseph II griff diese Gedanken auf, indem sie preiswerte Nachdrucke der amtlichen Ausgaben der Josephinischen Gesetzbücher förderte (s. hierzu *Brauneder*, Gesetzeskenntnis, S. 113). Ähnlich die bereits erwähnte Forderung Eggers, die Anschaffung eines amtlichen Auszugs des preußischen AGB jedem Haus- und Hofbesitzer zur Pflicht zu machen (*Eggers*, Teil 1, S. 6 f.).

[1126]   Zum Gemeinverständlichkeitsideal der genannten Autoren der zweiten Hälfte des 18. Jahrhunderts, welches etwa auch die Instruktion Katharinas II teilte, s. näher unten S. 381 mit Fn. 406. Durch die Autorität Benthams lebte dieses Ideal in der Gesetzgebungstheorie Englands zeitweilig fort. In einer kurz nach Benthams Tod entstanden Schrift des englischen Parlamentariers Symonds über die Verbesserung der Gesetzgebungstechnik zeigt sich dieser als Adept des Benthamschen Optimismus: Auch er fordert, die Gesetzgebung durch gesetzestechnische Mittel derart transparent zu machen, dass sie zum Gegenstand des Schulunterrichts gemacht werden könne (*Symonds*, Mechanics, S. 166).

Erklärung, die jedes Mitglied der gesetzgebenden Versammlung bei Amtsantritt abgeben soll, die ausdrückliche Versicherung aufnahm, die Masse der Gesetze für den einzelnen verständlich zu halten und dafür zu sorgen, dass diese in den Schulen gelehrt werden.[1127]

In seinem Heimatland fanden die Forderungen Benthams wenig Anklang, was vor dem Hintergrund einer überwiegend auf Richterrecht beruhenden Rechtsordnung kaum verwundern kann. Verständlich sind diese Forderungen Benthams auch nur vor dem Hintergrund des von ihm erstrebten kompletten Umbaus der englischen Rechtsordnung, bei dem das *common law* als Rechtsquelle völlig wegfallen und ersetzt werden sollte durch ein geschlossenes System aufeinander abgestimmter Gesetzbücher (von Bentham »Pannomion« genannt), die es dem Bürger erlauben sollten, im Idealfall seine Rechtsgeschäfte ohne Hinzuziehung von Rechtsgelehrten abzuwickeln bzw., wo sich die Einschaltung eines Richters als unumgänglich erwies, zumindest dessen Entscheidung überprüfen zu können.[1128]

Was in Benthams Konzept fehlt, ist die staatliche Förderung privater Bearbeitungen der Gesetze in Form von Lehrbüchern oder Kommentaren. Aus Benthams Sicht war dies konsequent, da er einen Grad der Vollständigkeit und Verständlichkeit der Gesetzgebung selbst erstrebte, welcher private Bearbeitungen und Kommentierungen überflüssig machen sollte.[1129] Das war im Prinzip zwar auch das Ideal der ALR-Verfasser, doch verzichtete man hier nicht gänzlich auf die Zuhilfenahme privater Arbeiten zur Förderung der Gesetzeskenntnis. So wurden im Zusammenhang mit der Veröffentlichung des letzten Teils des Entwurfs eines Allgemeinen Gesetzbuchs für die preußischen Staaten 1788 auch Preise für die besten Bearbeitungen eines Lehrbuchs des Naturrechts und eines Lehrbuchs des positiven Rechts auf Grundlage der neuen Gesetzbuchentwürfe ausgelobt.[1130]

2. Der Wandel im 19. Jahrhundert

In Deutschland und Österreich war zu der Zeit, als Bentham noch an seiner Vision eines bürgerfreundlichen Pannomion arbeitete, der aufklärerische Eifer in Bezug auf eine staatliche Förderung der Gesetzeskenntnis bereits am Versiegen. Typisch für die Zeit des Übergangs sind die Ansichten Zeillers. Einerseits steht er noch ausdrücklich hinter dem Programm einer staatlichen Förderung der Gesetzeskenntnis. So schlug auch er vor, zur Belehrung der Jugend und der »in den Rechten gewöhnlich unerfahrenen Volksklassen« amtliche Auszüge des Gesetz-

---

[1127] *Bentham*, Constitutional Code, Kap. VII, Abt. 5, CW: S. 141.

[1128] Näher zum Pannomion-Konzept Benthams unten S. 339.

[1129] Private Kommentierungen wollte Bentham zwar nicht ganz verbieten, doch sollte den Gerichten nicht erlaubt sein, ihre Urteile auf solche Privatarbeiten zu stützen (s. unten S. 339). Stattdessen schwebte ihm eine durchgängige, mit dem Gesetzestext verknüpfte Kommentierung seitens des Gesetzgebers selbst vor (s. oben S. 124).

[1130] Entwurf AGB, 2. Teil, 3. Abt. (1788), Vorerinnerung v. 15. Juni 1788.

buchs herauszubringen, welche die Bestimmungen enthalten, die allen Bürgern bekannt sein sollen.[1131] Für den gebildeten Bürger genügt im Übrigen nach Ansicht Zeillers der bloße Wortlaut eines musterhaften Gesetzbuchs, worunter er namentlich auch das ABGB verstand, um ihn in den gewöhnlichen Rechtsgeschäften über seine Rechte und Pflichten zu informieren.[1132] Für die Handhabung des Gesetzes in verwickelten Fällen verweist Zeiller den Bürger – ähnlich wie Svarez – an den Rat eines Rechtsgelehrten.[1133] Teilt er für gewöhnliche Rechtsfälle also noch den Optimismus der Aufklärungszeit, dass hierfür die Zuhilfenahme des Gesetzbuchs ausreiche, so gilt dies nicht für die Lösung verwickelter Rechtsfälle durch Rechtsgelehrte. Anders als die preußischen Reformer nur fünfzehn Jahre zuvor bei Inkraftsetzung des ALR hält Zeiller das Gesetzbuch nicht für ausreichend, um auch verwickelte Rechtsfälle rein aus dem Gesetzeswortlaut heraus lösen zu können; auch die seiner Ansicht nach vorbildliche Gesetzestechnik des ABGB mache eine Auslegung durch den Richter und erläuternde Kommentare nicht überflüssig.[1134] Auslegungsverbote, wie sie bis 1791/ 97 in Österreich[1135] und bis 1798 in Preußen[1136] bestanden, lehnt er deshalb ebenso ab wie ein Kommentierungsverbot (welches z. B. wie erwähnt noch 1813 für das bayerische Strafgesetzbuch erging). Vielmehr setzt er selbst durch einen mehrbändigen Kommentar zum ABGB – dessen Charakter als Privatwerk und nicht als Mittel der authentischen Interpretation er betont[1137] – gegenläufige

---

[1131] *Zeiller*, Eigenschaften, S. 256.

[1132] *Zeiller*, Probe, S. 72.

[1133] *Zeiller*, Probe, S. 72; *ders.*, Eigenschaften, S. 256.

[1134] *Zeiller*, Probe, S. 75.

[1135] Der Entwurf eines Codex Theresianus von 1766 (Teil 1, Caput 1, § V, Nr. 81–85) und das so genannte Josephinische Gesetzbuch von 1786 (Teil 1, Kap. 1, §§ 24–26) enthielten ein weitgehendes Auslegungsverbot für Richter und eine Anfragepflicht beim Souverän bei Auslegungszweifeln. Doch schon durch Patent vom 22. Februar 1791 wurde dem Richter ein größerer Auslegungsspielraum eingeräumt und die Anfrage bei Hof auf »besondere und sehr erhebliche Bedenken« beschränkt (s. *Brauneder*, ABGB, S. 220; *Pfaff/Hofmann*, Kommentar, Bd. 1, S. 169; *Miersch*, S. 45 ff.; *Schott*, Rechtsgrundsätze, S. 26 ff.) und im Westgalizischen Gesetzbuch von 1797 (Teil 1, §§ 18, 19) wurde dem Richter vollends das Recht zur Interpretation, Analogie und hilfsweise den Rückgriff auf das Naturrecht eingeräumt, welches sich dann auch im ABGB (§ 7) wiederfand.

[1136] In Preußen sah bereits Coccejis Projekt eines Corporis Juris Fridericiani von 1749/51 (Vorrede, § 28 IX; Part 1, Lib. 1, Tit. 2, § 7 f.) und die Kabinettsorder Friedrichs II vom 14. April 1780 ein Auslegungsverbot vor. Das Publikationspatent zum ALR (Abschnitt XVIII) und das ALR selbst (Einl. §§ 46 ff.) enthielten ebenfalls (leicht abgemilderte) Auslegungsverbote; die hierbei bei Auslegungszweifeln vorgesehene obligatorische Anfrage des Richters bei der Gesetzeskommission während des laufenden Prozesses wurde jedoch bereits 1798 aufgehoben und dem Richter erlaubt, nach den allgemeinen Auslegungsregeln zu entscheiden (Kabinettsorder vom 8. März 1798 und § 2 des Ersten Anhangs zum ALR von 1803, welcher die Bestimmungen in Einl. §§ 47, 48 ALR ersetzte; aus der umfangreichen Literatur hierüber: *Miersch*, S. 57 ff.; *Schott*, Rechtsgrundsätze, S. 36 ff.; *Landwehr*, S. 76 ff.; *Hattenhauer*, ALR im Widerstreit, S. 44; *Schwennicke*, Entstehung, S. 271 ff., insb. S. 293 f.; *Becker*, Art. »Kommentier- und Auslegungsverbot«, HRG, Bd. 2, Sp. 970; *Wagner*, S. 147).

[1137] *Zeiller*, Kommentar, Bd. 1, Vorrede, S. XI f.

Akzente.[1138] Der absolutistische Traum einer allein durch das Gesetzbuch (ergänzt durch amtliche Auszüge) vermittelten Rechtskenntnis, die der Hilfe durch Kommentierung und Auslegung ganz entbehren kann, ist bei Zeiller also bereits ausgeträumt.

Die erste Hälfte des 19. Jahrhunderts ist dann bekanntlich durch eine zunehmende Ablehnung einer staatlichen Allzuständigkeit gekennzeichnet; bürgerliche Freiheitsrechte und die Sicherung gegen staatliche Willkür und Bevormundung rücken in den Vordergrund – eine Entwicklung, die nicht nur in Bezug auf die Gesetzgebungsinhalte, sondern auch bei der Gesetzestechnik nicht ohne Folgen blieb. Die Forderung nach direkter staatlicher Belehrung über die Gesetze verschwindet aus dem Repertoire der Gesetzgebungslehre. Die Verständnisförderung wird nicht mehr als amtliche Aufgabe gesehen, sondern von Privaten übernommen. So nimmt die Zahl periodisch erscheinender juristischer Zeitschriften, die über neue Gesetzgebungsvorhaben, Gesetzesänderungen, Auslegungsfragen etc. informieren, im 19. Jahrhundert in Deutschland kontinuierlich zu.[1139] Kennzeichnend für den stattgefundenen Wandel sind die Äußerungen Mohls von 1862, der die Kommentierungsverbote der Vergangenheit als großen Irrtum bezeichnet und den Gesetzgeber auffordert, alle gebotenen Mittel zu ergreifen, um die Bearbeitung der Gesetze durch Private zu fördern.[1140] Als derartige Mittel begreift Mohl die Bekanntmachung der Materialien zu den Gesetzgebungsvorhaben, die Sammlung amtlicher Erläuterungen zu den Gesetzen und die staatliche Förderung sowohl wissenschaftlicher als auch gemeinverständlicher Bearbeitungen der Gesetze durch Private.[1141] Auch die in der Aufklärung so beliebte Forderung, die Gesetze zum Gegenstand des Schulunterrichts zu machen, lehnt Mohl entschieden ab.[1142] Der Staat wird hier also nur noch indirekt zur Förderung der Gesetzeskenntnis in die Pflicht genommen. Nicht mehr er selbst soll dem Bürger die Gesetzeskenntnis nahe bringen, sondern er soll nur noch die Rahmenbedingungen schaffen für die Vermittlung der Rechtskenntnisse durch Private. Ganz

---

[1138] Commentar über das allgemeine bürgerliche Gesetzbuch für die gesammten Deutschen Erbländer der Oesterreichischen Monarchie, 4 Bde, Wien/Triest 1811–13. Zeiller konnte hierbei an die Tradition Kreittmayrs anknüpfen, der als Hauptredaktor des Codex Maximilianeus Bavaricus Civilis hierzu (wie auch zu dem von ihm verfassten Codex Juris Bavarici Criminalis) einen mehrbändigen Kommentar veröffentlicht hatte.

[1139] Beginnend mit den letzten Jahrzehnten des 18. Jahrhunderts belebte sich der Markt der juristischen Zeitschriften erheblich (*Klippel*, Zeitschriften, S. 18 f. u. passim); die Gesamtzahl der publizierten juristischen Periodika stieg daran im 19. Jahrhundert kontinuierlich weiter an, wobei ein starkes Wachstum insbesondere in den Jahren 1825–1846 und nach 1871 (infolge der Reichsgründung) feststellbar ist (*Arends/Klippel*, S. 42 ff.; vgl. auch *Klippel*, Legal Reforms, S. 55 f.; *R. Schröder*, S. 409).

[1140] *Mohl*, Politik, Bd. 1, S. 605 ff.

[1141] Ebd., S. 607 ff.

[1142] Ebd., S. 611, Fn. 1. Mohls Ansicht nach haben Kinder anderes in der Schule zu lernen als Gesetze; auch seien sie von ihrem Alter her noch gar nicht in der Lage, die Gesetze zu verstehen, wozu selbst die Erwachsenen Nachhilfe bedürfen.

hatte sich jedoch auch Mohl noch nicht von dem aufklärerischen Konzept der direkten staatlichen Rechtsbelehrung gelöst. So empfiehlt er für die Bewohner kleiner ländlicher Gemeinden die mündliche Erläuterung wichtiger Gesetze durch lokale Amtspersonen.[1143] Im Übrigen bleibt der Staat durch die Forderung nach möglichst gemeinverständlich formulierten Gesetzen in der Pflicht, welche das ganze 19. Jahrhundert hindurch, wenn auch zunehmend nicht mehr uneingeschränkt, in der Gesetzgebungslehre aufrechterhalten bleibt.[1144] Der Gesetzgeber soll das Verständnisproblem also nach Möglichkeit schon eine Stufe vorher, beim Abfassen des Gesetzestexts beachten.

3. Amtliche Übersetzungen

Ein Sonderproblem im Zusammenhang mit der staatlichen Förderung der Gesetzeskenntnis tritt in mehrsprachigen Staaten auf. Hier entspricht es zunächst einer durchgängigen Forderung der Gesetzgebungslehre des 19. Jahrhunderts[1145] als auch der damaligen staatlichen Praxis in Preußen und Österreich, amtliche Übersetzungen des Urtextes eines neuen Gesetzes in die verschiedenen Landessprachen anzufertigen und zu veröffentlichen.[1146] In der Schweiz waren Deutsch, Französisch und Italienisch gleichberechtigte Amtssprachen[1147]; die Publikation der schweizerischen Bundesgesetze erfolgte bereits seit Gründung des Bundesstaates 1848 in allen drei Amtssprachen.[1148] In Britisch-Indien wurde für Benga-

---

[1143] Ebd., S. 611 ff. Als Vorbild diente Mohl die württembergische Einrichtung der Ruggerichte. Hierbei handelte es sich um periodisch vom zuständigen lokalen Aufsichtsbeamten vorzunehmende Untersuchungen der wirtschaftlichen, rechtlichen und polizeilichen Verhältnisse einer Gemeinde. Der Beamte hatte der versammelten Bürgerschaft dabei u. a. auch einen Auszug aus den wichtigsten Gesetzen vorzulesen; vgl. *Mohl*, Staatsrecht Württembergs, Bd. 2, S. 207.

[1144] Hierzu ausführlich unten S. 394 ff.

[1145] *Bentham*, Promulgation, S. 158 f. = Traités de législation, Bd. 3, S. 279 ff. (der darüber hinaus auch amtliche Übersetzungen in die wichtigsten Verkehrssprachen Europas forderte); *Kitka*, S. 146 ff.; *Mohl*, Politik, Bd. 1, S. 439 f.

[1146] Dies gilt jedenfalls für die großen Gesetzbücher. Zu den amtlichen Übersetzungen des ALR ins Lateinische (1800) und ins Polnische (1826) s. *Janicka*, S. 449 f. In Österreich wurden einem Bericht aus dem Jahre 1790 zufolge zu dieser Zeit regelmäßig Übersetzungen der von der Gesetzgebungskommission gefertigten Gesetzentwürfe in die tschechische, polnische, italienische und lateinische Sprache gefertigt (*Maasburg*, Geschichte, S. 257). Zum ABGB erschienen amtliche Übersetzungen ins Polnische, Tschechische, Lateinische, Italienische sowie seit der Jahrhundertmitte (infolge der Rechtsvereinheitlichung im Gesamtstaat seit 1849) auch ins Ungarische, Serbische, Kroatische und Rumänische (s. hierzu *Brauneder*, ABGB, S. 234 ff.).

[1147] Art. 116 der schweizerischen Bundesverfassung von 1874; Rätoromanisch wurde hingegen erst durch eine Verfassungsänderung von 1938 zur »Nationalsprache«, nicht aber zur »Amtssprache« erhoben; vom ZGB wurde daher auch keine offizielle Fassung in Rätoromanisch publiziert, wohl aber eine bereits 1908 erstellte private Übersetzung vom Bund gefördert (vgl. *Huber/ Mutzner*, Bd. 1, S. 147; *Liver*, Rn 69).

[1148] Vgl. *Daniel Brühlmeier*, Mehrsprachigkeit und nationale Gesetzgebung am Beispiel der Schweizerischen Eidgenossenschaft, in: Zeitschrift für Gesetzgebung 1989, S. 116–137, hier: S. 117, Fn. 7; *Werner Kundert*, Gesetzgebungsbibliographie, in: *Coing*, Handbuch, Bd. III/2, S. 1833–1858, hier: S. 1838.

len bereits im Jahre 1793 gesetzlich angeordnet, dass jede Verordnung in die persische und die bengalische Sprache zu übersetzen ist.[1149] Bei der Kodifikation des indischen Strafgesetzbuchs kam der Übersetzungsfrage dann eine erhebliche Bedeutung zu. Kodifikationsgegner machten geltend, dass eine getreue Übersetzung des Strafgesetzbuchentwurfs von 1837 in die einheimischen Sprachen Indiens praktisch unmöglich sei.[1150] Die Regierung Britisch-Indiens ließ 1847/48 eine Probeübersetzung einzelner Kapitel des Entwurfs in Urdu erstellen, wobei der Übersetzer hierin keine besonderen Schwierigkeiten fand.[1151] Bald entstanden auch private Übersetzungen in verschiedene einheimische Sprachen. Bei der Inkraftsetzung des Strafgesetzbuchs für Britisch-Indien verschob man wie bereits erwähnt eigens den Termin für das Inkrafttreten, um zu gewährleisten, dass zu diesem Termin amtliche Übersetzungen in die wichtigsten einheimischen Sprachen vorliegen.[1152]

Schwierigkeiten traten jedoch bei dem – nie ganz auszuschließenden – Fall von Abweichungen zwischen Urtext und amtlicher Übersetzung auf. Hier waren die Ansichten in der Gesetzgebungslehre als auch in der Gesetzgebungspraxis geteilt.[1153] Zum Teil wurde aus Gründen der Rechtssicherheit und Rechtseinheit gefordert, die Gesetzesfassung in der vorherrschenden Landessprache für den Fall von Abweichungen als allein maßgeblich zu erklären.[1154] Diesen Weg beschritt auch Preußen, welches durch Kabinettsorder vom 20. Juni 1816 für amtliche Übersetzungen ins Polnische und durch Erlass vom 13. April 1868 für amtliche Übersetzungen ins Dänische bestimmte, dass der deutsche Gesetzestext maßgeblich bleibe.[1155] Andere Stimmen in der Gesetzgebungslehre forderten, die Gesetzesfassungen in den verschiedenen Landessprachen dann für gleichermaßen verbindlich zu erklären, wenn auch an den Gerichten verschiedene Amtssprachen zugelassen seien, weil man es den Richtern nicht zumuten könne, Fälle nach einem ihnen gegebenenfalls unverständlichen Urtext zu entscheiden.[1156] Diese Auffassung entsprach einer vorübergehenden Praxis in Österreich im 19. Jahrhundert.

[1149] Bengal Regulation XLI of 1793, sec. 15. Das Persische war zu dieser Zeit eine Haupthandelssprache im Norden Indiens.

[1150] Vgl. Report from the Select Committee ... (29 June 1852), S. 88 (evidence of Herbert Maddock), in: Parliamentary Papers 1852/53 (41) xxx.

[1151] Resolution of the President in Council, 24 December 1847, in: Return to an Order of the House of Lords, for Copies of all Correspondence ..., S. 477, in: Parliamentary Papers (HL) 1852 (263) xii; Schreiben des Übersetzers Henry M. Elliot an G. A. Bushby v. 12. Februar 1848, ebd., S. 478 ff.

[1152] Proceedings of the Legislative Council of India, Bd. 7 (1861), Sp. 283 ff.; s. oben S. 226. Die amtlichen Übersetzungen erfolgten durch Mitglieder des *Indian Civil Service*. Vgl. zu den Übersetzungen des indischen Strafgesetzbuchs *W. Stokes*, Bd. 1, S. 71; *Acharyya*, S. 212 f.

[1153] In Britisch-Indien war im Falle von Widersprüchen zwischen dem englischen Gesetzestext und amtlichen Übersetzungen der englische Text maßgeblich

[1154] *Mohl*, Politik, Bd. 1, S. 439 f.

[1155] *Lukas*, Gesetzes-Publikation, S. 225.

[1156] *Kitka*, S. 146 ff. Dagegen *Mohl*, Politik, Bd. 1, S. 440, Fn. 1.

Während anfangs beim ABGB allein die deutsche Fassung maßgeblich war,[1157] wurde durch Hofdekret vom 16. Oktober 1823 die italienische Fassung des ABGB (wie auch des österreichischen Strafgesetzbuchs) für die italienischsprachigen Provinzen Österreichs als mit dem deutschen Urtext gleichrangig erklärt.[1158] Im Zuge der Ereignisse von 1848/1849 wurden dann durch kaiserliches Patent vom 4. März 1849 generell die Gesetzestexte in allen offiziellen Landessprachen für gleichermaßen authentisch erklärt.[1159] Dies wurde jedoch mit kaiserlichem Patent vom 27. Dezember 1852 wieder revidiert und erneut der deutsche Text als der alleinig maßgebliche bestimmt.[1160]

Anders war die Lage in der Schweiz, da hier die Gleichrangigkeit der drei Amtssprachen verfassungsmäßig abgesichert war. So gab es – etwa bei der Inkraftsetzung des schweizerischen ZGB – nicht einen Urtext und hiervon abgeleitete amtliche Übersetzungen, sondern drei gleichermaßen authentische Fassungen in Deutsch, Französisch und Italienisch. Im Entstehungsprozess eines Gesetzes konnte diese Gleichrangigkeit der drei Amtssprachen hingegen nicht in gleicher Weise gewährleistet werden. So entstanden die ersten Teilentwürfe zum ZGB aus der Hand Hubers zunächst in Deutsch, wurden aber schon in einem sehr frühen Entwurfsstadium ins Französische übersetzt; eine italienische Entwurfsfassung entstand hingegen erst in einem wesentlich späteren Stadium.[1161] Nach der Aussage Hubers wurde dem Bemühen um Übereinstimmung zwischen deutscher und französischer Fassung der ZGB-Entwürfe viel größere Aufmerksamkeit zuteil als sonst (etwa beim vorherigen Bundesgesetz zum Obligationenrecht) üblich war. Dennoch sei eine wörtliche Übersetzung im Entwurf bewusst nicht überall durchgeführt worden, nämlich dort nicht, wo sie sich aus sprachlichen Gründen nicht gut durchführen ließ und an einer »peinlichen Übereinstimmung« nichts zu liegen schien.[1162] Als dann die endgültige Fassung des ZGB in allen drei Amtssprachen vorlag, veranlasste der Schweizer Bundesgesetzgeber 1908 die kostenlose Verteilung eines dreisprachigen Exemplars des Gesetzbuchs an alle Schweizer Haushalte,[1163] womit er eine Idee der Aufklärung aufgriff[1164] und die besondere

---

[1157] Das Kundmachungspatent zum ABGB (Abs. 10) erklärt ausdrücklich die deutsche Fassung zum »Urtext«, nach dem die verschiedenen Übersetzungen zu beurteilen sind.

[1158] *Kitka*, S. 148 f.

[1159] *Lukas*, Gesetzes-Publikation, S. 225 f.

[1160] *Lukas*, ebd.

[1161] Schon die Teilentwürfe Hubers zu einzelnen besonders wichtigen Materien von 1893 bis 1898 wurden umgehend ins Französische übersetzt; der Vorentwurf von 1900 und Hubers Erläuterungen hierzu wurden parallel in Deutsch und Französisch veröffentlicht (vgl. *Huber/Mutzner*, Bd. 1, S. 140 u. passim zu den Übersetzungen der ZGB-Entwürfe ins Französische in den verschiedenen Entwurfsstadien); eine offizielle italienische Fassung des ZGB-Entwurfs wurde hingegen erst 1905 im Zusammenhang mit der Vorlage an die Bundesversammlung erstellt (*Huber/ Mutzner*, Bd. 1, S. 147, 155).

[1162] *Huber,* Erläuterungen, Heft 1, S. 17 f.

[1163] *M. Gmür*, Allgemeine Einl., VIII.2; *R. Gmür*, S. 40 f.

[1164] Zu ähnlichen Ideen in der Aufklärung s. oben S. 258, Fn. 1125.

Bedeutung unterstrich, welche er dem Bekanntwerden auch des juristisch nicht vorgebildeten Volkes aller drei Landesteile mit dem Gesetzbuch zumaß.

VIII. Die Kontrolle, Bereinigung und Revision der Gesetze

Über die Abfassung und Bekanntmachung neuer Gesetze hinaus hatte der Gesetzgeber nach der insoweit unbestrittenen Gesetzgebungslehre in Deutschland und England auch darüber zu wachen, ob sich die mit einer neuen Gesetzgebung verbundene Zwecksetzung in der Praxis auch erfüllt und ob die Gesetze in fortdauernder Übereinstimmung stehen mit den tatsächlichen Bedürfnissen der Zeit. Außerdem hatte er einer durch die Anhäufung nicht oder schlecht aufeinander abgestimmter Einzelgesetze verursachte Zersplitterung der Rechtsordnung entgegenzuwirken und in der Praxis erkannte Mängel und Lücken der Gesetze abzustellen. Um diese Aufgaben zu erfüllen, haben Gesetzgebungslehre und -praxis verschiedene Mittel ersonnen.

1. Die Befristung und Erprobung

Der Gesetzgebungspraxis stehen grundsätzlich zwei verschiedene Instrumente zu einer (in ihren Auswirkungen begrenzten) Erprobung eines neuen Gesetzes zur Verfügung. Zum einen kann die Geltungsdauer des Gesetzes zunächst befristet werden mit dem Ziel, auf Grundlage einer Bewertung der mit dem Gesetz gemachten Erfahrungen zum Ende der Befristungsphase über dessen dauerhafte Inkraftsetzung zu entscheiden. Zum anderen kann auch der räumliche Geltungsbereich eines neuen Gesetzes zunächst begrenzt werden, um die Auswirkungen in einem bestimmten Gebiet zu testen, bevor über die Ausdehnung auf das ganze Staatsgebiet entschieden wird. Die Entstehungsgeschichte von ALR wie auch ABGB wird zu Unrecht zuweilen als Beispiel für den letztgenannten Fall einer räumlichen Erprobung in Anspruch genommen. Hintergrund ist im Falle des ALR die vom schlesischen Justizminister Danckelmann 1793 nach der erfolgten Suspension des Inkrafttretens des AGB angeregte Einführung einzelner Teile des Gesetzbuchs in der von Preußen neu erworbenen Provinz Südpreußen.[1165] Motiv

---

[1165] 1793 erwarb Preußen infolge der zweiten polnischen Teilung neue Gebiete, die es zu der Provinz »Südpreußen« zusammenfasste. Der schlesische Justizminister Danckelmann wurde mit der Neuerrichtung einer Justizverwaltung und Rechtsordnung in der neuen Provinz beauftragt (vgl. *Finkenauer*, ZRG (GA) 113 (1996), S. 158). In diesem Zusammenhang schlug Danckelmann im Mai 1793 Carmer vor, in Südpreußen u. a. auch einzelne Teile des AGB (insbesondere die strafrechtlichen Bestimmungen) einzuführen, um die dort bestehende Rechtsunsicherheit zu beseitigen (*Finkenauer*, ebd., S. 160 f.; *Heuer*, S. 231; *Stölzel*, Svarez, S. 372 ff.; unzutreffend *Janicka*, S. 439 f., insofern sie den Präsidenten der Posener Regierung (und Freund Svarez') Steudener als Urheber dieser Idee ansieht). Carmer wiederum regte in einer Entgegnung an Danckelmann die Einführung des gesamten AGB in Südpreußen an (*Finkenauer*, ebd., S. 163; *Heuer*, S. 232).

hierfür war aber nicht eine Erprobung des Gesetzbuchs in einem räumlich begrenzten Bereich als Test für eine landesweite Einführung, sondern die aus der polnischen Teilung resultierende Verlegenheit, kurzfristig in dem neu erworbenen Gebiet das bestehende rechtliche Vakuum ausfüllen zu müssen. Zu einer separaten Inkraftsetzung in Südpreußen kam es dann auch nicht, vielmehr ordnete der König noch im gleichen Jahr die Umarbeitung des Gesetzbuchs mit dem Ziel einer Inkraftsetzung in allen preußischen Staaten an.

Ähnlich war die Lage in Österreich anlässlich der Inkraftsetzung des bürgerlichen Gesetzbuchs in Galizien. Infolge der ersten und dritten polnischen Teilung waren 1772 Ostgalizien und 1795 Westgalizien an Österreich gefallen. 1797 wurde der fertig gestellte (und zur Begutachtung an die Länderkommissionen und Rechtsfakultäten versandte) Entwurf Martinis mit kleineren Änderungen[1166] zunächst in Westgalizien als »Bürgerliches Gesetzbuch für Westgalizien« und noch im gleichen Jahr auch in Ostgalizien als »Bürgerliches Gesetzbuch für Ostgalizien« bzw. »Bürgerliches Gesetzbuch für Galizien« publiziert; in Kraft getreten ist das Gesetzbuch in beiden Teilen Galiziens am 1. Januar 1798.[1167] Diese Maßnahme wurde in der Sekundärliteratur häufig als eine planmäßige »Erprobung« des Gesetzbuchs vor dessen Inkraftsetzen für ganz Österreich gedeutet.[1168] Tatsächlich stand bei der schnellen Einführung des Entwurfs (zu dem die angeforderten Stellungnahmen der Länderkommissionen und Rechtsfakultäten noch nicht vorlagen) in Galizien – ähnlich wie bei der vorgeschlagenen Einführung des AGB in Südpreußen – die kurzfristige Ausfüllung eines rechtlichen Vakuums in den neu erworbenen Gebieten als Motiv im Vordergrund.[1169] So schreibt Zeiller, dass der Entwurf in Galizien Gesetzeskraft erhielt, »weil es die Umstände forderten« und um den zerrütteten rechtlichen Verhältnissen in Galizien eine feste Ordnung zu geben.[1170]

Wenngleich die Erprobung mithin nicht eigentliches Motiv der Einführung des Gesetzbuchs in Galizien war, so dienten die in Galizien mit der Anwendung des Gesetzbuchs gemachten Erfahrungen und die Anfragen der dortigen Gerichte nach Aussage Zeillers und nach den Worten des Kundmachungspatents zum ABGB der Hofkommission in Gesetzsachen doch als willkommene Hilfsmittel bei der Überarbeitung des Galizischen Gesetzbuchs zum ABGB.[1171]

[1166] S. hierzu *Barta*, S. 324f., Fn. ★ m. w. N.

[1167] Vgl. *Brauneder*, ABGB, S. 215f., 231 u. *ders.*, Galizisches BGB, S. 309, der zu Recht kritisiert, dass in der Sekundärliteratur meist nur das Westgalizische Gesetzbuch Erwähnung findet.

[1168] Statt vieler: *Wieacker*, Privatrechtsgeschichte, S. 336.

[1169] Gegen die »Erprobungsthese« ausführlich *Brauneder*, Galizisches BGB, S. 309ff.; *ders.*, ABGB, S. 215; *Neschwara*, Art. »Westgalizisches Gesetzbuch«, HRG, Bd. 5, Sp. 1310f.

[1170] *Zeiller*, Grundzüge zur Geschichte, S. 28f., Fn. ★; *ders.*, in: *Ofner*, Protokolle, Bd. 1, S. 3.

[1171] *Zeiller*, Grundzüge zur Geschichte, S. 28f., Fn. ★; *ders.*, in: *Ofner*, Protokolle, Bd. 2, S. 473; Kundmachungspatent zum ABGB, Abs. 2 u. 3.

Befristete Gesetze waren in England von alters her weit verbreitet. Hintergrund der Befristung war hier meist entweder, den parlamentarischen Gesetzgeber anzuhalten, nach Ablauf einer gewissen Frist über die Zweckmäßigkeit der getroffenen Maßnahme neu zu entscheiden oder einem von vornherein zeitlich begrenzten tatsächlichen Bedürfnis Rechnung zu tragen, etwa einem vorübergehenden Notstand (in modernen Terminologie könnte man von »Maßnahmegesetzen« sprechen). Die große Zahl befristeter Gesetze und die manchmal unklaren Bestimmungen über ihre Geltungsdauer führten in England zu erheblicher Rechtsunsicherheit.[1172] 1796 wurde vom Parlament ein spezieller Ausschuss eingesetzt, um den hierdurch verursachten Missständen nachzugehen (*Committee upon Temporary Laws, Expired or Expiring*). Der Ausschussbericht listete über 400 ausgelaufene befristete Gesetze sowie etwa 150 künftig auslaufende befristete Gesetze auf, stellte erhebliche Rechtsunsicherheiten durch unklare Befristungen fest und empfahl dem Parlament, eine vollständige Sammlung aller *statutes* zu veranlassen und hierbei ausgelaufene oder obsolet gewordene Gesetze auszusondern.[1173] Die verbleibenden Gesetze sollten dann in einer amtlichen Sammlung publiziert werden.[1174] Die Praxis der Befristung von Gesetzen als solche wurde vom Ausschuss nicht angegriffen, doch wurde die Einsetzung eines parlamentarischen Ausschusses zur Überwachung der befristeten Gesetze und zur Mitteilung an das Parlament über in Kürze auslaufende Gesetze zu einer dauerhaften Einrichtung der englischen Parlamentspraxis im 19. Jahrhundert. Auf Grundlage dieser Mitteilungen wurden dann vom Parlament regelmäßig so genannte *Continuation Acts* erlassen, in denen in gebündelter Form über die Verlängerung der auslaufenden Gesetze entschieden wurde.[1175]

In der deutschen Gesetzgebungslehre des 19. Jahrhunderts wurden provisorische Gesetze zwar nicht generell abgelehnt, jedoch beurteilte man sie überwiegend kritisch und empfahl dem Gesetzgeber einen zurückhaltenden Umgang mit dem Instrument der Befristung.[1176] Hierbei wurde herausgestellt, dass Befristun-

---

[1172] Report from the Committee upon Temporary Laws, Expired or Expiring, 13 May 1796, S. 17: »The Variety of Periods prescribed for the Duration of each Statute, is such, that Caprice herself seems to have exercised her full Dominion ...«; vgl. hierzu auch *Teubner*, S. 100 f.

[1173] Report from the Committee upon Temporary Laws, Expired or Expiring, 13 May 1796, S. 16 ff., 39–80 (Zusammenstellung der ausgelaufenen Gesetze), 81–106 (Zusammenstellung der künftig auslaufenden Gesetze). Befristete Gesetze kamen in ganz unterschiedlichen Regelungsbereichen vor; Schwerpunkte lagen im Gewerbe- und Abgabenrecht.

[1174] Zu den vom Parlament in der Folgezeit tatsächlich vorgenommenen Gesetzesbereinigungen s. unten S. 272 f.

[1175] Vgl. zu dieser Praxis die Schilderung von Walter Coulson, der zur Mitte des 19. Jahrhunderts für die Parlamentsausschüsse die Liste der auslaufenden Gesetze und den Entwurf der »Continuation Acts« anfertigte: Report from the Select Committee on the Statute Law Commission, 10 March 1857, S. 3, in: Parliamentary Papers 1857 – Session 1 (99) ii.

[1176] *Morgenstern*, Bd. 1, S. 276: »Mit provisorischen Gesetzen wurde in Deutschland in jüngster Zeit viel Unfug getrieben.« *Mohl*, Politik, Bd. 1, S. 450, Fn. 1, der den Nutzen befristeter Gesetze ebenfalls kritisch sieht, bei schwierigen Gesetzgebungsprojekten eine Testphase aber nicht ablehnt.

gen und der hierdurch hervorgerufene provisorische Charakter der Gesetze das Vertrauen der Bevölkerung in die Beständigkeit der Gesetzgebung untergraben.[1177]

2. Die formale Bereinigung

Bei der Bereinigung der Gesetzgebung steht die formale Verbesserung der Rechtsordnung durch Aufhebung sich widersprechender, überholter oder gegenstandsloser Gesetze und durch Neuordnung und Bündelung einer Regelungsmaterie in einem Gesetz im Vordergrund; es handelt sich hierbei also um ein die Gesetzgebungstechnik betreffendes Thema par excellence. Die Notwendigkeit umfangreicher Bereinigungsarbeiten kann der Gesetzgeber dadurch vermeiden, dass er bereits bei der Vorbereitung eines neuen Gesetzes das Verhältnis der Neuregelungen zu der bestehenden Rechtsordnung sorgfältig prüft und erforderliche Anpassungen gleich bei Erlass der Neuregelung vornimmt. Eine derartige Prüfungspflicht des Gesetzgebers im Zusammenhang mit jeder Neuregelung war eine häufige Forderung der Gesetzgebungslehre sowohl in England als auch in Deutschland.[1178] Die Gesetzgebungspraxis sah jedoch häufig anders aus. Besonders in England wurden neue *statutes* vom Parlament von alters her meist als isolierte Gelegenheitseingriffe des Gesetzgebers erlassen, ohne Blick auf einen hierdurch verursachten Anpassungsbedarf bei anderen Gesetzen.[1179] Das Resultat war eine kaum mehr überschaubare Masse schlecht aufeinander abgestimmter und sich teilweise widersprechender Gesetze aus ganz verschiedenen Zeiten, mit weitschweifigen Bestimmungen, die – aus einem speziellen Bedürfnis längst vergangener Zeiten geboren – in ihrem Regelungsgehalt häufig überholt waren, aber nach wie vor Geltung erheischten.[1180]

[1177] *Morgenstern*, Bd. 1, S. 276.

[1178] S. oben S. 80.

[1179] Die Gesetzgebungspraxis des 18. Jahrhunderts beschreibt *Holdsworth* (History, Bd. 11, S. 372) folgendermaßen: »…there is a large amount of individuality in the statutes of the 18th century. Each statute was, to a large extent, a law by itself. Unless it was necessary to repeal a statute or to amend a statute, the new statute was simply added to the existing mass of statutes new and old …« Speziell mit Bezug auf das Strafrecht stellte die Strafrechtskommission noch 1839 fest: »Statutes affecting the criminal law have, in all ages, from the Statute of Treason down to our own times, been passed much more to meet present emergencies and transitory circumstances, than with a view to improve the laws in general …« (Fourth Report of Her Majesty's Commissioners on Criminal Law, 8 March 1839, S. ix, in: Parliamentary Papers 1839 (168) xix).

[1180] Report of the Commissioners appointed to inquire into the Consolidation of the Statute Law, 21 July 1835, S. 11, in: Parliamentary Papers 1835 (406) xxxv: »The Statute Law is rendered less accessible by its bulk, the result of an accumulation of enactments during the space of more than six centuries, without any effectual systematic effort to reduce the aggregate by a general consolidation … The Statute Book is further encumbered with numerous provisions, which, from the change of manners, have in effect, though not in law, become obsolete.« (mit zahlreichen Beispielen). Ähnlich kritisch zum Zustand des *statute law* äußerte sich ein Parlamentsausschuss bereits 1796 (Report from the Committee upon Temporary Laws, Expired and Expiring, 13 May

Es überrascht daher nicht, dass in der englischen Gesetzgebungstheorie bereits früh die Forderung nach systematischer Gesetzesbereinigung erhoben wurde.[1181] Francis Bacon entwickelte hierzu sehr genaue Vorgaben. Er schlägt vor, nach Vorbild eines im antiken Athen bestehenden Gremiums[1182] Personen zu bestellen, deren Aufgabe es ist, in regelmäßigen Abständen (etwa alle drei bis fünf Jahre) die Rechtsordnung auf widersprüchliche, obsolete oder schon lange außer Anwendung gekommene Gesetze zu durchforsten.[1183] Diese sollen dann dem Parlament zur Bereinigung vorgelegt werden. Außerdem schlägt er vor, sowohl das *statute law* als auch das *common law* in separaten Rechtssammlungen zu ordnen und hierbei von allerlei Ballast zu befreien.[1184] Dabei sollen widersprüchliche und obsolete Elemente nicht mit in die Sammlung aufgenommen werden. Bestehen verschiedene Gesetze[1185] mit gleichem Regelungsgehalt, soll nur das vollkommenste unter diesen in die Sammlung aufgenommen werden. Gesetze, die nur Fragen aufwerfen, ohne eine Entscheidung zu treffen, sollen ebenfalls unberücksichtigt bleiben. Schließlich sollen zu weitschweifige Gesetze zur Aufnahme in die Sammlung auf ihren eigentlichen Regelungsgehalt abgekürzt werden. Die fertigen Sammlungen sollen dann vom Gesetzgeber als neues *Corpus Legum* in regulärer Weise in Kraft gesetzt werden und die alten Gesetzesaufzeichnungen in die Bibliotheken verschwinden, wo sie nur noch zur Erhellung vergangener Rechtsentwicklungen, nicht aber mehr als geltendes Recht herangezogen werden sollen.[1186] Bacon denkt hierbei aber nicht an eine Kodifikation im engeren Sinne, also eine bewusst neu gestaltende, systematische Rechtsetzung. Er betont viel-

---

1796, S. 8 ff.): »… your Committee cannot but observe the Matter of it [scil. the statute law] to be in many Places discordant; in other Places obsolete; in others perplexed by its miscellaneous Composition of Incongruities; and that its Style is for the most Part verbose, tautologous, and obscure …« (ebenfalls mit Beispielen).

[1181] In der englischen Terminologie meist »revision« oder »consolidation« genannt, je nachdem, ob der Akzent auf der Prüfung und Aufhebung überholten Rechts oder auf der Neuordnung und Bündelung in einem einheitlichen Gesetz gesetzt wurde.

[1182] Bacon denkt hier wohl an die Thesmotheten, einem sechsköpfigen Gremium, dem es im antiken Athen neben zahlreichen anderen Aufgaben zukam, die bestehenden Gesetze auf formelle Widersprüche und inhaltliche Mängel zu überprüfen (vgl. *Latte*, Art. »Thesmotheten«, Paulys Real-Encyclopädie, 2. Reihe, Bd. 6, Sp. 33–37 u. unten Fn. 1224).

[1183] *Bacon*, De Augm. Scient., Buch 8, Kap. 3, Aphorismen 55–57, S. 815 f.

[1184] Zum Folgenden: *Bacon*, De Augm. Scient., Buch 8, Kap. 3, Aphorismen 59–64, S. 817 ff.

[1185] Der Gebrauch des Begriffs »lex«, der hier gemäß dem kontinentaleuropäischen Sprachgebrauch mit »Gesetz« übersetzt wird, ist bei Bacon ambivalent, da er hierunter häufig nicht nur das *statute law*, sondern auch das *common law*, also *case law* verstand. Dies wird im vorliegenden Zusammenhang besonders deutlich, wo Bacon von den Sammlungen des *statute law* und des *case law* unterschiedslos als »digestum legum« spricht. Dort, wo es ihm auf die Unterscheidung ankommt, spricht Bacon von »statutum« bzw. »ius commune« zur Kennzeichnung des *statute law* respektive *common law*. Wenn bei der Beschreibung der Vorstellungen Bacons also von »Gesetz« die Rede ist, ist diese Ambivalenz, die dem Begriff einen weiteren Bedeutungsgehalt gibt als in Kontinentaleuropa, mitzudenken.

[1186] *Bacon*, De Augm. Scient., Buch 8, Kap. 3, Aphorismus 63.

mehr, dass der Wortlaut der bestehende Gesetze unangetastet bleiben soll (wohl mit Ausnahme der eben erwähnten Kürzungen weitschweifiger Gesetze) und man nicht darauf verfallen soll, das Bestehende durch einen neuen Text zu verbessern.[1187] Einen bewusst neu gestaltenden Eingriff in die bestehende Rechtsordnung lehnte Bacon ab; Recht bezog seinen Geltungsgrund für ihn aus Alter und Herkommen, wie mangelhaft es in formaler Hinsicht auch sein mochte.[1188]

Die hier in den »Aphorismen« einem breiten Publikum vorgestellten Überlegungen hatte Bacon bereits einige Jahre zuvor in seiner Eigenschaft als *Attorney-General* und Mitglied des *Privy Council* des Königs als konkretes Reformprogramm James I vorgetragen.[1189] Er begann dabei mit einem schonungslosen Bericht über den einer Bereinigung dringend bedürfenden Zustand des englischen Rechts: »…our laws, as they now stand, are subject to great incertainties, and variety of opinion, delays and evasions …«[1190] Dies gelte insbesondere für das *statute law*, wo namentlich das Strafrecht einer Bereinigung bedürfe: »…there is such an accumulation of statutes concerning one matter, and they [are] so cross and intricate, as certainty of law is lost in the heap…«[1191] Die Reformvorschläge an James I beinhalteten eine umfassende Rechtsbereinigung durch Schaffung von zwei bereinigten Sammlungen des *common law* und des *statute law*, ganz ähnlich seinen späteren Überlegungen in den Aphorismen, wobei er in seinen Vorschlägen an den König aber auch detailliert auf die praktische Durchführung der Bereinigungsarbeiten einging.[1192]

[1187] Ebd., Aphorismus 62.

[1188] Ebd.: »… tamen in legibus, non tam stilus et descriptio, quam Authoritas, et hujus patronus Antiquitas, spectanda est. Alias videri possit hujusmodi opus scholasticum potius quiddam et methodus, quam Corpus Legum Imperantium.«

[1189] »A proposition touching the compiling and amendment of the laws of England«, entstanden 1616 oder 1617.

[1190] *Bacon*, Proposition, S. 64.

[1191] *Bacon*, Proposition, S. 65.

[1192] Im Hinblick auf das *common law* schlug *Bacon* zunächst eine Sammlung all derjenigen Gerichtsurteile vor, die von einem fortdauernden Nutzen als Präzedenzfälle waren. Hierbei sollten diejenigen Urteile ausgeschieden werden, die nicht mehr anwendbar waren oder bloße Wiederholungen beinhalteten, im letzteren Fall sollten von den übereinstimmenden Urteilen jeweils nur das am besten überlieferte und begründete aufgenommen werden (Proposition, S. 68 f.). Die derart gesammelten und selektierten Urteile sollten nach dem Zeitpunkt ihres Ergehens geordnet in Jahresbänden zusammengestellt und mit einem Register versehen werden. Im Falle von sich widersprechenden Urteilen sollten alle (sofern nicht offensichtlich unanwendbar) in die Sammlung aufgenommen und besonders gekennzeichnet werden, damit durch das Parlament oder eine Versammlung der Richter der *Exchequer Chamber* eine Entscheidung der Kontroverse getroffen werden konnte (Proposition, S. 69). Im Hinblick auf das *statute law* schlug *Bacon* dem König vor, alle Gesetze, die obsolet oder ausgelaufen waren oder ausdrücklich aufgehoben worden waren, aus den Gesetzessammlungen zu entfernen. Außerdem sollten diejenigen Gesetze ausdrücklich aufgehoben werden, »which are sleeping and not of use, but yet snaring and in force« (Proposition, S. 70 f.). Konkurrierende Gesetze sollten eliminiert und zu einem einheitlichen und klaren Gesetz zusammengefasst werden. Schließlich sollten die in vielen alten Strafgesetzen ausgesprochenen zu harten Strafen gemildert werden. Zur Durchführung dieser Maßnahmen sollte eine Kommission eingesetzt werden, die an das Parlament Bericht erstattet.

Auch in seinen konkreten Reformvorschlägen an den König hatte Bacon dabei (von der Milderung drakonischer Strafgesetze abgesehen) nur eine Sammlung der bestehenden Rechte und deren behutsame Bereinigung vor Augen, nicht etwa eine Kodifikation, wie sie später in der Aufklärungszeit in Kontinentaleuropa ins Werk gesetzt wurde. So lehnt er es in seinen Vorschlägen an James I auch ausdrücklich ab, das *common law* als »text law« abzufassen (zu »kodifizieren« im modernen Sprachgebrauch).[1193] Ein derartiges Ansinnen hält er für eine gefährliche Innovation. Im Übrigen sei in erster Linie das *statute law* und nicht das *common law* reformbedürftig. Es blieb Bentham vorbehalten, fast zwei Jahrhunderte später für England mit Nachdruck den umfassenden gestalterischen Eingriff des Gesetzgebers durch Schaffung systematischer Kodifikationen zu fordern. Bacons Forderung nach Sammlung und Bereinigung deckt sich vielmehr, wenn auch auf ganz anderen Rechtsquellen basierend, mit ähnlichen Forderungen, die im 17. Jahrhundert auch in Kontinentaleuropa erhoben wurden.[1194] Francis Bacon war nicht der erste, der sich in England für eine Bereinigung des *statute law* einsetzte und auch nach ihm gab es in England immer wieder Forderungen nach einer Gesetzesbereinigung.[1195] Bacons Vorschläge waren aber die detailliertesten und wohl die mit der größten Aussicht auf Erfolg. Dennoch blieben auch sie für lange Zeit unausgeführt; erst im 19. Jahrhundert ging England tatsächlich daran, das Dickicht der über Jahrhunderte angehäuften *statutes* zu bereinigen und offizielle Sammlun-

---

[1193] *Bacon*, Proposition, S. 67.

[1194] Man denke an die Forderungen *Conrings* nach Sammlung und Bereinigung des Rechts in seiner Schrift »De origine iuris Germanici« von 1643 (Kap. 35) und namentlich an die Pläne *Leibniz'* zu einem *Corpus iuris reconcinnatum*. Auch Leibniz dachte hierbei zunächst nur an eine Neuordnung des Rechts und eine Beseitigung von Widersprüchen und Zweideutigkeiten (s. unten S. 421, Fn. 575). Bei dem späteren Projekt eines Codex Leopoldinus (in dem Leibniz neben dem römischen Recht auch deutsches und ausländisches Recht berücksichtigen wollte) sowie in späteren Schriften scheint sich Leibniz aber von diesem herkömmlichen Ansatz gelöst zu haben zugunsten einer bewussten Neugestaltung des Rechts nach der gesunden Vernunft und den örtlichen Erfordernissen (vgl. *Luig*, Leibniz' Kodifikationspläne, S. 67 ff.; *Dickerhof*, S. 43 ff.).

[1195] Francis Bacons Vater Nicholas Bacon hatte bereits 1577 in seiner Eigenschaft als *Lord Keeper* der Königin Elisabeth I einen Plan zur Bereinigung des *statute law* und zu dessen geordneter Publikation entworfen und 1593 empfahl Elisabeth dem Parlament, eine allgemeine Revision des *statute law* in Angriff zu nehmen; vgl. hierzu sowie zu weiteren – allesamt erfolglos gebliebenen – Plänen zu einer Reform des *statute law* im 17. und 18. Jahrhundert: Report from the Committee upon Temporary Laws, Expired or Expiring, 13 May 1796, S. 10 ff., in: Journals of the House of Commons 51 (1795/96), S. 702 ff.; Report of the Commissioners appointed to inquire into the Consolidation of the Statute Law, 21 July 1835, S. 6 ff., in: Parliamentary Papers 1835 (406) xxxv; *Ilbert*, Methods and Forms, S. 44 ff. Auch *Hale* (S. 268, 270) setzte sich bereits im 17. Jahrhundert für die Aufhebung überholter Gesetze ein, damit sich nicht im Laufe der Zeit eine nicht mehr beherrschbare Masse von Gesetzen anhäuft. Vgl. auch *Teubner*, S. 46 ff., 66, der jedoch mit Blick auf die englischen Reformpläne des 16. bis 18. Jahrhunderts von »Kodifikationsplänen« spricht, was missverständlich ist, da diese Pläne in der Regel nur eine Bereinigung des bestehenden Rechtszustandes, nicht eine umfassende Neugestaltung zum Gegenstand hatten; weitergehende Visionen, etwa die einer Übernahme des römischen Rechts (*Teubner*, S. 47), traten kaum mit dem Anspruch auf praktische Umsetzung auf.

gen der bestehenden Gesetze zu erstellen, wobei man gerne auf die Autorität Bacons Bezug nahm und die mangelnde Durchführung seiner Pläne beklagte.[1196]

Neben der beschriebenen Praxis einer jahrhundertelangen Anhäufung isolierter Gelegenheitsgesetze, die zudem der Allgemeinheit kaum zugänglich waren, waren es auch Elemente des englischen Gesetzesverständnisses, die das Bedürfnis nach umfassender Gesetzesbereinigung in England weiter steigerten. Der im römischen Recht geltende Grundsatz, wonach eine lang andauernde Nichtanwendung zum Außerkrafttreten sachlich längst überholter Gesetze führen kann, hatte sich in England nie durchgesetzt.[1197] Ein Außerkrafttreten konnte also nur durch Ablauf einer im Gesetz enthaltenen Befristung oder durch nachfolgende Aufhebung seitens des Gesetzgebers erfolgen. Hinsichtlich der ersten Alternative sahen wir bereits, dass die Befristungen zum Teil ungenau waren und daher Zweifel hinsichtlich der Fortdauer von Gesetzen auslösten. Hinsichtlich der zweiten Alternative ging man davon aus, dass eine Aufhebung älterer Gesetze nicht nur ausdrücklich durch Bezugnahme in einem späteren Gesetz erfolgen konnte, sondern auch konkludent durch eine derogierende Neuregelung der Materie in einem späteren Gesetz.[1198] Trat ein Gesetz aber außer Kraft, das seinerseits andere Gesetze aufgehoben hatte, so lebte die Wirksamkeit dieser Gesetze wieder auf.[1199]

Die beschriebenen Faktoren führten zu einer erheblichen Rechtsunsicherheit im Bereich des *statute law*, welche schließlich um 1800 konkrete Reformbemühungen des Parlaments hervorbrachte. Zunächst ging man an eine Sammlung der bestehenden *statutes*. Zu diesem Zweck wurde die bereits erwähnte *Record Commission* eingesetzt, auf Grund deren Arbeiten in den Jahren 1810 bis 1822 erstmals eine offizielle Sammlung von *statutes* veröffentlicht wurde, die jedoch unvollständig war und Gesetze unabhängig davon aufführte, ob diese zwischenzeitlich aufgeho-

---

[1196] Report of the Commissioners appointed to inquire into the Consolidation of the Statute Law, 21 July 1835, S. 6 ff., in: Parliamentary Papers 1835 (406) xxxv; ebd., S. 24 weist die Kommission ausdrücklich darauf hin, dass ihre Konsolidierungsvorschläge zum größten Teil mit den Empfehlungen Bacons übereinstimmen. Die fehlende Umsetzung von Bacons Plänen zu seinen Lebzeiten mag (auch) mit dem jähen Verlust aller seiner öffentlichen Ämter infolge eines Korruptionsvorwurfs 1621 zusammenhängen.

[1197] *Allen*, S. 478 ff.; *Edgar*, S. 405 mit Rechtsprechungsnachweisen aus dem 19. Jahrhundert; vgl. schon *Bacon*, De Augm. Scient., Buch 8, Kap. 3, Aphorismus 57, S. 816: »Statutum Expressum regulariter desuetudine non abrogetur…«

[1198] *Allen*, S. 474 f.; *Edgar*, S. 365.

[1199] *Blackstone*, Bd. 1, S. 90 (Introduction, § 3); Report of the Commissioners appointed to inquire into the Consolidation of the Statute Law, 21 July 1835, S. 15, in: Parliamentary Papers 1835 (406) xxxv: »Nice questions sometimes occur, whether statutes are constructively revived by the repeal of others …«; vgl. auch *Allen*, S. 472 f. mit Beispielen. Gemäß dem so genannten Lord Brougham's Act von 1850 (13 & 14 Vict., c. 21, sec. 5) galt dies ab der Mitte des 19. Jahrhunderts aber nur noch, wenn das aufhebende Gesetz das Wiederaufleben früherer Gesetze ausdrücklich vorsah. Das automatische Wiederaufleben früherer Gesetze durch Außerkrafttreten des diese aufhebenden Gesetzes wurde für Britisch-Indien ausdrücklich angeordnet (Bengal Regulation XLI of 1793, sec. 21).

ben worden oder durch Fristablauf außer Kraft getreten waren.[1200] Der nächste Schritt musste daher in einer Bereinigung durch Aufhebung überholter *statutes* und Neuordnung und Veröffentlichung fortgeltender *statutes* bestehen. Diese Bereinigungsarbeiten erfolgten in der Folgezeit zunächst für überschaubare Teilrechtsgebiete: 1825 für Teile des Abgabenrechts und 1826 bis 1832 für Teile des Straf- und Strafprozessrechts.[1201] Weitergehende Bemühungen um eine umfassende Konsolidierung des *statute law* in den dreißiger und vierziger Jahren des 19. Jahrhunderts blieben zunächst erfolglos.[1202] In der zweiten Jahrhunderthälfte gelang dann aber eine sukzessive Aufhebung von über 1000 *statutes* durch die *Statute Law Revision Acts* von 1856, 1861 und 1863.[1203] Damit waren die Voraussetzungen geschaffen, um in den Jahren 1870 bis 1878 (mit Folgebänden 1885) eine erste amtliche *Edition of the Revised Statutes* herauszugeben, die den erheblich eingeschmolzenen Umfang des *statute law* dokumentierte. Die Konsolidierungsarbeiten gingen aber auch in der Folgezeit weiter und führten noch im 20. Jahrhundert zu zahlreichen *Statute Law Revision Acts.*[1204]

[1200] Zu dieser Sammlung der »Statutes of the Realm« s. oben S. 216.

[1201] Vgl. *Ilbert*, Methods and Forms, S. 51; *Teubner*, S. 105 f.; speziell zur Gesetzesbereinigung im Strafrecht durch die von Robert Peel im Parlament eingebrachten Konsolidierungsgesetze s. *Radzinowicz*, Bd. 1, S. 574 ff. Nach einer zeitgenössischen Schätzung aus dem Jahre 1821 waren vor der Bereinigung allein im Bereich des materiellen Strafrechts etwa 750 verschiedene *statutes* in Kraft (*Radzinowicz*, Bd. 1, S. 575, Fn. 25).

[1202] Eine in den dreißiger Jahren eingesetzte *Commission appointed to inquire into the Consolidation of the Statute Law* empfahl in ihrem Bericht eine umfassende Aufhebung obsoleter, überflüssiger und zueinander widersprüchlicher Gesetze und Gesetzesteile; eine weitergehende systematische Revision des gesamten *statute law* bei gleichzeitiger Anpassung an das bestehende *case law* sah die Kommission zwar ebenfalls als wünschenswert an, wies aber zugleich auf die Schwierigkeit eines solchen Unterfangens hin (Report of the Commissioners appointed to inquire into the Consolidation of the Statute Law, 21 July 1835, S. 5, 27 ff., 31, in: Parliamentary Papers 1835 (406) xxxv): »We apprehend that the mere extirpation of all such enactments as are obsolete or superfluous, the rejection of repetitions of terms of frequent occurrence, and the extrication of material words from the superfluity of language by which the law is often obscured, would greatly reduce the bulk and consequent costliness of the Statute Book ... We also think that a complete and systematic consolidation, accompanied with an adjustment of the enactments to precedent and judicial decision, is practicable and desirable; but so extensive a reform, however beneficial, could not, we are aware, be safely accomplished without great pains, nor ought it to be attempted without cautiously weighing the means of performing so arduous a task, and steadily contemplating the difficulties to be encountered in its execution.« (Zitat ebd., S. 5). Die ambitionierten Bemühungen einer gleichzeitig eingesetzten Strafrechtskommission, deren Auftrag auf eine Konsolidierung des gesamten Strafrechts in einem umfassenden Gesetzbuch gerichtet war (vgl. First Report from His Majesty's Commissioners on Criminal Law, 24 June 1834, S. iii, in: Parliamentary Papers 1834 (537) xxvi), blieben erfolglos; der von der Kommission 1843 veröffentlichte umfassende Entwurf eines *Act of Crimes and Punishments* (Seventh Report of Her Majesty's Commissioners on Criminal Law, 11 March 1843, S. 113–283, in: Parliamentary Papers 1843 (448) xix) wurde nie Gesetz.

[1203] *Ilbert*, Methods and Forms, S. 57 ff.; *Holdsworth*, History, Bd. 11, S. 315; *Teubner*, S. 104, Fn. 23.

[1204] Vgl. *Allen*, S. 443. Durch den *Law Commissions Act* von 1965 wurde die Gesetzesbereinigung schließlich dauerhaft als Aufgabe der *Law Commissions* institutionalisiert und damit dem

Auch in der deutschen Gesetzgebungslehre des 19. Jahrhunderts setzten sich zahlreiche Autoren für eine systematische Gesetzesbereinigung ein.[1205] Es lassen sich hierbei meist drei Schritte unterscheiden, die dem Gesetzgeber anempfohlen wurden: zunächst die Prüfung des Verhältnisses verschiedener Gesetze zueinander zur Ermittlung des erforderlichen Anpassungsbedarfs (im Idealfall sollte dies wie wir sahen bereits mit Erlass eines jeden neuen Gesetzes erfolgen), dann die Aufhebung überholter und widersprüchlicher Regelungen und schließlich die Bündelung der jeweiligen Regelungsmaterie in einem Gesetz. Die mit einer Gesetzesbereinigung nach dem Willen der Gesetzgebungstheoretiker verbundenen Ziele waren vielgestaltig: Beseitigung von obsoleten, konkurrierenden oder sich widersprechenden Gesetzen aus Gründen der Rechtssicherheit[1206], Sammlung und Konzentration der Vorschriften zu einer Regelungsmaterie in einem Gesetz aus Gründen der Übersichtlichkeit[1207], Verringerung der Masse des geltenden Rechts[1208] und schließlich die Bewahrung der Achtung vor den Gesetzen[1209], die man durch eine unübersichtliche Masse konkurrierender und sich teilweise widersprechender Gesetze gefährdet sah.

3. Die inhaltliche Revision

Während die Bereinigung mehr die formale Stimmigkeit und Überschaubarkeit der Rechtsordnung im Blick hat, wenden wir uns nun der inhaltlichen Revision der Gesetze als Gegenstand der Gesetzgebungslehre zu. Die Forderung an den Gesetzgeber, die bestehenden Gesetze einer regelmäßigen Revision zu unterziehen, lässt sich bis auf die Antike zurückverfolgen und erhielt insbesondere in der

---

Konzept einer institutionalisierten Gesetzesrevision zum Teil entsprochen. Die gesetzliche Aufgabenumschreibung für die *Law Commissions* liest sich dabei wie eine Zusammenfassung der jahrhundertealten Forderungen nach formeller Gesetzesverbesserung; zu diesen Aufgaben gehört u.a.: »… to take and keep under review all the law with which they are respectively concerned with a view to its systematic development and reform, including in particular the codification of such law, the elimination of anomalies, the repeal of obsolete and unnecessary enactments, the reduction of the number of separate enactments and generally the simplification and modernisation of the law …« (Art. 3 Abs. 1 *Law Commissions Act* 1965; zit. nach *Zander*, S. 277 f.).

[1205] *Rehberg*, S. 27 ff., der eine Gesetzesbereinigung jedoch nur für öffentlich-rechtliche Gesetze, nicht für zivilrechtliche Gesetze für wünschenswert hält; *Reyscher*, S. 54 f.; *Müller*, S. 10 (im Zusammenhang mit der Einführung landständischer Verfassungen); *Gerstäcker*, Bd. 2, S. 135, 159; *Günther*, Art. »Gesetzgebungswissenschaft«, Rechtslexikon, Bd. 4, S. 768; *Mohl*, Politik, Bd. 1, S. 455 f.; anders jedoch *Stahl*, Bd. II/1, S. 246 f., nach dessen Ansicht früheres Recht durch neue Gesetze so weit wie möglich nicht aufzuheben ist, sondern zusätzlich zum neuen Gesetz bestehen bleiben soll, um zusammen mit dem neuen Recht »als dessen Erklärung und Wurzel« zur Anwendung zu kommen (worin Stahls Abneigung gegen eine rationalistisch-gewillkürte Rechtsordnung zum Ausdruck kommt).

[1206] Vgl. namentlich *Rehberg, Müller, Gerstäcker* und *Mohl* (alle wie Fn. 1205).

[1207] Vgl. *Rehberg, Reyscher, Günther* und *Mohl* (alle wie Fn. 1205).

[1208] Vgl. *Rehberg, Reyscher* und *Gerstäcker* (alle wie Fn. 1205).

[1209] So namentlich *Gerstäcker*, Bd. 2, S. 135.

Aufklärungszeit großes Gewicht bei den Gesetzgebungstheoretikern. Hierbei sind es namentlich drei Ziele, die immer wieder als Zweck der Gesetzesrevision genannt wurden: erstens die Aufhebung nicht mehr zeitgemäßer Gesetze bzw. die Anpassung der bestehenden Gesetze an veränderte tatsächliche Umstände, zweitens die Beseitigung von Gesetzesmängeln und Kontroversen und drittens die Anpassung der bestehenden Gesetze an neue Gesetzgebung. Die letztgenannte Zielsetzung ist uns bereits im Zusammenhang mit der Vorbereitung neuer Gesetze begegnet.[1210] Während nun einige Gesetzgebungstheoretiker die Revision der Gesetze als Aufgabe allgemein dem Gesetzgeber zuwiesen, drängten andere auf eine Verselbständigung dieser Aufgabe durch Schaffung eines eigenständigen Amtes für Gesetzesrevision. Bei manchen Autoren sollte die institutionalisierte Gesetzesrevision dabei wie wir sehen werden über die genannten gesetzestechnischen Ziele hinaus auch rechtspolitische Funktionen erfüllen. Zu Zeiten des Absolutismus war sie ein Mittel, die ungeteilte Gesetzgebungszuständigkeit des Herrschers gegen richterliche Rechtsfortbildung zu verteidigen und zu Zeiten des konstitutionellen Ständestaates sahen einige hierin ein Mittel zur Zurückdrängung des Einflusses der Stände bei der Gesetzgebung.

Den Anfang machte Platon, der den von ihm für den idealen Staat vorgesehenen »Gesetzeswächtern« u. a. die Aufgabe zuwies, die Gesetzgebung, die anfangs zwangsläufig unvollständig und mangelhaft sei, kontinuierlich zu verbessern.[1211] Nun hatte Platon die Neugründung eines idealen Staates vor Augen, wo der Gesetzgeber nicht eine bestehende Rechtsordnung vorfindet, sondern diese von Grunde auf neu schafft. Der Schwerpunkt lag für Platon daher in der sich nach und nach vollziehenden Komplettierung der Gesetzgebung und der Ausräumung anfänglicher Mängel auf Grundlage der Anwendungserfahrung. Die nachfolgenden Gesetzgebungstheoretiker behandelten die Revisionsproblematik hingegen in aller Regel vor dem Hintergrund der vom Gesetzgeber bereits vorgefundenen Rechtsordnung, die es zu verbessern oder veränderten Umständen anzupassen galt.[1212]

So entwickelte Bacon (neben seinen bereits erwähnten Vorschlägen zur formalen Gesetzesbereinigung und Anpassung bestehender Gesetze an neue Gesetzgebung) auch Vorschläge zur inhaltlichen Revision des Rechts, die eng an den englischen Rechtsverhältnissen seiner Zeit orientiert sind. Hierfür sah er zwei spezielle Organe vor: *curiae censoriae* und *curiae praetoriae*, denen eine eigentümliche Zwitterstellung zwischen einem Rechtsetzungsorgan und einem Rechtsprechungsorgan zukam.[1213] Bacon mischt das englische Modell der eigenständigen *Equity-*

[1210] S. oben S. 80 ff.

[1211] *Platon*, Gesetze, 769d–770c; zu den Aufgaben der Gesetzeswächter i. Ü.: ebd., 754d–755a.

[1212] Eine Sonderstellung nimmt insoweit die Revisionstheorie Benthams ein, welche er auf der Basis des von ihm erstrebten Systems umfassender und aufeinander abgestimmter Gesetzbücher entwickelte und die bewusst nicht an die tatsächliche Rechtsordnung seiner Zeit, d. h. das Common-law-System seines Heimatlandes England, anknüpfte.

[1213] Zum Folgenden: *Bacon*, De Augm. Scient., Buch 8, Kap. 3, Aphorismen 32–46, S. 810 ff.

Rechtsprechung mit dem römischen Modell der prätorischen Edikte. Für das Strafrecht sollen *curiae censoriae* und für das Zivilrecht *curiae praetoriae* eingerichtet werden. Die *curiae censoriae* sollen befugt sein, dort wo das bestehende Strafrecht Lücken aufweist, neue Straftatbestände zu kreieren und für besonders schwere Fälle die bestehenden Strafen anzuheben. Die Kompetenz soll sich jedoch nicht auf Kapitaldelikte erstrecken; diese sollen allein auf Grund bestehenden und eindeutigen Rechts bestraft werden. Den *curiae praetoriae* weist er die Aufgabe zu, die Strenge des Rechts zu mildern und seinen Mängeln abzuhelfen. Dabei sollen sie aber nicht ausdrücklichen Entscheidungen des Gesetzgebers entgegenhandeln, sondern das Recht nur dort weiterentwickeln, wo Fälle eintreten, die der Gesetzgeber nicht vorausgesehen hat.[1214] Die Regeln, nach denen sie zu urteilen gedenken, sollen sie nach Vorbild der prätorischen Edikte Roms schriftlich zusammenfassen und öffentlich verkünden.

Wenn auch Bacon auf diese Weise rechtsetzende Elemente und rechtsprechende Elemente mischt, so überwiegen doch eindeutig die rechtsprechenden Elemente der von ihm vorgeschlagenen Organe, weshalb sie nur mit Vorbehalt in eine Reihe mit den späteren Vorschlägen anderer Autoren zu einer institutionalisierten Gesetzesrevision gestellt werden können. Dies folgt nicht nur aus dem von Bacon betonten subsidiären Charakter dieser Organe, die keine Rechtsfortbildung contra legem betreiben sollen.[1215] Vor allem sollen diese Organe nach den Vorstellungen Bacons rechtsfortbildend nur im Zusammenhang mit konkreten Rechtsstreitigkeiten tätig werden. Dies unterscheidet sie wesentlich von den nachfolgend behandelten Vorschlägen zur Institutionalisierung einer Gesetzesrevision, die primär gerade nicht auf die Entscheidung konkreter Fälle gerichtet waren, sondern auf die abstrakte Fortentwicklung des als mangelhaft erkannten Rechts. Bacons Vorschlag lag letztlich im Rahmen des Gerichtssystems seiner Zeit, welches einen separaten Gerichtszweig für zivilrechtliche und strafrechtliche Klagen kannte, die auf *equity* gestützt wurden,[1216] und Bacon selbst sah die Aufgabe der von ihm vorgeschlagenen Organe deutlich als solche der Rechtsprechung, betonte aber

---

[1214] In anderem Zusammenhang gesteht *Bacon* den *curiae praetoriae* aber das Recht zu, obsolete, aber durch den Gesetzgeber bislang nicht aufgehobene Gesetze unangewandt zu lassen (ebd., Aphorismus 58, S. 816).

[1215] Ebd., Aphorismen 43 u. 44, S. 813.

[1216] Es bestand eine strikte Trennung zwischen *Common-law*-Gerichten einerseits und den *Equity*-Gerichten andererseits, die unterschiedliches materielles Recht und unterschiedliches Verfahrensrecht anwandten. Der *Court of Chancery* war für die zivilrechtliche *Equity*-Rechtsprechung zuständig, der *Court of Star Chamber* zur Zeit Bacons für die strafrechtliche *Equity*-Rechtsprechung. Zwar wurde die Jurisdiktionsgewalt der *Star Chamber* schon 1641 abgeschafft, der *Court of Chancery* blieb jedoch bestehen; eine Zusammenlegung der *Equity*-Gerichte und *Common-law*-Gerichte erfolgte erst sehr viel später durch die *Judicature Acts* von 1873–1875 (vgl. *Holdsworth*, History, Bd. 1, S. 408 ff. zur Verschmelzung der *Equity*- und *Common-law*-Rechtsprechung durch die *Judicature Acts* und ebd., Bd. 5, S. 155 ff. zu den Aufgaben des *Court of Star Chamber* zur Zeit Bacons).

auch die Nähe zu den Aufgaben der Gesetzgebung.[1217] Sein Konzept sollte dazu dienen, dort, wo das Recht Lücken oder Mängel aufwies, das Ermessen der Richterschaft durch institutionalisierte Formen der Rechtsfortbildung berechenbar zu machen.[1218] Es sollte aber gerade nicht dazu dienen, dass der Richter sein Ermessen an die Stelle des Ermessens des Gesetzgebers setzt.[1219]

Im 18. Jahrhundert gewinnt der Gedanke einer institutionalisierten Gesetzesrevision in Kontinentaleuropa konkrete Formen. Wolff schlägt vor, bestimmte Personen mit dem Amt zu betrauen, die Gesetze bzw. deren Anwendung zu beobachten.[1220] Hierbei sollen sie auf zwei Aspekte besonders Acht geben: zum einen auf die Ausflüchte, die gesucht werden, um die Gesetze zu umgehen und zum anderen auf die Lücken, die sich bei der Gesetzesanwendung auftun, da es in der Regel schwer, wenn nicht gar unmöglich sei, alle möglichen Fälle im Vorhinein im Gesetz zu erfassen. Die Gesetzesbeobachter sollen dann Vorschläge entwickeln, wie den Ausflüchten und Gesetzesumgehungen in Zukunft abzuhelfen ist und wie die aufgetretenen Gesetzeslücken zu schließen sind. Diese Vorschläge sollen an den Landesherrn berichtet werden und nach dessen Sanktionierung in das Gesetzbuch aufgenommen werden. Auf diese Weise bekäme man nach und nach immer vollkommenere Gesetze.

Unter dem Einfluss Montesquieus erlangt dann in der zweiten Hälfte des 18. Jahrhunderts in den Gesetzgebungstheorien der Gedanke der Anpassung der Gesetze an veränderte tatsächliche Umstände als Aufgabe der Gesetzesrevision besondere Bedeutung. Filangieri schlägt die Bestellung eines Gesetzeszensors vor, der aus den weisesten und aufgeklärtesten Bürgern des Staates ausgewählt werden soll und dessen vornehmliche Aufgabe darin besteht, dem Gesetzgeber Mitteilung zu machen, wenn ein Gesetz nicht mehr mit den Sitten, dem Genius, der Religion, dem Reichtum usw. des Landes in Einklang steht.[1221] Daneben soll der Gesetzeszensor aber auch – wie bei Wolff – von Anfang an bestehende Fehler und Irrtümer der Gesetze aufspüren und dem Gesetzgeber Vorschläge zur Verbesserung unterbreiten. Dabei soll er darauf hinwirken, dass bei veränderten Zuständen nicht einfach immer wieder neue Gesetze aufeinander gehäuft werden, ohne das Verhältnis zu den bestehenden Gesetzen zu bedenken. Vielmehr sollen die

---

[1217] *Bacon*, De Augm. Scient., Buch 8, Kap. 3, Aphorismus 37, S. 812: »Jurisdictiones istae in Supremis tantum Curiis residento, nec ad Inferiores communicantor. Parum enim abest a potestate leges condendi, potestas eas supplendi aut extendendi aut moderandi.«

[1218] Ebd., Aphorismus 46, S. 813: »Etenim optima est lex, quae minimum relinquit arbitrio judicis; optimus judex, qui minimum sibi.«

[1219] Ebd., Aphorismus 44, S. 813: »Decernendi contra Statutum Expressum, sub ullo aequitatis praetextu, Curiis Praetoriis jus ne esto. Hoc enim si fieret, Judex prorsus transiret in Legislatorem, atque omnia ex arbitrio penderent.«

[1220] *Wolff*, Politik, § 411, S. 426 f. u. § 412, S. 427 ff. Hierbei soll es sich um Personen handeln, »die im Nachdencken geübet und in Rechts-Gründen erfahren sind«, welche man bei der Akademie der Wissenschaften finde.

[1221] *Filangieri*, Bd. 1, Kap. 8, S. 160 ff.

erforderlichen Anpassungen in das System der bestehenden Gesetze eingefügt werden. Damit verbindet Filangieri die Forderung nach inhaltlicher Gesetzesrevision mit der nach formaler Gesetzesbereinigung. Auch Heumann, Reitemeier und Erhard fordern den Gesetzgeber auf, die Gesetze veränderten Umständen anzupassen und veraltete Gesetze aufzuheben, ohne hierfür aber die Einrichtung eines besonderen Amtes vorzuschlagen.[1222] Hommel schlägt – wie schon Bacon[1223] – die Wiederbelebung des Gremiums der Gesetzesrevisoren des antiken Athen vor.[1224] So soll bei jedem Obergericht das besoldete Amt eines »Gesetzeskritikers« eingerichtet werden, dessen Aufgabe es ist, die bestehenden Gesetze auf ihre Änderungsbedürftigkeit zu überprüfen. Auf seinen Bericht hin soll dann das Kollegium des Obergerichts jährlich ein Verzeichnis änderungsbedürftiger Gesetze erstellen und dieses dem Staatsrat vorlegen.[1225]

Während bei Hommel also die Gesetzesrevision bei den Gerichten angesiedelt wurde, dient sie bei Globig und Huster gerade dazu, ein Ermessen der Richter auszuschließen. Erkannte Mängel der Gesetze soll der Landesherr demnach nicht dem Gutdünken der Richter überlassen, sondern vielmehr ein Gremium seiner Räte bestellen, welches erkannte Mängel erörtert, mit des Herrschers Zustimmung entscheidet und diese Entscheidung dem Gesetzbuch einverleibt.[1226] Der Vorschlag Globigs und Husters ist typisch für die doppelte Zwecksetzung der Gesetzesrevision im (aufgeklärten) Absolutismus. Eine institutionalisierte Gesetzesrevision sollte hier dem Zweck der Verbesserung und Vervollständigung der Gesetze dienen, hierdurch zugleich aber auch das Ermessen der Richter begrenzen und diese der Aufgabe einer Rechtsfortbildung entheben, welche allein dem Gesetzgeber zukomme. Hieraus erklärt sich auch die doppelte Aufgabenzuweisung an die im aufgeklärten Absolutismus so beliebten permanenten Gesetzgebungskommissionen. Diese sollten einerseits neue Gesetze vorbereiten, andererseits aber auch die bestehenden Gesetze auf Mängel und Anpassungsbedarf überprüfen. Gleichzeitig wurde den Richtern zur Pflicht gemacht, aufgetretene Mängel und Lücken an die Gesetzgebungskommission bzw. den Chef der Justiz

---

[1222] *Heumann v. Teutschenbrunn*, Kap. 8, S. 89; *Reitemeier*, Encyclopädie, S. LVI f.; *Erhard*, S. 40 f.

[1223] S. oben S. 269.

[1224] *Hommel*, Principis cura leges, S. 11 ff./58 ff. Hommel bezeichnet die von ihm als Vorbild gewählten Gesetzesrevisoren des antiken Athen irrtümlich als »Nomotheten«. Als Nomotheten wurden im klassischen Athen des vierten vorchristlichen Jahrhunderts die Mitglieder eines Gremiums von 500 bis 1000 Männern bezeichnet, deren Aufgabe es war, über eingebrachte Gesetzesänderungen zu entscheiden, die aber (schon wegen der Größe dieses Gremiums) nicht selbst die Gesetze auf ihre Revisionsbedürftigkeit überprüften. Die Überprüfung der Gesetze auf formelle Widersprüche und inhaltliche Mängel, also die Aufgabe an die Hommel hier denkt, war im klassischen Athen vielmehr eine der zahlreichen Aufgaben des sechsköpfigen Gremiums der Thesmotheten. Vgl. zu beiden Gremien *F. Wotke*, Art. »Nomothetai«, in: Paulys Real-Encyclopädie, Supplement-Bd. 7, Sp. 578–581 und *Latte*, Art. »Thesmotheten«, in Paulys Real-Encyclopädie, 2. Reihe, Bd. 6, Sp. 33–37.

[1225] *Hommel*, Principis cura leges, S. 15 f./70.

[1226] *Globig/Huster*, S. 30.

zu berichten, anstatt selbst rechtsfortbildend tätig zu werden.[1227] So hoffte man mittels möglichst ausführlicher und vollständiger Gesetzbücher einerseits und dem über die Gesetzgebungskommissionen institutionalisierten Rechtsfortbildungsmonopol des Herrschers andererseits die Gesetzgebungshoheit des absoluten Herrschers gegen eine rechtsfortbildend tätig werdende Richterschaft zu sichern.

Auch in der ersten Hälfte des 19. Jahrhunderts findet man die Forderung nach beständiger Beobachtung der Gesetze auf Revisionsbedarf in der Gesetzgebungstheorie häufig wieder[1228] wie auch die Forderung, zu diesem Zweck ein besonderes permanentes Organ einzurichten (von den Autoren Gesetzgebungskommission, Gesetzgebungsbehörde oder Gesetzgebungsrat genannt).[1229] Viele Autoren wollten es auch weiterhin den Gerichten zur Aufgabe machen, festgestellte Mängel oder Lücken der Gesetze der permanenten Gesetzgebungsbehörde zum Zwecke einer Gesetzesverbesserung für die Zukunft vorzulegen; ein Auslegungsverbot für die Gerichte wurde damit aber nicht mehr verbunden.[1230] Die Vorschläge stammen dabei sowohl von akademischen Rechtsgelehrten wie auch von Praktikern, von konservativen Bewahrern wie auch von liberalen Vorkämpfern. Besonders elaborierte Modelle einer institutionalisierten Gesetzesrevision entwickelten in Deutschland Schrader, Scheurlen und Tellkampf.

Schraders Vorschlag orientierte sich – wie teilweise schon die Ideen Bacons – an der römischen Rechtsfortbildung durch Edikte der Prätoren.[1231] Er schlug vor, eine

---

[1227] Das ALR sah in seiner ursprünglichen Fassung vor, dass die Gerichte Zweifel über den Sinn eines Gesetzes der Gesetzeskommission vorzulegen, Gesetzeslücken hingegen dem Chef der Justiz anzuzeigen haben (Einl. §§ 47–50). Außer Kraft gesetzt wurden 1798 nur die Bestimmungen, die bei Zweifeln über den Sinn des Gesetzes die obligatorische Anfrage bei der Gesetzeskommission während des laufenden Rechtsstreits vorsahen (Einl. §§ 47, 48; s. hierzu oben Fn. 1136). Derartige Zweifel waren aber nunmehr nach Beendigung des Prozesses dem Chef der Justiz zum Zwecke künftiger Gesetzgebung anzuzeigen (§ 2 des Ersten Anhangs zum ALR). Auch blieb es für Gesetzeslücken bei der unabhängig vom laufenden Rechtsstreit zu erfolgenden Anzeigepflicht beim Chef der Justiz (Einl. §§ 49, 50).

[1228] *Beck*, S. 426 f.; *Zeiller*, Eigenschaften, S. 248; *Schrader*, S. 71 ff.; *Scheurlen*, S. 119 ff.; *Symonds*, Mechanics, S. 178 ff.; *Tellkampf*, S. 63 ff.; *Rotteck*, Bd. 2, S. 332; *Kitka*, S. 154 ff.; *Gerstäcker*, Bd. 2, S. 159; *Christ*, S. 124; *Geib*, S. 198.

[1229] So *Zeiller, Schrader, Scheurlen, Tellkampf, Rotteck* und *Christ* (alle wie Fn. 1228).

[1230] *Zeiller*, Eigenschaften, S. 248; *Scheurlen*, S. 119 ff.; *Tellkampf*, S. 63 ff.; *Christ*, S. 124; *Symonds*, Papers, S. 11 f., 64 f. (demzufolge die Mitteilungen der Gerichte an einen parlamentarischen Berichterstatter erfolgen sollten). Auch die indische Gesetzgebungskommission schlug im Zusammenhang mit der Vorlage des Strafgesetzbuchentwurfs 1837 vor, dass den höchsten Gerichten vom Gesetzgeber eine regelmäßige Berichterstattungspflicht über Probleme und Zweifel bei der Anwendung des Gesetzbuchs auferlegt werden sollte (Schreiben an den *Governor-General in Council* v. 14. Oktober 1837, in: Penal Code for India (Draft 1837), S. 9). Diese Berichte sollen dann der permanenten Gesetzgebungskommission übergeben werden, damit diese eine Abänderungs- oder Ergänzungsbedürftigkeit des Gesetzbuchs prüft.

[1231] *Schrader*, S. 64. Die Anregung für Schrader ging von einer beiläufigen Bemerkung *Savignys* (Beruf, S. 17) aus, wonach die römische Verfassung in den Edikten der Prätoren eine treffliche Einrichtung hatte, die auch in monarchischen Staaten unter gewissen Bedingungen übernommen

eigenständige Behörde für Gesetzesrevision einzurichten, die den allgemeinen Gesetzgeber nicht ersetzen, sondern ergänzen soll, insbesondere um juristische Streit-
fragen, Lücken und alles »Technische und Reinjuridische« allgemeinverbindlich zu
entscheiden und damit den eigentlichen Gesetzgeber hiervon zu entlasten.[1232] Die
Revisionsbehörde soll das Recht nach den Vorstellungen Schraders behutsam ver-
vollkommnen und hierbei »hauptsächlich noch aus den bisherigen Quellen«
schöpfen; sie soll das bestehende Recht also nicht grundlegend abändern oder
aufheben.[1233] Wie langfristig, aber auch reformfeindlich Schrader sich das Wirken
dieser Behörde vorstellte, erkennt man daran, dass er sie während der ersten 100
Jahre ihres Bestehens darauf beschränken will, nur solche neuen Rechtssätze
anzuordnen, welche bereits in einem anderen deutschen Land üblich sind.[1234] Die
»Bescheide«[1235] der Behörde sollen etwa alle zehn Jahre überprüft und entweder
unverändert oder mit den erforderlichen Änderungen neu erlassen werden.[1236]

Auch Scheurlen ging davon aus, dass die gewöhnlich mit der Verbesserung der
Gesetzgebung betrauten Stellen (insbesondere die Justizministerien) mit der steten Beobachtung des bestehenden Rechts, der herrschenden Rechtslehren, der
Bedürfnisse des Volkes und der Rechtsentwicklungen in anderen Ländern überfordert seien, weshalb ein eigenständiger »Gesetzgebungsrat« eingerichtet werden

---

werden könnte, um Zweifel und Unbestimmtheiten des Rechts zu beseitigen. Daneben nennt
Schrader als Vorbild das Modell der *curiae censoriae* und *curiae praetoriae* von Bacon. In dessen
Vorschlag sieht *Schrader* den »Keim zu einer volksmäßigen, stets fortschreitenden, und doch durch
manche Vorsichtsmaaßregeln vor nachtheiligem, zu raschen Wandel gesicherten Rechtsbildung...«
(S. 64 f.). Der Gedanke, dass man das Modell der römischen Prätur für eine harmonische Fortbil-
dung des Rechts wieder nutzbar machen könnte, findet sich in der ersten Hälfte des 19. Jahrhun-
derts auch in liberalen Kreisen, so bei *Welcker*, Art. »Gesetz«, Staats-Lexikon, Bd. 5, S. 713, der den
Gedanken jedoch nicht näher entwickelt.

[1232] *Schrader*, S. 74 ff. Die üblicherweise mit der Gesetzgebung befassten Ministerien und Staats-
räte seien gewöhnlich zu sehr mit anderen Geschäften überlastet, um sich um eine überlegte und
kontinuierliche Rechtsfortbildung zu kümmern (S. 73). Das Privat- und Prozessrecht sah Schrader
als vornehmliches Betätigungsfeld der Revisionsbehörde, da hier das »Technische« vorherrschend
und die politische Wichtigkeit gering sei, weshalb diese Gebiete vom Gesetzgeber auch besonders
vernachlässigt seien.

[1233] *Schrader*, S. 80. Die Mitglieder der Behörde sollen aus den verschiedenen juristischen
Berufen (Professoren, Richter, Advokaten) kommen; der jeweilige Justizminister soll zum Präsidenten der Behörde ernannt werden (S. 95 ff.). Sachverständige anderer Disziplinen sollen im
Einzelfall gutachterlich hinzugezogen werden. Außerdem soll der Behörde ein von den Ständen
gewähltes Mitglied angehören.

[1234] *Schrader*, S. 89 f. Nach diesen 100 Jahren, wenn die Behörde »mehr Uebung in der Rechtsbildung« gewonnen habe, dürfe sie sich auch in der Anordnung ganz neuer Rechtssätze versuchen.

[1235] Die Verfügungen der Revisionsbehörde sollen nach Ansicht *Schraders* nicht als »Gesetz«,
sondern mit einem bescheideneren Ausdruck wie »gemeine Bescheide« bezeichnet werden, um
die Unterordnung unter den eigentlichen Gesetzgeber deutlich zu machen (S. 75).

[1236] *Schrader*, S. 91 f. Eine derartige Revisionsbehörde soll nach den Vorstellungen *Schraders*
nicht nur in den einzelnen Ländern eingerichtet werden, sondern es soll auch eine zentrale
rechtsfortbildende Behörde für ganz Deutschland geschaffen werden, deren Hauptaufgabe zum
einen im Handelsrecht liegen soll, zum anderen in der einheitlichen Fortbildung des römischen
Rechts für diejenigen Länder, in denen es Anwendung findet (S. 123 ff.).

soll.[1237] Der Gesetzgebungsrat kann von Amts wegen, auf Aufforderung durch das Justizministerium oder auch auf Anregung durch Gerichte, Rechtsanwälte oder Sachverständige tätig werden. Anders als Schrader wollte Scheurlen diesem Gremium aber keine Entscheidungsrechte einräumen, es sollte vielmehr nur Vorschläge zur Gesetzesverbesserung erarbeiten, die mit Motiven beim Justizministerium einzureichen sind.

Tellkampf propagierte die Einrichtung einer selbständigen Behörde, deren Aufgabe es ist, im Privatrecht (und gegebenenfalls auch im Strafrecht) »Controversen und Mängel des Rechts zu entfernen und zu entscheiden, das Recht selbst zeitgemäß fortzubilden und dem im Gewohnheitsrecht als gut Anerkannten durch Aufzeichnung größere Gewißheit zu geben«.[1238] Tellkampf lehnt sich mit dieser Aufgabenstellung eng an die Vorstellungen Savignys an, der im Rahmen der Privatrechtsgesetzgebung seiner Zeit ebenfalls die Entscheidung von Kontroversen und die Aufzeichnung von Gewohnheiten für möglich und nützlich hielt.[1239] Umfassende Privatrechtskodifikationen lehnt Tellkampf wie Savigny als gegenwärtige Aufgabe ab.[1240] Die Gerichte sollen verpflichtet werden, Rechtsfragen, die der Gesetzgebung bedürfen, der Gesetzgebungsbehörde vorzulegen. Auch jeder Bürger soll sich mit seinen Vorstellungen über verbesserungsbedürftiges Recht an die Behörde wenden können. Nach den Vorstellungen Tellkampfs soll die Einsetzung der Gesetzgebungsbehörde die Mitwirkung der Landstände an der Zivilgesetzgebung ersetzen, weil es mangels Sachkompetenz und Zeit nicht Aufgabe der Ständeversammlung sein könne, juristische Kontroversen zu entscheiden.[1241] Außerdem sei bei der Zivilgesetzgebung nicht zu befürchten, dass »mit Absicht gemein-schädliche Gesetze abgefaßt würden«.[1242] Die übrigen Kompetenzen der Ständeversammlung, insbesondere auch für »politische Gesetze«, sollen unberührt bleiben. Die Ausarbeitungen der Gesetzgebungsbehörde zum Zivilrecht wären dann nicht mehr den Landständen zuzuleiten, sondern nur noch vom Regenten zu bestätigen.[1243]

In diesen Forderungen der Gesetzgebungstheorie der ersten Hälfte des 19. Jahrhunderts nach einer institutionalisierten Gesetzesrevision erkennt man deut-

---

[1237] *Scheurlen*, S. 119 ff.

[1238] *Tellkampf*, S. 63 ff.

[1239] *Savigny*, Beruf, S. 131.

[1240] *Tellkampf*, S. 24, 26.

[1241] *Tellkampf*, S. 28 ff.; umfassende Zivilgesetzgebung hält er wie erwähnt ohnehin für nicht geboten.

[1242] *Tellkampf*, S. 82 f.

[1243] *Tellkampf*, S. 84. Um dieses Konzept für die Stände akzeptabel zu machen, schlägt Tellkampf vor, die Hälfte der Mitglieder der Gesetzgebungsbehörde von den Landständen wählen zu lassen und die andere Hälfte durch die Regierung besetzen zu lassen (S. 82 f.). Bei den Mitgliedern der Behörde solle es sich um Juristen der verschiedenen Bereiche (Richter, Rechtsanwälte, akademische Rechtslehrer, Ministerialbeamte) handeln (S. 66 f.). So ergäbe sich eine für die Rechtsentwicklung vorteilhafte Verbindung von Theorie und Praxis (S. 74).

lich das Bestreben, die kontinuierliche Rechtsfortbildung, namentlich in dem als
eher unpolitisch begriffenen Privatrecht, zu professionalisieren und den Gesetzgeber bzw. die im Rahmen der Vorbereitung neuer Gesetzgebung vorgeschalte-
ten Stellen (Ministerien oder Staatsrat) von einer Aufgabe zu entlasten, der sie
nach dem Eindruck der Zeitgenossen wegen der Überlastung mit anderen Geschäften nicht gewachsen waren. Während die meisten Autoren hierbei der
Revisionsbehörde aber nur vorbereitende Kompetenzen einräumen wollten, wollten Schrader und Tellkampf hierdurch eine direkte Mitwirkung der Stände im
Bereich der Zivilgesetzgebung ganz entbehrlich machen. Ähnlich wie wir es bei
einigen Autoren bereits im Zusammenhang mit der Forderung nach einer Beschränkung der parlamentarischen Mitwirkung bei der Gesetzgebung auf Grundsatzfragen sahen, war auch die Revisionsbehörde für die genannten Autoren ein
Mittel, die aus ihrer Sicht gesetzestechnisch nachteilige Beteiligung der Stände
jedenfalls in der Zivilgesetzgebung zu beschränken. Nicht zufällig stimmten diese
Autoren in Anlehnung an Savigny auch darin überein, dass eine umfassende
gestalterische Gesetzgebung durch Schaffung ganzer Gesetzbücher im Privatrecht
unterbleiben solle. Die Hauptaufgabe der Privatrechtsgesetzgebung lag für sie in
der Entscheidung von Kontroversen und dem Ausfüllen von Lücken, worin sie
eine rein technisch-juristische Aufgabe ohne politische Implikationen sahen.

Bei Bentham gewann die Frage nach kontinuierlicher Gesetzesrevision erst im
Verlauf seines Schaffens zunehmendes Gewicht. In seinen frühen Schriften ging
er noch davon aus, dass wesentliche Revisionen der Gesetze künftig nicht mehr
erforderlich sein werden, wenn erst einmal ein vollständig kodifiziertes und inhaltlich auf dem Prinzip der Nützlichkeit aufbauendes Recht im Sinne seiner
Vorstellungen bestehe.[1244] Bentham sah seine Zeit in der Lage, alle Prinzipien zu
erkennen, die für eine vorteilhafte Gesetzgebung erforderlich sind (namentlich
das Prinzip der Nützlichkeit und die hieraus abzuleitenden Schlussfolgerungen).[1245] Die Zukunft werde daher zwar Fortschritte in der Umsetzung dieser
Prinzipien bringen, nicht aber beim Erkenntnisvermögen, was die besten Gesetze
sind. Seien diese Prinzipien einmal umgesetzt, könne man sich daher darauf
beschränken, etwa alle 100 Jahre die Gesetze darauf durchzusehen, ob einzelne
Bestimmungen oder Ausdrücke veraltet sind.[1246]

In seinem Alterswerk, dem *Constitutional Code*, ist Bentham in dieser Hinsicht
etwas weniger optimistisch. Auch hier geht er zwar davon aus, dass nach Fertigstellung der von ihm projektierten Gesetzbücher künftig nur noch punktuelle
Änderungen erforderlich sein werden. Derartige Änderungen oder Ergänzungen
sieht er aber nicht mehr als seltene Ausnahmeerscheinung, sondern er institutionalisiert sie geradezu als fortwährende Einrichtung zur Verbesserung des Gesetzes-

---

[1244] *Bentham*, General View, S. 210.
[1245] *Bentham*, Influence, S. 193 f. = Traités de législation, Bd. 3, S. 394.
[1246] *Bentham*, General View, S. 210.

systems. Eine entscheidende Rolle kommt dabei den Richtern zu. Die Richter können zum einen selbst bei erkanntem Änderungsbedarf ein von Bentham in allen Einzelheiten ausgearbeitetes Verfahren zur Gesetzesänderung in Gang setzen, zum anderen sind sie auch erste Anlaufstation für alle Bürger, die (außerhalb der parlamentarischen Formen) ein Gesetzesänderungsverfahren auf den Weg bringen wollen.[1247] In der Sache machte Bentham dabei Richter und Bürger zu Trägern fortwährender Gesetzesrevisionen, wobei der Regierung und dem Parlament zwar Eingriffsrechte zustehen, bei deren Nichtausübung die Änderungsvorschläge aber auch ohne Beteiligung von Regierung und Parlament Gesetz werden können. Die hier genannten Verfahren betreffen inhaltliche Revisionen der Gesetze. In formeller Hinsicht oblag es nach dem Konzept Benthams dem Gesetzgebungsminister, die bestehenden Gesetze auf formellen Änderungsbedarf zu überprüfen.[1248] In der Nachfolge Benthams betonte auch Austin die Wichtigkeit einer kontinuierlichen Verbesserung bestehender Kodifikationen anhand von Anregungen, die namentlich aus der richterlichen Praxis resultieren sollen. Austin hob hierbei hervor, dass sich diese kontinuierliche Revision nicht in Form einer separaten Novellengesetzgebung vollziehen soll – diesen Fehler hätten viele kontinentale Gesetzgeber im Anschluss an eine einmal erlassene Kodifikation gemacht –, sondern durch regelmäßige Einarbeitung der notwendigen Änderungen in die Kodifikation selbst.[1249]

In der mitteleuropäischen Praxis wurde die Idee der institutionalisierten permanenten Gesetzesrevision namentlich von aufgeklärt-absolutistischen Herrschern umgesetzt. Ein typisches Beispiel hierfür ist die 1781 unter Friedrich II in Preu-

---

[1247] *Bentham*, Constitutional Code, Bowring-Edition, Bd. 9, Buch II, Kap. XII, Abt. 20, Art. 1 ff., S. 504 ff.: »judges' eventually-emendative function«. Im einzelnen sieht Bentham hierzu folgende Regelungen vor: Wenn sich einem Richter anlässlich eines Rechtsstreits ein Bedürfnis für eine Änderung oder Ergänzung eines Gesetzes zeigt, kann er einen Änderungsvorschlag zusammen mit einer Begründung ausarbeiten. Diese werden dann zunächst verschiedenen staatlichen Stellen, darunter dem Gesetzgebungsminister und dem Justizminister vorgelegt, die jeweils eine Stellungnahme hierzu abgeben sollen. Wenn keiner der eingeschalteten staatlichen Stellen dem Gesetzesänderungsvorschlag innerhalb einer vorher festgelegten Frist widerspricht, wird er Gesetz, ohne dass es der Einschaltung des Parlaments bedürfte (ebd., Art. 8). Das Parlament kann die Sache aber an sich ziehen, indem ein Abgeordneter sie innerhalb der Stellungnahmefrist zum Gegenstand eines parlamentarischen Antrags macht. Auch ein Bürger kann dieses Gesetzesverbesserungsverfahren einleiten, indem er einen entsprechenden Änderungs- oder Ergänzungsantrag bei einem Richter einbringt. Der Richter ist dann verpflichtet, diesen Vorschlag mit einer Stellungnahme zu versehen (die auch negativ ausfallen kann) und daraufhin das oben beschriebene Verfahren einzuleiten (ebd., Art. 5). Bentham erkannte die Gefahr, dass solche von einzelnen Bürgern eingebrachte Änderungsvorschläge Überhand nehmen und sah daher vor, dass das Parlament beschließen kann, dass der einzelne Bürger bei der Einreichung von Änderungsvorschlägen beim Richter einen Rechtsanwalt hinzuziehen muss (ebd., Art. 17).

[1248] *Bentham*, Constitutional Code, Bowring Edition, Bd. 9, Buch II, Kap. XI, Abt. 2, Art. 9; zu den Aufgaben des Gesetzgebungsministers im Zusammenhang mit der Vorbereitung neuer Gesetzgebung s. oben S. 82.

[1249] *Austin*, Lecture 39, S. 339.

ßen eingerichtete permanente Gesetzeskommission, deren Aufgabe – neben der Entscheidung der von den Gerichten vorzulegenden Auslegungsfragen – im »Vorschlag neuer Gesetze, wo ihr dergleichen erfordelich zu seyn scheinen, und der etwa nöthigen Verbesserungen und Abänderungen älterer bereits vorhandenen Gesetze« bestand.[1250] Mit der Errichtung des preußischen Staatsrates 1817 übernahmen dessen Abteilungen die zuvor der Gesetzeskommission obliegende Aufgabe der Überprüfung der Gesetze auf Revisionsbedarf.[1251] Auch wurde eine spezielle »Fassungskommission« beim Staatsrat gebildet, der die textliche Umsetzung der Staatsratsbeschlüsse und die sprachliche Überarbeitung der im Staatsrat behandelten Gesetzentwürfe oblag.[1252] 1825 wurde beim Justizministerium zudem eine nach Maßgabe der unterschiedlichen Rechtsgebiete in 16 Deputationen aufgeteilte spezielle Kommission zur Revision der bestehenden Gesetze (insbesondere des ALR) eingerichtet.[1253] Ab 1832 wurde außerdem vom preußischen Justizministerium ein eigenständiges Ministerium für Gesetzesrevision abgespalten (zunächst unter der Leitung Kamptz', ab 1842 Savignys), welches bis zu den revolutionären Umwälzungen von 1848 bestand.[1254]

Ähnlich verlief die Entwicklung in Österreich, wo unter der aufgeklärt-absolutistischen Herrschaft Josephs II die Aufgaben der bereits unter Maria Theresia zur Erarbeitung eines Privatrechtsgesetzbuchs und einer Gerichtsordnung eingesetzten Kommission seit 1780 wesentlich erweitert wurden und die als permanen-

---

[1250] Patent, wodurch eine Gesetz-Commißion errichtet, und mit der nöthigen Instruction wegen der ihr obliegenden Geschäfte versehen wird, v. 29. Mai 1781, § 9, in: NCC, Bd. 7 (1781), Nr. 26, Sp. 337–350. Zu dem Wirken der Gesetzeskommission im Zusammenhang mit der Kodifikation des ALR s. oben S. 90 f., 109.

[1251] Verordnung vom 20. März 1817 wegen Einführung des Staatsrats (in: Gesetz-Sammlung für die Königlichen Preußischen Staaten, Jg 1817, S. 97, Nr. 411), § 7: »Einer besonderen Abteilung für die Gesetze bedarf es nicht, da die erwähnten [Abteilungen des Staatsrats] entweder einzeln oder, wenn es der Gegenstand erfordert, zusammentretend den Zweck der ehemaligen Gesetzkommission erfüllen.« Auch Savigny berichtet 1842 rückblickend, dass die Prüfung der Gesetze und Gesetzentwürfe in früherer Zeit der Gesetzeskommission oblag, diese aber »späterhin eingegangen« sei und diese Funktion die Staatsratsabteilungen übernommen haben (*Savigny*, Vorschläge, S. 744). Formal aufgelöst wurde die Gesetzeskommission erst 1848 (*Hattenhauer*, Preußens Richter und das Gesetz, S. 45, Fn. 31).

[1252] Die Fassungskommission beim preußischen Staatsrat bestand von 1825 bis 1848; zu ihrem Wirken *Schneider*, Staatsrat, S. 146 f. In Österreich war bereits unter Joseph II der Hofrat Sonnenfels mit der Aufgabe eines sprachlichen »Revisors« für Gesetzentwürfe beauftragt worden.

[1253] Näher zu dieser Gesetzesrevisionskommission und insbesondere der sich mit der Revision des strafrechtlichen Teils des ALR beschäftigenden Deputation der Kommission unten S. 112 f. Einen Überblick über die Zuordnung der einzelnen Rechtsgebiete zu den 16 Deputationen der Gesetzesrevisionskommission und ihre jeweiligen Mitglieder gibt *Regge/Schubert*, Bd. 1, S. XVII; vgl. auch *Kamptz*, Kamptz' Jahrbücher, Bd. 60 (1842), S. 75 f.

[1254] Zur Tätigkeit des Ministeriums für Gesetzesrevision im Zusammenhang mit der Entstehung des preußischen Strafgesetzbuchs s. oben S. 160 f. Bereits 1817 war unter dem Staatsminister Beyme ein eigenständiges Ministerium »zur Revision der Gesetzgebung und Justizorganisation in den neuen Provinzen« geschaffen worden, welches jedoch schon 1819 wieder mit dem Justizministerium verschmolzen wurde.

te Gesetzgebungskommission nunmehr auf allen Rechtsgebieten tätig wurde.[1255] Unter den Nachfolgern Josephs II wechselte zwar der personelle Zuschnitt der Gesetzgebungskommission, nicht aber ihr Auftrag, als permanentes Gremium neue Gesetze vorzuschlagen und die bestehenden Gesetze einer Revision zu unterziehen.[1256] Erst die Umwälzungen von 1848 brachten auch in Österreich das Ende der permanenten Gesetzgebungskommission.

Ab der Mitte des 19. Jahrhunderts verlieren sich in Deutschland die Forderungen der Gesetzgebungslehre nach einer verselbständigten permanenten Gesetzesrevision. In der Gesetzgebungswirklichkeit stand der Einräumung von Entscheidungsrechten an derartige Gremien nunmehr die zunehmende Parlamentarisierung der Gesetzgebung entgegen, die eine Ausgliederung vermeintlich unpolitischer Gesetzgebungsarbeit auf außerparlamentarische Gremien verbot. Auch für eine rein vorbereitende Revisionstätigkeit derartiger selbständiger Gremien wurde im Zuge der sich ausdehnenden Ministerialbürokratie kein echtes Bedürfnis mehr gesehen. Doch auch ideengeschichtlich trat ein merklicher Wandel ein. Der Gedanke einer institutionalisierten permanenten Gesetzesrevision war stets eng mit dem Ideal einer fortschreitend perfektionierten Gesetzgebung einerseits und mit der Ausschaltung richterlicher Rechtsfortbildung andererseits verbunden. Daher erlebte er seinen Höhepunkt zur Zeit des aufgeklärten Absolutismus, als sich ein übersteigerter Optimismus im Hinblick auf die Schaffung möglichst perfekter Gesetzbücher mit dem herrscherlichen Bedürfnis nach Sicherung seines unbeschränkten Rechtsetzungsmonopols verband. Nachdem beide Faktoren in der ersten Hälfte des 19. Jahrhunderts zunehmend in Wegfall geraten waren, entfiel auch die Legitimation für eine selbständige Revisionsbehörde. Symptomatisch für den eingetretenen Wandel ist die Stellungnahme Mohls kurz nach der Jahrhundertmitte. Mohl sieht den Gesetzgeber zwar weiterhin in der Pflicht, die bestehenden Gesetze kontinuierlich auf Änderungsbedarf zu überprüfen, fordert hierfür aber kein eigenständiges Amt, sondern lässt dies in die Kompetenz des Justizministers fallen.[1257] Außerdem lehnt er die im 18. und frühen 19. Jahrhun-

---

[1255] Aus der Arbeit der permanenten Gesetzgebungskommission gingen unter Joseph II u.a. hervor: die Allgemeine Gerichtsordnung und die Konkursordnung (beide 1781), das Ehepatent (1783), die Erbfolgeordnung (1786), der erste Teil des bürgerlichen Gesetzbuchs (1786), das Allgemeine Gesetz über Verbrechen und deren Bestrafung (1787) und die Kriminalgerichtsordnung (1788); vgl. *Maasburg*, Geschichte, S. 252 f.; *Harrasowsky*, Geschichte, S. 142 ff.

[1256] Nach dem Tode Josephs II löste dessen Nachfolger Leopold II die bisherige Gesetzgebungskommission mit Kabinettsschreiben vom 2. April 1790 auf und setzte eine neue »Hofkommission in Gesetzsachen« unter dem Vorsitz Martinis an ihre Stelle, die mit der Revision der bestehenden Gesetze beauftragt wurde (Wortlaut des kaiserlichen Handbillets bei *Maasburg*, Geschichte, S. 253 f., Fn. 10). Diese wurde 1796 (zusammen mit einer zwischenzeitlich eingesetzten politischen »Revisionskommission«) wieder aufgelöst und durch eine neue Hofkommission in Gesetzsachen ersetzt (vgl. oben S. 92, Fn. 312). 1808 erfolgte erneut eine Aufspaltung in eine Hofkommission für »politische« Gesetze (1818 wieder aufgelöst) und eine »Hofkommission in Justizgesetzsachen«; letztere bestand bis 1848.

[1257] *Mohl*, Politik, Bd. 1, S. 484; zu Mohls Kritik an Benthams Konzept eines eigenständigen

dert bei einigen Autoren beliebte Forderung nach turnusmäßigen Gesetzesrevisionen[1258] wegen der Gefahr eines blinden Aktionismus ab und betont vielmehr, dass der Gesetzgeber nur dann tätig werden soll, wenn sich ein konkreter Revisionsbedarf aufgetan hat.[1259]

Gesetzgebungsministers siehe oben S. 82; zu dem noch viel weitergehenden Konzept Benthams zu einer inhaltlichen Revision der Gesetze auf Initiative von Richtern und Bürger äußert sich Mohl überraschenderweise nicht.

[1258] In diesem Sinne: *Heumann v. Teutschenbrunn*, Kap. 8, S. 89 (Gesetzbücher sind von Zeit zu Zeit auf Revisionsbedarf durchzusehen); *Rehberg*, S. 27 ff. (nur für öffentlich-rechtliche Gesetze); *Schrader*, S. 91 f. (Überprüfung der von der Gesetzgebungsbehörde erlassenen »Bescheide« alle zehn 10 Jahre); *Gerstäcker*, Bd. 2, S. 159 (Überprüfung der gesamten Gesetzgebung auf Revisionsbedarf etwa alle fünf Jahre); *Christ*, S. 124 (Durchsicht der Gesetzbücher auf Änderungsbedarf alle 10 Jahre). Ein später Vertreter der Forderung nach periodischen Gesetzesrevisionen durch einen permanenten Gesetzgebungsrat ist *Holland* (S. 24 f., 63).

[1259] *Mohl*, Politik, Bd. 1, S. 450, Fn. 1.

Die Entwicklung der formalen Anforderungen an den Gesetzesinhalt

Nachdem in Teil B der äußere Werdegang der Gesetze verfolgt wurde, wenden wir uns nun den formalen Anforderungen zu, die von Seiten der Gesetzgebungstechnik an das einzelne Gesetz (bzw. Gesetzbuch) selbst gestellt wurden.

I. Verallgemeinerung versus Kasuistik; Abstraktion versus Anschaulichkeit

Die Frage des zweckmäßigen Detaillierungs- und Abstraktionsgrades eines Gesetzes beschäftigte die Gesetzgebungstheorie des 18. und 19. Jahrhunderts in erheblichem Maße. Dies wird verständlich, wenn man bedenkt, dass die hierbei angesprochene Frage zugleich in Wechselwirkung steht zu zahlreichen anderen Zielen der Gesetzgebungstechnik: zu den Geboten nach Bestimmtheit der Gesetze, nach Überschaubarkeit (Kürze), Vollständigkeit und Verständlichkeit. Je genereller und abstrakter die Regelung, desto leichter geriet sie in Konflikt mit dem Bestimmtheitsgebot und der Forderung nach verständlichen und anschaulichen Gesetzen. Umgekehrt erhöhte sich das Risiko der Lückenhaftigkeit und Weitläufigkeit der Gesetze, je spezieller und konkreter die Regelungen getroffen wurden. Zu diesen gesetzestechnischen Zielkonflikten traten Forderungen der Rechtspolitik nach Einzelfallgerechtigkeit, Rechtssicherheit, Verhaltenslenkung und Einschränkung richterlichen Ermessens hinzu, die es (auch) mit Mitteln der Gesetzgebungstechnik durchzusetzen galt, wobei der Frage nach dem zweckmäßigen Detaillierungsgrad der Gesetze wiederum erhebliche Bedeutung zukam.

1. Verallgemeinerung versus Kasuistik – ein Richtungsstreit?

Aus heutiger Sicht sind wir es gewohnt, eine an Grundsätzen orientierte, verallgemeinernde Regelungstechnik und eine an Einzelfällen orientierte Regelungstechnik als Gegensatzpaar zu begreifen und die Gesetzgebungsgeschichte in dieser Hinsicht zu polarisieren: die Ergebnisse der Gesetzgebungsarbeit, namentlich die großen Kodifikationen, werden einer dieser beiden Regelungstechniken zugeordnet und entweder mit dem Etikett »prinzipienorientiert« oder »kasuistisch« versehen. In der Gesetzgebungstheorie bestand ein derart polarisierter Richtungsstreit aber zu keiner Zeit und auch die Gesetzgebungspraxis war – wie wir sehen werden – in aller Regel durch eine mehr oder weniger ausgeprägte Mischung beider Regelungstechniken geprägt.

Die überwältigende Mehrheit der Gesetzgebungstheoretiker des 18. und 19. Jahrhunderts bekannte sich zu einer an verallgemeinernden Grundsätzen orientierten Regelungstechnik und lehnte eine kasuistische Gesetzgebungstechnik ab.[1] Erklärte Befürworter einer kasuistischen Regelungstechnik (im Sinne des Verzichts auf allgemeine Grundsätze zugunsten einer ganz an Einzelfällen orientierten Regelungstechnik) gab es demgegenüber in der deutschen Gesetzgebungstheorie praktisch nicht. Wohl gab es, namentlich im 18. und frühen 19. Jahrhundert, einige Autoren, nach deren Ansicht ins einzelne gehende Fallregelungen vom Gesetzgeber nicht zu verschmähen seien.[2] Auch diese Autoren sahen die Detailregelungen aber nicht als Ersatz für allgemeine Grundsätze, sondern als deren Ergänzung. Ihren Ausgang nahm diese Ansicht in dem Ideal, möglichst vollkommene Gesetzbücher zu schaffen, die keine Fragen und Zweifel bestehen lassen und dem Richter für jeden Einzelfall eine feste Entscheidungsvorgabe an die Hand geben. So möchte Wolff im Wege der kontinuierlichen Gesetzesrevision eine fortschreitende erläuternde Vervollkommnung der Gesetze erreichen. Wann immer Fälle auftreten, die von den positiven Gesetzen nicht ausdrücklich erfasst sind, sollen auf Vorschlag der Gesetzesrevisoren die bestehenden Regelungen durch Berücksichtigung der neu aufgetretenen Umstände ergänzt werden und zwar »…mit den Umständen des dazu gehörigen Falles … damit man künftig, wenn es wieder vorkommet, sich darnach richten soll. Auf solche Weise würden die Gesetze nach und nach immer besser erläutert werden…«[3]

Die gesetzgebungstechnische Empfehlung Wolffs einer erläuternden Kasuistik verfolgt auch Svarez, auch wenn er verbaliter den Vorwurf der Kasuistik weit von

---

[1] Beginnend bereits im 17. Jahrhundert mit *Bacon*, De Augm. Scient., Buch 8, Kap. 3, Aphorismen 66–67, S. 819; aus dem 18. Jahrhundert: *Thomasius*, Prudentia Legislatoria, Kap. XII, §§ 9 u. 10; *Montesquieu*, Buch XXIX, Kap. 16; *Filangieri*, Bd. 1, S. 65; *Bielfeld*, Bd. 1, Kap. VI, § 15, S. 239f.; *Hommel*, Principis cura leges, S. 44/128; *Paalzow*, Vorrede zum Montesquieu-Kommentar, S. XVIII; *Kant*, KrV, A 301, B 358; *Schlosser*, Briefe, S. 331; aus dem 19. Jahrhundert: *Bergk*, S. 188; *Feuerbach*, Kritik, Teil 1, S. 10ff.; *ders.*, Philosophie und Empirie, S. 71; *Zeiller*, Eigenschaften, S. 246ff.; *ders.*, Principien, Bd. 2, S. 172f. (ND S. 31f.); *Savigny*, Beruf, S. 21f.; *Pfeiffer*, S. 64f., 78f.; *Gönner*, S. 71; *Meijer*, S. 147f.; *Gerstäcker*, Bd. 2, S. 126; *Kitka*, S. 54ff.; *Rotteck*, Bd. 2, S. 330f.; *Mittermaier*, AcP 36 (1853), S. 99f.; *Wächter*, Entwurf, S. 255; *Morgenstern*, Bd. 1, S. 286f.; *Mohl*, Politik, Bd. 1, S. 429f.; *Jhering*, Bd. II/2, § 39, S. 335ff.; *Bethmann-Hollweg*, S. 15; *Zitelmann*, Rechtsgeschäfte, S. 7; *Planck*, AcP 75 (1889), S. 419ff.; aus dem frühen 20. Jahrhundert: *Huber,* Erläuterungen, Heft 1, S. 9f.; *Zitelmann*, Kunst, S. 21ff./261ff.; *Gény*, Technique, S. 1032; *Wach*, S. 37ff.; *Gutherz*, Teil 2, S. 52ff.

[2] Namentlich Wolff, Claproth, Svarez, Reitemeier und Globig, hierzu sogleich im einzelnen; zu dem mit den Konzepten Reitemeiers und Globigs durchaus vergleichbaren Konzept Feuerbachs, der zwar eine Kasuistik im Sinne der Ersetzung von Grundsätzen durch Detailregelungen ablehnt, jedoch – wo zum Zwecke der Anwendungssicherheit erforderlich – die Ergänzung der Grundsätze durch Detailausführungen fordert, s. unten S. 293f.

[3] *Wolff*, Politik, § 412, S. 427ff.

sich weist. So nimmt er für den Entwurf des Allgemeinen Gesetzbuchs für die preußischen Staaten in Anspruch, die Menge der einzelnen Fälle »auf gewisse allgemeine Grundsätze« zurückgeführt zu haben, aus denen es möglich sei, mit Hilfe einer »bloßen natürlichen Logik« sichere und zuverlässige Folgerungen für die einzelnen Fälle zu ziehen.[4] Die Zeitgenossen urteilten über den Entwurf aber zum Teil anders und kritisierten, der Entwurf wolle »für jede Grille der Unter- thanen ein Gesetz geben«.[5] Man fragt sich, wie diese Diskrepanz der Beurteilung zustande kommt. Kasuistik als Mittel der Gesetzgebungstechnik war schon zu Zeiten Svarez' praktisch allgemein verschmäht.[6] Verbal sah sich Svarez daher genötigt, sich von dieser Regelungstechnik zu distanzieren.[7] Das Ideal der vom Gesetz ermöglichten sicheren und zuverlässigen Schlussfolgerungen, die getreu dem rechtspolitischen Ziel der Ausschaltung richterlichen Ermessens keine An- wendungszweifel offen lassen, erforderte aber aus der Sicht Svarez' neben der Kodifizierung allgemeiner Grundsätze eine bis ins Detail gehende Erläuterung und gesetzgeberische Demonstration der Anwendung dieser Grundsätze. Die von Svarez favorisierte Regelungstechnik, die auch in weiten Teilen des ALR ver- wirklicht wurde, verbindet also die Aufstellung allgemeiner Grundsätze mit detail- reichen Ableitungen hieraus. Die häufig anzutreffende pauschale Kritik am »kasu- istischen« Stil des ALR greift daher in Wahrheit zu kurz. Das ALR verbindet beide Regelungstechniken und bietet – wie es Svarez' Vorstellungen entsprach – zusätzlich zu verallgemeinernden Grundsätzen (und nicht unter Verzicht auf solche Grundsätze) auch deren detailreiche Durchführung.[8]

Ein Vorbild für die ALR-Redaktoren können dabei auch die Gesetzbuch- entwürfe Claproths geliefert haben.[9] In der Vorrede zu seinen Gesetzentwürfen vertritt Claproth die Meinung, der Gesetzgeber solle sich nicht nur auf die Regelung besonderer Fälle beschränken, sondern auch richtige allgemeine Grund-

---

[4] *Svarez*, Inwiefern können und müssen Gesetze kurz sein, S. 628 f.

[5] *Schlosser*, Briefe, S. 331. Auch *Savigny* urteilte, die Tendenz des ALR bestünde darin, die einzelnen Rechtsfälle als solche vollständig aufzuzählen und einzeln zu entscheiden (Beruf, S. 89).

[6] Vgl. namentlich die in Fn. 1 angegebenen Stellen bei *Montesquieu, Filangieri, Bielfeld, Hommel, Paalzow* und *Kant*.

[7] *Svarez'* Vortrag »Inwiefern können und müssen Gesetze kurz sein«, in dessen Zusammenhang er den Anspruch auf Rückführung der Einzelfälle auf allgemeine Grundsätze erhebt, wurde durch die Kritik Friedrichs II veranlasst, wonach der ihm überreichte Teilentwurf sehr umfangreich sei; näher hierzu unten S. 410.

[8] Entsprechend sah auch der durch Kabinettsorder Friedrichs II vom 27. Juli 1780 genehmigte »Plan nach welchem bey Ausarbeitung des neuen Gesetzbuchs verfahren werden soll« in Abschnitt 5 vor, dass »bey jeder Materie die allgemeinen Grundsätze und Regeln vorausgeschickt; und einer jeden ihre Bestimmungen und Ausnahmen mit möglichster Praecision untergeordnet werden«.

[9] Die Vermutung liegt nahe, dass Claproths Entwürfe den Redaktoren des ALR bei ihrer Arbeit vorlagen, der Nachweis konnte bislang aber nicht geführt werden (vgl. *Schwennicke*, Entste- hung, S. 63 f.). *Claproth* selbst erwähnt in der Vorrede, dass er seine Entwürfe an verschiedene Höfe gesandt habe, wobei sich wiederum nur vermuten lässt, dass der preußische Hof einer davon war.

sätze bestimmen.[10] Das Gesetzbuch soll also auch nach Ansicht Claproths eine Kombination von allgemeinen Grundsätzen und kasuistischen Details bieten. Entsprechend betont er, dass die Ansicht, der Gesetzgeber solle sich nicht um das kümmern, was nur selten geschieht, falsch sei.[11]

Ähnlich sehen auch die wenig später entstandenen gesetzestechnischen Empfehlungen Reitemeiers und Globigs aus. Reitemeier hebt hervor, dass grundsätzlich zwar die Aufstellung von allgemeinen Rechtsprinzipien der bloßen Kompilation von Fällen vorzuziehen sei.[12] Der Gesetzgeber dürfe sich aber nicht allein auf abstrakte Rechtsprinzipien beschränken und deren Anwendung auf die einzelnen Fälle Richtern und Parteien überlassen. Vielmehr solle er dort auch ins Spezielle gehen, wo spezielle Fälle streitig geworden sind oder es leicht werden können, wo also die Anwendung der Prinzipien auf die einzelnen Fälle nicht eindeutig ist. Entsprechend hebt auch Globig hervor, dass »das Detail der einzelnen Fälle, mit den dabey möglichen vielfältigen Modificationen« im allgemeinen Gesetzbuch durchaus auch seinen Platz habe.[13] Auch hier sehen wir als Motiv einer zwar nicht auf allgemeine Grundsätze verzichtenden, aber diese wo nötig bis ins Detail durchführenden und modifizierenden Regelungstechnik das Streben nach möglichst vollständigen Gesetzbüchern, die jedem Einzelfall gerecht werden und so wenig wie möglich dem Subsumtionsermessen des Rechtsanwenders überantworten.

Die genannten Autoren sahen aber sehr wohl auch das Problem, dass eine sehr ins Detail gehende Regelungstechnik wegen der hiermit zwangsläufig verbundenen Weitläufigkeit und Verästelung der Gesetze mit dem von der Aufklärung gleichermaßen verfolgten Ideal von anschaulichen und gemeinverständlichen Gesetzen in Konflikt gerät. Svarez und Globig wollten diesen Zielkonflikt dadurch lösen, dass neben dem detailreichen eigentlichen Gesetzbuch ein handlicher Auszug hieraus vom Gesetzgeber als »Volkskodex« zusammengestellt und veröffentlicht werden soll.[14] Reitemeier löste den Konflikt zunächst dadurch auf, dass er die ins Detail gehende Regelungstechnik nur für die Privatrechtsgesetzgebung favorisierte, deren Verständnis ohnehin juristische Vorkenntnisse erfordere und daher in erster Linie an Richter und juristische Sachwalter gerichtet sei.[15] Später, als er in seinem eigenen Gesetzbuchentwurf die detailreiche Regelungstechnik auch auf andere Materien ausdehnte, befürwortete auch er doppelte Gesetzbücher, ein ausführliches für die Richterschaft, welches »in der größten Vollständigkeit alle nur einigermaßen erebliche[n] Fälle genau bestimmt« und einen Volkskodex für die Laien.[16]

---

[10] *Claproth*, Bd. 1, Vorrede, fol. 4r.
[11] *Claproth*, Bd. 1, Vorrede, fol. 4v.
[12] Zum Folgenden: *Reitemeier*, Gesetzgebung, S. 99 ff., 102 ff.; *ders.*, Gesetzbuch, Bd. 1, S. XXI; *ders.*, Gesetzwissenschaft, S. 20.
[13] *Globig*, System, Bd. 1, S. XL.
[14] S. hierzu oben S. 254 f.
[15] *Reitemeier*, Redaction, S. 100 f.
[16] *Reitemeier*, Gesetzbuch, Bd. 1, S. XXI f.

Im Zusammenhang mit den privatrechtlichen Kodifikationsarbeiten in Österreich hatte man sich in der zweiten Hälfte des 18. Jahrhunderts von einer kasuistischen Mischtechnik zu einer überwiegend prinzipienorientierten Technik vorgearbeitet. Die Redaktoren des überaus voluminösen Entwurfs des Codex Theresianus (1766) mussten sich von ihrer Monarchin Maria Theresia noch die Kritik gefallen lassen, man solle alles in möglichster Kürze und ohne allzu genaues Detail abfassen; seltene Fälle sollten nach dem Willen Maria Theresias im Gesetz entweder ganz übergangen oder doch unter allgemeine Regeln gefasst werden.[17] Die späteren Gesetzgebungskommissionen hatten hieraus gelernt und bemühten sich, durch eine prinzipienorientierte Regelungstechnik, die sich nicht zu sehr in Details verliert, die Regelungsmasse einzuschmelzen.[18] Zeiller, Hauptreferent für den letzten Kodifikationsabschnitt, der Umarbeitung des Westgalizischen Gesetzbuchs zum ABGB, machte die Vermeidung von Kasuistik zu einem zentralen Pfeiler seines Gesetzgebungskonzepts. Mit kritischem Seitenblick auf das ALR warnte er bei Beginn der Revisionsarbeiten zum späteren ABGB die übrigen Kommissionsmitglieder, der Gesetzgeber solle sich nicht in eine »doch nie erschöpfende Kasuistik« oder in »sophistische Spitzfindigkeiten« verlieren.[19] Und doch ist auch das ABGB diesen Grundsätzen nicht immer treu geblieben, namentlich bei den Regelungen zu Grunddienstbarkeiten und zu Vermächtnissen verliert es sich im Anschluss an die allgemeinen Grundsätze in eine detailbesessene Kasuistik, die man eher im ALR als im ABGB vermuten würde.[20] Aus dem ALR dürfte denn auch zumindest ein Teil dieser kasuistischen Bestimmungen übernommen sein;[21]

---

[17] Resolution Maria Theresias v. 4. August 1772, Punkt 2: »Solle alles in möglichster Kürze, so viel es ohne undeutlich zu werden geschehen kann, gefasset, anbei sich in kein allzu genaues detail, besonders, wo dieses dem Gesäzgeber gleichgültig seyn kann, eingelassen, und die casus rariores entweder übergangen, oder unter allgemeinen Sätzen begriffen werden.«

[18] Vgl. *Esser*, Grundsatz und Norm, S. 143, der das ABGB als »Prototyp naturrechtlicher Prinzipienbetonung« bezeichnet. Zu den Erfolgen, was die Reduzierung des Umfangs des Gesetzbuchs betrifft (Codex Theresianus: 8367 Paragraphen – ABGB: 1502 Paragraphen), s. näher unten S. 412.

[19] *Ofner*, Protokolle, Bd. 1, S. 9.

[20] Vgl. die §§ 487–503 ABGB, welche die zuvor aufgestellten allgemeinen Grundsätze für Grunddienstbarkeiten an einer Vielzahl von einzelnen Gestaltungsmöglichkeiten durchexerzieren. So erfährt man etwa, dass mit dem Fensterrecht in der Regel kein Recht zur Aussicht verbunden ist, aber eine Pflicht, das Fenster zu vergittern (§ 488) oder dass mit dem Recht des Fußsteiges das Recht verbunden ist, sich dort von Menschen tragen zu lassen (§ 492), in der Regel aber nicht das Recht, sich dort von Tieren tragen zu lassen (§ 493). Vgl. weiter die §§ 674–683, die bis in die kleinste Einzelheit gehende Auslegungsregeln zu Vermächtnissen geben. Hier erfährt man etwa, was unter Juwelen, Schmuck oder Putz zu verstehen sei (§ 678) und dass die Wäsche nicht zur Kleidung und die Spitzen nicht zur Wäsche zu rechnen seien (§ 679).

[21] Das kann hier nur an einzelnen Beispielen aufgezeigt werden. So sind die Regelungen des ABGB, was unter Juwelen, Schmuck, Putz, Equipage, Gold und Silber usw. im Rahmen eines Vermächtnisses zu verstehen ist (§§ 678, 679), erkennbar den entsprechenden allgemeinen Begriffsbestimmungen im ALR (I 2 §§ 20–28) nachgebildet. Auch bei den Detailregelungen zu Grunddienstbarkeiten im ABGB hatten die (noch detailversesseneren) Regelungen hierzu im ALR (I 22 §§ 55 ff.) erkennbar Vorbildfunktion, wenn auch manches Detail anders geregelt ist.

im Übrigen lebte bei den Vermächtnisregelungen wohl auch die hierzu reiche Kasuistik des römischen Rechts weiter fort.[22]

2. Warum keine Kasuistik?

War also eine kasuistische Regelungstechnik in der Gesetzgebungstheorie und -praxis ganz überwiegend verpönt und gestand man Detailregelungen allenfalls in Ergänzung zu einer grundsatzorientierten Gesetzgebung zu, so stellt sich die Frage, welche Motive und Argumente zur Ablehnung der Kasuistik führten. Zur Zeit der Aufklärung erfreute sich bei vielen Gesetzgebungstheoretikern die Vorstellung großer Beliebtheit, die erdrückend große, unübersichtliche und wenig systematische Masse der bestehenden Gesetze, die einem namentlich in Gestalt der Justinianischen Gesetzbücher entgegentrete, ließe sich auf wenige allgemeine Grundsätze reduzieren und hierdurch die Rechtsordnung erheblich vereinfachen.[23] Der Optimismus des Aufklärungszeitalters sah die menschliche Vernunft hier einer doppelten Aufgabe gewachsen: zum einen (mit Blick auf den Gesetzgeber) die allen Regelungssachverhalten zugrunde liegenden allgemeinen Prinzipien aufzufinden und in Gesetze zu gießen und zum anderen (mit Blick auf die Richter und Gesetzesadressaten) bei der Anwendung dieser gesetzlichen Prinzipien die richtigen Schlüsse auf den Einzelfall zu ziehen.[24] Es mag überraschen, dass dieses am Anfang des Kodifikationszeitalters stehende optimistische Programm einer Vereinfachung der (Privatrechts-) Gesetzgebung durch Reduzierung auf wenige, klare Grundsätze ein Jahrhundert später, am Ende des Kodifikationszeitalters, bei Eugen Huber in ähnlicher Form nochmals anzutreffen ist.[25]

---

[22] S. hierzu *Mayr*, Gesetzbuch als Rechtsquelle, S. 412.

[23] *Filangieri*, Bd. 1, S. 65; *Bielfeld*, Bd. 1, Kap. VI, § 15, S. 239 f.; *Hommel*, Principis cura leges, S. 44/128; *Paalzow*, Vorrede zum Montesquieu-Kommentar, S. XVIII; *Kant*, KrV, A 301, B 358: »Es ist ein alter Wunsch, der, wer weiß wie spät, vielleicht einmal in Erfüllung gehen wird: daß man doch einmal, statt der endlosen Mannigfaltigkeit bürgerlicher Gesetze, ihre Prinzipien aufsuchen möge; denn darin kann allein das Geheimnis bestehen, die Gesetzgebung, wie man sagt, zu simplifizieren.«; *Bergk*, S. 188; *Gönner*, S. 71; *Gerstäcker*, Bd. 2, S. 126.

[24] Typisch hierfür der Ausspruch *Gerstäckers*, ebd., der Gesetzgeber solle sich auf allgemeine Ideen und Sätze konzentrieren, »aus welchen jeder gesunde Menschenverstand die speciellen Fälle von selbst entwickeln kann«. Zur Unterscheidung zwischen dem regelauffassenden und regelgebenden Vermögen (Verstand) und dem regelanwendenden Vermögen (Urteilskraft) bei Kant und der Jurisprudenz der Aufklärungszeit s. *J. Schröder*, Wissenschaftstheorie, S. 188 ff., 211 f.

[25] *Huber*, Erläuterungen, Heft 1, S. 9: »Nichts trägt so sehr zur Vereinfachung der Gesetzgebung bei, wie die Zusammenfassung der einzelnen Anordnungen in wenige, klare Grundsätze. Überdies aber wird durch solche Verallgemeinerungen auch die Rechtsüberzeugung befestigt und die Gleichheit in der Ordnung der Verhältnisse gefördert. Grosse Gedanken, allgemeine Wahrheiten liegen unserer Rechtsüberzeugung bewusst oder unbewusst zu Grunde, und der Gesetzgeber vermag durch nichts den Eindruck seines Werkes mehr zu vertiefen und zu befestigen, als wenn es ihm gelingt, in seiner Redaktion auch solchen Grundsätzen Ausdruck zu geben.« Zu den Grenzen der Verallgemeinerung bei Huber s. unten S. 297.

Wie wir an späterer Stelle noch ausführlich sehen werden, bestand eine weitere, namentlich in der Aufklärungszeit häufig anzutreffende Forderung der Gesetzgebungstheorie an den Gesetzgeber darin, nach einer möglichst lückenlosen Erfassung der regelungsbedürftigen Sachverhalte im Gesetz zu streben. Um diesem Ideal zu entsprechen, lag der Versuch nahe, durch möglichst ausführliche Erfassung der Einzelfälle die Wirklichkeit im Gesetz vollständig einzufangen. Doch hier gerade setzte von alters her eine häufige Kritik am kasuistischen Gesetzgebungsstil an. Vollständigkeit lasse sich gerade nicht durch Aufzählung einzelner Fälle erreichen, sondern nur durch die Suche nach allgemeinen Begriffen und Regeln.[26] Ein kasuistisches Gesetz veralte im Übrigen schnell; ein Schritthalten der Gesetze mit den Veränderungen der Wirklichkeit sei nur durch verallgemeinernde Regelungen möglich. Wer so argumentierte, lehnte in aller Regel auch den Versuch einer Ausschaltung richterlichen Ermessens durch kasuistische Vorgaben des Gesetzgebers ab, die nur noch eine quasi mechanische Anwendung erfordern.[27] Die Anwendung allgemeiner Begriffe und leitender Grundsätze erforderte gerade mehr vom Richter als bloß Mund des Gesetzgebers zu sein.[28]

Kasuistik barg nach Ansicht der Gesetzgebungstheoretiker noch andere Gefahren. Je mehr der Gesetzgeber ins Detail ausgreife, desto größer werde die Gefahr von Widersprüchen und gesetzlichen Inkonsequenzen.[29] Die jedem Einzelfall gerecht werden wollende Kasuistik mache das Gesetz nur unverständlicher und schwerer handhabbar, jede neue Ausnahme und Modifikation der Grundregeln bringe nur neue Abgrenzungs- und Auslegungsschwierigkeiten.[30]

Besonders im Strafrecht galt es jedoch, die prinzipienorientierte Regelungstechnik mit dem Bestimmtheitsgebot in Einklang zu bringen. Man sieht das Bemühen hierum deutlich bei Feuerbach. Er betont, das eigentliche Strafgesetzbuch müsse dem Richter möglichst präzise Entscheidungsvorgaben an die Hand geben. Die Vereinfachung der Gesetzgebung dürfe nicht darin gesehen werden, dass die vom Gesetzgeber zu treffenden Entscheidungen dem Richter überlassen werden.[31] Diese Anwendungssicherheit könne aber nicht durch einen kasuistischen Stil erreicht werden. Kasuistik bringe keine Anwendungssicherheit, sondern erhöhe nur das Gesetzesvolumen auf Kosten der Verständlichkeit.[32] Stattdes-

---

[26] S. die Nachweise unten S. 329, Fn. 176.

[27] So ausdrücklich im Zusammenhang mit der Ablehnung einer kasuistischen Regelungstechnik: *Zeiller*, Eigenschaften, S. 246 ff.; *Kitka*, S. 54 ff. und *Mittermaier*, AcP 36 (1853), S. 99 f.; vgl. auch schon *Thomasius*, Prudentia Legislatoria, Kap. XII, § 10: Gesetze können gar nicht so abgefasst werden, dass dem Urteil des Richters nicht noch unbegrenzte Arbeit bleibt.

[28] Vgl. *Montesquieus* bekannte These, wonach der Richter nur der Mund sein soll, der die Worte des Gesetzes spricht (»la bouche qui prononce les paroles de la loi«; Esprit des loix, Buch XI, Kap. 6).

[29] *Rotteck*, Bd. 2, S. 330 f.

[30] *Montesquieu*, Buch XXIX, Kap. 16; *Wach*, S. 37 ff.

[31] *Feuerbach*, Kritik, Teil 1, S. 5, 7, Teil 2, S. 33 ff.; zum Bestimmtheitskonzept Feuerbachs s. unten S. 364 ff.

[32] *Feuerbach*, Kritik, Teil 1, S. 13 ff.; *ders.*, Nachlaß, Bd. 1, S. 218 f.

sen müsse der Gesetzgeber die allgemeinen Begriffe der Verbrechen (in moderner Terminologie: die Tatbestände) aufsuchen, diese bestimmt, klar und erschöpfend regeln und hieraus die Besonderheiten der einzelnen Verbrechensarten ableiten und darstellen.[33] Feuerbachs Ablehnung eines kasuistischen Gesetzgebungsstils bedeutet also nicht eine Absage an eine (auch) ins Detail gehenden Regelungstechnik; das Detail dürfe aber nicht (wie bei der Kasuistik) an die Stelle der allgemeinen Regel treten, sondern diese nur – wo nötig – ergänzen. So wird im (wesentlich auf Feuerbach zurückgehenden) bayerischen Strafgesetzbuch von 1813 häufig zunächst eine allgemeine Regel abstrakt aufgestellt und diese nachfolgend anhand einzelner Fallgruppen näher präzisiert bzw. erläutert.[34]

Eine weitere Folge des Feuerbachschen Konzepts war die präzise und detaillierte Ausformung des Allgemeinen Teils im bayerischen Strafgesetzbuch von 1813. Zwar fand sich auch schon in früheren Strafgesetzbüchern und Entwürfen ein Allgemeiner Teil, doch Feuerbach füllte ihn mit vorher nicht gekanntem Detailreichtum und Präzision aus, um so dem Richter feste Vorgaben zu liefern und gleichzeitig den Besonderen Teil von kasuistischen Regelungen zu entlasten.[35] Konnte somit durch dieses verstärkte »Vor-die-Klammer-Ziehen« im Allgemeinen Teil der Besondere Teil des bayerischen Strafgesetzbuchs im Vergleich mit den Besonderen Teilen im ALR oder in Kleinschrods Entwurf von mancherlei Ballast befreit werden, so wird dieser Abstraktionsgewinn im bayerischen Strafgesetzbuch bei der Auffächerung der Deliktstatbestände in spezielle Begehungsmodalitäten zum Teil wieder verspielt. In dem Bemühen, dem Ermessen des Richters bei der Strafzumessung nur einen engen Spielraum zu lassen und gleichzeitig doch innerhalb eines Deliktstypus dem jeweiligen Unrechtsgehalt der recht unterschiedlichen Begehungsmodalitäten gerecht zu werden, ergeht sich das bayerische Strafgesetzbuch von 1813 nicht selten im Anschluss an den allgemeinen Deliktstatbestand in kasuistischen Aufzählungen von Begehungsmodalitäten, denen jeweils spezifische Strafzumessungsvorgaben zugeordnet werden.[36] Das preußische Strafgesetzbuch von 1851 konnte derartige Kasuistik vielerorts vermeiden, indem es dem Richter einen deutlich größeren Ermessensspielraum bei der Strafzumessung gibt. Indes finden sich auch im preußischen Strafgesetzbuch noch

---

[33] *Feuerbach*, Kritik, Teil 2, S. 33 f.

[34] Vgl. z.B. aus dem Allgemeinen Teil Art. 125 (allgemeine Notwehrregel) mit Art. 129 (Fallgruppen für die notwehrfähigen Rechtsgüter), Art. 128 Abs. 1 (allgemeine Regel zu den Grenzen der Notwehr) mit Art. 128 Abs. 2 (Erläuterung anhand konkreter Fallgruppen) oder aus dem Besonderen Teil Art. 143 Abs. 1 (allgemeine Regel zur Kausalität bei Tötungsdelikten) mit Art. 143 Abs. 2 (Erläuterung anhand konkreter Fallgruppen).

[35] Näher zum Allgemeinen Teil in Strafgesetzbüchern und speziell auch im bayerischen Strafgesetzbuch von 1813 unten S. 442 ff.

[36] Vgl. z.B. die Art. 217, 218, 221, 248, 263, 265, 321. Besonders perfektionistisch mutet die Aufteilung der Verratstatbestände in vier verschiedene Grade mit jeweils unterschiedlichen Strafzumessungsvorgaben an, wobei sich die einzelnen Grade wiederum in verschiedene Begehungsmodalitäten auffächern (Art. 299 ff.).

Rückfälle in kasuistische Aufzählungen von Begehungsmodalitäten – besonders anfällig hierfür waren von jeher die Diebstahlsdelikte.[37]

3. Die Grenzen der Verallgemeinerung

In der zweiten Hälfte des 19. Jahrhunderts festigte sich die Ansicht, dass auch die Vorteile einer verallgemeinernden Regelungstechnik ihre Grenzen haben. Zur Jahrhundertmitte wiesen bereits Morgenstern und Mohl darauf hin, dass eine zu stark abstrahierende Regelungstechnik das Fassungs- und Subsumtionsvermögen der Rechtsanwender überfordern könne.[38] Der gesetzgeberische Wille müsse für den Rechtsanwender im Einzelfall erkennbar bleiben. Jhering stellte dann das Prinzip der »formalen Realisierbarkeit des Rechts« auf. Die Leichtigkeit und Sicherheit der Anwendung des abstrakten Rechts auf konkrete Fälle und die Sicherung einer gleichmäßigen Anwendung des Rechts sei wichtiger als die logische Vollendung des abstrakten Inhalts.[39]

Im Zusammenhang mit der Entstehung des BGB wurden die Grenzen der Abstraktionstechnik dann in verstärktem Maße untersucht. Zitelmann fordert, der Gesetzgeber solle bei der Abstrahierung nur so weit gehen, dass die Konsequenzziehung nicht zu sehr erschwert wird und sich dem Normanwender eine Vorstellung von den wesentlichen Anwendungsfällen erschließt.[40] Aus Sicht des Richters formuliert heißt dies, dass für diesen bei »mittlerer Kombinationsfähigkeit« erkennbar sein soll, ob der ihm vorliegende Einzelfall unter die allgemeine Regelung fällt. Später weist Zitelmann auf einen weiteren Nachteil einer

---

[37] Vgl. die schier endlosen Aufzählungen von qualifizierten Diebstahlsvarianten in den §§ 217 f. des preußischen Strafgesetzbuchs.

[38] *Morgenstern*, Bd. 1, S. 286 f.; *Mohl*, Politik, Bd. 1, S. 430 f.

[39] *Jhering*, Bd. 1, § 4, S. 51 ff. (Zitat auf S. 53): »Bestimmungen, die in materieller Beziehung plump zugeschnitten, aber an äußerliche, in concreto leicht zu erkennende Kriterien geknüpft sind, wiegen in praktischer Beziehung Rechtssätze auf, deren geistiger Gehalt und Zuschnitt noch so tadellos ist, bei denen aber die formale Realisierbarkeit außer acht gelassen ist.« Als (von anderen später gerne aufgegriffenes) Beispiel nennt Jhering die Regelungen zur Volljährigkeit. Der Gesetzgeber steht hier vor der Alternative, die Kriterien abstrakt zu umschreiben (nötige Einsichtsfähigkeit und Charakterfestigkeit) oder die Volljährigkeit generell an ein bestimmtes Alter zu knüpfen. Im ersteren Fall kann Einzelfallgerechtigkeit besser verwirklicht werden als bei der strikten Altersgrenze (jemand mag schon vor Erreichen der Altersgrenze die nötige Einsichtsfähigkeit besitzen oder umgekehrt trotz deren Erreichens sie noch nicht besitzen), dies ginge jedoch auf Kosten der Rechtssicherheit, weil für die Parteien im Einzelfall die konkrete Einsichtsfähigkeit schwer erkennbar ist und die strikte Altersgrenze hier ein sehr viel verlässlicheres Kriterium gibt. In solchen Fällen müsse die (von der Idee her richtigere) abstrakte Umschreibung des Tatbestandes zugunsten eines praktisch leichter erkennbaren Tatbestandsmerkmals geopfert werden, um die sichere und gleichmäßige Realisierbarkeit des Rechts zu ermöglichen.

[40] *Zitelmann*, Rechtsgeschäfte, S. 13. Entsprechend fordert *Gutherz*, Teil 2, S. 52 ff., dass der Abstraktionsgrad nicht das Fassungsvermögen der Rechtsanwender überfordern soll. Neue Gesetze sollen sich daher nur behutsam und schrittweise eines höheren Abstraktionsgrades als das bisherige Recht bedienen, damit Bestimmtheit und Praktikabilität nicht verloren gehen.

schrankenlosen Abstraktion hin. Je höher der Abstraktionsgehalt einer Regelung, desto größer werde die Gefahr, dass der Gesetzgeber hiermit unabsichtlich Anwendungsfälle umschließt, die er gar nicht vorhergesehen hat und womöglich gar nicht unter die Regelung fallen lassen wollte.[41] Der in der Anpassungsfähigkeit an veränderte Umstände liegende Vorteil einer abstrahierenden Gesetzgebung kann also auch in einen Nachteil umschlagen, wenn die Anwendung auf vorher nicht vorhergesehene Konstellationen nicht den Intentionen des Gesetzgebers entspricht. In diesem Sinne sei eine prinzipienorientierte Gesetzgebungstechnik immer »ein Sprung ins Dunkle« und der Gesetzgeber tue gut daran, die Reichweite einer verallgemeinernden Regelung nach Möglichkeit im Vorhinein zu erfassen und sachlich nicht angemessene Anwendungsfälle ausdrücklich auszunehmen.[42]

Planck unterscheidet bei seiner Verteidigung des ersten BGB-Entwurfs zwischen einer auf leitende Rechtsgedanken beschränkten Gesetzgebungstechnik und einer solchen, welche die einzelnen Sachverhalte auf umfassende prinzipielle Rechtssätze zurückführt.[43] Die Beschränkung auf leitende Rechtsgedanken lehnt er ab. Hiermit werde der Zweck des Gesetzes, eine feste Norm für die Verhältnisse des Lebens zu geben, nicht erreicht. Das Gesetz müsse vielmehr diejenigen Rechtssätze aufstellen, welche zur Verwirklichung der leitenden Gedanken erforderlich sind. Nur in seltenen Fällen sei der leitende Rechtsgedanke so eindeutig und scharf abgegrenzt, dass er nur in einer bestimmten Art verwirklicht werden kann und also geeignet ist, selbst als Rechtssatz aufgestellt zu werden. Planck will damit aber nicht einer kasuistischen Methode das Wort reden. Die einzelnen Sachverhalte sollen soweit wie möglich auf prinzipielle Rechtssätze zurückgeführt werden. Solche prinzipiellen Rechtssätze seien aber etwas anderes als leitende Rechtsgedanken. Diese würden nur den Zweck, jene den zur ihrer Ausführung bestimmten, aber möglichst prinzipiell gefassten Rechtsbefehl bezeichnen. Nur so ließe sich das Ideal größtmöglicher Vollständigkeit mit dem der Rechtssicherheit verbinden. Plancks Konzept, nicht zuletzt als Entgegnung auf Gierkes Kritik am BGB-Entwurf formuliert, beinhaltet also eine klare Absage an die seit der Aufklärung kultivierte Hoffnung, die Rechtsordnung durch eine Reduzierung auf wenige Grundsätze zu vereinfachen. Hierin wird einmal mehr deutlich, dass sich die Problematik nicht auf die beiden Gegensätze einer kurzen, einfache Grundgedanken bevorzugenden Regelungstechnik und einer weitläufigen, detailversessenen Kasuistik reduzieren lässt. Schon bei Feuerbach sahen wir, dass die Absage an eine einzelfallorientierte Kasuistik nicht eine Absage an (aus den Grundregeln hervorgehende) Detailregelungen bedeuten muss und dass das Bestimmtheitsgebot wie auch die Sachgerechtigkeit gerade beides erfordern kön-

---

[41] *Zitelmann*, Kunst, S. 21 ff./261 ff., 26/266.
[42] Ebd., in diesem Sinne bereits *Mohl*, Politik, Bd. 1, S. 430, 443.
[43] Zum Folgenden: *Planck*, AcP 75 (1889), S. 419 ff.

nen: Grundregel und Modifikation, Abstraktion und abweichende Spezialvorschrift. Plancks Thesen stellen eine Weiterentwicklung dieses Konzepts für das Zivilrecht dar, indem er als Gegenentwurf zur Kasuistik eine leitsatzorientierte Gesetzgebung verwirft und an deren Stelle einen durch Abstraktion und systematische Verknüpfung auf Vollständigkeit zielenden Gesetzgebungsstil setzt.

Plancks Thesen sind im Grunde zugleich auch eine vorweggenommene Kritik an der von Eugen Huber favorisierten Gesetzgebungstechnik. In der Ablehnung einer Kasuistik sind sich Planck und Huber einig, nicht aber darin, was an deren Stelle zu setzen ist. Während Planck abstrahierende Regelungen befürwortet, die induktiv zu gewinnen sind und nach Möglichkeit alle regelungsbedürftigen Sachverhalte abdecken sollen, bevorzugt Huber anschauliche Leitgedanken, die zwar generalisieren, ohne aber den Normgehalt in schwer fassbare Abstraktionen aufzulösen.[44] Huber sieht die Grenze für Verallgemeinerungen durch den Gesetzgeber dort überschritten, wo der Rechtssatz nicht mehr unmittelbar verständlich und anwendbar ist. Die Verallgemeinerung dürfe nur so weit gehen, dass sie auf die einzelnen Fälle des praktischen Lebens anwendbar und den Verhältnissen angemessen bleibt.[45] Auch habe sie nur dort ihre Berechtigung, wo sie speziellere Vorschriften wirklich entbehrlich macht. Anderenfalls sei sie keine Vereinfachung und Entlastung, sondern das Gegenteil.[46] Man sieht hierin einmal mehr wie die favorisierte Regelungstechnik kein Selbstzweck war, sondern bewusst zur Erreichung verschiedener Ziele eingesetzt wurde. Je nach Gewichtung dieser Ziele, fiel auch die Regelungstechnik verschieden aus. Indem Planck eine möglichst vollständige Normierung der zu regelnden Sachverhalte erstrebte und die Anschaulichkeit als weniger wichtig einstufte, gelangte er zu dem das BGB prägenden abstrakten und präzisen, doch wenig anschaulichen Regelungsstil. Demgegenüber erachtete Huber die Anschaulichkeit als vorrangig gegenüber dem Versuch einer möglichst präzisen Durchnormierung der Regelungssachverhalte; das Resultat trat uns in Form des ZGB entgegen.

Im Ausgangspunkt – nämlich dem Bemühen um Vermeidung von Kasuistik – konnten sich die Redaktoren des BGB der Billigung durch die Fachwelt sicher sein. Schon das Gutachten der Vorkommission von 1874 wie auch der hierauf basierende Bericht des Justizausschusses des Bundesrats hatten betont, dass Kasuistik zu vermeiden sei und so beeilte sich auch die eingesetzte BGB-Kommission

---

[44] *Huber*, Erläuterungen, Heft 1, S. 9 f.; s. hierzu das Zitat oben Fn. 25. Zustimmung fand das Konzept Hubers bei *Gény* (Technique, S. 1032), der den sich auf die großen Linien beschränkenden Gesetzgebungsstil des ZGB für zukunftsträchtiger hält als einen jedes Detail zu erfassen trachtenden Stil, weil jener besser den sozialen Herausforderungen der Zukunft gerecht werden könne.

[45] Ebd., S. 9 f.; halte sich der Gesetzgeber nicht an diese Grenze, begebe er sich in das Feld der Wissenschaft.

[46] Ebd., S. 24; u. a. aus diesen Erwägungen lehnt *Huber* auch einen Allgemeinen Teil ab, s. hierzu unten S. 451.

gleich in einer ihrer ersten Sitzungen den künftigen Redaktoren mit auf den Weg zu geben, dass sie sich von Kasuistik freizuhalten haben.[47] Bei der Frage, welche Methode anstelle von Kasuistik einzuschlagen sei, hatte ebenfalls bereits das Gutachten der Vorkommission die Richtung gewiesen: neben den leitenden Prinzipien seien auch die wichtigsten Folgesätze und die Ausnahmen zu regeln.[48] Im Kern lag hierin bereits die Absage an eine bloß leitsatzorientierte Regelungstechnik zugunsten des Bemühens um abstrakte Vollständigkeit, welche wie wir sahen später Planck in Verteidigung des ersten BGB-Entwurfs näher ausführen sollte. Das BGB ist auch in seiner Endfassung über weite Teile diesem Konzept treu geblieben, welches hohe Anforderungen an den Gesetzesanwender stellte und hierdurch vielfältige Kritik herausforderte.[49]

4. Mittel zur Milderung der Abstraktheit

Blicken wir nun auf die Mittel, mit denen sich die Nachteile eines abstrakten Regelungsstils mildern ließen.

a) Beispiele im Gesetz

Eine nahe liegende Möglichkeit, das Verständnis einer abstrakten gesetzlichen Regelung zu erleichtern, besteht in der Beifügung von Beispielen im Gesetz. Die Eigenart dieser Gesetzgebungstechnik besteht darin, dass hier dem Gesetzestext etwas beigeben wird, was keinen selbständigen Regelungsgehalt enthält, die abstrakte Bestimmung weder erweitern noch beschränken will, sondern lediglich erläutern. Beispiele im Gesetz sind also lehrhafter Natur und so verwundert es nicht, dass sie sich zur Zeit der Aufklärung großer Beliebtheit in der Gesetzgebungspraxis erfreuten, war der belehrende Impetus doch ein charakteristisches Element aufklärerischer Gesetzgebung.[50] Diese Technik erlaubte es, das Auslegungsermessen der Richter zu minimieren und gleichzeitig dem Ideal möglichst

---

[47] Gutachten der Vorkommission v. 15. April 1874, in: *Schubert*, Materialien, S. 170–185, hier: S. 176; Bericht des Bundesratsausschusses für Justizwesen v. 9. Juni 1874, ebd., S. 186–199, hier: S. 195; Protokoll der Kommissionssitzung v. 19. September 1874, ebd., S. 206–211, hier: S. 207.

[48] Gutachten der Vorkommission v. 15. April 1874, in: *Schubert*, Materialien, S. 170–185, hier: S. 176.

[49] Prominente Kritik am abstrakten Regelungsstil des BGB kam insbesondere von *Gierke*, der zwar das Bemühen um Vermeidung von Kasuistik lobt (S. 27), andererseits aber der Kommission vorwirft, in dem Bestreben, alle Regelungen möglichst genau und eindeutig zu fassen, in eine »abstrakte Kasuistik« verfallen zu sein (S. 58); auch *Bähr* betont, dass das Streben, Kasuistik zu vermeiden, häufig zu sehr abstrakten und schwer verständlichen Regelungen geführt habe (S. 323, 566); *Goldschmidt* hingegen glaubt, »eine große Reihe von Folgerungen höchst einfacher und darum schwer zu verfehlender Art« im Entwurf vorzufinden (S. 121 ff.). Zahlreiche Beispiele zu dem Bemühen der BGB-Verfasser um die Vermeidung von Kasuistik gibt *Jakobs*, S. 145 ff.

[50] Zum belehrenden Charakter der Aufklärungsgesetzgebung und den Urteilen hierzu in der Gesetzgebungstheorie s. näher unten S. 312 ff.

gemeinverständlicher Gesetze näher zu kommen.[51] Von der gewöhnlichen kasuistischen Regelungsmethode unterscheidet sich diese Technik dadurch, dass die Beispiele nur zur Erläuterung einer abstrakten Regel dienen und nicht abschließend gemeint sind.

Auch in der Gesetzgebungstheorie wird in der Aufklärungszeit die Beifügung von Beispielen im Gesetzestext befürwortet, um das Gemeinte zu verdeutlichen, einer fehlerhaften Subsumtion entgegenzuwirken und die gesetzliche Anordnung auch für den Laien verständlich zu machen.[52] Gesetzgebungsziele wie das der Kürze und der Vermeidung von Überflüssigem wurden in dieser Beziehung hintangestellt zugunsten des aufklärerischen Ideals eines für möglichst jedermann verständlichen und »subsumtionssicheren« Gesetzes. Doch schon an der Wende zum 19. Jahrhundert regt sich Widerstand gegen die Beispieltechnik in der Gesetzgebungstheorie. Zeiller geißelt sie als einen armseligen Notbehelf für einen Gesetzgeber, dem es an Deutlichkeit des Ausdrucks gebricht.[53] Im Munde eines »geschickten Lehrers für Zöglinge der Rechtsschule« seien Beispiele durchaus nützlich; der Gesetzgeber sei aber kein Lehrer und Beispiele im Gesetz liefen daher seiner Bestimmung entgegen. Auch würde durch Beispiele der Umfang des Gesetzes unnötig ausgedehnt. Zeiller spricht damit bereits die beiden späteren Hauptargumente der Gesetzgebungstheorie gegen die Beispieltechnik an.

Man könnte nun meinen, dass mit der zunehmenden Ablehnung, die einem lehrhaften Gesetzgebungsstil im Verlauf des 19. Jahrhunderts in der Gesetzgebungstheorie entgegenschlug und mit dem Erstarken einer selbstbewussten

---

[51] Ein typisches Beispiel dieser Technik findet sich im ALR in I 11 §§ 83 ff. (Verkäufe in »Pausch und Bogen«): Zunächst wird eine abstrakte Umschreibung gegeben, was bei einem Landgut, welches »wie es steht und liegt« verkauft wird, als Zubehör zu begreifen ist (§ 83). Um Subsumtionszweifel auszuschließen, wird dann in den folgenden Paragraphen die abstrakte Regel an konkreten Anwendungsfällen erläutert. Ein anderes Beispiel (unter vielen) hierfür findet sich in ALR II 8 §§ 2046 f.: Zunächst werden besondere Bedingungen für die Versicherung von verderblichen Waren beim Seetransport aufgestellt. Da den Verfassern das Merkmal »verderbliche Ware« aber offenbar zu abstrakt erschien, werden allfällige Subsumtionszweifel im folgenden Paragraphen durch eine detaillierte Aufzählung der hierunter insbesondere zu begreifenden Waren ausgeräumt.

[52] *Wieland*, § 49, S. 71; *Th. Hippel*, S. 197; *Bentham* erweiterte sein bereits in der Schrift »Essay on the promulgation of laws and the reasons thereof« entwickeltes Konzept, wonach der Gesetzestext durchgängig von Erläuterungen und Begründungen begleitet sein soll (vgl. oben S. 124), in seinem Entwurf eines *Constitutional Code* noch dadurch, dass er dem Gesetzestext an geeigneten Stellen auch Beispiele (»exemplificational provisions«) zur Verdeutlichung beifügte. Tatsächlich setzte Bentham hier das Mittel des Beispiels jedoch häufig nicht zur Veranschaulichung einer abstrakten Regel am konkreten Fall ein, sondern als weiteres Instrument zur Rechtfertigung der Zweckmäßigkeit einer von ihm vorgeschlagenen Regelung; als ein Beispiel von vielen für diesen zur Rechtfertigung statt zur Erläuterung dienenden Einsatz der Beispieltechnik durch *Bentham* s. im Constitutional Code, Kap. VI, Abt. 25, Art. 8, CW: S. 74, wo er am Beispiel der Wahlen zum *Common Council* der *City of London*, dessen Abgeordnete in aller Regel von Jahr zu Jahr ohne echte Konkurrenz wiedergewählt werden, die von ihm in den vorangehenden Artikeln vorgesehene Regelung zur Einschränkung der Wiederwahl von Abgeordneten rechtfertigt.

[53] *Zeiller*, Eigenschaften, S. 257 f.

Rechtswissenschaft die Beispieltechnik aus dem Repertoire der Gesetzgebungstechnik verschwindet und ganz der Rechtswissenschaft überlassen würde. Das ist
aber nicht der Fall. Die Beispieltechnik lebt sowohl in der Gesetzgebungspraxis als
auch in der Gesetzgebungstheorie des 19. Jahrhunderts fort. Das fortdauernde
Streben nach möglichst breiter Verständlichkeit und Anschaulichkeit der Gesetzgebung ließ einen völligen Verzicht auf die Beispieltechnik nicht zu, zumal diese
auch dem Juristen die Auslegung und Anwendung erleichterte. Die häufigste
Form, in der die Beispieltechnik weiterlebt, ist die gesetzliche Illustration einer
abstrakten Regelung oder eines abstrakten Tatbestandsmerkmals durch Nennung
von typischen Hauptanwendungsfällen und zwar sowohl im Zivilrecht als auch im
Strafrecht. Im Zivilrecht macht auch das ABGB – trotz Zeillers gesetzgebungstheoretischen Attacken gegen Beispiele im Gesetz – zuweilen Gebrauch von
dieser Technik.[54] Im Strafrecht findet sich die Technik gelegentlich im bayerischen
Strafgesetzbuch von 1813 und – häufiger – im preußischen Strafgesetzbuch von
1851, wo sie insbesondere im Zusammenhang mit neuartigen Deliktstatbeständen
wie der Gefährdung von Eisenbahn- oder Telegraphenanlagen eingesetzt wird.[55]

Die theoretische Beschäftigung mit der Beispieltechnik in Form der Beifügung
von Hauptanwendungsfällen setzte zuerst im Strafrecht ein. Wir sahen bereits,
dass man (in der zivilrechtlichen wie in der strafrechtlichen Gesetzgebungstheorie)
schon im 19. Jahrhundert praktisch allgemein billigte, dass sich Lückenlosigkeit
nicht durch einen rein kasuistischen Regelungsstil erreichen lasse. Der Weg zur
möglichst lückenlosen Strafgesetzgebung führte also über verallgemeinernde und
abstrahierende Umschreibungen der Straftatbestände. Gleichzeitig galt es jedoch,
den Geboten nach Bestimmtheit und Anschaulichkeit nachzukommen. Schon
früher als in der zivilrechtlichen Gesetzgebungslehre befürwortete man daher in
der Strafgesetzgebungstheorie die Methode, der allgemeinen und abstrakten Umschreibung des Verbrechenstatbestandes einige Hauptanwendungsfälle erläuternd
beizugeben. Kitka stellte für diese Technik im Strafrecht folgende Grundsätze
auf:[56]

– Einzelne Handlungsformen eines Verbrechens seien immer nur beispielhaft,
nicht mit dem Anspruch auf Vollständigkeit aufzuführen, da sämtliche Fälle
niemals vorhersehbar seien (also keine Kasuistik).

---

[54] So erfährt man, dass nicht nur »Braupfannen, Branntweinkessel und eingezimmerte Schrän-
ke« zum Zubehör von Grundstücken gehören, sondern auch »z. B. Brunneneimer, Seile, Ketten,
Löschgeräthe und dergleichen« (§ 297 ABGB). An die Detailliebe des ALR gerade bei den
Zubehörbestimmungen (I 2 §§ 48–102) reicht das ABGB freilich nicht heran. Vgl. auch die
beispielhafte Aufzählung von wichtigen Gründen für die Anordnung der Fortdauer der Vormundschaft auch nach Erreichen der Großjährigkeit in § 251 ABGB.

[55] Vgl. aus dem bayerischen Strafgesetzbuch von 1813 z. B. die Art. 144 Variante 2, 150, 231
und 329 und aus dem preußischen Strafgesetzbuch von 1851 z. B. die §§ 246 Nr. 2, 275, 283, 289,
294, 296, 301, 302.

[56] *Kitka*, S. 114 ff.

– Die beispielhaft aufgeführten Handlungsformen des Verbrechens dürfen keine Merkmale enthalten, die der allgemeinen Umschreibung des Delikts widersprechen.

– Es sind nur die wichtigsten und solche Handlungsformen des Verbrechens ausdrücklich zu benennen, welche für die Abgrenzung der Merkmale des Delikts wichtig sind.

– Besonders angeführt sollen immer solche Handlungsformen des Verbrechens werden, welche regelmäßig besonders schwer oder besonders milde zu bestrafen sind.

Während die ersten drei von Kitka angesprochenen Grundsätze der gesetzlichen Illustration des abstrakten Tatbestandes dienen, führt der vierte aufgeführte Grundsatz zu einer differenzierten gesetzlichen Vorgabe der Strafzumessung und nähert sich damit der Technik, die im modernen Strafrecht als Regelbeispielmethode bezeichnet wird.

Später befasste sich auch Wach im Rahmen seiner Ablehnung einer kasuistischen Regelungstechnik mit den Vorteilen der exemplifizierenden Methode im Strafrecht.[57] Wach versteht hierunter wie Kitka die erläuternde, aber nicht abschließende Aufzählung von Hauptanwendungsfällen im Anschluss an einen abstrakten Begriff oder eine abstrakte Regelung. Auf diese Weise ließen sich die »üblen Erzeugnisse« der Kasuistik zu brauchbaren Gesetzen umgestalten, indem man den gemeinsamen Grundgedanken der kasuistischen Regelungen aufsucht und abstrakt normiert und die kasuistischen Fälle in nicht abschließend gemeinte Gesetzesbeispiele umwandelt.

Im Zivilrecht wurde diese Technik im Zusammenhang mit den Entwurfsarbeiten zum BGB näher thematisiert. Nach der Ansicht von Planck, Zitelmann und später auch Gutherz kann und soll der Gesetzgeber dort, wo es das Verständnis erleichtert, zusätzlich zur umfassenden, abstrakten Regelung (nicht aber anstelle dieser) einige Hauptanwendungsfälle ausdrücklich aufführen.[58] Das BGB macht von dieser Technik in nicht wenigen Fällen Gebrauch und auch das schweizerische ZGB bedient sich ihrer gelegentlich.[59]

Von dieser exemplifizierenden Methode durch Beifügung von Hauptanwendungsfällen ist eine von Mohl propagierte Technik zu unterscheiden, wonach dem Gesetzestext echte Einzelfallbeispiele beizugeben sind.[60] Diese sollen – wie im Lehrbuch – die Anwendung einer abstrakten Regel anhand von konkreten Fällen illustrieren. Der Kritik, hierdurch das Gesetzbuch mit einem Lehrbuch zu

---

[57] Zum Folgenden: *Wach*, S. 37 ff., 41 ff.

[58] *Planck*, AcP 75 (1889), S. 422; *Zitelmann*, Kunst, S. 28 f./268 f.; *Gutherz*, Teil 2, S. 57. Auch *Bähr* (S. 324 f.) möchte die Abstraktheit des BGB-Entwurfs durch erläuternde Beispiele gemildert sehen, die jedoch nicht in den Gesetzestext, sondern in die Motive Eingang finden sollen.

[59] Z. B. §§ 98 Nr. 1, 99 Abs. 2, 196 Nr. 9, 425 Abs. 2, 935 Abs. 1 S. 1, 952 Abs. 2, 1366, 1650 BGB und Art. 664 Abs. 2, 689 Abs. 1, 700 Abs. 1, 703 Abs. 1, 725 Abs. 1 ZGB.

[60] *Mohl*, Politik, Bd. 1, S. 608 ff.

vermengen, wollte Mohl dadurch begegnen, dass diese Einzelfallbeispiele optisch vom normativen Gesetzestext getrennt werden und auch nicht an dessen Gesetzeskraft teilhaben sollen. Es fällt nicht schwer, in diesem Konzept Mohls Parallelen zu den »exemplificational provisions« Benthams zu erkennen, die bei Bentham ebenfalls dazu dienen sollten, den eigentlichen Gesetzestext durch hiermit verknüpfte Beispiele seitens des Gesetzgebers zu erläutern.[61] Konkret angeregt wurde Mohls Konzept aber durch Macaulays Entwurf eines Strafgesetzbuchs für Indien von 1837. Die zahlreichen Einzelfallbeispiele (»*illustrations*«) sind ein wesentlicher Charakterzug dieses Entwurfs und haben – sowohl in Indien selbst als auch im englischen Mutterland und (wie man am Beispiel Mohls sieht) darüber hinaus – viel Beachtung gefunden und heftige Kontroversen über die Zweckmäßigkeit derartiger Illustrationen seitens des Gesetzgebers ausgelöst. Es lohnt sich daher, näher auf diese Gesetzgebungstechnik einzugehen.

Illustrative Einzelfallbeispiele im Gesetzbuch sind keineswegs eine Erfindung Macaulays oder des 19. Jahrhunderts, wie vielfach in der Literatur behauptet wird.[62] In der Hochphase der belehrenden Gesetzgebung bis zur Mitte des 18. Jahrhunderts, der Zeit der »Lehrbücher mit Gesetzeskraft«[63], war diese Technik in der mitteleuropäischen Gesetzgebung durchaus gebräuchlich.[64] Im Zuge der zunehmenden Kritik an rein lehrhaften Elementen in der Gesetzgebung verschwanden die »Lehrbuchfälle« jedoch seit dem letzten Drittel des 18. Jahrhunderts aus den mitteleuropäischen Gesetzbüchern. Das ALR etwa, bei allem Hang zur Kasuistik

---

[61]   S. hierzu oben Fn. 52.

[62]   Als Innovation Macaulays stellen diese Technik dar: *J. S. Mill*, Penal Code for India, S. 28; *Mohl*, Politik, Bd. 1, S. 608; *Acharyya*, S. 10, 139; *E. Stokes*, S. 231, 330. *Kadish*, Columbia Law Review 78 (1978), S. 1112 f. u. *Smith*, S. 155, Fn. 49 weisen auf das Vorbild Livingstons hin. *W. Stokes*, Bd. 1, S. xxiii und im Anschluss hieran *Rankin*, S. 203 behaupten, dass Macaulays Illustrationstechnik von Bentham angeregt worden sei. Tatsächlich finden sich in Benthams Spätwerk Vorläufer dieser Technik: Während im »Specimen of a Penal Code« (*Bentham*, Bowring-Edition, Bd. 1, S. 164–168 = Traités de législation, Bd. 3, S. 302–321) die dem Regelungstext beigegebenen Erläuterungen noch allgemeiner Natur sind, finden sich im »Constitutional Code« wie aufgezeigt auch einzelfallbezogene Erläuterungen in Form von »exemplificational provisions« im Anschluss an einzelne Artikel. Dies übersieht *E. Stokes*, S. 330, Note Y, der bei Bentham keinen Gebrauch von Illustrationen im Zusammenhang mit Gesetzestexten finden konnte. Tatsächlich diente Macaulay für die Illustrationen im Entwurf eines indischen Strafgesetzbuchs aber nicht Bentham, sondern Livingstons Strafgesetzbuchentwurf als Anregung. Livingstons Entwürfe wiederum waren zwar allgemein stark von den Schriften Benthams beeinflusst, die Technik der Einzelfallbeispiele bezeichnete Livingston aber als seine eigene Innovation (unten Fn. 69) und tatsächlich entwickelte er sie bereits bevor Benthams »Constitutional Code« 1830 im Druck erschien. Aber auch Livingston und Bentham waren keineswegs die ersten, die sich dieser Technik bedienten (hierzu sogleich im Text).

[63]   Zum Begriff s. unten S. 312 mit Fn. 103.

[64]   Einer von vielen derartiger »Lehrbuchfälle« findet sich im Codex Theresianus in Teil 3, Caput 20, § VI, Nr. 62, wo ein konkretes Berechnungsbeispiel für die zuvor abstrakt normierte Aufteilung eines von mehreren gemeinsam zu tragenden Schadens im Falle eines Schiffbruchs gegeben wird.

und demonstrativer Gesetzgebungstechnik, enthält nur noch wenige echte Einzelfallbeispiele[65] und spätere Gesetzgeber verzichteten ganz darauf. Außerhalb Europas
lebte diese Technik aber im 19. Jahrhundert bei von Bentham beeinflussten
Gesetzesredaktoren fort. Als die indische Gesetzgebungskommission unter dem
Vorsitz Macaulays ab 1835 an dem Entwurf eines Strafgesetzbuchs arbeitete, griff
sie als Vorbild unter anderem auf den erst kurz zuvor in vollständiger Form
veröffentlichten Entwurf eines Strafgesetzbuchs für den Staat Louisiana des amerikanischen Politikers Edward Livingston zurück.[66] Livingston, dessen Gesetzgebungskonzept nach eigenem Bekunden stark von den Schriften Benthams
beeinflusst ist,[67] setzte Einzelfallbeispiele bewusst als Instrument der Gesetzgebungstechnik ein.[68] Anders als bei den Einzelfallbeispielen der »Lehrbücher mit
Gesetzeskraft« des 18. Jahrhunderts handelte es sich bei Livingstons Illustrationen
im Gesetzbuch um eine vom Redaktor methodisch reflektierte und gezielt eingesetzte Gesetzgebungstechnik, die Livingston selbst für neuartig hielt.[69] Die Motive, die Livingston zum Einsatz dieses Instruments bewogen, waren so neuartig
aber nicht; es waren die gleichen die etwa im ALR zu der ausgefeilten Ableitung
immer speziellerer Anwendungsfälle aus den allgemeinen Prinzipien führten.
Livingston wollte mittels der Einzelfallbeispiele Auslegungszweifel vorbeugen
und die Auslotung der Reichweite der abstrakten gesetzlichen Regelungen statt
in die Hände des Richters in die des Gesetzgebers legen.[70]

Ähnliche Motive veranlassten Macaulay in dem Strafgesetzbuchentwurf für
Indien von Einzelfallbeispielen Gebrauch zu machen. Auch er wollte hierdurch
die Macht der Richter, die Reichweite der Straftatbestimmungen nach eigenem

---

[65] Vgl. etwa ALR I 21 § 285, wo ein Berechnungsbeispiel für die Entschädigung gegeben
wird, welche der Pächter bei vorzeitiger Beendigung des Pachtvertrages unter bestimmten Voraussetzungen verlangen kann.

[66] Näher zur Berücksichtigung von Livingstons Entwurf durch die indische Gesetzgebungskommission oben S. 75 f.

[67] S. den Brief Livingstons an Bentham vom 10. August 1829, in: *Bentham*, Codification
Proposal, S. 382–384.

[68] Echte Einzelfallbeispiele finden sich in *Livingstons* »System of Penal Law for the State of
Louisiana« in den Artikeln 483, 484, 485 und 519 Nr. 5 des »Code of Crimes and Punishment«
und im »Book of Definitions« bei der Definition des Begriffs »Mistake«. Zu den Entwürfen
Livingstons s. oben S. 75, Fn. 276.

[69] *Livingston*, System of Penal Law for the State of Louisiana, Introductory Report to the
System of Penal Law, S. 108: »And, in order to approach nearer to that certainty so necessary in all
laws, recourse has been had to corollaries, examples and illustrations, as well in the body of the law,
as in the book of definitions. This is a new feature in legislation, and like many others that had
not yet received the sanction of experience, it was made the subject of solicitous reflection before
it was adopted.«

[70] *Livingston*, System of Penal Law for the State of Louisiana, Introductory Report to the
System of Penal Law, S. 109 zum Zweck des Einsatzes der Illustrationen: »The lawgiver takes upon
himself that part of his duty which has heretofore been improperly devolved upon the judge ... he
declares how far the law is intended to extend, what classes of cases do not come within its
purview.«

Gutdünken zu bestimmen, einschränken.[71] Daneben waren die Illustrationen für Macaulay aber auch ein Mittel, größere Verständlichkeit der Regelungen zu erreichen, ohne auf die Präzision des Ausdrucks verzichten zu müssen. Die Verständnisschwierigkeiten, die durch das Streben nach größtmöglicher Präzision und Bestimmtheit bei der gesetzlichen Umschreibung der strafbaren Handlungen entstanden, sollten durch die sich der abstrakten Regelung anschließenden illustrativen Beispiele wieder ausgeglichen werden.[72] Die indische Gesetzgebungskommission unter Macaulay hat in viel stärkerem Maße als Livingston vom Instrument der Einzelfallbeispiele Gebrauch gemacht. Während sich diese bei Livingston nur vereinzelt finden, wurden sie von Macaulay zu einem prägenden Element seines Gesetzbuchentwurfs ausgebaut. Einzelfallbeispiele finden sich hier, als *Illustrations* überschrieben und durch ein anderes Schriftbild vom eigentlichen Regelungstext abgehoben, zu zahlreichen Artikeln.[73]

Die Illustrationen im indischen Strafgesetzbuchentwurf wurden schnell zum Gegenstand einer heftigen Kontroverse. Während der indische Generalgouverneur bei einer ersten Prüfung des Entwurfs 1837 die Illustrationen ausdrücklich wegen des hierdurch bedingten Gewinns an Verständlichkeit lobte,[74] stießen sie bei den englischen Richtern in Indien überwiegend auf scharfe Kritik.[75] Auch die zur gleichen Zeit in England tagende Strafrechtskommission sprach sich 1839 gegen den Einsatz derartiger Illustrationen aus; Beispiele seien zwar als Gegenstand der Ausbildung nützlich, sollten aber nicht als Instrument der Gesetzgebung

---

[71] Schreiben der *Indian Law Commissiners* an den *Governor-General in Council* vom 14. Oktober 1837, in: Penal Code for India (Draft 1837), S. 8.

[72] Schreiben der *Indian Law Commissiners* an den *Governor-General in Council* vom 14. Oktober 1837, in: Penal Code for India (Draft 1837), S. 7.

[73] Bei komplizierten und wichtigen Straftatbeständen sind häufig auch mehrere Illustrationen einem Tatbestand beigefügt; so wird der Diebstahlstatbestand in Macaulays Entwurf (sec. 363) von nicht weniger als 26 — in der Gesetz gewordenen Fassung (sec. 378) immerhin noch von 16 — Illustrationen erläutert. Als Beispiel für das typische Erscheinungsbild der Illustrationen im indischen Strafgesetzbuch sei hier die erste Illustration zum Diebstahlstatbestand wiedergegeben (Illustration (a) zu sec. 378 in der Gesetz gewordenen Fassung): »A cuts down a tree on Z's ground, with the intention of dishonestly taking the tree out of Z's possession without Z's consent. Here, as soon as A has severed the tree in order to such taking, he has committed theft.«

[74] Minute of the Governor-General dated 20 May 1837, in: Proceedings and Consultations of the Government of India, Legislative Consultations, 1837, June 5, No. 2; auch in: Return to an Order of the House of Lords, dated 11 June 1852, for Copies of all Correspondence …, S. 32 f., in: Parliamentary Papers (HL) 1852 (263) xii.

[75] Dezidiert ablehnend gegenüber den Illustrationen etwa die Haltung von Laurence Peel, oberster Richter des *Supreme Court* in Bengalen: »The objections, which I have to state to the illustrations, are, that many are useless, offering light in broad day: that some darken whilst they attempt to give light: that some do not throw the light where the darkness prevails …« (*Peel*, S. 9); vgl. im Übrigen die im »Report on the Indian Penal Code« vom 23. Juli 1846 durch die damaligen Kommissionsmitglieder Cameron und Elliot dargestellten (mehrheitlich negativen) Äußerungen diverser englischer Richter in Indien zur Illustrationstechnik des Entwurfs. Cameron und Elliot selbst standen der Illustrationstechnik positiv gegenüber.

eingesetzt werden.[76] Entsprechend basierte auch die Ablehnung des Entwurfs durch John Elliot Drinkwater Bethune, der 1848 *law member* des *Governor-General of India in Council* wurde und damit wesentlichen Einfluss auf die Gesetzgebung in Britisch-Indien hatte, zu einem erheblichen Teil auf seiner Kritik an den zahlreichen Illustrationen im Entwurf.[77] Bethune legte 1851 einen Gegenentwurf vor, aus dem sämtliche Illustrationen gestrichen waren.[78] Der überraschende Tod Bethunes noch im gleichen Jahr brachte aber eine abermalige Kehrtwendung in der Frage der Illustrationstechnik, denn Bethunes Nachfolger Barnes Peacock stand dieser Technik wiederum wohlwollend gegenüber und ein unter seiner Leitung stehender Ausschuss des *Legislative Council of India* sprach sich für Macaulays Entwurf als Grundlage des künftigen indischen Strafgesetzbuchs aus.[79] Wie zäh der Widerstand gegen diese Technik namentlich seitens einiger englischer Richter in Indien war, die sich hierdurch bevormundet fühlten, zeigte sich aber abermals 1860 in der letzten Phase der Kodifikationsgeschichte des indischen Strafgesetzbuchs. Die auf Macaulays Entwurf basierende Überarbeitung durch einen Ausschuss unter dem Vorsitz Peacocks hatte die Zahl der Illustrationen zwar leicht verringert, diese aber im Grundsatz nicht angetastet. Dies forderte im *Legislative Council* vor der entscheidenden dritten Lesung wiederum die Kritik seitens eines Richters des *Supreme Court* in Kalkutta heraus, dessen Antrag auf Streichung der Illustrationen im *Legislative Council* jedoch mehrheitlich scheiterte.[80]

Die englischen Juristen sahen in Macaulays Illustrationstechnik nicht nur eine Bevormundung der Richterschaft, sondern wiesen auch auf die Gefahr verfehlter Illustrationen und von Widersprüchen zwischen Regelungstext und Illustrationen hin. Die unter dem Vorsitz Macaulays stehende Gesetzgebungskommission hatte sich bei der Vorlage ihres Entwurfs hierzu noch ausweichend dahin geäußert, dass der eigentliche Regelungstext das gesamte Recht beinhalte und die

---

[76] Fourth Report of Her Majesty's Commissioners on Criminal Law, S. xvi, in: Parliamentary Papers 1839 (168) xix.

[77] Näher begründet hat Bethune seine Kritik in: Minute of 29 April 1850, abgedruckt in: Return to an Order of the House of Lords, dated 11 June 1852, for Copies of all Correspondence ..., S. 512 ff., hier S. 513 f., in: Parliamentary Papers (HL) 1852 (263) xii. Der Gesetzgeber würde sich mit dieser Technik der Gefahr der Widersprüchlichkeit zwischen dem eigentlichen Regelungstext und den Illustrationen aussetzen; Illustrationen könnten zwar zur Veranschaulichung gesetzlicher Regelungen nützlich sein, dürften aber nicht einen Teil des mit Bindungswirkung ausgestatteten Gesetzbuchs bilden.

[78] Bethunes Gegenentwurf ist abgedruckt in: Return to an Order of the House of Lords, dated 11 June 1852, for Copies of all Correspondence ..., S. 537–584, in: Parliamentary Papers (HL) 1852 (263) xii.

[79] Proceedings of the Legislative Council of India, Bd. 1 (1854/55), Sp. 35; First Report of Her Majesty's Commissioners , S. 94, in: Parliamentary Papers 1856 (2035) xxv.

[80] Proceedings of the Legislative Council of India, Bd. 6 (1860), Sp. 942; der Antrag von Mordaunt Wells, *Puisne Judge of the Supreme Court of Calcutta*, auf Streichung diverser Illustrationen scheitert nach eingehender Debatte mit einer gegen sechs Stimmen.

Illustrationen diesen nur erläutern, aber nicht erweitern sollten.[81] Macleod, eines der damaligen Kommissionsmitglieder, erklärte auf entsprechende Kritik später, dass es die Absicht der Verfasser gewesen sei, dass den Illustrationen gleichermaßen wie dem eigentlichen Regelungstext Gesetzeskraft zukomme.[82] Die indischen Gerichte nahmen nach der Inkraftsetzung des Strafgesetzbuchs jedoch für sich das Recht in Anspruch, die Illustrationen auf Irrtümer des Gesetzgebers zu überprüfen und gegebenenfalls unangewendet zu lassen.[83] Das indische Strafgesetzbuch blieb nicht das einzige Gesetzbuch, welches sich Macaulays Technik von gesetzlichen Einzelfallbeispielen bediente. Zahlreiche weitere Gesetzbücher, die in Britisch-Indien in der zweiten Hälfte des 19. Jahrhunderts in Kraft gesetzt wurden, übernahmen diese Technik.[84] Im englischen Mutterland fand diese Technik hingegen in der Gesetzgebung keine Verbreitung.[85]

Mit der geschilderten Illustrationstechnik fand in Britisch-Indien in der zweiten Hälfte des 19. Jahrhunderts eine Gesetzgebungstechnik weite Verbreitung, die ihrer Natur und Zielsetzung nach ein Kind der europäischen Aufklärung ist. Ziel war hier wie dort eine Beschränkung des richterlichen Ermessens bei der Gesetzesanwendung möglichst auf reine Subsumtion und eine Veranschaulichung des abstrakten Gesetzestexts für den Rechtsunterworfenen. Während die Einzelfallbeispiele in der kontinentaleuropäischen Gesetzgebung mit dem Abschied von den »Lehrbüchern mit Gesetzeskraft« gegen Ende des 18. Jahrhunderts aus der Gesetzgebung verschwanden, erlebten sie in Indien – methodisch reflektiert und verfeinert – ein Jahrhundert später ihre eigentliche Blüte; zu einer Zeit, als die Gesetzgebungstheorie in Kontinentaleuropa vom Gesetzgeber eine mehr oder minder strikte Beschränkung auf die eigentliche Regelungsanordnung ohne belehrende Zusätze einforderte. Mohls Werben für Macaulays Illustrationstechnik fand denn auch in Deutschland keinen Widerhall. Vielmehr konzentrierte man sich hier in der zweiten Hälfte des 19. Jahrhundert auf andere Wege, um die Abstraktheit des Gesetzestexts zu mildern. Ein Mittel war wie aufgezeigt die Erläuterung durch Nennung von Hauptanwendungsfällen. Daneben gab es jedoch noch andere Mittel, um die Abstraktheit zu mildern, worauf nachfolgend eingegangen wird.

---

[81] Begleitschreiben an den Generalgouverneur vom 14. Oktober 1837, in: Penal Code for India (Draft 1837), S. 7.

[82] *Macleod*, Notes on the Report of the Indian Law Commissioners, S. 2.

[83] S. *Acharyya*, S. 178 f. mit Nachweisen aus der Rechtsprechung indischer Gerichte zu dieser Frage in der zweiten Hälfte des 19. Jahrhunderts; vgl. hierzu auch *Edgar*, S. 225 f.

[84] Einzelfallbeispiele nach dem Vorbild des Strafgesetzbuchs finden sich u. a. in: Indian Succession Act (1865), Indian Contract Act (1872), Indian Evidence Act (1872), Specific Relief Act (1877), Transfer of Property Act (1882), Indian Trusts Act (1882) und Indian Easements Act (1882).

[85] Vgl. *Edgar*, S. 225.

b) »Pars-pro-toto-Technik« und Gesetzesanalogie

Kaum etwas scheint auf den ersten Blick selbstverständlicher, als dass die in Worte gefasste gesetzliche Regelung den Willen des Gesetzgebers möglichst genau treffen soll; der Wortlaut des Gesetzes also nicht mehr, weniger oder anderes zum Ausdruck bringen soll, als es dem Willen des Gesetzgebers entspricht.[86] Wir sahen bereits, dass eine an Einzelfällen orientierte Regelungstechnik Gefahr läuft, weniger zum Ausdruck zu bringen als eigentlich gewollt (Regelungslücke), während eine stark abstrahierende Regelungstechnik sich der Gefahr aussetzt, dass mehr unter die Regelung fällt als eigentlich intendiert. Während es sich hierbei um unabsichtliche Verstöße gegen die Grundregel handelt, so teilt das Gesetzgebungskonzept Eugen Hubers ganz bewusst schon die Grundregel nicht uneingeschränkt. Nach Hubers Ansicht soll der Gesetzgeber den Schwerpunkt der Regelungen auf die im praktischen Leben wichtigen und häufigen Rechtsfragen legen und kann Unwichtiges und seltenes vernachlässigen.[87] Hierbei könne er, um der Deutlichkeit und Anschaulichkeit willen, den allgemeinen Satz preisgeben und nur für einzelne Rechtsinstitute die Regel aufstellen. Der Gesetzgeber solle sich hierbei darauf verlassen, dass eine »weitherzige Gesetzesinterpretation« den allgemeinen Satz herausschält, der den besonderen Regelungen zugrunde liegt und diesen im Wege der Analogie auch auf andere Fälle anwendet. Das Ziel der Deckungsgleichheit von Wille und Ausspruch des Gesetzgebers wird hier also bewusst geopfert zugunsten der Praktikabilität und Anschaulichkeit und einer stärkeren Gewichtung nach der Relevanz einer Regelung in der Lebenswirklichkeit.

Im Umfeld der BGB-Entstehung sah man dies anders. Planck wendet sich ausdrücklich dagegen, im Gesetz nur die praktisch besonders wichtigen Fälle zu regeln und es der Wissenschaft zu überlassen, hieraus die zugrunde liegenden höheren Prinzipien zu entwickeln und diese auf vom Gesetz übergangene Fälle anzuwenden.[88] Er macht geltend, dass bei einer derartigen Regelungstechnik immer die Gefahr bestehe, dass ungewiss bleibt, ob die im Gesetz für einen bestimmten Fall gegebene Entscheidung Ausfluss eines verallgemeinerungsfähigen Prinzips ist oder durch besondere Umstände in dem vom Gesetz geregelten Fall veranlasst war. Mit anderen Worten bleibt offen, ob die Regelung analogiefähig ist oder vielmehr Anlass zu einem argumentum e contrario für die vom Gesetz offen gelassenen Fallgestaltungen gibt. Die hieraus entspringende Gefahr für die Rechtssicherheit wird nach Ansicht Plancks durch den Gewinn an Anschaulichkeit nicht aufgewogen. Denn auch dieser Gewinn sei nur ein scheinba-

---

[86] Als ausdrückliche Forderung an den Gesetzgeber findet sich dies bei *Bentham*, Of Laws in General, S. 160 ff.; *ders.*, General View, S. 207 = Traités de législation, Bd. 1, S. 361 f.; *K. S. Zachariä*, Wissenschaft, S. 317; *Wächter*, Abhandlungen, S. 242; *ders.*, Entwurf, S. 176; *Günther*, Art. »Gesetzgebungswissenschaft«, Rechtslexikon, Bd. 4, S. 762; *Mohl*, Politik, Bd. 1, S. 442 f., *Rousset*, Bd. 1, S. 96.

[87] *Huber*, Erläuterungen, Heft 1, S. 10 f.

[88] Zum Folgenden: *Planck*, AcP 75 (1889), S. 421 f.

rer. Zwar werde die Entscheidung des im Gesetz ausdrücklich geregelten Falles einfacher, die Entscheidung der im Gesetz offen gelassenen Fälle dafür aber schwieriger und für den Nicht-Fachmann praktisch unmöglich. Stattdessen empfiehlt Planck wie wir sahen die Erläuterung abstrakter Regelungen durch Nennung von Hauptanwendungsfällen. Gegenüber Hubers Konzept unterscheidet sich diese Technik dadurch, dass auch für minder wichtige Fälle keine Regelungslücke verbleibt, die durch Analogie geschlossen werden muss.

Zitelmann sah im Übrigen auch die Gesetzesanalogie als weiteres Mittel, um die Abstraktion der Gesetze zu mildern.[89] Hierbei trifft der Gesetzgeber zunächst für einen bestimmten Hauptanwendungsfall ausdrückliche Regelungen (z.B. Kauf) und erklärt diese Regelungen dann für vergleichbare, nicht so häufige Fälle (z.B. andere entgeltliche Lieferverträge) für entsprechend anwendbar. Auch hierdurch gewinne das Gesetz spürbar an Anschaulichkeit. Das BGB macht von dieser Technik in zahlreichen Fällen Gebrauch und auch das schweizerische ZGB verwendet diese Technik gelegentlich.[90] Von der eingangs erwähnten Methode Hubers unterscheidet sich diese Methode dadurch, dass hier der Gesetzgeber selbst über die analoge Ausdehnung des von ihm geregelten Hauptanwendungsfalls entscheidet und diese nicht Lehre und Rechtsprechung überlässt. Allerdings sieht Zitelmann auch diese Methode noch mit Nachteilen verbunden, wegen der Unschärfen und Ungewissheiten, die immer einhergehen mit einer pauschalen Erstreckung von Regelungen eines Sachbereichs auf einen anderen.

Die hier als »Pars-pro-toto-Technik« bezeichnete bewusste Beschränkung des Gesetzgebers auf die Regelung einiger wichtiger Fälle in dem Vertrauen darauf, dass Lehre und Rechtsprechung die Regelungen im Wege der Analogie auch auf andere Fälle erstrecken werden, beschäftigte die strafrechtliche Gesetzgebungslehre schon lange bevor die zivilrechtliche Gesetzgebungslehre im Zusammenhang mit der Entstehung des deutschen BGB und des schweizerischen ZGB diese Technik thematisierte. Dies hängt mit der spezifisch strafrechtlichen Genese des Bestimmtheitsgrundsatzes und des Analogieverbots zusammen. Während die Pars-pro-toto-Technik im Zivilrecht vornehmlich unter dem Blickwinkel der Milderung der Abstraktion einerseits und der Rechtssicherheit andererseits diskutiert wurde, sah man sie im Strafrecht auch im Zusammenhang mit dem Bestimmtheitsgebot, dem Gesetzesvorbehalt und dem Analogieverbot. Es überrascht daher nicht, dass schon Feuerbach auf diese Technik zu sprechen kam. Die Methode der Beschränkung des Strafgesetzgebers auf einige wesentliche Fälle, die sich bewusst als nicht abschließend verstand, lag etwa der Peinlichen Gerichtsordnung Karls V zugrunde.[91] Feuerbach kritisiert diese Gesetzgebungsmethode scharf.[92] Der Ge-

---

[89]   *Zitelmann*, Kunst, S. 29/269.

[90]   Z.B. §§ 412, 413, 445, 493, 515, 580, 581 Abs. 2, 1068 Abs. 2, 1192 Abs. 1, 1273 Abs. 2 BGB und Art. 367 Abs. 3, 397 Abs. 1, 781 Abs. 3, 846, 852 Abs. 2, 899 Abs. 2 ZGB.

[91]   S. hierzu näher unten S. 361 mit Fn. 313.

[92]   *Feuerbach*, Kritik, Teil 2, S. 32 ff.

setzgeber habe ein jedes Verbrechen bestimmt, klar und erschöpfend in allgemeinen Begriffen darzustellen und dürfe sich nicht darauf beschränken, bloß Beispiele zu geben und auf deren Erweiterung durch die Rechtsprechung zu vertrauen. »Aus welchem Rechtsgrund will man den Unterthan büßen lassen, was der Gesetzgeber verschuldet hat?«, fragt Feuerbach. Stelle sich eine strafwürdige Handlung als von den gesetzlichen Regelungen nicht umfasst heraus, so habe der Gesetzgeber die Pflicht, hier für die Zukunft nachzubessern, der Richter aber nicht das Recht, »so zu thun, als wenn keine Lücke da wäre und dieselbe durch schwankende Analogie künstlich zu verbergen«.[93] Der bewusst nicht abschließend gemeinten Strafrechtsgesetzgebung früherer Zeiten, die Beispiele anstelle von umfassenden allgemeinen Regeln setzte, hält er die Forderung nach einer vom Gesetzesvorbehalt, vom Analogieverbot und vom Bestimmtheitsgrundsatz geprägten strafrechtlichen Gesetzgebungstechnik entgegen. Das bayerische Strafgesetzbuch von 1813 verzichtete denn auch auf die bewusst unvollständige Pars-pro-toto-Technik und die weitere Etablierung des *Nulla-poena-sine-lege*-Grundsatzes im 19. Jahrhundert ließ auch spätere Strafgesetzbücher nicht auf diese Technik zurückkommen.

5. Kasuistik in der englischen Gesetzgebungspraxis

Der englischen Gesetzgebungspraxis des 19. Jahrhunderts war die Abneigung der kontinentalen Gesetzgebungslehre gegen kasuistische Regelungstechniken weitgehend fremd. Fragt man nach den Ursachen hierfür, so ist zu bedenken, dass der ganz überwiegende Teil des englischen Rechts ohnehin durch die Gerichte gesetztes *case law* und damit per definitionem kasuistisch war. Dort, wo der Gesetzgeber rechtsetzend eingriff, orientierte er sich meist an dem bestehenden *case law* und übernahm dabei auch dessen kasuistischen Charakter. Prägend für die englische Gesetzgebung (auch) des 19. Jahrhunderts ist daher die starke Aufgliederung der Regelungen in Einzelheiten, die zum Teil durch Verweise auf weitere Detailregelungen in Anlagen unterstützt wird.[94] Hierin kam das Bestreben nach möglichst lückenloser und zweifelsfreier Erfassung der (meist eng begrenzten) Regelungsmaterie zum Ausdruck.[95] Nun ist dies ein Bestreben, welches man auch auf dem Kontinent grundsätzlich teilte. In England musste aber nicht versucht werden, diese Zielsetzung mit den auf dem Kontinent gleichzeitig erhobenen Forderungen nach Anschaulichkeit, Kürze und prinzipienorientierten Regelungen in Einklang zu bringen. Derartige Forderungen wurden zwar auch in England von

---

[93] Ebd., S. 35.

[94] Vgl. hierzu *Redlich*, S. 529; *Vogenauer*, Bd. 2, S. 894; zur Technik der Verweise auf Anlagen s. unten S. 454.

[95] Vgl. aus moderner Sicht *Dale*, S. 319, 331 f. mit scharfer Kritik an dieser Gesetzgebungstechnik, die im Vergleich zu einer prinzipienorientierten Gesetzgebungstechnik kontinentalen Stils gerade keine höhere Rechtssicherheit schaffe.

den zur Reform des *statute law* eingesetzten Kommissionen – nicht zuletzt durch die Bemühungen Benthams – zuweilen vorgebracht[96]; in der Abwägung mit dem Streben nach Präzision im *statute law* und bei der vorhandenen Abneigung gegen allgemeine, nicht näher qualifizierte Grundsätze als Gegenstand der Gesetzgebung konnten sich diese Forderungen aber in der englischen Gesetzgebungspraxis nicht durchsetzen. Das englische Gesetzesrecht des 19. Jahrhunderts war überwiegend ein von Juristen und für Juristen gemachtes Expertenrecht, das der Erfassung sämtlicher denkbarer Modalitäten eindeutig den Vorrang einräumte.

Da das Gesetzesrecht in England vorwiegend nur punktuell zum *case law* hinzutreten wollte, bestand auch keine Notwendigkeit, die Lückenlosigkeit und Zweifelsfreiheit der gesetzlichen Regelung in verallgemeinernden und von den konkreten Fällen abstrahierenden Normen zu suchen. Anders als auf dem Kontinent strebte man gar nicht umfassende Gesetzbücher an, die Gewohnheits- und Richterrecht komplett verdrängen sollten. Während auf dem Kontinent also der umfassende Regelungsauftrag an den Gesetzgeber notwendig zu einer verallgemeinernden und abstrahierenden Regelungstechnik drängte, wollte der englische Gesetzgeber meist nur eng umgrenzte Regelungsbereiche umfassen. Hinzu trat der Respekt vor dem bestehenden *common law*, welcher den Gesetzgeber häufig veranlasste, von der Rechtsprechung am Einzelfall entwickelte Differenzierungen nicht einfach zugunsten einer verallgemeinernden Regelung zu opfern, sondern auch im *statute law* nachzubilden. Dem entsprach die vorherrschende Gesetzesinterpretationstechnik englischer Gerichte im 19. Jahrhundert, die den Anwendungsbereich von Regelungen des *statute law* eng und wortlautorientiert interpretierten.[97] Die grundsätzlich restriktive Auslegung der *statutes* durch die englischen

---

[96] Report of the Commissioners appointed to inquire into the Consolidation of the Statute Law, 21 July 1835, S. 27, in: Parliamentary Papers 1835 (406) xxxv: »We think that the substitution of general rules for a multiplicity of minute and particular enactments, encumbered with a number of useless varieties in the mode of application, would be attended with great advantage in rendering the law more simple, more efficacious, and much more compendious.« Ähnliche Forderungen erhob die Strafrechtskommission in Bezug auf eine Reform des Strafrechts: First Report from His Majesty's Commissioners on Criminal Law, 24 June 1834, S. 28, in: Parliamentary Papers 1834 (537) xxvi.

[97] Vgl. *D. J. Llewelyn Davies*, The Interpretation of Statutes in the Light of their Policy by the English Courts, in: Columbia Law Review 35 (1935), S. 519–534, insb. S. 523 ff.; *Dale*, S. 295 ff., 339; für das Strafrecht schon *Blackstone*, Bd. 1, S. 88 (Introduction, § 3). Zur historischen Entwicklung der Auslegungstechnik englischer Gerichte in Bezug auf *statutes* nunmehr ausführlich *Vogenauer*, Bd. 2, S. 669 ff. *Vogenauer* spricht für die Zeit von ca. 1830 bis 1950 von einem »Zeitalter der strengen Buchstabentreue« bei der Auslegung von Gesetzen durch englische Gerichte (Bd. 2, S. 780 ff.) und stellt hierzu ein »Zeitalter der Billigkeitsauslegung« vom 16. bis zum frühen 19. Jahrhundert in Kontrast, in dem die englischen Gerichte dem Gesetzeszweck und außergesetzlichen Wertungsmaßstäben bei der Auslegung wesentlich größeres Gewicht beigemessen hätten (Bd. 2, S. 669 ff., 758). Dabei ist jedoch zu beachten, dass die englischen Gerichte auch schon vor dem 19. Jahrhundert solche Gesetze restriktiv und streng wortlautorientiert interpretierten, welche entweder die bestehende Rechtslage nach *common law* abänderten oder belastenden Charakter hatten, was auch *Vogenauer* bestätigt (Bd. 2, S. 707, 722 f., 805 f.). Im Strafrecht diente

Gerichte veranlasste wiederum den parlamentarischen Gesetzgeber zu wort- und detailreichen Regelungen, da er anders als auf dem Kontinent nicht darauf vertrauen konnte, dass etwaige Lücken im Regelungstext durch eine ergänzende Interpretation der Gerichte nach Maßgabe von Sinn und Zweck der gesetzlichen Regelung geschlossen würden.[98]

Die englische Gesetzgebungspraxis schloss sich daher bewusst nicht den Generalisierungs- und Abstraktionstendenzen an, welche die kontinentale Gesetzgebung seit der Aufklärungszeit beherrschten.[99] Erst recht unterschied sich die englische Gesetzgebungspraxis von einem leitsatzorientierten Gesetzgebungsstil, wie er uns in der Aufklärungszeit und dann wieder bei Eugen Huber begegnete. Das Bedürfnis, Rechtskenntnis mittels Gesetzgebung in das Volk zu tragen und zu diesem Zweck auch schon einmal die Präzision des Ausdrucks zugunsten der Anschaulichkeit und Einfachheit zu opfern, war der englischen Gesetzgebung fremd.

---

die enge und strikt wortlautorientierte Interpretationstechnik der Gerichte im 18. und 19. Jahrhundert häufig dem Zweck, ältere *statutes*, die unverhältnismäßig harte Strafen (z. B. die Todesstrafe für zahlreiche Fälle des Diebstahls) oder unzeitgemäße Straftatbestände vorsahen, unangewendet lassen zu können; vgl. hierzu *Radzinowicz*, Bd. 1, S. 83 ff., 660 ff. mit zahlreichen Beispielen aus der Rechtsprechung; s. zur restriktiven Auslegung von Strafgesetzen durch die englischen Gerichte im 19. Jahrhunderts auch Report from the Select Committee on Acts of Parliament, 25 June 1875, S. 156 (evidence of Thomas Archibald), in: Parliamentary Papers 1875 (280) viii; *Edgar*, S. 529 ff. mit zahlreichen Beispielen; zu ähnlichen Tendenzen in der Rechtsprechung Britisch-Indiens vgl. *Acharyya*, S. 173. Ausdrücklich gelobt wurde die strenge Wortlautorientierung der englischen Rechtsprechung durch *Bentham* (Civil Code, S. 326 = Traités de législation, Bd. 2, S. 104 ff.), da sie seinem Konzept, wonach richterliches Ermessen durch den Gesetzgeber nach Möglichkeit auszuschließen sei, entgegenkam.

[98] Vgl. hierzu den Report of the Commissioners appointed to inquire into the Consolidation of the Statute Law (1835), S. 19, in: Parliamentary Papers 1835 (406) xxxv: »The extreme nicety and strictness of construction adopted by the courts, in some cases relating to penal statutes, may be considered as having in some degree given rise to the verbosity and causeless multiplication of provisions in many of the statutes; these having, without any reference to general rules or principles, been introduced to obviate different doubts or difficulties which had arisen in the construction of former Acts.«

[99] Einen treffenden Eindruck der Abneigung der englischen Gesetzgebungspraxis des 19. Jahrhunderts gegenüber den kontinentalen Generalisierungstendenzen vermittelt *Coode*, der im Rahmen der *Poor Law Commission on Local Taxation* Erfahrung in der Gesetzgebungsarbeit gesammelt hatte, in einem 1845 erschienen Pamphlet zur Gesetzessprache: »Generalizing of the law is more the work of the scholastic professor; specializing the law the proper task of the practical legislator. In this process of modifying and adjusting the law to special cases, the constant action of the legislature and of the judiciary of England has undeniably made a greater and better progress than the institutions of any other country; and to desire a codification or simplification which should destroy these nice adjustments ... would be to sacrifice aptness and certainty in the law to verbal generality; and to supplant the beneficent officiousness of the legislator by the despotic formalities of the methodizer.« (*Coode*, S. 21).

II. Befehlende und belehrende Gesetze

1. Theorie und Praxis bis zum Ende des 18. Jahrhunderts

Bereits Platon unterschied zwei Arten von Gesetzen: Einfache, nur befehlende Gesetze sowie solche, die nicht nur befehlen, sondern auch belehren und überreden.[100] Letztere Form hielt er für vorzugswürdig. Dort, wo zwei Mittel zur Verfügung stehen, um gesetzeskonformes Verhalten zu erreichen, nämlich Befehl und Belehrung, solle man auch beide Mittel anwenden.[101] Seneca unterschied ebenfalls zwischen Gesetzen, die bloß befehlen und solchen, die auch belehren, wobei auch er den belehrenden Gesetzen den Vorzug gab, da diese nicht nur drohen, sondern durch die Belehrung zur sittlichen Besserung beitragen (und damit zur Befolgung der Gesetze aus Einsicht statt aus bloßem Zwang).[102]

In der frühneuzeitlichen Gesetzgebung trat außerhalb dessen, was man damals als »gute Policey« verstand, bis ins 18. Jahrhundert der Befehlscharakter sogar weitgehend zurück zugunsten der Lehrhaftigkeit; »Lehrbücher mit Gesetzeskraft« nannte die rechtshistorische Forschung die Landrechte der frühen Neuzeit bis einschließlich zum Codex Maximilianeus Bavaricus Civilis von 1756.[103] Hierbei ist es in dieser Zeit aber anders als in der antiken Theorie meist nicht die Belehrung und Überzeugung des einfachen Volkes, die bezweckt wird, sondern die Belehrung der professionellen Rechtsanwender. Der Gesetzgeber wandte sich also primär an seine das Recht anwendenden Juristen, indem er das geltende Recht ordnete, vereinheitlichte und Kontroversen entschied und somit das Recht für die Rechtsanwender in praxistauglicher Form aufbereitete.[104] Bewusst Neues an die Stelle des Bestehenden setzen wollte er hierbei nur selten. Der Befehlscharakter eines Gesetzes ist charakteristisch für einen Gesetzgeber, der bewusst

---

[100] *Platon*, Gesetze, 718a–722c.

[101] Ebd., 722a–c.

[102] *Seneca*, Epistulae, 94. Brief an Lucilius, §§ 37 u. 38 (Philosophische Schriften, Bd. 4, S. 135). Die Passage wurde in der Literatur häufig missverstanden. *Seneca* diskutiert dort die Meinung des Poseidonius, der Platons Ansicht ablehnt und stattdessen fordert, Gesetze müssen kurz sein und befehlen anstatt zu belehren. *Hommel* (Principis cura leges, S. 44/126), *Wieland* (Teil 1, § 61, S. 88 f.), *Pfeiffer* (S. 77) und in der modernen Literatur auch noch *Schott* (Gesetzesadressat und Begriffsvermögen, S. 201) hielten dieses Poseidonius-Zitat für die eigene Meinung Senecas und führen ihn als Exponenten für die Forderung nach kurzen, ausschließlich befehlenden Gesetzen an. Tatsächlich verwirft Seneca die Meinung des Poseidonius ausdrücklich und befürwortet stattdessen wie dargelegt ausführliche Gesetze, die auch belehren.

[103] *F. Ebel*, Legaldefinitionen, S. 126, 155 f.; dort S. 126 ff. auch allgemein zum lehrhaften Stil der frühneuzeitlichen Privatrechtsgesetzgebung; vgl. hierzu auch *J. Schröder*, Rechtsdogmatik und Gesetzgebung, S. 42 f. m. w. N.; *Diestelkamp*, ZHF 10 (1983), S. 405 ff.; *Coing*, Vorgeschichte der Kodifikation, S. 799.

[104] Auch beim strafrechtlichen Schwestergesetzbuch des Codex Maximilianeus Bavaricus Civilis, dem Codex Juris Bavarici Criminalis von 1751, stand nicht die Absicht im Vordergrund, neues Recht zu setzen, sondern das geltende Recht aufzuzeichnen und zu vereinheitlichen; vgl. *Kleinheyer*, Wesen der Strafgesetze, S. 7 f.

gestaltend in die Rechtsordnung eingreift, altes Recht aufhebt und neues Recht an dessen Stelle setzt, was bis weit ins 18. Jahrhundert aber gerade nicht im Vordergrund vieler Gesetzgebungsakte außerhalb des Ordnungsrechts stand. Die Form des Gesetzes stand hier also im Einklang mit dem beschränkten Anspruch des Gesetzgebers: Das Gesetz sollte vornehmlich über das bestehende Recht belehren, nicht kraft Gesetzesbefehl gestalterisch Neues an dessen Stelle setzen.

Man könnte nun meinen, dass jedenfalls dort, wo der Gesetzgeber Widersprüche des bestehenden Rechts aufzulösen und Kontroversen zu entscheiden suchte, der Befehlscharakter des Gesetzes deutlich hervortrat. Das war jedoch häufig nicht der Fall. Gerade hier sahen die am römischen Recht geschulten Gesetzesredaktoren einen Tummelplatz für gelehrte Ausführungen: Das Gesetz erklärt und beruft sich auf fremde Autoritäten anstatt sich kraft eigener Gesetzgebungsautorität auf die nackte Anordnung zu beschränken. Bentham führt diesen Gesetzgebungsstil anhand Coccejis Projekt eines Corporis Juris Fridericiani von 1749/ 51 sehr anschaulich (wenn auch mit der Bentham eigenen Neigung zur Überspitzung) vor Augen: Cocceji sei »… incessantly occupied in triumphing over the lawyers: the royal sceptre committed to his hands is used as an instrument of combat. Such formulas as the following are continually found: ›It has been questioned‹ – ›Some lawyers have pretended‹…«[105] Das Gesetz war hier eine Fortsetzung der gelehrten Literatur mit den Mitteln der Gesetzgebung; stilistischer Adressat der geschulte Jurist. Hiermit im Einklang stand die Sprache des Projekts eines Corporis Juris Fridericiani wie auch vieler anderer Gesetzgebungsprojekte des 17. und 18. Jahrhunderts: Man bediente sich zwar vordergründig der deutschen Sprache, untersetzte diese aber in hohem Maße mit lateinischen Fachtermini.[106] Cocceji selbst entschuldigt sich in der Vorrede für den häufigen Gebrauch lateinischer Ausdrücke. Hierzu sei man gezwungen gewesen, da zum einen Richter und Advokaten hieran gewöhnt seien und zum anderen die deutsche Sprache nicht dazu gemacht sei, juristische Gegenstände kurz auszudrücken.[107]

Bemerkenswert ist der lehrbuchhafte Stil des Projekts eines Corporis Juris Fridericiani besonders auch deshalb, weil wir uns hier bereits im preußischen

---

[105] *Bentham*, General View, S. 206 f. = Traités de législation, Bd. 1, S. 359 f.; eine frühe Kritik *Benthams* am dozierenden Stil des Projekts eines Corporis Juris Fridericiani findet sich bereits in den Principles of Morals and Legislation, S. 306. Benthams Kritik ist freilich überzogen: Coccejis Entwurf nimmt nur in der Vorrede Bezug auf Literaturmeinungen; im 2. Teil finden sich jedoch gelegentlich in Anmerkungen zum eigentlichen Text Verweise auf entsprechende Stellen im Corpus Juris Civilis.

[106] Hierzu *Wendt*, S. 22 f.; zur Fremdwortverwendung in deutschen Gesetzen des 16. u. 17. Jahrhunderts *Görgen*, S. 107 ff.; speziell zur stark latinisierten Gesetzessprache des Projekts des Corporis Juris Fridericiani: *Hattenhauer*, Rechtssprache, S. 43 u. *Heller*, S. 403. Der Gebrauch lateinischer Ausdrücke erfolgte bei Cocceji – wie auch etwa im Codex Maximilianus Bavaricus Civilis – mangels eingebürgerter deutscher Fachbegriffe zum Teil anstelle von deutschen Ausdrücken, zum Teil auch zusätzlich zu diesen in Klammern.

[107] Projekt des Corporis Juris Fridericiani, Vorrede, § 31.

Absolutismus Friedrichs II befinden. An sich läge die Vermutung nahe, dass mit Aufkommen des Absolutismus der Lehrbuchcharakter der Gesetze zugunsten eines betonten Befehlscharakters weicht. In der englischen Gesetzgebungstheorie Hobbes' findet sich diese These auch schon früh bestätigt. Hobbes, bekanntlich ein Vordenker des Absolutismus, hebt den Befehlscharakter des Gesetzes ausdrücklich hervor.[108] Im deutschsprachigen Raum gewann dieser Gedankenzusammenhang im Rahmen der zivilrechtlichen Kodifikationsbemühungen in Österreich in der zweiten Hälfte des 18. Jahrhunderts Bedeutung. Für die Umarbeitung des stark lehrbuchhaften Entwurfs des Codex Theresianus gab Maria Theresia der Gesetzgebungskommission in einer Entschließung vom 4. August 1772 als ersten Grundsatz mit auf den Weg, Gesetz- und Lehrbuch nicht miteinander zu vermengen und mithin alles, was nicht in den Mund des Gesetzgebers, sondern *ad cathedram* gehört, aus dem Gesetzbuch wegzulassen.[109] Entsprechend lehrte in Sachsen bereits 1765 Hommel, dass das Gesetz befehlen und nicht erörtern solle. Erklärungen seien von den Rechtsgelehrten, aber nicht vom Gesetzgeber zu liefern.[110] Und wenig später schrieb in Preußen Fenderlin: »Fragen aufwerfen und Betrachtungen darüber anstellen, ist das Werk eines Gesetz–Gebers nicht. Er ist darüber erhaben. Er bestimmt, gebiethet, entscheidet, befiehlt, alles mit Gewißheit, und wenn etwas übrig bleibt, worüber sich Streit-Fragen aufwerfen lassen, so überläßt er deren Entwickelung dem Rechts-Lehrer auf hohen Schulen, dem Sachwalter, dem Richter.«[111] Noch weiter ging etwa zur gleichen Zeit Claproth, der forderte, dass der Gesetzgeber nicht (wie im Justinianischen Gesetzbuch geschehen) Streitigkeiten und verschiedene Meinungen der Rechtsgelehrten beibehalten soll, sondern »nur gerade hinsetzen [...], wie es seyn sollte.«[112] Der Gesetzgeber, der ein neues Gesetzbuch verfertige, könne hierbei nach Belieben verfahren. Kürzer und schlichter hat wohl kaum jemand damals das neue Gesetzgebungsverständnis des späten 18. Jahrhunderts auf einen Nenner gebracht.

---

[108]   *Hobbes*, Leviathan, Teil II, Kap. 26, S. 189: »And first it is manifest, that Law in generall, is not Counsell, but Command...« (ähnlich *ders.*, De cive, Kap. 14 I, S. 168).

[109]   Faksimile der Resolution vom 4. August 1772 in: Festschrift zur Jahrhundertfeier des Allgemeinen Bürgerlichen Gesetzbuches, Bd. 1, Wien 1911, Anhang 2 (die Wiedergabe bei *Stobbe*, Bd. 2, S. 477 f. ist unvollständig); Maria Theresias Resolution wurde schon in der Gesetzgebungsliteratur des 19. Jahrhunderts gerne im Zusammenhang mit der Ablehnung eines belehrenden Gesetzgebungsstils zitiert, vgl. *Kitka*, S. 42 f.; *Mohl*, Politik, Bd. 1, S. 431, Fn. 2. Tatsächlich dürfte Maria Theresias Eintreten gegen eine Vermengung von Gesetz- und Lehrbuch auf ihren Hof- und Staatskanzler Kaunitz zurückgehen, der sich in seinem negativen Votum zum Codex Theresianus vom 14. Oktober 1770 entschieden gegen die dort vorgenommene Vermengung von Gesetz- und Lehrbuch ausgesprochen und eine klare Trennung beider gefordert hatte (die Stellungnahme Kaunitz' ist im Wortlaut abgedruckt bei *Maasburg*, Allgemeine österreichische Gerichts-Zeitung, Bd. 32 (1881), S. 217 f.).

[110]   *Hommel*, Principis cura leges, S. 44/128.

[111]   *Fenderlin*, S. 10.

[112]   *Claproth*, Bd. 1, Vorrede, fol. 4r.

Dies blieb nicht ohne Wirkung auf die Redaktoren des ALR. Das ALR machte denn auch im Vergleich zu Coccejis Projekt eines Corporis Juris Fridericiani einen deutlichen Schritt weg vom gelehrten Stil.[113] Die Verweise auf Stellen des Corpus Juris Civilis sind aus dem Gesetzbuch verschwunden. Die Gesetzessprache ist wesentlich stärker als bei Cocceji von lateinischen Fachtermini gereinigt.[114] Das Gesetz belehrt nicht länger nur den juristischen Fachgenossen, sondern will auch dem Untertan zur unmittelbaren Richtschnur dienen.[115] Und doch zeichnen auch das ALR noch lehrhafte Elemente aus. Charakteristisch sind einerseits die bis ins kleinste Detail verästelten Klassifikationen und Legaldefinitionen,[116] andererseits aber auch die Neigung zu stark verallgemeinernden, nicht unmittelbar anwendungsbezogenen Grundsätzen.[117] Diese sowohl demonstrativkasuistischen wie auch leitsatzorientierten Züge des ALR sind es, die ihm einen belehrenden Charakter belassen. Erklärbar sind sie aus dem anfänglichen Anspruch des ALR, eine begleitende und ausdeutende Rechtswissenschaft und eine rechtsfortbildende Rechtsprechung überflüssig zu machen. Wer jede über den Wortlaut hinausgehende Ausdeutung des Gesetzes durch Richter und Beamte verbot[118] und anordnete, dass bei Entscheidungen auf die Meinungen der Rechtslehrer keine Rücksicht genommen werden solle,[119] musste notwendig bemüht sein, im Gesetzbuch selbst zu leisten, was sonst Rechtsprechung und Lehre leisten, nämlich die Ausdeutung der abstrakten Regelungen bis ins letzte Detail einerseits

---

[113] Bezeichnend die Kritik *Schlossers* an dem Entwurf des späteren ALR, wonach die Verfasser zu wenig dogmatisiert hätten (Briefe, S. 161).

[114] Näher hierzu unten S. 389.

[115] Zum Wandel des stilistischen Adressatenverständnisses in der Gesetzgebung der Aufklärungszeit s. unten S. 384 f.

[116] Vgl. etwa die peniblen Abgrenzungen verschiedener Arten des Mobiliarvermögens in ALR I 2 §§ 11–30 und der »Pertinenzstücke« (Zubehör) in ALR I 2 §§ 48–102; aus dem strafrechtlichen Teil s. z. B. ALR II 20 §§ 101–148, wo drei verschiedene Klassen des Landesverrats unterschieden werden, deren zweite und dritte wiederum in zahlreiche verschiedene Begehungsmodalitäten untergliedert ist.

[117] Vgl. etwa die Grundsätze zu den »Personenrechten« in ALR I 1 §§ 2–9 und zu den Wirkungen rechtlicher Handlungen in ALR I 3 §§ 30–39. Hinsicht der Neigung zu stark verallgemeinernden Grundsätzen traf sich das Gesetzgebungskonzept des ALR mit den Ansichten *Fenderlins*. Obwohl dieser wie wir sahen dem Gesetzgeber aufgab zu befehlen, anstatt Betrachtungen über Rechtsfragen anzustellen, sah er als Inhalt eines allgemeinen Gesetzbuchs (zu dem in jeder Provinz besondere Statuten hinzutreten sollten) die »theoretischen Wahrheiten im juristischen Fach«, die sich »an allen Orten in der ganzen Welt, und zu allen Zeiten anwenden lassen« (S. 4, 6) und der Verfasser des Gesetzbuchs solle sich als »Welt-Bürger, der seine Mitbürger des Rechts belehren will«, verstehen (S. 8). Gegenüber dem an anderer Stelle betonten Befehlscharakter des Gesetzes tritt hier also wieder der Gedanke des Rechts als vorgefundene statische Ordnung hervor, die es aufzufinden und nicht willkürlich zu setzen gilt. Diese Schwankungen sind typisch für die zweite Hälfte des 18. Jahrhunderts, die im Hinblick auf das Gesetzesverständnis eine Übergangszeit war.

[118] Publikationspatent zum ALR v. 5. Februar 1794, Abschnitt XVIII; zum Auslegungsverbot im Zusammenhang mit dem ALR und auch schon des Projekts eines Corporis Juris Fridericiani s. oben S. 260, Fn. 1136.

[119] ALR Einl. § 6.

und die mehr belehrende denn befehlende Aufstellung allgemeiner Grundsätze andererseits.[120] Carmer selbst, unter dessen Leitung die Entwurfsarbeiten standen, entschuldigt den doktrinären Charakter des Entwurfs zum Allgemeinen Gesetzbuch mit dem Bestreben, Zweifel, Missverständnisse und willkürliche Deutungen auszuschließen.[121]

Neben diesen absolutistischen Gründen waren es aber auch aufklärerische Ideen, die einer Beschränkung auf den reinen Gesetzesbefehl entgegenstanden. Das Gesetzbuch sollte nicht länger nur Juristen zur Lektüre dienen, sondern so klar, anschaulich und verständlich gefasst sein, dass es auch dem Nicht-Juristen zur Belehrung über seine Rechte und Pflichten dienen konnte. Die Förderung der Gesetzeskenntnis wurde wie wir sahen in der Aufklärungszeit als staatliche Aufgabe angesehen, die man auch und gerade durch die Gestaltung des Gesetzbuchs selbst erreichen wollte. Wer im Übrigen, wie viele in der Aufklärungszeit, die Gesetze zum Gegenstand des Schulunterrichts machen und diese auch in der Kirche verlesen lassen wollte, musste praktisch zwangsläufig einen belehrenden Stil der Gesetze gutheißen.[122] Dies wurde auch im Umfeld der ALR-Entstehung so gesehen. Zwar waren Svarez und Klein Realisten genug um zu erkennen, dass das Gesetzbuch niemals sämtliche Ansprüche im Hinblick auf Vollständigkeit und präziser Entscheidungsvorgabe für den Richter einerseits und Gemeinverständlichkeit und Kürze andererseits gleichermaßen erfüllen könne, weshalb man auf die Idee eines separaten Volkskodex verfiel. Doch hielt man auch für das eigentliche Gesetzbuch an dem Bestreben fest, Juristen wie Nicht-Juristen das Recht zu erklären und nicht nur zu befehlen.

Die Aufklärung lieferte aber noch ein weiteres Motiv, welches einer Beschränkung des Gesetzgebers auf den reinen Gesetzesbefehl entgegenstand. Sehr deutlich wird dies bei Mably, der ausdrücklich die Meinung verwirft, der Gesetzgeber solle sich eine majestätische Kürze zu Eigen machen und sich darauf beschränken, zu befehlen oder zu verbieten.[123] Mably hebt hervor, dass der Gesetzgeber zu vernunftbegabten Wesen spricht und daher danach trachten soll, diese von der Vernünftigkeit der Gesetze zu überzeugen, anstatt sich nur auf den nackten Befehl zu beschränken. Viele inhumane Gesetze wären nie erlassen worden, wenn der Gesetzgeber gezwungen gewesen wäre, eine Begründung dafür zu geben.

---

[120] Vgl. hierzu auch *J. Schröder*, Rechtsdogmatik und Gesetzgebung, S. 43 ff.

[121] Entwurf AGB, 2. Teil, 1. Abt. (1787), Vorerinnerung v. 30. April 1787: »Vielleicht wird man diesem Ersten Theil [des Sachenrechts] den Vorwurf machen, daß darinn zu viel Definitionen und bloß theoretische Sätze aufgenommen worden. Es war aber solches nothwendig, weil man eine richtige Analogie der Gesetze bestimmen, und dadurch Zweifeln, Mißverständnissen, und willkührlichen Deutungen einzler Vorschriften, bey deren Anwendung auf die verschiedenen Fälle, die sich einzeln unmöglich im voraus entscheiden lassen, vorbeugen wollte.«

[122] Zu diesen Forderungen s. näher oben S. 252. Auf den dargestellten Zusammenhang weist auch *J. Schröder*, Rechtsdogmatik und Gesetzgebung, S. 45 f. hin.

[123] *Mably*, Teil 2, S. 61 ff.

Ähnlich rät wenig später Sonnenfels dem Gesetzgeber dazu, bei Gegenständen von Erheblichkeit seine Anordnungen zu begründen, um nicht nur Gehorsam vom Untertan einzufordern, sondern diesen auch von der Richtigkeit der Anordnungen zu überzeugen.[124] Der Gesetzgeber solle daher zuweilen »das Gebot als Unterricht« einkleiden und die Sprache des Fürsten zu seinen Untertanen »in die Sprache des Vaters zu seiner Familie« umgestalten.[125] »Lehrhaft« sind die von Mably und Sonnenfels favorisierten Gesetze also nicht in dem eben behandelten Sinne, dass sie ihre Anwendung näher erläutern und in das Gebiet der Rechtslehre übergreifen. Den genannten Autoren geht es vielmehr darum, durch die Fassung des Gesetzes an die Einsicht des Gesetzesadressaten zu appellieren, der nicht nur einem Gesetzesbefehl gehorchen, sondern dem Gesetz aus Überzeugung folgen soll. Dieser Gedanke ist aber keineswegs erst ein Produkt der französischen Aufklärung. Wir fanden ihn bereits bei Platon und auch bei Wolff.[126] Gesetzestechnisch lässt sich eine derartige Überzeugung des Gesetzesadressaten aber auch anders erreichen, als durch einen belehrenden (hier im Sinne von »überzeugenden«) Stil des eigentlichen Gesetzestexts. Mably und Sonnenfels sprachen sich für ausführliche Vorreden zum Gesetz aus, auf deren Fassung der Gesetzgeber besondere Sorgfalt verwenden soll; Wolff wollte die Überzeugung der Adressaten durch eine Zweitfassung des Gesetzes mit ausführlicher Begründung erreichen.[127]

Das Überzeugen des Gesetzesadressaten, damit dieser dem Gesetz aus freier Einsicht folgt, spielte auch in der Gesetzgebungstheorie Benthams eine zentrale Rolle. Wir sahen bereits, dass Bentham dieses Ziel durch eine ausführliche amtliche Kommentierung des Gesetzes erreichen wollte, die nicht in einer separaten Publikation (Motive) erfolgen, sondern im unmittelbaren Anschluss an die jeweilige Bestimmung im Gesetz abgedruckt werden sollte.[128] Trotz dieser engen räumlichen Verknüpfung trennt Bentham in der Theorie scharf zwischen dem eigentlichen Gesetzeswortlaut und seiner amtlichen Kommentierung. Der eigentliche Gesetzeswortlaut soll sich auf die reine Anordnung des gesetzgeberischen Willens beschränken, keine Ratschläge geben, sich nicht auf fremde Autoritäten berufen und Rechtsfragen nicht diskutieren, sondern entscheiden.[129] Bei Bentham finden

---

[124] *Sonnenfels*, S. 71.

[125] *Sonnenfels*, S. 70.

[126] Zu *Platon* s. oben S. 312, zu der Ansicht *Wolffs* oben S. 134.

[127] S. hierzu unten S. 438 (in Bezug auf den Einsatz von Präambeln zur Überzeugung des Gesetzesadressaten) und oben S. 134 (in Bezug auf den Einsatz von Gesetzesmotiven zu diesem Zweck).

[128] S. oben S. 124, 135.

[129] *Bentham*, Principles of Morals and Legislation, S. 304 ff.; *ders.*, General View, S. 206 f. = Traités de législation, Bd. 1, S. 358 ff.: »By purity in a composition of a code of laws, I mean the absence of all heterogeneous matter, of all foreign mixture, of everything which is not law – of everything which is not the pure and simple expression of the will of the legislator ... Historical disquisitions ought not to have place in the general collection of the laws. It is not necessary to cite what the Romans did. If what they did was good, do like them, but do not talk of them.« Vgl. auch *ders.*, Political Tactics, Kap. X, S. 121.

wir also aufklärerischen Anspruch und gesetzestechnischen Purismus vereint: Der Gesetzgeber soll belehren und überzeugen, aber nicht durch den eigentlichen Gesetzeswortlaut, sondern in einer begleitenden amtlichen Kommentierung. In seinen praktischen Entwürfen hat Bentham diese Trennung jedoch nicht immer so scharf durchgeführt, wie er sie in der Theorie vertreten hat.[130]

Dass der belehrende Impetus der Aufklärungszeit gesetzgebungstechnisch nicht zwangsläufig mit einem belehrenden Gesetzgebungsstil einhergehen muss, ist eine Folgerung, die man auch aus Kants richtungsweisender Unterscheidung von Legalität und Moralität in der »Metaphysik der Sitten« ziehen kann. Kant unterscheidet zwischen der bloßen Übereinstimmung oder Nichtübereinstimmung einer Handlung mit dem Gesetz ohne Rücksicht auf die Triebfeder derselben (Legalität) und dem Fall, dass die innere Idee der Pflicht zugleich die Triebfeder der Handlung ist (Moralität).[131] Das »juridische« Gesetz (im Gegensatz zum ethischen Gesetz) dürfe immer nur die äußere Legalität der Handlung, nicht auch die innere Moralität erzwingen.[132] Die Gesetzgebung soll daher nach Ansicht Kants nötigend sein, nicht anlockend und einladend, da die innere Moralität nicht Sache der »juridischen« Gesetzgebung sei.

2. Die weitere Entwicklung im 19. Jahrhundert

In der ersten Hälfte des 19. Jahrhunderts mehren sich dann in der deutschen Gesetzgebungstheorie die Stimmen, die sich gegen einen lehrhaften Stil der Gesetze aussprechen. Hierbei wird betont, dass der Gesetzgeber nicht in das Gebiet der Wissenschaft übergreifen soll und sich insbesondere der Aufstellung

---

[130] Das gilt insbesondere für *Benthams* Entwurf eines *Constitutional Code*, wo er dem eigentlichen Gesetzestext (»Enactive«) eine Vielzahl von begründenden, erläuternden und illustrierenden Bestimmungen beifügt (betitelt »Ratiocinative«, »Expositive«, »Instructional« und »Exemplificational«), die an der normalen Artikelnummerierung im Gesetz teilnehmen. Hierbei wird die Typenzuordnung im Titel dem Inhalt des Artikels häufig nicht gerecht. Vor allem aber sind viele Artikel mehreren Typen zugeordnet (etwa »Enactive.Expositive« oder »Enactive.Ratiocinative«), wodurch eine klare Trennung des anordnenden Teils des Gesetzes von dem begründenden und erläuternden Teil unmöglich wird.

[131] *Kant*, MdS, Einl. in die Metaphysik der Sitten III, S. 219; vgl. auch ebd., Einl. in die Metaphysik der Sitten I, S. 214.

[132] Das Ausscheiden bloß innerer Vorgänge bzw. der inneren Moralität aus dem Kreis zulässiger Gegenstände der Gesetzgebung war bereits ein Anliegen von *Thomasius* (Prudentia Legislatoria, Kap. XII, § 19 sowie *ders.*, Fundamenta Juris Naturae et Gentium, caput prooemiale, §§ 11 ff., S. 6 ff.). Auch *Svarez* belehrte den preußischen Kronprinzen (schon vor Erscheinen von Kants »Metaphysik der Sitten«), dass Gesetze nur äußere Handlungen, nicht Meinungen und Gesinnungen zum Gegenstand haben dürfen, denn es gehöre zum Wesen des Menschen, dass sein Wille nur durch die Einsichten seines Verstandes bestimmt werde (Kronprinzenvorträge, S 231). Für *Svarez* lag es »in der Natur der Sache, dass die inneren Handlungen der menschlichen Seele durch äußeren Zwang unmöglich bestimmt werden können« (ebd., S. 610 f.). Daher seien Gesetze, welche die Denk- und Gewissensfreiheit in irgendeiner Art verbieten wollen, keine wirklichen Gesetze, sondern »bloße Äußerungen despotischer Willkür«.

allgemeiner Grundsätze, an die keine Rechtsfolge geknüpft ist, enthalten soll.[133] Kitka folgert hieraus, dass das Strafgesetzbuch keine Aussagen über einen bestimmten Strafzweck, keine allgemeinen Begriffe über Verbrechen überhaupt und keine allgemeinen Grundsätze, mit denen keine Sanktion verknüpft ist, enthalten soll.[134] Dennoch befürwortet er aber die Aufnahme eines Allgemeinen Teils im Strafgesetzbuch, ohne eine Erklärung zu bieten, was als wünschenswerter Inhalt des Allgemeinen Teils in Abgrenzung zu nicht wünschenswerten lehrbuchartigen Elementen anzusehen ist. Die Kritik am lehrbuchhaften Stil von Gesetzbüchern bleibt hier also ebenso wie bei anderen Autoren in der ersten Hälfte des 19. Jahrhunderts noch formelhaft.[135]

Auch im ABGB und in der zugrunde liegenden Gesetzgebungstheorie Zeillers ist das Verhältnis zu lehrhaften Elementen in der Gesetzgebung noch ambivalent. Zwar betont Zeiller, dass der Gesetzgeber kein Lehrer sei, aus welchem Grunde er wie wir sahen etwa auch die Anreicherung des Gesetzestexts durch Beispiele ablehnte.[136] Andererseits sah sein Gesetzgebungskonzept vor, bei jedem Rechtsgeschäft zunächst »den Begriff« desselben festzulegen und hieraus dann die Rechte und Verbindlichkeiten der Parteien »auf die nämliche Art, wie es in den philosophischen Rechtssystemen geschieht«, abzuleiten.[137] Aus diesem Konzept resultieren zahlreiche überwiegend doktrinäre Bestimmungen des ABGB, die systematisieren und klassifizieren, aber keinen disponierenden Regelungsgehalt aufweisen.[138] Maria Theresias Anweisung, es solle alles, was nicht in den Mund des Gesetzgebers, sondern *ad cathedram* gehört, »als Definitionen, Divisionen, und dergleichen aus dem Codice ausgelassen werden«,[139] war also auch in der End-

---

[133] *K. S. Zachariä*, Vierzig Bücher vom Staate, Bd. 4, Buch 20, S. 18, 34; *Kitka*, S. 42 ff.; *Günther*, Art. »Gesetzgebungswissenschaft«, Rechtslexikon, Bd. 4, S. 756; *Stahl*, Bd. II/2, S. 281. *Stahl* spricht in diesem Zusammenhang Grundrechtserklärungen wie »Die Wissenschaft und die Lehre sind frei« oder »Alle Deutschen sind vor dem Gesetze gleich« den Gesetzescharakter ab, da sie oft »völlig nichtssagend« seien und auch dort, wo sie etwas sagten »in solcher Allgemeinheit keiner rechtlichen Anwendung fähig« seien, »so wenig als das sogenannte Naturrecht«. *Bentham* war hierin ganz ähnlicher Ansicht: Die Grundrechtsbestimmungen der nordamerikanischen *Declarations of Rights* sah er als ein Beispiel schlechter Gesetzgebungstechnik an, da der Wortlaut der Gewährleistungen viel zu weit geraten sei (Principles of Morals and Legislation, S. 309 f.) und das Konzept von natürlichen und unveräußerlichen Rechten in der französischen Erklärung der Menschen- und Bürgerrechte erklärte er schlicht für »nonsense« (Anarchical Fallacies, S. 501).

[134] *Kitka*, S. 42 ff.

[135] So bei *K. S. Zachariä* und *Günther* (s. Fn. 133); ähnlich formelhaft auch in den Niederlanden die Kritik durch *Meijer*, S. 168 f.

[136] *Zeiller*, Eigenschaften, S. 257 f; zu der nicht immer konsequenten Durchführung im ABGB s. oben Fn. 54.

[137] *Ofner*, Protokolle, Bd. 2, S. 473.

[138] Vgl. etwa §§ 15, 89, 286, 291, 308, 357, 864, 921 ABGB; weitere Beispiele bei *Mayr*, Gesetzbuch als Rechtsquelle, S. 387 ff. Speziell zum Gebrauch von Definitionen im ABGB s. unten S. 463 f.

[139] Resolution Maria Theresias v. 4. August 1772, Punkt 1.

phase der österreichischen Kodifikationsbemühungen zu Beginn des 19. Jahrhunderts nur unzureichend eingelöst worden.

Eine deutlichere Abkehr von der Lehrhaftigkeit findet man hingegen in dem nur wenig jüngeren bayerischen Strafgesetzbuch von 1813 verwirklicht. Auch der umfangreiche Allgemeine Teil dieses Gesetzbuchs bemüht sich darum, sich auf Regelungen zu beschränken, die für die Frage, ob eine strafbare Handlung vorliegt und wie diese zu bestrafen ist, von unmittelbarer Bedeutung sind, ohne sich in allgemeine Betrachtungen über Strafzwecke oder die Natur von Verbrechen zu verlieren.[140] Dies war nicht nur Feuerbachs Verdienst. So wollte dieser in Art. 1 des Gesetzbuchs einen expliziten Hinweis auf den von ihm zugrunde gelegten Strafzweck unterbringen, was die Gesetzkommission mit der Begründung herausstrich, dass der Gesetzgeber sich nicht in doktrinäre Streitigkeiten einmischen solle.[141] Feuerbachs Verdienst ist es hingegen, dass die Verweisungen in dem Gesetzbuch ganz überwiegend regelungsabkürzenden und nicht belehrenden Charakter tragen.[142] Klassifikationen sind im bayerischen Strafgesetzbuch zwar noch reichhaltig vorhanden, dienen aber meist dazu, bei der Strafzumessung zwischen verschiedenen Begehungsmodalitäten zu unterscheiden (so etwa bei den verschiedenen Graden des Verrats in Art. 299 ff.), also den verschieden schweren Begehungsformen eines Deliktstypus verschiedene Strafen zuzuordnen; auf rein lehrhafte, für die Rechtsanwendung überflüssige Klassifikationen wurde hingegen überwiegend verzichtet.[143]

In Britisch-Indien legte man bei den Arbeiten an einem Strafgesetzbuch großen Wert auf die Aussonderung von bloß begründenden Elementen aus dem eigentlichen Gesetzestext. Derartige Elemente fanden vielmehr Aufnahme in den ausführlichen Anmerkungen, die den Entwurf des indischen Strafgesetzbuchs von 1837 als separate Anlage begleiteten. In den von Macaulay entworfenen Anweisungen an die indische Gesetzgebungskommission wird wie bei Bentham eine strikte Trennung gefordert zwischen dem eigentlichen Gesetzeswortlaut, der nur befehlen und nicht argumentieren soll, und separaten Anmerkungen seitens des Gesetzgebers, welche eine Begründung zu den einzelnen Vorschriften liefern sollen.[144] Durch die bereits erwähnten zahlreichen Einzelfallillustrationen im

---

[140] Das Bemühen hierum wurde auch in den amtlichen Anmerkungen z. BayStGB (Bd. 1, S. 48 f.) nicht ohne Selbstlob hervorgehoben: »Mit grossem Vorbedacht wurde hier [scil. im Allgemeinen Teil] alles umgangen, was bloß der Wissenschaft angehört, es wurden keine juristisch-politischen Lehrsäze, sondern nur allgemeine praktische Grundbegriffe und Grundsäze dargestellt ...«

[141] Anmerkungen z. BayStGB 1813, Bd. 1, S. 66.

[142] Zur Verweisungstechnik im bayerischen Strafgesetzbuch s. näher unten S. 479.

[143] Dies gilt freilich nicht ausnahmslos; so hätte auf die bloße Aufzählung der verschiedenen Strafarten in Art. 4 ohne Verlust an Rechtsanwendungsklarheit verzichtet werden können, da die dort genannten Strafarten in den folgenden Artikeln im einzelnen geregelt werden.

[144] Minute by T. B. Macaulay, 4 June 1835, in: Return to an Order of the House of Lords, dated 11 June 1852, for Copies of all Correspondence ..., S. 22, in: Parliamentary Papers (HL)

Gesetzestext des indischen Strafgesetzbuchs erhielt dieses dennoch einen belehrenden Charakter, der zwar nicht argumentativ begründen, aber demonstrativ erläutern sollte.

Zur Mitte des 19. Jahrhunderts ist die Entwicklung zu einem fast völligen Verzicht auf rein lehrhafte Elemente in der Strafgesetzgebung praktisch abgeschlossen. Ein mustergültiges Beispiel hierfür ist das preußische Strafgesetzbuch von 1851, in dem fast ausnahmslos auf rein belehrende Vorschriften verzichtet wurde. Das Gesetzbuch lässt Straftheorien und Strafzwecke unerwähnt, auf rein klassifizierende Vorschriften wurde verzichtet, die getroffenen Legaldefinitionen wollen in der Regel nur den Sprachgebrauch des Gesetzgebers präzisieren und nicht das Wesen eines Begriffs ergründen und die Verweisungen dienen fast ausnahmslos der Abkürzung des Regelungstextes und nicht der Belehrung.[145]

In der zweiten Hälfte des 19. Jahrhunderts ist die Ablehnung eines lehrhaften Gesetzgebungsstils dann auch praktisch communis opinio der deutschen Gesetzgebungstheorie.[146] Gleichzeitig tritt eine Vertiefung der Frage ein, was eigentlich als »lehrhaft« aus dem Gesetz verbannt werden soll und aus welchen Gründen. Jhering sieht den Gesetzgeber dann in das Gebiet der Wissenschaft übergreifen, wenn er »konstruiert«, also den Rechtsstoff entsprechend der von Jhering in seiner frühen Schaffensphase vertretenen »naturhistorischen« Methode gestaltet.[147] Für Jhering ist damit aber keine Absage an eine generalisierende und systematisierende Gestaltung der Gesetze verbunden, die er ausdrücklich begrüßt. Als Quelle seiner Rechtssätze soll dem Gesetzgeber dabei aber allein seine Autorität als Gesetzgeber und nicht die juristische Konstruktion dienen, anderenfalls

---

1852 (263) xii: »The Commissioners should be directed to append to the Code Notes assigning their Reasons for all Provisions of which the Reasons are not obvious ... But the Code should be purely imperative, and no argumentative Matter whatever should be introduced to it.« Diese Vorschläge Macaulays wurden praktisch wörtlich übernommen in den Anweisungen des *Governor-General in Council* an die *Indian Law Commission* vom 15. Juni 1835 (ebd., S. 24f.). Zu den amtlichen Anmerkungen zu dem Entwurf des indischen Strafgesetzbuchs, die jedoch anders als nach dem Konzept Benthams nicht unmittelbar im Anschluss an die jeweiligen Vorschriften des Gesetzes erfolgten, sondern in Form eines separaten Anmerkungsteils, s. näher oben S. 138f.

[145] Im Verlauf der Entstehungsgeschichte des preußischen Strafgesetzbuchs zeigt sich hierbei eine zunehmende Ablehnung der Aufnahme belehrender Elemente insbesondere im Zusammenhang mit dem Gebrauch von Legaldefinitionen und Verweisungen; näher hierzu unten S. 475f. und S. 479f. mit Fn. 822.

[146] *Morgenstern*, Bd. 1, S. 286; *Jhering*, Bd. II/2, § 41, S. 371f.; *Mohl*, Politik, Bd. 1, S. 431f.; *Bethmann-Hollweg*, S. 16; *Eisele*, AcP 69 (1886), S. 313 u. passim; *Hölder*, AcP 73 (1888), S. 160; *Goldschmidt*, S. 54f.; zu Beginn des 20. Jahrhunderts: *Huber*, Erläuterungen, Heft 1, S. 8, 12f.; *Kohler*, AcP 96 (1905), S. 358; *Wach*, S. 8; differenzierend jedoch: *Wendt*, S. 18 u. *Gutherz*, Teil 1, S. 114f., Teil 2, S. 42f.; s. für die französische Gesetzgebungstheorie *Rousset*, Bd. 1, S. 67, 91, 230ff., der lehrhafte Elemente ebenfalls ablehnte.

[147] *Jhering*, Bd. II/2, § 41, S. 371f. Gegen eine »Konstruktion« seitens des Gesetzgebers auch *Eisele*, AcP 69 (1886), S. 317 u. *Mayr*, Gesetzbuch als Rechtsquelle, S. 394f. Zur Konstruktion als Mittel der Dogmatik und »methodischen Lieblingsoperation der Juristen des späten 19. Jahrhunderts« (J. Schröder) näher etwa *J. Schröder*, Rechtsdogmatik und Gesetzgebung, S. 52ff.; *ders.*, Recht als Wissenschaft, S. 267f.; *Brockmöller*, S. 199ff.; *Ogorek*, S. 221ff.

entkleide er sich der Rolle des Gesetzgebers und stelle sich mit den Juristen auf
eine Stufe.

Mit dem Autoritätsargument ist einer der zentralen Punkte in der gesetzgebungstheoretischen Diskussion um die Ablehnung lehrhafter Gesetze aufgegriffen: Der Gesetzgeber soll sich nicht rechtfertigen, nicht argumentieren und
erklären, sondern schlicht befehlen. Der Befehlscharakter des Gesetzes tritt in der
zweiten Hälfte des 19. Jahrhunderts ganz in den Vordergrund der Argumentation.
Mohl sieht im Gesetz einen »Befehl der Staatsgewalt, welcher nöthigen Falles mit
Gewalt durchgeführt wird«.[148] Hieraus leitet er ab, dass das Gesetz keine wissenschaftlichen Meinungen aufstellen, sondern sich auf unmittelbar anwendbare
Vorschriften, die vom Staat auch durchgesetzt werden können, beschränken soll.
Die wissenschaftliche Bearbeitung und Durchdringung des Rechts sei Aufgabe
der Wissenschaft. Der Gesetzgeber solle sich deren Ergebnisse zwar zunutze
machen, etwa indem er seinen Gesetzen ein schlüssiges System zugrunde legt, er
soll aber nicht selbst ins Theoretisieren verfallen, da er dann den Bereich der vom
Staat durchsetzbaren Rechtssätze verlässt. Entsprechend hält Mohl es auch für
verfehlt, wenn der Gesetzgeber bloß Empfehlungen oder Wünsche ausspricht
oder Lob oder Tadel äußert. Der Gesetzgeber solle sich im Gesetz auch nicht mit
politischen oder anderen Gründen rechtfertigen, da das Gesetz seinen Geltungsgrund in sich selbst trage.[149]

Für Mohl folgen aus dem Befehlscharakter des Gesetzes aber nicht nur die
genannten inhaltlichen Konsequenzen (was der Gesetzgeber nicht als Gesetz
formulieren soll), sondern auch formelle Konsequenzen (wie der Gesetzgeber
formulieren soll): »Das Gesetz ist eine Vorschrift, es muss sich also auch befehlend
ausdrücken. Selbst wo es eine Freiheit des Handelns anerkennt, ist dies ein Gebot
für Dritte oder für die Behörden, und als solches zu fassen.«[150] Diese Auffassung,
die Reduzierung der Rechtssätze auf Gebote und Verbote, teilen viele Rechts-
theoretiker der zweiten Hälfte des 19. Jahrhunderts.[151] Erlaubende bzw. Rechte

---

[148] *Mohl*, Politik, Bd. 1, S. 431 f.
[149] Ebd., S. 449.
[150] Ebd., S. 448.
[151] Aus dem Bereich der Gesetzgebungstheorie sind außer *Mohl* zu nennen: *Meijer*, S. 168 f.,
191 f.; *Rousset*, Bd. 1, S. 230 ff. (*Rousset* hat in Bd. 2 den Versuch unternommen, Teile des Code
civil im Sinne seiner Gesetzgebungstheorie, also ausschließlich in Form von Ge- und Verboten,
umzuformulieren); *Eisele*, AcP 69 (1886), S. 311 f. und *Goldschmidt*, S. 4. *Larenz* (S. 253) spricht
von »Imperativentheorie« und nennt als Begründer Thon (*August Thon*, Rechtsnorm und sub-
jectives Recht. Untersuchungen zur allgemeinen Rechtslehre, Weimar 1878, S. 2 f., 8 u. passim),
den späten Jhering (*Rudolph von Jhering*, Der Zweck im Recht, 3. Aufl., Leipzig 1893, S. 330 ff.)
und Bierling (*Ernst Rudolf Bierling*, Juristische Prinzipienlehre, Bd. 1, ND Freiburg u. Leipzig
1894, S. 27 ff.). Wie aufgezeigt findet sich diese Auffassung jedoch in Deutschland bei *Mohl*, in den
Niederlanden bei *Meijer* und in Frankreich bei *Rousset* schon deutlich früher. Auch kritisiert
Bluntschli (Politik, S. 462 f.) die »oft gehörte Behauptung«, dass die allein richtige Gesetzesform der
Befehl und das Verbot sei, noch bevor sich Thon, Jhering und Bierling überhaupt in diesem Sinne
äußern. Es gab also schon früh auch Gegner der »Imperativentheorie«, neben Bluntschli z. B. auch

gewährende Rechtssätze interpretieren sie als Gebote an Dritte oder Behörden und fordern den Gesetzgeber auf, diese auch entsprechend zu formulieren.[152] Die geforderte imperativische Fassung der Gesetze habe hierbei auch Einfluss auf den Inhalt, da sie den Gesetzgeber davor schütze, das Gebiet der Gesetzgebung zu verlassen und auf das der Doktrin überzutreten. Umgekehrt mache eine »erzählende« Gesetzesformulierung es der Auslegung schwer zu beurteilen, ob der Gesetzgeber nur ein (unverbindliches) »Urteil aussprechen« oder eine bindende Norm geben wollte.[153]

Ähnlich sieht auch Hubers Konzept zur Abgrenzung der Kompetenzbereiche des Gesetzgebers und der Wissenschaft aus, welches er im Zusammenhang mit dem Entwurf zum ZGB entwickelt.[154] Die Probe, ob sich ein vom Gesetzgeber aufgestellter Rechtssatz als Imperativ denken lässt, sei ein verlässliches Mittel, um den Gesetzgeber von Übergriffen in den Bereich der Wissenschaft abzuhalten. Rechtssätze, die sich nicht als Imperativ denken lassen, seien kein tauglicher Gesetzesinhalt und der Wissenschaft zu überlassen. Auch in der äußeren Gestalt der Rechtssätze soll deren imperativer Charakter nicht verleugnet werden.

Die Betonung des Befehlscharakters der Gesetze und die Reduzierung der zulässigen Rechtssätze auf Ge- und Verbote blieb in der Gesetzgebungstheorie jedoch nicht unwidersprochen.[155] Näher entwickelt wird die Gegenposition für den Bereich der Gesetzgebungstheorie zu Beginn des 20. Jahrhunderts durch Wendt und Gutherz.[156] Wendt macht gegen diese Lehre geltend, dass sie den

---

Ernst Zitelmann (Irrtum und Rechtsgeschäft. Eine psychologisch-juristische Untersuchung, Leipzig 1879, S. 222), der die Rechtssätze nicht als Imperative, sondern als hypothetische Urteile auffasste (vgl. *Larenz*, S. 253, Fn. 5). Dieser normtheoretische Meinungsstreit soll hier aber nicht weiterverfolgt werden, soweit er außerhalb der Gesetzgebungstheorie geführt wurde und die Autoren damit keine konkreten Folgerungen für den Gesetzgeber verbanden.

[152] *Mohl*, Politik, Bd. 1, S. 448; *Rousset*, Bd. 1, S. 230 ff.; *Eisele*, AcP 69 (1886), S. 311 f. *Thon* (ebd., S. 346) hält Gewährungen nicht für selbständige Rechtssätze; sie seien »nur die Vorbedingungen für den Eintritt oder das Ende gewisser Imperative«. Ebenso sei »ein blosses Erlauben ... niemals Sache des Rechts« (ebd., S. 292); ähnlich *Bierling* (ebd., Bd. 1, S. 39 f.). *Jhering*, der in der Schrift »Der Zweck im Recht« alles Recht auf die Bestandteile Norm und Zwang zurückführt (Bd. 1, S. 320) und die Norm als »abstracte[n] Imperativ für das menschliche Handeln« definiert (ebd., Bd. 1, S. 331), sieht alle Normen primär an die Staatsgewalt gerichtet (»...das ganze Civilgesetzbuch, das Strafgesetzbuch, alle Finanz-, Polizei, Militär- u. s. w. Gesetze und Verordnungen, es sind lauter Regulative für die Handhabung der staatlichen Zwangsgewalt«, ebd., Bd. 1, S. 338); so interpretiert er auch begriffsentwickelnde Rechtssätze als Imperative, die an den Richter gerichtet seien, der die Norm zur Anwendung bringen soll (ebd., Bd. 1, S. 334 f.). Die zuletzt genannten Äußerungen beschränkten sich aber auf die Normtheorie. Konkrete Folgerungen für den Gesetzgeber, etwa dass er seinen Gesetzen auch sprachlich durchgängig die Form von Imperativen geben soll, erheben Thon, Bierling und der späte Jhering im Gegensatz zu Mohl, Rousset und Eisele nicht.

[153] *Eisele*, AcP 69 (1886), S. 310, 312.

[154] Zum Folgenden: *Huber*, Erläuterungen, Heft 1, S. 8, 12 f.

[155] Zur frühen Kritik *Bluntschlis* s. oben Fn. 151. Dort auch zur Ansicht *Zitelmanns*. Im Folgenden wird nur auf Autoren eingegangen, die die Kritik an der Imperativentheorie für die Gesetzgebungstechnik nutzbar gemacht haben.

[156] *Wendt*, S. 8 ff.; *Gutherz*, Teil 1, S. 114 f., Teil 2, S. 42 f.

autoritativen Charakter des Gesetzes, also seinen Anspruch, eine bindende Regelung aufzustellen, fälschlich mit einem Befehlscharakter verwechselt.[157] Wendt und Gutherz konstatieren, dass der belehrende Zweck eines Gesetzes durchaus legitim sei. Das Gesetz wolle nicht nur gebieten, sondern immer auch belehren über das, was rechtens ist.[158] Entscheidend ist für Wendt vielmehr, dass der Gesetzgeber bindende, d. h. unmittelbar anwendbare Regelungen aufstellt und nicht rein theoretische Lehrsätze. Entsprechend betont auch Gutherz, dass es nicht auf den Befehlscharakter des Gesetzes ankomme, sondern darauf, ob sich die Regelung unmittelbar Geltung verschaffen will. Der Gesetzgeber solle also nur Normen aufstellen, die auch unmittelbar Rechtswirkungen erzeugen, was bei rein lehrbuchartigen Erörterungen nicht der Fall sei. Aber nicht nur inhaltlich ist der Befehlscharakter der gesetzlichen Regelungen für die genannten Autoren nicht das Entscheidende, sondern auch in der Form (also in der Gesetzesformulierung) könne der Gesetzgeber durchaus auf eine imperative Fassung der Rechtssätze verzichten, ohne an Ernst und Nachdruck einzubüßen.[159] Entscheidend sei, dass die Regelung Rechtswirkungen erzeugt und sich hierdurch unmittelbar Geltung verschaffen kann, mag sie befehlend oder auch belehrend formuliert sein.[160]

Eine ähnliche Konzeption lag auch bereits der Entstehung des BGB zugrunde. Der Bericht des Justizausschusses des Bundesrats, der zusammen mit dem Gutachten der Vorkommission die Grundlage bildete für das Vorgehen der ersten Kommission, lehnte einerseits ausdrücklich eine Beschränkung des Gesetzbuchs auf bloße Gebote und Verbote ab, forderte andererseits aber eine klare Grenzziehung zwischen dem, was dem Gesetzgeber und dem, was der Wissenschaft zukommt, mit dem Ziel der Vermeidung bloß doktrinärer Elemente im Gesetzbuch.[161] Den Weg dafür, was demnach als doktrinär aus dem Gesetzbuch auszuscheiden war, hatte wie aufgezeigt Jhering gewiesen. Der Tabubereich für den Gesetzgeber war ein methodischer: Die Herleitung von Rechtssätzen mit den Mitteln der Konstruktion sollte vermieden werden, nicht die Aufstellung von Folgesätzen als solche. Die BGB-Redaktoren haben diese Forderung ernst genommen[162] und dort, wo die erste Kommission in dem Bestreben nach Vermeidung rein doktrinärer Elemente mitunter noch fehlte, haben die Vorkommission des Reichsjustiz-

---

[157] *Wendt*, S. 14.

[158] *Wendt*, S. 18; *Gutherz*, ebd.

[159] *Wendt*, S. 16.

[160] *Gutherz*, ebd.

[161] Bericht des Bundesratsausschusses für das Justizwesen v. 9. Juni 1874, in: *Schubert*, Materialien, S. 186–199, hier: S. 194 f.

[162] So lehnte es die erste Kommission etwa ab, allgemeine Vorschriften über den Begriff des subjektiven Rechts, über die Klagbarkeit der Rechte, über die Einteilung der Rechte, über die Rechte an der eigenen Person und über die Übertragbarkeit, Vererblichkeit und den Untergang von Rechten in den Entwurf aufzunehmen, da es sich hierbei überwiegend um »Fragen der Wissenschaft und Konstruktion« handele (*Jakobs/Schubert*, Beratung, Allgemeiner Teil, Teil 2, S. 1197).

amts und die zweite BGB-Kommission sich um eine rigorose Ausmerzung solcher Elemente aus dem Entwurf bemüht.[163] Zwar hatten schon viele Zivilgesetzgeber zuvor sich die Vermeidung von Belehrungen auf die Fahnen geschrieben, doch hatte bislang keiner dies mit der Konsequenz der BGB-Verfasser auch durchgeführt. Gerade dies trug zur schweren Verständlichkeit des Gesetzbuchs bei. Der Anspruch ein aus sich selbst heraus – ohne Unterstützung der Wissenschaft und Praxis – verständliches und anwendbares Gesetzbuch zu schaffen, welcher den Gesetzbüchern der Aufklärungszeit wie aufgezeigt zum Teil zugrunde lag, war damit aufgegeben.[164] Im Zusammenhang mit den Forderung nach Gemeinverständlichkeit des Gesetzbuchs und dem Einsatz von Legaldefinitionen werden wir noch genauer sehen, welche Konsequenzen das Streben nach Vermeidung doktrinärer Elemente für die Gesetzgebungstechnik des BGB mit sich brachte.

III. Die Vollständigkeit der Gesetzgebung

Das Bild von der Gesetzgebung des Kodifikationszeitalters und namentlich der Gesetzbücher der Aufklärungszeit ist heute vielfach von der Vorstellung bestimmt, dass diese wesentlich von der Forderung nach Vollständigkeit geprägt seien; Vollständigkeit wird geradezu als charakteristischer Wesenszug des Kodifikationsbildes der Aufklärungszeit genannt.[165] Tatsächlich verbanden sich in der

---

[163] Beispiele bei *Jakobs*, S. 137 ff.; speziell zu den durch die Vorkommission des Reichsjustizamts gestrichenen lehrhaften Elementen *Schulte-Nölke*, S. 304, Fn. 67 u. 69. Scharfe Kritik an den seiner Ansicht nach immer noch viel zu vielen lehrhaften Elementen des ersten BGB-Entwurfs übte *Goldschmidt* (S. 55 ff. mit zahlreichen Beispielen). *Planck* (AcP 75 (1889), S. 428 f.) konterte diese Kritik mit dem Hinweis, dass dort, wo Goldschmidt »lehrhafte Abstraktionen« sehe, dies häufig auf dem unrichtigen Gedanken beruhe, dass allgemein anerkannte Rechtsregeln oder terminologische Bestimmungen nicht in das Gesetzbuch aufzunehmen seien. Man sieht hieran deutlich, dass das Streben der BGB-Verfasser nach Vermeidung von Lehrhaftigkeit primär als methodisches und nicht als inhaltliches Postulat zu verstehen ist und sich daher nicht etwa auf die Formel bringen lässt, der Gesetzgeber habe sich der Aufstellung von in der Wissenschaft unbestrittenen Rechtssätzen zu enthalten zugunsten bloßer Kontroversentscheidungen. Eine Übersicht über die Stellungnahmen, die den ersten BGB-Entwurf als zu doktrinär kritisierten, gibt die im Reichsjustizamt gefertigte »Zusammenstellung der gutachtlichen Äußerungen« (Bd. 1, S. 23 f., Bd. 6, S. 12 f.).

[164] Klar erkannt wurde das von *Gierke* (S. 27, 56), der den Verfassern des ersten Entwurfs vorwirft, in der Absicht, alle bloß belehrenden Sätze nach Möglichkeit zu vermeiden, vielfach auf den Ausspruch oberster Prinzipien und leitender Gedanken verzichtet zu haben. Gierke hält dem entgegen, dass man zwar nicht in die lehrbuchartige Manier des preußischen ALR verfallen solle, das Volk jedoch von dem nationalen Gesetzbuch eine Belehrung über die Grundlagen der Rechtsordnung und über den Zusammenhang der Rechtsinstitute erwarten dürfe.

[165] Vgl. etwa *Caroni*, Art. »Kodifikation«, HRG, Bd. 2, Sp. 907, 914; *H. Krause*, Art. »Gesetzgebung«, HRG, Bd. 1, Sp. 1617; *Bühler*, S. 113 (für die »naturrechtlichen« Kodifikationen); *Köbler*, Art. »Kodifikation«, Lexikon Rechtsgeschichte, S. 292; *W. Ebel*, S. 75 (der als Wesensmerkmal der Kodifikation einen Anspruch auf Ausschließlichkeit sieht, wonach sich alle sich stellenden Rechts-

zeitgenössischen Diskussion und Gesetzgebungspraxis mit dem Begriff der Vollständigkeit ganz unterschiedliche Vorstellungen von dem, was der Gesetzgeber leisten kann und soll. Im Wesentlichen sind es drei voneinander unterscheidbare Aspekte, die dabei dem Schlagwort der Vollständigkeit zugrunde liegen konnten: die Forderung nach vollständiger Erfassung aller regelungsbedürftigen Sachverhalte, also nach Lückenlosigkeit des Gesetzes, die Forderung nach vollständiger Kodifizierung des Rechts, also dem Ausschluss nicht-positiver Rechtsquellen und schließlich die Forderung nach vollständiger Erfassung des Regelungsgegenstandes in einem Gesetz, also die Vermeidung einer Regelungszersplitterung. Wir werden uns diesen drei Aspekten des »Vollständigkeitsdogmas« nacheinander zuwenden.

1. Lückenlosigkeit

Wenn in der modernen Literatur vom Vollständigkeitsideal der aufklärerischen Kodifikationen die Rede ist, so wird unter Vollständigkeit meist die möglichst vollständige Erfassung aller regelungsbedürftigen Sachverhalte im Gesetz verstanden. Während in der frühen Neuzeit die Lückenhaftigkeit des positiv gesetzten Rechts als selbstverständlich angesehen wurde, ist seit dem 18. Jahrhundert in der Gesetzgebungstheorie und Gesetzgebungspraxis ein deutliches Streben nach Lückenlosigkeit anzutreffen. Man muss hierbei aber unterscheiden zwischen der Forderung nach Lückenlosigkeit als konkret erreichbarem Ziel der Gesetzgebung und dem Streben nach Lückenlosigkeit als einem nur annäherungsweise erreichbaren Ideal, welches niemals vollständig umsetzbar ist. Man verkennt den Realitätssinn vieler Gesetzgebungstheoretiker und -praktiker der Aufklärungszeit, wenn man ihnen pauschal die zuerst genannte Zielsetzung unterstellt. Zwar gab es in der Aufklärungszeit Autoren, deren Forderung scheinbar vorbehaltlos auf die Schaffung lückenloser Gesetzbücher gerichtet war.[166] Zahlreiche gewichtige Stimmen, einschließlich Bentham als großem Visionär umfassender Kodifikationen, wiesen jedoch schon damals auf die konkrete Unerreichbarkeit dieses Ideals hin, an welchem sich der Gesetzgeber zwar orientieren soll, welches sich aber niemals vollständig verwirklichen lasse.[167]

---

fragen aus dem Gesetzbuch selbst beantworten lassen müssen, d. h. also Lückenlosigkeit im Sinne eines Rechtsquellenmonopols).

[166] *Globig/Huster*, S. 29 ff.; *Reitemeier*, Gesetzgebung, S. 99 ff. (für den privatrechtlichen Teil eines Gesetzbuchs, der Regelungen für »alle Fälle, die streitig sind oder streitig werden können« enthalten soll); *K. S. Zachariä*, Wissenschaft, S. 320 ff. (in seinem Alterswerk »Vierzig Bücher vom Staate« war *Zachariä* insofern weniger optimistisch); *Gönner*, S. 70; auch noch *Günther*, Art. »Gesetzgebungswissenschaft«, Rechtslexikon, Bd. 4, S. 759 ff.

[167] *Bacon*, De Augm. Scient., Buch 8, Kap. 3, Aphorismen 10 u. 32, S. 806 u. 810 f. (das Streben nach Vervollständigung bezieht sich bei *Bacon* aber nicht auf Gesetzbücher im modernen Sinn, sondern auf die Rechtsordnung insgesamt, also *case law* und *statute law*); *Wolff*, Politik, § 412, S. 427 ff. (der nur eine sukzessive Vervollständigung für möglich hielt); *Zeiller*, Natürliches Privat-

Auch dem preußische ALR, dem in der Forschung traditionell »die Anmaßung des Gesetzgebers, alle erdenklichen Verhältnisse ein für allemal vorregeln zu können«, unterstellt wird,[168] lag nur ein eingeschränkter Vollständigkeitsglaube zugrunde. Dies zeigt sich an verschiedenen Bestimmungen des Gesetzbuchs. Die Regelungen in Einl. §§ 46 ff. unterscheiden sehr bewusst zwischen Auslegungszweifeln und Gesetzeslücken. Während für Auslegungszweifel anfänglich eine obligatorische Anfrage bei der Gesetzeskommission während des laufenden Rechtsstreits vorgesehen ist, machen die Bestimmungen in Einl. §§ 49, 50 es dem Richter (unabhängig vom konkreten Rechtsstreit) zur Pflicht, Gesetzeslücken beim Chef der Justiz anzuzeigen, damit der Gesetzgeber für die Zukunft der eventuellen Lücke durch eine Neuregelung abhelfen kann und so das Gesetzbuch nach und nach vervollständigt wird.[169] Auch Einl. § 4 geht von der Möglichkeit aus, dass die Gesetze etwas Regelungsbedürftiges »unentschieden gelassen haben« (in welchem Falle hierzu bestehende Observanzen bis zu einer gesetzgeberischen Regelung fortbestehen sollen). Aus der Entstehungsgeschichte der Einleitung zum ALR wissen wir, dass Svarez zwar nach möglichster Lückenlosigkeit strebte, doch Realist genug war, um zu erkennen, dass dennoch Lücken des Gesetzbuchs verbleiben werden, die allenfalls nach und nach schließbar sind, wozu die Anzeigepflicht beim Chef der Justiz dienen sollte.[170] Der schlesische Justizminister Danckelmann wie auch Svarez' Ko-Redaktor Klein sahen ebenfalls die zwangsläufige Lückenhaftigkeit des Gesetzbuchs und wollten diese (anders als Svarez) gar durch Zuhilfenahme des Naturrechts als Lückenfüller schließen.[171]

---

recht, § 25, S. 43 (der »süße Traum« eines vollständigen, alle Fälle bestimmt entscheidenden Gesetzbuchs sei »endlich wohl allgemein verschwunden«); *Feuerbach*, Philosophie und Empirie, S. 81 (Gesetzgeber solle zwar nach Vollständigkeit streben, doch handele es sich hierbei um ein in unerreichbarer Ferne liegendes Ideal); *Bentham*, Specimen of a Penal Code, Table of Contents, Note 1, in: *ders.*, Bowring-Edition, Bd. 1, nach S. 164 (»This supposition of all comprehensiveness, of course, falls more or less short of being correct. But, in this line, as in every other line of action, which has for its object or end in view the maximum of happiness, the impossibility of attaining the summit, affords no reason against making continual approaches to it, on each occasion, as near as possible.«); nur ein Streben nach relativer Vollständigkeit forderte auch *Pfeiffer*, S. 78 f. ein; zu entsprechenden Ansichten aus der zweiten Hälfte des 19. Jahrhunderts s. unten S. 334, Fn. 196.

[168] *Wieacker*, Privatrechtsgeschichte, S. 333; ähnlich *Wagner*, S. 146 f. u. *Bühler*, S. 113; hingegen wiesen bereits *Hatschek*, AöR 24 (1909), S. 446 u. neuerdings *Schwennicke*, Entstehung, S. 273 darauf hin, dass den Redaktoren des ALR dessen unvermeidliche Lückenhaftigkeit sehr wohl bewusst war.

[169] Die 1798 erfolgte Außerkraftsetzung der Anfragepflicht bei der Gesetzeskommission bei Auslegungszweifeln bezog sich nicht auf die Bestimmungen zu Gesetzeslücken. Auch die »vermeinte Dunkelheit des Gesetzes« war seit 1803 unabhängig vom konkreten Rechtsstreit dem Chef der Justiz »zum Behuf der künftigen Legislation« anzuzeigen (s. oben S. 279, Fn. 1227).

[170] Zur Entstehungsgeschichte der §§ 49 f. der Einleitung vgl. *Schwennicke*, Entstehung, S. 286 f., wonach die Sonderregelungen für Gesetzeslücken im Zuge der Diskussion über die Rückwirkungsproblematik in den Entwurf gelangten, um eine rückwirkende Schließung von Gesetzeslücken durch die Gesetzeskommission zu verhindern (vgl. Einl. § 51, der ausdrücklich ein Rückwirkungsverbot für die gesetzgeberische Lückenschließung anordnet).

[171] Danckelmann forderte in einem Brief an Carmer vom 28. Oktober 1793 in Fällen, die vom positiven Gesetzgeber unentschieden gelassen wurden, dem Richter zu erlauben, auf das natür

Es ist in diesem Zusammenhang auch nicht richtig, den Verfassern des ALR den Anspruch einer Vollkommenheit und zeitlosen Beständigkeit des Gesetzbuchs, welche künftige Gesetzesänderungen entbehrlich mache, zu unterstellen. Im Umfeld der ALR-Entstehung sah man sehr wohl, dass neu auftretende Verhältnisse, aber auch schlicht neue Erkenntnisse, Ergänzungen und Veränderungen des Gesetzbuchs erforderlich machen würden.[172] Zwar war man zuversichtlich, dass die Hauptgrundsätze des Gesetzbuchs hiervon unberührt bleiben würden, doch hinsichtlich der Detailbestimmungen bewegte man sich ganz auf der Linie des Konzepts Wolffs, wonach eine fortschreitende Vervollkommnung des Gesetzbuchs erfolgen sollte.[173]

Als Mittel, um dem Ideal lückenloser Gesetze möglichst nahe zu kommen, standen sich zwei unterschiedliche Konzepte gegenüber. Das historisch gesehen frühere Konzept bestand darin, die regelungsbedürftigen Sachverhalte in ihrer Individualität durch das Gesetz möglichst vollständig zu erfassen und beim Auftreten bislang unzureichend berücksichtigter Fälle die gesetzlichen Regelungen sukzessive zu ergänzen, um so zu einer fortschreitenden Vervollständigung des Gesetzes zu gelangen. Das ist das Konzept Wolffs, Claproths, Globig/Husters und Reitemeiers[174] wie auch das Konzept des ALR, wie es sich in den erwähnten Bestimmungen in Einl. §§ 49, 50 widerspiegelt. Unschwer erkennt man hierin

---

liche Recht zurückzugreifen; der Brief ist in Auszügen abgedruckt bei *Thieme*, ZRG (GA) 57 (1937), S. 417–419, *Hatschek*, AöR 26 (1910), S. 461 f. u. *Schwennicke*, Entstehung, S. 134, Fn. 260. Der von Svarez entworfene Antwortbrief Carmers vom 8. November 1793 lehnte es ab, den Richtern generell einen Rückgriff auf das Naturrecht zu erlauben wegen der hierdurch entstehenden Rechtsunsicherheit und weil die Richter sonst »zu wirklichen Gesetzgebern über die Rechte der Partheyen« würden; der Brief ist abgedruckt bei *Thieme*, ebd., S. 419–424, *Hatschek*, ebd., S. 462–464 u. *Schwennicke*, Entstehung, S. 135, Fn. 262. Auf Klein geht vermutlich die Formulierung in Einl. § 87 zurück, die neben positiven auch natürliche Verbotsgesetze erwähnt (s. hierzu *Schwennicke*, Entstehung, S. 136); Klein ging jedenfalls für das Strafrecht davon aus, dass es neben den positiven auch natürliche Strafgesetze gibt, deren verpflichtende Kraft unabhängig von der Aufnahme in die positive Gesetzgebung besteht (*Klein*, Annalen, Bd. 6 (1790), S. 95).

[172] So schreibt *Klein* auf entsprechende Unterstellungen Schlossers: »...ich begreife nicht, wie Herr Schlosser auf den Gedanken gekommen ist, daß man in den Preußischen Staaten den Vorsatz habe, ein Gesetzbuch zu liefern, welches in allen seinen Bestimmungen unveränderlich bleiben soll.« (Annalen, Bd. 4 (1789), S. 335). »...ein Gesetzbuch kann nie so beschaffen seyn, daß es auch nur ein Menschenalter hindurch unverändert bleiben könnte.« (ebd.). Das Gesetzbuch sei vielmehr auf Grundlage neuer Erfahrungen und neuer Geschäfte anzupassen.

[173] *Klein*, Annalen, Bd. 4 (1789), S. 336. Zu dem Konzept Wolffs sogleich sowie ausführlich oben S. 277. Die These von *Eckert* (S. 48 ff.), wonach das Gesetzesverständnis des ALR Ausdruck eines überholten (ahistorischen) Naturrechtsdenkens sei, welches durch die fortwährende Novellengesetzgebung unterlaufen wurde, erscheint mir daher nicht richtig. Die Praxis der fortschreitenden Verbesserung des Gesetzbuchs durch Novellengesetzgebung und authentische Interpretationen (s. unten S. 345, Fn. 251) lag durchaus im Konzept der ALR-Verfasser wie auch schon Christian Wolffs und war nicht erst eine Erfindung einer von Eckert (in Anlehnung an Thieme und Dilcher) als »historisches Naturrecht« bezeichneten Richtung innerhalb des Naturrechts.

[174] *Wolff*, Politik, § 412, S. 427 ff.; *Claproth*, Bd. 1, S. 454 (Civil-Recht, 1. Buch, 1. Hauptstück, § 7); *Globig/Huster*, S. 30 f.; *Reitemeier*, Gesetzwissenschaft, S. 20; *ders.*, Gesetzgebung, S. 99 ff.

das »kasuistische« Gesetzgebungskonzept wieder, wenn auch die genannten Autoren sich gegen das Stigma der Kasuistik verwahrt hätten, da sie (wie auch die Redaktoren des ALR) die Erfassung der Einzelfälle nicht als Ersatz, sondern nur als Ergänzung zu allgemeinen Regelungen auffassten.[175]

Es wäre jedoch verfehlt, dieses Konzept als allgemein kennzeichnend für die Aufklärungszeit zu betrachten. Mit Feuerbach, Zeiller, Zachariä, Savigny und anderen treten dem schon früh im 19. Jahrhundert Gesetzgebungstheoretiker entgegen, die betonen, dass sich das Ideal der Vollständigkeit niemals mit Kasuistik, sondern nur mit allgemeinen, umfassenden Regeln erreichen oder zumindest näher kommen lässt.[176] Das Streben nach Vollständigkeit ist also (neben Idealen wie größtmögliche Bestimmtheit und Verständlichkeit) einer der Schauplätze für den Wettstreit zwischen diesen beiden Konzepten. Während das ältere Konzept die Wirklichkeit möglichst detailgetreu im Gesetz einfangen wollte und hierbei auf sukzessive Vervollständigung und den Einsatz von permanenten Gesetzgebungskommissionen zu diesem Zweck baute, setzte das jüngere, aber ebenfalls bereits in der Aufklärung entwickelte Konzept auf bewusste Verallgemeinerung und Grundsatzorientierung, um auch gegenwärtig nicht vorhersehbare Konstellationen zu erfassen.

Ein typisches Produkt dieses zweiten Konzepts ist das österreichische ABGB. In seinem einleitenden Vortrag vor der Gesetzgebungskommission bezeichnete Zeiller Vollständigkeit als die schwierigste Forderung an den Gesetzgeber; ein Gesetzgeber, der versuche, »alle Fälle durch den Buchstaben des Gesetzes zu erschöpfen« und die Richter in rechtsprechende Maschinen zu verwandeln, müsse unweigerlich hieran scheitern.[177] Der Gesetzgeber müsse vielmehr von allgemeinen Grundsätzen ausgehen und hieraus allgemeine Regeln ableiten, die durch »denkende und zu denken fähige« Richter anzuwenden sind. Dabei sei es unvermeidlich, dass sich manche Lücke oder Undeutlichkeit erst im Laufe der Zeit auftut.[178] Nur die Erfahrung mehrerer Jahrzehnte und die allmählichen Verbesserungen könnten ein Gesetzbuch der Vollständigkeit näher bringen. Beide Konzepte setzten

---

[175] S. hierzu oben S. 288 f. Erstrebt wurde Lückenlosigkeit also durch eine Kombination von allgemeinen Grundsätzen und fortschreitend verbesserten kasuistischen Details.

[176] *Feuerbach*, Kritik, Teil 1, S. 10 ff.; *ders.*, Philosophie und Empirie, S. 71; *ders.*, Nachlaß, Bd. 1, S. 218 f.; *Zeiller*, Eigenschaften, S. 246; *K. S. Zachariä*, Wissenschaft, S. 320 ff.; *Savigny*, Beruf, S. 21 f. (der es jedoch als Aufgabe der Wissenschaft ansah, diese allgemeinen Grundsätze herauszuarbeiten); dass sich Vollständigkeit niemals mit Kasuistik, sondern nur mit verallgemeinernden Regelungen erreichen lasse, betonen auch *Bentham*, General View, S. 205 f. = Traités de législation, Bd. 1, S. 352 ff.; *Gönner*, S. 70 f.; *Pfeiffer*, S. 64 f., 78 f.; *Günther*, Art. »Gesetzgebungswissenschaft«, Rechtslexikon, Bd. 4, S. 759 f.; *Mittermaier*, AcP 36 (1853), S. 99 f.; *Morgenstern*, Bd. 1, S. 286 f.; *Mohl*, Politik, Bd. 1, S. 429 f.; *Wach*, S. 37; vgl. auch bereits *Bacon*, De Augm. Scient., Buch 8, Kap. 3, Aphorismen 66–67, S. 819.

[177] *Ofner*, Protokolle, Bd. 1, S. 6. Ähnlich äußerte sich Zeiller im Rahmen seines Schlussvortrags vor der Gesetzgebungskommission (ebd., Bd. 2, S. 469).

[178] *Ofner*, Protokolle, Bd. 1, S. 10.

also in Fragen der Vollständigkeit auf eine sukzessive Ergänzung bzw. Anpassung des Gesetzbuchs und gaben sich nicht der Illusion einer Lücken- und Zeitlosigkeit des einmal Geschaffenen hin.

Fragt man nach den Motiven für das Streben nach Vollständigkeit, so stehen je nach Autor bzw. Gesetzgebungsprojekt unterschiedliche Motive im Vordergrund. Wir sahen bereits, dass sich in der Gesetzgebung des aufgeklärten Absolutismus Preußens zwei unterschiedliche Motive miteinander verbanden, nämlich die Einschränkung der Richtermacht einerseits und die Belehrung auch der nicht-juristischen Bevölkerung über das geltende Recht andererseits. Beide Motive drängten nach größtmöglicher Vollständigkeit der Gesetzgebung, denn nur so ließ sich freies richterliches Ermessen unterbinden und dem Bürger eine zuverlässige Kenntnis des geltenden Rechts vermitteln. Zugleich glaubte man auf diesem Wege die Zahl der Prozesse erheblich zu verringern und deren Dauer abkürzen zu können.[179] Hierin liegt die wohlfahrtsstaatliche Komponente des Vollständigkeitsstrebens. Vollständigkeit der positiven Gesetzgebung war für den aufgeklärten Absolutismus Preußens im Übrigen aber auch der Königsweg, um die potestas legislatoria des Souveräns gegen die Konkurrenz anderer Rechtsquellen, sei es Richterrecht, Gewohnheitsrecht oder überpositives Naturrecht, abzusichern.

Anders verfuhr der aufgeklärte Absolutismus Österreichs zu Zeiten der Entstehung des ABGB. Der Versuch, richterliches Ermessen oder die Anwendung überpositiven Rechts möglichst auszuschließen, waren hier keine bestimmenden Motive mehr. § 7 ABGB erlaubte dem Richter ausdrücklich, bei Gesetzeslücken primär Analogien anzuwenden und, wo dies nicht in Betracht kommt, nach den »natürlichen Rechtsgrundsätzen« zu entscheiden.[180] Für Zeiller waren die Lehren des Naturrechts der »apodictisch-gewisse, alle mögliche[n] Rechtsfälle entscheidende Codex«, der erst die vollständige Lückenlosigkeit der Rechtsordnung ge-

---

[179] Die Verringerung bzw. Abkürzung der Prozesse tritt als Motiv für die Erstellung des neuen, möglichst vollständigen Gesetzbuchs in der Kabinettsorder Friedrichs II vom 14. April 1780 deutlich hervor: »Denn da die Prozesse allemal zu den Uebeln in der Societät gerechnet werden müssen, welche das Wohl der Bürger vermindern, so ist dasjenige ohnstreitig das beste Gesetz, welches den Prozessen selber vorbeugt.« (Kabinettsorder vom 14. April 1780, S. 46).

[180] Unzutreffend die Auffassung *Hatscheks*, AöR 24 (1909), S. 446 u. *ders.*, AöR 26 (1910), S. 458 ff., wonach dem ABGB infolge des Einflusses Benthams das Konzept zugrunde liege, dass der Richter gemäß dem »Dogma der Geschlossenheit« (Lückenlosigkeit) des Gesetzbuchs jeden Rechtsfall aus dem Gesetzbuch entscheiden kann und muss. Zeiller war sich der unvermeidlichen Lückenhaftigkeit des Gesetzbuchs sehr wohl bewusst und verwies den Richter daher auf das Naturrecht als subsidiäre Rechtsquelle; mit Bentham (der gerade keine anderen Rechtsquellen als das positive Recht erstrebte) hat dies nichts zu tun (so schon richtig *Lukas*, AöR 26 (1910), S. 67, 82 ff., 467). Im Übrigen ist ein Einfluss Benthams auf das Gesetzgebungskonzept Zeillers schon rein zeitlich auszuschließen, da Zeiller seine Vorstellungen über die Möglichkeit eines vollständigen Gesetzbuchs bereits 1801 in einem Vortrag vor der Gesetzgebungskommission detailliert darlegt (*Ofner*, Protokolle, Bd. 1, S. 6 ff.), also vor jedem möglichen Einfluss durch die (auch in der Sache nicht vergleichbaren) Vorstellungen Benthams, die erst durch Dumonts Ausgabe der »Traités de législation civile et pénale« von 1802 auf dem Kontinent Verbreitung fanden.

währleistet und als Rechtsquelle unversiegbar sei.[181] Dem Richter sollte daher die Freiheit eingeräumt werden, »gehaltvolle allgemeine Vorschriften nach vernünftigen Auslegungsregeln anzuwenden, und wenn auch diese sie verlassen sollten, nach den natürlichen Rechtsgrundsätzen der Vernunft, die keinen Rechtsfall unentschieden läßt, zu erkennen«.[182] Zwar sah auch Zeiller die Gefahr der Rechtsunsicherheit, die durch die Verweisung des Richters auf die Rechtsphilosophie, »über deren Aussprüche selbst die Eingeweihten oft nicht einig sind«, entstehen kann. Um dieser Gefahr abzuhelfen, brachte er wiederum eine der Lieblingsideen der aufklärerischen Gesetzgebungstechnik ins Spiel: die Überwachung und Revision der Gesetze durch eine permanente Gesetzgebungskommission. Er schlug vor, dass alle Fälle, die wegen (wirklicher oder vermeintlicher) Unvollständigkeit der Gesetze nach allgemeinen Rechtsprinzipien rechtskräftig entschieden werden, am Ende des Jahres einer Gesetzgebungskommission vorzulegen sind, welche dann prüft, ob eine Vervollständigung des Gesetzbuchs erforderlich ist.[183]

Die Strafgesetzbuchkonzepte Claproths, Quistorps, Globig/Husters und Kleinschrods strebten hingegen – insofern dem preußischen ALR vergleichbar – auf einen Ausschluss richterlichen Ermessens sowie anderer Rechtsquellen als des gesetzten Rechts durch größtmögliche Vollständigkeit des positiven Gesetzes. Die Entwürfe Claproths, Quistorps und Kleinschrods zeichnen sich daher durch sehr detaillierte Tatbestandsabgrenzungen und Strafzumessungen aus, die im Wege des geschilderten älteren Konzepts Vollständigkeit durch Detailreichtum erreichen und so richterliches Ermessen und den Rückgriff auf andere Rechtsquellen ausschließen wollten.[184] Der Richter sollte – wie es auch dem Konzept Montesquieus und Beccarias entsprach[185] – auf die möglichst buchstäbliche Anwendung des gesetzten Rechts beschränkt werden; verbleibende Zweifel oder Lücken nicht durch den Richter, sondern durch Nachfrage beim Souverän bzw. einer Gesetzgebungskommission geschlossen werden.[186]

---

[181] *Zeiller*, Natürliches Privatrecht, § 25, S. 43; vgl. *ders.*, Eigenschaften, S. 248; *ders.*, Kommentar, Bd. 1, S. 65 f.

[182] *Zeiller*, Principien, Bd. 2, S. 172 f. (ND S. 31 f.).

[183] *Zeiller*, Eigenschaften, S. 248; *ders.*, in: *Ofner*, Protokolle, Bd. 2, S. 474.

[184] So umfasst allein der das materielle Strafrecht regelnde Teil des Entwurfs *Kleinschrods* nicht weniger als 1563 Paragraphen. S. i. Ü. unten S. 363 f. mit Fn. 324 zum kasuistischen Bestimmtheitskonzept der Strafgesetzbuchentwürfe *Claproths*, *Quistorps* und *Kleinschrods*. Auch die Abhandlung von *Globig/Huster* legte besonderen Wert darauf, dass das Gesetzbuch sowohl die Verbrechen selbst als auch die hierfür angemessenen Strafen so bestimmt wie möglich regelt und möglichst wenig der Beurteilung des Richters überlässt (*Globig/Huster*, S. 29, 31).

[185] S. *Beccaria*, § 4, S. 21 ff., zur Beschränkung des Richters auf eine buchstäbliche Auslegung; zu *Montesquieu* s. oben S. 293, Fn. 28.

[186] Die Entwürfe *Claproths* und *Quistorps* verboten ausdrücklich jede ausdehnende oder einschränkende Auslegung der Gesetze (*Claproth*, Criminal-Recht, 1. Teil, 1. Buch, 1. Hauptstück, § 3 = Bd. 2, S. 2; *Quistorp*, Teil I, § 5); bei Gesetzeslücken sollen die Fälle dem Herrscher zur Entscheidung vorgelegt werden (*Claproth*, ebd., § 2) bzw. bei *Quistorp* Zweifel der Gesetzeskommission (Teil I, § 1); Richter dürfen sich nicht auf Gewohnheitsrecht oder Gerichtsgebrauch

Die Versuchung liegt nahe, hierin frühe Zeugnisse des Grundsatzes *nulla poena sine lege* zu sehen. Tatsächlich verfolgten die genannten Autoren mit diesem Konzept aber in erster Linie andere Ziele. So wollte Claproth die Gesetzgebungshoheit des Souveräns sichern, nicht die Sicherheit des Bürgers vor nicht-positiviertem Strafrecht, was sich daran zeigt, dass nach seinem Entwurf bei Gesetzeslücken die Fälle dem Herrscher zur Entscheidung vorzulegen waren, der hierbei nicht an das positivierte Recht gebunden war[187] und auch jederzeit Machtsprüche erlassen durfte.[188] Zwar war für Claproth die Rechtssicherheit durch eine geschlossene Kodifikation ein wesentliches Argument, doch verstand er hierunter nur die Sicherheit des Rechts bei der Anwendung durch die Richter, nicht auch eine Schutzfunktion gegenüber dem Souverän. Ähnliche Intentionen lagen Quistorps Entwurf zugrunde: Auch er wollte in erster Linie das Rechtsetzungsmonopol des Souveräns sichern; der Schutz des Bürgers gegenüber nicht-positiviertem Recht war nicht seine primäre Intention, wie sich auch an der Zulassung einer analogen Anwendung des Gesetzes auf ungeregelte Fälle zeigt.[189] Globig und Huster ging es primär darum, durch möglichst vollständige und bestimmte Strafgesetze für den einzelnen deutlich zu machen, was das Recht von ihm verlange und was ihn bei einer Übertretung erwarte.[190] Das hat natürlich auch eine bürgerfreundliche,

---

stützen (*Claproth*, ebd., § 2; *Quistorp*, Teil I, § 1). Entsprechende Bestimmungen sah *Claproth* auch für das Privatrecht vor (Bd. 1, S. 451 ff.). *Globig/Huster* erklären allgemein den Richter zum »mechanischen Ausüber der klaren Bestimmungen des Gesetzes« (S. 31; vgl. aber auch S. 97, Fn, wo sie im Zusammenhang mit der Strafzumessung einschränken, dass sie nicht verlangen, der Richter solle »bloß Maschine seyn«; hierzu unten Fn. 325); erkannte Mängel des Gesetzes sollen nicht durch die Richter, sondern durch ein vom Gesetzgeber eingesetztes Kollegium behoben werden (S. 30). In seinem späteren Entwurf von Gesetzbüchern für die russische Gesetzgebungskommission erklärte *Globig* die Ausschließung richterlicher Willkür als die »Haupttendenz des gegenwärtigen Entwurfs« (System, Bd. 1, S. XLIII). *Kleinschrods* Entwurf ordnete ebenfalls an, dass die Richter bei Anwendungszweifeln bei der Gesetzeskommission anfragen und deren Entscheidung befolgen sollen (§ 11).

[187] *Claproth*, Bd. 2, S. 2 = Criminal-Recht, 1. Teil, 1. Buch, 1. Hauptstück, § 2.

[188] Der Hinweis auf Machtsprüche findet sich zwar im privatrechtlichen Teil von *Claproths* Entwurf (Bd. 1, S. 455 Anm. c zu § 7), doch im Abschnitt »Von Gesetzen überhaupt«; Claproth sah die Befugnis zu Machtsprüchen wohl nicht allein auf das Privatrecht begrenzt, wie auch die oben zitierte Bestimmung in Criminal-Recht, 1. Teil, 1. Buch, 1. Hauptstück, § 2 zeigt. Auch ging *Claproth* von einer generellen Rückwirkung des neuen Gesetzbuchs auf noch rechtshängige Fälle aus (s. oben S. 233 f., Fn. 1004).

[189] S. *Quistorp*, Teil I, § 6 zur Zulassung einer analogen Anwendung der Strafgesetze. Der Sicherung des Rechtsetzungsmonopols des Souveräns diente in *Quistorps* Entwurf wie bei Claproth das Verbot der Anwendung der bisherigen Strafgesetze, Gewohnheiten, Gerichtsgebräuche und Meinungen von Rechtsgelehrten (§ 1), die Anfragepflicht bei der Gesetzeskommission in Zweifelsfällen (§ 1), das Verbot für Richter und Obrigkeit, »durch willkührliche Erklärungen, Ausnamen, Erweiterungen und Einschränkungen von dem Buchstaben des Gesetzes abzugehen« (§ 5; ungeachtet dieses rigiden Wortlauts wurde im nachfolgenden Paragraphen die analoge Anwendung des Gesetzes in nicht ausdrücklich geregelten Fällen aber zugelassen) und ein striktes und strafbewehrtes Kommentierungsverbot (§ 5).

[190] *Globig/Huster*, 25 f.

aufklärerische Komponente, dient aber in erster Linie – ähnlich wie später bei Feuerbach – der Durchsetzung der von Globig und Huster als Strafzweck favorisierten Abschreckungstheorie.[191]

Bei Feuerbach gewinnt die Vollständigkeitsforderung durch die Kombination von Gesetzesvorbehalt, Rückwirkungsverbot, Bestimmtheitsgebot und striktem Analogieverbot eine neue Qualität. Unter der von ihm postulierten Herrschaft des strafrechtlichen Analogieverbots war es nicht mehr möglich, unbeabsichtigte Gesetzeslücken mittels Analogie zu schließen. »Das Nothmittel des Analogisirens paßt blos für eine unvollständige Gesetzgebung – in einem Staat, wo die höchste Gewalt schläft und wo keine Gesetzcommission da ist, welche thätig die Lücken der Gesetze verbessern könnte«, schreibt Feuerbach.[192] Damit waren an die Gesetzgebungstechnik im Strafrecht in Sachen Vollständigkeit besondere Anforderungen gestellt. Mängel konnten nicht durch Analogieschlüsse kaschiert oder durch rückwirkend in Kraft gesetzte Ergänzungen zum Nachteil der Betroffenen ausgeräumt werden.[193] Strafbarkeitslücken konnten nur durch den Gesetzgeber und nur im Hinblick auf künftige Fälle behoben werden.

In den unterschiedlichen Motiven zeigt sich damit auch eine Erklärung für die aufgezeigten unterschiedlichen Konzepte zum Erreichen größtmöglicher Vollständigkeit. Wer, wie die Redaktoren des preußischen ALR oder auch Claproth, Quistorp, Globig/Huster und Kleinschrod, richterliches Ermessen und die Heranziehung anderer Rechtsquellen als des Gesetzbuchs möglichst ausschließen wollte, tendierte eher dazu, Vollständigkeit in einer detailreichen, bis in die kleinsten Einzelheiten gehenden Gesetzgebungstechnik zu suchen. Wer hingegen richterliches Ermessen und den Rückgriff auf Gewohnheit und Naturrecht nicht als Gefahr, sondern als legitime Ergänzung des positiven Rechts ansah, neigte eher dazu, sich wie Zeiller vornehmlich auf allgemeine, umfassende Regeln zu beschränken und hierbei die Auslegungs- und Ergänzungsbedürftigkeit bewusst in Kauf zu nehmen.[194]

---

[191] *Globig/Huster*, S. 55: Hauptzweck der Strafe sei die Abschreckung, die sich am besten erreichen lasse, wenn die unter Strafe gestellten Handlungen und die hierbei drohenden Strafen so deutlich und bestimmt wie möglich geregelt werden. Zu dem Zusammenhang zwischen Bestimmtheitsgebot und Abschreckungstheorie im Strafrecht s. ausführlich unten S. 362ff.

[192] *Feuerbach*, Kritik, Teil 2, S. 35.

[193] Zum Rückwirkungsverbot bei *Feuerbach* s. oben S. 240ff.

[194] Die Gesetzgebungskonzepte Feuerbachs und Benthams scheinen auf den ersten Blick nicht zu dieser Erklärung zu passen, da beide ein freies richterliches Ermessen ablehnten, aber dennoch nicht den Weg der Kasuistik beschritten. Was Feuerbach an der Kasuistik ablehnte, war aber der Verzicht auf allgemeine Regeln zugunsten uferloser Detailbestimmungen, nicht die Detailbestimmungen als solche, welchen er dort ihren legitimen Platz einräumte, wo sie aus den allgemeinen Regeln entwickelt wurden und zur Verwirklichung des Bestimmtheitsgebots dienten. Bentham glaubte, die Ausschaltung richterlichen Ermessens statt durch Kasuistik durch die ausgedehnten amtlichen Gesetzeskommentare erreichen zu können, die er dem eigentlichen Gesetzeswortlaut zur Seite stellen wollte.

In der zweiten Hälfte des 19. Jahrhunderts ist der Gesichtspunkt der Lücken-losigkeit für viele Gesetzgebungstheoretiker kein Thema mehr.[195] Diejenigen Autoren, die das Streben nach möglichst vollständiger Erfassung aller regelungs-bedürftigen Sachverhalte aufrechterhalten, gehen unisono davon aus, dass es sich hierbei nur um ein annäherungsweise zu erreichendes Ideal handelt.[196] Der von Zeiller eingeschlagene Weg einer bewussten Abkehr vom Streben nach materiel-ler Vollständigkeit findet seine Fortsetzung (freilich ohne Zuhilfenahme des Na-turrechts) bei Bluntschli (und später auch bei Huber). Bluntschli hält es mit Blick auf das ALR für einen »durchaus unglückliche[n] Gedanke[n] jener Zeit, materi-elle Vollständigkeit im Einzelnen anstreben zu wollen«.[197] Bluntschli setzt dem als Konzept für das Zürcher Privatrechtsgesetzbuch die bloß »geistige Vollständig-keit« des Systems entgegen.[198] Er erblickt diese im »organischen Zusammenhang« aller Teile des Gesetzbuchs und ihrer systematischen Anordnung, welche das Verständnis und die Auslegung des Gesetzes erleichtern sollen. Alles darüber hinausgehende Streben nach Vollständigkeit im Detail hält er für einen Irrweg.

Auch der Entstehung des BGB liegt von Anfang an eine klare Ablehnung des kasuistischen Konzepts eines lückenlosen Gesetzbuchs zugrunde. Hierzu bekennt sich bereits der Bericht des Justizausschusses des Bundesrats[199] und die Redaktoren Gebhard[200] und Planck[201] setzen an die Stelle eines kasuistischen Vollständig-keitsstrebens ein Konzept, welches Vollständigkeit nur im System (Gebhard) und in

---

[195] Bezeichnenderweise geht *Mohl*, der in seiner »Politik« 1862 die umfassendste Behandlung gesetzgebungstechnischer Fragen in der zweiten Hälfte des 19. Jahrhunderts in Deutschland vorlegte, auf das Thema der Lückenlosigkeit der Gesetze überhaupt nicht mehr ein.

[196] *Wächter*, Entwurf, S. 10; *Bethmann-Hollweg*, S. 11; *Zitelmann*, Rechtsgeschäfte, S. 8 f.; *Planck*, AcP 75 (1889), S. 420 f.

[197] *Bluntschli*, Beilage, S. XVII.

[198] Ebd., S. XVII f.

[199] Bericht des Bundesratsausschusses für das Justizwesen v. 9. Juni 1874, in: *Schubert*, Materia-lien, S. 186–199, hier: S. 195.

[200] Gebhards Vollständigkeitskonzept ähnelt stark den dargestellten Ansichten Bluntschlis bei Abfassung des Zürcher Privatrechtsgesetzbuchs; im Zusammenhang mit seiner Vorlage des Allge-meinen Teils schreibt Gebhard: »Kein Gesetz kann in dem Sinne vollständig sein, daß es für jedes denkbare, in den Rahmen des von ihm behandelten Rechtsstoffes fallende Verhältniß eine unmit-telbar anwendbare Norm an die Hand giebt. Der Versuch, eine Vollständigkeit dieser Art zu erstreben, wäre verkehrtes Beginnen. Das bürgerliche Gesetzbuch muß im Bedürfnißfalle aus sich selbst, aus dem in ihm enthaltenen Rechtssysteme ergänzt werden ... Das kodifizirte Recht ist nicht eine todte Masse neben einander gestellter Rechtssätze, sondern ein organisches Gefüge innerlich zusammenhängender Normen. Die ihnen zu Grunde liegenden Prinzipien tragen den Keim weiteren Ausbaues in sich. Dieser Ausbau vollzieht sich im Wege der Analogie.« (*Schubert*, Vorlagen der Redaktoren, Allgemeiner Teil, Teil 1, S. 101). Die Auffassung Gebhards findet sich verkürzt wieder in: Motive zum BGB, Bd. 1, S. 16.

[201] *Planck*, AcP 75 (1889), S. 420 f. Im Vergleich zu Gebhard zeigt sich bei Planck eine stärkere Akzentuierung des Bestrebens, dem Rechtsanwender eine zwar nicht auf den Einzelfall bezogene, aber dennoch möglichst sichere Entscheidungsgrundlage an die Hand zu geben. Planck bezieht sich hierbei zustimmend auf das Vollständigkeitskonzept Zitelmanns, welches dieser im Zusam-menhang mit seiner Würdigung des ersten BGB-Entwurfs entwickelt hat (*Zitelmann*, Rechtsge-schäfte, S. 7 ff.).

der abstrahierenden Erfassung der regelungsbedürftigen Sachverhalte (Planck) erstrebt und nicht die Ableitung auf den Einzelfall selbst geben will. Die Anforderungen an den Rechtsanwender wuchsen hierdurch. Gefordert war der »denkende
Richter« Zeillers, dem aber nicht länger ein vermeintlich lückenloses Naturrecht
als Auffangnetz zu Gebote stand, sondern der sich der Hilfe der Lehre und der von
ihr entwickelten Auslegungstechniken zu bedienen hatte, um auch dort zu einer
Entscheidung zu gelangen, wo das Gesetz die direkte Antwort schuldig blieb.
Daneben lassen sich auch zahlreiche Einzelfragen finden, zu denen die Verfasser des
BGB bewusst auf eine Regelung verzichtet haben und die Entscheidung Wissen-
schaft und Praxis überließen, insoweit sich also noch stärker vom Vollständigkeits-
streben entfernten.[202] Doch liegt dem nicht ein einheitliches Konzept des Gesetzge-
bers zugrunde, etwa im Sinne eines bewussten Regelungsverzichts bei »technischen«
Rechtssätzen zugunsten der Wissenschaft. Derartige Regelungsverzichte der BGB-
Verfasser beruhen vielmehr in aller Regel auf Zweckmäßigkeitsüberlegungen im
Einzelfall, die nicht verallgemeinerungsfähig sind.[203]

An der Schwelle zum 20. Jahrhundert betrachtet es manch einer jedenfalls im
Zivilrecht geradezu als selbstverständlich, dass der Gesetzgeber manches ungeregelt offen lässt.[204] Regelungslücken sind hier nicht länger stets ein Zeichen mangelnder Gesetzgebungsfertigkeit, sondern können vom Gesetzgeber auch bewusst
belassen worden sein. Charakteristisch ist dies für den Gesetzgebungsstil Eugen
Hubers im schweizerischen ZGB, der sich zum Teil bewusst auf die Regelung
von praktisch wichtigen Sachverhalten beschränkte und die Lösung weniger
wichtiger Rechtsfragen Wissenschaft und Rechtsprechung überließ.[205] An die
Stelle der Vorstellung von der Lückenlosigkeit der Gesetzbücher tritt hierbei
diejenige von der Lückenlosigkeit der Rechtsordnung. Der älteren Theorie wirft
Huber vor, bei ihrer Forderung nach Lückenlosigkeit die Kodifikation mit der
Rechtsordnung überhaupt verwechselt zu haben. Vollständig könne immer nur
die letztere sein; die Gesetzbücher hingegen würden regelmäßig in großer Zahl
Lücken aufweisen.[206] Gewohnheitsrecht und richterliche Rechtsfortbildung (Art. 1
Abs. 2 ZGB) treten bei Huber hinzu, um die Lücken der Kodifikation zu schlie-
ßen und die Lückenlosigkeit der Rechtsordnung zu gewährleisten.

---

[202] Beispiele bei *Jakobs*, S. 152 ff.; *Schulte-Nölke*, S. 296 f. Weitere Beispiele finden sich etwa im
Zusammenhang mit dem Zubehörbegriff (*Schubert*, Vorlagen der Redaktoren, Sachenrecht, Teil
1, S. 202) und der Dereliktion (ebd., S. 964).

[203] Vgl. *J. Schröder*, Rechtsdogmatik und Gesetzgebung, S. 55 f.; anders *Jakobs*, S. 120, 136,
160, wonach dem BGB Savignys Unterscheidung von politischen und technischen Elementen im
Recht zugrunde liege und die BGB-Verfasser bei den technischen Rechtssätzen der Wissenschaft
bewusst keine Schranken auferlegen wollten. Die Materialien stützen diese Ansicht jedoch nicht,
die auch nicht mit dem Vollständigkeits- und Bestimmtheitskonzept Plancks (AcP 75 (1889),
S. 420 ff.) vereinbar ist.

[204] *Huber*, Erläuterungen, Heft 1, S. 35; *Hedemann*, Gesetzgebungskunst, S. 315.

[205] Näher hierzu oben S. 307.

[206] *Huber*, Erläuterungen, Heft 1, S. 35.

Interessanterweise ist die englische Gesetzgebungspraxis des 19. Jahrhunderts – bezogen auf den jeweiligen Regelungsgegenstand – stärker vom Streben nach möglichster Lückenlosigkeit geprägt. Zwar waren die vom jeweiligen *statute* geregelten Gegenstände meist sehr eng gefasst und das Gros der Regelungsbereiche dem *case law* und damit dem Richterrecht überlassen. Im Rahmen des eng gefassten Regelungsgegenstandes bemühte sich der parlamentarische Gesetzgeber aber um größtmögliche Präzision und Lückenlosigkeit, um Anwendungszweifel und -lücken möglichst auszuschließen. Zum Ausdruck kommt dies etwa in dem gegenüber kontinentaler Gesetzgebungspraxis deutlich häufigeren Gebrauchmachen vom Mittel der Legaldefinition, in den zahlreichen Auffächerungen allgemeiner Begriffe durch detaillierte Aufzählungen und in dem verbreiteten Einsatz von Gesetzesanlagen, welche die Regelungen des eigentlichen Gesetzestexts häufig bis ins kleinste Detail konkretisierten.[207] Der englische Gesetzgeber vertraute gerade nicht wie Huber auf eine »weitherzige Gesetzesinterpretation« seitens der Gerichte, die Lücken im Geiste des Gesetzes schloss, sondern sah sich einer Rechtsprechung gegenüber, die den Anwendungsbereich der *statutes* traditionell eng und wortlautorientiert interpretierte.[208]

2. Vollständige Kodifizierung des Rechts

Das preußische ALR trat mit dem Anspruch an, vollständig an die Stelle des bislang subsidiär geltenden Gemeinen Rechts sowie der von Zeit zu Zeit ergangenen Landesgesetze zu treten; vorrangige Provinzialgesetze sollten in Provinzialgesetzbüchern gesammelt, geordnet und revidiert werden und Gewohnheitsrechten nur noch dann Geltungskraft zukommen, wenn sie den Provinzialgesetzbüchern einverleibt wurden.[209] Ältere Gerichtsentscheidungen oder die Meinung von Rechtslehrern sollten von den Gerichten nicht mehr zur Entscheidung herangezogen werden.[210] Auch wurde ihnen verboten, auf der Grundlage »philosophischer Raisonnements« oder »unter dem Vorwande einer aus dem Zwecke und der Absicht des Gesetzes abzuleitenden Auslegung« sich die geringste eigenmächtige Abweichung vom Gesetzestext zu erlauben.[211] Hierin kommt das Konzept einer vollständigen Kodifizierung der Rechtsordnung zum Ausdruck, wobei der in den positiven Gesetzen manifestierte Wille des Souveräns an die Stelle aller übrigen

---

[207] Zum Einsatz von Legaldefinitionen in England s. unten S. 465 f.; zum Einsatz von Gesetzesanlagen unten S. 454.

[208] Zu den auf kasuistische Lückenlosigkeit bedachten Tendenzen in der englischen Gesetzgebung und ihren Ursachen s. näher oben S. 309 ff.

[209] Publikationspatent zum ALR, Abschnitte I, II, IV, VII; ALR Einl. § 3. Lediglich Observanzen, die Sachverhalte regelten, die vom positiven Gesetz unentschieden gelassen wurden, sollten solange fortgelten, bis im positiven Gesetz hierzu eine Regelung ergeht (Einl. § 4).

[210] ALR Einl. § 6.

[211] Publikationspatent zum ALR, Abschnitt XVIII; ALR Einl. § 46.

Rechtsquellen treten sollte.[212] Die Motive sind hierbei wiederum durchaus ambivalent: Sicherung des Rechtsetzungsmonopols des absoluten Herrschers einerseits, aber auch Schutz vor Richterwillkür und Herstellung von Rechtssicherheit andererseits.[213] Zwar erkannte man die unvermeidliche Lückenhaftigkeit des Gesetzbuchs; die Lückenschließung sollte aber nicht durch Rückgriff auf andere Rechtsquellen (Gewohnheitsrecht, natürliche Gesetze oder Richterrecht) erfolgen (wodurch die erwähnten Ziele wieder in Frage gestellt worden wären), sondern durch eine sukzessive Vervollständigung des Gesetzbuchs seitens des Gesetzgebers.[214]

Ein derartig ambitioniertes Konzept kam nicht unvorbereitet. In den Grundzügen lag es bereits Coccejis Projekt eines Corporis Juris Fridericiani zugrunde[215] und in noch ausgefeilterer Manier hatte es wenige Jahre vor Beginn der Arbeiten am späteren ALR bereits Claproth vorgestellt. Claproths Entwurf des privat-

---

[212] Wie aufgezeigt lehnten Carmer und Svarez die Forderung Danckelmanns nach Anerkennung des Naturrechts als subsidiärer Rechtsquelle ab (s. oben S. 327, Fn. 171). Wohl durch die Mitarbeit Kleins wurde dieses Konzept im Gesetzbuch aber nicht lückenlos durchgehalten. Einl. § 87 erwähnt ausdrücklich natürliche Verbotsgesetze, woran sich in der landrechtlichen Literatur des 19. Jahrhunderts ein Streit entzündete, inwiefern das ALR das Naturrecht als subsidiäre Rechtsquelle anerkenne (vgl. hierzu *Schwennicke*, Entstehung, S. 129). Im strafrechtliche Teil des ALR formuliert II 20 § 9: »Handlungen und Unterlassungen, welche nicht in den Gesetzen verboten sind, können als eigentliche Verbrechen nicht angesehen werden, wenn gleich Einem oder dem Andern daraus ein wirklicher Nachtheil entstanden seyn sollte.«, wobei unklar bleibt, ob mit »Gesetzen« hier wie in Einl. § 87 sowohl positive als auch natürliche Gesetze gemeint sind. *Schreiber* (Gesetz und Richter, S. 88), *Kleinheyer* (Wesen der Strafgesetze, S. 14 f.) u. *Günter Kohlmann* (Der Begriff des Staatsgeheimnisses [§ 93 StGB und § 99 Abs. 1 StGB a. F.] und das verfassungsrechtliche Gebot der Bestimmtheit von Strafvorschriften [Art. 103 Abs. 2 GG], Köln 1969, S. 184 ff.) sehen in dieser Bestimmung den Grundsatz *nulla poena sine lege* kodifiziert, wobei sie jedoch ohne nähere Begründung unterstellen, dass II 20 § 9 sich nur auf positive Gesetze beziehe. Diese Deutung läuft aber Gefahr, retrospektiv dieser Vorschrift eine Bedeutung zuzuschreiben, die die Zeitgenossen nicht mit ihr verbanden. Die Formulierungen des strafrechtlichen Teils des ALR stammen maßgeblich von *Klein*. Dieser bejahte aber ausdrücklich, dass es neben den positiven Strafgesetzen auch natürliche Strafgesetze gibt, denen auch ohne Bekanntmachung verpflichtende Kraft zukommt (Annalen, Bd. 6 (1790), S. 95). So scheint auch der landrechtlichen Literatur und Rechtsprechung der ersten Hälfte des 19. Jahrhunderts die Deutung des II 20 § 9 als Manifestation des Grundsatzes *nulla poena sine lege* durchaus zweifelhaft gewesen zu sein (vgl. *Schwennicke*, Strafrechtslehren, S. 102 m. w. N.). Aber auch, wenn somit die Bestimmungen in Einl. § 87 und II 20 § 9 einen Spalt weit die Tür zum Naturrecht offen lassen, an dem vorherrschenden Konzept des ALR, eine möglichst vollständige Kodifizierung der Rechtsordnung unter Ausschluss anderer Rechtsquellen vorzunehmen, ändert dies nichts.

[213] »Es ist wahrlich keine Eifersucht des Gesetzgebers, wie Herr Schlosser vorgiebt, sondern die ihm verhaßte, obgleich vom Herrn Schlosser sehr empfohlene Ungewißheit der Rechte, welche bey der Abschaffung der Gewohnheitsrechte zum Grunde liegt«, schreibt *Klein* auf entsprechende Vorwürfe Schlossers (Annalen, Bd. 4 (1789), S. 379).

[214] S. oben S. 328.

[215] Project des Corporis Juris Fridericiani, Part 1, Lib. 1, Tit. 2, § 5: Verbot des Zitierens fremder Autoritäten; Aufhebung bisheriger Rechte; ebd., §§ 6, 25: Aufhebung von Observanzen (aber nur soweit sie dem Landrecht widersprechen); ebd., §§ 7, 8: Auslegungsverbot für Richter und Vorlagepflicht an das Justiz-Departement bei Auslegungszweifeln; ebd., § 10: Kommentierungsverbot.

rechtlichen Teils eines Gesetzbuchs übertrifft das ALR noch an stringenter Umsetzung der Forderung nach Ersetzung aller anderen Rechtsquellen durch die neue Kodifikation. Sämtliche bisherigen positiven Gesetze werden ausdrücklich aufgehoben, ebenso alle Gewohnheitsrechte und Observanzen; die Gerichte dürfen sich weder auf die Meinungen von Rechtsgelehrten noch auf Präjudizien stützen, die freie Auslegung des Gesetzbuchs wird verboten, Auslegungszweifel sollen allein durch eine authentische Interpretation behoben und Gesetzeslücken ausschließlich durch Anfrage beim Gesetzgeber geschlossen werden.[216] Richtern und Advokaten, die gegen diese Regeln verstoßen und sich etwa auf früheres Recht oder die Meinung eines Rechtsgelehrten berufen, droht Claproths Entwurf Strafen bis hin zur Amtsenthebung an und Urteile, die sich auf andere Rechtsquellen als das Gesetzbuch stützen, sollen »als nichtig« aufgehoben werden.[217] Die Bestimmungen des Gesetzbuchs können nur durch ausdrückliche Anordnung des Souveräns wieder aufgehoben werden; abweichende oder ergänzende künftige Gewohnheiten dürfen nicht beachtet werden.[218] Das Konzept Claproths lag auch den Entwürfen Quistorps[219] und Globigs[220] zugrunde wie auch (mit zum Teil wörtlichen Übernahmen) anderen literarischen Versuchen aus dem letzten Drittel des 18. Jahrhundert.[221]

---

[216] *Claproth*, Bd. 1, S. 451 ff. = Civil-Recht, 1. Buch, 1. Hauptstück, §§ 1–7 u. §§ 18, 19; ähnlich, aber weniger ausführlich, hat *Claproth* dieses Konzept im strafrechtlichen Teil seines Gesetzbuchs durchgeführt: Bd. 2, S. 1 f. (1. Teil, 1. Buch, 1. Hauptstück, §§ 1–3).

[217] *Claproth*, Bd. 1, S. 451 ff. = Civil-Recht, 1. Buch, 1. Hauptstück, §§ 2–5.

[218] Ebd., §§ 3, 17 (Bd. 1, S. 453, 460).

[219] Wie Claproth, jedoch speziell auf das Strafrecht bezogen, sah *Quistorps* Entwurf vor, dass künftig bei der Bestimmung von Strafen und dem hierbei anzuwendenden Verfahren nur noch das neue Gesetzbuch anzuwenden sei und vormals einschlägige Gesetze, Gewohnheiten, Gerichtsgebräuche und Meinungen von Rechtsgelehrten nicht mehr herangezogen werden dürfen (Teil I, § 1). Ebenso sieht *Quistorp* eine Anfragepflicht bei der Gesetzeskommission bei Auslegungszweifeln (ebd.) und ein mit dem Verlust des Amtes sanktioniertes Verbot eigenmächtiger Auslegungen für Richter und Obrigkeiten vor (Teil I, § 5) sowie ein strafbewehrtes Verbot für Rechtsgelehrte, das Gesetz in öffentlichen Druckschriften auszulegen (ebd.).

[220] Die bekannte Preisschrift *Globig/Husters* von 1783 erstrebte die vollständige Kodifizierung des Strafrechts sowie den Ausschluss freien richterlichen Ermessens (S. 24, 29 ff.) und von Gewohnheitsrecht (S. 31: »Heut zu Tage, da die gesunde Vernunft Gesetze zu geben anfängt, hätte man das Gewohnheitsrecht längst verbannen sollen.«); weniger bekannt ist, dass *Globig* in den Jahren 1802 bis 1804 für die russische Gesetzgebungskommission ein »System einer vollständigen Criminal-, Policey- und Civil-Gesetzgebung« (so der Titel der 1809 im Druck erschienenen Ausgabe) vorlegte, in der er das Konzept der Preisschrift wie Claproth auf die gesamte Rechtsordnung übertragen wollte.

[221] Vgl. namentlich *Paalzow*, Vorrede zum Montesquieu-Kommentar, S. XXXV f.: »Ich für mein Theil halte es mit denen, die ein ganz neues Gesetzbuch für das Beste halten, und das römische, das kanonische, longobardische Recht, alle alte deutsche Rechte, die peinliche Gerichtsordnung Karls des fünften, alle Reichsabschiede, Kammergerichts- und Reichshofrathsordnung … abgeschaft wissen wollen.« Hierbei handelt es sich um eine wörtliche Übernahme aus dem privatrechtlichen Teil von *Claproths* Entwurf (1. Buch, 1. Hauptstück, § 2 = Bd. 1, S. 452). *Paalzow*, ebd., S. XLIII: »Man soll alle doktinäre Auslegung, sie mag einschränkend oder ausdehnend sein, verbieten und die Richter anweisen, sich eine authentische Auslegung zu erbitten.«

In England hat Bentham in etwa gleichzeitig mit den kontinentaleuropäischen Entwürfen ein bis ins Detail vergleichbares Konzept entworfen. Der Gedanke einer vollständigen Kodifikation des Rechts, so dass neben dem gesetzten Recht keine andere Rechtsquelle zur Anwendung kommt, war bei Bentham bereits sehr früh angelegt und hat ihn sein Leben lang begleitet.[222] Bentham kennzeichnete dieses Konzept in seinen späteren Schriften durch einen speziellen Ausdruck: »Pannomion« nannte er das von ihm angestrebte System umfassender Gesetzbücher.[223] Lückenlos sollte hierbei nicht nur das einzelne Gesetz sein, in dem Sinne, dass es die ihm zugedachte Regelungsmaterie erschöpfend regelt, sondern lückenlos sollte die Positivierung der gesamten Rechtsordnung sein. *Case law* und Gewohnheitsrecht sollte keine Anwendung mehr finden. Die einzelnen Gesetze bzw. Gesetzbücher sollten auf gleichen Prinzipien aufgebaut, in Systematik, Stil und Terminologie einheitlich und untereinander durch Verweisungen vernetzt sein. Bentham dachte konsequent auch daran zu verhindern, dass erneut ungeschriebenes Recht entsteht, nachdem das Recht einmal in seinem Sinne vollständig kodifiziert ist. Um dies zu verhindern, sollten die Richter strikt an das geschriebene Recht gebunden werden. Unzulänglichkeiten der Gesetze sollten durch Anrufung des Gesetzgebers, aber nicht durch richterliche Rechtsfortbildung behoben werden.[224] Das Veröffentlichen von Kommentaren zu den Gesetzbüchern wollte Bentham zwar nicht ganz verbieten, doch sollte es den Gerichten nicht erlaubt sein, ihre Urteile auf solche Kommentare zu stützen, um nicht auf diesem Wege in die Gefahr einer eigenmächtigen Rechtsfortbildung zu geraten.[225] Was Bentham hier vertrat, war zwar für sein Heimatland revolutionär und ohne Aussicht auf konkrete Umsetzung, im gesamteuropäischen Kontext aber keineswegs singulär, sondern mit den Konzepten Claproths, Quistorps, Globigs und auch der ALR-Verfasser durchaus vergleichbar.

Woraus erklären sich die auf den ersten Blick überraschenden Parallelen zwischen dem Kodifikationskonzept des absolutistischen Preußen und des englischen Utilitaristen Bentham? Das Kodifikationsprogramm Benthams diente vornehmlich zwei Zwecken, die denen des aufgeklärten Absolutismus durchaus ähnlich waren: Zum einen sollte das Volk als Rechtsadressat die Möglichkeit erhalten, das

---

[222] Die Idee eines vollständigen, alle regelungsbedürftigen Aspekte umfassenden Systems positiver Gesetze findet sich bereits in der Schrift »Of Laws in General« von 1782, welche jedoch erst 1945 veröffentlicht wurde (S. 156 ff., insb. S. 159, 233 f.). Vgl. i. Ü. etwa General View, S. 205 = Traités de législation, Bd. 1 S. 352 f.: »A complete digest: such is the first rule. Whatever is not in the code of laws, ought not to be law. Nothing ought to be referred either to custom, or to foreign law, or to pretended natural law, or to pretended laws of nations.«

[223] Vgl. etwa *Bentham*, Pannomial Fragments, S. 211. Man vgl. hiermit die Forderung *Claproths*: »...es muß ein neues Gebäude vom Grunde aufgeführet werden, und in allen seinen Theilen Symmetrie und Endzweck herrschen.« (Bd. 1, Vorrede, fol. 2v). Das war auch die Vorstellung Benthams.

[224] *Bentham*, General View, S. 209 f.; in der Ausgabe Traités de législation nicht enthalten.

[225] *Bentham*, General View, S. 210.; in der Ausgabe Traités de législation nicht enthalten.

Recht, dem es unterworfen war, auch tatsächlich zur Kenntnis zu nehmen.[226] Der gegenwärtige kodifikationslose Zustand käme nur den Juristen zugute.[227] Ziel Benthams war es also, durch die Kodifikationen jedermann in die Lage zu versetzen, das für ihn geltende Recht zu kennen und die Tätigkeit der Richterschaft zu überprüfen.[228] Zum anderen sollte die Macht der Richter und des Juristenstandes, das im Einzelfall anwendbare Recht *ex post facto* zu konstruieren, zugunsten eines von vornherein feststehenden, durch den Souverän gesetzten Rechts ersetzt werden.[229] Aus dieser Sicht war es konsequent, dass Bentham mit Hilfe der Kodifikation auch die freie Auslegung durch die Richter unterbinden wollte, in der er eine »legal tyranny« erblickte.[230] Beide Zielsetzungen verfolgte man auch in Preußen bei der Kodifikation des ALR. Freilich dachte Bentham an Repräsentanten des Volkes als den das Recht exklusiv setzenden Souverän, während man in Preußen um die Gesetzgebungsmacht des absoluten Herrschers besorgt war.

Das österreichische ABGB war – obwohl nur wenig jünger als das ALR und zur gleichen Zeit wie Benthams programmatische Schriften entstanden – Repräsentant einer wesentlich skeptischeren Haltung gegenüber dem aufklärerischen Traum vollständiger Kodifikationen. Zeiller hielt eine vollständige Positivierung der Rechtsordnung für nicht möglich. Lückenlos sei nur das Naturrecht, nie aber das positiv gesetzte Recht.[231] Deshalb erlaubt § 7 ABGB dem Richter den Rückgriff auf das Naturrecht, wo Gesetz und Analogie nicht weiterhelfen. Andererseits werden bisherige positive Rechtsquellen, nämlich das Gemeine Recht, das so

---

[226] In seinem Brief an den damaligen Präsidenten der Vereinigten Staaten, James Madison, vom 30. Oktober 1811, in dem Bentham der amerikanischen Nation das Anerbieten unterbreitet, für diese ein vollständiges System von Gesetzbüchern zu erarbeiten, nennt er als einen der wesentlichen Vorteile, die dieses »Pannomion« dem amerikanischen Volk schenken würde, die »cognoscibility« des neuen Rechtssystems, also die Möglichkeit für jedermann, die ihn betreffenden rechtlichen Regelungen auch tatsächlich zur Kenntnis zu nehmen (*Bentham*, Papers, S. 8). Bentham möchte dies durch die Kombination eines *General Code* mit zahlreichen *Particular Codes*, die jeweils nur einen speziellen Adressatenkreis ansprechen, erreichen; s. zu diesem Konzept näher unten S. 455.

[227] *Bentham*, Codification Proposal, Teil 1, § 1, S. 245.

[228] *Bentham*, Civil Code, S. 324 = Traités de législation, Bd. 2, S. 99.

[229] *Bentham*, Civil Code, S. 324 ff. = Traités de législation, Bd. 2, S. 99 ff.; *ders.*, Codification Proposal, Teil 1, § 1, S. 245.

[230] *Bentham*, Civil Code, S. 325 f. = Traités de législation, Bd. 2, S. 104 ff.; der Richter sollte nur zur wörtlichen Auslegung berechtigt sein. In seinem Entwurf eines Constitutional Code entwickelte Bentham dann ein Verfahren, um Auslegungszweifel und eigenmächtige Auslegungen durch Richter zu verhindern (Constitutional Code, Bowring-Edition, Bd. 9, Buch II, Kap. XII, Abt. 19, Art. 1 ff., S. 502 ff.: »judges' contested-interpretation-reporting-function«). Wenn in einem Rechtsstreit Zweifel über die Auslegung einer bestimmten Gesetzespassage bestehen, kann sowohl der Richter als auch eine Partei dieses Rechtsstreits ein Verfahren einleiten, in dem – nach Stellungnahme durch den Richter und den Justizminister – ein zu diesem Zweck bestehender stehender Ausschuss des Parlaments (»The Contested Interpretation Committee«) über die richtige Auslegung entscheidet (ebd., Art. 15). Anders als beim »référé législatif« des Absolutismus sollte nach dem Konzept Benthams die authentische Interpretation jedoch keinen Einfluss auf den anhängigen Rechtsstreit haben, sondern nur für die Zukunft binden (ebd., Art. 19).

[231] S. oben S. 330 f.

genannte Josephinische Gesetzbuch, das bürgerliche Gesetzbuch für Galizien und alle sonstigen sich auf die Gegenstände des allgemeinen bürgerlichen Rechts beziehenden Gesetze durch das Kundmachungspatent zum ABGB ausdrücklich aufgehoben.[232] Provinzialrechte sollten nur dann fortgelten, wenn sie vom Monarchen nach Kundmachung des ABGB ausdrücklich bestätigt werden (§ 11 ABGB). Eine derartige Bestätigung von Provinzialrechten erfolgte aber nicht. Vielmehr wurde hierzu noch vor Inkrafttreten des ABGB durch Hofdekret vom 13. Juli 1811 angeordnet, dass die Fortgeltung besonderer Provinzialrechte entbehrlich sei, sofern das ABGB nicht ausdrücklich auf derartige Rechte verwies.[233] Auch Gewohnheitsrechte galten nur dann fort, wenn ein positives Gesetz sich ausdrücklich darauf berief (§ 10 ABGB).[234] Ziel der Kodifikation war also nicht eine vollständige Verdrängung anderer Rechtsquellen neben dem Gesetzbuch, wohl aber eine Vereinheitlichung des allgemeinen Privatrechts durch Verdrängung aller Provinzial- und Gewohnheitsrechte, die vom positiven Recht nicht durch ausdrückliche Bezugnahme sanktioniert waren. Die Anerkennung des Naturrechts als subsidiäre Rechtsquelle stand diesem Vereinheitlichungsziel nach dem Konzept Zeillers wegen des universellen Charakters des Naturrechts nicht entgegen.

Savigny hielt in Ansehung des Stoffes eines Gesetzbuchs die Vollständigkeit für »die wichtigste und schwierigste Aufgabe«.[235] »Das Gesetzbuch nämlich soll, da es einzige Rechtsquelle zu seyn bestimmt ist, auch in der That für jeden vorkommenden Fall im Voraus die Entscheidung enthalten.«[236] Verwirklichen lasse sich dies nicht durch Kasuistik, denn für die Verschiedenheit wirklicher Fälle gebe es schlechthin keine Grenze. Es gebe aber eine Vollständigkeit anderer Art. Sie bestehe im Aufzeigen der leitenden Grundsätze des Rechts, von denen ausgehend der innere Zusammenhang und die Art der Verwandtschaft der juristischen Begriffe und Sätze erkennbar sei. Diese herauszuarbeiten sei aber Aufgabe der Wissenschaft und nicht des Gesetzgebers. Dessen Stunde sei erst dann gekommen, wenn die Wissenschaft ihre Aufgabe erfüllt habe. Hierin lag – jedenfalls für seine Zeit – eine Absage an die vollständige Kodifizierung der Rechtsordnung.[237]

---

[232] Kundmachungspatent zum ABGB v. 1. Juni 1811, Abs. 4. Die Aufhebung bezog sich aber nur auf Gegenstände des *allgemeinen* bürgerlichen Rechts, nicht auf Sonderprivatrecht wie etwa das Handels- und Wechselrecht, welches unberührt blieb.

[233] Vgl. *Zeiller*, Kommentar, Bd. 1. S. 84; *Pfaff/Hofmann*, Kommentar, Bd. 1, S. 223 ff.; *Mayr*, Gesetzbuch als Rechtsquelle, S. 397 f.; *Brauneder*, ABGB, S. 219. Ein derartiger Verweis auf fortgeltendes Provinzialrecht findet sich z. B. in § 1132 ABGB (für die Bestimmung der Fälligkeit des Erbpachtzinses).

[234] Derartige Bezugnahmen auf Gewohnheitsrecht finden sich im ABGB z. B. hinsichtlich der örtlichen Publikationsformen bei der Bekanntmachung eines Fundes (§§ 389 f.), für die Triftzeit von Weidevieh (§ 501) und für die Bestimmung der angemessenen Begräbnisform, deren Kosten auf der Erbschaft lasten (§ 549).

[235] *Savigny*, Beruf, S. 21 f.

[236] Ebd., S. 21.

[237] Falls der Gesetzgeber dennoch zur Kodifikation schreite, bevor die Wissenschaft ihre Aufgabe erfüllt hat, sah *Savigny* als unvermeidbare Folge die Rechtspflege nur scheinbar vom Gesetz-

Gerade weil Savigny den Anspruch der Vollständigkeit (im Sinne der Erfassung aller leitenden Grundsätze, die dann den Schluss auf jeden Einzelfall erlauben sollen) für die Kodifikation aufrechterhielt, lehnte er die Kodifizierung ab, weil die Zeit hierfür nicht reif sei. Anders als bei Zeiller und dem ABGB sollte für Savigny das Gesetzbuch einzige Rechtsquelle sein und dazu musste es vollständig sein, damit Lücken und deshalb die Notwendigkeit des Rückgriffs auf andere Rechtsquellen sich nicht ergaben.[238] Indem Savigny also für die Kodifikation das Vollständigkeitsideal des preußischen ALR wie auch Benthams aufrechterhielt (das Gesetzbuch als einzige Rechtsquelle), sprach er als Konsequenz seiner Zeit den Beruf hierzu ab. Wie wir bereits sahen, lag hierin für Savigny aber nicht die Absage an jede Form der Gesetzgebung, sondern nur an eine solche, mit der er sein ambitioniertes Vollständigkeitsdogma verband: eben die (zivilrechtliche) Kodifikation. Punktuelle Gesetzgebung zur Klärung von Zweifeln und Kontroversen, zur Aufzeichnung von Gewohnheitsrecht und zur Korrektur verfehlter früherer Gesetze hielt er durchaus für sinnvoll;[239] derartige Gesetzgebung trat auch nicht mit dem Anspruch auf Vollständigkeit auf.

Im Zusammenhang mit der Entstehung des BGB war man sich der praktischen Undurchführbarkeit eines derart ambitionierten Vollständigkeitskonzepts bewusst. Anders als bei Zeiller war es nunmehr freilich nicht mehr das Naturrecht, welches als Lückenfüller dienen sollte, sondern Wissenschaft und Rechtsprechung. Wir sahen bereits, dass jedenfalls das Kodifikationskonzept Plancks, der wesentlichen Einfluss auf den ersten und mehr noch den zweiten BGB-Entwurf hatte, grundsätzlich Vollständigkeit in der abstrakten Erfassung der regelungsbedürftigen Sachverhalte erstrebte, dass die Kommissionen aber dennoch in Einzelfragen auch bei

---

buch, in Wahrheit aber von etwas anderem als wahrhaft regierende Rechtsquelle beherrscht, welches unter verschiedenen Namen, »bald als Naturrecht, bald als jurisprudence, bald als Rechtsanalogie« daherkomme (Beruf, S. 22 f.). In seiner Kritik an Pfeiffers »Ideen zu einer neuen Civil-Gesetzgebung für Teutsche Staaten« spricht *Savigny* von einer »unsichtbaren Umgebung« des Gesetzbuchs aus »Gerichtsgebrauch, Doctrin oder wie man es sonst benennen will«, die die Anwendung des Gesetzbuchs zwangsläufig beherrsche, wenn es verfrüht zur Kodifikation komme, wofür das ALR ein Beispiel gebe (Stimmen für und wider neue Gesetzbücher, S. 239 f.).

[238] Anders *Caroni*, ZRG (GA) 86 (1969), S. 155, 173 u. passim; *ders.*, Art. »Kodifikation«, HRG, Bd. 2, Sp. 908, 917, wonach Savigny den Zustand der Rechtsquellenmehrheit auch bei Vorliegen einer Kodifikation für unvermeidlich erachtete und nur forderte, dass die Kodifikation primäre Rechtsquelle ist, die über die Heranziehung und Auslegung der anderen Rechtsquellen entscheidet. M. E. ging *Savigny* nur für den Fall, dass der Gesetzgeber die Kodifikation zur Unzeit vornehme (s. hierzu die vorangehende Fn), vom Zustand der Rechtsquellenmehrheit aus. Wenn die Wissenschaft hingegen ihre Aufgabe (Aufzeigen der leitenden Grundsätze) erfüllt habe, soll die dann entstehende Kodifikation alleinige Rechtsquelle sein (Beruf, S. 21). Die von *Caroni* für seine Meinung angeführten Stellen bei Savigny beziehen sich auf den Fall, dass die Kodifikation zur Unzeit versucht wird. Vgl. in diesem Zusammenhang auch *Jakobs*, S. 50 ff., der die Deutung Caronis ebenfalls ablehnt, seinerseits aber davon ausgeht, für Savigny könne ein Gesetzbuch zu keiner Zeit »wahre Rechtsquelle« werden.

[239] *Savigny*, Beruf, S. 17, 131; *ders.*, Vorschläge, S. 748; *ders.*, Darstellung, S. 251; s. näher hierzu oben S. 41.

erkanntem Regelungsbedarf die Lösung Wissenschaft und Praxis überließen. Stärker noch war die Einbeziehung von Wissenschaft und Praxis durch den BGB-Gesetzgeber infolge des Verzichts auf »doktrinäre« Bestimmungen, weshalb der dogmatische Unterbau wie auch die den einzelnen Rechtssätzen übergeordneten leitenden Rechtsprinzipien von der Lehre zu gewinnen waren. Der BGB-Gesetzgeber entsagte bewusst dem aufklärerisch-absolutistischen Anspruch auf Alleinzuständigkeit für die Ausformung der Rechtsordnung und nahm hierfür Rechtswissenschaft und Rechtsprechung mit in die Pflicht. Die Anerkennung von Gewohnheitsrecht als zusätzliche Rechtsquelle hat der erste BGB-Entwurf hingegen – insoweit in Übereinstimmung mit ALR und ABGB – ausdrücklich verneint, es sei denn, das Gesetzbuch würde ausdrücklich auf Gewohnheitsrecht verweisen.[240] Das Motiv hierbei war, dass man die mit der Kodifikation angestrebte Rechtseinheit und Rechtssicherheit nicht gefährden wollte. Die zweite Kommission hat diese Frage zunächst dem Einführungsgesetz zugewiesen, dann jedoch auf eine gesetzliche Regelung der Geltung von Gewohnheitsrecht ganz verzichtet und die Geltungsfrage der Theorie überlassen.[241]

Noch weiter ging Eugen Huber im ZGB mit dem Verzicht auf das Bestreben, die Kodifikation als alleinige Rechtsquelle zu etablieren. Dies zeigt sich zum einen natürlich im berühmten Art. 1 ZGB, der dem Richter in Ermangelung einer gesetzlichen Regelung erlaubt, nach Gewohnheitsrecht zu urteilen und, wo auch dieses fehlt, nach den Regeln, die er selbst als Gesetzgeber aufstellen würde, wobei er sich von der bewährten Lehre und Überlieferung leiten lassen soll. Doch zeigt dies erst einmal nur, dass Huber eine vollständige Verdrängung nicht-positiver Rechtsquellen nicht für möglich hielt, nicht, dass er sie gar nicht anstrebte. Letzteres wird aber in seiner Technik deutlich, sich teilweise bewusst auf die Regelung der im praktischen Leben wichtigen und häufigen Rechtsfragen zu beschränken und die Entscheidung weniger wichtiger Fälle einer »weiterzigen Gesetzesinterpretation« zu überlassen.[242] Praktikabilität und Anschaulichkeit haben hier also den Sieg davongetragen über das Vollständigkeitsdogma.

In der Strafgesetzgebung führte hingegen die Kombination von Gesetzesvorbehalt, Analogieverbot und Bestimmtheitsgebot im 19. Jahrhundert in Deutschland zu einer dauerhaften Herrschaft des Vollständigkeitsstrebens im Sinne einer

---

[240] § 2 des Entwurfs von 1888.

[241] *Schubert,* Vorlagen der Redaktoren, Allgemeiner Teil, Teil 1, S. 83; Motive zum BGB, Bd. 1, S. 8; Protokolle zum BGB, Bd. 1, S. 3 u. Bd. 6, S. 361 f.; *Jakobs/Schubert,* Beratung, Einführungsgesetz z. BGB, Teil 1, S. 754. Vgl. *Jakobs,* S. 129 ff.; *Hübner,* S. 56 f. Die Mehrheit in der zweiten Kommission vertrat bei der Beratung des Einführungsgesetzes die Ansicht, dass sich der Vorrang des BGB gegenüber partikulärem Gewohnheitsrecht bereits aus Art. 2 der Reichsverfassung ergebe (Reichsgesetze gehen Landesgesetzen vor). Für gemeines (reichsweit gebildetes) Gewohnheitsrecht sei die Frage, wie es sich zum geschriebenen Recht verhalte, »der Macht des Gesetzgebers entrückt« und nur von der Theorie »nach Maßgabe der jeweils im öffentlichen Leben herrschenden Anschauungen« beantwortbar (Protokolle zum BGB, Bd. 6, S. 361 f.).

[242] *Huber,* Erläuterungen, Heft 1, S. 10 f.; näher hierzu oben S. 307.

Verdrängung nicht-positiver Rechtsquellen jedenfalls für die im Besonderen Teil der Strafgesetzbücher geregelten Deliktstatbestände. Typisch hierfür ist die ausdrückliche Aufhebung von Gewohnheitsrechten im Publikationspatent zum bayerischen Strafgesetzbuch von 1813.[243] Nicht in gleicher Weise galt dies jedoch für die im Allgemeinen Teil der Strafgesetzbücher geregelten Lehren. Das von einem Kommentierungsverbot begleitete bayerische Strafgesetzbuch von 1813 strebte zwar auch noch für den Allgemeinen Teil Vollständigkeit an. Im weiteren Verlauf des 19. Jahrhunderts setzte hier aber eine bewusste Arbeitsteilung zwischen dem Gesetzgeber und der Strafrechtslehre und Rechtsprechung ein, wobei es jedoch nicht gelang, eine allgemein akzeptierte Grenzziehung zwischen den vom Gesetzgeber im Allgemeinen Teil zu kodifizierenden Rechtsfragen und den Wissenschaft und Praxis zu überlassenden Fragen zu finden.[244]

3. Vollständige Erfassung des Regelungsgegenstandes in einem Gesetz

Eine dritte Facette des Vollständigkeitsideals besteht in der Bündelung der jeweiligen Regelungsmaterie in nur einem Gesetz. Letztlich handelt es sich hierbei um einen Teilaspekt der Forderungen nach Gesetzesbereinigung: Die einschlägigen gesetzlichen Regelungen zu einer Materie sollten dem Gesetzesanwender gebündelt in einem Gesetz entgegentreten und nicht in einer Vielzahl disparater Gesetze verstreut liegen. Die Nachteile einer Gesetzeszersplitterung wurden von den Gesetzgebungstheoretikern des 19. Jahrhunderts häufig betont: Abgrenzungsschwierigkeiten oder gar Widersprüche zwischen den einzelnen Gesetzen, welche die gleiche Regelungsmaterie betreffen, schlechterer Überblick über die Rechtslage und schwerere Auffindbarkeit der einschlägigen Regelungen für den Gesetzesanwender und schließlich das unkontrollierte Anwachsen der Masse der Gesetze, indem neue Gesetze einfach aufeinander gehäuft werden ohne Rücksicht auf bereits bestehende Bestimmungen über den gleichen Regelungsgegenstand.[245] Die Mittel, um diesen Übelständen abzuhelfen, waren die der Gesetzesbereinigung und Kodifikation: Gefordert wurde, dass der Gesetzgeber bei Erlass eines neuen Gesetzes zunächst die bestehenden Bestimmungen über die jeweilige Regelungsmaterie genau prüft, das neue Gesetz mit diesen in Einklang bringt bzw. im Idealfall alle älteren Bestimmungen über den gleichen Regelungsgegenstand gänzlich aufhebt und die Materie einer vollständigen Regelung im neuen Gesetz zuführt.[246]

---

[243] Publikationspatent zum bayer. StGB, Art. 1.

[244] S. hierzu näher unten S. 445 f.

[245] *Rehberg*, S. 27 ff. (jedoch nicht für Zivilgesetze); *Reyscher*, S. 54 f.; *Günther*, Art. »Gesetzgebungswissenschaft«, Rechtslexikon, Bd. 4, S. 768; *Morgenstern*, Bd. 1, S. 282; *Mohl*, Politik, Bd. 1, S. 447.

[246] S. näher oben S. 268 ff. Dort auch zu den Vorschlägen Bacons und den Bemühungen um Gesetzesbereinigung in England im 19. Jahrhundert.

Das ALR machte sich diesen Aspekt des Vollständigkeitsanspruchs wie kaum ein anderes Gesetzbuch zu Eigen. Es verfolgte nicht nur das Ziel der Verdrängung von ungeschriebenen Rechtsquellen wie Gewohnheitsrecht und Richterrecht, sondern wollte auch das geschriebene Recht (mit Ausnahme des Prozessrechts) im neuen Gesetzbuch bündeln und vereinheitlichen. Es trat mit dem Anspruch an, die verstreuten, sich teilweise widersprechenden und schwer zugänglichen Bestimmungen des Gemeinen Rechts komplett zu ersetzen.[247] Ein einheitliches, nach den einzelnen Regelungsmaterien gegliedertes und diese möglichst erschöpfend abhandelndes Gesetzbuch sollte an die Stelle des disparaten Gemeinen Rechts treten. Zugleich sollte das neue Gesetzbuch auch an die Stelle der zu einzelnen Materien von Zeit zu Zeit ergangenen Landesgesetze treten und diese ersetzen.[248] Lediglich spezielle Provinzialgesetze sollten vorläufig in Kraft bleiben, aber auch diese sollten gesammelt, revidiert und in Provinzialgesetzbüchern zusammengefasst werden, so dass auch in Beziehung auf die Provinzialgesetze ein einheitliches Gesetzbuch an die Stelle der disparaten Fülle von Einzelgesetzen treten sollte.[249] Mit diesem Anspruch unterschied sich das ALR von den meisten älteren Gesetzbüchern. Auch die Landrechte früherer Zeiten wollten das Recht zwar sammeln und ordnen; sie traten aber nicht mit dem Anspruch an, dieses komplett zu ersetzen und etwas Neues, Alleingültiges an dessen Stelle zu setzen.[250] Die schon bald nach seinem Inkrafttreten in rascher Folge ergangene Novellengesetzgebung zum ALR und die letztlich in den meisten Provinzen unterbliebene Zusammenfassung der Provinzialgesetze in einem einheitlichen Gesetzbuch hat dieses Ziel dann aber nicht dauerhaft Wirklichkeit werden lassen.[251]

Fragt man nach den Gründen für diese Art des Vollständigkeitsanspruchs des ALR, so tritt wiederum der uns bereits in anderen Zusammenhängen begegnete Dualismus von aufklärerischer Förderung der Gesetzeskenntnis und absolutistischer Sicherung des herrscherlichen Rechtsetzungsmonopols hervor. Wer die Gesetzeskenntnis unter das (juristische und nicht-juristische) Volk bringen und möglichst weit verbreiten wollte (und damit auch die Zahl und Dauer der Prozesse

---

[247] Publikationspatent zum ALR, Abschnitt I.

[248] Publikationspatent zum ALR, Abschnitt II.

[249] Publikationspatent zum ALR, Abschnitt III, IV.

[250] Vgl. oben S. 312 f.; noch der Codex Maximilianeus Bavaricus Civilis (1756) beließ dem römischen Recht subsidiäre Geltungskraft (Teil 1, Kap. 2, § 9).

[251] Bereits im ersten Jahrzehnt nach Inkrafttreten des ALR ergingen hierzu über 200 Verordnungen und Deklarationen; viele dieser Novellen enthielten allerdings keine substantiellen Neuerungen, sondern dienten der fortschreitenden kasuistischen Vervollständigung des Gesetzbuchs und dem Ausräumen von Auslegungszweifeln und lagen insoweit durchaus im Konzept der Gesetzesverfasser. Ihren Niederschlag fand diese Novellengesetzgebung in dem voluminösen ersten Anhang zum ALR von 1803 (näher hierzu z. B. *Landwehr*, S. 67 f. u. passim). Dieser Anhang war ein letzter Versuch, den Anspruch eines allein einschlägigen Gesetzbuchs gegenüber der wuchernden Einzelgesetzgebung zu retten. Das ursprünglich vorgesehene Konzept, in regelmäßigen Abständen weitere amtliche Anhänge zum ALR erscheinen zu lassen, wurde in der Folgezeit aufgegeben.

verringern wollte), konnte dies nicht durch eine Vielzahl von zum Teil schwer zugänglichen und aus ganz verschiedenen Zeiten stammenden Einzelgesetzen erreichen, sondern griff vorzugsweise zum Instrument des monolithischen Gesetzbuchs, welches zum alleinigen Handwerkszeug der Juristen oder gar zum Lesebuch für das Volk werden sollte. Die Bedeutung für das juristisch nicht vorgebildete Volk sollte man hierbei jedoch – auch aus Sicht der preußischen Gesetzesredaktoren – nicht überbewerten. Wie wir sahen, war man sich im Kreis von Carmer, Svarez und Klein sehr wohl bewusst, dass auch dann, wenn der gesetzgeberische Wille dem Volk in einem einheitlichen Gesetzbuch statt in einer Vielzahl von Einzelgesetzen entgegentritt, die inhaltlichen Schwierigkeiten bei der Erfassung des Gesetzesinhalts durch den juristisch nicht vorgebildeten Laien noch lange nicht ausgeräumt waren. Nicht von ungefähr sann man daher auf einen separaten Volkskodex, wobei auch dieser, wie man klar erkannte, noch einige Ansprüche an das Bildungsniveau der Gesetzesadressaten stellte.[252]

Fast wichtiger war daher die Funktion des umfassenden Gesetzbuchs für den Juristenstand. Dieser sollte sich das geltende Recht nicht länger aus einer Vielzahl unterschiedlicher Rechtsquellen und verstreuter Einzelgesetze zusammensuchen müssen, sondern im neuen Gesetzbuch die allein verbindliche Antwort auf möglichst alle Rechtsfragen finden. Hierin wird auch das angesprochene zweite Motiv für diese Art des Vollständigkeitsstrebens im ALR deutlich: die Sicherung des herrscherlichen Rechtsetzungsmonopols. Das Verbot des Rückgriffs auf Präjudizien, Gewohnheitsrecht, Lehrmeinungen, natürliche Gesetze und ältere positive Gesetze ist eine Sache; um dieses Verbot im Juristenstand aber auch umsetzbar zu machen, musste man diesem ein leicht zugängliches und umfassendes Gesetzbuch an die Hand geben, welches bei der Suche nach Antworten auf die sich stellenden Rechtsfragen möglichst vollständig an die Stelle der bisherigen Rechtsquellen treten konnte. Je mehr sich der gesetzgeberische Wille in verstreuten, nicht aufeinander abgestimmten und gegebenenfalls schwer zugänglichen Einzelgesetzen äußerte, desto schwieriger war es für die Rechtsanwender, dem tatsächlichen Willen des Gesetzgebers bei der Rechtsanwendung auch zu entsprechen. Das umfassende, an die Stelle aller anderen (auch positiven) Rechtsquellen tretende Gesetzbuch war daher der beste Garant um sicherzustellen, dass der gesetzgeberische Wille vom Rechtsanwender auch tatsächlich aufgefunden und umgesetzt wird.

Das ABGB trat von vornherein nur mit dem Anspruch an, das Privatrecht im Gesetzbuch bündeln zu wollen, genauer gesagt nur das allgemeine Privatrecht im Sinne der für jedermann einschlägigen und dauerhaften bürgerlichen Gesetze. Die besonderen Handels- und Wechselgesetze und das für das Militär geltende Sonderprivatrecht sollten nach dem Willen des Kundmachungspatents ebenso bestehen bleiben wie die »über politische, Cameral- oder Finanz-Gegenstände kund gemachten, die Privat-Rechte beschränkenden, oder näher bestimmenden

---

[252] S. oben S. 255.

Verordnungen«.[253] Neben diesem generellen Vorbehalt im Kundmachungspatent enthält das ABGB eine Vielzahl von Einzelverweisungen zugunsten von fortbestehenden sonderprivatrechtlichen Regelungen.[254] Der Anspruch, das Privatrecht vollständig kodifizieren zu wollen, stand im ABGB also unter einem mehrfachen Vorbehalt. Zum einen galt er nicht im Hinblick auf die erwähnten Sonderprivatrechtsmaterien.[255] Zum anderen galt er aber auch generell nicht für durch besondere Umstände veranlasste und schnell vergängliche Eingriffe des Gesetzgebers, die vielmehr außerhalb des Gesetzbuchs erfolgen sollten. Die Gesetzgebungskommission stellte hierzu fest, dass man es sich bei dem Entwurf des ABGB zur Regel gemacht habe, nur dauerhafte Vorschriften aufzunehmen, dagegen von schnell wandelbaren Verhältnissen abhängende Anordnungen der »politischen« Einzelgesetzgebung zu überlassen.[256] So entschied man sich nach langer Diskussion auch dafür, die per Einzelgesetzgebung erfolgten Maßnahmen zur Regelung der Inflationsfolgen wegen ihrer Zeitgebundenheit nicht in das Gesetzbuch aufzunehmen (obwohl sie Regelungen des ABGB modifizierten), sondern im Kundmachungspatent zum ABGB deren Fortgeltung und Vorrang gegenüber den allgemeinen Regelungen des Gesetzbuchs festzustellen.[257]

Das BGB entfernte sich noch weiter von der hier behandelten Facette des Vollständigkeitsstrebens. Das Ideal einer monolithischen Konzentration der gesetzlichen Bestimmungen zu einem bestimmten Regelungsbereich – hier des Zivilrechts (unter Ausschluss des bereits kodifizierten Handelsrechts) – in einem umfassenden Gesetzbuch musste von den Redaktoren des BGB schon aus bundesstaatlichen Gründen aufgegeben werden. Die Weichenstellung hierzu war bereits durch die Vorkommission 1874 erfolgt.[258] Diese empfahl, nicht nur die

---

[253] Kundmachungspatent zum ABGB, Abs. 7 u. 8. Die Kommission dachte bei dem Vorbehalt zugunsten »politischer« Verordnungen nach eigenem Bekunden insbesondere an Dienst- und Gesindeordnungen, Injurienstreitigkeiten und Verlagsrecht (*Ofner*, Protokolle, Bd. 2, S. 464).

[254] Z.B. zugunsten der einzelgesetzlichen Regelungen zur bäuerlichen Erbfolge (§ 761), zum Wucher (§ 1000), zu den Verträgen mit Dienstboten (§ 1172) und zur Errichtung von Gesellschaftsverträgen (§ 1179). Weitere Beispiele bei *Mayr*, Gesetzbuch als Rechtsquelle, S. 398, Fn. 135 u. *Brauneder*, ABGB, S. 242.

[255] Die Frage, welche Regelungen im einzelnen infolge der Vorbehalte zugunsten von Sonderprivatrechtsmaterien fortgalten, beschäftigte die Zeitgenossen intensiv; vgl. die wenige Jahre nach Inkrafttreten des ABGB erschienene Schrift »Das Quellenverhältnis des bürgerlichen Gesetzbuches zu den besonderen Zweigen des in den österreichisch-deutschen Erbstaaten für den Civilstand geltenden Privatrechts« von *Vincenz August Wagner* (Wien u. Triest 1818).

[256] Vgl. *Pfaff/Hofmann*, Kommentar, Bd. 1, S. 33 f. mit Fn. 183.

[257] Kundmachungspatent zum ABGB, Abs. 9; s. hierzu *Pfaff/Hofmann*, Kommentar, Bd. 1, S. 33 f. Österreich stand 1811 infolge der verlustreichen Koalitionskriege gegen Napoleon praktisch vor dem Staatsbankrott.

[258] Dass handelsrechtliche Bestimmungen in dem neuen Gesetzbuch außen vor bleiben sollten, wurde auch bereits durch die Vorkommission festgelegt, beruhte jedoch nicht auf bundesstaatlichen Vorbehalten, sondern auf der bereits bestehenden reichseinheitlichen Regelung des Handelsrechts im ADHGB; an der separaten Kodifizierung des Handelsrechts wollte man festhalten und dieses parallel zu den Arbeiten am BGB einer Neukodifikation zuführen.

»im Absterben« befindlichen Rechtsinstitute wie etwa das Lehnsrecht, das Erb-pachtrecht und das Recht der Familienfideikommisse nicht in das Gesetzbuch aufzunehmen, sondern auch andere stark regional geprägte Rechtsinstitute wie das Höferecht entweder ganz der Gesetzgebung der Einzelstaaten zu überlassen oder – so beim ehelichen Güterrecht und Grundbuchrecht – zumindest Vorbe-halte zugunsten der Landesgesetzgebung vorzusehen.[259] Das Ergebnis tritt einem im Einführungsgesetz zum BGB entgegen, welches (in der 1900 in Kraft getrete-nen Fassung) in annähernd 100 Artikeln eine Vielzahl von Materien vorsah, in denen der Reichsgesetzgeber den Ländern ein Recht zu partikulären Sonder-bestimmungen einräumte und damit einem Ausschließlichkeitsanspruch des BGB für die dort geregelten Materien entsagte.[260] Der Rechtsanwender konnte also schon aus diesem Grunde bei bloßer Zuhilfenahme des Gesetzbuchs nicht sicher sein, dass das Recht, welches er im BGB vorfand, das einzige zu der jeweiligen Materie einschlägige Recht darstellte.

Praktisch wichtiger noch als diese Ländervorbehalte wirkten sich aber die selbst auferlegten methodischen Beschränkungen der BGB-Redaktoren aus. Um dem Gesetzbuch Beständigkeit zu sichern und es aus tagespolitischen Kämpfen heraus-zuhalten, beschränkte man sich vielfach bewusst auf etablierte Regelungen und klammerte politisch umstrittene Punkte aus. Ähnlich wie bereits die ABGB-Redaktoren Bestimmungen zu schnell wandelbaren Verhältnissen der Einzel-gesetzgebung vorbehielten, wollten auch die BGB-Redaktoren die Anpassung der Rechtsordnung an veränderte Bedürfnisse, insbesondere im sozialen Bereich, durch eine parallel zum Gesetzbuch erfolgende Spezialgesetzgebung realisiert sehen.[261] Auf diese Weise glaubte man, zugleich dem Gesetzbuch Beständigkeit sichern und den sich ändernden sozialen Bedürfnissen durch Einzelgesetzgebung flexibler nachkommen zu können. Das Ideal eines das bürgerliche Recht vollstän-dig erfassenden Gesetzbuchs war damit methodisch bewusst aufgegeben.

---

[259] Gutachten der Vorkommission v. 15. April 1874, in: *Schubert*, Materialien, S. 170–185, hier: S. 174 f. Der Bericht des Justizausschusses des Bundesrats folgte hierin weitgehend den Empfehlungen der Vorkommission, betonte aber stärker das Bestreben nach Rechtsvereinheit-lichung, dem sich die Wünsche der Bundesstaaten nach Vorbehalten zugunsten der Landes-gesetzgebung grundsätzlich unterzuordnen hätten. Zwar sei bei der Vereinheitlichung bislang stark partikular geprägter Rechtsinstitute wie des Eherechts, Vormundschaftsrechts, Erbrechts oder Immobiliarsachenrechts mit »Vorsicht und Schonung« zu verfahren. Diese Vorsicht und Schonung werde sich aber der Notwendigkeit, auch für diese Rechtsinstitute zumindest gleiche Grundregelungen zu erlangen, unterordnen müssen (Bericht des Bundesratsausschusses für Justiz-wesen v. 9. Juni 1874, in: *Schubert*, Materialien, S. 186–199, hier: S. 188 ff.) Die erste BGB-Kommission beschloss zu Beginn ihrer Beratungen, für viele der von der Vorkommission ange-sprochenen im Absterben begriffenen oder stark partikular geprägten Rechtsinstitute die Frage ihrer Aufnahme in das Gesetzbuch bzw. die Frage von Ländervorbehalten erst im Zusammenhang mit den späteren Sachberatungen näher zu erörtern (Sitzungsprotokoll v. 22. September 1874, in: *Schubert*, Materialien, S. 211 ff.).

[260] Einführungsgesetz zum Bürgerlichen Gesetzbuch vom 1. Juli 1896, Art. 55–152.

[261] *Planck*, AcP 75 (1889), S. 332 u. 406 f. Lob erfuhren die BGB-Redaktoren hierfür von *Zitelmann*, Gefahren, S. 31.

Ähnliches lässt sich vom schweizerischen ZGB sagen. Zwar war hier die föderalistische »Verlustliste«, also die Liste der zivilrechtlichen Spezialmaterien, welche den Kantonen vorbehalten wurde, nicht so lang wie die Liste der Ländervorbehalte beim BGB. Doch finden sich auch im ZGB insbesondere im Sachenrecht eine ganze Reihe von Vorbehalten zugunsten der Kantonsgesetzgebung.[262] In einigen Fällen erfolgte eine Zuweisung an die Kantone wegen des engen Zusammenhangs der Regelungsmaterie mit dem öffentlichen Recht, in anderen Fällen wegen der nur lokalen Bedeutung einer Materie, welche eine einheitliche Regelung auf Bundesebene entbehrlich mache.[263] Im Verhältnis der neuen Kodifikation zur bisherigen zivilrechtlichen Spezialgesetzgebung des Bundes hielt man es im Übrigen auch in der Schweiz für richtig, solche Materien nicht in das Gesetzbuch aufzunehmen, sondern der Spezialgesetzgebung vorzubehalten, deren Entwicklung noch im Flusse ist und häufige Revisionen erforderlich macht.[264] Wie schon die Gesetzgeber des österreichischen ABGB und deutschen BGB wollte man dem Gesetzbuch hierdurch größere Beständigkeit sichern und die Anpassung der einem schnellen Wandel unterworfenen Spezialmaterien an die Bedürfnisse der Zeit erleichtern. Ein Sonderproblem stellte die Integration des Obligationenrechts in das neue Gesetzbuch dar, da das Schuldrecht (wegen der in der Schweiz ähnlich wie in Deutschland anfänglich begrenzten Gesetzgebungskompetenz des Bundesgesetzgebers nur für das Schuldrecht) in Form des Bundesgesetzes über das Obligationenrecht von 1881 bereits kodifiziert vorlag. Man entschloss sich hier schließlich zu einem Mittelweg: Wesentliche Teile des Obligationenrechts wurden noch vor Inkrafttreten des ZGB revidiert, dem neuen Gesetzbuch ange-

---

[262] Der ZGB-Gesetzgeber hat die Vorbehalte zugunsten der Kantonsgesetzgebung nicht wie der BGB-Gesetzgeber gebündelt in das Einführungsgesetz aufgenommen, sondern über das ganze Gesetzbuch verstreut im jeweiligen Sachzusammenhang geregelt. Dies erschwert zwar den Gesamtüberblick über die Vorbehalte zugunsten der Kantonsgesetzgebung, macht es für den Gesetzesanwender aber einfacher festzustellen, ob für eine bestimmte Rechtsfrage derartige Vorbehalte bestehen.

[263] Beispiele für die erste Fallgruppe (enger Zusammenhang mit öffentlichem Recht) sind die Allmendegenossenschaften (Art. 59 Abs. 3), die Zuweisung neu gebildeten Landes an die angrenzenden Grundstückseigentümer (Art. 659 Abs. 2) und das Recht zum Betreten fremder Grundstücke zur Ausübung von Jagd und Fischerei (Art. 699 Abs. 2); Beispiele für die zweite Fallgruppe (nur lokale Bedeutung) sind die nachbarrechtlichen Abstandsvorschriften (Art. 686, 688 ZGB), besondere Wegerechte (Art. 695) und die Nutzung von Quellen und Brunnen durch Dritte (Art. 709); vgl. zu den genannten Motiven bei den Vorbehalten zugunsten der Kantonsgesetzgebung die Botschaft des Bundesrates an die Bundesversammlung v. 28. Mai 1904, S. 11 u. *Huber*, Erläuterungen, Heft 3, S. 11 f. (dort auch mit weiteren Beispielen für Vorbehalte zugunsten der Kantonsgesetzgebung).

[264] Vgl. hierzu die Botschaft des Bundesrates an die Bundesversammlung v. 28. Mai 1904, S. 10 f. sowie *Huber*, Erläuterungen, Heft 3, S. 10 f. Beispiele für derartige Materien, die man bewusst der Spezialgesetzgebung vorbehielt, sind die Bundesgesetze über das Urheberrecht (1883), Patente (1888/1893), gewerbliche Muster (1888/1900) und den Eisenbahntransport (1893). In das ZGB inkorporiert wurden hingegen Bundesgesetze von allgemeinem privatrechtlichen Inhalt, namentlich das Gesetz über die persönliche Handlungsfähigkeit (1881) und das Zivilstands- und Ehegesetz (1874).

passt und formal als fünfter Teil dem ZGB angefügt; andererseits entschloss man sich die separate Artikelzählung des Obligationenrechts aufrechtzuerhalten und in der Praxis blieb es bei der separaten Zitierung von ZGB einerseits und Obligationenrecht andererseits.[265]

Auch in der Strafgesetzgebung ist im Verlauf des 19. Jahrhunderts eine Entwicklung zu verfolgen, die von dem Versuch einer umfassenden Bündelung aller Strafrechtsnormen im Gesetzbuch hin zu einem bewussten Nebeneinander von Strafgesetzbuch und Nebenstrafgesetzen führte. Das Publikationspatent zum bayerischen Strafgesetzbuch von 1813 begnügte sich noch mit der pauschalen Aufhebung aller bisherigen Gesetze und Gewohnheiten über die im Gesetzbuch geregelten Materien.[266] Nicht aus dem Publikationspatent, sondern aus eher versteckten Verweisen im Gesetzbuch selbst erfährt man, dass auch das bayerische Strafgesetzbuch noch separate Nebenstrafgesetze kennt, so etwa für Zoll- und Steuervergehen.[267] Im Übrigen wurde hier (wie schon beim ALR) der Versuch einer dauerhaften Bündelung der Strafgesetzgebung im neuen Gesetzbuch durch eine rasch einsetzende umfangreiche Novellengesetzgebung konterkariert.[268]

---

[265] Im Zusammenhang mit den vorbereitenden Arbeiten zum ZGB hatten sich einige der eingeholten Stellungnahmen seitens der Kantone wie auch das schweizerische Bundesgericht, der schweizerische Juristenverein und verschiedene speziell zu dieser Frage eingeholte Gutachten von Fachleuten für eine Integration des Obligationenrechts in das ZGB ausgesprochen. Ein hierzu bereits 1905 von einer Expertenkommission vorgelegter Entwurf zur Anpassung des Obligationenrechts an den ZGB-Entwurf wurde von der Bundesversammlung jedoch bis zum Abschluss der Arbeiten am ZGB zurückgestellt. Die bis heute bestehende separate Artikelzählung des Schlusstitels des ZGB beruht darauf, dass man bei der Beschlussfassung über den ZGB-Entwurf 1907 noch von einer Einfügung des Obligationenrechts mit fortlaufender Artikelzählung ausging (vgl. den Bericht der Redaktionskommission des Zivilgesetzbuches an die Bundesversammlung v. 20. November 1907, in: Bundesblatt der Schweizerischen Eidgenossenschaft 1907, Bd. 6, S. 367–371, hier: S. 371). Eine 1908 eingesetzte neue Kommission entschied sich dafür, die handels-, gesellschafts- und wertpapierrechtlichen Abschnitte des Obligationenrechts zunächst aus der Revision auszuklammern, da deren Revision besonders viel Zeit benötigte und man das Inkrafttreten der übrigen, an das ZGB angepassten Teile des Obligationenrechts gleichzeitig mit dem für 1912 vorgesehenen Inkrafttreten des ZGB und als Teil desselben nicht gefährden wollte. In den Beratungen in der Bundesversammlung 1909 bis 1911 beschloss man dann, den revidierten wie auch den bislang nicht revidierten Teil des Obligationenrechts dem ZGB formal anzugliedern, die separate Artikelzählung des Obligationenrechts aber bestehen zu lassen. Vgl. zu den Einzelheiten der Revision des Obligationenrechts *Huber/Mutzner*, Bd. 1, S. 147 ff.; *Dölemeyer*, S. 1983 ff. sowie für die Phase bis 1905 die Botschaft des Bundesrates an die Bundesversammlung zu einem Gesetzesentwurf betreffend die Ergänzung des Entwurfes eines schweizerischen Zivilgesetzbuches durch Anfügung des Obligationenrechtes und der Einführungsbestimmungen v. 3. März 1905, insb. S. 2 ff.

[266] Art. 1 des Publikationspatents zum bayer. StGB v. 16. Mai 1813.

[267] Vgl. den Verweis auf besondere Verordnungen zu Zoll- und Steuervergehen in Art. 433 Abs. 2 des bayerischen Strafgesetzbuchs.

[268] Schon unmittelbar nach Erlass des bayerischen Strafgesetzbuchs setzte eine umfangreiche Novellengesetzgebung ein, die mit der Diebstahlsnovelle vom 25. März 1816 auch grundsätzliche Änderungen brachte; bereits 1819 kamen Pläne zur Abfassung eines neuen Strafgesetzbuchs auf; vgl. hierzu z.B. *Grünhut*, S. 178 f. und *Savignys* maliziösen Seitenhieb in der Besprechung einer

Im Einführungsgesetz zum preußischen Strafgesetzbuch von 1851 findet sich dann zwar auch die umfassende Aufhebung aller bisherigen Strafgesetze, die in dem Gesetzbuch geregelte Materien betreffen, wie insbesondere Titel 20 des zweiten Teils des ALR, das rheinische Strafgesetzbuch und die Gemeinen Strafgesetze.[269] Gleichzeitig wird aber nunmehr ausdrücklich angeordnet, dass Strafgesetze zu solchen Materien in Kraft bleiben, zu denen das Gesetzbuch nichts bestimmt, wobei eine nur beispielhafte, nicht abschließende Aufzählung solcher unberührt bleibenden Materien erfolgt (z.B. Post-, Steuer- und Zollvergehen und die Gesetze über den Missbrauch des Vereins- und Versammlungsrechts). Außerdem finden sich in dem die »Übertretungen« regelnden dritten Teil des preußischen Strafgesetzbuchs nunmehr auch bloße Blanketttatbestände, welche der Ausfüllung durch Polizeiverordnungen bedürfen.[270] In dem die Beratungen über den preußischen Strafgesetzbuchentwurf und das Einführungsgesetz vorbereitenden Ausschuss der Zweiten Kammer des preußischen Landtags war zwar lebhaft die uns bereits aus der Gesetzgebungstheorie[271] bekannte Ansicht vertreten worden, dass es notwendig sei, im Einführungsgesetz sämtliche Strafgesetze präzise aufzuführen, welche neben dem Gesetzbuch noch in Kraft bleiben sollen. Doch obwohl die Zweckmäßigkeit dieser Maßnahme von allen Seiten anerkannt wurde, wurde ihre Ausführung für unmöglich erachtet, zumal die Regierung zu einer abschließenden Aufzählung der verbleibenden Nebenstrafgesetze keine Vorlage gemacht hatte und man das Inkrafttreten des Entwurfs nicht verzögern wollte.[272] Das Motiv, warum man derartige Nebenstrafrechte nicht in das neue Strafgesetzbuch integrierte, war dem der Zivilrechtskodifikatoren in Österreich, Deutschland und der Schweiz vergleichbar. Wie diese fürchtete man auch beim preußischen Strafgesetzbuch die Aufnahme von zeitgebundenen, dem gesellschaftlichen und politischen Wandel besonders ausgesetzten Vorschriften (wie etwa im Versammlungs- und Presserecht).[273] Derartige Nebenstrafmaterien wollte man der Einzelgesetzgebung überlassen, um die Beständigkeit des allgemeinen Strafgesetzbuchs nicht zu gefährden.

Schrift Feuerbachs, wonach zum bayerischen Strafgesetzbuch innerhalb von drei Jahren bereits 111 Novellen ergangen seien (Stimmen für und wider neue Gesetzbücher, S. 237 = *ders.*, Beruf, 2. Aufl. 1828, S. 171).

[269] Art. II des Einführungsgesetzes vom 14. April 1851; ausdrücklich ausgenommen von der Aufhebung von II 20 ALR werden einige dort enthaltene zivilrechtliche Bestimmungen: vgl. Art. XI des Einführungsgesetzes.

[270] Vgl. z.B. §§ 340 Nr. 8, 344 Nr. 8, 347 Nr. 1, 348 Nr. 2, 349 Nr. 6.

[271] Vgl. zu den Forderungen der Gesetzgebungstheorie nach präzisen Bestimmungen über das Verhältnis eines neuen Gesetzes zu den bestehenden Gesetzen oben S. 80 mit Fn. 297.

[272] Bericht des Ausschusses der Zweiten Kammer über den Entwurf des Einführungsgesetzes, in: Verhandlungen der Ersten und Zweiten Kammer, S. 378‒400, hier S. 380.

[273] So die Stellungnahme Büchtemanns, des Berichterstatters für das Einführungsgesetz, im Plenum der Zweiten Kammer des preußischen Landtags, in: Verhandlungen der Ersten und Zweiten Kammer, S. 33.

Auch anhand der langen Entstehungsgeschichte des indischen Strafgesetzbuchs von 1860 kann man die Entwicklung von einem anfänglichen Streben nach möglichst vollständiger Konzentration aller Strafvorschriften in dem neuen Gesetzbuch hin zu einem bewussten Nebeneinander von Strafgesetzbuch und Nebenstrafgesetzen verfolgen. Das ursprüngliche Konzept Macaulays sah eine vollständige Ersetzung aller bislang anwendbaren Strafgesetze Britisch-Indiens, das heißt der traditionellen moslemischen und hinduistischen Strafgesetze, der strafrechtlichen Verordnungen der britischen Generalgouverneure und des von den Gerichten in den Regierungssitzen Kalkutta, Bombay und Madras angewendeten englischen Strafrechts, durch das neue Strafgesetzbuch vor. Keine anderen Strafgesetze sollten mehr neben dem Strafgesetzbuch zur Anwendung kommen; weder sollte es lokale noch auf einzelne Bevölkerungsgruppen bezogene Nebenstrafgesetze geben.[274] Ganz im Sinne des Konzepts Benthams war das einheitliche und umfassende Strafgesetzbuch, welches aus aufklärerischem Geiste geboren wenig Rücksicht auf lokale, historische oder religiöse Besonderheiten nimmt und auf Briten und Inder, Hindus, Moslems und Christen gleichermaßen Anwendung findet, das erklärte Ziel Macaulays. Auch dachte man daran, diese Geschlossenheit des Strafgesetzbuchs nach seinem Inkrafttreten zu sichern. So betonte die Gesetzgebungskommission bei Vorlage ihres Strafgesetzbuchentwurfs, dass künftige Strafgesetze nicht mehr in Form verstreuter Einzelgesetze erfolgen, sondern auf das Strafgesetzbuch abgestimmt und in dieses integriert werden sollten.[275]

Dieses rationalistische Vollständigkeitsstreben unter Hintanstellung lokaler und religiöser Besonderheiten stieß bei den Direktoren der *East India Company* in London auf Kritik. Deutlich wies man den indischen Generalgouverneur darauf hin, dass in der parlamentarischen Vorgabe durch den *Charter Act* von 1833 zwar von einer Konsolidierung des in Britisch-Indien geltenden Rechts die Rede war, dieser aber eine sorgfältige Untersuchung der bestehenden Rechte und Sitten in den verschiedenen Teilen Indiens vorausgehen solle und man nur auf dieser Grundlage und unter Rücksichtnahme auf die bestehenden Kasten und Religio-

---

[274] Minute by T.B. Macaulay, 4 June 1835, in: Return to an Order of the House of Lords, dated 11 June 1852, for Copies of all Correspondence …, S. 22, in: Parliamentary Papers (HL) 1852 (263) xii: »The Commission ought to be particularly instructed to make this Code complete. From the Day when the Code shall be promulgated, every other Law whatever relating to Criminal Jurisprudence ought at once to be abolished. Not only ought everything in the Code to be Law, but nothing that is not in the Code ought to be Law. Whatever Portions, therefore, of the Mahometan Jurisprudence, of the old Regulations, of the Common Law or Statute Law of England, it is intended to retain, ought to be inserted in the Code.« Mit dem dritten Satz der vorstehend zitierten Passage aus dem Entwurf der Anweisungen für die indische Gesetzgebungskommission übernahm Macaulay fast wörtlich eine entsprechende Forderung *Benthams* aus der Schrift »General View of a Complete Code of Laws« (welche zu der Zeit, als Macaulay dies schrieb, in der französischen Übersetzung in den »Traités de législation« zugänglich war), vgl. hierzu oben S. 339, Fn. 222.

[275] Begleitschreiben der *Indian Law Commissioners* an den *Governor-General of India in Council* vom 14. Oktober 1837, in: Penal Code for India (Draft 1837), S. 9f.

nen in die vorgefundenen Rechte eingreifen solle.[276] Die Kommission, die 1845 mit der Überprüfung des Entwurfs für ein indisches Strafgesetzbuch beauftragt worden war, unterbreitete in ihrem zweiten Bericht 1847 dann die Empfehlung, dass die bestehenden Strafgesetze durch das neue Strafgesetzbuch nicht (wie von Macaulay beabsichtigt) vollständig aufgehoben werden sollten. Soweit das Strafgesetzbuch bestimmte Handlungen unter Strafe stellt, solle es dabei zwar sein Bewenden haben und sollten derartige Handlungen ausschließlich nach dem Strafgesetzbuch bestraft werden. Soweit in besonderen Gesetzen jedoch darüber hinaus Handlungen unter Strafe gestellt waren, sollten diese Gesetze fortbestehen.[277] Wenn der Gesetzgeber eine Aufhebung derartiger Nebenstrafrechte beabsichtigte, sollte dies ausdrücklich unter Verweis auf das jeweils aufgehobene Gesetz erfolgen und nicht mittels einer pauschalen Verdrängung aller Einzelstrafgesetze durch das neue Strafgesetzbuch. Auch wies die Kommission darauf hin, dass zeitgebundene spezielle Strafvorschriften besser nicht in das Strafgesetzbuch integriert werden sollten, damit dessen Platz unter den dauerhaften Institutionen des Landes nicht gefährdet werde.[278] Dieser Vorbehalt, wonach zeitgebundene Spezialgesetze nicht in das Gesetzbuch aufgenommen werden sollen, um dessen Beständigkeit nicht zu gefährden, begegnete uns bereits beim preußischen Strafgesetzbuch von 1851 ebenso wie in der Zivilgesetzgebung Österreichs, Deutschlands und der Schweiz. Man sieht hieran, dass es sich hierbei um eine Art gemeineuropäischen Vorbehalt in der Gesetzgebungspraxis des 19. Jahrhunderts gegenüber einem umfassenden Vollständigkeitsanspruch für Kodifikate handelte.

Bei der späteren Überarbeitung des indischen Strafgesetzbuchentwurfs durch einen Ausschuss des *Legislative Council* unter Leitung von Barnes Peacock folgte man in der Frage der Verdrängung aller Nebenstrafgesetze durch das neue Strafgesetzbuch den Empfehlungen der *Indian Law Commission* in ihrem zweiten Bericht von 1847. Die Gesetz gewordene Fassung des indischen Strafgesetzbuchs von 1860 sah vor, dass hierin unter Strafe gestellte Handlungen nur nach diesem Gesetzbuch zu bestrafen sind (sec. 2), dass aber zusätzliche Strafvorschriften in

---

[276] Schreiben des *Court of Directors* an das *Government of India* vom 1. März 1837, in: Return to an Order of the House of Lords, dated 11 June 1852, for Copies of all Correspondence …, S. 16, in: Parliamentary Papers (HL) 1852 (263) xii. Die *East India Company* war auf der Grundlage periodischer *Charter Acts* bis 1858 mit der Verwaltung Britisch-Indiens betraut. Zu den Vorgaben des Charter Acts von 1833 hinsichtlich der Konsolidierung des indischen Rechts s. näher oben S. 60. Die Direktoren der *East India Company*, die sich hier noch als Bremser gegenüber Macaulays ambitioniertem Kodifikationsprojekt erweisen, betätigten sich in den vierziger und fünfziger Jahren als stete Mahner gegenüber dem *Government of India*, endlich eine Entscheidung über die Inkraftsetzung eines Strafgesetzbuchs für Indien zu treffen, ohne dass man in London aber selbst die Verantwortung für eine derartige Entscheidung übernehmen wollte (vgl. die Briefe des *Court of Directors* an das *Government of India* vom 20. September 1848 und 4. Februar 1852, in: Return to an Order of the House of Lords, dated 11 June 1852, for Copies of all Correspondence , S. 19, 21, in: Parliamentary Papers (HL) 1852 (263) xii.

[277] Second Report on the Indian Penal Code (24. Juni 1847), S. 200 f.

[278] Ebd.

»special or local laws« unberührt bleiben (sec. 5). In einem weiteren Gesetz vom 1. Mai 1862 hob man dann entsprechend der weiteren Empfehlung in dem Kommissionsbericht von 1847 eine ganze Reihe solcher Nebenstrafgesetze ausdrücklich auf und zwar rückwirkend ab Inkrafttreten des neuen Strafgesetzbuchs, ließ die Fortgeltung sonstiger spezieller oder lokaler Strafgesetze aber unberührt.[279]

IV. Eindeutig, bestimmt und klar

Die Forderung nach eindeutigen und genau bestimmten Gesetzen, die möglichst keine Zweifel über das vom Gesetzgeber Gewollte offen lassen, durchzieht die gesamte Geschichte der Gesetzgebungstheorie der Neuzeit. Wir wenden uns zunächst allgemein den in diesem Zusammenhang erhobenen Forderungen und ihrer Umsetzung in der Gesetzgebungspraxis zu, den gesetzestechnischen Mitteln, die man hierbei empfahl und den Motiven, die hinter den Forderungen nach eindeutigen und bestimmten Gesetzen standen. Anschließend erörtern wir die besonderen Ausprägungen, die diese Forderungen im Strafrecht erhielten, welches mehr als alle anderen Rechtsmaterien von Bestimmtheitsgeboten beherrscht war und bis heute ist. Den Abschluss dieses Kapitels bildet ein Blick auf die partielle Neubewertung des Bestimmtheitsideals gegen Ende des 19. Jahrhunderts und hierbei insbesondere auf jene besondere Gesetzestechnik, die bewusst auf das Eindeutigkeitsideal verzichtet, zugunsten von wertungsabhängigen (unbestimmten) Rechtsbegriffen und Generalklauseln.

1. Allgemein

Die Forderung nach genau bestimmtem und eindeutigem Recht fand in England bereits früh mit Bacon eine abgewogene Ausformulierung, wobei Bacon wie wir sehen werden bereits viele Aspekte ansprach, die in den späteren Gesetzgebungstheorien (namentlich der Aufklärungszeit) bei der Behandlung des Bestimmtheitsgebots wiederkehrten.[280] Die zweite Hälfte des 18. Jahrhunderts und die ersten Jahrzehnte des 19. Jahrhunderts sind dann die eigentliche Blütezeit für die Entwicklung der Forderung nach eindeutigen und genau bestimmten Gesetzen, wo diese weite Verbreitung in der Gesetzgebungstheorie[281] wie auch in den verschie-

---

[279] Act XVII of 1862. Die aufgehobenen Nebenstrafgesetze sind in einer Anlage zu diesem Gesetz im einzelnen aufgeführt. Ausführliche Listen fortbestehender oder nach Inkrafttreten des indischen Strafgesetzbuchs neu hinzugekommener »special or local laws« i. S. v. sec. 5 des Strafgesetzbuchs finden sich für das 19. Jahrhundert bei *W. Stokes*, Bd. 1, S. 7 ff. u. bei *Acharyya*, S. 214 ff.

[280] *Bacon*, De Augm. Scient., Buch 8, Kap. 3, Aphorismen 8, 9, 52, 65 ff. Vgl. auch *Hale*, S. 272, der sich jedoch auf die allgemeine Forderung nach genau bestimmten Gesetzen, die möglichst wenig dem Ermessen des Richters überlassen, beschränkte.

[281] Vgl. (ohne spezifisch strafrechtliche Stellungnahmen, auf die im nächsten Kapitel gesondert eingegangen wird): *Montesquieu*, Buch XXIX, Kap. 16; *Friedrich II*, Dissertation, S. 52 f.; *Heumann*

denen Gesetzgebungsprojekten[282] fand. Hierbei war es (außerhalb der spezifisch strafrechtlichen Bestimmtheitskonzepte) wiederum ein Engländer, nämlich Bentham, der sich besonders intensiv mit den Mitteln zur gesetzestechnischen Umsetzung der Bestimmtheitsforderungen befasste.[283] Als Folge seines Bestimmtheitskonzepts kritisierte Bentham auch scharf die nordamerikanischen *Declarations of Rights* und die französische Menschen- und Bürgerrechtserklärung und zwar in erster Linie nicht wegen ihrer inhaltlichen Zielsetzung, sondern wegen ihrer gesetzestechnischen Unbestimmtheit.[284]

Das Bestimmtheitsideal der Aufklärung prägte die Gesetzgebungstheorie und Gesetzgebungspraxis auch weiterhin im Verlauf des 19. Jahrhunderts und zwar auch außerhalb des Strafrechts, wobei jedoch zunehmend das Konfliktpotential des Bestimmtheitsstrebens zu anderen gesetzgeberischen Zielen wie dem der

---

v. Teutschenbrunn, Kap. 8, S. 89; *Paalzow*, Vorrede zum Montesquieu-Kommentar, S. XXXVIII, *ders.*, Versuch, S. 53; *Globig/Huster*, S. 24; *Wieland*, §§ 44, 57, S. 64, 83; *Sonnenfels*, S. 363; *Svarez*, Inwiefern können und müssen Gesetze kurz sein, S. 629; *Fredersdorff*, S. 170 f.; *Erhard*, S. 43; *Bentham*, General View, S. 207, 209 = Traités de législation, Bd. 1, S. 361, 368; *Reitemeier*, Gesetzwissenschaft, S. 15, 19 ff.; *Beck*, 424 f.; *K. S. Zachariä*, Wissenschaft, S. 317 ff.; *Zeiller*, Eigenschaften, S. 257; *Globig*, System, Bd. 1, S. XXXV; *Bentham*, Nomography, S. 239 f., 244 ff.

[282] So heißt es in dem programmatischen Titel des Projekts eines Corporis Juris Fridericiani (1749/51), man wolle alle zweifelhaften Fälle entscheiden, um auf diese Weise ein »Jus Certum« zu schaffen. Auch der Codex Theresianus (1766) führte das Ziel, ein »Jus Certum« zu schaffen, bereits im Titel auf (»Der röm. kaiserl. auch zu Hungarn und Böheim königl. Majestät und Erzherzogin zu Oesterreich Maria Theresia Codex, worin für alle dero königl. böheimische und österreichische Erblande ein jus privatum certum et universale statuiret wird«). Entsprechend sieht es auch das Publikationspatent zum Codex Juris Bavarici Criminalis vom 7. Oktober 1751 als Ziel, ein »gleichförmig-unzweiffelbar- und auf alle vorkommende Fälle applicables Jus Statutarium Criminale« zu schaffen und die Instruktion *Katharinas II* an ihre Gesetzgebungskommission vom 30. Juli 1767 schärft dieser ein, dass die Gesetze genau bestimmt sein müssen, so dass sie keiner Auslegung bedürfen (§§ 155, 157, 455). In dieser Tradition stehend fordert auch die Kabinettsorder Friedrichs II vom 14. April 1780, die Gesetze von Dunkelheit und Zweideutigkeiten zu befreien und ein genau bestimmtes Recht zu schaffen.

[283] Namentlich in seiner Schrift »Nomography«, die sich ausschließlich Fragen der Gesetzesform widmet. *Bentham* selbst definiert »Nomography« als »that part of the art of legislation which has relation to the form given, or proper to be given, to the matter of which the body of the law and is several parts are composed …« (Nomography, S. 233). Benthams Manuskripte zu dieser erstmals posthum im Rahmen der Bowring-Edition veröffentlichten Schrift entstanden über den langen Zeitraum von 1811 bis 1831.

[284] *Bentham*, Principles of Morals and Legislation, S. 309 f.; *ders.*, Anarchical Fallacies, S. 496 ff. u. passim; s. hierzu auch oben S. 319, Fn. 133. Zur Unbestimmtheit der französischen Menschen- und Bürgerrechtserklärung schreibt *Bentham* zusammenfassend: »The logic of it is of a piece with its morality: − a perpetual vein of nonsense, flowing from a perpetual abuse of words, − words having a variety of meanings, where words with single meanings were equally at hand, − the same words used in a variety of meanings in the same page, − words used in meanings not their own, where proper words were equally at hand, words and propositions of the most unbounded signification, turned loose without any of those exceptions or modifications which are so necessary on every occasion to reduce their import … stale epigrams, instead of necessary distinctions, − figurative expressions preferred to simple ones, − sentimental conceits, as trite as they are unmeaning, preferred to apt and precise expressions…« (Anarchical Fallacies, S. 497).

Volkstümlichkeit gesehen wurde.[285] Ausgehend von dieser Erkenntnis, dass die verschiedenen Gesetzgebungsziele miteinander in Konflikt treten können, setzte gegen Ende des 19. Jahrhunderts eine teilweise Neubewertung des Bestimmtheitsideals ein. Es wird nunmehr nicht länger vorbehaltlos angestrebt, sondern muss sich eine Relativierung in der Abwägung mit gegenläufigen Gesetzgebungsidealen (wie Einzelfallgerechtigkeit, Volkstümlichkeit und Offenheit für sozialen Wandel) gefallen lassen.[286] Deutliche Zeichen für diese Relativierung des Bestimmtheitsideals sind die vom Gesetzgeber bewusst der Auslegung durch die Rechtsprechung und Lehre überlassenen unbestimmten Rechtsbegriffe und Generalklauseln in BGB und ZGB.

Blickt man auf die verschiedenen Ausprägungen, die das Bestimmtheitsideal in den Gesetzgebungstheorien angefangen mit Bacon bis hin zum frühen 20. Jahrhundert gefunden hat, so lassen sich drei Ebenen unterscheiden, auf denen eine Unbestimmtheit des Gesetzes zu vermeiden ist: auf der Ebene der einzelnen Begriffe (präzise Terminologie), auf der Ebene der einzelnen gesetzlichen Bestimmungen und im Verhältnis ganzer Gesetze zueinander. Für die einzelnen Begriffe spricht schon Bacon zwei wesentliche Kriterien an: Der Sinn der gewählten Formulierungen soll weder mehrdeutig noch dunkel sein, also weder mehrere Deutungen erlauben noch zu keiner klaren Deutung fähig sein.[287] Seit der Aufklärung tritt die Forderung nach einheitlicher Terminologie hinzu, die wiederum zwei Facetten hat.[288] Zum einen soll der Gesetzgeber nicht für denselben Gedanken an verschiedenen Stellen des Gesetzes verschiedene Ausdrücke verwenden, also Beständigkeit in der Wahl der Ausdrücke üben.[289] Die Begrün-

---

[285] Vgl. neben den in Fn. 281 genannten spätaufklärerischen Stellungnahmen: *Thibaut*, S. 12 f.; *Meijer*, S. 193, 204; *Scheurlen*, S. 119; *Müller*, S. 2; *Gerstäcker*, Bd. 2, S. 117, 124; *K. S. Zachariä*, Vierzig Bücher vom Staate, Bd. 4, Buch 20, S. 35; *Günther*, Art. »Gesetzgebungswissenschaft«, Rechtslexikon, Bd. 4, S. 762; *Wächter*, Entwurf, S. 176 f.; *Morgenstern*, Bd. 1, S. 279; *Mohl*, Bd. 1, S. 441 f.; *Rousset*, Bd. 1, S. 63; *Zitelmann*, Rechtsgeschäfte, S. 16; *Goldschmidt*, S. 16; *Planck*, AcP 75 (1889), S. 333; *Erler*, S. 11 ff.; sowie aus dem frühen 20. Jahrhundert: *Ilbert*, Methods and Forms, S. 247 f.; *Gény*, Technique, S. 1037 f.; *Zitelmann*, Kunst, S. 16/256, 31 ff./271 ff.; *Kohler*, AcP 96 (1905), 358 f.; *Gutherz*, Teil 2, S. 17, 19.

[286] Zu dieser Entwicklung unten S. 375 ff.

[287] *Bacon*, De Augm. Scient., Buch 8, Kap. 3, Aphorismen 9 u. 52, S. 806, 814 f.; s. zu diesen Kriterien i. Ü. *Montesquieu*, Buch XXIX, Kap. 16 (»Il est essentiel que les paroles des lois réveillent chez tous les hommes les même idées.«); *Bielfeld*, Bd. 1, Kap. VI, § 17, S. 241; *Paalzow*, Vorrede zum Montesquieu-Kommentar, S. XXXVIII, *Wieland*, § 44, S. 64; *Fredersdorff*, S. 170; *Zeiller*, Eigenschaften, S. 257; *Bentham*, Nomography, S. 239 f., 244 ff.; *Thibaut*, S. 12 f.; *Gerstäcker*, Bd. 2, S. 117, 124; *Mohl*, Politik, Bd. 1, S. 441; *Rousset*, Bd. 1, S. 63 u. passim; *Erler*, S. 11 f.

[288] *Heumann v. Teutschenbrunn*, Kap. 8, S. 89; *Bentham*, General View, S. 209 = Traités de législation, Bd. 1, S. 368; *Zeiller*, Eigenschaften, S. 257; *Globig*, System, Bd. 1, S. XXXV; *Bentham*, Nomography, S. 239 f., 244 ff.; *Scheurlen*, S. 119; *K. S. Zachariä*, Vierzig Bücher vom Staate, Bd. 4, Buch 20, S. 35; *Symonds*, Papers, S. 17 f.; *Kitka*, S. 104 ff.; *Mohl*, Politik, Bd. 1, S. 441 f.; *Rousset*, Bd. 1, S. 110; *Thring*, S. 32; *Zitelmann*, Rechtsgeschäfte, S. 16; *Goldschmidt*, S. 16; *Erler*, S. 13; *Ilbert*, Methods and Forms, S. 247 f.; *Gény*, Technique, S. 1037 f.; *Zitelmann*, Kunst, S. 16/256; *Kohler*, AcP 96 (1905), S. 358 f.; *Gutherz*, Teil 2, S. 17, 19.

[289] Das ALR stellt in der Frage der Einheitlichkeit der Terminologie gegenüber barocken

dung hierfür liefert Bentham: Der Gebrauch verschiedener Ausdrücke suggeriere dem Gesetzesanwender, dass hiermit verschiedene Bedeutungen verknüpft sein sollen und berge daher die Gefahr einer vom Gesetzgeber nicht gewollten unterschiedlichen Interpretation der jeweiligen Gesetzesstellen.[290] Zum anderen soll der Gesetzgeber aber auch nicht denselben Ausdruck an verschiedenen Stellen in unterschiedlicher Bedeutung verwenden, sondern jedem im Gesetz verwendeten Ausdruck durchgängig eine einheitliche Bedeutung zumessen. Im Übrigen sollen die gewählten Ausdrücke das vom Gesetzgeber Gewollte möglichst präzise wiedergeben, also nicht mehr, weniger oder etwas anderes bezeichnen.[291]

Auf der Ebene einzelner gesetzlicher Bestimmungen wurden ebenfalls verschiedene Folgerungen aus dem Gebot der Bestimmtheit und Eindeutigkeit hergeleitet. Die Bestimmungen sollen nicht weitschweifig sein, sich nicht mehr als nötig in wortreichen Umschreibungen ergehen und der Gesetzgeber solle auf überflüssige Wiederholungen verzichten.[292] Die Anhäufung an sich überflüssiger Ergänzungen mache das Gewollte meist eher undurchsichtiger als klarer; auch führe die Langatmigkeit der einzelnen Regelungen dazu, dass der Gesetzesanwender beim Lesen fast unweigerlich den Gedankengang verliere. Das Bestimmtheitsgebot trifft sich hier mit dem Gebot der Kürze, verstanden nicht als ein Gebot absoluter Kürze, sondern im Sinne der Vermeidung von Überflüssigem.[293] Auch mit dem Vollständigkeitsgebot bestehen Berührungspunkte: Bestimmt und eindeutig ist nur dasjenige Gesetz, welches den gesetzgeberischen Willen vollständig wiedergibt und nicht unbeabsichtigte Lücken lässt.[294] Weitere Folgerungen, die man aus dem Bestimmtheitsgebot herleitete, waren die Notwendigkeit eines geordneten Vortrags der Regelungsmaterie im Gesetz, so dass nicht unterschiedliche Regelungsgegenstände miteinander vermengt werden[295] und der Einsatz äußerer Gliederungselemente, die dem Anwender das Verständnis erleich-

---

Vorgängergesetzen einen deutlichen Fortschritt dar, ist aber dennoch an terminologischer Inkonsequenz nicht gerade arm (vgl. die Beispiele bei *Kiefner*, S. 57 ff. und unten S. 389, Fn. 443), was zum Teil jedenfalls auf die mehrfache Überarbeitung der Entwürfe in verschiedenen Entstehungsphasen und durch verschiedene Redaktoren zurückzuführen sein dürfte.

[290] *Bentham*, Nomography, S. 247; ähnlich *Zeiller*, Eigenschaften, S. 257.

[291] S. hierzu näher oben S. 307 mit Fn. 86 u. die dort Genannten.

[292] *Bacon*, De Augm. Scient., Buch 8, Kap. 3, Aphorismus 66, S. 819; *Wieland*, § 56, S. 81 f.; *Bentham*, Nomography, S. 248 f.

[293] Deutlich formuliert wird dieser Zusammenhang bereits in der Resolution Maria Theresias an ihre Gesetzgebungskommission vom 4. August 1772 (Punkt 3): »Alle Zweydeutigkeit, und Undeutlichkeit solle sorgfältig vermieden werden. Doch ist in Betref der Deutlichkeit die gehörige Maaß zu halten, und sich unter diesem Vorwande weder in unnüze Wiederhollungen, noch auch alda in Erläuterungen einzulassen, wo ohnehin bey einem vernünftigen Menschen kein Zweifel vorwalten kann.«

[294] Vgl. zu diesem Zusammenhang *Bacon*, De Augm. Scient., Buch 8, Kap. 3, Aphorismus 9, S. 806.

[295] *Wieland*, § 46, S. 67; *Bentham*, Nomography, S. 249 ff.; zum systematischen Aufbau der Gesetze und hierbei speziell der Forderung, unterschiedliche Regelungsgegenstände im Gesetz nicht miteinander zu vermengen, s. näher unten S. 424.

tern.[296] Einzelne Autoren wiesen zudem darauf hin, dass man im Dienste der Bestimmtheit die Reichweite von gesetzlichen Ausnahmen und Modifikationen einer Grundregel genau kennzeichnen solle.[297] Auch solle man das Bemühen um möglichst große Präzision bei der Formulierung gesetzlicher Tatbestände nicht wieder dadurch zunichte machen, dass man diesen eine Auffangklausel folgen lässt, die durch vage und allgemeine Begriffe die vorherigen Bemühungen um Eingrenzung und Präzision durchkreuzt.[298] Schließlich wurde zum Teil auch auf den positiven Effekt hingewiesen, den erläuternde Beispiele im Gesetz im Zusammenhang mit der Forderung nach Klarheit und Bestimmtheit der gesetzlichen Regelung haben können.[299]

Blickt man auf die Bedeutung des Bestimmtheitsgebots im Verhältnis ganzer Gesetze zueinander, so fallen die Berührungspunkte zu den Forderungen nach Gesetzesbereinigung auf. Schon sehr früh hat die Gesetzgebungstheorie sowohl in England als auch in Deutschland aus dem Bestimmtheitsgebot die Forderung abgeleitet, die Masse der Geltung erheischenden Gesetze auf eine überschaubare Zahl zu beschränken und die Rechtsordnung von sich im Regelungsbereich überschneidenden oder gar widersprechenden Gesetzen zu befreien.[300] Es ist nicht die Bestimmtheit der einzelnen gesetzlichen Regelung, die hier gefährdet ist, sondern die Bestimmtheit und Klarheit der von der Rechtsordnung auf eine bestimmte Rechtsfrage gegebenen Antwort. Die schiere Masse der Geltung erheischenden Gesetze und die Konkurrenz unterschiedlicher, in ihrem Anwendungsbereich nicht klar von einander abgegrenzter Gesetze kann sich im Hinblick auf die eindeutige Bestimmung der im Einzelfall auf eine Rechtsfrage zu gebenden Antwort als genauso nachteilig erweisen wie unklare Formulierungen im einzelnen Gesetz. Das Streben nach gesetzlicher Bestimmtheit war daher in England wie in Deutschland ein wesentlicher Motor für die Bereinigung der Rechtsordnung. Beide Länder standen in dieser Hinsicht zur Zeit der Aufklärung vor zwar historisch unterschiedlich gewachsenen, im Hinblick auf die Bestimmtheitsdefizite jedoch ähnlichen Problemen: England durch das Dickicht einer großen Zahl von über Jahrhunderten angehäuften und nur selten zueinander in Beziehung bzw. Übereinstimmung gesetzter *statutes*, Deutschland durch die pauschale Rezeption des römischen Rechts, welches in Verbindung mit den im Laufe der Zeit ergangenen Partikulargesetzen ein nicht weniger schwer durchschaubares Dickicht

---

[296] *Bentham*, Nomography, S. 249 ff., der als Beispiele solcher Verständnishilfen die Aufteilung einer Regelung in einzelne Absätze von moderater Länge sowie die Betitelung und Nummerierung der einzelnen Regelungen nennt.

[297] *Mohl*, Politik, Bd. 1, S. 442.

[298] *Montesquieu*, Buch XXIX, Kap. 16.

[299] *Wieland*, § 49, S. 71; zum Einsatz erläuternder Beispiele als Mittel der Gesetzestechnik oben S. 298 ff.

[300] *Bacon*, De Augm. Scient., Buch 8, Kap. 3, Aphorismus 52 ff., S. 814 ff.; *Wieland*, §§ 56, 62, S. 81 f., 89 f.; *Bentham*, Nomography, S. 244 ff.

inkongruenter Bestimmungen bildete. Bacons Antwort auf diese Bestimmtheitsdefizite war die Forderung nach Sammlung und Systematisierung des geltenden
Rechts und nach Ausscheiden überholter Bestimmungen, also nach Gesetzesbereinigung.[301] Benthams Antwort bestand hingegen in der Forderung nach
umfassender und systematischer Kodifikation des Rechts. Beide Antworten fanden im Grundsatz ihre Verwirklichung: Bacons Konzept in England und Benthams Konzept auf dem Kontinent.

Blicken wir nun auf die Motive, die in der Gesetzgebungstheorie bestimmend
für die Forderung nach eindeutigen und bestimmten Gesetzen waren bzw. die
Gesetzgebungspraxis veranlassten, nach der Umsetzung dieser Forderung zu streben. Das allgemeinste Motiv des Bestimmtheitsstrebens kann man in der Herstellung von Rechtssicherheit, genauer gesagt von Anwendungssicherheit sehen.
Diesem Streben kann man vereinfachend eine »absolutistische« und eine »rechtsstaatliche« (für die Zeit vor 1800 formuliert man besser »bürgerfreundliche«) Seite
abgewinnen. Denn zum einen sollte die Verwirklichung größtmöglicher Präzision und Bestimmtheit im Gesetz dazu dienen, richterliches Ermessen so weit wie
möglich auszuschließen[302], Umgehungen zu verhindern[303] und am besten auch
noch eine eigenständige Rechtslehre[304] und unabhängige Advokaten[305] überflüssig zu machen. Das Bestimmtheitsgebot sollte in diesem Zusammenhang also
schon bei der Gesetzesentstehung die spätere Durchsetzung des gesetzgeberischen
Willens bei den Gesetzesanwendern sicherstellen; eine Funktion, die ansonsten

---

[301] S. hierzu oben S. 269ff.; dort auch zur – späten – Verwirklichung dieses Konzepts im 19.
Jahrhundert.

[302] Dieses Motiv nennen im Zusammenhang mit der Forderung nach größtmöglicher Bestimmtheit: *Bacon*, De Augm. Scient., Buch 8, Kap. 3, Aphorismus 8, S. 805; *Hale*, S. 272; *Friedrich
II*, Dissertation, S. 53; *Globig/Huster*, S. 24, 29, 31; *Svarez*, Inwiefern können und müssen Gesetze
kurz sein, S. 629; *K. S. Zachariä*, Wissenschaft, S. 317ff.; *Globig*, System, Bd. 1, S. XLIII; *Bentham*,
Papers, S. 128ff.; *Müller*, S. 2; auch noch *Zitelmann*: Je weniger richterliche Willkür möglich ist,
desto besser. »Wir begreifen unsere Freiheit als Unterordnung unter das Recht, nicht unter den
Richter ...« (Rechtsgeschäfte, S. 6). Vgl. aus der Gesetzgebungspraxis etwa Coccejis Projekt eines
Corporis Juris Fridericiani und die Kabinettsorder Friedrichs II v. 14. April 1780, welche das Ziel
genau bestimmter Gesetze mit einem Auslegungsverbot für Richter verbanden, sowie die Instruktion *Katharinas II* vom 30. Juli 1767, welche die Forderung nach genau bestimmten Gesetzen u. a.
damit begründete, dass alleinige Aufgabe der Richter die Untersuchung der Tatsachen, nicht aber
die Auslegung der Gesetze sei (§ 155).

[303] *Friedrich II*, Dissertation, S. 52; *Fredersdorff*, S. 171; *Gerstäcker*, Bd. 2, S. 124; *Jhering* (Bd. 3,
§ 57, S. 264) nennt das Bemühen um einen Schutz der Gesetze vor Umgehungen eines der
schwierigsten Probleme des Gesetzgebers, wobei alle Kunst, die er hierzu aufbietet, kaum derjenigen gewachsen sei, die auf Umgehung zielt.

[304] *Globig/Huster*, S. 30f.: »Die Rechtsgelehrsamkeit wird alsdenn [d. h., wenn Gesetzbücher
existieren, wie sie den Autoren vorschweben] aufhören eine Wissenschaft zu seyn, und die
pedantischen Anhänger derselben werden trau[er]n. Allein die Menschlichkeit wird sich freuen,
daß das Leben, die Ehre, die Güter des Staatsbürgers nicht mehr von sophistischen Streitigkeiten,
von vergötterten Meynungen alter Heiligen der Themis, sondern bloß von der Beurtheilung der
gesetzgebenden Gewalt abhängen.«

[305] Kabinettsorder Friedrichs II v. 14. April 1780 (vgl. das Zitat unten S. 392, Fn. 456).

retrospektiv die authentische Auslegung, gegebenenfalls verbunden mit Auslegungs- und Kommentierungsverboten für Rechtsprechung und Lehre, übernehmen musste. Zum anderen diente das Bestimmtheitsgebot aber auch dazu, das anwendbare Recht für den einzelnen vorhersehbar zu machen[306], Rechtsstreitigkeiten zu verringern[307] und despotische Willkür einzuschränken[308].

Alle diese Motive wurden seit dem 17. Jahrhundert für das Bestimmtheitsgebot ins Feld geführt, jedoch lässt sich hierbei keine klare Scheidung in eine »absolutistische« und eine »rechtsstaatliche« Sichtweise vornehmen. Die genannten Motive waren vielmehr alle bereits zur Zeit der Aufklärung präsent und fanden sich teilweise in derselben Person vereinigt. So dient für Friedrich den Großen das Bestimmtheitsgebot gleichzeitig dazu, das Ermessen der Richter einzuschränken und die Zahl der Rechtsstreitigkeiten zu verringern. Entsprechend nannten auch schon Bacon und Katharina II von Russland zur Begründung der Forderung nach größtmöglicher Bestimmtheit sowohl die Einschränkung des richterlichen Ermessens als auch die Möglichkeit für den einzelnen, sich auf das Recht einzustellen und seine Handlungen danach auszurichten. Dabei ist auch das Motiv der Einschränkung richterlichen Ermessens durch größtmögliche Bestimmtheit der Gesetze als solches ambivalent. Zum einen sollte es generell dazu dienen, dem Willen des Gesetzgebers gegenüber der Macht des Juristenstandes größere Geltung zu verschaffen, wobei die Befürworter bei dem Gesetzgeber, dessen Willen es zu schützen galt, nicht immer an einen absolutistischen Herrscher dachten. So dachten zum Beispiel Bentham und Alexander Müller hierbei an gewählte parlamentarische Repräsentanten des Volkes. Zum anderen sahen auch diejenigen, die Bestimmtheit der Gesetze zum Schutze des absolutistischen Rechtsetzungsmonopols einforderten, wie Friedrich der Große oder Globig und Huster, hierin durchaus auch eine »bürgerfreundliche« Komponente, da die Bestimmtheit der Gesetze den Bürger vor richterlicher Willkür schützen sollte. Als gemeinsames Bindeglied für das Streben nach größtmöglicher Bestimmtheit kann man häufig eine »gesetzespositivistische« Haltung ausmachen, die durch möglichst vollständi-

---

[306] *Bacon*, De Augm. Scient., Buch 8, Kap. 3, Aphorismus 8, S. 805; *Katharina II*, Instruktion vom 30. Juli 1767, § 156; *Sonnenfels*, S. 363; *Globig/Huster*, S. 32. Letzteren schwebte als Ideal vor, dass auch der »Einfältigste« mit leichter Mühe seine Schuldigkeiten gegen den Staat und seine Mitbürger dem Gesetzbuch entnehmen kann und sein eigener Advokat ist. Die »cognoscibility«, die Erkennbarkeit des Rechts für die ihm Unterworfenen, war eines der Hauptargumente, deren sich Bentham zur Beseitigung des *common law* durch umfassende Kodifikationen bediente; s. hierzu oben S. 340 mit Fn. 226 u. *Bentham*, Papers, S. 137, wo er (ähnlich wie Globig/Huster) die Forderung aufstellt »Every man his own lawyer!«, wozu nur der Gesetzgeber verhelfen könne. Besondere Bedeutung kam der Vorhersehbarkeit für den einzelnen im Strafrecht im Rahmen der Abschreckungstheorie zu, s. hierzu das nachfolgende Kapitel.

[307] *Friedrich II*, Dissertation, S. 39 f.; *Wieland*, § 51, S. 73; vgl. die Kabinettsorder Friedrichs II vom 14. April 1780, in der er es als Ziel ausgibt, »Dunkelheit und Zweydeutigkeit« in den Gesetzen zu beseitigen, die Anlass zu »Disputen der Rechtsgelehrten« und »weitläuftige Prozesse« geben (Kabinettsorder vom 14. April 1780, S. 45).

[308] *Wieland*, § 51, S. 73.

ge und bestimmte Gesetze den Rückgriff auf andere Rechtsquellen bei der Rechtsanwendung möglichst ausschließen wollte; dieses Motiv verbindet Aufklärer wie Globig und Bentham noch fast ein Jahrhundert später mit Zitelmann.[309]

2. Das Bestimmtheitsgebot im Strafrecht

Der Forderung nach genau bestimmten Gesetzen wuchs im Strafrecht seit der Zeit der Aufklärung besondere Bedeutung zu. Hierbei ist es sinnvoll, wiederum zwei Ebenen zu unterscheiden, auf denen die Forderung nach Bestimmtheit Relevanz entfaltete: auf der Ebene des strafrechtlichen Tatbestandes, also bei der gesetzlichen Umschreibung der pönalisierten Handlung, und auf der Ebene der Rechtsfolge, also bei der gesetzlichen Festlegung der Strafarten und des Strafmaßes. Vor der Aufklärung war der Gesetzgebungspraxis und Strafrechtslehre die Forderung größtmöglicher Bestimmtheit auf beiden genannten Ebenen noch weitgehend fremd. Dies gilt für die Peinliche Gerichtsordnung Kaiser Karls V von 1532 und noch mehr für das spätere Gemeine Strafrecht bis ins 18. Jahrhundert.[310] Auf der Tatbestandsebene verzichtet die Carolina zum Teil noch ganz auf eine Umschreibung der pönalisierten Handlung und begnügt sich stattdessen mit der bloßen Nennung des hergebrachten Ausdrucks für ein Verbrechen.[311] Auf der Rechtsfolgenebene legt sie nicht selten gar keine Strafe fest, sondern weist den Richter stattdessen an, rechtsverständigen Rat einzuholen.[312] Dies kann nicht weiter verwundern, da die Carolina nicht mit dem Anspruch einer vollständigen Positivierung des Rechts und einer Verdrängung aller anderen Rechtsquellen antritt; erst im Rahmen eines solchen (aufklärerischen) Anspruchs aber konnte ein Bestimmtheitsgebot volle Wirkung entfalten.[313] Erst recht gilt dies für das Gemeine Strafrecht der Folgezeit, das sich von den Positivierungsbestrebungen

---

[309] S. die Nachweise oben Fn. 302.

[310] Vgl. hierzu *Schreiber*, Gesetz und Richter, S. 25 ff., 28 ff.; *Krey*, Keine Strafe ohne Gesetz, S. 82 ff.; für das Naturrecht s. aber *Burian*, S. 9 ff., 45 ff., 85 ff., der Pufendorf, Thomasius und Wolff als Wegbereiter einer strafrechtlichen Tatbestandsdefinition sieht.

[311] So etwa beim Raub (Art. 126 CCC), bei der Zauberei (Art. 109 CCC), bei der Brandstiftung (Art. 125 CCC) und beim Verrat (Art. 124 CCC).

[312] So u. a. bei der keinen Schaden verursachenden Zauberei (Art. 109 S. 2 CCC), bei der Urkundenfälschung (Art. 112 CCC), bei bestimmten Formen der Abtreibung (Art. 133 S. 2) und beim Fischdiebstahl in fließenden Gewässern (Art. 169 S. 2 CCC). Art. 105 CCC weist den Richter generell an, dort, wo das Gesetz keine Strafe vorsieht oder sich hierüber nicht bestimmt genug erklärt, Rechtsrat einzuholen; zu dem Verfahren zur Einholung des Rechtsrats s. Art. 219 CCC; hieraus entwickelte sich die Praxis der Aktenversendung.

[313] Die Carolina versteht sich weder auf Ebene der Tatbestände noch der Strafen als abschließend (vgl. Art. 104 u. Art. 105 CCC). Zwar soll auf peinliche Strafen (im Gegensatz zu bürgerlichen Strafen) nur dann erkannt werden, wenn dies im kaiserlichen Recht (wozu insbesondere das römische Recht zählt) vorgesehen ist, doch erweitert sie dies um »der selben gleichen« Fälle (Art. 104 CCC), lässt also ausdrücklich die Analogie zu.

der Carolina eher wieder entfernte und *crimina extraordinaria* sowie *poenae arbitrariae* als selbstverständliche Bestandteile des Strafsystems ansah.[314]

Dabei ist nicht zu vergessen, dass die Carolina in erster Linie Prozessordnung und Richtschnur für den Richter sein wollte, nicht materielles Strafgesetzbuch für den Bürger. Auch dort, wo die Carolina materielle Strafbestimmungen enthält, sollen diese der Belehrung der (juristisch nicht vorgebildeten) Richter dienen, nicht wie die aufklärerischen Gesetzbücher als Richtschnur für das Volk.[315] Das sich seit der Aufklärung entwickelnde Bestimmtheitsgebot ist aber, wie wir bereits sahen, eng mit der Vorstellung verknüpft, dass die Gesetze dem Bürger als Richtschnur für sein Handeln dienen sollen. Der Carolina lag dieses Motiv noch nicht zugrunde, ebenso wenig das Streben nach Ausschaltung richterlichen Ermessens, weshalb die Bestimmtheit der Regelung hier auch noch kein bestimmendes Moment der Gesetzestechnik war.

Auch bei Hobbes findet sich noch nicht die Forderung nach genau bestimmten Strafgesetzen, wohl aber danach, dass dann, wenn das Gesetz eine bestimmte Strafe anordnet, die verhängte Strafe nicht schwerer sein soll.[316] Hobbes möchte also nicht dem Gesetzgeber Vorschriften machen, seine Gesetze möglichst bestimmt zu fassen, wohl aber dem Richter vorschreiben, sich an gesetzliche Vorgaben zu halten. Ihm geht es um die Sicherung des Gesetzgebungsmacht des Souveräns, nicht um die Vorhersehbarkeit der Strafandrohung für den einzelnen. Zwar sieht Hobbes in der Abschreckung den Strafzweck,[317] doch glaubt er diesen auch mit absolut unbestimmten Strafandrohungen erreichen zu können, da gerade die Ungewissheit der Strafe abschreckend wirke.[318]

Dies ändert sich mit den schon bei den Zeitgenossen viel beachteten Schriften Montesquieus und vor allem Beccarias. Während Montesquieus Beschäftigung mit der Bestimmtheit der Gesetze noch recht allgemein und anekdotenhaft gehalten ist,[319] geht Beccaria näher auf die Bestimmtheitsproblematik speziell im Strafrecht ein. Er fordert möglichst bestimmte und dem Bürger verständliche Strafgesetze; dem Richter soll kein Auslegungsermessen verbleiben, auch soll er nicht die in den geschriebenen Gesetzen festgelegte Strafe erhöhen dürfen.[320] Blickt man

---

[314] Vgl. *Schreiber*, Gesetz und Richter, S. 28 ff.; *F. Neef*, Art. »Poena arbitraria«, HRG, Bd. 3, Sp. 1781–1785; *Ogorek*, S. 41 ff.; *Krey*, Keine Strafe ohne Gesetz, S. 84.

[315] »Vnd damit richter vnd vrtheyler die solcher rechten nit gelert sein, mit erkantnuß solcher straff destoweniger wider die gemelten rechten, oder gute zulessig gewonheyten handeln, so wirt hernach vonn etlichen peinlichen straffen, wann vnnd wie die gedachten recht guter gewonheyt, vnd vernunfft nach geschehen sollen, gesatzt.« (Art. 104 CCC).

[316] *Hobbes*, De Cive, Kap. 13 XVI, S. 166.

[317] *Hobbes*, Leviathan, Teil II, Kap. 28, S. 225 f.; vgl. oben S. 231, Fn. 994.

[318] Ebd., S. 226; vgl. oben S. 232, Fn. 995. Unrichtig jedoch die Ansicht *Zeillers* (Kriminalgesetzgebung, S. 268 f.), Hobbes wolle, dass der Gesetzgeber die Strafzumessung gänzlich dem Richter überlasse.

[319] *Montesquieu*, Buch XXIX, Kap. 16.

[320] *Beccaria*, § 5 (Bestimmtheit), § 4 (Ausschluss richterlichen Ermessens) u. § 3 (keine Erhöhung gesetzlich festgelegter Strafen durch Richter).

auf die hinter diesen Forderungen stehende Argumentation, so findet man den
Schutz der Gesetzgebungshoheit des Souveräns und die Umsetzung der Abschreckungstheorie an erster Stelle. Der höchsten Gewalt komme allein die
Gesetzgebungshoheit zu und damit auch das Recht, die Gesetze auszulegen,
begründet Beccaria seine Forderung nach Ausschluss richterlichen Ermessens,
wobei er sich auf die Theorie der Entstehung des Staates durch Gesellschaftsver-
trag stützt.[321] Die Forderung nach Bestimmtheit der Strafgesetze begründet er
damit, dass die Ungewissheit der Strafen zu Missetaten verführt, also nicht abschreckend wirken kann.[322] Die Wurzeln des strafrechtlichen Bestimmtheitsgebots liegen also in der Absicherung der dem Souverän übertragenen Gesetzgebungshoheit und in der Abschreckungstheorie; der Schutz des Bürgers vor
Richterwillkür ist die populäre Folge, aber nicht der Ausgangspunkt dieser Argumentation. Das zeigt sich auch daran, dass Beccaria die Beschränkung des Richters auf eine wörtliche Auslegung generell einfordert, also – wie schon Hommel
hieran tadelte[323] – dem Richter auch nicht die Milderung unverhältnismäßig
strenger Strafgesetze zugesteht.

Der Ausschluss richterlichen Ermessens, den Beccaria für das Strafrecht einforderte, wurde schon bald zum herrschenden Gesetzgebungskonzept des ausgehenden 18. Jahrhunderts. Vorrangige Mittel, um dieses Ziel gesetzestechnisch umzusetzen, waren zum einen das Streben nach möglichst lückenlosen und alle anderen
Rechtsquellen ersetzende Kodifikationen, zum anderen das Streben nach möglichst großer Bestimmtheit der gesetzlichen Anordnung. Im Strafrecht hieß das,
auf der Ebene des Tatbestandes die strafwürdige Handlung möglichst detailliert
und präzise zu beschreiben und auf der Ebene der Rechtsfolge die Strafarten und
das Strafmaß möglichst genau dem Richter vorzugeben. Man sah dem Richter
genügend Verantwortung durch die Feststellung der Tatsachen übertragen; die
Einordnung der Tatsachen unter ein Gesetz, modern gesprochen der Subsum-
tionsvorgang, sollte möglichst sicher, quasi mechanisch erfolgen können. Man
begnügte sich nun nicht mehr damit, die strafbewehrte Handlung nur durch
einen hergebrachten Begriff wie Diebstahl oder Raub zu kennzeichnen, sondern
versuchte, das Charakteristische dieser Handlung im Gesetzeswortlaut möglichst
präzise einzufangen. Bei der Rechtsfolgenbestimmung bemühte man sich, dem

---

[321] *Beccaria*, §§ 1, 3 u. 4. Demnach gab der Mensch beim (fiktiven) Übergang vom Naturzu-
stand in den Zustand der Vergesellschaftung einen Teil seiner Freiheit in die Hände eines Souveräns, der im Gegenzug die Sicherheit des einzelnen zu gewährleisten hat. Nur der Souverän dürfe
daher die Sicherungsmittel, also die Strafgesetze, bestimmen. Die Ähnlichkeit mit der Gesellschaftsvertragstheorie Hobbes' ist auffällig, die Folgerungen, die Beccaria hieraus zieht, gehen
aber weiter als bei Hobbes. Hobbes wollte die Vormachtstellung des Souveräns als Gesetzgeber
sichern, forderte aber nicht wie Beccaria einen Ausschließlichkeitsanspruch des Souveräns bei der
Straffestlegung und einen Ausschluss richterlichen Ermessens.

[322] *Beccaria*, § 5. Diese Argumentation wird von der Instruktion *Katharinas II* vom 30. Juli 1767
übernommen (§§ 156, 158).

[323] *Hommel*, Beccaria-Übersetzung, Anm. h) zu § 3 u. Anm. i) u. k) zu § 4.

Richter minutiöse Vorgaben zu machen und jede strafschärfend oder strafmildernd wirkende Tatvariante ausdrücklich zu erfassen. Dies kennzeichnete die Strafgesetzbuchentwürfe Claproths, Quistorps und Kleinschrods[324] ebenso wie die Preisschrift Globigs und Husters[325], die Anleitung Stürzers[326] und den skizzenhaften Entwurf Benthams zu einem Strafgesetzbuch[327]. Auch dem strafrechtlichen Teil des ALR liegt dieses Konzept – wenn auch nicht lupenrein – zugrunde.[328]

In die gleiche Richtung, aber gesetzestechnisch verfeinert und unter Verwahrung gegen kasuistische Übertreibungen und Gängelungen des Richters bei der Strafzumessung, zielen die Ansichten Feuerbachs zum Erfordernis der Bestimmt-

---

[324] So finden sich etwa beim Diebstahl in dem Entwurf *Kleinschrods* nach der eigentlichen Tatbestandsumschreibung (§ 1027) zahlreiche weitere Paragraphen, die Zweifelsfragen hinsichtlich der Tatbestandsauslegung und besondere Varianten des Diebstahls regeln (§§ 1028–1043, 1055–1063, 1092), darauf folgen nicht minder detaillierte separate Strafzumessungen für diverse Diebstahlsvarianten (§§ 1044–1054 u. 1064–1091). Ähnlich verfuhren schon *Claproth* und *Quistorp* in ihren Strafgesetzbuchentwürfen: Die Tatbestandsumschreibungen bemühen sich um möglichst große Präzision und Variantenreichtum; die Strafzumessungsregelungen versuchen, alle strafrelevanten Schärfungs- und Milderungsumstände zu erfassen und dem Richter möglichst keinen Zumessungsspielraum zu belassen. So unterscheidet *Claproth* etwa zwischen der erstmaligen, zweiten und dritten Begehung eines Diebstahls und sieht hierfür jeweils unterschiedliche, genau bestimmte Strafzumessungen vor (Criminal-Recht, 1. Teil, 2. Buch, 4. Abschnitt, 1. Hauptstück = Bd. 2, S. 77 ff.). *Quistorp* unterscheidet beim Diebstahl u. a. danach, ob der Wert des Diebesguts unter fünf Taler, zwischen fünf und 25 Taler, zwischen 25 und 100 Taler oder über 100 Taler betrug und sieht für jede dieser Gruppen eine andere, präzise vorherbestimmte Strafzumessung vor (Teil I, §§ 183, 185–187 = S. 208 ff.).

[325] *Globig/Huster*, S. 29 f., 31, 55. Bei der Strafzumessung räumen sie zwar ein, dass es unmöglich sei, »die kleinen Fälle« alle im Gesetz vorherzubestimmen, doch solle man dem Richter »Hauptgrade des Maasstabes« an die Hand geben, nach welchen er »die vielen kleinen Zwischenräume proportionirlich ausfüllen könne.« (S. 97, Fn). Man wollte die Aufgabe des Richters bei der Strafzumessung also möglichst auf eine Rechenoperation beschränken und wertendes Ermessen ausschließen. Entsprechend forderte *Globig* später, der Gesetzgeber solle das Strafmaß, die Milderungs- und Erschwerungsgründe sowie die Strafstufungen möglichst detailliert für jeden Straftatbestand bestimmen, damit dem Richter, dessen Funktion bloß die Anwendung der gesetzlichen Vorschrift auf die konkrete Tat sei, kein »willkürlicher Spielraum« bei der Strafzumessung verbleibe (System, Bd. 1, S. LXIV f.).

[326] *Stürzer*, S. 34: »Ueberhaupt müssen die Geseze bestimmt gegeben, der richterlichen Willkühr muss schlechterdings nichts überlassen werden. Der Richter ist blos Diener des Gesezes, steht unter dem Geseze, hat es blos auf den konkreten Fall anzuwenden.«

[327] *Benthams* »Specimen of a Penal Code« (Bowring-Edition, Bd. 1, S. 164–168 = Traités de législation, Bd. 3, S. 302–321) enthält zwar kein konkretes Strafmaß, wohl aber sehr detaillierte Auflistungen, welche Umstände strafschärfend berücksichtigt werden sollen.

[328] Als Beispiel mögen auch hier wieder die Diebstahlsbestimmungen gelten. Das ALR regelt den Diebstahl in nicht weniger als 75 Paragraphen (II 20 §§ 1108–1183). Auf die eigentliche Tatbestandsdefinition folgen zunächst zahlreiche Bestimmungen, die Zweifelsfragen zur Tatbestandsauslegung klären und Varianten aufführen. Auch die Strafzumessungsbestimmungen sind sehr detailliert und berücksichtigen eine kaum mehr überschaubare Menge von Varianten, die sich strafschärfend oder strafmildernd auswirken. Abweichend von diesem Grundkonzept kennt das ALR aber für Randbereiche auch noch »außerordentliche«, im Gesetz nicht festgelegte Strafen; vgl. ALR II 20 § 33, wonach der Richter bei bloß fahrlässiger Begehung eine außerordentliche Strafe festsetzen kann, wenn das Gesetz das Strafmaß für die fahrlässige Tatbegehung nicht ausdrücklich bestimmt hat.

heit im Strafrecht. »Die Bestimmtheit der gesetzlichen Voraussetzungen ist die Grundbedingung jeder Gesetzgebung, weil sie die Grundbedingung aller Gewisheit ist«, schreibt Feuerbach.[329] Der Gesetzgeber müsse »den Anfang und die Grenze des Falles festsetzen, damit der Richter nicht nach Belieben bald im Zuviel bald im zuwenig die Linien überschreiten und durch den blinden Zufall seines Gutdünkens … die Lücke der Gesetzgebung auszufüllen genöthigt sey«.[330] Das heißt für die Ebene des Tatbestandes, dass der Gesetzgeber »den allgemeinen Begrif eines jeden einzelnen Verbrechens bestimmt, klar und erschöpfend darzustellen und dann die einzelnen Arten eines jeden Verbrechens aus dem Begriffe desselben abzuleiten« habe.[331] Der Gesetzgeber solle sich also nicht (wie die Carolina) mit bloßen Beispielen begnügen noch (wie Kleinschrods Entwurf) unter Verzicht auf die Herausarbeitung gemeinsamer Merkmale sich in kasuistischen Details verlieren. Auch seien unbestimmte Begriffe wie »viel, wenig, groß, klein, leicht, schwer, lang, kurz« usw. als Tatmerkmale nach Möglichkeit zu vermeiden; wo es auf Quantitäten, Grade oder Zeitbestimmungen ankommt, solle der Gesetzgeber die Entscheidung im Voraus treffen und im Gesetz fixieren und nicht der willkürlichen Bestimmung durch den Richter überlassen.[332] Zwar habe eine jede solche gesetzgeberische Bestimmung etwas Willkürliches, doch gebe sie Gewissheit, wohingegen sie ewigem Zweifel und Ungewissheit überlassen bleibe, wenn die Ausfüllung des unbestimmten Begriffs dem Richter überlassen ist.[333] Kleinschrods Entwurf brandmarkt Feuerbach in dieser Hinsicht als »feierliche Constitutionsacte für das Reich einer unbedingten richterlichen Willkühr«.[334]

Für die Ebene der Strafzumessung fordert Feuerbach, dass das Gesetz die Strafzumessung in keinem Fall absolut unbestimmt lassen dürfe, also diese keinesfalls ganz in das Ermessen des Richters stellen solle.[335] Die Art der Strafe soll der Gesetzgeber in jedem Fall präzise vorgeben und nicht dem richterlichen Ermessen überlassen. Beim Strafmaß unterscheidet Feuerbach zwei unterschiedliche Grade der Bestimmtheit.[336] Wenn bei einer bestimmten Verbrechensart der Unrechtsgehalt der Tat keinen großen Schwankungen unterworfen ist, also sich bei

---

[329] *Feuerbach*, Kritik, Teil 3, S. 11.
[330] Ebd., Teil 3, S. 13.
[331] Ebd., Teil 2, S. 33 f.
[332] Ebd., Teil 3, S. 12 ff. Um nur eines von vielen Beispielen Feuerbachs herauszugreifen: Der Entwurf *Kleinschrods* verlangte für den Landfriedensbruch eine Störung durch eine »beträchtliche Anzahl« von Personen (§ 467), die so groß sein müsse, dass sie imstande sei »den öffentlichen Landfrieden zu stören und den Zustand eines wirklichen Krieges zu bewirken« (§ 468). *Feuerbach* empfahl, stattdessen im Gesetz eine feste Zahl vorzugeben (Kritik, Teil 3, S. 18 f.). Im bayerischen Strafgesetzbuch von 1813 setzte er dies um, indem der Tatbestand des Landfriedensbruchs dort ein Zusammenwirken von mindestens zehn Personen voraussetzt (Art. 332).
[333] Ebd., Teil 3, S. 19
[334] Ebd., Teil 3, S. 13.
[335] *Feuerbach*, Kritik, Teil 3, S. 117 f.; *ders.,* Revision, Bd. 1, S. 132 ff.
[336] *Feuerbach*, Kritik, Teil 3, S. 118. Vgl. auch *ders.,* Nachlaß, Bd. 1, S. 219 f.

jeder Tatbegehung im Wesentlichen gleich darstellt, dann soll das Gesetz auch die Strafzumessung absolut bestimmt vorgeben, dem Richter also keinen Spielraum lassen. Unterliegt der Unrechtsgehalt eines Verbrechens hingegen je nach konkreter Tatbegehung erheblichen Schwankungen, so soll der Gesetzgeber bei der Strafzumessung nur einen Rahmen vorgeben, also ein Mindestmaß und ein Höchstmaß für die im Einzelfall zu verhängende Strafe bestimmen. Hierbei sollen Höchst- und Mindestmaß nicht zu weit voneinander entfernt liegen, um dem Richter nicht einen zu großen Ermessensspielraum zu belassen.[337] Schließlich solle der Gesetzgeber keine Strafen anordnen, deren genaues Maß bei der Verhängung noch offen ist und sich erst später mit Bestimmtheit ermitteln lässt. So soll etwa bei der Körperverletzung die Freiheitsstrafe nicht von der Dauer der Genesung des Opfers abhängig gemacht werden, wie es Kleinschrods Entwurf tat.[338]

Im bayerischen Strafgesetzbuch von 1813 findet man dieses Bestimmtheitskonzept verwirklicht.[339] Die Tatbestandsformulierungen bemühen sich um eine möglichst präzise Erfassung der einen Deliktstypus kennzeichnenden Handlungselemente und um eine Vermeidung unbestimmter, von einer Wertung des Richters abhängender Tatbestandselemente. Bei den vorgegebenen Strafrahmen ist der dem Ermessen des Richters belassene Spielraum meist eng gefasst; für besondere Tatbestandsmodalitäten mit abweichendem Unrechtsgehalt erfolgen häufig separate Vorgaben für den Strafrahmen, die wiederum eng gezogen sind.[340] Aber auch innerhalb dieser eng gefassten Strafrahmen bleibt die Strafzumessung nicht allein dem freien Ermessen der Gerichte überlassen. Der Allgemeine Teil gibt vielmehr detaillierte Vorgaben, welche Umstände bei der Strafzumessung innerhalb des vorgegebenen Strafrahmens strafschärfend oder strafmildernd berücksichtigt werden sollen.[341] Daneben finden sich im Allgemeinen Teil auch die Fälle detailliert vorgegeben, die zu einer Verschiebung des Strafrahmens nach oben oder unten führen sollen nebst präzisen Vorschriften über das Ausmaß der in den jeweiligen Fällen vorzunehmenden Strafrahmenanpassungen.[342] Bei den Diebstahlsdelikten

---

[337] *Feuerbach*, Kritik, Teil 3, S. 124 f.

[338] *Feuerbach*, Kritik, Teil 3, S. 125 f.; s. hierzu *Kleinschrod*, § 977.

[339] Die amtlichen Anmerkungen z. BayStGB 1813 (Bd. 1, S. 45) wiederholen im Hinblick auf das Strafensystem im Wesentlichen das geschilderte Bestimmtheitskonzept Feuerbachs.

[340] Dies gilt nicht allein für die Deliktstatbestände des Besonderen Teils, sondern auch für den Allgemeinen Teil. So kennt das bayerische Strafgesetzbuch zwei verschiedene Grade der Beihilfe mit jeweils unterschiedlichen, sehr eng gezogenen Strafrahmen (Art. 74–77) und nochmaliger Modifikation dieser Strafrahmen bei der Beihilfe zum Versuch eines Verbrechens (Art. 81) und bei der bloß versuchten Beihilfe (Art. 82). Nimmt man die im Besonderen Teil für einzelne Begehungsmodalitäten eines Deliktstypus angeordneten Strafschärfungen oder Strafmilderungen hinzu, so artet die Bestimmung des im Einzelfall anwendbaren Strafrahmens nicht selten in komplizierte Rechenoperationen aus.

[341] Art. 92–94.

[342] Art. 98–115. Liegen keine der dort vorgegebenen Gründe für eine Strafrahmenverschiebung vor, so darf der Richter nicht von sich aus wegen besonderer Umstände vom vorgegebenen Strafrahmen abweichen, was vielmehr nur dem Souverän im Rahmen seines Begnadigungsrechts zukommt (Art. 95, 96).

führt das Bemühen um Einschränkung richterlichen Ermessens etwa dazu, dass nicht nur verschiedene Strafrahmen für im einzelnen vorgegebene Handlungsmodalitäten vorgesehen sind, vielmehr die Grundnorm für die Strafzumessung beim Diebstahl (falls keine besonderen Handlungsmodalitäten vorliegen) sogar ganz auf ein Ermessen des Richters verzichtet und die Strafe allein von einer am Wert des Diebesguts anknüpfenden Rechenoperation abhängig macht.[343]

Feuerbach räumt dem Bestimmtheitsgebot im Strafrecht also höchste Priorität ein; für die gesetzliche Tatbestandsfixierung gilt dies uneingeschränkt, für die Strafzumessung gilt dies mit dem Vorbehalt, dass er nicht länger dem Ideal mancher Aufklärer einer für jeden Fall vom Gesetzgeber absolut bestimmten Strafe anhängt. Im Interesse der Einzelfallgerechtigkeit gesteht er dem Richter in bestimmten Fällen einen Strafzumessungsspielraum zu, ist aber gleichzeitig darauf bedacht, diesen Ermessensspielraum nicht zu groß werden zu lassen. Blicken wir nun auf die Motive, die Feuerbach zu diesem Konzept führten. Wir sahen bereits im Zusammenhang mit Feuerbachs Sympathie für ein doppeltes Gesetzbuch (eines für die Richter und eines für das Volk) die doppelte Zwecksetzung: Das Gesetz soll von der Tat abschrecken und soll zugleich dem Richter eine genaue Richtschnur sein.[344] Beide Motive finden wir auch im Zusammenhang mit dem Bestimmtheitspostulat wieder. Im Vordergrund steht dabei Feuerbachs psychologische Zwangstheorie, die uns bereits als Motiv für den Ausschluss rückwirkender Gesetze begegnete.[345] Je bestimmter das Gesetz in der Umschreibung der verbotenen Handlung und in der Androhung der Strafe ist, desto besser könne es den psychologischen Zwang ausüben, der von der Tat abschreckt.[346] Anders als Hobbes glaubt Feuerbach nicht, dass gerade die Ungewissheit einer möglichen Strafe auf den potentiellen Täter abschreckend wirke; dieser würde sich in diesem Fall vielmehr eine möglichst milde Strafe ausrechnen, so dass das Gesetz nicht den zur Abschreckung erforderlichen psychologischen Zwang ausüben kann.[347]

Daneben dient das Bestimmtheitsgebot Feuerbach dazu, Richterwillkür auszuschließen.[348] Jedoch ist Vorsicht geboten, dies vorschnell als Ausdruck modernen rechtsstaatlichen Denkens zu interpretieren.[349] Wie aufgezeigt, hatte der Aus-

---

[343] Art. 215 für den einfachen Diebstahl, sofern das Diebesgut mindestens 25 Gulden wert ist; bei einem geringeren Wert liegt lediglich ein Vergehen vor mit eigener Strafzumessungsregelung (Art. 379f.).

[344] S. oben S. 256f.

[345] S. oben S. 240.

[346] *Feuerbach*, Revision, Bd. 1, S. 132f.; ders., Kritik, Teil 3, S. 117f.

[347] *Feuerbach*, Revision, Bd. 1, S. 136.

[348] *Feuerbach*, Kritik, Teil 3, S. 13, 117f.

[349] Primär rechtsstaatlich motiviert sehen Feuerbachs Bestimmtheitsgebot bzw. allgemein seinen Grundsatz *nulla poena sine lege*: *Schreiber*, Gesetz und Richter, S. 110ff.; ders., Art. »Nulla poena sine lege«, HRG, Bd. 3, Sp. 1108; *Naucke*, ZStrW 87 (1975), S. 881; *Krey*, Keine Strafe ohne Gesetz, S. 19, 88; vgl. auch die Nachweise oben S. 241, Fn. 1043; gegen eine rechtsstaatliche Deutung des Bestimmtheitsgebots bei Feuerbach *Bohnert*, S. 13.

schluss von Richterwillkür als Motiv für die Forderung nach möglichst bestimmten Gesetzen in der Aufklärung bereits vor Feuerbach eine lange Tradition, die von Montesquieu und Beccaria über Friedrich II, Wieland, Claproth und Globig/ Huster bis zu Bentham reichte. Zweifellos hatte diese aufklärerische Forderung auch eine bürgerfreundliche Komponente, da sie die Rechtssicherheit fördern und den Bürger aus den »Klauen der Justiz« befreien sollte. Doch sollte diese bürgerfreundliche Komponente Schutz vor einer willkürlichen Justiz, nicht allgemein Schutz vor dem Staat gewähren. Die Bestimmtheit der Gesetze sollte der Justiz Fesseln anlegen, nicht aber dem Souverän, dem nicht nur das Recht zur authentischen Interpretation vorbehalten blieb, sondern dem man zum Teil auch weiterhin das Recht zubilligte, sich durch Machtsprüche über den durch die positiven Gesetze bestimmten Rahmen hinwegzusetzen.[350] Auch Feuerbach ging es bei dem Bestimmtheitsgebot erstens um die Umsetzung seiner psychologischen Zwangstheorie und zweitens um den Ausschluss richterlicher Willkür, nicht aber um einen generellen Schutz des Bürgers gegen staatliche Eingriffe in seine Freiheitssphäre.[351] Feuerbachs epochemachende Leistung im Zusammenhang mit dem Bestimmtheitsgebot – oder allgemeiner gesprochen im Zusammenhang mit dem Grundsatz *nulla poena sine lege* – liegt in dessen konsequenter und gesetzestechnisch überlegener Umsetzung, nicht in den Motiven, die Feuerbach hierzu führten. Letztere waren die der Aufklärung, ohne dass Feuerbach ihnen eine spezifisch »rechtsstaatliche« Färbung verlieh.

Noch bevor Feuerbach sein Bestimmtheitskonzept im bayerischen Strafgesetzbuch umsetzen konnte, machte sich in Österreich Zeiller für das Strafrecht das Konzept Feuerbachs zu Eigen. Wie dieser fordert Zeiller für die Tatbestandsformulierung größtmögliche Bestimmtheit.[352] Er begründet diese Forderung mit Feuerbachs psychologischer Zwangstheorie, in der auch Zeiller den Strafzweck sieht.[353] Der Gesetzgeber soll »den allgemeinen Begriff eines jeden Verbrechens« (modern gesprochen den Grundtatbestand) bestimmt, klar und erschöpfend darstellen und die besonderen Arten der Verbrechen hieraus ableiten. Auch im Hinblick auf die Bestimmtheitsanforderungen bei den gesetzlichen Vorgaben für die Strafzumessung folgt Zeiller dem Konzept Feuerbachs. Er verwirft sowohl die Ansicht, der Gesetzgeber solle die Strafzumessung gänzlich dem Richter überlas-

---

[350] Ein bekanntes Beispiel hierfür liefert das absolutistische Preußen, das mit der möglichst großen Bestimmtheit des ALR zwar u. a. auch den Schutz des Bürgers vor Richterwillkür bezweckte, wo aber der Versuch der Aufnahme eines Verbots von Machtsprüchen im Gesetz (und damit einer Bindung des Souveräns) scheiterte. Vgl. auch oben S. 331 zu dem Konzept *Claproths*, der mit möglichst vollständigen und genau bestimmten Gesetzen das Ermessen der Richter, nicht aber den Handlungsspielraum des Souveräns einschränken wollte.

[351] S. auch oben S. 241 f., 257 zum Fehlen einer rechtsstaatlichen Motivierung für das Rückwirkungsverbot und das Konzept einer zweigleisigen Gesetzgebung bei Feuerbach.

[352] *Zeiller*, Kriminalgesetzgebung, S. 267, 270.

[353] Ebd., S. 263, 266, 268.

sen, als auch die gegenteilige Extremansicht, die alle richterliche Willkür bei der Verhängung von Strafen dadurch ausschließen will, dass der Gesetzgeber das Strafmaß für alle Fälle absolut bestimmt. Nach Auffassung Zeillers soll der Gesetzgeber für jede Verbrechensart die zulässigen Strafarten und einen Strafrahmen vorgeben, innerhalb dessen dann der Richter die für den individuellen Fall angemessene Strafe zumessen soll.[354]

Die bei Feuerbach bereits angelegte Abkehr von dem aufklärerischen Ideal einer vom Gesetzgeber dem Richter für jeden Einzelfall vorgegebenen Strafzumessung, die den Strafrichter nur noch als Vollstrecker des gesetzgeberischen Willens erscheinen lässt, ist bei Zeiller bereits weiter ausgereift. Das Ideal größtmöglicher Bestimmtheit erhält er nur für den Tatbestand und die Strafartenbestimmung aufrecht, nicht für die Strafzumessung. Während Feuerbach bei der Strafzumessung nur zögernd vom Bestimmtheitsideal Abschied nahm, indem er das Konzept einer Strafrahmenbestimmung nicht auf alle Verbrechen angewandt sehen wollte, sondern nur auf solche, deren Unrechtsgehalt größeren Schwankungen unterworfen ist und indem er den Gesetzgeber in jedem Fall anhielt, die Strafrahmen eng zu fassen, findet sich bei Zeiller bereits ein entspannteres Verhältnis zum Strafrahmenkonzept. Dieser möchte das Strafrahmenkonzept im Dienste der Einzelfallgerechtigkeit auf möglichst jede Verbrechensart angewandt wissen. Bereits in anderem Zusammenhang bemerkten wir, dass das aufklärerische Ideal einer die Rechtsanwendung möglichst lückenlos determinierenden Gesetzgebung, das sich in den Forderungen nach Lückenlosigkeit der Gesetzbücher, vollständiger Kodifikation des Rechts unter Ausschluss anderer Rechtsquellen und zweifelsfreier Bestimmtheit der gesetzlichen Anordnung, die Auslegung und Kommentierung überflüssig macht, manifestierte und von dem auch Feuerbach nicht frei war,[355] bei Zeiller einem realitätsnäheren Bild dessen, was der Gesetzgeber leisten kann und soll, gewichen ist.[356] Zeillers Strafzumessungskonzept ist ein weiterer Beweis hierfür.

Das zweiteilige Bestimmtheitskonzept Feuerbachs und Zeillers – Tatbestand und Strafartenbestimmung möglichst präzise, Strafmaß nur als Rahmenbestimmung – setzte sich schon bald durch. Es wurde in Deutschland von Mittermaier, in Österreich von Kitka und in der Schweiz von Rossi propagiert.[357] Mittermaier

---

[354] Ebd., S. 270.

[355] Feuerbach pries als höchsten Vorzug des maßgeblich auf ihn zurückgehenden bayerischen Strafgesetzbuches von 1813 »seine hohe Klarheit, seine Bestimmtheit und durchgreifende Präcision, die jedem wissenschaftlich gebildeten Manne, der das Werk nicht blos ansieht oder durchblättert, sondern studirt, jeden Commentar überflüssig macht« (*Feuerbach*, Nachlaß, Bd. 1, S. 240 f.), wobei diese Eloge auf sein eigenes Werk jedoch nicht überbewertet werden sollte, da sie erkennbar im Zusammenhang mit Feuerbachs Versuch stand, die Veröffentlichung eines von anderen Kommissionsmitgliedern ausgearbeiteten amtlichen Kommentars zu »seinem« Gesetzbuch zu verhindern (s. oben S. 130).

[356] Vgl. oben S. 330, 340.

[357] *Mittermaier*, Grundfehler, S. 33 ff.; *Kitka*, S. 134; *Rossi*, Bd. 3, S. 284 ff., 293 f.

bezeichnete es bereits 1819 als einen der tadelnswürdigsten Fehler der Strafgesetz-gebung, die Willkür des Richters durch möglichst absolut bestimmte Strafen einschränken zu wollen, da dies den Richter dazu zwinge, Strafen zu verhängen, die im Einzelfall ganz unpassend sein können.[358] Er führte diesen Fehler auf die Abschreckungstheorie zurück, da sich Abschreckung desto besser erreichen lasse, je mehr das Gesetz bei der Strafdrohung ins Detail geht. Ideengeschichtlich ist dieser Zusammenhang von Abschreckungstheorie und möglichst bestimmten Strafgesetzen nicht falsch, er begegnete uns etwa bei Beccaria[359] und Globig/Huster[360], doch ist er nicht zwingend. So sahen wir bei Hobbes, dass er zwar in der Abschreckung den Strafzweck erblickte, diese aber auch mit unbestimmten Strafgesetzen zu erreichen glaubte. Und Feuerbach löste sich wie wir sahen trotz Abschreckungstheorie schon wieder partiell vom absoluten Bestimmtheitsdogma bei der Strafzumessung.

Kitka befürwortete das Konzept von Strafrahmenbestimmungen, da sie einerseits die unnötigen Härten vermeiden, die absolute Strafzumessungsvorschriften zwangs-läufig verursachen und andererseits der Willkür des Richters doch nicht freies Feld lassen, wie es bei jeglichem Verzicht auf eine gesetzliche Regelung des Strafmaßes der Fall ist.[361] Ausführlich widmete sich in den zwanziger Jahren Rossi der Frage der Bestimmtheit bei der Strafgesetzgebung, wobei er im Wesentlichen dem Konzept Feuerbachs und Zeillers folgt. Den Tatbestand möchte er im Gesetz so bestimmt wie möglich geregelt sehen.[362] Jedoch solle der Gesetzgeber Vorsicht üben bei dem Versuch, Bestimmtheit durch immer weitere Detaillierung der Verbrechensmerkmale zu erreichen. Hierfür gebe es eine Grenze, wo die immer detailliertere Ausdifferenzierung des Tatbestandes in das Gegenteil des eigentlich Bezweckten umschlage: durch die Fülle der Details wird das Gesetz dunkler und seine Anwendung erschwert anstatt erleichtert.[363] Der Punkt, wo diese Grenze überschritten wird, sei aber für jedes Delikt ein anderer. Es lasse sich daher keine allgemeine Regel aufstellen, wo der Gesetzgeber mit der Ausdifferenzierung des Tatbestandes halt machen soll. Bei der Strafzumessung befürwortet auch Rossi für die allermeisten Delikte eine Beschränkung des Gesetzgebers auf die Vorgabe eines Strafrahmens.[364] Diese Vorgabe einer Höchst- und Mindeststrafe für jedes Verbrechen sei nötig, damit das Ermessen des Richters bei der Strafzumessung in vernünftiger Weise eingeschränkt wird und die Strafgesetze abschreckend wirken können, da der potentielle Täter sich beim Verzicht des Gesetzgebers auf jeden Strafrahmen eine sehr milde Strafe ausrechnen würde.[365]

---

[358] Mittermaier, ebd.
[359] Beccaria, § 5.
[360] Globig/Huster, S. 55; s. hierzu oben S. 333 mit Fn. 191.
[361] Kitka, S. 134.
[362] Rossi, Bd. 3, S. 284 ff.
[363] Ebd., S. 311.
[364] Ebd., S. 293 f.
[365] Ebd., S. 228 f.

Die Theorie der Strafgesetzgebung nahm also schon in der ersten Hälfte des 19. Jahrhunderts eine differenzierte Haltung zum Bestimmtheitsideal der Aufklärung ein. Für den gesetzlichen Tatbestand (und für die Bestimmung der zulässigen Strafarten) wurde das Ideal möglichst bestimmter und zweifelsfreier Regelungen aufrechterhalten. Das Erreichen größtmöglicher Bestimmtheit war hier ein gesetzestechnisches, hermeneutisches Problem, wurde als Ziel aber nicht in Frage gestellt. Anders verhielt es sich bei der Strafzumessung. Hier konkurrierte das Streben nach Rechtssicherheit und die gesetzestechnischen Ansprüche der Abschreckungstheorie in besonderem Maße mit dem Streben nach Einzelfallgerechtigkeit. Der gesetzestechnische Kompromiss wurde in dem Konzept der Strafrahmenbestimmung gefunden. Die Vorgabe eines Strafrahmens sah man einerseits als ausreichend an, um das Ermessen des Richters in Schranken zu weisen und die Ziele der Abschreckungstheorie erreichen zu können, andererseits aber auch als ausreichend, um in den vorgegebenen Rahmen Einzelfallgerechtigkeit verwirklichen zu können.

Im preußischen Strafgesetzbuch von 1851 kommen die geschilderten Tendenzen bei der Frage der Bestimmtheit deutlich zum Ausdruck. Auf Tatbestandsebene hält das Gesetzbuch an dem Streben nach größtmöglicher Bestimmtheit im Sinne einer möglichst präzisen Beschreibung der pönalisierten Handlung fest.[366] Bei der Strafzumessung folgt es hingegen für die meisten Delikte dem Strafrahmenkonzept, wobei auffällig ist, dass der hierbei dem Ermessen des Richters überlassene Spielraum meist deutlich weiter ist als in Feuerbachs bayerischem Strafgesetzbuch. Auf gesetzliche Vorgaben für die Ermessensausübung innerhalb des vorgegebenen Strafrahmens wird anders als im bayerischen Strafgesetzbuch von 1813 ganz verzichtet.

Aus der Entstehungsgeschichte des preußischen Strafgesetzbuchs kann man hierbei die geschilderte Entwicklung der Strafgesetzgebung in der Bestimmtheitsfrage ablesen. Während auf Tatbestandsebene die zahlreichen Entwürfe zum preußischen Strafgesetzbuch durchgängig um möglichst große Bestimmtheit bemüht waren, findet sich bei der Strafzumessung eine – allerdings nicht rückschlagsfreie – Entwicklung zu größeren Freiräumen für das richterliche Ermessen.

---

[366] Ausnahmen von diesem Bestimmtheitsstreben finden sich im preußischen Strafgesetzbuch bei den Sittlichkeitsdelikten, wo man sich in dezenter Zurückhaltung bisweilen mit der umgangssprachlichen Bezeichnung der Straftat begnügt (§ 140: »Ehebruch«; §§ 141 ff.: »Unzucht«), ohne eine Beschreibung der pönalisierten Handlung zu geben; zum Teil gilt dies auch für die Beleidigung (§ 152), deren Tatbestand jedoch in den nachfolgenden Bestimmungen näher eingegrenzt wird. Die ersten Entwürfe zum preußischen Strafgesetzbuch versuchten noch eine Definition der als Beleidigung pönalisierten Handlung zu geben; wegen Zweifeln an der Richtigkeit dieser Begriffsbestimmungen zur Beleidigung fielen diese in den späteren Entwürfen jedoch weg (vgl. *Goltdammer*, Bd. 2, S. 315) Im dritten Teil des preußischen Strafgesetzbuchs (Übertretungen) findet sich der generalklauselartige Tatbestand des »groben Unfugs« (§ 340 Nr. 9). Die genannten Beispiele sind jedoch seltene Ausnahmen von dem das Gesetzbuch ansonsten prägenden Bestimmtheitsstreben auf Tatbestandsebene.

So enthielten die Entwürfe von 1827 und 1828 detaillierte gesetzliche Vorgaben für die Strafzumessung durch Nennung von schärfend oder mildernd zu berücksichtigenden allgemeinen Zumessungsgründen im Allgemeinen Teil und durch spezielle Zumessungsvorgaben für einzelne Delikte im Besonderen Teil.[367] Bereits der Entwurf von 1830 verzichtete dann aber auf Strafzumessungsvorgaben im Allgemeinen Teil, da eine erschöpfende Aufzählung der bei der Strafzumessung zu berücksichtigenden Gesichtspunkte ohnehin unmöglich sei und man die Kenntnis der anzustellenden Erwägungen beim Richter voraussetzen könne.[368] Der neue Justizminister von Kamptz nahm derartige Strafzumessungsvorgaben aber in den Entwurf von 1833 mit der Begründung wieder auf, dass die bei der Strafzumessung zu berücksichtigenden Gründe nicht den unterschiedlichen Ansichten in der Lehre oder den individuellen Gesinnungen der Richter überlassen bleiben sollen.[369] Die Entwürfe von 1836 und 1843 folgten dieser Ansicht und enthielten detaillierte Vorgaben für Strafzumessungsgründe sowohl im Allgemeinen Teil als auch – bezogen auf einzelne Delikte – im Besonderen Teil. Die Veröffentlichung des Entwurfs von 1843 führte dann bei vielen Monenten zu einer Kritik derartiger gesetzlicher Vorgaben. Dieser Kritik schlossen sich die Redaktoren in der Revision von 1845 an, so dass die Entwürfe ab 1845 derartige Vorgaben nicht mehr enthielten.[370]

Eine ähnliche Entwicklung kann man auch im Verlauf der Entstehungsgeschichte des Strafgesetzbuchs für Britisch-Indien verfolgen. Der unter der Leitung Macaulays entstandene Entwurf von 1837 zeichnete sich auf Tatbestandsebene durch das Streben nach größtmöglicher Präzision aus. Wesentliche Mittel, um dieses Ziel zu erreichen, waren die sehr zahlreichen Legaldefinitionen einzelner Begriffe, die vom Gesetzgeber vorgegebenen Illustrationen und das Ersetzen tradierter, aber in ihrer genauen Bedeutung vager Fachbegriffe der englischen Gesetzessprache durch neue, in ihrer Bedeutung transparentere Begriffe.[371] Auch

---

[367] S. §§ 137–140 Entwurf 1827 (in: *Regge/Schubert*, Bd. 1, S. 1–23).

[368] Die Begründung für den Wegfall im Entwurf von 1830 geht aus den Motiven zum Entwurf von 1833, S. 28 (*Regge/Schubert*, Bd. 3, S. 286) hervor; zum Entwurf von 1830 waren keine Motive erstellt worden.

[369] §§ 95–98 Entwurf 1833; Motive zum Entwurf 1833, S. 28 (*Regge/Schubert*, Bd. 3, S. 286). Als weiteres Argument für die Wiederaufnahme der Strafzumessungsgründe wurde angeführt, dass hierdurch dem Volk verdeutlicht werden solle, dass die Abmessung der Strafe nicht von der Willkür des Richters abhängig ist.

[370] Revision des Entwurfs von 1843, S. V u. 174 (*Regge/Schubert*, Bd. 5, S. 217 u. 406). Hierbei wurde auch darauf abgestellt, dass derartige Zumessungsvorgaben für ein Geschworenensystem untauglich seien. Vgl. hierzu auch *Goltdammer*, Bd. 1, S. 395 ff.

[371] Zu den Legaldefinitionen im britisch-indischen Strafgesetzbuch s. unten S. 466 f.; zur Illustrationstechnik oben S. 302 ff. Zum Streben nach möglichst transparenter Ausdrucksweise s. Macaulay, Minute of 11 May 1835, in: Government of India, Macaulay's Minutes, S. 1 ff., hier: S. 4, auch in *Dharker*, S. 146 ff., hier: S. 148 sowie Macaulay, Minute of 4 June 1835, in: Return to an Order of the House of Lords, dated 11 June 1852, for Copies of all Correspondence …, S. 22, in: Parliamentary Papers (HL) 1852 (263) xii: »They [scil. the Commissioners] should be cautioned against the Use of vague Terms, such as Treason and Manslaughter in the Law of

auf Rechtsfolgenebene war man bestrebt, den Gerichten möglichst präzise gesetzliche Vorgaben zu setzen. Zwar sah man außer bei besonders schweren Delikten von absoluten Strafzumessungsvorgaben ab, doch bestimmte man für zahlreiche Straftatbestände sowohl ein Höchst- als auch ein Mindestmaß für die Strafzumessung, wobei Höchst- und Mindestmaß meist nicht allzu weit auseinander lagen. Hiermit befand sich Macaulays Entwurf in Übereinstimmung mit den Ansichten Livingstons, einem erklärten Bewunderer Benthams, der sich wenige Jahre zuvor ebenfalls dafür ausgesprochen hatte, durch die gesetzliche Festlegung eng gefasster Ober- und Untergrenzen das Ermessen der Richter bei der Festsetzung von Freiheitsstrafen einzuschränken.[372] In England war man in der Strafgesetzgebung zu dieser Zeit hingegen schon überwiegend dazu übergegangen, nur noch Obergrenzen, aber keine Untergrenzen für die Strafzumessung vorzusehen.[373] Erklärtes Ziel des Bestimmtheitsstrebens in Macaulays indischem Strafgesetzbuchentwurf war es, richterliches Ermessen soweit als tunlich einzuschränken.[374]

Der Gegenentwurf Bethunes von 1851 kehrte hingegen zu den tradierten Begriffen der englischen Gesetzessprache zurück und sah für die meisten Delikte nur noch eine Obergrenze, jedoch keine Untergrenze für die Strafzumessung mehr vor.[375] Als der *Legislative Council of India* 1856 entschied, Macaulays Entwurf

---

England, Words which include a great Variety of Offences widely differing from each other. Every Act which it is intended to make criminal ought to be separately defined, nor ought any Indictment to be good which does not follow the Words of some One of the Definitions in the Code, nor ought any Culprit to be convicted whose Act does not come distinctly within that Definition.« Macaulays Vorschläge wurden fast wörtlich übernommen in der Anweisung des *Governor-General in Council* an die *Indian Law Commission* vom 15. Juni 1835, ebd., S. 24 f.

[372] S. *Livingston*, A System of Penal Law for the State of Louisiana, S. 86 (Introductory Report to the System of Penal Law), S. 363 ff. (Code of Crimes and Punishment); *ders.*, A System of Penal Law for the United States of America, S. 7 ff. (Penal Code). Livingstons Strafgesetzbuchentwurf für Louisiana wurde von der Kommission unter der Leitung Macaulays für ihre Entwurfsarbeiten viel benutzt (s. oben S. 75 f.).

[373] Seventh Report of Her Majesty's Commissioners on Criminal Law (11 March 1843), S. 107, in: Parliamentary Papers 1843 (448) xix: »...we find that the practice has been to dispense almost entirely with a minimum of punishment«.

[374] Vgl. das Begleitschreiben zur Vorlage des Strafgesetzbuchentwurfs an den Generalgouverneur vom 14. Oktober 1837, in: Penal Code for India (Draft 1837), S. 8; vgl. auch *Macleod* (einer der ursprünglichen Kommissionsmitglieder), Notes on the Report of the Indian Law Commissioners, S. 2: »The framers of the Penal Code, therefore, did right when they aimed at leaving nothing to the discretionary authority of the Judge, and as little as possible even to his judgment, in the interpretation of the law.«

[375] Zu Bethunes Gegenentwurf s. oben S. 59 mit Fn. 196. Zu Bethunes Kritik an der Festsetzung von Untergrenzen für die Strafzumessung s. Minute by J. E. D. Bethune, 10 May 1850, in: Return to an Order of the House of Lords, dated 11 June 1852, for Copies of all Correspondence ..., S. 516 f., in: Parliamentary Papers (HL) 1852 (263) xii. Dem richterlichen Ermessen sei bei der Strafzumessung nur nach oben hin eine Grenze zu setzen. Anderenfalls bestehe die Gefahr, dass es in Fällen, in denen das Gericht die gesetzliche Untergrenze für unangemessen hart hält, verstärkt zu Freisprüchen komme. Zu Bethunes Kritik an der Ersetzung tradierter Termini des englischen Strafrechts durch vermeintlich präzisere und weniger schillernde Begriffe s. Minute by J. E. D. Bethune, 15 May 1850, ebd., S. 518 ff., hier: S. 522 f.

zur Grundlage der weiteren Beratungen zu nehmen, war damit auch eine grundsätzliche Entscheidung zugunsten der von Macaulay eingeführten Terminologie verbunden.[376] In der Frage der gesetzlichen Strafrahmen folgte man jedoch der Ansicht Bethunes. Bei der Überarbeitung des Entwurfs durch einen Ausschuss des *Legislative Council* unter der Leitung von Barnes Peacock 1857 bis 1860 wurden bis auf zwei Ausnahmen sämtliche Untergrenzen für die Strafzumessung gestrichen und nur noch Höchstgrenzen vorgesehen.[377] Ähnlich wie bei der zeitlich in etwa parallel verlaufenden Kodifikationsgeschichte des preußischen Strafgesetzbuchs ist also auch bei der Entstehung des indischen Strafgesetzbuchs eine Entwicklung zu größeren Zugeständnissen an das richterliche Ermessen bei der Strafzumessung abzulesen bei gleichzeitigem Festhalten an dem Bestreben nach größtmöglicher Präzision auf Tatbestandsebene.[378]

Der geschilderte Kompromiss bei der Bestimmtheitsfrage (größtmögliche Präzision auf Tatbestandsebene – Ermessensspielraum bei der Strafe) blieb kennzeichnend für die strafrechtliche Gesetzestechnik des 19. Jahrhunderts. Zwar gab es in der Strafrechtswissenschaft immer wieder Gegner des strengen *Nulla-poena-sine-lege*-Prinzips, bekannt ist insbesondere die vehemente Gegnerschaft Bindings gegen dieses Prinzip[379], doch erfolgte diese Auseinandersetzung auf Ebene der Rechtsquellenlehre, nicht auf Ebene der Gesetzestechnik. Dies will heißen, dass im 19. Jahrhunderts der Gesetzesvorbehalt und das Analogieverbot im Strafrecht von der Strafrechtswissenschaft zwar zum Teil wieder in Frage gestellt wurde und verschiedene Autoren für eine Anerkennung von Gewohnheitsrecht und Analogie als weitere strafrechtliche Rechtsquellen eintraten.[380] Die Gesetzgebungstechnik betraf dies direkt jedoch nicht, denn soweit der Gesetzgeber im Strafrecht tätig wurde, war man sich darüber einig, dass er bei der Formulierung der Strafvor-

---

[376] So wird z. B. Totschlag im indischen Strafgesetzbuch als »culpable homicide« bezeichnet (sec. 299) anstelle des tradierten, jedoch vagen Begriffs »manslaughter« und Hochverrat wird als »waging war against the Queen« bezeichnet (sec. 121) anstelle des schillernden Begriffs »treason«.

[377] Lediglich für bestimmte qualifizierte Fälle des Raubes (sec. 397, 398) sieht die Gesetz gewordene Fassung des indischen Strafgesetzbuches noch Untergrenzen für die Strafzumessung vor. Peacock begründete im *Legislative Council* die verbliebene Untergrenze für die Strafzumessung bei bestimmten qualifizierten Raubdelikten mit der hiermit bezweckten Abschreckung wegen der besonderen Gefährlichkeit dieser Delikte (Proceedings of the Legislative Council of India, Bd. 6 (1860), Sp. 1178).

[378] Obwohl auf Tatbestandsebene auf größtmögliche Präzision bedacht, enthält auch das indische Strafgesetzbuch zahlreiche wertungsabhängige Begriffe wie »malignantly« (sec. 153, 270), »immoral« (sec. 361, 372, 373), »corruptly« (sec. 196, 198, 200, 219, 220) oder »maliciously« (sec. 219, 220), ohne dass man aber sagen kann, dass derartige Begriffe von den Redaktoren methodisch reflektiert als Ventil für richterliches Ermessen eingesetzt worden seien (wie es bei den im nächsten Kapitel beschriebenen Fällen in verschiedenen Zivilgesetzbüchern der Fall war). Für einige dieser wertungsabhängigen Begriffe versuchte man auch eine Legaldefinition mitzuliefern, so für »dishonestly« (sec. 24) und für »fraudulently« (sec. 25).

[379] *Binding*, Handbuch des Strafrechts, § 4, S. 17 ff.; hierzu *Schreiber*, Gesetz und Richter, S. 169 ff.

[380] Hierzu ausführlich *Schreiber*, Gesetz und Richter, S. 121 ff., 124 ff., 169 ff.

schriften nach Bestimmtheit streben sollte, mit den unterschiedlichen Anforderungen, die wie aufgezeigt auf Ebene des Tatbestandes und auf Ebene der Rechtsfolgen an dieses Bestimmtheitsgebot gestellt wurden. Die Angriffe, die im 19. Jahrhundert gegen das *Nulla-poena-sine-lege*-Prinzip geführt wurden, betrafen das gesetzgebungstechnische Bestimmtheitsgebot daher nur indirekt, indem dieses in seiner ihm durch Feuerbach zugedachten Bedeutung auf dem Gesetzesvorbehalt und dem Analogieverbot fußte und nur im Zusammenspiel mit diesen (und dem Rückwirkungsverbot) volle Wirkung entfalten konnte. Keines der mit dem Bestimmtheitsgebot verbundenen Motive (Generalprävention, Einschränkung richterlichen Ermessens, in späterer Zeit auch das Rechtsstaatsprinzip) konnte zur vollen Wirkung gelangen, wenn das Bestimmtheitsgebot nicht durch einen Gesetzesvorbehalt und ein Analogieverbot flankiert wurden. Doch sind dies nur indirekte Einflüsse auf das Bestimmtheitsgebot von der Ebene der Rechtsquellenlehre aus. Auf Ebene der Gesetzestechnik blieb das aufklärerische Ideal eindeutiger, klarer und bestimmter Gesetzesformulierung bestehen (mit den dargestellten Kompromissen bei der Strafzumessung), doch stellte dieses Ideal hohe Anforderungen an die Gesetzgebungsfertigkeit. Die indirekten Angriffe, denen das Bestimmtheitsgebot von der Rechtsquellenebene ausgesetzt war, zielten also nicht gegen das Ideal möglichst bestimmter Gesetze, sondern erwuchsen eher aus der Skepsis, ob der Gesetzgeber diesem Ideal gerecht werden und dabei auch mit den Veränderungen der tatsächlichen Verhältnisse Schritt halten konnte.

3. Die bewusste Unbestimmtheit: Generalklauseln und unbestimmte Rechtsbegriffe

Generalklauseln und unbestimmte Rechtsbegriffe gehörten seit jeher – bewusst oder unbewusst eingesetzt – zum Repertoire der Gesetzgebungstechnik, wenngleich sich die Terminologie für diese Phänomene erst im 20. Jahrhundert einbürgerte.[381] Auch das um größtmögliche Bestimmtheit bemühte ALR kam nicht ohne Generalklauseln und unbestimmte Rechtsbegriffe aus.[382] Die Rückführung der Fälle auf allgemeine Grundsätze lag dabei durchaus im Gesetzgebungskonzept der ALR-Redaktoren. Doch war man hier bemüht, das dem Richter durch derartige prinzipielle Regelungen eröffnete Ermessen durch ins Detail gehende Folgeregelungen einzudämmen, die Ableitungen aus den Generalklauseln also im Gesetz gleich mitzuliefern.[383] Das bei der Abfassung des ABGB eingesetzte Ge-

---

[381] Der Begriff »Generalklausel« findet sich laut Hedemann erstmals bei *Konrad Schneider*, Treu und Glauben im Recht der Schuldverhältnisse des Bürgerlichen Gesetzbuches, München 1902. Populär wurde dieser Begriff aber erst durch *Hedemanns* Schrift »Die Flucht in die Generalklauseln. Eine Gefahr für Recht und Staat«, Tübingen 1933.

[382] Vgl. z. B. die Grundsätze über den Schadensersatz bei der Verletzung vertraglicher Pflichten (I 5 §§ 277 ff. ALR) und bei unerlaubten Handlungen (I 6 §§ 10 ff. ALR).

[383] S. näher zu diesem Konzept oben S. 289.

setzgebungskonzept setzte hingegen wie wir sahen bewusst auf die Mithilfe »denkender Richter«. Vollständigkeit ließ sich nach Ansicht Zeillers nur durch eine Rückführung der Gesetzgebung auf allgemeine Grundsätze und die hierdurch bedingte Übertragung eines Auslegungsermessens auf die Richter erreichen.[384] Das ABGB räumt dem Richter daher in zahlreichen Vorschriften entweder auf Tatbestandsebene oder – häufiger noch – auf Rechtsfolgenebene durch den Gebrauch bewusst unbestimmt gelassener Begriffe breites Ermessen ein.[385] In nicht wenigen Fällen kanalisiert das ABGB die richterliche Ausfüllung der unbestimmten Rechtsbegriffe aber auch durch die ausdrückliche Nennung von Hauptanwendungsfällen.[386]

Mehr noch machten die Redaktoren des BGB einen methodisch reflektierten Gebrauch von unbestimmten Rechtsbegriffen. Wertungsabhängige, durch den Gesetzesanwender ausfüllungsbedürftige Rechtsbegriffe wie etwa »Treu und Glauben«, »gute Sitten«, »grober Undank«, »wichtiger Grund«, »sittliche Pflicht« oder »Billigkeit« werden an vielen Stellen in das Gesetzbuch aufgenommen. Was im ALR häufig unbewusst oder als Verlegenheitslösung und entgegen den gesetzgebungsmethodischen Zielsetzungen geschah, wurde von den BGB-Redaktoren zum Teil als bewusstes Regelungsinstrument eingesetzt, um dem Rechtsanwender größeren Spielraum zur Verwirklichung von Einzelfallgerechtigkeit zu geben.[387]

---

[384] Näher hierzu oben S. 291, 330 f.

[385] Vgl. auf Tatbestandsebene etwa die Generalklausel für die vertragliche und außervertragliche Schadensersatzpflicht in § 1295 (die in den nachfolgenden Bestimmungen jedoch näher konkretisiert wird) oder die Bestimmungen zur Unwirksamkeit und zur Schadensersatzpflicht, wenn jemand »durch ungerechte und gegründete Furcht« zu einem Vertrag gezwungen wird (§§ 870, 874) oder das Erfordernis eines »rechtmäßigen Grundes« bei der vorzeitigen Kündigung eines Lohnvertrags (§ 1160). Auf Rechtsfolgenseite vgl. z. B. § 1193 S. 2 (Gewinnverteilung unter Gesellschaftern), § 1304 (Anrechnung eines Mitverschuldens des Geschädigten) oder § 1336 (richterliche Herabsetzung von Konventionalstrafen). Weitere Beispiele bei *Schey*, S. 512 ff.

[386] So etwa in den §§ 53, 109, 173, wobei es sich um enumerative Aufzählungen von Anwendungsfällen für »rechtmäßige« und »wichtige« Gründe bzw. »gerechte« Ursachen handelt. Zeiller will diese Aufzählungen ausdrücklich nicht als abschließend, sondern als erweiterbar auf vergleichbare Fälle verstanden wissen, vgl. *Zeiller*, Kommentar, Bd. 1, S. 189, 284.

[387] Das räumt auch *Planck* in seiner Verteidigung des ersten Entwurfs ein: Das Ideal größtmöglicher Bestimmtheit habe bisweilen zugunsten der Einzelfallgerechtigkeit zurückzutreten; der Gesetzgeber habe hier die Bestimmungen allgemeiner zu fassen und auf das richterliche Ermessen zu verweisen (AcP 75 (1889), S. 422 f.). Entsprechend äußerte sich Planck auch in seiner Rede vor dem Reichstag in der ersten Lesung des BGB-Entwurfs (Sitzung v. 4. Februar 1896, in: Stenographische Berichte über die Verhandlungen des Deutschen Reichstages, IX. Legislaturperiode, 4. Session 1895/97, Bd. 1, S. 736). Ein typisches – und auch von Planck in diesem Zusammenhang erwähntes – Beispiel hierfür ist die Regelung zum Mitverschulden des Geschädigten im späteren § 254 BGB, welche (im ersten Entwurf noch deutlicher als in der Gesetz gewordenen Fassung) bewusst auf das Ermessen des Richters zur Herstellung von Einzelfallgerechtigkeit verweist. Die Motive erläutern hierzu: »Ein Blick auf die Praxis lehrt, daß die Fälle zu verschiedenartig liegen, als daß durch eine Vorschrift eine für alle Fälle passende Regel gegeben werden könnte. Eine kasuistische Behandlung müßte aber zur Unvollständigkeit und deshalb zu Dunkelheiten führen. Es ist daher am rathsamsten, dem Richter möglichste Freiheit in der Beurtheilung des konkreten Falles zu lassen.« (Motive zum BGB, Bd. 2, S. 23 f.).

Das BGB war eben nicht durchgängig vom Streben nach größtmöglicher Präzision und Bestimmtheit geprägt, sondern verzichtete an manchen Stellen bewusst auf eine weitergehende Präzisierung zugunsten richterlichen Ermessens. Dies geschah insbesondere in solchen Regelungsbereichen, in denen das Gebot der Einzelfallgerechtigkeit schwerer wog als das der Rechtssicherheit, wie etwa im Recht der unerlaubten Handlungen, im Recht der ungerechtfertigten Bereicherung oder im Unterhaltsrecht.[388] Nicht immer waren es aber die BGB-Kommissionen, denen das BGB seine Generalklauseln verdankt, zum Teil fanden sie auch erst durch den Bundesrat oder Reichstag Aufnahme in das Gesetzbuch.[389]

Von den Zeitgenossen wurde dieser Methodendualismus sehr genau wahrgenommen. Schon auf den ersten Entwurf des BGB hin fehlte es nicht an Stellungnahmen, die den Mut der Redaktoren loben, Entscheidungen durch gesetzliche Formeln wie »Treu und Glauben« in das Ermessen des Richters zu stellen und das Gesetzbuch hiermit für eine richterliche Rechtsfortbildung zu öffnen.[390] In der Folgezeit waren es insbesondere Zitelmann, Kohler und Hedemann, die sich im ersten Jahrzehnt des 20. Jahrhunderts, also kurz nach Inkrafttreten des BGB, mit dieser Regelungstechnik näher beschäftigten.[391] Hierbei werden die Vorteile, die diese Technik bietet, hervorgehoben. Dort, wo sich die Vielgestaltigkeit des Lebens durch abstrakte Regeln nicht hinlänglich einfangen lässt, sei es sinnvoll,

---

[388] Vgl. aus dem Recht der unerlaubten Handlungen die »guten Sitten« in § 826, die »Billigkeit« in § 829 und die »billige Entschädigung« in § 847; aus dem Recht der ungerechtfertigten Bereicherung die »sittliche Pflicht« in § 814, »Treu und Glauben« in § 815 und die »guten Sitten« in § 817 und § 819; aus dem Unterhaltsrecht etwa »standesmäßiger Unterhalt« in §§ 1603, 1610, »angemessene Aussteuer« in § 1620 und die Herabsetzung auf den »nothdürftigen Unterhalt« bei »sittlichem Verschulden« in § 1611 BGB. Im Deliktsrecht enthielt der Entwurf Kübels noch eine »große« Generalklausel; die Grundentscheidung zur Aufteilung in drei »kleine« Generalklauseln (die späteren §§ 823 Abs. 1, 823 Abs. 2 und 826) wurde von der ersten BGB-Kommission getroffen (näher *Benöhr*, S. 504 ff., 532 ff.).

[389] Während sich in der späteren Entwicklung nach dem ersten Weltkrieg besonders die Generalklausel des § 242 BGB zu einem Einfalltor für die richterliche Rechtsfortbildung im Vertragsrecht entwickelte, war die Wahrnehmung der Zeitgenossen zur Zeit der Entstehung des BGB eine andere. Damals erregte die Frage, ob in das Gesetzbuch ein allgemeines Schikaneverbot aufgenommen werden solle (der spätere § 226 BGB, welcher in der Rechtsentwicklung kaum Bedeutung erlangte) wesentlich größere Aufmerksamkeit. Die erste und zweite Kommission hatten sich noch gegen eine derart allgemein gehaltene Bestimmung ausgesprochen; die Vorkommission des Reichsjustizamts argumentierte, dass das Vorhandensein einer solchen Bestimmung die Gefahr in sich schließe, dass der Richter, statt sich von klaren Entscheidungsgründen leiten zu lassen, einem dunklen, rein subjektiven Rechtsgefühl folge (*Jakobs/Schubert*, Beratung, Allgemeiner Teil, Teil 2, S. 1171). Erst der Bundesrat beschloss die Aufnahme eines Schikaneverbot, allerdings noch beschränkt auf die Ausübung des Eigentumsrechts; als allgemeines Schikaneverbot fand es erst nach langer und kontroverser Debatte im Reichstagsausschuss und gegen die Empfehlung der Bundesratskommissare Aufnahme in das Gesetzbuch (*Jakobs/Schubert*, Beratung, Allgemeiner Teil, Teil 2, S. 1171 ff., 1244 f.; Bericht der Reichstags-Kommission, S. 32 ff.; hierzu auch *Hübner*, S. 63 f.).

[390] *Hartmann*, AcP 73 (1888), S. 315, 405 u. passim.

[391] *Zitelmann*, Kunst, S. 37 ff./277 ff.; *Kohler*, AcP 96 (1905), S. 373 ff.; *Hedemann*, Gesetzgebungskunst, S. 315 f.

die Entscheidung des Einzelfalls mittels allgemeiner Formeln in das Ermessen des Richters zu legen.[392] So sei Einzelfallgerechtigkeit erreichbar, ohne in endlose Kasuistik zu verfallen.[393] Wichtiger noch sei die Zukunftsfunktion derartiger elastischer Bestimmungen.[394] Hierdurch sei es möglich, das Gesetzbuch kontinuierlich den veränderten tatsächlichen Verhältnissen, aber auch dem Wandel der rechtlichen Anschauungen anzupassen, ohne dass hierfür in jedem Einzelfall der Gesetzgeber tätig werden muss.

Aber auch die Nachteile einer derartigen Regelungstechnik wurden schon früh klar erkannt.[395] Je mehr sich der Gesetzgeber unbestimmter Rechtsbegriffe bediene, die erst durch die Rechtsprechung ausgefüllt werden müssen, je weniger könne das Gesetz eine verhaltenslenkende Funktion ausüben, also Richtschnur für das Handeln des einzelnen sein.[396] Allgemein verstärke eine derartige Regelungstechnik die Rechtsunsicherheit, begünstige Rechtsstreitigkeiten über die Auslegung des Gesetzes und mache den Ausgang von Rechtsstreitigkeiten ungewisser.[397] Und auch die Einzelfallgerechtigkeit, zu deren Gunsten solche Unsicherheiten in Kauf genommen werden, sei mit dieser Technik nicht immer erreichbar. Häufig führe nämlich die Arbeitsüberlastung der Richter und andere Gründe dazu, dass an die Stelle einer umfassenden Würdigung des Einzelfalls durch den Richter doch wieder eine schematische Betrachtung tritt, die gerade nicht dem Zweck entspricht, die den Gesetzgeber zur Verwendung unbestimmter Begriffe veranlasste.[398]

Im BGB überwog denn auch in den meisten Fällen das Streben nach größtmöglicher Bestimmtheit und die bewusste Unbestimmtheit beschränkte sich auf einzelne, aber nicht zu übersehende Einfalltore. Der hierin liegende partielle Rückzug des Gesetzgebers vom selbst auferlegten Bestimmtheitsanspruch war bemerkenswert genug und zeigt einmal mehr, dass eine Charakterisierung des BGB als Produkt des Gesetzespositivismus zu kurz greift. Allerdings sollte die Bedeutung, denen aus Sicht der BGB-Verfasser den später so genannten Generalklauseln zukam, auch nicht überschätzt werden. Der hohe Stellenwert, den Generalklauseln bei der künftigen Fortentwicklung des Rechts einnahmen, wur-

---

[392] So schon *Hartmann*, ebd. (Fn. 390).

[393] *Zitelmann*, Kunst, S. 37 ff./277 ff.

[394] *Kohler*, AcP 96 (1905), S. 373 ff., spricht von »Fortschrittsvorschriften«; *Hedemann*, Gesetzgebungskunst, S. 315 f., von einem »breite[n] Tor, durch das der Fortschritt seinen Einzug hält«.

[395] Im Ergebnis überwiegt bei *Zitelmann* die Skepsis, bei *Kohler* hingegen die Zustimmung zu dieser Regelungstechnik. *Zitelmann* stuft das Vertrauen in die Rechtssicherheit des geschriebenen Rechts als Gesetzgebungsziel höher ein als das Vertrauen in die schöpferische Kraft der Jurisprudenz (Rechtsgeschäfte, S. 6). *Hedemanns* frühe Stellungnahme ist in dieser Hinsicht noch ergebnisneutral; er empfiehlt dem Gesetzgeber nur, zwischen den Vor- und Nachteilen dieser Technik eine Abwägung zu treffen. Erst in seiner späteren Schrift »Die Flucht in die Generalklauseln« überwiegt die Skepsis und plädiert er für einen zurückhaltenden Gebrauch seitens des Gesetzgebers.

[396] *Zitelmann*, Kunst, S. 42 ff./282 ff.

[397] *Zitelmann*, ebd.

[398] *Zitelmann*, ebd.

de von den BGB-Verfassern nicht vorhergesehen. Für die Redaktoren waren die unbestimmten Rechtsbegriffe ein Instrument, dort, wo es angemessen und ohne Gefahr für die Rechtssicherheit möglich erschien, die Herstellung von Einzelfallgerechtigkeit zu erleichtern, ohne in Kasuistik zu verfallen. Die den Generalklauseln darüber hinaus von der Rechtsprechung später zuerkannte Rolle bei der aktiven Fortentwicklung des Rechts lag außerhalb der von den BGB-Verfassern mit diesem Instrument verfolgten Intentionen.[399]

Im schweizerischen ZGB ist der bewusste Gebrauch von Generalklauseln und unbestimmten Rechtsbegriffen noch weiter ausgebaut.[400] Der hierin liegenden Einräumung richterlichen Ermessens kommt wesentliche Bedeutung in Hubers Gesetzgebungskonzept zu, welches wie aufgezeigt Vollständigkeit und Rechtssicherheit nicht im Alleingang des Gesetzgebers, sondern nur im Zusammenspiel mit Rechtsprechung und Lehre verwirklichen will. An sich mögliche nähere Präzisierungen seitens des Gesetzgebers bleiben bewusst unausgesprochen, um Wissenschaft und Praxis die Gelegenheit zu geben, allmählich eine nähere Ausformung vorzunehmen, welche schmiegsam genug ist, um den Wechselfällen der Zeiten und realen Verhältnissen gerecht zu werden.[401]

---

[399] Die von der Rechtsprechung und Rechtswissenschaft in der Folgezeit betriebene Ausformung von Fallgruppen zu den generalklauselartigen Tatbeständen und andere durch Praxis und Lehre vorgenommene Konkretisierungen der vom Gesetzgeber verwendeten Generalklauseln war methodisch wesentlich mehr als die Verwirklichung von Einzelfallgerechtigkeit, trat vielmehr in ihrer über den Einzelfall hinausreichenden Bedeutung an die Stelle gesetzlich bestimmten Rechts. Dass hierin auch ein Gewaltenteilungsproblem lag (Hedemanns »Flucht in die Generalklauseln«), trat erst später in der Kritik hervor, nachdem die politischen, sozialen und wirtschaftlichen Umwälzungen des Ersten Weltkriegs und der späteren Hyperinflation ganz neue Anforderungen an die Rechtsordnung stellten.

[400] Vgl. etwa die Generalklauseln zu Treu und Glauben (Art. 2 Abs. 1), zum Rechtsmissbrauch (Art. 2 Abs. 2) und zum allgemeinen Persönlichkeitsrecht (Art. 28) oder im Familienrecht zum Scheidungsgrund der »tiefen Zerrüttung« (Art. 142). Interessant ist hierbei, dass der Missbrauchstatbestand des Art. 2 Abs. 2 ZGB bei der Gesetzesentstehung eine ähnliche Entwicklung durchlief wie das inhaltlich vergleichbare Schikaneverbot des § 226 BGB. Der Vorentwurf zum ZGB hatte wie die Reichstagsvorlage des BGB (s. hierzu oben Fn. 389; die beiden BGB-Kommissionen hatten die Aufnahme eines Schikaneverbots noch insgesamt abgelehnt) nur ein auf die Ausübung des Eigentumsrechts beschränktes Schikaneverbot enthalten (Art. 644 Abs. 2 des Vorentwurfs von 1900). Die zur Prüfung des Vorentwurfs eingesetzte große Kommission entschied sich dann, diese Vorschrift zu einem allgemeinen Missbrauchstatbestand zu erweitern, der als »Notausgang« für die Bedürfnisse der Praxis dienen soll (Botschaft des Bundesrates an die Bundesversammlung v. 28. Mai 1904, S. 14). Der generalklauselartige Scheidungsgrund der tiefen Zerrüttung, der in seiner praktischen Bedeutung alle anderen Scheidungsgründe bei weitem überwog (vgl. R. Gmür, S. 71 f.), war keine Innovation Hubers, sondern fand sich bereits in dem Bundesgesetz betreffend die Feststellung und Beurkundung des Zivilstandes und die Ehe v. 24. Dezember 1874. Im Gegenteil bemühte sich Huber in seinen Erläuterungen zum Vorentwurf zu verdeutlichen, dass die Bestimmung gegenüber dem bisherigen Recht eher eine Erschwerung der Scheidung bewirke, indem die bislang getrennten Scheidungsgründe der Zerrüttung und der Unverträglichkeit des weiteren Zusammenlebens (Art. 47 und 45 des vorerwähnten Gesetzes von 1874) nunmehr kumulativ vorliegen müssen (*Huber*, Erläuterungen, Heft 1, S. 132 ff.).

[401] *Huber*, Erläuterungen, Heft 1, S. 28 f.

Ein bewusstes Abweichen vom Bestimmtheitsstreben erfolgte beim ZGB aber nicht nur aus dem Motiv heraus, dem Richter größeres Ermessen einzuräumen und das Gesetzbuch hierdurch schmiegsam und anpassungsfähig zu halten, sondern auch im Dienste der größeren Anschaulichkeit und Volkstümlichkeit. So finden sich an vielen Stellen des Gesetzbuchs volkstümliche Wendungen, gar Reime und Rechtssprichwörter, deren Ungenauigkeit für den Juristen auf der Hand liegt, denen aber dennoch wegen ihrer Anschaulichkeit der Vorzug gegeben wurde gegenüber präziseren, aber zugleich umständlicheren und schwerer verständlichen Wendungen.[402]

V. Gemeinverständlich, volkstümlich und einfach

Wenden wir uns nun einer weiteren Forderung an die Gesetzgebungstechnik zu, welche ebenso wie die nach eindeutigen Gesetzen die Gesetzgebungsdiskussion von der Aufklärungszeit bis ins 20. Jahrhundert prägte: Einfach sollen die Gesetze sein, so dass sie möglichst jedermann verstehen könne; später sprach man lieber von Volkstümlichkeit der Gesetze, die zu erstreben sei. Wir wenden hierbei unseren Blick auf Entstehung, Umfang und Kritiker dieser Forderung und damit auf das Problem der Zielgruppe bei der Gesetzesformulierung, außerdem auf die Mittel, mit denen man Gemeinverständlichkeit erreichen oder ihr näher kommen wollte, und schließlich auf die Motive, die hinter diesen Forderungen standen. Zeitlich gesehen lassen sich zwei Höhepunkte in der Diskussion um Gemeinverständlichkeit ausmachen: zum einen die Zeit der Spätaufklärung und zum anderen die Entstehungszeit von BGB und ZGB.

1. Die Entwicklung zur Zeit der Aufklärung

a) Das Konzept

Eine frühe Aufforderung an den Gesetzgeber, nach einer gemeinverständlichen Ausdrucksweise zu streben, findet sich bereits bei Bacon. Typisch für diesen abwägenden, alle überzogenen Forderungen vermeidenden Denker ist auch hier, dass er diesen Anspruch nicht an alle Gesetze knüpft, sondern nur an gewöhnliche und »politische« Regelungen (Bacon dachte hier wohl in erster Linie an ordnungs-

---

[402] Berühmt ist Art. 14 Abs. 2 ZGB (»Heirat macht mündig«); ähnlich eingängig für den flüchtigen Leser, zugleich aber auch unpräzise in der Frage ihres genauen Regelungsgehalts sind etwa Art. 27 Abs. 2, 159 Abs. 3 und 271; Reime finden sich etwa in Art. 161 Abs. 2 (»Rat und Tat«) und Art. 781 Abs. 1 (»Weg und Steg«); vgl. hierzu auch *Liver*, Rn 130 (mit dem Hinweis auf »Quellen und Brunnen« in Art. 706 f., wobei es gar nicht der Intention des Gesetzgebers entsprach, Brunnen, die nicht zugleich Quellen sind, unter diese Bestimmungen fallen zu lassen; die französische Gesetzesfassung sprach denn auch nur von Quellen).

rechtliche Vorschriften im Sinne des frühneuzeitlichen Begriffs der »Policey«), bei denen normalerweise niemand rechtlichen Beistand hinzuzieht, sondern seinem eigenen Urteil vertraut.[403] Anders als manch spätere überzogene Forderung der Aufklärung, jedermann zu seinem eigenen Advokaten zu machen, sah Bacon durchaus die Notwendigkeit, bei besonderen und bedeutenden Geschäften (man denke etwa an Grundstücksgeschäfte) auch weiterhin rechtlichen Beistand beizuziehen. Da dieser Beistand aber nicht auf Schritt und Tritt zu haben ist, sollen zumindest die Regelungen des Alltagslebens so abgefasst sein, dass der einzelne sich hieran auch ohne Rechtsbeistand orientieren kann.

Seit der Mitte des 18. Jahrhunderts findet sich die Forderung nach möglichst einfachen, dem Volk verständlichen Gesetzen ausgehend von Montesquieu dann allenthalben in der aufklärerischen Gesetzgebungsliteratur.[404] Ziel war dabei, dass auch der juristisch nicht vorgebildete Laie die Gesetze verstehen und sich hieran orientieren könne, das Gesetzbuch also zum Lesebuch und Handlungsanweisung für das Volk werde. Montesquieu dachte hierbei an Leute von mittlerer Fassungskraft,[405] andere schlicht an jedermann[406]. Globig und Huster forderten, dass auch der »Einfältigste« mit leichter Mühe seine Schuldigkeiten gegen den Staat und seine Mitbürger dem Gesetzbuch entnehmen könne[407] und Hippel glaubte, dass

---

[403] *Bacon*, De Augm. Scient., Buch 8, Kap. 3, Aphorismus 68, S. 819.

[404] *Montesquieu*, Buch XXIX, Kap. 16; *Heumann v. Teutschenbrunn*, Kap. 8, S. 89; *Justi*, Buch 13, § 414 = Bd. 2, S. 480f.; *Bielfeld*, Bd. 1, Kap. VI, § 15, S. 239; *Beccaria*, § 5; *Filangieri*, Bd. 1, S. 66; *Paalzow*, Vorrede zum Montesquieu-Kommentar, S. XVI; *Lamezan*, S. 88, 150, 166ff.; *Globig/Huster*, S. 32; *Sonnenfels*, S. 363, 367; *Klein*, Annalen, Bd. 2 (1789), S. 21ff.; *Fredersdorff*, S. 170; *Erhard*, S. 41, 43; *Reitemeier*, Gesetzbuch, Bd. 1, S. XIV ff.; *ders.*, Gesetzwissenschaft, S. 15; *Stürzer*, S. 175f.; *Beck*, S. 428f., 634; *Pfeiffer*, S. 70ff. Ebenso die Instruktion *Katharinas II* v. 30. Juli 1767 für die russische Gesetzgebungskommission (§§ 158, 447, 457). Zur Entwicklung nach 1815 s. unten S. 394, Fn. 461.

[405] *Montesquieu*, Buch XXIX, Kap. 16; hierzu *Schott*, Gesetzesadressat und Begriffsvermögen, S. 203f. *Schott* gibt der Formel von der mittleren Fassungskraft m. E. jedoch zu viel Gewicht, wenn er ihr zuschreibt, dass sie »rasch Gemeingut« für die Umschreibung des Gesetzesadressaten wurde; vgl. hierzu auch unten Fn. 406 und Fn. 417 zu den von *Schott* hierbei u. a. herangezogenen Äußerungen Katharinas II und Thibauts.

[406] *Heumann v. Teutschenbrunn*, Kap. 8, S. 89; *Justi*, Buch 13, § 414 = Bd. 2, S. 480f.; *Bielfeld*, Bd. 1, Kap. VI, § 15, S. 239f.; *Beccaria*, § 5; *Bentham*, Civil Code, S. 324 = Traités de législation, Bd. 2, S. 99; *ders.*, Papers, S. 137; *Pfeiffer*, S. 70f.; *Hegel*, § 215, S. 368; aus späterer Zeit: *Rousset*, Bd. 1, S. 99. Auch die Instruktion *Katharinas II* vom 30. Juli 1767 fordert jedermann verständliche Gesetze (§ 447: »Ein jedes Gesetz muß mit Worten, die allen und jeden verständlich, und dabei so kurz als möglich sind, ausgedrückt werden.«; § 457: »Gesetze werden überhaupt für alle Menschen gemacht. Alle sind schuldig, denselben nachzuleben. Folglich ist nötig, daß auch alle und jede solche verstehen.«). Daneben übernimmt *Katharina II* aber auch, worauf schon *Schott* (Gesetzesadressat und Begriffsvermögen, S. 203f.) hinwies, die Montesquieu-Stelle, wonach Gesetze nicht zu spitzfindig sein sollen, damit sie auch von Leuten mit mittlerer Fassungskraft verstanden werden (§ 451; m. E. dürfte hiermit aber keine Einschränkung des zuvor noch breiter umrissenen Adressatenkreises bezweckt sein.

[407] *Globig/Huster*, S. 32. In seinem späteren »System einer vollständigen Criminal-, Policey- und Civil-Gesetzgebung« war *Globig* hingegen in dieser Hinsicht zurückhaltender, indem er konstatierte, dass das allgemeine Gesetzbuch wegen seines großen Umfangs nur dem Rechtsge-

ein Gesetzbuch überhaupt nur dem gemeinen Mann zum Nutzen sein könne und der Gesetzgeber sich daher ganz an dessen Fassungskraft zu orientieren habe.[408] So war auch das negative Votum der Mehrheit des österreichischen Staatsrates zum Codex Theresianus, welches zum Scheitern der vorgesehenen Inkraftsetzung führte, wesentlich dadurch bedingt, dass man infolge des gelehrten Lehrbuchcharakters und der Weitläufigkeit des Entwurfs diesen für ungeeignet hielt, um dem einfachen Bürger zur Richtschnur zu dienen.[409]

Hierbei wird die Nähe dieser Forderungen zu dem aufklärerischen Streben nach staatlicher Förderung der Gesetzeskenntnis, nach Rechtsunterricht in der Schule und nach Verkündung der Gesetze in den Kirchen deutlich. Wer die Rechtskenntnis mit derartigen wohlfahrtsstaatlichen Mitteln durch das Gesetz selbst ins Volk tragen wollte, musste auch darauf achten, dass die Fassung der Gesetze eine solche Vermittlung an den juristischen Laien erlaubt. Auch Bentham war von dem Gedanken durchdrungen, mittels seines Konzepts eines »Pannomions«, also eines umfassenden Systems aufeinander abgestimmter Gesetzbücher, die Kenntnis des Rechts in allen seinen Teilen auch dem Nicht-Juristen zugänglich zu machen.[410] Als er den Bürgern der USA das Angebot unterbreitete, für diese ein Pannomion zu erstellen, prophezeite er ihnen im Überschwang seiner Pläne, dass, wenn dieses einmal vorliege, jeder, der nur lesen könne, in seinen Mußestunden mehr vom Rechte lernen könne, als jetzt der schlaueste Advokat davon wisse.[411]

Im Umkreis der Entstehung des preußischen AGB und auch des österreichischen ABGB beurteilte man das, was der Gesetzgeber in dieser Hinsicht leisten könne, schon realistischer, aber immer noch optimistisch. Man sah (ebenso wie später Mohl und Bluntschli[412]) zumindest ein durch gute Erziehung ausgebildetes

---

lehrten zum Leitfaden dienen könne und für das breite Publikum hieraus ein »Volkskodex« zusammengestellt werden solle (Bd. 1, S. XXXV f.; s. hierzu oben S. 255 f.).

[408] *Th. Hippel*, S. 178 f. (für »Leute von Wissenschaft« sei eigentlich kein positives Gesetzbuch nötig, da diese »das Gesetzbuch der Natur« lesen könnten und Abweichungen der positiven Gesetze von den Naturgesetzen »beiläufig aus gesellschaftlichen Unterredungen oder dem Umgange der Rechtsgelehrten« erfahren könnten).

[409] Vgl. die negative Stellungnahme des Staatskanzlers von Kaunitz v. 14. Oktober 1770 zum Codex Theresianus (Wortlaut bei *Maasburg*, Allgemeine österreichische Gerichts-Zeitung, Bd. 32 (1881), S. 217 f.), der den sich nur an Juristen wendenden Lehrbuchcharakter und die Weitläufigkeit des Entwurfs als dessen Hauptfehler herausstellt und resümiert: »Gleichergestalt sollte das Gesetzbuch vorzüglich Dasjenige enthalten, was außer den Rechtsgelehrten auch allen Ständen der Bürger überhaupt zu wissen nöthig und nützlich ist, dahingegen man in dem Lehrbuche weiterzugehen und die Hauptabsicht auf Formirung der Rechtsgelehrten zu richten hätte.« (ebd., S. 218).

[410] Vgl. hierzu *Vanderlinden*, Tijdschrift voor rechtsgeschiedenis 32 (1964), S. 52.

[411] *Bentham*, Letter to the Citizens of the several American United States, Juli 1817, in: *ders.*, Papers, S. 123.

[412] *Mohl* (Politik, Bd. 1, S. 438) und *Bluntschli* (Politik, S. 458) sahen das Fassungsvermögen des gebildeten Laien als Maßstab für die Forderung nach Verständlichkeit des Gesetzbuchs an.

Fassungsvermögen als Voraussetzung zum Verständnis der Gesetze und als Maßstab für die vom Gesetzgeber anzustrebende »Simplizität« an. In diesem Sinne
aufklärerisch-optimistisch äußerte sich das Publikationspatent zum Allgemeinen
Gesetzbuch für die Preußischen Staaten vom 20. März 1791, welches das Gesetzbuch für geeignet hielt, »daß ein jeder Einwohner des Staats, dessen natürliche
Fähigkeiten durch Erziehung nur einigermaßen ausgebildet sind, die Gesetze,
nach welchen er seine Handlungen einrichten und beurtheilen lassen soll, selbst
lesen, verstehen, und in vorkommenden Fällen sich nach den Vorschriften derselben gehörig achten könne«.[413] Ganz ähnlich formulierte Zeiller in zwei Vorträgen vor der Gesetzgebungskommission, dass zumindest der »gebildetere Bürger«,
bei dem man die Elementarbegriffe des Rechts voraussetzen kann, das Gesetzbuch verstehen soll.[414] Ausdrücklich wandte sich Zeiller hierbei gegen die übertriebene Forderung, das bürgerliche Gesetzbuch in einem »so populären Stile
abzufassen, daß auch der Mann von der untersten Klasse ohne Bildung und ohne
Vorkenntniß es verstehen, sich selbst daraus belehren und seine Rechte schützen
könne«.[415] Im Publikationspatent zum ALR von 1794 fand sich die oben zitierte
Passage aus dem Publikationspatent des AGB dann schon nicht mehr. Stattdessen
definierten Svarez und Goßler 1793 mit ganz ähnlichen Worten ihre Zielgruppe,
bezeichnenderweise aber nicht für das eigentliche Gesetzbuch (welches sie nunmehr primär an den Juristenstand gerichtet sahen), sondern für den projektierten
Volkskodex, der für diejenigen Staatsbürger bestimmt sei, »die ohne eigentliche
gelehrte Erziehung, durch einen gewöhnlich guten Schulunterricht zum Nachdenken einigermaßen vorbereitet« sind.[416]

So fehlte es auch nicht an frühen Stimmen in der Literatur, die vor der überzogenen Erwartung eines Gesetzbuchs als Lesebuch für das Volk warnten und
stattdessen betonten, dass schon viel gewonnen sei, wenn das Gesetzbuch dem
Juristen verständlich ist.[417] Das Gesetzbuch sollte nach dieser Auffassung also nicht

---

[413] Publikationspatent zum AGB, S. IV.

[414] *Ofner*, Protokolle, Bd. 1, S. 8, Bd. 2, S. 475.

[415] *Ofner*, Protokolle, Bd. 1, S. 8. Ähnlich *Zeiller*, Eigenschaften, S. 258: »Eine so lichtvolle,
populäre Darstellung aller Rechtsvorschriften, dass sie auch zur Belehrung der untersten Volksklassen hinreiche, lässt sich weder mit der Natur des Gegenstandes noch mit den übrigen Eigenschaften eines Zivilgesetzbuches vereinigen. Genug, dass es der Fassungskraft aller gebildeteren
Einwohner, bei denen man wenigstens die Elementarrechtsbegriffe voraussetzen kann, angemessen ist.«

[416] *Svarez / Goßler*, Vorrede, S. VIII.

[417] Vgl. *Svarez*, Inwiefern können und müssen Gesetze kurz sein, S. 629; *Schlosser*, Briefe,
S. 10 ff. (die populäre Forderung nach Simplifizierung der Gesetze fördere den Despotismus);
Reitemeier, Redaction, S. 100 f. (Verständnis des Privatrechts erfordere juristische Kenntnisse, die
übrigen Teile eines Gesetzbuchs sollen hingegen möglichst gemeinverständlich sein); *Rehberg*,
S. 34 (Traum eines Gesetzbuchs als Ratgeber für jedermann lasse sich nicht verwirklichen), auch
Thibaut (S. 25 f.) dachte bei seiner Verheißung, dass durch ein Nationalgesetzbuch das Recht auch
dem mittelmäßigen Kopfe in allen Teilen zugänglich wird, an den mittelmäßigen Juristen, nicht
(wie *Schott*, Gesetzesadressat und Begriffsvermögen, S. 204, meint) an den Laien, was aus dem

primär der Volksbildung dienen, sondern der Ausbildung und Anweisung der Juristen, denen durch eine einfache und verständliche Fassung des Gesetzes die Rechtsanwendung erleichtert werden sollte. Aus dieser Erkenntnis erwuchs dann bei Wolff, Eggers, Svarez, Reitemeier, Globig und Feuerbach die Idee des doppelten Gesetzbuchs, eines ausführlichen für den Juristenstand und eines auszugsweisen »Volkskodex« für die Laien.[418] Auf diese Weise glaubte man die Gesetzgebungsziele der Rechtssicherheit und des Ausschlusses richterlichen Ermessens mit dem widerstreitenden Ziel einer möglichst großen Verbreitung der Gesetzeskenntnis unter das Volk, dem das Gesetz (wie die Vernunft) zur Richtschnur des Handelns werden sollte, in Einklang zu bringen.

Möglich war dieser Konflikt überhaupt erst, seitdem man in der Aufklärung das Volk als direkten Adressaten der Gesetze »entdeckt« hatte.[419] Wir sahen bereits, dass die Carolina – primär ohnehin eine an die Richter gerichtete Prozessordnung – auch in ihren materiell-rechtlichen Teilen sich in erster Linie an die Rechtsprechung wandte und nicht als direkte Richtschnur für das Handeln des einzelnen dienen wollte.[420] Auch Coccejis Projekt eines Corporis Juris Friderciani war – ungeachtet des selbstgestellten Anspruchs, ein Landrecht in deutscher Sprache zu liefern, mittels dessen ein jeder, der einen Prozess hat, ersehen könne, ob er Recht oder Unrecht hat[421] – stilistisch noch ausschließlich an den Juristen gerichtet und durch seine stark latinisierte Sprache für den Laien schon rein sprachlich nicht zugänglich.[422] Der aufgeklärt-absolutistische Wohlfahrtsstaat des ausgehenden 18. Jahrhunderts will mittels der Gesetze aber mehr erreichen, als bloß Entscheidungs- und Anwendungshilfen für die Juristen zu geben. Solange die Rechtsordnung primär als statisch gedacht wurde, das Recht seine Legitimation aus dem Herkommen bezog und der Herrscher durch Gesetzbücher das Recht (außerhalb des Ordnungsrechts) in erster Linie sammeln und aufzeichnen, nicht aber neu gestalten wollte, bestand kein unmittelbares Bedürfnis, dem einzelnen das in den Gesetzbüchern enthaltene Recht, dass ja primär nicht Neues setzen wollte, verständlich zu machen. Der absolutistische Wohlfahrtsstaat versteht die Aufgabe der Gesetze aber nunmehr umfassender, sie sind ihm auch Lenkungsinstrument für

---

Zusammenhang deutlich wird, indem er von dem Gewinn für die »Diener des Rechts« spricht, die bislang alle Seiten des Rechts kaum überschauen könnten, und prophezeit, dass »Anwälde und Richter« durch das erstrebte Gesetzbuch endlich in die Lage versetzt würden, dass ihnen das Recht für jeden Fall lebendig gegenwärtig sei.

[418] S. hierzu oben S. 253 ff.

[419] Vgl. zum vorkonstitutionellen Verständnis des Gesetzesadressaten und zum Wandel des Adressatenverständnisses in der Gesetzgebung der Aufklärungszeit: *Schott*, Gesetzesadressat und Begriffsvermögen, S. 193 ff., 196 ff.; *Diestelkamp*, ZHF 10 (1983), S. 409 f.; *Immel*, S. 84; *Brauneder*, Gesetzeskenntnis, S. 108 f.; speziell zum Adressatenverständnis in der Strafgesetzgebung: *Kleinheyer*, Wesen der Strafgesetze, S. 5 ff.

[420] S. oben S. 362.

[421] Project des Corporis Juris Fridericiani, Vorrede, § 28 VIII.

[422] Vgl. oben S. 313.

das Volk, sollen Richtschnur für das Handeln des einzelnen werden, was nur dann gelingen kann, wenn sie dem einzelnen auch verständlich sind. Dieser Zusammenhang zwischen der auf das gesamte Volk ausgeweiteten Lenkungsfunktion des Gesetzes und der hierfür als erforderlich erachteten Gemeinverständlichkeit wird im absolutistischen Preußen[423] ebenso deutlich wie in Österreich[424].

Gleichzeitig sollte das Gesetz jedoch auch präzise Handlungsanweisung für die juristischen Rechtsanwender sein, Rechtsunsicherheit beseitigen und Ermessensspielräume der Rechtsanwender einschränken. Einen möglichen Ausweg aus dem Dilemma dieser divergierenden Gesetzgebungsziele sah man in der Aufklärungszeit wie aufgezeigt in dem Modell eines doppelten Gesetzbuches, welches jedoch nirgends mit Erfolg verwirklicht wurde.[425] Ein anderer möglicher Ausweg lag in der Idee eines Gesetzbuchs, welches auf verschiedenen Verständnisebenen gelesen werden kann. Dies ist ein Ansatz, den man von der Aufklärungszeit bis ins 20. Jahrhundert findet, bei Klein, Bentham und Feuerbach ebenso wie später bei Mohl, Huber und Gutherz.[426] Die genannten Autoren waren sich darin einig,

---

[423] Bezeichnend hierfür die Kabinettsorder Friedrichs II vom 14. April 1780, in der er es als »sehr unschicklich« ansieht, dass die Gesetze größtenteils in einer Sprache geschrieben seien, »welche diejenigen nicht verstehen, denen sie doch zu ihrer Richtschnur dienen sollen« (Kabinettsorder vom 14. April 1780, S. 45). Vom traditionellen, primär am juristischen Anwender ausgerichteten Adressatenverständnis ging hingegen noch der schlesische Justizminister Danckelmann aus, dessen Eingabe an Friedrich Wilhelm II die Suspension des AGB auslöste. Danckelmann kritisierte u. a. die Benennung des Entwurfs als »Allgemeines Gesetzbuch«, weil er nicht nur die an das Volk gerichteten Gesetze (als kurzes Gebot oder Verbot) enthalte, sondern auch das aus diesen Gesetzen fließende Recht, welches lediglich für Juristen von Interesse sei. Bezeichnenderweise schlug Danckelmann daher später (nach erfolgter Suspension) als Titel »Allgemeines Königlich Preußisches Land-Recht zum Gebrauch der Gerichte und Rechts Consulenten« vor, um Inhalt und eingeschränktes Adressatenverständnis deutlich zu machen (vgl. *Martin Philippson*, Geschichte des Preußischen Staatswesens vom Tode Friedrich des Großen bis zu den Freiheitskriegen, Bd. 2, Leipzig 1882, S. 50; *Heuer*, S. 238; *Schwennicke*, Entstehung, S. 56; *Finkenauer*, ZRG (GA) 113 (1996), S. 165).

[424] So bezeichnet es Zeiller in seinem einleitenden Vortrag vor der Gesetzgebungskommission als erste und eigentliche Bestimmung des geplanten Gesetzbuchs, den Bürger über Recht und Unrecht im Voraus zu belehren, ihn vorsichtig zu machen und vor Schaden zu bewahren (*Ofner*, Protokolle, Bd. 1, S. 4) und das Kundmachungspatent zum ABGB nennt als eines der Ziele des Gesetzbuchs, dem Bürger den gesicherten Genuss seiner Privatrechte durch eine ihnen verständliche Sprache zu verschaffen (Kundmachungspatent z. ABGB, Abs. 1).

[425] Auch *Svarez/Goßlers* »Unterricht über die Gesetze …« erfreute sich zwar bei der preußischen Richterschaft einiger Beliebtheit; konkrete Hinweise, dass diese Schrift breiten Eingang in das (juristisch nicht vorgebildete) Volk gefunden hätte, liegen jedoch nicht vor (vgl. oben S. 206). Die Schrift blieb aber Privatarbeit; mit Gesetzeskraft wurde sie nirgends ausgestattet, auch nicht in den 1793 durch die zweite polnische Teilung neu erworbenen Gebieten.

[426] *Klein*, Annalen, Bd. 2 (1789), S. 26; *Bentham*, Papers, S. 137 f.; *Feuerbach*, Kritik, Teil 1, S. 20 (Der Gesetzgeber spreche »die Sprache seines Volks mit dem hohen klaren Sinn des Denkers und seine Simplicität ist in Eintracht mit der Richtigkeit und Präcision der Ideen; obgleich allen verständlich, ist doch jeder seiner Sätze dem Denker eine reiche Quelle der Gedanken.«); *Mohl*, Politik, Bd. 1, S. 438 f. (Es sei »eine völlige Verkehrtheit, zu erwarten, dass jemals der rechtsungelehrte, wenn schon im Uebrigen verständige und mit allgemeiner Grundbildung versehene Bürger auch das tadelloseste Gesetz in der Weise verstehen könne, wie der Rechtsgelehrte.«); *Huber*, Erläuterungen, Heft 1, S. 12; *Gutherz*, Teil 2, S. 27 ff.

dass der Laie ein Gesetzbuch niemals in gleicher Weise verstehen könne wie der Jurist; der Jurist auf Grund seiner Ausbildung dem Gesetz also regelmäßig mehr entnehmen könne und Zusammenhänge erkenne, die dem Laien verborgen bleiben. Das rechtfertige es aber nicht, den Laien von vornherein durch eine nur dem Juristen verständliche Gesetzessprache vom Verständnis der Gesetze auszuschließen. Vielmehr solle sich der Gesetzgeber bemühen, die Gesetze so zu fassen, dass auch der Laie einen Zugang hierzu findet und zumindest einfach gelagerte Fälle des alltäglichen Lebens danach beurteilen kann.

b) Die Mittel

Was waren nun die Mittel, mit denen die Gesetzgebungstheorie und Praxis der Aufklärungszeit Gemeinverständlichkeit zu erreichen suchte? Die wohl elementarste Forderung bestand darin, die Gesetze in der Landessprache abzufassen. Diese Forderung ist sehr alt und findet sich bereits bei Conring, der es als ungerecht empfand, das Volk zu verpflichten, nach Gesetzen zu leben, die es nicht versteht.[427] Auch Leibniz wird häufig als früher Verfechter landessprachlicher Gesetze genannt; tatsächlich äußerte er aber eher beiläufig den Gedanken einer Übersetzung des Corpus Juris Civilis ins Deutsche, wobei er hierin ein didaktisches Hilfsmittel sah, nicht zuletzt angesichts mangelhafter Lateinkenntnisse bei den Rechtsstudenten.[428] Der Gedanke, dass die Übersetzung mit Gesetzeskraft an die Stelle des lateinischen Corpus Juris treten sollte, lag ihm fern, weshalb es übertrieben ist, Leibniz als frühen Protagonisten volkstümlicher Gesetze zu feiern. Bezeichnenderweise sah er bei seinem späteren Projekt eines Codex Leopoldinus Latein als Gesetzessprache vor.[429] Nachhaltiger setzte sich Thomasius für Deutsch als Rechts- und Gesetzessprache ein. Er bezeichnete es als töricht, Gesetze zu haben, die nicht in der Sprache des Volkes geschrieben sind.[430] Bekanntlich wagte es Thomasius auch als erster, juristische Universitätsvorlesungen in deutscher Sprache zu halten und ohne diese Pionierarbeit hätte vielleicht Wolff seine frühen rechtsphilosophischen Werke nicht in deutscher Sprache verfasst, welche wiederum das sprachliche Terrain für die Redaktoren des preußischen ALR mitbereiteten.[431]

---

[427] *Conring*, Kap. 35, S. 187.

[428] *Leibniz*, Nova methodus discendae docendaeque jurisprudentiae, Teil II, § 64, S. 337.

[429] Vgl. hierzu *Dickerhof*, S. 43 ff.; Leibniz begründete die Wahl von Latein als Gesetzessprache damit, dass das Gesetzbuch auch in den nicht-deutschsprachigen Gebieten des Reiches gelten sollte.

[430] *Thomasius*, Prudentia Legislatoria, Kap. XII, § 10.

[431] S. hierzu *Lieberwirth*, Christian Thomasius und die deutsche Sprache im Universitätsbetrieb, S. 139 ff. sowie zu dem Zusammenhang zwischen Wolffs deutschsprachigen Lehrsystemen und den Sprachleistungen der Verfasser des ALR *Hattenhauer*, Rechtssprache, S. 34, 51 ff. *Hattenhauer* (ebd., S. 27 ff.) beurteilt den Beitrag des Thomasius zur Entwicklung der deutschen Rechts- und Gesetzessprache jedoch insgesamt zurückhaltend. Seines Erachtens war der schillernde und mit

Seit der zweiten Hälfte des 18. Jahrhunderts findet sich dann fast allenthalben in der Gesetzgebungsliteratur der Ruf nach landessprachlichen Gesetzen.[432] Nur vereinzelt wurde demgegenüber Skepsis laut, etwa bei Hommel (in Bezug auf Strafgesetze), der nüchtern darauf hinwies, dass das Volk die Gesetze auch dann nicht lesen würde (und nicht zu lesen brauche), wenn sie alle in der Landessprache abgefasst wären.[433] Nun hatte die Forderung nach landessprachlichen Gesetzen mehrere Gesichter: Zunächst konnte sie sich auf neu erlassene Gesetze beziehen; insoweit stieß sie in der Gesetzgebungspraxis des 18. Jahrhunderts auf keinen Widerstand. Schon Friedrich Wilhelms I Auftrag an die Juristische Fakultät der Universität Halle zum Entwurf privatrechtlicher Konstitutionen aus dem Jahre 1714 sah ausdrücklich vor, dass diese in Deutsch abzufassen seien[434] und Friedrichs II berühmte Kabinettsorder vom 14. April 1780 schärfte den Redaktoren ein, dass »alle Gesetze für Unsere Staaten und Unterthanen in ihrer eigenen Sprache« abzufassen seien.[435] Selbst Savigny bezweifelte nicht, dass, wenn ein Nationalgesetzbuch verfasst würde, dies in keiner anderen als der Landessprache zu erfolgen habe, doch hielt er die deutsche Sprache seiner Zeit bekanntlich für untauglich, diese Aufgabe zu meistern.[436]

Auf größere Schwierigkeiten stieß die Forderung nach landessprachlichen Gesetzen dann, wenn man sie auch auf das bereits bestehende Recht anwandte. Doch gerade hierin bestand ein wichtiges Anliegen vieler Gesetzgebungstheoretiker der Aufklärungszeit: Was nützte es, das neu entstehende Partikularrecht in deutscher Sprache abzufassen, solange die große Masse des Gemeinen Rechts weiterhin in lateinischer Sprache Gesetzeskraft beanspruchte und damit dem Volk schon aus sprachlichen Gründen unverständlich bleiben musste? Eine wichtige treibende Kraft bei den Kodifikationsbestrebungen der Aufklärungszeit war daher (vor allen inhaltlichen Gestaltungsaufgaben) die elementare Aufgabe, die Masse

---

vielen französischen Vokabeln gespickte Stil Thomasius' nicht geeignet, die Entwicklung der deutschen Rechtssprache wesentlich zu fördern.

[432] *Bielfeld*, Bd. 1, Kap. VI, § 17, S. 241; *Beccaria*, § 5; *Claproth*, Bd. 1, Vorrede, fol. 3r; *Paalzow*, Vorrede zum Montesquieu-Kommentar, S. XXXIX; *Globig/Huster*, S. 25; *Klein*, Annalen, Bd. 2 (1789), S. 25 f.; *ders.*, Annalen, Bd. 6 (1790), S. 94; *Reitemeier*, Redaction, S. 13 ff.; *Beck*, S. 422; *K. S. Zachariä*, Wissenschaft, S. 311, 315; *Pfeiffer*, S. 75 f. Vgl. unten S. 397, Fn. 470 zu Nachweisen aus der Zeit nach 1815.

[433] *Hommel*, Beccaria-Übersetzung, Fn. l zu § V: »...Deutschland hat Carl des fünften peinliche Halsgerichtsordnung deutsch geschrieben und gedruckt. Wer liest sie? Wer hat sie? Man braucht sie auch gar nicht zu lesen, da jeder Mensch von Natur schon weiß, daß Unrecht unrecht sei. Wer eine Übeltat zu begehen Willens ist, schlägt dieses Strafgesetz so wenig nach, als derjenige, der sündigen will, die Bibel.« Dessen ungeachtet trat auch *Hommel* dafür ein, die Gesetzessprache von lateinischen und anderen fremdsprachlichen Ausdrücken zu reinigen (Principis cura leges, S. 43/123).

[434] Vgl. hierzu *Lieberwirth*, Gesetzgebung, S. 131 ff.

[435] Kabinettsorder vom 14. April 1780, S. 45. Entsprechend legte auch die Instruktion Katharinas II an die Gesetzgebungskommission vom 30. Juli 1767 Wert darauf, dass alle Gesetze in der Sprache des Volkes abzufassen sind (§§ 157, 158).

[436] *Savigny*, Beruf, S. 52, 91.

des geltenden Rechtes in die Landessprache zu überführen. Die Bedeutung, die dieser Aufgabe von den Zeitgenossen beigemessen wurde, geht aus den vielen Stellungnahmen der Aufklärungszeit zur Frage der Gesetzessprache ebenso hervor wie etwa aus der erwähnten Kabinettsorder Friedrich II von 1780, die es als »sehr unschicklich« bezeichnet, dass die bestehenden Gesetze größtenteils in einer dem Volk unverständlichen Sprache abgefasst sind.[437]

Mit der bloß formalen Abfassung der Gesetze in der Landessprache war es aber nicht getan. Diese mussten dem Volk nach wie vor unverständlich bleiben, solange sie zwar vordergründig in der Landessprache abgefasst waren, der Gesetzgeber sich aber in hohem Maße juristischer Fachtermini lateinischer oder anderer fremdsprachlicher Herkunft bediente, wofür die Landrechte der frühen Neuzeit ebenso wie noch Coccejis Projekt eines Corporis Juris Fridericiani und Kreittmayrs Codex Maximilianeus Bavaricus Civilis beredtes Zeugnis ablegten.[438] Ein derartiger Jargon war nicht weiter hinderlich, solange der Juristenstand als primärer Adressat der Gesetze angesehen wurde (»Adressat« hier nicht materiell im Sinne des aus den Gesetzen Verpflichteten gemeint, sondern mit Blick auf den stilistischen Adressaten). Die Aufklärung »entdeckte« aber wie wir sahen das Volk als primären Adressaten der Gesetze, weshalb man sich in der Gesetzgebungstheorie auch nicht mit der bloß formal landessprachlichen Fassung der Gesetze begnügte. Es war daher eine weit verbreitete Forderung der aufklärerischen Gesetzgebungsliteratur, die Gesetze nicht nur der Landessprache abzufassen, sondern auch von fremdsprachlichen Ausdrücken und einem wissenschaftlichen Gewand freizuhalten; anstelle einer Fachterminologie sollte sich der Gesetzgeber eines einfachen Stils und der Worte des gewöhnlichen Lebens bedienen.[439]

Die Strafgesetzbücher waren zwar traditionell im Vergleich zu den Zivilgesetzbüchern nicht so stark latinisiert; lateinische Einsprengsel finden sich bis zur Mitte des 18. Jahrhunderts aber auch dort noch viele, so etwa im Codex Juris Bavarici Criminalis von 1751.[440] Vergleicht man hiermit das Josephinische Strafgesetzbuch von 1787, den strafrechtlichen Teil des ALR oder das bayerische Strafgesetzbuch von 1813, so fällt auf, dass diese Gesetzbücher wesentlich stärker eingedeutscht sind; lateinische Ausdrücke finden sich hier kaum noch im Strafgesetz.[441]

---

[437] S. oben Fn. 423.

[438] S. hierzu oben S. 313 mit Fn. 106.

[439] *Montesquieu,* Buch XXIX, Kap. 16; *Hommel,* Principis cura leges, S. 43/123; *Claproth,* Bd. 1, Vorrede, fol. 3r; *Sonnenfels,* S. 367; *Fredersdorff,* S. 170; *Erhard,* S. 43 f.; *Reitemeier,* Gesetzwissenschaft, S. 16 ff. (mit zahlreichen konkreten Vorschlägen zur Eindeutschung lateinischer Fachausdrücke der Gesetzessprache auf S. 68 ff., 159 ff.); *Feuerbach,* Kritik, Teil 1, S. 20; *Pfeiffer,* S. 75 f.

[440] Vgl. aus dem Codex Juris Bavarici Criminalis: Teil 1, Kap. 1, §§ 1–3 (»ad Forum Criminale«, »leviora, graviora, atrocissima«, »dolo vel culpa«), ebd., § 30 (»in facto licito & inculposo«); die Reihe der Beispiele ließe sich beliebig verlängern.

[441] Das bayerische Strafgesetzbuch von 1813 setzt lediglich in einigen wenigen Fällen zu dem deutschen Ausdruck noch die lateinische Entsprechung als Klammerzusatz hinzu: Art. 39, 260, 269, 272, 284.

Die Redaktoren des preußischen ALR folgten mit großem Eifer den geschilderten Bestrebungen nach Vereinfachung der Gesetzessprache. Vergleicht man das ALR mit Coccejis Projekt eines Corporis Juris Fridericiani, wird deutlich, wie viel die Verfasser in dieser Hinsicht geleistet haben.[442] Sie begnügten sich nicht wie Cocceji mit einem bloß formal in deutscher Sprache abgefassten – tatsächlich aber stark latinisierten – Gesetzbuch, sondern waren fast überall auf die Vermeidung lateinischer Fachausdrücke bedacht. Zwar weist auch das ALR noch einen Restbestand lateinischer Fachbegriffe auf, wobei zum Teil recht willkürlich in einer Bestimmung das Fremdwort und in einer anderen der eingedeutschte Begriff verwendet wird, doch ist die Masse an lateinischen Fremdwörtern gegenüber Coccejis Projekt insgesamt wesentlich reduziert und die Syntax vereinfacht.[443] Auch die Redaktoren des österreichischen ABGB hatten auf dem Weg vom barocken Codex Theresianus, den noch lateinische Randerläuterungen im Umfang von einem Fünftel des Gesamttextes schmückten,[444] hin zu der anschaulichen Gesetzessprache des ABGB einiges geleistet.[445] Da die gewählten deutschsprachigen Ausdrücke häufig noch nicht allgemein eingebürgert waren, bedient sich das ABGB in nicht wenigen Fällen eines Nebeneinanders von deutschsprachigem Ausdruck und Fremdwort im Gesetz.[446] Im Übrigen übernahm das amtliche Register zum ABGB durch zahlreiche Querverweise die Funktion einer Vermittlung zwischen den eingebürgerten fremdsprachlichen Fachbegriffen und ihren eingedeutschten Entsprechungen.

Auch Bentham sprach in seinen frühen Schriften eindringlich die Forderung aus, im Gesetz nach Möglichkeit nur allgemein verständliche Ausdrücke zu ge-

---

[442] Vgl. hierzu *Hattenhauer*, Rechtssprache, S. 56; *Heller*, S. 401 ff; *Kiefner*, S. 25 ff., 43 ff. (auch mit interessanten Vergleichen zwischen der Sprache des ALR und der Sprache zeitgenössischer preußischer Einzelgesetzgebung, aus denen die sprachliche Pionierleistung der ALR-Redaktoren im Vergleich zur wesentlich »barockeren« Sprache der Einzelgesetzgebung deutlich wird).

[443] An manchen Stellen glaubten freilich auch die Verfasser des ALR nicht auf den lateinischen Ausdruck verzichten zu können, so bei »Cession, Cedent, Cessionarius« (I 11 Abschnitt 3) oder beim »Legatarius« (I 12 §§ 258, 263 u. passim); weitere Beispiele bei *Kiefner*, S. 48 f. Beispiele für die willkürliche Verwendung mal der lateinischen und mal der deutschen Terminologie sind »Contrakt« (I 5 § 136) und »Vertrag« (I 5 § 137) oder »Verjährung« (I 9 §§ 500 ff.) und »Präscription« (I 9 § 660). Zur Vereinfachung der Syntax s. *Kiefner*, S. 28 ff.

[444] Vgl. *Harrasowsky*, Codex Theresianus, Bd. 1, S. 8, Fn. 17; in der von Harrasowsky herausgegebenen gedruckten Ausgabe des Codex Theresianus wurden diese Randerläuterungen nicht aufgenommen.

[445] Vgl. hierzu *Heller*, S. 429; *Brauneder*, ABGB, S. 229. Die »Entlatinisierung« des Gesetzbuchs war nicht erst eine Errungenschaft der letzten Kodifikationsphase unter dem Referat Zeillers. Schon die Entwürfe Hortens und Martinis hatten in dieser Hinsicht einiges geleistet.

[446] Hierzu machten die ABGB-Redaktoren von drei verschiedenen Techniken Gebrauch: In manchen Fällen wurde das lateinische Fremdwort dem deutschen Wort in Klammern nachgesetzt (vgl. die §§ 431, 438, 453, 974, 1377, 1392, 1395, die Marginalie zu § 302 u. die Überschrift zum 7. Hauptstück), in anderen Fällen beide Begriffe parallel benutzt und durch »oder« verbunden (§ 269: »Curator oder Sachwalter«; § 1239: »Stammgut oder Capital«), in wieder anderen Fällen wurden im eigentlichen Text deutsche Ausdrücke, in der dazugehörigen Marginalie hingegen das juristische Fremdwort benutzt (z. B. §§ 83, 471, 517, 568, 885, 891).

brauchen, auf die Verwendung technischer Fachbegriffe zu verzichten und, wo dies um der Präzision willen nicht möglich sei, die Fachbegriffe zumindest im Gesetz zu erklären.[447] In seinem speziell der Gesetzessprache gewidmeten Spätwerk »Nomography« geißelte Bentham den bisherigen Gebrauch von Fachbegriffen in englischen Gesetzen als Ausdruck des Bestrebens, das Recht als Geheimmaterie den Juristen vorzubehalten.[448] Seine Angriffe münden hier aber nicht in der Forderung nach »volkstümlicher« Ausdrucksweise wie bei den kontinentalen Gesetzgebungstheoretikern seiner Zeit. Den bisherigen englischen Gesetzesjargon will Bentham nicht länger durch einen verstärkten Rückgriff auf eingebürgerte Begriffe des täglichen Lebens ersetzen, sondern durch den systematischen Einsatz neuer Wortschöpfungen, die er existierenden englischen Begriffen oder dem Lateinischen entlehnt und in großer Zahl kreiert und definiert.[449] Das Bestreben nach größtmöglicher begrifflicher Präzision siegte hier bei ihm über Verständlichkeitsüberlegungen. Die juristischen Erkenntnisfortschritte erforderten nach seiner Ansicht eine neue und reichhaltigere Nomenklatur, welche die Gegenstände präziser bezeichnen soll als das bisherige Gesetzesvokabular. Verständnisschwierigkeiten glaubte er dadurch ausräumen zu können, dass das neue Vokabular im Gesetz jeweils definiert wird. Man sieht hieran deutlich, wie weit nicht nur die englische Gesetzgebungspraxis, sondern auch die Gesetzgebungstheorie Benthams (jedenfalls in seinem Alterswerk) von den Vereinfachungsbestrebungen kontinentalen Zuschnitts entfernt war.

Die bisher behandelten Mittel, um die Gesetze gemeinverständlicher zu machen, betrafen deren äußeres Gewand, die Gesetzessprache, waren also formaler Natur. Darüber hinaus hofften Teile der aufklärerischen Gesetzgebungsliteratur auch durch inhaltliche Reformen die Gesetze dem Laien verständlich machen zu können, indem der Gesetzgeber sich auf die Regelung einfacher Grundsätze beschränken sollte.[450] Namentlich im Zivilrecht sollte die unüberschaubare Masse komplizierter Detailregelungen auf wenige und leicht verständliche Grundsätze zurückgeführt werden. Es waren also zwei durchaus unterschiedliche Ansatzpunkte, mit denen man in der Aufklärung hoffte, gemeinverständlichere Gesetze zu erreichen. Der eher formale Ansatzpunkt setzte bei der Gesetzessprache an und wollte diese durch den durchgängigen Gebrauch der Landessprache und durch die Vermeidung fachspezifischer Termini dem Laien zugänglich machen. Der

---

[447] *Bentham*, General View, S. 209 = Traités de législation, Bd. 1, S. 368; *ders.*, Civil Code, S. 324 = Traités de législation, Bd. 2, S. 99.

[448] *Bentham*, Nomography, S. 269 ff. Auch *Hegel* unterstellt dem Juristenstand das Bestreben, die Gesetze als seine Geheimmaterie möglichst vor den Augen des Laien versteckt halten zu wollen (§ 215, S. 368).

[449] *Bentham*, Nomography, S. 271 ff.

[450] *Bielfeld*, Bd. 1, Kap. VI, § 15, S. 239 f.; *Filangieri*, Bd. 1, S. 65 f.; *Lamezan*, S. 88, 150, 166 ff.; *Pfeiffer*, S. 64 ff. Allgemein zum Topos der »Simplifikation« des Rechts insbesondere im 18. und 19. Jahrhundert: *Schott*, ZNR 5 (1983), S. 121 ff.; *ders.*, Kritik an der »Simplifikation«, S. 127 ff.

zweite Ansatz zielte auf eine inhaltliche Reform der Gesetze, die in ihrem Aussagegehalt und in ihrer Beziehung zueinander vereinfacht und so auch für den Laien verständlich gemacht werden sollten. Während der erste Ansatz in der Gesetzgebungsliteratur praktisch allgemeine Billigung fand und auch von den aufklärerischen Gesetzgebungswerken des ALR und des ABGB umzusetzen versucht wurde, war der zweite Ansatz, der auf eine inhaltliche Vereinfachung der Gesetze zielte, keineswegs so unumstritten. Stärker als die Reform der Gesetzessprache kollidierte dieser Ansatz nämlich mit dem gleichzeitigen Bestreben, dem Juristen im Gesetz eine präzise Handlungsanweisung für möglichst jeden sich stellenden Fall zu geben und Gesetzeslücken und Auslegungszweifel möglichst zu vermeiden. Beim preußischen ALR gewann dieses Bestreben die Oberhand, weshalb dieses Gesetzbuch zwar in der Sprache dem Gemeinverständlichkeitsideal nachkam, nicht aber im Inhalt. Die Reduzierung der Gesetze auf einfache und allgemein gehaltene Grundsätze wurde hier verworfen, da sie den juristischen Rechtsanwendern zu viel Spielraum belassen würde; den Laien wollte Svarez insoweit auf den parallelen »Volkskodex« verweisen. Anders das ABGB, welches sich auch die inhaltlichen Vereinfachungsbestrebungen der Gesetzgebungstheorie zu Eigen machte und sich vielerorts bewusst auf allgemein gehaltene Leitsätze beschränkte und auf Differenzierungen verzichtete. Die Gesetzesredaktoren standen hier noch in der Tradition der von Maria Theresia ihrer Gesetzgebungskommission gegebenen Anweisung, wonach die Gesetze »so viel möglich simplificiret, dahero ohne Noth nicht vermehret, noch auch bey solchen Fällen, so wesentlich einerley sind, wegen einer etwa unterwaltenden Subtilität vervielfältiget werden« sollen.[451]

Durch den zuletzt genannten inhaltlichen Aspekt stand das Gemeinverständlichkeitsideal auch in enger Beziehung zu einem anderen Gesetzgebungsziel der Aufklärungszeit, auf welches wir noch in einem eigenen Kapitel zu sprechen kommen werden: dem der Kürze.[452] Der Ruf nach Vereinfachung der Gesetzgebung durch Konzentration auf allgemein gehaltene Grundsätze beinhaltete zugleich die Forderung nach Reduzierung der Masse der Gesetze auf eine überschaubare und dadurch auch für den Laien zugängliche Menge von Regelungen.

c) Die Motive

Blicken wir nun auf die Motive, die hinter den Forderungen nach gemeinverständlichen Gesetzen in der Aufklärungszeit standen. Auch hier wieder ist der Wandel des Adressatenverständnisses im Gesetzgebungsstil der Aufklärungszeit

---

[451] Resolution Maria Theresias v. 4. August 1772, Punkt 5. Auch Friedrich II von Preußen hatte zwar in seiner Kabinettsorder vom 14. April 1780 eine »Simplification« der Gesetze und eine Beseitigung des »ganzen Subtilitäten-Kram« gewünscht, doch bei seinen Gesetzesredaktoren behielt das Bestreben nach Bestimmtheit und Vollständigkeit die Oberhand.
[452] Hierzu ausführlich unten S. 406 ff.

von Bedeutung: Die Gesetze sollten nicht länger nur der Belehrung der Juristen dienen, sondern die Rechtskenntnis möglichst ins ganze Volk tragen. Getreu den wohlfahrtsstaatlichen Motiven der Zeit erhoffte man sich hiermit einen verhaltenslenkenden Einfluss der Gesetzgebung. Das Volk sollte nicht länger *ex post facto* durch gerichtliche Auseinandersetzungen über das Recht belehrt werden, sondern das Gesetz sollte ihm von vornherein zur Richtschnur seines Handelns werden.[453] Hierin liegt – wie auch in anderen Gesetzgebungszielen dieser Zeit[454] – eine wohlfahrtsstaatliche und eine absolutistische Komponente. Durch eine möglichst gemeinverständliche Fassung der Gesetze hoffte man, Rechtsstreitigkeiten zu vermeiden oder zumindest abzukürzen, den einzelnen in die Lage zu versetzen, die rechtlichen Konsequenzen seines Handelns zu überschauen und ihn aus den »Klauen der Justiz« zu befreien.[455] Damit wird zugleich die absolutistische Komponente dieser Zielsetzung deutlich: Gemeinverständliche Gesetze sollten die Macht des Juristenstandes und sein Monopol bei der Rechtsanwendung brechen. Damit wäre dem Bürger gedient, zugleich aber auch dem absolutistischen Herrscher, der seinen in den Gesetzen manifestierten Willen möglichst unmittelbar im Volk umgesetzt sehen wollte, ohne die »Vermittlungsleistungen« des Juristenstandes, die auf eine Relativierung des absolutistischen Rechtsetzungsmonopols hinausliefen. So konnten sich in der Forderung nach gemeinverständlichen Gesetzen die Zielsetzungen des preußischen Absolutismus mit denen des englischen Utilitaristen Bentham treffen, insoweit es beiden hierbei um die Verringerung der Macht des Juristenstandes ging.

Eine prägnante Fassung erhielt dieses hinter dem Gemeinverständlichkeitsideal stehende Motiv in der Forderung, jeder solle mittels gemeinverständlicher Gesetze in den Stand versetzt werden, sein eigener Advokat zu sein. Diese Forderung findet sich bei Friedrich II ebenso wie bei Bentham und bei anderen Gesetzgebungstheoretikern der Aufklärungszeit wie Globig/Huster und Beck.[456] Bent-

---

[453] Vgl. hierzu für Preußen und Österreich oben Fn. 423 und Fn. 424. Ähnlich die Instruktion *Katharinas II* von Russland vom 30. Juli 1767 (§ 158) : »Die Gesetze müssen in der gemeinen Sprache geschrieben sein … Wenn hingegen der Bürger die Folgen, welche seine Handlungen in Betracht seiner Person und seiner Freiheit nach sich ziehen, selbst einzusehen nicht im Stande ist: so wird er als ein Sklav von einer gewissen Anzal Leute, die die Gesetze unter ihre Verwarung genommen, und dieselben nach Gefallen auslegen, abhängen.«

[454] Vgl. oben S. 330, 359 zu entsprechenden Motiven im Zusammenhang mit dem Streben nach lückenlosen und genau bestimmten Gesetzen.

[455] Vgl. Kabinettsorder Friedrichs II vom 14. April 1780 (S. 46): »Denn da die Prozesse allemal zu den Uebeln in der Societät gerechnet werden müssen, welche das Wohl der Bürger vermindern, so ist dasjenige ohnstreitig das beste Gesetz, welches den Prozessen selber vorbeugt.«

[456] Kabinettsorder Friedrichs II vom 14. April 1780 (S. 46): »Wenn Wir, wie nicht zu zweifeln ist, Unsern Endzweck in Verbesserung der Gesetze und der Prozeß-Ordnung erlangen, so werden freylich viele Rechtsgelehrten bey der Simplification dieser Sache ihr geheimnisvolles Ansehen verlieren, um ihren ganzen Subtilitäten-Kram gebracht, und das ganze Corps der bisherigen Advokaten unnütze werden.«; *Bentham*, Civil Code, S. 324 = Traités de législation, Bd. 2, S. 99; *ders.*, Papers, S. 123, 137 f.; *Globig/Huster*, S. 32; *Beck*, S. 634.

ham war hierbei zwar Realist genug zu erkennen, dass die Funktion der Advokaten und Richter auch durch das beste Gesetzbuch niemals gänzlich überflüssig
werde, doch solle dies den Gesetzgeber nicht von dem Bestreben abhalten, durch
die Gesetzgebung den Juristenstand soweit es eben geht überflüssig zu machen
und den einzelnen in den Stand zu versetzen, in Rechtsfragen das Gesetzbuch
statt des Advokaten zu konsultieren.[457]

Trotz aller Gemeinsamkeiten unterschied sich Benthams Konzept aber dennoch deutlich von den Vereinfachungsbestrebungen auf dem Kontinent. Während der Ruf nach gemeinverständlichen Gesetzen auf dem Kontinent dazu
diente, das Recht aus den Klauen des Usus Modernus oder anders gesprochen der
gelehrten Jurisprudenz zu befreien, entwickelte Bentham sein Konzept vor dem
Hintergrund eines Common-law-Systems. Anders als den nach gemeinverständlichen Gesetzen rufenden kontinentalen Gesetzgebungstheoretikern der Aufklärungszeit ging es Bentham daher nicht um eine Entwissenschaftlichung des
Rechts (eine Verwissenschaftlichung des Rechts, die in Kontinentaleuropa vornehmlich auf der Rezeption des römischen Rechts basierte, hatte in England gar
nicht stattgefunden), sondern um dessen Positivierung, also um die Ersetzung des
Richterrechts durch ein umfassendes System von Gesetzbüchern. Entsprechend
unterschiedlich war die dem Gesetzgeber anempfohlene Gesetzgebungstechnik.
Während nicht wenige Gesetzgebungstheoretiker auf dem Kontinent Gemeinverständlichkeit des Rechts durch dessen Rückführung auf wenige, allgemein
verständliche Grundsätze erreichen wollten, ging Bentham hierin einen ganz
anderen Weg. Ein ausgeklügeltes System von neuen Wortschöpfungen, ergänzt
durch zahlreiche Verweisungen zwischen den einzelnen Bestimmungen und Gesetzen, sollte die Präzision und Vollständigkeit seines Gesetzessystems sichern.
Gemeinverständlich mutet diese Methode nicht an. Um dennoch sein Ziel zu
erreichen, jedem Bürger zu ermöglichen, sein eigener Advokat zu werden, ersann
Bentham andere Mittel: Die Wortschöpfungen sollten jeweils im Gesetz erklärt
werden, jede Bestimmung durchgängig mit einer Art amtlicher Erläuterung und
Begründung verbunden werden und schließlich sollten spezielle Gesetzbücher
jeweils nur die in einem bestimmten gesellschaftlichen Verhältnis anfallenden
Rechtsfragen regeln, um so die Masse der für den einzelnen einschlägigen Regelungen überschaubar zu halten.[458] Das wichtigste Instrument Benthams, um dem
Laien Zugang zum Recht zu verschaffen, war aber die Kodifikation als solche,
welche nach seiner Ansicht vor dem Hintergrund des bestehenden Common-

---

[457] *Bentham*, Papers, S. 137 f.: »Every man his own lawyer! … never can the profession of a
lawyer be wholly superseded: never, at any rate, the office of a Judge. But, in the impossibility of
attaining the summit of perfection, no reason can be given for not aiming at it: by every step, made
towards it by the legislator, a blessing is bestowed.«

[458] Zu dem Konzept der mit dem Gesetzeswortlaut verbundenen amtlichen Erläuterungen s.
oben S. 124; zur Schaffung spezieller Gesetzbücher für die jeweiligen gesellschaftlichen Verhältnisse
s. unten S. 455.

law-Systems schon durch die bloße Positivierung des Rechts dem einzelnen in dieser Hinsicht unermessliche Dienste leisten würde.

Weitere Motive, welche die Aufklärung mit dem Ruf nach gemeinverständlichen Gesetzen verband, waren der Schutz des redlichen Bürgers vor Rechtsverdrehungen und arglistigem Ausnutzen rechtlicher Unkenntnis[459] sowie allgemein die Sicherung des Vertrauens der Bürger zu den Gesetzen und deren Akzeptanz.[460] Angesichts der weitläufigen Klagen über die Unübersichtlichkeit, Verworrenheit, partielle Widersprüchlichkeit und Unzugänglichkeit des bestehenden Rechts schon für den Rechtskundigen und erst recht für den Laien sollten einfache, klare und übersichtliche Gesetze das Recht dem einzelnen transparent machen, damit er seine eigenen Interessen ohne fremden Beistand wahren konnte und das verlorene Vertrauen in die Klugheit der Gesetze (und des Gesetzgebers) wiedererlangte.

2. Die weitere Entwicklung im 19. Jahrhundert und an der Schwelle zum 20. Jahrhundert

Die Forderung nach gemeinverständlichen Gesetzen verschwand keineswegs mit dem Versiegen des aufklärerischen Gesetzesoptimismus im Verlauf des 19. Jahrhunderts aus der Gesetzgebungstheorie. Zwar wies man den übertriebenen Optimismus mancher Gesetzgebungstheoretiker der Aufklärungszeit, dass künftig jedermann das für ihn relevante Recht direkt dem Gesetzbuch entnehmen könne, zunehmend als unerreichbare Illusion zurück, doch war dies keine Absage an das Streben nach möglichst breiter Verständlichkeit der Gesetze als solchem.[461] Man

---

[459] *Lamezan*, S. 150.

[460] *Erhard*, S. 41 ff.; *Reitemeier*, Gesetzbuch, Bd. 1, S. XVIII.

[461] Zu Stellungnahmen bis 1815 s. oben S. 381, Fn. 404. Bei *Gerstäcker* (Bd. 2, S. 123 ff.) u. *Christ* (S. 64 f.) findet sich noch ein gänzlich ungebrochenes Verhältnis zum Gemeinverständlichkeitsideal, wie es für die frühe Aufklärungszeit charakteristisch war; so glaubt *Christ*, dass sich die Rechtsfälle des Lebens auf wenige und einfache Regelungen reduzieren lassen und die Verständnisschwierigkeiten nur auf Mängeln der Gesetzbücher und Eingriffe der Rechtsgelehrten beruhen. Vgl. i. Ü. *Scheurlen*, S. 119; *Rotteck*, Bd. 2, S. 332 u. *Morgenstern*, Bd. 1, S. 280, die sich allgemein für eine gemeinverständliche Fassung der Gesetze einsetzen; s. auch den Seitenhieb *Hegels* (§ 215, S. 368) auf den Juristenstand, der die Gesetzeskenntnis für sein Monopol halte und den Laien vom Mitreden in Rechtsangelegenheiten fern halten wolle. Differenzierter schon *Mohl*, der vor der falschen Hoffnung warnt, durch ein Gesetzbuch könnte jedermann in die Lage versetzt werden, mit leichter Mühe Herr des ihn betreffenden Rechts zu werden (Politik, Bd. 1, S. 460 f., wobei er den übertriebenen Optimismus Benthams in diesem Zusammenhang kritisiert). Doch wenn auch die Forderung eines jedermann gleich verständlichen Gesetzbuchs übertrieben sei, so sei doch daran festzuhalten, dass die Sprache des Gesetzes möglichst gemeinverständlich sein soll, so dass der Laie »wenigstens den unmittelbaren Sinn der Bestimmungen versteht« (ebd., S. 438 ff.). Für eine möglichst gemeinverständliche Fassung der Gesetze setzten sich auch *Bluntschli* (Politik, S. 458, 462) und in Frankreich *Rousset* (Bd. 1, S. 99) ein. Anders jedoch *Jhering* im »Geist des römischen Rechts«, der es als notwendige Erscheinung einer fortgeschrittenen Rechtskultur ansieht, dass sich die Rechtskenntnis dem Volk mehr und mehr entzieht und nur noch auf der

akzeptierte nun, dass das Gesetz auf verschiedenen Verständnisebenen zum Adressaten spricht und der geübte Jurist immer mehr aus dem Gesetz wird herauslesen können als der Laie, doch sah man hierdurch den Gesetzgeber nicht von der Pflicht entbunden, sich um eine möglichst breite Verständlichkeit der getroffenen Regelungen bei den Gesetzesunterworfenen zu bemühen.[462] Dies ist bemerkenswert, wenn man bedenkt, dass die Forderung der staatlichen Förderung der Gesetzeskenntnis (durch Volkskodices, Rechtsunterricht in den Schulen, verschiedene Formen materieller Gesetzesverkündung etc.) wie wir sahen im Verlauf des 19. Jahrhunderts aus dem Repertoire der Gesetzgebungstheorie verschwand.[463] Was blieb, war die Anforderung an das Gesetz selbst, sich dem Gesetzesunterworfenen verständlich zu machen. Dass sich der Gesetzgeber hierbei auch gegenüber dem Laien um Verständlichkeit bemühen soll, blieb in der deutschen Gesetzgebungsliteratur und Gesetzgebungspraxis im Verlauf des 19. Jahrhunderts herrschende Ansicht, wodurch sie sich deutlich von der Gesetzgebungspraxis Englands unterschied. Kontrovers beurteilt wurde die Frage des Umfangs der Realisierbarkeit dieses Ideals der Gemeinverständlichkeit und sein Gewicht in der Abwägung mit anderen Gesetzgebungszielen wie dem der Rechtssicherheit; das Ideal an sich wurde in Deutschland aber ganz überwiegend akzeptiert.[464]

In der englischen Gesetzgebung machten der starke Einsatz der Verweistechnik (nicht nur innerhalb eines Gesetzes, sondern auch auf andere Gesetze), die umfänglichen Begriffskataloge und die Auslagerung von Detailbestimmungen auf Gesetzesanlagen das Erfassen des eigentlichen Regelungsgehalts für den Laien fast unmöglich. Wir sahen bereits, dass die Gesetzentwürfe der englischen Regierung schon seit Mitte des 19. Jahrhunderts, anders als auf dem Kontinent, überwiegend von professionellen *draftsmen* stammten. Die so entstandenen Gesetzentwürfe tendierten in formeller Hinsicht zu ausgeprägterer Technizität und größerer Einheitlichkeit, als es auf dem Kontinent der Fall war, wo die Entwurfarbeit meist in den Händen von Ministerialbeamten oder Kommissionsmitgliedern lag, die sich in der Regel nicht vollberuflich mit der Gesetzgebungsarbeit beschäftigten. Im Spannungsfeld zwischen Präzision und Gemeinverständlichkeit entschied sich der

---

Grundlage eines besonderen Studiums und Übung richtig verstanden werden könne (Bd. II/2, § 37, S. 312, 319 f.). Zur weiteren Entwicklung der Diskussion um Gemeinverständlichkeit im Zusammenhang mit der Entstehung des BGB sogleich im Text (S. 398 ff.).

[462] Vgl. hierzu schon oben S. 385 mit Fn. 426.

[463] S. oben S. 261.

[464] Illustrativ hierzu im Rahmen der Beratungen zum preußischen Strafgesetzbuch die Diskussion im Vereinigten ständischen Ausschuss zu der Frage, ob das Gesetzbuch vom Stil her eher zum Volk oder zum Richter sprechen solle (bei *Bleich*, Bd. 2, S. 21 ff.). Savigny als damaliger Minister für Gesetzrevision äußerte sich hierbei in der Debatte wie folgt zu den Absichten der Redaktoren: »Es war die Absicht, dem Richter Vorschriften und dem Volke eine Erklärung zu geben, was es in Folge der Begehung eines Verbrechens zu erwarten habe. Ob es gelungen sei, dies mit der gehörigen Deutlichkeit auszusprechen, das ist eine Fassungsfrage; über die Absicht kann [k]ein Zweifel sein.« (ebd., S. 25 f.).

englische Gesetzgeber in der Regel für die Präzision der Anordnung. Das gilt im Ausgangspunkt auch für das Strafgesetzbuch für Indien. Schon bei Vorlage des Entwurfs durch die indische Gesetzgebungskommission 1837 wies diese darauf hin, dass die Einfachheit der Bestimmungen wiederholt zugunsten der Präzision geopfert werden musste.[465] Anders als Bentham glaubte man nicht, dass dem Laien schon durch die zahlreichen Legaldefinitionen geholfen sei. Doch war man der Hoffnung, durch die vielen Einzelfallbeispiele im Gesetz auch dem Laien das Verständnis der gesetzlichen Bestimmungen zu ermöglichen.[466] Das indische Strafgesetzbuch wurde denn auch in der zeitgenössischen Literatur namentlich wegen seiner Einzelfallbeispiele und der transparenten Sprache für seine leichte Verständlichkeit gepriesen, die es von der traditionellen englischen Gesetzgebung abhob.[467]

Im deutschen Strafrecht waren es auch institutionelle Entwicklungen, die den Ruf nach gemeinverständlichen Gesetzbüchern verstärkten. Die im 19. Jahrhundert viel diskutierte Forderung der Einführung von Schwurgerichten in Strafsachen, d.h. der Entscheidung der Schuldfrage durch Laien, verschaffte der Gemeinverständlichkeitsdiskussion in der Gesetzgebungstheorie eine neue Tragweite. Nunmehr ging es nicht mehr allein um die Frage, ob der Gesetzgebungsstil sich primär am juristischen Rechtsanwender oder am Volk ausrichten solle, sondern auch in ersterem Fall sah man sich nun mit dem Problem des Laienrichters konfrontiert, dem das Gesetzbuch als Grundlage seiner Entscheidung dienen soll. Zum Teil wurde daher in der Gesetzgebungstheorie gefordert, dass bei Einführung von Schwurgerichten die Strafgesetze ihres »wissenschaftlichen Gewandes« entkleidet werden müssen, so dass sie auch vom juristischen Laien verstanden werden.[468] Diese Erwägungen spielten seit den vierziger Jahren des 19. Jahrhunderts auch im Entstehungsprozess des preußischen Strafgesetzbuchs eine Rolle. So wiesen die Redaktoren bei der Revision von 1845 darauf hin, dass man im neuen

---

[465] Begleitschreiben an den Generalgouverneur vom 14. Oktober 1837, in: Penal Code for India (Draft 1837), S. 6 f.; vgl. hierzu auch das Begleitschreiben der Kommission bei Vorlage des Entwurfs in Manuskriptform am 2. Mai 1837 (bei *Dharker*, S. 259–271, hier: S. 265).

[466] Ebd.

[467] Vgl. *J. S. Mill*, Penal Code for India, S. 28: »the happy invention of appending authoritative examples by way of Illustration ... solves the difficult problem of making the body of the laws a popular book, at once intelligible and interesting to the general reader.«; *Stephen*, The Fortnightly Review, N. F., Bd. 12 (1872), S. 654; *ders.*, History, Bd. 3, S. 322 (»After twenty years' use it is still true that any one who wants to know what the criminal law of India is has only to read the Penal Code with a common use of memory and attention.«); schon die 1845 mit der Überprüfung des Entwurfs beauftragte *Indian Law Commission* lobte diesen für seine leichte Verständlichkeit und prophezeite: »...in a few years the penal law of India will be familiarly known to a great number of young men of the middle classes« (Second Report on the Indian Penal Code, S. 202). Auch in der modernen Literatur wird das indische Strafgesetzbuch noch für seine gegenüber der traditionellen englischen Gesetzgebung leichtere Verständlichkeit gelobt, vgl. *Smith*, S. 153 f.

[468] *Geib*, S. 145; *Mohl*, Politik, Bd. 1, S. 440 f., Fn. 4.

Entwurf bemüht gewesen sei, die Bestimmungen so zu formulieren, dass die Fragestellungen an Geschworene erleichtert werde.[469]

Bei den Mitteln, mit denen man größere Gemeinverständlichkeit der Gesetzgebung erreichen wollte, war die Forderung nach landessprachlichen Gesetzen angesichts der in einigen Ländern fortgeltenden Justinianischen Gesetzgebung nach wie vor aktuell. Sie findet sich in den ersten beiden Dritteln des 19. Jahrhunderts noch in vielen Gesetzgebungstheorien, bis sie durch die nationale Kodifikationswelle nach der Reichsgründung in Deutschland weitgehend hinfällig wurde.[470] Der Ton, mit dem man die Fortgeltung fremdsprachlicher Gesetze geißelt, wird dabei – trotz des Siegeszugs der Historischen Rechtsschule in der Rechtswissenschaft – in der Gesetzgebungsliteratur im Vergleich zur Aufklärungszeit eher noch schärfer.[471]

Auch die Forderung, die Gesetzessprache von Fremdwörtern und juristischen Fachbegriffen möglichst freizuhalten, lebt in der Gesetzgebungstheorie des 19. Jahrhunderts ungebrochen fort,[472] findet in Jhering jedoch einen scharfzüngigen Gegner.[473] Dort, wo Fachausdrücke unvermeidbar seien, sollen diese zumindest im Gesetz erklärt werden.[474] In der Gesetzgebungspraxis erhielt die Forderung

---

[469] Revision des Entwurfs von 1843, Vorbericht, S. V (*Regge/Schubert*, Bd. 5, S. 217). Schwurgerichte bestanden damals in der Rheinprovinz, wurden aber auch für andere Teile Preußens gefordert. Vgl. hierzu auch *Beseler*, S. 22.

[470] Nachweise aus der Zeit nach 1815 (für die Zeit davor vgl. oben Fn. 432): *Hegel*, § 215, S. 368; *K. S. Zachariä*, Vierzig Bücher vom Staate, Bd. 4, Buch 20, S. 33; *Gerstäcker*, Bd. 2, S. 124 f.; *Christ*, S. 62; *Günther*, Art. »Gesetzgebungswissenschaft«, Rechtslexikon, Bd. 4, S. 762; *Mohl*, Politik, Bd. 1, S. 439; aus Frankreich: *Rousset*, Bd. 1, S. 99. Zur Frage der amtlichen Übersetzung in mehrsprachigen Ländern s. oben S. 262 ff.

[471] Vgl. *Gerstäcker*: Ein Gesetzbuch in fremder Sprache verrate »einen hohen Grad von Barbarei« (Bd. 2, S. 124 f.); *Mohl*: »Vor Allem ist erforderlich, dass das Gesetz in der Landessprache abgefasst sei. Es gehört in der That die ganze Macht abstumpfender Gewohnheit, welche am Ende auch das Widersinnigste ohne Staunen erträgt, dazu, um sich auch nur die Möglichkeit eines andern Zustandes zu denken. Die Mittheilung einer Vorschrift in einer Sprache, welche der übergrossen Mehrheit völlig unbekannt ist, und welche selbst von den Gelehrten doch kaum je so vollständig und in allen Feinheiten verstanden wird, wie die Muttersprache, ist der Gipfel der Verkehrtheit und des Unrechtes.« (Politik, Bd. 1, S. 439).

[472] Nachweise aus der Zeit nach 1815 (für die Zeit davor vgl. oben Fn. 439 u. 447): *Gerstäcker*, Bd. 2, S. 125; *Geib*, S. 145; *Morgenstern*, Bd. 1, S. 280; *Mohl*, Politik, Bd. 1, S. 440 f., 448; *Bluntschli*, Politik, S. 462; *Thring*, S. 31; *Erler*, S. 7; *Gutherz*, Teil 2, S. 27 ff.

[473] *Jhering*, Bd. II/2, § 38, S. 331 f.: Der juristische Kunstausdruck mache zwar den Gedanken nicht einfacher, bringe ihn aber in eine Form, die seinen Gebrauch erleichtere und viele Worte erspare. Das Verlangen, dass sich die Jurisprudenz möglichst Ausdrücken des gewöhnlichen Lebens bedienen soll, um dem Laien das Verständnis des Rechts zu erleichtern, beruhe auf einem frommen Wahn. Durch die bloße Wahl deutscher Ausdrücke werde das Verständnis des Rechts für den Laien nicht erleichtert, da entscheidend nicht das Verständnis der Ausdrücke sei, sondern das Verständnis des dahinter stehenden Begriffs und Systems. Im Gegenteil sei eine einer toten Sprache entnommene Terminologie für das Recht sogar vorteilhaft, da hier nicht die Gefahr von Missverständnissen auf Grund eines Auseinanderlaufens des rechtlichen Bedeutungsgehalts mit dem des täglichen Sprachgebrauchs bestehe.

[474] *Morgenstern*, Bd. 1, S. 280; *Mohl*, Politik, Bd. 1, S. 441; *Ilbert*, Methods and Forms, S. 247; eine entsprechende Forderung hatte bereits *Bentham* erhoben: s. oben Fn. 447.

nach einer einfachen Gesetzessprache durch die Beteiligung der Landtage am Gesetzgebungsverfahren zusätzliches Gewicht.[475]

War also das Bestreben, mit den Mitteln der Sprache eine größere Verständlichkeit der Gesetze zu erreichen, im 19. Jahrhundert ungebrochen, so gilt dies nicht in gleicher Weise für den zweiten Weg, mit dem die Gesetzgebungstheorie der Aufklärungszeit Gemeinverständlichkeit zu erreichen suchte. Wie wir sahen, betrachteten Teile der Gesetzgebungstheorie und auch -praxis (ABGB) die Forderung nach größerer Gemeinverständlichkeit nicht nur als eine sprachliche Aufgabe, sondern wollten diese auch auf inhaltlichem Wege erreichen, indem der Gesetzgeber sich auf einfache, allgemein gehaltene Grundsätze beschränken sollte, die auch dem Laien verständlich seien. Dahinter stand die These, dass die Fülle der Lebenssachverhalte an sich einer einfachen rechtlichen Beurteilung zugänglich sei und die Schwierigkeiten erst durch die Konstruktionen der Juristen und die Mangelhaftigkeit der Gesetzbücher entstehen.[476] Diese – schon in der Aufklärungszeit nicht unumstrittene – These fand im 19. Jahrhundert immer mehr Gegner, wobei insbesondere die Kontroverse um die mangelnde Volkstümlichkeit der BGB-Entwürfe hierfür aufschlussreich ist, in deren Verlauf die gesetzgebungstheoretische Diskussion des 19. Jahrhunderts um Fragen der Gemeinverständlichkeit ihren Höhepunkt und größte argumentative Tiefe erreichte.

Als der erste Entwurf des BGB 1887 der Öffentlichkeit übergeben wurde, entzündete sich schon bald eine heftige Kontroverse über die Frage der Volkstümlichkeit des Gesetzbuchs, die verschiedene Ebenen berührte.[477] Auch die Verteidiger des Entwurfs räumten ein, dass dieser nicht im eigentlichen Sinne volkstümlich sei, weshalb sich die Kontroverse vornehmlich auf die Fragen konzentrierte, inwieweit ein modernes Gesetzbuch in Abwägung mit anderen Gesetzgebungszielen überhaupt volkstümlich sein kann und welche Mittel dem Gesetzgeber hierbei zu Gebote stehen. So unterschiedliche Autoren wie Otto von Gierke,

---

[475] So begann die vorbereitende Abteilung des Vereinigten ständischen Ausschusses 1848 ihr Gutachten zum Regierungsentwurf für ein preußisches Strafgesetzbuch mit der grundsätzlichen Feststellung, dass das Gesetz primär für das Volk bestimmt sei, dem es als Richtschnur für seine Handlungen dienen solle, weshalb es in einfacher, klarer und allgemein verständlicher Sprache abzufassen sei (bei *Regge/Schubert*, Bd. 6/2, S. 1020).

[476] Typisch für das zähe Fortleben dieser aufklärerischen Illusion die Meinung *Christs* aus den vierziger Jahren (S. 64 f.): Die Rechtsfälle des Lebens seien einfach und laufen auf ganz wenige entscheidende Punkte hinaus. »Die Verwicklungen in den Rechtsfragen kommen nicht vom Leben her, welches so einfach ist, als die Wahrheit selbst, sondern beruhen in der Mangelhaftigkeit der Gesetzbücher und in den Erklärungen der Rechtsgelehrten.«

[477] Einen Überblick über die zahlreichen zeitgenössischen Stellungnahmen zur Frage der Volkstümlichkeit und Verständlichkeit des Entwurfs gibt die im Reichsjustizamt gefertigte »Zusammenstellung der gutachtlichen Äußerungen«, Bd. 1, S. 13 f., 24 ff. u. Bd. 6, S. 8, 13 f. Dass bei der Revision Wert auf größere Anschaulichkeit und Verständlichkeit des Gesetzbuchs gelegt werden solle, betonten auch die Stellungnahmen verschiedener Bundesstaaten, s. hierzu die »Zusammenstellung der Äußerungen der Bundesregierungen zu dem Entwurf eines Bürgerlichen Gesetzbuchs«, Bd. 1, S. 207 ff., Bd. 2, S. 49.

Ludwig Goldschmidt, Ernst Immanuel Bekker und Anton Menger waren sich in der Forderung nach einem volkstümlichen Gesetzbuch einig und sahen in der mangelnden Volkstümlichkeit des Kommissionsentwurfs, der nur zum Juristen rede, den Hauptkritikpunkt, den sie in formaler Hinsicht gegen den Entwurf erhoben.[478] Die Kritiker des Entwurfs stellten dessen mangelnde Volkstümlichkeit mit starken Worten und an vielen Beispielen heraus, erachteten es aber nicht für nötig, näher zu begründen, warum das Gesetzbuch überhaupt volkstümlich sein solle und was genau darunter zu verstehen sei. Hieran wird deutlich, wie stark der Topos der Gemeinverständlichkeit auch gegen Ende des 19. Jahrhunderts noch in den Köpfen wirkte, so dass er keiner näheren Begründung bedurfte. Die Schaffung eines einheitlichen Bürgerlichen Gesetzbuchs für ganz Deutschland wurde als nationale Aufgabe angesehen, womit sich für die Kritiker des Entwurfs praktisch von selbst die Forderung verband, dass es ein Gesetzbuch werden müsse, welches die ganze Nation und nicht nur der Juristenstand verstehe. Auch das Erbe der Historischen Rechtsschule wirkte hier bei manchem Kritiker fort, so etwa bei Gierke, denn es lag nahe, dass ein inhaltlich aus dem im Volke lebenden Rechtsbewusstsein zu schöpfendes Recht auch in seiner äußeren Gestalt dem Volke verständlich sein soll.[479]

Auf der anderen Seite waren es insbesondere Zitelmann, Planck und Bähr, die den Entwurf gegen den Vorwurf mangelnder Volkstümlichkeit in Schutz nahmen. Das Ideal eines Gesetzbuchs, welches das ganze Volk verstehen könne, sei unrealistisch[480], man erliege einer Täuschung, wenn man glaube, in diesem Sinne ein volkstümliches Recht schaffen zu können[481], und das Bild, welches Gierke von einem volkstümlichen Gesetzbuch entwerfe, sei nicht das eines Gesetzbuchs, sondern eines Rechtskatechismus.[482] Die Aufgaben der Gesetzgebung seien mit den zunehmend komplizierter werdenden sozialen Verhältnissen selbst verwickelter geworden.[483] Den gesellschaftlichen Verhältnissen entsprängen zahllose verwickelte und schwierige Rechtsfragen, denen sich der Gesetzgeber stellen müsse. Es helfe nichts, wenn das Gesetzbuch sich stattdessen mit kurzen, leicht fasslichen, aber gerade für den Streitfall unzureichenden Regelungen begnüge. Hierdurch würde es nur über die Tatsache hinwegtäuschen, dass das Recht selbst in seiner

---

[478] *Gierke*, S. 3, 72 u. passim (»Mit jedem seiner Sätze wendet dieses Gesetzbuch sich an den gelehrten Juristen, aber zum deutschen Volke spricht es nicht…«); *Goldschmidt*, S. 39 f., 53 u. passim (»…es giebt kein deutsches Gesetz, welches sich mit dem Entwurf an Unvolkstümlichkeit der Fassung auch nur entfernt messen könnte.«); *Bekker*, S. 50 ff.; *Menger*, S. 17.

[479] Vgl. *Gierke*, S. 2 f., 72 f., 589.

[480] *Zitelmann*, Rechtsgeschäfte, S. 2 ff. So auch *Gensel*, S. 23, der die Forderung eines für jedermann verständlichen Gesetzbuchs ablehnt und es als ausreichend (und allein möglich) ansieht, wenn ein bürgerliches Gesetzbuch von denen, die es berufsmäßig anzuwenden haben, leicht und sicher verstanden wird.

[481] *Bähr*, S. 323 f.

[482] *Planck*, AcP 75 (1889), S. 419.

[483] Zum Folgenden: *Zitelmann*, Rechtsgeschäfte, S. 2.

Anwendung verwickelt und schwierig ist, könne diese Tatsache aber nicht aus der Welt schaffen. Möge das Gesetzbuch sein, wie es wolle, die Entscheidung des Richters, solle sie gerecht sein, müsse häufig auf verwickelten und schwierigen Denkoperationen beruhen und könne nicht volkstümlich und leicht fasslich sein. Das Gesetzbuch habe seinen Wert daher gerade dort, wo Zweifel, Unsicherheiten und Streitfälle beginnen. Die Hauptumrisse des Privatrechts seien dem einzelnen ohnehin nicht aus dem Gesetzbuch, wie immer es gestaltet sein möge, sondern aus dem täglichen Rechtsverkehr bekannt.

Die uns schon in der Aufklärung begegnete Vorstellung, durch ein einfaches und auf leitende Rechtsgedanken beschränktes Gesetzbuch die Rechtskenntnis ins Volk zu tragen und den einzelnen zu seinem eigenen Advokaten zu machen, wurde von den Verteidigern des BGB-Entwurfs damit als illusorisch verworfen. Die großen leitenden Gedanken mögen leichter verständlich anmuten und »dem einfachen Mann den Ruf entlocken: das ist gutes Recht«, doch seien sie für sich allein unbrauchbar, aus ihnen die Entscheidung eines Rechtsfalles zu entnehmen und täuschten den einfachen Mann, wenn er zu diesem Zweck auf sie zurückgreifen wolle.[484] Volkstümlich in dem Sinne, dass das Volk das Recht einfach dem Gesetzbuch zu entnehmen brauche, könne das Gesetz niemals werden.[485]

Auch die seit der Aufklärung populäre Vorstellung, durch leicht verständliche Gesetzbücher die Macht des Juristenstandes zu beschränken, wurde von den Verteidigern des BGB-Entwurfs als Irrtum zurückgewiesen. Durch ein solches auf leitende Prinzipien beschränktes Gesetzbuch würde die Macht des Juristenstandes nur noch größer, weil schwerer zu kontrollieren.[486] Bei einem Gesetzbuch nach Art des BGB-Entwurfs bedürfe es zwar des Juristen, um die abstrakten und verwickelten Sätze in ihren praktischen Konsequenzen zu entwickeln, doch dieser Vorgang sei kontrollierbar. Folge das Gesetzbuch hingegen dem Ideal der Volkstümlichkeit, stelle es also nur die Hauptprinzipien des Rechts in verständlicher Fassung dar, so werde es dem Ratsuchenden häufig gerade in den Fällen, die zu Zweifeln oder Streit Anlass geben, die Antwort schuldig bleiben. Es müsse dann doch wieder der Jurist eintreten, dessen Entscheidung in diesem Falle aber weniger kontrollierbar sei.

In der Abwägung zwischen dem Ideal der möglichst breiten Verständlichkeit des Gesetzbuchs und dem Ideal der Rechtssicherheit durch möglichst präzise und subsumtionsfähige gesetzliche Vorgaben gaben die Redaktoren und Verteidiger des BGB-Entwurfs dem letzteren Bestreben also im Konfliktfall den Vorrang.[487]

---

[484] *Planck*, AcP 75 (1889), S. 419 f. Zur Kontroverse um eine leitsatzorientierte Regelungstechnik vgl. näher oben S. 296 ff.

[485] *Bähr*, S. 323 f. Bähr vertrat stattdessen eine materielle Volkstümlichkeitsforderung. Wenn auch das Gesetzbuch nicht volkstümlich im Sinne von gemeinverständlich sein könne, so sollen doch seine Inhalte volkstümlich sein, also die getroffenen Regelungen dem im Volke lebenden Rechtsbewusstsein entsprechen. Das Erbe der Historischen Rechtsschule wird auch hier deutlich.

[486] Zum Folgenden: *Zitelmann*, Rechtsgeschäfte, S. 3.

[487] Das Gutachten der Vorkommission von 1874 hatte noch gehofft, dass sich beide Ideale harmonisch miteinander verbinden ließen, indem »die Formulierung der aufzunehmenden Rechts-

Die anderenfalls eintretende objektive Rechtsunsicherheit sei ein größerer Schaden für die Gemeinschaft als die bloß subjektive Rechtsunsicherheit beim juristischen Laien.[488]

Das heißt aber nicht, dass man bei der Redaktion des BGB auf alle Zugeständnisse an die Forderungen der Volkstümlichkeit verzichtet hätte. Was die Gesetzessprache betrifft, waren die Redaktoren im hohen Maße bemüht, der Forderung nach dem Verzicht auf Fremdwörter nachzukommen.[489] Zahlreiche Fachbegriffe wurden eingedeutscht und wo immer möglich bemühte sich die Kommission, Wörtern deutscher Herkunft vor Fremdwörtern den Vorzug zu geben.[490] Bei der Erstellung des zweiten Entwurfs steigerten sich diese Bemühungen nochmals mittels der Beratung durch den zwischenzeitlich gegründeten Allgemeinen Deutschen Sprachverein.[491] So konnte der Vorstand des Sprachvereins im Hinblick auf die in Kraft getretene Fassung des BGB befriedigt feststellen, das den Bestrebungen des Vereins bei der sprachlichen Fassung des Gesetzbuchs in einer Weise entgegengekommen worden sei, die ihn mit Genugtuung erfülle.[492] Manchen Zeitgenossen ging die sprachliche »Deutschtümelei« des BGB schon zu weit und sie äußerten Zweifel, ob einige der vorgenommenen Eindeutschungen von der Praxis jemals akzeptiert würden.[493] Diese Befürchtungen erwiesen sich als unbegründet. Die Eindeutschungen des BGB gingen schon bald in den gewöhnlichen Sprachgebrauch zumindest der Juristen über, so dass bei vielen Begriffen sich das Bewusstsein für ihren ehemaligen Kunstwortcharakter völlig verlor.[494]

---

sätze sich gleichmäßig von einer gelehrten Geheimsprache, wie von einer die unentbehrliche Bestimmtheit und Genauigkeit verwischenden sogenannten Popularisirung fern hält, vielmehr gedrungene Kürze und eine zwar gemeinverständliche, aber in konsequenter Technik durchgeführte Rechtssprache erstrebt wird« (Gutachten der Vorkommission v. 15. April 1874, in: *Schubert*, Materialien, S. 170–185, hier: S. 170).

[488] *Planck*, AcP 75 (1889), S. 424; vgl. auch *Zitelmann*, Rechtsgeschäfte, S. 6.

[489] Bereits in einer ihrer ersten Sitzungen beschloss die erste Kommission, dass die Redaktoren sich in der juristischen Terminologie möglichst deutscher Ausdrücke bedienen sollen, soweit dies ausführbar sei, ohne in Purismus zu verfallen oder die Verständlichkeit zu beeinträchtigen (Sitzungsprotokoll v. 19. September 1874, in: *Schubert*, Materialien, S. 206–211, hier: S. 207).

[490] Lob wurde den BGB-Redaktoren hierfür z. B. von *Bähr* (S. 323), *Gensel* (S. 70), *Erler* (S. 7, 30) und *Günther* (Recht und Sprache, S. 30) gezollt. Selbst *Bekker* (S. 57) und *Gierke* (S. 27), die den Entwurf ansonsten scharf wegen seiner Unvolkstümlichkeit kritisierten, räumten ein, dass die Kommission besondere Mühe darauf verwandt habe, Fremdwörter zu vermeiden und Wörtern deutscher Herkunft den Vorzug zu geben.

[491] *Erler*, S. 27 f., gibt Beispiele für die sprachlichen Verbesserungen von Vorschriften des BGB zwischen dem ersten Entwurf und der Endfassung; vgl. hierzu auch *Hattenhauer*, Rechtssprache, S. 80; zum Anteil des Reichsjustizamts an diesen Verbesserungen s. *Schulte-Nölke*, S. 301 ff.

[492] Bei *Erler*, S. 3.

[493] Hierzu *Bähr*, S. 323; vgl. auch *Bekker*, S. 57 ff., der in der Vermeidung von Fremdwörtern in dem Gesetzbuch eine »harmlose Mode unserer Zeit« sieht, wobei jedoch darauf zu achten sei, dass die Präzision des Ausdrucks nicht verloren gehe.

[494] Beispiele für solche Eindeutschungen des BGB sind »Sicherheit« statt »Kaution«, »vertretbare Sache« statt »fungible Sache«, »Zwangsvollstreckung« statt »Exekution«, »Wandelung« statt »Redhibition«, »Gewinnanteil« statt »Dividende«, »geheimer Vorbehalt« statt »Mentalreservation«.

Doch nicht in jeder Hinsicht ernteten die Bemühungen der BGB-Redaktoren um sprachliche Volkstümlichkeit Lob. Kritisiert wurde der umständliche, verschachtelte und sehr abstrakte Stil der Bestimmungen, der das Verständnis des Gemeinten unnötig erschwere.[495] Zwischen dem ersten Entwurf und der endgültigen Fassung des BGB wurden denn auch zahlreiche sprachliche Verbesserungen vorgenommen, welche die Bestimmungen durchsichtiger und fasslicher machen sollten. Dass das Gesetzbuch dennoch und trotz des weitgehenden Verzichts auf Fremdwörter schwer zugänglich blieb, war Folge der Grundentscheidung, der Präzision und der Vermeidung von Lücken im Kollisionsfall gegenüber der Volkstümlichkeit des Ausdrucks den Vorzug zu geben. In vorher nie praktiziertem Umfang bemühte man sich um Einheitlichkeit und Genauigkeit der Wortwahl, wobei abstrakten, aber präzisen Begriffen und Satzgefügen regelmäßig der Vorzug gegeben wurde gegenüber anschaulichen, aber ungenauen Begriffen und Satzgefügen.[496]

Noch aus einem anderen Grunde war das BGB aber für den Laien und selbst für den Juristen schwer zugänglich: Es baut wie kein Gesetzbuch vor ihm auf eine ausdifferenzierte Privatrechtsdogmatik auf, ohne diesen Zusammenhang deutlich zu machen. Mehr noch als das, was es sagt, trägt also das, was das BGB nicht sagt, sondern stillschweigend voraussetzt, zu seiner schweren Zugänglichkeit bei. Es ist die Quintessenz einer ausgereiften Zivilrechtsdogmatik, deren allgemeine Lehren es voraussetzt, ohne sie auszusprechen. Wie kein Gesetzbuch zuvor kann es daher nur bei gleichzeitiger Kenntnis der zugrunde liegenden Zivilrechtsdogmatik verstanden und richtig angewendet werden.

Auch außerhalb der Kontroverse um die mangelnde Volkstümlichkeit der BGB-Entwürfe blieb die Forderung nach möglichst gemeinverständlichen Gesetzen in der Gesetzgebungsliteratur im Übergang zum 20. Jahrhundert wach, wobei nunmehr aber moderate Töne angeschlagen wurden, was die Realisierbarkeit dieses Ideals betrifft.[497] Die Diskussion war dabei keineswegs auf das Privatrecht

---

Näher hierzu *Hattenhauer*, Rechtssprache, S. 85. Zahlreiche weitere Beispiele für solche Eindeutschungen lassen sich der Zusammenstellung der Beschlüsse der Redaktoren über die zu verwendenden Fachbegriffe entnehmen (in: *Schubert*, Materialien, S. 263–266).

[495] Vgl. *Bekker*, S. 50 ff.; *Gierke*, S. 35; *Goldschmidt*, S. 39 ff., 46; auch *Bähr* (S. 566) und *Zitelmann* (Rechtsgeschäfte, S. 12 f.) räumen die Defizite des Entwurfs in dieser Hinsicht ein.

[496] Um Einheitlichkeit in der Wortwahl durch die fünf Redaktoren zu erreichen, wurde in der Anfangszeit in gemeinsamen Redaktorenkonferenzen zahlreiche Beschlüsse über die in allen Teilentwürfen anzuwendende Wortwahl bei juristischen Fachbegriffen gefasst (s. die Protokolle der Redaktorenkonferenzen in *Schubert*, Materialien, S. 237 ff., insbesondere die Zusammenstellung der gefassten Beschlüsse zur Sprachweise der Entwürfe ebd., S. 263–266).

[497] *Huber,* Erläuterungen, Heft 1, S. 12 (Das Gesetz soll sich von seiner Sprache her an alle wenden, die ihm unterworfen sind; der Fachmann werde aber immer mehr daraus entnehmen können als der Laie.); *Wendt*, S. 5, 29 (Gesetze sollen zwar Gemeinverständlichkeit erstreben, der häufig gehörte Rat, die Gesetze durch Formulierungen in der Form von Rechtssprichwörtern verständlicher zu machen, gehe aber fehl, da zu große Verallgemeinerungen nur zu Missverständnissen Anlass geben.); *Zitelmann*, Kunst, S. 18/258 (Der Gesetzgeber soll sich bemühen, möglichst

begrenzt. Auch im Strafrecht sah man die (bislang erst unzureichend erfüllte) Aufgabe, durch sprachliche Mittel eine möglichst breite Verständlichkeit der Gesetze zu erreichen.[498] Das Ideal der Gemeinverständlichkeit lebte hier unabhängig von dem Wandel der Anschauungen über die Strafzwecke fort. Für die klassische Vergeltungslehre und namentlich für die durch Liszt zu neuer Reputation gelangenden Spezialpräventionslehren besaß die Aufgabe, die Strafgesetze in eine für den einzelnen verständliche Form zu fassen, zwar nicht mehr die Bedeutung, die ihr nach der psychologischen Zwangstheorie Feuerbachs zukam.[499] Dennoch blieb gerade auch im Strafrecht, welches die Freiheitssphäre des einzelnen unmittelbar berührt, aus rechtsstaatlicher Sicht die elementare Aufforderung an den Gesetzgeber bestehen, seine Gebote in eine dem Unterworfenen verständliche Form zu kleiden. Aus gesetzestechnischem Blickwinkel war es insbesondere das Voranstellen eines Allgemeinen Teils in den Strafgesetzbüchern, welches das Verständnis für den Laien erschwerte. Hier stießen die Gemeinverständlichkeitsbestrebungen an ihre Grenzen. Anders als im Zivilrecht stand im Strafrecht die Kodifizierung der allgemeinen Lehren im Gesetzbuch nicht in der beliebigen Disposition des Gesetzgebers. Der Grundsatz *nulla poena sine lege* erheischte hier eine gesetzliche Positivierung dieser Lehren, die nicht allein Rechtsprechung und Lehre überlassen werden konnten.[500] Eine genaue Abgrenzung, welche Lehren hierbei als Folge dieses Grundsatzes einer Positivierung bedürfen und welche der Gesetzgeber Wissenschaft und Praxis überlassen kann, gelang dabei aber nicht und steht bis heute aus.[501]

Der zivilrechtliche Gesetzgeber war in der Gestaltungsfrage, was er im Gesetzbuch einer ausdrücklichen Regelung zuführte und was er stattdessen lieber Recht-

---

von allen, an die sich ein Gesetz richtet, verstanden zu werden.); *Gutherz*, Teil 2, S. 27 ff. (Ein Gesetz könne niemals in dem Sinne gemeinverständlich sein, dass es allen Bevölkerungsschichten übereinstimmende Rechtskenntnisse vermittelt. Es sei aber möglich, Gesetze so zu fassen, dass sie dem Laien eine Kenntnis des Rechts vermitteln, die für die Hauptmasse der einfach gelagerten Rechtsfälle ausreicht.); *Mayr*, Gesetzeskunst, S. 9 (Es sei unmöglich, ein Gesetzbuch so abzufassen, dass es jedem Laien verständlich ist. Der Gesetzgeber soll einen Mittelweg einschlagen zwischen »platter Gemeinverständlichkeit und verkünstelter Geheimsprache«.).

[498] *Wach*, S. 6 f., der im Dienste der Volkstümlichkeit vom Strafgesetzgeber Schlichtheit in der Wahl des Ausdrucks und im Satzbau einfordert. Beides sei ohne Beeinträchtigung der Prägnanz erreichbar. Noch immer sei man hierbei nicht zu der Einfachheit und Anschaulichkeit der Sprache und damit zu der Verständlichkeit und Volkstümlichkeit gelangt, die möglich sei (S. 22). Allerdings werde es nie möglich sein, eine die Auslegung und Wissenschaft überflüssig machende Verständlichkeit zu erreichen.

[499] Zu *Feuerbachs* psychologischer Zwangstheorie s. oben S. 240; die Vergeltungstheorie erlebte im Ausgang des 19. Jahrhunderts insbesondere durch Binding eine Renaissance, die Spezialpräventionslehre durch Liszts soziologische Schule; zu diesem Schulenstreit s. den Überblick bei *E. Schmidt*, S. 386 ff. m. w. N.

[500] So setzte sich *Wach* (S. 9) zwar für eine größere Volkstümlichkeit der Strafgesetzbücher mit sprachlichen Mitteln ein, stellte die Berechtigung eines Allgemeinen Teils im Strafgesetzbuch aber nicht in Frage.

[501] Näher hierzu unten S. 445 f.

sprechung und Lehre überließ, freier. Wie man diesen Gestaltungsspielraum zugunsten der Volkstümlichkeit des Gesetzbuchs einsetzen konnte, zeigten Hubers Arbeiten am schweizerischen ZGB. In Sachen Volkstümlichkeit verstand Huber das ZGB durchaus als Gegenentwurf zum deutschen BGB. Was die sprachlichen Mittel betrifft, so stand Hubers Bemühen, den Gebrauch von Fremdwörtern wenn möglich zu vermeiden, noch durchaus im Einklang mit dem Bemühen der BGB-Redaktoren.[502] Huber beließ es aber nicht hierbei. Wir sahen bereits, dass er einem leitsatzorientierten, leicht fasslichen Gesetzgebungsstil, der dem Richter viel Freiraum lässt, den Vorzug gab gegenüber dem akribischen Bemühen der BGB-Redaktoren um möglichst ausdifferenzierte und subsumtionsfähige Regelungen.[503] Auch die bereits angesprochene Pars-pro-toto-Technik Hubers, die sich auf die Regelung der in der Praxis wichtigsten Konstellationen beschränkte und den Rest Rechtsprechung und Lehre überließ, ist ein deutliches Zeichen für sein Bemühen um Volkstümlichkeit. Schließlich gehört hierzu auch Hubers Verzicht auf das Voranstellen eines Allgemeinen Teils und der weitgehende Verzicht auf Verweisungen, welche er als Hindernisse auf dem Weg zur Anschaulichkeit des Gesetzbuchs betrachtete.[504]

Hubers Gesetzgebungsstil ist damit namentlich ein Gegenentwurf zu den Thesen Plancks, mit denen dieser die Kritik an der mangelnden Volkstümlichkeit des BGB-Entwurfs zurückwies. Während die Redaktoren des BGB im Spannungsfeld der beiden Gesetzgebungsziele Rechtssicherheit und Volkstümlichkeit im Kollisionsfall der Rechtssicherheit den Vorzug gaben, entschied sich Huber für die Volkstümlichkeit. Das heißt aber nicht, dass er leichtfertig auf Rechtssicherheit verzichtete. Er sah nur anders als die BGB-Redaktoren nicht allein den Gesetzgeber in der Pflicht, diese mittels des Gesetzbuchs praktisch im Alleingang zu erreichen. Das ZGB war vielmehr von vornherein nur als ein Element bei der Gewährleistung der Rechtssicherheit vorgesehen, welche im Zusammenspiel mit Rechtsprechung

---

[502] *Huber,* Erläuterungen, Heft 1, S. 14, 16 f.: Der Entwurf strebe eine möglichst einfache, klare und schmucklose Ausdrucksweise an. Der Gebrauch von Fremdwörtern wurde weitgehend vermieden. Beibehalten wurden jedoch solche Fremdwörter, bei denen es sich um eingebürgerte und allgemein gebräuchliche Lehnwörter handelt (wie »Patent« oder »Testament«) sowie Fachbegriffe, die in anderen Teilen der Bundesgesetzgebung bereits eingeführt sind (wie »Kommanditgesellschaft« oder »Konkurs«).

[503] S. näher oben S. 297. Sprachlich äußert sich diese leichtere Fasslichkeit des ZGB nicht etwa in einem Verzicht auf den viel geschmähten juristischen Nominalstil oder auf die Bevorzugung des Passivs. Wie wir aus linguistischen Untersuchungen wissen, enthält das ZGB nicht weniger Substantivierungen als das BGB und macht sogar noch häufiger als dieses von Passivformen Gebrauch (vgl. *Oplatka-Steinlin,* S. 58, 70). Was das ZGB sprachlich auszeichnet, ist vielmehr der wesentlich stärkere Einsatz umgangssprachlicher und der gesprochenen Sprache entnommener Elemente sowie plastischer Begriffe, als es beim BGB der Fall ist (vgl. *Oplatka-Steinlin,* S. 47 f., 108 ff., 113); s. hierzu auch unten S. 420 f. zum Einfluss des Regelungsumfangs auf die Volkstümlichkeit von BGB und ZGB.

[504] S. näher unten S. 450 f. (Kritik an einem Allgemeinen Teil) und S. 482 (Verzicht auf Verweisungen).

und Wissenschaft erreicht werden sollte. Hierin zeigen sich aber zugleich auch die Grenzen des Volkstümlichkeitsstrebens in der Gesetzgebung an der Wende zum 20. Jahrhundert. Das ZGB sollte nach dem Konzept Hubers volkstümlich in Form und Sprache sein, es war aber nicht gemeinverständlich in dem Sinne, dass der Laie den genauen Bedeutungsgehalt einer Regelung ohne weiteres dem Gesetzeswortlaut entnehmen könnte.[505] Der aufklärerisch-absolutistische Gemeinverständlichkeitsanspruch des ALR, welcher einer lückenfüllenden und rechtsfortbildenden Rechtsprechung und Lehre keinen Platz einräumte, war also nicht mehr der des ZGB. Durch die bewusste Einbindung von Rechtsprechung und Lehre in sein Gesetzgebungskonzept unter partiellem Verzicht auf ein Bestimmtheitsstreben erreichte Huber für das ZGB zwar größere Anschaulichkeit, nicht aber echte Gemeinverständlichkeit im Sinne des aufklärerischen Gesetzgebungskonzepts.[506] Huber selbst formulierte seinen Verständlichkeitsanspruch auch vorsichtiger, als es mancher aufklärerische Gesetzgeber getan hätte. Nicht gleiche Verständlichkeit für jedermann strebte er an, räumte vielmehr ein, dass der Jurist dem Gesetz jederzeit mehr entnehmen könne und ließ es genügen, wenn die Bestimmungen des Gesetzbuchs auch für den Nichtjuristen einen Sinn geben.[507]

Bislang haben wir jedoch nur die Grundzüge der beiden Gesetzgebungsstile von BGB und ZGB im Hinblick auf die Frage der Volkstümlichkeit angesprochen, um die Gegensätze deutlich zu machen. Die Gegenüberstellung bliebe aber ungenau, wenn man nicht auch die anderen Aspekte berücksichtigte, die dem bisher gezeichneten Bild entgegenlaufen. So sahen wir bereits, dass die Redaktoren des BGB keineswegs immer den Weg möglichst ausdifferenzierter und subsumtionsfähiger Regelungen beschritten, sondern bewusst auch das Instrument der Generalklauseln und ausfüllungsbedürftiger Rechtsbegriffe einsetzten.[508] Außerdem belehren die Materialien zum BGB darüber, dass die Redaktoren in nicht seltenen Fällen eine Rechtsfrage bewusst nicht im Gesetzbuch einer Entscheidung zuführten, sondern Wissenschaft und Praxis überließen.[509] Die Motive

---

[505] Die Verherrlichung der Gesetzgebungstechnik des ZGB durch die Freirechtsbewegung, wonach im ZGB »jede Vorschrift ohne Kommentar jedem Laien« verständlich sei (*Ernst Fuchs*, Die Gemeinschädlichkeit der konstruktiven Jurisprudenz, Karlsruhe 1909, S. 92), ist also stark überzogen und nur im Zusammenhang mit der gleichzeitigen Polemik gegen die »Hieroglyphensätze« des BGB zu verstehen.

[506] Unzutreffend daher die Charakterisierung durch *R. Gmür*, S. 38 f., welcher das Volkstümlichkeitsstreben des ZGB in eine Reihe stellt mit demjenigen des ALR.

[507] *Huber*, Erläuterungen, Heft 1, S. 12. Noch zurückhaltender urteilte *Max Rümelin*, obwohl er den Vorentwurf zum ZGB ausdrücklich für seine Bemühungen um breite Verständlichkeit lobt, hinsichtlich der Erreichbarkeit des populären Gemeinverständlichkeitsideals (Schmollers Jb 25 (1901), S. 840): Dass sich jedermann von dem Inhalt sämtlicher Bestimmungen eine Vorstellung machen könne, sei ein für eine moderne Kodifikation unerfüllbares Verlangen, welches auch der Schweizer Entwurf nicht erfüllen könne. Nur einzelne Sätze hierin seien für das Verständnis des allgemeinen Publikums berechnet.

[508] S. näher oben S. 376 f.

[509] S. oben S. 335 mit Fn. 202.

hierfür lagen freilich in beiden Fällen nicht im Streben nach größerer Volkstümlichkeit. Im Falle der Generalklauseln und ausfüllungsbedürftigen Rechtsbegriffe
wollte man vielmehr dort, wo die Unüberschaubarkeit der individuellen Konstellationen eine abstrakte Vorabentscheidung unmöglich machte, dem Richter den
nötigen Spielraum für eine gerechte Einzelfallentscheidung an die Hand geben.
Im Falle der bewusst ungeregelt gebliebenen Rechtsfragen waren häufig einzelne
Zweckmäßigkeitsüberlegungen ausschlaggebend, zuweilen wollte man auch dem
Ausgang bestehender Kontroversen nicht vorweggreifen bzw. künftigen Erkennt-
nisfortschritten in Wissenschaft und Praxis nicht im Wege stehen. Doch auch für
das ZGB bliebe das Bild unvollständig, wenn man nicht berücksichtigte, dass
Huber durchaus auch den Weg einer autoritativen Entscheidung von Zweifels-
fragen durch den Gesetzgeber im Dienste der Rechtssicherheit beschritt, doch
konzentrierte er sich hierbei mehr auf die Praxisrelevanz der zu entscheidenden
Fälle, als es die Redaktoren des BGB taten.

Schließlich sollten bei der Gegenüberstellung von BGB und ZGB im Hinblick
auf die Frage der Volkstümlichkeit auch die unterschiedlichen institutionellen
Rahmenbedingungen nicht unberücksichtigt bleiben. Während in Deutschland
die Zivilrechtsprechung fast ausschließlich in den Händen von ausgebildeten
Juristen lag,[510] erfolgte die erstinstanzliche Rechtsprechung in der Schweiz in
vielen Kantonen durch Laienrichter. Selbst wenn man in der Schweiz also nicht
das Volk, sondern die Richterschaft als primären Gesetzesadressaten angesehen
hätte, wäre eine volkstümliche Fassung dennoch unentbehrlich gewesen. Auch
musste bei der Abfassung des ZGB anders als beim deutschen BGB mit der
Möglichkeit gerechnet werden, dass das Volk in einem Referendum direkt über
die Annahme des Gesetzbuchs entschied, was das Streben nach volkstümlicher
Fassung weiter verstärkte.[511]

VI. Wenige und kurze Gesetze, Überflüssiges vermeidend

Eng mit den zuvor behandelten Themen hängt die Forderung nach wenigen und
kurzen Gesetzen bzw. nach der Vermeidung von allem Überflüssigen in den
Gesetzen zusammen. Kürze schien vielen ein probates Mittel, um die Forderungen nach einer Vereinfachung des Rechts, nach einer Beschränkung des Gesetzgebers auf allgemeine Grundsätze und nach möglichst gemeinverständlichen bzw.
volkstümlichen Gesetzen umzusetzen. Kasuistik, belehrender Gesetzgebungsstil,
Streben nach lückenlosen und genau bestimmten Gesetzen waren hingegen Ten-

---

[510] Eine Ausnahme bildete die Mitwirkung von Kaufleuten als Handelsrichter in den Kammern für Handelssachen; vgl. §§ 100 ff. des Gerichtsverfassungsgesetzes v. 27. Januar 1877 (RGBl.
1877, S. 41–76).

[511] Letztlich kam es aber nicht zu einem Referendum über die Annahme des ZGB; die
Referendumsfrist lief 1908 ungenutzt ab.

denzen, die dem Ideal von wenigen und kurzen Gesetzen entgegenzulaufen schienen. Blicken wir zunächst wieder auf die Zeit der Aufklärung und anschließend auf die weitere Entwicklung im 19. Jahrhundert.

1. Die Entwicklung zur Zeit der Aufklärung

Wir sahen bereits, dass in der zweiten Hälfte des 18. Jahrhunderts in der Gesetzgebungsliteratur vielfach der Ruf nach Vereinfachung des Rechts und nach gemeinverständlichen Gesetzen erscholl. In einem Atemzug hiermit wurde vom Gesetzgeber häufig ein bündiger Gesetzgebungsstil und die Beschränkung auf kurze und wenige Gesetze eingefordert. Gesetzgebungstechnisch konnten die hierbei erhobenen Forderungen ganz verschiedene Ebenen berühren, auf denen vom Gesetzgeber Kürze verwirklicht werden kann. Zunächst auf Ebene der einzelnen Sätze (kurzer Satzbau und Vermeidung von Nebensätzen und Einschüben), dann auf Ebene der einzelnen gesetzlichen Bestimmungen, weiter auf Ebene der einzelnen Gesetze und schließlich auf Ebene der Rechtsordnung insgesamt (wenige Gesetze). Auf der Ebene einzelner Sätze handelt es sich um eine vornehmlich formale, sprachliche Aufgabe an den Gesetzgeber, die bei geschicktem Einsatz der Sprache den Regelungsinhalt weitgehend unberührt lässt. Auf der Ebene der einzelnen Bestimmungen kann die Forderung nach Kürze sowohl formaler Natur sein (systematische und ausreichende Untergliederung des Gesetzes, so dass die einzelnen Bestimmungen möglichst kurz sind) als auch inhaltlicher Natur (die Regelungsinhalte sollen auf Kernaussagen reduziert werden). Auf der Ebene einzelner Gesetze und auf der Ebene der Rechtsordnung insgesamt nimmt die Forderung nach Kürze deutlich eine inhaltliche Natur an, indem es hier um eine Verringerung der Masse des Rechts und dessen Vereinfachung geht.

In der Gesetzgebungsliteratur der Aufklärungszeit vermischen sich diese Ebenen häufig und damit auch die Forderungen nach formaler und inhaltlicher Kürze in der Gesetzgebung. So wird der Gesetzgeber pauschal aufgefordert, Weitschweifigkeit zu vermeiden, die Gesetze kurz zu halten und sich insgesamt auf wenige Gesetze zu beschränken. Diese Forderungen finden sich schon bei Thomasius[512]. Breite Aufnahme in die Gesetzgebungsliteratur erlebt die Forderung an den Gesetzgeber nach sprachlicher Kürze (Vermeidung von Weitschweifigkeit) und/oder inhaltlicher Kürze (Beschränkung auf leitende Grundsätze; wenige und kurze

---

[512] *Thomasius*, Prudentia Legislatoria, Kap. XII, §§ 9, 14, wobei er die mosaische Gesetzgebung im Hinblick auf ihre Bündigkeit für ideal hält, jedoch auch deutlich macht, dass sich diese nicht auf die Verhältnisse in Deutschland übertragen lasse. Schon *Hobbes* wandte sich gegen das Bestreben, durch Vermehrung der Worte im Gesetz Unklarheiten zu beseitigen, s. hierzu gleich im Text. Unrichtig ist es hingegen, auch *Seneca* für die Forderung nach kurzen Gesetzen in Anspruch zu nehmen, wie es etwa *Hommel* und zum Teil auch spätere Autoren taten, s. hierzu oben S. 312, Fn. 102.

Gesetze) dann ausgehend von Montesquieu in der zweiten Hälfte des 18. Jahrhunderts.[513] Im Anschluss an Montesquieu werden dabei von verschiedenen Autoren die römischen Zwölftafelgesetze als Muster der Bündigkeit hervorgehoben und hiermit Justinians Novellen kontrastiert als abschreckendes Beispiel, wie man es nicht machen soll.[514] In diesen Stellungnahmen liegt einerseits eine Kritik am überkommenen römischen Recht, an der barocken Wortfülle der neuzeitlichen »Lehrbücher mit Gesetzeskraft«, an dem weitläufigen Stil, in dem Kontroversen abgehandelt werden und an der Vorliebe für wortreiche Umschreibungen, umständliche Phrasen, Wiederholungen und Aneinanderreihungen von Synonymen, welche den Gesetzgebungsstil bis zur Mitte des 18. Jahrhunderts prägt. Neben dieser Kritik an der Gesetzessprache ging es den Gesetzgebungstheoretikern der Aufklärungszeit mit dem Ruf nach Kürze und wenigen Gesetzen aber auch um eine inhaltliche Kritik an dem Rechtszustand, den man für verworren, unnötig kompliziert und unüberschaubar hielt. Hier trifft sich die Forderung nach Kürze mit dem Ruf nach inhaltlicher Vereinfachung des Rechts, nach Reduzierung der Masse des geltenden Rechts auf wenige, leicht fassliche Grundsätze.

Zentrales Argument der Gesetzgebungstheoretiker war hierbei, dass die Vermehrung der Worte und das Bestreben des Gesetzgebers, den Regelungsinhalt möglichst ausführlich darzustellen, nicht zu größerer Klarheit führe, sondern gerade umgekehrt die Auslegungsschwierigkeiten, Zweifel und damit auch die Rechtsstreitigkeiten vermehre. Dieses Argument findet sich bereits bei Hobbes, der es nicht für möglich hielt, durch eine Vermehrung der Worte im Gesetz Unklarheiten zu vermeiden.[515] Im Gegenteil erzeuge man durch eine zu wortrei-

---

[513] *Montesquieu*, Buch XXIX, Kap. 16; vgl. aus der zweiten Hälfte des 18. Jahrhunderts: *Friedrich II*, Dissertation, S. 40; *Heumann v. Teutschenbrunn*, Kap. 8, S. 89; *Justi*, Buch 13, § 414 = Bd. 2, S. 479 f.; *Bielfeld*, Bd. 1, Kap. VI, § 15, S. 239 f.; *Hommel*, Principis cura leges, S. 43/123; *Schlosser*, Vorschlag, S. 27 f. (der die Justinianischen Gesetzbücher »auf einen mäßigen Octavband von weniger als zehn Bogen« reduzieren will, in dem nur das enthalten sein soll, »was würklich als Grundsatz der Entscheidung in den Fällen, die bey uns noch möglich sind, gebraucht werden kann«); *Sonnenfels*, S. 366, 378; *Filangieri*, Bd. 1, S. 65 f.; *Paalzow*, Vorrede zum Montesquieu-Kommentar, S. XXXVIII; *ders.*, Versuch, S. 29 f., 57; *Globig/Huster*, S. 25; *Erhard*, S. 43, 62; ebenso aus den ersten Jahrzehnten des 19. Jahrhunderts: *Th. Hippel*, S. 175 ff. (der lange und komplizierte Gesetze für ein Zeichen sittlichen Verfalls hält); *Globig*, System, Bd. 1, S. XXXV; *Rotteck*, Bd. 2, S. 330 f. (der das Problem aus dem Blickwinkel der Bindung der Exekutive durch Gesetze sieht; um deren Spielraum nicht zu sehr einzuschränken, fordert er wenige und sich auf allgemeine Leitlinien beschränkende Gesetze); *Müller*, S. 2; *Gerstäcker*, Bd. 2, S. 124. Vgl. auch die Instruktion *Katharinas II* von Russland v. 30. Juli 1767 (§§ 158, 447, 453), wonach ein Gesetzbuch, das alle Gesetze in sich enthält, nur ein mittelgroßes Buch sein dürfe, dessen Schreibart kurz und einfach sein müsse, da kurze und prägnante Formulierungen besser verstanden würden als weitläufige Umschreibungen. Auch die wenig später (1770) entstandene negative Stellungnahme des österreichischen Staatskanzlers von Kaunitz zum Codex Theresianus rügte dessen »außerordentliche Weitläufigkeit« als Hindernis für eine breite Verständlichkeit (s. oben S. 382, Fn. 409).

[514] *Montesquieu, Hommel, Sonnenfels* (alle wie Fn. 513).

[515] Zum Folgenden: *Hobbes*, Leviathan, Teil II, Kap. 30, S. 253.

che Ausarbeitung des Gesetzes den Eindruck, dass jeder, der den unmittelbaren Wortsinn umgehen kann, sich außerhalb der Reichweite des Gesetzes befinde. So entstünde nur ein Wettkampf zwischen Gesetzesverfassern und Anwälten, wobei die Gesetzesverfasser versuchten, die Auslegung der Anwälte durch immer neue Zusätze einzuschränken und die Anwälte versuchten, die Einschränkungen zu umgehen.[516] Hobbes präferiert daher kurze Gesetze, die im Wortlaut genügend Spielraum lassen, um auch vom Gesetzgeber nicht vorhergesehene Gestaltungen zu erfassen. Im Übrigen verwies er den Gesetzgeber darauf, seinen Gesetzen Begründungen beizugeben, um Auslegungszweifel zu vermeiden; die Vermehrung des Gesetzeswortlauts sei hierfür nicht der richtige Weg, da hierdurch nur neue Unklarheiten geschaffen würden.[517] Hierbei ist bezeichnend, dass Hobbes den seiner Ansicht nach unvermeidlichen Auslegungsspielraum im Gesetzeswortlaut nicht dem richterlichen Ermessen überließ, sondern diesen Spielraum durch Gesetzesbegründungen schließen wollte, um so die Gesetzgebungshoheit des Souveräns gegen eine freie Ausdeutung des unvermeidlich unvollkommenen Gesetzes durch Richterschaft und Anwälte abzusichern.

Auch Thomasius argumentierte, je mehr Worte der Gesetzgeber mache, desto dunkler würde nur ihr Sinn. Der Gesetzgeber solle sich daher auf kurze und deutliche Gesetze beschränken.[518] Im Übrigen sei es umso besser, je geringer die Zahl der Gesetze und je allgemeiner und einfacher diese gefasst seien.[519] Entsprechend argumentieren zahlreiche spätere Gesetzgebungstheoretiker der Aufklärungszeit, wobei auch hervorgehoben wird, dass die Weitläufigkeit der Gesetze Rechtsstreitigkeiten und Übertretungen eher provoziere, statt sie zu vermeiden.[520] Zudem sei nur durch kurze Gesetze die erstrebte Gemeinverständlichkeit zu erreichen.[521]

Es wäre jedoch verfehlt, in dem dargestellten Streben nach kurzen und einfachen Gesetzen eine communis opinio der Aufklärungszeit zu sehen. So gab es moderate Stimmen, die den Gesetzgeber zu einem Mittelweg rieten und andere, die das Ideal einer kurzen und dennoch verlässlichen Rechtsordnung als illusorische Schwärmerei verwarfen, weil hierbei keine Rücksicht auf die zunehmend komplizierter werdenden Verhältnisse des Lebens genommen werde.

Ein früher Exponent eines moderaten Mittelweges in dieser Frage ist Bacon.[522] Er rät dem Gesetzgeber, die Gesetze weder weitschweifig noch übermäßig knapp

---

[516] Ebd.: »…me thinks I see a contention between the Penners, and Pleaders of the Law; the former seeking to circumscribe the later; and the later to evade their circumscriptions; and that the Pleaders have got the Victory.«

[517] S. hierzu näher oben S. 125 mit Fn. 473.

[518] *Thomasius*, Prudentia Legislatoria, Kap. XII, § 14.

[519] Ebd., § 9.

[520] *Justi*, Buch 13, § 414 = Bd. 2, S. 479 f.; *Bielfeld*, Bd. 1, Kap. VI, § 15, S. 239 f.; *Hommel*, Principis cura leges, S. 43/123, *Erhard*, S. 62; auch noch *Pfeiffer*, S. 70 f., der das ALR für seine Ausführlichkeit kritisiert, die nur zu Prozessen reize.

[521] *Th. Hippel*, S. 175 ff.; *Pfeiffer*, S. 70 f.; *Gerstäcker*, Bd. 2, S. 124.

[522] Zum Folgenden: *Bacon*, De Augm. Scient., Buch 8, Kap. 3, Aphorismen 65–67, S. 819.

zu fassen. Weitschweifigkeit, die durch den Versuch entstehe, alle Fälle ausdrücklich aufzuzählen, vermehre nur die Unklarheiten, statt sie zu beseitigen. Umgekehrt weist Bacon aber auch die Ansicht zurück, der Gesetzgeber solle einen
knappen Stil pflegen, weil dies seiner Majestät und dem im Gesetz liegenden
Befehl von der Form her angemessen sei. Bacon wendet hiergegen ein, dass auch
übertriebene Knappheit zu unnötigen Unklarheiten führe. Der Gesetzgeber solle
daher einen Mittelweg einschlagen, wobei er umfassenden Begriffen gegenüber
Einzelaufzählungen den Vorzug gibt und versucht, den gewählten allgemeinen
Begriffen einen deutlichen Sinn beizulegen. Die Frage der Kürze führt hier also
zu der Debatte um einen verallgemeinernden oder kasuistischen Gesetzgebungsstil, wobei Bacon zu ersterem rät, aber vor zu großen Verallgemeinerungen warnt.

In der deutschen Gesetzgebungstheorie der Aufklärungszeit wandte sich Wieland bereits 1783 gegen das Bestreben, die Vollkommenheit eines Gesetzbuchs aus
dessen möglichst geringem Umfang herleiten zu wollen. Ausführlich legt er dar,
dass sich der Gesetzgeber an den tatsächlichen Verhältnissen zu orientieren habe,
die es zu regeln gelte und je mannigfaltiger diese seien, desto umfangreicher
müsse auch die Gesetzgebung sein.[523] Starke Verallgemeinerungen mögen dem
Gesetz zwar Kürze sichern, würden aber dazu führen, dass der Anwendungsbereich der Gesetze zu unbestimmt bleibe, was für die Freiheit des einzelnen
gefährlich sei.[524] Allerdings solle der Gesetzgeber nicht eine Vielzahl von Gesetzen
über den gleichen Gegenstand erlassen und sich vor Weitschweifigkeit hüten.[525]
Wenn er dies beachte, sei die absolute Menge und der Umfang der Gesetze an sich
kein Fehler, wenn sie mit der Ausbreitung der Verhältnisse und des Wirtschafts-
lebens gewachsen seien.[526]

Wenige Jahre nach Wielands Eintreten für eine Relativierung der populären
Forderung nach kurzen Gesetzen führte die viel zitierte Randbemerkung Fried-
richs II von 1785 zu einem Teilentwurf des Allgemeinen Gesetzbuchs für die
Preußischen Staaten (»es ist aber sehr Dicke und gesetze müßen kurtz und nicht
weitläuftig seindt«[527]) Svarez zu einer näheren Behandlung der Frage, inwieweit
Gesetze kurz sein können und müssen.[528] Svarez hebt hierbei hervor, dass die

---

[523] *Wieland*, Teil 1, § 50, S. 72, § 62, S. 89f.

[524] Ebd., §§ 51–54, S. 73–77. *Wieland* beruft sich hierbei auf seinen Zeitgenossen Justus Möser,
der freilich jeder Art einer verallgemeinernden Gesetzgebung, unabhängig von der Frage der
Kürze, skeptisch gegenüberstand.

[525] Ebd., § 56, S. 81f.

[526] Ebd., § 62, S. 89f.

[527] Friedrichs II handschriftliche Bemerkung betraf den ursprünglichen Entwurf der zweiten
Abteilung des Personenrechts und befindet sich unter dem Begleitschreiben Carmers zu der
Immediatvorlage v. 28. März 1785, mit welcher Carmer den Entwurf Friedrich vorlegte; Faksimi-
le bei *Friedrich Ebert*, Carl Gottlieb Svarez, in: 200 Jahre Dienst am Recht. Gedenkschrift aus Anlaß
des 200jährigen Gründungstages des Preußischen Justizministeriums, hrsg. v. Franz Gürtner,
Berlin 1938, S. 367–396, hier: S. 395; Svarez selbst zitiert in seinem nachstehend erwähnten
Vortrag den Kommentar Friedrichs II nur aus der Erinnerung.

[528] *Svarez*, Inwiefern können und müssen Gesetze kurz sein, S. 627ff.; es handelte sich hierbei

Forderung nach kurzen Gesetzen »einer der gewöhnlichsten Gemeinplätze in den Werken unsrer alten und neuen Schriftsteller über Staatswissenschaft und Gesetzgebung« sei. Nüchtern weist er demgegenüber darauf hin, dass die oft für ihre Kürze gepriesenen Zwölftafelgesetze der Römer wohl für den jungen römischen Staat passten, nicht aber für einen komplizierten und ausgereiften Staatsorganismus wie das Rom der Kaiserzeit, für dessen Gesetze »der Rücken vieler Kamele« nicht mehr ausreichte.[529] Wie Wieland betont auch Svarez, dass die Kürze der Gesetze kein absoluter Wert sei, sondern der Umfang der Gesetzgebung sich der Mannigfaltigkeit der tatsächlichen Verhältnisse anzupassen habe. Svarez lehnt daher eine allzu große Kürze in der Gesetzgebung für die gegenwärtigen Verhältnisse ab, weil die Rechte und Pflichten dann nicht mehr bestimmt genug seien und der Richter dadurch zum Gesetzgeber werde. Hierin sieht er eine große Gefahr für die bürgerliche Freiheit. Dennoch solle man das Ideal der Kürze nicht gänzlich aus der Gesetzgebung verbannen. Der Gesetzgeber solle durchaus bemüht sein, die Fülle der Einzelfälle auf allgemeine Grundsätze zurückzuführen, sofern die Bestimmtheit hierunter nicht leidet.[530] Auch solle er so viel wie möglich auf Ausnahmeregelungen verzichten und sich im sprachlichen Ausdruck der Kürze und Präzision befleißigen. Alles dies könne das Gesetzbuch aber nicht wirklich gemeinverständlich machen. Gemeinverständlichkeit als vorrangiger Zweck des Gebots der Kürze könne daher nur durch einen separaten Volkskodex, der sich auf die für den gemeinen Mann wichtigen Auszüge aus dem allgemeinen Gesetzbuch beschränkt, erreicht werden.[531]

Man sieht hieran einmal mehr, wie im Umkreis der Entstehung des ALR den Gesetzgebungszielen der Rechtssicherheit und des Ausschlusses richterlichen Ermessens im Kollisionsfall gegenüber dem Ziel der Gemeinverständlichkeit der Vorzug gegeben wurde, auch wenn dieses im Gewand des Gebots der Kürze auftrat. Die praktische Beschäftigung mit Gesetzgebungsarbeiten desillusionierte im Übrigen offensichtlich gegenüber dem leicht erhobenen, aber schwer umzusetzenden Ideal bündiger Gesetzgebung. Bezeichnenderweise sind es daher ebenfalls mit praktischen Gesetzgebungsarbeiten betraute Autoren – Klein und Zeiller – die in den kommenden Jahren wie Svarez für eine Relativierung des Ideals kurzer Gesetze eintraten und die Abhängigkeit des Umfangs der Gesetzgebung von der Vielgestaltigkeit der tatsächlichen Verhältnisse betonten. Der Gesetzgeber dürfe nicht »alle Handlungen der Bürger in eine Form [...] gießen«, schreibt

---

ursprünglich um einen Vortrag vor der so genannten Mittwochsgesellschaft, in der sich Angehörige der höheren Beamtenschaft und des gehobenen Bürgertums Preußens trafen.

[529] *Svarez*, Inwiefern können und müssen Gesetze kurz sein, S. 627 f.; es handelt sich hierbei um eine Anspielung auf einen entsprechenden Vergleich Justinians. Für ihre Kürze gepriesen wurden die Zwölftafelgesetze von *Montesquieu*, *Hommel* und *Sonnenfels*; s. die Nachweise in Fn. 513.

[530] Ebd., S. 628; zur Stellung des ALR und seiner Verfasser in der Frage einer verallgemeinernden oder kasuistischen Gesetzgebung s. oben S. 288 f.

[531] Zum Konzept des »Volkskodex« s. oben S. 253 f.

Klein[532] und Zeiller betont, es gebe immer nur eine den Verhältnissen eines Staates angemessene Kürze und man könne nicht, wie viele Kritiker wünschen, dem Zivilgesetzbuch eines Staates mit fortgeschrittener Rechtskultur und vielen verwickelten Verhältnissen »die bequeme Form eines Taschenbuchs« geben.[533]

Diese Relativierung des Ideals der Kürze lenkte den Blick weg von der ebenso pauschalen wie naiven Forderung, Zahl und Umfang der Gesetze absolut knapp zu halten, hin zu den gesetzestechnischen Mitteln, mit denen sich Bündigkeit ohne Abstriche an der inhaltlichen Bestimmtheit der Regelung erreichen lässt. Zeiller nennt eine Vielzahl solcher Mittel.[534] So kritisiert er das Bemühen früherer Gesetzgeber, ihren Anordnungen durch die Aneinanderreihung ähnlicher oder gleichbedeutender Begriffe mehr Nachdruck und Deutlichkeit zu geben. Ein derartiges Vorgehen sei nicht nur überflüssig, sondern schädlich, da es den Sinn verdunkle und den Anwender verführe, in die schwankende Terminologie mehr hineinzuinterpretieren als vom Gesetzgeber beabsichtigt. Der Gesetzgeber solle sich daher einer präzisen Terminologie bedienen und diese nicht mit anderen Begriffen vermengen.[535] Auch solle er Kasuistik vermeiden und mit dem Instrument erläuternder Beispiele im Gesetzestext sparsam umgehen, da diese die Reichweite einer Bestimmung häufig eher verdunkeln würden, als zu größerer Bestimmtheit beizutragen. Schließlich trage auch die richtige Ordnung der Gegenstände in einem Gesetzbuch viel zu dessen Kürze bei. Ein systematischer Aufbau könne häufig Wiederholungen oder erweiternde oder einschränkende Zusätze entbehrlich machen und im Übrigen viel zur Übersichtlichkeit des Gesetzbuchs und der Auffindbarkeit einzelner Bestimmungen beitragen.

Für Zeiller war die erstrebenswerte Kürze also schon nicht mehr eine Frage des absoluten Umfangs eines Gesetzbuchs. Entsprechend lagen die maßgeblichen Bemühungen, den Umfang der geplanten österreichischen Zivilrechtskodifikation zu begrenzen, auch nicht in der Referentenzeit Zeillers, sondern bereits früher. Überblickt man die verschiedenen Entstehungsphasen der österreichischen Zivilrechtskodifikation von den Arbeiten am Codex Theresianus (1753–1766) bis hin zur Veröffentlichung des ABGB 1811, so fällt auf, dass die wesentlichen Reduzierungen der Stoffmasse bereits durch die früheren Referenten Horten und Martini geleistet wurden,[536] getreu der Anweisung Maria Theresias von 1772,

---

[532] *Klein*, Annalen, Bd. 4 (1789), S. 335; ähnlich *ders.*, Annalen, Bd. 6 (1790), S. 28.

[533] *Zeiller*, Eigenschaften, S. 258 f. Ähnlich *ders.* in seinem Vortrag vor der Gesetzgebungskommission am 21. Dezember 1801 (*Ofner*, Protokolle, Bd. 1, S. 9).

[534] Zum Folgenden: *Zeiller*, Eigenschaften, S. 257 ff.; *ders.*, in: *Ofner*, Protokolle, Bd. 2, S. 475; *ders.*, Kommentar, Bd. 1, S. 25.

[535] Zu dem hiermit im Zusammenhang stehenden Gebot an den Gesetzgeber, einem Begriff stets dieselbe und verschiedenen Begriffen nicht die gleiche Bedeutung zuzumessen, s. oben S. 356 f.

[536] Vgl. hierzu *Strakosch*, S. 33, 39; *Brauneder*, ABGB, S. 227 f. Der Codex Theresianus (1766) umfasste insgesamt 8367 Paragraphen (dort »Nummern« genannt); der Entwurf Horten (1774) schon nur noch 2891 Paragraphen und der Entwurf Martini (1796) nur 1569 Paragraphen; das

man solle auf möglichste Kürze achten und sich nicht auf allzu genaue Details
einlassen.[537] Die Arbeiten Zeillers im Hinblick auf die Kürze des Gesetzbuchs
waren dann weniger der Reduzierung des Gesamtumfangs als vielmehr der »inneren« Kürze der einzelnen Bestimmungen (ohne Verzicht auf Regelungsinhalt)
nach Maßgabe seiner oben wiedergegebenen Ansichten gewidmet. Geglückt ist
dies aber nur teilweise. So finden sich auch noch im ABGB zahlreiche Beispiele
von dozierenden oder kasuistischen Bestimmungen oder von Regelungen, die im
Wesentlichen nur andernorts bereits getroffene Bestimmungen wiederholen, was
alles mit den Gesetzgebungsidealen Zeillers an sich nicht vereinbar ist.[538] Diese
gelegentlichen Sünden gegen das Gebot der Kürze lassen sich mit dem gleichzeitigen Streben nach möglichst breiter Verständlichkeit erklären. Denn was als
überflüssig aus dem Gesetzbuch weggelassen werden konnte, hing vom Adressatenverständnis ab und hier tat sich das ABGB (das mit dem Anspruch antrat,
zumindest dem gebildeten Laien verständlich zu sein) mit dem Gebot der Vermeidung von Überflüssigem schwerer als etwa das spätere deutsche BGB, welches
sich stilistisch auf den juristischen Adressatenkreis konzentrierte. Schwerer als
solche lässlichen Verstöße gegen das Gebot der Kürze wog die schon im 19.
Jahrhundert anzutreffende Kritik, das ABGB verdanke seine Kürze zum Teil nicht
der Prägnanz seiner Bestimmungen, sondern deren inhaltlicher Dürftigkeit.[539]
Diese Kritik rüttelt an einem Eckpfeiler des Zeillerschen Gesetzgebungskonzepts,
wollte dieser Kürze doch gerade nicht durch Abstriche am Inhalt erkaufen.

Was Zeiller für das Zivilrecht thematisierte, nämlich die Relativierung des pauschal vorgetragenen Ideals der Kürze und das Aufsuchen derjenigen gesetzestechnischen Mittel, mit denen sich Bündigkeit ohne Verlust an Bestimmtheit erreichen lasse, hat für das Strafrecht in etwa zur gleichen Zeit Feuerbach thematisiert.[540]

Westgalizische Gesetzbuch, das als so genannter »Ur-Entwurf« der Kommission als Vorlage diente,
der Zeiller ab 1797 angehörte, umfasste 1613 Paragraphen (gegenüber 1502 Paragraphen im
endgültigen ABGB).

[537] Resolution Maria Theresias v. 4. August 1772, Punkt 2; vgl. hierzu oben S. 291, Fn. 17.

[538] Zahlreiche Beispiele bei *Mayr*, Gesetzbuch als Rechtsquelle, S. 398 ff. Vgl. auch die Beispiele oben S. 291, Fn. 20 u. S. 319, Fn. 138.

[539] So *Stobbe*, Bd. 2, S. 480; vgl. auch die bekannte Kritik *Savignys* (Beruf, S. 98), wonach im
ABGB »die Begriffe der Rechtsverhältnisse« zum Teil zu allgemein und unbestimmt seien.

[540] Auch *Wielands* oben erwähnte frühe Kritik an der pauschalen Forderung nach kurzen
Gesetzen ist vom Titel her auf das Strafrecht bezogen (»Geist der peinlichen Gesetze«), ihrem
Inhalt nach aber gleichermaßen auch auf andere Rechtsgebiete anwendbar. Im Unterschied zu
der späteren Kritik Feuerbachs dringt Wieland aber nur ansatzweise zu den gesetzestechnischen
Mitteln vor, mit denen sich Bündigkeit ohne Abstriche an Bestimmtheit verwirklichen lasse.
Hierbei ist zu beachten, dass Wielands Schrift noch deutlich im Zusammenhang der von Montes-
quieu inspirierten Gesetzgebungsliteratur der zweiten Hälfte des 18. Jahrhunderts stand, der keine
konkreten Gesetzgebungsvorhaben zum Anlass dienten, während wir Feuerbachs gesetzestechnisch sehr viel konkretere Ausführungen dem kurpfälzisch bayerischen Strafgesetzgebungsvor-
haben und dem Entwurf, den Kleinschrod hierzu lieferte, zu verdanken haben. Auch lag Wielands
Konzept anders als bei Feuerbach noch nicht die Vorstellung einer strikten Positivierung des
Strafrechts zugrunde (s. *Wieland*, Teil 1, § 49, S. 70).

Wir sahen bereits, dass Feuerbach – wie Svarez – für das eigentliche Gesetzbuch Vollständigkeit, Bestimmtheit und detaillierte Durchführung einfordert, »um nicht den Richter sich selbst zu überlassen«, und die Vision eines knappen, einfachen und gemeinverständlichen Gesetzbuchs verwirft, da dieses nicht die erforderliche Bestimmtheit und Vollständigkeit besäße und dem richterlichen Ermessen zu viel Raum ließe.[541] Dennoch gibt es auch für Feuerbach Mittel, die das Gesetzbuch ohne Einbuße an Bestimmtheit und Vollständigkeit vor unnötiger Weitläufigkeit schützen. So soll der Gesetzgeber umfassende, allgemeine Regeln aufsuchen, statt sich in Einzelfällen und Beispielen zu ergehen. Diesem Aufsuchen allgemeiner Begriffe und Regeln, die ihren Platz im Allgemeinen Teil finden sollen, statt bei den einzelnen Delikten stets von neuem thematisiert zu werden, kommt nach dem Konzept Feuerbachs entscheidende Bedeutung zu, um das Strafgesetzbuch gleichzeitig vor unnötigen Wiederholungen und unbeabsichtigten Lücken zu schützen.[542] An Kleinschrods Entwurf kritisiert Feuerbach das Bestreben, »das Allgemeine nur in dem besondern darzustellen«, welches zu einer unnötigen Vervielfältigung der gesetzlichen Bestimmungen führe.[543] Dieses Konzept Feuerbachs schlug sich in dem Erscheinungsbild des bayerischen Strafgesetzbuchs von 1813 nieder, welches einen Allgemeinen Teil von bislang nicht gekannter Ausführlichkeit aufwies, im Besonderen Teil hingegen trotz Feuerbachs Bestimmtheitsstreben mit wesentlich weniger Bestimmungen auskam als der strafrechtliche Teil des ALR oder Kleinschrods Entwurf.[544]

In England befasste sich etwa gleichzeitig mit Feuerbach und Zeiller auch Bentham mit der Frage, welche Fehler der Gesetzgeber zu meiden habe, um den

---

[541] *Feuerbach*, Kritik, Teil 1, S. 5 ff. (Zitat auf S. 7); zu dem von Svarez und Feuerbach vertretenen Konzept einer zweigleisigen Gesetzgebung (vollständig und bestimmt für die Richterschaft, kurz und gemeinverständlich für das Volk) s. oben S. 253 ff.

[542] *Feuerbach*, Kritik, Teil 1, S. 11: »Glaubt also eine Gesetzgebung durch das Detail einzelner Beyspiele und die Menge besonderer Bestimmungen den Mangel allgemeiner Begriffe und Regeln zu ersetzen, so wird sie eben durch ihre Ausführlichkeit unvollständig und voll Lücken seyn.« Ebd., S. 14 f.: »Wer bey den verschiedenen einzelnen Verbrechen die Strafe der verschiedenen Versuche bestimmt, der muß doch schon eine allgemeine Regel vor Augen haben, die er nur hier auf das Besondere anwendet: sonst wäre ja sein Verfahren regellos. Nun denn! so drücke er diese Regel selbst bestimmt, allgemein verständlich und nach den praktischen Bedürfnissen des Richters eingerichtet, in Worten aus und räume ihr in dem allgemeinen Theil (der doch ohnedies für solche Regeln bestimmt ist) eine Stelle ein. Jene voluminösen besonderen Ausführungen werden dann überflüssig ...«

[543] Ebd., Teil 1, S. 13 f.; vgl. zu Feuerbachs Kritik am kasuistischen Gesetzgebungsstil oben S. 293 f.

[544] Der materielle Teil des bayerischen Strafgesetzbuchs von 1813 umfasst 459 Artikel (141 davon allein der Allgemeine Teil), in Kleinschrods Entwurf umfasste der materielle Teil hingegen noch 1563 Paragraphen und der strafrechtliche Teil des ALR 1577 Paragraphen, wobei die extrem hohe Paragraphenzahl bei Kleinschrod und im ALR aber auch auf die dort angewandte Technik zurückzuführen ist, jedem Satz einen eigenen Paragraphen zuzuweisen; vgl. hierzu unten S. 432 mit Fn. 622.

Gesetzen größtmögliche Kürze ohne Verlust an Bestimmtheit zu sichern.[545] Als wichtigste Verstöße gegen das Gebot der Kürze nennt Bentham den auch von Zeiller kritisierten Versuch, einer Regelung durch Tautologien oder sonstige Wiederholungen Nachdruck und Bestimmtheit zu geben,[546] die Aneinanderreihung spezieller Begriffe an Stelle der Verwendung eines umfassenden Gattungsbegriffs,[547] die mehrmalige Umschreibung desselben Begriffs anstelle einmaliger Definition,[548] den Gebrauch unnötig umständlicher Phrasen[549] und die Beifügung unnötiger Details, die für den Regelungsinhalt nicht entscheidend sind. Der englischen Gesetzgebungspraxis seiner Zeit hält Bentham vor, an allen diesen Gebrechen zu leiden, weshalb der eigentliche Regelungsgehalt eines Gesetzes nicht selten in der Fülle unnötiger Worte verloren gehe.[550]

Der Motor für Benthams Bemühen um Kürze in der Gesetzgebung war hierbei der gleiche wie bei vielen kontinentalen Gesetzgebungstheoretikern seiner Zeit: das Bemühen, die Gesetze möglichst auch für den Nichtjuristen verständlich zu machen. Bentham begnügte sich hierbei aber ebenso wie Feuerbach und Zeiller nicht mit pauschalen Forderungen und war auch nicht bereit, zugunsten der Kürze die Bestimmtheit einer Regelung aufzuopfern. Einen deutlichen Beweis hierfür liefert seine scharfe Kritik an der französischen Menschen- und Bürgerrechtserklärung und an den Grundrechtskatalogen der nordamerikanischen Verfassungen.[551] Benthams Bestreben nach Kürze war auf die Ausmerzung des gesetzestechnisch Überflüssigen gerichtet, nicht aber auf Abstriche an der Präzision

---

[545] Zum Folgenden: *Bentham*, General View, S. 208 = Traités de législation, Bd. 1, S. 364 f.; *ders.*, Nomography, S. 261 ff.

[546] Beispiele hierfür in *Bentham*, Nomography, S. 263.

[547] Wenn in einem Gesetz mehrere Gegenstände oder mehrere Personen mehrfach übereinstimmenden Regelungen unterworfen werden, so sollen diese Gegenstände bzw. Personen aus Gründen der Kürze und Präzision mit einem gemeinsamen Gattungsbegriff belegt werden. Sofern dem allgemeinen Sprachgebrauch hierfür kein Gattungsbegriff entnommen werden kann, soll hierfür ein technischer Spezialbegriff eingeführt und dieser bei der erstmaligen Verwendung im Gesetz definiert werden (*Bentham*, Nomography, S. 261).

[548] Gleiches gilt nach *Bentham* für den Fall, dass ein im Gesetz häufig in Bezug genommenes Objekt (etwa eine Gesellschaft, Institution oder ein Amt) einen langen und umständlichen offiziellen Namen trägt. In diesem Fall soll dem Gebot der Kürze ohne Verlust an Präzision dadurch Rechnung getragen werden, dass beim erstmaligen Erwähnen der offiziellen Bezeichnung dieser ein Kurzname beigegeben wird und dann bei künftigen Erwähnungen im Gesetz nur noch der (einmalig definierte) Kurzname verwendet wird (Nomography, S. 262). Die hier von Bentham in Vorschlag gebrachte Technik wurde später vom englischen Gesetzgeber aufgegriffen und ist heute aus der englischen Gesetzgebungspraxis nicht mehr hinwegzudenken.

[549] Etwa die Aneinanderreihung der männlichen und weiblichen Form eines Begriffs oder des Singulars und Plurals; vgl. *Bentham*, Nomography, S. 263.

[550] *Bentham*, General View, S. 208 = Traités de législation, Bd. 1, S. 364 f.: »It is by the collection of all these defects that the English statutes have acquired their unbearable prolixity, and that the English law is smothered amidst a redundancy of words« Benthams Empfehlungen wurden später von *Thring* (S. 32 f.) in seinem als *Parliamentary Counsel* verfassten Leitfaden zur Gesetzgebungstechnik in wesentlichen Teilen übernommen.

[551] S. hierzu oben S. 355 mit Fn. 284.

einer Regelung durch Beschränkung auf griffige Aphorismen. Zur größeren Präzision in der Gesetzgebung trugen Benthams Vorschläge denn auch zweifellos bei; ob sich hierdurch jedoch auch Gemeinverständlichkeit erreichen lasse, wurde schon im 19. Jahrhundert in der Gesetzgebungstheorie bezweifelt.[552]

2. Die weitere Entwicklung im 19. Jahrhundert und an der Schwelle zum 20. Jahrhundert

Mit der Relativierung der populären Forderung nach kurzen Gesetzen in den Gesetzgebungstheorien Wielands, Svarez', Feuerbachs, Zeillers und Benthams war der Übergang bereitet von der absolut verstandenen Forderung nach wenigen und kurzen Gesetzen zu der relativen Forderung nach einer dem Regelungsgehalt angemessenen Kürze.[553] Im Zuge dieser Relativierung gewannen die formalen gesetzestechnischen Mittel, mit denen sich Kürze ohne Verlust an Aussagegehalt verwirklichen lässt, im Verlauf des 19. Jahrhunderts verstärkte Beachtung in der Gesetzgebungstheorie. Der schon von Zeiller angesprochene Gewinn an Bündigkeit der Darstellung, der aus einer folgerichtigen, systematischen Anordnung des Regelungsstoffs im Gesetz gezogen werden kann, wird nunmehr zunehmend gesehen.[554] Häufig wird auch die Forderung erhoben, der Gesetzgeber solle den Regelungsstoff in kurze Sätze aufteilen, um die Regelungen ohne Verlust an Inhalt überschaubarer und leichter fasslich zu machen.[555] Mohl entwickelt im Übrigen im Anschluss an Bentham einen ganzen Katalog von formalen Regeln für den Gesetzgeber, mit denen sich Überflüssiges im Gesetz vermeiden lasse, um so dem Ganzen zu größerer Bündigkeit zu verhelfen.[556] Die uns schon aus der

---

[552] Vgl. *Mohl*, Politik, Bd. 1, S. 441, Fn. 1, der Bentham dafür kritisiert, im Widerspruch zu seinem Streben nach Gemeinverständlichkeit mit großem Eifer neue technische Begriffe eingeführt und dies auch methodisch im Dienste der Präzision und Kürze verteidigt zu haben.

[553] Relativierende Töne im Hinblick auf die Forderung nach Kürze eines Gesetzes schlug auch *Savigny* an (Beruf, S. 25). Zwar könne Kürze für ein Gesetz große Wirkung tun, doch gebe es auch eine »trockene, nichtssagende Kürze«, wenn der Gesetzesverfasser die Sprache als Werkzeug nicht zu führen verstehe. Auf der anderen Seite gebe es eine unerträgliche Form der Weitläufigkeit (Savigny nennt wie vor ihm schon Montesquieu als Beispiel die Justinianischen Konstitutionen), doch auch eine »geistvolle und sehr wirksame Weitläufigkeit«, die er in vielen Stellen der Pandekten verwirklicht sieht. Savignys Haltung zur Frage der Kürze in Gesetzen legt also den Schwerpunkt ebenfalls auf die Dichte und Aussagekraft der Gedankenführung statt auf den absoluten Umfang eines Gesetzes.

[554] *Jhering* (Bd. II/2, § 38, S. 329 f.) nennt die »quantitative Vereinfachung« als einen der Hauptzwecke der juristischen Technik; ein wesentliches Mittel hierzu sei (neben der Abstraktion und logischen Konzentration) die systematische Anordnung des Stoffes; s. i. Ü. *Mohl* (Politik, Bd. 1, S. 446) und *Eisele* (AcP 69 (1886), S. 313); näher zum Aspekt der systematischen Ordnung als Bestandteil der Gesetzgebungstechnik unten S. 421 ff.

[555] *Scheurlen*, S. 119; *Mohl*, Politik, Bd. 1, S. 444 f., der darauf hinweist, dass es sich beim Gebot der Kürze einzelner Sätze, anders als bei der Frage des Gesamtumfangs einer Regelung oder eines Gesetzes, um ein absolutes Gebot handele, welches unabhängig sei von der Komplexität des Regelungsinhalts; *Bluntschli*, Politik, S. 462; *Gutherz*, Teil 2, S. 41.

[556] *Mohl*, Politik, Bd. 1, S. 445 f.: Verzicht auf Phrasen und Umschreibungen, die ohne Verlust an Regelungssinn weggelassen werden können, nur einmalige Erklärung der Bedeutung eines

Aufklärung bekannte Theorie, dass eine Vermehrung der Worte im Gesetzestext häufig nicht zu größerer Klarheit, sondern im Gegenteil zu neuen Auslegungsschwierigkeiten beiträgt, lebt im 19. Jahrhundert fort, aber nicht als absolute Theorie, die in jeder Vermehrung von Worten ein Übel sieht, sondern als relative Theorie, die nur die Beifügung überflüssiger Worte bekämpft.[557]

So verlagerte sich zwischen der zweiten Hälfte des 18. Jahrhunderts und der zweiten Hälfte des 19. Jahrhunderts der Schwerpunkt der Diskussion um kurze Gesetze hinweg von der Forderung nach Kürze durch inhaltliche Vereinfachung hin zu einer eher formalen Betrachtung, wie sich Überflüssiges im Gesetz vermeiden lasse. Als inhaltliches Gebot lebt das Ideal der Kürze im 19. Jahrhundert in der Forderung nach Vermeidung von Kasuistik fort. So liegt für Mohl in dem Verzicht auf Kasuistik neben den aufgezeigten formalen Regeln zur Vermeidung von Überflüssigem das entscheidende Mittel für den Gesetzgeber, um Kürze ohne Verlust an Regelungsgehalt zu verwirklichen.[558] Für Mohl, wie auch für Bluntschli, Huber und Gutherz, blieb der Zusammenhang zwischen dem Gebot der Kürze und dem Gebot möglichst breiter Verständlichkeit dabei präsent.[559] Die Lösung sah man in einem Gesetzbuch, das auf verschiedenen Verständnisebenen gelesen werden kann und somit (fast) allen etwas biete: dem Laien, dem zumindest der unmittelbare Sinn einer Regelung einleuchten soll und dem Jurist, dem sich auch tiefere Zusammenhänge erschließen.[560]

Das ZGB ist die Quintessenz dieser Entwicklungslinie, für die Kürze ein Mittel war, breitere Verständlichkeit zu erreichen. Huber nennt die Kürze als »eine der eigentümlichsten äußeren Eigenschaften« seines Entwurfs.[561] Volkstümlichkeit habe er dabei nicht wie ältere Gesetzgeber dadurch angestrebt, dass er die Vorschriften »mit breitem Behagen klarzulegen« versucht, also mittels eines lehrhaften und kasuistischen Gesetzgebungsstils, sondern durch Ordnung der ganzen Materie nach einem »rasch zu übersehenden Plane«, also durch systematische Kürze. So habe er es auch so viel als nur tunlich vermieden, lange Artikel zu bilden.[562] Abgesehen von seltenen Fällen notwendiger Aufzählung (wie etwa bei der vormundschaftlichen Genehmigung) sei nahezu durchgängig darauf geachtet

---

verwendeten Begriffs, Vermeidung von Tautologien, Gebrauch von Gattungsbegriffen anstelle von Einzelaufzählungen.

[557] *Meijer*, S. 192 f., 203 f.; *Symonds*, Mechanics, S. 3 u. passim (die Bekämpfung der überflüssigen Weitschweifigkeit der englischen Gesetzessprache und ihrer zahlreichen Tautologien war ein Hauptanliegen von *Symonds* Schrift; er entwickelte hierzu u.a. ein Verzeichnis überflüssiger Begriffe und Phrasen, die in Gesetzestexten zu vermeiden seien: ebd., S. 379 ff.); *ders.*, Papers, S. 17 f.; *Mohl*, Politik, Bd. 1, S. 444 f.; *Erler*, S. 12 f.; *Ilbert*, Methods and Forms, S. 247; *Gutherz*, Teil 2, S. 47 ff.

[558] *Mohl*, Politik, Bd. 1, S. 444.

[559] *Mohl*, Politik, Bd. 1, S. 444; *Bluntschli*, Politik, S. 462; *Huber*, Erläuterungen, Heft 1, S. 20; *ders.*, Schweizerische Juristen-Zeitung 2 (1905/6), S. 60; *Gutherz*, Teil 2, S. 73.

[560] S. oben S. 385 f.

[561] *Huber*, Erläuterungen, Heft 1, S. 20.

[562] Ebd., S. 14.

worden, niemals mehr als drei Absätze in einem Artikel zu vereinigen. Auch seien die einzelnen Absätze nach Möglichkeit kurz gefasst und enthalten nur selten mehr als einen Satz.

Jedoch gab es in der Frage der Kürze in der zweiten Hälfte des 19. Jahrhunderts auch eine anders verlaufende Entwicklungslinie, die über Jhering zu den Verfassern des BGB führte. Im Ausgangspunkt, nämlich in der Vermeidung von Überflüssigem und namentlich auch in der Vermeidung von Kasuistik waren beide Richtungen sich einig. Nicht aber in dem, was an die Stelle der Kasuistik zu setzen sei.[563] Während Huber die Lösung in einer Beschränkung auf anschauliche Grundregeln sah, wollten Jhering und auch die Verfasser des BGB Kürze durch Konzentration des Rechtsstoffs mittels Abstraktion erreichen, welche aber nicht auf Kosten der Präzision gehen dürfe. »Kürze ist eine der unschätzbarsten Eigenschaften des Gesetzgebers. Die Kürze liegt aber nicht in der kleinen Zahl der Worte, die das Gesetz zählt, sondern in der Intensivität, der Tragweite der ausgesprochenen Gedanken«, schreibt Jhering.[564] Erreichen lasse sich diese inhaltliche Dichte durch eine abstrahierende anstelle einer kasuistischen Gestaltung der Gesetze. Statt der von einigen Gesetzgebungstheoretikern der Aufklärungszeit eingeforderten Kürze mittels inhaltlicher Vereinfachung setzt Jhering auf Kürze mittels inhaltlicher Verdichtung: »Quantitative Vereinfachung«, nicht qualitative Vereinfachung ist sein Ziel und die Reduzierung des Rechtsstoffs auf seine Grundbestandteile durch Abstraktion und logische Konzentration sind hierzu wesentliche Mittel.[565]

Deutlich wird hieran zweierlei. Zum einen spielt der Zusammenhang zwischen dem Gebot der Kürze und dem Gebot der Gemeinverständlichkeit hier keine Rolle mehr. Kürze durch Verdichtung ist für Jhering ein Mittel der juristischen Technik im Dienste des juristischen Anwenders, nicht des Laien.[566] Zum anderen wird hier die Komplementärfunktion der Dogmatik gegenüber der Gesetzgebung deutlich. Für Jhering (in seiner begriffsjuristischen Phase) ist das Aufsuchen des gemeinsamen Prinzips einzelner Regelungen zugleich die Quelle für neue Rechtssätze; diese juristische Konstruktion komme aber allein der Wissenschaft zu, nicht dem Gesetzgeber.[567] Der Gesetzgeber solle zwar auch im Dienste der Kürze generalisieren und systematisieren; als Quelle seiner Rechtssätze diene ihm hierbei aber allein seine Autorität als Gesetzgeber und nicht die juristische Konstruktion.[568]

---

[563] Zu den unterschiedlichen Konzepten Plancks und Hubers in dieser Frage s. näher oben S. 296 ff.

[564] *Jhering*, Bd. II/2, § 40, S. 353.

[565] Ebd., § 38, S. 329 f.; s. hierzu auch oben Fn. 554.

[566] Zu *Jherings* skeptischer Haltung gegenüber Gemeinverständlichkeitsbestrebungen in der Gesetzgebung s. oben S. 394, Fn. 461 u. S. 397, Fn. 473.

[567] *Jhering*, Bd. II/2, § 40, S. 354, § 41, S. 371 f. Zur Aufgabenteilung zwischen Gesetzgebung und Wissenschaft im 19. Jahrhundert s. *J. Schröder*, Rechtsdogmatik und Gesetzgebung, S. 48 ff.

[568] S. oben S. 321 mit Fn. 147.

Das Gebot der Kürze war also mit Blick auf das Adressatenverständnis ein durchaus zweischneidiges Schwert. Zum einen wurde Kürze seit der Aufklärung bis hin zum ZGB als ein gesetzgebungstechnisches Instrument verstanden, um Gesetze möglichst gemeinverständlich zu machen, den Gesetzestext von nur dem Juristen verständlichen Ballast zu befreien und den Adressatenkreis somit über juristisch vorgebildete Anwender hinaus auszudehnen. Umgekehrt konnte aber auch versucht werden, Kürze mit den Mitteln der Abstraktion, durch größere Regelungsdichte zu erreichen, wofür das BGB ein anschauliches Beispiel liefert. Fast mehr noch als durch bloße Abstraktion erreichten die BGB-Verfasser aber Kürze, indem sie dogmatische Grundprinzipien und Systemzusammenhänge stillschweigend voraussetzten, dieses »dogmatische Korsett« der gesetzlichen Regelungen also anders als das demonstrationsfreudige ALR nicht im Gesetzbuch selbst verbalisierten. Kürze diente hier also gerade nicht der Gemeinverständlichkeit, sondern umgekehrt gab das eingeschränkte Adressatenverständnis der BGB-Verfasser, das gerade nicht den Anspruch erhob, jedermann verständlich zu sein, diesen die Möglichkeit, vieles als überflüssig aus dem Gesetzbuch auszuscheiden bzw. unausgesprochen zu lassen, was ein stilistisch an einen breiteren Adressatenkreis gerichtetes Gesetzbuch nicht als beim Anwender bekannt voraussetzen durfte.

Das Gebot der Kürze, verstanden als ein inhaltliches Gebot der Vermeidung von Überflüssigem durch Abstraktion und Verzicht auf Verbalisierung des dogmatischen Gerüsts, hat aber hermeneutische Grenzen. Die theoretischen Alternativen, vor denen der Gesetzgeber stand, um überflüssige Rechtssätze zu vermeiden, wurden von Eisele kurz vor Veröffentlichung des ersten BGB-Entwurfs herausgearbeitet.[569] Zum einen könne der Gesetzgeber sich darauf beschränken, nur die obersten Rechtsprinzipien aufzustellen und die Ableitung Rechtsprechung und Lehre überlassen. Umgekehrt könne er auch lediglich die konkreten Detailsätze aufstellen und die Herleitung aller höheren Prinzipien der Wissenschaft überlassen. Schließlich könne er Rechtssätze mit mittlerem Abstraktionsniveau aufstellen, aus denen sowohl nach oben Prinzipien als auch nach unten Folgesätze zu gewinnen sind. Eisele verwirft für die Gesetzgebungspraxis die Beschränkung auf nur eine dieser theoretischen Alternativen, da hierbei dem Gesetzgeber als auch den Rechtsanwendern und der Wissenschaft zu viel zugemutet würde. Für die Praxis bleibe daher nur eine Mischform dieser Alternativen; ein Weg, den auch die Verfasser des BGB beschritten.[570]

---

[569] *Eisele*, AcP 69 (1886), S. 322.

[570] Zur Diskussion über die Grenzen der Verallgemeinerung im Zusammenhang mit der Entstehung des BGB s. oben S. 295 ff. Die Frage, ob der BGB-Entwurf in dem Bestreben, Kasuistik zu vermeiden, eher zu sehr abstrahiere oder aber in dem Bestreben nach Rechtssicherheit zu viele Folgesätze aufstelle, die überflüssig seien, da sie sich unschwer aus einem Obersatz im Gesetz gewinnen lassen, wurde von den Zeitgenossen durchaus unterschiedlich beurteilt (vgl. *Gierke*, S. 58 einerseits und *Goldschmidt*, S. 121 ff. andererseits).

Betrachtet man den absoluten Umfang des BGB, so erscheint dieser im Verhältnis zum bewältigten Stoff als durchaus nicht übermäßig voluminös. Schon die Kritiker des ersten BGB-Entwurfs machten ihre Kritik denn auch nicht an dessen Gesamtlänge fest. Die Beschränkung im Gesamtumfang wurde durch verschiedene gesetzestechnische Instrumente erreicht: durch die inhaltliche Dichte und den hohen Grad an Abstraktion vieler Bestimmungen, durch die Vermeidung von Wiederholungen und von mehrmaligen Umschreibungen des gleichen Gegenstandes, durch den (von Kritikern als geradezu exzessiv gebrandmarkten) Einsatz der Verweisungstechnik und durch die zahlreichen impliziten Verweisungen, die namentlich durch das Voranstellen eines Allgemeinen Teils sowie den bewussten Einsatz von Legaldefinitionen zustande kamen. Hinzu kam die aufgezeigte Selbstbeschränkung des Gesetzgebers, der zahlreiche Rechtsfragen im Gesetz nicht ausdrücklich ansprach, weil er sie entweder als Ober- oder Folgesatz für hinreichend herleitbar aus den getroffenen Regelungen ansah oder bewusst Wissenschaft und Praxis überließ. Schon mit der Nennung dieser Mittel wird der Nachteil deutlich, mit dem diese Beschränkung im Umfang erkauft wurde: die oft herausgestellte mangelnde Anschaulichkeit und Volkstümlichkeit des Gesetzbuchs.

Im Übrigen gilt das, was hier mit Blick auf den mäßigen Gesamtumfang des BGB gesagt wurde, nicht im gleichen Maße für seine einzelnen Bestimmungen oder einzelne Sätze. Hier stand häufig das Bestreben im Vordergrund, durch den Wortlaut möglichst jeden Fall abzudecken, auf den sich die Norm erstrecken soll und die Subsumierbarkeit anderer Fälle durch den Wortlaut auszuschließen. Das Resultat waren häufig schwerfällige, verschachtelte und undurchsichtige Sätze und Bestimmungen,[571] welche bei der Revision des ersten Entwurfs zwar reduziert, aber nicht gänzlich beseitigt wurden.

Das ZGB verkörperte demgegenüber ein stilistisches Gegenmodell, dessen kurze, anschauliche und teilweise aphoristische Bestimmungen schon von den Zeitgenossen häufig gelobt wurden.[572] Tatsächlich ist – wie sich aus linguistischen Untersuchungen ergibt – die durchschnittliche Satzlänge des ZGB aber gar nicht

---

[571] So schon die häufige Kritik am ersten BGB-Entwurf; vgl. *Goldschmidt*, S. 13 f.; *Gierke*, S. 55. Krasse Beispiele aus dem ersten BGB-Entwurf gibt *Goldschmidt*, S. 46, etwa den § 1367 Abs. 2 Nr. 2 des ersten Entwurfs, wo in einem Satz durch zahlreiche Nebensätze acht verschiedene Alternativen ineinander verschachtelt wurden (die zweite Kommission kürzte das Satzungetüm auf zwei Alternativen, welche als § 1463 Nr. 2 in Kraft traten; vgl. *Jakobs/Schubert*, Beratung, Familienrecht, Teil 1, S. 764 f., 781); ein anschauliches Beispiel aus dem Allgemeinen Teil gibt *Schulte-Nölke*, S. 302 f.

[572] Interessant in diesem Zusammenhang die Auffassung des französischen Gesetzgebungstheoretikers *Rousset* von 1871 (Bd. 1, S. 65 f.): Er kritisiert am Code civil gerade dessen knappen und teilweise aphoristischen Stil, also jene Eigenschaften, für die der Code (und später auch das ZGB) von vielen deutschen Autoren im Vergleich zu den umständlichen und detailreichen deutschen Gesetzestexten häufig gerade gelobt wurde. Rousset betont, dass es wichtiger sei, das Gesetz so eindeutig und präzise wie möglich zu fassen und der Gesetzgeber nicht (wie beim Code civil geschehen) den Ruhm darin suchen dürfe, mit möglichst knappen und wohllautenden Worten seine Anordnungen zu treffen.

kürzer als die des BGB; der geschilderte Eindruck kommt vielmehr dadurch zustande, dass die einzelnen Sätze nicht so mit Regelungsinhalt »überfrachtet« sind wie beim BGB und die einzelnen Absätze des ZGB regelmäßig nur einen Satz umfassen.[573] Auch kennt das ZGB ähnlich viele Nebensätze wie das BGB, verschachtelt diese aber weniger.[574]

VII. Aufbau und Gliederung der Gesetze

Im Zusammenhang mit den Anforderungen, die an Aufbau und Gliederung der Gesetze gestellt wurden, blicken wir zunächst auf das »innere Gerüst« eines Gesetzes bzw. Gesetzbuchs, dann auf seine äußeren Gliederungselemente und schließlich auf besondere Teile des »Gesetzeskörpers« wie Präambeln, Allgemeiner Teil und Gesetzesanlagen.

1. Systematischer und widerspruchsfreier Aufbau

Es war ein alter Menschheits- oder doch zumindest Juristentraum, die unübersichtliche, inhomogene und mit Kontroversen überladene Masse des Gemeinen Rechts zu einem systematischen und übersichtlichen Gesetzbuch einzuschmelzen, wobei Wiederholungen, Dunkelheiten und Widersprüche beseitigt werden sollten. Ein derartiges Konzept wurde bereits im 17. Jahrhundert von Leibniz verfolgt, jedoch ohne dass seine verschiedenen Pläne zur Ausführung gelangten,[575] und noch 1821 pries Hegel die Regenten, die ihren Völkern ein geordnetes und bestimmtes Gesetzbuch gegeben haben, als die größten Wohltäter eines Volkes.[576] Dazwischen lag die Zeit der Aufklärung und des Naturrechts, in der die

---

[573] Vgl. *Oplatka-Steinlin*, S. 43, 103 f.

[574] Ebd., S. 93 f.

[575] In seiner frühen Schrift »Nova methodus discendae docendaeque jurisprudentiae« (1667) fordert *Leibniz* ein *novum corpus juris*, welches die justinianischen Texte in neuer systematischer Ordnung verschmelzen und Wiederholungen, Dunkelheiten und Widersprüche beseitigen soll (Teil II, § 21, S. 306 f.). Genauer entwickelt *Leibniz* dieses Vorhaben ein Jahr später in der Schrift »Ratio corporis juris reconcinnandi«. Die von Leibniz zusammen mit dem Mainzer Hofrat Andreas Lasser unternommenen praktischen Vorarbeiten zu einem *novum corpus juris* werden jedoch nie beendet; 1671 scheitert Leibniz bei Kaiser Leopold mit dem Versuch, das *corpus juris reconcinnatum* zu einem Reichsvorhaben zu machen (vgl. *Dickerhof*, S. 34 ff.). Während Leibniz mit dem *corpus juris reconcinnatum* in erster Linie didaktische Ziele im Auge hatte (dieses sollte das bisherige Recht nicht ersetzen), verfolgte er ab 1678 den weitergehenden Plan eines Codex Leopoldinus, der nunmehr nicht nur an die Seite, sondern an die Stelle des bislang geltenden Gemeinen Rechts treten soll (hierzu *Luig*, Leibniz' Kodifikationspläne, S. 64 f.; *Dickerhof*, S. 43 ff.; *Coing*, Vorgeschichte der Kodifikation, S. 805 f.). Der Vorstoß blieb aber beim Kaiser wiederum ohne Erfolg. Schon vor Leibniz hatte z. B. *Conring* die Forderung nach Sammlung und Bereinigung des Rechts erhoben, s. oben S. 271, Fn. 1194.

[576] *Hegel*, § 215, S. 368.

Vision eines systematischen Gesetzbuchs, das nicht nur an die Seite, sondern an die Stelle des Gemeinen Rechts tritt, in verschiedenen Kodifikationen Wirklichkeit wurde, namentlich durch ALR, ABGB und die napoleonischen Gesetzbücher. Die Ordnungs- und Systematisierungsbestrebungen des Naturrechts, die in dem Naturrechtssystem Christian Wolffs ihren Höhepunkt fanden, entfalteten dabei methodisch eine erhebliche Wirkung auf die Kodifikationsarbeiten. Besonders deutlich wird dies in den Anfängen der preußischen und österreichischen Kodifikationsbemühungen zur Mitte des 18. Jahrhunderts, das heißt bei Coccejis Projekt des Corporis Juris Fridericiani[577] und bei den Arbeiten zum Codex Theresianus[578]. Im späteren ALR kam dieser Einfluss in dem starken Bemühen seiner Verfasser zum Tragen, dem Rechtsstoff eine systematische und demonstrative Ordnung und widerspruchsfreie Klarheit zu geben.[579]

So drückte Erhard, als er 1791 davon sprach, im Gesetz solle Ordnung und Zusammenhang herrschen, eine im Grundsatz bereits unbestrittene Forderung der Gesetzgebungstheorie aus, die sich auch später während des gesamten 19. Jahrhunderts in der Gesetzgebungsliteratur wiederfindet.[580] Bei der konkreten Umsetzung dieser Forderung ist aber ein auffälliger Wandel zu beobachten. Das ALR und auch noch das ABGB kehren die ihnen zugrunde liegende systematische Ordnung praktisch noch nach außen, indem sie eine Vielzahl allgemeiner

---

[577] Vgl. nur den ganz im Geiste der Wolffschen Schule stehenden programmatischen Titel des Projekts eines Corporis Juris Fridericiani, wo es heißt: »…das ist Sr. Königl. Majestät in Preussen in der Vernunft und Landes-Verfassungen gegründetes Land-Recht worinn das Römische Recht in eine natürliche Ordnung, und richtiges Systema, nach den dreyen Objectis Juris gebracht: Die General-Principia, welche in der Vernunft gegründet sind, bey einem ieden Objecto festgesetzet, und die nöthige Conclusiones, als so viel Gesetze, daraus deduciret…«; vgl. im gleichen Entwurf aus der Vorrede § 28 III: »Bey einem ieden Objecto Juris sind gewisse aus der Vernunft hergeleitete Principia festgesetzet, alle Materien in einer natürlichen Ordnung unter gehörige Rubriquen gebracht, und dahin einschlagende Materien gehörigen Orts inseriret worden. So, daß das gantze Systema wie eine Kette an einander hänget.«

[578] Vgl. die »Kompilationsgrundsätze«, die sich die 1753 von Maria Theresia zur Abfassung eines Zivilgesetzbuchs berufene so genannte »Kompilationskommission« gab (bei *Harrasowsky*, Codex Theresianus, Bd. 1, S. 16–23), dort Nr. 3: Demnach sei von unstrittigen Hauptprinzipien auszugehen und hieraus die nächsten Folgerungen abzuleiten.

[579] Im Vorwort zum letzten Teilentwurf des AGB führt Carmer an, dass die Ordnung der Materien derjenigen der Lehrbücher von Darjes (einem Schüler Wolffs, der dessen demonstrative Methode übernahm) am nähesten komme (Entwurf AGB, 2. Teil, 3. Abt., Vorerinnerung v. 15. Juni 1788). Vgl. auch *Reitemeier*, Redaction, S. 94, der für seinen Plan eines allgemeinen deutschen Gesetzbuchs eine systematische Ordnung des Stoffs nach dem Vorbild des Naturrechts empfiehlt, wie es auch das ALR getan habe. Vgl. i. Ü. zu dem systembildenden Einfluss der Naturrechtssysteme auf das ALR: *Link*, S. 32, 40 ff.; *Wieacker*, Privatrechtsgeschichte, S. 319 f., 332.

[580] *Erhard*, S. 43; *Reitemeier*, Redaction, S. 11; *Bentham*, Civil Code, S. 324 = Traités de législation, Bd. 2, S. 101; *Feuerbach*, Kritik, Teil 1, S. 29 f.; *Zeiller*, Eigenschaften, S. 260; *K. S. Zachariä*, Wissenschaft, S. 323; *Tafinger*, S. 226; *Globig*, System, Bd. 1, S. XXXIX; *Pfeiffer*, S. 77 f.; *Müller*, S. 2; *Morgenstern*, Bd. 1, S. 282 ff.; *Mohl*, Politik, Bd. 1, S. 446 ff.; *Eisele*, AcP 69 (1886), S. 313; *Planck*, AcP 75 (1889), S. 420 f.; *Ilbert*, Methods and Forms, S. 244 ff.; *Wendt*, S. 18; *Wach*, S. 8 f.; *Gutherz*, Teil 2, S. 59 ff. Vgl. aber auch sogleich im Text u. Fn. 583 zu der vereinzelten Kritik an einem Aufbau der Gesetzbücher nach wissenschaftlichen Einteilungskriterien.

Klassifikationen aufstellen, die getroffenen Einteilungen und verwendeten Begriffe erläutern und einzelne Rechtssätze nochmals zu allgemeinen Regeln zusammenfassen, auch wenn dies für die unmittelbare Anwendung der Rechtssätze nicht erforderlich ist.[581] Für das ALR gilt hierbei, dass das Gesetzbuch Handlungsanweisung für den praktisch tätigen Juristen und Lehrbuch für den angehenden Juristen zugleich sein sollte und eine eigenständige Rechtswissenschaft überflüssig machen wollte. Letzteres war zwar nicht mehr die Intention des ABGB, doch führte der Einfluss der demonstrativen Methode der Naturrechtssysteme und der Glaube, sich im Besitz unumstößlicher Vernunftwahrheiten zu befinden, hier ebenfalls zu den beschriebenen Resultaten einer Nachaußenkehrung des dogmatischen Systems.

Derartige belehrende Gesetzgebungselemente stießen aber wie bereits aufgezeigt im weiteren Verlauf des 19. Jahrhundert auf zunehmende Kritik in der Gesetzgebungslehre. Speziell auf die Frage der systematischen Ordnung bezogen, billigte man zwar überwiegend, dass dem Gesetzbuch eine derartige Ordnung zugrunde liegt, forderte den Gesetzgeber aber auf, diese Ordnung nicht wie in einem Lehrbuch zu thematisieren und sich ausdrücklicher Klassifikationen und rechtsfolgenloser Lehrsätze zu enthalten.[582] Mit dem Verschwinden der Auslegungs- und Kommentierungsverbote zeichnete sich auch eine neue Aufgabenteilung zwischen Gesetzgebung und Rechtswissenschaft ab. Der Gesetzgeber sollte zwar seinen Gesetzen ein System zugrunde legen, wobei er sich der Erkenntnisse der Wissenschaft bedienen konnte, sollte aber nicht in das Gebiet der Wissenschaft übergreifen, indem er dieses System nach außen kehrt, positiviert und damit der weiteren wissenschaftlichen Entwicklung entzieht.

Vereinzelt wurde weitergehend sogar gefordert, im Dienste der Allgemeinverständlichkeit ganz auf einen systematischen Aufbau der Gesetze nach wissenschaftlichen Erkenntnissen zu verzichten und stattdessen die Anordnung der Materien dem »praktischen Leben« folgen zu lassen.[583] Der Aufbau des Gesetzbuchs

---

[581] Zu diesen lehrhaften Elementen in ALR und ABGB s. oben S. 315, 319 mit Beispielen.

[582] Vgl. bereits die frühe Kritik bei *Sonnenfels*, S. 366: »Die Zergliederung eines Gesetzes muß so viel möglich verborgen seyn, um nicht ein Gerippe von Untertheilungen herzustellen, welche einem Patente das Ansehen eines trockenen Lehrbuchs geben würde.«; s. aus dem 19. und frühen 20. Jahrhundert: *K. S. Zachariä*, Wissenschaft, S. 323; *Kitka*, S. 42 ff.; *Mohl*, Politik, Bd. 1, S. 431; *Rousset*, Bd. 1, S. 67; *Bethmann-Hollweg*, S. 16, 38; *Eisele*, AcP 69 (1886), S. 309; *Kohler*, AcP 96 (1905), S. 358; *Wach*, S. 8 f.

[583] *Danz*, S. 55 ff.; ähnlich *Benthams* Konzept von Spezialgesetzbüchern, deren Inhalt sich nicht an juristischen Einteilungsprinzipien, sondern an gesellschaftlichen Verhältnissen orientiert (Papers, S. 8 f.; Nomography, S. 255 f.; s. hierzu näher unten S. 455); auch *Gerstäcker* lehnt eine systematische Darstellung der Materien in Gesetzbüchern nach wissenschaftlichen Einteilungsgründen ab und propagiert stattdessen als einzig sinnvolle Ordnung ein Fortschreiten vom Notwendigsten zum minder Notwendigen (Bd. 2, S. 125). Schon aus der Aufeinanderfolge der Normen müsse dem Volk einleuchten, welche Vorschriften der Gesetzgeber für den Staatszweck am unentbehrlichsten gehalten hat. *Danz* (für das Privatrecht) und *Gerstäcker* (für das Strafrecht) lehnen in Konsequenz auch einen Allgemeinen Teil im Gesetzbuch ab.

sollte sich nach dieser Auffassung also am Horizont des Laien, das heißt an den konkreten Lebensverhältnissen orientieren, statt am Erkenntnishorizont des juristischen Anwenders, der sich von einer wissenschaftlichen Systematik über den Wortlaut hinausgehende Erkenntnismöglichkeiten verspricht. Hierbei unvermeidlich werdende Wiederholungen seien im Dienste der Gemeinverständlichkeit in Kauf zu nehmen.

Aus der Forderung nach planmäßigem, geordnetem Aufbau der Gesetze resultierte für den Gesetzgeber die Aufgabe, die einzelnen Bestimmungen eines Gesetzes nicht zusammenhanglos als monolithische Blöcke hinzustellen, sondern Zusammengehöriges zusammenhängend zu regeln oder durch Verweisungen und aufeinander abgestimmte Terminologie den inneren Zusammenhang der Bestimmungen deutlich zu machen. Umgekehrt lag hierin für den Gesetzgeber auch die Aufgabe, eine Vermengung ungleichartiger Regelungsgegenstände im Gesetz zu vermeiden.[584] Derartige Vermengungen disparater Regelungsgegenstände hatten in der Gesetzgebungspraxis – namentlich auch im englischen *statute law* – das Auffinden der zu einer Materie bestehenden Regelungen auch für den professionellen Gesetzesanwender erheblich erschwert.[585] Auch Zeiller erklärte vor der Gesetzgebungskommission eine zusammenhängende Darstellung zusammengehöriger Materien zu einem der Prinzipien seines Gesetzgebungskonzepts.[586] Für Bentham war die innere Vernetzung der Gesetze und deren konsistenter und aufeinander abgestimmten Aufbau ein wesentliches Element seiner Gesetzgebungstheorie.[587] Zur Umsetzung dienten ihm hierbei auch die den Gesetzeswortlaut fortlaufend begleitenden amtlichen Erläuterungen, welche die Zusam-

---

[584] Vgl. *Hommel*, Principis cura leges, S. 43 f./124 f.; *Feuerbach*, Kritik, Teil 1, S. 29 f.; *Symonds*, Mechanics, S. 194; *Mohl*, Politik, Bd. 1, S. 446 f.

[585] Für die Situation in England in der ersten Hälfte des 19. Jahrhunderts s. den Report of the Commissioners appointed to inquire into the Consolidation of the Statute Law, 21 July 1835, S. 17, in: Parliamentary Papers 1835 (406) xxxv: »Particular provisions in statutes often elude even professional vigilance, in consequence of the practice of including various matters relative to subjects totally distinct, in one and the same Act of Parliament, and of disposing different enactments relative to the same subject in numerous detached and unconnected Acts.«

[586] *Ofner*, Protokolle, Bd. 1, S. 9. Entsprechend: *Zeiller*, Eigenschaften, S. 260.

[587] Vgl. *Bentham*, Brief an den russischen Zaren von Juni 1815, Papers, S. 83: »In an all-comprehensive body of law, such as that in question, each provision requires to be adjusted to, and for that purpose confronted with, every other.« Einen abweichenden Ansatz verfolgte in Frankreich *Rousset* (Bd. 1, S. 110, 322): Er favorisierte eine Regelungstechnik, welche die einzelnen Bestimmungen möglichst unabhängig voneinander und ohne innere »Vernetzung« fasst. Dies sei im Hinblick auf die ständig fortschreitende Verbesserungen der Gesetze empfehlenswert, weil so Änderungen einzelner Regelungen leichter umsetzbar seien, ohne gleich Folgewirkungen auf zahlreiche andere Bestimmungen mit sich zu ziehen. Der Unterschied namentlich zum Konzept Benthams, dem wohl entschiedensten Befürworter einer vernetzten Regelungstechnik, lässt sich aus den unterschiedlichen Ansichten über die Beständigkeit der Rechtsordnung erklären: *Bentham* dachte sich sein Pannomion der nützlichsten Gesetze als grundsätzlich stabil und nur in Detailregelungen den Veränderungen der Zeit unterworfen (s. oben S. 282), wohingegen *Rousset* mit kontinuierlichen Änderungen an allen Gliedern der Rechtsordnung rechnete (Bd. 1, S. 322 f.), weshalb er in dem von ihm befürworteten »Baukastensystem« die beste Gewähr sah, die jeder-

menhänge deutlich machen sollten.[588] Hierin liegt ein »Nach-außen-Kehren« der gesetzlichen Systematik, worin einmal mehr die methodische Nähe Benthams zu den Verfassern des ALR deutlich wird: Das Sichtbarmachen der inneren Struktur und Zusammenhänge im Gesetz sollte eine Aufgabenteilung zwischen Gesetzgebung einerseits und Wissenschaft und Praxis andererseits überflüssig machen.

Als wichtiges Mittel, um Ordnung und Zusammenhang in den Gesetzbüchern zu erreichen, wurde von der Gesetzgebungstheorie des Weiteren ein Aufbau der Bestimmungen nach einer logischen Ordnung gefordert.[589] Deshalb sollten Bestimmungen, deren Kenntnis für das volle Verständnis eines anderen Rechtsatzes erforderlich ist, diesem vorausgehen.[590] In der Regel ergab sich daraus innerhalb der jeweiligen Regelungsmaterie ein Fortschreiten von den grundsätzlichen Bestimmungen zu speziellen Folgesätzen; eine Vorgehensweise, die schon die demonstrative Methode der Wolff-Schule geprägt hatte.[591] Im Rahmen einzelner privatrechtlicher Rechtsinstitute folgte aus diesem Gebot ein Voranschicken derjenigen Bestimmungen, welche das Wesen des Rechtsinstituts umreißen, bevor einzelne Rechtswirkungen desselben zur Sprache kommen.[592] Daneben wurde zum Teil auch eine Ordnung der Bestimmungen nach der Zeitreihenfolge, orientiert an Entstehung, Fortgang und Beendigung einzelner Rechtsinstitute, in Kombination mit einer logischen Ordnung als zweckmäßig befürwortet, namentlich von den Redaktoren des österreichischen ABGB und des schweizerischen ZGB.[593]

---

zeitige Anpassung der Gesetzbücher an die Erfordernisse der Zeit zu ermöglichen, ohne den Bestand der Gesetzbücher insgesamt zu gefährden.

[588] Vgl. *Bentham*, Brief an den russischen Zaren von Mai 1814, Papers, S. 45 f.: »Reasons – yes, it is by reasons alone, that a task at once so salutary and so arduous, can be accomplished: – reasons – connected, and that by an undiscontinued chain of references – on the one hand, with the general principles from which they have been deduced; on the other hand, with the several clauses and words in the text of the law, for the justification, and at the same time for the elucidation of which, they have respectively been framed.«

[589] *Sonnenfels*, S. 364 ff. (»zergliedernde Ordnung«); *Bentham*, General View, S. 162 = Traités de législation, Bd. 1, S. 165; *Zeiller*, Eigenschaften, S. 260; *Morgenstern*, Bd. 1, S. 282 f.; *Mohl*, Politik, Bd. 1, S. 448; *Ilbert*, Methods and Forms, S. 244 f.

[590] *Bentham*, ebd.: »If, in speaking of two objects, the first may be spoken of without referring to the second – and on the contrary, the knowledge of the second supposes a knowledge of the first, – it is right on this account to give priority to the first.«

[591] S. hierzu statt vieler *J. Schröder*, Recht als Wissenschaft, S. 180 ff.

[592] Vgl. *Zeillers* Beschreibung des Vorgehens bei den Redaktionsarbeiten zum ABGB: Zunächst wurde bei jedem Rechtsgeschäft »der Begriff« desselben festgelegt und hieraus dann die »natürlichen« Rechte und Verbindlichkeiten der Parteien abgeleitet »auf die nämliche Art, wie es in den philosophischen Rechtssystemen geschieht« (*Ofner*, Protokolle, Bd. 2, S. 473).

[593] *Zeiller*, Eigenschaften, S. 260: »So sehr sich auch die Form eines Gesetzbuchs, welches empirische und zum Teil willkürliche Bestimmungen in sich faßt, von der Form eines Rechtssystems unterscheiden muß, so kann man doch von einem Gesetzeskompilator mit Grund verlangen, daß er die Hauptgegenstände nach Klassen ordne, daß er in jeder Klasse die gleichartigen Zweige verknüpfe, die ungleichartigen absondere und bei jedem Zweige die Vorschriften teils nach dem logischen Ideengang, in welchem sie aufeinander folgen, sich begründen und erläutern, teils nach der Zeitordnung, in welcher sie bei der Entstehung, dem Fortgang und der Beendigung

Auch die Verfasser des ALR waren bemüht, den Bestimmungen eine logische Reihenfolge zugrunde zu legen. Klein nimmt den Entwurf gegen den Vorwurf Schlossers in Schutz, die Gegenstände nicht geordnet abgehandelt zu haben.[594] Überall habe man die Regel beobachtet, soweit möglich diejenigen Regelungen vorauszuschicken, welche den Grund der folgenden Regelungen in sich enthalten. Nach Ansicht Kleins ist eine derartige logische Ordnung einer Ordnung nach der tatsächlichen Zeitfolge vorzuziehen, weshalb im Entwurf des preußischen Gesetzbuchs (und im späteren ALR) etwa die Bestimmungen zur Ehe denen zum Verlöbnis vorausgehen, da man zuerst wissen müsse, was die Ehe ist, bevor man beurteilen könne, was zu einem gültigen Versprechen der Ehe erforderlich ist.[595] Auch das österreichische ABGB schickte noch zumindest die Definition des Begriffs der Ehe den Bestimmungen zum Verlöbnis voraus.[596] Anders dann hingegen das deutsche BGB, welches auf eine Vermeidung rein doktrinärer Begriffsbestimmungen bedacht war und daher auf eine Definition des Begriffs der Ehe und des Verlöbnisses ganz verzichtete und gleich mit den Bestimmungen zum Verlöbnis beginnt, bevor es auf die Ehe eingeht.[597] Auch das spätere ZGB der Schweiz orientierte sich in dieser Frage anders als der logisch-doktrinäre Aufbau des ALR an der den tatsächlichen Verhältnissen entnommenen Zeitreihenfolge, indem es die Bestimmungen zum Verlöbnis denen zur Ehe vorausschickte.[598]

Für die Strafgesetzgebung ergab sich aus den geschilderten Forderungen nach systematischem Aufbau – neben der grundsätzlichen Einteilung in einen Allgemeinen und einen Besonderen Teil – innerhalb des Besonderen Teils in der Regel eine Ordnung der Deliktstypen nach Maßgabe der geschützten Rechtsgüter und innerhalb eines Deliktstypus das Voranstellen des Grundtatbestandes gefolgt von verschiedenen Alternativen oder Modifikationen. Die Strafandrohung wurde entweder in die den Tatbestand umreißenden Bestimmung integriert oder aber in eine separate Bestimmung ausgegliedert. Feuerbachs bayerisches Strafgesetzbuch von 1813 gliederte die Strafandrohung noch häufig in eine separate Bestimmung

---

des Rechtsgeschäftes zur Sprache und Anwendung kommen, in eine leicht übersehbare Verbindung setze.«; ähnlich schon früher Zeillers Kommissionskollege *Sonnenfels*, S. 364 f.; vgl. auch *Zeiller* über die Vorgehensweise bei der Redaktion des ABGB: Man beobachtete hauptsächlich die chronologische Ordnung, indem man nach der Feststellung des Begriffes zunächst die Entstehungsart eines Rechtsgeschäftes, dann die hieraus entspringenden Rechte und Verbindlichkeiten und schließlich die Erlöschungsarten angab (*Ofner*, Protokolle, Bd. 2, S. 475); *Huber*, Erläuterungen, Heft 1, S. 15, über die Vorgehensweise bei der Redaktion des ZGB: Bezüglich der Reihenfolge der Artikel zu einem Rechtsinstitut seien in der Regel zunächst die Vorschriften über das Wesen desselben getroffen worden, dann Vorschriften über Entstehung und Untergang und schließlich diejenigen über die Wirkungen des Rechtsinstituts.

[594] *Klein*, Annalen, Bd. 4 (1789), S. 359; vgl. *Schlosser*, Fünfter Brief, S. 55.

[595] *Klein*, ebd.

[596] § 44 ABGB (Begriff der Ehe), §§ 45 f. (Verlöbnis), §§ 47 ff. (nähere Bestimmungen zur Ehe).

[597] §§ 1297 ff. BGB.

[598] Art. 90 ff. ZGB.

aus, was wohl nicht zuletzt wegen der komplizierten und detaillierten Strafzumessungsvorgaben geschah. Das preußische Strafgesetzbuch von 1851 fasste hingegen Tatbestand und Rechtsfolge meist in einem Satz zusammen (»Wer …, wird
mit … bestraft«), worin ihm auch die spätere Reichsstrafgesetzgebung folgte.[599]
Die Redaktoren des Strafgesetzbuchs für Britisch-Indien erachteten Einfachheit
und Praktikabilität der Anordnung nach eigenem Bekunden für wichtiger als
systematische Strenge.[600] Doch ordnete man auch hier die einzelnen Straftatbestände in verschiedene Kapitel, wobei für die Gruppierung in der Regel das
jeweils geschützte Rechtsgut maßgeblich war, und stellte innerhalb eines Kapitels
den Grundtatbestand voran, gefolgt von Qualifikationen und Spezialtatbeständen.

Im Verhältnis von Grundregel zu gesetzlichen Ausnahmen ergab sich aus dem
geschilderten logischen Aufbau eines Gesetzes regelmäßig eine Vorrangstellung
der Grundregel, auf welche die Ausnahmen folgten. Bentham sah hierdurch aber
beim Gesetzesleser falsche Erwartungen geweckt, der allein die Grundregeln liest,
ohne zu wissen, dass hiervon noch Ausnahmen folgen. Entgegen der vorherrschenden Meinung in der übrigen Gesetzgebungstheorie wollte Bentham daher
Ausnahmen den Grundregeln voranstellen, sofern die Ausnahmen sich auf mehrere Grundregeln beziehen[601], oder doch zumindest durch einen klarstellenden
Zusatz im Rahmen der Grundregeln deutlich machen, dass hierzu noch Ausnahmen folgen.[602] Die Redaktoren des Entwurfs des Strafgesetzbuchs für Britisch-

---

[599] Kritik an der Zusammenfassung von Tatbestand und Rechtsfolge in einem Paragraphen
äußerte *Wach* (S. 50). Diese Technik führe zu einer Versteinerung der Delikte in fest abgegrenzte
Körper und häufig auch zu übertriebenen und schädlichen Differenzierungen bei den Strafandrohungen. Wach empfahl stattdessen, für verwandte Delikte eine gemeinsame separate Sanktions-
norm vorzusehen.

[600] Schreiben der *Indian Law Commissioners* an den Generalgouverneur bei Vorlage des Strafgesetzbuchentwurfs in Manuskriptform am 2. Mai 1837, in: *Dharker*, S. 259–271, hier: S. 263:
»The arrangement which we have adopted is not scrupulously methodical. We have indeed
attempted to observe method where we saw no reason for departing from it. But we have never
hesitated about departing from it when we thought by doing so we should make the law more
simple. We conceived that it would be mere pedantry to sacrifice the practical convenience of
those who were to study and administer the Code for the purpose of preserving minute accuracy
of classification.«

[601] In der Schrift »Nomography« (S. 253 f.) empfahl *Bentham* aus dem genannten Grund, Ausnahmen von mehreren allgemeinen Regeln diesen voranzustellen, was er im Übrigen auch damit
begründete, dass bei einer Platzierung der Ausnahmen nach den allgemeinen Regeln eher Zweifel
darüber entstünden, ob sich die Ausnahme nur auf die unmittelbar vorausgehende oder mehrere
vorausgehende Regelungen beziehen soll. Scharfe Kritik an Benthams Ansicht, Ausnahmen den
Grundregeln voranzustellen, übte *Mohl* (Politik, Bd. 1, S. 442, Fn. 4): Ohne Kenntnis der Grundregel sei die Ausnahme gar nicht verständlich und Zweifel über die Reichweite einer Ausnahme
ließen sich am besten durch ausdrückliche Bezugnahme auf die hierdurch eingeschränkten Regeln
ausräumen, nicht aber durch die Stellung der Ausnahme vor oder nach den Grundregeln.

[602] Dieses Konzept verfolgte *Bentham* im *Constitutional Code*, wo er die Ausnahmen den Grundregeln nicht voranstellte, aber alle Grundregeln, die durch spätere Ausnahmen eingeschränkt
wurden, mit den Worten »exceptions excepted« einleitete, um falsche Erwartungen beim Lesen
der Grundregel zu vermeiden (aus den zahlreichen Beispielen hierfür vgl. etwa Constitutional

Indien von 1837 schlossen sich der zuletzt genannten Technik an, indem sie nachfolgende Ausnahmen häufig bereits in der Grundregel durch die Phrase »except as hereinafter excepted« ankündigten. Bei der Überarbeitung des Entwurfs durch einen Ausschuss unter der Leitung von Barnes Peacock 1857 bis 1860 wurden viele dieser Phrasen, die spätere Ausnahmen ankündigen, jedoch aus dem Gesetzbuch gestrichen; in einigen Fällen blieben sie aber in der Gesetz gewordenen Fassung bestehen.[603] Im Übrigen wurden Ausnahmen im indischen Strafgesetzbuch häufig auch durch die vorangestellte Zwischenüberschrift »Exception(s)« besonders hervorgehoben.

Im Verlauf des 19. Jahrhunderts führte die in zahlreichen deutschen Staaten verwirklichte parlamentarische Mitwirkung von Volksvertretern an der Gesetzgebung in der Gesetzgebungstheorie zu neuen Problemstellungen in Bezug auf die Frage der systematischen Stimmigkeit der Gesetzgebung. Einige Autoren beklagten, dass die in den Landtagsverhandlungen häufig kurzfristig zustande kommenden Änderungen die Harmonie und innere Konsequenz der Gesetzesvorlagen gefährden würden.[604] Unter anderem aus dieser Überlegung wurde daher wie erwähnt von nicht wenigen Autoren eine Beschränkung der Beratung und Beschlussfassung über umfangreiche Gesetzeswerke im Plenum des Landtags auf Grundsatzfragen gefordert.[605]

In Bezug auf die Reformtätigkeit des Gesetzgebers führte das Gebot der inneren Stimmigkeit und Widerspruchsfreiheit im Übrigen zu durchaus gegenläufigen Folgerungen in der Gesetzgebungstheorie. Zum Teil wurde hieraus die Notwendigkeit einer kontinuierlichen Bereinigung der Rechtsordnung und Befreiung von nicht mehr zeitgemäßen und mit der aktuellen Gesetzgebung nicht mehr übereinstimmenden Gesetzen hergeleitet.[606] Zum Teil wurde aber der Gesetzgeber auch vor übereilter Reformtätigkeit in der Gesetzgebung gewarnt, da diese die innere Harmonie und Stimmigkeit der Rechtsordnung gefährde.[607]

Die Erleichterung der Anwendung war ein wichtiges Motiv bei der Forderung nach geordnetem Aufbau der Gesetze. Das nach systematischen und logischen

---

Code, Kap. VI, Abt. 23, Art. 3 = CW, S. 60). Für diese klarstellende Technik sprach sich auch *Ilbert* (Methods and Forms, S. 247) aus, der hingegen die weitergehende Ansicht Benthams, Ausnahmen den Grundregeln voranzustellen, verwarf.

[603] Z.B. in sec. 136, 300, 375, 499.

[604] *Günther*, Art. »Gesetzgebungswissenschaft«, Rechtslexikon, Bd. 4, S. 763, 767; *Geib*, S. 172.

[605] S. näher oben S. 192 f.

[606] *Mohl*, Politik, Bd. 1, S. 437. Näher zur Gesetzesbereinigung als Gegenstand der Gesetzgebungstheorie und den hiermit verknüpften Zielen oben S. 216 ff. Besondere praktische Bedeutung kam ihr in England zu. Zu den Modellen einer kontinuierlichen Gesetzesrevision oben S. 274 ff.

[607] *Zeiller*, Eigenschaften, S. 252: »…wenn man bei jeder in der Anwendung aufstoßenden Schwierigkeit Abänderungen trifft und durch ein neues, in das System nicht einpassendes Gesetz dem Übel abzuhelfen sucht.« Näher zum Widerstreit von Stetigkeit und Reformeifer in der Gesetzgebungstheorie oben S. 18 ff. Zur Prüfungspflicht des Gesetzgebers im Zusammenhang mit neuer Gesetzgebung, um Widerspruchsfreiheit und innere Stimmigkeit zur bestehenden Rechtsordnung zu gewährleisten, s. oben S. 80 ff.

Gesichtspunkten aufgebaute Gesetz sollte die Überschaubarkeit der Regelungen fördern und damit dem Benutzer das Auffinden der einschlägigen Bestimmungen erleichtern.[608] Auch führte ein derartiger Aufbau, insbesondere wenn er mit impliziten oder expliziten Verweisungen einherging, zur Vermeidung von Wiederholungen im Gesetz und förderte damit dessen Kürze, was wie aufgezeigt ein fast allseits geteiltes Gesetzgebungsziel darstellte.

Diese Vorteile kamen aber praktisch ausschließlich dem juristisch geschulten Anwender zugute. Der systematische Aufbau und dogmatisch stimmige Zusammenhang im Gesetz war daher auch Teil des Konzepts eines auf verschiedenen Verständnisebenen lesbaren Gesetzbuchs, dessen unmittelbarer Wortlaut zu jedermann und dessen Systematik zusätzlich zum Juristen sprechen sollte. Seit der zweiten Hälfte des 19. Jahrhunderts wurde daher von einigen Gesetzgebungstheoretikern betont, dass die Vorteile der systematischen Regelungstechnik nicht rein äußerlich sind, im Sinne einer Zeitersparnis für den Anwender, sondern eine derartige Technik wesentlich auch zum richtigen Verständnis der Bestimmungen beiträgt.[609] Hiermit einher ging namentlich für die BGB-Redaktoren das Bestreben, durch den systematischen, auf der hoch entwickelten Pandektenwissenschaft basierenden Aufbau des Gesetzbuchs diesem in der Anwendung und Auslegung durch den geschulten Juristen einen Grad der Vollständigkeit zu sichern, der durch ein unsystematisches, kasuistisches Vorgehen niemals erreichbar wäre.[610]

2. Klare äußere Gliederung

In Bezug auf die äußere Gliederung der Gesetze wies die Gesetzgebungspraxis in Deutschland und England im 18. und 19. Jahrhundert erhebliche Unterschiede auf. In England wurden *statutes* vom Parlament noch bis Mitte des 19. Jahrhunderts ohne Gliederung in Artikel oder Absätze, ohne jede Nummerierung und sogar ohne Zeichensetzung verabschiedet.[611] Die Zeichensetzung und Einteilung

---

[608] *Zeiller*, Eigenschaften, S. 260; *Pfeiffer*, S. 77 f.; *Mohl*, Politik, Bd. 1, S. 446; *Eisele*, AcP 69 (1886), S. 313; *Gutherz*, Teil 2, S. 59 ff.

[609] *Mohl*, Politik, Bd. 1, S. 446; *Eisele*, AcP 69 (1886), S. 313; *Wendt*, S. 18. Auch *Jhering* (Bd. II/2, § 38, S. 330 f.) betonte (allerdings mehr auf die Wissenschaft als auf die Gesetzgebung bezogen) den Erkenntnisnutzen der systematischen Klassifikation, die mehr sei als bloße »Ortsanweisung«; das Interesse der richtigen systematischen Stellung eines Rechtsinstituts sei kein anderes als das der richtigen materiellen Erkenntnis und Darstellung desselben.

[610] *Planck*, AcP 75 (1889), S. 420 f.; auch in den Augen *Génys* war es durch die innere Systematik des Gesetzbuchs den BGB-Verfassern möglich, eine hohe Regelungsdichte ohne Kasuistik zu erreichen (Technique, S. 1029).

[611] Diese Praxis wird von *Bentham* in vielen Schriften beschrieben und kritisiert, z.B. im Constitutional Code, Bowring-Edition, Bd. 9, Buch II, Kap. XI, Abt. 2, Anm. zu Art. 36 (S. 432 f.). Vgl. hierzu auch die zeitgenössische Schilderung von *John Hill Burton*, Introduction to the study of the works of Jeremy Bentham, in: Bentham, Bowring-Edition , Bd. 1, S. 1–83, hier: S. 53 sowie *Stephen*, History, Bd. 3, S. 302, Fn. 1. In der Regel wurde jede neue Anordnung innerhalb eines Gesetzes mit der Phrase »Be it (further) enacted, that …« eingeleitet.

der Gesetze in einzelne Artikel sowie die Nummerierung der Bestimmungen in den Druckfassungen der Gesetze waren nicht amtlich, sondern wurden vom *King's Printer* nach eigenem Ermessen vorgenommen. Die präzise Zitierung einzelner Teile eines Gesetzes war dadurch kaum möglich. Dieser Zustand wurde bereits 1796 von einem parlamentarischen Untersuchungsausschuss kritisiert und die Einführung amtlicher Untergliederungen eines Gesetzes empfohlen.[612] Der Vorschlag blieb aber zunächst unausgeführt, weshalb sich bei der in den zwanziger Jahren des 19. Jahrhunderts in England einsetzenden Bereinigung obsoleter Gesetze erhebliche praktische Probleme ergaben. Wenn ein Gesetz nicht insgesamt aufgehoben werden sollte, sondern nur einzelne Teile davon, konnte mangels äußerer Einteilung des Gesetzes nur inhaltlich auf die aufzuhebenden Teile Bezug genommen werden (»so much of the statute in question as relates to …«), so dass anschließend nach wie vor Ungewissheit über die Fortgeltung einzelner Regelungen des teilweise aufgehobenen Gesetzes bestehen konnte.[613]

Schärfster Kritiker dieser Zustände war Bentham, der in zahlreichen Schriften die Missstände anprangerte und eine klare Gliederung der Gesetze in einzelne Artikel und deren durchgehende Nummerierung forderte.[614] Hiermit bezweckte er, eine bessere Lesbarkeit und Überschaubarkeit der Regelungen zu erreichen sowie ein leichteres Zitieren und Bezugnehmen auf einzelne Bestimmungen. Die kurze Zeit nach dem Tod Benthams eingesetzte *Commission to inquire into the Consolidation of the Statute Law* empfahl ebenfalls, eine amtliche Zeichensetzung und eine amtliche Einteilung der Gesetze in einzelne Artikel einzuführen.[615] Diese Vorschläge wurden im so genannten *Lord Brougham's Act* von 1850 zum Teil aufgegriffen, der für die künftige parlamentarische Gesetzgebung eine amtliche Untergliederung der Gesetze in separat zitierbare Abschnitte (*sections*) vorsah.[616] Für die Zeichensetzung in den *statutes* blieb es aber dabei, dass ihr kein amtlicher

---

[612] Report from the Committee upon Temporary Laws, Expired or Expiring (13. Mai 1796), S. 21: »…these Numerical Marks prefixed in Print to each Chapter, and the Figures also prefixed to each Clause by Way of Section, as well as the Marginal Abstract of each Clause, and the Punctuation, are wholly the Work of the King's Printer, and rest on his private Authority. Some Mode however, of Numeration, Divisions, and Distinction being found indispensably necessary to the public Convenience, for the Purposes of Citation and Reference, ought for that Reason, as Your Committee humbly conceive, to be sanctioned by Parliament itself, and executed hereafter under its own Authority.«

[613] Ausführlich hierzu *Bentham*, Constitutional Code, Bowring-Edition, Bd. 9, Buch II, Kap. XI, Abt. 2, Anm. zu Art. 36 (S. 432 f.).

[614] *Bentham*, General View, S. 208 = Traités de législation, Bd. 1, S. 365 f.; *ders.*, Political Tactics, Kap. X, S. 118; *ders.*, Nomography, S. 250 f., 265 ff.; s. auch die Nachweise oben Fn. 611.

[615] Report of the Commissioners appointed to inquire into the Consolidation of the Statute Law, 21 July 1835, S. 19, in: Parliamentary Papers 1835 (406) xxxv.

[616] 13 & 14 Vict., c. 21, sec. 2. Die Gesetzgebungspraxis Britisch-Indiens war hier (wie auch in anderen gesetzgebungstechnischen Fragen) dem Mutterland voraus. Bereits 1793 wurde für Bengalen durch Verordnung festgelegt, dass jede künftige Verordnung des Generalgouverneurs in durchnummerierte *sections* gegliedert werden soll (den Artikeln kontinentaleuropäischer Gesetze entsprechend); die *sections* wiederum waren – soweit nötig – weiter in nummerierte *clauses* zu

Charakter zukam, weshalb englische Richter bis ins 20. Jahrhundert davon absahen, aus der Zeichensetzung – etwa der Stellung eines Kommas – Rückschlüsse für die Auslegung eines Gesetzes zu ziehen.[617]

In Deutschland bedienten sich die Gesetzgeber hingegen schon wesentlich früher äußeren Gliederungselementen in der Gesetzgebung. Der Einfluss der Naturrechtssysteme, namentlich der Werke Christian Wolffs und seines Schülers Darjes, die sich bis ins Kleinste heruntergebrochener Einteilungen und Gliederungen bedienten, dürfte hier ebenso von wesentlicher Bedeutung gewesen sein wie die hiermit im Zusammenhang stehende Gliederungsakribie in der gemeinrechtlichen Literatur des 18. Jahrhunderts.[618] Dieser methodische Einfluss der Naturrechtssysteme fehlte in der englischen Gesetzgebung. In Deutschland führte dieser Einfluss im 18. Jahrhundert in komplexen Gesetzgebungswerken zu einer stark ausdifferenzierten Gliederungstechnik. So kannte das ALR vier verschiedene Gliederungsebenen (Teil, Titel, Abschnitt, Paragraph) und Claproths Gesetzbuchentwürfe gar fünf (Teil, Buch, Abschnitt, Hauptstück, Paragraph).

Die deutsche Gesetzgebungstheorie beschäftigte sich auffallend wenig mit der Gliederungstechnik, da hier – anders als in England – der Gesetzgeber die naturrechtliche Gliederungsmethode bereits übernommen hatte, ohne dass es hierzu eines Anstoßes durch die sich seit der zweiten Hälfte des 18. Jahrhunderts entwickelnde Gesetzgebungstheorie bedurft hatte.[619] Im Gegenteil, einigen Zeitgenossen ging der Gliederungseifer der Gesetzesverfasser schon zu weit; so kritisiert Schlosser am Entwurf des späteren ALR die zu große Zergliederung der Bestim-

---

untergliedern (den Absätzen kontinentaleuropäischer Gesetze entsprechend): Bengal Regulation XLI of 1793, sec. 6.

[617] Vgl. hierzu *Edgar*, S. 197 mit Rechtsprechungsnachweisen aus dem 19. Jahrhundert. Erst in der zweiten Hälfte des 20. Jahrhunderts setzte sich in der englischen Auslegungslehre die Sichtweise durch, die Zeichensetzung bei der Auslegung eines Gesetzes zu berücksichtigen; vgl. *Rupert Cross*, Statutory Interpretation, 3. Aufl., fortgeführt von John Bell u. George Engle, London/Dublin/Edinburgh 1995, S. 133 f.; *Francis Bennion*, Bennion on Statute Law, 3. Aufl., London 1990, S. 52.

[618] Vgl. *Wolffs* »Jus Naturae« und die »Institutiones Juris Naturae et Gentium«: Beiden Werken liegt eine strenge Gliederungshierarchie zugrunde (Einteilung in »Pars«, »Caput« und Paragraph; im dritten Teil der »Institutiones« zusätzlich »Sectio«), die durch vielfache Querverweise auf andere Paragraphen entsprechend der demonstrativen Methode Wolffs ergänzt wird. Ganz ähnlich verfuhr *Darjes* in seinen naturrechtlichen »Institutiones iurisprudentiae universalis ...«; in seiner Darstellung des positiven Gemeinen Rechts (»Institutiones iurisprudentiae privatae romanogermanicae ...«) steigerte *Darjes* diese Gliederungsakribie nochmals. Darjes war derjenige Autor, dem Carmer den größten Einfluss auf die Systematik des AGB-Entwurfs einräumte (s. oben S. 422, Fn. 579).

[619] Knappe allgemeine Bemerkungen zur Gliederungstechnik finden sich bei *Sonnenfels*, S. 379 f.; *K. S. Zachariä*, Vierzig Bücher vom Staate, Bd. 4, Buch 20, S. 35; *Morgenstern*, Bd. 1, S. 282; *Mohl*, Politik, Bd. 1, S. 447. *Bethmann-Hollweg*, S. 38, rät demgegenüber von einem Sichtbarmachen der Systematik eines Gesetzes durch äußere Abteilungen oder Überschriften ab: Dem Juristen seien derartige Hilfsmittel entbehrlich und für den Laien seien sie unbrauchbar. Vgl. i. Ü. die Kritik *Schlossers* und *Feuerbachs* an überzogenem Gliederungseifer in Fn. 620 sowie die Stellungnahmen zu Spezialfragen (Artikelnummerierung, Überschriften und Marginalien) nachfolgend im Text.

mungen, welche Sinnzusammenhänge künstlich auseinander reiße und Feuerbach bemängelt an Kleinschrods Entwurf eines Strafgesetzbuchs u. a. das »Zerstü-
ckeln und Ausdehnen der Gedanken« in separaten Paragraphen.[620] Auch Zeiller
warnte seine Mitredaktoren, man solle sich vor einer Zerstückelung unmittelbar
zusammenhängender Sätze hüten.[621] Äußere Gliederungselemente konnten also
gesetzesimmanente Zusammenhänge nicht nur verdeutlichen, sondern bei über-
mäßigem Gebrauch auch das Verständnis der Gedankenführung erschweren.
Dabei wird der Zusammenhang dieser Kritik mit dem Vorwurf der Kasuistik
deutlich: Die kasuistische Regelungstechnik neigte eher dazu, die im Gesetz
einzeln erfassten Fälle auch äußerlich zu separieren. Dies war mitentscheidend für
die im Vergleich zu anderen Gesetzbüchern ungewöhnlich hohe Paragraphenzahl
des ALR und des Entwurfs Kleinschrods; praktisch jedem Satz wurde im ALR ein
eigener Paragraph zugewiesen.[622]

Die Gliederungsakribie machte jedoch bis ins 19. Jahrhundert hinein meist auf
Ebene des einzelnen Paragraphen halt. Kleinste Gliederungseinheit war in den
deutschen Gesetzbüchern und Gesetzbuchentwürfen der Aufklärungszeit in der
Regel der einzelne Paragraph bzw. Artikel. Zwar kam es vor, dass man im Rahmen einer Aufzählung innerhalb eines Paragraphen die verschiedenen aufgezähl-
ten Elemente durchnummerierte, eine Untergliederung umfangreicher Paragraphen in verschiedene (separat zitierbare) Absätze war der Gesetzgebungspraxis
jedoch noch weitgehend fremd.[623] Dies führte etwa in den Gesetzbuchentwürfen
Claproths und Quistorps dazu, dass der einzelne Paragraph, auch wenn er sich

---

[620] *Schlosser*, Briefe, S. 155 f. (»Es ist viel leichter, einen Gedanken der Einem an einem Stück
gegeben wird, zu zergliedern, als, wenn man die Glieder einzeln bekommt, sie wie Jason seine
Kinder zusammen zu suchen.«); *Feuerbach*, Kritik, Teil 1, S. 21 (»Jede, auch die kleinste nähere
Bestimmung, die oft durch ein einziges Wort, am gehörigen Ort eingeschaltet, hätte ausgedrückt
werden können, erhält ihre eigenen Paragraphen, die, oft durch Zwischensätze getrennt, erst
wieder in ein gediegenes Ganzes eingeschmolzen werden müssen, wenn die Totalvorstellung
daraus hervorgehen soll.«).

[621] Vortrag vor der Gesetzgebungskommission am 21. Dezember 1801, in: *Ofner*, Protokolle,
Bd. 1, S. 9.

[622] Das ALR umfasste ca. 19.200 Paragraphen. Hierbei ist zwar zu berücksichtigen, dass das ALR
anders als spezialisierte Gesetzbücher alle drei großen Regelungsmaterien Zivilrecht, Strafrecht und
öffentliches Recht behandelte und nur das Prozessrecht ausklammerte, doch auch unabhängig
hiervon führte die beschriebene, stark zergliedernde Regelungstechnik zu einer außergewöhnlich
hohen Paragraphenzahl. So benötigt das ALR z.B. 36 Paragraphen zur Regelung der Grenzanlagen
zwischen zwei Grundstücken (I 8 §§ 149–184); dem BGB genügen hierfür fünf Paragraphen
(§§ 919–923). Ähnlich stark zergliedernd und kasuistisch aufspaltend verfuhr *Kleinschrod* in seinem
Entwurf zu einem Strafgesetzbuch, indem er ebenfalls jedem Satz einen eigenen Paragraphen
zuwies, was zu einer Gesamtparagraphenzahl allein des materiellen Teils von 1563 Paragraphen
führte (zum Vergleich: der strafrechtliche Teil des ALR umfasste sogar 1577 Paragraphen, *Quistorps*
Entwurf eines Strafgesetzbuchs kam im materiellen Teil hingegen mit 336 Paragraphen aus, das
bayerische Strafgesetzbuch von 1813 mit 459 Paragraphen, wobei die einzelnen Paragraphen bei
Quistorp und im bayerischen Strafgesetzbuch im Durchschnitt deutlich länger sind).

[623] Als eine Ausnahme kann Coccejis Projekt eines Corporis Juris Fridericiani gelten, welches
längere Paragraphen zuweilen in verschiedene Absätze gliederte, diese aber nicht nummerierte.

über mehr als eine Druckseite erstreckte, was nicht selten vorkam, in einer fortlaufenden Aneinanderreihung von Sätzen ohne Absatzbildung bestand. Die Redaktoren des ALR lösten dieses Problem wie erwähnt dadurch, dass sie jedem Satz einen eigenen Paragraphen zuwiesen, wodurch jedoch Sinnzusammenhänge künstlich zerrissen wurden. Das ABGB ging hiervon wieder ab und bildete längere Paragraphen, ohne diese aber in Absätze zu untergliedern. Einen Fortschritt brachte in dieser Hinsicht das bayerische Strafgesetzbuch von 1813, wo einige der längeren Artikel in separate Absätze untergliedert sind. Das preußische Strafgesetzbuch von 1851 wandte dann bereits durchgängig bei längeren Paragraphen die Technik einer Untergliederung in separate Absätze an, welche in der zweiten Hälfte des 19. Jahrhunderts dann in umfangreichen Kodifikationen allgemein üblich wurde, wobei jedoch die schon damals beim Zitieren übliche Nummerierung der Absätze in den amtlichen Ausgaben unterblieb.[624]

Problematisch war die Nummerierung der einzelnen Gliederungselemente in den Gesetzen der Aufklärungszeit. Zwar bedienten sich die Gesetzgeber in Deutschland wie erwähnt in umfangreichen Gesetzen anders als in England verschiedener Gliederungsebenen, doch war die Paragraphenzählung hierbei in der Regel nicht durchlaufend durch das gesamte Gesetzbuch, sondern begann (wie es der Tradition des Corpus Juris Civilis entsprach) bei jedem Abschnitt bzw. Titel von neuem. Dies führte etwa beim ALR dazu, dass für eine präzise Bezugnahme drei verschiedene Gliederungsebenen zitiert werden mussten (Teil, Titel, Paragraph), da die Paragraphenzählung mit jedem Titel von neuem begann.[625] Hiergegen erhob sich bereits im Zusammenhang mit den Entwürfen zum preußischen AGB Kritik und die Forderung, die Paragraphen eines Gesetzbuchs zum Zwecke leichteren Zitierens in einem fort zu nummerieren.[626] In der deutschen Gesetzgebungspraxis wurde dies zunächst im Strafrecht umgesetzt. Während im Codex Juris Bavarici Criminalis (1751) die Paragraphenzählung noch mit jedem Kapitel neu beginnt und im Josephinischen Strafgesetzbuch[627] (1787) die beiden Teile noch separat numme-

---

[624] Auch die amtlichen Ausgaben der Entwürfe und der Endfassung des BGB weisen keine Nummerierung der Absätze auf; der Gesetzgeber machte sich aber dennoch eine derartige Nummerierung stillschweigend zu Eigen, indem er an verschiedenen Stellen innerhalb des Gesetzbuchs Querverweise auf numerisch bestimmte Absätze traf (vgl. §§ 1172 Abs. 2, 1299, 1378, 1567 Abs. 3 BGB).

[625] In *Wolffs* achtbändigem »Jus Naturae« ist die Paragraphenzählung hingegen bereits innerhalb eines Teils durchgängig, beginnt aber mit jedem Teil von neuem. In dem wesentlich kürzeren Auszug »Institutiones Juris Naturae et Gentium« *Wolffs* sind sämtliche Paragraphen (immerhin noch mehr als 1000) durchnummeriert, was die sehr zahlreichen internen Querverweise erleichterte. Auch in *Darjes* Hauptwerken »Institutiones iurisprudentiae universalis …« und »Institutiones iurisprudentiae privatae romano-germanicae …« sind sämtliche Paragraphen (wohl zur Erleichterung der vielen Querverweise) bereits durchlaufend nummeriert.

[626] *Schlosser*, Briefe, S. 158. Für eine fortlaufende Paragraphenzählung setzten sich später auch *Kitka* (S. 42 Anm. 1) u. *Mohl* (Politik, Bd. 1, S. 447) ein.

[627] Allgemeines Gesetz über Verbrechen und deren Bestrafung vom 13. Januar 1787, 1. Teil: Kriminalverbrechen und Kriminalstrafen, 2. Teil: politische Verbrechen und politische Strafen.

riert sind, sind in Quistorps (1782) und in Kleinschrods (1802) Strafgesetzbuch-entwürfen und im österreichischen Strafgesetzbuch von 1803[628] sämtliche Paragraphen bereits durchlaufend nummeriert. Das Vorbild der Strafgesetzbücher und daneben auch der napoleonischen Gesetzbücher, in denen die Technik der fortlaufenden Paragraphenzählung auch auf das Zivilgesetzbuch übertragen wurde, führte in der ersten Hälfte des 19. Jahrhunderts in Deutschland zur allgemeinen Etablierung dieser Technik in der Gesetzgebungspraxis auch des Zivilrechts. So standen die kodifikatorischen Vorstufen und Entwürfe zum österreichische ABGB ebenfalls noch in der Tradition separater Nummerierungen einzelner Teile; erst in der letzten Entstehungsphase (1807) stimmte eine Mehrheit der Kommissionsmitglieder (entgegen dem Votum Zeillers!) für eine durchgängige Nummerierung der Paragraphen im ABGB, um ein einheitliches Erscheinungsbild mit dem 1803 in Kraft gesetzten Strafgesetzbuch zu erreichen.[629]

In England konnte sich eine fortlaufende amtliche Artikelzählung in der Gesetzgebungspraxis erst in der zweiten Hälfte des 19. Jahrhunderts im Zusammenhang mit den erwähnten gesetzestechnischen Reformen durch den so genannten *Lord Brougham's Act* von 1850 durchsetzen.[630] Ein frühes Beispiel für die Umsetzung dieser Reformen in einem komplexen Gesetzgebungswerk ist der *Merchant Shipping Act* von 1854, der in 548 durchlaufend amtlich nummerierte Artikel gegliedert ist.[631] Bentham hatte zwar auch eine Nummerierung der Artikel gefordert, wollte diese aber (wie es der älteren deutschen Praxis entsprach) in jedem Abschnitt von neuem beginnen lassen. Die fortlaufende Nummerierung des ganzen

---

[628] Gesetzbuch über Verbrechen und schwere Polizey-Uebertretungen vom 3. September 1803.

[629] Im so genannten Josephinischen Gesetzbuch begann jedes Hauptstück, im Westgalizischen Gesetzbuch jeder Teil mit einer neuen Paragraphenzählung; entsprechend besaß noch in den ersten beiden »Lesungen« zum ABGB jeder Teil eine getrennte Paragraphenzählung. Erst in der Kommissionssitzung vom 28. Dezember 1807 stimmte die Mehrheit der Kommissionsmitglieder (nicht aber Zeiller) für eine durchgängige Zählung (*Ofner*, Protokolle, Bd. 2, S. 455). Erstmals angeregt wurde eine durchgängige Paragraphenzählung des ABGB durch die Stellungnahme der Prager Juristenfakultät zu dem Urentwurf (vgl. *Pfaff/Hofmann*, Kommentar, Bd. 1, S. 29 mit Fn. 156; *Korkisch*, S. 293, Fn. 2). Die Kommission stützte sich in ihrer erwähnten Mehrheitsentscheidung aber nicht auf diese Stellungnahme, sondern auf die bereits verwirklichte durchgängige Paragraphenzählung in dem österreichischen Strafgesetzbuch von 1803. Die Strafgesetzgebungstechnik hatte in dieser Frage also Vorbildfunktion für die Zivilgesetzgebungstechnik. Das Vorbild des Code civil in der Nummerierungsfrage wurde in der Kommissionssitzung zwar (von Zeiller) auch erwähnt, diente der Kommissionsmehrheit aber nicht zur Begründung ihrer Entscheidung.

[630] Auch in dieser Frage war Britisch-Indien dem Mutterland gesetzestechnisch voraus. Für Bengalen wurde bereits 1793 gesetzlich festgelegt, dass die verschiedenen *sections* (Artikel) eines Gesetzes fortlaufend zu nummerieren sind (Regulation XLI of 1793, sec. 6). So war etwa auch der Entwurf des indischen Strafgesetzbuchs von 1837 bereits in 488 fortlaufend nummerierte *sections* gegliedert (511 in der Gesetz gewordenen Fassung von 1860).

[631] 17 & 18 Vict., c. 104. Entworfen wurde der *Merchant Shipping Act* von 1854 von Henry Thring, der später der bedeutendste *draftsman* der englischen Regierung in seiner Zeit wurde (s. hierzu oben S. 103).

Gesetzbuchs, die er in den napoleonischen Gesetzbüchern verwirklicht fand, kritisierte er als unpraktisch, weil sich dann bei späteren Einfügungen die gesamte nachfolgende Nummerierung des Gesetzes (und nicht nur des einzelnen Abschnitts) ändere.[632]

Der besseren Auffindbarkeit einzelner Regelungen sowie als Verständnishilfe für den Benutzer diente schließlich die Forderung, die einzelnen Paragraphen eines Gesetzes mit Überschriften oder Marginalien zu versehen, die auf den Inhalt der jeweiligen Bestimmung hinweisen.[633] Die Gesetzgebungspraxis Deutschlands hatte (auch hierin die Gliederungstechnik der Naturrechtssysteme rezipierend[634]) hiervon schon im 18. Jahrhundert regen Gebrauch gemacht. Die großen Gesetzgebungswerke dieser Zeit zeichneten sich ebenso wie die privaten Gesetzbuchentwürfe fast alle dadurch aus, dass die verschiedenen Gliederungsebenen wie auch die einzelnen Bestimmungen entweder mit einer amtlichen Überschrift oder mit einer auf den Inhalt hinweisenden Marginalie versehen waren.[635]

---

[632] *Bentham*, Nomography, S. 267. Die heutige Technik, eine Änderung der nachfolgenden Nummerierung dadurch zu vermeiden, dass die einzufügenden Bestimmungen zusätzlich zu der unveränderten Paragraphennummer mit einem Zusatz versehen werden (z.B. § 1a), sah Bentham noch nicht. In Frankreich beschäftigte sich später *Rousset* mit dem Problem, wie bei Einschüben eine Neunummerierung sämtlicher nachfolgender Bestimmungen vermieden werden kann (Bd. 1, S. 323 ff.). Er entwickelte hierzu eine recht kompliziertes Methode: Werden mehrere Artikel eingeschoben, so sollen die Einschübe alle mit einem einheitlichen Großbuchstaben, kombiniert mit fortlaufenden arabischen Zahlen, gekennzeichnet werden. Spätere Einschübe an gleicher Stelle werden dann zusätzlich mit dem im Alphabet nachfolgenden Großbuchstaben und fortlaufenden arabischen Zahlen gekennzeichnet. Sollen z. B. nach dem bisherigen Art. 1255 neun neue Artikel eingeschoben werden, so erhalten diese die Kennzeichnung 1255 A 1 bis 1255 A 9. Wird nun später z. B. nach Art. 1255 A 5 ein weiterer Artikel eingefügt, erhält dieser die Kennzeichnung 1255 A 5 B 1. Diese perfektionistische Methode ermöglichte es, bei mehrmaligen Einschüben an gleicher Stelle auch die Nummerierung der bereits ergänzten Artikel unverändert zu lassen. Durchsetzen konnte sich Roussets Vorschlag jedoch nicht. Der französische Gesetzgeber ging zwar später dazu über, eingeschobene Artikel besonders zu kennzeichnen, um die nachfolgende Nummerierung unverändert zu lassen. Hierbei bediente er sich aber einer einfacheren Methode als von Rousset vorgeschlagen: Einschübe werden durch Bindestrich und arabische Zahl gekennzeichnet (so tragen etwa die sechs im Code civil nach Art. 348 eingefügten Artikel die Nummerierung 348–1 bis 348–6). Bei mehrmaliger Ergänzung an gleicher Stelle kommt diese Methode (ebenso wie die deutsche Methode des Anfügens von Kleinbuchstaben) an einer partiellen Neunummerierung jedoch nicht vorbei.

[633] *Globig*, System, Bd. 1, S. XXXV; *Morgenstern*, Bd. 1, S. 282; *Huber,* Erläuterungen, Heft 1, S. 14 f.

[634] Man vgl. etwa wieder *Wolffs* »Jus Naturae« und »Institutiones Juris Naturae et Gentium« und *Darjes'* »Institutiones iurisprudentiae universalis …« und »Institutiones iurisprudentiae privatae romano-germanicae …«: In allen diesen Werken tragen nicht nur sämtliche Teile und Kapitel Überschriften, sondern auch sämtliche Paragraphen Marginalien, die auf den Inhalt hinweisen.

[635] Im Codex Maximilianeus Bavaricus Civilis und in dem Schwestergesetzbuch Codex Juris Bavarici Criminalis tragen alle Teile und Kapitel amtliche Überschriften; die Paragraphen sind durchgängig mit auf den Inhalt hinweisenden Marginalien versehen. Die Gesetzbuchentwürfe Claproths und Quistorps sehen amtliche Überschriften für jeden Paragraphen vor. Im ALR tragen alle Titel und Abschnitte amtliche Überschriften, die einzelnen Paragraphen zwar nicht, doch sind inhaltlich zusammengehörige Paragraphen innerhalb eines Titels bzw. Abschnitts durch amtliche

Zu Beginn des 19. Jahrhunderts wurde diese Tradition in den großen Gesetzgebungswerken des deutschsprachigen Raums noch fortgesetzt. So sind im österreichischen ABGB von 1811 – zusätzlich zu den Überschriften zu den einzelnen
Teilen und Hauptstücken und dem amtlichen Register – die meisten Paragraphen
noch mit amtlichen Marginalien versehen, die nach den Worten Zeillers der
Erleichterung der Übersicht und des Aufsuchens bestimmter Stellen dienen sollen.[636] Auch im bayerischen Strafgesetzbuch von 1813 tragen noch viele Artikel
amtliche Marginalien, die einen schnellen Überblick über den Inhalt ermöglichen. Der weitere Verlauf des 19. Jahrhunderts führte in dieser Frage in Deutschland jedoch zum Teil zu einer rückläufigen Tendenz. Schon das preußische Strafgesetzbuch von 1851 verzichtete auf Überschriften oder Marginalien zu den
einzelnen Paragraphen; lediglich die übergeordneten Gliederungseinheiten trugen Überschriften. Ebenso verfuhren die Redaktoren des BGB.[637] Der Grund für
diese Abstinenz liegt wohl in dem auch in anderen Fragen der Gesetzgebungstechnik spürbaren Bestreben der Redaktoren dieser Gesetzbücher, alle doktrinären, für den Regelungsbefehl nicht erforderlichen Elemente aus dem Gesetzbuch
auszuscheiden. Weniger ängstlich bemüht, alles Belehrende aus dem Gesetzbuch
zu verbannen, war Eugen Huber als Redaktor des schweizerischen ZGB. Er
kehrte daher bewusst zur Technik amtlicher Marginalien zurück. Jeder Artikel des
ZGB ist mit einer auf den Inhalt hindeutenden Marginalie versehen. Für Huber
sollten die amtlichen Marginalien zur besseren Orientierung über den Gesetzesinhalt und damit als Hilfe in seinem Bemühen um ein möglichst anschauliches
Gesetzbuch dienen, mitunter aber auch zur Ergänzung und Entlastung des eigentlichen Regelungstexts.[638]

In England beinhalteten zwar schon zu Beginn des 19. Jahrhunderts die Druckfassungen vieler Gesetze Marginalien, die auf den Inhalt der jeweiligen Passagen
hinwiesen oder Querverweise vornahmen. Diese Marginalien waren jedoch nicht

---

Marginalien zusammengefasst und mit ihrem wesentlichen Inhalt bezeichnet. In Svarez/Goßlers
»Unterricht über die Gesetze« sind die Paragraphen jeweils mit Marginalien versehen, die den
Regelungsgegenstand bezeichnen und auf die Stellen im Entwurf des eigentlichen Gesetzbuchs
verweisen, in denen der Gegenstand ausführlich abgehandelt ist. Eine partielle Ausnahme macht
insoweit das Projekt eines Corporis Juris Fridericiani, in dem nur die Teile, Bücher und Titel
Überschriften tragen, die einzelnen Paragraphen aber weder Überschriften noch Marginalien.

[636] *Ofner*, Protokolle, Bd. 2, S. 475. Zur Technik der Marginalien im ABGB vgl. *Kastner*,
S. 540 ff. (der errechnet hat, dass auf die 1502 ursprünglichen Paragraphen des ABGB 785 Marginalien kommen) sowie *Brauneder*, ABGB, S. 228; *ders.*, Gesetzeskenntnis, S. 122.

[637] Im Zusammenhang mit den Beratungen über das System des Allgemeinen Teils entschied
sich die erste Kommission dafür, von Marginalien abzusehen und lediglich die übergeordneten
Gliederungseinheiten mit Überschriften zu versehen (*Jakobs/Schubert*, Beratung, Allgemeiner Teil,
Teil 1, S. 8). Erst 100 Jahre nach Inkrafttreten des BGB hat der Gesetzgeber durch das Fernabsatz-
gesetz v. 27. Juni 2000 erstmals einzelnen Paragraphen des BGB eine amtliche Überschrift gegeben; im Zuge des Gesetzes zur Modernisierung des Schuldrechts v. 26. November 2001 sind
nunmehr seit 2002 sämtliche Paragraphen des BGB mit einer amtlichen Überschrift versehen.

[638] *Huber*, Erläuterungen, Heft 1, S. 15.

amtlicher Natur, sondern wurden (wie die gesamte Untergliederung der Gesetze in Artikel) vom *King's Printer* nach eigenem Ermessen vorgenommen.[639] Erst nachdem in Folge des bereits erwähnten *Lord Brougham's Act* von 1850 die Parlamentspraxis dazu überging, in den Gesetzen amtliche Untergliederungen in Artikel (*sections*) vorzunehmen, führte man bei umfangreichen Gesetzen auch amtliche Marginalien ein, die auf den Inhalt der jeweiligen Artikel hinwiesen.[640] Größere Bedeutung kam in der englischen Gesetzgebungspraxis des 19. Jahrhunderts dem Gesetzestitel zu, da dieser nach der traditionellen Parlamentspraxis den Gegenstand eines Gesetzentwurfs verbindlich umriss und notwendiger Gesetzesbestandteil war. Der Inhalt des Gesetzentwurfs als auch der Inhalt von Änderungsanträgen hierzu musste sich daher in dem vom Titel gezogenen sachlichen Rahmen halten.[641] Die englischen Gesetzestitel waren deshalb traditionell umständlich, lang und schwer zitierbar. Im Verlauf des 19. Jahrhunderts setzten sich daher mehr und mehr Kurztitel durch, die im Gesetz selbst festgelegt werden und die Zitierbarkeit erleichtern.[642] Durch die beiden *Short Title Acts* von 1892 und 1896 wurde diese Praxis zur leichteren Zitierbarkeit für alle Gesetze eingeführt und auch für wichtige frühere Gesetze nachträglich Kurztitel festgelegt.[643]

3. Präambeln

Die gesetzgebungstheoretische Diskussion um den Sinn und Nutzen von Präambeln ist sehr alt und reicht bis in die Antike zurück. Sie stand hierbei von Anfang an im Zusammenhang mit der Frage, ob der Gesetzgeber seine Anordnungen

---

[639] S. die oben Fn. 612 wiedergegebene Passage aus einem Ausschussbericht von 1796.

[640] Auch hierzu liefert der *Merchant Shipping Act* von 1854 (17 & 18 Vict., c. 104) ein frühes und gründliches Beispiel. Sämtliche 548 Artikel sind hier mit amtlichen Marginalien versehen. Der Verfasser des Entwurfs, Thring, betonte später in seinem als *Parliamentary Counsel* verfassten Leitfaden zur Gesetzgebungstechnik, dass den Marginalien bei der Abfassung von Entwürfen mehr Aufmerksamkeit geschenkt werden sollte, als dies üblicherweise geschähe (*Thring*, S. 19). Britisch-Indien ging auch in dieser Frage dem englischen Mutterland voraus. Bereits 1793 wurden für Bengalen amtliche Marginalien für alle Verordnungen eingeführt (Bengal Regulation XLI of 1793, sec. 8). Allerdings wurde diese Praxis 1834 mit dem Amtsantritt Macaulays als *law member* des *Governor-General of India in Council* eingestellt, weshalb auch der Entwurf des indischen Strafgesetzbuchs von 1837 nicht mit Marginalien versehen ist. Ab 1854 nahm man die Übung amtlicher Marginalien in Britisch-Indien jedoch wieder auf (vgl. *Acharyya*, S. 158, 179), so dass die Gesetz gewordene Fassung des indischen Strafgesetzbuchs von 1860 mit amtlichen Marginalien versehen ist.

[641] Vgl. *May*, Kap. XXI, S. 534; *Redlich*, S. 527.

[642] Die Forderung nach Einführung von Kurztiteln zur besseren Zitierbarkeit der Gesetze findet sich bereits 1835 bei *Symonds* (Mechanics, S. 45; *ders.*, Papers, S. 7, 27) und 1836 im Report from the Select Committee on Public Bills, S. 45 (evidence of Hugh O'Hanlon), in: Parliamentary Papers 1836 (606) xxi.

[643] Vgl. hierzu *May*, Kap. XXI, S. 515; *Ilbert*, Methods and Forms, S. 75. Die nachträgliche Zuweisung von Kurztiteln zum Zwecke der besseren Zitierbarkeit auch für ältere Gesetze regte 1875 Stephen an: Report from the Select Committee on Acts of Parliament, 25 June 1875, S. 34 f. (evidence of James Fitzjames Stephen), in: Parliamentary Papers 1875 (280) viii.

begründen, die mit dem Gesetz verfolgten Zwecke darlegen und versuchen soll, den Adressaten von der Vernünftigkeit der getroffenen Anordnungen zu überzeugen. Platon und Cicero befürworteten es, den Gesetzen eine Vorrede voranzustellen, damit der Adressat das Gesetz wohlwollend aufnimmt und er von der Richtigkeit der Anordnungen überzeugt wird.[644] Diese Funktion wurde von Teilen der Gesetzgebungstheorie der Aufklärungszeit aufgegriffen. Die Zweckmäßigkeit eines Gesetzes sollte nicht länger durch sein Alter und Herkommen legitimiert werden, sondern – so die Theorie – auf den Prüfstand der Vernunft gehoben werden. Die Präambel erschien hierbei als das geeignete Mittel für den Appell an die Vernunft. In Form von Gesetzesvorreden sollte der Gesetzgeber eine Begründung für die Notwendigkeit der getroffenen Bestimmungen geben und die Zwecke erläutern, die er mit den Anordnungen verfolgt.[645] Dadurch sollte der Gesetzesunterworfene von deren Zweckmäßigkeit überzeugt werden, damit er dem Gesetz aus freiem Willen und nicht nur aus Zwang folgt.

Unbestritten war diese Ansicht in der Gesetzgebungstheorie aber keineswegs. Bereits Bacon sprach sich dezidiert gegen die englische Gesetzgebungspraxis seiner Zeit aus, den Gesetzen ausführliche Präambeln voranzustellen.[646] Die eigentliche Funktion der Präambel, nämlich die Motive des Gesetzgebers und die mit den nachfolgenden Regelungen verknüpften Zwecke deutlich zu machen, würde nur selten erreicht. Häufig würden in der Präambel nur einzelne, besonders plausible Beweggründe herausgegriffen, die dann bei einer späteren Auslegung zu einer irrigen Beschränkung auf diese Zwecke führen. Generell, so Bacon, lasse sich der volle Anwendungsbereich eines Gesetzes nur aus den eigentlichen Regelungen selbst entnehmen. Die Präambeln griffen hierbei häufig zu kurz oder nähmen wegen ihres notwendig verallgemeinernden Charakters auf die in den eigentlichen Regelungen enthaltenen Beschränkungen und Ausnahmen keine Rücksicht. Im Übrigen würden Präambeln ohnehin mehr und mehr nur dazu geschrieben, um die Parlamentsabgeordneten und das Volk für das Gesetz gewogen zu stimmen, anstatt wirklich dessen Zwecke und Inhalt zu erklären. Bacon

---

[644] *Platon*, Gesetze, 722c-723e; *Cicero*, De legibus, Buch II, Kap. 7, 16; ähnlich auch *Seneca*, Epistulae, 94. Brief an Lucilius, §§ 37, 38 (Philosophische Schriften, Bd. 4, S. 135); die in der Literatur mitunter für eine gegenteilige Auffassung Senecas herangezogene Stelle referiert nur die Meinung des Poseidonius, welche Seneca ausdrücklich nicht teilt, s. hierzu oben S. 312, Fn. 102.

[645] *Mably*, Teil 2, S. 61 ff. (näher zu Mablys Theorie oben S. 316); *Sonnenfels*, S. 370 f.; *Fredersdorff*, S. 169 f. (Gesetze sollen den Zweck, warum sie gegeben werden, deutlich angeben. Dies führe bei dem »denkenden Haufen« zu einer Befolgung »mit gutem Willen«. Gesetze, die derart überzeugen, seien besser als solche, die bloß gebieten.); *Th. Hippel*, S. 64 f.; *K. S. Zachariä*, Wissenschaft, S. 328 (In seinem Alterswerk »Vierzig Bücher vom Staate«, Bd. 4, Buch 20, S. 35 f., war *Zachariä* hingegen in dieser Frage zurückhaltender: Die Frage der Zweckmäßigkeit von Präambeln hänge davon ab, ob sich der Gerechtigkeitsgehalt eines Gesetzes aus dem Gesetzestext selbst unmittelbar erschließt; Gesetze, »welche schlechthin Rechtens sind« bedürften keiner Vorrede.). Zu dem Gebrauch von Präambeln riet auch schon *Thomasius* (Prudentia Legislatoria, Kap. XII, § 13).

[646] Zum Folgenden: *Bacon*, De Augm. Scient., Buch 8, Kap. 3, Aphorismen 69–71, S. 819 f.

empfahl daher, auf Präambeln nach Möglichkeit ganz zu verzichten und die Gesetze gleich mit dem eigentlichen Regelungstext zu beginnen.

Woraus erklärt sich die von den genannten antiken und aufklärerischen Autoren so deutlich abweichende Ansicht Bacons in der Frage der Nützlichkeit von Präambeln? Bacon fasste Präambeln nicht als Mittel der Überzeugung und des Appells an die Einsicht des dem Gesetz unterworfenen Volkes auf, sondern als juristisches Auslegungsmittel, welches zum Zwecke der Bestimmung des genauen Anwendungsbereichs der getroffenen Regelungen Auskunft über die gesetzgeberischen Intentionen geben soll. Gerade in dieser, auf die Anwendung und Auslegung des Gesetzes bezogenen Funktion sah Bacon Präambeln als unzureichendes und daher gefährliches Instrument an, auf das man besser ganz verzichten solle. Bacon erkannte zwar auch die politische Funktion, welche den Präambeln in der Praxis zukam, um Abgeordnete und Volk gewogen zu stimmen, lehnte einen Einsatz von Präambeln allein zu diesem Zwecke aber ab.

Auch in der deutschen Gesetzgebungstheorie der Aufklärungszeit erhob sich deutlicher Widerspruch gegen den Einsatz von Präambeln als Mittel der Gesetzgebungstechnik. Die Kritik stand dabei im Zusammenhang mit der allgemeinen Auseinandersetzung um die Frage, ob der Gesetzgeber sich auf die schlichte Anordnung beschränken solle oder den Adressaten über Sinn und Nutzen der Regelung belehren und um dessen Wohlwollen buhlen solle.[647] Verschiedene Autoren forderten den Gesetzgeber auf, sich jeder Form von Vorreden zu enthalten und seine Anordnungen ohne Umschweife und Erklärungen zu treffen.[648] Die getroffenen Regelungen sollten für sich selbst sprechen; zusätzliche Absichtserklärungen und Begründungen seitens des Gesetzgebers würden Streitigkeiten eher vermehren, als sie zu verringern.

Wie stand es nun in der Gesetzgebungspraxis um den Gebrauch von Präambeln? In der Zeit vor 1800 waren Präambeln oder die ähnliche Funktionen erfüllenden »Publikationspatente« ein üblicher Bestandteil der Gesetzgebungspraxis sowohl in Deutschland als auch in England und erfüllten hier wichtige Funktionen.[649] Zusätzlich zu den bereits angesprochenen Funktionen (Hinweis auf Motive und Anlass des Gesetzes und der damit verfolgten Zwecke, gegebenenfalls auch Zusammenfassung und Erläuterung des hauptsächlichen Inhalts) kamen den Präambeln je nach Einzelfall noch weitere Aufgaben zu: Sie wiesen auf den Urheber des Rechtsetzungsakts und den räumlichen Geltungsbereich hin, auf die Wahrung bestehender Mitwirkungsrechte am Gesetzgebungsverfahren,

---

[647] Vgl. hierzu oben S. 312 ff.

[648] *Hommel*, Principis cura leges, S. 44/126; *Paalzow*, Versuch, S. 53; *Wieland*, § 61, S. 88 f.; *Pfeiffer*, S. 77.

[649] Vgl. für Deutschland: *Rethorn*, S. 298 ff.; *Erler*, Art. »Präambel«, HRG, Bd. 3, Sp. 1849 f.; *Immel*, S. 26; für England: *Redlich*, S. 526; auch aus der Kritik Bacons (oben Fn. 646) ergibt sich die starke Verbreitung von Präambeln in der englischen Gesetzgebungspraxis seiner Zeit.

auf den Zeitpunkt des Inkrafttretens der Bestimmungen und auf etwaige Übergangsregelungen.[650]

Seit dem Ende des 18. Jahrhunderts verliert die Präambel in Deutschland dann aber zunehmend ihre Bedeutung in der Gesetzgebungspraxis. In das Konzept absolutistischer Gesetzgeber, die eine freie Auslegung oder Kommentierung ihrer Gesetze möglichst vermeiden wollten, passten Präambeln als Mittel der Auslegung nicht hinein. Aber auch als Mittel der Überzeugung glaubte man zunehmend auf sie verzichten zu können. Der Gesetzestext selbst sollte von der Vernünftigkeit der Regelungen überzeugen. Begründungen und Erläuterungen hätten nur wieder Anlass zu freien Interpretationen und einem Abweichen vom Gesetzeswortlaut gegeben, was man gerade vermeiden wollte.[651]

Seit dem frühen 19. Jahrhundert drohte den Präambeln in der deutschen Gesetzgebungspraxis auch durch den aufkommenden Parlamentarismus ein Funktionsverlust. Die Beteiligung der Landstände an der Gesetzgebung schuf ein mehrteiliges Gesetzgebungsverfahren. Die Gesetzesbegründung richtete sich hier primär nicht mehr an den Gesetzesadressaten oder späteren Gesetzesanwender, sondern an das Parlament, welches über die Regierungsvorlagen zu beraten und abzustimmen hatte. Um diese Funktion der Unterrichtung der Gesetzgebungsorgane zu erfüllen, waren separate Gesetzesbegründungen (Motive) wesentlich besser geeignet als Präambeln, da die Auslagerung in separate Motive ein genaueres und detailliertes Eingehen auf einzelne Bestimmungen des neuen Gesetzes ermöglichte. Hierdurch erwiesen sich Motive gegenüber Präambeln auch mit Blick auf ihre Funktion als Hilfsmittel für die spätere Gesetzesauslegung als vorteilhaft.

Aber auch andere Funktionen, die den Präambeln traditionell zukamen, verloren seit Anfang des 19. Jahrhunderts zunehmend an Bedeutung.[652] Die Regelungen über den räumlichen und zeitlichen Geltungsbereich des Gesetzes sowie etwaige Übergangsregelungen verselbständigten sich und wurden (soweit erforderlich) Bestandteil des Gesetzes selbst oder eines separaten Einführungsgesetzes. Die Publikationsformen wurden zunehmend vereinheitlicht und für alle Fälle gleichermaßen gesetzlich geregelt. Anzutreffen waren Präambeln daher meist nur noch bei besonders wichtigen Gesetzgebungsvorhaben, wie etwa Verfassungsurkunden, die über den Kreis der juristischen Fachwelt hinaus Interesse erregten und wo man daher auf die direkte Ansprache des Gesetzgebers an die Gesetzesunterworfenen mittels Vorrede im Gesetz nicht verzichten wollte.

Mit diesem praktischen Bedeutungsverlust der Präambeln verliert sich auch die Kontroverse um ihren Nutzen in der Gesetzgebungstheorie. In der Zeit nach 1815 finden sich kaum noch Erörterungen über den Nutzen von Präambeln als

---

[650] Vgl. zu den einzelnen Funktionen der Präambeln in der Gesetzgebungspraxis der frühen Neuzeit: *Rethorn*, S. 299 ff.

[651] Zu diesen Zusammenhängen vgl. oben S. 126 f., 134 f.

[652] Vgl. hierzu auch *Rethorn*, S. 307 f.

Mittel der Gesetzgebungstechnik. Erst infolge der Inkraftsetzung der deutschen Reichsverfassung 1871 erlangt die Präambel wieder verstärktes Interesse in der juristischen Literatur, wobei sich das Interesse aber nunmehr nicht mehr auf ihren Nutzen als Mittel der Gesetzestechnik richtet, sondern auf die Frage ihres Rechtscharakters und ihrer Bedeutung im Rahmen der Verfassungsauslegung.[653]

Auch in England gerieten Präambeln in den *public bills* seit Beginn des 19. Jahrhunderts zunehmend außer Gebrauch; häufig wählte man nur noch kurze, stereotype Formulierungen für die Präambeln oder verzichtete ganz auf sie.[654] Bedeutung kam den Präambeln nur noch bei besonders wichtigen Gesetzen zu.[655] Die Funktionen der Begründung und Erläuterung des Gesetzentwurfs und der Überzeugung der Parlamentsabgeordneten übernahmen auch in England zunehmend separate Gesetzesbegründungen. Lediglich bei besonders wichtigen Gesetzen bediente man sich wegen der durch Vorreden im Gesetz erzielbaren unmittelbaren Außenwirkung weiterhin des Instruments der Präambel. In Britisch-Indien war für Bengalen seit 1793 das Voranstellen einer Präambel, die eine Begründung für die getroffenen Regelungen enthalten soll, für jeden Gesetzgebungsakt vorgeschrieben.[656] Als Macaulay 1834 *law member* des *Governor-General of India in Council* wurde und damit für Gesetzentwürfe zuständig war, stellte er jedoch die Praxis des Voranstellens einer Präambel ein.[657] Nach Auffassung Macaulays sei es zwar wünschenswert, dass der Gesetzgeber der Öffentlichkeit eine Begründung für seine Gesetzgebungsakte gibt, Präambeln seien hierzu aber nicht das richtige Instrument.[658] Dort, wo der Gesetzgeber nicht eine Einzelperson, sondern ein Gremium ist, was auch für den indischen *Governor-General in Council* zutrifft, komme es häufig vor, dass man im Gremium zwar über die in Frage stehende Regelung, nicht aber über die Begründung hierfür übereinstimme. Gäbe es in England einen Zwang, zu jedem Gesetz in einer Präambel eine Begründung zu liefern, wären viele Gesetze des englischen Parlaments nie erlassen worden, weil sich zwar eine Mehrheit für eine bestimmte Regelung, nicht aber für deren Begründung gefunden hätte. Präambeln seien daher in England und Britisch-Indien zur bloßen Formsache verkommen. In dem Bestreben es jedermann recht zu machen, wähle man bewusst vage und nichtssagende Formulierungen für Präambeln.[659] Anstelle von Präambeln sprach sich Macaulay für die

---

[653] Vgl. zu der hierüber im Kaiserreich geführten Diskussion *Schoepke*, S. 1 ff.; *Rethorn*, S. 309 f.

[654] Eine häufig gebrauchte Form der Präambel lautete: »Whereas it is expedient to …; it is enacted as follows:«

[655] *May*, Kap. XXI, S. 515; *Redlich*, S. 526; vgl. auch *Ilbert*, Methods and Forms, S. 269, der – selbst *Parliamentary Counsel* – vom Gebrauch von Präambeln in der Regel abrät.

[656] Regulation XLI of 1793, sec. 5.

[657] Deshalb enthält auch der Entwurf eines indischen Strafgesetzbuchs von 1837 keine Präambel.

[658] Zum Folgenden. *Macaulay*, Minute of 11 May 1835, in· Government of India, Macaulay's Minutes, S. 1 ff.; auch abgedruckt in *Dharker*, S. 146 ff.

[659] Kritisch zum Gebrauch von Präambeln äußerte sich zur gleichen Zeit in England *Symonds* (Mechanics, S. 48). Diese sollten nur noch bei außergewöhnlichen Anlässen Anwendung finden.

Veröffentlichung der Beratungsprotokolle des gesetzgebenden Gremiums zum Zwecke der Unterrichtung der Öffentlichkeit über die Motive des Gesetzgebers aus, womit er sich jedoch nicht durchsetzen konnte.[660] Nach Macaulays Abreise aus Indien 1838 ging man dort wieder dazu über, Gesetzgebungsakte mit einer Präambel zu versehen, welche aber häufig der Kritik Macaulays Recht gab, nämlich stereotyp und nichtssagend war.[661]

4. Allgemeiner Teil und vergleichbare Abstraktionstechniken

a) Allgemeiner Teil in Strafgesetzbüchern

Allgemeine Teile als Bestandteil eines Gesetzbuches entwickelten sich in der Gesetzgebungspraxis zunächst im Strafrecht.[662] Bereits der Codex Juris Bavarici Criminalis von 1751[663] und das Josephinische Strafgesetzbuch von 1787[664] sowie die Strafgesetzbuchentwürfe Claproths (1774), Quistorps (1782) und Kleinschrods (1802) begannen den dem materiellen Strafrecht gewidmeten Teil mit einem oder mehreren Abschnitten, die sich mit allgemeinen Fragen der Strafbarkeit und der Strafzumessung befassten und trennten diese Regelungen deutlich von den sich anschließenden Bestimmungen zu den einzelnen Delikten.[665] Ebenso verfuhren

---

[660] Vgl. hierzu näher oben S. 136; zu der von Macaulay beim Entwurf des indischen Strafgesetzbuchs angewandten Technik, dem Gesetz separate Motive (»Notes«) beizugeben, s. oben S. 138.

[661] Vgl. *E. Stokes*, S. 201. Schlagendes Beispiel hierfür ist die Präambel zu der Gesetz gewordenen Fassung des indischen Strafgesetzbuchs von 1860, die lautet: »Whereas it is expedient to provide a General Penal Code for British India; It is enacted as follows«.

[662] Insoweit irreführend *Köbler*, Art. »Allgemeiner Teil«, Lexikon Rechtsgeschichte, S. 15, wonach die Vorstellung eines Allgemeinen Teils durch Savigny allgemeine Verbreitung erlangt habe und erst später über das Privatrecht hinaus auch das Strafrecht erfasst habe.

[663] Teil 1 (materielles Strafrecht), Kapitel 1: »Von denen Criminal-Verbrechen und Straffen überhaupt«. Allerdings folgt am Ende des materiellen Teils nochmals ein Kapitel, welches sich mit überwiegend allgemein anwendbaren Strafbarkeitsfragen beschäftigt (Kap. 12: »Von der Straff der Wissenschaft, Bemühung, Beyhülf, oder Verdacht eines Criminal-Verbrechens«).

[664] Teil 1, Kap. 1 (»Von Kriminalverbrechen überhaupt«) u. Kap. 2 (»Von den Kriminalstrafen überhaupt«); allerdings folgt auch hier am Ende des den Kriminalverbrechen gewidmeten ersten Teils (Teil 2 behandelt die »politischen« (polizeilichen) Vergehen) nochmals ein Kapitel mit allgemeinen Regelungen zum Erlöschen der Strafbarkeit (Kap. 7: »Von Erlöschung der Verbrechen und Strafen«).

[665] Claproths Entwurf gliedert das materielle Strafrecht in zwei Bücher, wobei das erste Buch »von allgemeinen Grundsätzen« betitelt ist und typische Inhalte eines Allgemeinen Teils umfasst, das zweite Buch handelt dann »von denen einzelnen Verbrechen insbesondere«. Quistorps Entwurf gliedert den materiellen Teil in 40 Abschnitte, wobei sich die Abschnitte 1 bis 4 mit typischen Regelungen eines Allgemeinen Teils befassen (»Von Gesetzen, die sich auf Verbrechen beziehen, überhaupt«; »Von den Verbrechen überhaupt«; »Gemeinschaftliche Verbrechen und Teilnahme an den Verbrechen anderer«; »Von den Strafen überhaupt«); die Abschnitte 5 bis 40 enthalten dann die Regelungen zu den einzelnen Delikten. Kleinschrods Entwurf ist im materiellen Teil in zwei Abteilungen gegliedert, wobei die erste Abteilung wiederum typische Regelungen eines Allgemeinen Teils enthält (»Allgemeine Gesetze über Verbrechen und Strafen«) und die zweite Abteilung die Regelungen zu den einzelnen Delikten (»Von Verbrechen und Strafen insbesondere«).

das ALR in seinem strafrechtlichen Teil[666] und das bayerische Strafgesetzbuch von 1813[667]. Es handelte sich hierbei um gemeinschaftliche Regelungen zu den Tatvoraussetzungen und Tatfolgen, die grundsätzlich auf alle nachfolgenden Deliktsbestimmungen Anwendung finden sollten, was in der modernen Literatur anschaulich als die »Klammerfunktion« des Allgemeinen Teils umschrieben wird. Unterschiede gab es zwar in Umfang und Inhalt der Allgemeinen Teile der genannten Strafgesetzbücher, das gesetzestechnische Klammerprinzip und die Ausrichtung auf allgemeine Strafbarkeitsvoraussetzungen und Strafzumessungsfragen war aber stets gleich. Um 1800 war das Voranstellen eines Allgemeinen Teils in der deutschen Strafgesetzgebung bereits derart üblich, dass sich für Feuerbach in seiner Kritik an Kleinschrods Strafgesetzbuchentwurf die Frage der Legitimität des dort vorangestellten Allgemeinen Teils gar nicht stellte, sondern seine Kritik gleich daran ansetzte, dass Kleinschrod hierbei nicht weit genug gegangen sei und er noch mehr Fragen (etwa zur Strafbarkeit des Versuchs) einer verallgemeinernden Regelung im Allgemeinen Teil hätte zuführen sollen.[668]

Als Grund für die Ausgliederung eines Allgemeinen Teils in den Strafgesetzbüchern ist an erster Stelle die hierdurch bedingte gesetzgebungstechnische Vereinfachung zu nennen. Der Gesetzgeber konnte sich durch diesen Kunstgriff zahlreiche sonst nötige Wiederholungen im Rahmen der einzelnen Deliktstatbestände wie auch den häufigen Einsatz expliziter Verweisungen sparen. Das Gesetzbuch gewann dadurch erheblich an Kürze. Entsprechend nannten auch die amtlichen Anmerkungen zu dem bayerischen Strafgesetzbuch von 1813 als wesentliches Motiv für den dortigen Allgemeinen Teil die Vermeidung von Wiederholungen und von kasuistischen Weitschweifigkeiten.[669]

Daneben gibt es aber noch ein weiteres Motiv, welches bei der Ausbildung des Allgemeinen Teils in den Strafgesetzbüchern von Bedeutung gewesen sein dürfte: das Streben nach gesetzlicher Fixierung aller Tat- und Strafvoraussetzungen und die Vermeidung von Analogien, also der Grundsatz *nullum crimen / nulla poena sine lege*. Dem Allgemeinen Teil kam hierbei in doppelter Weise Bedeutung zu. Zum einen wurde durch die (Teil-) Kodifizierung der allgemeinen Strafrechtslehren dem aus dem *Nulla-poena*-Grundsatz fließenden Gebot der gesetzlichen Fixierung der Voraussetzungen der Strafbarkeit Rechnung getragen und diese im Bereich

---

[666] Der strafrechtliche Teil des ALR (II 20) ist in 17 Abschnitte gegliedert; der erste Abschnitt (»Von Verbrechen und Strafen überhaupt«) stellt den Allgemeinen Teil dar mit hierfür typischen Regelungsgegenständen (Verbotsirrtum, Zurechenbarkeit der Tat, Vorsatz/Fahrlässigkeit, Versuch, Tatmehrheit, Teilnahme, Strafschärfungs- und Strafmilderungsregeln); die Abschnitte 2–17 bilden den Besonderen Teil.

[667] Das bayerische Strafgesetzbuch umfasst im ersten Teil das materielle Strafrecht, im zweiten Teil das Prozessrecht. Der materielle Teil ist in zwei Bücher gegliedert, wobei das erste Buch (»Allgemeine gesetzliche Bestimmungen über Verbrechen und Vergehen«) den Allgemeinen Teil bildet. Mit 141 Artikeln ist dieser länger und vollständiger als bei früheren Strafgesetzbüchern.

[668] *Feuerbach*, Kritik, Teil 1, S. 14 f.

[669] Anmerkungen z. BayStGB 1813, S. 50.

der allgemeinen Lehren nicht allein Wissenschaft und Praxis überlassen. Zum anderen wurde durch die grundsätzlich umfassende Anwendbarkeit der Regelungen des Allgemeinen Teils auf die jeweiligen Straftatbestände des Besonderen Teils (Klammerfunktion) das Risiko unbeabsichtigter Regelungslücken verringert. Wäre der Gesetzgeber hingegangen und hätte typische Regelungen des Allgemeinen Teils, wie diejenigen zum Versuch, zur Teilnahme, zur Tatmehrheit, zu Rechtfertigungs- und Strafmilderungsgründen, jeweils gesondert bei den einzelnen Delikten oder Deliktsgruppen einer Regelung zugeführt, wäre die Gefahr unbeabsichtigter Lücken groß gewesen, die dann entweder durch Gesetzesanalogie (und damit gegebenenfalls unter Verstoß gegen den Grundsatz *nulla poena sine lege*) zu schließen wären oder aber zu gleichheitswidrigen Strafbarkeitslücken führen könnten.

Die Durchsetzung des *Nulla-poena*-Grundsatzes wird daher zwar nicht originärer Auslöser für die Bildung eines Allgemeinen Teils in den Strafgesetzbüchern gewesen sein, denn einen Allgemeinen Teil wiesen wie dargelegt auch schon die Strafgesetzbuchentwürfe Claproths und Quistorps auf, deren Regelwerk noch nicht von einem *Nulla-poena-sine-lege*-Denken durchdrungen war,[670] wohl aber wird die Etablierung dieses Grundsatzes im 19. Jahrhundert eine wesentliche Rolle für die schnelle allgemeine Verbreitung des Allgemeinen Teils in den Strafgesetzbüchern gespielt haben.

Für die Strafgesetzbücher, die zu Zeiten der absolutistischen Auslegungs- und zum Teil auch Kommentierungsverbote entstanden, was für die Entwürfe Claproths und Quistorps ebenso zutrifft wie anfänglich für das ALR und das bayerische Strafgesetzbuch von 1813, kam hinzu, dass diese Verbote ebenfalls für die Herausbildung eines Allgemeinen Teils im Gesetzbuch mitentscheidend waren, da man glaubte, die im Allgemeinen Teil geregelten Rechtsfragen somit der Beurteilung durch Wissenschaft und Praxis entziehen zu können und eine selbständige Strafrechtswissenschaft überflüssig zu machen.[671]

Die Gesetzgebungstheorie war für die Herausbildung des Allgemeinen Teils in den Strafgesetzbüchern nicht unmittelbar entscheidend. Zwar gab es wie wir sahen schon im 18. Jahrhundert die Forderungen nach Verallgemeinerung und Kürze in den Gesetzen. Das Phänomen Allgemeiner Teil wurde in der Gesetzgebungstheorie aber erst seit dem frühen 19. Jahrhundert diskutiert, nachdem es bereits breiten Eingang in die Strafgesetzbücher gefunden hatte. Die Diskussion beschränkte sich zunächst auch auf das Strafrecht, wobei das Meinungsbild keineswegs so einheitlich war, wie man angesichts der weitgehenden Etablierung Allgemeiner Teile in den Strafgesetzbüchern und Entwürfen in der ersten Hälfte des 19. Jahrhunderts vermuten könnte. Feuerbach und Kitka sprachen sich uneinge-

---

[670] Vgl. zu den Motiven Claproths und Quistorps für ihre nach Vollständigkeit und Ausschluss anderer Rechtsquellen strebenden Entwürfe oben S. 332.

[671] Auf diesen Aspekt weist auch *Fincke*, S. 4 f., 13 f. hin.

schränkt für den Einsatz Allgemeiner Teile in Strafgesetzbüchern aus und warnten den Gesetzgeber insbesondere davor, Regelungen sporadisch bei einzelnen Delikten im Besonderen Teil zu treffen, die in Wahrheit umfassende Anwendung auf alle oder doch eine Vielzahl von Delikten finden sollen.[672] Mittermaier befürwortete zwar auch prinzipiell den Einsatz eines Allgemeinen Teils in Strafgesetzbüchern, warnte aber davor, dass der Hang zum Generalisieren die Gesetzgeber dazu führe, den Allgemeinen Teil immer weiter auszubauen, wobei die Gefahr bestehe, dass hierbei ungewollt Regelungen in den Allgemeinen Teil aufgenommen werden, die in Wahrheit nur für einzelne Fälle, nicht aber für die Gesamtheit der über den Allgemeinen Teil erfassten Fälle passen.[673] Mittermaier spricht hier also die Kehrseite des von Feuerbach und Kitka aufgezeigten Gesetzgebungsfehlers an. Während diese auf die Gefahr der Regelungslücke durch die sporadische Kodifizierung von sich allgemein stellenden Strafbarkeitsfragen bei einzelnen Delikten im Besonderen Teil hinwiesen, warnte Mittermaier vor dem unbeabsichtigten Regelungsüberschuss durch ein Aufblähen des Allgemeinen Teils mit Bestimmungen, denen in Wahrheit keine allgemeine Geltung zukommen sollte. Schließlich gab es vereinzelt auch Stimmen in der Gesetzgebungstheorie, die das Voranstellen eines Allgemeinen Teils in Strafgesetzbüchern ganz ablehnten, da sie die Verallgemeinerungsfähigkeit der hierin geregelten Fragen anzweifelten.[674]

Die vereinzelt vorgetragenen Bedenken konnten an der allgemeinen Etablierung eines Allgemeinen Teils in den deutschen Strafgesetzbüchern des 19. Jahrhunderts nichts ändern. Nur durch dieses »Vor-die-Klammer-Ziehen« allgemeiner Bestimmungen war es gesetzestechnisch möglich, dem Gebot *nulla poena sine lege* auch im Bereich der allgemeinen Tatvoraussetzungen und Tatfolgen für sämtliche Delikte hinreichend Rechnung zu tragen. Die strafrechtliche Diskussion um einen Allgemeinen Teil im Strafgesetzbuch beschränkte sich denn auch zunehmend auf die Frage, welche Regelungen im einzelnen Aufnahme im Allgemeinen Teil finden sollen, ohne dass hierbei wie im Zivilrecht die Berechtigung eines Allgemeinen Teils als solche in Frage gestellt wurde.[675] Die Grenzziehung zu den Fragen, die Wissenschaft und Praxis überlassen blieben, war hierbei schwankend

---

[672] *Feuerbach*, Kritik, Teil 1, S. 14 f.; *Kitka*, S. 92 ff.

[673] *Mittermaier*, Grundfehler, S. 11 ff.

[674] *Gerstäcker*, Bd. 3, S. 128: Ein Allgemeiner Teil sei abzulehnen, weil sich Begriffe wie Urheber, Miturheber, Gehilfe etc. und die hierauf zu erkennenden Strafen nicht für alle Delikte einheitlich mit der gehörigen Genauigkeit bestimmen lassen. Vielmehr solle bei jedem einzelnen Verbrechen bestimmt werden, wer als Urheber, Gehilfe etc. anzusehen ist und wie jeder von ihnen zu bestrafen ist. Den Einwand der Weitläufigkeit lässt *Gerstäcker* nicht gelten, da ein derartiges Vorgehen für die genaue Anwendung des Gesetzes unentbehrlich sei.

[675] So stellt *Wach* 1908 fest, dass ein Allgemeiner Teil für Strafgesetzbücher »heute etwas Selbstverständliches« sei (S. 9). Fraglich könne nur sein, was ihm im einzelnen zuzuweisen ist. *Wach* (S. 9 ff.) kritisiert in dieser Hinsicht den Allgemeinen Teil des Reichsstrafgesetzbuchs als lückenhaft, in dem er z. B. eine Regelung zur Relevanz des Verbotsirrtums oder eine Aussage, dass fahrlässiges Handeln nur dann strafbar ist, wenn das Gesetz dies ausdrücklich bestimmt, vermisst.

und ungewiss; so wurde eingeräumt, dass es keine allgemeinen Kriterien gebe, nach denen sich bestimmen ließe, ob eine Rechtsfrage eine Regelung im Allgemeinen Teil erfahren oder der Wissenschaft und Praxis überlassen werden solle.[676] Ein fester Kanon von allgemeinen Fragen der Tatvoraussetzungen und Tatfolgen, die im Rahmen des Allgemeinen Teils einer gesetzgeberischen Regelung zuzuführen sind, konnte sich daher nicht herausbilden.[677] Auffallend ist, dass der Allgemeine Teil des preußischen Strafgesetzbuchs von 1851 bereits wieder deutlich kürzer ist als Feuerbachs Allgemeiner Teil im bayerischen Strafgesetzbuch von 1813.[678] Das ist nicht allein Folge des Abgehens von Feuerbachs perfektionistischen Rechtsfolgenvorgaben zugunsten größeren richterlichen Ermessens, sondern der Gesetzgeber überließ auch im Bereich der allgemeinen Strafbarkeitsvoraussetzungen vieles, was Feuerbach gesetzlich zu definieren versucht hatte, nun wieder Wissenschaft und Praxis. Zentrale Begriffe wie Vorsatz, Fahrlässigkeit oder Mittäterschaft wurden im preußischen Strafgesetzbuch anders als in seinem bayerischen Vorgänger nicht mehr definiert.[679]

b) Allgemeiner Teil in Zivilgesetzbüchern

Im Zivilrecht entwickelte die Wissenschaft zwar auch bereits im 18. Jahrhundert einen Allgemeinen Teil im Rahmen der Darstellung des römischen Rechts. Der Nutzen eines Allgemeinen Teils als Bestandteil eines Zivilgesetzbuchs blieb jedoch umstritten und konnte sich keineswegs in der Breite durchsetzen, wie es in den Strafgesetzbüchern der Fall war. Die Entwicklung, die in der Zivilrechtswissenschaft zur Herausbildung eines Allgemeinen Teils führte, ist recht gut erforscht und braucht hier nicht im Detail nachgezeichnet zu werden.[680] Demnach findet sich eine dem heutigen Verständnis eines Allgemeinen Teils und Besonde-

---

[676]   *Wach*, S. 9 ff. Wach selbst befürwortet in einigen Fällen die Regelung einer Rechtsfrage im Allgemeinen Teil mit der Begründung, dass die Frage in Wissenschaft und Praxis umstritten sei (so bei der Relevanz des Verbotsirrtums), in anderen Fällen lehnt er aber die Entscheidung einer Rechtsfrage im Allgemeinen Teil mit der Begründung ab, dass hier »der wissenschaftlichen Erkenntnis die Bahn frei bleiben« müsse (so bei der Definition von Vorsatz und Fahrlässigkeit).

[677]   Die Frage, inwieweit der *Nulla-poena*-Grundsatz und hierbei namentlich das Verbot nachteiliger Analogien eine gesetzgeberische Entscheidung derartiger Rechtsfragen im Allgemeinen Teil erfordert, blieb in den Einzelheiten bis heute umstritten, vgl. hierzu *Fincke*, S. 13 ff.; *Rudolf Schmitt*, Der Anwendungsbereich von § 1 StGB (Art. 103 Abs. 2 Grundgesetz), in: Festschrift für Hans-Heinrich Jescheck zum 70. Geburtstag, hrsg. v. Theo Vogler, Bd. 1, Berlin 1985, S. 223–234.

[678]   Der Allgemeine Teil des preußischen Strafgesetzbuchs von 1851 umfasste 60 Paragraphen (ohne die einleitenden Bestimmungen sogar nur 54), der Allgemeine Teil des bayerischen Strafgesetzbuchs von 1813 hingegen 141 Artikel.

[679]   Näher hierzu unten S. 475 f.

[680]   *Schwarz*, ZRG (RA) 42 (1921), S. 587 ff.; *Björne*, S. 250 ff. (dort auch zu den verschiedenen Konzepten des inneren Aufbaus und Inhalts eines privatrechtlichen Allgemeinen Teils); *Lehmann*, S. 44 ff.; die Bedeutung des Naturrechts für die Ausbildung allgemeiner Lehren des deutschen Privatrechts in der frühen Neuzeit bis hin zu Wolff untersucht *Lipp*, passim.

ren Teils vergleichbare Einteilung erstmals in den Naturrechtslehrbüchern der Wolff-Schüler Darjes (1740) und Nettelbladt (1749), welche diese Einteilung dann auch auf ihre Darstellungen des positiven Rechts übertrugen.[681] 1767 forderte Pütter dann generell für die Darstellung des römischen Rechts eine Grundlegung durch einen Allgemeinen Teil[682] und im ausgehenden 18. Jahrhundert ist das Voranstellen eines Allgemeinen Teils in den gemeinrechtlichen Lehrbüchern deutscher Autoren bereits üblich geworden.[683] Die deutschen Pandektenlehrbücher des 19. Jahrhunderts beinhalteten dann fast alle einen Allgemeinen Teil.[684]

In die Zivilgesetzbücher fand der Allgemeine Teil jedoch nur zögerlich Eingang. Das ALR kennt in seinen zivilrechtlichen Abschnitten noch keinen äußerlich abgehobenen Allgemeinen Teil, wohl aber beinhalten die fünf ersten Titel seines ersten Teils Regelungsgegenstände, die später die Kernstücke des Allgemeinen Teils des deutschen BGB bilden werden.[685] Code civil und ABGB begnügen sich hingegen mit einer sehr knappen Einleitung, deren Bestimmungen keinen spezifisch zivilrechtlichen Charakter tragen und mit den späteren Allgemeinen Teilen in Zivilgesetzbüchern nicht vergleichbar sind.[686] Daneben enthält das ABGB einen abschließenden Dritten Teil (§§ 1342–1502), der zwar methodisch mit den späteren Allgemeinen Teilen in modernen Zivilgesetzbüchern insofern vergleichbar ist, als er »von den gemeinschaftlichen Bestimmungen der Personen- und Sachenrechte« handeln will. Inhaltlich finden sich hier aber überwiegend nicht wirklich »gesetzbuchübergreifende« Bestimmungen, sondern meist die Regelung von Materien, die etwa das deutsche BGB dem allgemeinen Schuldrecht (so für die im dritten Teil des ABGB geregelten Materien der Abtretung, Erfül-

---

[681] *Schwarz,* ZRG (RA) 42 (1921), S. 588 f.; *Lehmann,* S. 44 ff.; *Lipp,* S. 150; *Link,* S. 41; *Wieacker,* Privatrechtsgeschichte, S. 321.

[682] *Johann Stephan Pütter,* Neuer Versuch einer Juristischen Encyclopädie und Methodologie nebst etlichen Zugaben, Göttingen 1767, § 142, S. 82 f.

[683] Nachweise bei *Schwarz,* ZRG (RA) 42 (1921), S. 589 ff.; *Björne,* S. 251 ff.; *Lehmann,* S. 49 ff., 53.

[684] Eine bekannte Ausnahme ist das »Lehrbuch der Pandekten« von *Alois v. Brinz* (Erlangen 1857/1860), einem erklärten Gegner eines Allgemeinen Teils (Bd. 1, Vorrede, S. XI); gegen das Voranstellen eines Allgemeinen Teils in Lehrbüchern des Zivilrechts auch *Eduard Gans,* System des römischen Civilrechts im Grundrisse nebst einer Abhandlung über Studium und System des römischen Rechts, Berlin 1827 (ND Goldbach 1999), S. 169 ff (hierzu *Björne,* S. 265 f.).

[685] Zu den wesentlichen Regelungsgegenständen des Allgemeinen Teils des BGB finden sich im ALR folgende Entsprechungen: Personen (§§ 1–89 BGB) = I 1 ALR (nur natürliche Personen; Regelungen zu Gesellschaften finden sich erst unter II 6); Sachen (§§ 90–103 BGB) = I 2 ALR; Geschäftsfähigkeit (§§ 104–113 BGB) = I 4 §§ 20–30 ALR; Willenserklärungen (§§ 116–144 BGB) = I 4 ALR; Verträge (§§ 145–157 BGB) = I 5 ALR; Bedingungen (§§ 158–163 BGB) = I 4 §§ 99–144 ALR; Vertretung/Vollmacht (§§ 164–181 BGB) = I 13 ALR (im Zusammenhang mit Auftragsrecht); Fristen/Termine (§§ 186–193 BGB) = I 3 §§ 45–49 ALR; Verjährung (§§ 194–225 BGB) = I 9 Abschnitt 9 ALR (im Zusammenhang mit Eigentumserwerb).

[686] S. Art. 1–6 Code civil und §§ 1–14 ABGB; auch das ALR hatte bekanntlich eine derartige – nicht spezifisch zivilrechtliche – Einleitung, zusätzlich hierzu aber die in der vorherigen Fußnote skizzierten spezifisch zivilrechtlichen allgemeinen Bestimmungen in den ersten fünf Titeln des ersten Teils.

lung, Schuldübernahme und Novation) oder dem besonderen Schuldrecht (so für die im dritten Teil des ABGB geregelten Materien Bürgschaft und Vergleich) zuweist; lediglich bei den Regelungen zur Verjährung im dritten Teil des ABGB handelt es sich um eine Materie, die auch das deutsche BGB dem gesetzbuchübergreifenden Allgemeinen Teil zuwies. Eine allgemeine Rechtsgeschäftslehre, welche einen Kernbestandteil des Allgemeinen Teils des BGB darstellt, war dem ABGB noch fremd. In seiner uns heute geläufigen, auch gliederungstechnisch hervorgehobenen Gestalt konnte sich der Allgemeine Teil in den Zivilgesetzbüchern erst relativ spät etablieren, nämlich zuerst durch das sächsische BGB[687] und dann durch das deutsche BGB; schon die Verfasser des schweizerischen ZGB entschieden sich wieder bewusst gegen die Aufnahme eines Allgemeinen Teils.

Im Zusammenhang mit der Entstehung des BGB war bereits durch die Vorkommission von 1874 eine Entscheidung für einen Allgemeinen Teil getroffen worden, wobei die Vorkommission jedoch dazu riet, den Entwurf des Allgemeinen Teils erst im Anschluss an die Entwürfe zu den Besonderen Teilen durch den Hauptreferenten zu erstellen, indem im Wege der Induktion aus den besonderen Vorschriften die verallgemeinerungsfähigen Rechtssätze gewonnen werden.[688] Der Justizausschuss des Bundesrats war demgegenüber in der Frage der Angemessenheit eines Allgemeinen Teils in dem Gesetzbuch skeptischer, indem er unter Berufung auf Jhering darauf hinwies, dass die Abstraktion allgemeiner Rechtssätze aus dem Besonderen nicht Sache des Gesetzgebers, sondern der Wissenschaft sei. Im Ergebnis empfahl der Justizausschuss daher, der Kommission bei der Frage eines Allgemeinen Teils freie Hand zu lassen.[689] Die (erste) BGB-Kommission beschloss dann bereits in einer ihrer ersten Sitzungen, dem Gesetzbuch einen Allgemeinen Teil voranzustellen.[690] Zugleich entschied die Kommission aber auch, anders als von der Vorkommission empfohlen, mit dem Entwurf des Allgemeinen Teils nicht bis zum Abschluss der Arbeiten an den Besonderen Teilen zu warten, sondern von Anfang an einen fünften Redaktor zu bestellen, dem die Kodifikation derjenigen Materien zufiel, die nicht in die Redaktionsgebiete der für die Besonderen Teile bestellten Redaktoren fielen.[691] Windscheid

---

[687] Die Pionierarbeit des sächsischen BGB bei der Verwirklichung eines Allgemeinen Teils in einem Zivilgesetzbuch wird häufig übersehen und irrtümlich dem späteren deutschen BGB das Verdienst zugeschrieben, den Allgemeinen Teil in einem Zivilgesetzbuch »erfunden« zu haben (so etwa unlängst *Joachim Münch*, Strukturprobleme der Kodifikation, in: Der Kodifikationsgedanke und das Modell des Bürgerlichen Gesetzbuches (BGB), hrsg. v. Okko Behrends u. Wolfgang Sellert (Abhandlungen der Akademie der Wissenschaften in Göttingen, philologisch-historische Klasse, 3. Folge: 236), Göttingen 2000, S. 147–173, hier: S. 149).

[688] Gutachten der Vorkommission v. 15. April 1874, in: *Schubert*, Materialien, S. 170–185, hier: S. 179, 183.

[689] Bericht des Bundesratsauschusses für Justizwesen v. 9. Juni 1874, in: *Schubert*, Materialien, S. 186–199, hier: S. 192 f.

[690] Kommissionsprotokoll v. 23. September 1874, in: *Schubert*, Materialien, S. 214 f.

[691] Kommissionsprotokolle v. 26. und 28. September 1874, in: *Schubert*, Materialien, S. 218 ff.; der Vorschlag Webers, statt eines eigenen Redaktors für den Allgemeinen Teil die diesem zuzu-

hatte hierzu eine Skizze dieser Materien entworfen, welche in wesentlichen Zügen bereits den Inhalt des künftigen Allgemeinen Teils vorzeichnete.[692]

Fragt man nach den Gründen, warum sich ein Allgemeiner Teil in den Strafgesetzbüchern früher und auf breiterer Basis hat durchsetzen können als in den Zivilgesetzbüchern, so drängt sich aus gesetzestechnischer Sicht zunächst auf, dass der Gesetzgeber im Strafrecht über eine wesentlich überschaubarere Materie gebot als im Zivilrecht, was das Aufstellen gemeinsamer Grundregeln im Strafrecht ebenso erleichterte wie das Auffinden der hierzu sachlich gebotenen Ausnahmen für einzelne Delikte. Im Zivilrecht traten dem Gesetzgeber hingegen disparatere Materien gegenüber, die nur durch einen sehr hohen Abstraktionsaufwand auf gemeinsame Grundregeln gebracht werden konnten, was nicht nur mit einem Verlust an Anschaulichkeit verbunden war, sondern immer auch die Gefahr einschloss, dass hierbei bei einzelnen Materien sachlich gebotene Ausnahmen vom Gesetzgeber übersehen werden. Die Verfasser des ALR, voll des aufklärerischen Mutes über die eigenen Erkenntnismöglichkeiten und sich die Systematisierungsleistungen des Naturrechts zunutze machend, leisteten bei der Bewältigung dieser Aufgabe bereits viel und so enthalten die fünf ersten Titel des ersten Teils des ALR bereits erstaunlich umfassende Vorarbeiten zur Entwicklung eines Allgemeinen Teils für Zivilgesetzbücher.[693] Auf dem Weg zu einem Allgemeinen Teil, wie wir ihn aus dem BGB kennen, war jedoch noch einiges an systematischer Durchdringung der Materien und abstrahierender Erfassung der wesentlichen Elemente zu leisten; eine Aufgabe, die erst die Pandektenwissenschaft des 19. Jahrhunderts vollbrachte, die damit dem Zivilgesetzgeber das nötige Handwerkszeug für die Ausbildung eines Allgemeinen Teils in der uns heute geläufigen Gestalt an die Hand gab.

Auch trug in der Strafgesetzgebung wie wir sahen die Durchsetzung des *Nulla-poena*-Grundsatzes zwar nicht eigentlich zur Entstehung, aber zur Fortentwicklung und zum Ausbau des Allgemeinen Teils bei. Im Zivilrecht hingegen stand es dem Gesetzgeber in weiterem Umfang offen, die Herausbildung allgemeiner Lehren und Begriffsbestimmungen der Wissenschaft zu überlassen und auf deren Kodifizierung zu verzichten. So konnte er im Zivilrecht auch in weiterem Umfang, als es ihm im Strafrecht der *Nulla-poena*-Grundsatz erlaubte, kontroverse Rechtsfragen bewusst der Lösung durch Wissenschaft und Praxis überlassen. Schließlich darf auch nicht übersehen werden, dass die Kodifikationsbemühungen in den deutschen Einzelstaaten in der ersten Hälfte des 19. Jahrhunderts in aller

---

weisenden Bestimmungen durch die Redaktoren der Besonderen Teile vorbereiten zu lassen, wurde verworfen (Sitzung v. 24. September 1874, ebd., S. 217 f.). Die von der Vorkommission angeregte Bestellung eines Hauptreferenten unterblieb.

[692] Die Skizze Windscheids (in: *Schubert, Materialien*, S. 219 f.) wurde von der Kommission im Wesentlichen als Grundlage für die vom Redaktor des Allgemeinen Teils zu bearbeitenden Materien gebilligt (ebd., S. 218 ff.).

[693] Vgl. hierzu auch *Link*, S. 41.

Regel zunächst auf das Strafrecht sowie auf zivilrechtliche Sondergebiete (wie das Handels- und Wechselrecht) gerichtet waren, während umfassende zivilrechtliche Kodifikationen meist erst danach angegangen wurden und bekanntlich mit Ausnahme des sächsischen BGB vor der Reichsgründung auch nicht zum Abschluss gelangten.

Die Gesetzgebungstheorie hinkte (ähnlich wie im Strafrecht) in der Frage eines Allgemeinen Teiles für Zivilgesetzbücher der tatsächlichen Entwicklung in der Gesetzgebung hinterher. Eine Diskussion um die Zweckmäßigkeit eines Allgemeinen Teils für Zivilgesetzbücher entwickelte sich erst im Anschluss an das vom sächsischen BGB gesetzte Vorbild[694] und erreichte im Zusammenhang mit den unterschiedlichen Wegen, die das deutsche BGB und das schweizerische ZGB in dieser Frage beschritten, ihren Höhepunkt. Zum Teil wurde hierbei aus Gründen der gesetzgebungstechnischen Ökonomie das Voranstellen eines Allgemeinen Teils uneingeschränkt begrüßt,[695] zum Teil wurde ein Allgemeiner Teil für ein Privatrechtsgesetzbuch im Prinzip befürwortet, aber Kritik geübt an der Zuweisung bestimmter Materien zum Allgemeinen Teil,[696] zum Teil wurde schließlich auch ein Allgemeiner Teil für ein Privatrechtsgesetzbuch als unnötig und schädlich verworfen.[697]

Die Kritiker eines Allgemeinen Teils stellten dabei dessen Nutzen für die Entwicklung der Privatrechtswissenschaft nicht in Frage, betonten aber, dass die Frage seines Nutzens für die Privatrechtsgesetzgebung hiervon unabhängig zu beurteilen sei.[698] Für die Privatrechtsgesetzgebung sei ein Allgemeiner Teil abzulehnen, weil er ein grobes Hindernis in dem Bestreben nach einem anschaulichen

---

[694] Soweit ersichtlich erstmals bei *Danz*, S. 58 ff., der 1861 unter dem Eindruck des Entwurfs des sächsischen BGB die Übernahme des in der Zivilrechtswissenschaft entwickelten Allgemeinen Teils in die Zivilgesetzbücher kritisiert.

[695] *Bekker*, S. 7 f.; *Gutherz*, Teil 2, S. 10, Fn. 3; *Rabel*, Rheinische Zeitschrift für Zivil- u. Prozeßrecht 4 (1912), S. 141 ff.; wohl auch *Kohler*, AcP 96 (1905), S. 348 f., 354, der das Fehlen eines Allgemeinen Teils im Code civil und im Entwurf des schweizerischen ZGB bemängelt.

[696] *Hölder*, AcP 73 (1888), S. 8 u. passim; *Zitelmann*, Zeitschrift f. d. Privat- u. öffentl. Recht d. Gegenwart 33 (1906), S. 28 u. passim, der einen Allgemeinen Teil nur für die allgemeinen Vorschriften über Rechtsgeschäfte empfiehlt und das Personenrecht (wie im ABGB und Code civil geschehen) in einen eigenständigen Bereich ausgliedern möchte (ebd., S. 24). Auch *Gierke* (S. 133 ff.) kritisiert zwar einzelne Regelungen im Allgemeinen Teil des BGB-Entwurfs, stellt die generelle Zweckmäßigkeit eines Allgemeinen Teils aber nicht in Frage. Das Personenrecht möchte auch *Gierke* in einem eigenständigen Teil zusammenfassen (S. 88).

[697] *Danz*, S. 58 ff., insb. S. 65; *Huber*, Erläuterungen, Heft 1, S. 22 ff.

[698] *Danz*, ebd.; *Huber*, Erläuterungen, Heft 1, S. 24. Auch *Zitelmann* (der einen Allgemeinen Teil für Zivilgesetzbücher nicht generell ablehnte) betonte, dass die Frage nach dem Wert eines Allgemeinen Teils für die Gesetzgebung von derjenigen nach seinem Wert für die Wissenschaft zu trennen sei (Zeitschrift f. d. Privat- u. öffentl. Recht d. Gegenwart 33 (1906), S. 19). Von daher ist Vorsicht angebracht gegenüber der These *Brockmöllers* (S. 179), wonach die zunehmende Beschäftigung mit allgemeinen Lehren in der Rechtswissenschaft des 19. Jahrhunderts zur Übernahme dieser in den Allgemeinen Teilen der Gesetzbücher führte oder diese zumindest verstärkte. Die Leistungen der Pandektenwissenschaft des 19. Jahrhunderts waren sicher Voraussetzung, damit es überhaupt zu der Kodifizierung eines Allgemeinen Teils im sächsischen und deutschen BGB

und möglichst auch für den Nicht-Juristen verständlichen Gesetzbuch sei.[699] Auch würden durch das Konzept eines Allgemeinen Teils, wie es dem BGB zugrunde lag, zusammengehörige Materien wie das Personenrecht und das Sachenrecht künstlich aufgespalten.[700] Schließlich sei – wie insbesondere Huber betonte – auch für die übrigen einem Allgemeinen Teil üblicherweise zugerechneten Materien (namentlich Regelungen über die Entstehung, den Untergang und den Inhalt von Rechten) zweifelhaft, ob in einem Gesetzbuch hierfür mit einigem Nutzen allgemeine Regelungen für alle Rechtsinstitute gleichermaßen aufgestellt werden können.[701] Häufig zeige sich, dass derart stark verallgemeinernde Regelungen in den Besonderen Teilen dann doch wieder modifiziert werden müssen, wodurch das System des Gesetzbuchs nicht einfacher, sondern komplizierter werde. Huber hielt es daher für einfacher und anschaulicher, derartige Regelungen im Gesetzbuch dort zu treffen, wo sie in der praktischen Anwendung ihren Hauptsitz haben. In den anderen Teilen des Gesetzbuchs könne dann gegebenenfalls hierauf mit den gebotenen Modifikationen verwiesen werden.

In dieser Argumentation wird deutlich, warum das deutsche BGB und das schweizerische ZGB in der Frage eines Allgemeinen Teils einen unterschiedlichen Weg beschritten. Für Huber hatte die Anschaulichkeit des Gesetzbuchs gegenüber dem Streben nach möglichster Lückenlosigkeit Vorrang. Er bevorzugte es daher, die Regelungen im Gesetzbuch dort zu treffen, wo sie im praktischen Leben am häufigsten zur Anwendung kommen, etwa im Kaufrecht, anstatt sie derart zu verallgemeinern, dass sie möglichst auf alle denkbaren Fälle Anwendung finden können und dann einem Allgemeinen Teil zuzuweisen.[702] Die Erstreckung auf andere Fälle erfolgte dann entweder durch ausdrückliche Verweisung im Gesetz oder durch Rechtsprechung und Lehre mit den Mitteln der Auslegung und Analogie. Neben diesen konzeptionellen Überlegungen war für den Verzicht des ZGB-Gesetzgebers auf einen Allgemeinen Teil auch die bestehende Kodifikationstradition der Schweiz von Belang, denn keines der damals geltenden kantonalen Zivilgesetzbücher kannte einen Allgemeinen Teil, und auch die zu Anfang der Entwurfsarbeiten zum ZGB eingeholten Stellungnahmen sprachen

---

kommen konnte; sie erklären die Übernahme dieser Methode durch den Gesetzgeber aber noch nicht hinreichend, wie der andersartige Verlauf in der Schweiz zeigt.

[699] *Danz*, ebd.

[700] *Huber*, Erläuterungen, Heft 1, S. 22 f. Das Personenrecht fasste Huber (dem auf die Institutionen des Gaius zurückgehenden Vorbild folgend) als erstes Buch des ZGB zusammen. Die Regelungen von den Sachen als Rechtsobjekten im Allgemeinen Teil des BGB integrierte er in den sachenrechtlichen Teil des ZGB.

[701] Zum Folgenden: *Huber*, Erläuterungen, Heft 1, S. 23 f.

[702] Vgl. *Huber*, Memorial 1893, S. 8. Auf diese Methode wies auch *Zitelmann* (Zeitschrift f. d. Privat- u. öffentl. Recht d. Gegenwart 33 (1906), S. 22) unter dem Eindruck des Entwurfs des ZGB hin und lobte den hierdurch bedingten Gewinn an Anschaulichkeit, indem eine Regelung an ihrem Hauptanwendungsfall illustriert werde, anstatt nur ganz blass und abstrakt im Allgemeinen Teil Aufnahme zu finden.

sich ganz überwiegend gegen einen Allgemeinen Teil aus.[703] Schließlich hätte die Verwirklichung eines Allgemeinen Teils im ZGB tiefgreifende systematische Änderungen im damals bereits geltenden Obligationenrecht von 1881 erforderlich gemacht, welches man zwar an das ZGB anschließen und mit diesem harmonisieren, aber in seinen Grundzügen unangetastet lassen wollte.[704]

Die Verfasser des BGB gaben demgegenüber dem Streben nach möglichst vollständiger Normierung der zu regelnden Sachverhalte den Vorrang und gelangten so zu einem in hohem Grade abstrakten Regelungsstil, dessen sichtbarster Ausdruck der dem Gesetzbuch vorangestellte Allgemeine Teil ist.[705] Diese Regelungstechnik findet sich – im verkleinerten Maßstab – aber auch in den Besonderen Teilen des BGB wieder, indem auch hier häufig verallgemeinernde Grundregeln den Spezialvorschriften vorangestellt wurden; so gibt es einen »Allgemeinen Teil« für Schuldverhältnisse (§§ 241–304) und auch einzelnen besonderen Schuldverhältnissen wie dem Kauf gehen allgemeine Vorschriften voran (§§ 433–458). Bei dieser Regelungstechnik blieb es nicht aus, dass im Zusammenhang mit einzelnen Materien dann wieder Ausnahmen von den allgemeinen Vorschriften gemacht werden mussten, was die Handhabung für die Anwender weiter erschwerte und Hubers Kritik herausforderte.

Jedoch sollten die Unterschiede zwischen den beiden Regelungstechniken auch nicht überbewertet werden. Die Frage nach einem dem Gesetzbuch voranzustellenden Allgemeinen Teil gab zwar Anlass zu polarisierenden Stellungnahmen; hiervon abgesehen waren es aber eher graduelle Unterschiede, die auf dem ersten Blick so unterschiedliche Gesetzbücher wie das deutsche BGB und das schweizerische ZGB in Fragen der Verallgemeinerung trennten. So schritt auch das ZGB bei der Anordnung der Regelungen zu einer einzelnen Materie regelmäßig von den allgemeinen Grundregeln mit weitem Anwendungsbereich zu immer spezielleren Vorschriften voran.[706] Auch war das Abstraktionen besonders

---

[703] S. hierzu *Huber*, Erläuterungen, Heft 1, S. 22, der darauf hinweist, dass von den eingegangenen Stellungnahmen sich nur zwei für einen Allgemeinen Teil ausgesprochen haben. Auch die Botschaft des Bundesrates an die Bundesversammlung v. 28. Mai 1904 (S. 9) betont, dass sich aus dem Fehlen eines Allgemeinen Teils in den bisherigen kantonalen Kodifikationen in der Praxis kein Übelstand ergeben habe. Huber hatte bereits in seinem (vom Justiz- und Polizeidepartement an die Kantone versandten) Memorial von 1893 die Frage eines Allgemeinen Teils aufgeworfen und dabei seine Präferenz für einen Verzicht auf einen Allgemeinen Teil deutlich erkennen lassen (*Huber*, Memorial, S. 8).

[704] Auch auf diesen Aspekt weist die Botschaft des Bundesrates an die Bundesversammlung v. 28. Mai 1904 (S. 9) zur Rechtfertigung des Verzichts auf einen Allgemeinen Teil hin (entsprechende Überlegungen bereits bei *Huber*, Memorial, S. 8). Vgl. zu diesem Motiv auch *Heck*, AcP 146 (1939), S. 26; *Huber/Mutzner*, Bd. 1, S. 168.

[705] Vgl. zu den diesbezüglich dem BGB und ZGB zugrunde liegenden unterschiedlichen Konzepten oben S. 296 ff.

[706] Man vgl. etwa die allgemeinen Vorschriften, die dem Recht der juristischen Personen in Art. 52–59 ZGB, dem ehelichen Güterrecht in Art. 178–193, dem Eigentumsrecht in Art. 641–654 und dem Grundpfandrecht in Art. 793–823 vorangestellt sind.

zugängliche Obligationenrecht in der Schweiz wie erwähnt bereits separat kodifiziert worden und zwar mit ausführlichen allgemeinen Bestimmungen. Dies machte sich das spätere ZGB durch den generellen Verweis auf die allgemeinen Vorschriften des Obligationenrechts in Art. 7 zunutze, wodurch diese über das Obligationenrecht hinaus die Funktion eines Allgemeinen Teils für das gesamte kodifizierte Zivilrecht erhielten.[707] Umgekehrt machte auch das BGB sich an vielen Stellen die von Huber propagierte Technik zunutze, Regelungen zunächst für einen Hauptanwendungsfall zu treffen und dann mittels Verweisung auch auf andere Fälle zu erstrecken.[708]

c) Vergleichbare Abstraktionstechniken in Theorie und Praxis in England

Das Voranstellen eines Allgemeinen Teils mit gemeinsamen Regelungen für die nachfolgenden Abschnitte eines Gesetzes war in der Form, wie es sich auf dem Kontinent herausgebildet hat, in der englischen Gesetzgebungspraxis des 18. und 19. Jahrhunderts schon deshalb unüblich, weil umfassende Gesetzbücher im Sinne der kontinentalen Kodifikationspraxis in England nicht existierten. Blickt man hingegen auf Britisch-Indien, wo es schon im 19. Jahrhundert zu umfassenden Kodifikationen gekommen ist, so lassen sich im Strafgesetzbuch von 1860 Ansätze zu einem Allgemeinen Teil ausmachen. Die ersten fünf Kapitel dieses Gesetzbuchs befassen sich mit für das gesamte Gesetzbuch anwendbaren Definitionen sowie mit allgemeinen Regelungen zur Strafbarkeit und zu den Strafen.[709] Die Kapitel 6 bis 22 enthalten dann die einzelnen Deliktstatbestände. Allerdings ist das »Vor-die-Klammer-Ziehen« allgemeiner Vorschriften nur höchst unvollständig durchgeführt; so finden sich auch im Rahmen der einzelnen Straftatbestände zahlreiche Vorschriften zur Teilnahme und zum Versuch und erst im letzten (23.) Kapitel des Gesetzbuchs finden sich allgemeine Regelungen zum Versuch.[710]

---

[707] Einen auch äußerlich hervorgehobenen Allgemeinen Teil erhielt das Obligationenrecht im Zusammenhang mit dessen gleichzeitig mit dem ZGB in Kraft getretener Revision. Der dem Wortlaut des Art. 7 ZGB erst in der parlamentarischen Beratung hinzugefügte Passus, wonach der Verweis sich (nur) auf die allgemeinen Vorschriften »über die Entstehung, Erfüllung und Aufhebung der Verträge« bezieht, wurde schon von der zeitgenössischen Literatur überwiegend nicht als Schranke für die entsprechende Anwendung auch anderer allgemeiner Bestimmungen des Obligationenrechts interpretiert (s. etwa *Egger*, Art. 7, Rn 4 m. w. N.).

[708] So erklärt etwa § 413 BGB die zunächst für die Übertragung von Forderungen getroffenen Regelungen auch für die Übertragung anderer Rechte für entsprechend anwendbar, soweit keine Spezialvorschriften bestehen. In ähnlicher Weise wird bei der Pacht auf die Regelungen zum Kauf (§ 581 Abs. 2 BGB), beim Nießbrauch an Rechten auf die Regelungen zum Nießbrauch an Sachen (§ 1068 Abs. 2 BGB) und beim Pfandrecht an Rechten auf die Regelungen zum Pfandrecht an beweglichen Sachen verwiesen (§ 1273 Abs. 2 BGB), um nur einige Beispiele zu nennen.

[709] Kap. 1. Einleitung; Kap. 2: Allgemeine Definitionen; Kap. 3: Strafen; Kap. 4: Strafausschlussgründe; Kap. 5: Teilnahme/Mittäterschaft.

[710] Regelungen zur Teilnahme finden sich im Rahmen der besonderen Vorschriften z.B. in sec. 121, 131–135, 164, 236; Regelungen zum Versuch finden sich im Rahmen der besonderen

Die englische Gesetzgebungspraxis machte stattdessen häufig von zwei anderen, in der deutschen Gesetzgebung eher unüblichen Methoden Gebrauch, die ähnlich einem Allgemeinen Teil den Zweck einer Straffung, Präzisierung und Abstrahierung des Gesetzestexts verfolgten. Zum einen enthielten schon im 19. Jahrhundert viele englische Gesetze entweder am Anfang oder am Ende des Gesetzes eine Klausel, welche die im Gesetzestext vorkommenden rechtstechnischen Begriffe definierte.[711] Zum anderen waren vielen Gesetzen Anlagen (*schedules*) mit Detail- und Durchführungsbestimmungen beigegeben, wodurch der Haupttext übersichtlicher und von Einzelheiten entlastet wurde.[712] Die Anlagen nahmen hierbei an der Gesetzeskraft in gleicher Weise teil wie der Haupttext des Gesetzes.[713]

In der englischen Gesetzgebungstheorie folgte Bentham für das von ihm projektierte Strafgesetzbuch dem kontinentaleuropäischen Modell des Voranstellens eines Allgemeinen Teils.[714] Seine Systematisierungsgedanken griffen aber über das einzelne Gesetzbuch hinaus und erfassten die gesamte Rechtsordnung, welche er in ein System aufeinander abgestimmter und untereinander vernetzter Gesetzbücher bringen wollte, also das erwähnte »Pannomion« Benthams. Wichtige Bestandteile dieser Vernetzung der einzelnen Gesetzbücher waren aus inhaltlicher Sicht die Herleitung aller Bestimmungen aus einheitlichen Prinzipien, aus formaler Sicht der Gebrauch einer einheitlichen Terminologie in allen Gesetzbüchern und die Verknüpfung der Bestimmungen durch Verweise in dem amtlichen Kommentar, der den normativen Gesetzestext jeweils begleiten sollte.[715] Bentham

---

Vorschriften z. B. in sec. 121, 196, 198, 239–241, 307–309, 385, 387. Macaulays Entwurf von 1837 hatte noch keine allgemeine Bestimmung zur Versuchsstrafbarkeit enthalten; erst im Zuge der Überarbeitung durch einen Ausschuss unter der Leitung von Barnes Peacock wurde dann ganz am Ende des Gesetzbuchs eine Auffangvorschrift angehängt (sec. 511), die allgemein den Versuch einer Straftat, welche in dem Gesetzbuch mit Deportation oder Gefängnis bedroht ist, unter Strafe stellt, wobei man aber die zahlreichen über das Gesetzbuch verstreuten Sondervorschriften zur Versuchsstrafbarkeit bestehen ließ.

[711] S. näher unten S. 465.

[712] Vgl. etwa den *Merchant Shipping Act* von 1854 (17 & 18 Vict., c. 104), der 17 Anlagen enthält, welche zum Teil Gestalt und Inhalt von Formularen festlegen, die in der Handelsschifffahrt zum Einsatz kommen, zum Teil Gebührensätze festlegen. Andere Beispiele für den Einsatz von Anlagen in Gesetzen aus dem 18. und 19. Jahrhundert bei *Edgar*, S. 224 f. Einen häufigen Einsatz von Anlagen als Mittel der Gesetzgebungstechnik forderten *Symonds* (Mechanics, S. 58) u. *Thring*, S. 12.

[713] Vgl. *May*, Kap. XXI, S. 516; *Redlich*, S. 528.

[714] An einem Strafgesetzbuchentwurf arbeitete *Bentham* in verschiedenen Phasen seines Lebens, besonders intensiv in den Jahren 1826–1828, und hinterließ hierzu umfangreiche Manuskripte (s. die Angaben von *Rosen/Burns* in: Bentham, Constitutional Code, CW: S. xxxvii); vollendet oder veröffentlicht hat er diese Arbeiten jedoch nicht. Veröffentlicht ist aber ein Musterartikel und ein Inhaltsverzeichnis für das angedachte Strafgesetzbuch, welche Bentham noch vor 1800 entwarf. In diesem Inhaltsverzeichnis untergliedert Bentham das Strafgesetzbuch in einen Allgemeinen Teil (»Offences collectively considered«) und einen Besonderen Teil (»Offences severally considered«); s. *Bentham*, Specimen of a Penal Code, Table of Contents, in: Bowring-Edition, Bd. 1, nach S. 164.

[715] Zum Konzept der Herleitung aller Bestimmungen aus einheitlichen Prinzipien s. *Bentham*,

übertrug dabei das auf ein einzelnes Gesetzbuch bezogene Konzept eines Allgemeinen Teils auf die Ebene der kodifizierten Rechtsordnung insgesamt, die aus einem allgemeinen Gesetzbuch (*General Code*) und verschiedenen besonderen Gesetzbüchern (*Particular Codes*) bestehen sollte. Was nun aber Inhalt des allgemeinen Gesetzbuchs einerseits und der besonderen Gesetzbücher andererseits sein solle, darüber liegen unterschiedliche Konzepte Benthams vor.

Das wohl unkonventionellste Konzept entwickelte Bentham in seinem Schreiben an den amerikanischen Präsidenten Madison von Oktober 1811, in dem er diesem den Entwurf eines kompletten Pannomions für das amerikanische Volk antrug, sowie in seiner späteren Schrift »Nomography«.[716] Der *General Code* sollte demnach alle Bestimmungen enthalten, welche die Menschen allgemein betreffen, unabhängig von ihren jeweiligen Lebensverhältnissen. Die *Particular Codes* sollten demgegenüber die jeweiligen Rechte und Pflichten der Menschen im Hinblick auf eine bestimmte gesellschaftliche Beziehung regeln, z.B ein Gesetzbuch für Eheleute, eines für Dienstherren und Dienstboten, eines für Eltern und Kinder. Bentham wollte hier bei der Aufteilung der Rechtsordnung in Gesetzbücher also nicht an die von der Wissenschaft entwickelten dogmatischen Kategorien anknüpfen (d.h. eine Einteilung nach der Rechtsnatur der Bestimmungen in Zivilrecht, Strafrecht und Staatsrecht mit ihren jeweiligen Sondergebieten), sondern an die konkreten Lebensverhältnisse. Er erhoffte sich hierdurch einen besseren Zugang des Nicht-Juristen zu den Gesetzen und auch eine erhebliche Verringerung der für den einzelnen einschlägigen Gesetze. Das für den jeweiligen Bürger relevante Recht sollte sich aus dem allgemeinen Gesetzbuch und einigen wenigen der besonderen Gesetzbücher ergeben, wodurch die Überschaubarkeit des für den einzelnen einschlägigen Rechts erheblich erleichtert würde.

Dieses Konzept Benthams stieß in der deutschen Gesetzgebungstheorie bei Robert von Mohl auf scharfe Kritik.[717] Statt der beabsichtigten Kürze würde ein derartiges Konzept zu zahlreichen Wiederholungen nötigen und ganz verschiedene Rechtsmaterien (Zivilrecht, Strafrecht, Prozessrecht etc.) miteinander mischen. Ein systematischer Überblick über die einzelnen Rechtsgebiete sei dann kaum mehr zu erlangen. Auch führe es unweigerlich zu vielfältigen Gesetzeslücken, da es immer Lebensverhältnisse geben werde, die nicht durch ein besonderes Gesetzbuch erfasst seien, weshalb die Praxis sich dann zweifelhafter Analogieschlüsse bedienen müsse. Benthams Intentionen könne durch gemeinverständliche

---

Civil Code, S. 323 f. = Traités de législation, Bd. 2, S. 98 ff.; zu Benthams Konzept eines den Gesetzeswortlaut begleitenden Kommentars s. oben S. 124 f.

[716] Zum Folgenden: *Bentham*, Papers, S. 8 f.; *ders.*, Nomography, S. 255 f. Eine Aufteilung der kodifizierten Rechtsordnung in einen *General Code* und verschiedene *Particular Codes* sah *Bentham* auch schon in seiner Schrift über die Bekanntmachung und Begründung der Gesetze vor (Promulgation, S. 158 ff. = Traités de législation, Bd. 3, S. 278 ff.), ohne dass er dort aber näher auf die Frage der in die jeweiligen Gesetzbücher aufzunehmenden Regelungsmaterien einging.

[717] *Mohl*, Politik, Bd. 1, S. 445, Fn. 2 u. S. 447, Fn. 1.

Leitfäden über die rechtlichen Bestimmungen zu wichtigen Lebensverhältnissen gedient werden. Doch sei dies nicht Aufgabe des Gesetzgebers, sondern privater Autoren und derartige Darstellungen seien zwar aus den Gesetzen zu gewinnen, könnten diese aber nicht ersetzen. Man erkennt an dieser Argumentation Mohls einmal mehr die Verschiebung der Prioritäten in der Gesetzgebungstheorie zwischen der Aufklärungszeit und der zweiten Hälfte des 19. Jahrhunderts. Für Bentham stand bei der Konzeption des Pannomions die Aufgabe des Gesetzgebers im Vordergrund, durch die Gesetze selbst eine möglichst umfassende Verbreitung von Rechtskenntnissen im Volk zu erreichen. Für Mohl (hierin typischer Repräsentant der deutschen Gesetzgebungstheorie der zweiten Hälfte des 19. Jahrhunderts) standen hingegen systematische und dogmatische Gesichtspunkte bei der Aufteilung der Rechtsordnung in verschiedene Gesetzbücher im Vordergrund; die Belehrungsfunktion, die für Benthams Konzept entscheidend war, verwies Mohl an private Autoren.[718]

Doch scheint sich auch Bentham selbst der Praktikabilität dieses Konzepts nicht sicher gewesen zu sein. So hat er nie ernsthaft den Versuch unternommen, dieses Konzept durch den konkreten Entwurf derartiger Gesetzbücher in die Tat umzusetzen. Seine konkreten Arbeiten an Gesetzentwürfen orientierten sich vielmehr stets an der Einteilung in Zivilrecht, Strafrecht, Staatsrecht und Prozessrecht.[719] Entsprechend hält sich Bentham in dem erwähnten Angebot an den amerikanischen Präsidenten bei dem Überblick, den er über die von ihm bereits vorzuweisenden konkreten Arbeiten zur Verwirklichung des Pannomions gibt, an die klassische Aufteilung der Rechtsgebiete.[720] In seinen späteren offenen Briefen an die amerikanischen Bürger[721] modifiziert Bentham sein Konzept dann auch inso-

---

[718] Näher zu diesem Aufgabenwandel oben S. 261.

[719] Zu Benthams Arbeiten an einem Strafgesetzbuch s. oben Fn. 714; zu seinen Arbeiten an einem Zivilgesetzbuch (die über Stellungnahmen zu einzelnen Sachbereichen nicht hinauskamen) s. *Rosen/Burns*, in: Bentham, Constitutional Code, CW: S. xxxviii f. Resultat seiner staatsrechtlichen Arbeiten ist der Entwurf des *Constitutional Code*. An einer Prozessordnung arbeitete Bentham namentlich in den Jahren 1823–1827, ohne diese zu vollenden. Als Frucht dieser prozessrechtlichen Arbeiten veröffentlichte er aber 1827 die Schrift »Rationale of Judicial Evidence«. Im Nachlass Benthams fanden sich mehrere tausend Blätter zu prozessrechtlichen Themen (s. die Angaben von *Richard Doane*, zeitweilig Sekretär Benthams, im Vorwort zu den »Principles of Judicial Procedure ...«, Bowring-Edition, Bd. 2, S. 2). Doane stellte hieraus die Schrift »Principles of Judicial Procedure with the Outlines of a Procedure Code« zusammen (Bowring-Edition, Bd. 2, S. 1–188).

[720] *Bentham*, Papers, S. 29 ff.

[721] Der erwähnte Brief Benthams an den amerikanischen Präsidenten Madison blieb lange Zeit unbeantwortet. Bentham wandte sich deshalb in einem Schreiben von Juli 1814 an den Gouverneur von Pennsylvania, Simon Snyder, und unterbreitete diesem nunmehr das Angebot, speziell für den Staat Pennsylvania Gesetzbücher zu entwerfen (abgedruckt in: *Bentham*, Papers, S. 68–81). Snyder, der Benthams Brief erst im Frühjahr 1816 erhielt (siehe Snyders Brief an David Meade Randolph vom 31. Mai 1816, in: *Bentham*, Papers, S. 40–42), übergab diesen an den Senat und das Repräsentantenhaus von Pennsylvania (*Bentham*, Papers, S. 43), wo das Anerbieten Benthams aber ohne Resonanz blieb. Mittlerweile hatte mit Schreiben vom 8. Mai 1816 endlich auch Madison auf Benthams Vorschlag geantwortet, wobei Madison sich für unzuständig erklärt,

weit, als er nunmehr von mehreren *General Codes* spricht, die der traditionellen Einteilung folgen (*Penal Code, Civil Code, Constitutional Code, Procedure Code*).[722] Diese sollen wiederum von »Sub-Codes« begleitet werden, die jeweils besondere Bereiche wie z.B. Polizei, Handel, Militär und Seefahrt abdecken. Ähnlich ist Benthams Konzeption des Pannomions im Vorwort zum *Constitutional Code*[723] und in dessen Kapitel über den Gesetzgebungsminister.[724] Die Grundeinteilung ist auch hier die »dogmatische« in *Constitutional Code, Penal Code, Civil Code* und *Procedure Code*. Hinzutreten sollen aber wiederum *Particular Codes* für einzelne Lebensbereiche, um die Menge der für den einzelnen einschlägigen Gesetze überschaubar zu halten.

VIII. Besondere Gesetzgebungstechniken

Mit dem Aufkommen umfassender Kodifikationen finden noch weitere Gesetzgebungstechniken verstärkte Aufmerksamkeit in Theorie und Praxis der Gesetzgebung; dies gilt insbesondere für Legaldefinitionen, Verweisungen und gesetzliche Fiktionen. Als Mittel der Gesetzgebungstechnik konnten sie einerseits wichtige Aufgaben im Rahmen des legislatorischen Strebens nach systematischer Geschlossenheit, Bestimmtheit und Kürze in der Gesetzgebung übernehmen, andererseits konnten diese Techniken aber auch den Gesetzgebungszielen der Volkstümlichkeit und des Vermeidens lehrhafter Elemente entgegenlaufen. Der Nutzen dieser Techniken wurde daher von der Gesetzgebungstheorie kontrovers

---

Benthams Angebot weiterzuverfolgen und bei aller Höflichkeit auch durchblicken lässt, dass er dieses für unpraktikabel hält (*Bentham*, Papers, S. 36 f.; »…a compliance with your proposals would not be within the scope of my proper functions.«). Bentham gab sich hierdurch aber nicht entmutigt und verfasste nunmehr Schreiben an die Gouverneure sämtlicher amerikanischer Bundesstaaten mit einem entsprechenden Vorschlag zum Entwurf von Gesetzbüchern (*Bentham*, Papers, S. 52–54). Um auch die öffentliche Meinung Amerikas für sein Anliegen zu gewinnen, verfasste Bentham 1817 zudem eine Serie von offenen Briefen »to the Citizens of the several American United States«, in denen er sein Anerbieten wiederholte und welche in der Folgezeit in verschiedenen amerikanischen Zeitungen erschienen (*Bentham*, Papers, S. 113–172). Indes, weder Benthams Briefen an die amerikanischen Gouverneure noch den offenen Briefen an die amerikanischen Bürger war der erhoffte Erfolg beschieden. Die Resonanz blieb spärlich und keiner der Bundesstaaten ging auf Benthams Angebot ein. Abgesehen von dem erwähnten Brief Snyders erhielt Bentham nur noch von einem Gouverneur eine Reaktion, nämlich dem Gouverneur von New Hampshire, der versprach, Benthams Angebot dem Repräsentantenhaus vorzulegen (Schreiben William Plumers an Bentham vom 2. Oktober 1817, in: *Bentham*, Codification Proposal, S. 323 f.). Dort stieß Benthams Anerbieten aber wiederum auf Ablehnung (s. den Brief des Sohnes des Gouverneurs, William Plumer Junior, an Bentham vom 2. Oktober 1818 in: *Bentham*, Codification Proposal, S. 325 ff., hier: S. 326).

[722] *Bentham*, Papers, S. 139.

[723] *Bentham*, Constitutional Code, CW: S. 4, 7 f.

[724] *Bentham*, Constitutional Code, Bowring-Edition, Bd. 9, Buch II, Kap. XI, Abt. 2, Art. 14 f., S. 430.

beurteilt. Die Gesetzgebungspraxis hat bei umfangreichen Gesetzgebungswerken auf diese Techniken aber nie gänzlich verzichtet, jedoch mit unterschiedlicher Intensität und Zielsetzung hiervon Gebrauch gemacht. Ein Vergleich des unterschiedlichen Einsatzes dieser Techniken durch die Gesetzgeber in Deutschland und England erweist sich auch hier als aufschlussreich.

1. Legaldefinitionen

Der Übergang von den »Lehrbüchern mit Gesetzeskraft«[725] zu den echten Kodifikationen in der zweiten Hälfte des 18. Jahrhunderts führte auch beim Einsatz von Definitionen durch den Gesetzgeber zu einem partiellen Funktionswandel. Die in der Tradition des Usus modernus stehenden Landrechte der frühen Neuzeit beinhalteten nach den vorliegenden Untersuchungen zwar eine große Zahl von Definitionen, die aber ganz überwiegend lehrhaften Charakter trugen, d. h. nicht Bestandteil eines konkreten gesetzgeberischen Rechtsfolgegebots waren, sondern eine dogmatische Einsicht vermitteln wollten.[726] Eine Aufgabentrennung zwischen Gesetzgebung und Dogmatik fand hier nicht statt. Der Gesetzgeber erklärte in didaktischer Absicht, was er als richtige Bedeutung eines gemeinrechtlichen Begriffs erkannt zu haben glaubte. Folge dieses überwiegend didaktischen Einsatzes der Legaldefinitionen war es, dass die Richtigkeit der vom Gesetz gegebenen Definition von Literatur und Rechtsprechung in Frage gestellt werden konnte. Das Gesetz traf insoweit keine autoritative Entscheidung, die unabhängig von dem zugrunde liegenden ius commune gelten sollte. Der viel zitierten Digestenstelle über die Gefährlichkeit jeder Definition im Zivilrecht[727] wurde somit die Spitze genommen; der Gesetzgeber definierte zwar, ließ sich hierin aber durch die Dogmatik korrigieren.

Anders gingen die Verfasser des ALR beim Gebrauch von Definitionen vor. Zwar fußen viele Definitionen des ALR weiterhin auf dem Gemeinen Recht und sind vom Inhalt her Realdefinitionen im Sinne der traditionellen Definitionslehre, wollen also durch Benennung der *differentia specifica* das Wesen des zu definierenden Begriffs erfassen.[728] Reine Nominaldefinitionen, die nicht mehr

---

[725] Zum Begriff s. oben S. 312 mit Fn. 103.

[726] *F. Ebel*, Legaldefinitionen, S. 147 u. passim; *ders.*, Beobachtungen, S. 338.

[727] Dig. 50, 17, 202: Omnis definitio in iure civili periculosa est; parum est enim, ut non subverti posset.

[728] Die auf Aristoteles zurückgehende traditionelle Definitionstechnik forderte die Angabe des nächsthöheren Gattungsbegriffs (*genus proximum*) und des artbildenden Unterschieds (*differentia specifica*) für eine vollständige Definition. Entsprechend bemühten sich die Verfasser des ALR durch meist am Anfang eines Abschnitts stehende Definitionen, das wesentliche Charakteristikum der nachfolgend verwendeten Rechtsbegriffe zu bezeichnen; vgl. etwa die Definitionen von Vertrag und Versprechen (I 5 §§ 1 f. ALR), Interesse (I 5 § 286 ALR), Schaden (I 6 § 1 ALR), Gewahrsam, Inhaber und Besitz (I 7 §§ 1–3 ALR), Eigentümer (I 8 § 1 ALR), Früchte (I 9 § 220 ALR), Darlehen (I 11 § 653 ALR), Testament (I 12 § 3 ALR); s. auch aus dem strafrechtlichen Teil

leisten wollen, als einen gesetzlichen Sprachgebrauch festzulegen, sind dem-gegenüber im ALR verhältnismäßig selten.[729] Die Definitionstechnik des ALR orientiert sich damit an den gegenüber der Zeit des Humanismus strengeren Voraussetzungen, die Philosophie und Rechtslehre im 18. Jahrhundert an Defini-tionen knüpften.[730] Man sieht das Bemühen der Verfasser des ALR, bloße »Des-kriptionen«, die sich in der Aufzählung der einzelnen Teile des zu definierenden Begriffs, in der Angabe bloß akzidenteller Merkmale oder gar in metaphorischen Umschreibungen[731] erschöpfen, zu vermeiden. Das heißt nicht, dass das ALR Legaldefinitionen mittels der illustrativen Aufzählung der einzelnen Teile eines zu definierenden Begriffs nicht kennt, doch meist treten diese zu der zuvor gegebe-nen abstrakten Definition nur hinzu (um jeden Subsumtionszweifel auszuschlie-ßen), verdrängen diese aber nicht.[732] Die Verfasser des ALR bedienten sich also einer Kombination von Definitionstechniken.

Der Gesetzgeber des ALR trifft hierbei jedoch anders als die »Lehrbücher mit Gesetzeskraft« auch die Realdefinitionen nunmehr mit dem autoritativen Gel-tungsanspruch des aufgeklärten Absolutismus und dem ungebrochenen Erkennt-nisoptimismus des vorkritischen Naturrechts. Die im ALR anzutreffende unge-heure Masse von bis ins Kleinste gehenden Definitionen soll dem Rechtsanwender die (fast) mechanische Anwendung des Gesetzes ermöglichen und Bedeutungs-zweifel ausschließen;[733] für ein Hinterfragen der Richtigkeit der vom Gesetzgeber getroffenen Definition durch Rechtsprechung und Lehre ist in diesem Gesetzes-verständnis kein Raum mehr. Dieser Übergang zu einer an der Gesetzeskraft voll teilhabenden Definitionstechnik bedeutet aber nicht einen Verzicht auf das lehr-hafte Element in dieser Technik. Auch beim ALR stehen viele Definitionen nach

---

etwa die Definitionen von Verbrechen (II 20 §§ 7 f. ALR), Vorsatz (II 20 § 26 ALR) und Fahrläs-sigkeit (II 20 § 28 ALR).

[729] Sie finden sich überwiegend in den ersten Titeln des ersten Teils (also im »Allgemeinen Teil« des ALR); vgl. etwa die Definitionen der Begriffe Kinder und Unmündige (I 1 §§ 25, 26 ALR), Eltern und Kinder (I 1 §§ 40, 41 ALR), Stiefverbindungen (I 1 § 44 ALR); vgl. aber auch aus den Besonderen Teilen etwa die Definition von Inseln (I 9 §§ 242 f.).

[730] Vgl. hierzu *J. Schröder*, Definition und Deskription, S. 1094 ff. zum großzügigen Definitions-verständnis des Humanismus u. ebd., S. 1099 ff. zu den strengeren Anforderungen, die die ratio-nalistische Methodenlehre des 17./18. Jahrhunderts an Definitionen knüpfte.

[731] Ein viel zitiertes Beispiel für eine metaphorische Definitionstechnik ist die Bezeichnung der *obligatio* als *iuris vinculum* in Inst. 3, 13, pr.; s. hierzu *J. Schröder*, ebd., S. 1098.

[732] Vgl. die Beispiele unten S. 473, Fn. 794; ein weiteres Beispiel hierfür ist die Definition der Ausstattung, welche Kinder zu Lebzeiten des Erblassers erhalten (II 2 § 304 ALR gibt eine abstrakte Definition, II 2 § 305 ALR illustriert diese dann durch Einzelaufzählungen); vereinzelt verzichten die Verfasser des ALR aber auch ganz auf eine abstrakte Definition und begnügen sich mit der Einzelaufzählung der Bestandteile, so etwa beim »Heergerät« (II 1 § 523 ALR).

[733] Vgl. hierzu die unten S. 473, Fn. 794 gegebenen Beispiele einer gestuften Definitions-technik im ALR, bei der die zunächst abstrakt gegebene Begriffsbestimmung nachfolgend an immer konkreter werdenden Fällen erläutert wird. Die Parallelen dieser Definitionstechnik zu der demonstrativen Beweistechnik Christian Wolffs und seiner Schule werden hier besonders deut-lich.

wie vor nicht im Zusammenhang mit konkreten Rechtsfolgen, sondern vermitteln dogmatische Einsichten.[734] Aus Sicht seiner Verfasser war dies auch folgerichtig, denn das Gesetzbuch sollte eine eigenständige Lehre überflüssig machen und musste daher deren Aufgaben mitübernehmen.

Diese Definitionsfreude des ALR ging manchem Zeitgenossen sogar noch nicht weit genug. So sollte nach Auffassung Schlossers der Entwurf des preußischen Gesetzbuchs noch mehr Legaldefinitionen enthalten, um Unklarheiten in der Terminologie auszuräumen.[735] Reitemeier forderte, der Gesetzgeber solle einem jeden Gesetzbuch ein ausführliches Verzeichnis der in ihrem Bedeutungsgehalt streitigen Begriffe mit einer näheren Erläuterung beifügen.[736] Eine Funktionsteilung zwischen Gesetzgebung und Dogmatik fand in der Frage des Definierens also auch bei Schlosser und Reitemeier nicht statt. Schlosser sah dies aber unter anderen Vorzeichen als die Verfasser des ALR. Er wollte keine neues Recht setzende Kodifikation, sondern bloß eine Reduzierung der Justinianischen Gesetzbücher auf deren Grundsätze, wobei durch einen autorisierten Kommentar deren Anwendung verdeutlicht und Zweifelsfragen ausgeräumt werden sollten.[737] Ziel war es, »sich wenigstens die Commentatoren und Controversen zum Theil vom Hals zu schaffen«,[738] wobei den Legaldefinitionen eine wichtige Funktion zukam. Schlosser bewegte sich damit innerhalb der überkommenen Tradition der auf den Justinianischen Gesetzbüchern fußenden Gesetzessammlungen, kombiniert mit dem spätestens seit Leibniz wachen Traum von der Reduzierung der Justinianischen Textmasse auf eine geordnete und überschaubare Sammlung der für die Gegenwart noch einschlägigen Rechtsregeln. Ähnliches gilt für das Konzept Reitemeiers, der ebenfalls nur eine Kompilation und Neuordnung des Gemeinen Rechts unter Ausscheidung von nicht mehr Zeitgemäßem und der Beilegung von Kontroversen wünschte.[739]

Die im ALR angelegte Allzuständigkeit des Gesetzgebers für juristische Definitionen war jedoch gesetzgebungstechnisch ein Auslaufmodell; schon die Gesetzgebungstheorie des frühen 19. Jahrhunderts definierte die Rolle des Gesetzgebers in dieser Frage neu, zugunsten einer bewussten Aufgabenteilung zwischen Gesetzgebung einerseits und Rechtsphilosophie bzw. Naturrecht andererseits. Deutliches Signal für die sich in der Gesetzgebungstechnik abzeichnende Kurskorrek-

---

[734] Vgl. die Beispiele oben Fn. 728.

[735] *Schlosser*, Briefe, S. 161 ff.

[736] *Reitemeier*, Gesetzwissenschaft, S. 20 f. Reitemeier hatte hierbei als Vorbild den Titel »de verborum significatione« in den Digesten (50, 16) im Auge, welcher eine Aneinaderreihung von Definitionen einzelner Begriffe und Auslegungsregeln enthält. Vgl. auch *Reitemeier*, Gesetzgebung, S. 55, wo er die Forderung nach einem Ausschluss von Definitionen aus einem Gesetzbuch zurückweist, zugleich aber darauf hinweist, dass der Gesetzgeber beim Definieren mit hoher Sorgfalt vorzugehen habe, da die gewählte Definition leicht zu eng oder zu weit ausfallen könne.

[737] *Schlosser*, Briefe, S. 8 ff., 46; *ders.*, Vorschlag, S. 27 f., 316 ff.

[738] *Schlosser*, Briefe, S. 46.

[739] Näher zum Konzept Reitemeiers oben S. 52, Fn. 163.

tur war Feuerbachs berühmte Landshuter Antrittsrede von 1804. Der größte Teil
der rechtlichen Begriffsdefinitionen fällt für Feuerbach nicht in die Zuständigkeit
des Gesetzgebers, sondern der Wissenschaft, namentlich der »Philosophie des
Rechts«.[740] Dies gelte zum einen für die Elementarbegriffe des Rechts, die dem
Gesetzgeber vorgegeben seien und von diesem nicht willkürlich gesetzt werden
können.[741] Das gelte darüber hinaus aber für alle rechtlichen Begriffe, deren
Wesen und Merkmale durch die Wissenschaft erkennbar sind. Die allermeisten
und wichtigsten rechtlichen Begriffe seien dabei von der Rechtsphilosophie zu
ergründen.[742] Nur diese – nicht der Gesetzgeber – könne z. B. das Wesen und die
Merkmale eines Vertrages bestimmen. Trifft der Gesetzgeber dennoch über derartige Begriffe eine Definition, so könne diese den Rechtsgelehrten nicht binden.
»Denn der Gesetzgeber geht dadurch, dass er wissenschaftlich definiren will, aus
dem Gebiete der Gesetzgebung hinaus in die Schranken der Schule, wo man nur
lehren, aber nicht gebieten darf«, konstatiert Feuerbach.[743] Doch kennt Feuerbach
auch Bereiche, in denen Begriffsdefinitionen dem Gesetzgeber zukommen und
die Wissenschaft binden. Das gilt zum einen, wenn der Gegenstand der Gesetzgebung »nur positiver Art« ist, d. h. nicht rechtsphilosophisch erkennbar ist, sondern
allein dem Bereich der positiven Gesetzgebung angehört (Feuerbach nennt als
Beispiel den Unterschied zwischen dinglichem und persönlichem Recht).[744] Und
das gilt zum anderen dann, wenn der Gesetzgeber die Bedeutung der von ihm
verwendeten Begriffe absichtlich enger oder weiter fassen will, als es die Rechtsphilosophie tut.[745]

Dieses Definitionskonzept entwickelte Feuerbach vornehmlich vor dem Hintergrund des Zivilrechts. Für das Strafrecht vertrat er in der Frage gesetzlicher Definitionen ebenfalls einen Mittelweg, jedoch mit definitionsfreundlicherer Akzent-
setzung. So wendet er sich gegen die pauschale Behauptung, Definitionen ziemten
keinem Gesetzbuch, sondern nur der Wissenschaft. Feuerbach weist darauf hin,
dass die präzise Erfassung der Voraussetzungen der Strafbarkeit mittels gesetzlicher
Begriffsbestimmungen die »Hauptfäden« seien, welche die Strafgesetzgebung tragen.[746] Jedoch solle der Gesetzgeber, um nicht in das Gebiet der Wissenschaft zu
geraten, sich auf diejenigen Begriffsbestimmungen beschränken, »welche die

---

[740] *Feuerbach*, Philosophie und Empirie, S. 54, 58 ff.; neben der Philosophie des Rechts kommen für Feuerbach auch andere Wissenschaften, etwa die Naturwissenschaften oder die Mathema-
tik, als Erkenntnisquelle für die Bestimmung des Bedeutungsgehalts rechtlicher Begriffe in Betracht.

[741] Ebd., S. 64 ff.

[742] Ebd., S. 58 f.

[743] Ebd., S. 56 f.

[744] Ebd., S. 55.

[745] Ebd., S. 60 ff.

[746] *Feuerbach*, Geist des Strafgesetzbuchs von 1813 (aus einem Vortrag im Plenum des königlichen Geheimen Rats), in: *ders.*, Nachlaß, Bd. 1, S. 212–220, hier: S. 216.

unmittelbare gesetzliche Voraussetzung zu seiner Strafbestimmung enthalten«.[747] Ausnehmen aus der Definitionskompetenz des Strafgesetzgebers wollte Feuerbach mithin rein lehrhafte Definitionen, die mit konkreten Strafbestimmungen in keiner unmittelbaren Beziehung standen. Verwirklicht hat Feuerbach dieses Definitionskonzept im bayerischen Strafgesetzbuch von 1813. Der Allgemeine Teil enthält zahlreiche Realdefinitionen zentraler Begriffe der Tat- und Strafvoraussetzungen, die mit Rücksicht auf Feuerbachs strenges Bestimmtheitskonzept im Strafrecht nicht Wissenschaft und Praxis überlassen bleiben sollten.[748] Daneben finden sich – überwiegend im Besonderen Teil – einige Nominaldefinitionen einzelner für die Tatbestandsumschreibung wichtiger Begriffe, wodurch wiederum vor dem Hintergrund des Feuerbachschen Bestimmtheitskonzepts Unschärfen der Alltagssprache zugunsten einer präzisen gesetzgeberischen Begriffsbestimmung ausgeräumt werden sollten.[749]

Das legislatorische Konzept Zeillers folgt in der Frage des Definierens grundsätzlich der von Feuerbach für das Zivilrecht entwickelten Ansicht.[750] Zeiller unterscheidet wie Feuerbach zwischen rein »positiven« Regelungsgegenständen, die vom Gesetzgeber willkürlich einer Regelung zugeführt werden, und solchen naturrechtlicher (»philosophischer«) Art, deren Begriffe dem Gesetzgeber von Rechtsphilosophie und Rechtslehre vorgegeben werden.[751] Die »positiven« Regelungsgegenstände sind demnach das primäre Aufgabengebiet für Legaldefinitionen, da deren Begriffe nur vom Gesetzgeber aufgestellt werden können. Aber auch den Bereich der »philosophischen« Regelungsgegenstände sieht Zeiller durchaus als mögliches Aufgabengebiet für gesetzliche Definitionen: »Oft sind aber selbst die in das Gebiet der Rechtsphilosophie gehörigen Begriffe schwankend oder sie erhalten vom Gesetzgeber eine Erweiterung oder Beschränkung; dann muß den unrichtigen Folgerungen und Anwendungen durch eine genaue Erklärung vorgebeugt werden.«[752] Neben den auch von Feuerbach genannten rein »positiven« Regelungsgegenständen und dem Fall, dass der Gesetzgeber einen Begriff in einer vom Naturrecht abweichenden Bedeutung verwenden will,[753]

---

[747] Ebd.

[748] Vgl. z.B. Art. 37 (Vollendung), 39 (Vorsatz), 50 (»Komplott« = Mittäterschaft), 57 (Versuch), 64 (Fahrlässigkeit), 65 (grobe Fahrlässigkeit), 68 (geringe Fahrlässigkeit).

[749] Vgl. Art. 159 (»neugeborenes« Kind), 167 (»verheimlichte« Schwangerschaft), 219 (»Hausgesinde«), 222 (»Waffen«).

[750] Zum Folgenden: *Zeiller*, Eigenschaften, S. 256 f. Zeiller orientierte sich auch in anderen gesetzgebungstechnischen Fragen an den Ansichten Feuerbachs, so bei den Anforderungen an die Bestimmtheit der Strafgesetze: s. oben S. 368 f.

[751] Ebd.: »Eine vollständige Entwicklung und Erörterung der Rechtsbegriffe ist zwar das eigentümliche Geschäft der Rechtsphilosophen und der Rechtslehrer; es kann sich aber auch der Gesetzesverfasser nicht ganz davon losmachen. Ist ein Gegenstand, weil dessen Bestimmung der Willkür des Gesetzgebers vorbehalten bleibt, von positiver Art, so kann auch der Begriff nicht philosophisch, sondern nur positiv, mithin auch nur von der Gesetzgebung aufgestellt werden.«

[752] *Zeiller*, Eigenschaften, S. 256 f.

[753] Vgl. hierzu auch *J. Schröder*, Rechtsdogmatik und Gesetzgebung, S. 51, der darauf hinweist,

kennt Zeiller also noch eine dritte Fallgruppe, in der ein Definieren durch den Gesetzgeber nicht nur erlaubt, sondern sogar geboten ist, nämlich wenn der Bedeutungsgehalt eines im Gesetz verwendeten Begriffs unklar, schwankend bzw. umstritten ist.[754]

Man darf sich die Aufgabenteilung zwischen Gesetzgebung einerseits und Naturrecht bzw. Rechtsphilosophie andererseits in der Frage des Definierens bei Zeiller also nicht so vorstellen, dass dem Gesetzgeber hierfür nur der schmale Bereich »positiver«, d.h. vom Naturrecht nicht erfasster Regelungsgegenstände bleibe. Ziel ist die Bestimmtheit der gesetzgeberischen Anordnung und wann immer diese in Gefahr ist, soll der Gesetzgeber definierend eingreifen; sei es, weil sich der Gesetzgeber im vom Naturrecht nicht vorgegebenen Bereich bewegt oder sei es auch, weil die Bedeutung eines Begriffs im Naturrecht schwankend ist oder der Gesetzgeber bewusst von der naturrechtlichen Begriffsbestimmung abweichen will. Letztlich entscheidet damit nach dem Konzept Zeillers die Einschätzung des Gesetzgebers über die Gebotenheit einer Legaldefinition. Einen für den Gesetzgeber unantastbaren Bereich naturrechtlicher Begriffsdefinitionen gibt es hier ebenso wenig wie eine gesetzgeberische Alleinzuständigkeit für die Begriffsbestimmungen.

Das bisher angesprochene Konzept des Einsatzes von Legaldefinitionen dient Zeiller zur Präzisierung des gesetzgeberischen Willens und damit zur Bestimmtheit der gesetzlichen Anordnung. Zeiller kennt daneben aber auch noch einen (fakultativen) primär belehrenden Einsatz von Legaldefinitionen. So billigt er es, wenn der Gesetzgeber zur Förderung der Rechtskenntnisse die Hauptregelungsgegenstände mit Erklärungen versieht, die er der Rechtslehre entlehnen könne.[755] Doch solle er hierbei nicht »bis zur Entwicklung der Elementarbegriffe zurückgehen« oder die »schon von dem gemeinen Menschenverstande klar genug aufgefaßten Begriffe durch abstrakte Definitionen undeutlicher und verworrener machen«.

Das ABGB machte denn auch noch in weitem Umfang von dem Instrument der Legaldefinition Gebrauch.[756] Es enthält zum einen Legaldefinitionen, die einen gesetzlichen Sprachgebrauch festlegen, also im Sinne des Zeillerschen Kon-

---

dass Zeiller und Feuerbach wie selbstverständlich von einer Dispositionsbefugnis des Gesetzgebers über naturrechtliche Begriffsbildung ausgingen. Zum Vorrang positivrechtlicher Definitionen gegenüber dem Naturrecht in der Rechtslehre des 18. Jahrhunderts vgl. *J. Schröder*, Naturrecht und positives Recht in der Methodenlehre um 1800, S. 134 ff.

[754] So auch in einem Vortrag Zeillers vor der Gesetzgebungskommission, s. *Ofner*, Protokolle, Bd. 1, S. 9.

[755] *Zeiller*, Eigenschaften, S. 257: »Ja man soll es der Sorgfalt der Gesetzesverfasser nicht verargen, wenn sie zur Verbreitung der Gesetzkenntnis allen Hauptgegenständen, worüber mehrere, ausführliche Vorschriften erteilt werden, allenfalls auch nur durch die aus der Rechtslehre entlehnten Erklärungen mehr Licht zu verschaffen suchen.«

[756] Zur Definitionstechnik des ABGB vgl. auch *Mayr*, Gesetzbuch als Rechtsquelle, S. 389 ff.; *Kastner*, S. 555 f.

zepts einem schwankenden Sprachgebrauch Bestimmtheit verleihen wollen.[757] Daneben finden sich aber auch noch zahlreiche rein erläuternde (belehrende) Definitionen, die der zuletzt erwähnten Fallgruppe Zeillers zuzurechnen sind, wonach der Gesetzgeber das Instrument der Legaldefinition auch zur Förderung der Rechtskenntnisse einsetzen dürfe.[758] Das ABGB stellt sich damit in der Frage der Definitionstechnik als ein Gesetzbuch des Übergangs dar. Einerseits nimmt es Abstand von der frühere Gesetzbücher prägenden Vorstellung einer Allzuständigkeit des Gesetzgebers für rechtliche Begriffsbestimmungen zugunsten einer bewussten Aufgabenteilung zwischen Gesetzgebung und Wissenschaft. Andererseits hat es sich noch nicht gänzlich von dem Einsatz rein belehrender Begriffsbestimmungen verabschiedet, sondern macht hiervon weiterhin in nicht unerheblichem Umfang Gebrauch. Der Grund hierfür ist – wie wir bei Zeiller sahen – in dem in der Spätaufklärung ungebrochenen Streben nach möglichst breiter Verständlichkeit der Gesetze zu finden; dieses Streben stand einem völligen Verzicht des Gesetzgebers auf das Instrument rein belehrender Begriffsbestimmungen entgegen.

In etwa zur gleichen Zeit, als auf dem Kontinent Zeiller am ABGB arbeitete, entwickelte in England Bentham sein Gesetzgebungskonzept, in dem Legaldefinitionen eine wichtige Funktion einnehmen.[759] Hintergrund ist Benthams Bestreben, eine möglichst für jedermann verständliche, positivierte Rechtsordnung zu schaffen. Der Gesetzgeber soll daher seine Anordnungen nach Möglichkeit nicht in für den Laien unverständliche juristische Fachbegriffe kleiden. Dort, wo sich der Gebrauch von Fachbegriffen aus Gründen der Präzision als notwendig erweist, soll diesen Begriffen im Gesetz eine allgemein verständliche Definition beigegeben werden.[760] Derartige Begriffsbestimmungen nehmen in Benthams Gesetzentwürfen neben dem eigentlichen Gesetzestext und den amtlichen Begründungen einen festen und auch äußerlich hervorgehobenen Platz ein.[761] In seinem Anerbieten, für das amerikanische Volk Gesetzbücher zu entwerfen, preist Bentham diese Technik der den eigentlichen Gesetzestext begleitenden systematischen Begriffserläuterungen als einen wesentlichen Vorteil seines Gesetzgebungskonzepts.[762] In seinen späten Schriften führt Benthams Vorliebe für terminologi-

---

[757] Beispiele sind die §§ 40, 42, 305, 309, 326, 531, 535, 1230, 1232 ABGB.

[758] Beispiele sind die §§ 1, 44, 307, 864, 1380 ABGB.

[759] Unter den Schülern Benthams war es namentlich *Austin*, der die Bedeutung von Legaldefinitionen als Instrument gelungener Gesetzgebungstechnik hervorhob. An den kontinentalen Kodifikationen (insbesondere Code civil und ALR) kritisierte er den unzureichenden Einsatz von Legaldefinitionen. Der Gesetzgeber solle hierbei systematisch vorgehen und die von ihm verwendeten Fachbegriffe im Gesetz definieren, anstatt dies der Rechtsprechung zu überlassen (Lecture 39, S. 335).

[760] *Bentham*, General View, S. 209 = Traités de législation, Bd. 1, S. 368.

[761] Vgl. die mit »Explanations« betitelten Teile des »Specimen of a Penal Code« (Bowring-Edition, Bd. 1, S. 164–168 = Traités de législation, Bd. 3, S. 302–321) und die mit »Expositive« betitelten Teile im »Constitutional Code«.

[762] Brief Benthams an James Madison von Oktober 1811 (*Bentham*, Papers, S. 5–35, hier: S. 9): »The Expository matter consists of explanations, given of, or on the occasion of, this or that

sche Präzision zu einem umfangreichen Apparat von ihm selbst geschaffener und vom normalen Sprachgebrauch abweichender Termini, wodurch ein Verständnis der Regelungen nur durch eine stete Zusammenschau des Regelungstextes und der hierzu einschlägigen Begriffserklärungen möglich ist.[763] Das Streben nach terminologischer Präzision hatte hier den Gemeinverständlichkeitsanspruch ad absurdum geführt.

Begriffsdefinitionen im Gesetz kamen bei Bentham daneben noch eine zweite, technische Funktion zu, nämlich die der Abkürzung des Regelungstextes. Statt langatmiger Aufzählungen und Wiederholungen einzelner Gegenstände, die den gleichen Rechtsfolgen unterliegen, solle der Gesetzgeber einen gemeinsamen Gattungsbegriff hierfür verwenden. Die Bestandteile dieses Gattungsbegriffs sollen einmalig im Gesetz definiert werden und dieser dann durchgängig anstelle der Einzelaufzählung seiner Bestandteile im Gesetz Verwendung finden.[764]

Die bei Bentham angelegte Doppelfunktion der Legaldefinition – Präzisierung und Vereinheitlichung der im Gesetz verwendeten Terminologie einerseits, Verkürzung des Regelungstextes andererseits – machte sich auch in der englischen Gesetzgebungspraxis des 19. Jahrhunderts deutlich bemerkbar. Die Definitionstechnik des englischen Gesetzgebers trug dabei einen deutlich »technischen« Charakter: Es ging ihm nicht um die Vermittlung dogmatischer Einsichten mittels definitorischer Ergründung des Wesens eines Rechts oder Rechtsinstituts, sondern um sprachliche Präzisierung und Straffung. In den englischen Gesetzen erfolgten die Begriffsdefinitionen meist nicht, wie in Deutschland üblich, über den ganzen Gesetzestext verstreut an der Stelle ihrer erstmaligen Erwähnung im Regelungszusammenhang, sondern in alphabetischer Reihenfolge in einem separaten Artikel zusammengefasst entweder am Anfang oder am Ende eines Gesetzes.[765] Die Bestrebungen nach Vereinheitlichung, Straffung und Präzisierung der Gesetzesterminologie führten dann 1850 zum Erlass des so genannten *Lord Brougham's Act*, der unter anderem einheitliche Definitionen für in Gesetzen häufig verwendete Begriffe vorsah, und 1889 zum Erlass des ersten förmlichen *Interpretation Act*, der für alle nach 1850 ergangenen Gesetze einheitliche Definitionen häufig gebrauchter Termini sowie gesetzliche Auslegungsregeln enthielt.[766] Ein ähnliches Inter-

---

particular word in the Main Text. In the Main Text, each word so explained is distinguished by a particular type, accompanied by a letter or figure of reference, referring to that part of the expository matter in and by which it is explained; by which means the fact of its having thus received explanation, is rendered manifest to every eye.«

[763] Vgl. die Terminologie und die zahlreichen *expositive provisions* in Benthams Alterswerk »Constitutional Code«; die theoretische Grundlage hierzu hat *Bentham* in der Schrift »Nomography« (S. 271 ff.) gelegt, in der er ein neuartiges und reichhaltigeres juristisches Vokabular fordert, s. hierzu oben S. 390. Vgl. auch die Kritik *Mohls* hieran: oben S. 416, Fn. 552.

[764] *Bentham*, Nomography, S. 261; s. hierzu auch oben S. 415 mit Fn. 547.

[765] Vgl. zu dieser Praxis *Redlich*, S. 528; *Ilbert*, Methods and Forms, S. 270.

[766] 13 & 14 Vict., c. 21 (»Lord Brougham's Act«, 1850); 52 & 53 Vict., c. 63 (Interpretation Act, 1889); vgl. hierzu *Ilbert*, Methods and Forms, S. 71; *Hatschek*, Englisches Staatsrecht, Bd. 1,

pretationsgesetz erging 1868 auch in Britisch-Indien.[767] Auch stellte man in England – hierin einer lange zuvor von Bacon gemachten Anregung folgend[768] – eine alphabetische Liste der seit 1830 in *public acts* getroffenen Definitionen zusammen, die den Mitarbeitern des *Parliamentary Counsel* bei ihren Arbeiten an Gesetzesentwürfen zur Vereinheitlichung und Präzisierung der verwendeten Terminologie dienten.[769]

Die Definitionsklauseln in den englischen Gesetzestexten waren von ihrer gesetzestechnischen Wirkung dem Allgemeinen Teil in kontinentalen Kodifikationen durchaus vergleichbar. Indem hier einheitliche Definitionen für den gesamten Gesetzestext »vor die Klammer gezogen« wurden, bediente sich der Gesetzgeber einer impliziten Verweisungstechnik, die auch einem Allgemeinen Teil zu Eigen ist und die nur für den geschulten Juristen zu durchschauen war.[770] Der volle Bedeutungsgehalt einzelner gesetzlicher Regelungen war erst im Zusammenspiel mit der Definitionsklausel (und gegebenenfalls auch des separaten *Interpretation Act*) ermittelbar.[771]

Ein ausgeprägter Hang zum Definieren war auch ein Charakteristikum des indischen Strafgesetzbuchentwurfs von 1837.[772] Für das ganze Gesetzbuch einschlägige Legaldefinitionen sind in dem Entwurf (wie auch in der Gesetz gewordenen Fassung von 1860) in einem Eingangskapitel zusammengefasst; darüber hinaus finden sich zahlreiche Legaldefinitionen, die nur für bestimmte Tatbestände

---

S. 136. Die Forderung nach Erlass eines *Interpretation Act* nach Vorbild des *Lord Brougham's Act* wurde 1875 im Abschlussbericht des *Select Committee on Acts of Parliament* erhoben: Report from the Select Committee on Acts of Parliament, 25 June 1875, S. vii, in: Parliamentary Papers 1875 (280) viii.

[767] *General Clauses Act* (Act I of 1868); vgl hierzu *W. Stokes*, Bd. 1, S. 485 ff. (Whitley Stokes, damals *Secretary of the Legislative Department of the Government of India*, hatte dieses Gesetz entworfen).

[768] Bacons Vorschläge zur Rechtsreform enthielten u. a. den Vorschlag, ein Rechtswörterbuch mit Definitionen häufig verwendeter Termini zu erstellen (*Bacon*, Proposition, S. 69 f.). In Frankreich stellte *Rousset* (Bd. 1, S. 278) im 19. Jahrhundert die Forderung auf, eine alphabetische Sammlung der in den verschiedenen Gesetzen verwendeten Definitionen anzufertigen, was den Umgang mit den Gesetzestexten erleichtere und den Gesetzgeber dazu erziehe, sich in allen Gesetzen einer einheitlichen und stimmigen Terminologie zu bedienen.

[769] *Ilbert*, Methods and Forms, S. 281.

[770] Livingston hat in seinen Strafgesetzbuchentwürfen für Louisiana und für die USA diese Klammerfunktion der Legaldefinitionen noch weiter betont, indem er alle für das Strafgesetzbuch, die Strafprozessordnung, die Beweisordnung und die Gefängnisordnung gleichermaßen einschlägigen Definitionen in einem separaten »Book of Definitions« ausgliederte (*Livingston*, A System of Penal Law for Louisiana, S. 733–745; *ders.*, A System of Penal Law for the United States of America, Book of Definitions).

[771] Zu der hoch entwickelten Verweisungstechnik der englischen Gesetzgebung im 19. Jahrhundert, die nicht von Volkstümlichkeitsbestrebungen in der Gesetzgebung »behindert« wurde, s. unten S. 484 f.

[772] Eine zum Teil übertriebene Definitionsfreude bescheinigen dem indischen Strafgesetzbuch *Stephen*, History, Bd. 3, S. 306 u. *Smith*, S. 157 f. Ein häufig zitiertes Beispiel für eine missglückte Definition ist sec. 47: »The word »animal« denotes any living creature, other than a human being.«

von Bedeutung sind, auch über das ganze Gesetzbuch verstreut.[773] Mit den zahlreichen Definitionen bezweckten die Redaktoren nach eigenen Angaben eine Präzisierung des gesetzlichen Sprachgebrauchs und eine Entlastung des Regelungstextes von Wiederholungen. Sie gaben sich hingegen anders als Bentham nicht der Hoffnung hin, durch die Legaldefinitionen auch dem juristisch nicht vorgebildeten Leser das Verständnis der Regelungen zu erleichtern. Offen räumen sie ein, dass sie im Rahmen der Definitionen häufig die Gefälligkeit des Ausdrucks zugunsten der Präzision hätten opfern müssen und auch vor einer schwer verständlichen Ausdrucksweise nicht zurückgeschreckt seien, wo sie dies im Dienste der Genauigkeit für erforderlich erachteten.[774] Als ausgleichende Verständnishilfe sollten, wie wir an anderer Stelle sahen, die dem Gesetzbuch vielerorts beigegebenen Illustrationen dienen.[775] Den Generalgouverneur überzeugte diese Argumentation bei Vorlage des Entwurfs nicht, weshalb er den Wunsch aussprach, dass einige der schwer verständlichen Definitionen vereinfacht werden.[776] Im Zuge der Überarbeitung des Entwurfs wurden dann einige Definitionen gestrichen oder im Wortlaut geändert, andere hinzugefügt; insgesamt unterschied sich die Gesetz gewordene Fassung von 1860 mit Blick auf die Definitionstechnik jedoch nur wenig von dem Entwurf von 1837.

Blicken wir nun auf die weitere Entwicklung der legislatorischen Definitionstechnik in Deutschland im 19. Jahrhundert, so ist dabei namentlich für das Zivilrecht im Auge zu behalten, dass in Deutschland durch die Historische Rechtsschule dem Gesetzgeber anders als in England eine selbstbewusste Rechtswissenschaft gegenüberstand, welche die Begriffsentwicklung grundsätzlich als Aufgabe der Wissenschaft, nicht des Gesetzgebers, ansah. In dem zivilrechtlichen Konzept Savignys gab es nicht mehr die uns bei Feuerbach und Zeiller begegnete Unterscheidung zwischen »philosophischen« und »positiven« Regelungsgegenständen,

---

[773] Vgl. in der Gesetz gewordenen Fassung zunächst Kap. 2 (sec. 6–52), sodann als Beispiele für die über das ganze Gesetzbuch verstreuten Legaldefinitionen etwa sec. 161, 192, 230, 320, 349, 470, 478 f.

[774] Schreiben der *Indian Law Commissioners* an den *Governor-General in Council* vom 14. Oktober 1837, in: Penal Code for India (Draft 1837), S. 6 f.: »In our definitions we have repeatedly found ourselves under the necessity of sacrificing neatness and perspicuity to precision ... We have in framing our definitions thought only of making them precise, and have never shrunk from rugged or intricate phraseology when such phraseology appeared to us to be necessary to precision.«

[775] S. oben S. 303 f., 396.

[776] Minute of the Governor-General, 20 May 1837, in: Proceedings and Consultations of the Government of India, Legislative Consultations, 1837, June 5, No. 2; auch in: Return to an Order of the House of Lords, dated 11 June 1852, for Copies of all Correspondence ..., S. 32 f., in: Parliamentary Papers 1852 (263) xii: »I am not convinced by the Reasoning of the Commissioners in favour of Preciseness as obtained in some of their more comprehensive Definitions by the Sacrifice of Perspicuity, and I earnestly hope that in the Revision and Amendment which in the Course of printing are promised to the Code some of those Definitions may be simplified, which as at present drawn, and standing by themselves, would repel and perplex every Reader.« Generalgouverneur war zu dieser Zeit George Eden, Earl of Auckland.

wobei letztere der Willkür des Gesetzgebers vorbehalten seien und sich der Erkenntnis durch die Wissenschaft entziehen. Das Zivilrecht wurde nunmehr als
organisches Ganzes gesehen und in seiner Vernünftigkeit für die Wissenschaft
insgesamt erkennbar.[777] Nimmt man die zunehmende Abneigung hinzu, die das
19. Jahrhundert gegen belehrende Elemente in der Gesetzgebung hegte und die
Betonung des Imperativcharakters der Gesetze, so liegt es nahe, dass für Legaldefinitionen jedenfalls im Zivilrecht kein Platz mehr sei. Tatsächlich führten diese
Entwicklungen in der deutschen Gesetzgebungstheorie aber nur vereinzelt zu der
Forderung nach einem völligen Verzicht des Gesetzgebers auf Legaldefinitionen.[778]

Sehr viel häufiger war eine differenzierte Betrachtungsweise in der Gesetz-
gebungstheorie, die nach der Funktion unterschied, die einer Legaldefinition im
Rahmen der Gesetzgebung zukommen soll.[779] Einen tadelnswerten Übergriff des
Gesetzgebers in den Bereich der Dogmatik sahen viele dann gegeben, wenn die
Legaldefinition nicht den Zweck verfolgt, eine konkrete gesetzgeberische Anordnung zu präzisieren, sondern über das bloße Verständnis des gesetzgeberischen
Befehls hinaus Einsichten in die Rechtsnatur eines Begriffs oder Rechtsinstituts
oder über dogmatische Zusammenhänge vermitteln will. Offen für den Gesetzgeber blieb demgegenüber der uns schon von Zeiller bekannte Einsatz von Legaldefinitionen um den Bedeutungsgehalt eines Begriffes zu präzisieren, wenn dieser
unklar, schwankend oder umstritten war.[780] Eine ähnliche Unterscheidung lag

---

[777] Vgl. hierzu näher z. B. *J. Schröder*, Rechtsdogmatik und Gesetzgebung, S. 52 f.; *ders.*, Wis-
senschaftstheorie, S. 164 f. Anders sah jedoch *Savignys* Konzept im Strafrecht aus, welches er seiner
Natur nach in hohem Maße für rein positiv gesetzt hielt (s. oben S. 41) und wo er auch den
Gebrauch von Legaldefinitionen zur Klärung von Streitfragen befürwortete (s. unten S. 476 mit
Fn. 805).

[778] So bei *Danz*, S. 66 ff., insb. S. 73 f. Definitionen sind für ihn ein Fremdkörper in einem
Gesetzbuch, da sie nicht Verkörperung des Willens des Gesetzgebers seien, sondern Ausdruck
einer Einsicht, also Dogmatik. In einem Gesetzbuch seien sie durchweg schädlich, da der Gesetzgeber sich hier auf das Gebiet der Dogmatik begebe und bei unpassenden oder unzulänglichen
Definitionen die so gesetzlich definierten Rechtsinstitute von den Erkenntnissen der Wissenschaft
abschneide.

[779] Unabhängig von der Frage des Gebotenseins von Legaldefinitionen konnte der in der
Praxis häufige Einsatz von Legaldefinitionen durch den Gesetzgeber in der Frühzeit des deutschen
Konstitutionalismus auch als Argument für diejenigen Gesetzgebungstheoretiker dienen, die für
eine Beschränkung der Mitwirkung der Volksvertreter an Gesetzgebungsvorhaben auf Grundsatzfragen eintraten (vgl. hierzu oben S. 192 f.). Wegen ihrer abstrakten und »technischen« Natur
würden sich Legaldefinitionen nicht für eine parlamentarische Debatte eignen; vgl. hierzu *Planitz*,
Zeitschrift f. dt. Recht u. dt. Rechtswissenschaft, Bd. 11 (1847), S. 497 f. (Planitz selbst lehnte es
de lege lata ab, Legaldefinitionen statt von der verfassungsmäßig hierfür vorgesehenen gesetzgebenden Gewalt bloß von der Redaktionsbehörde beschließen zu lassen, da diese hierdurch einen
in der Verfassung nicht vorgesehenen inhaltlichen Einfluss auf die Gesetzgebung erhielte; de lege
ferenda stand er der umfassenden Beschlusszuständigkeit der Volksvertreter bei komplizierten
Gesetzesvorhaben jedoch skeptisch gegenüber.).

[780] *Meijer*, S. 168 f., 192: Legaldefinitionen sollen die vom Gesetzgeber gewünschten Grenzen
eines Begriffsinhalts aufzeigen, nicht etwas demonstrieren, was nicht Gegenstand der gesetzlichen

auch den Ansichten zugrunde, wonach der Gesetzgeber mittels Definitionen keine »logischen Urteile« aussprechen solle, wohl aber einen bestimmten Begriffsinhalt befehlen, also einen gesetzlichen Sprachgebrauch festlegen dürfe.[781] Den meisten dieser Stellungnahmen war also gemeinsam, dass der Gesetzgeber nicht durch Definitionen in das Gebiet der »Konstruktion« übergreifen solle, die der Wissenschaft vorbehalten bleiben sollte und die nicht Ausdruck eines gesetzgeberischen Willens, sondern einer dogmatischen Einsicht war.[782] Schwieriger zu beurteilen

---

Anordnung ist. *Günther*, Art. »Gesetzgebungswissenschaft«, Rechtslexikon, Bd. 4, S. 765 f.: Grundsätzlich sind Definitionen in einem Gesetz zweckwidrig, denn ein Gesetz soll nicht belehren oder den Verstand aufklären. Der Gesetzgeber soll sich aber dann über die Bedeutung eines Begriffs erklären, wenn diese umstritten ist. *Planitz*, Zeitschrift f. dt. Recht u. dt. Rechtswissenschaft, Bd. 11 (1847), S. 494 f.: Wenn die Bedeutung eines Begriffs schwankend ist, dieser also vom allgemeinen Sprachgebrauch oder der Wissenschaft nicht einen fest umrissenen Bedeutungsgehalt erhalten hat, soll der Gesetzgeber definieren, um diese Sicherheit herzustellen. *Morgenstern*, Bd. 1, S. 268: Begriffsbestimmungen im Gesetz sollen erfolgen, wenn sie der Deutlichkeit dienen, weil die Bedeutung eines Begriffs schwankend oder nicht allgemein bekannt ist. *Bekker*, S. 21: Ein Gesetz soll nicht zu viele Definitionen enthalten; der Gesetzgeber braucht diese aber auch nicht ganz zu meiden. Er soll definieren, wenn die Bedeutung eines Begriffes nicht außer Zweifel steht. *Huber,* Erläuterungen, Heft 1, S. 23 f.: Allgemeine Begriffsbestimmungen sind in den meisten Fällen nicht Aufgabe des Gesetzgebers, sondern der Wissenschaft. Der Gesetzgeber soll jedoch dort Begriffsbestimmungen vornehmen, wo er es zur Beseitigung von Unklarheiten oder Kontroversen für geboten erachtet. *Zitelmann*, Kunst, S. 31 f./271 f.: Legaldefinitionen sind sinnvoll, um größere Präzision gegenüber den unscharfen Begriffen des täglichen Lebens zu bewirken. *Kohler*, AcP 96 (1905), S. 360: Das BGB hätte noch mehr vom Instrument der Legaldefinition Gebrauch machen sollen, um Zweifel über den Bedeutungsgehalt einzelner Begriffe auszuräumen. In Frankreich sprach sich in den siebziger Jahren *Rousset* (Bd. 1, S. 270 ff.) entschieden für den Einsatz von Definitionen durch den Gesetzgeber aus, wollte diese aber in die amtliche Begründung verbannen, da es sich hierbei um einen dogmatischen, nicht an der Gesetzeskraft teilnehmenden Teil des Gesetzes handele. Um die Jahrhundertwende nahm dann *Gény* (Technique, S. 1037) den Gesetzgeber gegen den Vorwurf in Schutz, er würde durch den Gebrauch von Legaldefinitionen am falschen Ort Dogmatik betreiben. Legaldefinitionen seien vielmehr ein nützliches Mittel, um den Bedeutungsgehalt der gesetzgeberischen Anordnung zu präzisieren und damit Bestandteil des Gesetzesbefehls selbst. Die 1902 von *Otto Lenel* (Die auf Geschäftsbesorgung gerichteten entgeltlichen Verträge, in: Jherings Jb, Bd. 44 (1902), S. 31–42, hier: S. 31) en passant gemachte Bemerkung, es sei »eine triviale Weisheit, daß der Gesetzgeber sich des Definirens und Konstruirens zu enthalten habe«, spiegelte bezogen auf die Frage des Definierens das Meinungsspektrum also nicht richtig wieder.

[781] *Eisele*, AcP 69 (1886), S. 314 ff. Logische Urteile zu fällen sei Aufgabe der Wissenschaft, nicht des Gesetzgebers. Hiervon zu unterscheiden seien jedoch diejenigen Rechtssätze, die nicht nur ein Urteil über einen Begriffsinhalt aussprechen wollen, sondern einen bestimmten Begriffsinhalt befehlen; Eisele nennt diese in Anlehnung an Thöl (vgl. *Heinrich Thöl*, Einleitung in das deutsche Privatrecht, Göttingen 1851, § 35, S. 101) »begriffsentwickelnde Rechtssätze«. Diese seien legitim, solange der Gesetzgeber sich nicht selber widerspreche. Ähnlich *Mayr*, Gesetzbuch als Rechtsquelle, S. 390.

[782] In dem begriffsjuristischen Konzept *Jherings* war die Definition ein Teilschritt des Konstruktionsvorgangs, indem der »juristische Körper« zunächst auf seine charakteristischen Merkmale im Rahmen des Gesamtsystems zurückgeführt wurde (*Jhering*, II/2, § 41, S. 363 ff.; vgl. auch ebd., S. 365. »Definiren aber darf man nur nach einem Moment, nach dem man auch classificiren kann; ein Gesichtspunkt, der für die Bestimmung sämmtlicher Körper oder die Systematik des Ganzen ungeeignet ist, ist es auch für die Bestimmung des einzelnen.«). Die Konstruktion war bei *Jhering* der Wissenschaft vorbehalten; der Gesetzgeber solle nicht konstruieren und wenn er es dennoch

waren die Fälle, wo der Gesetzgeber nicht selber konstruierte, aber sich die Ergebnisse dogmatischer Konstruktion für seine Anordnungen zunutze machte. Dies wurde überwiegend als zulässig angesehen, wenn der Gesetzgeber hierbei nicht über Grundbegriffe allgemein theoretisierte, sondern kraft seiner Autorität als Gesetzgeber den Bedeutungsgehalt einer konkreten gesetzlichen Anordnung näher bestimmte.[783] Die (nicht mit konkreten Rechtsfolgen verbundenen) Elementarbegriffe des Rechts sollten hingegen für den gesetzgeberischen Definitionseifer verschlossen bleiben. Der Gesetzgeber sollte sich ihrer zwar als »unsichtbare Stützen und Träger des Ganzen« bedienen; ihre Entwicklung blieb aber – so wie früher dem Naturrecht – nunmehr der wissenschaftlichen Dogmatik vorbehalten.[784]

Auf der geschilderten Linie bewegte sich auch die von den Redaktoren des BGB eingesetzte Definitionstechnik. Es ist keineswegs so, dass die BGB-Redaktoren auf gesetzliche Begriffsbestimmungen ganz oder auch nur überwiegend verzichteten und diese der Beurteilung durch Wissenschaft und Praxis überließen.[785] Das BGB enthält vielmehr eine kaum überschaubare Vielzahl von Legaldefinitionen, die über alle Bücher des BGB verstreut sind. Charakteristisch für dieses Gesetzbuch ist nicht ein Verzicht auf Legaldefinitionen, sondern die Funktionen, welche sie zu erfüllen haben. Primäre Funktion der BGB-Definitionen ist es, den gesetzlichen Sprachgebrauch festzulegen, also die Bedeutung der im Rahmen einer konkreten Regelung verwendeten unbestimmten Rechtsbegriffe näher zu bestimmen, um hierdurch Auslegungszweifeln vorzubeugen. Wie wir sahen, befinden sich die BGB-Redaktoren beim Einsatz von Legaldefinitionen zu diesem Zweck durchaus in Übereinstimmung mit weiten Teilen der zeitgenössischen Gesetzgebungstheorie. Dieser Ansatz der BGB-Redaktoren, der in Abgrenzung zu einer bloß belehrenden, dogmatische Sinnzusammenhänge verdeutlichenden Funktion von Legaldefinitionen zu sehen ist, wird besonders deutlich bei den rund 70 Klammerdefinitionen des Gesetzbuchs.[786] Um jeden Anschein

---

tue, haben die Konstruktionen des Gesetzgebers »keine andere als eine doctrinäre Bedeutung, lassen […] sich mithin jeder Zeit durch die Jurisprudenz berichtigen und beseitigen …« (*Jhering,* II/2, § 41, S. 371 f.); ähnlich *Eisele,* AcP 69 (1886), S. 317; *Mayr,* Gesetzbuch als Rechtsquelle, S. 392, 394.

[783] Vgl. auch oben S. 321 ff. zum »Konstruktionsverbot« für den Gesetzgeber und zur »Imperativentheorie« in der Gesetzeslehre in der zweiten Hälfte des 19. Jahrhunderts.

[784] *Bekker,* S. 22. Dass der Gesetzgeber beim Definieren nicht bis zu den Elementarbegriffen zurückgehen soll, betonten wie wir sahen bereits *Feuerbach* (Philosophie und Empirie, S. 64 ff.) und *Zeiller* (Eigenschaften, S. 257).

[785] Zu einseitig erscheinen mir daher die Charakterisierungen etwa durch *Jakobs* (S. 149 ff.) und *F. Ebel* (Legaldefinitionen, S. 170), wonach Begriffsbestimmungen von den Redaktoren durchweg an Wissenschaft und Praxis verwiesen wurden (so Jakobs) bzw. sich das BGB durch die Tendenz auszeichne, auf Begriffsbestimmungen zugunsten der Wissenschaft zu verzichten (so Ebel).

[786] Klammerdefinitionen finden sich in allen Büchern des BGB; beispielhaft seien genannt aus dem Allgemeinen Teil: §§ 93, 121, 122 Abs. 2, 166 Abs. 2, 183, 184 Abs. 1, 194 Abs. 1; aus dem allgemeinen Schuldrecht: §§ 273 Abs. 1, 274 Abs. 1, 368, 383 Abs. 3, 398, 421, 428; aus dem

bloß belehrender Definitionen zu vermeiden, wurde hier der zu definierende Begriff in Klammern dem erklärenden Satzteil nachgestellt und so die Definition in die konkrete gesetzliche Anordnung integriert. Hierin erschöpfen sich aber keineswegs die Definitionsformen des BGB. So finden sich in nicht minder großer Zahl Bestimmungen in dem Gesetzbuch, die den gesetzlichen Sprachgebrauch hinsichtlich eines in der Alltagssprache nicht hinreichend präzise umrissenen Begriffs festlegen, ohne hierbei zu dem Instrument der Klammerdefinition zu greifen.[787]

Neben der Präzisierung des gesetzlichen Sprachgebrauchs dienten viele Definitionen des BGB auch der Abkürzung des Regelungstextes. Der einmal getroffenen Definition eines Begriffs sollte grundsätzlich für das gesamte Gesetzbuch Geltung zukommen, wodurch sich Wiederholungen vermeiden ließen.[788] Bedenkt man diese Abkürzungsfunktion vieler Legaldefinitionen, wäre es rein gesetzestechnisch für das Auffinden der Definitionen durch den Gesetzesanwender vorteilhafter gewesen, sämtliche Legaldefinitionen im Allgemeinen Teil zu konzentrieren oder gar – wie in der englischen Gesetzgebungstechnik – in einem einzigen Paragraphen alphabetisch geordnet aufzuführen. Dass die BGB-Redaktoren diesen Weg nicht wählten, hängt zum einen wohl mit der großen Zahl der über das Gesetzbuch verstreuten Definitionen zusammen, die den Allgemeinen Teil oder gar einen einzelnen Definitionsparagraphen sehr aufgebläht hätten. Daneben kam hierbei der angestrebten Vermeidung bloß belehrender Gesetzeselemente Bedeutung zu, weshalb man die Definitionen lieber in konkrete Anordnungen integrierte und die hierdurch bedingte schlechtere Auffindbarkeit in Kauf nahm.

---

besonderen Schuldrecht: §§ 462, 482, 634 Abs. 1, 741, 771, 779, 780; aus dem Sachenrecht: §§ 858 Abs. 1, 868, 925 Abs. 1, 937 Abs. 1, 984, 1012, 1030; aus dem Familienrecht: §§ 1363 Abs. 1, 1369, 1432, 1438 Abs. 1, 1519, 1530 Abs. 1, 1549; aus dem Erbrecht: §§ 1922, 1924 Abs. 2, 1937, 1939, 1940, 1941, 1942 Abs. 1.

[787] Auch hier wird wegen der großen Zahl auf eine erschöpfende Aufzählung verzichtet; einzelne Beispiele sind: §§ 90–100 (wobei zum Teil nur Einzelaspekte des Sprachgebrauchs geregelt werden anstelle einer erschöpfenden Definition), 252 S. 2, 932 Abs. 2, 1366–1370, 1589–1592, 1967 Abs. 2.

[788] In Einzelfällen haben die BGB-Redaktoren jedoch dieser Funktion zuwider gehandelt, wobei sich zwei Fallgruppen unterscheiden lassen. Zum einen wurde mitunter der gleiche Begriff an verschiedenen Stellen des Gesetzbuchs mehrfach – inhaltlich weitgehend übereinstimmend – definiert (so wird Minderung und Wandlung in § 462 unter konkreter Bezugnahme auf den Kauf und in § 634 erneut mit Blick auf den Werkvertrag definiert; eine Definition des Begriffs »Gesamtgut« findet sich sowohl in § 1438 Abs. 1 (für die allgemeine Gütergemeinschaft) als auch in § 1519 (für die Errungenschaftsgemeinschaft) und die Empfängniszeit wird sowohl in § 1592 als auch in § 1717 Abs. 2 definiert). Zum anderen verwendeten die Redaktoren mitunter einen an einer Stelle im Gesetzbuch definierten Begriff an anderer Stelle stillschweigend in einer anderen Bedeutung (so wird der Begriff »Genehmigung« im Vormundschaftsrecht (§§ 1809 ff., insbesondere § 1829 Abs. 1) abweichend von der in § 184 aufgestellte Definition verwendet; vgl. hierzu auch *F. Ebel*, Legaldefinitionen, S. 171, Fn. 99 mit dem Hinweis, dass die Definition der »Sache« in § 90 schon in § 119 Abs. 2 nicht mehr zutrifft). Bei den geschilderten Fällen handelt es sich jedoch um Ausnahmen von dem ansonsten überwiegend stringenten Einsatz definierter Begriffe durch die BGB-Redaktoren.

Schließlich scheuten sich die BGB-Redaktoren bei zahlreichen Rechtsinstituten auch nicht, über die bloße Abkürzungsfunktion und Sprachgebrauchfestlegung durch Legaldefinitionen hinauszugehen, indem sie einen Vertragstypus durch Festlegung der hieraus entspringenden Hauptpflichten charakterisierten und hierdurch Definition und Anordnung miteinander verbanden. Auch aus diesem Grunde wäre eine Konzentration sämtlicher Legaldefinitionen im Allgemeinen Teil oder in einem Definitionsparagraphen im BGB nicht möglich gewesen, weil diese Art der Definition (die der englischen Gesetzgebungstechnik weitgehend fremd ist) sich nur schwer aus dem konkreten Zusammenhang der jeweiligen Regelungsmaterie lösen lässt. In das Feld bloßer Lehrhaftigkeit glitt man hierbei nicht ab, da die Festlegung der vertraglichen Hauptpflichten immer zugleich Erkenntnis- und Anordnungscharakter besaß. Doch ging man hierbei keineswegs einheitlich vor. Während man etwa Kauf, Miete, Pacht, Leihe, Dienst- und Werkvertrag durch Festlegung der Hauptpflichten definierte, verzichtete man beim Darlehen, bei Spiel und Wette und beim Verlöbnis auf jede Definition. Manche dieser Fälle unterbliebener Definitionen lassen sich dadurch erklären, dass die Redaktoren hier dem Ausgang bestehender Kontroversen in der Wissenschaft und Praxis nicht vorgreifen wollten.[789] Doch auch dies taugt nicht als allgemeine Erklärung, denn umgekehrt finden sich im Gesetzbuch zahlreiche Definitionen, mit denen die Redaktoren bewusst in bestehende Kontroversen durch die Autorität einer gesetzlichen Festlegung eingriffen.[790] Soweit die Präzisierung gesetzlicher

---

[789] So – worauf *Jakobs* (S. 150) hinweist – z. B. bei Spiel und Wette und der Leibrente; Jakobs sieht das Vorgehen der BGB-Redaktoren in diesen Fällen aber m. E. zu Unrecht als Ausdruck einer allgemeinen Zurückhaltung der BGB-Redaktoren gegenüber dem Einsatz von Legaldefinitionen zur Entscheidung von in Wissenschaft und Praxis umstrittenen Rechtsfragen.

[790] So lehnte die zweite Kommission etwa den von der Vorkommission des Reichsjustizamts herrührenden Antrag ab, die Definition der Fahrlässigkeit im Entwurf ganz zu streichen. Die Vorkommission hatte hierzu die Ansicht vertreten, eine Begriffsbestimmung der Fahrlässigkeit zu geben, sei nicht Sache des Gesetzgebers; auch sollte man der Rechtsentwicklung »freien Lauf lassen« in der umstrittenen Frage, ob im Zivilrecht ein rein objektiver Sorgfaltsmaßstab zugrunde zu legen ist (*Jakobs/Schubert*, Beratung, Recht der Schuldverhältnisse, Teil 1, S. 253). Die Mehrheit in der zweiten Kommission beschloss hingegen, die Fahrlässigkeitsdefinition zwar nicht (wie ursprünglich vorgesehen) im Allgemeinen Teil, sondern im allgemeinen Schuldrecht aufzunehmen, auf eine Definition der Fahrlässigkeit aber nicht zu verzichten, weil im Gesetzbuch zum Ausdruck gebracht werden müsse, dass nach dem Willen des Gesetzgebers bei der Beurteilung der Fahrlässigkeit ein objektiver Maßstab anzulegen ist (Protokolle zum BGB, Bd. 1, S. 187). Auch der in der zweiten Kommission eingebrachte Antrag, die Legaldefinition von »Anspruch« (späterer § 194) zu streichen, weil diese entbehrlich sei und es Theorie und Praxis überlassen werden könne zu bestimmen, welcher Begriff des Anspruchs für die Verjährungsregelungen maßgebend ist, wurde von der Kommission abgelehnt. Die Kommissionsmehrheit wandte dagegen ein, die Legaldefinition sei erforderlich, um Zweifel über die Bedeutungsweite des Begriffs und damit Zweifel über den Umfang der Rechte, die einer Verjährung unterliegen, auszuräumen (Protokolle zum BGB, Bd. 1, S. 199 ff.; vgl. *Jakobs/Schubert*, Beratung, Allgemeiner Teil, Teil 2, S. 1104 ff.). Weitere Beispiele sind die Legaldefinition der Schenkung (§ 516), mit der man die Kontroverse ausräumen wollte, ob die Schenkung in jedem Fall als Vertrag anzusehen ist (Motive zum BGB, Bd. 2, S. 288; vgl. *Jakobs/Schubert*, Beratung, Recht der Schuldverhältnisse, Teil 2, S. 340 f.) und die Kon-

Anordnungen in Rede stand, gab es für die BGB-Redaktoren also keinen »Tabu-Bereich«, den man gänzlich Wissenschaft und Praxis überließ. Den Weg gesetzgeberischer Zurückhaltung zugunsten einer Klärung durch Wissenschaft und Praxis beschritt man hier manchmal, aber keineswegs immer, ließ sich vielmehr von konkreten Zweckmäßigkeitsüberlegungen leiten. Nur dort, wo über die konkreten gesetzlichen Anordnungen hinaus die Klärung von Grundbegriffen und dogmatischen Zusammenhängen in Frage stand, übten die BGB-Redaktoren zumeist Zurückhaltung zugunsten von Wissenschaft und Praxis.[791] Der BGB-Gesetzgeber wollte also – und hierin befand er sich in Übereinstimmung mit der Theorie seiner Zeit – sehr wohl, wo immer er es für die Bestimmtheit seiner Anordnungen nötig befand, definieren, sich hierbei aber nicht der Konstruktion (als Mittel der Wissenschaft), sondern seiner Autorität als Gesetzgeber bedienen.

Unter dem Eindruck des differenzierten Gebrauchs der Definitionstechnik durch die BGB-Redaktoren hob gegen Ende des 19. Jahrhunderts auch die Gesetzgebungstheorie zwei positive Nebeneffekte richtig eingesetzter Legaldefinitionen (neben der Hauptfunktion einer Präzisierung des gesetzlichen Sprachgebrauchs) hervor. Zum einen wies man auf die Kontrollfunktion der Legaldefinition für den Gesetzgeber selbst hin, weil sie – hierin der Gesetzesbegründung ähnlich – klärend und festigend auf die Begriffswahl des Gesetzgebers einwirke.[792] Zum anderen wurde nunmehr auch in Deutschland die Abkürzungsfunktion von Legaldefinitionen hervorgehoben.[793] Die einmalige Definition im Gesetz, die bei jedem erneuten Gebrauch des definierten Begriffs mitzudenken war, ersparte Wiederholungen. Dem ALR war diese Abkürzungsfunktion der Legaldefinition noch weitgehend fremd gewesen. So begnügten sich seine Verfasser zum Teil nicht damit, eine abstrakte Definition eines Rechtsbegriffs aufzustellen, sondern illustrierten diese Definition nicht selten zusätzlich an zahlreichen Einzelfällen.[794]

---

kretisierung des Zubehörbegriffs für Gebäude und Landgüter (§ 98), die der Entscheidung der Kontroverse diente, ob das Inventar eines gewerblich genutzten Gebäudes regelmäßig den Zwecken des Grundstücks oder den persönlichen Zwecken des Besitzers zu dienen bestimmt ist (Motive zum BGB, Bd. 3, S. 66).

[791] Vollkommen stringent war das methodische Vorgehen jedoch auch in dieser Hinsicht nicht. So glaubte man auf gesetzliche Definitionen von Anspruch (§ 194) oder Fahrlässigkeit (§ 276 S. 2) nicht verzichten zu können, ließ aber andere Grundbegriffe wie Vorsatz, Schaden und Vertrag (welche das ALR noch definiert hatte, s. oben S. 458, Fn. 728) undefiniert.

[792] *Bekker*, S. 21.

[793] *Kohler*, AcP 96 (1905), S. 360.

[794] Ein bekanntes und besonders abschreckendes Beispiel hierfür sind die Bestimmungen zum Zubehör. Das ALR gibt erst eine abstrakte Definition der »Pertinenzstücke« (I 2 § 42), überlässt die Subsumtion aber nicht dem Richter, sondern »dekliniert« die getroffene Definition dann selbst an zahlreichen Einzelfällen durch (I 2 §§ 48–102). Dieser Vorgang wiederholt sich auf verschiedenen Abstraktionsstufen hin zu immer konkreteren Vorgaben. So gibt I 2 § 48 eine abstrakte Umschreibung der Pertinenzstücke eines Landguts, die dann wiederum in den folgenden Paragraphen an einzelnen konkreten Sachen »durchdekliniert« wird und I 2 § 73 gibt eine abstrakte Umschreibung der Pertinenzstücke eines Gartens, die dann nachfolgend bis hinunter zu den »Gemälden, die in freier Luft aufgerichtet sind« aufgeschlüsselt wird.

Die englischen Gesetzgeber machten hingegen wie wir sahen schon früh von dieser Abkürzungsfunktion Gebrauch und auch die BGB-Redaktoren bedienten sich ihrer zur Vermeidung von Wiederholungen.

Das schweizerische ZGB machte im Vergleich zum BGB sehr viel seltener vom Instrument der Legaldefinition Gebrauch. Dort, wo es Definitionen enthält (insbesondere im Personen- und Sachenrecht), dienen sie meist der Präzisierung des gesetzliches Sprachgebrauchs für zentrale Begriffe des Gesetzbuchs wie Handlungs- und Urteilsfähigkeit, Verwandtschaft und Schwägerschaft oder Grundstücke.[795] Huber hielt im Übrigen den Einsatz von Legaldefinitionen nur ausnahmsweise für geboten, wenn hierdurch Unklarheiten oder Kontroversen in Praxis und Lehre über den Bedeutungsgehalt eines für die Gesetzesanwendung wichtigen Begriffs ausgeräumt werden sollen; ansonsten seien Begriffsbestimmungen der Wissenschaft zu überlassen.[796] Der weitgehende Verzicht des ZGB auf Legaldefinitionen ist ein weiteres Merkmal der von Huber vollzogenen Abkehr von dem das BGB sehr viel stärker prägenden Bestimmtheitsstreben zugunsten einer stärkeren Einbindung von Rechtsprechung und Lehre, die den Bedeutungsgehalt der vom Gesetzgeber verwendeten Begriffe für den Einzelfall auszuloten haben.

Um dem Dilemma der »fehlerhaften« Definition durch den Gesetzgeber zu entgehen, die einer besseren Erkenntnis durch Wissenschaft und Praxis Fesseln anlegt, wurde zum Teil auch der Einsatz nicht-exklusiver Legaldefinitionen gefordert.[797] Hierbei handelt es sich um eine der englischen Gesetzgebungspraxis schon im 19. Jahrhundert vertraute Technik, bei der die in der »Definitionsklausel« aufgestellten Definitionen grundsätzlich für allgemein anwendbar in dem nachfolgenden Gesetz erklärt werden, allerdings mit dem Vorbehalt eines sich im Einzelfall aus dem Zusammenhang ergebenden abweichenden Wortsinns.[798] Der Gesetzgeber stellt hier also nur einen »Normalbegriff« auf und belässt für Wissenschaft und Praxis eine Hintertür, durch die mit den Mitteln der Auslegung im Einzelfall eine Korrektur der unbewusst zu weit oder zu eng gefassten Definition möglich ist. So konnten die Vorteile einer generalisierenden Begriffsbestimmung im Hinblick auf die Bestimmtheit der gesetzlichen Anordnung genutzt werden, zugleich aber durch das Offenhalten eines abweichenden Wortsinns im konkreten Regelungskontext unbeabsichtigte Härten vermieden werden.

---

[795] Vgl. Art. 12, 13, 16, 20, 21, 655 Abs. 2 ZGB.

[796] *Huber*, Erläuterungen, Heft 1, S. 12 f., 23 f. So sei im Sachenrecht zwar eine Definition des Zubehörs und der Früchte einer Sache seitens des Gesetzgebers geboten (vgl. Art. 644 f. ZGB – »Zugehör«; Art. 643 – »natürliche Früchte«); die Klärung, was etwa fungible Sachen seien (vom BGB-Gesetzgeber einer Legaldefinition für nötig befunden – § 91), könne hingegen getrost der Wissenschaft überlassen werden.

[797] So für das Strafrecht von *Wach*, S. 28 ff.

[798] Vgl. z. B. sec. 9 des Strafgesetzbuchs für Britisch-Indien von 1860: »Unless the contrary appears from the context, words importing the singular number include the plural number, and words importing the plural number include the singular number.«

Nicht zufällig betrafen die meisten kritischen Stellungnahmen zum Einsatz von Legaldefinitionen durch den Gesetzgeber ausdrücklich oder doch implizit das Zivilrecht. Schon bei Feuerbach sahen wir für das Strafrecht eine tendenziell definitionsfreundlichere Grundhaltung als für das Zivilrecht. Durch die Etablierung des *Nulla-poena*-Grundsatzes im Strafrecht im 19. Jahrhundert entwickelte sich hier sogar ein grundsätzliches Definitionsgebot; fraglich war nur, wie weit dieses reichte, gerade im Hinblick auf die im Allgemeinen Teil positivierten allgemeinen Strafrechtslehren. Eine klare Linie wurde hierzu im 19. Jahrhundert nicht gefunden. Die Gesetzgebungslehre konnte nicht mit allgemein anwendbaren Kriterien zur Entscheidung dieser Frage aufwarten.[799] Entsprechend bot die Gesetzgebungspraxis kein einheitliches Bild bei der Frage, welche zentralen Begriffe der allgemeinen Strafrechtslehren im Rahmen des Allgemeinen Teils eines Strafgesetzbuchs eine ausdrückliche gesetzliche Definition erhalten sollen und welche stattdessen Wissenschaft und Praxis überlassen werden können. In der Tendenz lässt sich aber in Deutschland im Verlauf des 19. Jahrhunderts eine zunehmende gesetzgeberische Zurückhaltung bei derartigen Definitionen feststellen.[800] Illustrativ für diese Entwicklung ist die Haltung, die man während der jahrzehntelangen Kodifikationsgeschichte des preußischen Strafgesetzbuchs zu der Frage einnahm, ob im Allgemeinen Teil näher zu definieren sei, was unter Vorsatz zu verstehen ist. Der Referent des Entwurfs von 1827 wandte sich in den Motiven noch ausdrücklich gegen die »in neueren Zeiten häufig ausgesprochene Meinung«, dass ein Gesetzbuch sich einer Definition des Vorsatzes zu enthalten und diese vielmehr der Doktrin überlassen solle.[801] Er macht geltend, dass der Begriff des Vorsatzes im Strafrecht eine so große Bedeutung habe, dass der Gesetzgeber es nicht dem Richter überlassen könne, sich seine eigene Definition zurechtzulegen oder eine der in den Lehrbüchern enthaltenen, zum Teil sehr schwankenden Definitionen zugrunde zu legen. Entsprechend enthielt der damalige Entwurf des Strafgesetzbuchs noch eingehende Regelungen zu den verschiedenen Formen des Vorsatzes.[802] Im Zuge der 1843 erfolgten Veröffentlichung eines Folgeentwurfs zum preußischen Strafgesetzbuch wurde diese Frage erneut aufgeworfen, da sich zahlreiche Monenten gegen die Regelungen zu Vorsatz und Fahrlässigkeit in dem Entwurf aussprachen, die allein der Lehre zu überlassen seien.[803]

---

[799] Vgl. oben S. 445 f. Auch Feuerbachs oben erwähnte Stellungnahme war nicht geeignet, für den Allgemeinen Teil eine klare Grenzlinie zwischen den durch den Gesetzgeber zu treffenden und den der Wissenschaft zu überlassenden Begriffsbestimmungen zu ziehen.

[800] Während das bayerische Strafgesetzbuch von 1813 u. a. noch Vollendung, Vorsatz, einfache und grobe Fahrlässigkeit definierte (s. oben Fn. 748), fehlen derartige Definitionen im preußischen Strafgesetzbuch von 1851 und im Reichsstrafgesetzbuch von 1871.

[801] Motive zum Entwurf von 1827, Bd. 1, S. 87, in: *Regge/Schubert*, Bd. 1, S. 119; Referent war damals der Kammergerichtsrat Bode.

[802] §§ 67–71 des Entwurfs 1827.

[803] Revision des Entwurfs des Strafgesetzbuchs von 1843, Bd. 1, S. 122 f., in: *Regge/Schubert*, Bd. 5, S. 354 f. Die Regelungen zu Vorsatz und Fahrlässigkeit fanden sich im Entwurf 1843 in den §§ 51–53.

Doch erneut wurden diese Einwände von den Revisoren verworfen.[804] In der Staatsratskommission, die sich ab 1845 mit dem revidierten Entwurf befasste, fand sich dann jedoch eine Mehrheit für die ersatzlose Streichung dieser Bestimmungen – übrigens gegen das Votum Savignys, der sich für deren Erhalt aussprach.[805] Die Mehrheit in der Kommission argumentierte nunmehr im Sinne der Monenten, dass derartige Begriffsbestimmungen rein doktrinärer Natur und daher der Wissenschaft zu überlassen seien; im Übrigen seien alle bisherigen Versuche, die Lehre vom Vorsatz in die Form eines Gesetzes zu fassen, gescheitert.[806]

Im Rahmen des Besonderen Teils der Strafgesetzbücher waren die sprachlichen Ausformungen der jeweiligen Tatbestände gesetzestechnisch betrachtet Legaldefinitionen der für den Straftatbestand gewählten Bezeichnung. Gesetzgebungshistorisch gesehen war die (dem allgemeinen Sprachgebrauch entnommene) bloße Bezeichnung einer strafbaren Handlung im Gesetz (etwa als »Diebstahl« oder »Raub«) meist älter als die definitorische Fixierung und Abgrenzung der hierdurch pönalisierten Handlung.[807] Letztere war zunächst ein Resultat des (absolutistischen wie auch aufklärerischen) Strebens nach Ausschluss oder doch Verringerung richterlichen Ermessens, im 19. Jahrhundert dann Folge der Etablierung des Bestimmtheitsgebots im Strafrecht. Resultat war hierbei aber zunächst nur, dass die einen Straftatbestand bezeichnenden Begriffe überhaupt eine gesetzliche Definition (also eine Tatbestandsformulierung) erhielten.[808] Im Rahmen der einzel-

---

[804] Ebd. (maßgeblicher Revisor war der Geh. Oberjustizrat Bischoff, der seit 1839 Referent der Staatsratskommission für den Strafgesetzbuchentwurf war; näher zu der Revision oben S. 129).

[805] Protokoll der Sitzung vom 15. November 1845, S. 31 f., in: *Regge/Schubert*, Bd. 6/1, S. 141 f. Der Vorschlag der ersatzlosen Streichung kam von dem Justizminister Uhden; sein Kollege Savigny (als zweiter Justizminister speziell für die Gesetzesrevision zuständig) argumentierte hingegen, die kritisierten Bestimmungen würden in der Wissenschaft und Praxis streitige Fragen zum Vorsatz beantworten und seien daher von praktischem Nutzen; vgl. hierzu auch *Class*, S. 11.

[806] Ebd. Bei der Frage einer gesetzlichen Definition des strafbaren Versuchs argumentierte die Kommission ebenso und verzichtete daher im Entwurf von 1847 im Gegensatz zu den früheren Entwürfen auf eine Legaldefinition (nur für die Rheinprovinz wurde im Entwurf des Einführungsgesetzes eine Versuchsdefinition vorgesehen; vgl. hierzu *Class*, S. 14 f.). Hier brachten aber die späteren Verhandlungen des Entwurfs im Vereinigten ständischen Ausschuss die Wiederaufnahme einer Versuchsdefinition. Der Regierungskommissar Bischoff konnte die Mitglieder der vorbereitenden Abteilung des Vereinigten ständischen Ausschusses nicht mit seiner Argumentation überzeugen, dass derartige Definitionen der Doktrin zu überlassen seien (vgl. das Protokoll der Sitzung der Abteilung v. 3. Januar 1848, bei *Bleich*, Bd. 1, S. 43). Die Ständevertreter in der Abteilung und später auch im Plenum plädierten mehrheitlich für eine gesetzliche Definition, um Rechtsunsicherheit zu vermeiden und die Frage, ob ein strafbarer Versuch vorliegt, nicht allein dem Richter zu überlassen (Gutachten der vorbereitenden Abteilung, S. 21 f., bei *Regge/Schubert*, Bd. 6/2, S. 1057 f.; Sitzung des Plenums v. 26. Januar 1848, bei *Bleich*, Bd. 1, S. 204 f.; vgl. auch ebd., Bd. 2, S. 349–358 zu der hierüber im Plenum geführten ausführlichen Debatte).

[807] Vgl. hierzu oben S. 361 (in Fn. 311 mit Beispielen aus der Carolina, die sich bei einigen Delikten noch mit der bloßen Nennung der umgangssprachlichen Bezeichnung begnügte anstelle einer tatbestandlichen Fixierung).

[808] Es blieben jedoch (seltene) Ausnahmen, in denen sich die Tatbestandsformulierung praktisch auf die Nennung der umgangsprachlichen Bezeichnung für das Delikt beschränkte, im

nen Straftatbestände blieb abermals die Frage, welche vom Gesetzgeber hierbei verwendeten Begriffe ausdrücklich definiert und welche bei Auslegungszweifeln Wissenschaft und Praxis überlassen blieben. Auch hier bot sich in der Gesetzgebungspraxis und -theorie keine klare Linie. Während das bayerische Strafgesetzbuch von 1813 etwa den Begriff der Waffe definierte (Art. 222), entschlossen sich die Redaktoren des preußischen Strafgesetzbuchs von 1851 in bewusster Abkehr vom bayerischen Vorbild, diesen Begriff, den das preußische Gesetzbuch auch verwendet (§§ 218 Nr. 7, 232 Nr. 1), undefiniert zu lassen, da man sich von einer Definition keine größere Klarheit versprach.[809] Stattdessen hielt man es im preußischen Strafgesetzbuch jedoch für nötig, im Zusammenhang mit den Diebstahlsdelikten die Begriffe »umschlossener Raum«, »Einsteigen«, »Einbruch« und »falscher Schlüssel« näher zu definieren (§§ 221–224).[810] Die Gesetzgebungstheorie konnte in diesem Zusammenhang nur mit dem vagen Kriterium helfen, dass diejenigen Begriffe zu definieren seien, deren konkreter Bedeutungsgehalt im allgemeinen Sprachgebrauch nicht fest umrissen ist oder die der Gesetzgeber abweichend von diesem allgemeinen Sprachgebrauch einsetzen wollte.

2. Verweisungen und Fiktionen

Die Gesetzgebungstheorie begann sich relativ spät mit Verweisungen als Mittel der Gesetzgebungstechnik zu beschäftigen. Eine nähere Erörterung findet sich erstmals bei Bentham.[811] Dieser spricht sich uneingeschränkt für den Einsatz von Verweisungen durch den Gesetzgeber aus. Zur Begründung führt Bentham bereits die beiden wesentlichen Funktionen an, welche an die Verweisung in der späteren Gesetzgebungstheorie geknüpft werden. Zum einen nennt er die Vermeidung von Wiederholungen als Funktion der Verweisung und zum anderen das Aufzeigen von Zusammenhängen zwischen verschiedenen Bestimmungen und deren

---

preußischen Strafgesetzbuch etwa beim Ehebruch und bei der Beleidigung (s. oben S. 371, Fn. 366).

[809] Schiller als Redaktor des die Vermögensdelikte regelnden Teils des Entwurfs von 1828 zum preußischen Strafgesetzbuch verwarf in den Motiven ausdrücklich den Gedanken, im Gesetz eine Definition des Begriffs »Waffen« zu geben. Durch die vom bayerischen Strafgesetzbuch hierfür gegebene Definition schien ihm »nicht das Mindeste verdeutlicht« (Motive zum Entwurf von 1828, Bd. 4, S. 126 f., in: *Regge/Schubert*, Bd. 2, S. 130 f.). Die späteren Entwürfe hielten an dieser Entscheidung fest (vgl. auch *Goltdammer*, Bd. 2, S. 484). Im Ausschussbericht der Zweiten Kammer des preußischen Landtags 1851 heißt es hierzu, eine genaue Präzisierung des Begriffs »Waffen« durch den Gesetzgeber sei nicht möglich, dies solle vielmehr im Einzelfall durch den Richter erfolgen (Verhandlungen der Ersten und Zweiten Kammer, S. 150).

[810] Weitere Legaldefinitionen zur Klärung des gesetzgeberischen Sprachgebrauchs finden sich im preußischen Strafgesetzbuch in den §§ 1, 15, 28 Abs. 2, 295 Abs. 2 und 298 Abs. 2.

[811] Zum Folgenden: *Bentham*, Nomography, S. 259; *ders.*, Constitutional Code, Vorwort, CW: S. 6 ff. Eine kurze Kritik an der Praxis, in einem Gesetz auf eine Stelle in einem anderen Gesetz zu verweisen, ohne die dort getroffene Anordnung zu wiederholen, findet sich jedoch schon bei *Sonnenfels*, S. 380 (im Druck fälschlich »370«).

Ineinandergreifen. Demonstriert hat Bentham diese Methode in seinem Entwurf eines »Constitutional Code«, der zahlreiche Verweisungen auf die anderen (nie vollendeten) Gesetzbücher sowie interne Verweisungen zwischen den einzelnen Kapiteln des Gesetzbuchs enthält. Viele dieser Verweisungen waren (in moderner Terminologie ausgedrückt) deklarative Verweisungen, trafen also keine zusätzlichen Regelungen, sondern machten auf Zusammenhänge mit anderen Bestimmungen aufmerksam, ohne deren Anwendungsbereich auszuweiten.

So positiv wie Bentham haben die deutschen Gesetzgebungstheoretiker des späteren 19. Jahrhunderts den Einsatz der Verweisungstechnik durch den Gesetzgeber nicht mehr gesehen. Dies hängt mit den beiden von Bentham angesprochenen Funktionen der Verweisung zusammen. Die systemdemonstrierende Funktion der Verweisung war typisch für die Zeit der Aufklärung und findet sich in den großen Gesetzgebungswerken dieser Zeit häufig wieder. Das ALR beinhaltet eine große Zahl solcher demonstrativer Verweisungen, meist durch Klammerzusätze am Ende eines Paragraphen, die auf andere Vorschriften des Gesetzbuchs verweisen.[812] Diese Klammerverweise dienten nicht der Abkürzung des Regelungswortlauts, sondern dem Aufzeigen von Systemzusammenhängen zwischen einzelnen Vorschriften. Der Gesetzgeber wollte nicht nur anordnen, sondern auch belehren; eine Funktionsteilung zwischen Gesetzgebung und Dogmatik war nicht vorgesehen. Auch im ABGB finden sich – ein weiteres Beispiel für das ambivalente Verhältnis des ABGB zu belehrenden Gesetzgebungselementen[813] – noch eine Vielzahl solcher rein demonstrativer Verweisungen ohne eigenen Regelungsgehalt.[814] Diese kommen im ABGB in drei verschiedenen Varianten vor: zunächst in Form der auch aus dem ALR bekannten rein deklaratorischen Verweise auf andere Stellen im Gesetzbuch,[815] dann in Form von Hinweisen auf anwendbare Spezialgesetze[816] und schließlich in Form von allgemeinen Verweisen auf die »politischen« Gesetze[817]. Ähnlich wie beim Einsatz der Definitionstechnik machte

---

[812]   Die Beispiele hierfür sind im ALR so zahlreich, dass sie hier nicht im einzelnen aufgeführt werden; es genügt, eine beliebige Seite im Gesetzbuch aufzuschlagen.

[813]   S. hierzu im Allgemeinen oben S. 319.

[814]   Zur Verweisungstechnik im ABGB vgl. auch *Mayr*, Gesetzbuch als Rechtsquelle, S. 386 f.; *Kastner*, S. 549 ff.; *Brauneder*, ABGB, S. 242.

[815]   Aus den auch im ABGB noch sehr zahlreichen Beispielen derartiger Verweisungen seien hier nur einige herausgegriffen: §§ 132, 175, 245, 250, 326, 533, 616, 647, 755 u. s. w. enthalten deklaratorische Verweise auf einzelne Normen und z. B. die §§ 89, 105, 117, 153, 602, 603, 826 enthalten deklaratorische Verweise auf andere Abschnitte des Gesetzbuchs.

[816]   Z. B. die Verweise auf die Auswanderungsgesetze (§ 32), die Militärgesetze (§ 600), das Wuchergesetz (§ 1000) und die besonderen Handelsgesetze (§§ 1179, 1216, 1410). Das Kundmachungspatent zum ABGB hatte den Fortbestand und Vorrang derartiger Spezialgesetzgebung ausdrücklich festgestellt (s. oben S. 346), weshalb es aus rechtlicher Sicht der Bezugnahmen im Gesetzbuch nicht bedurft hätte.

[817]   Allgemeine Verweise auf die politischen Gesetze finden sich z. B. in den §§ 27, 140, 284, 539, 646, 761, 867, 1149 ABGB. Auch hier hätte es angesichts des Vorbehalts des Kundmachungspatents zugunsten von »politischen« Gesetzen, welche die Privatrechte beschränken oder näher bestimmen, aus rechtlicher Sicht der Verweise im Gesetzbuch nicht bedurft. Es handelt

das ABGB also auch in der Frage der Verweisungen Zugeständnisse an eine belehrende Gesetzgebungstechnik. Motiv war hier wie dort das Streben nach möglichst breiter Verständlichkeit des Gesetzbuchs; auch dem juristisch nicht Versierten sollten die Systemzusammenhänge vor Augen geführt werden.

Im weiteren Verlauf des 19. Jahrhunderts fiel diese demonstrative Funktion der Verweisung in der Gesetzgebungspraxis der zunehmenden Kritik an einer belehrenden Gesetzgebung zum Opfer. Das Aufzeigen der Systemzusammenhänge wurde nunmehr als Aufgabe der Wissenschaft angesehen; der Gesetzgeber sollte sich auf unmittelbar anwendbare Anordnungen beschränken.[818] Schon im bayerischen Strafgesetzbuch von 1813 finden sich nur noch sehr wenige demonstrative Verweisungen;[819] in den Vordergrund tritt nunmehr die Abkürzungsfunktion der Verweisung.

Die Abkürzungsfunktion der Verweisung hatte in der Aufklärungszeit noch eine geringe Rolle gespielt. Die Gesetzgeber der Aufklärungszeit scheuten Wiederholungen im Gesetzestext nicht, waren diese doch weitaus besser als Verweisungen geeignet, das Gesetzbuch auch für den Nicht-Juristen verständlich zu halten. Die meisten Verweisungen dienten in dieser Epoche daher wie aufgezeigt der Belehrung über Systemzusammenhänge, nicht der Verkürzung des Regelungstextes. Als ein Gesetzbuch des Übergangs präsentiert sich auch in dieser Frage das ABGB. Zwar überwiegen hier noch die rein belehrenden Verweisungen, doch finden sich im ABGB – anders als im ALR – auch schon zahlreiche abkürzende Verweisungen, die durch den Verweis auf eine andere Norm dort geregelte Tatbestandsmerkmale oder Rechtsfolgen in den Regelungstext inkorporieren.[820] Im weiteren Verlauf des 19. Jahrhunderts tritt diese Verkürzungsfunktion der Verweisung dann in der Gesetzgebungspraxis immer mehr in den Vordergrund. Schon das bayerische Strafgesetzbuch von 1813 enthält eine Vielzahl solcher Verweisungen, die hier insbesondere dazu dienen, die für einen Tatbestand aufgestellten Strafzumessungsregeln auch bei einem anderen Tatbestand für anwendbar zu erklären.[821] Im preußischen Strafgesetzbuch von 1851

---

sich um bloß belehrende Hinweise für den Gesetzesanwender auf nebenher anwendbare Rechtsquellen.

[818] Vgl. oben S. 321 ff.

[819] Rein demonstrativen Charakter tragen im bayerischen Strafgesetzbuch die Binnenverweise in Art. 137 Abs. 2 und 268 und die Verweise auf anderweitige Gesetze in Art. 33 und 433 Abs. 2. Aus dem preußischen Strafgesetzbuch von 1851 sind rein demonstrative Verweisungen dann gänzlich verschwunden; lediglich die Klammerzusätze über abweichende Bestimmungen (vgl. §§ 334, 339) tragen noch demonstrativen Charakter.

[820] Vgl. z.B. §§ 78, 94, 108, 128, 155, 160, 196, 393, 456, 708, 735, 736, 758, 759, 775, 782, 792, 1110 ABGB.

[821] Abkürzende Verweisungen finden sich im bayerischen Strafgesetzbuch in großer Zahl sowohl im Allgemeinen Teil (z.B. Art. 13 Abs. 2, 17, 20, 21, 31, 56, 81, 82 etc.) als auch im Besonderen Teil (z.B. Art. 145, 205, 238 Abs. 2, 256, 267 etc.). Vgl. auch die Pauschalerstreckung der Vorschriften des Allgemeinen Teils über Verbrechen auf Vergehen (Art. 141).

werden Verweisungen ebenfalls in großer Zahl und nunmehr praktisch ausschließlich zur Abkürzung des Regelungstextes eingesetzt.[822]

Doch findet auch diese Abkürzungsfunktion der Verweisung nur wenige Anhänger in der Gesetzgebungstheorie.[823] Die echte (konstitutive) Verweisung führt zwar zu einer Verkürzung des Gesetzestexts, erschwert aber gleichzeitig die Lesbarkeit und das Verständnis der Bestimmungen.[824] Sie stieß daher namentlich bei denjenigen Gesetzgebungstheoretikern auf Kritik, die sich für eine möglichst »volkstümliche«, auch dem Nicht-Juristen verständliche Gesetzgebung einsetzten.[825] Besonders die Verfasser des BGB-Entwurfs ernteten daher für ihren »mit einer Art von Fanatismus«[826] durchgeführten Einsatz der Verweisungstechnik scharfe Kritik, wobei man die im BGB nicht seltenen Kettenverweisungen als abschreckendes Beispiel hervorhob, die schon dem Juristen die Anwendung unnötig erschweren würden und dem Nicht-Juristen das Verständnis gänzlich unmöglich machten.[827]

Verweisungen können auch dazu führen, dass der Gesetzgeber selbst den Überblick darüber verliert, was er im Wege der Verweisung eigentlich angeordnet hat und ob die mittels Verweisung in Bezug genommenen Bestimmungen tatsächlich auf den vorliegenden Regelungskontext passen. Deshalb wurde der Verzicht auf

---

[822] Z. B. §§ 21, 33, 63, 65, 73, 78, 81, 84, 91, 120 etc. Anders waren jedoch noch die Absichten der Redaktoren der Revision von 1845 zum preußischen Strafgesetzbuch, die den Grundsatz aufstellten, Verweisungen im Gesetz nicht zur Ergänzung des Inhalts zu benutzen, sondern lediglich zur Erleichterung der Einsicht in den inneren Zusammenhang des Gesetzbuchs (Revision des Entwurfs von 1843, S. VI = *Regge/Schubert*, Bd. 5, S. 218). Der endgültigen Fassung des preußischen Strafgesetzbuchs von 1851 war von einer derartigen Bevorzugung von belehrenden anstelle von abkürzenden Verweisungen dann aber nichts mehr anzumerken.

[823] Positiv zu einem Einsatz von Verweisungen zur Vermeidung von Wiederholungen äußern sich *Kitka*, S. 96 f. (der nur an den rein zur Belehrung dienenden Verweisungen Kritik übt), *Bähr*, S. 322 f. (der – im Zusammenhang mit den BGB-Entwürfen – den Einsatz der Verweisungstechnik wegen ihres Beitrags zur Kürze des Gesetzbuchs lobt, obgleich die hierdurch entstehenden Verständnisschwierigkeiten nicht zu leugnen seien) und zu Beginn des 20. Jahrhunderts *Kastner*, S. 552.

[824] Überwiegend kritisch daher schon die Stellungnahme *Mohls* (Politik, Bd. 1, S. 449), wonach auf Verweisungen nach Möglichkeit zugunsten wörtlicher Wiedergabe der Bestimmungen zu verzichten sei und Verweisungen allenfalls zur Vermeidung allzu großer Weitläufigkeit eingesetzt werden sollen.

[825] *Huber*, Erläuterungen, Heft 1, S. 14 f.; *Gutherz*, Teil 2, S. 10 sowie die in Fn. 827 genannten Kritiker des BGB.

[826] So *Gierke*, S. 68.

[827] *Bekker*, S. 55: Verweisungen auf andere Paragraphen haben in dem Entwurf derart Überhand genommen, dass der Gesetzeswortlaut teilweise »das Aussehen mathematischer Formeln« annehme und für den Laien gänzlich unverständlich sei. *Gierke*, S. 66 ff.: Das Übermaß der Verweisungen sei »eine der verhängnisvollsten redaktionellen Eigentümlichkeiten des Entwurfs«, welches das Verständnis der Rechtssätze erschwere und die Möglichkeit einer volkstümlichen Rechtskenntnis vollends abschneide. Ähnlich kritisch zu dem übermäßigen Einsatz der Verweisungstechnik im BGB äußerten sich *Menger*, S. 17 und *Kohler*, AcP 96 (1905), S. 354 f. Vgl. im Übrigen den Überblick über die Stellungnahmen zum Einsatz der Verweistechnik im BGB-Entwurf in der »Zusammenstellung der gutachtlichen Äußerungen«, Bd. 1, S. 27, Bd. 6, S. 15 f.

Verweisungen zugunsten von Wiederholungen dem Gesetzgeber auch zur Eigenkontrolle anempfohlen, da der Gesetzgeber hierdurch genötigt wird, sich explizit
damit auseinander zu setzen, ob eine unveränderte Wiederholung der an anderer
Stelle getroffenen Bestimmung im vorliegenden Regelungskontext tatsächlich
passt.[828] Als besonders problematisch wurden seit der zweiten Hälfte des 19.
Jahrhunderts Verweisungen angesehen, die eine bloß »entsprechende« Anwendung der in Bezug genommenen Regelungen anordnen. Zum Teil kritisierte
man die hierdurch entstehende Rechtsunsicherheit über das genaue Ausmaß der
analogen Anwendung der vom Gesetzgeber nur für »entsprechend« anwendbar
erklärten Vorschrift;[829] zum Teil hielt man es auch gar nicht für die Aufgabe des
Gesetzgebers, derartige Analogieschlüsse anzuordnen, welche vielmehr Wissenschaft und Praxis überlassen werden sollten.[830] Derartige Verweisungen seien auch
für die Auslegung des Gesetzes als Ganzes betrachtet gefährlich, weil deren gelegentlicher Einsatz den (mitunter falschen) Umkehrschluss provoziere, dass der
Gesetzgeber dort, wo er nicht ausdrücklich andere Bestimmungen für entsprechend anwendbar erklärt, auch keine Analogie zulassen wollte.[831]

Das BGB enthält eine Vielzahl derartiger Verweisungen zur entsprechenden
Anwendung. Unter dem von der Gesetzgebungslehre angesprochenen Gesichtspunkt der Rechtssicherheit erwiesen sich hierbei insbesondere diejenigen Verweisungen als problematisch, die nicht nur eine einzelne Vorschrift für entsprechend
anwendbar erklären, sondern auf einen ganzen Regelungskomplex verweisen,
hiervon aber gleichzeitig wieder Einschränkungen machen. Ein anschauliches
Beispiel hierfür liefert die Verweisung des § 1192 Abs. 1 BGB, wonach auf die
Grundschuld die Vorschriften über die Hypothek entsprechende Anwendung
finden, soweit sich nicht daraus ein anderes ergibt, dass die Grundschuld keine
Forderung voraussetzt. Das wesentliche Element des durch die Verweisung angeordneten Analogieschlusses, nämlich die Frage nach der Vergleichbarkeit der
zueinander in Beziehung gesetzten Regelungen, wird hier also vom Gesetzgeber
gerade nicht vorgegeben. So blieb es Wissenschaft und Praxis überlassen, diejenigen Vorschriften des Hypothekenrechts herauszufiltern, die auf die Grundschuld
entsprechende Anwendung finden sollen. Die Verfasser des BGB trafen mit dieser
Art der »ergebnisoffenen« Verweisung also nur formal eine Regelung, inhaltlich
überließen sie deren Ausgestaltung bewusst Wissenschaft und Praxis.[832]

---

[828] *Gutherz*, Teil 2, S. 10.

[829] *Gierke*, S. 66 ff. Zu entsprechenden Bedenken in der englischen Gesetzgebungstheorie s.
unten Fn. 846.

[830] *Bekker*, S. 57; *Kohler*, AcP 96 (1905), S. 354 f.

[831] *Bekker*, S. 57.

[832] Vgl. Motive zum BGB, Bd. 3, S. 781. Die Motive räumen offen ein, dass die Frage, ob eine
für die Hypothek gegebene Vorschrift zur Anwendung auf die Grundschuld geeignet ist, mitunter
nicht leicht zu entscheiden sein wird. Dennoch sei es nicht ratsam, die anwendbaren oder nicht
anwendbaren Bestimmungen einzeln aufzuführen, da die Entscheidung, ob eine Vorschrift zur
entsprechenden Anwendung auf die Grundschuld geeignet ist, sich nur schwer für alle Fälle im

Auch sonst kennt das BGB vereinzelt offene Verweisungen auf ein nur inhaltlich umrissenes Verweisungsobjekt.[833] Dies sind jedoch Ausnahmefälle (wobei man in der Mehrzahl dieser Fälle wohl davon ausging, dass Zweifel über die Abgrenzung des Verweisungsobjekts gar nicht aufkommen können); überwiegend beschritten die Verfasser des BGB hingegen den Weg einer ausdrücklichen Nennung des oder der Paragraphen, auf die Bezug genommen wird, in der Verweisungsnorm.[834] Hintergrund war auch hier das Streben nach Rechtssicherheit. Die Frage der genauen Abgrenzung des Verweisungsobjekts sollte regelmäßig vom Gesetzgeber vorgegeben und nicht Wissenschaft und Praxis überlassen bleiben.

Wesentlich anders sah das Gesetzgebungskonzept Eugen Hubers in der Frage des Einsatzes von Verweisungen aus. Huber versuchte im Dienste der Anschaulichkeit Verweisungen möglichst zu vermeiden, damit die einzelnen Artikel aus sich heraus verständlich bleiben.[835] Doch auch dort, wo sich Verweisungen als unumgänglich erweisen, solle der Gesetzgeber nach der Auffassung Hubers nur den Inhalt der in Bezug genommenen Vorschriften angeben, nicht aber die Artikelnummern, auf die verwiesen wird.[836] Verweisungen mit genauer Artikelanführung würden sich nämlich allzu oft als lücken- oder fehlerhaft erweisen und dadurch der Rechtsanwendung Schwierigkeiten bereiten. Das Aufsuchen der einzelnen Bestimmungen, die von der Verweisung umfasst sein sollen, sei daher der Wissenschaft und Praxis zu überlassen. Das ZGB enthält entsprechend nur sehr wenige Verweisungen, die zudem niemals auf einzelne genau bezeichnete Artikel gerichtet sind, sondern auf nur inhaltlich umrissene Vorschriftenkomplexe, die für (entsprechend) anwendbar erklärt werden.[837] Auf den nahe liegen

---

Voraus treffen lasse. Der Gesetzgeber könne darauf vertrauen, dass die Praxis seine Absicht erkennen und das Richtige finden werde.

[833] Ein drastisches Beispiel hierfür ist der Verweis auf eine Haftung nach den »allgemeinen Vorschriften« in § 818 Abs. 4, welcher im Grunde aber nur der Form nach eine Verweisung darstellt (inhaltlich sollte hiermit zum Ausdruck gebracht werden, dass die Haftungsprivilegierungen des Bereicherungsschuldners mit Eintritt der Rechtshängigkeit fortfallen). Weitere Beispiele für Verweise mit nur inhaltlich umrissenem Verweisungsobjekt: §§ 135 Abs. 2, 161 Abs. 3, 292, 850, 951, 988, 992, 994 Abs. 2, 1033 S. 2 BGB.

[834] Hierbei beschränkte man sich häufig auf die bloße Nennung der Paragraphenzahlen, auf die verwiesen wurde. In der Literatur wurde hingegen zum Teil gefordert, der Gesetzgeber möge zusätzlich zu der ziffernmäßigen Bezeichnung des Verweisungsobjekts (nicht wie bei Huber anstelle dessen) auch den Inhalt der Rechtsvorschriften, auf die verwiesen wurde, andeuten, um die Regelungen für den Leser anschaulicher zu machen (*Zitelmann*, Rechtsgeschäfte, S. 13, 65).

[835] *Huber,* Erläuterungen, Heft 1, S. 14 f.

[836] *Huber,* Erläuterungen, Heft 1, S. 14 f. Anders nicht nur die BGB-Verfasser, sondern etwa auch *Mohl* (Politik, Bd. 1, S. 449), der forderte, dass der Gesetzgeber die Bestimmungen, auf die verwiesen wird, »ganz genau und mit unzweifelhafter Bezeichnung der gemeinten Stellen« angebe.

[837] So werden zum Beispiel für den Fall der Ungültigerklärung einer Ehe für das Verhältnis zwischen Kindern und Eltern und der Ehegatten untereinander die Scheidungsvorschriften für anwendbar erklärt (Art. 133 Abs. 2, 134 Abs. 2 ZGB), für die Berechnung der Fristen bei der Ersitzung wird auf die entsprechenden Vorschriften bei der Forderungsverjährung verwiesen

den Einwand, dass eine derartige Verweisungstechnik dem Streben nach Volkstümlichkeit der Gesetzgebung auch zuwiderlaufen kann, da es ohne genaue Bezeichnung der Artikel, auf die verwiesen wird, für den Laien nur schwer möglich
ist, das Verweisungsobjekt genau zu identifizieren, ging Huber nicht ein. Hieran
zeigt sich einmal mehr, dass Hubers ZGB zwar volkstümlich in Form und Sprache
war, nicht aber in dem Sinne, dass der Laie den jeweiligen Regelungsinhalt ohne
weiteres aus dem Gesetzeswortlaut erschließen könne.

Das BGB macht daneben auch regen Gebrauch von der Technik der Gesetzesfiktion, welche mitunter (jedoch deutlich seltener) auch im schweizerischen ZGB
zur Anwendung kommt.[838] In der Gesetzgebungstheorie wurde zum Teil schon
damals erkannt, dass es sich hierbei aus gesetzestechnischer Sicht schlicht um eine
Form der Verweisung handelt.[839] Manche Autoren wollten die schlicht der Abkürzung dienenden verweisenden Gesetzesfiktionen jedoch aus dem Fiktions-
begriff ausnehmen, welchen sie »echten« Fiktionen vorbehalten wollten, die – nach
der von Jhering geprägten Terminologie – entweder eine historische oder eine
dogmatische Funktion erfüllen.[840] Trotz dieser unterschiedlichen Auffassungen
über den Charakter der Fiktion war man sich in der zweiten Hälfte des 19. Jahrhunderts überwiegend einig, dass die Fiktion für den Gesetzgeber nur einen Notbehelf
darstellt, von welchem dieser allenfalls sparsam Gebrauch machen soll.[841] Stattdes-

---

(Art. 663 ZGB) und für den Ersatzanspruch für Verwendungen des Nutznießers werden die
Regelungen zur Geschäftsführung ohne Auftrag für entsprechend anwendbar erklärt (Art. 753
Abs. 1 ZGB). Zu weiteren Beispielen s. oben S. 308, Fn. 90.

[838] Beispiele für die sehr zahlreichen Fiktionen im BGB sind: §§ 9 Abs. 1 S. 2, 49 Abs. 2, 84,
108 Abs. 2 S. 2, 114, 142 Abs. 1, 150, 162, 212 f., 416 Abs. 1 S. 2, 612, 625, 911, 1001 S. 3, 1324
Abs. 2, 1589 Abs. 2, 1935, 2095, 2306 Abs. 1 S. 1 (weitere Beispiele bei *Meurer*, S. 292, Anm. 2);
zur Fiktionstechnik des BGB aus zeitgenössischer Sicht: *Bernhöft*, S. 243 ff.; *Gény*, Technique,
S. 1026; *Kohler*, AcP 96 (1905), 365 f. Im schweizerischen ZGB finden sich Gesetzesfiktionen z. B.
in Art. 133 Abs. 1, 252 Abs. 1, 517 Abs. 2.

[839] In der heutigen Gesetzgebungs- und Methodenlehre wird die Erfassung der Gesetzesfiktion
als Kurzform der Verweisung allgemein auf *Esser*, Wert und Bedeutung der Rechtsfiktionen
(1940), S. 26 ff., zurückgeführt (vgl. etwa *Larenz*, S. 262). Als eine Kurzfassung der Verweisung
mit dem Zweck, Wiederholungen zu vermeiden, kennzeichnete die Gesetzesfiktion aber bereits
1879 *Bülow* (AcP 62 (1879), S. 4 f.) und 1909 *Gutherz* (Teil 2, S. 11); vgl. auch *Bernhöft* (S. 241),
der schon 1907 auf die funktionale Austauschbarkeit von Fiktion, Verweisung und Wiederholung
als Mittel der Gesetzgebungstechnik hinwies.

[840] Auch *Jhering* erkannte zwar, dass es sich etwa bei der durch Gesetz angeordneten Gleichstel-
lung des »arrogierten« (adoptierten) Kindes mit den natürlichen Kindern um eine Art der Verweisung handelt (Bd. 3, § 58, S. 306 f.), wollte diese jedoch nicht unter den Begriff der Fiktion fassen,
welchen er vielmehr für die von ihm als »historische Fiktionen« (ebd., S. 306) und »dogmatische
Fiktionen« (ebd., S. 308) bezeichneten Fallgruppen vorbehalten wollte (zu diesen Begriffen
sogleich im Text). Die Einteilung in historische und dogmatische Fiktionen wurde von *Gény*,
Science, Bd. 3, S. 375 ff. übernommen. Vgl. auch *Hölder*, AcP 69 (1886), S. 221 ff., der Fiktionen
als Mittel der Verweisung ebenfalls nicht als »echte« Fiktionen anerkennen will, welche nur dann
vorliegen, wenn der Gesetzgeber »bewußt etwas nicht Vorhandenes als vorhanden behandelt
wissen will« (ebd., S. 224).

[841] Kritisch zum Gebrauch von Fiktionen durch den Gesetzgeber: *Jhering*, Bd. 3, § 58, S. 305
(»technische Notlüge«); *Gierke*, S. 63 ff. (»Vergewaltigung des Lebens«), *Kohler*, AcP 96 (1905),

sen empfahl man dem Gesetzgeber, zwei in den Rechtsfolgen vergleichbare Regelungsbereiche nicht nur fiktiv einander gleichzustellen, sondern für beide Regelungsbereiche ausdrücklich (ohne Zuhilfenahme von Fiktionen) zu bestimmen, welche Rechtswirkungen eintreten sollen. Denn der jetzige Gesetzgeber müsse nicht mehr wie der antike römische Gesetzgeber Skrupel haben, eine notwendig erscheinende Neuregelung auf direktem Wege einzuführen.[842] Diese historische Funktion der Gesetzesfiktion, eine »Akklimatisierung« mit neuen Regeln oder Rechtsinstituten zu erreichen, die auf direktem Wege schwierig einzuführen wären, sei für den modernen Gesetzgeber bedeutungslos geworden.[843] Als für die Gegenwart legitim sahen etwa Jhering und Gény allein die dogmatische Funktion der Fiktion an, die nach Jhering in der Erleichterung der juristischen Vorstellung lag und nach Gény in der Möglichkeit, eine fortbestehende Kohärenz des Rechtssystems zu gewährleisten und gleichzeitig den praktischen Bedürfnissen der sich ändernden Rechtswirklichkeit nachzukommen.[844] Zu diesem Zweck erlaubte Gény auch dem Gesetzgeber den Einsatz von Fiktionen.[845]

Die Vorbehalte der deutschen Gesetzgebungstheorie gegenüber dem Einsatz von Verweisungen wurden von der englischen Gesetzgebungspraxis und auch der englischen Gesetzgebungstheorie nicht geteilt.[846] »Referential legislation« war

---

S. 365f.; *Gutherz*, Teil 2, S. 11. Anders jedoch *Bernhöft*, S. 242f., wonach gegen den häufigen Gebrauch der Fiktion durch den Gesetzgeber an sich nichts einzuwenden sei, solange man sich der schlichten technischen Vereinfachungsfunktion der Fiktion bewusst bleibt und nicht (wie Teile der Lehre) hierin nach einer »juristischen Wahrheit« sucht. Vgl. auch *Bülow*, AcP 62 (1879), S. 3ff., der in der Fiktion zwar auch nur einen »Nothbehelf« sieht, jedoch auch die gesetzgebungstechnischen Vorteile (Abkürzung, Vereinfachung, Veranschaulichung) hervorhebt.

[842] Zur Funktion der Fiktion im römischen Recht s. *Savigny*, Beruf, S. 32; *Jhering*, Bd. 3, § 58, S. 303ff.; ausführlich *Demelius*, S. 37ff.; aus der modernen Literatur: *Esser*, Rechtsfiktionen, S. 20ff.; *Meurer*, S. 283.

[843] Hierzu ausführlich *Gény*, Science, Bd. 3, S. 391ff. Ähnlich bereits *Jhering*, Bd. 3, § 58, S. 305, wonach in entwickelten Rechtsordnungen das Aufstellen neuer Rechtssätze der fiktionalen Anbindung an bestehende Rechtssätze vorzuziehen sei.

[844] *Jhering*, Bd. 3, § 58, S. 308 (als Beispiel nennt er die Existenz der juristischen Person, die allein auf Fiktion beruhe); *Gény*, Science, Bd. 3, S. 376. Ein illustratives Beispiel für die dogmatische Funktion der Gesetzesfiktion (wie sie Gény verstand) sind die von *Esser* (Rechtsfiktionen, S. 49f.) und *Meurer* (S. 286f.) erwähnten erbrechtlichen Vorschriften, wonach in bestimmten Fällen Erbteile »als besondere Erbteile« gelten (§§ 1927, 1934, 1935, 2095 BGB). Zweck dieser Legalfiktionen ist es, die dogmatische Grundvorstellung von der Gesamtrechtsfolge in das Vermögen des Erblassers als Ganzes (§ 1922 BGB) mit der besonderen Interessenlage bei mehrfacher Erbberechtigung in Einklang zu bringen. Eine ähnliche Funktion erfüllt auch die Fiktion des § 1589 Abs. 2 BGB, wonach ein uneheliches Kind und sein Vater als nicht verwandt gelten: Mit dem Mittel der Fiktion wird hier die rechtspolitisch erwünschte Durchbrechung des ansonsten geltenden Verwandtschaftsbegriffs des BGB (§ 1589 Abs. 1) erreicht.

[845] *Gény*, Science, Bd. 3, S. 414.

[846] Zur Position der englischen Gesetzgebungstheorie des 19. Jahrhunderts zum Einsatz von Verweisungen vgl. – neben den bereits erwähnten befürwortenden Stellungnahmen Benthams – die Stellungnahmen *Thrings* (S. 17f.) und *Ilberts* (Methods and Forms, S. 254, 266), den wohl wichtigsten englischen Gesetzgebungstheoretikern (und -praktikern) der zweiten Hälfte des 19. Jahrhunderts. Beide sehen den Einsatz von Verweisungen durch den Gesetzgeber deutlich positi-

und ist ein Charakterzug der englischen Gesetzgebungspraxis, der darin besteht, dass der Gesetzgeber sehr häufig auf in anderen Gesetzen getroffene Regelungen verweist und die dort getroffenen Bestimmungen dadurch in den vorliegenden Gesetzestext inkorporiert. Dies galt bereits für das 19. Jahrhundert, wobei der Einsatz der Verweistechnik in der englischen Gesetzgebung in der zweiten Hälfte des 19. Jahrhunderts weiter zunahm.[847] Während in Kontinentaleuropa die internen Verweisungen innerhalb größerer Gesetzgebungswerke im Mittelpunkt der Diskussion standen, handelte es sich in der englischen Gesetzgebungspraxis (wegen des Fehlens umfassender Gesetzbücher) oft um externe Verweisungen auf andere Gesetze. Der genaue Regelungsgehalt vieler englischer Gesetze ließ sich dadurch nur durch die Zuhilfenahme weiterer Gesetze, auf die verwiesen wurde, bestimmen.[848] Zwar gab es vereinzelt Kritik an dieser Gesetzgebungstechnik durch englische Gerichte in der zweiten Hälfte des 19. Jahrhunderts, die aber weniger auf die Verweistechnik als solche gerichtet war, sondern vielmehr auf den zuweilen unpräzisen Einsatz durch den parlamentarischen Gesetzgeber, der pauschal auf andere Gesetze verwies, ohne die konkrete Reichweite des Verweises deutlich zu machen.[849] Hinzu kam eine Vielzahl von impliziten Verweisungen in den englischen Gesetzestexten, die durch die Verwendung gesetzlich definierter Begriffe zustande kamen. Der genaue Regelungsgehalt erschloss sich hier nur durch einen Blick in die *definition clause* des jeweiligen Gesetzes, gegebenenfalls ergänzt durch einen Blick in den separaten *Interpretation Act*.[850]

Die englische Gesetzgebung machte sich hierbei vornehmlich die Abkürzungsfunktion der Verweistechnik zunutze; die systemverdeutlichende Funktion von Verweisungen spielte in der englischen Gesetzgebung hingegen kaum eine Rolle. Benutzt wurden Verweisungen vom englischen Gesetzgeber auch dazu, den ei-

---

ver als viele kontinentalen Autoren dieser Zeit; die Zweckmäßigkeit hinge letztlich vom Einzelfall ab. Zurückhaltung empfehlen sie nur bei solchen Verweisungen, bei denen keine wörtliche Anwendung des in Bezug genommenen Regelungstextes möglich ist, sondern dieser nur in abgewandelter Form übertragbar ist. Ilbert hält es in diesen Fällen oft für besser, anstelle des Verweises die entsprechende Regelung mit den nötigen Modifikationen ausformuliert in den Gesetzestext aufzunehmen.

[847] Vgl. hierzu die Aussagen vor dem *Select Committee on Acts of Parliament* von 1875 zu der weiter wachsenden Bedeutung der Verweisungstechnik in der englischen Gesetzgebungspraxis: Report from the Select Committee on Acts of Parliament, 25 June 1875, S. 4, 17 (evidence of Thomas E. May), in: Parliamentary Papers 1875 (280) viii; vgl. auch aus der Sicht der Jahrhundertwende die Charakterisierung durch *Hatschek*, Englisches Staatsrecht, Bd. 1, S. 127 f.

[848] *Edgar*, S. 32 zitiert als abschreckendes Beispiel eine Vorschrift aus dem *London Government Act* von 1899, deren genauer Regelungsgehalt sich infolge einer Kettenverweisung erst durch Hinzuziehung von vier weiteren Gesetzen ergibt. Ähnlich abschreckende Kettenverweise sind uns aus dem deutschen BGB bekannt, wobei es sich dort jedoch um Binnenverweisungen innerhalb des Gesetzbuchs handelt, während bei der englischen Verweistechnik in der Regel weitere Gesetze hinzugezogen werden müssen

[849] Vgl. *Edgar*, S. 30 ff. mit Rechtsprechungsnachweisen aus der zweiten Hälfte des 19. Jahrhunderts.

[850] S. hierzu oben S. 465 f.

gentlichen Gesetzestext von Detailregelungen zu entlasten; man beschränkte sich dann im Haupttext auf die wesentlichen Regelungen und verwies wegen der Details auf separate Gesetzesanlagen.[851] Da die englische Gesetzgebungspraxis des 19. Jahrhunderts von den kontinentalen Forderungen nach »volkstümlichen«, auch dem Laien verständlichen Gesetzen weitgehend unberührt blieb, konnte sich dieser rein »technische« Einsatz der Verweisung durch den englischen Gesetzgeber frei entfalten. Hinzu kam eine politische Funktion der Verweistechnik in England: Der Verweis auf bereits bestehende Regelungen erleichterte häufig das erfolgreiche Passieren eines Gesetzentwurfs im Parlament und seinen Ausschüssen gegenüber einer kompletten Neuregelung, selbst wenn diese inhaltlich weitgehend mit bestehenden Regelungen übereinstimmte.

Auch das Strafgesetzbuch für Britisch-Indien von 1860 macht von der Verweistechnik regen Gebrauch.[852] Im Vordergrund stehen hier interne Verweisungen innerhalb des Gesetzbuchs. Außenverweise sind schon deshalb selten, weil zum Zeitpunkt der Verabschiedung dieses Gesetzbuchs das Recht Britisch-Indiens überwiegend noch nicht kodifiziert war, insbesondere auch noch keine einheitliche Strafprozessordnung in Kraft gesetzt war.[853] Die Verweise im indischen Strafgesetzbuch dienen durchgängig der Abkürzung des Regelungstextes. Systemdemonstrierende Verweise, wie sie Bentham noch propagiert hatte, sind dem Gesetzbuch fremd. Die Verweistechnik des indischen Strafgesetzbuchs präsentiert sich damit auf einem ganz ähnlichen Stand, wie wir es für das nur wenige Jahre ältere preußische Strafgesetzbuch gesehen haben. Beide Gesetzbücher zögern nicht, Verweisungen einzusetzen, wo es der Abkürzung des Regelungstextes und der Vermeidung von Wiederholungen dient, vermeiden aber rein systemdemonstrierende Verweise ohne Anordnungscharakter.

---

[851] S. hierzu oben S. 454.

[852] Vgl. z.B. sec. 75, 97, 103, 250–254, 313, 323–326, 388f., 472 etc.

[853] Der *Code of Criminal Procedure* befand sich zum Zeitpunkt der Verabschiedung des Strafgesetzbuchs noch im Entwurfsstadium; er wurde 1861 als *Act XXV of 1861* erlassen.

Schlussbetrachtung

Die nachfolgenden abschließenden Betrachtungen können und wollen nicht eine vollständige Zusammenfassung der Ergebnisse liefern, die in den einzelnen Kapiteln der beiden Hauptteile dieser Untersuchung gewonnen wurden. Es wird vielmehr versucht, ausgehend von diesen Ergebnissen allgemeine Entwicklungslinien in der Gesetzgebungstechnik aufzuzeigen, die Rolle, die Theorie und Praxis hierbei spielten, einer zusammenfassenden Wertung zu unterziehen, die wesentlichen Unterschiede im Umgang mit gesetzestechnischen Fragestellungen im deutschsprachigen Raum und in England deutlich zu machen und schließlich ins Bewusstsein zu rufen, dass Gesetzgebungstechnik im hier behandelten Zeitraum stets mehr war als ein politisch, sozial oder inhaltlich bedeutungsloses Spiel mit Formen.

I. Entwicklungslinien der Theorie der Gesetzgebungstechnik im deutschsprachigen Raum

Die vorstehenden Detailanalysen haben gezeigt, dass sich von der zweiten Hälfte des 18. Jahrhunderts bis zu Beginn des 20. Jahrhunderts im deutschsprachigen Raum in der gesetzgebungstheoretischen Literatur eine kontinuierliche und breite Diskussion gesetzgebungstechnischer Fragestellungen nachweisen lässt. Dies ist jedoch nicht in dem Sinne misszuverstehen, dass es eine spezifisch gesetzgebungstechnische Literaturgattung gegeben hätte, die sich ausschließlich mit den hier behandelten Fragestellungen beschäftigte. Wie bereits in der Einleitung erwähnt, bestand die seit der zweiten Hälfte des 18. Jahrhunderts stark zunehmende juristische Literatur zu Gesetzgebungsfragen vielmehr aus einer bunten Mischung von Schriften, die sich zum Teil auf konkrete Gesetzgebungsvorhaben bezogen, zum Teil von konkreten Vorhaben losgelöst zum sachlichen und formellen Inhalt guter Gesetzgebung und der Opportunität eines gesetzgeberischen Tätigwerdens Stellung nahmen oder private Gesetzentwürfe präsentierten und diese kommentierten. Den meisten dieser Schriften war gemein, dass sie keine strikte Trennung zwischen inhaltlichen und technischen Elementen guter Gesetzgebung vornahmen, so dass Erörterungen zum vorteilhaften materiellen Inhalt der Gesetzgebung neben solchen zur formalen Gestaltung der Gesetze und des zweckmäßigen Vorgehens bei der Abfassung standen. Erst Robert von Mohl forderte gegen Mitte des 19. Jahrhunderts eine klare Trennung der inhaltlichen und formalen

Elemente der Gesetzgebungskunst ein und lieferte selbst für die deutsche Gesetzgebungstheorie die erste umfassende monographische Abhandlung zu den verschiedenen Facetten der Gesetzgebungstechnik, die losgelöst von einem konkreten Gesetzgebungsvorhaben entstand.[1]

Das verstärkte Interesse an gesetzgebungstechnischen Fragestellungen seit dem späten 18. Jahrhundert ist im Zusammenhang zu sehen mit dem Wandel der Anschauungen über Bedeutung und Funktion des positiven Gesetzes als Rechtsquelle. Indem die Gesetzgebungstheorie ihren unverbindlichen oder das Bestehende bloß legitimierenden Charakter abstreifte, die positive Gesetzgebung als bewusstes Instrument der Rechtspolitik auch für die zentralen Rechtsmaterien »entdeckte« und zum Teil auf eine Überführung naturrechtlichen Denkens in positive Gesetzgebung zielte, trat die technische Seite der Gesetzgebung und die praktischen Instrumente zu ihrer Verbesserung stärker in das Blickfeld der juristischen Literatur.[2] Zahlreiche Autoren begnügten sich nicht länger mit allgemeinen Ratschlägen an den Gesetzgeber, sondern entwickelten konkrete Entwürfe zur Umsetzung ihrer Ideen in der Praxis, ja wetteiferten – nicht selten von amtlicher Seite gefördert – mit anderen privaten Autoren um die besten Gesetzbuchentwürfe. Das Recht sollte nicht länger eine von den Juristen gehütete und nach ihrem Belieben gehandhabte Geheimwissenschaft sein, sondern durch umfassende und möglichst jedermann verständliche Gesetzbücher in den Besitz der ganzen Nation übergehen. Die Regenten, die sich in dieser Weise als Gesetzgeber betätigten, erwiesen sich in den Augen der Kodifikationsbefürworter als die größten Wohltäter ihres Volkes[3], was aber nur gelingen konnte, wenn man der technischen Seite guter Gesetzgebung mehr Beachtung schenkte, als es in der Vergangenheit geschehen war.

---

[1] Vgl. oben S. 3, Fn. 1. In England hatte bereits *Bentham* sich in monographischer Form speziell mit gesetzgebungstechnischen Fragen beschäftigt, so insbesondere in seiner Schrift »Nomography«. Irreführend die Aussage von *Heyen* (S. 16) in seinem Überblick über die Entwicklung der Gesetzgebungslehre, wonach es im Anschluss an Mohls Monographie in Deutschland 40 Jahre lang keine relevanten Äußerungen zur Gesetzgebungslehre mehr gegeben hätte; Heyen übersieht namentlich die zahlreichen im Zusammenhang mit der BGB-Entstehung veröffentlichten Beiträge zur Gesetzgebungstechnik, denen zum Teil über das konkrete Vorhaben hinaus allgemeine Bedeutung für die Entwicklung der Gesetzgebungstheorie zukam.

[2] Einen Ausschnitt dieser Entwicklung bildet der Wandel des Selbstverständnisses der naturrechtlichen Gesetzgebungstheorie gegenüber dem positiven Recht gegen Ende des 18. Jahrhunderts; vgl. hierzu *Klippel*, Philosophie der Gesetzgebung, S. 234 ff.; *ders.*, Vernünftige Gesetzgebung, S. 202 ff.; vgl. hierzu auch *J. Schröder*, Naturrecht bricht positives Recht, S. 430 ff., der hervorhebt, dass auch nach dem neuen Selbstverständnis der naturrechtlichen Theorie zwar eine Überführung naturrechtlicher Inhalte in positives Recht, nur selten aber ein Geltungsvorrang des Naturrechts gegenüber positivem Recht propagiert wurde. Der von Klippel beschriebene Wandel des naturrechtlichen Selbstverständnisses verstärkte das Interesse an der technischen Seite der Gesetzgebung, war aber weder Auslöser noch alleiniger Träger der seit der zweiten Hälfte des 18. Jahrhunderts Gestalt annehmenden gesetzgebungstheoretischen Diskussion um die technische Seite guter Gesetzgebung. Die wesentlichsten Impulse für diese Diskussion gingen von der Gesetzgebungspraxis und den Anschauungen der sie tragenden Redaktoren aus (s. hierzu das nachfolgende Kapitel), nicht von den Wandlungen innerhalb der Gesetzgebungstheorie.

»Kodifikation« wurde somit zum Programmwort der in der vorliegenden Untersuchung behandelten Gesetzgebungsepoche, die sich von der Entstehung des preußischen ALR bis hin zum schweizerischen Zivilgesetzbuch spannt, wenngleich der Begriff selbst – von Bentham geprägt – erst relativ spät Eingang in die gesetzgebungstheoretische Diskussion fand.[4] So war etwa der berühmte deutsche »Kodifikationsstreit« von 1814, was die zeitgenössische Terminologie betrifft, kein solcher: Thibaut und Savigny kannten bei der Abfassung ihrer Streitschriften den Begriff »Kodifikation« noch gar nicht.[5] Der bei Bentham angelegte Programmwortcharakter des Begriffs »Kodifikation« wurde von der deutschen Gesetzgebungstheorie übernommen und diente hier zur Kennzeichnung eines Gesetzgebungsprogramms, welches sich auch in den zentralen Materien des Rechts nicht länger auf die bloße Sammlung, Ordnung und punktuelle Besserung des vorgefundenen Rechts beschränkt, sondern seine Aufgabe in der planmäßigen und systematischen Erfassung einer Rechtsmaterie unter Aufhebung der bisherigen Rechtsquellen sieht.[6] Ein derart ambitioniertes Programm stellte neue Anfor-

---

[3] So *Hegel*, § 215, S. 368.

[4] Bentham, der seine Gedanken gerne in neue Wortschöpfungen kleidete, benutzte den Begriff »codification« soweit ersichtlich erstmals im Juni 1815 in Briefen an den Zaren von Russland (*Bentham*, Papers, S. 82–104, hier: S. 86) und an den polnischen Prinzen Adam Czartoriski (ebd., S. 107–112, hier: S. 112); einer breiteren Öffentlichkeit zugänglich wurde der Begriff 1817, als *Bentham* seine Korrespondenz in Sachen Kodifikation und öffentliche Erziehung unter dem Titel »Papers relative to Codification and Public Instruction« drucken ließ, worunter sich auch ein separates Rundschreiben »On Codification« befand, das für alle amerikanischen Gouverneure bestimmt war. 1822 erschien dann Benthams Schrift »Codification Proposal, addressed by Jeremy Bentham to All Nations Professing Liberal Opinions« im Druck, welche für eine weitere Verbreitung des Programmworts »Kodifikation« sorgte.

[5] Unzutreffend *Coing* (Allgemeine Züge, S. 4; Staudinger/*Coing* (1995), Einl. z. BGB, Rn 43), wonach sich Benthams Gedanken auf dem Kontinent vor allem durch eine Schrift »De la Codification« seines Genfer Anhängers Etienne Dumont von 1803 verbreitet hätten. Eine solche Schrift existiert nicht; Coing meint wahrscheinlich die von Dumont herausgegebene Schrift »De l' organisation judiciaire et de la codification. Extraits de divers ouvrages de Jérémie Bentham«, die aber erstmals erst 1828 in Paris erschien; in Dumonts Bentham-Ausgabe von 1802 (»Traités de législation civile et pénale …«), die für eine Verbreitung der gesetzgebungstheoretischen Gedanken Benthams auf dem Kontinent sorgte, kommt der Begriff »codification« noch nicht vor.

[6] Charakteristisch hierfür ist z. B. die von *Danz* um 1860 vorgenommene Unterscheidung. Ein Tätigwerden des Gesetzgebers, das auf die bloße Sammlung, Sichtung und zweckmäßige Anordnung der bestehenden Gesetze in einem neuen Gesetzbuch mit nur gelegentlicher Bereinigung von Unklarheiten und Zweifelsfällen angelegt ist (was Danz für das Privatrecht als ausreichend ansah), nahm er ausdrücklich aus dem Kodifikationsbegriff heraus und schlug hierfür die Bezeichnung »Incorporation« vor. Den Begriff »Codification« wollte er Fällen der systematischen Zusammenfassung und Neuformulierung des Rechts bei gleichzeitiger Aufhebung des älteren Rechts vorbehalten (*Danz*, S. 5 ff.). Vgl. auch *Mohl*, für den Kodifikation in Abgrenzung zur bloßen Konsolidation die systematische und umfassende Ausarbeitung aller zur Regelung eines größeren Rechtsgebietes erforderlichen Sätze bedeutet (Art. »Gesetz«, Staats-Wörterbuch, Bd. 4, S. 279 f.). Auch *Gény* (Technique, S. 997 f.) unterscheidet zwei Formen umfassender Gesetzgebung: Die eine erschöpfe sich in der bloßen Ordnung und Konsolidierung des bestehenden Rechts, die andere (»codification véritable«) ersetzt das bestehende durch ein neu geformtes Recht. Sehr viel breiter angelegt ist hingegen das in der Sekundärliteratur von *Vanderlinden* zugrunde gelegte

derungen an die Gesetzgebungskunst und führte fast zwangsläufig zu einem verstärkten Interesse an den »technischen« Aspekten guter Gesetzgebung.

Blickt man auf den Gesamtbestand der Literatur zur Gesetzgebungstechnik in dem hier behandelten Zeitraum, so lassen sich drei zeitliche Schwerpunktphasen ausmachen, in denen sich die juristische Literatur besonders intensiv mit gesetzgebungstechnischen Fragestellungen beschäftigte. Der erste Schwerpunkt liegt in der Zeit von 1770 bis 1815, also in der Phase der Spätaufklärung, der zweite in der Zeit von etwa 1830 bis 1865 und der dritte in der Zeit von 1888 bis zum Ausbruch des ersten Weltkriegs. Nimmt man nun zusätzlich die inhaltlichen Schwerpunkte der jeweiligen gesetzgebungstechnischen Diskussionen in den Blick, so lassen sich einerseits Konstanten ausmachen, welche die gesetzgebungstechnische Diskussion im gesamten hier behandelten Zeitraum prägten, was etwa für das Spannungsverhältnis von Bestimmtheits- und Gemeinverständlichkeitsstreben zutrifft, andererseits aber auch deutliche Wandlungen in den Schwerpunkten des Diskussion.

In der Zeit der Spätaufklärung lagen die Schwerpunkte in verfahrenstechnischer Hinsicht bei der Frage der Veröffentlichung im Entwurfsstadium, gegebenenfalls verbunden mit der Aussetzung von Preisen für die besten Stellungnahmen, bei den Maßnahmen zur Förderung der Gesetzeskenntnis und bei den zweckmäßigen Vorkehrungen zur Bereinigung und Revision der Gesetze. Was die formale Gestaltung des Gesetzesinhalts betrifft, lagen die Schwerpunkte der Diskussion zur Zeit der Spätaufklärung bei den Themen Kasuistik, Vollständigkeit, Bestimmtheitsstreben, Gemeinverständlichkeit und der Verringerung von Zahl und Umfang der Gesetze. Zur Mitte des 19. Jahrhunderts hatten sich die gesetzgebungstechnischen Diskussionsschwerpunkte in der Literatur deutlich verschoben. Verfahrenstechnisch standen nun die Entscheidung für einen Einzelredaktor oder eine Kommission und deren Zusammensetzung, die Frage eines Rückgriffs auf ausländische Gesetzgebung, die amtliche Begründung eines Gesetzgebungsvorhabens und die Behandlung umfangreicher Gesetzesvorlagen in parlamentarischen Gremien im Vordergrund. Bei der formalen Gestaltung des Gesetzesinhalts lagen die Diskussionsschwerpunkte nun bei der Ablehnung belehrender Gesetzgebungselemente und der Vermeidung von Überflüssigem. Zum Ende des 19. Jahrhunderts hatte sich das Bild nochmals verschoben. Verfahrenstechnische Fragen standen nicht länger im Vordergrund der Diskussion. Was die formale Gestaltung des Gesetzesinhalts betrifft, lagen die Schwerpunkte jetzt bei

---

Verständnis der Kodifikation bzw. des »concept de code«, wonach es sich um die Zusammenfassung des gesamten oder eines wesentlichen Teils des mit Gesetzeskraft ausgestatteten Rechts zum Zwecke der Vermittlung besserer Rechtskenntnis handelt (Concept de code, S. 15 f. u. passim). Dieser weite Begriff der Kodifikation erklärt sich aus Vanderlindens Untersuchungszeitraum, der vom 13. bis zum 18. Jahrhundert reicht und die modernen Kodifikationen des 19. Jahrhunderts bewusst aus der Untersuchung ausklammert.

den Grenzen der Verallgemeinerung im Gesetz, den Mitteln zur Milderung der Abstraktheit gesetzlicher Regelungen und deren volkstümlicher Gestaltung, der Hervorhebung des Befehlscharakters sowie bei Fragen der Gebotenheit besonderer Gesetzgebungstechniken wie Allgemeiner Teil, Verweisungen und Legaldefinitionen.

Die in der Sekundärliteratur verbreitete Vorstellung, dass die gesetzgebungstheoretische Diskussion mit dem Ende der Aufklärungszeit und dem Vorliegen der großen, irreführend als »naturrechtlich« etikettierten Kodifikationen dieser Zeit weitgehend versiegte, ist also falsch: So wenig wie die tatsächliche Gesetzgebungsarbeit zu Zeiten des Deutschen Bundes schlief, so wenig schlief auch die Gesetzgebungstheorie.[7] Was speziell die Gesetzgebungstechnik betrifft, verlagerten sich wie aufgezeigt nur die Schwerpunkte der Diskussionsinhalte. Es waren nicht mehr die großen aufklärerischen Visionen von vollständigen und jeden Anwendungszweifel ausschließenden, zugleich aber auch kurzen und klaren, jedermann verständlichen Gesetzen, die im Mittelpunkt des gesetzgebungstechnischen Interesses standen. In den Vordergrund traten moderatere, zugleich aber auch konkretere gesetzgebungstechnische Detailfragen, welche außerhalb des legislativen Umfelds weniger Interesse hervorriefen und daher aus späterer Sicht den Eindruck erweckten, man habe es mit einem deutlichen Rückgang oder gar Versiegen der gesetzgebungstheoretischen Diskussion zu tun. Die Fragestellungen wurden zu Zeiten des Deutschen Bundes nur pragmatischer und richteten sich verstärkt auf die neuen praktischen Herausforderungen in der Gesetzgebungs-

---

[7] Nicht zutreffend daher etwa die Ansicht von *F. Ebel* (Legaldefinitionen, S. 168, Fn. 80), wonach die Gesetzgebungstheorie zu Beginn des 19. Jahrhunderts zunehmend aus der Diskussion gerückt sei (ähnlich *Dilcher*, JZ 1969, S. 1; *Kindermann*, Rechtstheorie 1978, S. 234). Die Korrekturbedürftigkeit dieser Vorstellung zeigt – ausgehend von der naturrechtlichen Gesetzgebungstheorie des späten 18. und frühen 19. Jahrhunderts – auch *Klippel* auf (Philosophie der Gesetzgebung, S. 225 ff.; *ders.*, Vernünftige Gesetzgebung, S. 198 ff.). Vielfach ist die Vorstellung vom Versiegen der gesetzgebungstheoretischen Diskussion in der ersten Hälfte des 19. Jahrhunderts Folge der schiefen Vorstellung von einem »Rückschlag« für den Kodifikationsgedanken in dieser Zeit und einem »tiefe[n] Wellental« in der kodifikatorischen Gesetzgebungspraxis zwischen den Kodifikationen der Aufklärungszeit und den nationalstaatlichen Kodifikationen gegen Ende des 19. Jahrhunderts (so *Wieacker*, Kodifikationsidee, S. 43). Weder die Historische Rechtsschule noch die politische Restauration führten zu einem Versiegen der Kodifikationsbemühungen zur Zeit des Deutschen Bundes. Im Privatrecht kam es vielmehr zu einer Verlagerung der Kodifikationsbemühungen auf die Ebene politisch fortschrittlicher Einzelstaaten. Im Strafrecht, dessen Kodifikation auf Ebene der Einzelstaaten meist zunächst in Angriff genommen wurde, erfassten die Kodifikationsbemühungen im Vormärz sogar einige auf eine restaurative Politik bedachte Einzelstaaten wie insbesondere Preußen. Das verzerrte Bild, das in Literatur von dem angeblichen »Wellental« für den Kodifikationsgedanken (und für die Gesetzgebungstheorie) gezeichnet wurde, beruht wohl nicht zuletzt auf der Außerachtlassung der einzelterritorialen Kodifikationsanstrengungen, zumal dann, wenn diese, was nicht selten war, nicht zu einem glücklichen Ergebnis in Form der Inkraftsetzung eines Gesetzbuchs führten oder durch die spätere Reichsgesetzgebung verdrängt wurden (vgl. hierzu für die Strafgesetzgebung *R. Schröder*, S. 403 ff.; für die Zivilgesetzgebung *Dölemeyer*, Kodifikationen und Projekte, S. 1472 ff.).

arbeit, die aus der Einbindung parlamentarischer Gremien in den Prozess der Gesetzesentstehung resultierten. Die »dienende« Funktion der Gesetzgebungstechnik trat nunmehr in der Literatur deutlich hervor. Es war nicht länger das Idealbild einer perfekten Gesetzgebungsmaschinerie, welches das Interesse auf sich zog, sondern die konkreten praktischen Probleme der Gesetzesentstehung in der Frühzeit des deutschen Parlamentarismus.

Im Mittelpunkt des gesetzgebungstechnischen Interesses stand dabei nach wie vor die Kodifikation als umfassendste Form gesetzgeberischen Handelns und zugleich größte Herausforderung für die Gesetzgebungstechnik. Das heißt jedoch nicht, dass sich eine besondere Theorie der Kodifikationstechnik entwickelt hätte. Die zur Gesetzgebungstechnik im Allgemeinen aufgestellten Regeln beanspruchten vielmehr im Grundsatz sowohl für Kodifikationen wie auch für Einzelgesetzgebung gleichermaßen Anwendung. Doch wurde hervorgehoben, dass der Einhaltung dieser Regeln bei komplexen Kodifikationen regelmäßig besonderes Gewicht zukommt[8] und umgekehrt einzelne Anforderungen an die Gesetzgebungstechnik bei unproblematischer Einzelgesetzgebung entfallen können.[9] Außerdem gab es einzelne Fragen der Gesetzgebungstechnik, die sich vornehmlich bei Kodifikationen stellten, wie die nach dem Wert eines Allgemeinen Teils sowie generell die Frage nach der systematischen Aufteilung des Rechtsstoffs und dessen innere Verknüpfung. Andere Punkte, wie der der zweckmäßigen Beratung und Abstimmung in den Volksvertretungen, stellten sich zwar für alle Gesetze, erfuhren aber bei einigen Autoren in Bezug auf umfangreiche Kodifikationen besondere Modifikationen.[10]

Besondere Bedeutung wurde der Kodifikation im Verhältnis zur Einzelgesetzgebung bei den Forderungen nach Stetigkeit, Vollständigkeit und Gemeinverständlichkeit der Gesetzgebung zuerkannt. Wollte man der Kodifikation Beständigkeit sichern und doch der Forderung nachkommen, wonach sich die Gesetzgebung den Veränderungen der tatsächlichen Bedürfnisse anpassen soll, so bot sich als Ventil die ergänzende Einzelgesetzgebung an. Die Zivilrechtskodifikatoren des österreichischen ABGB, des deutschen BGB und des schweizerischen ZGB gingen noch einen Schritt weiter und nahmen Materien, die im besonderen Maße einem schnellen Wandel der tatsächlichen Verhältnisse unterlagen oder politisch umstritten waren, erst gar nicht ins Gesetzbuch auf, um diesem größere Beständigkeit zu sichern und aus tagespolitischen Diskussionen herauszuhalten.[11] Ähnlich verfuhr man beim preußischen Strafgesetzbuch, als man bewusst darauf verzichtete, Neben-

---

[8] *Mohl*, Politik, Bd. 1, S. 471.

[9] Dies gilt insbesondere für einzelne Anforderungen an das Verfahren bei der Abfassung der Gesetze, etwa die Einsetzung einer Gesetzgebungskommission, die Erstellung von Motiven oder die Veröffentlichung von Entwürfen zum Zwecke der Kritik.

[10] So forderten verschiedene Autoren, die Beratung umfangreicher Gesetze im Parlament bzw. in dessen Plenum auf die leitenden Grundsätze zu beschränken (s. oben S. 192 ff.).

[11] Näher hierzu oben S. 347 ff.

strafrechte in das Gesetzbuch zu integrieren. Bluntschli, Planck, Zitelmann und Huber machten für die Gesetzgebungstheorie die Gebotenheit dieser Selbstbeschränkung des kodifizierenden Gesetzgebers und des bewussten Zusammenspiels von Kodifikation und Einzelgesetzgebung deutlich.[12] Schon aus diesem Gesichtspunkt ist es irreführend, Vollständigkeit (oder Vollständigkeitsstreben) zum Wesensmerkmal des Kodifikationsbegriffs in dem hier behandelten Zeitraum zu erheben, wie es in der modernen Forschung gerne geschieht.[13]

Im Zusammenhang mit dem Streben nach gemeinverständlichen Gesetzen kam der Kodifikation insbesondere in der Aufklärungszeit besondere Bedeutung zu. Umfassende Gesetzbücher, die den gesamten Rechtsstoff möglichst einfach, übersichtlich und verständlich zusammenfassten, waren das Ziel all jener, die davon träumten, das Recht den Klauen der Juristen zu entreißen, indem das Gesetzbuch zum Lesebuch für das Volk werden sollte, aus dem jedermann sein Recht entnehmen kann.[14] Zwar wich diese (schon in der Aufklärungszeit nicht unumstrittene) Auffassung im 19. Jahrhundert in der Gesetzgebungstheorie einer realistischeren und weniger optimistischen Ansicht darüber, was eine Kodifikation im Hinblick auf das Rechtsverständnis des Laien leisten kann. Doch blieb, wenn auch abgeschwächt, das Argument präsent, dass die Kodifikation nicht nur dem Juristen, sondern auch dem Laien einen besseren Zugang zum Recht gewährt als verstreute Einzelgesetzgebung, weshalb etwa noch Bluntschli der Forderung nach Gemeinverständlichkeit für Kodifikationen besondere Bedeutung zumaß.[15]

Blickt man auf die Entwicklung der Gesetzgebungstechnik im Zivilrecht einerseits und im Strafrecht andererseits, so ist zunächst zu konstatieren, dass die meisten der in dieser Untersuchung angesprochenen gesetzestechnischen Probleme sich gleichermaßen in der Zivil- wie in der Strafgesetzgebung stellten und in beiden Bereichen in Theorie und Praxis auch ähnlich gelöst wurden. Hierbei ist jedoch auffällig, dass viele der zur Zeit der Aufklärung im Sinne einer »Universallehre« gleichermaßen für die Zivil- und Strafgesetzgebung erhobenen gesetzestechnischen Forderungen im Verlauf des 19. Jahrhunderts rascher und nachhaltiger in die Technik der Strafgesetzgebung Eingang fanden. Dies gilt für das Streben nach einer möglichst lückenlosen Erfassung der Regelungsmaterie anstelle einer »Pars-pro-

---

[12] *Bluntschli*, Politik, S. 461; *Planck*, AcP 75 (1889), S. 331 f., 406 f.; *Zitelmann*, Gefahren, S. 31; *Huber*, Erläuterungen, Heft 3, S. 10 f.

[13] S. die oben S. 325, Fn. 165 zitierten Autoren; oben S. 325 ff. auch zu den verschiedenen Facetten des Vollständigkeitsstrebens und deren Relativierung in der zeitgenössischen Gesetzgebungstheorie und -praxis.

[14] S. oben S. 380 ff.

[15] *Bluntschli*, Politik, S. 458. Während bei der Einzelgesetzgebung eher zu akzeptieren sei, dass Adressat der juristische Spezialist ist, hielt Bluntschli für die Kodifikation an der Forderung fest, diese solle geradezu ein »Lesebuch für das (gebildete) Volk« sein. Diese Ansicht schlug sich später auch in Hubers Konzept eines volkstümlichen Gesetzbuchs bei der Redaktion des schweizerischen ZGB nieder.

toto-Technik«, für die Ersetzung einer uferlosen Kasuistik durch eine bewusste Beispieltechnik, die Hauptanwendungsfälle nennt, ohne aber die Allgemeinheit einer Regelung in Frage zu stellen, und für das Bestreben einer dauerhaften Verdrängung nicht-positiver Rechtsquellen durch möglichst bestimmt gefasste Gesetze. Entsprechend fanden auch die aufklärerischen Gemeinverständlichkeitsbestrebungen in der Strafgesetzgebung rascher und umfassender Verwirklichung (so etwa bei der im Strafrecht im Vergleich zum Zivilrecht schnelleren und umfassenderen »Entlatinisierung« der Gesetzessprache) und auch das Rückwirkungsverbot, verstanden nicht nur als Auslegungsregel, sondern als eine an den Gesetzgeber gerichtete Gesetzgebungsregel, konnte sich in der Strafgesetzgebung im 19. Jahrhundert schneller und dauerhafter durchsetzen als in der Zivilgesetzgebung.

Die Ursachen für eine derartige gesetzgebungstechnische »Vorreiterrolle« der Strafgesetzgebung sind vielschichtig. Erhebliche Bedeutung kam hierbei den Strafzwecktheorien zu, insbesondere der Abschreckungstheorie und der spezifisch Feuerbachschen Ausprägung in Form der psychologischen Zwangstheorie, denn um den hiermit beabsichtigten Lenkungszweck der Strafgesetzgebung zu erreichen, brauchte man möglichst gemeinverständliche, vollständige und im Vorhinein bestimmt formulierte positive Strafgesetze. Wichtig war auch das aufklärerische Motiv des Ausschlusses von Richterwillkür, welchem in der Strafgesetzgebung wegen ihres unmittelbaren Bezugs zur Freiheit des einzelnen noch größere Bedeutung zukam als in der Zivilgesetzgebung. Es waren in erster Linie diese am Strafzweck und am Ausschluss von Richterwillkür orientierten Motive, die schon früh zu den Forderungen nach (jedenfalls auf Tatbestandsebene) möglichst bestimmt formulierten Strafgesetzen und dem Verzicht auf Analogien und Rückwirkungen führten, was hohe Anforderungen an die gesetzestechnischen Fertigkeiten des Strafgesetzgebers stellte. Daneben sind auch die institutionellen Rahmenbedingungen zu bedenken, die auf eine schnellere Verwirklichung gesetzgebungstechnischer Zielsetzungen im Strafrecht (im Vergleich zum Zivilrecht) drängten. Dies gilt etwa für die im 19. Jahrhundert vehement geforderte stärkere Laienbeteiligung in der Strafgerichtsbarkeit, die zwangsläufig eine »gemeinverständlichere« Gesetzgebungstechnik erforderte, als es in der Vergangenheit der Fall war. Schließlich ist in diesem Zusammenhang auch die bereits angesprochene besondere Bedeutung zu bedenken, die den Kodifikationen (im Vergleich zur Einzelgesetzgebung) bei der Umsetzung gesetzestechnischer Verbesserungen zukam. In den Ländern des deutschsprachigen Raums waren es im 19. Jahrhundert meist Strafgesetzbücher, deren Kodifikation zunächst in Angriff genommen wurde, bevor man sich an die Kodifikation des Zivilrechts wagte, denn im Strafrecht war der Reformdruck meist größer und die Regelungsmasse überschaubarer.

Es ist daher auch nicht überraschend, dass sich ein Allgemeiner Teil in der Gesetzgebungspraxis früher und dauerhafter in Strafgesetzbüchern als in Zivilgesetzbüchern durchsetzen konnte. Neben der durch die »Klammerfunktion« bedingten gesetzestechnischen Vereinfachung, die in Strafgesetzbüchern besser zum

Tragen kommen konnte als in den wesentlich heterogeneren Regelungsmaterien der Zivilgesetzbücher, waren es auch hier wieder die aus dem Grundsatz *nulla poena sine lege* erwachsenden Anforderungen an Bestimmtheit und Vollständigkeit der Regelungen, die dazu führten, dass in der Theorie und Praxis der Strafgesetzgebung der Nutzen eines Allgemeinen Teils schon seit Beginn des 19. Jahrhunderts fast außer Streit stand. Die gesetzgebungstheoretische Diskussion drehte sich hier nur noch um die nie zufrieden stellend gelöste Frage, welche Strafbarkeitsvoraussetzungen und -folgen Aufnahme in einen Allgemeinen Teil finden sollen oder Rechtsprechung und Lehre überlassen bleiben können, ohne die Berechtigung des Allgemeinen Teils für Strafgesetzbücher an sich in Frage zu stellen.

II. Die gegenseitige Beeinflussung von Theorie und Praxis in Fragen der Gesetzgebungstechnik

Wohl nicht zufällig fällt die Entstehungszeit aller sieben in dieser Untersuchung näher behandelten Kodifikationen in eine der drei im vorherigen Kapitel genannten Phasen, in denen sich auch die Literatur besonders intensiv mit gesetzgebungstechnischen Fragestellungen beschäftigte. Häufig waren es die Redaktoren dieser Gesetzgebungsprojekte selbst, die vertiefende Stellungnahmen zu gesetzgebungstechnischen Fragestellungen abgaben und dadurch die Diskussion innerhalb der Gesetzgebungstheorie wesentlich befruchteten. Dies gilt für Svarez und Zeiller ebenso wie für Feuerbach, Planck und Huber. Insgesamt lässt sich hierbei feststellen, dass bei zahlreichen gesetzgebungstechnischen Fragestellungen die Gesetzgebungspraxis der Theorie vorausschritt und eine theoretische Diskussion in der Gesetzgebungsliteratur sich erst an den praktischen Beispielen entzündete, welche die Gesetzgebung lieferte. So war es etwa bei der Veröffentlichung im Entwurfsstadium zum Zwecke der Kritik seitens der Fachöffentlichkeit, bei der Frage des Voranstellens eines Allgemeinen Teils in Straf- und Zivilgesetzbüchern und bei der Diskussion um die Gebotenheit des Einsatzes von Legaldefinitionen und Verweisungen. Umgekehrt gibt es aber auch verschiedene Aspekte der Gesetzgebungstechnik, die zunächst als Forderungen der Gesetzgebungstheorie entstanden und sich nur zögernd in der Praxis durchsetzten. Dies gilt zum Beispiel für die Forderungen nach eingehender Prüfung der tatsächlichen Verhältnisse, des bestehenden Rechts und etwaiger Vorbilder in ausländischer Gesetzgebung vor dem Erlass neuer Gesetze, für die Bedeutung, die einer Bereinigung der Legalordnung und einer Beseitigung von widersprüchlichen, obsoleten und redundanten Elementen innerhalb der Gesetzgebung zukommt sowie für die Forderungen nach Vermeidung von Kasuistik und lehrhaften Elementen in der Gesetzgebung.

Eine enge Verbindung zwischen Theorie und Praxis in Fragen der Gesetzgebungstechnik ergab sich nicht nur aus der genannten Tatsache, dass nicht wenige der Redaktoren der in dieser Untersuchung näher behandelten Kodifikationsprojekte zugleich zu den besten Theoretikern ihrer Zeit in Fragen der Gesetz-gebungstechnik gehörten. Zu Zeiten des Deutschen Bundes ist außerdem zu konstatieren, dass einige der bedeutendsten damaligen deutschen Gesetzgebungs-theoretiker wie Mittermaier, Wächter und Mohl zugleich langjährige Erfahrung in praktischer Parlamentsarbeit sammeln konnten. Die damals in der deutschen Gesetzgebungstheorie einsetzende eingehende Erörterung der gesetzgebungs-technischen Probleme, welche bei der parlamentarischen Behandlung umfangrei-cher Gesetzgebungsvorhaben in Ausschüssen und im Plenum entstehen, ist zu einem wesentlichen Teil auf dieser Symbiose von praktischen Erfahrungen und deren theoretischer Vertiefung bei den genannten Autoren zurückzuführen.

Ein wesentlicher Katalysator für die Einflussnahme der Gesetzgebungstheorie auf die konkreten Gesetzgebungsprojekte in gesetzestechnischer Hinsicht war zudem die Praxis der Veröffentlichung des Gesetzgebungsvorhabens im Ent-wurfsstadium zur kritischen Stellungnahme durch die Fachöffentlichkeit; eine Praxis, welche über den gesamten hier untersuchten Zeitraum und bei allen hier näher behandelten Kodifikationsprojekten angewandt wurde. Gerade hierdurch war die Einbindung von Sachverstand außerhalb des Staatsdienstes und außerhalb der eigenen Landesgrenzen möglich, denn beides wurde bei der Zusammenset-zung der mit der Entwurfsabfassung beauftragten Kommissionen meist vernach-lässigt, indem diese regelmäßig nur mit Inländern und überwiegend mit Staats-bediensteten besetzt wurden. Die große Sorgfalt, mit der bei fast allen der hier behandelten Kodifikationsprojekte die Auswertung der zur Entwurfsveröffent-lichung eingegangenen Stellungnahmen betrieben wurde, macht den hohen Stel-lenwert deutlich, welcher den Anregungen und dem Sachverstand der Fach-öffentlichkeit während des gesamten hier untersuchten Zeitraums vom Gesetzgeber zuerkannt wurde. Nicht selten sind es solche Stellungnahmen zu konkreten Gesetzbuchentwürfen, denen wir bedeutende und über das konkrete Projekt weit hinausreichende Beiträge zur Theorie der Gesetzgebungstechnik verdanken.[16]

Dass sich aber auch unabhängig von einer persönlichen Mitwirkung an Ent-wurfsarbeiten oder von einer Stellungnahme zu konkreten Gesetzgebungspro-jekten ein Einfluss der Theorie auf die Gesetzgebungstechnik bemerkbar machen konnte, zeigt in besonderer Weise das Beispiel Jeremy Benthams. Benthams Ein-fluss auf die englische Gesetzgebungstechnik war größer, als es auf den ersten Blick erscheinen mag. Zwar konnte er sich mit seinem großen und zum Teil utopischen Ziel eines »Pannomions« aufeinander abgestimmter Gesetzbücher, welche an die Stelle aller bisherigen Rechtsquellen treten, in seinem Heimatland nicht durchsetzen und auch sein Bemühen, andere Länder mit nach seinen Vor-

---

[16] Dies gilt z.B. für Feuerbachs Kritik des Strafgesetzbuchentwurfs Kleinschrods und für Gierkes und Zitelmanns Stellungnahmen zum ersten BGB-Entwurf. Feuerbach gelang es durch seine Stellungnahme sogar, selbst anstelle des bisherigen Redaktors Kleinschrod mit den Entwurfs-arbeiten zum bayerischen Strafgesetzbuch betraut zu werden.

stellungen entworfenen Gesetzbüchern zu beschenken, war nirgends von Erfolg gekrönt.[17] Dies sollte aber nicht darüber hinwegtäuschen, dass Benthams Einfluss auf die Entwicklung der Gesetzgebungstechnik in seinem Heimatland in einzelnen Sachfragen bedeutend war. Die starke Zunahme an sprachlicher Präzision, einheitlicher Terminologie, Definitionsfreude und anderen Elementen ausgeprägter »Technizität« in der englischen Gesetzessprache des 19. Jahrhunderts wäre ohne die scharfe Kritik Benthams an den bisherigen Zuständen der englischen Gesetzgebung sicher nicht in gleicher Weise erfolgt. Ebenso schwer messbar, aber wohl bedeutend war Benthams indirekter Einfluss auf die Gesetzgebungstechnik seines Heimatlandes dadurch, dass die späteren englischen Gesetzesredaktoren seine Ratschläge verinnerlichten. Dies gilt für Thring und Ilbert als bedeutendste Gesetzesredaktoren der englischen Regierung (*Parliamentary Counsels*) in der zweiten Hälfte des 19. Jahrhunderts ebenso wie etwa für Macaulay als den maßgeblichen Verfasser des britisch-indischen Strafgesetzbuchentwurfs: Sie alle waren zwar keine Utilitaristen Benthamscher Prägung und standen seinen inhaltlichen Thesen und seinen radikalen Forderungen nach einer kompletten Neuausrichtung der englischen Rechtsordnung skeptisch bis ablehnend gegenüber; in einzelnen Sachfragen der Gesetzgebungstechnik kannten und beherzigten sie aber Benthams Empfehlungen.[18]

In Kontinentaleuropa dürfte Benthams Einfluss auf die Entwicklung der Gesetzgebungstechnik hingegen geringer gewesen sein, als es auf den ersten Blick erscheinen mag. Wesentliche Elemente kontinentaleuropäischer Gesetzgebungstechnik und insbesondere Kodifikationstechnik, wie das Streben nach Ersetzung anderer Rechtsquellen durch ein einheitliches Gesetzbuch, nach breiter Verständlichkeit, systematischem Aufbau und klarer äußerer Gliederung wie auch die Praxis der Entwurfsveröffentlichung zum Zwecke der Kritik seitens der Öffentlichkeit und die gezielte Förderung der Gesetzeskenntnis, waren in der Gesetzgebung Kontinentaleuropas bereits vor der Verbreitung dementsprechender Lehren Benthams etabliert. Sie waren Folge der naturrechtlichen Tradition und der Aufklärung, die in Kontinentaleuropa einen wesentlich stärkeren Einfluss auf das »technische« Erscheinungsbild der Gesetzgebung zeitigten, als es in England der Fall war. Noch am größten dürfte Benthams gesetzgebungstechnischer Einfluss in

---

[17] Vgl. oben S. 84, Fn. 310, S. 108, Fn. 404 sowie S. 456, Fn. 721.

[18] So schreibt Ilbert zu seinem und seines Vorgängers Thring Anknüpfen an die gesetzestechnischen Lehren Benthams bei ihrer Tätigkeit als Gesetzesredaktoren der englischen Regierung: »Lord Thring was a careful and admiring student of Bentham, and his ›Instructions‹ [der von Thring verfasste Leitfaden zur Gesetzgebungstechnik] are permeated by the Benthamic spirit. My own practice was modelled largely on Lord Thring's teaching.« (*Ilbert*, Mechanics, S. 99). Macaulay äußerte im britisch-indischen Gesetzgebungsrat im Zusammenhang mit der Frage, ob der Gesetzgeber der Öffentlichkeit eine Begründung für seine Gesetze geben solle, dass es »on a question of jurisprudence« (hier in Abgrenzung zu Fragen der Rechtspolitik und Moral verstanden) selten angebracht sei, von der Auffassung Benthams abzuweichen (Government of India, Macaulay's Minutes, S. 4 (Minute of 11 May 1835); auch in: *Dharker*, S. 148).

Kontinentaleuropa in Fragen der parlamentarischen Behandlung von Gesetzesvorhaben gewesen sein. Der große Erfolg seiner diesen Fragen gewidmeten Schrift
»Political Tactics« auf dem Kontinent erklärt sich wohl nicht nur aus dem reichen
Erfahrungsschatz des britischen Parlamentarismus, aus dem Bentham hierbei
schöpfen konnte, sondern insbesondere auch aus der Tatsache, dass Bentham es
hier als erster unternahm, sich nicht auf die Darstellung der bestehenden Parlamentspraxis zu beschränken, sondern die Zweckmäßigkeit verschiedener Formen
parlamentarischer Vorgehensweise nüchtern abzuwägen. Hierbei sollte aber nicht
übersehen werden, dass die sehr ausdifferenzierte (und zudem größtenteils ungeschriebene) englische Parlamentspraxis bei der Behandlung von Gesetzesvorlagen
nicht einfach problemlos auf die Verhältnisse des deutschen Frühkonstitutionalismus übertragbar war. Die Vorgänge im Zusammenhang mit der Geschäftsordnung, die sich die Frankfurter Nationalversammlung von 1848 gab, zeigen
deutlich, dass der noch in den Kinderschuhen steckende deutsche Parlamentarismus dieser Zeit eine einfach und flexibel handhabbare Vorgehensweise, die viel in
das Ermessen des Versammlungsvorsitzenden stellt, gegenüber den ausdifferenzierten Regularien der englischen Parlamentspraxis bevorzugte.[19]

Mehr noch als die theoretischen Erörterungen über gesetzgebungstechnische
Fragestellungen waren es die andernorts gemachten praktischen Erfahrungen in
Fragen der Gesetzgebungstechnik, welche sich die Gesetzgebungspraxis in dem
hier behandelten Zeitraum bewusst zunutze machte. So dachte man in Österreich
bei der Entstehung des ABGB und in Bayern bei der Entstehung des Strafgesetzbuchs über eine Adaption des von Preußen gesetzten Vorbildes einer Entwurfsveröffentlichung und Preisaussetzung für die besten Stellungnahmen nach und in
Britisch-Indien holte man sich bei der Abfassung des Strafgesetzbuchs in gesetzestechnischer Hinsicht Anregungen insbesondere bei den Strafgesetzbuchentwürfen
des amerikanischen Reformpolitikers Edward Livingston. Auch die Redaktoren
des preußischen Strafgesetzbuchs und der ersten BGB-Kommission nutzten geschickt die Vorbilder in- und ausländischer Gesetzbücher und Entwürfe nicht nur
bei inhaltlichen, sondern auch bei gesetzestechnischen Fragen und auch Huber
machte bei der Abfassung des schweizerischen ZGB-Entwurfs von einem kritischen Vergleich insbesondere mit dem Vorgehen der BGB-Redaktoren in gesetzestechnischen Einzelfragen wie dem Voranstellen eines Allgemeinen Teils, dem
Einsatz von Legaldefinitionen und Verweisungen und den Grenzen der Abstraktionstechnik Gebrauch.

Wenngleich die Theorie der Gesetzgebungstechnik im Verlauf des 19. Jahrhunderts wie aufgezeigt keineswegs versiegte, sondern sich nur die inhaltlichen
Schwerpunkte verschoben, so ist doch nicht zu übersehen, dass es häufig nur ein
Reagieren der Theorie auf die Gesetzgebungspraxis war, nicht ein kühnes Voran-
treiben der Gesetzgebungspraxis durch theoretische Modelle, die sich erst noch in

---

[19] S. oben S. 171f., 206f.

der Praxis bewähren mussten. So traf die nationale Kodifikationswelle in Deutschland im letzten Drittel des 19. Jahrhunderts die Gesetzgebungstheorie in vielen Fragen unvorbereitet. Die Theorie ertastete sich neue gesetzgebungstechnische Fragestellungen erst im Umgang mit den veröffentlichten Kodifikationsentwürfen und häufig ist in den gesetzgebungstheoretischen Stellungnahmen dieser Zeit das Eingeständnis und Bedauern anzutreffen, dass es an einer systematischen und fest etablierten Lehre der Gesetzgebungstechnik, die dem Gesetzgeber umfassende Hilfestellung in gesetzgebungstechnischen Fragen liefern könnte, noch fehle.[20] Zwar gab es eine Vielzahl gesetzgebungstechnischer Erörterungen zu den unterschiedlichsten Fragestellungen und eine zum Teil intensive Begleitung konkreter Gesetzgebungsprojekte durch die Theorie in gesetzestechnischer Hinsicht. Das meiste hiervon blieb aber Stückwerk und führte – trotz der Ansätze hierzu bei Mohl und Zitelmann – nicht zur Etablierung einer umfassenden Theorie der Gesetzgebungstechnik als eigenständigen Forschungszweig, was Voraussetzung für eine nachhaltige Beeinflussung der Gesetzgebungspraxis durch die Theorie gewesen wäre. Etwas überspitzt könnte man also für den deutschsprachigen Raum formulieren, dass die Theorie der Gesetzgebungstechnik hier im 19. Jahrhundert mehr von der Gesetzgebungspraxis (und ihren Redaktoren) gelernt hat, als es umgekehrt der Fall war.

Für England trifft dies nicht in gleicher Weise zu, wo es Bentham durch die Ausstrahlung seiner Theorien auf Parlamentarier und Gesetzesredaktoren wie erwähnt in der Tat gelang, in einzelnen gesetzgebungstechnischen Sachfragen die Gesetzgebungspraxis Englands nachhaltig zu beeinflussen und zu modernisieren. Die große Vision Benthams, ein »Pannomion« von kompletten Mustergesetzbüchern für alle Nationen »mit liberalen Ansichten« ohne Berücksichtigung spezifischer nationaler Belange zu schaffen, scheiterte hingegen und erwies sich rückblickend wohl auch als praxisfremd. Dies lag nicht allein am mangelnden Interesse der derart zu »beglückenden« Nationen, sondern namentlich auch an der Bentham mangelnden Fähigkeit, aus seinen großen Visionen konkrete, praxistaugliche Entwürfe hervorzubringen. Es ist für die Arbeitsweise dieses ungewöhnlichen Gelehrten charakteristisch, dass er trotz seiner immens großen und lange währenden Schaffenskraft keines seiner projektierten Gesetzbücher vollendet hat und die unvollendeten Entwürfe eine (aus moderner Sicht wie auch der Sicht seiner Zeitgenossen) sehr praxisferne Struktur aufwiesen.[21]

---

[20] Vgl. schon *Günther*, Art. »Gesetzgebungswissenschaft«, Rechtslexikon, Bd. 4, S. 756; *Mohl*, Politik, Bd. 1, S. 375, 543, Fn. 1; *Zitelmann*, Rechtsgeschäfte, S. 12; *ders.*, DJZ 1900, S. 331 f.; *ders.*, Kunst, S. 4 f./244 f.; ähnlich die Einschätzung in Frankreich durch *Rousset*, Bd. 1, S. 94; *Gény*, Technique, S. 989.

[21] Zwar enthielt schon die von Benthams Genfer Verleger Dumont herausgegebene Ausgabe »Traités de législation civile et pénale« von 1802, deren zahlreiche Übersetzungen schon zu Lebzeiten Benthams viel zu seinem weltweiten Ruhm als Gesetzgebungstheoretiker beitrugen, umfangreiche allgemeine Prinzipien eines Straf- und Zivilgesetzbuchs. Doch was die praktische Umsetzung in einem konkreten Gesetzentwurf betrifft, begnügte sich Bentham mit dem Beispiel

III. Theorie und Praxis der Gesetzgebungstechnik im deutschsprachigen Raum und in England im Vergleich

In England sind theoretische Stellungnahmen zu Fragen der Gesetzgebungstechnik in dem hier behandelten Zeitraum nicht in der Breite und Kontinuität anzutreffen, wie es für den deutschsprachigen Raum der Fall ist. Bis ins 19. Jahrhundert hinein stammten die wichtigsten Beiträge Englands zur Theorie der Gesetzgebungstechnik von einzelnen universellen Denkern wie Bacon, Hobbes und Bentham. Große Kodifikationsprojekte, welche in Kontinentaleuropa an der Wende zum 19. Jahrhundert einen wesentlichen Anreiz für eine vertiefte Beschäftigung mit gesetzgebungstechnischen Fragen geliefert hatten, blieben in England aus. Insgesamt war die Bedeutung des positiven Gesetzes als Rechtsquelle für die englische Rechtsordnung eine deutlich geringere als auf dem Kontinent und an einer breiten, aufklärerisch und naturrechtlich inspirierten gesetzgebungstheoretischen Literatur, wie sie sich auf dem Kontinent in der zweiten Hälfte des 18. Jahrhunderts entwickelte, fehlte es. Die Beschäftigung mit gesetzgebungstechnischen Fragestellungen ging in England häufig vom Parlament selbst und den zu diesem Zweck eingesetzten Ausschüssen und Kommissionen aus.[22] Der Ehrgeiz des parlamentarischen Gesetzgebers war nicht auf einen großen kodifikatorischen Wurf gerichtet, der die Rechtsverhältnisse umfassend und systematisch regeln sollte, sondern man beschränkte sich auf einzelne, aus praktischen Bedürfnissen

---

eines einzelnen Artikels eines Strafgesetzbuchs, um nach eigenen Worten zu zeigen, dass seine Ideen nicht nur spekulativ sind, sondern auch in der Praxis umgesetzt werden können (*Bentham*, Traités de législation, Bd. 3, S. 300, 302 ff.; *ders.*, Bowring-Edition, Bd. 1, S. 164 ff.). Doch schon dieses Beispiel zeigte, wie schwierig die konkrete Umsetzung seiner Vorstellungen in reale Gesetzgebungspraxis sein musste, nahmen doch die zahlreichen Begriffserläuterungen und der in Form von Fragen und Antworten ausgestaltete begleitende Gesetzeskommentar den überwiegenden Platz in dem Modellartikel ein. Noch komplizierter ist die Struktur von Benthams Alterswerk, dem »Constitutional Code«, der nach Benthams Vorstellungen in den einzelnen Ländern mit nur wenigen Anpassungen unmittelbar als Gesetz in Kraft gesetzt werden könnte. Neben der bereits aus den »Traités de législation« bekannten Trias von unmittelbar anwendbaren Regelungen (*enactive provisions*), Worterläuterungen (*expositive provisions*) und einer begründenden Kommentierung (*ratiocinative provisions*) enthält der »Constitutional Code« als zusätzliche Kategorien von Regelungsbestandteilen Beispiele (*exemplificational provisions*) und Anweisungen an den Gesetzesanwender (*instructional provisions*). Alles in allem war der »Constitutional Code« weit davon entfernt, den in praktischer Gesetzgebungsarbeit involvierten Zeitgenossen den Eindruck eines konkret anwendbaren Gesetzbuchs zu vermitteln.

[22] So die beiden bereits 1796 eingesetzten parlamentarischen Ausschüsse, die sich mit der Publikationspraxis und der Befristung von Gesetzen beschäftigten (*Committee for Promulgation of the Statutes; Committee upon Temporary Laws, Expired or Expiring*), die verschiedenen seit den dreißiger Jahren des 19. Jahrhunderts tätigen Kommissionen zur Konsolidierung des *statute law* (*Commission appointed to inquire into the Consolidation of the Statute Law*, 1835; *Commission on Criminal Law*, 1834 ff.) und die parlamentarischen Ausschüsse, die sich mit einer Vereinfachung und Vereinheitlichung der Gesetzessprache und Professionalisierung der Entwurfsarbeiten beschäftigten (*Select Committee on Public Bills*, 1836; *Select Committee on the Statute Law Commission*, 1857; *Select Committee on Acts of Parliament*, 1875).

resultierende und eng umgrenzte Eingriffe in die bestehende Rechtsordnung. Entsprechend bescheidener waren die von der Praxis ausgehenden Ansprüche an die Gesetzgebungstechnik. Die Schwerpunkte lagen hier bei den Maßnahmen zur Bereinigung und Konsolidierung der inhomogenen Masse des über Jahrhunderte gewachsenen *statute law* und zur Modernisierung und Vereinheitlichung der Gesetzessprache. Parallel zu den parlamentarischen Bestrebungen zur Verbesserung der Gesetzgebungstechnik entwickelte sich dann in England seit den dreißiger Jahren des 19. Jahrhunderts im Zuge der Professionalisierung der Gesetzgebungsarbeit eine spezifisch gesetzgebungstechnische Literatur, welche überwiegend von Praktikern getragen wurde und sehr pragmatisch vorging unter Ausklammerung inhaltlicher Fragestellungen.[23]

Entsprechend unterschiedlich war die Problemsicht und Schwerpunktsetzung in der Gesetzgebungspraxis Englands und des deutschsprachigen Raums bei vielen der in den einzelnen Kapiteln dieser Arbeit näher angesprochenen Aspekte der Gesetzgebungstechnik. Ein wichtiger Faktor war hierbei der reiche Erfahrungsschatz bei der parlamentarischen Behandlung von Gesetzesvorhaben, auf den man in England bereits im frühen 19. Jahrhundert zurückgreifen konnte, während sich die deutsche Gesetzgebungspraxis die zweckmäßigsten Formen der parlamentarischen Behandlung von Gesetzesvorhaben im Verlauf des 19. Jahrhunderts erst mühsam und zum Teil gegen den Widerstand politisch restaurativer Kräfte erarbeiten musste. So kannte England zum Beispiel schon im frühen 19. Jahrhundert ein hoch entwickeltes parlamentarisches Enquetewesen, welches intensiv zur Vorbereitung neuer Gesetze und bei der Beurteilung einer Verlängerung befristeter Gesetze herangezogen wurde. In Deutschland wurden die Untersuchungsbefugnisse von Parlamentsausschüssen und Gesetzgebungskommissionen hingegen im 19. Jahrhundert häufig aus politischen Gründen beschränkt. Damit einher ging die in England bereits wesentlich früher als im deutschsprachigen Raum einsetzende Professionalisierung und Politisierung der Gesetzgebungsarbeit innerhalb und außerhalb des Parlaments. Die Sicherung der Mehrheitsfähigkeit einer Gesetzesvorlage im Parlament und das kurzfristige Reagieren auf praktische Regelungsbedürfnisse waren entscheidende Faktoren bei der Gestaltung englischer Gesetzentwürfe, hinter die etwa Überlegungen zum Verhältnis der neuen Gesetzgebung zur bestehenden Rechtsordnung und zur Sicherung einer systematischen Stimmigkeit zurücktreten mussten. Während in Kontinentaleuropa naturrechtliches, aufklärerisches, aber auch absolutistisches Denken schon gegen Ende des 18. Jahrhunderts das Augenmerk in besonderem Maße auf diejenigen gesetzge-

---

[23] *Symonds*, The Mechanics of Law-Making (1835); *ders.*, Papers relative to the Drawing of Acts of Parliament (1837/38); *Coode*, On Legislative Expression; or, the Language of the written Law (1845); *Thring*, Practical Legislation; or, the Composition and Language of Acts of Parliament (1877); *Ilbert*, Legislative Methods and Forms (1901); *ders.*, The Mechanics of Law Making (1914).

bungstechnischen Instrumentarien richtete, welche die Herstellung von System-
stimmigkeit und Geschlossenheit innerhalb der positiven Rechtsordnung ermöglichen sollten, hingegen Gesichtspunkte der zweckmäßigen Gestaltung des Gesetzgebungsverfahrens zur Ermittlung des tatsächlichen Regelungsbedarfs und des
Ausgleichs verschiedener Meinungen in den häufig noch absolutistisch geprägten
Regierungssystemen vernachlässigt wurden, verlief die Entwicklung in England
entgegengesetzt.

Eine wesentliche Weichenstellung für die unterschiedliche Entwicklung, welche
die Gesetzgebungstechnik in England und im deutschsprachigen Raum im 19.
Jahrhundert nahm, lag dabei in der unterschiedlichen Haltung der Gesetzgebungspraxis zur Kodifikationsfrage. Die Ausgangslage war gegen Ende des 18. Jahrhunderts insoweit durchaus vergleichbar, als man hier wie dort mit einer ungeheuren
Masse schlecht aufeinander abgestimmter, zum Teil obsoleter, zum Teil widersprüchlicher oder in ihrem Bedeutungsgehalt unklarer positivrechtlicher Bestimmungen konfrontiert war: in England in Form der seit Jahrhunderten zusammenhanglos angehäuften Einzelgesetzgebung, im deutschsprachigen Raum in Form
des Gemeinen Rechts und der partikularrechtlichen Einzelgesetzgebung. Die
beiden grundsätzlichen gesetzestechnischen Lösungsansätze für diese Ausgangslage haben zwei Engländer in der Theorie detailliert beschrieben: den von Francis
Bacon vorgezeichneten und in England schließlich im 19. Jahrhundert realisierten
Weg der behutsamen und schrittweisen Konsolidierung der Rechtsordnung und
den von Jeremy Bentham propagierten und in vielen Ländern des deutschsprachigen Raums (wenn auch oft mit Abstrichen von der »reinen« Idee) verwirklichten
Weg der umfassenden und an die Stelle des bisherigen Rechts tretenden Kodifikation.

Aus dem Fehlen des Kodifikationsideals in der englischen Gesetzgebungspraxis
ergaben sich eine Reihe von Unterschieden im Charakter der englischen Gesetzgebungstechnik gegenüber dem deutschsprachigen Raum. Kasuistik wurde
vom englischen Gesetzgeber nicht gemieden, sondern entsprach hier einem legislatorischen Selbstverständnis, welches bewusst an die Formen des _case law_ anknüpfte und dieses nicht umfassend ersetzen, sondern nur im Detail ergänzen
wollte. Während im deutschsprachigen Raum der umfassende Regelungsauftrag
an den kodifikatorisch tätig werdenden Gesetzgeber zu einer verallgemeinernden,
abstrahierenden und systematisch aufeinander abgestimmten Regelungstechnik
drängte, beschränkte sich der englische Gesetzgeber meist auf eng gefasste Regelungsbereiche, in denen er die vom _case law_ am Einzelfall entwickelten Differenzierungen übernahm, anstatt sie zugunsten einer verallgemeinernden Regelung
zu opfern. Verstärkt wurde dieser Charakterzug der englischen Gesetzgebungstechnik im 19. Jahrhundert durch die restriktive Interpretationstechnik englischer
Gerichte gegenüber dem _statute law_, welche den Gesetzgeber zu detailreichen
Regelungen veranlasste, weil er anders als auf dem Kontinent nicht darauf vertrauen konnte, dass etwaige Lücken im Regelungstext durch eine ergänzende, an

Sinn und Zweck der gesetzlichen Regelung orientierte Interpretation der Gerichte geschlossen würden.[24]

Eng mit dem Fehlen des Kodifikationsideals in der englischen Gesetzgebungspraxis verknüpft ist das dortige Fehlen des kontinentaleuropäischen Gemeinverständlichkeits- und Vereinfachungsanspruchs an die Gesetzgebung. Das Aufkommen des modernen Kodifikationsgedankens in Kontinentaleuropa in der zweiten Hälfte des 18. Jahrhunderts ist zu einem erheblichen Teil auf die gleichzeitig erhobenen Forderungen nach einer einfachen, klaren und möglichst jedermann verständlichen Rechtsordnung zurückzuführen. Die umfassende Kodifikation sah man als gesetzestechnischen Königsweg zur Herstellung eines derartigen transparenten Rechtszustandes an: Das Gesetzbuch sollte im Idealfall jedermann zu seinem eigenen Advokaten machen und den Laien aus der Abhängigkeit von den oft unberechenbaren *Ex-post-facto*-Entscheidungen der professionellen Juristen befreien. Getreu dem aufklärerischen Ideal war nicht länger nur das natürliche, sondern auch das positive Recht dazu bestimmt, zur Richtschnur von jedermanns Handeln zu werden, was nur gelingen konnte, wenn das Recht dem einzelnen bereits im Vorfeld seiner Handlungen bekannt ist. Dieses Ideal wurde in England zwar in der Theorie namentlich von Bentham geteilt, konnte sich in der Gesetzgebungspraxis aber nicht durchsetzen.

Die Unterschiede im politischen System werden hierbei von nicht geringer Bedeutung gewesen sein. So merkwürdig es auf den ersten Blick erscheinen mag, gab das System des aufgeklärten Absolutismus in Kontinentaleuropa gegen Ende des 18. Jahrhunderts einen wesentlich besseren Nährboden für die Entstehung und Umsetzung des Kodifikationsgedankens und des Gemeinverständlichkeitsideals in der Gesetzgebung ab als die repräsentative Demokratie englischen Zuschnitts. Die umfassende und an die Stelle aller bisherigen Rechtsquellen tretende Kodifikation war das gesetzestechnisch ideale Instrument für einen aufgeklärt-absolutistischen Gesetzgeber, der einerseits seine Gesetzgebungshoheit gegen die Konkurrenz anderer Rechtsquellen sichern wollte und andererseits wohlfahrtsstaatlich darauf bedacht war, dass seine Anordnungen auch tatsächlich zur Kenntnis der Untertanen gelangen und zur Richtschnur ihres Handelns werden. In England hingegen sah man das Volk durch die Abgeordneten des Parlaments repräsentiert und die Kenntnis der Abgeordneten rechnete man in langer Tradition unmittelbar dem Volke zu, weshalb auch das Publikationserfordernis in England im hier untersuchten Zeitraum nie die Bedeutung erlangen konnte, die ihm in Kontinentaleuropa zukam. Auf die tatsächliche Kenntniserlangung vom Gesetzesinhalt durch das Volk kam es daher nicht an, weshalb Gemeinverständlichkeitsüberlegungen bei der Gestaltung des englischen Gesetzesrechts keine wesentliche Rolle spielten. Die Zwänge der parlamentarischen Mehrheitsfindung führten dazu, dass Umfang und Gestaltung englischer Gesetzesvorlagen sich eng an den

---

[24] Näher zu diesen Aspekten oben S. 309 ff.

wechselnden konkreten Bedürfnissen und dem politisch »Machbaren« des jeweiligen Augenblicks orientierten und nicht an dem Ideal umfassender und auf die Vermittlung von Rechtskenntnissen an jedermann zielender Gesetzbücher. Diese gehörten eher in die Hand eines wohlfahrtsstaatlich denkenden absolutistischen Herrschers, der keine Rücksicht auf politische Mehrheiten nehmen musste, aber die Konkurrenz eines frei handelnden Juristenstandes fürchtete.

Außerdem ist zu bedenken, dass die kontinentaleuropäischen Bestrebungen nach einer Vereinfachung der Rechtsordnung in Form jedermann verständlicher, umfassender Gesetzbücher eine Gegenreaktion auf die Verwissenschaftlichung des Rechts durch den Usus Modernus waren, wohingegen in England eine Verwissenschaftlichung des Rechts in vergleichbarer Form und Umfang nicht stattgefunden hatte. Wenn der parlamentarische Gesetzgeber Englands sich auf die Regelung eng begrenzter Bereiche als Reaktion auf konkrete Bedürfnisse des Augenblicks beschränkte und hierbei keinen Anspruch an Transparenz der Gesamtrechtsordnung stellte, tat er nichts anderes, als es der jahrhundertealten Tradition des englischen *case law* entsprach und die Stabilität des politischen Systems Englands gab ihm keine Veranlassung, hiervon abzuweichen.

Eine weitere wesentliche Weichenstellung für die unterschiedliche Entwicklung, welche die englische Gesetzgebungstechnik gegenüber derjenigen des deutschsprachigen Raums im 19. Jahrhundert nahm, lag in der in England schon zur Mitte des 19. Jahrhunderts einsetzenden Professionalisierung der vorparlamentarischen Gesetzgebungsarbeiten in den Händen amtlicher *draftsmen*. Das gesetzestechnische Erscheinungsbild englischer *statutes* änderte sich hierdurch im Verlauf des 19. Jahrhunderts erheblich. Die ältere englische Gesetzgebung, die anders als diejenige des deutschsprachigen Raums nicht von dem Vorbild der strengen Systematik und klaren äußeren Gliederung der Naturrechtssysteme geprägt war, legte bis ins 19. Jahrhundert hinein noch wenig Wert auf systematische und gliederungstechnische Gesichtspunkte. Die meisten *statutes* wurden als Einzelakte erlassen, ohne systematischen Abgleich mit der bestehenden Gesetzgebung, ohne Stringenz in der verwendeten Terminologie, ohne jede amtliche Unterteilung der Vorschriften, dafür gespickt mit umständlichen und zum Teil redundanten Phrasen und unklaren Bezugnahmen. Eine erste wesentliche Verbesserung in dieser Hinsicht brachte der so genannte *Lord Brougham's Act* von 1850, der für die künftige Gesetzgebung eine Unterteilung in separat zitierbare Abschnitte (*sections*) vorsah und einheitliche Definitionen für in Gesetzen häufig verwendete Begriffe festlegte. Gleichzeitig ging man daran, die Qualität der Gesetzentwürfe im vorparlamentarischen Bereich durch den verstärkten Einsatz zunächst des *Home Office Counsels*, später des *Parliamentary Counsels to the Treasury* bei der Erstellung der Regierungsentwürfe zu verbessern.[25] Die Konzentration der Zuständigkeit für die Erstellung von Regierungsvorlagen aller Ministerien beim *Parliamentary Counsel*

---

[25] Näher hierzu oben S. 101 ff.

ab 1869, der damit zusammen mit seinen Mitarbeitern zum professionellen Gesetzesredaktor der Regierung wurde, trug viel zur Beseitigung der vorgenannten gesetzestechnischen Mängel und zur Herstellung eines einheitlichen Erscheinungsbilds in der englischen Gesetzgebung bei.

Während man im deutschsprachigen Raum in der zweiten Hälfte des 19. Jahrhunderts fortfuhr, Gesetzesvorlagen in den Ministerien oder (bei größeren Vorhaben) von ad hoc gebildeten Kommissionen entwerfen zu lassen, trennte man in England bewusst die technische von der inhaltlichen Seite der Gesetzesentstehung. Die inhaltlichen Vorgaben für englische Regierungsvorlagen kamen nach wie vor von den jeweils zuständigen Ressorts, die technische Umsetzung lag aber nunmehr in einer Hand. Dies führte nicht nur zu einer Vereinheitlichung der Regierungsentwürfe, sondern auch zu einem verstärkten und routinierten Einsatz rein technischer Gesetzgebungselemente wie Legaldefinitionen und Verweisungen. Ein Veto gegen derart »technisierte« Gesetzestexte aus Gemeinverständlichkeitsüberlegungen brauchte der *Parliamentary Counsel* kaum zu fürchten. Im Gegenteil, eine Gesetzgebungstechnik, die statt einer ausführlichen und zusammenhängenden Neufassung einer Regelungsmaterie sich wo immer möglich auf eine Inkorporation bereits anderweitig getroffener Regelungen mittels Verweisung beschränkte, lag durchaus in der Absicht des parlamentarischen Gesetzgebers, denn je weniger Angriffsfläche eine Gesetzesvorlage durch Neuregelungen bot, desto höher waren ihre Chancen, das Parlament erfolgreich zu passieren.

IV. Die Instrumentalisierung der Gesetzgebungstechnik im geschichtlichen Kontext

Im Verlauf dieser Untersuchung hat sich immer wieder gezeigt, dass die in den einzelnen Kapiteln vorgestellten methodischen und formal-inhaltlichen Fragestellungen der Gesetzgebungstechnik und die Antworten, die in der Theorie und Praxis hierauf gegeben wurden, in aller Regel nicht von einem apolitischen und ahistorischen Pragmatismus bestimmt waren, sondern stark beeinflusst wurden von den politischen, gesellschaftlichen und geistesgeschichtlichen Rahmenbedingungen und Zielsetzungen ihrer Zeit. Gesetzgebungskunst war (und ist) eben doch mehr als nur zweckfreie Technik und die Form der Gesetzesentstehung und Gesetzesgestaltung war nicht nur mitentscheidend für die inhaltliche und juristische Güte des Endprodukts, sondern eben auch für die Verwirklichung weiter gefasster Zielsetzungen.

So verband sich mit den Forderungen nach volkstümlicher Gesetzessprache, doppelten Gesetzbüchern (für den juristischen Anwender und für den Laien), materiellen Publikationsformen, ausführlichen Präambeln und amtlichen Gesetzesbegründungen schon zur Zeit der Aufklärung ein ganzes Bündel unterschiedlicher Motive, die von der Erziehung des Volkes, der größeren Akzeptanz des Rechts in der Bevölkerung und der Reduzierung rechtlicher Auseinandersetzungen bis hin zur besseren Durchsetzbarkeit des Gesetzesbefehls und der Einschränkung der Macht der Juristen reichten. Immer wieder zeigte sich eine eigentümliche Ambivalenz beim Einsatz einzelner Gesetzgebungstechniken. Das Streben nach möglichst vollständigen und bestimmten Gesetzen, der Einsatz von Kasuistik, Erläuterungen und Beispielen im Gesetz sollte einerseits dem Schutz des Bürgers und der Vermeidung von Rechtsstreitigkeiten dienen, andererseits die Gesetzgebungshoheit des Souveräns gegen die Konkurrenz anderer Rechtsquellen und gegen eine selbständige, nach freiem Ermessen entscheidende Justiz sichern helfen. Ähnlich ambivalent war die Praxis der Veröffentlichung von Gesetzentwürfen mit der Aufforderung zur Stellungnahme an die Allgemeinheit. Motiv hierbei konnte im besten aufklärerischen Sinne ein unvoreingenommener Wettstreit der besten Ideen und eine wirkliche Hilfe zur inhaltlichen oder formalen Vervollkommnung des Gesetzentwurfs sein oder aber auch ein politischer Schachzug zur Steigerung der Akzeptanz des fertigen Gesetzes und ein weitgehend folgenloser Tribut an den Zeitgeist.

Angebliche gesetzgebungstechnische Zwänge ließen sich auch gut als Begründung für eine Einschränkung politischer Mitwirkungsrechte heranziehen, etwa bei der Forderung nach Einschränkung der parlamentarischen Mitwirkung bei umfangreichen und komplexen Gesetzesvorhaben wegen der damit verbundenen Gefahren für die innere Stimmigkeit und Folgerichtigkeit des Ganzen. Schließlich waren auch andere Aspekte des gewählten Verfahrens bei der Gesetzesentstehung keinesfalls so unpolitisch und rein von gesetzestechnischen Zweckmäßigkeitsüberlegungen gelenkt, wie es auf den ersten Blick erscheinen mag. So konnte der Einsatz permanenter Gesetzgebungskommissionen der Sicherung der Gesetzgebungshoheit des Souveräns gegenüber richterlicher Rechtsfortbildung oder der Beschränkung der Mitwirkung der Volksvertretungen bei der Gesetzgebungsarbeit dienen, die Zusammensetzung von Gesetzgebungskommissionen konnte ein Signal für die Berücksichtigung der Interessen verschiedener Landesteile, gesellschaftlicher Gruppen oder politischer Gruppierungen sein und mit der Art und Weise der Heranziehung ausländischen Rechts bei der Gesetzesvorbereitung waren oft Vorentscheidungen über den Regelungsinhalt verbunden.

Der Blick auf die sich wandelnde Gesetzgebungstechnik ist auch ein guter Gradmesser zur Bestimmung des Verhältnisses der Gesetzgebung der jeweiligen Zeit zur Rechtsprechung und wissenschaftlichen Lehre. Die Hervorhebung des Befehlscharakters der Gesetzgebung in der zweiten Hälfte des 19. Jahrhunderts bei gleichzeitiger Ablehnung von belehrenden Elementen innerhalb der Gesetzgebungstechnik, der zunehmende Verzicht auf ein Vollständigkeitsstreben und der vermehrt bewusste Einsatz von unbestimmten Rechtsbegriffen und Generalklauseln ist Ausdruck eines gewandelten Selbstverständnisses des Gesetzgebers, der nunmehr auf eine bewusste Arbeitsteilung zwischen Gesetzgebung einerseits und Rechtsprechung und Lehre andererseits setzt. Zum Teil erschließt sich dieses gewandelte Selbstverständnis auch erst beim Blick auf die Zwecksetzung, mit denen gesetzgebungstechnische Mittel eingesetzt wurden. Deutlich wird dies beim Einsatz von Legaldefinitionen und Verweisungen durch den Gesetzgeber, welche zur Aufklärungszeit noch überwiegend eine demonstrative, belehrende Funktion hatten, in der zweiten Hälfte des 19. Jahrhunderts hingegen vornehmlich der Abkürzung und sprachlichen Präzisierung des Regelungstextes und der Vermeidung von Wiederholungen dienten.

Gesetzbücher sind ein Spiegel ihrer Zeit nicht nur mit ihrem Inhalt, sondern auch mit der Form, welche sie diesem Inhalt geben. Die Gesetzgebungstechnik des preußischen ALR, des österreichischen ABGB und des bayerischen Strafgesetzbuchs wäre – bei aller in dieser Untersuchung aufgezeigten Unterschiedlichkeit – ohne den Erkenntnisoptimismus der Spätaufklärung und den spezifischen absolutistischen Rahmenbedingungen ihrer Entstehung nicht denkbar gewesen. Auch wäre die Gesetzgebungstechnik des deutschen BGB ohne die Leistungen der Pandektenwissenschaft ebenso wenig möglich gewesen, wie es die langwierigen und sorgfältigen Vorarbeiten der BGB-Kommissionen ohne die politischen Rahmenbedingungen in der Frühphase des deutschen Kaiserreiches gewesen wären. Das schweizerische ZGB wäre in Sachen Volkstümlichkeit der Sprache und Anordnung und in seiner bewussten Beschränkung auf praktisch wichtige und anschauliche Regelungen unter Vernachlässigung von Vollständigkeits- und Bestimmtheitsforderungen ohne die spezifisch schweizerischen Elemente der direkten Demokratie und der wichtigen Rolle von Laien in der Rechtsprechung ebenfalls anders ausgefallen. Das vielleicht schönste Beispiel für die unsichtbaren Fäden, welche die Gesetzgebungstechnik mit den Anschauungen und Rahmenbedingungen ihrer Zeit verbinden, liefert das Strafgesetzbuch Britisch-Indiens. Das Experimentieren mit der Technik der Einzelfallillustrationen, die bewusste Abwendung von überkommenen, aber unpräzisen Begriffen der englischen Rechtssprache, im Grunde der ganze Versuch, ohne genaue Kenntnisse des Landes und seiner mannigfaltigen religiösen und sozialen Traditionen ein für jedermann gleichermaßen anwendbares Gesetzbuch vom Reißbrett zu schaffen, war ein singuläres Produkt des Zusammentreffens eines noch an Bentham geschulten spätaufklärerischen Erkenntnisoptimismus mit den großen Gestaltungsspielräumen, welche das paternalistisch-despotische Regierungssystem Britisch-Indiens in der ersten Hälfte des 19. Jahrhunderts einem beherzt handelnden Gesetzesredaktor bot.[26]

---

[26] Vgl. hierzu die oben S. 170, Fn. 684 wiedergegebene Passage aus Macaulays Rede vor dem englischen Unterhaus bei der Debatte über den neuen *Charter Act* für die *East India Company* von 1833.

Quellen- und Literaturverzeichnis

Nur einmal zitierte Werke, die nicht in unmittelbarem Zusammenhang mit der hier behandelten Thematik stehen, wurden nicht in das Verzeichnis aufgenommen, um dessen Überschaubarkeit zu bewahren; sie sind stattdessen an der jeweiligen Stelle mit den vollständigen bibliographischen Angaben zitiert. Unter dem Sachtitel aufgeführte Quellen sowie mehrere Publikationen desselben Autors sind alphabetisch nach Maßgabe des ersten Substantivs oder Adjektivs des Sachtitels aufgeführt.

I. Ungedruckte Quellen

1. India Office Records, Oriental and India Office Collections, British Library, London:
   - P/206/78 (Proceedings and Consultations of the Government of India July – Sept. 1835)
   - P/206/79 (Proceedings and Consultations of the Government of India Sept. – Dec. 1835)
   - P/206/89 (Proceedings and Consultations of the Government of India June – Sept. 1837)
   - V/8/16 (Bengal Regulations 1793–1795)
   - V/8/24 (Bombay Regulations 1827)
   - V/8/37 (India Acts 1860)
   - V/8/38 (India Acts 1861/62)
   - V/9/1 – V/9/7 (Proceedings of the Legislative Council of India 1854–1861)
   - V/27/100/1 (Government of India. Legislative Department: Certain Indian Minutes by Lord Macaulay)
   - V/27/100/2 (Government of India. Legislative Department: Minutes by the Honourable Sir Barnes Peacock 1852–1859)

2. Schweizerisches Bundesarchiv, Bestand Eugen Huber, Bern:
   J I. 109, Dossier 397:
   - Eugen Huber: Über die Art und Weise des Vorgehens bei der Ausarbeitung des Entwurfes eines einheitlichen schweizerischen Civilgesetzbuches (Confidentielle Mitteilung. An das Tit. Eidg. Justiz- und Polizeidepartement), Bern, im Frühjahr 1893 (zit.: Memorial 1893)
   - Rundschreiben des eidgenössischen Justiz- und Polizeidepartements vom 17. November 1893 an die Regierung des Kantons …

II. Englische und indische Rechtsquellen

Englische Rechtsquellen:
- 33 Geo. III, c. 13 (Acts of Parliament (Commencement) Act, 1793)
- 3 & 4 Will. IV, c. 85 (»Charter Act«, 1833)
- 13 & 14 Vict., c. 21 (An Act for shortening the Language used in Acts of Parliament – »Lord Brougham's Act«, 1850)

- 16 & 17 Vict., c. 95 (An Act to provide for the Government of India – »Charter Act«, 1853)
- 17 & 18 Vict., c. 104 (The Merchant Shipping Act, 1854)
- 52 & 53 Vict., c. 63 (Interpretation Act, 1889)

Indische Rechtsquellen:
- Bengal Regulation XLI of 1793
- Bombay Regulation XIV of 1827 (A Regulation for defining crimes and offences and specifying the punishments to be inflicted for the same – »Bombay Code«)
- Act No. XLV of 1860 (The Indian Penal Code)
- Act No. VI of 1861 (An Act to alter the time from which the Indian Penal Code shall take effect)
- Act No. XVII of 1862 (An Act to repeal certain Regulations and Acts relating to Criminal Law and Procedure)
- Act No. I of 1868 (The General Clauses Act, 1868)

III. Gedruckte Quellen und sonstige Primärliteratur

Acte constitutionnel du 24 Juin 1793 et déclaration des droits de l'homme et du citoyen, in: Duguit/Monnier/Bonnard (s. dort), S. 62–73

Affolter, Friedrich, Das intertemporale Recht. Das Recht der zeitlich verschiedenen Rechtsordnungen, Bd. 1: Das intertemporale Privatrecht, Teil 2: System des deutschen bürgerlichen Übergangsrechts, Leipzig 1903, zit.: System [zu Teil 1 s. unter Sekundärliteratur]

Allerhöchste Königliche Cabinetts-Ordre die Verbesserung des Justiz-Wesens betreffend vom 14. April 1780, in: Allgemeines Landrecht für die Preußischen Staaten von 1794, mit einer Einf. v. Hans Hattenhauer, 2. Aufl., Neuwied u. s. w. 1994, S. 43–47 (Seitenangaben beziehen sich auf diese Ausgabe), Wiederabdruck aus: NCC, Bd. VI (1780), Nr. 13, Sp. 1935–1944, zit.: Kabinettsorder vom 14. April 1780

Das Allgemeine Deutsche Handels-Gesetzbuch [1861] mit Erläuterungen nach den Materialien und Benutzung der sämtlichen Vorarbeiten, hrsg. v. Bornemann u. a., Berlin 1862, zit.: ADHGB

Allgemeines bürgerliches Gesetzbuch für die gesammten Deutschen Erbländer der Oesterreichischen Monarchie [1811], 3 Teile, Wien 1814, zit.: ABGB

Allgemeines Gesetz über Verbrechen und deren Bestrafung [so genanntes Josephinisches Strafgesetzbuch, 1787], in: Buschmann, Arno (Hrsg.), Textbuch zur Strafrechtsgeschichte der Neuzeit. Die klassischen Gesetze, München 1998, S. 224–272

Allgemeines Gesetzbuch für die Preußischen Staaten, 4 Bde, Berlin 1791, zit.: AGB

Allgemeines Landrecht für die Preußischen Staaten von 1794, mit einer Einf. v. Hans Hattenhauer, 3. Aufl., Neuwied u. s. w. 1996, zit.: ALR

Anmerkungen zum Strafgesetzbuche für das Königreich Baiern. Nach den Protokollen des königlichen geheimen Raths, 3 Bde, München 1813–1814, zit.: Anmerkungen z. BayStGB 1813

Aristoteles, Politik, übersetzt u. hrsg. v. Olof Gigon, 6. Aufl., München 1986

Austin, John, Lectures on Jurisprudence or the Philosophy of Positive Law [EA posthum 1863], hrsg. v. Robert Campbell, London 1895

Bacon, Francis, De Dignitate et Augmentis Scientiarum [1623], in: The Works of Francis Bacon, hrsg. v. James Spedding, Robert Leslie Ellis u. Douglas Denon Heath, 14 Bde, London 1857–1874 (ND Stuttgart 1962/1963), Bd. 1, S. 431–837, zit.: De Augm. Scient.

Bacon, Francis, A proposition touching the compiling and amendment of the laws of England [1616 oder 1617], in: The Works of Francis Bacon, hrsg. v. James Spedding, Robert Leslie Ellis u. Douglas Denon Heath, 14 Bde, London 1857–1874 (ND Stuttgart 1962/1963), Bd. 13, S. 61–71, zit.: Proposition

Bähr, Otto (Rez.), »Entwurf eines bürgerlichen Gesetzbuches für das Deutsche Reich. Erste Lesung, Berlin und Leipzig 1888«, in: Kritische Vierteljahresschrift für Gesetzgebung und Rechtswissenschaft, Bd. 30 (N.F.: Bd. 11) (1888), S. 321–414, 481–570

Bayerisches Edict über die Geschäftsordnung für die Kammer der Abgeordneten vom 28. Februar 1825, in: Pölitz/Bülau (s. dort), Bd. 1, S. 175–197, zit.: GO Bayern

Bayerisches Edict über die Ständeversammlung vom 26. Mai 1818, in: Pölitz/Bülau (s. dort), Bd. 1, S. 159–175

Beccaria, Cesare, Dei delitti e delle pene [EA 1764], 5. Aufl., Harlem 1766

Beck, Jacob Sigismund, Grundsätze der Gesetzgebung, Leipzig 1806

Bekker, Ernst Immanuel, System und Sprache des Entwurfes eines Bürgerlichen Gesetzbuches für das Deutsche Reich (Beiträge zur Erläuterung und Beurtheilung des Entwurfes eines Bürgerlichen Gesetzbuches für das Deutsche Reich: 2), Berlin u. Leipzig 1888

Bentham, Jeremy, Anarchical Fallacies; being an examination of the declarations of rights issued during the French Revolution, in: ders., Bowring-Edition, Bd. 2, S. 489–534

Bentham, Jeremy, The book of fallacies, in: ders., Bowring-Edition, Bd. 2, S. 375–487

Bentham, Jeremy, Codification Proposal, addressed by Jeremy Bentham to all nations professing liberal opinions, in: ders., Legislator of the World, S. 241–384

Bentham, Jeremy, The Collected Works of Jeremy Bentham, hrsg. v. J.H. Burns (1968–1979), J.R. Dinwiddy (1977–1983), F. Rosen (seit 1983) u. P. Schofield (seit 1998), London u. Oxford 1968ff., zit.: CW

Bentham, Jeremy, Constitutional Code, in: ders., Bowring-Edition, Bd. 9

Bentham, Jeremy, Constitutional Code, Bd. 1 (bislang kein Folgeband), hrsg. v. F. Rosen u. J.H. Burns (The Collected Works of Jeremy Bentham), Oxford 1983

Bentham, Jeremy, Essay on the Influence of Time and Place in Matters of Legislation, in: ders., Bowring-Edition, Bd. 1, S. 169–194, zit.: Influence [zusätzlich zitiert nach dem erstmaligen Abdruck in: ders., Traités de legislation, Bd. 3, S. 323–395]

Bentham, Jeremy, Essay on the Promulgation of Laws, and the Reasons thereof; with Specimen of a Penal Code, in: ders., Bowring-Edition, Bd. 1, S. 155–168, zit.: Promulgation [zusätzlich zitiert nach dem erstmaligen Abdruck in: ders., Traités de legislation, Bd. 3, S. 273–301]

Bentham, Jeremy, General View of a Complete Code of Laws, in: ders., Bowring-Edition, Bd. 3, S. 155–210, zit.: General View [zusätzlich zitiert nach dem erstmaligen Abdruck in: ders., Traités de legislation, Bd. 1, S. 141–370]

Bentham, Jeremy, An Introduction to the Principles of Morals and Legislation, hrsg. v. J.H. Burns u. H.L.A. Hart (The Collected Works of Jeremy Bentham), London 1970 (ND Oxford 1996), zit.: Principles of Morals and Legislation

Bentham, Jeremy, Of Laws in General [1782; EA 1945 unter dem Titel: The Limits of Jurisprudence Defined], hrsg. v. H.L.A. Hart (The Collected Works of Jeremy Bentham), London 1970

Bentham, Jeremy, Legislator of the World. Writings on Codification, Law and Education, hrsg. v. Philip Schofield u. Jonathan Harris (The Collected Works of Jeremy Bentham), Oxford 1998, zit.: Legislator of the World

Bentham, Jeremy, Nomography or the Art of Inditing Laws, in: ders., Bowring-Edition, Bd. 3, S. 231–283, zit.: Nomography

Bentham, Jeremy, Pannomial Fragments, in: ders., Bowring-Edition, Bd. 3, S. 211–230

Bentham, Jeremy, Papers relative to Codification and Public Instruction, in: ders., Legislator of the World, S. 1–185, zit.: Papers

Bentham, Jeremy, Political Tactics [EA 1791 unter dem Titel: Essay on Political Tactics …], hrsg. v. Michael James, Cyprian Blamires u. Catherine Pease-Watkin (The Collected Works of Jeremy Bentham), Oxford 1999

Bentham, Jeremy, Principles of the Civil Code, in: ders., Bowring-Edition, Bd. 1, S. 297–364, zit.: Civil Code [zusätzlich zitiert nach dem erstmaligen Abdruck in: ders., Traités de legislation, Bd. 2, S. 1–236]

Bentham, Jeremy, Specimen of a Penal Code, in: ders., Bowring-Edition, Bd. 1, S. 164–168 [zusätzlich zitiert nach dem erstmaligen Abdruck in: ders., Traités de legislation, Bd. 3, S. 302–321]

Bentham, Jeremy, Traités de législation civile et pénale …, hrsg. v. Etienne Dumont, 3 Bde, Paris 1802, zit.: Traités de législation

Bentham, Jeremy, The Works of Jeremy Bentham, hrsg. v. John Bowring, 11 Bde, Edinburgh 1838–1843 (ND New York 1962), zit.: Bowring-Edition

Bergk, Johann Adam, Die Theorie der Gesetzgebung, Meißen 1802 (ND Frankfurt a. M. 1969)

Bergmann, Friedrich, Das Verbot der rückwirkenden Kraft neuer Gesetze im Privatrechte, Hannover 1818

Bericht der Redaktionskommission des Zivilgesetzbuches an die Bundesversammlung vom 20. November 1907, in: Bundesblatt der Schweizerischen Eidgenossenschaft, Jg. 1907, Bd. 6, S. 367–371

Bericht der Reichstags-Kommission über den Entwurf eines Bürgerlichen Gesetzbuchs und Einführungsgesetzes nebst einer Zusammenstellung der Kommissionsbeschlüsse, Berlin 1896, zit.: Bericht der Reichstags-Kommission

Bernhöft, Franz, Zur Lehre von den Fiktionen, in: Aus Römischem und Bürgerlichem Recht. Ernst Immanuel Bekker zum 16. August 1907, überreicht v. Franz Bernhöft u. a., Weimar 1907, S. 239–290

Bethmann-Hollweg, Moritz August von, Ueber Gesetzgebung und Rechtswissenschaft als Aufgabe unserer Zeit, Bonn 1876

Bielfeld, Jakob Friedrich Freiherr von, Institutions politiques …, 5 Bde, Paris 1761

Binding, Karl, Handbuch des Strafrechts (Systematisches Handbuch der Deutschen Rechtswissenschaft, 7. Abt., 1. Teil, 1. Bd), Bd. 1 (einziger), Leipzig 1885

Binding, Karl, Die Normen und ihre Übertretung. Eine Untersuchung über die rechtmässige Handlung und die Arten des Delikts, 4 Bde, Leipzig 1872–1919, zit.: Normen

Blackstone, William, Commentaries on the Laws of England, [1. Ausg.], 4 Bde, Oxford 1765–1769 (ND Chicago 1979)

Bleich, E[duard] (Hrsg.), Verhandlungen des im Jahre 1848 zusammenberufenen Vereinigten ständischen Ausschusses, 4 Bde, Berlin 1848

Bluntschli, Johann Caspar, Allgemeines Staatsrecht, 2. Aufl., 2 Bde, München 1857, zit.: Staatsrecht

Bluntschli, Johann Caspar, Beilage zum privatrechtlichen Gesetzbuch für den Kanton Zürich (aus dem Beobachter aus der östlichen Schweiz, Januar 1844), in: Privatrechtliches Gesetzbuch für den Kanton Zürich, mit Erl. hrsg. v. J. C. Bluntschli, Bd. 1, Zürich 1854, S. XI–XXVIII, zit.: Beilage

Bluntschli, Johann Caspar, Politik als Wissenschaft (Lehre vom modernen Staat: 3), Stuttgart 1876 (ND Aalen 1965), zit.: Politik

Bonnard, Roger (Hrsg.), Les Règlements des Assemblées Législatives de la France depuis 1789, Paris 1926

Botschaft des Bundesrates an die Bundesversammlung zu einem Gesetzesentwurf betreffend die Ergänzung des Entwurfes eines schweizerischen Zivilgesetzbuches durch Anfügung des Obligationenrechtes und der Einführungsbestimmungen (vom 3. März 1905) [nebst Entwurf des revidierten Teils des Obligationenrechts], o. O. u. J. [Bern 1905]

Botschaft des Bundesrates an die Bundesversammlung zu einem Gesetzesentwurf enthaltend das Schweizerische Zivilgesetzbuch (vom 28. Mai 1904) [nebst Entwurf des Bundesgesetzes enthaltend das Schweizerische Zivilgesetzbuch], o. O. u. J. [Bern 1904], zit.: Botschaft des Bundesrates an die Bundesversammlung v. 28. Mai 1904

Bülow, [*Oskar*], Civilprozessualische Fiktionen und Wahrheiten, in: AcP 62 (1879), S. 1–96

Bürgerliches Gesetzbuch. Mit dem Einführungsgesetz und einem ausführlichen alphabetischen Sachregister, Berlin o. J. [ca. 1900]

Bürgerliches Gesetzbuch vom 18. August 1896, in: Reichs-Gesetzblatt, Jg. 1896, S. 195–603, zit.: BGB

Bundesgesetz über den Geschäftsverkehr zwischen Nationalrat, Ständerat und Bundesrat sowie über die Form des Erlasses und der Bekanntmachung von Gesetzen und Beschlüssen vom 9. Oktober 1902, in: Amtliche Sammlung der Bundesgesetze und Verordnungen der schweizerischen Eidgenossenschaft, N. F. 19 (1904), S. 386–397, zit.: Bundesgesetz über den Geschäftsverkehr v. 9. Oktober 1902

Charte Constitutionnelle du 4 Juin 1814, in: Duguit/Monnier/Bonnard (s. dort), S. 168–174

Christ, Anton, Ueber deutsche Nationalgesetzgebung. Ein Beitrag zur Erzielung gemeinsamer für ganz Deutschland gültiger Gesetzbücher und zur Abschaffung des römischen und des französischen Rechts insbesondere, 2. Aufl., Karlsruhe 1842

Cicero, Marcus Tullius, De legibus, hrsg. v. Johannes Vahlen, 2. Aufl., Berlin 1883

Claproth, Justus, Ohnmaßgeblicher Entwurf eines Gesetzbuches, 3 Bde, Frankfurt a. M. 1773–1776

Code civil des Français, Édition originale et seule officielle, Paris An XII (1804)

Codex Juris Bavarici Criminalis [EA 1751], 2. Aufl., München 1771

Codex Maximilianeus Bavaricus Civilis oder neu verbessert und ergänzt churbairisches Landrecht [EA 1756], 4 Teile, München 1786

Conring, Hermann, De origine iuris Germanici [1643], in: ders., Opera, hrsg. v. Johann Wilhelm Göbel, Bd. 6, Braunschweig 1730, S. 77–187

Constitution de la République Française du 5 Fructidor An III (22 août 1795), in: Duguit/Monnier/Bonnard (s. dort), S. 73–109

Constitution française du 3 Septembre 1791, in: Duguit/Monnier/Bonnard (s. dort), S. 1–32

Coode, George, On Legislative Expression; or, The Language of the written Law, London 1845

Corpus Iuris Civilis. Editio stereotypa, Bd. 1, Institutiones. Digesta, hrsg. v. Theodor Mommsen u. Paul Krüger, 11. Aufl., Berlin 1908

Corpus Iuris Civilis. Text und Übersetzung. Auf der Grundlage der von Theodor Mommsen und Paul Krüger besorgten Textausgaben, hrsg. v. Okko Behrends u. a., Bd. 1, Institutionen, 2. Aufl., Heidelberg 1997

Danz, Heinrich Emil August, Die Wirkung der Codificationsformen auf das materielle Recht. Erläutert durch Beispiele aus dem Entwurfe des bürgerlichen Gesetzbuchs für das Königreich Sachsen, Leipzig 1861

Darjes, Joachim Georg, Institutiones iurisprudentiae privatae romano-germanicae in usum auditorii sui systematica adornatae methodo, Jena 1749

Darjes, Joachim Georg, Institutiones iurisprudentiae universalis in quibus omnia iuris naturae socialis et gentium capita in usum auditorii sui methodo scientifica explanantur [1740], 3. Aufl., Jena 1748

Déclaration des droits de l'homme et du citoyen (26 août 1789), in: http://www.justice. gouv.fr./textfond/ddhc.htm

Demelius, Gustav, Die Rechtsfiktion in ihrer geschichtlichen und dogmatischen Bedeutung, Weimar 1858 (ND Frankfurt a. M. 1968)

Denkschrift zum Entwurf eines Bürgerlichen Gesetzbuchs nebst drei Anlagen. Dem Reichstage vorgelegt in der vierten Session der neunten Legislaturperiode, Berlin 1896

Dharker, C. D., Lord Macaulay's Legislative Minutes, Madras 1946

Duguit, L./Monnier, H./Bonnard, R. (Hrsg.), Les constitutions et les principales lois politiques de la France depuis 1789, 7. Aufl., Paris 1952

Eggers, Christian Ulrich Detlev von, Bemerkungen zur Verbesserung der Deutschen Gesetzgebung. Ein freyer Auszug aus seinen Preis-Schriften über den Entwurf des allgemeinen Gesetzbuchs für die Preußischen Staaten, 2 Teile, Kopenhagen 1798

Eisele, Fridolin, Unverbindlicher Gesetzesinhalt, in: AcP 69 (1886), S. 275–330

Entwurf des Criminal-Gesetz-Buches für die Preußischen Staaten, Berlin 1827, in: Regge/ Schubert (s. dort), Bd. 1, S. 1–23, zit.: Entwurf 1827

Entwurf des Straf-Gesetz-Buches für die Preußischen Staaten, Berlin 1828, in: Regge/ Schubert (s. dort), Bd. 1, S. 271–368, zit.: Entwurf 1828

Entwurf des Straf-Gesetz-Buches für die Preußischen Staaten, Berlin 1830, in: Regge/ Schubert (s. dort), Bd. 2, S. 467–552, zit.: Entwurf 1830 [für die Entwürfe von 1833 und 1836 s. unter »Revidirter Entwurf ...«]

Entwurf des Strafgesetzbuchs für die Preussischen Staaten, nach den Beschlüssen des Königlichen Staatsraths, Berlin 1843, in: Regge/Schubert (s. dort), Bd. 5, S. 1–103, zit.: Entwurf 1843

Entwurf des Strafgesetzbuchs für die Preußischen Staaten, nebst dem Entwurf des Gesetzes über die Einführung des Strafgesetzbuchs und dem Entwurf des Gesetzes über die Kompetenz und das Verfahren in dem Bezirke des Appellationsgerichtshofes zu Köln, Berlin 1847, in: Regge/Schubert (s. dort), Bd. 6/2, S. 735–839, zit.: Entwurf 1847

Entwurf einer Geschäfts-Ordnung für den verfassunggebenden Reichstag, hrsg. v. [Robert] Mohl, [Ludwig] Schwarzenberg u. [Wilhelm] Murschel, Frankfurt a. M. 1848, zit. Entwurf Geschäftsordnung NV

Entwurf eines allgemeinen Gesetzbuches für die Preußischen Staaten, 2 Teile in 6 Lieferungen, Berlin 1784–1788 (ND Frankfurt a. M. 1985), zit.: Entwurf AGB

Entwurf eines bürgerlichen Gesetzbuches für das Deutsche Reich. Erste Lesung. Amtliche Ausgabe, Berlin u. Leipzig 1888

Entwurf eines Einführungsgesetzes zum Bürgerlichen Gesetzbuche für das Deutsche Reich. Nebst Motive. Erste Lesung. Amtliche Ausgabe, Berlin 1888

Erhard, Christian Daniel, Versuch über das Ansehen der Gesetze und die Mittel ihnen solches zu verschaffen und zu erhalten, Dresden 1791

Erler, Julius, Die Sprache des neuen Bürgerlichen Gesetzbuchs, Berlin 1896

Fenderlin, Lukas, Gedanken über die Verabfassung eines allgemeinen Gesetzbuches zur Verbesserung derer Justiz-Verfassungen [1770–1773], hrsg. u. eingeleitet v. Andreas Schwennicke, ND Goldbach 1994

Feuerbach, Paul Johann Anselm, Anselm Ritter von Feuerbach's weiland königl. bayer'schen wirkl. Staatsraths und Appellationsgerichts-Präsidenten Biographischer Nachlaß, hrsg. v. Ludwig Feuerbach, 2. Aufl., 2 Bde, Leipzig 1853 (ND Aalen 1973), zit.: Nachlaß

Feuerbach, Paul Johann Anselm, Anti-Hobbes oder über die Grenzen der höchsten Gewalt und das Zwangsrecht der Bürger gegen den Oberherrn, Erfurt 1798

Feuerbach, Paul Johann Anselm, Blick auf die deutsche Rechtswissenschaft [1810], in: ders., Anselm von Feuerbachs kleine Schriften vermischten Inhalts, Nürnberg 1833, S. 152–177, auch in: Wolf (Hrsg.), Quellenbuch (s. dort), S. 296–312 (hiernach zitiert), zit.: Blick

Feuerbach, Paul Johann Anselm, Kritik des Kleinschrodischen Entwurfs zu einem peinlichen Gesetzbuche für die Chur-Pfalz-Bayrischen Staaten, 3 Teile, Gießen 1804 (ND Frankfurt a. M. 1988) zit.: Kritik

Feuerbach, Paul Johann Anselm, Lehrbuch des gemeinen in Deutschland gültigen peinlichen Rechts [1801], 2. Aufl., Gießen 1803, zit.: Lehrbuch

Feuerbach, Paul Johann Anselm, Ueber Philosophie und Empirie in ihrem Verhältnisse zur positiven Rechtswissenschaft. Eine Antrittsrede, Landshut 1804, zit.: Philosophie und Empirie

Feuerbach, Paul Johann Anselm, Revision der Grundsätze und Grundbegriffe des positiven peinlichen Rechts, 2 Teile, Teil 1: Erfurt 1799 (ND Aalen 1966), Teil 2: Chemnitz 1800 (ND Aalen 1966), zit.: Revision

Feuerbach, Paul Johann Anselm, Ueber die Strafe als Sicherungsmittel vor künftigen Beleidigungen des Verbrechers. Nebst einer näheren Prüfung der Kleinischen Strafrechtstheorie, Chemnitz 1800 (ND Darmstadt 1970), zit.: Strafe als Sicherungsmittel

Filangieri, Gaetano, System der Gesetzgebung [ital. EA 1780: Scienza della legislazione], 2. Aufl., 7 Bde, Ansbach 1788–1791

First Report from His Majesty's Commissioners on Criminal Law (24 June 1834), in: Parliamentary Papers 1834 (537) xxvi

First Report from the Select Committee of the House of Lords, appointed to inquire into the Operation of the Act 3 & 4 Will. 4, c. 85, for the better Government of Her Majesty's Indian Territories … (12 May 1853), in: Parliamentary Papers 1852/53 (627) xxxi

First Report of Her Majesty's Commissioners Appointed to Consider the Reform of the Judicial Establishments, Judicial Procedure, and Laws of India, in: Parliamentary Papers 1856 (2035) xxv

Fourth Report of Her Majesty's Commissioners on Criminal Law (8 March 1839), in: Parliamentary Papers 1839 (168) xix

Fredersdorff, Leopold Friedrich, System des Rechts der Natur auf bürgerliche Gesellschaften, Gesetzgebung und das Völkerrecht angewandt, Braunschweig 1790

Fricker, C. V. (Hrsg.), Die Verfassungs-Urkunde für das Königreich Württemberg vom 25. September 1819 mit dem offiziellen Auslegungs-Material, Tübingen 1865

Friedrich II [von Preußen], Dissertation sur les raisons d'établir ou d'abroger les loix, Frankfurt u. Leipzig 1751, zit.: Dissertation

Geib, Gustav, Die Reform des deutschen Rechtslebens, Leipzig 1848

Gensel, Walter, Die Sprache des Entwurfs eines bürgerlichen Gesetzbuchs. Eine Kritik. Zugleich eine Mahnung an alle deutschen Juristen, Leipzig 1893

Gény, François, Science et technique en droit privé positif. Nouvelle contribution à la critique de la méthode juridique [EA 1914–1924], 4 Bde, Bd. 1 u. Bd. 2: 2. Aufl., Paris 1922/1927, Bd. 3 u. Bd. 4: 1. Aufl., Paris 1921/1924, zit.: Science

Gény, François, La technique législative dans la codification civile moderne (à propos du Centenaire du Code Civil), in: Le Code Civil 1804–1904. Livre du centenaire, hrsg. v. d. Société d'Études Législatives, 2 Bde, Paris 1904, Bd. 2, S. 987–1038, zit.: Technique

Gerstäcker, Carl Friedrich Wilhelm, Systematische Darstellung der Gesetzgebungskunst sowohl nach ihren allgemeinen Prinzipien als nach den jedem ihrer Haupttheile … eigenthümlichen Grundsätzen, 4 Bde, Frankfurt a. M. (Bd. 4: Leipzig) 1837–1840

Geschäftsordnung [der Frankfurter Nationalversammlung von 1848], in: Stenographischer Bericht Nationalversammlung (s. dort), Bd. 1, S. 163–165, zit.: GO NV

Geschäftsordnung der Kammer der Abgeordneten [des Königreichs Württemberg] vom 23. Juni 1821, in: Königlich Württembergisches Staats- und Regierungsblatt, Jg. 1821, Heft 37, S. 331–343, zit.: GO Württemberg

Geschäfts-Ordnung für das [preußische] Haus der Abgeordneten [Stand: 1859], in: Parlamentarisches Handbuch für das Herrenhaus und das Haus der Abgeordneten, [1. Aufl.], Berlin 1859, S. 113–139, zit.: GO Preußen

Geschäftsordnung für den Reichstag [des Deutschen Reiches] in der Fassung vom 10. Februar 1876, in: Triepel, Heinrich (Hrsg.), Quellensammlung zum Deutschen Reichsstaatsrecht (Quellensammlungen zum Staats-, Verwaltungs- und Völkerrecht: 1), [1. Aufl.], Leipzig 1901, S. 188–196, zit.: GO Reichstag

Geschäfts-Ordnung für den Reichstag des Norddeutschen Bundes vom 8. Juni 1868 (Drucksache Nr. 117 von 1868), in: Stenographische Berichte über die Verhandlungen des Reichstages des Norddeutschen Bundes, I. Legislaturperiode, Session 1868, Bd. 2, S. 433–438, zit.: GO NDB

Geschäfts-Ordnung für die allgemeine Stände-Versammlung des Königreichs Hannover vom 4. September 1840, in: Pölitz/Bülau (s. dort), Bd. 3, S. 191–220, zit.: GO Hannover

Geschäfts-Ordnung für die Landstände [Kurhessens] vom 13. April 1852, in: Zachariä, Heinrich Albert, Verfassungsgesetze (s. dort), S. 384–393, zit.: GO Kurhessen

Geschäftsreglement des schweizerischen Nationalrates vom 5. Juni 1903, in: Amtliche Sammlung der Bundesgesetze und Verordnungen der schweizerischen Eidgenossenschaft, N. F. 19 (1904), S. 624–643, zit.: GO Nationalrat

Geschäftsreglement des schweizerischen Ständerates vom 27. März 1903, in: Amtliche Sammlung der Bundesgesetze und Verordnungen der schweizerischen Eidgenossenschaft, N. F. 19 (1904), S. 529–544, zit.: GO Ständerat

Gesetzbuch über Verbrechen und schwere Polizey-Uebertretungen [1803], 2. Aufl., Wien 1815

Gierke, Otto, Der Entwurf eines bürgerlichen Gesetzbuchs und das deutsche Recht, Leipzig 1889

Globig, Hans Ernst von, System einer vollständigen Criminal-, Policey- und Civil-Gesetzgebung, 3 Bde, Dresden 1809, zit.: System

Globig, Hans Ernst von, System einer vollständigen Gesetzgebung für die Kaiserlich Russische Gesetz-Commission, 2. Aufl., 3 Teile, Dresden 1815/1816

Globig, Hans Ernst von/Huster, Johann Georg, Abhandlung von der Criminal-Gesetzgebung. Eine von der ökonomischen Gesellschaft in Bern gekrönte Preisschrift, Zürich 1783

Globig, Hans Ernst von/Huster, Johann Georg, Vier Zugaben zu der im Jahre 1782 von der ökonomischen Gesellschaft zu Bern gekrönten Schrift: von der Criminalgesetzgebung, Altenburg 1785, zit.: Zugaben

Gönner, Nikolaus Thaddäus von, Über Gesetzgebung und Rechtswissenschaft in unserer Zeit, Erlangen 1815

Goeppert, Heinrich, Das Princip: »Gesetze haben keine rückwirkende Kraft« geschichtlich und dogmatisch entwickelt, aus dem Nachlass hrsg. v. E. Eck, in: Jahrbücher für die Dogmatik des heutigen römischen und deutschen Privatrechts, Bd. 22 (1884), S. 1–206

Goldschmidt, Ludwig, Kritische Erörterungen zum Entwurf eines Bürgerlichen Gesetzbuchs für das Deutsche Reich. Erstes Heft: Die formalen Mängel des Entwurfs, Leipzig 1889

Grundgesetz des Königreiches Hannover vom 26. September 1833, in: Pölitz/Bülau (s. dort), Bd. 2, S. 1265–1294

Grundsätze zur Verfassung des allgemeinen Rechts für gesammte kaiserl. königl. deutsche Erblande … [1753], in: Harrasowsky, Codex Theresianus (s. dort), Bd. 1, S. 16–23 (Beilage 2), zit.: Kompilationsgrundsätze

Günther, Art. »Gesetzgebungswissenschaft und Gesetzgebungskunst«, in: Rechtslexikon für Juristen aller teutschen Staaten enthaltend die gesammte Rechtswissenschaft, hrsg. v. Julius Weiske, Bd. 4, Leipzig 1843, S. 755–768

Günther, L[ouis], Recht und Sprache. Ein Beitrag zum Thema vom Juristendeutsch, Berlin 1898

Gutachten der zur Vorbereitung ernannten Abteilung des Vereinigten ständischen Ausschusses, betreffend: den Entwurf eines Strafgesetzbuchs für die Preußischen Staaten, in: Regge/Schubert (s. dort), Bd. 6/2, S. 1019–1349

Gutherz, Harald, Studien zur Gesetzestechnik, 2 Teile (Strafrechtliche Abhandlungen: 93/98), Breslau 1908/1909

Hale, Matthew, Considerations touching the Amendment or Alteration of Lawes [vor 1677], in: A Collection of Tracts relative to the Law of England from Manuscripts now first edited, hrsg. v. Francis Hargrave, Bd. 1, Dublin 1787 (ND Abingdon 1982), S. 249–289

Handbillet Kaiser Franz II vom 20. November 1796, in: Ofner, Protokolle (s. dort), Bd. 1, S. 10 f., auch in: Pfaff/Hofmann, Excurse (s. Sekundärliteratur), Bd. 1, S. 33–35

Harrasowsky, Philipp Harras Ritter von (Hrsg.), Der Codex Theresianus und seine Umarbeitungen, 5 Bde, Wien 1883–1886, zit.: Codex Theresianus

Hartmann, G[ünter], Der Civilgesetzentwurf, das Aequitätsprincip und die Richterstellung, in: AcP 73 (1888), S. 309–407

Hedemann, Justus Wilhelm, Über die Kunst, gute Gesetze zu machen, in: Festschrift Otto Gierke z. 70. Geburtstag, dargebracht von Schülern, Freunden und Verehrern, Weimar 1911, S. 305–317, zit.: Gesetzgebungskunst

Hegel, Georg Friedrich Wilhelm, Grundlinien der Philosophie des Rechts oder Naturrecht und Staatswissenschaft im Grundrisse [1821] (Werke: 7), Frankfurt a.M. 1970

Heumann von Teutschenbrunn, Johann, Geist der Gesetze der Teutschen [1760], 2. Aufl., Nürnberg 1779

Hippel, Theodor Gottlieb von, Über Gesetzgebung und Staatenwohl, Berlin 1804

Hobbes, Thomas, De cive [lat. EA 1642; engl. EA 1651: Philosophicall Rudiments Concerning Government And Society] (The Clarendon edition of the philosophical works of Thomas Hobbes: 3), Oxford 1983

Hobbes, Thomas, Leviathan or the matter, forme and power of a commonwealth, ecclesiasticall and civil [1651], hrsg. v. A.R. Waller, Cambridge 1904

Hölder, Eduard, Zum allgemeinen Theile des Entwurfes eines bürgerlichen Gesetzbuches für das Deutsche Reich, in: AcP 73 (1888), S. 1–160

Hölder, Eduard, Die Einheit der Correalobligation und die Bedeutung juristischer Fictionen, in: AcP 69 (1886), S. 203–240

Holland, Thomas Erskine, Essays upon the Form of the Law, London 1870

Hommel, Karl Ferdinand (Hrsg.), Des Herren Marquis von Beccaria unsterbliches Werk von Verbrechen und Strafen, Breslau o.J. [1778] (ND Berlin 1966), zit.: Beccaria-Übersetzung

Hommel, Karl Ferdinand, Principis cura leges [1765] (dt.: Des Fürsten höchste Sorgfalt: Die Gesetze) (lat. u. dt.) (Studien und Quellen zur Geschichte des deutschen Verfassungsrechts, Reihe B: Quellen: 2), hrsg. u. übers. v. Rainer Polley, Karlsruhe 1975

Huber, Ernst Rudolf (Hrsg.), Dokumente zur deutschen Verfassungsgeschichte, Bd. 1: Deutsche Verfassungsdokumente 1803–1850, 3. Aufl., Stuttgart u.s.w. 1978, zit.: Dokumente

Huber, Eugen, Recht und Rechtsverwirklichung. Probleme der Gesetzgebung und der Rechtsphilosophie [EA 1920], 2. Aufl., Basel 1925, zit.: Recht und Rechtsverwirklichung

Huber, Eugen, Rede von Prof. Dr. Eugen Huber als deutscher Berichterstatter der national-rätlichen Kommission bei der Eröffnung der Beratung über das schweizerische Zivilge-setzbuch (6. Juni 1905), in: Schweizerische Juristen-Zeitung 2 (1905/1906), S. 57–61

[*Huber, Eugen*], Schweizerisches Civilgesetzbuch. Erläuterungen zum Vorentwurf des Eid-genössischen Justiz- und Polizeidepartements, 3 Hefte, Bern 1901–1902, zit.: Erläute-rungen

Huber, Eugen, System und Geschichte des Schweizerischen Privatrechtes, [1. Aufl.], 4 Bde, Basel 1886–1893

Humboldt, Wilhelm von, Ideen zu einem Versuch, die Gränzen der Wirksamkeit des Staats zu bestimmen [1792], Breslau 1851 [erstmalige vollst. Veröffentlichung]

Ilbert, Courtenay Peregrine, Legislative Methods and Forms, Oxford 1901, zit: Methods and Forms

Ilbert, Courtenay Peregrine, The Mechanics of Law Making, New York 1914, zit.: Mechanics

The Indian Penal Code (Act No. XLV of 1860), Calcutta 1860

Jakobs, Horst Heinrich/Schubert, Werner (Hrsg.), Die Beratung des Bürgerlichen Gesetzbuchs in systematischer Zusammenstellung der unveröffentlichten Quellen, 16 Bde, Berlin/ New York 1978–2002, zit.: Beratung [für den Einführungsband s. unter Schubert, Materialien]

Jefferson, Thomas, A Manual of Parliamentary Practice. For the Use of the United States [1801], in: Constitution. Jefferson's Manual and Rules of the House of Representatives of the United States, hrsg. v. Lewis Deschler, Washington 1961, S. 115–299

Jhering, Rudolph von, Geist des römischen Rechts auf den verschiedenen Stufen seiner Entwicklung [EA 1852–1865], 3 Teile (2. Teil in 2 Bänden), 1. Teil: 9. Aufl., o. O. u. J. (ND Darmstadt 1953), 2. u. 3. Teil: 8. Aufl., o. O. u. J. (ND Darmstadt 1954) [Seiten-zahlen identisch mit denen der 4. Aufl. 1883]

Justi, Johann Heinrich Gottlob von, Die Grundfeste zu der Macht und Glückseeligkeit der Staaten; oder ausführliche Vorstellung der gesamten Policey-Wissenschaft, 2 Bde, Königs-berg u. Leipzig 1760/1761 (ND Aalen 1965)

Kamptz, [Carl Albert von], Aktenmäßige Darstellung der Preußischen Gesetz-Revision, in: Kamptz' Jahrbücher, Bd. 60 (1842), S. 1–308 [auch als Separatdruck Berlin 1842]

[*Kamptz, Carl Albert von*], Kurze Übersicht der Revision der Gesetzgebung von 1831 bis 1841, in: Kamptz' Jahrbücher, Bd. 58 (1842), S. 325–351

[*Kamptz, Carl Albert von*] (Hrsg.), Schluß-Verhandlungen bei der Abfassung des Allgemei-nen Gesetzbuchs für die preußischen Staaten, in: Kamptz' Jahrbücher, Bd. 52 (1838), S. 1–144

[*Kamptz, Carl Albert von*] (Hrsg.), Suarez amtliche Vorträge bei der Schluß-Revision des Allgemeinen Landrechts, in: Kamptz' Jahrbücher, Bd. 41 (1833), S. 1–208

Kant, Immanuel, Beantwortung der Frage: Was ist Aufklärung? [1784], in: Kants gesammel-te Schriften, hrsg. v. d. Königlich Preußischen Akademie der Wissenschaften, Bd. 8, Berlin u. Leipzig 1912 (ND Berlin u. Leipzig 1923), S. 33–42, zit.: Was ist Aufklärung?

Kant, Immanuel, Kritik der reinen Vernunft, Riga 1781 (ND Hamburg 1976), zit.: KrV [zit. nach der EA von 1781 (»A«) u. der zweiten Originalausgabe von 1787 (»B«)]

Kant, Immanuel, Die Metaphysik der Sitten [1797], in: Kants gesammelte Schriften, hrsg. v. d. Königlich Preußischen Akademie der Wissenschaften, Bd. 6, Berlin 1907 (ND Berlin 1968), S. 203–494, zit.: MdS

Katharina II [von Russland], Ihrer Kaiserlichen Majestät Instruction für die zu Verfertigung des Entwurfs zu einem neuen Gesetzbuche verordnete Commißion (vom 30. Juli 1767), Riga und Mitau 1768 (ND Frankfurt a. M. 1970), zit.: Instruktion vom 30. Juli 1767

Kitka, Joseph, Ueber das Verfahren bei Abfassung der Gesetzbücher überhaupt, und der Strafgesetzbücher insbesondere, Wien 1841 [EA Brünn 1838]

Klein, Ernst Ferdinand, Von dem fünften Briefe des Herrn Geh. Rath Schlossers über den Entwurf des Preussischen Gesetzbuchs, in: Annalen der Gesetzgebung und Rechtsgelehrsamkeit in den Preussischen Staaten, Bd. 6 (1790), S. 3–31

[*Klein, Ernst Ferdinand*], Ist es zuträglich, daß der gemeine Mann die Gesetze wisse?, in: Annalen der Gesetzgebung und Rechtsgelehrsamkeit in den Preussischen Staaten, Bd. 2 (1789) (ND 1794), S. 21–26

[*Klein, Ernst Ferdinand*], Kurze Geschichte der Gesetzgebung in den Preussischen Staaten seit dem Anfange der Regierung Friedrich Wilhelm des Zweyten, in: Annalen der Gesetzgebung und Rechtsgelehrsamkeit in den Preussischen Staaten, Bd. 1 (1788), S. XXXIII-LVI

Klein, Ernst Ferdinand, Nachricht von den Schlosserschen Briefen …, in: Annalen der Gesetzgebung und Rechtsgelehrsamkeit in den Preussischen Staaten, Bd. 4 (1789) (ND 1796), S. 326–390

Klein, Ernst Ferdinand, Ueber die Verbreitung der nöthigen Gesetzkenntnisse unter dem großen Haufen durch Kalender und ähnliche Volksschriften, in: Annalen der Gesetzgebung und Rechtsgelehrsamkeit in den Preussischen Staaten, Bd. 25 (1808), S. 17–35

Klein, Ernst Ferdinand, Giebt es Zwangs- und Strafgesetze, welche die Bürger des Staats auch ohne vorgängige Bekanntmachung verpflichten?, in: Annalen der Gesetzgebung und Rechtsgelehrsamkeit in den Preussischen Staaten, Bd. 6 (1790), S. 93–107

Kleinschrod, Gallus Alois, Entwurf eines peinlichen Gesetzbuches für die kurpfalzbaierischen Staaten, München 1802

Koch, C[hristian] F[riedrich], Allgemeines Landrecht für die Preußischen Staaten. Mit Kommentar in Anmerkungen, 3. Aufl., Bd. 1, Berlin 1856

Kohler, Josef, Technik der Gesetzgebung, in: AcP 96 (1905), S. 345–375

Kundmachungspatent zum Allgemeinen bürgerlichen Gesetzbuch für die gesammten Deutschen Erbländer der Oesterreichischen Monarchie (1. Juni 1811), in: Allgemeines bürgerliches Gesetzbuch für die gesammten Deutschen Erbländer der Oesterreichischen Monarchie, Wien 1814, S. III-VIII

Laband, Paul, Das Staatsrecht des Deutschen Reiches, [1. Aufl.], 3 Bde (Bd. 3 in 2 Halbbänden), Tübingen 1876–1882

Lambert, Sheila (Hrsg.), House of Commons Sessional Papers of the Eighteenth Century, 147 Bde, Wilmington 1975

Lamezan, Ferdinand von, Skizze über die Gesetzgebung. In Briefen, Mannheim 1781

Landesverfassungsgesetz für das Königreich Hannover vom 6. August 1840, in: Huber, E.R., Dokumente (s. dort), S. 305–322

Lassalle, Ferdinand, Das System der erworbenen Rechte. Eine Versöhnung des positiven Rechts und der Rechtsphilosophie, Teil 1: Die Theorie der erworbenen Rechte und der Collision der Gesetze. Unter besonderer Berücksichtigung des Römischen, Französischen und Preußischen Rechts dargestellt [1861], in: Ferdinand Lassalle's Gesamtwerke, hrsg. v. Erich Blum, 3. Aufl., Bd. 4, Leipzig o.J. [1901]

Leibniz, Gottfried Wilhelm, Nova Methodus discendae docendaeque Jurisprudentiae [1667], in: ders., Sämtliche Schriften und Briefe, hrsg. v. d. Preußischen Akademie der Wissenschaften, Reihe 6: Philosophische Schriften, Bd. 1, Darmstadt 1930, S. 259–364

Livingston, Edward, Project of a New Penal Code for the State of Louisiana, London 1824, zit. Project [ND von: ders., Report made to the General Assembly of the State of Louisiana on the plan of a Penal Code for the said State, New Orleans 1822]

Livingston, Edward, A System of Penal Law for the State of Louisiana ..., Philadelphia/ Pittsburgh o.J. [1833]

Livingston, Edward, A System of Penal Law for the United States of America ..., Washington 1828

Locke, John, Two Treatises of Government ... [EA 1690 anonym], hrsg. v. Peter Laslett, Cambridge 1963

Maas, Georg (Hrsg.), Bibliographie der amtlichen Materialien zum Bürgerlichen Gesetzbuche für das Deutsche Reich und zu seinem Einführungsgesetze, Berlin 1897, zit.: Amtliche Materialien

Maas, Georg (Hrsg.), Bibliographie des bürgerlichen Rechts. Verzeichnis von Einzelschriften und Aufsätzen über das im Bürgerlichen Gesetzbuche für das Deutsche Reich vereinigte Recht 1888–1898, Berlin 1899 (auch als Bd. 16 (1899) des Archivs für Bürgerliches Recht erschienen), zit.: Verzeichnis von Einzelschriften und Aufsätzen

Mably, [Gabriel Bonnot] de, De la législation ou principes des loix, 2 Teile, Lausanne 1777

Macaulay, Thomas Babington, A Speech of T.B. Macaulay, Esq. M.P. on the Second Reading of the East-India Bill in the House of Commons. 10th July, 1833, London 1833, zit.: Speech on East-India Bill

[*Macleod, John M.*], Notes on the Report of the Indian Law Commissioners, dated 23rd July 1846, on the Indian Penal Code, London 1848

Martini, Karl Anton Freiherr von, Allerunterthänigster Vortrag des Präses der Gesetzgebungs-Hofkommision Die Auswahl der mehreren Mitarbeitern betreffend (vom 29. Februar 1792), in: Friedrich, Margret, »...wer wird es nicht schwer und kützlich finden, nach Homer eine Iliade zu schreiben?« K.A. v. Martinis Reaktion auf die Publikation des »Allgemeinen Gesetzbuches für die preußischen Staaten«, in: Naturrecht und Privatrechtskodifikation, Tagungsband des Martini-Colloquiums 1998, hrsg. v. Heinz Barta, Rudolf Palme u. Wolfgang Ingenhaeff, Wien 1999, S. 443–505, hier: S. 482–504, zit.: Denkschrift 1792

Mayr, Robert von, Gesetzeskunst, in: Festschrift für Ernst Zitelmann zu seinem 60. Geburtstage, überreicht von Verehrern und Schülern, München/Leipzig 1913, S. 1–13

Meijer, J[onas] D[aniel], De la codification en général, et de celle de l'Angleterre en particulier en une série de lettres adressées à Mr. C.P. Cooper, avocat anglais, Amsterdam 1830

Menger, Anton, Das Bürgerliche Recht und die besitzlosen Volksklassen [EA 1889/1890], 3. Aufl., Tübingen 1904

Meyer, Georg, Lehrbuch des deutschen Staatsrechtes, 4. Aufl., Leipzig 1895

Mill, John Stuart, Considerations on Representative Government, 3. Aufl., London 1865, zit.: Considerations

Mill, John Stuart, Penal Code for India, in: ders., Writings on India, hrsg. v. John M. Robson, Martin Moir u. Zawahir Moir (Collected Works of John Stuart Mill: 30), Toronto u. Buffalo 1990, S. 17–30 [EA anonym in: London and Westminster Review 1838, S. 393–405]

Mittermaier, Karl Joseph Anton, Ueber die Ergebnisse der legislativen Thätigkeit in Bezug auf Civilprozeßgesetzgebung und Gerichtsorganisation seit 1830, in: AcP 17 (1834), S. 122–160

Mittermaier, Karl Joseph Anton, Ueber die Grundfehler der Behandlung des Criminalrechts in Lehr- und Strafgesetzbüchern, Bonn 1819, zit.: Grundfehler

Mittermaier, Karl Joseph Anton, Ueber die neuesten Fortschritte der Strafgesetzgebung, in: Archiv des Criminalrechts, N.F., 1837, S. 537–560

Mittermaier, Karl Joseph Anton, Art. »Geschäftsordnung«, in: Das Staats-Lexikon. Encyklopädie der sämmtlichen Staatswissenschaften für alle Stände, hrsg. v. Carl v. Rotteck u. Carl Welcker, 2. Aufl., Bd. 5, Altona 1847, S. 643–654

Mittermaier, Karl Joseph Anton, Die neuesten Gesetzgebungsarbeiten auf dem Gebiete der Civilgesetzgebung mit besonderer Beziehung auf die neueren Civilgesetzbücher oder Entwürfe für das Königreich Sachsen, für das Großherzogthum Hessen, für das Herzogthum Modena und die Schweizer Gesetzbücher …, in: AcP 36 (1853), S. 94–119

Mittermaier, Karl Joseph Anton, Die Strafgesetzgebung in ihrer Fortbildung …, 2 Teile, Heidelberg 1841/1843

Mohl, Robert von, Das deutsche Reichsstaatsrecht. Rechtliche und politische Erörterungen, Tübingen 1873, zit.: Reichsstaatsrecht

Mohl, Robert von, Die Geschichte und Literatur der Staatswissenschaften. In Monographien dargestellt, 3 Bde, Erlangen 1855–1858, zit.: Geschichte und Literatur

Mohl, Robert von, Art. »Gesetz. Gesetzgebende Gewalt. Gesetzgebung«, in: Deutsches Staats-Wörterbuch, hrsg. v. J. C. Bluntschli u. K. Brater, Bd. 4, Stuttgart u. Leipzig 1859, S. 267–288

Mohl, Robert von, Lebenserinnerungen, 2 Bde, Stuttgart u. Leipzig 1902

Mohl, Robert von, Politik (Staatsrecht, Völkerrecht und Politik. Monographien: 2), 2 Bde, Tübingen 1862/1869

Mohl, Robert von, Das Staatsrecht des Königreichs Württemberg, 2. Aufl., 2 Bde, Tübingen 1840, zit.: Staatsrecht Württembergs

Mohl, Robert von, Staatsrecht und Völkerrecht (Staatsrecht, Völkerrecht und Politik. Monographien: 1), Tübingen 1860 (ND Graz 1962), zit.: Staatsrecht

Mohl, Robert von, Vorschläge zu einer Geschäfts-Ordnung des verfassunggebenden Reichstages, Heidelberg 1848, zit.: Vorschläge

Montesquieu, Charles-Louis [de Secondat], De l'esprit des loix [1748], hrsg. v. Gonzague Truc, 2 Bde, Paris 1961 [zitiert nach Buch u. Kapitel]

Morgenstern, Leopold von, Mensch, Volksleben und Staat im natürlichen Zusammenhange, 2 Bde, Leipzig 1855

Motive zu dem Entwurfe eines Bürgerlichen Gesetzbuches für das Deutsche Reich. Amtliche Ausgabe, 5 Bde, Berlin u. Leipzig 1888, zit.: Motive zum BGB

Motive zu dem, von dem Revisor vorgelegten, Ersten Entwurfe des Criminal-Gesetzbuches für die Preußischen Staaten, 4 Bde (Bd. 3 in 2 Abt.), Berlin 1827–1830, in: Regge/Schubert (s. dort), Bd. 1, S. 25–270, 369–955, Bd. 2, S. 1–466, zit.: Motive zum Entwurf 1827/1828

Motive zum Entwurf des Strafgesetzbuchs für die Preußischen Staaten und den damit verbundenen Gesetzen vom Jahre 1847, Berlin 1847, in: Regge/Schubert (s. dort), Bd. 6/2, S. 841–1008, zit.: Motive zum Entwurf 1847

Motive zum revidierten Entwurf des Strafgesetzbuchs für die Preußischen Staaten, Berlin 1833, in: Regge/Schubert (s. dort), Bd. 3, S. 259–701, 717–755, zit.: Motive zum Entwurf 1833

Mühlbrecht, Otto (Hrsg.), Die Litteratur des Entwurfs eines bürgerlichen Gesetzbuches für das deutsche Reich. Ausgearbeitet durch die von dem Bundesrathe berufene Kommission. Erste Lesung, Berlin 1892

Müller, Alexander, Die Fortbildung der Gesetzgebung im Geiste der Zeit …, Köln 1836

Mugdan, B[enno] (Hrsg.), Die gesammten Materialien zum Bürgerlichen Gesetzbuch für das Deutsche Reich, 5 Bde, Berlin 1899

Novum Corpus Constitutionum Prussico-Brandenburgensium praecipue Marchicarum …, Berlin 1753 ff., zit.: NCC

Ofner, Julius (Hrsg.), Der Ur-Entwurf und die Berathungs-Protokolle des Oesterreichischen Allgemeinen bürgerlichen Gesetzbuches, 2 Bde, Wien 1889, zit.: Protokolle

Oppenheim, O[tto] G., Art. »Parlamentarische Geschäftsordnung«, in: Deutsches Staats-Wörterbuch, hrsg. v. J. C. Bluntschli u. K. Brater, Bd. 7, Stuttgart u. Leipzig 1862, S. 700–717

Ueber die Ordnung, in welcher die Landständischen Geschäfte [im Großherzogtum Hessen] vorzunehmen sind (25. März 1820), in: Großherzoglich Hessisches Regierungsblatt, Jg. 1820, Heft 18, S. 163–168, zit.: GO Hessen-Darmstadt

[*Paalzow, Christian Ludwig*], Versuch über die Gesetze. An Se. Excellenz, den Königlichen Preußischen Großkanzler von Carmer, Teil 1 [einziger], Breslau 1781, zit.: Versuch

Paalzow, Christian Ludwig (Hrsg.), Voltair's [sic] Kommentar über Montesquieu's Werk von den Gesetzen, Berlin 1780, zit.: Vorrede zum Montesquieu-Kommentar

Patent über die Verkündung des allgemeinen Strafgesetzbuches für das Königreich Baiern (16. Mai 1813), in: Strafgesetzbuch für das Königreich Baiern, München 1813, S. III–X, zit.: Publikationspatent zum bayer. StGB

Patent wegen Publication des neuen allgemeinen Gesetzbuchs für die Preussischen Staaten (20. März 1791), in: Allgemeines Gesetzbuch für die Preußischen Staaten, Bd. 1, Berlin 1791, S. III–XXII, zit.: Publikationspatent zum AGB

Patent wegen Publication des neuen allgemeinen Landrechts für die Preussischen Staaten (5. Februar 1794), in: Allgemeines Landrecht für die Preußischen Staaten von 1794, mit einer Einf. v. Hans Hattenhauer, 3. Aufl., Neuwied u. s. w. 1996, S. 48–56, zit.: Publikationspatent zum ALR

Patent, wodurch eine Gesetz-Commißion errichtet, und mit der nöthigen Instruction wegen der ihr obliegenden Geschäfte versehen wird (29. Mai 1781), in: NCC, Bd. 7 (1781), Nr. 26, Sp. 337–350

Peel, Laurence, Observations on the Indian Penal Code and the Notes to it and on the Reports thereon, Calcutta 1848

Die Peinliche Gerichtsordnung Kaiser Karls V von 1532, hrsg. v. Gustav Radbruch, 6. Aufl. (hrsg. v. Arthur Kaufmann), Stuttgart 1984

A Penal Code Prepared by the Indian Law Commissioners, and Published by Command of the Governor General of India in Council, Calcutta 1837, zit.: Penal Code for India (Draft 1837)

Pfeiffer, Burkhard Wilhelm, Ideen zu einer neuen Civil-Gesetzgebung für Teutsche Staaten, Göttingen 1815

Pinney, Thomas (Hrsg.), The Letters of Thomas Babington Macaulay, Bd. 3 (Jan. 1834 – Aug. 1841), Cambridge u. s. w. 1976

Plan nach welchem bey Ausarbeitung des neuen Gesetzbuchs verfahren werden soll [genehmigt durch Kabinettsorder Friedrichs II vom 27. Juli 1780], in: Allgemeines Landrecht für die Preußischen Staaten von 1794, mit einer Einf. v. Hans Hattenhauer, 3. Aufl., Neuwied u. s. w. 1996, S. 42–47, zit.: Plan

Planck, Gottlieb, Zur Kritik des Entwurfes eines bürgerlichen Gesetzbuches für das deutsche Reich, in: AcP 75 (1889), S. 327–429

Planitz, von, Ueber Legaldefinitionen, in: Zeitschrift für deutsches Recht und deutsche Rechtswissenschaft, Bd. 11 (1847), S. 492–498

Platon, Gesetze, in: ders., Werke in acht Bänden (griech. u. dt.), hrsg. v. Gunther Eigler, Bd. 8, bearb. v. Klaus Schöpsdau, Darmstadt 1977

Pölitz, Karl Heinrich Ludwig/Bülau, Friedrich (Hrsg.), Die Verfassungen des teutschen Staatenbundes seit dem Jahre 1789 bis auf die neueste Zeit, 3 Bde, Leipzig 1847

Project des Corporis Juris Fridericiani, das ist Sr. Königl. Majestät in Preussen in der Vernunft und Landes-Verfassungen gegründetes Land-Recht ..., 2 Teile, Teil 1: 2. Aufl., Halle 1750 [EA 1749], Teil 2: Halle 1751

Protokolle der Kommission für die zweite Lesung des Entwurfs des Bürgerlichen Gesetzbuchs, 7 Bde, Berlin 1897–1899, zit.: Protokolle zum BGB

Purgold, Friedrich, Die Gesetzgebungswissenschaft, in Entwicklung der für den Entwurf eines neuen, namentlich deutschen Gesetzbuchs sich ergebenden Grundsätze, Darmstadt 1840

Quistorp, Johann Christian, Ausführlicher Entwurf zu einem Gesetzbuch in peinlichen und Strafsachen, 3 Teile, Rostock u. Leipzig 1782 (ND Goldbach 1996)

Regge, Jürgen / Schubert, Werner (Hrsg.), Gesetzrevision (1825–1848). I. Abteilung: Straf- und Strafprozeßrecht, 6 Bde (Bd. 4 u. Bd. 6 in zwei Halbbänden) (Quellen zur preußischen Gesetzgebung des 19. Jahrhunderts), Vaduz 1981–1996

Rehberg, August Wilhelm, Ueber den Code Napoleon und dessen Einführung in Deutschland, Hannover 1814

Reitemeier, Johann Friedrich, Allgemeines Deutsches Gesetzbuch aus den unveränderten brauchbaren Materialien des gemeinen Rechts in Deutschland, 3 Bde, Frankfurt a. d. O. 1801 / 1802, zit.: Gesetzbuch

Reitemeier, Johann Friedrich, Die deutsche Gesetzwissenschaft seit den neuern Legislationen. Eine Revision der Gesetze und Rechtsmeinungen imgleichen der Wahrheit vor Gericht ..., Bd. 1, Frankfurt a. d. O. 1804, zit.: Gesetzwissenschaft

Reitemeier, Johann Friedrich, Encyclopädie und Geschichte der Rechte in Deutschland. Zum Gebrauch akademischer Vorlesungen, Göttingen 1785, zit.: Encyclopädie

Reitemeier, Johann Friedrich, Ueber Gesetzgebung insbesondere in den Deutschen Reichsstaaten. Mit Rücksicht auf den neuen Plan der Russisch-Kaiserlichen Gesetzcommission und mit Entwickelung der ersten Grundsätze des positiven Rechts, Frankfurt a. d. O. 1806, zit.: Gesetzgebung

Reitemeier, Johann Friedrich, Ueber die Redaction eines Deutschen Gesetzbuchs aus den brauchbaren aber unveränderten Materialien des gemeinen Rechts in Deutschland, Frankfurt a. d. O. 1800, zit.: Redaction

Report from the Committee for Promulgation of the Statutes (5 December 1796), in: Lambert, Sheila (Hrsg.), House of Commons Sessional Papers of the Eighteenth Century, Wilmington 1975, Bd. 105, S. 1–71

Report from the Committee upon Temporary Laws, Expired or Expiring (13 May 1796), in: Lambert, Sheila (Hrsg.), House of Commons Sessional Papers of the Eighteenth Century, Wilmington 1975, Bd. 98, S. 307–412, auch in: Journals of the House of Commons, Bd. 51 (1795/96), S. 702–761

Report from the Select Committee of the House of Lords, appointed to inquire into the Operation of the Act 3 & 4 Will. 4, c. 85, for the better Government of Her Majesty's Indian Territories ... (29 June 1852), in: Parliamentary Papers 1852/53 (41) xxx

Report from the Select Committee on Acts of Parliament (25 June 1875), in: Parliamentary Papers 1875 (280) viii

Report from the Select Committee on Public Bills [appointed to consider of the expediency and practicability of adopting some plan for the more carefully preparing, drawing and revising Public Bills], in: Parliamentary Papers 1836 (606) xxi

Report from the Select Committee on the Statute Law Commission (10 March 1857), in: Parliamentary Papers 1857 – Session 1 (99) ii

Report of the Commissioners appointed to inquire into the Consolidation of the Statute Law (21 July 1835), in: Parliamentary Papers 1835 (406) xxxv

Report on the Indian Penal Code (23 July 1846/5 November 1846), by the Indian Law Commissioners C. H. Cameron and D. Eliott, Calcutta 1846

[Resolution der Kaiserin Maria Theresia vom 4. August 1772 über die Grundsätze für die Umarbeitung des Codex Theresianus], Faksimile in: Festschrift zur Jahrhundertfeier des Allgemeinen Bürgerlichen Gesetzbuches 1. Juni 1911, Wien 1911, Bd. 1, Anhang 2, nach S. 754

Return to an Order of the House of Lords, dated 11 June 1852, for Copies of all Correspondence between the Government of India and the Court of Directors in transmitting or returning the proposed Codes and Consolidation of the Laws of India … (30 June 1852), in: Parliamentary Papers (HL) 1852 (263) xii

Revidirter Entwurf des Strafgesetzbuches für die Königlich Preußischen Staaten, Berlin 1833, in: Regge/Schubert (s. dort), Bd. 3, S. 1–133, 703–716, zit.: Entwurf 1833

Revidirter Entwurf des Strafgesetzbuchs für die Königlich-Preußischen Staaten, Berlin 1836, in: Regge/Schubert (s. dort), Bd. 3, S. 785–1037, zit.: Entwurf 1836

Revision des Entwurfs des Strafgesetzbuchs von 1843, 3 Bde, Berlin 1845, in: Regge/Schubert (s. dort), Bd. 5, S. 211–831, zit.: Revision des Entwurfs 1843

Reyscher, August Ludwig, Ueber die Bedürfnisse unserer Zeit in der Gesetzgebung. Mit besonderer Rücksicht auf den Zustand der leztern in Württemberg, Stuttgart u. Tübingen 1828

Rönne, Ludwig von, Das Staats-Recht der Preußischen Monarchie, 1. Aufl., 2 Bde, Leipzig 1856/1863

Rossi, M. P[ellegrino], Traité de droit pénal, 3 Bde, Paris/Genf 1829

Rotteck, Carl von, Lehrbuch des Vernunftrechts und der Staatswissenschaften, 4 Bde, Bd. 1 u. Bd. 2: 2. Aufl., Stuttgart 1840 (ND Aalen 1964), Bd. 3 u. Bd. 4: 1. Aufl., Stuttgart 1834/1835 (ND Aalen 1964)

Rousseau, Jean-Jacques, Du contrat social ou principes du droit politique [1762], Paris 1966 [zitiert nach Buch und Kapitel]

Rousset, Gustave, Science nouvelle des lois. Principes, méthodes et formules suivant lesquels les lois doivent être conçues, rédigées et codifiées, 2 Bde, Paris 1871

Savigny, Friedrich Carl von, Vom Beruf unsrer Zeit für Gesetzgebung und Rechtswissenschaft [1814], in: Thibaut und Savigny. Ihre programmatischen Schriften, hrsg. v. Hans Hattenhauer, München 1973, S. 95–192, zit.: Beruf [Seitenzahlen sind nach der EA Heidelberg 1814 zitiert]

Savigny, Friedrich Carl von, Darstellung der in den Preußischen Gesetzen über die Ehescheidung unternommenen Reform [1844], in: ders., Vermischte Schriften, Bd. 5, Berlin 1850, S. 222–414, zit.: Darstellung

Savigny, Friedrich Carl von, Stimmen für und wider neue Gesetzbücher, in: Zeitschrift für geschichtliche Rechtswissenschaft, Bd. 3, Berlin 1816, S. 1–52, wieder in: Thibaut und Savigny. Ihre programmatischen Schriften, hrsg. v. Hans Hattenhauer, München 1973, S. 231–254 [Seitenzahlen sind nach dem Abdruck bei Hattenhauer zitiert]

Savigny, Friedrich Carl von, System des heutigen Römischen Rechts, 8 Bde, Berlin 1840–1849, zit.: System

Savigny, Friedrich Carl von, Vorschläge zu einer zweckmäßigen Einrichtung der Gesetzrevision [1842], in: Stölzel, Adolf, Brandenburg-Preußens Rechtsverwaltung und Rechtsverfassung, Bd. 2, Berlin 1888, S. 733–750, zit.: Vorschläge

Scheurlen, Carl F., Ueber die Abfassung von Gesezbüchern, insbesondere einer bürgerlichen Proceß-Ordnung für Württemberg, Tübingen 1834

Schlosser, Johann Georg, Briefe über die Gesezgebung überhaupt und den Entwurf des preusischen Gesezbuchs insbesondere, Frankfurt a. M. 1789, zit.: Briefe

Schlosser, Johann Georg, Fünfter Brief über den Entwurf des Preussischen Gesetzbuchs, Frankfurt a. M. 1790

Schlosser, Johann Georg, Vorschlag und Versuch einer Verbesserung des deutschen bürgerlichen Rechts ohne Abschaffung des römischen Gesezbuchs, Leipzig 1777, zit.: Vorschlag

Schott, Clausdieter (Hrsg.), Das Freiburger ABGB-Gutachten. Gutachten der vorderösterreichischen Juristenfakultät Freiburg im Breisgau zum »Entwurf eines allgemein bürgerlichen Gesetzbuches« (1797) (Rechts- und sozialwissenschaftliche Reihe: 25), Frankfurt a. M. u. s. w. 2000, zit.: Freiburger ABGB-Gutachten

Schrader, Eduard, Die prätorischen Edicte der Römer auf unsere Verhältnisse übertragen, ein Hauptmittel unser Recht allmälich gut und volksmäßig zu bilden, Weimar 1815

Schubert, Werner (Hrsg.), Materialien zur Entstehungsgeschichte des BGB. Einführung, Biographien, Materialien (Die Beratung des Bürgerlichen Gesetzbuchs in systematischer Zusammenstellung der unveröffentlichten Quellen), Berlin/New York 1978, zit.: Materialien

Schubert, Werner (Hrsg.), Die Vorlagen der Redaktoren für die erste Kommission zur Ausarbeitung des Entwurfes eines Bürgerlichen Gesetzbuches, 15 Bde, Berlin/New York 1980–1986, zit.: Vorlagen der Redaktoren

Schweizerisches Civilgesetzbuch. Vorentwurf des Eidgenössischen Justiz- und Polizei-Departements. Code Civil Suisse. Avant-Projet du Département Fédéral de Justice et Police, Bern 1900, zit.: Vorentwurf zum ZGB (1900)

Schweizerisches Zivilgesetzbuch vom 10. Dezember 1907, in: Amtliche Sammlung der Bundesgesetze und Verordnungen der schweizerischen Eidgenossenschaft, N. F. 24 (1908), S. 233–533, auch als Separatdruck o. O. u. J.

Second Report on the Indian Penal Code (24 June 1847), by the Indian Law Commissioners C. H. Cameron and D. Eliott, Calcutta 1847

Seeger, Hermann, Ueber die rückwirkende Kraft neuer Strafgesetze (Abhandlungen aus dem Strafrechte: 2), Tübingen 1862

Seneca, Lucius Annaeus, Philosophische Schriften, hrsg. u. übers. v. Otto Apelt, 4 Bde, Leipzig 1923/1924 (ND Hamburg 1993)

Seventh Report of Her Majesty's Commissioners on Criminal Law (11 March 1843), in: Parliamentary Papers 1843 (448) xix

Simon, August Heinrich/Strampff, Heinrich Leopold von (Hrsg.), Materialien des allgemeinen Landrechts zu den Lehren vom Gewahrsam und Besitz und von der Verjährung, in: Zeitschrift für wissenschaftliche Bearbeitung des preußischen Rechtes, Bd. 3 (1836)

Sonnenfels, [Joseph von], Über den Geschäftsstil. Die ersten Grundlinien für angehende österreichische Kanzleybeamten, Wien 1784

Stahl, Friedrich Julius, Die Philosophie des Rechts [EA 1830–1837], 2 Bde, Bd. 1: 3. Aufl., Heidelberg 1854, Bd. 2: 5. Aufl., Tübingen u. Leipzig 1878

Stenographische Berichte über die Verhandlungen des Deutschen Reichstages, Berlin 1871 ff.

Stenographische Berichte über die Verhandlungen des Reichstages des Norddeutschen Bundes, Berlin 1867 ff.

Stenographischer Bericht über die Verhandlungen der deutschen constituirenden Nationalversammlung zu Frankfurt a. M., hrsg. v. Franz Wigard, Bd. 1, Frankfurt a. M. 1848, zit.: Stenographischer Bericht Nationalversammlung

Strafgesetzbuch für das Königreich Baiern, München 1813

Strafgesetzbuch für die Preußischen Staaten und Gesetz über die Einführung desselben vom 14. April 1851. Amtliche Ausgabe (mit Register), Berlin 1851

Stürzer, Joseph, Ueber die Rücksichten, die der Gesezgeber bei Verfassung eines neuen Strafkodex zu nehmen hat. Ein politisch-juridischer Versuch, Landshut 1801

Svarez, Carl Gottlieb, Inwiefern können und müssen Gesetze kurz sein? (Vortrag vor der Mittwochsgesellschaft 1788), in: ders., Vorträge über Recht und Staat (s. dort), S. 627–633

Svarez, Carl Gottlieb, Kronprinzenvorträge [1791/1792], in: ders., Vorträge über Recht und Staat (s. dort), S. 1–624

[*Svarez, Carl Gottlieb*], Kurze Nachricht von dem neuen Preußischen Gesetzbuche und von dem Verfahren bey der Ausarbeitung desselben, in: Annalen der Gesetzgebung und Rechtsgelehrsamkeit in den Preussischen Staaten, Bd. 8 (1791), S. XI–XXXVIII

Svarez, Carl Gottlieb, Vorträge über Recht und Staat (Wissenschaftliche Abhandlungen der Arbeitsgemeinschaft für Forschung des Landes Nordrhein-Westfalen: 10), hrsg. v. Hermann Conrad u. Gerd Kleinheyer, Köln u. Opladen 1960

S[varez], C[arl] G[ottlieb]/G[oßler], C[hristoph], Unterricht über die Gesetze für die Einwohner der Preussischen Staaten, Berlin u. Stettin 1793

Symonds, Arthur, The Mechanics of Law-Making. Intended for the use of legislators, and all other persons concerned in the making and understanding of English laws, London 1835, zit.: Mechanics

Symonds, Arthur, Papers relative to the Drawing of Acts of Parliament, and to the Means of ensuring the Uniformity thereof, in Language, in Form, in Arrangement, and in Matter, in: Parliamentary Papers 1837/1838 (149) xliv, zit.: Papers

Tafinger, Wilhelm Gottlieb, Ueber die Idee einer Criminalgesetzgebung in Beziehung auf die Wissenschaft sowohl als das practische Leben. Nebst einem Anhang über den, von Herrn Geheimrath von Feuerbach verfaßten, Entwurf des Gesetzbuchs über Verbrechen und Vergehen für das Königreich Baiern, Tübingen 1811

Tellkampf, Johann Ludwig, Ueber die Verbesserung des Rechtszustandes in den deutschen Staaten, Berlin 1835

Tesar, Otto, Gesetzestechnik und Strafrechtsschuld, ZStrW 32 (1911), S. 379–414

Thibaut, Anton Friedrich Justus, Ueber die Nothwendigkeit eines allgemeinen bürgerlichen Rechts für Deutschland [1814], in: Thibaut und Savigny. Ihre programmatischen Schriften, hrsg. v. Hans Hattenhauer, München 1973, S. 61–94 [Seitenzahlen sind nach der EA Heidelberg 1814 zitiert]

Thomasius, Christian, Fundamenta juris naturae et gentium …, 4. Aufl., Halle u. Leipzig 1718 (ND Aalen 1963)

Thomasius, Christian, Lectiones de prudentia legislatoria [1702], Frankfurt u. Leipzig 1743, zit.: Prudentia Legislatoria

Thomasius, Christian, Summarischer Entwurff derer Grund-Lehren / Die einem Studioso Juris zu wissen und auff Universitäten zu lernen nöthig …, Halle 1699 (ND Aalen 1979), zit.: Grundlehren

Thring, Henry, Practical legislation; or, the Composition and Language of Acts of Parliament, London o.J. [1877]

Trevelyan, George Otto (Hrsg.), The Life and Letters of Lord Macaulay, 2 Bde, London 1876

Verfassungsurkunde für das Großherzogtum Baden vom 22. August 1818, in: Huber, E.R., Dokumente (s. dort), S. 172–186

Verfassungsurkunde für das Großherzogtum Hessen vom 17. Dezember 1820, in: Huber, E.R., Dokumente (s. dort), S. 221–236

Verfassungsurkunde für das Königreich Bayern vom 26. Mai 1818, in: Huber, E.R., Dokumente (s. dort), S. 155–171

Verfassungsurkunde für das Königreich Sachsen vom 4. September 1831, in: Huber, E.R., Dokumente (s. dort), S. 263–289

Verfassungsurkunde für das Königreich Württemberg vom 25. September 1819, in: Huber, E. R., Dokumente (s. dort), S. 187–219

Verfassungsurkunde für das Kurfürstentum Hessen vom 5. Januar 1831, in: Huber, E. R., Dokumente (s. dort), S. 238–262

Verfassungsurkunde für das Kurfürstentum Hessen vom 13. April 1852, in: Zachariä, H. A., Verfassungsgesetze (s. dort), S. 360–380

Verfassungsurkunde für den Preußischen Staat vom 31. Januar 1850, in: Huber, E. R., Dokumente (s. dort), S. 501–514

Verhandlungen der Ersten und Zweiten Kammer über die Entwürfe des Strafgesetzbuchs für die Preußischen Staaten und des Gesetzes über die Einführung desselben vom 10. Dezember 1850. Nebst den Kommissions-Berichten und sonstigen Aktenstücken, Berlin 1851, zit.: Verhandlungen der Ersten und Zweiten Kammer

Vorentwurf. Bundesgesetz über das Privatrecht. Schweizerisches Civilgesetzbuch. Vierter Teil. Das Sachenrecht, Bern 1899, zit.: Departementalentwurf Sachenrecht

Wach, Adolf, Legislative Technik, in: Vergleichende Darstellung des deutschen und ausländischen Strafrechts. Vorarbeiten zur deutschen Strafrechtsreform, hrsg. v. Karl v. Birkmeyer u. a., Allgemeiner Teil, Bd. 6, Berlin 1908, S- 1–83

Wächter, Carl Georg von, Abhandlungen aus dem Strafrechte, Leipzig 1835, zit.: Abhandlungen

Wächter, Carl Georg von, Die Ausübung der Gesetzgebungsgewalt unter Theilnahme von Ständeversammlungen …, in: Archiv des Criminalrechts, N. F., 1839, S. 345–370

Wächter, Carl Georg von, Der Entwurf eines bürgerlichen Gesetzbuches für das Königreich Sachsen. Ein Beitrag zur Beurtheilung desselben, Leipzig 1853, zit.: Entwurf

Wächter, Carl Georg von, Art. »Gesetzgebung; Gesetzbücher«, in: Das Staats-Lexikon. Encyklopädie der sämmtlichen Staatswissenschaften für alle Stände, hrsg. v. Carl v. Rotteck u. Carl Welcker, 3. Aufl., Bd. 6, Leipzig 1862, S. 482–517

Welcker, Carl Theodor, Art. »Gesetz«, in: Das Staats-Lexikon. Encyklopädie der sämmtlichen Staatswissenschaften für alle Stände, hrsg. v. Carl v. Rotteck u. Carl Welcker, 2. Aufl., Bd. 5, Altona 1847, S. 695–714

Wendt, Otto, Ueber die Sprache der Gesetze. Rede gehalten am Geburtsfest seiner Majestät des Königs Wilhelm II von Württemberg am 25. Februar 1904 im Festsaal der Universität Tübingen, Tübingen 1904

Wieland, Ernst Carl, Geist der peinlichen Gesetze, 2 Teile, Leipzig 1783/1784

Wolf, Erik (Hrsg.), Quellenbuch zur Geschichte der deutschen Rechtswissenschaft, Frankfurt a. M. 1950, zit.: Quellenbuch

Wolff, Christian, Institutiones juris naturae et gentium …, Halle u. Magdeburg 1750

Wolff, Christian, Jus naturae methodo scientifica pertractatum [1740–1748], 8 Bde, in: ders., Gesammelte Werke, II. Abteilung. Lateinische Schriften, Bd. 17–24, hrsg. v. Marcel Thomann, Hildesheim u. New York 1968/1972

Wolff, Christian, Vernünfftige Gedancken von dem gesellschafftlichen Leben der Menschen und insonderheit dem gemeinen Wesen zu Beförderung der Glückseligkeit des menschlichen Geschlechtes [1721], 3. Aufl., Frankfurt u. Leipzig 1732, zit.: Politik

Zachariä, Heinrich Albert (Hrsg.), Die deutschen Verfassungsgesetze der Gegenwart einschließlich der Grundgesetze des deutschen Bundes und der das Verfassungsrecht der Einzelstaaten direct betreffenden Bundesbeschlüsse, Göttingen 1855, zit.: Verfassungsgesetze

Zachariä, Heinrich Albert, Mittheilungen aus den Verhandlungen der Hannoverschen Ständeversammlung über die neue Strafgesetzgebung für das Königreich Hannover, in: Archiv des Criminalrechts, N. F., 1835, S. 275–305

Zachariä, Heinrich Albert, Ueber die rückwirkende Kraft neuer Strafgesetze, Göttingen 1834

Zachariä [von Lingenthal], Karl Salomo, Vierzig Bücher vom Staate [EA 1820–1832], 2. Aufl., 7 Bde, Heidelberg 1839/1840

Zachariä [von Lingenthal], Karl Salomo, Die Wissenschaft der Gesetzgebung. Als Einleitung zu einem allgemeinen Gesetzbuche, Leipzig 1806, zit.: Wissenschaft

Zeiller, Franz von, Abhandlung über die Principien des allgemeinen bürgerlichen Gesetzbuches für die gesammten deutschen Erbländer der österreichischen Monarchie, in: Pratobevera, Carl Joseph (Hrsg.), Materialien für Gesetzkunde und Rechtspflege in den Oesterreichischen Erbstaaten, Bd. 2, S. 166–198, Bd. 3, S. 175–204, Bd. 4, S. 163–181, Wien 1816–1820 (ND Wien 1986), zit.: Principien

Zeiller, Franz von, Commentar über das allgemeine bürgerliche Gesetzbuch für die gesammten Deutschen Erbländer der Oesterreichischen Monarchie, 4 Bde, Wien u. Triest 1811–1813, zit.: Kommentar

Zeiller, Franz von, Eigenschaften eines bürgerlichen Gesetzbuches [1806], in: ders., Vorbereitung (s. dort), Bd. 1, S. 40–70, wieder in: Wolf (Hrsg.), Quellenbuch (s. dort), S. 242–261, zit.: Eigenschaften [Seitenzahlen sind nach dem Abdruck bei Wolf zitiert]

Zeiller, Franz von, Das natürliche Privat-Recht [1802], 3. Aufl., Wien 1819, zit.: Natürliches Privatrecht

Zeiller, Franz von, Nothwendigkeit eines bürgerlichen, einheimischen Privat-Rechts. Grundzüge zur Geschichte des Oesterreichischen Privat-Rechts. Eigenschaften eines bürgerlichen Gesetzbuches, in: ders., Jährlicher Beytrag zur Gesetzkunde und Rechtswissenschaft in den Oesterreichischen Erbstaaten, Bd. 1, Wien 1806, S. 1–71, zit.: Grundzüge zur Geschichte

Zeiller, Franz von, Probe eines Commentars über das neue österreichisch-bürgerliche Gesetzbuch [1809], in: ders., Vorbereitung (s. dort), Bd. 4, S. 68–141, zit.: Probe

Zeiller, Franz von, Vorbereitung zur neuesten österreichischen Gesetzkunde im Straf- und Civil-Justiz-Fache in vier jährlichen Beyträgen von 1806–1809, 4 Bde, Wien und Triest 1810–1811, zit. Vorbereitung [EA unter dem Titel: Jährlicher Beytrag zur Gesetzkunde und Rechtswissenschaft in den Oesterreichischen Erbstaaten, Wien 1806–1809]

Zeiller, Franz von, Zweck und Principien der Criminal-Gesetzgebung [1806], in: ders., Vorbereitung (s. dort), Bd. 1, S. 71–89, wieder in: Wolf (Hrsg.), Quellenbuch (s. dort), S. 261–272, zit.: Kriminalgesetzgebung [Seitenzahlen sind nach dem Abdruck bei Wolf zitiert]

Zitelmann, Ernst, Aufgaben und Bedeutung der Rechtsvergleichung, in: DJZ 1900, S. 329–332

Zitelmann, Ernst, Die Gefahren des bürgerlichen Gesetzbuches für die Rechtswissenschaft. Rede zur Feier des 27. Januar 1896 gehalten in der Aula der Universität zu Bonn, Bonn 1896, zit.: Gefahren

Zitelmann, Ernst, Die Kunst der Gesetzgebung, Dresden 1904, auch in: Jahrbuch der Gehe-Stiftung zu Dresden, hrsg. v. d. Gehe-Stiftung zu Dresden, Bd. 10, Dresden 1904, S. 241–288, zit.: Kunst [Seitenzahlen sind parallel nach dem Separatdruck und dem Jahrbuch zitiert]

Zitelmann, Ernst, Die Rechtsgeschäfte im Entwurf eines Bürgerlichen Gesetzbuches für das Deutsche Reich. Studien, Kritiken, Vorschläge (Beiträge zur Erläuterung und Beurtheilung des Entwurfes eines Bürgerlichen Gesetzbuches für das Deutsche Reich: 7), Berlin 1889 (ND Glashütten i. T. 1974), zit.: Rechtsgeschäfte

Zitelmann, Ernst, Der Wert eines »allgemeinen Teils« des bürgerlichen Rechts, in: Zeitschrift für das Privat- und öffentliche Recht der Gegenwart, Bd. 33 (1906), S. 1–32

Zusammenstellung der Aeußerungen der Bundesregierungen zu dem Entwurf eines Bür-
gerlichen Gesetzbuchs gefertigt im Reichs-Justizamt. Als Manuskript gedruckt, 2 Bde,
o. O. [Berlin] 1891 (ND Osnabrück 1967)
Zusammenstellung der gutachtlichen Aeußerungen zu dem Entwurf eines Bürgerlichen
Gesetzbuchs gefertigt im Reichs-Justizamt. Als Manuskript gedruckt, 6 Bde, o. O.
[Berlin] 1890/1891 (ND Osnabrück 1967)

IV. Sekundärliteratur

Acharyya, Bijay Kisor, Codification in British India (Tagore Law Lectures, 1912), Calcutta
1914
Affolter, Friedrich, Das intertemporale Recht. Das Recht der zeitlich verschiedenen Rechtsordnungen, Bd. 1: Das intertemporale Privatrecht, Teil 1: Geschichte des intertemporalen Privatrechts, Leipzig 1902, zit.: Geschichte
Allen, Carleton Kemp, Law in the Making [EA 1927], 7. Aufl., Oxford 1964
Allgemeine Deutsche Biographie, hrsg. durch die Historische Commission bei der Königlichen Akademie der Wissenschaften, 56 Bde, Leipzig 1875–1912 (ND Berlin 1967–
1971), zit.: ADB
Arends, Gerald/Klippel, Diethelm, Die juristischen Zeitschriften im 19. Jahrhundert. Beobachtungen zu den juristischen Periodika in der Zeitschriftenbibliographie von Joachim
Kirchner, in: Juristische Zeitschriften. Die neuen Medien des 18.–20. Jahrhunderts,
hrsg. v. Michael Stolleis (Ius Commune. Sonderhefte. Studien zur Europäischen Rechtsgeschichte: 128), Frankfurt a. M. 1999, S. 41–52
Arnswaldt, Wolf-Christian von, Savigny als Strafrechtspraktiker. Ministerium für die Gesetzrevision (1842–1848), Baden-Baden 2003
Avenarius, Martin, Savignys Lehre vom intertemporalen Privatrecht (Quellen und Forschungen zum Recht und seiner Geschichte: 3), Göttingen 1993
Baden, Eberhard, Zum Regelungsgehalt von Gesetzgebungsmaterialien, in: Rödig (Hrsg.),
Studien (s. dort), S. 369–420
Barta, Heinz, Zur Kodifikationsgeschichte des österreichischen bürgerlichen Rechts in
ihrem Verhältnis zum preußischen Gesetzbuch: Entwurf Martini (1796), (W)GGB
(1797), ABGB (1811) und ALR (1794), in: Naturrecht und Privatrechtskodifikation (s.
dort), S. 321–441
Barzen, Carola, Die Entstehung des »Entwurf(s) eines allgemeinen Gesetzbuchs für die
Preußischen Staaten« von 1780 bis 1788 (Konstanzer Schriften zur Rechtswissenschaft:
156), Konstanz 1999
Becker, H.-J., Art. »Kommentier- und Auslegungsverbot«, in: HRG, Bd. 2, Sp. 963–974
Benöhr, Hans-Peter, Die Redaktion der Paragraphen 823 und 826 BGB, in: Rechtsge-
schichte und Privatrechtsdogmatik, hrsg. v. Reinhard Zimmermann, Rolf Knütel u.
Jens Peter Meincke, Heidelberg 1999, S. 499–547
Benthaus, Raimund, Eine »Sudeley«? Das Allgemeine Landrecht für die preußischen Staaten
von 1794 im Urteil seiner Zeit, Kiel 1996
Berner, Albert Friedrich, Die Strafgesetzgebung in Deutschland vom Jahre 1751 bis zur
Gegenwart, Leipzig 1867 (ND Aalen 1978)
Beseler, Georg, Kommentar über das Strafgesetzbuch für die Preußischen Staaten und das
Einführungsgesetz vom 14. April 1851. Nach amtlichen Quellen, Leipzig 1851
Birtsch, Günter, Reformabsolutismus und Gesetzesstaat. Rechtsauffassung und Justizpolitik
Friedrichs des Großen, in: Birtsch/Willoweit (Hrsg.), Reformabsolutismus und stän-
dische Gesellschaft (s. dort), S. 47–62

Birtsch, Günter/Willoweit, Dietmar (Hrsg.), Reformabsolutismus und ständische Gesellschaft. Zweihundert Jahre Preußisches Allgemeines Landrecht (Forschungen zur brandenburgischen und preußischen Geschichte, N. F., Beiheft 3), Berlin 1998

Björne, Lars, Deutsche Rechtssysteme im 18. und 19. Jahrhundert (Münchener Universitätsschriften. Juristische Fakultät. Abhandlungen zur rechtswissenschaftlichen Grundlagenforschung: 59), Ebelsbach 1984

Bohnert, Joachim, Paul Johann Anselm Feuerbach und der Bestimmtheitsgrundsatz im Strafrecht (Sitzungsberichte der Heidelberger Akademie der Wissenschaften. Philosophisch-historische Klasse, Jg. 1982, Bericht 2), Heidelberg 1982

Botzenhart, Manfred, Deutscher Parlamentarismus in der Revolutionszeit (1848–1850), Düsseldorf 1977

Brandt, Dietmar, Die politischen Parteien und die Vorlage des Bürgerlichen Gesetzbuches im Reichstag, München 1975

Brandt, Hans, Das preussische Volksgesetzbuch, in: ZStW 100 (1940), S. 337–352

Brauneder, Wilhelm, Das Allgemeine Bürgerliche Gesetzbuch für die gesamten Deutschen Erbländer der österreichischen Monarchie von 1811, in: Gutenberg-Jahrbuch, Bd. 62 (1987), S. 205–254, zit.: ABGB

Brauneder, Wilhelm, Das ALR und Österreichs Privatrechtsentwicklung, in: Dölemeyer/Mohnhaupt (Hrsg.), 200 Jahre Allgemeines Landrecht für die preußischen Staaten (s. dort), S. 415–436, zit.: ALR und Österreich

Brauneder, Wilhelm, Europas erste Privatrechtskodifikation: Das Galizische Bürgerliche Gesetzbuch, in: Naturrecht und Privatrechtskodifikation (s. dort), S. 303–320, zit.: Galizisches BGB

Brauneder, Wilhelm, »Gehörige Kundmachung« – entschuldbare Rechtsunkenntnis, in: Rechtsgeschichte & Interdisziplinarität. Festschrift für Clausdieter Schott zum 65. Geburtstag, hrsg. v. Marcel Senn u. Claudio Soliva, Bern u. s. w. 2001, S. 15–26, zit.: Gehörige Kundmachung

Brauneder, Wilhelm, Gesetzeskenntnis und Gesetzessprache in Deutschland von 1750 bis 1850 am Beispiel der Habsburgermonarchie, in: Sprache-Recht-Geschichte. Rechtshistorisches Kolloquium 5. – 9. Juni 1990 Christian-Albrechts-Universität zu Kiel, hrsg. v. Jörn Eckert u. Hans Hattenhauer, Heidelberg 1991, S. 107–130, zit.: Gesetzeskenntnis

Brockmöller, Annette, Die Entstehung der Rechtstheorie im 19. Jahrhundert in Deutschland (Studien zur Rechtsphilosophie und Rechtsgeschichte: 14), Baden-Baden 1997

Bühler, Theodor, Gewohnheitsrecht. Enquête. Kodifikation (Rechtsquellenlehre: 1), Zürich 1977

Burian, Paul, Der Einfluß der deutschen Naturrechtslehre auf die Entwicklung der Tatbestandsdefinition im Strafgesetz (Neue Kölner Rechtswissenschaftliche Abhandlungen: 62), Berlin 1970

Caroni, Pio, Art. »Kodifikation«, in: HRG, Bd. 2, Sp. 907–922

Caroni, Pio, Savigny und die Kodifikation. Versuch einer Neudeutung des »Berufs«, in: ZRG (GA) 86 (1969), S. 97–176

Class, Wilhelm, Der Einfluß des Ministeriums von Savigny auf das Preußische Strafgesetzbuch von 1851, Berlin o.J. (Diss. Göttingen 1925)

Cohen, Gottfried, Die Verfassung und Geschäftsordnung des englischen Parlaments mit Hinweis auf die Geschäftsordnungen deutscher Kammern, Hamburg 1861

Coing, Helmut, Allgemeine Züge der privatrechtlichen Gesetzgebung im 19. Jahrhundert, in: ders. (Hrsg.), Handbuch (s. dort), Bd. III/1, München 1982, S. 3–16, zit.: Allgemeine Züge

Coing, Helmut, Einleitung zum Bürgerlichen Gesetzbuch, in: J. von Staudingers Kommentar zum Bürgerlichen Gesetzbuch mit Einführungsgesetz und Nebengesetzen, 13. Bearbeitung, Berlin 1995, S. 3–133

Coing, Helmut, Europäisches Privatrecht, 2 Bde, München 1985/1989

Coing, Helmut (Hrsg.), Handbuch der Quellen und Literatur der neueren europäischen Privatrechtsgeschichte, 3 Bde (Bd. 2 in 2 Teilbänden, Bd. 3 in 5 Teilbänden), München 1973–1988, zit.: Handbuch

Coing, Helmut, Zur Vorgeschichte der Kodifikation: Die Diskussion um die Kodifikation im 17. und 18. Jahrhundert, in: La formazione storica del Diritto moderno in Europa. Atti del terzo Congresso internazionale della Società italiana di storia del Diritto, Bd. 2, Florenz 1977, S. 797–817, zit.: Vorgeschichte der Kodifikation

Cron, Paul, Die Geschäftsordnung der schweizerischen Bundesversammlung. Dogmengeschichtliche Darstellung des Geschäftsordnungsrechtes von der Glaubensspaltung bis zur Gegenwart, Freiburg (Schweiz) 1946

Dale, William, Legislative Drafting: A New Approach. A comparative study of methods in France, Germany, Sweden and the United Kingdom, London 1977

Dannecker, Gerhard, Die Entwicklung des strafrechtlichen Rückwirkungsverbots und des Milderungsgebots in Deutschland, in: Jahrbuch der Juristischen Zeitgeschichte, hrsg. v. Thomas Vormbaum, Bd. 3 (2001/2002), S. 125–202.

Deutsche Biographische Enzyklopädie, hrsg. v. Walther Killy u. Rudolf Vierhaus, 11 Bde, München u. s. w. 1995–2000, zit.: DBE

Dickerhof, Kurt, Leibniz' Bedeutung für die Gesetzgebung seiner Zeit, maschinenschriftliche Diss. Freiburg 1941

Diestelkamp, Bernhard, Einige Beobachtungen zur Geschichte des Gesetzes in vorkonstitutioneller Zeit, in: ZHF 10 (1983), S. 385–420

Dilcher, Gerhard, Gesetzgebungswissenschaft und Naturrecht, in: JZ 1969, S. 1–7

Dölemeyer, Barbara, Das Bürgerliche Gesetzbuch für das Deutsche Reich (BGB), in: Coing (Hrsg.), Handbuch (s. dort), Bd. III/2, München 1982, S. 1572–1625, zit.: BGB

Dölemeyer, Barbara, Einflüsse von ALR, Code civil und ABGB auf Kodifikationsdiskussionen und -projekte in Deutschland, in: Ius Commune, Bd. 7 (1978), S. 179–225, zit.: Einflüsse

Dölemeyer, Barbara, Zur Kodifikation des Zivilrechts im Europa des 19. Jahrhunderts, in: A bonis bona discere. Festgabe für János Zlinszky zum 70. Geburtstag, hrsg. v. Orsolya M. Péter u. Béla Szabó, Miskolc 1998, S. 329–343, zit.: Kodifikation des Zivilrechts

Dölemeyer, Barbara, Kodifikationen und Projekte deutscher Einzelstaaten, in: Coing (Hrsg.), Handbuch (s. dort), Bd. III/2, München 1982, S. 1472–1561, zit.: Kodifikationen und Projekte

Dölemeyer, Barbara, Das Schweizerische Zivilgesetzbuch, in: Coing (Hrsg.), Handbuch (s. dort), Bd. III/2, München 1982, S. 1978–2029, zit.: ZGB

Dölemeyer, Barbara/Mohnhaupt, Heinz (Hrsg.), 200 Jahre Allgemeines Landrecht für die preußischen Staaten. Wirkungsgeschichte und internationaler Kontext (Ius Commune. Sonderhefte. Studien zur Europäischen Rechtsgeschichte: 75), Frankfurt a. M. 1995

Dölle, Hans, Der Beitrag der Rechtsvergleichung zum deutschen Recht, in: Hundert Jahre deutsches Rechtsleben. Festschrift zum hundertjährigen Bestehen des deutschen Juristentages 1860–1960, hrsg. v. Ernst v. Caemmerer, Ernst Friesenhahn u. Richard Lange, Bd. 2, Karlsruhe 1960, S. 19–47

Ebel, Friedrich, Beobachtungen zur Gesetzestechnik im 19. Jahrhundert – dargestellt insbesondere an der Frage der Legaldefinitionen, in: Rödig (Hrsg.), Studien (s. dort), S. 337–352, zit.: Beobachtungen

Ebel, Friedrich, Über Legaldefinitionen. Rechtshistorische Studie zur Entwicklung der Gesetzgebungstechnik in Deutschland, insbesondere über das Verhältnis von Rechtsetzung und Rechtsdarstellung (Schriften zur Rechtsgeschichte: 6), Berlin 1974, zit.: Legaldefinitionen

Ebel, Wilhelm, Geschichte der Gesetzgebung in Deutschland (Göttinger rechtswissenschaftliche Studien: 24), Göttingen 1958

Eckert, Jörn, Der Gesetzesbegriff des Preußischen Allgemeinen Landrechts in Theorie und Praxis, in: Zur Ideen- und Rezeptionsgeschichte des Preußischen Allgemeinen Landrechts. Trierer Symposion zum 250. Geburtstag von Carl Gottlieb Svarez, hrsg. v. Walther Gose u. Thomas Würtenberger, Stuttgart 1999, S. 39–54

Edgar, S. G. G., Craies on Statute Law, 6. Aufl., London 1963

Egger, A[ugust], Kommentar zum Schweizerischen Zivilgesetzbuch, 2. Aufl., Bd. 1 (Einleitung und Personenrecht), Zürich 1930

Ehrle, Peter Michael, Volksvertretung im Vormärz. Studien zur Zusammensetzung, Wahl und Funktion der deutschen Landtage im Spannungsfeld zwischen monarchischem Prinzip und ständischer Repräsentation (Europäische Hochschulschriften, Reihe III: 127), 2 Bde, Frankfurt a. M./Bern/Cirencester 1979

Elsener, Ferdinand, Die Anfänge des Schweizerischen Zivilgesetzbuches nach dem Briefwechsel zwischen Eugen Huber und Max Rümelin, in: Festschrift Karl Siegfried Bader, hrsg. v. Ferdinand Elsener u. W. H. Ruoff, Zürich/Köln/Graz 1965, S. 101–114

Erler, A[dalbert], Art. »Präambel«, in: HRG, Bd. 3, Sp. 1848–1850

Esser, Josef, Grundsatz und Norm in der richterlichen Fortbildung des Privatrechts. Rechtsvergleichende Beiträge zur Rechtsquellen- und Interpretationslehre, [1. Aufl.], Tübingen 1956, zit.: Grundsatz und Norm

Esser, Josef, Wert und Bedeutung der Rechtsfiktionen. Kritisches zur Technik der Gesetzgebung und zur bisherigen Dogmatik des Privatrechts (Frankfurter Wissenschaftliche Beiträge. Rechts- und wirtschaftswissenschaftliche Reihe: 4), Frankfurt a. M. 1940, zit.: Rechtsfiktionen

Fincke, Martin, Das Verhältnis des Allgemeinen zum Besonderen Teil des Strafrechts (Münchener Universitätsschriften. Juristische Fakultät. Abhandlungen zur rechtswissenschaftlichen Grundlagenforschung: 23), Berlin 1975

Finkenauer, Thomas, Vom Allgemeinen Gesetzbuch zum Allgemeinen Landrecht – preußische Gesetzgebung in der Krise, in: ZRG (GA) 113 (1996), S. 40–216

Gagnér, Sten, Studien zur Ideengeschichte der Gesetzgebung, Stockholm/Uppsala/Göteborg 1960

Gauye, Oscar, Inventar zur Dokumentation über die Erarbeitung des schweizerischen Zivilgesetzbuches 1885–1907, in: Schweizerische Zeitschrift für Geschichte 13 (1963), S. 54–100

Geisel, Karl, Der Feuerbachsche Entwurf von 1807; sein Strafsystem und dessen Entwicklung. Ein Beitrag zur Entstehung des Bayerischen Strafgesetzbuches von 1813, Diss. Göttingen 1929

Gmür, Max, Allgemeine Einleitung, in: Kommentar zum Schweizerischen Zivilgesetzbuch, 2. Aufl., hrsg. v. Max Gmür, Bd. 1 (Einleitung und Personenrecht), Bern 1919

Gmür, Rudolf, Das schweizerische Zivilgesetzbuch verglichen mit dem deutschen Bürgerlichen Gesetzbuch, Bern 1965

Görgen, Andreas, Rechtssprache in der Frühen Neuzeit. Eine vergleichende Untersuchung der Fremdwortverwendung in Gesetzen des 16. und 17. Jahrhunderts (Rechtshistorische Reihe: 253), Frankfurt a. M. 2002

Goldammer, [Theodor], Die Materialien zum Straf-Gesetzbuche für die Preußischen Staaten, aus den amtlichen Quellen nach den Paragraphen des Gesetzbuches zusammenge-stellt und in einem Kommentar erläutert, 2 Teile, Berlin 1851/1852

Grünhut, Max, Anselm von Feuerbach und das Problem der strafrechtlichen Zurechnung, Hamburg 1922 (ND Aalen 1978)

Hälschner, Hugo, Geschichte des Brandenburgisch-Preußischen Strafrechtes. Ein Beitrag zur Geschichte des deutschen Strafrechtes, Bonn 1855

Handwörterbuch zur deutschen Rechtsgeschichte, hrsg. v. Adalbert Erler u. Ekkehard Kaufmann, 5 Bde, Berlin 1971–1998, zit.: HRG

Harrasowsky, Philipp Harras Ritter von, Geschichte der Codification des österreichischen Civilrechtes, Wien 1868 (ND Frankfurt a. M. 1968), zit.: Geschichte

Hatschek, Julius, Bentham und die Geschlossenheit des Rechtssystems. Eine Kritik und ein Versuch, in: AöR 24 (1909), S. 442–458

Hatschek, Julius, Bentham und die Geschlossenheit des Rechtssystems. Ein Schlußwort, in: AöR 26 (1910), S. 458–464

Hatschek, Julius, Englisches Staatsrecht mit Berücksichtigung der für Schottland und Irland geltenden Sonderheiten, 2 Bde, Tübingen 1905, zit.: Englisches Staatsrecht

Hatschek, Julius, Das Parlamentsrecht des Deutschen Reiches, Teil 1 [einziger], Berlin u. Leipzig 1915, zit.: Parlamentsrecht

Hattenhauer, Hans, Das ALR im Widerstreit der Politik, in: Kodifikation gestern und heute. Zum 200. Geburtstag des Allgemeinen Landrechts für die Preußischen Staaten … (Schriftenreihe der Hochschule Speyer: 119), hrsg. v. Detlef Merten u. Waldemar Schreckenberger, Berlin 1995, S. 27–57, zit.: ALR im Widerstreit

Hattenhauer, Hans, Einführung in die Geschichte des Preußischen Allgemeinen Landrechts, in: Allgemeines Landrecht für die Preußischen Staaten von 1794, mit einer Einf. v. Hans Hattenhauer, 3. Aufl., Neuwied u. s. w. 1996, S. 1–25, zit.: Einführung

Hattenhauer, Hans, Zur Geschichte der deutschen Rechts- und Gesetzessprache (Berichte aus den Sitzungen der Joachim Jungius-Gesellschaft der Wissenschaften e. V., Jg. 5 (1987), Heft 2), Hamburg 1987, zit.: Rechtssprache

Hattenhauer, Hans, Preußens Richter und das Gesetz (1786–1814), in: Das nachfriderizi-anische Preußen 1786–1806. Rechtshistorisches Kolloquium 11.–13. Juni 1987 Christi-an-Albrechts-Universität zu Kiel, hrsg. v. Hans Hattenhauer u. Götz Landwehr, Heidel-berg 1988, S. 37–65

Hayungs, Carsten, Die Geschäftsordnung des hannoverschen Landtages (1833–1866). Ein Beispiel englischen Parlamentsrechts auf deutschem Boden? (Hannoversches Forum der Rechtswissenschaften: 8), Baden-Baden 1999

Heck, Philipp, Der Allgemeine Teil des Privatrechts. Ein Wort der Verteidigung, in: AcP 146 (1939), S. 1–27

Hedemann, Justus Wilhelm, Die Flucht in die Generalklauseln. Eine Gefahr für Recht und Staat, Tübingen 1933

Heiss, Helmut, Der Einfluß des Code Civil auf die österreichische Privatrechtskodifikation, in: Naturrecht und Privatrechtskodifikation (s. dort), S. 515–542

Heller, Martin Johannes, Reform der deutschen Rechtssprache im 18. Jahrhundert (Rechts-historische Reihe: 97), Frankfurt a. M. 1992

Heß, Burkhard, Intertemporales Privatrecht (Jus Privatum. Beiträge zum Privatrecht: 26), Tübingen 1998

Heuer, Uwe-Jens, Allgemeines Landrecht und Klassenkampf. Die Auseinandersetzungen um die Prinzipien des Allgemeinen Landrechts Ende des 18. Jahrhunderts als Ausdruck der Krise des Feudalsystems in Preußen, Berlin 1960

Heydt, Volker, Zum Verkündungswesen im demokratischen Rechtsstaat, in: Demokratie und Verwaltung. 25 Jahre Hochschule für Verwaltungswissenschaften Speyer (Schriftenreihe der Hochschule Speyer: 50), Berlin 1972, S. 463–482

Heyen, Erk Volkmar, Historische und philosophische Grundfragen der Gesetzgebungslehre, in: Schreckenberger, Waldemar/König, Klaus/Zeh, Wolfgang (Hrsg.), Gesetzgebungslehre. Grundlagen – Zugänge – Anwendung, Stuttgart u.s.w. 1986, S. 11–20

Hippel, Robert von, Deutsches Strafrecht, 2 Bde, Berlin 1925/1930

Hofmeister, Herbert, Die Rolle Franz v. Zeillers bei den Beratungen zum ABGB, in: Forschungsband Franz von Zeiller (1751–1828). Beiträge zur Gesetzgebungs- und Wissenschaftsgeschichte (Wiener rechtsgeschichtliche Arbeiten: 13), hrsg. v. Walter Selb u. Herbert Hofmeister, Wien/Graz/Köln 1980, S. 107–126

Holdsworth, William Searle, A History of English Law, 18 Bde, London 1923–1972, zit.: History

Holdsworth, William Searle, Some Makers of English Law. The Tagore Lectures 1937–1938, Cambridge 1966 [EA 1938], zit.: Some Makers

Huber, Eugen/Mutzner, Paul, System und Geschichte des schweizerischen Privatrechts, 2. Aufl., vollständig neu bearbeitet von Paul Mutzner, Bd. 1, Basel 1932, zit.: Huber/Mutzner

Hubrich, Eduard, Die Entwicklung der Gesetzespublikation in Preußen, Greifswald 1918

Hübner, Heinz, Kodifikation und Entscheidungsfreiheit des Richters in der Geschichte des Privatrechts (Beiträge zur Neueren Privatrechtsgeschichte: 8), Königstein/Taunus 1980

Igwecks, Thilo, Die drei Lesungen von Gesetzen im Deutschen Bundestag. Ein Beispiel für den europäischen Einfluß auf die Entwicklung eines Institutes des deutschen Gesetzgebungsverfahrens (Europäische Hochschulschriften. Reihe II: Rechtswissenschaften: 3073), Frankfurt a.M. 2002

Ilbert, Courtenay Peregrine, Art. »Sir Henry Thring«, in: The Dictionary of National Biography, Supplement Bd. 3, hrsg. v. Sidney Lee, Oxford o.J. [1912], S. 520–523

Ilbert, Courtenay Peregrine, The Government of India. Being a digest of the statute law relating thereto with historical introduction and illustrative documents, [1. Aufl.], Oxford 1898, zit.: Government

Ilbert, Courtenay Peregrine, Legislative Methods and Forms, s. unter Primärliteratur

Ilbert, Courtenay Peregrine, The Mechanics of Law Making, s. unter Primärliteratur

Immel, Gerhard, Typologie der Gesetzgebung des Privatrechts und Prozeßrechts, in: Coing (Hrsg.), Handbuch (s. dort), Bd. II/2, München 1976, S. 3–96

Jakobs, Horst Heinrich, Wissenschaft und Gesetzgebung im bürgerlichen Recht nach der Rechtsquellenlehre des 19. Jahrhunderts (Rechts- und staatswissenschaftliche Veröffentlichungen der Görres-Gesellschaft, N.F.: 38), Paderborn u.s.w. 1983

Janicka, Danuta, Das Allgemeine Landrecht und Polen, in: Dölemeyer/Mohnhaupt (Hrsg.), 200 Jahre Allgemeines Landrecht für die preußischen Staaten (s. dort), S. 437–452

Jekewitz, Jürgen, Der Grundsatz der Diskontinuität der Parlamentsarbeit im Staatsrecht der Neuzeit und seine Bedeutung unter der parlamentarischen Demokratie des Grundgesetzes. Eine rechtshistorische und rechtsdogmatische Untersuchung (Schriften zum Öffentlichen Recht: 321), Berlin 1977

Jekewitz, Jürgen, Ein ritualisierter historischer Irrtum. Zur Herkunft, Ausgestaltung und Notwendigkeit von drei Lesungen im parlamentarischen Gesetzgebungsverfahren, in: Der Staat 15 (1976), S. 537–552

John, Michael, Politics and the Law in Late Nineteenth-Century Germany. The Origins of the Civil Code, Oxford 1989

Kadish, Sanford H., Codifiers of the Criminal Law: Wechsler's Predecessors, in: Columbia Law Review, Bd. 78 (1978), S. 1098–1144

Kastner, Oswald, Zur Gesetzestechnik des allgemeinen bürgerlichen Gesetzbuches, in: Festschrift zur Jahrhundertfeier des Allgemeinen Bürgerlichen Gesetzbuches 1. Juni 1911, Wien 1911, Bd. 1, S. 533–556

Kiefner, Hans, Zur Sprache des Allgemeinen Landrechts, in: Dölemeyer/Mohnhaupt (Hrsg.), 200 Jahre Allgemeines Landrecht für die preußischen Staaten (s. dort), S. 23–78

Kindermann, Harald, Plan und Methode der Gesetzgebungstheorie, in: Rechtstheorie 1978, S. 229–235

Kleinheyer, Gerd, Friedrich der Große und die Gesetzgebung, in: Grundlagen des Rechts. Festschrift für Peter Landau zum 65. Geburtstag, hrsg. v. Richard H. Helmholz u. a., Paderborn u. s. w. 2000, S. 777–793

Kleinheyer, Gerd, Staat und Bürger im Recht. Die Vorträge des Carl Gottlieb Svarez vor dem preußischen Kronprinzen (1791–92), Bonn 1959, zit.: Staat und Bürger

Kleinheyer, Gerd, Vom Wesen der Strafgesetze in der neueren Rechtsentwicklung. Entwicklungsstufen des Grundsatzes »nulla poena sine lege« (Recht und Staat in Geschichte und Gegenwart. Eine Sammlung von Vorträgen und Schriften aus dem Gebiet der gesamten Staatswissenschaften: 358), Tübingen 1968, zit.: Wesen der Strafgesetze

Klippel, Diethelm, Die juristischen Zeitschriften im Übergang vom 18. zum 19. Jahrhundert, in: Juristische Zeitschriften. Die neuen Medien des 18. – 20. Jahrhunderts, hrsg. v. Michael Stolleis (Ius Commune. Sonderhefte. Studien zur Europäischen Rechtsgeschichte: 128), Frankfurt a. M. 1999, S. 15–39, zit.: Zeitschriften

Klippel, Diethelm, Legal Reforms: Changing the law in Germany in the Ancien Régime and in the Vormärz, in: Reform in Great Britain and Germany 1750–1850, hrsg. v. T. C. W. Blanning u. Peter Wende (Proceedings of the British Academy: 100), Oxford 1999, S. 43–59, zit.: Legal Reforms

Klippel, Diethelm, Die Philosophie der Gesetzgebung. Naturrecht und Rechtsphilosophie als Gesetzgebungswissenschaft im 18. und 19. Jahrhundert, in: Gesetz und Gesetzgebung im Europa der Frühen Neuzeit (ZHF Beiheft 22), hrsg. v. Barbara Dölemeyer u. Diethelm Klippel, Berlin 1998, S. 225–247, zit.: Philosophie der Gesetzgebung

Klippel, Diethelm, Vernünftige Gesetzgebung. Die Philosophie der bürgerlichen Gesetzgebung im 19. Jahrhundert, in: Konflikt und Reform. Festschrift für Helmut Berding, hrsg. v. Winfried Speitkamp u. Hans-Peter Ullmann, Göttingen 1995, S. 198–215, zit.: Vernünftige Gesetzgebung

Köbler, Gerhard, Lexikon der europäischen Rechtsgeschichte, München 1997, zit.: Lexikon Rechtsgeschichte

Korkisch, Friedrich, Die Entstehung des österreichischen Allgemeinen Bürgerlichen Gesetzbuches, in: Zeitschrift für ausländisches und internationales Privatrecht 1953, S. 263–294

Krause, H[ermann], Art. »Gesetzgebung«, in: HRG, Bd. 1, Sp. 1606–1620

Krause, Peter, Einführung, in: Entwurf eines allgemeinen Gesetzbuches für die Preußischen Staaten, Bd. 1, Erster Teil, 1. Abt., Edition nach der Ausgabe von 1784 mit Hinweisen auf das ALR, AGB, die eingegangenen Monita und deren Bearbeitung sowie mit einer Einführung und Anmerkungen von Peter Krause (Carl Gottlieb Svarez. Gesammelte Schriften, 2. Abt. I A), Stuttgart 1996, S. XVI-CI

Krause, Peter, Die Überforderung des aufgeklärten Absolutismus Preußens durch die Gesetzgebung. Zu den Hemmnissen auf dem Weg zum Allgemeinen Landrecht, in: Birtsch/Willoweit (Hrsg.), Reformabsolutismus und ständische Gesellschaft (s. dort), S. 131–211, zit.: Überforderung

Krey, Volker, Keine Strafe ohne Gesetz. Einführung in die Dogmengeschichte des Satzes »nullum crimen, nulla poena sine lege«, Berlin/New York 1983

Kubeš, Vladimír, Theorie der Gesetzgebung. Materiale und formale Bestimmungsgründe der Gesetzgebung in Geschichte und Gegenwart (Forschungen aus Staat und Recht: 76), Wien/New York 1987

Kühne, Jörg-Detlef, Volksvertretungen im monarchischen Konstitutionalismus (1814–1918), in: Parlamentsrecht und Parlamentspraxis in der Bundesrepublik Deutschland, hrsg. v. Hans Peter Schneider u. Wolfgang Zeh, Berlin/New York 1989, S. 49–101

Lambert, Sheila, Bills and Acts. Legislative Procedure in Eighteenth-Century England, Cambridge 1971

Landwehr, Götz, Das Allgemeine Landrecht in der Rechtspraxis seiner ersten Jahre – dargestellt an den Vorschriften des Ersten Anhangs zum ALR aus dem Jahre 1803, in: Das nachfriderizianische Preußen 1786–1806. Rechtshistorisches Kolloquium 11.–13. Juni 1987 Christian-Albrechts-Universität zu Kiel, hrsg. v. Hans Hattenhauer u. Götz Landwehr, Heidelberg 1988, S. 67–129

Lang, Maurice Eugen, Codification in the British Empire and America, Amsterdam 1924

Larenz, Karl, Methodenlehre der Rechtswissenschaft, 6. Aufl., Berlin u. s. w. 1991

Latte, Kurt, Art.»Thesmotheten«, in: Paulys Real-Encyclopädie, 2. Reihe, Bd. 6, Sp. 33–37

Lehmann, Alfons J., Nettelbladt und Dabelow als die eigentlichen Begründer eines Allgemeinen Teils, in: Festschrift für Dr. Gerhart Maier zum 65. Geburtstag, hrsg. v. Freunden und Kollegen, Karlsruhe 1994, S. 39–58

Lieberwirth, Rolf, Christian Thomasius und die deutsche Sprache im Universitätsbetrieb, in: Staat und Recht 1987, S. 768–770, wieder in: ders., Rechtshistorische Schriften, hrsg. v. Heiner Lück, Weimar/Köln/Wien 1997, S. 139–142 [hiernach zitiert]

Lieberwirth, Rolf, Christian Thomasius und die Gesetzgebung, in: Christian Thomasius 1655–1728. Interpretationen zu Werk und Wirkung. Mit einer Bibliographie der neueren Thomasius-Literatur, hrsg. v. Werner Schneiders, Hamburg 1989, S. 173–186, wieder in: ders., Rechtshistorische Schriften, hrsg. v. Heiner Lück, Weimar/Köln/Wien 1997, S. 121–137 [hiernach zitiert], zit.: Gesetzgebung

Link, Christoph, Aufgeklärtes Naturrecht und Gesetzgebung – vom Systemgedanken zur Kodifikation, in: Birtsch/Willoweit (Hrsg.), Reformabsolutismus und ständische Gesellschaft (s. dort), S. 21–46

Lipp, Martin, Die Bedeutung des Naturrechts für die Ausbildung der Allgemeinen Lehren des deutschen Privatrechts (Schriften zur Rechtstheorie: 88), Berlin 1980

Liver, Peter, Allgemeine Einleitung, in: Berner Kommentar zum schweizerischen Privatrecht, [3. Aufl.], hrsg. v. Arthur Meier-Hayoz, Bd. 1 (Einleitung und Personenrecht), Bern 1962 (ND 1966)

Luig, Klaus, Die Rolle des deutschen Rechts in Leibniz' Kodifikationsplänen, in: Ius Commune, Bd. 5 (1975), S. 56–70, zit.: Leibniz' Kodifikationspläne

Luig, Klaus, Wissenschaft und Kodifikation des Privatrechts im Zeitalter der Aufklärung in der Sicht von Christian Thomasius, in: Europäisches Rechtsdenken in Geschichte und Gegenwart. Festschrift für Helmut Coing zum 70. Geburtstag, hrsg. v. Norbert Horn, Bd. 1, München 1982, S. 177–201, zit.: Wissenschaft und Kodifikation

Luik, Steffen, Die Rezeption Jeremy Benthams in der deutschen Rechtswissenschaft (Forschungen zur deutschen Rechtsgeschichte: 20), Köln/Weimar/Wien 2003

Lukas, Josef, Benthams Einfluß auf die Geschlossenheit der Kodifikation, in: AöR 26 (1910), S. 67–115

Lukas, Josef, Benthams Einfluß auf die Geschlossenheit der Kodifikation. Ein Schlußwort, in: AöR 26 (1910), S. 465–469

Lukas, Josef, Über die Gesetzes-Publikation in Österreich und dem Deutschen Reiche. Eine historisch-dogmatische Studie, Graz 1903, zit.: Gesetzes-Publikation

Lukas, Josef, Zur Lehre vom Willen des Gesetzgebers. Eine dogmengeschichtliche Untersuchung, in: Staatsrechtliche Abhandlungen. Festgabe für Paul Laband zum fünfzigsten Jahrestage der Doktor-Promotion, dargebracht v. Wilhelm v. Calker u. a., Bd. 1, Tübingen 1908, S. 397–427, zit.: Wille des Gesetzgebers

Maasburg, Friedrich von, Geschichte der obersten Justizstelle in Wien (1749–1848). Größtenteils nach amtlichen Quellen bearbeitet, Prag 1879, zit.: Geschichte

Maasburg, Friedrich von, Gutachtliche Aeußerung des österreichischen Staatsrathes über den von der Compilationscommission im Entwurfe vorgelegten Codex Theresianus civilis, in: Allgemeine österreichische Gerichts-Zeitung, Bd. 32 (1881), S. 209–210, 213–214, 217–218

May, Thomas Erskine, A Treatise upon the Law, Privileges, Proceedings and Usage of Parliament [EA 1844], 17. Aufl., London 1964

Mayr, Robert von, Das bürgerliche Gesetzbuch als Rechtsquelle. Einst und jetzt, in: Festschrift zur Jahrhundertfeier des Allgemeinen Bürgerlichen Gesetzbuches 1. Juni 1911, Wien 1911, Bd. 1, S. 379–440, zit.: Gesetzbuch als Rechtsquelle

Meßerschmidt, Klaus, Gesetzgebungsermessen (Berliner Juristische Universitätsschriften. Öffentliches Recht: 14), Berlin 2000

Meurer, Dieter, Die Fiktion als Gegenstand der Gesetzgebungslehre, in: Rödig (Hrsg.), Studien (s. dort), S. 281–295

Miersch, Matthias, Der sogenannte référé législatif. Eine Untersuchung zum Verhältnis Gesetzgeber, Gesetz und Richteramt seit dem 18. Jahrhundert (Fundamenta Juridica. Beiträge zur rechtswissenschaftlichen Grundlagenforschung: 36), Baden-Baden 2000

Mohnhaupt, Heinz, Potestas legislatoria und Gesetzesbegriff im Ancien Régime, in: Ius Commune, Bd. 4 (1972), S. 188–239

Naturrecht und Privatrechtskodifikation. Tagungsband des Martini-Colloquiums 1998, hrsg. v. Heinz Barta, Rudolf Palme u. Wolfgang Ingenhaeff, Wien 1999, zit.: Naturrecht und Privatrechtskodifikation

Naucke, Wolfgang, Paul Johann Anselm von Feuerbach. Zur 200. Wiederkehr seines Geburtstags am 14. November 1975, in: ZStrW 87 (1975), S. 861–887

Neschwara, Ch., Art. »Westgalizisches Gesetzbuch«, in: HRG, Bd. 5, Sp. 1308–1313

Neue Deutsche Biographie, hrsg. v. d. Historischen Kommission bei der Bayerischen Akademie der Wissenschaften, bislang 20 Bde, Berlin 1953–2001

Noll, Peter, Gesetzgebungslehre, Reinbek 1973

Ogorek, Regina, Richterkönig oder Subsumtionsautomat? Zur Justiztheorie im 19. Jahrhundert (Rechtsprechung, Materialien und Studien. Veröffentlichungen des Max-Planck-Instituts für Europäische Rechtsgeschichte Frankfurt a. M.: 1), Frankfurt a. M. 1986

Oplatka-Steinlin, Helen, Untersuchungen zur neuhochdeutschen Gesetzessprache. Befehlsintensität und Satzstruktur im Schweizerischen Zivilgesetzbuch und im Deutschen Bürgerlichen Gesetzbuch (Rechtshistorische Arbeiten: 7), Zürich 1971

Paulys Real-Encyclopädie der classischen Altertumswissenschaften. Neue Bearbeitung, hrsg. v. Georg Wissowa u. a., 83 Bde, Stuttgart u. München 1894–1978, zit.: Paulys Real-Encyclopädie

Pfaff, Leopold, Ueber die Materialien des österreichischen allgemeinen bürgerlichen Gesetzbuches, in: Zeitschrift für das Privat- und öffentliche Recht der Gegenwart, Bd. 2 (1875), S. 254–317

Pfaff, Leopold/Hofmann, Franz, Commentar zum österreichischen allgemeinen bürgerlichen Gesetzbuche, 2 Bde, Wien 1877, zit.: Kommentar

Pfaff, Leopold/Hofmann, Franz, Excurse über österreichisches allgemeines bürgerliches Recht. Beilagen zum Commentar, Bd. 1, Heft 1, Wien 1877, zit.: Excurse

Pföhler, Jürgen, Zur Unanwendbarkeit des strafrechtlichen Rückwirkungsverbots im Strafprozeßrecht in dogmenhistorischer Sicht (Schriften zum Strafrecht: 73), Berlin 1988

Plate, A[ugust], Die Geschäftsordnung des Preußischen Abgeordnetenhauses. Ihre Geschichte und ihre Anwendung, 2. Aufl., Berlin 1904

Rabel, Ernst, Streifgänge im schweizerischen Zivilgesetzbuch, in: Rheinische Zeitschrift
für Zivil- und Prozeßrecht, Bd. 2 (1910), S. 308–340 u. Bd. 4 (1912), S. 135–195,
wieder in: ders., Gesammelte Aufsätze, Bd. 1, Tübingen 1965, S. 179–209, 210–267

Radbruch, Gustav, Paul Johann Anselm Feuerbach. Ein Juristenleben, [1. Aufl.], Wien 1934

Radzinowicz, Leon, A History of English Criminal Law and its Administration from 1750,
4 Bde, London 1948–1968

Rankin, George Claus, Background to Indian Law, Cambridge 1946

Redlich, Josef, Recht und Technik des Englischen Parlamentarismus. Die Geschäftsordnung
des House of Commons in ihrer geschichtlichen Entwicklung und gegenwärtigen
Gestalt, Leipzig 1905

Reich, Norbert, Kodifikation und Reform des russischen Zivilrechts im 19. Jahrhundert bis
zum Erlaß des Svod Zakanov (1833), in: Ius Commune, Bd. 3 (1970), S. 152–185

Rethorn, Dietrich, Verschiedene Funktionen von Präambeln, in: Rödig (Hrsg.), Studien (s.
dort), S. 296–327

Rödig, Jürgen (Hrsg.), Studien zu einer Theorie der Gesetzgebung, Berlin/Heidelberg/
New York 1976, zit.: Studien

Rümelin, Max, Der Vorentwurf zu einem schweizerischen Civilgesetzbuch, in: Schmollers
Jb, Bd. 25 (1901), S. 835–917, 1523–1601

Saxl, Ignaz, Ueber die Beziehung des preußischen Landrechts zur Codification unseres
Civilrechts, Wien 1893

Schey, Josef Freiherr von, Gesetzbuch und Richter, in: Festschrift zur Jahrhundertfeier des
Allgemeinen Bürgerlichen Gesetzbuches 1. Juni 1911, Wien 1911, Bd. 1, S. 499–532

Schmidt, Eberhard, Einführung in die Geschichte der deutschen Strafrechtspflege, 3. Aufl.,
Göttingen 1965

Schneider, Hans, Gesetzgebung. Ein Lehrbuch, 2. Aufl., Heidelberg 1991, zit.: Gesetzgebung

Schneider, Hans, Der preußische Staatsrat 1817–1918. Ein Beitrag zur Verfassungs- und
Rechtsgeschichte Preußens, München/Berlin 1952, zit.: Staatsrat

Schöckel, Gerhard, Die Entwicklung des strafrechtlichen Rückwirkungsverbots bis zur französischen Revolution (Göttinger rechtswissenschaftliche Studien: 71), Göttingen 1968

Schoepke, Peter, Die rechtliche Bedeutung der Präambel des Grundgesetzes für die Bundesrepublik Deutschland. Eine Grundlegung mit rechtshistorischer Einführung und Abhandlung der Präambeln zu den Verfassungen der Länder in der Bundesrepublik Deutschland, Diss. Tübingen 1965

Schott, Clausdieter, Einfachheit als Leitbild des Rechts und der Gesetzgebung, in: ZNR 5
(1983), S. 121–146

Schott, Clausdieter (Hrsg.), Das Freiburger ABGB-Gutachten, s. unter Primärliteratur

Schott, Clausdieter, Gesetzesadressat und Begriffsvermögen, in: Festschrift für Heinz Hübner zum 70. Geburtstag am 7. November 1984, hrsg. v. Gottfried Baumgärtel u.a.,
Berlin/New York 1984, S. 191–214

Schott, Clausdieter, Kritik an der »Simplifikation«, in: Gedächtnisschrift für Peter Noll, hrsg.
v. Robert Hauser, Jörg Rehberg u. Günter Stratenwerth, Zürich 1984, S. 127–139

Schreiber, Hans-Ludwig, Gesetz und Richter. Zur geschichtlichen Entwicklung des Satzes
nullum crimen, nulla poena sine lege, Frankfurt a.M. 1976

Schreiber, Hans-Ludwig, Art. »Nulla poena sine lege«, in: HRG, Bd. 3, Sp. 1104–1111

Schröder, Jan, Definition und Deskription in der juristischen Methodenlehre der frühen Neuzeit, in: Wirkungen europäischer Rechtskultur. Festschrift für Karl Kroeschell zum 70. Geburtstag, hrsg. v. Gerhard Köbler u. Hermann Nehlsen, München 1997, S. 1093–1105, zit.: Definition und Deskription

Schröder, Jan, Gesetzesauslegung und Gesetzesumgehung. Das Umgehungsgeschäft in der rechtswissenschaftlichen Doktrin von der Spätaufklärung bis zum Nationalsozialismus (Rechts- u. staatswissenschaftliche Veröffentlichungen der Görres-Gesellschaft, N. F.: 44), Paderborn u.s.w. 1985

Schröder, Jan, »Naturrecht bricht positives Recht« in der Rechtstheorie des 18. Jahrhunderts?, in: Staat, Kirche, Wissenschaft in einer pluralistischen Gesellschaft. Festschrift zum 65. Geburtstag von Paul Mikat, hrsg. v. Dieter Schwab u.a., Berlin 1989, S. 419–433, zit.: Naturrecht bricht positives Recht

Schröder, Jan, Naturrecht und positives Recht in der Methodenlehre um 1800, in: Rechtspositivismus und Wertbezug des Rechts, hrsg. v. Ralf Dreier, Stuttgart 1990, S. 129–140

Schröder, Jan, Recht als Wissenschaft. Geschichte der juristischen Methode vom Humanismus bis zur historischen Schule (1500–1850), München 2001

Schröder, Jan, Das Verhältnis von Rechtsdogmatik und Gesetzgebung in der neuzeitlichen Rechtsgeschichte (am Beispiel des Privatrechts), in: Gesetzgebung und Dogmatik. 3. Symposion der Kommission »Die Funktion des Gesetzes in Geschichte und Gegenwart« am 29. und 30. April 1988, hrsg. v. Okko Behrends u. Wolfram Henckel (Abhandlungen der Akademie der Wissenschaften in Göttingen, philologisch-historische Klasse, 3. Folge: 178), Göttingen 1989, S. 37–66, zit.: Rechtsdogmatik und Gesetzgebung

Schröder, Jan, Zur Vorgeschichte der Volksgeistlehre. Gesetzgebungs- und Rechtsquellentheorie im 17. und 18. Jahrhundert, in: ZRG (GA) 109 (1992), S. 1–47

Schröder, Jan, Wissenschaftstheorie und Lehre der »praktischen Jurisprudenz« auf deutschen Universitäten an der Wende zum 19. Jahrhundert (Ius Commune. Sonderhefte. Texte u. Monographien: 11), Frankfurt a.M. 1979, zit.: Wissenschaftstheorie

Schröder, Rainer, Die Strafgesetzgebung in Deutschland in der ersten Hälfte des 19. Jahrhunderts, in: Die Bedeutung der Wörter. Studien zur europäischen Rechtsgeschichte. Festschrift für Sten Gagnér zum 70. Geburtstag, hrsg. v. Michael Stolleis, München 1991, S. 403–420

Schubert, Werner, Die Entstehung der Vorschriften des BGB über Besitz und Eigentumsübertragung. Ein Beitrag zur Entstehungsgeschichte des BGB (Münsterische Beiträge zur Rechts- und Staatswissenschaft: 10), Berlin 1966, zit.: Entstehung

Schulte-Nölke, Hans, Das Reichsjustizamt und die Entstehung des Bürgerlichen Gesetzbuchs (Ius Commune. Sonderhefte. Studien zur Europäischen Rechtsgeschichte: 71), Frankfurt a.M. 1995

Schwartz, E[rnst], Die Geschichte der privatrechtlichen Kodifikationsbestrebungen in Deutschland und die Entstehungsgeschichte des Entwurfs eines bürgerlichen Gesetzbuchs für das Deutsche Reich, in: Archiv für Bürgerliches Recht, Bd. 1 (1889), S. 1–189

Schwarz, Andreas B., Zur Entstehung des modernen Pandektensystems, in: ZRG (RA) 42 (1921), S. 578–610, wieder in: ders., Rechtsgeschichte und Gegenwart. Gesammelte Schriften zur Neueren Privatrechtsgeschichte und Rechtsvergleichung, hrsg. v. Hans Thieme u. Franz Wieacker, Karlsruhe 1960, S. 1–25

Schwennicke, Andreas, Die allgemeinen Strafrechtslehren im Allgemeinen Landrecht für die Preußischen Staaten von 1794 und ihre Entwicklung in der Rechtsprechung bis zum preußischen Strafgesetzbuch von 1851, in: Dölemeyer/Mohnhaupt (Hrsg.), 200 Jahre Allgemeines Landrecht für die preußischen Staaten (s. dort), S. 79–104, zit.: Strafrechtslehren

Schwennicke, Andreas, Die Entstehung der Einleitung des Preußischen Allgemeinen Landrechts von 1794 (Ius Commune. Sonderhefte. Studien zur Europäischen Rechtsgeschichte: 61), Frankfurt a. M. 1993, zit.: Entstehung

Simon, [*August Heinrich*], Bericht über die szientivische Redaktion der Materialien der preußischen Gesetzgebung, in: Allgemeine Juristische Monatsschrift für die Preußischen Staaten, hrsg. v. Mathis, Bd. 11 (1811), S. 191–286c

Smith, K. J. M., Macaulay's Utilitarian Indian Penal Code: An Illustration of the Accidental Function of Time, Place and Personalities in Law Making, in: Legal History in the Making. Proceedings of the ninth British Legal History Conference Glasgow 1989, hrsg. v. W. M. Gordon u. T. D. Fergus, London u. Rio Grande 1991, S. 145–164

Stephen, James Fitzjames, Codification in India and England, in: The Fortnightly Review, N. F., Bd. 12 (1872), S. 644–672

Stephen, James Fitzjames, A History of the Criminal Law of England, 3 Bde, London 1883, zit.: History

Stintzing, Roderich/Landsberg, Ernst, Geschichte der deutschen Rechtswissenschaft (Geschichte der Wissenschaften in Deutschland. Neuere Zeit: 18), 3 Abteilungen (3. Abt. in 2 Halbbänden), München u. Leipzig/Berlin 1880–1910

Stobbe, Otto, Geschichte der deutschen Rechtsquellen (Geschichte des deutschen Rechts in sechs Bänden: 1), 2 Bde, Braunschweig 1860/1864

Stölzel, Adolf, Brandenburg-Preußens Rechtsverwaltung und Rechtsverfassung dargestellt im Wirken seiner Landesfürsten und obersten Justizbeamten, 2 Bde, Berlin 1888, zit.: Rechtsverwaltung

Stölzel, Adolf, Carl Gottlieb Svarez. Ein Zeitbild aus der zweiten Hälfte des 18. Jahrhunderts, Berlin 1885, zit.: Svarez

Stokes, Eric, The English Utilitarians and India, Oxford 1959

Stokes, Whitley, The Anglo-Indian Codes, 2 Bde u. 2 Ergänzungsbände, Oxford 1887/ 1888 u. 1889/1891

Stolleis, Michael, Geschichte des öffentlichen Rechts in Deutschland, 3 Bde, München 1988–1999

Strakosch, Heinrich, Privatrechtskodifikation und Staatsbildung in Österreich (1753–1811) (Schriftenreihe des Instituts für Österreichkunde), München 1976

Teubner, Werner, Kodifikation und Rechtsreform in England. Ein Beitrag zur Untersuchung des Einflusses von Naturrecht und Utilitarismus auf die Idee einer Kodifikation des englischen Rechts, Berlin 1974

Thieme, Hans, Die preußische Kodifikation. Privatrechtsgeschichtliche Studien II, in: ZRG (GA) 57 (1937), S. 355–428

Thieme, Hans, Publizität der Gesetzgebung im absoluten Staat. Das Beispiel des friderizianischen Preußen, in: Beiträge zur Rechtsgeschichte. Gedächtnisschrift für Hermann Conrad, hrsg. v. Gerd Kleinheyer u. Paul Mikat (Rechts- u. staatswissenschaftliche Veröffentlichungen der Görres-Gesellschaft, N. F.: 34), Paderborn u. s. w. 1979, S. 539– 544, zit.: Publizität

Thieme, Hans, Die Zeit des späten Naturrechts. Eine privatrechtsgeschichtliche Studie, in: ZRG (GA) 56 (1936), S. 202–263

Ullrich, Norbert, Gesetzgebungsverfahren und Reichstag in der Bismarck-Zeit unter besonderer Berücksichtigung der Rolle der Fraktionen (Beiträge zum Parlamentsrecht: 35), Berlin 1996

Vanderlinden, Jacques, Code et codification dans la pensée de Jeremy Bentham, in: Tijdschrift voor rechtsgeschiedenis 32 (1964), S. 45–78

Vanderlinden, Jacques, Le concept de code en Europe occidentale du XIII. au XIX. siècle. Essai de définition, Brüssel 1967, zit.: Concept de code

Vesey-FitzGerald, S. G., Bentham and the Indian Codes, in: Jeremy Bentham and the Law. A Symposium, hrsg. v. George W. Keeton u. Georg Schwarzenberger, London 1948, S. 222–232

Vogenauer, Stefan, Die Auslegung von Gesetzen in England und auf dem Kontinent. Eine vergleichende Untersuchung der Rechtsprechung und ihrer historischen Grundlagen, 2 Bde, Tübingen 2001

Voltelini, Hans von, Der Codex Theresianus im österreichischen Staatsrat, in: Festschrift zur Jahrhundertfeier des Allgemeinen Bürgerlichen Gesetzbuches 1. Juni 1911, Wien 1911, Bd. 1, S. 33–82

Vormbaum, Thomas (Hrsg.), Sozialdemokratie und Zivilrechtskodifikation. Berichterstattung und Kritik der sozialdemokratischen Partei und Presse während der Entstehung des Bürgerlichen Gesetzbuchs (Münsterische Beiträge zur Rechts- und Staatswissenschaft: 24), Berlin/New York 1977

Wagner, Wolfgang, Die Wissenschaft des gemeinen römischen Rechts und das Allgemeine Landrecht für die Preussischen Staaten, in: Wissenschaft und Kodifikation des Privatrechts im 19. Jahrhundert (Studien zur Rechtswissenschaft des neunzehnten Jahrhunderts: 1), hrsg. v. Helmut Coing u. Walther Wilhelm, Frankfurt a. M. 1974, S. 119–152

Wieacker, Franz, Aufstieg, Blüte und Krisis der Kodifikationsidee, in: Festschrift für Gustav Boehmer, hrsg. v. Freunden u. Kollegen, Bonn 1954, S. 34–50, zit.: Kodifikationsidee

Wieacker, Franz, Privatrechtsgeschichte der Neuzeit unter besonderer Berücksichtigung der deutschen Entwicklung, 2. Aufl., Göttingen 1967, zit.: Privatrechtsgeschichte

Willoweit, Dietmar, Gesetzespublikation und verwaltungsinterne Gesetzgebung in Preußen vor der Kodifikation, in: Beiträge zur Rechtsgeschichte. Gedächtnisschrift für Hermann Conrad, hrsg. v. Gerd Kleinheyer u. Paul Mikat (Rechts- u. staatswissenschaftliche Veröffentlichungen der Görres-Gesellschaft, N. F.: 34), Paderborn u. s. w. 1979, S. 601–619, zit.: Gesetzespublikation

Willoweit, Dietmar, Die Revisio Monitorum des Carl Gottlieb Svarez, in: Birtsch/Willoweit (Hrsg.), Reformabsolutismus und ständische Gesellschaft (s. dort), S. 91–112, zit.: Revisio Monitorum

Wolf, A., Art. »Publikation von Gesetzen«, in: HRG, Bd. 4, Sp. 85–92

Zander, Michael, The Law-Making Process, London 1980

Personen- und Sachregister

Tübinger Rechtswissenschaftliche Abhandlungen

Herausgegeben von
Mitgliedern der Juristischen Fakultät
der Universität Tübingen

Alphabetische Übersicht

Altenhain, Karsten: Das Anschlußdelikt. 2001. *Band 91.*

Arzt, Gunther: Der strafrechtliche Schutz der Intimsphäre. 1970. *Band 30.*

Bach, Albrecht: Wettbewerbsrechtliche Schranken für staatliche Maßnahmen nach europäischem Gemeinschaftsrecht. 1992. *Band 72.*

Baumann, Jürgen, Tiedemann, Klaus (Hrsg.): Festschrift für Karl Peters: Einheit und Vielfalt des Strafrechts. 1974. *Band 35.*

Baur, Fritz: Studien zum einstweiligen Rechtsschutz. 1967. *Band 20.*

Bayer, Hermann W.: Die Bundestreue. 1961. *Band 4.*

– Die Liebhaberei im Steuerrecht. 1981. *Band 52.*

Belke, Rolf: Die Geschäftsverweigerung im Recht der Wettbewerbsbeschränkungen. 1966. *Band 16.*

Beuthien, Volker: Zweckerreichung und Zweckstörung im Schuldverhältnis. 1969. *Band 25.*

Brehm, Wolfgang: Die Bindung des Richters an den Parteivortrag und Grenzen freier Verhandlungswürdigung. 1982. *Band 55.*

Brugger, Winfrid: Grundrechte und Verfassungsgerichtsbarkeit in den Vereinigten Staaten von Amerika. 1987. *Band 65.*

Buck, Petra: Wissen und juristische Person. 2001. *Band 89.*

Classen, Claus Dieter: Wissenschaftsfreiheit außerhalb der Hochschule. 1994. *Band 77.*

Cramer, Peter: Der Vollrauschtatbestand als abstraktes Gefährdungsdelikt. 1962. *Band 6.*

Dittmann, Armin: Die Bundesverwaltung. 1983. *Band 56.*

Ebel, Friedrich: Berichtigung, transactio und Vergleich. 1978. *Band 48.*

Ernst, Wolfgang: Eigenbesitz und Mobiliarerwerb. 1992. *Band 71.*

– Rechtsmängelhaftung. 1995. *Band 79.*

Eser, Albin: Die strafrechtlichen Sanktionen gegen das Eigentum. 1969. *Band 28.*

Fechner, Erich: Probleme der Arbeitsbereitschaft. 1963. *Band 7.*

Fechner, Frank: Geistiges Eigentum und Verfassung. 1999. *Band 87.*

Festschrift für Eduard Kern. 1968. *Band 24.*

Fezer, Gerhard: Möglichkeiten einer Reform der Revision in Strafsachen. 1975. *Band 37.*

Geibel, Stefan J.: Der Kapitalanlegerschaden. 2002. *Band 93.*

Gernhuber, Joachim: Neues Familienrecht. 1977. *Band 45.*

– (Hrsg.): Festschrift gewidmet der Tübinger Juristenfakultät zu ihrem 500jährigen Bestehen: Tradition und Fortschritt. 1977. *Band 46.*

Gitter, Wolfgang: Schadensausgleich im Arbeitsunfallrecht. 1969. *Band 26.*

Göldner, Detlef: Integration und Pluralismus im demokratischen Rechtsstaat. 1977. *Band 43.*

Grasnick, Walter: Über Schuld, Strafe und Sprache. 1987. *Band 64.*

Großfeld, Bernhard: Aktiengesellschaft, Unternehmenskonzentration und Kleinaktionär. 1968. *Band 21.*

Grunsky, Wolfgang: Die Veräußerung der streitbefangenen Sache. 1968. *Band 23.*

– , *Stürner, Rolf, Walter, Gerhard* und *Wolf, M.* (Hrsg.): Wege zu einem europäischen Zivilprozeßrecht. 1992. *Band 73.*

Heckel, Martin: Staat – Kirche – Kunst. 1968. *Band 22.*

– (Hrsg.): Die Innere Einheit Deutschlands inmitten der europäischen Einigung. 1996. *Band 82.*

Heß, Burkhard (Hrsg.): Wandel der Rechtsordnung. 2003. *Band 95.*

Huber, Hans: siehe *Schüle, Adolf.*

Jakobs, Horst Heinrich: lucrum ex negotiatione. 1993. *Band 74.*

Jesch, Dietrich: Gesetz und Verwaltung. 1961, ²1968. *Band 2.*

Kästner, Karl-Hermann: Anton Menger (1841–1906) Leben und Werk. 1974. *Band 36.*

Kaiser, Günther: Verkehrsdelinquenz und Generalprävention. 1970. *Band 29.*

Kisker, Gunter: Die Rückwirkung von Gesetzen. 1963. *Band 8.*

– Kooperation im Bundesstaat. 1971. *Band 33.*

Köndgen, Johannes: Selbstbindung ohne Vertrag. 1981. *Band 53.*

Kotzur, Hubert: Kollisionsrechtliche Probleme christlich-islamischer Ehen. 1988. *Band 66.*

Kübler, Friedrich: Feststellung und Garantie. 1967. *Band 17.*

Kuhn, Ottmar: Strohmanngründung bei Kapitalgesellschaften. 1964. *Band 10.*

Lenckner, Theodor: Der rechtfertigende Notstand. 1965. *Band 14.*

Lichtenstein, Erich: Die Patentlizenz nach amerikanischem Recht. 1965. *Band 13.*

Lieb, Manfred: Die Ehegattenmitarbeit im Spannungsfeld zwischen Rechtsgeschäft, Bereicherungsausgleich und gesetzlichem Güterstand. 1970. *Band 31.*

Lobinger, Thomas: Rechtsgeschäftliche Verpflichtung und autonome Bindung. 1999. *Band 88.*

Mertens, Bernd: Gesetzgebungskunst im Zeitalter der Kodifikationen. 2004. *Band 98.*

– Im Kampf gegen die Monopole. 1996. *Band 81.*

Meyer, Jürgen: Dialektik im Strafprozeß. 1965. *Band 12.*

Möschel, Wernhard: Pressekonzentration und Wettbewerbsgesetz. 1978. *Band 50.*

Moosheimer, Thomas: Die actio injuriarum aestimatoria im 18. und 19. Jahrhundert. 1997. *Band 86.*

Mülbert, Peter O.: Mißbrauch von Bankgarantien und einstweiliger Rechtsschutz. 1985. *Band 60.*

Müller, Claudius: Die Rechtsphilosophie des Marburger Neukantianismus. 1994. *Band 75.*

Müller-Graff, Peter-Christian: Unternehmensinvestitionen und Investitionssteuerung im Marktrecht. 1984. *Band 59.*

Noack, Ulrich: Gesellschaftervereinbarungen bei Kapitalgesellschaften. 1994. *Band 78.*

Nörr, Knut Wolfgang: Naturrecht und Zivilprozeß. 1976. *Band 41.*

– (Hrsg.): 40 Jahre Bundesrepublik Deutschland – 40 Jahre Rechtsentwicklung. 1990. *Band 69.*

Ott, Claus: Recht und Realität der Unternehmenskorporation. 1977. *Band 42.*

Peters, Egbert: Richterliche Hinweispflichten und Beweisinitiativen im Zivilprozeß. 1983. *Band 58.*

Picker, Eduard: Schadensersatz für das unerwünschte eigene Leben – 'Wrongful life'. 1995. *Band 80.*

Pietzcker, Jost: Der Staatsauftrag als Instrument des Verwaltungshandelns. 1978. *Band 49.*

Renzikowski, Joachim: Restriktiver Täterbegriff und verwandte Erscheinungsformen. 1997. *Band 85.*

Reul, Jürgen: Die Pflicht zur Gleichbehandlung der Aktionäre bei privaten Kontrolltransaktionen. 1991. *Band 70.*

Rothoeft, Dietrich: System der Irrtumslehre als Methodenfrage der Rechtsvergleichung. 1968. *Band 18.*

Rudolf, Walter: Völkerrecht und deutsches Recht. 1967. *Band 19.*

Rütten, Wilhelm: Das zivilrechtliche Werk Justus Henning Böhmers. 1982. *Band 54.*

– Mehrheit von Gläubigern. 1989. *Band 68.*

Rupp, Hans Heinrich: Grundfragen der heutigen Verwaltungsrechtslehre. 1965, ²1991. *Band 15.*

Schlaich, Klaus: Neutralität als verfassungsrechtliches Prinzip. 1972. *Band 34.*

Schlüchter, Ellen: Irrtum über normative Tatbestandsmerkmale im Strafrecht. 1983. *Band 57.*

Schnoor, Christian: Kants Kategorischer Imperativ als Kriterium der Richtigkeit des Handelns. 1989. *Band 67.*

Schüle, Adolf: Koalitionsvereinbarungen im Lichte des Verfassungsrechts. 1964. *Band 11.*

– / *Huber, Hans:* Persönlichkeitsschutz und Pressefreiheit. 1961. *Band 3.*

Schünemann, Wolfgang B.: Selbsthilfe im Rechtssystem. 1985. *Band 61.*

Schumann, Heribert: Strafrechtliches Handlungsunrecht und das Prinzip der Selbstverantwortung der Anderen. 1986. *Band 63.*

Seiter, Hugo: Streikrecht und Aussperrungsrecht. 1975. *Band 39.*

Sternberg-Lieben, Detlev: Die objektiven Schranken der Einwilligung im Strafrecht. 1997. *Band 84.*

Stree, Walter: In dubio pro reo. 1962. *Band 5.*

Stürner, Rolf: Die Aufklärungspflicht der Parteien des Zivilprozesses. 1976. *Band 44.*

– (Hrsg.): siehe *Grunsky, Wolfgang.*

Summum ius summa iniuria. Individualgerechtigkeit und der Schutz allgemeiner Werte im Rechtsleben. 1963. *Band 9.*

Teubner, Gunther: Gegenseitige Vertragsuntreue. 1975. *Band 38.*

– Organisationsdemokratie und Verbandsverfassung. 1978. *Band 47.*

Tiedemann, Klaus: Tatbestandsfunktionen im Nebenstrafrecht. 1969. *Band 27.*

– siehe *Baumann, Jürgen.*

Trüg, Gerson: Lösungskonvergenzen trotz Systemdivergenzen im deutschen und US-amerikanischen Strafverfahren. 2003. *Band 94.*

Vollkommer, Gregor: Der ablehnbare Richter. 2001. *Band 90.*

Wagner, Eberhard: Vertragliche Abtretungsverbote im System zivilrechtlicher Verfügungshindernisse. 1994. *Band 76.*

Walter, Gerhard: Freie Beweiswürdigung. 1979. *Band 51.*

– (Hrsg.): siehe *Grunsky, Wolfgang.*

Weber, Helmut: Die Theorie der Qualifikation. 1986. *Band 62.*

– Der Kausalitätsbeweis im Zivilprozeß. 1997. *Band 83.*

Weber, Ulrich: Der strafrechtliche Schutz des Urheberrechts. 1976. *Band 40.*

Wolf, M.(Hrsg.): siehe *Grunsky, Wolfgang.*

Einen Gesamtkatalog erhalten Sie kostenlos vom Verlag
Mohr Siebeck · Postfach 2040 · D-72010 Tübingen.
Neueste Informationen im Internet unter http://www.mohr.de